그리스도인의 합당한 예배

* 아 브라켈은 본 서의 제목을 로마서 12장 1절 말씀에서 가져왔다. 여기서 한글 성경의 '영적 예배'에 해당하는 표현을, 저자가 사용한 네덜란드어 성경 스타턴퍼탈링과 영역자가 사용한 킹제임스 성경은 각각 'redelijke godsdienst(합당한 신앙)'과 'Reasonable Service(합당한 예배)'로 번역한다. 이에 'Redelijke(reasonable, 합당한)'라는 표현에 '영적(spiritual), 참된(true)'이라는 의미가 포함되며, 저자의 의도가 더욱 잘 반영된다고 판단하여, 본 서의 우리말 제목을 "그리스도인의 합당한 예배"로 정하였음을 밝힌다(1권 131쪽 각주1 참고).

Copyright © 1992-1995 by Joel R. Beeke
English edition published as *The Christian's Reasonable Service*
by Reformation Heritage Books, Grand Rapids, MI, USA.
The English translation edition is based on the third edition of the original Dutch work
entitled *Redelijke Godsdienst* by D. Bolle, Rotterdam, The Netherlands.
This Korean edition is translated and used by permission of Reformation Heritage Books
through rMaeng2, Seoul, Republic of Korea.
This Korean Edition © 2019 by Jipyung Publishing Company, Seoul, Republic of Korea.

이 한국어판의 저작권은 알맹2 에이전시를 통하여 Reformation Heritage Books와 독점 계약 한 지평서원에 있습니다.
신 저작권법에 의하여 한국 내에서 보호받는 저작물이므로 무단 전재와 무단 복제를 금합니다.

그리스도인의 합당한 예배

빌헬무스 아 브라켈 지음 | 김효남, 서명수, 장호준 옮김

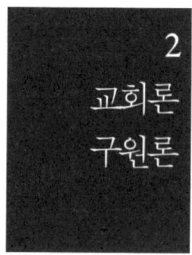

2
교회론
구원론

지평서원

1권

신론
1_자연을 통해 알 수 있는 하나님에 대한 지식
2_하나님의 말씀
3_하나님의 본질
4_하나님의 위격
5_하나님의 작정: 개요
6_영원한 예정: 선택과 유기
7_성부와 성자 사이에 맺어진 구속언약, 또는 평화의 협의
8_세상의 창조
9_천사와 마귀들

인간론
10_인간, 특별히 인간의 영혼에 관하여
11_하나님의 섭리
12_행위언약
13_행위언약의 파기
14_원죄와 본죄
15_인간의 자유의지 또는 무능함과 죄에 합당한 형벌

기독론
16_은혜언약
17_보증이신 예수 그리스도께서 이루신 만족의 필요성
18_예수 그리스도의 신성과 성육신과 두 본성의 연합
19_그리스도의 삼중직, 그리고 선지자직에 관하여
20_그리스도의 대제사장직
21_그리스도의 왕직
22_죄에 대한 만족을 이루는 데 필요한 그리스도의 낮아지심(비하)
23_그리스도의 높아지심(승귀)

2권

교회론

24_교회에 관하여

25_교회에 참여하며 그 안에 거해야 할 성도의 본분

26_그리스도와 신자의 교제, 그리고 성도의 교제

27_교회의 치리 및 목회자의 위임

28_목회자, 장로, 집사의 직분

29_교회의 권위와 천국 열쇠의 사용

구원론

30_외적 부르심과 내적 부르심

31_거듭남

32_믿음에 관하여

33_구원 얻는 믿음의 표지들

34_칭의

35_양자 삼으심

36_영적인 화평

37_신령한 기쁨

38_성령의 인치심과 성례

39_세례

40_성찬

41_성찬의 시행: 준비와 시행, 되새김

42_믿음의 삶

43_경건주의자와 정적주의자,
　　그리고 본성적 신앙으로 어긋난 자들을 향한 경고의 권면

3 권

44_성화와 거룩함
45_하나님의 율법: 일반적 고찰
46_제1계명
47_제2계명
48_제3계명
49_제4계명
50_제5계명
51_제6계명
52_제7계명
53_제8계명
54_제9계명
55_제10계명

56_하나님을 영화롭게 함
57_하나님을 사랑함
58_예수 그리스도를 사랑함
59_하나님을 경외함
60_순종
61_하나님 안에 있는 소망
62_영적 담대함
63_그리스도와 그분의 진리를 고백함
64_만족
65_자기 부인
66_인내
67_정직함

68_기도
69_주님의 기도, 부름과 첫 번째 간구
70_두 번째 간구:
　　나라가 임하시오며
71_세 번째 간구:
　　뜻이 하늘에서 이루어진 것같이 땅에서도 이루어지이다
72_네 번째 간구:
　　오늘 우리에게 일용할 양식을 주시옵고
73_다섯 번째 간구:
　　우리가 우리에게 죄 지은 자를 사하여 준 것같이 우리 죄를 사하여 주시옵고
74_여섯 번째 간구:
　　우리를 시험에 들게 하지 마시옵고 다만 악에서 구하시옵소서

4 권

75_금식
76_깨어 있음
77_고독
78_경건한 묵상
79_노래
80_맹세
81_경험
82_이웃 사랑
83_겸손
84_온유함
85_화평
86_부지런함
87_불쌍히 여김
88_사려 깊음
89_영적 성장
90_경건한 신자의 영적 퇴보

91_영적 유기(방치됨)
92_무신론으로, 또는 하나님의 존재를 부인하도록 이끄는 유혹
93_하나님 말씀의 진리 됨에 관한 유혹
94_자신의 영적 상태를 불신함
95_사탄의 공격
96_남아 있는 부패의 능력
97_영적 어둠
98_영적 무감각
99_성도의 견인

종말론

100_죽음 및 그 이후 영혼의 상태
101_죽은 자들의 부활
102_최후의 심판과 종말
103_영원한 영광

부록: 신약과 구약에서 은혜언약의 시행

1_아담에서 아브라함까지의 교회
2_아브라함에서 시내산(율법)까지의 교회
3_시내산에서 주어진 의식법과 시내산에서 그리스도까지의 교회
4_구약 시대에 존재한 예수 그리스도의 보증직의 본성
5_구약 신자들의 상태
6_예수 그리스도의 탄생에서 요한계시록까지의 신약 교회

Contents

그리스도인의 합당한 예배 2

교회론

24장 ｜ 교회에 관하여 • 13

25장 ｜ 교회에 참여하며 그 안에 거해야 할 성도의 본분 • 87

26장 ｜ 그리스도와 신자의 교제, 그리고 성도의 교제 • 131

27장 ｜ 교회의 치리 및 목회자의 위임 • 161

28장 ｜ 목회자, 장로, 집사의 직분 • 193

29장 ｜ 교회의 권위와 천국 열쇠의 사용 • 229

구원론

30장 ｜ 외적 부르심과 내적 부르심 • 273

31장 ｜ 거듭남 • 337

32장 ｜ 믿음에 관하여 • 377

33장 | 구원 얻는 믿음의 표지들 • 447

34장 | 칭의 • 495

35장 | 양자 삼으심 • 603

36장 | 영적인 화평 • 639

37장 | 신령한 기쁨 • 663

38장 | 성령의 인치심과 성례 • 685

39장 | 세례 • 711

40장 | 성찬 • 771

41장 | 성찬의 시행: 준비와 시행, 되새김 • 835

42장 | 믿음의 삶 • 881

43장 | 경건주의자와 정적주의자, 그리고 본성적 신앙으로
   어긋난 자들을 향한 경고의 권면 • 935

■ 주제 및 인명 색인 • 1018

교회론

Ecclesiology: The Doctrine of the Church

24

교회에 관하여

우리는 앞에서 은혜언약의 본질에 관해 간략하게 진술한 뒤, 다음의 세 가지 주제, 즉 언약의 보증, 교회를 이루는 구성원들인 언약의 참여자, 그리고 주 예수께서 언약의 참여자들을 영광으로 이끄시는 방법과 언약의 참여자로 삼으신 복락에 관해 더욱 광범위하게 논하기로 하였습니다. 첫 번째 주제는 17-23장에서 이미 다루었으므로, 여기서는 두 번째 주제인 언약의 참여자에 관해 진술하겠습니다. 교회 또는 회중이라는 단어는 모두 언약의 참여자를 일컫는 말입니다.

교회란

하나님의 말씀이 가르치는 교회

첫째, 모든 이들이 스스로가 어떠한 회중에 속해야 할지를 분별할 수 있도록 교회의 정체성의 핵심적인 본질을 명료하게 진술해야 합니다. 그리스도는 오직 참된 교회 가운데 거하십니다. 그러므로 참된 교회에 속한 자들은 "그리스도께서 여기에 계신다!"라고 소리치며 기뻐할 것입니다. 오직 그러한 곳에서만 그리스도께서 성령으로 회심시키며 위로하고 거룩하게 하십니다.

"거기서 여호와께서 복을 명령하셨나니 곧 영생이로다"(시 133:3).

그러므로 교회를 구성하는 회중을 분별하기 위해서는 하나님의 말씀을 살펴보아야 합니다. 거듭 말하지만, 반드시 하나님의 말씀을 살펴야 합니다. 아무리 교회가 하나님의 말씀을 보존하고 수호하며 선포하는 일을 맡고(롬 3:2 참고) "진리의 기둥과 터"(딤전 3:15)로 불린다 하더라도, 그 교회가 하나님의 말씀을 진리로 확정하는 것이 아니기 때문입니다. 오히려 교회가 "사도들과 선지자들의 터 위에 세우심"(엡 2:20)을 받습니다. 그러므로 참된 교회는 하나님의 말씀에 의해 확인됩니다. 또한 성경은 성례에 참여할 자격을 얻기 이전, 곧 교회 공동체에 받아들여지기 이전에 먼저 가르침을 받아야 한다고 말합니다. 다음의 구절들이 이를 확증합니다.

"그러므로 너희는 가서 모든 민족을 제자로 삼아……세례를 베풀고"(마 28:19).[1]

"그 말을 받은 사람들은 세례를 받으매"(행 2:41).

"빌립이 입을 열어 이 글에서 시작하여 예수를 가르쳐 복음을 전하니……그 내시가 말하되……내가 세례를 받음에 무슨 거리낌이 있느냐"(행 8:35,36).

오늘날 수많은 교회들이 기독교회를 자처합니다. 그러하기에 우리는 어떤 교회가 참된 교회이고 어떠한 회중이 진리를 견지하는지를 밝히기 위해, 하나님의 말씀을 힘써 살펴보아야만 합니다. 하나님의 말씀을 직접 읽거나 다른 사람이 읽는 것을 듣거나 설교를 들으면서 하나님의 말씀을 진지하게 살피고, 그 진리로 인도 받기 위해 끊임없이 겸손하게 기도하는 사람이라면, 누구나 주님께서 참된 교회로 인도하시기를 바랄 것입니다. 그가 이미 참된 교회에 속한 자라면, 주님의 기쁨에 이르기까지 자신을 보증해 주시기를 바랄 것입니다.

둘째, '교회'라는 단어는 킹제임스 성경에 77번 나옵니다.[2] 헬라어 κυριακή(퀴리

---

1) 역자주 - 본 서의 네덜란드어 판에서 인용된 네덜란드 권위역인 스타턴베이벌(statenbijbel)과 영어 권위역인 KJV의 마태복음 28장 19절을 직역하면, "그러므로 너희는 가서 모든 나라들을 가르치고, 그들에게 세례를 주며"라고 할 수 있다. "Gaat dan henen, onderwijst al de volken, dezelve dopende," "Go ye therefore, and teach all nations, baptizing them."

2) 영문판 편집자주 - 본 서의 네덜란드어 판에서 아 브라켈은 '교회'라고 번역되는 네덜란드어 "kerk"가 성경에 나오지

아케)의 음역인 'church'는 영어식으로 축약된 단어입니다. 이는 '주께 속한 것'이라는 의미입니다. "주의 만찬"(고전 11:20)이라는 구절에서는 κυριακό(퀴리아코)라는 단어를, '주의 날'이라는 구절에서는 κυριακή(퀴리아케)라는 단어를 찾아볼 수 있습니다. 이는 주님의 교회, 즉 회중에도 마찬가지입니다.

일반적으로 구약은 회중이라는 단어를, 신약은 교회라는 단어를 사용하는데, 두 단어 모두 원어로는 קהל(카할) 등을 비롯하여 다양한 단어로 표현됩니다.

"주의 성실도 거룩한 자들의 모임(עדה, 에다) 가운데서"(시 89:5).

"그 회중(ἐκκλησία, 에클레시아)은 내 앞에 굳게 설 것이며"(렘 30:20).

"먼저 너희가 교회에 모일 때에"(고전 11:18).

συναγωγή(쉬나고게)라는 단어는 '회중'이 아니라 '모임'으로 번역됩니다. 이 단어는 "만일 너희 회당(쉬나고게)에……사람이 들어올 때에"(약 2:2)와 같이, 회중이 모이는 건물을 지칭하거나, 그곳에 모이는 유대인이나 그리스도인들의 모임 자체를 가리킵니다. 이러한 단어들은 모두 그 원의미 속에 무질서한 군중이 아니라 함께 부름받은 사람들이 질서를 따라 구성한 모임이라는 의미를 내포합니다. 따라서 지금의 '회중' 또는 '교회'라는 용어는 함께 부름받아 그리스도를 머리로 하여 모인 사람들의 교제를 의미합니다.

그러므로 교회론을 다룰 때, '교회'를 단지 회중들이 하나님의 말씀을 듣고 성례를 시행하기 위해 모인 집이나 건물을 지칭하는 것으로 이해해서는 안 됩니다. 그렇다고 "교회에 말하고"(마 18:17)라는 구절에서 의미하는 것처럼, 교회를 그것을 대표하는 당회나 치리회로 이해해서도 안 됩니다. 오히려 우리는 '교회'를 사람들의 모임인 회중으로 이해해야 합니다.

않는다고 말한다. 이는 스타턴퍼탈링에는 해당되지만 영역본 KJV에는 해당되지 않으므로 이 단락을 수정하였다. KJV에서 "교회"라는 단어가 사용될 때 스타턴퍼탈링은 이를 "gemeente"라고 번역하는데, 이는 회중(congregation)이라는 단어와 동등한 표현이다.

하나의 교회: 가시적 교회와 비가시적 교회의 구분에 관하여

우리는 처음부터 그리스도의 교회가 두 개나 그 이상이 아니라 오직 하나로 존재한다는 사실을 확실히 해야 합니다. 그러므로 이제 이 하나의 교회에 관해 살펴보겠습니다.

이 하나의 교회는 세상의 처음부터 마지막에 이르기까지 부름받은 모든 택자들로 구성된 교회입니다. 그들은 그리스도의 소유가 된 백성입니다(딛 2:14 참고).

"하늘에 기록된 장자들의 모임과 교회"(히 12:23).

"그리스도께서 교회를 사랑하시고 그 교회를 위하여 자신을 주심"(엡 5:25).

요한계시록 7장 9-16절에서 언급하듯이, 이 하나의 회중 가운데 일부는 하늘에 속해 있습니다. 이를 '승리한 교회(the church triumphant)'라고 부릅니다. 그러나 이는 여기에서 논할 주제가 아닙니다. 또한 이 하나의 회중 가운데 일부는 지상에 존재하고 있습니다. 이를 '전투하는 교회(the church militant)'라고 부릅니다. 교회는 전 세계 도처에 흩어진 모든 교회의 총체로도 볼 수 있고, 한 나라나 도시 또는 한 마을의 개별적 회중들의 모임으로도 볼 수 있습니다. 이러한 점에서 영국 교회나 네덜란드 교회, 또는 로테르담 교회라고 지칭할 수도 있습니다.

지상에서 전투하고 있는 이 하나의 교회는 공적인 공회와 신앙고백과 자신의 거룩함을 통해 스스로를 증명합니다. 이러한 교회를 '가시적 교회'라고 부릅니다. 한편 교회가 오류와 불경건함과 박해로 인하여 세상에서 거의 보이지 않는 것 같을 때가 있습니다. 이를 '비가시적 교회'라고 부릅니다(계 12:14 참고).

전투하는 교회는 내적이고도 영적인 체계로 여겨질 수도 있고, 공적인 모임으로 이해될 수도 있습니다. 교회의 내적이고도 영적인 체계는 믿음과 그리스도와의 신비적 연합, 그리고 성도의 영적인 삶으로 이루어집니다. 이는 육신의 안목으로는 파악할 수 없으며 보이지 않는다는 성질을 띱니다. 반면, 교회의 신앙을 공적으로 고백하며 하나님의 말씀이 풍성히 선포되고 성례가 신실하게 시행되는 모임은 공개적이며 눈에 보인다는 특성을 띱니다. 이처럼 교회는 어떤 면에서는 가시적이지만, 또 어떤 면에서는 비가시적입니다.

그러나 교회를 가시적 교회와 비가시적 교회로 구분할 수는 없습니다. 동일한 한 사람의 경우, 그의 영혼과 의지와 지성은 비가시적이며, 육체와 활동은 가시적입니다. 이 한 사람을 보이는 부분과 보이지 않는 부분으로 나눌 수 없듯이, 교회도 가시적인 것과 비가시적인 것을 따로 떼어 구분할 수 없습니다. 왜냐하면 이를 구분할 때 마치 전혀 다른 두 개의 교회가 있는 듯 여겨질 수 있기 때문입니다.

교회를 구성하는 성도라는 측면에서도 가시적인 교회와 비가시적인 교회를 나누어서는 안 됩니다. 그럴 경우, 마치 하나의 교회에 두 부류의 구성원이 있는 것처럼 되어 버립니다. 그리하면, 부름받아 진실하게 회심한 택자들을 그 교회 안의 다른 모든 사람들과 정신적인 면에서 분리하여 비가시적인 교회로 보게 될 것입니다. 반면, 외적 부르심과 역사적 믿음(historical faith),[3] 신앙고백과 성례의 외적 효력 등을 공유하여 한 교회로 모인 회심한 자와 회심하지 않은 자를 모두 가시적 교회로 여기게 될 것입니다. 이는 교회에 관해 온갖 혼란스러운 사상을 양산하는 잘못된 견해입니다. 그렇게 되면, 교회에 관해 진술하고 글을 쓸 때마다 자신이 지금 비가시적 교회와 가시적 교회 중 무엇을 지칭하는지를 확신할 수 없을 것입니다.

그러므로 다음과 같은 이유에서 그러한 방식으로 가시적 교회와 비가시적 교회를 나누는 데 반대합니다.

첫째, 하나님의 말씀에서 가시적 교회나 비가시적 교회라는 용어를 찾아볼 수 없습니다. 뿐만 아니라 그러한 구분을 묘사하거나 암시하는 표현도 전혀 발견되지 않습니다.

둘째, 이러한 구분은 잘못된 가정을 토대로 하며, 회심하지 않은 사람을 외형적 교회에서 성례에 동등하게 참여할 권리를 지닌 참된 구성원으로 여기게 만듭니다. 가시적 교회에서 회심하지 않은 사람을 교회의 지체로 여기지 않는다면, 앞서 언급한 구분은 당연히 쓸모없어질 것입니다.

---

3) 역자주 - 아 브라켈은 성경에 기록된 역사적 사실을 인정하고 받아들이지만 전혀 신앙적인 효력을 내지 못하는 믿음을 '역사적 믿음(historical faith)'이라고 지칭한다. 그러므로 역사적 믿음은 '성경의 내용을 역사적인 사실로만 받아들이는 믿음'으로 이해해야 한다. 한편, 현세적 믿음(temporal faith)이란 교회의 신앙을 함께 고백하며 종교적이고도 외형적인 행위들을 하지만 내적으로 칭의와 성화를 이루는 구원의 징표가 없는 믿음을 일컫는다.

셋째, 이러한 구분은 본질적으로 서로 다른 두 종류의 교회가 존재한다는 것을 암시합니다. 영적인 관점에서 보면, 참된 신자들은 믿음으로 말미암아 그리스도와 참되고도 영적인 연합을 이룸으로써 교회가 됩니다. 만약 회심하지 않은 자들이 회심한 자들과 더불어 동등한 권리를 지니며 교회를 이룬다면, 이는 본질적으로 다른 두 성질이 함께 존재하는 셈입니다. 그리하여 회심하지 않은 자들이 그리스도 및 신자들과 영적으로 연합되지 않았는데도, 명백하게 다른 두 부류가 한 몸을 이루며 한 교회를 구성하게 되는 것입니다. 두 개의 본질적인 현상(two essential manifestations)은 그 본질상 반드시 서로 다른 두 몸과 두 교회로 나타나기 마련입니다. 반면, 우리는 오직 하나의 교회만이 존재한다고 고백합니다.

넷째, 이와 관련하여 가시적 교회와 비가시적 교회가 있다면, 다시 말해 참된 신자로만 구성된 (영적인 연합에 의한) 교회와 회심한 자 및 그렇지 않은 자가 외적으로 결합된 교회가 있다면, 신자들로 하여금 그 두 교회에 동시에 속하게 만듭니다. 그 결과, 이들은 구원이 보장되는 교회와 그렇지 않은 교회 두 곳에 속하게 됩니다. 이러한 견해는 두 교회가 존재한다는 주장만큼이나 터무니없습니다.

반론 1

부르심은 내적 부르심과 외적 부르심으로 구별된다. 또한 믿음은 구원 얻는 믿음과 역사적이거나 현세적인 믿음, 두 가지가 존재한다. 진리에 근거한 거룩함이 있는 반면, 외면적인 거룩함이 있다. 또한 실제적인 은택에 내면적으로 참여하는 경우와 그러한 은택에 형식적으로 참여하는 경우가 있다. 따라서 외형적인 교회와 내적인 교회도 존재한다.

답변

(1) 이러한 진술은 결국 두 교회가 존재한다는 결론에 이르는데, 이는 성경에 배치됩니다.

(2) 외적 부르심, 역사적이고도 현세적인 믿음, 외면적인 거룩함, 외적인 특권에 대한 형식적 참여 등은 모두 본질상 영적인 교회의 참된 자격이 아닙니다. 따라서

그러한 교회는 그리스도의 참된 교회가 될 수 없습니다.

반론 2

외형적이고 가시적인 교회와 내적이고 비가시적인 교회를 언급하는 것은 두 종류의 교회를 염두에 둔 것이 아니다. 오히려 이는 동일한 교회의 이중적인 측면을 가리킨다고 이해해야 한다.

답변

(1) 서로 다른 두 부류의 구성원이 하나의 교회를 이루며 각기 다른 방식으로 교회와 연합한다는 주장은, 동일한 교회의 두 가지 측면을 말한다고 볼 수 없습니다. 그것은 여전히 본질적으로 다른 두 개의 교회가 있다는 설명에 불과합니다. 또한 근본적으로 성격이 다른 두 부류의 구성원들이 각각의 방식으로 연합하여 교회를 이룬다는 주장에 지나지 않습니다.

(2) 교회의 표면적인 관계는 단 한 명의 참된 구성원도 만들지 못하며, 단 하나의 외형적 교회도 이루지 못합니다. 이는 단체나 기업의 표면적인 관계가 구성원이나 동역자를 진정으로 하나로 만들지 못하는 것과 같습니다. 또한 다른 측면으로 볼 때, 이러한 표면적 관계는 일반 단체나 기업에 어떠한 영향도 끼치지 못합니다.

(3) 교회와 표면적으로 관계를 맺고 있다는 사실에만 근거하여, 회심하지 않은 사람에게 성례에 참여할 권리를 줄 수는 없습니다. 따라서 회심한 자와 회심하지 않은 자는 외형적인 면에서도 하나 된 교회를 이루지 못합니다. 교회를 이루는 모든 구성원이 성례에 참여할 권리를 가지기까지 그리스도의 참된 교회란 없습니다.

(4) 만약 이중적인 관점이 아니라 하나의 동일한 교회가 있다는 관점에서 교회의 외적 및 내적 요소를 이해하는 것이라면, 이러한 구분은 타당합니다. 또한 두 부류의 구성원이 교회와 연결되어 있다는 것을 고수하지 않는다면, 교회를 이루는 구성원을 근거로 내적 교회와 외형적 교회를 구분하는 것이 옳지 않다는 나의 주장은 충분한 근거를 가지게 될 것입니다. 하나의 교회는 영적이고도 내적인 관점으로 보나 세상 가운데 존재하는 외형적 형태로 보나 참된 신자들로만 이루어집니

다. 이상이 지금까지 진술해 온 바입니다.

지금까지 한 설명을 토대로 교회에 대해 다음과 같이 분명하게 이해할 수 있습니다. 곧 지상에 있는 동안 경건을 추구하고 원수에 대항하며 전투하는 교회는, 사람의 눈에 왕성해 보이든 그렇지 않든 오직 참된 신자로만 이루어져 있습니다. 또한 이 교회는 영적이고도 내적인 측면에서는 비가시적인 존재이며, 공적인 집회와 그 구성원이라는 측면에서는 가시적인 존재입니다.

교회: 참된 신자로 구성된 회중

다음으로, 교회 그 자체에 대해 숙고해 보겠습니다. 이를 위해 먼저 교회에 관해 정의한 후, 그 교회를 구성하는 각각의 요소에 관해 설명하겠습니다.

교회는 거룩하며 보편적인 공동체입니다. 또한 하나님의 말씀을 통해 성령에 의해 부르심을 받은 참된 신자들로 이루어진 그리스도인의 모임입니다. 이들은 세상으로부터 구별되어 머리이신 그리스도께 연합되었을 뿐만 아니라, 서로 영적으로 결속된 신령한 한 몸입니다. 이 모든 것은 그리스도와 그분의 진리를 진실하게 고백함으로써 구현됩니다. 또한 교회 됨은 원수와 더불어 싸우시는 그리스도와 머리 되신 예수 그리스도의 명령을 따라 영적으로 무장한 채 하나님의 영광과 자신들의 구원을 위해 전투하는 성도들을 통해 증명됩니다.

이제 이러한 정의에 담겨 있는 각각의 요소에 관해 숙고해 봅시다.

교회는 무엇보다 회중입니다. 한 명의 개인이 교회나 회중이 되는 것은 아닙니다. 교회는 집으로("너희도 산 돌같이 신령한 집으로 세워지고"[벧전 2:5]), 하나의 양 떼로("한 무리가 되어 한 목자에게 있으리라"[요 10:16]), 한 몸으로("그를 만물 위에 교회의 머리로 삼으셨느니라 교회는 그의 몸이니"[엡 1:22,23]), 한 나라로("그러나 너희는……거룩한 나라요"[벧전 2:9]), 그리고 그리스도의 왕국으로("너희를 부르사 자기 나라와 영광에 이르게 하시는"[살전 2:12]) 불립니다. 하나의 돌이 집이 되지는 않습니다. 양 한 마리가 무리가 될 수 없고, 신체 부위 하나가 몸이 되는 것도 아닙니다. 마찬가지로,

한 사람으로 나라나 왕국을 이룰 수는 없습니다. 그러므로 교황 한 사람이 교회를 이룬다는 교황주의자들의 주장은 거짓입니다.

　교회는 참된 신자로 구성된 회중의 모임입니다. 거듭 말하지만, 회심하지 않은 자는 그가 아무리 신앙을 고백하고 교회의 교제 가운데 받아들여지며 범죄하지 않고 성례에 참여한다 하더라도, 교회의 참된 지체가 될 수 없습니다. 이는 내적이고도 영적인 상태로 보든, 세상 가운데 외형적으로 드러난 공적인 모임으로 보든 마찬가지입니다. 회심하지 않은 자는 외형적·가시적 교회에서도 지체가 아닙니다. 오직 신자들만이 참된 교회를 이룹니다. 어떻게 보이는지와는 상관없이 오직 그들만이 교회의 지체입니다. 이 부분에 관해 벨직 신앙고백서는 27-29조에서 다음과 같이 명백하게 진술합니다.

〈27조〉 우리는 하나의 보편적이고도 우주적인 교회를 믿고 고백한다. 이 교회는 예수 그리스도를 믿음으로 구원받고, 그의 보혈로 죄를 씻음 받으며, 성령으로 성화되고 인 쳐질 것을 믿고 바라는 참된 그리스도인들이 모인 하나의 거룩한 회중이다. 이 교회는 세상의 시작부터 있었으며, 마지막 날까지 항상 존재할 것이다. 그리스도께서 영원한 왕이시며, 백성이 없이는 있을 수 없으므로, 이 진리는 분명한 사실이다. 또한 이 거룩한 교회는 온 세상의 악이 극심한 가운데서도 하나님께서 친히 보존하고 지탱하신다. 교회가 마치 아합 왕의 악한 통치 기간에 아무것도 아닌 듯 여겨진 것처럼 잠시 동안 인간들의 눈에 매우 작게 보일지라도, 주님은 그때에도 바알에게 무릎 꿇지 않은 칠천 명을 남겨 두신다. 게다가 이 거룩한 교회는 하나의 장소나 특정한 인물에게 국한되거나 속박되거나 제한받지 않는다. 오히려 온 세상에 퍼지고 흩어진 공동체인 동시에 한 분 성령 안에서 동일하게 믿음의 권세로 말미암아 한마음과 한뜻으로 연결되고 연합된 교회이다.

〈28조〉 우리는 이 거룩한 회중이 구원받은 사람들의 성회(assembly)이며, 이 성회의 바깥에는 구원이 없음을 믿는다. 그러므로 누구든지 어떤 지위나 상태에 있더라도 이 성회로부터 물러나 분리된 채 살아서는 안 된다. 모든 성도는 이 성회에 속하여 연합될 의무를 지니는데, 교회의 일치를 보존하고 교회의 교리와 가르침을 따르며, 예수 그리스도의 멍에를 지고, 하나님께서 각자에게 주신 은사를 따라 덕으로써 동일한 몸의 지체로 형제 된 서로를 세우도록 섬겨야 함을 믿는다. 그리고 이 일을 더욱 온전히 지키기 위하여, 때때로 세상의 위정자나 군주의 칙령에 어긋나 죽음과 신체적 형벌을 받는 고통을 당할지라도, 모든 신자들은 마땅히 하나님의 말씀을 따르며 교회에 속하지 않은 자들과 구별되어 어디에서나 하나님께서 세우신 이 회중 가운데 참여해야 할 것이다. 그러므로 같은 교회에서 스스로를 분리시키거나 교회에 참여하지 않는 모든 자들은 하나님의 명령을 거역하는 것이다.

〈29조〉 우리는 마땅히 하나님의 말씀을 통해 무엇이 참된 교회인지를 성실하고도 주의 깊게 분별해야 함을 믿는다. 왜냐하면 이 세상의 모든 이단 분파들(sects)이 스스로를 교회라는 이름으로 일컫기 때문이다. 이것은 위선자들, 곧 외형적으로는 교회 안의 선한 성도들과 함께 거하지만 실상은 교회가 아닌 무리에 관해 말하는 것이 아니다. 다만 한 몸으로서의 참된 교회의 교제가 교회임을 자처하는 온갖 이단 분파들로부터 반드시 구별되어야 함을 말한다.

첫째, 벨직 신앙고백서는 관념적인 추론(mental deduction)을 통해 가시적 교회를 회심한 자와 그렇지 않은 자로 구성된 교회로, 그리고 비가시적 교회를 오직 믿는 자들로만 구성된 교회로 구분하지 않습니다. 이에 대해서는 이미 앞에서 반박하였습니다. 고백서는 오히려 교회에 대해, 지상에서 모인 존재로서 다만 가시적인 면에서 정도의 차이가 있을 뿐이라고 말합니다. 고백서가 교회에 대해 진술하는 내용들을 면밀히 검토해 보면, 이내 이러한 점을 깨닫게 될 것입니다.

① 교회 안에는 위선자들이 존재합니다(29조 참고).

② '어디에서든지 하나님께서 세우신 이 회중'에 참여하여 교회의 가르침과 훈계를 받아야 합니다(28조 참고).

③ 박해가 있을 때에 세상의 위정자나 군주의 칙령에 반대하여 죽거나 신체적 형벌을 당할 수 있는 무리입니다(28조 참고).

④ 이단 분파들을 구별해 낼 수 있습니다(29조 참고).

이러한 진술이 모두 하나님의 말씀을 듣기 위해 모이고 성례를 시행하는 가시적 교회에 해당합니다.

둘째, 고백서는 교회가 가시적인 면에서 정도의 차이가 있더라도 여전히 참된 신자들로 구성되어 있다고 진술합니다.

① 교회를 "예수 그리스도를 믿음으로 구원받고, 그의 보혈로 죄를 씻음 받으며, 성령으로 성화되고 인 쳐질 것을 믿고 바라는 참된 그리스도인들이 모인 하나의 거룩한 회중"으로 묘사합니다(27조 참고).

② "위선자들, 곧 외형적으로는 교회 안의 선한 성도들과 함께 거하지만 실상은 교회가 아닌 무리"에 대해 언급합니다(29조 참고).

이러한 진술은 오직 신자만이 교회의 지체이며, 회심하지 않은 자들은 외형적으로 교회에 속했다 하더라도 교회의 지체가 될 수 없다는 개혁교회의 확신을 확증합니다.

반론

벨직 신앙고백서는 교회 바깥에는 구원이 없다고 말한다. 그러나 가시적이며 외형적인 교회 밖에서도 구원을 받을 수 있다. 세례를 받지 못했거나 주의 만찬에 참여하지 못한 많은 이들도 구원을 받는다. 로마 가톨릭에 있는 자들 가운데서도 구원받는 이들이 많다. 따라서 고백서는 가시적 교회가 아니라 신자로만 구성된 비가시적 교회에 대해 말하고 있다.

답변

(1) 종교개혁 당시, 혹독한 박해 때문에 많은 이들이 신자의 회중에 참여할 용기

를 내지 못했으며(지금도 여전히 많은 이들이 그러합니다), 따라서 다른 종교를 통해서도 구원을 얻을 수 있는 것처럼 주장했습니다. 벨직 신앙고백서는 바로 이 점을 부인합니다.

(2) 교회 밖에는 구원이 없다는 것은 자명한 진리입니다. 어느 누구도 진리 없이는 회심하고 구원받을 수 없습니다. 오직 교회만이 그 진리를 소유하고 전파합니다. 그러므로 교회를 어머니로 두지 못한 자는 하나님을 아버지로 모실 수 없습니다.

(3) 그렇다고 고백서가 반드시 교회의 구성원이 되고 세례를 받으며 주의 만찬에 참여해야만 구원받을 수 있다고 진술하는 것은 아닙니다. 다만 교회를 떠나서는, 즉 교회 밖에서는 구원의 도가 가르쳐지지 않으며, 구원의 수단이 발견되지 않는다는 것을 의미합니다.

(4) 세례를 받지 못했을지라도 회심한 사람은 교회라는 방편을 통해 구원을 받습니다. 교회를 통해 하나님의 말씀이 그들에게 심기며 선포됩니다. 만약 로마 가톨릭 가운데 회심한 자가 있다면, 이는 그들의 교리가 아니라 그들 안에 남아 있는 하나님의 유효한 말씀이 이룬 일입니다.

이와 같이 벨직 신앙고백서는, 교회 안에 있지만 회심하지 않은 자들은 교회의 지체가 아니며 오직 참된 신자만이 교회의 구성원이라는 점을 분명히 밝힙니다.

앞서 언급한 진리는 다음의 논점들을 통해 확인됩니다.

첫째, 하나님과 인간 사이에 체결된 외적인 언약에 회심하지 않은 자가 참여했다는 기록은 구약과 신약 어디에도 없습니다. 따라서 회심하지 않은 자가 구성원으로 속해 있는 외형적 교회란 존재하지 않습니다. 언약에 관한 첫 번째 진술은 16장에서 자세히 규명했으며, 교회가 그 언약 위에 세워졌다는 점에서 두 번째 진술 역시 틀림없는 사실입니다. 언약이 그렇게 맺어졌다면, 교회 또한 그렇게 이루어져야 합니다.

둘째, 교회의 모든 참된 구성원들은 성례에 참여할 권리를 가집니다. 그리하여 언약으로 말미암은 은택을 보증 받습니다. 떡과 잔은 죄를 사하기 위해 찢기고 피 흘리신 그리스도의 몸과 피에 참여하는 것입니다(롬 4:11; 고전 10:16; 마 26:26-28 참고). 그러나 회심하지 않은 자들은 언약이 보증하는 은택의 어떠한 부분이나 분깃도 소유하고 있지 않으므로 성례에 참여할 권리를 가지지 못합니다. 그저 분별하지 않고 먹고 마심으로써 자신을 정죄할 뿐입니다. 주의 만찬을 시행하기 위한 예식서[4]는 다음과 같이 설명합니다. "지속적으로 죄 가운데 있을 때에는 누구든지 이 양식(주께서 신실한 자들만을 위해 정하신)을 삼가라. 그렇지 않으면, 그들의 심판과 정죄가 이전보다 더욱 중할 것이다." 따라서 회심하지 않은 자들은 교회의 지체가 아닙니다.

셋째, 성령을 통해 그리스도와 성도가 연합되었고 성도들도 서로 연합되었다는 사실은 외적인 교회의 중요한 요소입니다.

"우리가 유대인이나 헬라인이나 종이나 자유인이나 다 한 성령으로 세례를 받아 한 몸이 되었고 또 다 한 성령을 마시게 하셨느니라"(고전 12:13).

주의 만찬을 시행하기 위한 예식서는 이를 설명하면서 고린도전서 10장 17절을 인용합니다.

"떡이 하나요 많은 우리가 한 몸이니 이는 우리가 다 한 떡에 참여함이라."

더 나아가, "우리는 동일하신 성령(그리스도와 그분의 지체 된 우리에게 임하신)을 통해 그리스도와 더불어 참되게 교제한다……또한 이 동일하신 성령을 통해 진실한 형제 우애로 서로 연합하여 한 몸의 지체가 된다"라고 진술합니다. 그러나 회심하지 않은 자들은 이 성령을 소유하지 못합니다.

"이 사람들은……육에 속한 자며 성령이 없는 자니라"(유 1:19).

성령이 없는 자들은 그리스도의 사람이 아닙니다(롬 8:9 참고). 결국 교회의 지체들이 성령으로 연합된 그리스도의 소유라는 점에서, 회심하지 않은 자들은 교회의 지체가 아닙니다.

넷째, '교회'라는 이름은 회심하지 않은 사람들에게는 해당되지 않습니다. 교회

---

[4] 역자주 - 이 예식서는 화란 개혁교회의 예배 예식서(Liturgy of the Reformed Churches of the Netherlands)로, 현재까지 북미 네덜란드 개혁 교단의 예배 예식서로 사용되고 있다.

는 "하나님의 집"(딤전 3:15)이라고 불립니다. 교회는 "산 돌같이 신령한 집"(벧전 2:5)으로 세워졌으며, 그리스도의 "한 무리"(요 10:16)입니다. "그의 사랑의 아들의 나라"(골 1:13)입니다. "거룩한 자들의 모임"(시 89:5)이며, "정직한 자들의 모임과 회중"(시 111:1)입니다. 사도는 회중을 "그리스도 예수 안에서 거룩하여지고 성도라 부르심을 받은 자들"(고전 1:2)이요 "하늘의 부르심을 받은 거룩한 형제들"(히 3:1)이라고 일컫습니다. 이 모든 말들은 회심하지 않은 자에게 사용될 수 없습니다. 그러므로 이들은 교회에 속하지 않으며, 교회의 지체가 아닙니다.

다섯째, 요한일서 2장 19절도 이를 증언합니다.

"그들이 우리에게서 나갔으나 우리에게 속하지 아니하였나니 만일 우리에게 속하였더라면 우리와 함께 거하였으려니와."

교회에서 나간 자들은 회심하지 않은 자들입니다. 비록 교회를 벗어나기 전에 교회 안에 머물러 있었던 때에도, 그들은 교회에 속하지 않았습니다. 회심하지 않은 자는 교회 안에 있는 사람일 수는 있으나 교회의 사람은 아니며, 따라서 교회의 지체도 아닙니다.

참된 교회의 지체 됨에 대한 반론들과 답변

반론 1

교회와 연결되었으나 회심하지 않은 수많은 무리들이 분명히 교회의 지체로 여겨지고 있으며, 그 교회의 지체로 지내면서 성례에 참여하고 있다. 그러므로 이들은 교회의 진정한 지체들이다.

답변

(1) 교회의 회원으로 인정받고 교회에 연결되는 것과 교회의 참된 지체가 되는 것은 별개의 문제입니다. 교회의 구성원이 된다는 것이 곧 교회의 참된 지체가 된다는 의미는 아닙니다. 교회의 회원 됨은 사람이 결정하는 일입니다. 그러나 사람은 그저 눈앞에 놓인 것만을 볼 뿐, 마음을 판단할 수는 없습니다. 오직 하나님만이 중심을 감찰하십니다. 교회 장로회가 구성원을 받아들이는 규범은 거듭났거나 거

듭났을 가능성을 입증하지 않습니다. 오히려 그것은 진리에 대한 신앙고백과 응답, 그리고 그 고백에 모순되지 않는 삶으로 구현된 모습을 판단할 뿐입니다. 나머지는 구성원 자신과 주님께 맡길 뿐입니다.

(2) 표면적으로(externally) 교회에 참여하는 것과 외형적(external) 교회 됨은 별개의 문제입니다. 표면적으로 교회에 참여하고 있다는 사실이 곧 참된 성도로서 외형적 교회 가운데 있음을 의미하지는 않습니다. 외형적 교회의 구성원이 되는 것 자체에는 구원의 약속이 수반되지 않으므로 궁극적인 것은 아닙니다. 다만 외형적 교회는 구원받았을 자들이 모인 집단으로 존재합니다. 그러나 회심하지 않은 자들은 단지 표면적으로만 거기 참여할 뿐, 진리 안에서 회심하여 믿는 마음으로 교회에 속하는 것이 아닙니다. 따라서 그들은 사람의 눈에는 교회의 구성원처럼 보일지 모르나 교회의 참된 지체라고 할 수는 없습니다. 그들은 마치 좋은 열매를 맺는 좋은 나무에 붙어 있는 썩은 열매처럼 그저 교회 안에 거하기만 할 뿐이며, 잠시 집에 머물지만 아무도 가족으로 여기지 않는 방문객에 불과합니다. 그들이 이렇게 표면적으로 교회와 연결된 까닭에, 교회의 왕이신 주 예수님뿐만 아니라 참된 성도들과도 겉으로 관계를 맺으며 교회의 외형적인 특권을 누릴 수도 있습니다. 그러나 이런 식으로 교회에 가입하고 교회가 그들을 받아들인다고 해서 그들이 교회의 참된 지체가 되는 것은 아닙니다. 그러한 일은 오직 믿음과 회개를 통해 일어납니다.

반론 2

타작 마당에는 알곡도 있고 가라지도 있다. 교회는 타작 마당이며, 여기에도 동일하게 알곡과 가라지가 있다. 이와 같이 회심한 자와 그렇지 못한 자 모두가 동일한 교회에 속해 있다.

답변

교회 안에 선한 자와 악한 자가 있다는 사실에 관해서는 논쟁할 여지가 없습니다. 그러나 가라지를 타작 마당인 교회의 '지체'로 주장해서는 안 됩니다. 타작 마당의 가라지는 그저 가라지일 뿐 알곡은 아닙니다. 따라서 교회 안에 있다고 해서 모두가 교회의 사람인 것은 아닙니다.

반론 3

마태복음 13장 24,25,47절은, 좋은 곡식과 가라지가 동일한 밭에 함께 있고 좋은 물고기와 그렇지 않은 물고기가 한 그물에 담겨 있다고 말한다. 이와 같이 교회 안에 있는 선한 자와 악한 자가 모두 교회의 동일한 지체들이다.

답변

여기서 밭은 교회가 아니라 선한 자와 악한 자가 공존하는 세상을 일컫습니다(마 13:38 참고). 또한 그물 안의 각종 물고기들의 경우, 이내 어부가 감별하여 좋은 것만을 그릇에 담습니다. 비유를 읽을 때에는 그 비유가 의도하는 바에 유의해야 합니다. 이 비유는 선한 자와 악한 자의 결말에 관한 것이지, 교회의 참된 지체에 관해 말하는 것이 아닙니다. 따라서 이 비유는 교회의 지체 됨이라는 문제에는 해당되지 않습니다.

반론 4

"큰 집에는 금 그릇과 은 그릇뿐 아니라 나무 그릇과 질그릇도 있어 귀하게 쓰는 것도 있고 천하게 쓰는 것도 있나니"(딤후 2:20)라는 구절을 보라. 여기서 집은 교회를, 그릇은 그 교회의 지체를 뜻한다. 이러한 지체들 중에는 회심하지 않은 자들도 있다. 성경은 이들을 가리켜 천히 쓰는 그릇이라고 말한다.

답변

(1) 집 안의 그릇들은 가정의 구성원이 아닙니다. 마찬가지로 천히 쓰는 그릇, 즉 회심하지 않은 자들 또한 가정에 속한 구성원이 아닙니다.

(2) 거듭 말하지만 비유의 목적에 유의해야지, 세세한 내용에만 얽매여서는 안 됩니다. 이 말씀이 교회 안의 선한 자와 악한 자에 관해 설명한다는 점은 기꺼이 인정합니다. 그러나 이 본문은 그들이 교회의 참된 지체인지 아닌지에 관해서는 단

한 마디도 언급하지 않습니다. 그러므로 회심하지 않은 자들은 설령 교회 안에 있을지라도 교회에 속하지 않습니다.

반론 5

오직 회심한 자만이 교회의 지체라는 주장은 지상에 완전한 교회가 있다고 말하는 것이다. 따라서 그런 주장은 성경과 경험에 배치된다.

답변

(1) 참된 신자도 여전히 흠이 많으며, 결코 완전하지 않습니다.
(2) 오직 참된 신자만이 교회의 지체가 된다는 주장은 회중 가운데 회심하지 않은 자가 단 한 명도 없다는 말이 아닙니다. 이 주장은, 회심하지 않은 자가 교회에 참된 지체로 참여하지 못한다는 말입니다. 그들은 그저 교회에 다니기만 할 뿐입니다. 회심하지 않은 사람이 단 한 명도 없는 교회는 이 땅에 존재한 적이 없으며, 존재하지도 않을 것입니다. 실제로 그저 교회에 다니기만 하는 자들이 너무나 많습니다. 교회 안에 있는 존재와 교회 된 존재 사이에는 현저한 차이가 있습니다.

반론 6

어느 누구도 다른 사람의 회심을 확신할 수 없다. 따라서 진실로 회심한 자들만을 교회의 참된 지체로 여긴다면, 우리는 참된 교회를 분간할 수 없게 된다.

답변

교회 됨의 여부를 거듭남으로 판단해서는 안 됩니다. 교회는 바른 교리와 그 교리에 결부되어 이를 고백하는 지체들의 성화를 통해 확인됩니다. 이 두 가지가 인식할 수 있는 요소이며, 이 두 요소가 있는 한, 그곳에는 참된 교회가 존재합니다. 이 두 요소를 진정으로 소유하였는가 아니면 겉으로만 소유하였는가 하는 문제는, 개인적인 사안이지 교회를 구별하는 표지가 될 수 없습니다.

따라서 교회 됨이 더 선명하게 드러나든 그렇지 않든, 오직 참된 신자들만이 교회의 확실한 지체입니다. 회심하지 않은 사람들은 비록 표면적으로는 교회 안에 있을지라도, 교회의 지체는 아닙니다.

교회의 특성: 유일성, 거룩성, 보편성, 그리스도 중심성(Christian)

지금까지 우리는 교회가 참된 신자들로 구성된 회중의 모임이라는 사실을 살펴보았습니다. 이제 지금까지의 분석적인 해설에서 더 나아가 교회의 특성인 유일성, 거룩성, 보편성, 그리스도 중심성에 관해 설명하겠습니다.

유일성

교회는 유일합니다. 이는 장소를 일컫는 말이 아닙니다. 교회는 이 땅 곳곳에 흩어진 수많은 개교회들로 이루어져 있습니다. 그러므로 예루살렘이든 로마든, 어느 지역이든 특정한 장소에 제한받거나 얽매이지 않습니다. 교회의 하나 됨(oneness)은 세상 가운데 나타나는 외형적인 것과는 아무런 관련이 없습니다. 외형적 교회의 드러남은 달이 차거나 줄어드는 것과 비슷하기 때문입니다. 빛나는 광채를 드러내는 때가 있는가 하면, 그 밝은 부분이 많이 사라져 보일 때도 있고, 어둠이 대부분을 뒤덮어 잘 보이지 않을 때도 있습니다. 그러나 교회는 그 본질과 특성상 하나입니다. 교회는 때와 장소를 가리지 않고 어디에나 동일하게 존재합니다. 또한 교회는 변하지 않는 진리인 동일한 교리와 동일한 믿음과 성령과 거룩함 안에서 하나입니다. 성경이 이를 확증합니다.

"내 비둘기, 내 완전한 자는 하나뿐이로구나 그는 그의 어머니의 외딸이요"(아 6:9).

"그들도 내 음성을 듣고 한 무리가 되어 한 목자에게 있으리라"(요 10:16).

"몸이 하나요 성령도 한 분이시니 이와 같이 너희가 부르심의 한 소망 안에서 부르심을 받았느니라. 주도 한 분이시요 믿음도 하나요 세례도 하나요 하나님도 한 분이시니 곧 만유의 아버지시라"(엡 4:4-6).

교회의 일치는 하나님의 말씀을 듣기 위해 모인 성회에서, 성례를 시행하는 데서, 순전한 가르침을 소유하지 않은 모든 모임들로부터 구별되는 데서, 그리고 교회의 가르침과 의견을 달리하는 자들을 교회에 들이지 않고 제하는 것을 실천하는 데서 드러납니다.

"누구든지 이 교훈을 가지지 않고 너희에게 나아가거든 그를 집에 들이지도 말고 인사도 하지 말라"(요이 1:10).

거룩성

교회는 거룩한 모임입니다. 성경은 교회를 일컬어 다음과 같이 말합니다.

"그러나 너희는 택하신 족속이요 왕 같은 제사장들이요 거룩한 나라요 그의 소유가 된 백성이니 이는 너희를 어두운 데서 불러 내어 그의 기이한 빛에 들어가게 하신 이의 아름다운 덕을 선포하게 하려 하심이라"(벧전 2:9).

"그러므로 함께 하늘의 부르심을 받은 거룩한 형제들아"(히 3:1).

바울 사도는 서신의 문안 부분에서 회중을 성도라 부릅니다(롬 1:7; 고전 1:2; 고후 1:1; 엡 1:1; 골 1:2 참고). 아담에서부터 심판의 날에 이르기까지 교회는 하나이며, 또한 거룩합니다.

한편 구약 교회가 말하는 거룩함을, 단지 신약성경이 말하는 참된 거룩함을 묘사할 뿐인 모형적 의미의 거룩함으로만 이해해서는 안 됩니다. 즉, 구약이 말하는 거룩함을 오직 다른 나라와 구별하는 행위나 물로 씻는 정결 예식이나 부정한 것을 멀리하고 정결한 음식을 먹는 것을 의미하는 것으로 국한시켜 이해해서는 안 됩니다. 오히려 신약 교회와 마찬가지로, 구약의 거룩함에도 참된 거듭남과 성화가 실재했습니다.

① 베드로는 선지자들을 하나님의 거룩한 사람들이라 부릅니다(벧후 1:21 참고).

② 구약의 성도들도 메시아에 대한 참된 믿음을 소유했습니다(시 16:10; 고후 4:13 참고). 바울은 히브리서 11장에서 구약 시대에 살았던 믿음의 선진들을 전부 언급합니다. 참된 믿음이 있는 곳에 참된 거룩함이 있습니다. 왜냐하면 "사랑으로써 역사하는 믿음"(갈 5:6)만이 율법을 성취하기 때문입니다.

③ 구약의 신자들도 연단을 받으며 성화되어 갔습니다. 그들도 견고히 견딜 수

있기를 기도하였고, 영적 전쟁에 임했으며, 자신들의 삶을 주의 계명에 맞추었습니다(시 51:12, 43:3,4, 119편 참고).

④ 육신의 할례를 받지 못한 자와 마찬가지로, 마음의 할례를 받지 못한 자(스스로 그렇게 여기는 면에서)도 하나님의 집에 나아올 수 없었습니다.

"마음과 몸에 할례를 받지 아니한 이방인은 내 성소에 들어오지 못하리라"(겔 44:9).

⑤ 구약 성도들이 따랐던 정결 예식도 단지 신약 성도들의 참된 거룩함을 예표하기 위해 주어진 것이 아닙니다. 정결 예식은 여전히 유익하며, 내적이고도 외형적인 거룩함을 불러일으킵니다. 구약의 신자들에게 정결 예식은 그들이 죄로 오염되었으며 메시아의 보혈로 깨끗하게 될 것을 가리키기 위해 주어졌습니다. 따라서 이러한 정결 예식은 성도로 하여금 내적으로나 외적으로 "하나님을 두려워하는 가운데서 거룩함을 온전히 이루어 육과 영의 온갖 더러운 것에서 자신을 깨끗하게"(고후 7:1) 함으로 순결할 것을 요구합니다.

반론 1

이는 바울이 히브리서 9장 9,10,13,14절에서 진술하는 바와 모순된다.

"이 장막은 현재까지의 비유니……섬기는 자를 그 양심상 온전하게 할 수 없나니 이런 것은 먹고 마시는 것과 여러 가지 씻는 것과 함께 육체의 예법일 뿐이며 개혁할 때까지 맡겨 둔 것이니라……염소와 황소의 피와 및 암송아지의 재를 부정한 자에게 뿌려 그 육체를 정결하게 하여 거룩하게 하거든, 하물며 영원하신 성령으로 말미암아 흠 없는 자기를 하나님께 드린 그리스도의 피가 어찌 너희 양심을 죽은 행실에서 깨끗하게 하고 살아 계신 하나님을 섬기게 하지 못하겠느냐?"

답변

이 성경 본문은 지금까지의 진술과 모순되지 않습니다.

(1) 그 구절은 예식이 거룩하지 않다고 말하는 것이 아닙니다.

(2) 모든 정결 예식이 그 자체로 거룩한 것이 아니라는 사실은 기꺼이 인정합니다. 오늘날의 외형적 교회, 물 세례, 주의 만찬에서의 떡, 형식적인 성례에 참여하는

일 자체를 거룩하게 여기지 않는 것과 같은 이치입니다. 예나 지금이나 이러한 외적인 구성 요소들은 오직 믿음을 통해서만 그리스도와 연합되는 것이 분명합니다.

(3) 본문이 말하는 바는, 정결 예식이 그리스도를 가리키며 그분께로 인도한다는 것입니다. 정결 예식은 신약의 교회가 참된 거룩함을 가지게 될 것을 예표하지 않습니다.

교회가 거룩하다는 것은, 세상의 모든 모임으로부터 구별될 뿐만 아니라 하나님께 속한다는 의미입니다. 그리스도 안에 있는 교회에는 전가된 거룩함만 있는 것이 아닙니다. 오히려 성경은 내재하는 거룩함과 경건함에 더욱 비중을 둡니다. 따라서 교회는 참되게 회심한 경건한 지체들로 이루어졌고, 참된 거룩함에 관해 가르치고 훈계하며, 세상의 다른 모임에나 있을 법한 허울뿐인 거룩함과는 구별되는 참된 거룩함이 발견되기 때문에 거룩합니다.

이는 교회가 온전히 순결하며 완벽하다는 말이 아닙니다. 교회의 모든 지체들은 이 거룩함을 향해 작은 걸음을 내딛었을 뿐, 자신 안에 여전히 수많은 부패함을 지니고 있습니다. 게다가 교회에는 사실상 회심하지 않은 까닭에 교회의 지체가 아닌 이들도 매우 많습니다. 알곡과 쭉정이가 함께 있고 곡식 가운데 잡초가 있듯이, 교회 안에는 불경건한 자들이 언제나 존재합니다. 아담으로부터 그리스도에 이르기까지의 모든 교회를 생각해 볼 때, 하나님께서 우리의 선조들 중 많은 이들을 기뻐하지 않으셨다는 사실을 발견할 수 있습니다(고전 10:5 참고).

그리스도께서 이 땅에 계셨던 시기에 유대 교회는 극도로 부패하였습니다. 세례를 받은 제자들조차 대부분 그리스도를 떠났습니다(요 6:66 참고). 바울은 고린도교회가 육신에 속했으며(고전 3:3 참고), 그 안에서 음행이 자행되었다고 분명히 말합니다(고전 5:1 참고). 어떤 이는 술 취한 채로 주의 만찬에 참여하였고(고전 12:21 참고), 어떤 이는 하나님을 알지 못했습니다(고전 15:34 참고). 갈라디아교회에는 마땅히 제명되어야 하는데도 여전히 회중 가운데 남아 있는 자들이 있었습니다(갈 5:12 참고). 사도 바울은 교회 안에 있는 많은 사람들에 대해 "그들이 다 자기 일을 구하고 그리스도 예수의 일을 구하지 아니하되"(빌 2:21)라고 단언합니다. 유다는 교회에 대해 다음과 같이 말합니다.

"가만히 들어온 사람 몇이 있음이라……경건하지 아니하여 우리 하나님의 은혜를 도리어 방탕한 것으로 바꾸고 홀로 하나이신 주재 곧 우리 주 예수 그리스도를 부인하는 자니라……가인의 길에 행하였으며……기탄없이 너희와 함께 먹으니……바람에 불려 가는 물 없는 구름이요 죽고 또 죽어 뿌리까지 뽑힌 열매 없는 가을 나무요 자기 수치의 거품을 뿜는 바다의 거친 물결이요……유리하는 별들이라"(유 1:4,11-13).

주 예수님은 에베소교회가 첫사랑을 버렸다고 말씀하셨고(계 2:4 참고), 버가모의 회중에 관해서는 "발람의 교훈을 지키는 자들이 있도다……이와 같이 네게도 니골라 당의 교훈을 지키는 자들이 있도다"(계 2:14,15)라고 말씀하셨습니다. 두아디라의 회중은, 그리스도의 종들을 꾀어 행음하게 하고 우상의 제물을 먹도록 가르친 이세벨이란 여인을 용납하였습니다(계 2:20 참고). 사데의 회중은 살았다 하는 이름은 가졌으나 실상은 죽은 자였고, 그리스도와 동행하는 이가 얼마 되지 않았습니다(계 3:1-4 참고). 라오디게아교회의 회중은 자신이 부자이며 부요하다고 착각했지만, 정작 "곤고한 것과 가련한 것과 가난한 것과 눈먼 것과 벌거벗은 것"(계 3:17) 같은 존재였습니다.

이러한 내용들은 우리가 이와 같은 죄악에 빠지지 않도록 경고하는 역할을 합니다. 한편으로는 교회의 부정함을 이유로 내세워 순전한 다른 교회를 세우려고 교회를 떠날 수는 없음을 우리에게 가르칩니다. 역사상 그 어느 시기에도, 그리고 지금도 마찬가지로, 이를 통해 서로 아름답게 결별한 경우는 없습니다. 오히려 실족시킬 원인을 제공할 뿐입니다. 라바디주의자(Labadists) 같은 이들에게서 볼 수 있듯이, 이는 하나님의 진노하심의 명백한 표시였습니다.

보편성

교회의 세 번째 특성은 보편성(catholicity)입니다. '가톨릭(catholic)'[5]이라는 단

---

5) 역자주 - 저자는 여기서 '보편적'이라는 뜻의 'catholic'이라는 단어를 대문자 'Catholic'과 병행하여 사용한다. 그런데 후자는 로마 가톨릭을 지칭하는 고유 명사로도 쓰이므로, '보편적'이라는 의미를 가진 경우 작은 따옴표를 사용하

어가 마치 참된 교회의 동의어인 양, 이 단어를 무작정 좋아하는 이들이 많습니다. 그러나 '가톨릭(Catholic)'이라는 단어는 헬라어에서 파생된 것으로, 성경에서는 쓰이지 않습니다. 이는 '정통(orthodox)' 또는 '참된'이라는 의미가 아니라 '보편적(universal)'이라는 의미입니다. 히브리서 12장 23절에서는 '총회(general assembly)'라는 뜻을 가진 πανήγυρις(파네귀리스)라는 단어가 쓰입니다. 따라서 교회는 보편적입니다.

첫째, 이는 세상의 시작부터 마지막에 이르기까지 승리했으며(triumphant) 전투하는(militant) 교회를 구성하는 택자들의 수와 관련해 참됩니다. 성경은 교회에 관해 다음과 같이 말합니다.

"그러나 너희가 이른 곳은 시온산과 살아 계신 하나님의 도성인 하늘의 예루살렘과 천만 천사와 하늘에 기록된 장자들의 모임과 교회와 만민의 심판자이신 하나님과 및 온전하게 된 의인의 영들과"(히 12:22,23).

"그를 만물 위에 교회의 머리로 삼으셨느니라. 교회는 그의 몸이니"(엡 1:22,23).

"그리스도께서 교회를 사랑하시고 그 교회를 위하여 자신을 주심같이 하라……깨끗하게 하사 거룩하게 하시고"(엡 5:25,26).

둘째, 구약의 교회와 달리 신약의 회중은 보편적이라고 불립니다. 구약 교회는 아브라함의 자손으로 이루어진 한 나라에 국한되었습니다. 참된 신자가 되고자 하는 타국인은 반드시 이스라엘 나라로 편입되어 개종한 유대인으로 불려야 했습니다. 교회는 가나안 지역으로 국한되었고, 그 신앙의 중심지는 예루살렘이었습니다. 그러나 신약에 이르러 교회는 보편적(catholic)인 교회, 즉 지역과 민족과 시대와 관련해 보편적(universal)인 교회가 되었습니다. 지금도 교회는 세계 도처에 흩어져 있으며, 사방에서 발견됩니다. 다양한 민족이 교회를 이루고 있으며, 유대인인지 이방인인지가 더는 중요하지 않습니다. 이 교회는 심판의 날, 곧 그리스도께서 재림하실 때까지 사라지지 않고 지속될 것입니다.

여 '가톨릭'으로 표기하겠다.

셋째, 교회는 보편적인 교리를 가집니다. 지금까지도 그래 왔고, 앞으로도 그러할 것입니다. 그리스도께서 강림하시기 이전에 행했던 외적인 종교 의식은 일시적인 것이었고, 그리스도로 말미암아 모든 것이 바뀌었습니다. 그것은 그리스도에 관해 가르치는 그림자였습니다. 그리스도의 강림 이후에는 오직 물로 행해지는 거룩한 세례 및 빵과 포도주로 행해지는 주의 만찬만이 외적인 예식으로 거행됩니다. 이는 그리스도의 보혈로 말미암아 인정된 은혜언약의 예표이자 보증이 되는 신앙 예식입니다.

그리스도 중심성

마지막으로, 교회의 특성은 그리스도 중심성(Christian)입니다.

① 교회의 유일한 머리이신 그리스도가 이 땅에 오신 이후, 교회는 그리스도교(Christian, 기독교)로 불립니다.

"그리스도께서 교회의 머리 됨과 같으니 그가 바로 몸의 구주시니라"(엡 5:23).

그리스도께서 교회의 왕이십니다.

"내가 나의 왕을 내 거룩한 산 시온에 세웠다 하시리로다"(시 2:6).

(교회의 왕 되신 그리스도에 관해서는 앞에서 충분히 논했으므로 교회에 대한 그리스도의 왕직에 관해 더 논하지는 않겠습니다.) 교회는 아가서 전반에 걸쳐 신부로 묘사되는데, 그리스도는 그 신부의 신랑이 되십니다. 요한복음 3장 29절에 기록된 바, "신부를 취하는 자는 신랑"이라는 말씀을 숙고해 보십시오. 하와가 남자에게서 나왔기 때문에 여자라 불린 것처럼(여자라는 말이 사람이라는 뜻의 남자에게서 나왔습니다), 교회는 그리스도를 따라 '그리스도교'라고 불리며, 각각의 신자는 그리스도인이라고 불립니다(행 11:26 참고).

"나를 권하여 그리스도인이 되게 하려 하는도다"(행 26:28).

"만일 그리스도인으로 고난을 받으면"(벧전 4:16).

② 교회가 '그리스도교'라고 불리는 것은, 교회만이 홀로 그리스도의 가르침을 받으며, 그리스도의 생명이 교회를 통해 어느 정도 분명해지기 때문입니다.

"그러므로 우리가 그리스도의 도의 초보를 버리고……완전한 데로 나아갈지니라"(히 6:1,2).

"교훈 안에 거하는 그 사람은 아버지와 아들을 모시느니라"(요이 1:9).

"그러나 우리가 그리스도의 마음을 가졌느니라"(고전 2:16).

교회는 그리스도의 가르침을 소유함으로써 그리스도의 생명을 어느 정도 드러냅니다.

"내가 그리스도를 본받는 자가 된 것같이 너희는 나를 본받는 자가 되라"(고전 11:1).

"너희에게 본을 끼쳐 그 자취를 따라오게 하려 하셨느니라"(벧전 2:21).

자신들의 오류를 감추려는 많은 모임(assemblies)들도 그리스도교, 곧 '기독교'라는 이름을 사용합니다. 이들은 하나님의 섭리에 의해 붙여진 특정한 이름들을 통해 서로 구별됩니다. 그 이름들은 그들이 초기에 스스로를 지칭한 이름이거나 다른 이들에 의해 비난조로 불린 이름인데, 대부분의 경우 오류를 가장 먼저 전파한 사람들의 이름을 따릅니다. 교황주의자(Papists)란 그들의 우두머리인 교황을 따라 붙여진 이름이고, 로마 가톨릭이라는 명칭은 교황이 거하며 잘못된 가르침을 전파하는 장소인 로마의 도시명을 따릅니다. 메노나이트파(Mennonites, 즉 재세례파[Anabaptists])는 네덜란드의 프리슬란트(Friesland) 지역에 있는 비트마르쉼(Witmarsum)에서 추방된 수사인 메노 시몬스(Menno Simons)의 이름을 따른 것입니다. 알미니안(Arminians)은 라이덴 대학(the University of Leiden)의 교수직을 박탈당한 알미니우스(Arminius)의 이름을 따라, 소시니안(Socinians)은 소시누스(Socinus)의 이름을 따라, 루터교도(Lutherans)는 루터(Luther)의 이름을 따라 명명된 것입니다.

이와 같은 문제가 있는 모든 모임들로부터 참된 교회를 구별하기 위해, 우리는 스스로를 개혁파(Reformed)라고 부릅니다. 이는 교리가 변하거나 개선되어야 함을 의미하지 않습니다. 하나님의 말씀인 진리는 언제까지나 보존되어 건재할 것입니다. 개혁파라는 말은 교회에 스며든 오류에 대한 개혁을 의미합니다. 오랜 시간 압제해 온 로마 가톨릭 이단을 떠나 하나님의 말씀이 가르치는 바에 따라 교회를 개혁해 나가는 것입니다. 이를 통해 교회는 오류들을 벗어 던지게 됩니다. 어떤 이들은 참된 개혁파 교회의 지체들을 비난하려는 의도로, 제네바의 목사요 최초로 로마 가톨릭의 오류에 반대한 인물들 가운데 한 명인 칼빈의 이름을 따서 그들을 칼빈주의자(Calvinists)라고 부르기도 합니다. 그러나 실제로는 쯔빙글리가 최초의 인물이며, 칼빈과 루터는 '여러 초창기 인물들 가운데 한 명'일 뿐입니다. 칼빈은 참된 교회의 일원이자 진리를 고취시키는 일에 크게 공헌하였습니다. 그러나 그는 교회의 머리가 아니며, 참된 생명을 위한 교리의 규범을 제정하지도 않았습니다. 우리는 사람을 칭송하거나 숭배하지 않습니다. 사람이 고안한 것을 좇지 않을뿐더러 사람을 추종하지도 않습니다. 우리 스스로를 한 사람의 이름을 따라 일컫는 행위는 위험한 일입니다. 참된 교회로서 자신을 거짓 교회와 구별하려는 것 자체는 좋은 일이지만, 그러한 방식은 옳지 않습니다.

교회의 구별됨과 하나 됨

우리는 이미 교회의 참된 특성을 설명하면서 교회를 세상으로부터 구별된 모임으로 묘사했습니다. 모든 나라는 국경이 있으며, 그것을 경계로 하여 백성이 거주할 곳을 표시하고 다른 나라와 구별합니다. 천국은 이런 식으로 모든 나라와 구별되며 주권을 행사하는 영토와는 무관하게 독립적으로 활동합니다. 이러한 구별은 구약에서 보게 되는 어느 지역이나 장소나 도시에 의한 구별과는 관련이 없습니다. 오직 신앙고백과 친교를 통해 다른 것들로부터 구별될 뿐입니다. 따라서 교회는 여전히 세상에 속하거나 그릇된 신앙을 받아들이는 사람들이 자신들의 공동체 안에 머무르는 것을 원하지 않습니다. 교회는 그리스도의 왕국이 더욱 분명히 드러나기 위해 구별되기를 원합니다.

① 교회의 구별됨은 구약에서 다음과 같이 나타납니다.

"이 백성은 홀로 살 것이라 그를 여러 민족 중의 하나로 여기지 않으리로다"(민 23:9).

"너는 여호와 네 하나님의 성민이라 네 하나님 여호와께서 지상 만민 중에서 너를 자기 기업의 백성으로 택하셨나니"(신 7:6).

이는 신약에서도 참된 사실입니다.

"그 나머지는 감히 그들과 상종하는 사람이 없으나 백성이 칭송하더라"(행 5:13).

"그러므로 너희는 그들 중에서 나와서 따로 있고 부정한 것을 만지지 말라 내가 너희를 영접하여"(고후 6:17).

② 교회는 울타리를 두른 존재로 묘사됩니다.

"땅을 파서"(사 5:2).[6]

"예루살렘이여 내가 너의 성벽 위에 파수꾼을 세우고"(사 62:6).

③ 교회의 구별됨을 보존하고 세상과 혼합되는 것을 막기 위해 장로들이 교회에 세워졌습니다.

"여러분은 자기를 위하여 또는 온 양 떼를 위하여 삼가라 성령이 그들 가운데 여러분을 감독자로 삼고"(행 20:28).

"너희를 인도하는 자들에게 순종하고 복종하라 그들은 너희 영혼을 위하여 경성하기를"(히 13:17).

이는 교회의 질서 체계에서도 확증됩니다.

"너희가 질서 있게 행함과"(골 2:5).

④ 교회는 문을 열고 닫을 열쇠를 가집니다(마 16:19 참고).

"교회의 말도 듣지 않거든 이방인과 세리와 같이 여기라"(마 18:17).

"밖에 있는 사람들은 하나님이 심판하시려니와 이 악한 사람은 너희 중에서 내쫓으라"(고전 5:13).

교회는 세상에서 구별되는 동시에 내적으로 하나가 됩니다. 이는 내적으로 교제하는 교회의 특성을 나타내는 '회중'이라는 단어 자체에서 분명하게 드러납니다. 교회는 구별된다는 측면에서는 회중으로, 비유적으로 각 돌들이 서로 연결되어 하나로 지어진다는 측면에서는 '집'으로 불립니다. 또한 많은 지체들로 연결된 '몸'이며, 이리저리 흩어진 양들이 아니라 함께 모인 '양 떼'입니다. 또한 서로를 보호하

---

6) 역자주 - KJV와 아 브라켈이 참고한 화란어역 스타텐베이블은 이 구절을 "울타리를 치고(And He fenced it)"라는 개념으로 번역한다. 그런데 히브리어 원문에서 쓰인 עזק(아자크)는 '~을 파다(dug it)'라는 뜻이다. 한글 개역개정 성경은 이를 "땅을 파서"라고 번역한다.

기 위해 결속된 백성들이 거하는 '왕국'입니다.

① 이 하나 됨은 동일한 진리를 받는 것으로 알 수 있습니다.

"그 말을 받은 사람들은 세례를 받으매"(행 2:41).

② 이 하나 됨은 동일한 진리를 받아들이며 고백하는 자들이 함께하는 것으로 알 수 있습니다. 만일 누군가가 입으로만 진리를 시인한다면, 그는 자신의 실체를 드러내야 할 것입니다. 참된 하나 됨을 소망하는 사람이라면, 동일한 진리를 고백하며 경험하는 자들과 함께하려는 소원을 품게 마련입니다.

"믿는 무리가 한마음과 한뜻이 되어"(행 4:32).

"그 남은 백성과……절교하고 하나님의 율법을 준행하는 모든 자와 그들의 아내와 그들의 자녀들 곧 지식과 총명이 있는 자들은 다 그들의 형제 귀족들을 따라 저주로 맹세하기를"(느 10:28,29).

"그들도 다 하나가 되어"(요 17:21).

"너희 가운데 분쟁이 없이 같은 마음과 같은 뜻으로 온전히 합하라"(고전 1:10).

③ 이 하나 됨은 동일한 성령을 통해 일어납니다.

"우리가 같은 믿음의 마음(same spirit of faith)[7]을 가졌으니"(고후 4:13).

"다 한 성령으로 세례를 받아 한 몸이 되었고"(고전 12:13).

성령께서 성도 가운데 내주하셔서 감화하고 조명하며, 거듭남과 성화를 일으키십니다. 그리하여 성도들은 동일한 본성을 소유하게 되었습니다. 유유상종[8]하듯이, 이들은 필연적으로 함께하게 됩니다.

④ 교회는 서로 사랑과 화평함으로 연합됩니다.

"오래 참음으로 사랑 가운데서 서로 용납하고 평안의 매는 줄로 성령이 하나 되게 하신 것을 힘써 지키라"(엡 4:2,3).

"이 모든 것 위에 사랑을 더하라 이는 온전하게 매는 띠니라"(골 3:14).

---

7) 역자주 - 영역본에는 이 구절을 "same Spirit of faith"라고 하여 Spirit을 대문자로 표기함으로써 성령을 가리키는 것처럼 쓰고 있으나, 원 성경은 소문자 spirit, 즉 마음이나 영을 의미한다.

8) 역자주 - 여기에 인용된 네덜란드 속담 "gelijk nu zoekt gelijk"을 직역하면 "같은 부류가 같은 부류를 찾는다"이다. 영역본은 이 속담을 영어 속담 "Birds of a feather flock together"로 옮겼다.

⑤ 교회는 머리 되신 그리스도의 영예를 드높이고자 하는 동일한 목적으로 하나 됩니다.

"우리 형제들로 말하면……그리스도의 영광이니라"(고후 8:23).

⑥ 이 하나 됨은 서로 섬기고, 모든 일을 함께 견디며, 서로를 위하여 기꺼이 죽을 수 있는 마음을 불러일으킵니다.

"누구든지 자기의 유익을 구하지 말고 남의 유익을 구하라"(고전 10:24).

"우리도 형제들을 위하여 목숨을 버리는 것이 마땅하니라"(요일 3:16).

교회를 모으고 보호하시는 하나님

교회는 자발적으로 이루어진 모임이 아닙니다. 교회는 사람의 지혜가 아니라 오직 하나님께서 그분의 지혜와 원하심으로 자기 백성들을 불러 모아 이루셨습니다.

"주께서 구원받는 사람을 날마다 더하게 하시니라"(행 2:47).

"그가……그의 사랑의 아들의 나라로 옮기셨으니"(골 1:13).

"내가 인도하여야 할 터이니"(요 10:16).

주님께서 자신의 교회를 모으시는 수단은 바로 말씀입니다.

"그들도 내 음성을 듣고 한 무리가 되어 한 목자에게 있으리라"(요 10:16).

"자기의 뜻을 따라 진리의 말씀으로 우리를 낳으셨느니라"(약 1:18).

"하늘의 부르심을 받은 거룩한 형제들아"(히 3:1).

주님은 그분의 종이나 특정한 자를 어느 장소에 보내 복음을 전하게 하심으로써, 그곳에 그리스도가 말씀으로 거하게 하십니다. 만약 누군가가 말씀의 조명을 받아 믿고 회심했다면, 그리스도를 전파한 사람을 가까이하고 싶어할 것입니다. 복음의 말씀 및 그 말씀을 전한 자와 받은 자의 결속이라는 두 요소는 또 다른 사람을 회심하게 하는 수단이 됩니다. 회심한 개인은 이내 다른 이와 연결되며, 그들과 더불어 한 심령이 됩니다. 이처럼 회중은 성장하여 흑암 가운데 빛으로, 또는 산 위에 있는 동네로 드러납니다. 모든 이들이 교회의 강력한 증언을 듣고, 그들의 거룩한 행보를 목도할 것입니다. 그리고 이를 보고 듣는 자들은 이 회중을 칭송할 것입니다. 그러는 가운데 그들의 내면에서 자신이 이 회중에 속하지 않았다는 사실을 선고받고 깨닫는 일도 일어납니다. 그들 가운데 복음을 받아들이지 못하는 사람은 자신을 책망하는 이 빛을 견디지 못해 교회를 대적하거나 무너뜨리려는 충동을 느끼다가, 결국 회중을 증오하게 됩니다. 그 심령에 진리가 없는 많은 이들도 사람들 가운데 나타나는 교회의 존영과 교회 안에서 나타나는 사랑 등 교회의 광채에 이끌려 교회로 오게 될 수 있습니다. 교회의 이러한 외적 유익 때문에, 회심하지 않았는데도 회중에 참여할 수도 있습니다. 결국 이러한 자들이 교회의 다수를 차지할 수도 있습니다. 그러나 이러한 자들은 공적으로는 교회의 벗으로 행세할지라도, 본심으로는 여전히 교회를 대적할 뿐입니다. 회중 가운데 속해 있다가도 경건한 자들의 말과 행실을 통해 자기들의 실체가 드러나고 책망받기 시작하면, 그들은 이내 본성을 드러내고, 교회 밖의 악한 자들보다 더욱 심하게 경건한 자들을 핍박할 것입니다. 이러한 핍박 때문에 교회의 안팎에 갈등과 불화가 있을 수 있지만, 경건한 자들은 더욱 결속될 것입니다.

하나님은 교회를 모으실 뿐만 아니라 교회가 멸절되지 않도록 보호하십니다. 교회는 세상이 존재하는 한 언제까지나 존재할 것입니다. 박해의 시기에 특정 지역의 어느 교파들이 신앙적으로 완전히 배교하여 이단이 되거나 사라질 수도 있습니다. 그러나 교회 자체가 없어지는 일은 결코 일어나지 않습니다. 어느 지역에서 교회가 없어졌다 하더라도, 다른 지역에서 다시 생겨날 것입니다. 역사가 이를 풍성하게 증언합니다. 이는 단지 개별적인 신자나 택자가 도처에 흩어져 있다는 말이 아닙니다. 회중이 교회의 가시성(visibility)과 부패함 사이에서 부침을 겪더라도 항상 존재하리라는 말입니다. 그러나 교회가 이렇게 지속되는 것은, 교회 본연의 견고함과 능력이 아니라 하나님의 뜻과 보존하시는 능력으로 말미암습니다.

▶ 질문

교회는 항상 존재하는가?

대답: 그렇습니다.

첫째, 하나님의 약속들이 이를 증언합니다.

"이 반석 위에 내 교회를 세우리니 음부의 권세가 이기지 못하리라"(마 16:18).

만일 교회가 멸절될 수 있다면, 음부의 권세가 교회를 압도할 수도 있을 것입니다. 그러나 그런 일은 일어나지 않을 것이며, 교회는 항상 건재할 것입니다. 마태복음 28장 20절도 이를 증언합니다.

"볼지어다 내가 세상 끝 날까지 너희와 항상 함께 있으리라 하시니라."

사도들은 이 땅에 잠시 거하지만, 그들이 기록한 성경과 그들의 영적인 자손(세대와 세대를 잇는 자녀들)은 언제까지나 존재할 것입니다. 그리스도께서 이들을 세상 끝 날까지 도울 것이며, 성경과 영적인 자손들을 통해 사도들이 계속 살아서 말할 것이라고 약속하셨습니다. 따라서 교회는 존속되며, 항상 건재할 것입니다.

둘째, 주 예수 그리스도의 직분이 이를 확증합니다. 그리스도 예수는 영원토록 선지자, 제사장, 왕으로 계십니다. 몸 없는 머리가 있을 수 없으며, 백성 없는 왕이 있을 수 없습니다. 또한 가르칠 제자가 없는 선지자, 기도해 줄 대상인 백성이 없는 제사장, 신부가 없는 신랑도 존재하지 않습니다.

"너는……영원한 제사장이라 하셨도다"(시 110:4).

"이 여러 왕들의 시대에 하늘의 하나님이 한 나라를 세우시리니 이것은 영원히 망하지도 아니할 것이요"(단 2:44).

"그가 모든 원수를 그 발 아래에 둘 때까지 반드시 왕 노릇 하시리니, 맨 나중에 멸망 받을 원수는 사망이니라"(고전 15:25,26).

셋째, 이러한 사실에 덧붙여 성경은 아담에서 그리스도에 이르기까지, 그리고 그리스도 강림 이후와 사도 시대의 교회를 보여 줍니다. 뿐만 아니라 교회사와 세속 역사가 모두 사도 시대 이후로부터 지금에 이르기까지 교회가 존재해 왔음을 증언합니다. 따라서 교회가 사라지기를 바라는 자들이 있겠지만, 단언하건대 교회는 앞으로도 계속 존재할 것입니다.

반론 1

누가복음 18장 8절의 "그러나 인자가 올 때에 세상에서 믿음을 보겠느냐"라는 말씀은 '믿음을 찾아볼 수 없으니 곧 교회가 존재하지 않으리라'는 의미가 아닌가?

답변

주님의 말씀은 믿는 자가 없을 것이라는 뜻이 아닙니다. 사도는 데살로니가전서 4장 15-17절에서 이에 대해 분명하게 진술합니다. 더 정확히 말하자면, 참으로 놀라울 정도로 믿는 자가 극소수에 불과할 것이라는 의미입니다.

반론 2

"먼저 배교하는 일이 있고 저 불법의 사람 곧 멸망의 아들이 나타나기 전에는 그날이 이르지 아니하리니"(살후 2:3).

대배교는 필연적으로 교회의 전적인 멸절을 함축한다. "이 땅에 사는 자들은 다 그 짐승에게 경배하리라"(계 13:8)라는 말씀을 보라. 경건한 자가 어디에 있는가?

답변

언급된 본문을 비롯하여 그와 비슷한 본문들이 보편적이고도 광범위한 배교를 표현하는 것은 맞습니다. 그러나 하나도 남김없이 모든 자가 배교한다는 의미를 함축하지는 않습니다. 광야의 시기에도 교회는 존재할 것이며(계 12:14 참고), 그때에도 여전히 남은 자손(계 12:17 참고)이 있을 것입니다. 따라서 교회는 항상 존재할 것이며, 절대 완전히 멸절되지 않을 것입니다.

교회를 구별하는 표지

지금까지 교회의 본질적 특성에 관해 숙고해 보았으므로, 이제는 교회를 구별하는 표지들에 관해 규명해 보겠습니다. 이를 통해 무엇이 참된 교회이며 무엇이 참된 교회가 아닌지를 분별할 수 있을 것입니다. 정확히 말하면, 분별할 가능성입니다. "여기에 참된 교회가 있다"라고 선뜻 자신할 수 있는 사람은 많지 않으며, 모든 사람이 교회를 구별하는 표지를 알 수 있는 것도 아닙니다. 또한 그러한 지식을 접했다 하더라도, 모두가 그러한 표지를 분별하는 안목을 가지는 것도 아닙니다. 대다수는 참된 교회에 관해 한 번도 진지하게 고려해 보지 않은 채, 그저 부모를 따라 교회에 다닙니다. 오직 참된 교회에만 그리스도가 거하시며 그분의 은총이 있다는 사실이 매우 중요한데도, 참된 교회의 표지를 고찰하기는커녕 알려고 하지도 않습니다. 그러나 구원에 관한 순전한 말씀은 참된 교회에만 있습니다. 성도가 온전하게 되도록 가르칠 신실한 목사와 교사들도 참된 교회에 있습니다. 참된 교회에서 예수님을 주로 고백하여 영혼이 거듭나고 위로를 받으며, 성화의 진보가 나타나고 천국에까지 이르게 됩니다. 한마디로 말해, 오직 거기서 여호와께서 복을 명하셨으므로 곧 영생이 있습니다(시 133:3 참고). 그러므로 이 기쁜 소식을 듣는 사람들은 모두 교회를 바라고 의지합니다. 주님은 그분의 소유 된 백성들에게 교회에 속하고자 하는 마음과 소원을 주십니다. 이처럼 교회에 속하는 것은 구원을 바라는 모든 자의 의무이기도 합니다.

여전히 교회임을 자처하면서도 영혼을 속이고 멸망에 이르게 하는 가르침으로 사람들을 선동하는 모임들이 아주 많습니다. 그러므로 참된 교회에 속하여 그 가운데서 기쁨을 누리려면, 참된 교회와 거짓된 교회를 분별하는 지식이 반드시 필요합니다.

교회를 구별하는 데 적절하지 않은 표지

우선 잘못된 표지를 근거로 내세워 참된 교회라고 주장하는 거짓 교회에 관해 설명해 보겠습니다.

로마 가톨릭은 우리가 하나님의 말씀을 제쳐 둔 채 교회의 판결과 그들의 우두머리인 교황의 교서에 기대기를 바랍니다. 그들은 그렇게 하면 자신들이 득세하게 되리라는 사실을 알고 있습니다. 그러나 참된 교회뿐만 아니라 교회를 자처하지만 오류투성이인 다른 모임들까지도 교황을 적그리스도로 단언합니다. 따라서 우리는 그러한 판결이나 교서를 인정할 수도 없고, 인정해서도 안 됩니다. 모두 '교회'로 불리지만, 서로 다른 내용을 주장하는 모임들이 수없이 많습니다. 그러므로 이러한 모든 단체들(여기에는 참된 교회도 해당됩니다) 중 누군가가 결정한 것을 아무런 기준도 없이 권위로 받아들일 수는 없습니다. 공정한 사람들이 보기에도 이러한 요구가 타당하므로, 사람들은 자신들의 모임에 분명하게 맞아떨어지는 몇몇 것들로 스스로를 미화할 것입니다. 그래서 결국 그들은 실제로 교회를 구별하는 표지가 아닌 것들을 교회의 표지로 삼으려 합니다. 그러므로 잘못된 표지의 심각성을 제시하고, 이와 같은 잘못된 표지들이 근거가 될 수 없다는 사실을 규명하겠습니다.

첫째, 거짓 교회는 교회를 구별하는 표지 중 하나로 '가톨릭'이라는 단어를 제시합니다.

① 성경에서는 이 단어를 찾아볼 수 없습니다. 그렇다면 성경과 상관없이 고안된 이러한 단어를 계속 내세우는 것이 옳습니까?

② 노바티우스주의자(Novatians), 도나투스주의자(Donatists), 아리우스주의자(Arians), 그 밖의 다른 이단 분파들도 일찍이 '가톨릭'으로 불려 왔습니다. 따라서 수많은 거짓 교회들이 소유권을 주장하는 '가톨릭'이라는 단어는 참된 교회를 구별하는 표지가 될 수 없습니다.

③ 만약 '가톨릭'이라는 단어가 참된 교회의 표지 중 하나라면, 그 명칭이 아니라 그것이 의미하는 실체를 소유한 교회만이 그렇게 불려야 합니다. 본성이 악한데도 얼마든지 훌륭한 이름을 가질 수 있습니다. 실상은 죽은 자였던 사데의 회중들에게 살았다 하는 이름이 무슨 유익이 되었습니까?(계 3:1 참고) 실제로 '가톨릭'이라는 이름을 자랑하는 자들의 교리와 행실은 전혀 보편적(catholic)이지 않습니다. 그들의 교리는 하나님의 말씀에 합치하지도 않으며, 역사상 참된 교회의 일치된 가르침과도 맞지 않습니다. 이들은 주후 606년에 이르러서야 대체로 그러한 이름으로 불린 신생 교회이므로, 연대기적으로도 보편적이지 않습니다. 또한 로마 가톨릭교회를 보면, 그것이 모든 곳에 존재하는 것이 아니므로 지역이라는 측면에서도 보편적이지 않습니다. 오히려 마호메트교도(Mohammedans)나 이교도들이 훨씬 더 많은 지역을 차지하고 있습니다. 게다가 일정 기간이 지난 후에는 개신교인의

수가 로마 가톨릭교도들만큼이나 많아졌습니다. 뿐만 아니라 로마 가톨릭은 그들의 교회를 교황과 관련해 정의하고 로마라는 도시에 국한시킴으로써, '가톨릭'이라는 단어에서 '보편적'이라는 의미마저 강탈하고 있습니다. '로마 가톨릭'이라는 용어를 사용하는 것은 마치 '흰 것을 검다'고 말하는 것과 같습니다. '보편적'이라면, 로마적일 수 없습니다. '로마'라는 단어는 교회를 한 도시에 국한시키므로, '로마적'인 것은 '보편적'일 수 없습니다.

④ 구약과 신약의 교회는 하나의 교회입니다. 구약의 교회는 가나안과 예루살렘으로 한정되었기에 보편적이지 않았으나 참된 교회였습니다.

이상의 모든 것을 볼 때, '가톨릭'이라는 단어는 분명히 참된 교회를 구별하는 표지가 아닙니다. 개혁교회는 참된 교회이며, '보편적' 교회입니다. 그러나 이러한 용어를 교회를 구별하는 표지로 내세우지 않습니다.

둘째, 거짓 교회는 오래된 연대(age)를 교회를 구별하는 두 번째 표지로 내세웁니다. 그러나 다음과 같은 이유로 오래되었다는 것은 참된 교회의 표지가 될 수 없습니다.

① 마귀의 왕국도 아담의 타락과 더불어 시작되었습니다. 따라서 교회만 오래된 것이 아닙니다. 그러므로 오래됨은 참된 교회를 구별하는 표지가 될 수 없습니다.

② 교회가 시작될 때에 연대는 교회의 요소가 되지 않았습니다. 사도 시대에 존재했던 참된 기독교회를 생각해 보십시오. 어떻게 연대가 교회의 요소가 될 수 있겠습니까? 이 시대 이후, 유대인들은 더 이상 자신들의 오래된 연대를 근거로 자신들을 참된 교회로 자랑할 수 없었습니다. 오래된 연대는 진리와 아무런 관련이 없습니다. 오래되었다고 해서 거짓이 진리가 되지는 않기 때문입니다.

③ 상대적으로 연대가 오래되었다고 주장하면서 이것을 참된 교회를 구별하는 표지로 삼는 자들은, 실상 스스로 모순에 빠진 것입니다. 그들 역시 주후 606년까지는 고유한 기원이 없는, 상대적으로 새로운 교회였기 때문입니다. 오직 사도 시대부터 시작되어 사도들의 가르침이 남아 있는 교회만이 이러한 오래된 연대성을 주장할 수 있습니다. 진정한 연대성은 교리로 판단하는 것이지, 한 교회가 기원한

장소로 헤아리는 것이 아닙니다. 만약 장소를 근거로 오래된 연대를 결정한다면, 마호메트교 역시 참된 종교가 될 것입니다. 그러나 그런 곳에서는 참된 기독교의 교리가 보존되지 않았고, 그 결과 교회가 사라지고 말았습니다. 로마 역시 참된 기독교의 교리를 보존하지 못한 채, 점차 새롭고도 우상숭배적인 교리들을 받아들였습니다. 따라서 예전에 로마에 참된 교회가 있었다는 사실은 더 이상 내세울 만한 것이 되지 못합니다. 오히려 진리를 수호하지 못하여 참된 교회로 남지 못한 것을 책망받아야 합니다. 이전에 교회가 존재하지 않았던 어느 장소에 참된 교회를 세우는 것은, 옛 진리를 소유하고 고백하며 경험한다는 면에서 볼 때 새로운 교회를 세우는 것이 아닙니다. 교회의 연원이 사도 시대나 아담에게로까지 거슬러 올라갈지라도, 이러한 연대성이 참된 교회를 구별하는 표지가 되지 못한다는 것은 확실합니다. 어느 지역에 예전에 참된 교회가 있었다는 것도 분명 참된 교회의 표지가 될 수 없습니다. 왜냐하면 다양한 지역에 퍼져 있는 개교회들이 오류로 말미암아 쇠퇴하며, 이단이나 이교로 변질하였거나 변질될 수 있기 때문입니다.

셋째, 거짓 교회는 영속성을 교회를 구별하는 표지로 주장합니다. 교회는 진실로 변하지 않으며, 결코 완전히 없어지지 않습니다. 이러한 침범할 수 없는 영속성은 그리스도께서 오신 때부터 이 세상의 마지막 날까지 이어질 것입니다. 이 진리에 관해서는 이미 확증했습니다. 그러나 영속성은 참된 교회를 구별하는 표지가 될 수 없습니다. 마귀의 왕국도 아담 이래로 지금까지 지속되어 왔으며, 수많은 이단들 역시 계속 존재합니다. 유대 민족은 여전히 구별된 백성으로 존재하고 있으므로, 그들 역시 영속적인 집단이라 할 수 있습니다. 게다가 이 영속성을 장소와 결부시켜서는 안 됩니다. 예전에는 교회가 존재하였지만 지금은 사라진 지역도 있고, 예전에는 교회가 없었으나 지금은 세워진 곳도 있습니다. 오히려 영속성은 장소와 관계없이 교회가 확고부동하게 고수한 교리의 참됨으로 판단해야 합니다.

넷째, 거짓 교회는 신앙을 고백하는 구성원의 수를 참된 교회를 구별하는 표지로 내세웁니다. 그러나 외형은 교회를 구별하는 표지로 전혀 타당하지 않습니다. 마호메트교에는 신앙을 고백하는 자들이 비교할 수 없을 정도로 많습니다. 아리우스가 살던 시대에는 모든 이들이 경악할 정도로 급속히 사람들이 아리우스주의로 전향했습니다. 우리는 요한계시록 13장 3절에서 온 땅이 짐승을 따르게 되리라는 기록을 봅니다. 반면 교회는 대부분 적은 무리였고(눅 12:32 참고), 천국에 이르는 길을 찾는 자는 많지 않습니다(마 7:14 참고).

다섯째, 거짓 교회는 감독직의 계승과 성직자의 수를 교회를 구별하는 표지로 삼습니다. 그러나 이는 다음과 같은 이유에서 근거가 없습니다.

① 참된 교회의 표지는 무엇이든 영구적이며 독보적으로 참되어야 합니다. 그런데 이러한 계승은 교회를 구별하는 고유한 표지가 될 수 없습니다. 왜냐하면 사도를 계승한 이가 없기 때문입니다. 또한 마호메트교를 비롯해 다른 이단 분파들도 저마다 계승자를 가지고 있으므로, 가톨릭이 말하는 계승은 고유한 것이 아닙니다. 진리를 동반하지 않은 계승이 무슨 가치가 있겠습니까? 따라서 계승이라는 문제에서도 교리가 실제적인 사안입니다.

② 사도 시대 이후로 훌륭히 계승되어 온 개교회들도 얼마든지 퇴보할 수 있습니다. '이리'인 이단자들이 정통적인 목회자의 자리를 차지하여 그 자리를 이어 가는 부패가 나타날 수 있습니다. 이러한 계승이 무슨 유익이 되겠습니까? 이러한 계승을 교회를 구별하는 표지로 삼는 교황주의자들은 자신들의 계승을 확실히 증명하지 못한다는 점에서 비난을 자초합니다. 처음 두 세기 동안 그들이 행한 계승은 특별히 부패하고 이단적인 것이었습니다.

여섯째, 거짓 교회는 기적을 교회를 구별하는 표지로 내세웁니다. 이에 대한 답변은 다음과 같습니다.

① 하나님의 말씀은 그 어디에서도 기적을 참된 교회를 구별하는 표지로 제시하지 않습니다.

② 기적은 신자들이 아니라 불신자들을 위해 나타납니다. 따라서 교회 안에 기적은 더 이상 필요 없습니다. 기적이 교회를 구별하는 표지라면, 불신자를 참된 교회로 인도하기를 원하는 자가 놀라운 기적을 반복적으로 행해야 할 것입니다. 그러나 이러한 표지를 표방하는 자들도 그렇게 하지는 못합니다.

③ 자신들의 교리를 확증하는 방편으로 기적을 행하며 이를 내세우는 것은, 속사도 시대에 적그리스도적인 교회가 자신을 구별하려고 제시하는 전형적인 표지였습니다. 다음과 같은 구절은 기적을 행하는 것이 교회를 구별하는 표지가 아님을 확실히 증언합니다.

"악한 자의 나타남은 사탄의 활동을 따라 모든 능력과 표적과 거짓 기적과"(살후 2:9).

일곱째, 어떤 이는 교회의 외적인 영광과 번영을 참된 교회를 구별하는 표지로 주장합니다. 이는 앞서 언급한 주장들만큼이나 아무런 근거가 없습니다. 성경의 어떤 본문도 그러한 주장을 지지하지 않을뿐더러, 경험과도 완전히 배치됩니다. 교회는 마치 달과 같이 그 외형이 계속 변합니다. 신약과 구약 교회의 상황을 잠시 숙고해 보십시오. 첫 번째 세상이 마지막에 이르렀을 때, 교회의 영예가 어디에 있었습니까? 그때에는 온 세상이 부패하여 제 길로 행하는 죄악으로 관영한 시기였으며, 오직 노아와 그의 식구들만이 방주 안에 보존되었습니다. 엘리야가 자신만이 홀로 남았다고 생각할 때에 교회의 영예가 어디에 있었습니까?(왕상 19:14 참고) 유다의 악한 왕들이 성전을 폐하고 국가적인 우상숭배를 조장하면서, 얼마나 자주 교회의 영예를 강탈하였습니까? 주 예수님께서 세상에 오셨을 때에 과연 교회의 영예가 있었습니까? 철저히 부패한 교회만이 발견될 뿐이었습니다.

성령이 부어지고 지상에서 가장 영광스러운 모습으로 구현된 신약 교회의 사정도 마찬가지였습니다. 처음 300년 동안 너무나 자주 유린당한 탓에, 가시적 교회는 거의 드러나지 못했습니다. 이 시기에 '그리스도인'이란 극도로 경멸적인 호칭이었으며, 교회는 숲과 계곡으로 숨어야만 했습니다. 성경은 적그리스도가 통치하는 시기에 교회가 광야로 날아가 1260일 동안 숨어 지내리라고 명백히 예언합니다(계 12:14 참고).

지금까지 참된 교회를 구별하는 표지가 아닌 것에 관한 다양한 주장들을 살펴보았습니다. 어떤 이들은 여기에 더 많은 표지들을 덧붙이기도 합니다. 그러나 그것들은 대부분 주목할 만한 가치가 없는 무의미한 것들입니다.

참된 표지 1. 교리의 순수성

앞서 교회를 구별하는 잘못된 표지들에 관해 논박했으므로, 이제 참된 표지들을 설명하겠습니다. 이러한 참된 표지는 교회의 외적 상태와 상관없이 언제나 교회 안에 고유하게 드러납니다.

교리의 순수성은 교회를 구별하는, 가장 중요하고도 우선하는 표지입니다. 순수성이란 그 교리가 하나님의 말씀과 일치한다는 것을 의미합니다. 여기서 우리는 말씀의 근본적인 원리를 부정하는 자들을 제외하고, 하나님의 말씀을 오류 없는 진리로 인정하는 그리스도인들만을 대상으로 하여 논의하고 있습니다. 그러므로 참된 교회를 구별하는 표지에 관해 하나님의 말씀이 정의하는 바를 면밀히 숙고해야 합니다. 하나님의 말씀을 따르고자 하는 마음이 없는 사람은 여기서 배제하겠습니다. 반면 하나님의 말씀을 삶의 유일한 규범이요 교리로서 존중하는 사람이라면, 동일한 말씀에 의거하여 거기에 부합하는 참된 교리를 소유하는 것이 참된 교회의 표지임을 깨닫게 될 것입니다.

첫째, 하나님의 말씀에 관한 다음의 성경 본문들은 교리의 순수성을 교회의 표지로 확증하면서, 특별히 세 가지 측면을 언급합니다.

① 하나님의 말씀은 교회를 모으고 보존하며 세우는 수단입니다.
② 교회는 자신에게 맡겨진 하나님의 말씀을 수호해야 합니다.
③ 교회는 하나님의 말씀을 위해 싸우고 그 말씀을 지켜야 합니다.

다음의 구절들은 첫 번째 내용에 관해 증언합니다.

"그러므로 이제부터 너희는 외인도 아니요 나그네도 아니요 오직 성도들과 동일한 시민이요 하나님의 권속이라. 너희는 사도들과 선지자들의 터 위에 세우심을 입은 자라. 그리스도 예수께서 친히 모퉁잇돌이 되셨느니라……주 안에서 성전이 되어 가고"(엡 2:19-21).

"이는 곧 물로 씻어 말씀으로 깨끗하게 하사 거룩하게 하시고"(엡 5:26).

"자기의 뜻을 따라 진리의 말씀으로 우리를 낳으셨느니라"(약 1:18).

"너희가 진리를 순종함으로 너희 영혼을 깨끗하게 하여"(벧전 1:22).

또한 다음의 구절들은 교회에 맡겨진 하나님의 말씀을 보화처럼 수호해야 한다고 말합니다.

"그들이 하나님의 말씀을 맡았음이니라"(롬 3:2).

"이 집은 살아 계신 하나님의 교회요 진리의 기둥과 터니라"(딤전 3:15).

마지막으로 다음의 구절은 교리의 순수성을 지키기 위해 교회가 싸워야 한다고 언급합니다.

"성도에게 단번에 주신 믿음의 도를 위하여 힘써 싸우라는 편지로 너희를 권하여야 할 필요를 느꼈노니"(유 1:3).

위의 본문들은 우리가 하나님의 말씀에 관해 진술한 바들을 어떠한 반론의 여지도 없이 확증합니다. 하나님의 말씀에 관한 이 설명이 곧 교회의 특성입니다. 따라서 그에 관한 성경 본문이 곧 참된 교회를 구별하는 표지입니다. 이처럼 하나님의 말씀이 교회를 구별하는 표지이므로, 하나님의 말씀을 드러내는 교리의 순수성은 교회를 구별하는 분명한 표지입니다.

둘째, 하나님의 말씀은 거짓 교회를 밝히는 수단입니다.

"지나쳐 그리스도의 교훈 안에 거하지 아니하는 자는 다 하나님을 모시지 못하되 교훈 안에 거하는 그 사람은 아버지와 아들을 모시느니라. 누구든지 이 교훈을 가지지 않고 너희에게 나아가거든 그를 집에 들이지도 말고 인사도 하지 말라"(요이 1:9,10).

말씀이 거짓 교회를 밝히는 수단이라면, 곧 그것은 참된 교회를 구별하는 표지입니다.

셋째, 하나님과 그리스도가 거하시는 회중이 바로 참된 교회입니다.

"두세 사람이 내 이름으로 모인 곳에는 나도 그들 중에 있느니라"(마 18:20).

"하나님께서 이르시되 내가 그들 가운데 거하며 두루 행하여 나는 그들의 하나님이 되고 그들은 나의 백성이 되리라"(고후 6:16).

"일곱 금 촛대 사이를 거니시는 이가 이르시되"(계 2:1).

하나님 아버지와 그리스도는 그분의 말씀이 환영받고 지켜지는 곳이라면 어디든지 친히 거하십니다.

"나의 계명을 지키는 자라야 나를 사랑하는 자니……사람이 나를 사랑하면 내 말을 지키리니 내 아버지께서 그를 사랑하실 것이요 우리가 그에게 가서 거처를 그와 함께하리라"(요 14:21,23).

따라서 말씀의 소유와 보존은 참된 교회를 구별하는 표지 중 하나입니다.

넷째, 교회를 오직 말씀에 복종하는 존재로 묘사하는 성경 본문들이 이를 확증합니다.

"그들이 사도의 가르침을 받아"(행 2:42).

"너희가 내 양이 아니므로 믿지 아니하는도다. 내 양은 내 음성을 들으며 나는 그들을 알며 그들은 나를 따르느니라"(요 10:26,27).

이 구절에서 주님은, 오직 그분의 음성을 듣는지 여부에 따라 사람이 그분의 양무리인지 아닌지를 알 수 있음을 보여 주십니다. 음성을 듣는다는 것은 들을 뿐만 아니라 그분의 말씀을 받는다는 것이며, 듣지 않는다는 것은 그 말씀을 받지 않는다는 것입니다. 양을 구별하는 방식은 모든 교회에 마찬가지로 적용됩니다. 교회는 본질상 양 무리와 같기 때문입니다.

그러나 누군가는 이렇게 말합니다. "말씀을 듣거나 듣지 않는 것은 믿고 받아들이는 것과 관련된다. 이는 마음에서 일어나는 일로서, 다른 사람이 명백하게 파악할 수 있는 사안이 아니다. 따라서 이것은 교회를 구별하는 표지가 될 수 없다."

그러나 저는 이렇게 답합니다.

① 그리스도께서 듣는 자는 주를 영접하고 듣지 않는 자는 영접하지 못한다는 사실을 분명하게 말씀하십니다.

② 하나님의 말씀을 들을 때에라야 진정한 영접이 일어납니다(롬 10:17 참고). 또한 마음으로 믿어 영접하는 곳에서 입으로 시인하는 일이 일어납니다(롬 10:10 참고).

요한복음 8장 31,32절도 이를 증언합니다.

"너희가 내 말에 거하면 참으로 내 제자가 되고, 진리를 알지니 진리가 너희를 자유롭게 하리라."

이 구절은 제자 됨과 제자의 본질이 무엇인지를 분명히 보입니다. 제자는 말씀을 알고 거기에 머무는 자입니다. 교회는 말씀을 수납하고 보존하며 그 말씀을 경험함으로써, 그 존재를 확인받습니다. 그러므로 하나님의 말씀은 참된 교회를 구별하는 표지입니다.

반론 1

모든 이들은 자신들의 교리가 하나님의 말씀에 일치한다고 주장한다. 그래서 하나님의 말씀이 어떠한 가르침을 지지하는지에 대해 논쟁할 여지가 생긴다. 그러므로 교리는 교회를 구별하는 표지가 될 수 없다.

답변

(1) 그러나 오히려 모든 이들이 참된 교리를 고수하는 것을 참된 교회의 특성으로 확신합니다. 모든 사람은 자신들의 교리가 하나님의 말씀과 조화되기를 원합니다.

(2) 무언가를 자랑하는 것과 자랑하는 대상 자체는 엄연히 다릅니다. 따라서 모든 교리는 반드시 하나님의 말씀이라는 시금석으로 판단되어야 합니다.

추가반론

교회의 선언이나 교황의 교서를 보면, 하나님의 말씀을 해석하는 데에서 수많은 이견이 존재한다. 따라서 그런 데에 자신을 맡기는 것은 안전하지 않다. 참된 교회를 구별하는 문제는 이런 방식으로 해답을 찾거나 해소할 수 없다.

| 답변 |

❶ 분명히 교황과 그 추종자들은 참된 교회임을 자처하는 무리 중 하나입니다. 그러나 그 모임이 참된 교회라 하더라도, 하나의 집단이 자신에 대해 객관적으로 선언할 수는 없습니다. 그렇게 한다면, 결과적으로 그 사안에 대해 거짓된 선언을 하는 셈입니다.

❷ 말씀이 이에 관해 선포하며, 따라서 말씀이 교리의 정확성에 관한 논쟁을 해결할 것입니다. 하나님께서 자신의 말씀을 통해 직접 선언하신 바에 복종하지 않고 이의를 제기하는 것은, 모든 위험을 무릅쓰고 심판을 자초하는 행위입니다.

❸ 사도는 "너희 중에 파당이 있어야 너희 중에 옳다 인정함을 받은 자들이 나타

나게 되리라"(고전 11:19)라고 말합니다. 따라서 누구든지 이러한 논쟁이 종식되기를 기대해서는 안 됩니다. 오히려 율법과 선지자들을 붙잡고, 그 규범에 따라 논쟁해야 합니다(눅 16:29,31; 사 8:20; 갈 6:16 참고).

반론 2

배우지 못한 자들은 성경을 파악할 수 없을뿐더러, 각 교회의 기본적인 교리조차 이해하지 못한다. 따라서 교리가 하나님의 말씀에 일치한다는 것은 교회를 구별하는 표지가 될 수 없다.

답변

보지 못하는 자와 무지한 자가 시금석을 통해 금을 감별하지 못한다고 해서, 그 시금석이 시금석이 되지 않는 것은 아닙니다. 그렇지 않으면 금을 식별할 수 없다는 말입니까? 교리도 이와 같습니다. 무지몽매한 사람이 하나님의 영을 이해하지 못한다고 해서, 하나님의 말씀이 시금석이라는 사실이 무효가 되는 것은 아닙니다. 말씀의 조명을 받은 자는 말씀을 시금석으로 인식할 뿐만 아니라 그것을 확신합니다.

추가반론

그처럼 연약한 자들이 자신이 함께할 교회를 어떻게 판단하겠는가? 그들은 맹목적으로 행할 수밖에 없다. 자신이 속한 교회가 참된지를 그들이 어떻게 알 수 있단 말인가?

| 답변 |

❶ 교회에 관해 어떠한 표지를 제시하든 이러한 문제는 항상 존재합니다.

❷ 기도하면서 말씀을 살피고 그 말씀으로 모든 것을 시험하는 것이 성도의 의무입니다. 하나님께서 기꺼이 천국의 비밀을 알리시는 것은 순전히 은혜입니다(마 13:11 참고).

❸ 누군가가 참된 교회에 속해 있으면서도 여전히 눈멀고 회심하지 않은 채로 남아 있다면, 그곳에 있다는 사실이 그에게 조금도 유익하지 않을 것입니다. 그러나

하나님께서 자신의 택자들을 회심시키고 조명하실 때, 그들은 참된 교회를 알아볼 것입니다. 또한 "사람이 내게 말하기를 여호와의 집에 올라가자 할 때에 내가 기뻐하였도다. 예루살렘아 우리 발이 네 성문 안에 섰도다"(시 122:1,2)라고 외치면서, 자신이 참된 교회의 지체가 된 것으로 감격할 것입니다. 누군가가 교황주의자들의 교회에 그저 맹목적으로 참여하고 있다면, 이는 확실히 거짓 교회에 몸담고 있는 것입니다.

반론 3

교회 안에도 얼마든지 수많은 오류가 발생할 수 있다. 따라서 참된 교리가 교회 안에 항상 존재하는 것은 아니며, 있다 하더라도 이를 항상 인식하지는 못한다. 그러므로 참된 교리는 참된 교회를 구별하는 오류 없는 표지가 될 수 없다.

답변

(1) 때때로 교회 안에 오류가 있을 수 있습니다. 그러나 온갖 오류가 범람하는 때에도(적그리스도의 시기가 그러합니다), 하나님의 말씀과 참된 교리는 여전히 교회 가운데서 발견될 것입니다. 또한 진리를 지키며 오류에 대항하는 이들도 언제나 존재할 것입니다.

(2) 모든 오류가 근본적인 진리와 관련된 것은 아닙니다. 따라서 교회의 본질인 구원과 직결되는 진리는 남아 있을 수 있습니다. 반면, 어느 교회가 본질상 구원과 관련 없는 몇몇 진리들만을 소유할 뿐 근본적인 진리가 오류로 물들어 있다면, 그곳은 더 이상 교회가 아닙니다(실제로 이단들에게서도 몇몇 진리가 발견되기도 합니다). 참된 신자라면, 반드시 그러한 모임으로부터 벗어나야 합니다. 하나님께서 자신의 자녀들을 그러한 교회로부터 이끌어 내실 것입니다.

반론 4

말씀보다 교회 자체가 교회를 더욱 쉽게 구별하게 하는 표지가 될 수 있다. 따라서 말씀이 아니라 교회 자체를 교회를 구별하는 표지로 삼아야 한다.

> 답변

모임의 외적인 측면은 말씀보다 쉽게 구별될 수 있습니다. 그러나 이러한 모임 가운데 참된 교회들을 구별하는 일은 말씀 자체를 구별하는 것보다 쉽지 않습니다. 오히려 그러한 모임들보다 말씀을 구별하는 일이 더 쉽습니다. 왜냐하면 앞서 살펴본 대로, 참된 교회는 오직 말씀을 통해서만 확인되기 때문입니다.

> **추가반론** 교회의 오래된 연대와 외적 영예를 반드시 고려해야 한다. 사람들은 이런 요소들이 가장 분명하게 나타나는 곳을 참된 교회로 여길 것이다.

| 답변 |

이미 밝힌 대로, 그것은 교회의 특성이 아닙니다. 어느 지역에서 가장 오래된 교회가 다른 지역에서는 가장 최근에 세워진 교회가 되기도 합니다. 어느 지역에서 가장 대중적이고도 저명한 교회가 또 다른 지역에서는 이름 없는 교회가 되기도 합니다. 거짓이 오래되었다고 해서 진리가 되는 것은 아닙니다. 교회의 외적이고도 세상적인 영예로움은 교회의 영적 특성이 아닙니다. 이는 단지 세상과 거짓 교회의 일반적인 특성에 불과합니다.

> **반론 5**

말씀을 통해 교회를 판단하면 오류를 범할 수 있다. 따라서 말씀은 참된 교회를 구별하는 표지가 될 수 없다.

> 답변

(1) 영원한 진리인 말씀은 오류가 있을 수 없으며, 오류를 일으키지도 않습니다. 다만 사람들의 지성이 오류를 범할 뿐입니다. 그러나 사람의 지성이 늘 잘못을 범하는 것은 아니며, 언제까지나 오류에 빠질 불확실성을 가지는 것도 아닙니다. 사람은 이해하고 지각할 수 있으며, 어떤 사안과 관련해 오류를 범하지 않도록 분별할 수도 있습니다.

"우리가 주는 하나님의 거룩하신 자이신 줄 믿고 알았사옵나이다"(요 6:69).

"우리가 세상의 영을 받지 아니하고 오직 하나님으로부터 온 영을 받았으니, 이는 우리로 하여금 하나님께서 우리에게 은혜로 주신 것들을 알게 하려 하심이라"(고전 2:12).

"증언하는 이는 성령이시니 성령은 진리니라"(요일 5:6).

(2) 누군가가 한 모임의 단순한 증언만을 의존한다면 더 큰 오류에 빠지게 될 것입니다. 거짓 교회들도 스스로가 참된 교회라고 주장하기 때문입니다. 그러므로 누구든지 오류로부터 자유로우며 오류를 초래하지 않을, 틀림없고도 신뢰할 만한 표지를 소유해야만 합니다. 오직 하나님의 말씀만이 이에 해당합니다. 어떤 교회가 참된 교회라는 소문을 듣고서 말씀을 토대로 그들의 가르침과 생활을 비춰 본 후에, 이것들이 말씀과 조화를 이룬다는 사실을 알게 된다면, 사마리아에서 믿은 자들처럼 "이제 우리가 믿는 것은 네 말로 인함이 아니니 이는 우리가 친히 듣고 그가 참으로 세상의 구주신 줄 앎이라"(요 4:42)라고 고백하게 될 것입니다. 따라서 하나님의 말씀은 여전히 참된 교회를 확인하는 표지로서 유효합니다.

참된 표지 2. 거룩함

참된 교회를 구별하는 두 번째 표지는 교회를 구성하는 지체들의 거룩함입니다. 하나님의 말씀과 조화를 이루는 교리는 교회를 구별하는 표지로서 그 자체로 충분하며 우선하는 표지입니다. 따라서 다른 모든 표지들은 하나님의 말씀으로 그 진위를 판단해야만 합니다. 참된 교회를 더 분명하게 분별하기 위해, 이러한 주제를 더욱 확대하여 교회를 구별하는 두 번째 표지인 교회의 거룩함을 규명하면서 다른 세 가지 표지를 숙고해 보겠습니다. 앞에서 우리는 참되게 회심한 자들만이 교회의 지체라는 사실을 살펴보았습니다. 또한 거룩한 교회를 믿는다는 사도신경에 따라, 거룩함이 참된 교회의 특성이라는 사실도 살펴보았습니다. 거룩함이 교회를 구별하는 표지라면, 거룩함을 통해 교회를 분별할 수 있어야 합니다. 참된 거룩함이 없는 교회는 참된 교회라고 할 수 없습니다. 한편 거룩함을 내세우는 교회가 모두 거룩한 것도 아닙니다. 따라서 먼저 하나님의 말씀을 통해 참된 거룩함이 무엇인지를 판단해 보겠습니다.

첫째, 참된 거룩함은 참된 믿음에서 솟아납니다. 참된 믿음이 없는 곳에는 참된 거룩함도 없습니다. 믿음은 그리스도를 칭의와 성화를 이루는 대속물로 받게 합니다(요 1:12 참고). 믿음으로 심령이 그리스도와 참되게 연합합니다(고전 6:17 참고). 믿음을 통해 생명 되신 그리스도가 성도의 심령 가운데 거하십니다(엡 3:17 참고). 믿음이 마음을 깨끗하게 합니다(행 15:9 참고). 믿음은 사랑으로 역사하며(갈 5:6 참고), 성도를 선한 행실로 이끕니다(약 2:18 참고).

둘째, 참된 거룩함은 "하나님의 뜻"(엡 6:6)과 하나님의 계명(마 22:37 참고)에 합한 성도의 마음에서, 그리고 하나님의 형상이 회복되는(엡 4:24 참고) 가운데 이루어집니다.

셋째, 거룩함은 모든 것을 행할 때에 자신의 유익을 구하지 않고 하나님의 영광을 구하는 것입니다(고전 10:31 참고).

오직 참된 교회만이 이러한 거룩함을 가르치며 실천합니다. 다른 모임들이 스스로 거룩하다고 주장하며 거룩하게 행하는 것처럼 보일지라도, 그것은 본성적인 미덕을 실천하는 것에 불과합니다. 이교도들도 그러한 모습을 탁월하게 드러냅니다. 말씀이 요구하는 참된 거룩함은 그러한 본성에서 기인하는 덕행이 아닙니다. 그런 것은 앞서 설명한 거룩함과 관계가 없습니다.

참된 거룩함이 참된 교회를 구별하는 표지라고 주장할 때, 이는 교회 안에 있는 사람이 모두 참된 거룩함을 드러낸다는 뜻이 아닙니다. 여기서 말하는 바는 거룩함을 아는 자와 거룩함을 구하는 자, 거룩함에 참여하는 참된 지체들이 모두 교회 안에 존재한다는 뜻입니다. 회심하지 않은 이들이 교회 구성원의 다수를 이루고 주류가 되어 경건한 자들을 핍박할 수도 있습니다. 청함을 받은 자는 많되 택함을 입은 자는 적다는 말씀이 이를 증명합니다(마 22:14 참고). 거룩함을 참된 교회를 구별하는 표지로 진술할 때, 이는 어느 도시나 마을의 특정 교회와 관련된다기보다 세계 도처에 흩어진 모든 개교회를 아우르는 전체로서의 보편 교회와 관련된다 할 것입니다. 모든 개교회에서 진실하고도 경건한 지체들이 발견된다고 주장할 수는 없습니다. 개교회들은 그 가르침과 삶이 퇴보하여 사라질 수도 있기 때문입니다.

참된 표지 3. 성례의 정당한 시행

참된 교회를 구별하는 세 번째 표지는 성례의 정당한 시행입니다. 이는 반드시 하나님의 말씀이 정한 바를 따라야 합니다. 따라서 이 표지는 독자적으로 간주되어서는 안 되며, 다른 표지들과 함께 고려되어야 합니다. 교회를 구별하는 첫 번째 표지가 있는 곳에는 다른 표지들도 있기 마련입니다. 이 성례는 그리스도께서 교회에 제정하신 것으로, 그것을 시행하는 방식이 말씀에 제시되어 있습니다. 성례의 본질과 시행에 관해서는 38장에서 다룰 것입니다(창 17:14; 민 9:12; 마 28:19; 고전 11:23-30 참고).

성례는 은혜언약의 보증이며, 오직 은혜언약에 참여한 자들을 위해 제정되었습니다. 각각의 가문들이 자신들의 고유한 문장이나 인장으로 서로를 구별하듯이, 교회는 성례를 통해 구별됩니다. 각각의 모임들이 성례를 시행한다고 표방하지만, 모두가 성례를 올바르게 시행하지는 않습니다. 어떤 교회는 성례를 단순히 연합의 상징이나 그리스도의 고난에 대한 외적 기념으로 사용합니다. 반면 어떤 교회는 이를 그리스도의 실체에 대한 외적 표징으로 간주하여, 그것 자체에 그리스도의 효력이 있다고 여깁니다. 이와 같은 견해들은 성례의 본질을 부정하는 것입니다.

참된 표지 4. 하나님 말씀의 선포와 기독교적 권징

우리는 하나님 나라의 열쇠를 사용하는 것을 교회를 구별하는 네 번째 표지로 여깁니다. 주 예수님은, 그분이 들이라고 명한 자를 들이며 내쫓으라고 명한 자를 내쫓을 열쇠를 교회에게 주셨습니다. 이 열쇠는 하나님 말씀의 선포와 기독교적 권징(Christian discipline)입니다. 이에 관해서는 29장에서 다룰 것입니다.

교회는 세상으로부터 구별된 성회이며, 예수 그리스도를 머리로 하여 서로 연합된 한 몸입니다. 이에 관해서는 이미 논했습니다. 그리스도는 연합된 몸을 위해, 참된 가르침을 붙잡지도 않고 그 가르침을 따라 살지도 않는 자들을 들이지 말고 내쫓으라고 명하셨으며, 그것을 시행할 열쇠를 주셨습니다(마 18:17; 고전 5:13; 살후 3:14 참고). 딱 들어맞는 열쇠로 자물쇠를 찾을 수 있듯이, 교회가 소유한 열쇠를 통해 그 교회를 판단할 수 있습니다. 물론 이 열쇠는 임의로 사용될 수 없으며, 다른 모든 표지들과 함께 사용되어야만 합니다. 따라서 열쇠를 올바로 사용하는지를 하나님의 말씀으로 판단해야 합니다. 만일 어떠한 교회가 잘못된 교리와 더러운 삶을 붙드는 자들을 들이지 않고 건전한 교리와 경건한 삶을 구하는 자들을 들인다면, 이는 열쇠를 올바르게 사용하는 것입니다. 이로써 그곳이 참된 교회임을 확인할 수 있습니다. 반면, 교리와 생활과는 상관없이 아무나 교회로 들이거나 오류를 범하는 자를 용인하고, 오히려 건전한 교리를 따르는 자를 교회의 교제로부터 추방하는 것은 곧 거짓 교회의 명백한 표지입니다. 어디에나 결점이 있듯이, 열쇠를 사용하는 데에도 불완전함은 존재합니다. 그러나 결점이 수반될 수 있다는 사실이 그것 자체를 무효화하지는 않습니다. 교회마다 열쇠를 사용하는 모습이 일관되지 않고 다르게 나타날 수는 있겠지만, 참된 교회에서는 이 열쇠가 정당하게 사용될 것입니다.

참된 교회로서의 개혁교회, 그에 대한 반응들

이러한 모든 표지들을 종합적으로 숙고해 본다면 어떤 교회가 참된 교회인지를 알 수 있을 것입니다. 또한 어떤 명칭을 가지고 있든지 교회라 불리는 그 어떤 교회들보다 개혁교회가 참된 교회임을 공개적으로 인정하게 될 것입니다. 오직 개혁교회에만 이와 같은 표지들이 적용된다는 사실을 논증하는 책들이 세상에 가득합니다. 따라서 이를 부인하는 자들에게 맞서 이러한 사실을 얼마든지 증명할 수 있습니다. 이와 같은 하나님의 은혜가 얼마나 기쁜지요. 주님의 거룩한 이름이 이제로부터 영원토록 찬송받으시며 영광 받으시기를 원합니다.

어떤 무리들은, 하나님의 말씀이라는 수단으로는 개혁교회를 부인하지 못하므로 자신들만의 생각으로 두 가지 반론을 고안하여 개혁교회가 참된 교회임을 부정하려 합니다.

> 반론 1

참된 교회는 만고불변의 영속적인 존재인 반면, 개혁교회는 지난 세기[9]에 새롭게 생겨난 교회에 불과하다. 쯔빙글리와 루터와 칼빈 이전에 개혁교회가 어디에 존재하였는가?

> 답변

(1) 참된 교회는 요동하지 않는 교회의 영속성으로 인해 변함없이 존재합니다. 앞서 살펴보았듯이, 참된 교리는 교회를 구별하는 오류 없는 표지이며, 참된 교회를 이루는 요소입니다. 하나님의 감동을 받은 선지자와 사도들이 하나님의 말씀을 통해 참된 교리를 드러낸 곳에는 언제나 교회가 존재합니다. 개혁교회가 이와 같이 영속적이며 참된 교리를 견지한다는 점을 고려할 때, 개혁교회는 참된 교회임이 분명합니다. 루터 이전에도 참된 교리가 있는 곳에는 참된 교회가 존재하였으며, 이러한 교회는 단 한 번도 끊어지지 않고 늘 존재해 왔습니다.

(2) 개혁교회는 사도적 가르침을 소유하고 있으므로 사도적 교회입니다.

① 사도 시대에, 교회는 세계 도처로 흩어졌습니다.

② 사도 시대 이후에, 교회는 이교도 황제가 다스리는 영토 안에 있었습니다. 콘스탄티누스 대제에 이를 때까지, 300년 동안 이교도 황제들은 교회를 불과 칼로 잔인하게 박해하였지만 결코 무너뜨리지 못했습니다.

③ 이 시기 이후, 교회가 존재하는 곳에 적그리스도가 스며들었습니다. 사도는 적그리스도에 관해 다음과 같이 말합니다.

"하나님의 성전에 앉아 자기를 하나님이라고 내세우느니라"(살후 2:4).

이는 로마를 비롯해 주로 유럽에 있던 교회를 말합니다. 교황주의(Popery)가 침투하면서 점점 더 많은 오류들이 교회에 스며들었습니다. 유럽 교회의 모습이 언제나 지금과 같았던 것은 아니며, 교황주의를 신봉하는 신앙의 오류는 시간을 두고 서서히 발전되어 왔습니다. 처음에는 교회 안에 교황주의자들의 수가 매우 적

---

9) 영역주 - 이 책이 1700년도에 출판되었다는 사실을 염두에 두라.

었기 때문에, 큰 슬픔과 비통함 속에서도 교회 안에 머물며 견딜 수 있었습니다. 그러나 점차 그러한 오류가 커지면서 더는 그 가운데 거할 수 없게 되었습니다. 그래서 교회는 하나님의 명령에 따라 그곳에서 분리되어 나왔습니다. 교황주의를 신봉하는 자들은 교회에 남아 계속 교회를 핍박했습니다. 교황주의의 오류가 더 많이 들어와 부패해진 교회에도 교회는 분명히 존재하였습니다. 교황주의 교회가 있는 곳에는 언제나 교회가 존재했습니다. 이는 교황주의 교회 안에 교회가 있었다는 말이 아니라, 교회 안에 교황주의 교회가 있었다는 말입니다.

④ 두 명의 증인이 있는 곳에도 교회는 존재합니다(계 11:3 참고). 따라서 무리가 소수라 하더라도 충분합니다. 콘스탄티누스 대제 이후에 등장한 오류들에 관하여 말과 글을 통해 반박하는 자들이 늘 있어 왔습니다. 어떤 특정한 교회는 다른 교회에 비해 순수한 교리를 더욱 오래 이어 갔고, 이와 같은 오류에 반박하는 증언을 남겼습니다.

⑤ 교회는 전임 교황들이 박해하거나 주기적으로 누군가를 축출하는 데 반대하여 교황주의로부터 분리할 것을 주장했습니다. 이러한 교회는 각자 독립적인 교회로 존재했습니다. 이 교회들은 초창기부터 프랑스 남부 지역과 잉글랜드, 스코틀랜드, 보헤미아 지역과 피에몬트[10] 지역에 존재했습니다. 교황들이 이러한 교회에 박해를 수없이 자행했으나, 이들은 지금까지 그 명맥을 이어 오고 있습니다. 역사 문헌들이 이 모든 것에 관해 풍성하게 증언합니다. 두마누스(Thumanus), 아이네아스 실비우스(Aeneas Sylvius), 엑키우스(Eckius), 토클레우스(Tochlaeus) 같은 몇몇 교황주의 작가들은 특히 피에몬트 지역의 주민들을 이단으로 정죄하는 글들을 썼습니다. 그 글들은, 오히려 쯔빙글리나 루터 이전에도 이들과 동일한 교리 곧 교황주의자들이 이단이라고 부르는 교리를 고수하는 자들이 많았으며, 그러한 교리들이 쯔빙글리와 루터와 칼빈의 개혁 과업을 통해 빛을 발했다고 분명히 밝힙니다. 특히, 왈도파(the Waldenses)에 관해 주목할 만한 방식으로 글을 쓴 교황주의 작가들

---

10) 역자주 - 보헤미아는 체코의 서부 지역, 피에몬트는 이탈리아의 북서부 지방을 말한다.

이 두 명 있습니다. 이들의 증언이 너무나 중요하기 때문에, 그들의 글을 이 책에 기꺼이 옮깁니다.

1400년 이전의 종교재판관 중 하나인 레이네리우스(Reynerius)는 왈도파에 관해 다음과 같이 기록했습니다.

지금까지 존재하거나 이전에 존재하였던 모든 분파들 가운데 레온파(리옹[Lyons]의 가련한 자들인 왈도파를 말한다)보다 로마 가톨릭교회에 더 해로운 자들은 없었다. 다음의 세 가지 이유에서 그러하다. 첫째, 그들은 그 어떤 분파보다 가장 오랫동안 지속되어 왔다. 어떤 사람들은 그들이 실베스터(Sylvester) 교황 시대 이후로 지속되어 왔다고 말하는 반면, 어떤 사람들은 사도 시대부터 지속되어 왔다고 증언한다. 둘째, 그들은 모든 분파 가운데 가장 보편적이다. 이 분파를 수용하지 않은 나라를 거의 찾아볼 수 없을 지경이다. 셋째, 다른 모든 분파들이 하나님을 모독하는 가증스러운 본성 때문에 청중들을 두려움에 빠트리는 데 반해, 그들은 사람들 앞에서 의롭게 살고 하나님이 말씀하신 바를 모두 믿으며, 신경(sybolum)에 포함된 모든 신조(12신조)를 주장하면서 매우 경건한 모습을 보인다. 그러나 그들은 로마 가톨릭교회와 성직자들, 곧 교황과 추기경과 주교들과 여타 다른 성직자들을 비방한다.

세셀리우스(Sessellius) 대주교는 왈도파에 반대하는 자신의 책에 다음과 같이 썼습니다.

왈도파는 레오(Leo)라는 이름을 가진 한 신앙인에게서 비롯되었다. 그는 첫 번째 그리스도인 황제였던 콘스탄티누스 대제 시대에 살았던 인물이다. 그는 콘스탄티누스 아래에서 실베스터 교황이 누린 탐욕과 과도한 방종을 경멸했다. 그는, 실베스터 교황에게 충성하며 그의 신앙에 호의적인 사람들에게서 보수를 받는 성직자가 되어 타락하기보다는, 순전한 믿음을 추구하며 가난하게 살고자 했다.

이것은 교황주의자들이 전하는 증언입니다. 그런데도 루터 이전에도 개혁교회가 존재했다는 사실에 의문을 제기한다면, 다음과 같이 답변하겠습니다. 개혁교회는 우리가 방금 언급한 사람들, 곧 피에몬트 지방에 거했던 왈도파에게서 발견됩니다. 우리의 교리는 모든 면에서 하나님의 말씀에 합치하는 그들의 가르침과 동일합니다.

반론 2

이 반론은 성직자의 파송과 관련된다. 교황에게서 위임받지 않은 성직자나 다른 성직 제도를 따르는 교회는 참된 교회가 아니다. 개혁교회의 말씀 사역자는 이러한 방식으로 파송 받은 자가 아니다. 따라서 그들은 참된 교회가 될 수 없다.

답변

(1) 우리는 교황의 위임이 참된 교회의 본질적인 요소라는 주장을 부인합니다. 오히려 참된 교회가 교황주의 교회로부터 떠나면서, 이런 식의 위임은 아무런 가치도 없어졌습니다. 적그리스도에게는 사역자들을 임명할 권한이 없기 때문입니다. 이들에게서 참된 교회가 분리되기 전에 시행된 위임은 인정될 수 있습니다. 왜냐하면 참된 교회가 그들 가운데 있었으며, 그와 같은 교회를 통해 성직자가 임명되었기 때문입니다.

(2) 사역자의 계승은 참된 교회를 구별하는 표지가 아닙니다. 이에 관해서는 이미 증명했습니다. 또한 성직자의 위임은 성례가 아닙니다. 따라서 참된 교회는 사역자의 봉사가 없어도 얼마 동안은 존재할 수 있습니다.

(3) 조직화된 교회에서 일반적으로 볼 수 있는 의식과 예식이 시행되지 않는 시기에도, 필요하다면 교회는 말씀 사역에 적합하다고 여겨지는 사람들을 말씀 사역으로 부를 권한을 부여받았습니다. 사역자의 위임은 하나님의 권한이며, 그 권위는 하나님으로부터 나옵니다. 사람은 이러한 위임을 시행하는 방편에 불과합니다.

이는 이미 설립된 회중 가운데 있는 사역자나 무너진 교회를 회복하는 불안정한 시기에 처한 회중 모두에게 참된 사실입니다. 120명의 회중(행 1:15 참고)은 사도의 직무를 위해 두 명의 후보를 세웠고 제비를 뽑아 한 명을 택했습니다(행 1:23 참고). 각 도시에 있는 교회는 회중들의 투표로 장로를 택하였습니다(행 14:23 참고). 교회는 필요할 때 이러한 방식으로 사역자를 택하여 세울 수 있습니다.

누군가는 그런 경우를 가리켜, 특별한 위임이며, 따라서 그들에게는 기적을 행하는 것이 요구된다고 말합니다. 그러나 그것은 새로운 것이 아니라 예전부터 시행되어 온 것입니다. 이는 새로운 교리나 종교적 관례가 아니라, 단지 상황이 예외적일 뿐입니다. 선지자들이 기적을 행하지 않은 것과 사도들이 기적을 행한 것은 모두 정당합니다. 그 모든 것이 동일한 가르침이자 동일한 사역이었기 때문입니다.

(4) 종교개혁 초기에 개혁교회에는 이미 교황주의를 떠나 참된 교회로 전향한 성직자들이 가득했습니다. 그들은 개혁교회를 드나들며 그곳에서 진리를 설교하였습니다. 그리고 그들이 다시 통상적인 방식으로 다른 이들에게 사역을 위임하였습니다.

추가반론 1 이들 성직자는 교황의 가르침을 가르치고 예전을 집례하기 위해 위임받았다.

| 답변 |

(교황주의가 들끓었던 시기의 교회라 하더라도) 사역자들은 참된 교리를 전파하기 위해 참된 교회로부터 위임을 받았습니다. 이것이 신적 위임의 목적이자 교회가 위임하는 목적입니다. 교황주의자들도 이를 부인하지는 못할 것입니다. 감히 우상숭배를 전파하도록 부름받았다고 주장하지는 않을 것입니다. 그러므로 우상숭배를 조장하기 위해 위임받지 않은 이상, 교황주의를 떠난 성직자들의 위임은 합법적이며 정당합니다.

추가반론 2 이들 성직자들은 그들을 위임한 교회로부터 권리를 박탈당했다.

| 답변 |

❶ 교회가 교황주의로부터 떠난 이후, 교황주의는 기독교에 반하는 세력으로 남게 되었습니다. 그들은 더 이상 교회가 아니므로, 그들을 떠난 자에게 어떠한 권한도 행사하지 못합니다.

❷ 신실한 사역자를 면직시키는 것은 부당합니다. 또한 통상적인 위임(common commission)에 근거하여 그들은 여전히 합법적인 목사와 교사로 남습니다.

추가반론 3 사역자가 되고자 하여 개혁교회로 전향한 성직자들은 반드시 새로 위임을 받아야 하므로, 교황의 위임은 더 이상 합법적으로 여겨질 수 없다. 따라서 교회를 떠난 자들이 처음에 받은 위임은 합법적이지 않다.

| 답변 |

이 둘 사이에는 중대한 차이가 있습니다. 교회가 여전히 교황주의에 종속되었던 시기에 행해진 위임의 효력은 교회로부터 비롯됩니다. 그러나 참된 교회가 분리된 이후, 교황주의 교회의 위임은 더 이상 참된 교회가 아닌 거짓 교회의 위임이 됩니다. 따라서 그들의 위임이 예전에는 합법적이었을지라도, 지금은 효력이 없습니다.

그리스도와 그분의 진리를 고백하는 참된 교회

지금부터 앞에서 제시한 바 '교회는 그리스도와 그분의 진리에 대한 진실된 고백을 통해 구현된다'는 설명을 살펴보겠습니다. 교회에 관해 숙고할 때, 일반적으로 교회를 가시적인 교회와 비가시적인 교회로 구분 짓습니다. 이 구분은, 본질상 서로 다른 구성원을 가진 근본적으로 다른 각각의 교회가 존재한다는 의미가 아닙니다. 왜냐하면 오직 하나의 교회만이 존재하기 때문입니다. 이러한 구분은 교회의 외적 상태와 관련됩니다. 이 상태는 확연히 파악되기도 하고, 오류 및 불경건한 행실과 박해 등으로 인해 잘 파악되지 않기도 합니다. 이 모든 것에 관해서는 앞에서 살펴보았습니다.

무엇보다도 교회는 교회의 가시적인 요소가 눈에 띄지 않고 교회의 존재가 감추어지는 것을 두려워해야 합니다. 때때로 교회는 이러한 시기를 겪습니다. 그러나 교회는 언제나 자신을 드러내며, 만인 앞에 발견되고자 분투하는 빛이요 불과 같은 존재가 되어야 합니다. 교회는 검과 불, 교수대를 두려워하지 않고 믿음으로 진리를 증언한 순교자들을 자랑하며, 오히려 그것을 승리로 여깁니다. 교회는 오직 교회 됨이 드러나기를 원합니다. 그리고 교회의 교회 됨을 드러내고자 검이 아니라 그리스도와 그분의 진리를 신실하게 고백함으로써 분투합니다. 교회는 그리스도께서 고난받고 죽으심으로써 자기 백성의 죄에 대한 하나님의 공의를 만족시키셨음을 고백합니다. 또한 그분을 하나님과 죄인들을 화목하게 하신 대속물, 곧 유일하며 모든 것을 충족하신 구주로 고백합니다. 그리스도는 능동적으로 순종하고 율법을 성취하심으로써(택자들을 대신하신 대속물로 행하심) 그리스도 안에 있는 자들을 의롭다 하며, 그들을 영생의 후사로 선포하십니다. 교회는 이와 같이 그리스도를 믿고 영접한 자들만이 구원받을 수 있다고 고백합니다. 이러한 자들이 그리스도와 영적으로 연합하며, 그분 안에 거합니다. 또한 거룩한 생활을 통해 그리스도의 성품을 드러내며, 주님과 동행합니다(요일 2:6 참고).

교회는 산 위에 있어서, 세상과 떨어져 구별된 동네입니다(마 5:14 참고). 바로 이를 위해 하나님의 말씀을 듣고자 함께 모입니다. 교회는, 그들 안에 있는 소망에 관한 이유를 묻는 자에게 온유와 두려움으로 대답할 것을 항상 준비하고 있습니다(벧전 3:15 참고). 교회는 사람에게 하듯 하지 않고 주께 하듯 하는데, 지나친 호기로움이 아니라 모든 자비와 양선 가운데 그렇게 행합니다. 교회는 이러한 목적을 위해 부름받았고, 또한 함께 모입니다.

"이 백성은 내가 나를 위하여 지었나니 나를 찬송하게 하려 함이니라"(사 43:21).

"그러나 너희는 택하신 족속이요 왕 같은 제사장들이요 거룩한 나라요 그의 소유가 된 백성이니, 이는 너희를 어두운 데서 불러 내어 그의 기이한 빛에 들어가게 하신 이의 아름다운 덕을 선포하게 하려 하심이라"(벧전 2:9).

영적 전쟁을 수행하는 참된 교회

우리는 교회가 그리스도 예수를 머리로 삼고 영적으로 무장하여 그리스도와 교회를 대적하는 원수와 전투하는 존재로 설명하였습니다. 이러한 관점에서 교회는 승리한 교회와 전투하는 교회로 구분됩니다. 승리한 교회는 믿음을 통해 성화되고 영적 전쟁에서 승리하여 면류관을 얻은 자들로 이루어진 교회로서, 천국에 존재합니다.

"이 일 후에 내가 보니⋯⋯아무도 능히 셀 수 없는 큰 무리가 나와 흰옷을 입고 손에 종려 가지를 들고 보좌 앞과 어린양 앞에 서서⋯⋯이는 큰 환난에서 나오는 자들인데 어린 양의 피에 그 옷을 씻어 희게 하였느니라. 그러므로 그들이 하나님의 보좌 앞에 있고 또 그의 성전에서 밤낮 하나님을 섬기매 보좌에 앉으신 이가 그들 위에 장막을 치시리니"(계 7:9,14,15).

전투하는 교회는 마귀와 세상을 외적인 원수로, 자신의 육신 됨을 내적인 원수로 두는 교회로서, 지상에 존재합니다. 마귀는 처음부터 살인한 자입니다. 또한 여인의 후손에 관한 약속이 주어졌을 때부터 사악한 증오심으로 그 약속과 그 약속을 믿는 모든 자들을 대적해 왔습니다. 그는 성도들을 고통스럽게 할 수 있다면 무슨 짓이든 하고, 할 수만 있다면 그들이 그리스도께로 나아가는 것을 막으려 합니다. 성도가 이미 그리스도께로 나아갔다 하더라도, 마귀는 그들을 끌어내리려고 발버둥칠 것입니다. 그리하여 교회의 영광을 가리려는 것입니다. 그러므로 에베소서 6장 11-18절에 묘사된 대로, 교회는 진을 치고 영적으로 무장하여 이러한 적들과 싸워야 합니다.

교회와 세상은 몇 가지 이유로 서로를 멸시합니다. 교회의 지체는 세상에 속한 자보다 영적으로 월등히 탁월한 존재입니다. 그들은 진리로 세상을 설복시키며, 거룩한 행실로 저들을 정죄합니다. 그들은 세상과 혼합되는 것을 원치 않으며, 세상으로부터 구별되어 홀로 거하기를 소망합니다. 사실 교회와 세상은 본질과 목적과 삶의 방식에 관한 모든 면에서 대조됩니다. 이러한 차이는 모두 두 진영으로 하여금 상대로부터 자신을 보호하며, 서로에게 영향을 받지 않고 생활하게끔 만듭니다.

세상은 물질적이고도 육신적인 무기를 사용하여 경건한 자들의 소유에 해를 입히고, 그들의 명예를 조롱하며 멸시합니다. 세상은 성도들이 믿음과 경건한 행실에서 벗어나도록 불과 검으로 그들을 해합니다. 세상은 자신들의 모든 것을 동원해 교회를 속박하려고 애쓰며, 결국 교회가 세상에 순응하도록 만들려 합니다.

반면, 교회는 세상의 구원을 도모하며, 믿음과 회개를 통해 이들을 교회로 이끌고자 합니다. 교회는 물질적이고도 육신적인 무기를 사용하지 않습니다. 이러한 것들은 교회의 것이 아닙니다. 대신 교회는 영적인 무기를 사용합니다. 성령의 검인 하나님의 말씀, 교회의 신앙고백, 성화를 이루어 가는 삶, 진리의 견고한 보존, 그리스도를 위해 모든 것을 참는 신실한 인내와 같은 것들이 바로 교회의 영적 무기입니다. 하나님의 말씀은 이러한 싸움에 관해 아주 많이 언급합니다.

"믿음의 선한 싸움을 싸우라"(딤전 6:12).

"너는 그리스도 예수의 좋은 병사로 나와 함께 고난을 받으라"(딤후 2:3).

"전날에 너희가 빛을 받은 후에 고난의 큰 싸움을 견디어 낸 것을 생각하라"(히 10:32).

교회 안에 있는 육신 됨은 교회의 가장 해로운 원수입니다. 다른 모든 원수들은 이 육신의 협력 없이는 발도 붙이지 못합니다. 거룩함이 교회에 광채를 더한다면, 죄악은 교회를 욕보입니다. 교회의 진실한 지체들은 모두 그들의 영적인 생명으로 말미암아 죄를 미워합니다. 또한 죄에 정복당하기보다 그 죄를 정복하고자 하며, 죄에 대해 진을 칩니다. 이에 관해 바울은 다음과 같이 말합니다.

"육체의 소욕은 성령을 거스르고 성령은 육체를 거스르나니 이 둘이 서로 대적함으로 너희가 원하는 것을 하지 못하게 하려 함이니라"(갈 5:17).

베드로 역시 이러한 전투에 임하라고 간곡히 권합니다.

"거류민과 나그네 같은 너희를 권하노니 영혼을 거슬러 싸우는 육체의 정욕을 제어하라"(벧전 2:11).

적그리스도와 로마의 교황

교회가 지상에서 맞닥뜨리는 원수들 가운데 적그리스도야말로, 교회를 향한 모든 박해의 가장 크고도 첫째가는 원인입니다.

'적그리스도'는 문맥에 따라 반대하거나 위한다는 의미를 나타내는 ἀντί(안티)라는 단어와 Χριστός(크리스토스)라는 단어가 조합된 말입니다. 따라서 '적그리스도'는, 실상은 그리스도를 대적하는데도 마치 그리스도를 위하는 듯한 인상을 주는 자들을 가리키는 단어입니다.

이 단어는 그리스도의 위격과 그분에 관한 가르침을 부정하는 이단들을 일컬을 때에도 사용됩니다.

"적그리스도가 오리라는 말을 너희가 들은 것과 같이 지금도 많은 적그리스도가 일어났으니 그러므로 우리가 마지막 때인 줄 아노라"(요일 2:18).

그러나 일반적으로는 그리스도의 가르침과 그리스도를 고백하는 자들을 대적하는 무리의 우두머리인, 가장 큰 적그리스도와 관련이 있습니다. 성경은 많은 구절에서 그러한 인물이 도래하리라고 진술합니다. 이 사실을 부인할 사람은 아무도 없습니다.

> ▶ 질문
> 누가 적그리스도인가?

대답: 모든 개신교인(Protestants)은 로마의 교황이라고 답합니다. 그러나 교황주의자들은 이를 강하게 부인합니다.

우선 이러한 주장을 확증하고 나서 교황주의자들의 반론에 답변하겠습니다. 논증의 진의를 분명히 깨달으려면, 무엇보다 모든 논의들을 철저히 하나의 논점으로 바라보아야 합니다. 여러 부분으로 이루어진 증거들을 독립적으로 숙고해 본다면, 이러한 증거들이 주장하는 논점뿐만 아니라 각각의 증거 자체에 대해서도 수긍하게 될 것입니다.

첫 번째 증거. 어둠을 의미하는 이름

"지혜가 여기 있으니 총명한 자는 그 짐승의 수를 세어 보라. 그것은 사람의 수니 그의 수는 육백육십육이니라"(계 13:18).

요한계시록 15장 2절에서는 이를 "그의 이름의 수"라고 언급합니다.

주님은 적그리스도의 이름을 명확하게 부르지 않으십니다. 이는 주께서 이루고자 하는 바를 방해받거나 그분의 비밀스런 것을 모든 이에게 드러내기를 원하지 않으셨기 때문입니다(마 13:13 참고). 물론 여기에 언급되는 대상이 적그리스도라는 사실에는 반론할 여지가 없습니다. 그러나 적그리스도가 누구인지를 증명하는 데에 모든 이가 명백하게 동의하는 것은 아닙니다. 적그리스도의 정체를 규명하기 위해서는 반드시 다음의 사실들을 유념해야 합니다.

- 요한은 헬라어로 요한계시록을 썼는데, 헬라어는 그 문자를 숫자로도 사용합니다.
- 이 숫자에 해당하는 문자들을 사람의 이름으로 옮길 수 있습니다. 이에 관해 성경은 "그의 이름 표," "그의 이름의 수"라고 기록합니다.
- 그 이름은 666이라는 숫자를 만드는 문자들로 기록된 것일 수 있습니다.

첫째, 요한에게서 배운 폴리캅의 제자인 이레니우스는 이 숫자로 $\lambda\alpha\tau\epsilon\iota\nu\acute{o}\varsigma$(라테이노스)라는 철자를 조합해 냈고, 이로써 적그리스도가 이탈리아와 라틴교회에서 출현하리라고 결론지었습니다. 그리스도께서 나시기 전에도 이탈리아에 해당하는 지역에는 이미 왕이 있었습니다. 그의 이름은 라티누스(Latinus)인데, 파우누스(Faunus)의 아들이자 피쿠스(Picus)의 손자이며 사투르누스(Saturnus)의 증손이요 야누스(Janus)의 현손으로, 이탈리아의 첫 번째 왕이었습니다. 이탈리아 또는 로마를 둘러싼 주변 지역은 이 라티누스의 이름을 따 라티움(Latium)으로 불렸고, 그들이 사용하는 언어는 라틴어(Latin)로 불렸으며, 이는 오늘날까지 이어져 옵니다. '라티누스'는 헬라어로 '라테이노스'이며, 이것은 반론할 여지 없이 666이라는 숫자에 해당합니다. 따라서 적그리스도의 의미를 추적해 보면, 이것이 로마와 라틴 교회, 이후에는 교황 곧 아버지라고 불리는 주교들을 가리키고 있음을 알 수 있습니다. 교황은 로마가 세워지기 전에 라티누스가 왕으로 있었던 라티움의 지배자입니다. 교황은 라틴교회에 자신의 입지를 세웠고, 따라서 서방 교회는 오랫동안 라틴교회로 알려졌습니다. 교회의 총회(general ecclesiastical gathering)가 소집될 때, 서방의 주교는 라틴 주교로, 동방의 주교는 헬라 주교로 불렸습니다. 교황은 오늘날까지도 지침을 내리거나 칙령을 반포할 때에 라틴어를 사용합니다. 또한 전 세계 교회의 예식과 미사 등이 라틴어로 행해진다는 것은 교황이 적그리스도임을 증명하는 하나님의 특별한 섭리라 할 것입니다.

둘째, 교황과 666으로 표현된 자를 비교하면 이것이 더욱 분명해집니다.

① 교황의 권좌는 로마에 있으며, 이 로마는 일곱 언덕 위에 세워진 도시입니다. 요한계시록 17장 1절과 더불어 9절의 '자리'에 관한 언급은 적그리스도를 가리키는 증거가 됩니다.

"그 일곱 머리는 여자가 앉은 일곱 산이요"(계 17:9).

② 10,11절에 따르면, 일곱 머리는 로마의 일곱 개의 통치 체제를 가리키는데, 적그리스도가 이 지역의 황제를 계승하리라고 말합니다. 다섯 통치 체제는 요한 시대 이전에 이미 다 사라졌습니다. 당시에는 황제의 통치로 이루어진 여섯 번째 체제가 존재하였고, 그 후에는 일곱 번째 체제가 뒤따를 것입니다. 그런데 교황만이 오직 로마를 다스리는 황제들을 계승해 왔습니다.

③ 로마제국이 멸망하면서 666이라는 수로 조합된 이름을 가진 적그리스도가 왕위에 오르는 동시에, 열 왕이 그와 더불어 다스리는 권세를 받게 될 것입니다.

"열 뿔은 열 왕이니"(계 17:12).

이 모든 것이 주후 500년에서 600년 사이에 일어났습니다.

④ 이 사람은 이교도의 우상숭배와 우상을 만들어 예배하는 것을 가르칩니다(계 13:3,12-15 참고). 이 이교도 제국은 이후 우상숭배를 척결한 콘스탄티누스 대제에 의해 치명적인 부상을 입습니다. 그러나 일곱 머리인 교황이 우상숭배와 우상을 만

들어 예배하는 것을 다시금 가르침으로써 우상숭배를 복원합니다.

⑤ 666으로 표현된 이 사람은 인간을 넘어서는 경배와 영예를 받습니다(계 13:4 참고).

⑥ 그는 하나님과 하나님의 교회를 모독합니다(계 13:5,6 참고).

⑦ 그는 '거룩한' 전쟁에 임하여 성도들을 이깁니다(계 13:7,8 참고).

⑧ 그는 마흔두 달 동안 다스립니다.

⑨ 온 세상이 충성을 다해 그를 따릅니다(계 13:8 참고).

⑩ 그는 경건한 외양으로 자신의 모든 것을 은폐합니다. 그리고 어린양처럼 두 뿔이 있고, 용처럼 말합니다(계 13:11 참고).

⑪ 그는 이적을 행하여 사람들을 미혹합니다(계 13:13,14 참고).

⑫ 666이라 이름하는 자는 우상숭배를 강요하며, 이에 따르지 않는 자들을 죽일 것입니다(계 13:15 참고).

⑬ 그는 자신의 이름을 따라 이름을 짓거나 충성을 공언하도록 강요할 것입니다. 사람들은 그의 표를 받도록 요구받고, 만일 이를 거절한다면 매매도 할 수 없고 그에 준하는 사회적 관계도 금지당할 것입니다(계 13:16,17 참고).

교황에게 해당하는 이 모든 것과 뒤이은 논증이 마치 두 개의 물방울과 같다는 사실을 알 수 있습니다. 이렇게 하여 666이라는 이름의 수와 그 모든 정황이 교황과 관련된 일이나 교황에게 붙은 이름과 연관된다는 사실을 숙고해 보았습니다. 교황의 이름과 그의 행적은 이 모든 것과 맞아떨어집니다. 그런데도 교황이 적그리스도라고 결론 내리지 못한다면, 그는 분명히 눈먼 자일 것입니다.

교황주의자들이 이러한 사실을 깨닫지 못하는 것은 놀라운 일이 아닙니다. 왜냐하면 교황주의자들이 깨닫지 못하는 것 자체가 교황주의의 마지막을 알리는 신호이기 때문입니다. 따라서 그와 같은 일은 필연적으로 얼마간 지속될 것입니다.

반론

'라티누스(Latinus)'라는 단어에는 분명히 철자 'e'가 없다. 따라서 666이라는 수에 상응하지 않는다.

> 답변

(1) 요한은 라틴어가 아니라 헬라어로 기록했습니다. 라틴인 '라티누스'는 헬라어로 '라테이노스(λατεινος)'입니다. 이레니우스는 이 단어를 헬라어로 어떻게 써야 하는지를 분명히 알고 있었습니다.

(2) 또한 라틴어는 'Sabeinos,' 'Antoneinos,' 'Lateinos'라는 단어나 'quam primum Cascei, Populei tenuere Lateinei' 같은 문구에서처럼 'i' 대신 'ei'를 사용하기도 합니다. 따라서 위와 같은 주장은 무의미합니다.

두 번째 증거. 로마라는 지역성

적그리스도가 로마에 자리하며 그곳을 자신의 영토로 소유한다는 것이 그 증거입니다.

"그 일곱 머리는 여자가 앉은 일곱 산이요"(계 17:9).

"또 네가 본 그 여자는 땅의 왕들을 다스리는 큰 성이라 하더라"(계 17:18).

이 구절들에서 적그리스도는 여자와 큰 음녀로 나타납니다(계 17:1 참고). 하나님의 말씀이 우상숭배를 '간음'으로 일컫기도 할 뿐 아니라, 실제로 로마와 이탈리아 지역의 이른바 성직자라는 이들 가운데서 간음과 호색하는 행위가 크게 번졌기 때문입니다. 이 음녀는 큰 성을 손아귀에 넣고, 이 땅의 왕들을 지배합니다. 이 성은 바로 로마이자 황제들의 보좌입니다. 성벽으로 둘러싸인 로마에 일곱 언덕이 있다는 것은 더 이상 증거가 필요 없는 분명한 사실입니다. 이 시기 전후의 작가들은 로마를 일컬어 '일곱 언덕의 도시'라고 불렀습니다. 그리스도께서 나시기 대략 14년 전에 죽은 베르길리우스(Virgil)는 다음과 같이 기록합니다.

> 그리하여 로마는 모든 도시 가운데 가장 영광스러운 성읍이 되었으니,
> 성벽과 일곱 요새로 둘러싸인 곳은 오직 이 성읍뿐이었다.
>
> _ Georgicon, Lib. II, 534-535.

그리스도께서 나시기 대략 38년 전에 태어난 오비디우스(Ovidius)는 다음과 같이 기록합니다.

신들의 영토인 로마여,
일곱 언덕 위에서 모든 땅들을 내려다보는구나.

_ Tristium, Lib. I, 5, 69-70.

로마가 전쟁에서 승리하여 일곱 언덕에서 정복한 세상을 내려다보는 한,
나의 글은 읽힐 것이다.

_ Tristium, Lib. III, 7, 51-52.

지금은 교황이 이 일곱 언덕 위에 세워진 로마를 차지했습니다. 그리고 그의 영토가 다른 왕국으로까지 확장되어 참으로 많은 나라를 다스리고 있습니다(계 17:15 참고). 그는 성도들의 피에 취했고, 진리를 시인하는 자들의 피를 물과 같이 쏟고 있습니다(계 17:6 참고). 지상의 왕들은 자신의 권세를 그에게 바칩니다(계 17:13,14 참고). 그러므로 교황이 바로 적그리스도입니다.

반론

교황주의자들은 이와 같이 끔찍한 고소를 피하기 위해 음녀와 큰 성이 로마를 지칭한다는 데에 동의한다. 다만 이는 이교도 황제 시절의 로마를 의미하며, 바로 그때가 성도들의 피에 취했던 시기였다고 주장한다.

답변

요한계시록 17장은, 로마 황제들이 통치한 때가 아니라 그 이후의 로마를 지칭하고 있음을 분명하게 보여 줍니다. 그 황제들 이후부터 지금에 이르기까지 로마의 교황이 로마를 다스려 왔다는 것은 모두가 아는 사실입니다. 이는 이어지는 세 번째 증거를 통해 분명하게 밝혀질 것입니다.

세 번째 증거. 열 왕국 시대의 교황

박해가 공공연히 드러나는 시기로부터 이 세 번째 증거를 얻습니다. 짐승은 분명히 로마와 지상의 모든 왕들의 뒤를 잇습니다.

"내가 보니 바다에서 한 짐승이 나오는데 뿔이 열이요 머리가 일곱이라"(계 13:1).

"또 일곱 왕이라. 다섯은 망하였고 하나는 있고 다른 하나는 아직 이르지 아니하였으나 이르면 반드시 잠시 동안 머무르리라. 전에 있었다가 지금 없어진 짐승은 여덟째 왕이니 일곱 중에 속한 자라"(계 17:10,11).

"일곱 머리"는 단지 로마의 일곱 언덕뿐만 아니라 일곱 왕들과도 관련됩니다. 이 일곱 왕은 특정한 개인이라기보다는 주권을 가진 정부를 의미합니다. 통치의 다섯 체제는 이미 지나간 것으로 왕, 집정관, 원로원, 총독, 그리고 독재자들입니다. 요한이 요한계시록을 쓸 당시에 통치했던 황제들은 반론할 여지 없이 여섯 번째 통치 체제입니다. 그러나 짐승은 이 기간에 나타나지 않고 로마의 일곱째 머리에서 일어납니다. 짐승은 세상을 지배한다는 점에서 황제의 뒤를 잇는 일곱 번째 머리인 동시에, 사람의 영혼에 대한 영적 통치권을 주장한다는 점에서 여덟 번째 왕입니다. 바로 이것이 여기서 언급되는 로마가 이교도 국가인 로마가 아니라 교황의 지배 아래 있는 로마임을 증명합니다. 게다가 일곱 번째 머리는 다른 머리들처럼 빨리 물러나지 않습니다. 이전의 통치 체제들은 그 기간이 매우 짧았습니다. 반면, 이 정치 체제는 마흔두 달, 또는 1260일 동안 지속됩니다. 이는 오랜 기간을 의미하는 것으로, 오직 교황에게만 적용할 수 있습니다. 요한계시록 17장 12,13절은 다음과 같이 덧붙입니다.

"열 뿔은 열 왕이니 아직 나라를 얻지 못하였으나 다만 짐승과 더불어 임금처럼 한동안 권세를 받으리라. 그들이 한뜻을 가지고 자기의 능력과 권세를 짐승에게 주더라."

이러한 일들은 황제가 군주이자 주권적 통치자였던 시대에는 일어나지 않았습니다. 그보다는 로마제국이 고트족(Goths)과 롬바르드족(Lombards)을 비롯해 다른 이교도들에 의해 파괴되어 열 왕국으로 갈라졌을 때에 일어났습니다.

대략 이 시기에 짐승이 일어나 로마를 차지하게 되는데, 그가 다름 아닌 교황입니다. 비록 몇몇 나라들이 얼마간 이탈리아를 지배했지만, 로마를 다스리지는 못했습니다. 이 열 왕들은 일곱 언덕의 도시인 로마에 통치 권좌를 둔 짐승에게서 인정과 승인을 얻고자, 그 짐승에게 자신들의 권세를 내주었습니다. 그리고 짐승의 뜻을 따라 그리스도와 그의 교회를 대적하여 전투를 벌였습니다. 로마제국이 파괴되고 열 왕들이 권세를 얻은 이후, 로마에 권좌를 두고서 세상의 영토를 취한 이가 적그리스도라는 사실에 주의를 기울여야 합니다. 오늘날에 이르러 황제로 불리는 열 왕들은 325년이 지난 후에야 권세를 얻었습니다. 그들은 로마에 권좌를 두지 못했을 뿐만 아니라, 그저 명목상으로 다스릴 뿐 아무런 권세도 행사하지 못했습니다. 이 지역에서 황제의 지위를 차지하고 있는 자는 교황뿐이었습니다. 교황과 더불어 권세를 차지한 열 왕들에게 교회의 피를 흘리게 하고 박해할 권세를 준 이도 다름 아닌 교황이었습니다. 따라서 교황이 바로 적그리스도인 것입니다.

이와 같은 사실로 두 번째 증거도 더욱 확고해지고, 이교도 국가인 로마가 아니라 교황의 통치 아래 있는 로마라는 사실도 입증되어 위의 반론에 대해서도 답변이 되었습니다.

교황은 요한계시록 13장과 17장에 기록된 모든 일을 행했습니다. 그런데도 그들을 계승한 것이 황제가 아니라 교황이라는 사실을 깨닫지 못하는 자는 분명 눈먼 자입니다. 그러므로 교황이 적그리스도임은 분명한 사실입니다.

네 번째 증거. 적그리스도의 행실

첫째, 적그리스도는 하나님의 성전에 스스로 자리합니다.

"하나님의 성전에 앉아 자기를 하나님이라고 내세우느니라"(살후 2:4).

교회는 하나님의 집이자 하나님의 성전입니다(딤전 3:15 참고).

"우리는 살아 계신 하나님의 성전이라"(고후 6:16).

그런데 그는 교회의 머리이자 대리인으로 자처하며, 마치 자신이 하나님인 양 교회 가운데 앉아 있습니다. 적그리스도는 원수의 모습으로 교회에 접근하거나 그러한 방식으로 교회와 싸우지 않습니다. 오히려 교회의 내부에서 시작하여 우두머리 자리를 차지하려 합니다. 교황주의자들이 공개적으로 교황을 교회의 머리로 인정하는 것은 교황을 '우리의 주 하나님 교황'이라고 말하는 것이 아니겠습니까?

둘째, 그와 더불어 배교가 시작됩니다.

"먼저 배교하는 일이 있고 저 불법의 사람 곧 멸망의 아들이 나타나기 전에는 그날이 이르지 아니하리니"(살후 2:3).

교회는 언제나 수많은 이단들과 싸워 왔습니다. 교회가 세워진 초창기에도 그러했습니다. 로마 교회는 자신의 순수성이 가장 오래되었음을 주장하여, 이단을 일으킨 교회들이 로마 교회에 숨어들도록 기회를 제공했습니다. 결국 로마의 대주교는 이러한 기회를 사용해 차츰 스스로를 다른 모든 교회들 위에 높였습니다. 그는 논쟁되는 사안과 관련해 자신의 선언을 어느 누구도 반박할 수 없는 신적 계시로 삼고자 했습니다. 그런데 교회 안에 이단이 일어나게 되자, 순수한 신앙으로부터 이탈하는 배교가 더욱 수월하고도 신속하게 온 교회에 파급되었습니다. 하나의 오류가 또 다른 오류를 가져왔고, 배교가 급격히 증가했습니다.

이 책은 전반에 걸쳐 로마 교회가 완전히 배교했다는 사실을 입증합니다. 로마 교회는 교회의 선언과 전통을 말씀과 동등하게 둠으로써 말씀을 대적합니다. 그들은 성경 읽기를 금지시키고, 성찬의 떡을 하나님 자신으로 숭배하라고 명합니다. 또한 천사와 죽은 성인들을 숭배하라고 가르칩니다. 성상과 제단을 세우고는 거기에 죄를 사할 권세가 있다고 주장하면서 성도의 배교를 조장합니다. 사람이 완전할 수 있다고 가르칠 뿐만 아니라, 교황의 곳간을 채우기 위해 여분의 공로(superfluous works)를 쌓으라고 가르치며, 그러한 일을 자기 마음이 내키는 대로 정합니다. 로마 교회는 그리스도의 공로가 원죄와 자범죄, 곧 모든 죄를 속한다는 사실을 부인합니다. 그들은 스스로 천국을 얻을 수 있으며, 얻어야 한다고 가르칩니다. 또한 연옥의 존재 및 산 자와 죽은 자를 대신하여 그리스도의 희생을 다시 드리는 미사 등 거짓된 것들을 만들어 냅니다. 이와 같은 로마 가톨릭의 오류를 다 언급하기에는 그 수가 너무나 많습니다. 로마 교회와 추종자들이 행한 신앙의 배교는 이것으로도 충분히 설명됩니다.

셋째, 적그리스도는 이 땅의 모든 왕들 위에 자신을 높입니다.

"신이라고 불리는 모든 것과 숭배함을 받는 것에 대항하여 그 위에 자기를 높이고……자기를 하나님이라고 내세우느니라"(살후 2:4).

왕과 지배자는 시편 82편 1,6절에서 왕이자 지존자로 불립니다. 교황은 이들 위에 자신을 높입니다. 그는 이러한 사실을 잘 알뿐더러, 왕을 지명하거나 폐위시킴으로써 그 권세를 행사합니다. 또한 백성들에게서 특정한 왕에 대한 충성과 서약의 의무를 없애기도 하며, 아메리카 대륙을 스페인에게 준 것처럼 자신이 원하는 자에게 영토를 하사하기도 합니다. 그러나 왕들은 점점 현명해지고 있으므로, 교황이 왕에게 행사해 온 폐위권을 더 이상 신경 쓰지 않게 될 것입니다. 머지않아 교황을 높이 숭앙했던 자신들의 어리석음을 경멸하며, 교황에게 반감을 가지고 그를 거부하게 될 것입니다(계 17:16,17 참고).

교황은 스스로 하나님인 양 행하며, 모든 사람들로 하여금 자신에게 무릎 꿇어 절하게 합니다. 그는 하나님이 제정하신 것에 반하는 종교 관습들을 만들어 하늘의 하나님을 대적합니다. 그리스도께서 떡과 잔이라는 두 가지 표지로 주의 만찬을 제정하셨는데, 대담하게도 교황은 오직 떡만을 성찬의 유일한 표지로 시행하라고 주장하기도 합니다.

넷째, 적그리스도는 이적을 행합니다.

"악한 자의 나타남은 사탄의 활동을 따라 모든 능력과 표적과 거짓 기적과"(살후 2:9).

"큰 이적을 행하되 심지어 사람들 앞에서 불이 하늘로부터 땅에 내려오게 하고 짐승 앞에서 받은 바 이적을 행함으로 땅에 거하는 자들을 미혹하며"(계 13:13,14).

교황주의자들만이 이러한 이적을 자랑하며, 그것으로 교회 됨을 증명하려 합니다. 이 얼마나 눈멀고 무지한 일입니까! 이런 그들의 모습이 교황이 적그리스도임을 분명하게 드러냅니다. 게다가 교회에 뒤덮인 칠흑 같은 어둠은 한때나마 그들이 가졌던 기적에 대한 신뢰마저 없애 버렸습니다. 사람들은 지금 그들의 거짓 이적을 비웃습니다.

다섯째, 적그리스도는 빛나고 화려한 허영의 광채 가운데 지냅니다.

"그 여자는 자주 빛과 붉은 빛 옷을 입고 금과 보석과 진주로 꾸미고"(계 17:4).

요한계시록 18장 12,16절은 이 허영의 광채를 더 자세히 묘사합니다. 이 구절을 살펴보면서 교황과 추기경을 상징하는 자줏빛 옷을 입은 교황 및 그의 추종자들을 생각해 본다면, 누구든지 이 구절에서 묘사하는 적그리스도가 틀림없이 교황이라고 말할 것입니다. 교황의 가르침과 삶은 베드로와 조금도 닮지 않았습니다.

여섯째, 적그리스도는 성도들과 전쟁을 벌입니다.

"또 권세를 받아 성도들과 싸워 이기게 되고……또 짐승의 우상에게 경배하지 아니하는 자는 몇이든지 다 죽이게 하더라……그 오른손에나 이마에 표를 받게 하고, 누구든지 이 표를 가진 자 외에는 매매를 못 하게 하니 이 표는 곧 짐승의 이름이나 그 이름의 수라"(계 13:7,15-17).

이 구절을 교황의 활동과 비교해 보십시오. 여기에 있는 예언들이 교황에게서 너무나 명백하게 성취되었다는 사실을 깨달을 것입니다. 교회와 싸우는 자가 교황이 아니면 누구란 말입니까? 참된 신앙고백자들을 진리를 증언한다는 이유로 살해한 자가 바로 교황이 아닙니까? 교황의 명령과 지시로 수백수천의 사람들이 이미 목숨을 잃지 않았습니까? 성도들의 피로 취한 자가 교황이 아니라면 누구입니까? 로마 가톨릭교인이 되기를 고백하지 않는 자, 교황을 교회의 머리로 인정하지 않는 자, 성찬의 떡을 신으로 숭배하는 미사에 참여하지 않는 자, 묵주나 십자가를 지니지 않고 그 밖의 어떤 방식으로든 교황주의자임을 드러내지 않는 자들은 모두 추방되고, 직업을 가지지 못하며 그 어떤 상업 활동이나 거래도 하지 못합니다. 위협과 고문과 폭행을 당합니다. 수도원이나 감옥이나 갤리선에 갇혀 노역합니다. 교수대로 끌려가며, 재산을 빼앗기고 자녀들을 잃습니다. 이 모든 것이 교황이 적그리스도임을 온 세상에 증명하지 않습니까?

일곱째, 디모데전서 4장 1,3절은 다음과 같이 말합니다.

"그러나 성령이 밝히 말씀하시기를 후일에 어떤 사람들이 믿음에서 떠나 미혹하는 영과 귀신의 가르침을 따르리라 하였으니……혼인을 금하고 어떤 음식물은 먹지 말라고 할 터이나."

과연 특정한 음식 먹기를 금하는 믿음의 배교자가 누구인지를 세상에 물어보십시오. 누구라도 이것이 남녀 성직자들의 결혼을 금하고, 사순절 금식 기간의 금요일마다 고기나 달걀같이 그들이 정한 것을 먹지 않도록 정한 교황과 관련된 사실임을 알 수 있지 않습니까? 이로써 교황이 적그리스도라는 사실에 모든 이의 양심이 동의하리라 결론짓는 바입니다.

반론
성경은 적그리스도가 이러한 모든 일들을 할 것이라고 기록하지 않는다. 따라서 교황은 적그리스도가 아니다.

답변
한 가지 분명한 사실은, 적그리스도가 마귀의 교훈을 가르친다는 것입니다. 또한 성경은 분명히 마귀가 적그리스도를 다스리며 그를 도와 권세를 주리라고 말합니다.

"용이 자기의 능력과 보좌와 큰 권세를 그에게 주었더라"(계 13:2).

"악한 자의 나타남은 사탄의 활동을 따라"(살후 2:9).

이러한 구절들을 숙고해 보면, 결혼을 금하고 육식을 하지 말라고 강요하는 것이 적그리스도의 일임을 깨닫게 될 것입니다. 따라서 교황이 곧 적그리스도라고 판단할 수 있습니다. 앞서 언급한 진리에 조금도 반박하지 못할 때, 이들은 몇 가지 모호한 논증을 제시합니다.

회피주장 1   적그리스도는 오직 한 명뿐이다.

| 답변 |

❶ 적그리스도는 여섯 머리가 하나인 것과 같은 방식으로 하나입니다. 사람의 수가 아니라 통치의 형태를 볼 때에 이들은 하나입니다. 일곱 번째 머리도 그와 같습니다.

❷ 그는 이미 사도 시대부터 활동하기 시작했으며, 무제한적인 통치권을 얻고

권좌에 오르기까지 선동하기를 멈추지 않습니다. 이러한 일은 수백 년이 지나도록 아직 모두 이루어지지 않았으므로, 단지 한 사람에게만 관련된 것이 아닙니다.

회피주장 2 적그리스도는 로마제국이 파괴된 후에 출현할 것이나, 로마제국은 지금까지도 존재하고 있다.

| 답변 |

로마제국은 이미 5세기에 제국의 마지막 황제인 아우구스툴루스(Augustulus)의 폐위와 더불어 파괴되었습니다. 지금 '황제'라는 칭호를 가지고 있는 자는 800년까지는 교황으로부터 황제라고 불리지도 않았습니다. 그에게는 로마나 고대 로마의 영토에 대한 권세가 없습니다. 스페인, 프랑스, 잉글랜드, 스코틀랜드, 아일랜드, 포르투갈, 스웨덴, 덴마크, 노르웨이, 그리고 폴란드의 국왕들(이들은 이전에 로마제국에 속한 지역의 나라를 다스리는 왕들입니다)은 그를 황제로 인정하지 않습니다.

회피주장 3 적그리스도는 오직 이 세상의 끝 날에 나타날 것이며, 그리스도께서 강림하실 때 심판을 받아 파멸할 것이다(살후 2:8 참고).

| 답변 |

적그리스도가 세상이 멸망할 마지막 때에 이르러서야 출현한다는 말은 사실이 아닙니다. 성경은 어디에서도 그렇게 말하지 않습니다. '말세(the last days)'라는 말은 신약 시대 전체를 가리킵니다(행 2:17; 히 1:1,2 참고). 적그리스도가 패배할 날이 임할 것이며, 그리스도는 최후 심판을 위해 재림하시기 전에 적그리스도를 파멸하는 심판으로 오실 것입니다. 만약 이 구절이 최후 심판을 가리킨다고 이해한다면, 천년기(millennium) 전에[11] 일어날 적그리스도의 파멸 후에도 적그리스도의 영이 많은 이들 가운데 만연하리라고 보아야 합니다(계 19:20, 20:4 참고). 그리고 적그리스도는 그리스도께서 재림하실 때에라야 최후 심판을 받고 멸망하게 될 것입니다.

회피주장 4 적그리스도는 오직 마흔두 달 또는 1260일을 다스릴 뿐이며, 이는 3년 반에 해당하는 기간이다.

---

11) 역자주 - 아 브라켈은 오늘날 후천년주의로 일컬어지는 관점을 고수하였다. 그는 자신의 요한계시록 주석에서 이러한 관점을 분명하게 밝힌다.

| 답변 |

그러한 날들은 상징적인 것입니다. 이는 야곱이 채울 칠 일의 의무가 칠 년이 된 것과 같습니다(창 29:27 참고). 또는 다니엘의 칠십 주가 일흔 이레를 상징하는 것과도 같습니다(단 9:24 참고). 그토록 짧은 기간 안에 적그리스도가 모든 일들을 행하고 완수하는 것이 불가능하다는 점에서도, 이날들은 상징적인 것입니다.

회피주장 5 적그리스도는 반드시 유대인이어야 하며, 예루살렘 성전을 재건하고 다시금 할례를 전하게 될 것이다. 낙원이 이르기 전에 적그리스도를 대적하고자 에녹과 엘리야가 와야 하며, 다시 천국으로 올려져야 한다.

| 답변 |

그러한 것들은 하나님의 말씀에 반하는, 꾸며 낸 이야기일 뿐입니다.

회피주장 6 적그리스도는 그리스도를 부인할 것이다.

| 답변 |

유대인이 자신들의 전통을 통해 하나님의 율법을 효력 없는 것으로 만들어 버린 것처럼(마 15:16 참고), 교황은 언제나 자신의 가르침과 제도를 통해 그와 같은 일을 해 왔으며, 이는 오늘날까지도 이어지고 있습니다. 따라서 교황이 적그리스도라는 것은 여전히 사실입니다.

우리의 선진들이 하나님의 명령을 따라 바벨론을 떠난 것은 매우 합당한 행동이었습니다. 모든 성도들은 적그리스도와 그의 활동에 조금이라도 더럽혀지기보다는 순교자로서 죽음을 택하고, 그와 어떠한 유대도 맺지 말아야 합니다.

앞에서 진술한 대로, 교회가 존재하는 가장 근본적인 목적은 하나님을 영화롭게 하는 것입니다. 교회는 하늘의 왕국이며, 하나님의 백성은 하나님을 아버지로, 주 예수님을 왕으로 모신 자들입니다. 따라서 이 백성들이 하나님을 사랑하고 경외하며 살아갈 때, 이들에게서 하나님의 영광을 발견할 수 있습니다. 또한 하나님의 백성들이 주 되신 하나님께 순종하고, 신실하신 전능의 하나님을 신뢰하며, 서로 순결히 행하면서 이웃을 향해 거룩하게 살 때에도 그러합니다. 반면, 주님의 이름으로 불리는 백성이 그에 합당하게 처신하지 않을 때, 주님의 이름은 훼손됩니다. 하나님 나라가 임하여 그분의 이름이 거룩히 여김 받으시는 것이 바로 주님의 뜻입니다(마 6:9,10 참고). 하나님은 자신을 찬송하게 하기 위하여 이 백성들을 지으셨습니다(사 43:21 참고). 하나님의 아름다운 덕을 선포하게 하기 위하여 백성들을 부르셨습니다(벧전 2:9 참고). 이들은 그리스도의 영광입니다(고후 8:23 참고). 또한 "여호와의 손의 아름다운 관"(사 62:3)입니다. 그러므로 우리는 "너희 빛이 사람 앞에 비치게 하여 그들로 너희 착한 행실을 보고 하늘에 계신 너희 아버지께 영광을 돌리게"(마 5:16) 하여야 할 것입니다.

교회의 두 번째 목적은, 택자들의 구원입니다. 교회는 어머니로서의 역할을 감당하며(갈 4:26 참고), 썩지 아니할 씨인 하나님의 말씀을 담고 있습니다. 그리하여 교회는 수많은 영혼이 회심하는 열매를 맺습니다.

"시온에 대하여 말하기를 이 사람, 저 사람이 거기서 났다고 말하리니"(시 87:5).

말씀의 선포를 통해 주께서 "구원받는 사람을 날마다 더하게"(행 2:47) 하실 것입니다.

25

교회에 참여하며
그 안에 거해야 할 성도의 본분

이전 장에서 우리는 교회의 본질에 관해 살펴보았습니다. 그러나 교회의 본질에 정통하다고 해서 충분한 것은 아닙니다. 누구든지 구원받기를 원한다면 교회에 속하여 그 안에 거해야 합니다. 더 정통적인 교회를 세우겠다고 교회를 떠나서는 안 됩니다. 또한 교회에 참여하고자 하는 사람은 성찬에 참여하여 교회와 지속적으로 교제해야 합니다. 이제 이와 관련된 몇 가지 사안들에 관해 면밀하게 논의해 보겠습니다.

'교회 공동체의 지체로 인정받기 위해 부단히 노력하며 교회에 의탁하는 것은 구원을 사모하는 모든 사람들의 본분입니다.'

첫째, 이는 하나님께서 택자들을 구원으로 이끄시는 방법입니다.

"주께서 구원받는 사람을 날마다 더하게 하시니라"(행 2:47).

"여호와께 연합한 이방인은 말하기를 여호와께서 나를 그의 백성 중에서 반드시 갈라내시리라 하지 말며"(사 56:3).

둘째, 이는 사도행전 전반에 걸쳐 나타나는 사도들의 사명으로, 그들이 받은 명령에 부합합니다(마 28:19 참고).

셋째, 이는 하나님의 자녀들의 본성에 일치합니다. 회심한 자는 영적인 어머니의 품 안에 받아들여지기까지 안식을 누릴 수 없습니다(갈 4:26 참고).

넷째, 이는 모든 시대에 걸쳐 교회가 일관되게 고백한 바이며, 특별히 네덜란드 교회의 고백입니다. 벨직 신앙고백서 제28조는 다음과 같이 말합니다. "우리는 이 거룩한 회중이 구원받은 사람들의 모임이며, 그 바깥에는 구원이 없음을 믿는다. 그러므로 지위나 신분이 어떠하든지, 누구라도 이 모임으로부터 물러나 분리된 채 살아서는 안 된다. 모든 성도는 이 성회에 속하여 연합될 의무를 진다." 24장에서 이에 관해 상세히 설명했습니다.

다섯째, 교회는 그리스도의 영광입니다. 그곳에서 그리스도가 고백되며, 온 세상에 전파됩니다. 교회는 사람들이 모여들도록 언덕 위에 세워진 깃발입니다. 산 위에 있는 동네이며, 어둠을 밝히는 빛입니다. 진리를 알리고 보존하며 영혼의 회심을 위하는 방편입니다. 그러므로 모든 사람은 교회에 참여하여 교회를 세워 갈 의무를 지닙니다.

교회에 참여하는 동인: 두 왕국

교회에 적극적으로 참여하고 그 일에 분발하기 위해, 무엇보다 이 세상에 각자의 왕국을 소유한 두 왕이 존재한다는 사실을 숙고해야 합니다. 이 왕국은 그리스도의 왕국과 마귀의 왕국이며, 이 둘은 서로 불구대천의 원수입니다. 제3국은 존재하지 않습니다. 지상에 존재하는 사람은 모두 왕이신 예수 그리스도의 백성 아니면 흑암의 왕인 마귀의 백성입니다. 참으로 여러분은 누구든지 이 두 왕국 중 하나의 백성입니다. 어느 누구도 중립적일 수 없으며, 두 왕국에 동시에 속할 수도 없습니다. 여러분은 지금 어느 왕국의 백성입니까? 여러분은 누구를 왕으로 택하겠습니까?

만약 여러분이 진흙탕에 빠진 돼지처럼 죄 가운데 허우적대면서 여가와 유흥을 위해 이 땅의 것들을 구하고, 정욕을 만족시키고 색욕에 탐닉하기 위해 마귀를 왕으로 삼아 그의 백성이 되고자 한다면, 그렇게 하십시오. 기회가 주어지는 대로 탐닉해 보십시오.

"청년이여 네 어린 때를 즐거워하며 네 청년의 날들을 마음에 기뻐하여 마음에 원하는 길들과 네 눈이 보는 대로 행하라 그러나 하나님이 이 모든 일로 말미암아 너를 심판하실 줄 알라"(전 11:9).

"누구든지 세상을 사랑하면……이는 세상에 있는 모든 것이 육신의 정욕과 안목의 정욕과 이생의 자랑이니"(요일 2:15,16).

여러분의 행실이 스스로를 마귀의 백성으로 드러낸다면, 그의 백성이라는 이름을 지닌 것 또한 부끄러워하지 말아야 할 것입니다. 마귀를 여러분의 주로 삼고 인정하며 고백하십시오. 그를 신뢰하십시오. 그리고 유황불이 타오르는 못, 곧 고통의 연기가 영원히 피어오르는 곳에서 영원히 그와 함께 거하리라는 사실을 기뻐하십시오.

어떤 이는 다음과 같이 말할지도 모릅니다.

"그 말은 너무 심하다. 그리스도는 분명 우리의 왕이시다. 따라서 우리가 비록 자신의 기쁨을 추구하고 사탄의 뜻을 따르며 명백하게 세속적으로 산다 하더라도, 마귀는 우리의 왕이 아니다."

이에 대해 우리는 "마귀는 분명 여러분의 왕입니다!"라고 대답하겠습니다. 여러분이 또다시 "그러할지라도 그리스도는 우리의 왕이시다"라고 말한다면, "그리스도는 결코 여러분의 왕이 아닙니다"라고 답하겠습니다. 바울의 말을 들어 보십시오.

"너희 자신을 종으로 내주어 누구에게 순종하든지 그 순종함을 받는 자의 종이 되는 줄을 너희가 알지 못하느냐 혹은 죄의 종으로 사망에 이르고 혹은 순종의 종으로 의에 이르느니라"(롬 6:16).

그러므로 여러분이 진실로 마귀를 왕으로 삼고 싶지 않다면, 슬피 울며 이를 갈게 될 바깥 어두운 곳(마 25:30 참고)에서 마귀와 함께 분깃을 나누고 싶지 않다면, 마귀를 섬기는 일을 단호하게 그만두십시오. 주저하거나 마음을 바꾸지 마십시오. 육신의 정욕과 모든 죄악을 버리고, 온 마음으로 마귀의 나라에 작별을 고하십시오. 그리고 주 예수님의 나라로 들어가십시오. 그리스도를 당신의 유일한 주권자이자 왕으로 영접하십시오. 그러나 충동적으로 대충 말하지 말고, 진리를 충분히 지각하는 가운데 그리스도를 영접하십시오.

자리를 잡고 시간을 들여 여러분이 치러야 할 대가를 헤아려 보십시오. 주 예수 그리스도를 위하여 자신의 모든 육신적인 생각과 정욕에서, 세속적인 즐거움과 이 땅의 벗들에게서, 그리고 자신의 삶에서 떠날 수 있는지를 숙고하십시오. 굶주림과 헐벗음, 수치와 끝없는 죽음의 위협 속에서도 그리스도를 따르며 복종할 수 있을지를 생각해 보십시오. 여러분의 심령이 비추임을 받고 하나님의 임재 안에 거할 때, 여러분은 기꺼이 화답하며 확신 가운데 마침내 이 왕께로 돌이킬 것입니다. 그리스도께 절하십시오. 그리스도께 자신을 드려 언약 관계 안으로 들어가 그분의 백성이 되십시오. 진실한 마음과 더욱 분명한 태도로 이 일을 행하기 위해 다음의 사안들을 더 깊이 숙고하십시오.

주 예수님을 향한 사랑 자체가 이 일을 감당하는 동기가 되어야 합니다. 그분은 존귀하고 영광스러우며, 그분께 나아오는 모든 자들에게 충만한 구원이 되시기 때문입니다. 하나님은 그리스도 안에 모든 충만이 거하게 하신 것을 기뻐하십니다. 그분은 완전한 속죄물이십니다. 능히 하나님과 원수를 화목하게 하사 화평을 이루시는 분입니다. 양심을 정결하게 하시고, 영혼을 죄책과 형벌뿐만 아니라 마귀와 지옥에서 건지십니다. 하나님과 연합하게 하시고, 성령을 주심으로써 성화를 이루게 하시며, 보호하심으로써 영원한 복락에 이르게 하시는 강한 분입니다.

만약 이러한 것들이 동기가 되지 않는다면, 여러분은 주 예수 그리스도를 믿고 따를 어떠한 이유도 생각해 낼 수 없을 것입니다. 만일 그렇다면, 잠시 생각해 보십시오! 모든 사람이 예수님께 절하고, 그분을 왕으로 인정하며, 그분의 다스림에 복종하는 것으로 여러분의 심령이 기뻐하기를 바랍니다! 이것이야말로 합당한 통치자이신 주님께서 여러분의 심령을 다스리시며, 여러분이 "예수님이 왕이시다"라고 외치는 자들에게 속하며, 여러분과 더불어 하나님의 백성들이 더하여지기를 바라는 마음의 소원에 합당하게 행하는 것입니다.

교회에 참여하는 동인: 교회의 영광과 고상함

교회에는 영광과 고상한 기품이 있습니다. 그러므로 그 나라와 그 나라에 속한 백성의 영광스러운 상태에 관해 면밀히 살펴보겠습니다. 이 세상과 세상의 모든 나라들은 어둠에 둘러싸여 있지만, 교회 안에는 기이한 빛이 있습니다. 주님의 영광이 하나님의 도성을 비추고 있으며, 의로운 해가 그 빛과 더불어 이 교회를 밝히고 있습니다. 이 도성 밖에는 부패하고 가증스러우며 불경건한 것만이 있을 뿐입니다. 그러나 교회 안에는 거룩함과 순결함과 영광이 있습니다. 교회는 다음과 같이 불립니다.

"온전히 아름다운 시온"(시 50:1,2).

"영원한 아름다움과 대대의 기쁨"(사 60:15).

"여호와의 손의 아름다운 관, 네 하나님의 손의 왕관"(사 62:3).

"거룩한 백성이라 여호와께서 구속하신 자"(사 62:12).

"여호와의 말씀에……그 가운데에서 영광이 되리라"(슥 2:5).

"네 화려함으로 말미암아 네 명성이 이방인 중에 퍼졌음은 내가 네게 입힌 영화로 네 화려함이 온전함이라 나 주 여호와의 말이니라"(겔 16:14).

참된 백성들이 하나님께 얼마나 기쁨이 되며 그분께 받아들여질 만한 존재인지를 생각해 보십시오.

"네가 내 눈에 보배롭고 존귀하며 내가 너를 사랑하였은즉"(사 43:4).

"오직 너를 헵시바라 하며 네 땅을 쁄라라 하리니 이는 여호와께서 너를 기뻐하실 것이며"(사 62:4).

"에브라임은 나의 사랑하는 아들 기뻐하는 자식이 아니냐"(렘 31:20).

그러하기에 우리는 모세처럼, "이스라엘이여 너는 행복한 사람이로다. 여호와의 구원을 너같이 얻은 백성이 누구냐! 그는 너를 돕는 방패시요 네 영광의 칼이시로다"(신 33:29)라고 외쳐야 합니다. 서로를 향해, "너희는 시온을 돌면서 그곳을 둘러보고 그 망대들을 세어 보라. 그의 성벽을 자세히 보고 그의 궁전을 살펴서 후대에 전하라"(시 48:12,13)라고 권해야 할 까닭이 여기에 있습니다. 이처럼 시온에 거하기를 즐거워해야 하지 않겠습니까? 또한 교회의 지체이자 거룩한 도성의 시민이요 하나님의 권속으로 여김 받기를 사모해야 하지 않겠습니까? 이러한 왕의 보호와 통치에 자신을 의탁해야 하지 않겠습니까? 이 나라와 그 왕에 관한 내용이 모두 틀림없는 사실이므로 우리는 기뻐할 수 있습니다.

이 나라는 안전합니다. 왕이 자기 백성 전체와 백성 개개인을 신실하게 보호하시는 것에 관해 생각해 보십시오. 주님은 이렇게 말씀하십니다.

"내가 능력 있는 용사에게는 돕는 힘을 더하며"(시 89:19).

"그는 공의로우시며 구원을 베푸시며"(슥 9:9).

"여호와께서 거하시는 온 시온산과 모든 집회 위에 낮이면 구름과 연기, 밤이면 화염의 빛을 만드시고 그 모든 영광 위에 덮개를 두시며 또 초막이 있어서 낮에는 더위를 피하는 그늘을 지으며 또 풍우를 피하여 숨는 곳이 되리라"(사 4:5,6).

"여호와의 말씀에 내가 불로 둘러싼 성곽이 되며"(슥 2:5).

"나 여호와는……때때로 물을 주며 밤낮으로 간수하여 아무든지 이를 해치지 못하게 하리로다"(사 27:3).

우리는 이곳에서 주어지는 신실한 약속과 실제적인 보호를 보게 될 것입니다. 여호와의 눈동자가 끊임없이 지켜보는 백성이 되어 그러한 왕의 보호하심을 즐거워하는 이는 완전한 안전을 누리지 않겠습니까?

"지존자의 은밀한 곳에 거주하며 전능자의 그늘 아래에 사는 자여"(시 91:1).

그러므로 누구든지 이 견고한 망대로 피하십시오. 시온에 속하십시오. 그분은 이렇게 말씀하십니다.

"여호와께서 시온을 세우셨으니 그의 백성의 곤고한 자들이 그 안에서 피난하리라 할 것이니라"(사 14:32).

자기 백성의 영혼에 대해 "압박과 강포에서 구원하리니 그들의 피가 그의 눈앞에서 존귀히 여김을 받으리로다"(시 72:14)라고 말씀하면서 그들을 구속하실 왕의 날개 아래로 피하십시오.

이 나라에는 진리와 빛, 생명과 기쁨, 그 밖에 심령을 즐겁고 행복하게 만드는 것들이 있습니다. 더욱이 이 왕은 자기 백성에게 형언할 수 없이 영광스러운 복락을 호의로 베푸십니다. 그분은 백성의 모든 죄악을 온전히 사하십니다.

"그 거주민은 내가 병들었노라 하지 아니할 것이라 거기에 사는 백성이 사죄함을 받으리라"(사 33:24).

그분은 "죄와 더러움을 씻는 샘이 다윗의 족속과 예루살렘 주민을 위하여 열리리라"(슥 13:1)라고 말씀하십니다. 평안과 기쁨을 주십니다.

"그는 벤 풀 위에 내리는 비같이, 땅을 적시는 소낙비같이 내리리니 그의 날에 의인이 흥왕하여 평강의 풍성함이 달이 다할 때까지 이르리로다"(시 72:6,7).

그의 이름은 "평강의 왕"(사 9:6)이십니다. 그분은 이렇게 말씀하십니다.

"평안을 너희에게 끼치노니 곧 나의 평안을 너희에게 주노라"(요 14:27).

"하나님의 나라는……오직 성령 안에 있는 의와 평강과 희락"(롬 14:17)입니다. 하나님만이 백성들의 분깃이시며, 완전한 희락이 되십니다.

"내 심령에 이르기를 여호와는 나의 기업이시니 그러므로 내가 그를 바라리라 하도다"(애 3:24).

하나님의 백성들을 소생시키고 가르치며 성화를 이루게 하시는 성령을 그들에게 주십니다.

"내가 아버지께로부터 너희에게 보낼 보혜사 곧 아버지께로부터 나오시는 진리의 성령이 오실 때에"(요 15:26).

"내가……가면 내가 그(보혜사)를 너희에게로 보내리니"(요 16:7).

만약 여러분에게 이 복락에 관해 모두 언급하려면, 은혜언약의 복락들을 모두 열거해야만 할 것입니다. 한마디로, 주님은 "그리스도 안에서 하늘에 속한 모든 신령한 복"(엡 1:3)으로 그들에게 복을 베푸십니다. 주님은 이같이 말씀하십니다.

"나의 모든 근원이 네게 있다 하리로다"(시 87:7).

"한 시내가 있어 나뉘어 흘러 하나님의 성 곧 지존하신 이의 성소를 기쁘게 하도다"(시 46:4).

"여호와께서 복을 명령하셨나니 곧 영생이로다"(시 133:3).

"주를 두려워하는 자를 위하여 쌓아 두신 은혜 곧 주께 피하는 자를 위하여 인생 앞에 베푸신 은혜가 어찌 그리 큰지요"(시 31:19).

이러한 복락들에 관해 알게 되고 그것들의 달콤함을 고대하여 맛보려는 사람은, 이 왕의 백성이 되기 위해 분발할 수밖에 없을 것이며, 이 왕의 백성이 되기를 즐거워할 것입니다. 이러한 것들을 여러분의 심령에 적용하십시오. 그리고 지혜롭고 올바르게 행하십시오. 언약 안으로 들어가십시오. 더 정확히 말하면, 여러분에게 제공된 이 은혜의 언약을 믿음으로 받아들이고 교회에 속하십시오.

교회의 부패는 교회를 떠날 근거가 되지 않음

교회에 속하여 일정 기간 지냈다는 사실은 교회를 떠날 이유로 충분하지 않습니다. '누구든지 교회가 부패하였으므로 더 순결한 교회를 세우겠다는 핑계로 교회를 깨뜨리거나 교회를 떠나서는 결코 안 됩니다.'

첫째, 주님은 어떠한 경우라도 그러한 시도에 복을 주신 적이 없습니다. 그러한 것을 핑계하는 자들은 언제나(적그리스도에게 박해를 받기 이전에나 종교개혁 시기 이후에나 첫 번째 교회에서나) 교회를 분열시켜 왔습니다. 그러나 주님은 항상 그러한 시도들을 전복시키셨습니다. 뿐만 아니라 최초의 선동자가 죽으면 그들은 스스로 와해되었습니다. 한편 하나님의 의로우신 심판으로 말미암아, 그러한 인물이 자신의 오류를 깨닫고 잘못을 고백하는 일은 좀처럼 일어나지 않았으며, 다시 교회에 참여하는 일도 거의 일어나지 않았습니다. 오히려 그러한 자들은 완고함에 빠진 채 어떠한 신앙도 가지지 않은 일반인으로 남거나, 이단에 빠져 자신의 잘못된 주장에 가장 일치하는 모임에 참여합니다. 헝가리의 형제단(Brethren)[1]이나 최근에 위대한 일을 내세우면서 발흥하고 있는 라바디주의자들이 그러합니다.

---

1) 역자주 - 얀 후스를 추종하는 무리 중 하나였던 보헤미아 형제단을 일컫는다. 이들은 훗날 등장하는 모라비아 형제단의 전신이다.

라바디는 스스로를 참된 교회의 목자라고 부르며, 진정한 개혁교회를 설립한다는 미명 아래 단체를 창설했습니다. 그의 후계자인 위폰(Yvon)은 이교도를 개종시킨다는 명목을 내세워 추종자들 중 일부를 아메리카 대륙으로 보내 농업에 종사하게 하였습니다. 이를 통해 그들은 자신들의 주장에 대해 분명한 근거를 제시하려 했으나, 실상은 완전히 달랐습니다. 그들은 고용한 노예들에게 기독교 신앙을 가르치고자 노력하기는커녕, 오히려 그들을 무자비하게 학대했습니다. 그들은 모든 사람들이 가증스럽게 여기는 노예 무역을 자행했습니다. 이런 일이 벌어지는 와중에도 위폰은 저서에서 스스로를 '비이베르트(Wiewert)에 모인 무리의 목자'라고 부릅니다. 이렇게 그는 프리슬란트의 비이베르트 지역을 포괄하는 감독(bishop)으로서 자신의 지위를 확고히 하였고, 미국에까지 세력을 뻗쳤습니다.

그러나 이들 가운데 시기와 불화가 생겨났고, 저마다 자기 주장을 내세우면서 분쟁이 일어났습니다. 교회를 지원하며 일상에서 필요한 것들을 제공하여 사람들을 유인했던 재원이 고갈되자, 그들의 교회는 무너졌습니다. 그들을 향한 하나님의 거룩한 진노가 아니라면, 그러한 일이 일어나지 않았을 것입니다. 아직도 여전히 위폰에게 충성하는 자들이 있지만, 그들 역시 위폰이 죽고 나면 모이기를 폐하게 될 것이며, 이미 그러한 현상이 나타나고 있습니다. 위폰은 수많은 오류와 건전하지 않은 교리를 가르쳤으며, 말과 행실이 일치하지 않았습니다. 뿐만 아니라 그는 모호한 말들을 자주 지어냈고, 예수회의 교활한 궤변과 같은 속임수를 이용했습니다. 그는 '한 날은 다음 날에 교훈을 전한다'라는 의미의 *dies diem docet*(디에스 디엠 도케트)'와 같은 경구를 입에 담은 채, 때에 따라 임기응변으로 대처했습니다. 『위폰과 라바디주의자들의 각종 오류에 관한 신실한 훈계와 가르침 및 규제』 (*A Faithful Warning, Doctrine and Government of the Labadists, and Yvon Accused of Many Errors*)라는 저작은 이와 같은 일들을 광범위하게 다룹니다.

드 헤르더(De Herder)라는 사람도 로테르담에 순수한 교회를 세우고자 블라이스베이크(Bleiswijk)에 있는 자신의 회중을 떠났습니다. 그러나 그는 라바디주의자들의 오류를 받아들이지는 않았습니다. 그도 처음에는 수많은 추종자들이 있었으나, 그와 같은 시도는 이내 수포로 돌아갔고, 완전히 무산되었습니다. 암스테르담의 바르도비츠(Bardowitz)도 그와 같은 경우입니다. 그 역시 라바디나 헤르더와 완전히 일치하지는 않지만, 비슷한 가르침을 전했습니다.

이러한 사례들을 열거함으로써, 저는 순수한 교회를 세우려는 목적으로 교회를 떠나는 것에 대해 주의하라고 당부합니다. 그런데도 누군가가 이를 시도한다면, 그들의 길을 따르게 될 것입니다. 여러분의 교회를 정화하시는 것이 주님께 기쁨이 된다면, 주님께서 그 교회에 성령을 넘치도록 부어 친히 깨끗하게 하실 것입니다.

둘째, 더 나은 교회를 세우겠다는 목적으로 교회를 떠나는 것은 참으로 두려운 죄입니다. 왜냐하면 교회는 그리스도의 몸으로서 하나이기 때문입니다. 스스로 교회를 분리하는 것은 그리스도의 백성 곧 그리스도의 몸을 나누는 것입니다. 그와 같이 행하는 것은 그리스도에 대한 고백을 철회하며, 성도의 교제에서 떠나는 것입니다. 만약 누군가가 교회가 교회 본연의 모습으로만 존재해야 한다고 생각한다면, 그는 이내 그리스도의 몸을 분열시키고 신실한 자들을 애통하게 하며, 다른 이들을 상하게 할 것입니다. 또한 하나님의 이름이 망령되게 일컬어질 근거를 제공하고, 일반적인 교회 구성원들이 오류에 빠지도록 부추길 것입니다. 그는 교회가 교회가 아니라고 주장하여 그리스도의 교회를 부정하게 되며, 그 결과 앞에서 언급한 죄를 범하게 됩니다. 그리고 스스로 기뻐하고 칭찬하는 것과는 상관없이 신원하실 하나님의 마음을 상하게 만듭니다. 그는 사도가 고린도전서 3장 1,3절에서 지칭하는 육적인 자로서, 사도는 그러한 행위에 반대합니다.

"형제들아 내가 우리 주 예수 그리스도의 이름으로 너희를 권하노니 모두가 같은 말을 하고 너희 가운데 분쟁이 없이 같은 마음과 같은 뜻으로 온전히 합하라"(고전 1:10).

"너희 중에 분쟁이 있다 함을 듣고"(고전 11:18).

셋째, 비록 지역에 따라 교회의 순결한 정도가 차이가 나더라도, 오직 개혁교회만이 참된 교회입니다. 여전히 개혁교회에서는 순전한 진리가 선포되며, 죄악이 책망을 받고, 죄에 저항하는 일이 일어납니다. 경건에 관한 가르침과 훈계가 함께 있습니다. 그곳에서는 교회로부터 떨어져 나간 이들보다 훨씬 더 순전한 열의로 거룩함을 추구하는 수천 명의 경건한 사람들이 발견됩니다. 그리스도께서 그들 가운데 거하며 거니십니다. 성령께서 말씀을 통해 지속적으로 운행하시며, 날마다 심령들을 회심시키고 위로하며 자라게 하십니다. 교리와 삶에 관해 오류에 빠진 이들에게 권징이 시행됩니다. 어떤 지역에서는 이러한 일이 사람들이 생각하거나 알고 있는 정도보다 훨씬 많고도 지속적으로 시행됩니다. 그러므로 교회를 떠나 황폐한 광야로 나가는 것은 매우 어리석은 행동이 아닐 수 없습니다.

넷째, 교회를 떠나는 것은 회중과 하나님 앞에서 맺은 엄숙한 약속, 곧 서로를 지체로 인정한다는 서약을 철회하고 깨뜨리는 행위입니다. 이러한 것을 가벼이 여긴다면, 그 당시에 더 나은 점을 알지 못했노라고 핑계를 대며 숨으려 해도 주님께서 그러한 변명을 다 밝혀 내실 것입니다. 어느 누가 이 언약을 깨뜨리고도 죄가 없을 수 있겠습니까?

반론

교회는 부패한다. 그리고 하나님은 변질된 교회로부터 떨어져 나오라고 명령하셨다.

"너희는 믿지 않는 자와 멍에를 함께 메지 말라. 의와 불법이 어찌 함께하며 빛과 어둠이 어찌 사귀며……그러므로 너희는 그들 중에서 나와서 따로 있고"(고후 6:14,17).

답변

이 본문은 교회나 부패한 교회에 관해 말하지 않습니다. 교회에는 언제나 회심하지 않은 사람들이 수없이 많으며, 이들은 시대에 따라 다소 차이가 있더라도 늘 교회의 타락을 초래했습니다. 오히려 이 구절은 이교도의 신앙에 관해 언급합니다. 곧 이교도들과 사귀지 말아야 할 뿐만 아니라 반드시 벗어나고 분리되어야만 하는 것입니다.

오늘날에는 교회에 속하면서도 동시에 스스로를 교회로부터 어느 정도 구분하는 부류들이 있습니다. 그들은 하나님의 말씀을 듣고 교회 안의 신실한 자들과 교제하고자 교회에 출석하지만, 주의 만찬에는 참여하지 않습니다. 회심하지 않고 저속하게 사는 자들이 성찬에 참여한다는 이유를 대면서 말입니다. 이들은 그러한 자들과 더불어 성찬에 참여하는 것을 그들과 교제하는 것으로 여깁니다. 이러한 그들의 행동은 여린 심성이나 그릇된 양심에서 비롯되었는데, 이에 대해 설명하기 위해 다음의 질문에 답변하겠습니다.

> ▶ 질문
> 교회가 부패했을 때에 교회를 떠나지 않더라도 주의 만찬에 참여하지 않는 것은 그리스도인에게 허락된 바요 의무가 아닌가?

대답: 결코 그렇지 않습니다. 다음에서 이를 논증하겠습니다.

【증명 1】 하나님은 교회가 타락한 정도와 상관없이 성례를 시행하라고 명백하게 명령하셨습니다. 거룩한 세례도 마찬가지입니다.

"그러므로 너희는 가서 모든 민족을 제자로 삼아……세례를 베풀고……가르쳐 지키게 하라"(마 28:19,20).

"회개하여 각각 예수 그리스도의 이름으로 세례를 받고 죄 사함을 받으라"(행 2:38).

"일어나 주의 이름을 불러 세례를 받고 너의 죄를 씻으라 하더라"(행 22:16).

"믿고 세례를 받는 사람은 구원을 얻을 것이요"(막 16:16).

신자가 세례 받기를 거부하는 것은 하나님의 율례를 거스르는 행위입니다. 또한 주님의 백성 곧 회중과 연합하는 가운데 예수 그리스도를 고백하며 교회의 지체가 되는 것을 부인하는 행위입니다. 천성이 비판적인 사람들은 이러한 사실을 분명히 깨달아야 합니다. 참으로 회심하였으나 아직 세례를 받지 않은 성인이라면, 교회 안에 있는 죄 때문에 교회와 멀어지지 말고 세례를 받아야 합니다. 거룩한 세례 예식에 참여한다고 해서 교회 안에 있는 회심하지 않은 자들과 교제하는 것은 아닙니다. 마찬가지로 세례를 받은 자가 교회의 부패를 핑계로 주의 만찬에 참여하지 않을 근거는 없습니다. 이 두 성례는 하나이자 동일한 교회의 교제를 이루기 때문입니다.

그와 같이 비판적인 사람들도 교회와 교제하면서 그들의 자녀들에게는 세례를 받게 할 것입니다. 그들이 주의 만찬에 참여하기를 꺼리는 행위는 스스로에게 형을 선고하는 것과 같습니다. 그렇다면 세례라는 성례도 거부해야 하지 않겠습니까?

다음의 구절들에서 주의 만찬에 관한 하나님의 명령을 살펴볼 수 있습니다.

"받아서 먹으라……너희가 다 이것을 마시라"(마 26:26,27).

"이것을 행하여 나를 기념하라 하시고"(고전 11:24).

그리스도께서 이같이 분명하게 명하신 것을 어느 누가 감히 무시할 수 있겠습니까? 어느 누가 성례에 참여하거나 참여하지 않는 것이 중요하지 않다고 감히 주장할 수 있겠습니까? 교회의 상태에 따라 이를 제한한다는 말이 도대체 어디에 있습니까?

구약은 성례의 시행에 덧붙여, 성례를 무시하는 자들을 징계하여 그들을 출교시키라고 명령합니다. 다음의 구절들을 살펴보십시오.

"할례를 받지 아니한 남자 곧 그 포피를 베지 아니한 자는 백성 중에서 끊어지리니 그가 내 언약을 배반하였음이니라"(창 17:14).

"그러나 사람이 정결하기도 하고 여행 중에도 있지 아니하면서 유월절을 지키지 아니하는 자는 그 백성 중에서 끊어지리니"(민 9:13).

이는 자신이 속한 지파의 족보에서 제명된다는 의미이며, 곧 교회의 지체 됨에서 배제된다는 것입니다. 그러한 자는 더 이상 지체가 아니라 이방인이나 세리와 같이 여겨집니다(마 18:17 참고).

회피주장 구약에서 언약은 외형적이고 국가적이며 예표적인 것이었다. 그 당시 할례와 유월절은 서로 다른 목적을 가지고 있었는데, 각각 아브라함의 자손임을 인정하는 것과 출애굽 사건을 기념하는 것이었다. 따라서 구약의 성례에서 신약의 성례에 관한 결론을 이끌어 낼 수는 없다.

| 답변 |

구약의 언약은 단지 외형적인 언약이 아닙니다. 그것은 이생과 내세에 관한 생

명과 영적 유익 및 현재적 유익들에 대한 약속을 담고 있는 지금의 언약과 다름없는 은혜언약입니다. 누군가가 구약의 언약을 민족적 언약으로 부른다면, 그는 은혜언약이 한낱 한 민족과 더불어 세워졌다고 말하는 것이나 다름없습니다. 그 언약은 예표적 언약(typical covenant)이라고 불립니다. 왜냐하면 그것이 오실 메시아의 모든 사역을 예표하기 때문입니다. 누군가가 구약의 언약을 신약 교회를 가리키는 예표로 설명한다면, 그러한 주장을 통해 우리의 논증이 더욱 확실히 입증될 것입니다. 성례의 시행이 예표로서 사용될 때에도 그것이 그처럼 중요했다면, 그 예표가 가리키는 실체가 있는 상황에서는 훨씬 중요할 것입니다. 할례와 유월절이 서로 다른 목적을 가진다는 점은 인정합니다. 그러나 그것들은 결코 은혜언약과 별개로 사용된 적이 없으며, 그렇게 사용될 수 있다고 인정된 적도 없습니다. 성례는 가장 본질적으로 은혜언약의 효력을 위해 시행되며, 이에 관해서는 반론의 여지가 없습니다. 성례의 다른 모든 사안들은 여기에 종속되며, 그 안에서 이해됩니다. 우리는 이처럼 서로 다른 측면들이 은혜언약 안에 있는 특정한 요소들이라고 생각합니다. 아브라함의 자손에 속하는 것은 아브라함과 하나님이 맺은 언약에 참여하는 것입니다.

"너와 네 후손의 하나님이 되리라"(창 17:7).

만약 회피주장이 회심하지 않은 이가 이 언약에 외형적으로 포함된다는 점을 말한다면, 이는 개별적인 관점에서 사실이며, 신약 교회와 관련해서도 동일합니다. 출애굽은 메시아께서 행하신 영적 구원에 속합니다(고전 10:1-11 참고). 그러하기에 주 예수님은 유월절 양으로 불리십니다(고전 5:7 참고).

이로써 앞의 반론은 근거가 없으며, 우리가 구약의 성례에서 도출한 근거는 신약에서도 동일함을 살펴보았습니다.

【증명 2】 성례는 믿음으로 된 의를 인 치는 것이며(롬 4:11 참고), 그리스도의 피와 몸에 참여하는 것입니다(고전 10:16 참고).

힘써 자신의 부르심과 택하심을 굳게 하는 것은 모든 성도의 의무입니다(벧후

1:10 참고). 이러한 목적을 위해 우리는 반드시 주님께서 정하신 모든 수단과 방편들을 활용해야 합니다. 성례는 그리스도와 교제하게 하는 보증이므로, 신자들은 이를 사용해야 합니다. 여기에서 저는 신자들에게 귀중한 것을 상기시키고자 합니다. 그것은 주님께서 만찬을 행하시는 동안, 그리고 그 이전과 이후에 주신 영적 틀입니다. 비판적인 성향을 지닌 이들이라 하더라도, 성찬을 통해서는 자신에 대해 깊이 겸비해질 것입니다. 고난받고 죽으신 그리스도에 대한 친밀한 마음, 언약의 신비, 언약의 신실한 갱신, 견고한 믿음, 구원의 확신, 하나님 안에 있는 평강과 희락, 결심, 성화의 과정에 더욱 순결하고도 견고해지는 고양된 심령의 틀을 향유하게 될 것입니다. 주님께서 주의 만찬에 참여하는 일을 통해 이러한 복들을 주신다는 사실을 깨닫는다면, 영적인 삶을 최소한으로만 영위하는 사람이라 하더라도 이러한 복락들에 마음을 빼앗길 것입니다. 어느 누가 이러한 복락들을 사모하지 않겠습니까? 영적으로 더욱 성장하기 위해 모든 수단을 살피는 자가 어떻게 주의 만찬에 참여할 필요가 없다고 생각하겠습니까?

【증명 3】 주의 만찬을 거행하는 가장 중요한 목적은 주 예수 그리스도와 그분의 가르침과 주님의 교회를 고백하는 것입니다.

다음의 구절들을 살펴보십시오.

"이것을 행하여……나를 기념하라 하셨으니……그가 오실 때까지 전하는 것이니라"(고전 11:25,26).

"떡이 하나요 많은 우리가 한 몸이니"(고전 10:17).

성찬은 그리스도를 고백하는 데 전적으로 필수적이며 합당한 의무로, 그리스도를 영화롭게 합니다. 왜냐하면 이것이 회중을 세우고, 심령을 새롭게 하기 때문입니다.

"누구든지 사람 앞에서 나를 시인하면 나도 하늘에 계신 내 아버지 앞에서 그를 시인할 것이요 누구든지 사람 앞에서 나를 부인하면 나도 하늘에 계신 내 아버지 앞에서 그를 부인하리라"(마 10:32,33).

그리스도를 고백하는 것이 주의 만찬의 목적이므로, 주님은 성찬에 참여하는 이들을 통해 가장 공개적이고도 강력한 방식으로 고백을 받으십니다. 주의 만찬에 참여하는 무리와 함께 교회에 들어가는 것, 성찬상에 나아감으로써 그들과 연합하는 것, 그들과 더불어 성찬상에 앉는 것, 언약(주 예수의 죽으심으로 인정된 언약)의 예표이자 보증인 떡과 잔을 받는 것은 모두 다음과 같은 고백을 모든 사람의 귓가에 큰소리로 선포하는 행위입니다.

"나는 주 예수를 유일하고도 참되신 구주로 생각하며 이를 고백합니다. 그분 안에서 나의 구원을 찾고, 그분과 더불어 언약에 들어가며, 그분을 의지하므로, 그분을 위해 살고 죽기를 원합니다. 개혁교회의 교리만이 참되고 구원받게 하는 그리스도에 관한 가르침이며, 개혁교회만이 지상 위의 유일하고도 참된 예수 그리스도의 교회입니다. 나는 주의 만찬에 참여함으로써 이러한 진리를 고백합니다."

그러므로 주의 만찬으로부터 스스로 물러나는 행위는 그리스도와 그분의 가르침과 교회에 관한 고백을 그치는 것입니다. 우리는 벨직 신앙고백서 제28조에 나오는 다음의 고백에 동의합니다.

그러므로 누구든지 어떤 지위나 상태에 있더라도 이 성회로부터 물러나 분리된 채 살아서는 안 된다. 모든 성도는 이 성회에 속하여 연합될 의무를 지니는데, 교회의 일치를 보존하고……그리고 이 일을 더욱 온전히 지키기 위하여, 때때로 세상의 위정자나 군주의 칙령에 어긋나 죽음과 신체적 형벌을 받는 고통을 당할지라도, 모든 신자들은 마땅히 하나님의 말씀을 따르며 교회에 속하지 않은 자들과 구별되어 어디에서나 하나님께서 세우신 이 회중 가운데 참여해야 할 것이다. 그러므로 같은 교회에서 스스로를 분리시키거나 교회에 참여하지 않는 모든 자들은 하나님의 명령을 거역하는 것이다.

회피주장 누군가는 이렇게 말할 것이다.

"비록 교회를 떠났다 하더라도 예배에 참석하므로, 나는 여전히 개혁교회의 지체이다."

| 답변 |

단순히 교회에 출석한다는 사실이 교회의 참된 구성원임을 나타내는 표지는 아닙니다. 하나님의 말씀을 듣기 위해 나아오는 회중의 상당수가(종종 그들 대부분이) 참된 지체가 아닌 경우는 흔합니다. 다른 종교에 들러붙어 있으면서도 교회의 회중 가운데 거하는 자들이 얼마나 많습니까? 따라서 평화로운 시기에 교회에 출석하는 것은 교회의 지체라는 표지가 아니며, 그리스도와 그분의 가르침과 교회에 관한 공적인 고백이라고 볼 수도 없습니다. 특정한 사람의 개인적인 고백도 자신이 개혁교회의 지체라는 사실을 증명하기에는 충분치 않습니다. 게다가 의도적으로 참여하지 않는 것이 명백하다면, 대다수의 사람들은 그것을 교회로부터 떨어져 나가거나 자신의 고백을 철회하는 것으로 여길 것입니다. 무엇보다 주의 만찬을 통해 그리스도와 그분의 가르침과 교회를 고백하는 것이 주 예수님의 뜻입니다. 이 사실은 반대자들의 모든 논증을 무력하게 만듭니다.

【증명 4】 공적으로 진술한 바를 핑계 삼아 노골적으로 교회에 불참하는 행위는 분리주의라는 죄를 범하는 것입니다.

그것이 비록 교회를 직접적으로 산산조각 내지는 않는다 하더라도, 적어도 그러한 방향으로 나아가는 중대한 단계라고 할 수 있습니다. 그런 경우, 지체들의 의견이 나뉘고, 충돌하게 됩니다. 사람들은 파당을 지어 자신과 함께하는 자들에게만 친밀한 애착을 가지며, 다른 이들을 배척합니다. 사랑의 유대가 끊어지고, 서로 소원해집니다. 불참하는 이들은 미심쩍게 여겨지고, 경건하지 않은 자들과 경건한 자들 모두에게 인정받지 못하게 되며, 결과적으로 그들의 은사마저도 합당하게 쓰임 받지 못합니다. 이와 관련된 모든 논쟁들이 분열과 불화를 초래할 뿐입니다. 그리하여 경건한 자들 가운데 있는 평범한 무리들이 마음에 상처를 입고, 애통하게 됩니다. 이는 크나큰 죄이며(마 18:6,10 참고), 신실한 목회자들의 심령을 비통하게 만듭니다. 또한 교회 밖에 있는 사람들이 교회로 들어오는 것을 방해하여, 원수에게 교회를 비방할 빌미를 제공합니다. 교회에 출석하지 않게 된 자들은 이웃의 복을 구하지 않고 자신을 위해 살 것입니다. 더 나아가, 비록 자신들은 아니라고 부인할지라도, 주님의 명성과 교회의 복락보다 자신들의 음란함을 드높일 것입니다.

이 모든 것을 볼 때, 의도적인 불참은 분열을 초래하는 분파적인 범죄임이 명백해집니다.

"형제들아 내가 우리 주 예수 그리스도의 이름으로 너희를 권하노니 모두가 같은 말을 하고 너희 가운데 분쟁이 없이 같은 마음과 같은 뜻으로 온전히 합하라"(고전 1:10).

회피주장 교회를 탈퇴한 사람은 이렇게 말할 것이다.

"누구든지 하나님의 명령에 따라 살며 가르친다면, 그러한 자를 분리주의자라고 비난할 수는 없다. 그리스도의 가르침과 삶에 복종하려 하지 않는 자만이 그러한 비난을 받아 마땅하다."

| 답변 |

❶ 교회의 모든 허물이 교회를 분리시켜야만 하는 성질을 가지는 것은 아닙니다. 만약 그렇다면, 재세례파와 같은 분열이 끊임없이 되풀이될 것입니다.

❷ 교회의 가르침과 교회생활이 힘들어서 교회를 떠나 주의 만찬에 참여하지 않겠다고 생각하고 있다면, 그것이 혹시 자신의 완고함이나 그릇된 관점이나 오만한 독선 때문은 아닌지를 의심해 보아야 할 것입니다. 그러한 사람은 자신이 빛을 적게 소유했으며, 따라서 어떤 사안에 대해 모든 것을 고려하여 이해하기보다는 단지 개인의 관점이라는 희미한 빛으로 바라본다는 사실을 깨달아야 합니다. 그러므로 이러한 일들이 주 예수님의 교회에 큰 폐해와 혼란을 야기하며, 결과적으로 영혼들에게 해를 끼치는 줄을 알면서도 그렇게 행동하는 것은, 몰지각하거나 오만한 처사입니다. 그러한 사람은 자신만이 지혜를 받은 것이 아니며, 주님께서 다른 이에게도 성령을 주셨다는 사실을 알아야 합니다. 실제로 자신의 어려움을 사역자와 나누고 가르침을 받으려 하지 않으며, 아무것도 상의하지 않고서 성급히 결정할 뿐만 아니라 이를 행동으로 옮기는 사람은, 일반적으로 이면에 다른 동기를 숨기고 있습니다. 그는 그런 일들을 지속적으로 완고히 행하며, 이치에 맞는 일곱 사람

의 대답보다 자신의 안목을 더욱 지혜롭게 여깁니다. 충고에 귀 기울이는 자가 지혜롭습니다.

문제를 일으킨 사람을 직접 만나 회개하는 자리로 나오게 해야 합니다. 만약 그가 듣지 않는다면, 이를 콘시스토리에 알리고, 이에 어떻게 대응하는지를 지켜보아야 합니다. 이것이 증인의 역할을 신실하게 수행하는 것입니다. 그런데 이러한 일에는 어려움이 많이 따릅니다. 그래서 사람들은 지나치리만큼 분노나 반목을 피하려고 합니다. 그러나 그렇게 한다면, 이런 문제가 무시되고 아무런 행동도 취해지지 않을 것입니다. 오히려 교회의 친교에 참여하지 않는 일이 마치 참된 신앙의 행위인 양 교회에 비추어질 것입니다. 그런 행동은 그리스도의 성령으로부터 나온 것이 아닙니다. 그들은 자신의 범죄와 분란, 영적 해악 등이 초래한 교회 내부의 분란이나 교회 자체의 분열에 대해 책임을 져야 합니다.

지금까지 말씀드린 것을 우습게 여기지 마십시오. 왜냐하면 여러분 또한 교회가 그처럼 부패하는 데에 일조했음을 자인하도록, 이 말들이 여러분을 무겁게 짓누를 것이기 때문입니다.

【증명 5】 하나님은 교회에 참석하지 않는 사람들을 대부분 은밀하게 심판하십니다.

그들은 자고하고 독선적이며, 신실한 자들의 지혜로운 판단을 경시합니다. 하나님의 성회를 경멸스럽게 여깁니다. 대단한 일들에 관해 오만하게 말하며, 심지어 자신을 모든 가르침을 초월하는 자로 여기기에 이릅니다. 그들은 시편 19편 13절에서 다윗이 경계하며 기도했던 오만함을 드러냅니다. 그러나 하나님은 그들의 남은 삶 동안 그들 각자가 져야 할 특정한 십자가를 그들에게 지우심으로써 그러한 자고함을 무너뜨리실 것입니다. 하나님께서 그들을 멸시하며 그 육체를 쇠약하게 하시고, 그들이 죄에 빠지도록 내버려 두실 것입니다. 강력한 미혹의 역사를 보내 거짓을 믿게 하실 것입니다(살후 2:9-11 참고). 왜냐하면 그들이 사랑 가운데서 진리를 받지 않고 잘못된 것을 사랑했기 때문입니다. 그들의 이탈은 단 한 가지 오류에 국한되지 않으며, 대부분 더욱 악화되기 마련입니다. 어떤 이는 재세례파에 가담하거나 오류를 지지하는 다른 집단에 참여할 것입니다. 분리하는 것이 이롭지 않다고 생각하는 사람들은 되돌아오겠지만, 자신의 생활에 방종과 자유를 가져다 줄 다른 신학을 받아들여 이를 더 매력적인 방식으로 행할 것입니다. 그리하여 이전에 완고했던 것만큼이나 방종하게 될 것입니다. 의무 때문에 돌아온 사람도 그리스도 예수 안에 있는 순전함을 잃어버렸을 것입니다. 그들은 이전에 교회를 아름답게 했던 내적이고도 영적인 사유의 틀을 상실하여, 다른 사람의 영혼을 염려하거나 심령을 숙고하기보다는 비판적으로 판단할 것입니다. 이것이 바로 비참한 심판입니다!

지금까지 논증들을 통해 그들의 주장에 모두 답변하였습니다. 이러한 설명을 통해, 이 모든 사안에 관해 잘못된 견해와 오류를 확신했던 자들이 하나님께 겸손히 용서를 구하며, 마땅히 받아야 할 영적 심판에서 건져 달라고 그분께 끊임없이 간구하게 되기를 바랍니다. 또한 그들에게 경고하기 위해 앞에서 자세히 설명한 행위들을 내려놓고, 그들이 원래 지녔던 순전함과 신실함으로 새롭게 시작하기를 바랍니다.

이와 같은 논증을 통해, 그리스도인들은 교회의 부패함 때문에 주의 만찬에 참석하지 않는 것이 허용되지 않는다는 사실을 충분히 확신해야 합니다.

반론에 대한 답변

이제 이 사안을 다른 관점에서 살펴봅시다. 이를 위해 비판적인 성향을 지닌 사람들이 자신의 견해와 태도를 옹호하고자 제시하는 주장들을 고찰해 보겠습니다. 또한 이러한 주장의 내용도 규명해 보겠습니다.

반론 1

교회는 '거룩한 교회'라고 불리기 때문에 어디에서나 거룩한 빛을 발해야 한다.

첫째, 목자는 겸손하고 온유하며, 세상에 속한 것을 부인하고, 하나님을 경외하며 사랑하는 데 탁월해야 한다. 그들은 위엄을 갖추고 존경받을 만해야 한다. 성령으로 충만하며, 지혜롭고 성실하며, 성령의 권능이 드러나도록 하나님의 말씀을 선포해야 한다. 이처럼 목자는 진리를 밝힘으로써 스스로 진리를 증언하며, 듣는 이들의 양심을 기쁘게 해야 한다. 그리하여 회심한 자와 회심하지 않은 자가 모두 자신을 살펴 자신이 어떤 자인지를 깨닫도록 해야 한다. 또한 회심하지 않은 자에게 죄에 대한 자각과 회개를 불러일으킬 뿐 아니라, 은혜를 소유한 이들의 심령을 격려하여 불타오르고 새롭게 해야 한다. 목자들은 그리스도의 복음을 명확하게 제시해야 한다. 그로써 모든 이들이 그리스도께 사로잡히고 그분께로 나아가거나, 그러한 권세 있는 사역을 견디지 못하고 저항하여 스스로 떠나게끔 해야 한다. 목자들은 사회적 지위를 고려하지 않고 각 지체들을 개별적으로 방문하며, 사람의 존경을 구하지 않고 그들의 형편에 맞게 사역해야 한다.

둘째, 지체들 가운데 반드시 참된 거룩함이 있어야 한다. 그들은 자신들이 유한하고도 감각적인 모든 것을 부인하는 자임을 나타내야 한다. 다시 말해, 살아가는 동안 세상과 온전히 구별되어, 하나님과 서로를 충만히 사랑하는 감미로운 곳에서 한마음과 한 영으로 함께 지내야 한다는 것이다. 예배하는 동안 존경을 가지고 질서 있고도 정중히 행해야 하며, 예배하는 이들의 심령에 경외심이 일어나도록 완전히 침묵해야 한다. 뿐만 아니라 하나님의 집에 들어가고, 앉고, 찬양하고, 기도하고, 말씀을 듣고, 하나님의 집에서 나오는 모든 과정을 경건하게 행해야 한다. 이때 경건하지 않은 자들은 이를 견디지 못하여 거기에 참여하지 못할 것이다. 모든 이들은 예배하는 장소 밖에서도 흑암을 비추는 빛이 되어야 한다. 또한 자신의 능력과 지위에 따라 교회를 세우는 일에 참여해야 한다. 위정자들 가운데 교회의 지체가 있다면, 교회를 세우기 위해 자신의 권세를 더욱 사용해야 한다. 그럴 때, 주 예수님께서 주신 그 권세(주님께서 계속 주기를 바라시는 그 권세)가 보존될 것임을 알아야 한다. 모든 사람은 사랑과 친밀함으로 자신의 친척과 모든 지인들을 일깨우고 책망하며 위로해야 한다. 이로써 회심하지 않은 자들을 회심시키는 도구가 되어야 한다. 가족은 작은 회중이라는 역할을 감당해야 한다. 아침저녁으로 시편을 함께 찬송하며, 하나님의 말씀을 읽고 이를 나누며, 기도해야 한다. 또한 아이들과 하인들 모두에게 이를 가르쳐야 한다. 모든 사람들은 회중의 경건을 함양하는 데에 쓰임 받는 것을 특권으로 여겨야 한다.

셋째, 죄악된 삶을 영위하는 자들에게 대항하여 천국 열쇠를 사용하되, 진지하면서도 아무런 속박 없이 자유롭게 사용해야 한다. 그러한 자들은 세속적이며, 자신들의 의복과 집, 소유물, 말투와 일상의 대화를 통해 자신들이 세상에 순응한 자들임을 드러낸다. 신앙에 무지한 자들은 물론이요 예수 그리스도의 형상이 전혀 나타나지 않거나 약간 드러나기만 할 뿐인(교회는 이들의 내적 상태를 판단할 수 없다) 자들 모두에게 성례가 보류되어야 한다. 회개하지 않는 자들을 비롯해 드러내 놓고 가증스런 죄악들에 빠져 사는 완악한 이들을 반드시 출교하여 그들을 회개로 이끌어야 한다. 그렇게 하는 것이 다른 이들에게는 두려움을 심어 주지만, 경건한 자들에게는 기뻐할 이유가 된다. 그리할 때, 교회는 아침처럼 빛나며, 달처럼 새하얗고 태양처럼 선명하며, 깃발을 치켜든 군대처럼 강력할 것이다.

반드시 이러해야 할 교회가 실상은 그 머리의 면류관으로부터 발끝에 이르기까지 심각하게 부패했다.

첫째, 올바른 목회자들에게는 해당되지 않지만, 목사들이 부나 명예나 사람들의 존경과 같은 세상적인 것들을 구하는 동시에 이들의 칭송과 사랑까지도 구하며 세상에 순응하는 모습을 보인다. 그래서 그들의 말은 공허하며, 그들과의 대화에서는 세상적인 이야기 말고는 들을 것이 없다. 그들은 가문의 지위를 나타내는 의복을 뽐내며, 자신의 집안을 자랑한다. 사회적 지위가 높은 자들과 어울리며, 최상급의 포도주와 진미를 즐긴다. 반면 사회적 지위가 낮은 이들을 업신여기며, 의로운 이들을 싫어하고 대적하기까지 한다. 영혼의 영적 상태에 무지한 데다가, 그들 중 많은 이들은 신학의 가장 기초적인 원리부터 다시 배워야 할 정도이다. 게으르고 잠이 많으며, 늘 사소한 것으로 시간을 낭비한다. 자신들의 양 떼를 돌보는 일에 헌신하지 않으며, 그들이 죽든지 말든지 내버려 둔다. 설교할 때면 그들은 성경을 강해한다는 미명 아래 지적이고도 사변적으로 고찰할 뿐이고, 대부분 혼미하게 하는 권면에 불과한 것들만을 제시한다. 그들은 학적인 명성을 갈망하며, 군중의 칭송과 출석하는 이들의 숫자에 목을 맨다. 그들은 위선을 행하여 의로운 자들의 심령을 상하게 하며, 경건하지 않은 자들의 심령을 완악하게 만든다. 실제로 몇몇은 주정뱅이이며, 시민의 보편적인 상식에도 미치지 못하는 죄악 가운데 살고 있다. 그 결과 그들은 교회 안팎에서 크고 작은 경멸을 받는다. 한마디로, 예루살렘 선지자들의 불경함을 다 드러낸다. 콘시스토리나 노회(Classes)나 총회(Synods)와 같은 곳에서 거룩함과 비슷한 모습을 찾아볼 수가 없다.

둘째, 교회의 지체들의 행실도 교회 밖의 이들과 구별되지 않고, 그들보다 조금도 나은 삶을 살지 않는다. 교회 안에서도 진리와 거리가 먼 자들에게서 나타날 법한 죄악된 모습들이 빈번하게 드러난다. 그들은 머리를 화려하게 치장하고, 가슴을 드러내며, 사치스러운 옷을 입는다. 교회 가운데 세상의 모습이 너무나 극명하게 나타난다. 안식일은 훼손되었고, 교회에는 새로운 교리와 무지, 증오와 시기와 비통함이 만연해 있다. 어딘가에 경건한 자들(또는 경건하게 대화하거나 기도하기 위해 모인 이들)이 있다면, 이내 증오와 조롱과 핍박의 대상이 될 것이다. 이들은 바로 라바디주의자, 퀘이커교도(Quakers), 경건주의자(pious ones) 등으로 불리는 이들이다. 그런데 이들의 경건함은 그들을 돋보이게 하고, 공개적으로 죄를 지으면서 거짓되게 사는 자들을 정죄한다. 사람들은 교회를 세우기보다는 억압하는 데에 힘을 더 많이 쏟는다. 선한 이들은 예외로 하고, 많은 위정자들이 자신의 권세를 교회를 위해 쓰지 않고, 오히려 교회에 해를 끼치는 데에 사용한다. 아이들과 하인들을 신앙으로 교육하거나 가정 예배와 같은 신앙의 실천에 대해서는 아는 바가 없다. 이사야 59장 14,15절은 오늘날과 같은 시대에 매우 적절하다.

"정의가 뒤로 물리침이 되고 공의가 멀리 섰으며 성실이 거리에 엎드러지고 정직이 나타나지 못하는도다. 성실이 없어지므로 악을 떠나는 자가 탈취를 당하는도다."

셋째, 교회의 권징이 거의 완전히 무시된다. 더는 교회 됨의 모범을 찾아볼 수 없다. 사람들은 그저 많은 이들이 교회에 나오고 교회의 구성원이 되는 것으로 만족한다. 그리고 그러한 교회를 번성하는 교회로 여긴다. 대부분의 지역은 아니라 하더라도 많은 교회에서는 주기도문이나 12신조를 암송하면, 또는 몇 가지의 문답을 암기하면 그를 교회 회원으로 받아들인다. 근본적인 진리에 관한 충분한 지식을 더는 요구하지 않는다. 뿐만 아니라 실제로 세상과 구별되거나 그리스도의 형상을 닮으라고 요구하지도 않는다. 그들의 삶이 완전히 불경건하지만 않다면 모든 것을 허용한다. 주정뱅이, 노름꾼, 춤꾼, 허풍선이, 오만하며 음행하는 자, 수전노, 경건을 전혀 모르는 세속적인 이들이 주의 만찬에 참여하는 것이 용인된다. 반면 누군가가 죄로 인해 책망을 받고 좋지 않은 평판을 받는다면, 그는 사회적 지위가 낮은 사람일 것이다. 그러면서도 죄악에 대해서는 눈감은 채 알려고 하지도 않는다. 오히려 그러한 죄를 들추어내는 사람은 분노와 반대에 직면할 것이다. 사람들은 그러한 사람을 궁지에 빠뜨리려 한다. 만약 어떤 목회자가 개혁을 시도하려 한다면, 쫓겨날 위험에 처할 수도 있다고 염려하더라도 전혀 이상한 일이 아니다. 한마디로, 교회는 구제불능이며, 회개에 이를 수 없다. 간단히 말해, 소망이 없다.

교회다운 교회의 모습이 어떤지를 아는 사람은 그러한 모습을 한 교회를 애타게 보고 싶어할 것이며, 그러한 교회로 이끌릴 것이다. 반면, 현재 자신이 속해 있는 교회의 부패함을 볼 때마다 마음 아파할 것이다. 그러한 사람은 수치와 분노로 가득 차 슬픔을 억누르지 못하여 이렇게 말할 것이다. "이것이 진정 주 예수 그리스도의 거룩한 교회란 말인가? 그렇다면 도대체 무슨 목적으로 성경을 가지고 있단 말인가?" 차라리 주의 만찬에 참여하기를 멈추고 그러한 자들과 교제하지 않는 편이 더 낫지 않은가 하고 생각할 것이다.

답변 [2]

앞에서 정의한 것과 같은 거룩한 상태에 있는 교회에 거하기를 어느 누가 기뻐하지 않겠습니까? 저 역시 심령으로 이런 교회를 갈망합니다. 그리고 주님께서 교회에 그분의 성령을 부어 주셔서 교회가 그런 모습이 될 날을 사모합니다. 그러나

---

[2] 역자주 - 여기서 답변하고자 하는 반론은 106쪽에서 시작된다.

누가 살아서 그것을 볼 수 있겠습니까?

앞서 설명한 대로, 교회가 실제로 부패하였음을 인정합니다. 저는 이를 제 심령 깊이 비통하게 여기며, 이를 공개적으로 밝혀 왔습니다. 또한 주의 백성의 허물과 야곱의 집의 죄악을 밝히고자 사력을 다해 울부짖으며, 나팔처럼 목소리를 높이고 있습니다. 오, 이 책에 기록된 것을 읽거나 듣는 자들이 그 내용을 심령에 새기기를 바랍니다! 부디 이 땅에 세워진 자신의 교회를 여전히 떠나지 않으시고 평강 가운데 임하기를 기뻐하시는 하나님의 오래 참으심을 기이하게 여기며 회개하기를 바랍니다! 하나님께서 언젠가 우리를 벌하며 진멸하신다 하더라도, 그렇게 행하시는 주님을 옳다 말할 수 있기를 바랍니다!

슬픔과 수치를 머금고, 저는 저의 실패를 받아들입니다. 스스로를 죄 있는 자로 여깁니다. 주님께서 자비로 용서해 주시기를 바라며, 저 자신이나 목회를 더욱 신실하고 거룩하게 만들어 가 주시기를 바랍니다. 그러나 또한 교회의 상태를 염려하는 이들도 자신에게 동일하게 죄가 있다는 사실을 알아야만 합니다. 물론 그러할지라도 주님은 사회의 모든 계층(위정자, 교수, 가문, 개별적인 구성원을 막론하고) 가운데 주님을 신실하게 섬기려는 자들을 그분의 소유로 삼으실 것입니다. 또한 천국 열쇠는 지금도 여전히 사용되고 있으며, 어떤 지역에서는 이러한 구원의 역사가 생각하는 것보다 훨씬 광범위하게 나타나고 있습니다.

이제 이러한 교회의 타락이 주의 만찬에 참여하기를 거부할 만한 근거로서 충분한지를 더 면밀히 검토해 보겠습니다.

(1) 사려 깊은 사람이라면 자신의 모습을 면밀히 살펴보면서, 자신이 성경 말씀보다는 교회의 부패함 때문에 성찬에 참여하기를 꺼려 한다는 사실을 깨달을 것입니다. 또한 그리하여 교회의 부패에 더욱 주목하고, 서로를 동요시켜 성찬에서 멀어지게 만들었다는 사실을 발견할 것입니다. 그에게 주의 만찬에 왜 참여하지 않느냐고 물으면, 그는 (그의 마음을 따라 말할 때) 교회의 부패함 때문이라고 응답할 것입니다. 그러면 나는 다음과 같이 묻겠습니다. "성경이 믿음과 행실의 유일한 규범이 되어야 하지 않습니까?" 그는 이에 동의할 것입니다. 결국 사려 깊은 사람은

주의 만찬에 불참하는 것이 올바른 행동이 아님을 확신할 것입니다. 왜냐하면 그의 염려가 하나님의 말씀이 아니라 자신의 마음에서 비롯되었기 때문입니다. 또는 그가 성경 구절을 인용하면서, 타락한 교회의 성찬에 참여하지 말라고 배웠다고 대꾸할 수도 있습니다. 그러나 사려 깊은 사람이라면, 처음부터 성경 구절을 근거로 한 염려였는지, 아니면 먼저 교회의 부패함 때문에 판단과 행동을 결정하고 나서 그 판단을 옹호하고자 성경에 호소하였는지를 생각해 보아야 합니다. 결국 그는 이것이 하나님의 말씀을 넘어서 스스로 내린 결정에 지나지 않으며, 자신에게서 비롯된 충동적인 감정임을 납득하게 될 것입니다. 이처럼 자신이 오류를 범했을지도 모른다고 의심해 보아야 합니다.

(2) 우리는 배교한 교회에서 주의 만찬에 참여하는 것이 허용되는지, 그래서 교회의 타락이 주의 만찬에 참여하지 않을 근거가 될 수는 없는지를 질문할 수도 있습니다. 이는 순환논법(circular reasoning)에 해당합니다.[3] 질문의 핵심은 배교한 교회와 함께 주의 만찬에 참여할 수 있는가 하는 것입니다. 배교한 교회임이 입증되었다면, 우리의 대답은 "아니오"입니다. 그러므로 사려 깊은 사람이라면, 자신이 지혜 없는 어린아이처럼 행했음을 깨달을 것입니다. 즉, 교회의 타락을 본인의 행동이나 감정에 대한 근거로 삼을 수 없으며, 그렇게 해서도 안 되는 것입니다. 오히려 배교한 교회에서도 성찬에 참여할 수 있는가에 관하여 성경이 말하는 바를 숙고해야 합니다. 만약 성경이 "예"라고 대답한다면, 그는 성찬에서 물러남으로 말미암아 죄를 범하는 것입니다. 그러나 "아니오"라고 대답한다면, 그의 행위는 정당한 것이 됩니다.

(3) 세상의 모든 시대에 걸쳐 하나님은 교회에 그와 같은 부패함이 남아 있도록 의도하셨습니다. 아담에서부터 그리스도에 이르기까지 존재한 교회들을 살펴보면, 주님께서 교회에 속한 대다수를 기뻐하지 않으셨음을 알게 될 것입니다. 그리스도께서 이 땅에 계셨던 기간에 유대교는 극심하게 타락했으며, 세례를 받은

---

[3] 영역주 - 네덜란드 판에서는 "Dat is hetzelfde door hetzelfde te bewijzen"이라고 되어 있는데, 이를 직역하면 "어떤 것을 그것 자체로 증명하려는 방식"이라고 할 수 있다.

제자들도 대부분 주님을 떠났습니다. 이를 통해 자신들이 진정으로 회심하지 않았음을 드러냈습니다(요 6:66 참고). 바울은 고린도교회의 회중이 육신에 속했다고 선언합니다(고전 3:3 참고). 그들 가운데 음행이 만연했습니다(고전 5:1 참고). 어떤 이들은 술 취한 채로 주의 만찬에 참여했고(고전 11:21 참고), 어떤 이들은 하나님을 알지 못했습니다(고전 15:34 참고). 갈라디아교회는 회중 가운데 반드시 출교해야 할 이들이 있었는데도 그들을 그대로 남겨 두었습니다(갈 5:12 참고). 빌립보서 2장 21절에서 바울은, 교회 안의 많은 사람들이 "다 자기 일을 구하고 그리스도 예수의 일을 구하지 아니"하였다고 말합니다. 유다서와 요한계시록 2,3장 등을 읽어 보십시오. 그 당시 교회가 얼마나 부패하였는지를 알게 될 것입니다. 실제로 성경에서는 죄악된 삶을 살아가는 자들을 출교해야 할 교회의 의무를 제시하는 교훈과 지침들을 찾아볼 수 있습니다. 그러나 교회의 타락을 근거로 주의 만찬에 참여하지 않아도 된다는 본문은 성경 어디에도 없습니다. 이에 관해 「라바디주의자들을 반박하는 서한」(Letters Against the Labadists)과 「경계」(Warning), 「교리와 교회 치리」(Doctrine and Government, 라바디주의자에게 보낸 글이다)와 같은 글들을 참고하십시오. 이러한 글들은 이와 관련된 여러 사안들에 대해 해명합니다. 그러한 노력도 기울이지 않는다면, 의도적으로 오류를 고수하는 것임을, 그들은 분명히 알아야 합니다.

교회를 외형적으로 드러난 회중이 아니라 이 세상의 참되고도 신실한 자들을 일컫는 것으로 이해하면서, 이로써 자신은 여전히 교회의 지체라고 선언하며 '교회'라는 단어 뒤에 숨으려는 자는, 라바디주의자들의 논리에 설득된 사람입니다. 그에 관한 설명을 보려면, 라바디주의자들에 관해 쓴 「교리와 교회 치리」를 반드시 읽어 보아야 합니다. 그런 식으로 주장하는 사람은 자신과 다른 이들을 기만하는 것입니다.

반론 2

주의 만찬에 참여한다는 것은 그 성찬에 참여하는 이들과 교제함을 인정하는 것이다.

"떡이 하나요 많은 우리가 한 몸이니 이는 우리가 다 한 떡에 참여함이라"(고전 10:17).

'성찬 집례서(the Form for the Administration of the Lord's Supper)'를 보면 그에 관한 권면과 설명이 상세히 나와 있다. 그리스도인이 불경건한 자들과 교제하지 말아야 함은 분명하다. 그러므로 교회에 불경건한 자들이 가득하다면, 결과적으로 그리스도인은 그 교회가 정화될 때까지 주의 만찬에 참석하지 말아야 한다.

답변

(1) 사려 깊은 사람이라면, 그와 같은 집례서가 모든 면에서 절대적인 것이 아니며 성찬에 참여하는 모든 사람들에게 해당되지도 않는다는 사실을 인정할 것입니다. 교회에서 범죄한 이들을 모두 제하였다고 하더라도, 회심하지 않은 이들은 아무런 반대 없이 성찬에 참여할 수 있을 것입니다. 왜냐하면 그들은 회심하지 않은 자가 아니라 오로지 죄를 범한 자들에게만 관심을 두기 때문입니다. 성찬에 참여하는 모든 이가 회심했으리라고 확신해서는 안 될 뿐만 아니라, 완전히 확신할 수도 없다는 점을 인정해야 합니다. 게다가 성찬에 참여하는 것을 그 성찬에 참여하는 모든 사람과 내적이고도 영적으로 교제하는 것이라고 말한다면, 그는 회심하지 않은 채로 성찬에 참여하는 사람들과도 교제한다고 말하는 셈입니다. 어느 누구도 이러한 견해를 받아들이지는 않을 것입니다.

이는 위와 같은 성경 구절을 주의 만찬에 참여하는 모든 사람이 내적이고도 영적으로 교제한다는 의미로 이해해서는 안 된다는 것을 방증합니다. 또한 회중 가운데 회심하지 않은 자가 있다는 사실은 의심할 여지가 없으므로, 그러한 구절들을 그런 식으로 이해해서는 안 된다는 것도 인정해야 합니다. 따라서 그들의 견해에 따르면, 그들이 인정하고자 하는 것 이상을 증명하게 되는데, 거듭남을 확신할 수 있는 사람에게만 주의 만찬에 참여할 자격을 주어야 한다고 결론 내릴 수 있습니다(그들의 주장대로라면 반드시 이렇게 결론지어야 합니다). 그러나 그들은 이러한 견해에 동의하지 않습니다. 결국 이 구절이 주의 만찬에 참여하기를 그만둘 근거가 되지 못한다는 것은 명백한 사실입니다.

(2) 사도는 고린도전서 10장에서 교회가 다른 모든 종교와 구별된다고 말하며, 구별된 백성이 성례에 참여하여 한 몸을 이룬다고 선포합니다. 이러한 이유로 그들은 다른 신앙과 혼합되지 않아야 합니다(고전 10:18,20,21 참고). 사도는, 백성 됨과 한 몸 됨 가운데서 참된 은혜를 소유하며 그리스도와 참된 교제를 나누고 성도 간에 참된 영적 교제를 나눈다는 것을 설명합니다. 성찬에 참여하는 자들 중에는 회심하지 않은 자들도 있습니다. 그들은 그리스도를 믿음으로 영접하고 그분 안에서 구원받았으며 그분의 계명을 따라 살겠다고 표명했지만, 실제로 그렇게 행하지는 않습니다. 사도는 이스라엘이 출애굽하여 "구름과 바다에서 세례를 받고" 만나를 먹으며 반석에서 난 물을 마신 것을 언급하면서, 그들이 대부분 우상을 숭배하고 경건하지 않게 살았기 때문에 주님께서 그들을 기뻐하지 않으셨다고 설명합니다(고전 10:1-5 참고). 고린도교회의 회중이 우상을 숭배하고 우상숭배자들과 더불어 먹고 마시며, 우상을 숭배하는 희생 제사에 참여하는 것과 같은 죄악 범하기를 그치도록, 바울은 죄와 거기에서 비롯되는 형벌을 그들에게 적용하였습니다.

이러한 점에서 교회의 모든 지체는 그들과는 다르게 고백하는 신앙이나 나라와 구별된다는 점에서 한 백성을 이루지만, 그것이 그리스도와 나누는 교제 및 그리스도 안에서 성도와 나누는 교제의 경우에도 동일한 것이 아님은 명백합니다. 하나님께서 기뻐하지 않으시는 구성원의 죄악이 하나님께서 기뻐하시는 경건한 자들에게 전가되지 않을 것입니다. 따라서 누군가가 주의 만찬에 참여하면서 몸 된 회중과 교제한다고 고백하는 것은 외형적인 것일 뿐, 내적이거나 영적인 것은 아닙니다. 동시에 참된 신자들의 교제는 그가 인지하든 그렇지 않든 내적인 본질을 지닙니다. 그러므로 이를 이해한 사람은 이 구절을 자신의 주장을 뒷받침하는 데 사용하지 못할 것입니다. 교회의 본질에 관해 처음에 진술한 내용을 숙고해 보십시오.

반론 3

사도는 죄를 범한 이들과 함께 주의 만찬에 참여하는 것을 분명히 금지한다.

"이제 내가 너희에게 쓴 것은 만일 어떤 형제라 일컫는 자가 음행하거나 탐욕을 부리거나 우상숭배를 하거나 모욕하거나 술 취하거나 속여 빼앗거든 사귀지도 말고 그런 자와는 함께 먹지도 말라 함이라"(고전 5:11).

전체 문맥을 보면, 사도는 주의 만찬에 관해 가르친다. 사도가 누룩을 제거할 것과 유월절을 언급하면서 근친상간의 죄를 범한 사람을 회중 가운데서 반드시 출교하라고 촉구하기 때문이다. 비록 이 말씀이 애찬을 가리킨다고 하더라도, 이러한 주장은 여전히 타당하다. 왜냐하면 애찬의 자리에서 주의 만찬이라는 성례에 참여했기 때문이다. 또는 이것이 일반적인 식사를 지칭한다고 하더라도 여전히 타당하다. 덜 중요한 일반적인 식사에서도 그와 같이 행해서는 안 된다면, 하물며 가장 중요한 식사인 성찬에서 그렇게 행해서는 더더욱 안 되기 때문이다.

이는 데살로니가후서 3장 14절의 "누가 이 편지에 한 우리 말을 순종하지 아니하거든 그 사람을 지목하여 사귀지 말고 그로 하여금 부끄럽게 하라"라는 말씀과도 일치한다. 또한 6절의 "형제들아 우리 주 예수 그리스도의 이름으로 너희를 명하노니 규모 없이[4] 행하고……모든 형제에게서 떠나라"라는 말씀을 숙고해 보라. 고린도후서 6장 14,17절은 다음과 같이 말한다.

"너희는 믿지 않는 자와 멍에를 함께 메지 말라 의와 불법이 어찌 함께하며……그러므로 너희는 그들 중에서 나와서 따로 있고."

이와 같이 분리하라는 명령이 뚜렷하므로, 우리는 죄악된 이들과 더불어 주의 만찬에 참여해서는 안 된다.

답변

(1) 고린도전서 5장 11절을 숙고해 보겠습니다.

본문은 이 문제와 관련하여 각각의 사람들을 명확히 구분 짓습니다. 함께하는 자들이 있으며, 함께하지 않는 자들이 있습니다. 이 사람들은 각각 교회 밖에 있는 죄인과 교회 안에 있는 죄인입니다. 특별히 제기되는 요점은 먹는 것과 관련된 함께함입니다. 여기에는 대화하고 함께 행하는 것, 상거래를 하고 사회적 관계를 맺

---

[4] 역자주 – 이 책에서 사용하는 우리말 성경은 개역개정으로, 이 부분을 '게으르게'라고 번역하지만, 여기에서는 스타턴 베이벌과 KJV의 'disorderly'와 의미가 가까운 개역한글 번역을 인용했다.

는 것, 겸손하고 친절히 대하는 것, 필요한 경우 함께 식사하는 것 등이 포함됩니다. 비록 교회 밖의 죄인들과 함께 식사하는 것은 언급되지 않지만, 그들과 함께하는 것이 허용된다는 점과 전체 맥락에 나타나는 대비를 살펴보면, 여기서 이러한 함께함을 허용한다고 이해해야 합니다. 사도는 세상에 속한 죄인들과 섞여 함께 식사하는 일을 허용합니다. 다만 그러한 상황에서는, 헛된 어둠의 일을 경계하되 그리스도께서 세리와 죄인들과 함께 식사하셨듯이 세상의 빛으로서 그들 가운데 있는 일이 요구됩니다. 반면 사도는, 교회 안에 있으면서 형제라고 불리지만 죄를 범한 이들과 함께 식사하는(교회 밖의 죄인들에게는 허용된) 혼합을 금합니다. 고린도전서 5장 11절이 주의 만찬에 참여하는 일을 언급하지 않는 데서 이것이 분명히 드러납니다. 왜냐하면 이것은 결코 교회 밖의 죄인들과 신앙적 관계(ecclesiastical interaction)를 맺는 일에 관한 구절이 아니며, 따라서 주의 만찬에 함께 참여하는 것에 관한 구절도 아니기 때문입니다. "밖에 있는(without)"이라는 단어가 이를 시사합니다. 그들과의 관계는 오로지 사회적인 성격을 띱니다. 반면 사도는 죄를 범한 형제들과는 사회적으로 교제하는 것을 금합니다.

그렇다면 왜 교회 밖에 있는 죄인들과 교제하는 것은 허용되는 반면, 죄를 범한 교회의 구성원과 교제하는 것은 허락되지 않는 것일까요? 이러한 의문에 저는 다음과 같이 대답하겠습니다. 세속의 사람들, 곧 교회 밖의 사람들과 함께 식사하거나 관계를 맺는다고 해서 우리가 그들을 따르거나 그들에게 동조한다고 의심하는 사람은 없을 것입니다. 그러나 죄를 범한 것이 분명하게 드러난 교회의 구성원과 함께 식사하며 관계를 맺는 것은, 의심할 여지 없이 그들의 행실을 받아들인다는 인상을 줍니다. 교회와 연합된 지체라는 고백은 모든 영역에서 동의한다는 것을 의미하기 때문입니다. 그렇게 되면, 죄를 범한 교회의 구성원들은 부끄러워하기는커녕 그들의 죄악된 삶의 방식을 더욱 견지할 것입니다. 그러므로 이러한 경우에 그들은 지탄을 받아야 합니다. 앞의 성경 본문이 바로 이를 의미합니다.

회피주장 1 그런 것을 염려하여 죄를 범한 자들과 사회적 관계를 맺거나 식사 교제와 같은 일을 하지 못한다면, 영적인 영역에서 관계를 맺거나 주의 만찬에 참여하는 일은 더더욱 허용될 수 없다고 결론 내릴 수 있을 것이다.

| 답변 |

그와 같은 결론에 반대하지는 않지만, 지금 살펴보는 성경 본문에서 그러한 결론을 끌어내지는 마십시오. 지금의 본문은 그것과는 전혀 관련이 없습니다. 만일 그렇다면, 그다음은 무엇입니까? 죄를 범한 사람이 주의 만찬에 참여하면 그리스도인은 그 성찬에 참여해서는 안 된다는 것입니까? 결코 그렇지 않습니다. 이런 주장이 옳지 않다는 것은 다음의 두 가지 방식을 생각하면 분명해집니다. 즉, 성찬에 참여하지 않는 것은 교회가 권징을 통해 범죄한 이의 성찬 참여를 금지하거나, 스스로가 성찬에 참여하지 않음으로써 이루어질 수 있다는 사실입니다. 첫 번째 선택은 교회의 의무입니다. 모든 성도는 죄를 범한 이에게 다가가 온 힘을 다해 죄를 일깨우고 책망하며 훈계할 의무를 집니다. 단지 자신의 본분을 행한 것으로 만족하려고 이 의무를 행하는 것이 아닙니다. 지체가 회개에 이르러 죄악된 행실을 버리기를 원하는 데서 비롯된 행동입니다. 만일 그가 당신의 말에 주의하여 마음을 기울인다면, 그만큼 교회가 정결해지고 당신은 한 영혼을 사망에서 구하게 될 것입니다. 그러나 그가 주의를 기울이지 않을 경우, 모든 이는 그의 악행을 교회의 장로들에게 알려야 합니다. 교회는 반드시 실제로 입증된 사실에 대해 '행실에 입각하여 판단(ex actis et probatis)'함으로써 그로 하여금 성찬에 참여하지 못하도록 해야 합니다. 교회가 그를 성찬에 들이지 않는다면, 죄악은 점차 제거될 것입니다. 그와 섞이지 않을뿐더러 함께 식사도 하지 않는 것은, 모든 교제가 끊어짐으로써 스스로 부끄럽게 여겨 회개에 이르도록 하기 위함입니다. 만일 교회가 충분한 증거를 확보하지 못했거나 그의 행실이 제기된 것만큼 악하지 않다고 판단하여 그를 성찬에서 제외하지 않았다면, 그러한 판단에도 순종해야 합니다. 마치 교회의 모든 교제가 무가치해졌고 교회가 더는 존재하지 않는 양, 개인적으로 판단하여 내린 결론을 따라 행동해서는 안 됩니다.

만일 뚜렷한 죄악이 있는데도 교회가 그러한 자를 성찬에서 제외하지 않았다면,

교회는 자신의 본분에 태만한 것이며 하나님께 지독한 죄를 범하는 것입니다. 그렇다 하더라도 여러분은 죄를 범한 이에 관해 이의를 제기하는 것으로 의무를 다하십시오. 교회 안에서 그러한 자와 계속 교제하기를 원하지 않는다고 말하십시오. 또한 그러한 자가 성찬에 나아오기를 바라지 않는다고 말하십시오. 이것이 여러분이 죄를 범한 이와 교제하지 않고 그들의 일부가 되지 않는 방식입니다.

회피주장 2 누군가는 범죄한 이가 너무나 많아서 그들 모두에 대해 이야기하거나 콘시스토리가 주의를 기울일 수 없다고 말할 것이다. 대부분의 콘시스토리가 그러한 행위를 무가치하게 여기며, 오히려 그렇게 행동하는 사람을 '똑똑한 체하는 사람' 또는 다른 사람의 일에 참견하는 이로 여기곤 한다. 실제로 그런 식으로 상황을 왜곡하고 뒤집으려 한다. 또한 증인에 대해서도, 오히려 그가 위기를 자초한다고 몰아가며, 무고한 고소 때문에 고소당할 것처럼 취급한다. 한마디로, 이러한 일은 이루어질 수 없다.

| 답변 |

❶ 여러분이 죄를 범한 이들을 전부 알지는 못할 것입니다. 그러하기에 여러분이 알지도 못하는 이들에게 해를 끼칠 수는 없습니다. 문제는 그것이 아니라, 아무도 이러한 노력을 하지 않는다는 것입니다. 사람과의 갈등을 피하고, 이러한 의무를 신경 쓰지 않고 지내며, 많은 사람들이 파멸로 치닫도록 내버려 두기는 매우 쉽습니다. 그러나 받은 달란트를 땅속에 묻어 둔 종을 숙고해 보십시오.

❷ 모든 콘시스토리가 그러한 경향을 보이지는 않습니다. 제가 목회자로 섬겼던 지역에서는 모두가 범죄한 이를 책망했습니다. 우리가 요청하여 콘시스토리가 주의를 기울인 자이든 콘시스토리의 구성원이 직접 지적한 자이든 언제나 그러했습니다. 어떤 이는 자신의 견해에 근거하여 행동하지 않으며, 여러분의 증언에 응답하여 즉시 행동해야 한다고 생각할 것입니다. 그러한 증언은 반드시 사실에 근거해야 하며, 오만한 태도가 아니라 사랑으로 이루어져야 합니다. 그런데 어쩌면 누군가는 쉬운 방식을 선택할 것입니다. 어떤 사람은 자신의 의무를 충실하게 이행하지 않으면서, 다른 이의 태만함을 서슴없이 고소하며 개혁하겠다고 나설 것입니

다. 또한 그런 불평을 일삼으면서 성찬에 참여하지 않음으로써 거룩하게 보이고픈 동기를 품은 자들도 있을 것입니다. 저는 모든 사람들에게 주님 앞에서 자신을 살펴보라고 강권합니다. 반면 성실하고도 겸손하게 이 일을 행한다 하더라도, 그것이 그저 편하게 있으려는 욕망이나 과도한 노파심이라는 그릇된 견해에서 나온 것이라면, 그 역시 교회를 잘못 이해하는 것입니다. 교회는 반드시 하나님의 말씀에 따라 정해진 규례로 다스려져야 합니다.

이로써 범죄한 이들에게 성찬 참여를 금지하여 그들과 함께 주의 만찬에 참여하는 일을 방지할 수 있다는 사실을 규명해 보았습니다. 그리고 이것이 교회에 주어진 명령이요 의무라는 것도 알게 되었습니다. 스스로 성찬에서 물러남으로써 그들과 함께 성찬에 참여하는 일을 막으리라 생각할 수도 있습니다. 그러나 앞서 논증한 대로, 성경은 어디에서도 그렇게 명령하지 않으며, 오히려 그러한 행위를 금지합니다. 따라서 성찬에서 물러나는 것은 죄입니다. 이는 온 힘을 다해 교회의 하나 됨을 깨트리는 일이며, 교회를 허무는 단초가 됩니다.

설령 고린도전서 5장 11절을 (하위 개념에서 상위 개념을 추론하여 결론에 이르지 못했을 때) 죄를 범한 이들과 함께 주의 만찬에 참여하지 말라는 의미로 이해하였다 하더라도, "당신의 심령을 유익하게 하고 주 예수님을 더 영화롭게 하기 위해 부름받은 성찬에 나아가지 않아야 하며, 물러나 그들과 함께 식사하지 말아야 한다"라는 의미로 이해해서는 안 됩니다. 이 구절은, 너희 가운데 있는 악한 자들을 내쫓고 (고전 5:13 참고) 집에 있는 묵은 누룩을 제하여(고전 5:17 참고) 그러한 이들과 함께 먹지 말라는 것이지, 그 집을 떠나거나 성찬을 외면하라는 의미가 아닙니다. 따라서 지각 있는 사람이라면, 그들이 가장 의지하는 이 구절이 성찬에 참여하지 않을 근거를 전혀 제공하지 못한다는 사실을 깨달을 것입니다. 이 구절을 다루었으므로 다른 본문을 덧붙일 필요가 없습니다.

(2) 데살로니가후서 3장 6절과 14절을 숙고해 보겠습니다.

지각 있는 사람들에게 이 구절은 논쟁할 여지가 없습니다. 사도와 그의 동역자들은 주의 만찬이나 교회를 떠나는 것을 더러워지지 않는 유일한 방법인 것처럼 언급하지 않습니다. 오히려 이 구절은 죄를 범한 이들에게 교회가 행해야 할 의무를 다룹니다. 즉, 잘못을 범한 자를 규명하고, 성찬 참여를 금지시키며, 교회 공동체로부터 출교하고 구별하며, 그들을 견책하고자 만남을 피해야 하는데, 이는 범죄한 이들로 하여금 스스로 부끄럽게 여겨 회개에 이르도록 하기 위함입니다. 함께하는 것과 출교해야 할 의무를 구분하고, 또한 성찬에서 물러나는 것(이것은 허락되지 않았습니다)과의 차이를 주의하십시오.

회피주장 교회가 그러한 의무를 다하지 않아서 범죄한 이가 성찬에 나오면, 결국 그들과 교제하게 되며 성찬에 참여함으로써 함께하게 된다.

| 답변 |

이미 밝혔듯이, 그것은 그들과 함께 고백한다는 것일 뿐, 다른 의미가 아닙니다. 여러분이 지금까지 배운 대로 그러한 일들에 반대 의견을 표명하였는데도 그러한 상황이 개선되지 않는다면, 마땅히 슬퍼해야 합니다.

(3) 고린도후서 6장 14-17절을 숙고해 보겠습니다.

이 구절은 명백히 회심의 여부와는 상관없이 교회의 지체들에게 권면하는 말씀입니다. 이것은 믿지 않는 이교도로부터 구별될 의무에 관한 말씀이지, 교회 안에서 범죄한 이들에게 적용할 말씀이 아닙니다. 교회는 반드시 한 몸, 한 백성, 한 교회로 연합해야 합니다. 그러는 동시에 이교도들 가운데 거하면서도 그들과는 분명히 구별되는 존재가 되어야 합니다. 교회의 지체들이 이교도와 전혀 다른 부류의 무리임을 다른 사람들이 알 수 있도록 말입니다. 왜냐하면 그들은 이교도로부터 구별되어 예수 그리스도를 머리로 삼아 연합된 자들이기 때문입니다. 과연 사려 깊은 사람들이 이와 관련해 논쟁할 만한 것이 있겠습니까?

반론 4

만일 교회의 지체들이 죄를 범한 이들과 함께 주의 만찬에 참여한다면, 그 회중은 하나님의 진노를 불러일으킬 것이다. 고린도전서 11장 30절이 이를 증언한다. "그러므로 너희 중에 약한 자와 병든 자가 많고 잠자는 자도 적지 아니하니."

개혁교회는 하이델베르크 요리문답 82문의 답변을 통해 이를 인정한다. "그렇게 행하는 것은 하나님의 언약을 만홀히 여기는 것이며, 온 회중에게 하나님의 진노를 초래하는 것이다."

그리스도인은 하나님의 진노를 불러일으켜서는 안 되며, 오히려 그 진노를 피해야 한다. 따라서 죄를 범한 많은 이들이 주의 만찬에 참여하는 한, 그리스도인은 성찬에 참여해서는 안 된다.

답변

(1) 고린도전서 11장은 하나님께서 주의 만찬에 참여하는 경건한 자들의 올바른 태도를 향해 진노하신다고 말하지 않습니다. 그러한 주장은 사실이 아닙니다. 오히려 하나님은 고린도교회에서 보듯이, 본질적으로 더러운 악습을 일삼는 자들을 분별하지 않고 죄를 범한 이들이 성찬에 참여하는 것을 막지 않은 태만한 교회의 죄에 대해 진노하십니다. 모든 이가 범죄했다는 것은 아무도 자신의 의무를 행하지 않았다는 의미이며, 따라서 모든 사람이 마땅히 이와 관련해 벌을 받아야 합니다. 이를 염려하는 자들도 그와 같이 태만의 죄를 범했다면, "하나님께 죄를 범하였으므로 내가 하나님의 진노를 감당하리라"라고 말해야 하지 않겠습니까? 그런데도 그 형벌을 받기 싫어함은 어찌된 일입니까?

(2) 신실하고도 경건한 태도로 주의 만찬에 참여하며 교회의 부패함을 애통해하면서 성도의 본분을 다한 올곧은 자들에게 하나님께서 진노하신다는 것은 결코 믿을 수 없는 일입니다(사려 깊은 모든 이들의 양심에 호소하는 바입니다).

(3) 만일 죄를 범한 이들과 함께 성찬에 참여했다는 이유로 하나님께서 온 회중을 향해 진노하신다면, 이는 두려워서 성찬에 참여하지 않은 이들에게도 해당될 것입니다. 그들 스스로 교회의 지체 됨을 공언했기 때문입니다. 스스로 정의한 대

로 자신이 부패한 교회의 지체임을 인정하는 한, 그들 역시 하나님의 진노를 피할 수는 없습니다.

회피주장 우리는 주의 만찬에 참여하는 죄를 범하지 않았다. 따라서 주님은 우리를 벌하지 않으실 것이다.

| 답변 |

❶ 그러한 죄는 여기에 해당하는 사안이 아닙니다.

❷ 온 회중이 하나님의 형벌을 받을 때에 그 교회의 지체가 주의 만찬에 참여하지 않았다는 이유로 형벌을 면하리라는 말씀이 어디에 기록되어 있습니까?

❸ 만약 그들이 형벌을 면한다면, 죄를 범한 이들을 위해 많은 일들을 행하며 주의 만찬에 신실하고도 경건하게 참여한 이들은 더욱 형벌을 면하지 않겠습니까? 따라서 그들은 자신의 주장이 다른 이에게나 자신의 심령에 전혀 설득력이 없는 거짓임을 깨달아야 할 것입니다.

반론 5

누구든지 교회의 부패함에 관해 증언해야만 한다. 또한 교회의 비통한 상태를 고려할 때, 교회를 나누는 것만이 가장 나은 방법이다. 이를 통해 교회의 부패함과 권징이 실천되지 않는 데 대해 자신의 생각을 명확히 표현할 수 있다. 또한 그렇게 함으로써 목회자들과 장로들을 책망하여 자신이 교회가 부패한 원인이요 자신의 본분에 태만하였음을 깨닫게 할 수 있을 것이다. 또한 성찬에서 물러남으로써 불경건한 자들로 하여금 그들의 죄악됨을 부끄러워하게 하는 한편, 경건한 자들을 일깨워 일어나 시온의 구원을 향해 나아가게 할 것이다. 그때에 알곡과 쭉정이가 구별될 것이다. 겨는 바람에 날려 가지만, 알곡은 함께 모일 것이다. 그곳에 있던 겨가 제거되거나 알곡들이 다른 곳으로 모이는 것이다. 그들은 훌륭한 목회자를 청빙할 것이며, 그 결과 더욱 순전한 교회를 세우게 될 것이다. 이러한 교회는 그 민족에게 등경 위에 두는 등불과 같고 산 위에 있는 동네와 같을 것이다. 만일 이러한 교회가 용인되지 않고 오히려 핍박을 받는다면, 교회는 다시금 자유를 위하여 다른 장소나 나라로 떠날 수 있다. 온 세계가 주님의 것이므로, 주님은 어디서나 그분의 백성들을 보존하실 수 있다. 참으로 주님은 그러한 정결한 교회에 외적 복락을 더 많이 내려 주실 것이다. 그때에 교회는 온 유럽의 사람들이 볼 수 있도록 깃발을 치켜들 것이며, 이를 보고 경건한 자들이 사방에서 모여들 것이다. 이들은 변질되었을지라도, 참된 교회로 인정할 만한 개혁교회의 특별한 회중으로 남는다. 그러므로 죄를 범한 이들이 참여하는 성찬을 스스로 삼가는 것은 참으로 유익하지 않은가? 비록 그와 같이 행하여 원하는 결과를 얻지 못한다 하더라도, 이는 자신의 본분을 다한 것이며, 결국 하나님을 기쁘시게 하는 일이 될 것이다.

답변

그런 말은 한낱 망상일 뿐입니다. 그러한 주장은 좋지 않은 상황을 더욱 악화시켰던 라바디주의자들의 외침이기도 합니다. 선한 일을 하기 위해 악을 행해서는 안 됩니다. 교회를 떠나는 행동은 교회의 부패를 증언하기는커녕, 오히려 하나님의 율례에 반하는 행위입니다. 그러한 행동은 자신의 잘못된 생각과 착각, 자만, 분열주의로 치달으려는 성향을 증언할 뿐입니다. 잘못된 것을 증언하는 방식에 관해서는 앞에서 설명했습니다. 덧붙이자면, 반드시 겸손한 마음과 믿음, 사랑 안에서 거룩하게 행해야 합니다. 세상을 향해 처음으로 증언했던 노아가 바로 그렇게 행하였습니다. 마찬가지로, 경건한 여인도 믿지 않는 남편에게 이같이 증언해야 합니다.

교회를 떠남으로써 교회를 회복시키리라는 생각은 착각에 불과합니다. 그것은 실상 교회를 없애는 것입니다.

"나와 함께 모으지 아니하는 자는 헤치는 자니라"(눅 11:23).

주님께서 자신의 교회를 회복시키기로 작정하실 때, 그 교회 가운데 자신의 성령을 충만하게 부으실 것입니다. 또는 모든 경건한 자들에게 보편적으로 성령의 기름을 부어 주셔서, 죄를 범한 자들이 쫓겨나거나 스스로 떠나게 하실 것입니다. 바벨론 포로에서 돌아올 때나 성화상 파괴[5)]가 일어났을 때에도 바로 그러했습니다. 그러한 때가 이르기까지, 우리는 교회 안에서 자신의 의무를 다해야 합니다.

또한 하나님의 자녀라 할지라도 감정과 견해는 저마다 다양합니다. 따라서 죄를 범한 이들을 교회 안에서 제하거나 새로운 교회를 시작한다 하더라도 그들 가운데 정서적 일치가 나타나리라 기대할 수는 없습니다.

위와 같은 반론을 제기하는 자들은 자신을 추종하는 무리가 생기면 결국 또 다른 분열을 초래할 것입니다. 그러므로 그들의 주장은 분명 헛될 뿐입니다. 그들은 여전히 교회의 지체이며 계속 교회의 지체로 남기를 원한다고 항변하지만, 결국 교회를 바벨론으로 여깁니다. 죄악된 행실을 염려한다는 구실로 다른 이들이 거듭 났는지를 섣불리 확신하거나 그 개연성을 판단할 수도 있습니다. 그리하면 이전에 언급한 권징의 실천이나 교회 구성원의 기준을 충족시키지 못할 것입니다. 이는 또다시 라바디주의나 유대교(Judaism)로 회귀하거나, 제3의 오류를 초래할 것입니다. 그러므로 그러한 사변적인 생각을 멈추고, 여러분의 생각과 말을 하나님 말씀에 종속시켜 신중하게 행하십시오.

반론 6

하나님은 주의 만찬에 참여하기를 삼가는 자들에게 자신의 은총을 나타내신다. 왜냐하면 하나님께서 그들에게 감미롭고도 평온한 양심과, 은혜의 보좌에 담대히 나아감과, 자신의 내적 부패에 대적할 수 있는 큰 권세를 주셔서 그들이 기꺼이 그 길을 가게 하시기 때문이다. 이것은 우리가 경험하는 바요 부정할 수 없는 사실이다. 성찬에 참여하지 않는 자들은 이것이 참되다는 사실을 알고 있다. 이를 부인하고 반대하는 것은 진리와 경험에 반하는 행위이며, 성찬에 참여하지 않는 자들의 영적 사고를 알지 못한 데서 비롯된 태도이다.

답변

(1) 그들이 소유했다고 주장하는 위로와 거룩함은 전혀 참된 것이 아닙니다. 사탄

---

5) 영역주 - '성화상 파괴' 또는 '이코노클라즘(iconoclasm)'은 종교개혁 시기에 로마 가톨릭교회의 성화상들을 맹렬하게 제거한 행위를 가리킨다.

도 자기를 광명의 천사로 가장할 수 있습니다. 그와 같은 당당한 주장이 실상 자신의 행동을 정당화하여 다른 이들을 그 싸움에 끌어들이려는 미혹에 지나지 않음을 여러 사람들이 경험했습니다. 얼마 지나지 않아 그들의 상황이 바뀔 것입니다.

(2) 그들이 주장하는 대로 성찬에 참여하지 않는 자들이 참으로 그런 것을 경험했다면, 그것은 주의 만찬을 삼갔기 때문이 아닙니다. 주님께서 애굽의 산파에게 복을 주신 것은 그들이 거짓말을 했기 때문이 아니라 그들이 선한 일을 행했기 때문입니다. 그 심령에 은혜가 있고 하나님을 섬기는 일이라 믿는다면, 비록 양심의 증거 자체에 오류가 있다 할지라도 그 양심의 증거로 말미암아 은혜가 소성될 것입니다. 주님께서 살아 있는 심령(자신을 일깨우며 믿음과 성화를 이루어 가는 심령)에 자신을 드러내시고, 그와 같은 상황의 죄악된 측면을 못 본 척하는 자비를 베풀어 영혼을 소생시키셨을 뿐입니다. 심령이 더욱 부흥될 수도 있습니다. 왜냐하면 구별되고도 탁월한 어떤 일을 한다는 생각과 그러한 외적 행위가 양심을 자극하고 확신을 주어, 그로 하여금 탁월히 행하기 위해 분투하게 만들 수 있기 때문입니다. 그러나 이로 말미암아 모든 눈들이 그 심령을 주목할수록, 그가 범하는 과실로 더욱 많은 이들을 상하게 하고 그를 지켜본 자들에게 상처를 입힐 것입니다. 따라서 영적으로 올바르게 사고한다면, 주의 만찬을 금하여 하나님을 기쁘시게 한다는 결론에 다다를 수 없습니다.

반론 7

믿음으로 말미암지 않은 것은 모두 죄이다. 믿음으로 성찬에 참여하지 않는 것이 믿음 없이 성찬에 참여하는 것보다 덜 위험하다. 그러므로 주의 만찬에 함께하고픈 소망이 있다 하더라도, 교회가 부패해 있다면 성찬에 나아가기를 그만두는 편이 더 낫다. 주의 만찬에 참여하기를 간절히 원하는데도 담대하게 참여하지 못하는 것은 참으로 비통한 일이다.

답변

(1) 자신의 양심에 반하는 일을 해서는 안 된다는 것은 옳습니다. 그러나 잘못된

양심을 따라서는 안 된다는 것도 사실입니다. 누구든지 자신의 행위 가운데 오류를 범할 수 있기 때문입니다. 양심은 성도가 소유한 빛에 뒤따르는 것입니다. 그러므로 성도는 치우침이 없는 하나님의 말씀과 빛을 구하는 기도를 통해 자신의 양심을 가르쳐야 합니다. 이와 더불어 경건한 지혜자, 특히 그 입술에 지식이 있는 목회자에게 조언을 구해야 합니다.

"사람들은 그의 입에서 율법을 구하게 되어야 할 것이니 제사장은 만군의 여호와의 사자가 됨이거늘"(말 2:7).

(2) 염려하는 양심으로 성찬에 참여하지 않는 것과 마찬가지로, 염려하는 양심으로 성찬에 참여할지도 모릅니다. 처음에 성찬을 그만두려고 생각했을 때, 그는 여전히 주의 만찬에 참여하고 있었습니다. 그러므로 성찬에 처음으로 불참했을 때, 이것이 하나님의 뜻에 합당하다는 것을 절대적으로 확신했으며 전혀 거리낌이 없었는지를 스스로 살펴보아야 합니다. 또는 올바른 행위인지를 염려하면서도 그저 최선의 선택이라고 여겨 행했는지를 살펴보아야 합니다. 무언가를 바꾸는 데 염려가 남아 있다면, 두려움 없이 바꿀 수 있을 때까지 믿음으로 기존의 자리에 머물러 있어야 합니다. 따라서 사려 깊은 자들은 아무 염려 없이 성찬에 불참할 수 없으며, 이 사안에 대해 충분히 검토해 보지 않았으므로 주의 만찬에 계속 참여해야 한다는 사실을 알아야 합니다. 성찬에서 물러난 이후에 그러한 두려움이 줄어드는 것은 자신의 선입견이 더욱 강해진 것에 지나지 않습니다. 한 번 행하게 되면 두려움은 줄어들게 마련입니다. 자신의 그릇된 생각대로 흘러가도록 내버려 둔 채 분별없이 행하기 시작한 자들에게는 하나님의 심판이 뒤따를 것입니다. 사려 깊은 사람들은 이를 통해 자신이 무엇 때문에 혼동했는지를 알게 될 것입니다. 또한 그 두려움이 죄를 범하지 않도록 하지 못한다는 점도 깨달을 것입니다. 주의 만찬에 참여하는 것이 의무라면, 실제로 참여하는 것이 의무이지 참여하지 않는 것은 의무가 아닙니다.

이렇게 하여 이 사안에 관한 모든 면들을 숙고해 보고, 진리를 분명하게 밝혔습니다. 이제 다음의 권면으로 이 글을 맺겠습니다.

"주의 빛과 주의 진리를 보내시어 나를 인도하시고 주의 거룩한 산과 주께서 계시는 곳에 이르게 하소서"(시 43:3).

"돌아오고 돌아오라 술람미 여자야 돌아오고 돌아오라 우리가 너를 보게 하라"(아 6:13).

사랑하는 이들이여, 진리에 복종하십시오. 자신의 생각과 육적인 부끄러움을 자랑하지 말고, 하나님을 영화롭게 하며, 회개에 이르십시오. 주께서 강한 능력으로 여러분을 설복하여 오류로부터 지키시며, 여러분이 진리와 함께 행하게 하시기를 기도합니다. 주께서 여러분으로 하여금 교회 가운데 빛과 아름다움이 되어 하나님의 이름의 명성과 영광에 이르게 하시기를 기도합니다! 아멘.

26

그리스도와 신자의 교제, 그리고 성도의 교제

우리는 이전 장에서 교회의 본질과 더불어 교회에 속하여 남아 있어야 할 신자의 본분에 관해 논하였습니다. 이제 교회의 참된 지체들이 그들의 머리 되시는 예수 그리스도와 나누는 교제 및 서로 나누는 교제에 관해 설명하겠습니다. 또한 이렇게 교제하는 합당한 방식에 관해서도 설명하겠습니다.

그리스도와 교회의 관계

주 예수님은 자신의 교회에 탁월한 복락들을 주셨습니다. 뿐만 아니라 주님과 교회가 서로에게 속하며, 연합을 이루고, 교제하게 하셨습니다. 이것은 다른 어떤 것과도 비교할 수 없이 경이로운 일입니다. 이 세 가지 요소에 참된 복락이 모두 담겨 있습니다.

서로에게 속하는 것

참된 신자들은 모두 그리스도의 소유입니다. 마찬가지로, 그리스도 역시 모든 참된 성도의 소유가 되십니다. 성경의 여러 본문에서, 특히 아가서에서 '나의' 또는 '그의' 같은 소유격 대명사가 그토록 많이 사용된다는 사실은 이를 시사합니다.

"내 사랑하는 자는 내게 속하였고 나는 그에게 속하였도다"(아 2:16).

"나의 누이, 나의 사랑, 나의 비둘기, 나의 완전한 자야 문을 열어 다오"(아 5:2).

첫째, 이는 선물로 주신 것이라는 토대와 근거 위에 세워져 있습니다. 성부께서 성자께 그들을 주셨습니다.

"그들은 아버지의 것이었는데 내게 주셨으며"(요 17:6).

"내게 구하라 내가 이방 나라를 네 유업으로 주리니 네 소유가 땅 끝까지 이르리로다"(시 2:8).

마찬가지로, 성부께서 신자에게 성자를 주셨습니다.

"이는 한 아기가 우리에게 났고 한 아들을 우리에게 주신 바 되었는데"(사 9:6).

"그를 만물 위에 교회의 머리로 삼으셨느니라"(엡 1:22).

둘째, 이는 값을 치르고 사신 것이라는 토대와 근거 위에 세워져 있습니다. 예수님께서 큰 희생을 치러 그들을 얻으셨기 때문입니다. 주님은 그들을 자신의 피로 값 주고 사셨습니다. 율법을 완전히 이루심으로써 값을 지불하셨고, 이에 따라 그들이 주님의 소유가 되었습니다.

"죽임을 당하사……사람들을 피로 사서 하나님께 드리시고"(계 5:9).

셋째, 이는 승리하심이라는 토대와 근거 위에 세워져 있습니다. 이전에 신자는 사탄의 권세 아래서 그의 올무에 걸려 그의 뜻에 지배당하는 포로로 사로잡혀 있었습니다. 그러나 주 예수님이 죽음으로 마귀를 정복하고 결박하셨습니다. 그리고 택자들을 사탄의 권세로부터 건져 내어, 자신의 나라로 옮기셨습니다.

"죽음을 통하여 죽음의 세력을 잡은 자 곧 마귀를 멸하시며 또 죽기를 무서워하므로 한 평생 매여 종노릇하는 모든 자들을 놓아주려 하심이니"(히 2:14,15).

"강한 자가 무장을 하고 자기 집을 지킬 때에는 그 소유가 안전하되, 더 강한 자가 와서 그를 굴복시킬 때에는 그가 믿던 무장을 빼앗고 그의 재물을 나누느니라"(눅 11:21,22).

넷째, 이는 혼인이라는 토대와 근거 위에 세워져 있습니다. 결혼 당사자들은 혼인 언약을 맺어 상호 복종이라는 방식으로 서로의 소유가 됩니다. 그리스도와 교회의 관계도 그러합니다.

"네게 맹세하고 언약하여 너를 내게 속하게 하였느니라 나 주 여호와의 말이니라"(겔 16:8).

호세아 2장 9-20절은 이 혼인 언약에 관해 언급합니다. 우리는 본문에서 "내가 네게 장가들어 영원히 살되"라는 말씀을 읽습니다. 그러므로 이 언약은 결코 파기되지 않을 것입니다. 또한 이 언약의 당사자는 주님에게서 영원히 떨어지지 않을 것입니다.

"공의와……네게 장가들며"(호 2:19).

성부께서 이를 인정하실 뿐만 아니라 기뻐하십니다. 그리스도께서 고난받고 죽으심으로써 성부 하나님의 공의를 만족시키셨습니다. 신자들은 하나님께로 나아갈 수 있는 상태로 변모하였고, 그리스도 안에서 하나님의 자녀가 되었습니다. 그분은 '정의'를 통해 자기 백성을 눈동자처럼 지키시며, 그들을 해하는 모든 자에게 보수하실 것입니다.

"은총과 긍휼히 여김으로"(호 2:19).

즉, 사랑과 호의와 양선과 자비가 이 모든 언약의 특징입니다.

"진실함으로 네게 장가들리니"(호 2:20).

여기에는 진리 안에서 신실하고도 확고하게 그와 같이 행할 것이며, 결코 너를 떠나지 않고 버리지도 않겠다는 뜻이 담겨 있습니다.

"네가 여호와를 알리라"(호 2:20).

즉, 하나님은 이로써 우리의 지각의 눈을 밝히고, 그분을 우리에게 나타내며, 우리로 하여금 그분의 아름다움을 바라보고 맛보게 하겠다고 말씀하십니다.

다섯째, 이는 복종이라는 토대와 근거 위에 세워져 있습니다. 신자는 어떠한 의심도 없이 온 맘을 다하여, 완전하고도 참되게 복종합니다. 그들은 하나님 앞에 굴복합니다(대하 30:8 참고).

"한 사람은 이르기를 나는 여호와께 속하였다 할 것이며……또 다른 사람은 자기가 여호와께 속하였음을 그의 손으로 기록하고"(사 44:5).

"여호와를 자기 하나님으로 삼은 나라 곧 하나님의 기업으로 선택된 백성은 복이 있도다"(시 33:12).

그리스도와 교회의 연합

서로에게 속한다는 것은 연합한다는 의미이기도 합니다. 이 연합의 본질은 형언할 수 없기에, 백 마디 말로 설명하기보다는 신자로서 경험하는 편이 훨씬 나을 것입니다. 이 연합은 신적 위격들이 하나인 것과 같은 본질적(essence) 하나 됨은 아니며, 신적 위격인 그리스도가 인성을 취하신 것과 같은 위격적(personal) 연합도 아닙니다. 물과 포도주가 혼합된 것 같은 혼합도 아니며, 신자가 그리스도처럼 되어 하나님이나 그리스도로 변화하는 것도 아닙니다. 또한 마치 주의 만찬의 떡과 잔이 그리스도의 몸과 피에 연합하는 것과 같은 성례적 연합(sacramental union)도 아닙니다. 그렇다고 단순히 외형적인 관계도 아닙니다. 또한 신자가 성화를 통하여 그리스도를 닮는 것도 아닙니다.

이것은 다음과 같은 연합입니다.

① 그리스도의 성령께서 신자 가운데 내주하심으로 입증됩니다.

"너희는 너희가 하나님의 성전인 것과 하나님의 성령이 너희 안에 계시는 것을 알지 못하느냐?"(고전 3:16)

② 영적 혼인으로 입증됩니다(겔 16:8; 호 2:19,20 참고).

③ 믿음이 지닌 본질, 즉 믿음에 의한 연합으로 입증됩니다.

"믿음으로 말미암아 그리스도께서 너희 마음에 계시게 하시옵고"(엡 3:17).

④ 분리를 용인하지 않는, 가장 친밀한 연합을 추구하는 본질인 사랑으로 입증됩니다.

"내 아버지께서 그를 사랑하실 것이요 우리가 그에게 가서 거처를 그와 함께하리라"(요 14:23).

"누가 우리를 그리스도의 사랑에서 끊으리요"(롬 8:35).

그러므로 이는 실제적이고도 본질적인 연합입니다. 참되고 완전하며, 의심할 여지 없이 분명한 연합입니다. 또한 육적 연합이 아니라, 영원토록 나뉠 수 없는 영적인 연합입니다.

성경은 이 연합을 설명하기 위해 여러 가지 표현과 다양한 비유를 사용합니다. 이 연합에 관한 표현들은 다음과 같습니다.

① '하나 됨'

"주와 합하는 자는 한 영이니라"(고전 6:17).

"만일 우리가……같은 모양으로 연합한 자가 되었으면"(롬 6:5).[1]

② '그리스도로 옷 입음'

"오직 주 예수 그리스도로 옷 입고"(롬 13:14).

③ '그리스도께 뿌리를 내림'

"그 안에 뿌리를 박으며 세움을 받아"(골 2:7).

④ '서로 함께함'

그리스도는 신자 가운데 거하며 사십니다.

"내가 그들 안에 있고"(요 17:23).

"예수 그리스도께서 너희 안에 계신 줄을 너희가 스스로 알지 못하느냐"(고후 13:5).

"내 안에 그리스도께서 사시는 것"(갈 2:20).

신자는 그리스도 안에서 택함을 입었습니다.

"그리스도 안에서 우리를 택하사"(엡 1:4).

또한 신자는 예수 그리스도 안에서 세례를 받습니다.

"누구든지 그리스도와 합하기 위하여 세례를 받은 자는 그리스도로 옷 입었느니라"(갈 3:27).

"그러므로 우리가 그의 죽으심과 합하여 세례를 받음으로 그와 함께 장사되었나니"(롬 6:4).

---

1) 영역주 - 스타턴퍼탈링에는 'Indien wij met Hem éne plante geworden zijn'이라고 되어 있는데, 이를 번역하면 '만일 우리가 그분과 하나가 되었다면(if we have become one plant with Him)'이다.

신자는 그리스도 안에서 삽니다.

"그러므로 너희가 그리스도 예수를 주로 받았으니 그 안에서 행하되"(골 2:6).

"또 함께 일으키사 그리스도 예수 안에서 함께 하늘에 앉히시니"(엡 2:6).

주 예수님이 "그가 내 안에, 내가 그 안에 거하면 사람이 열매를 많이 맺나니"라고 말씀하실 때, 이는 그리스도와 신자가 서로 안에 거함을 시사합니다.

또한 성경은 다양한 비유를 사용하여 이 연합의 친밀함을 설명합니다.

① 이 연합을 혼인에 비유합니다.

"그 둘이 한 육체가 될지니, 이 비밀이 크도다. 나는 그리스도와 교회에 대하여 말하노라"(엡 5:31,32).

② 이 연합을 머리와 몸의 연합에 비유합니다.

"그를 만물 위에 교회의 머리로 삼으셨느니라. 교회는 그의 몸이니"(엡 1:22,23).

"너희 몸이 그리스도의 지체인 줄 알지 못하느냐"(고전 6:15).

"온몸이 머리로 말미암아 마디와 힘줄로 공급함을 받고 연합하여 하나님이 자라게 하시므로 자라느니라"(골 2:19).

③ 이 연합을 나무와 가지에 비유합니다.

"또한 가지 얼마가 꺾이었는데 돌감람나무인 네가 그들 중에 접붙임이 되어 참감람나무 뿌리의 진액을 함께 받는 자가 되었은즉"(롬 11:17).

"나는 포도나무요 너희는 가지라"(요 15:5).

④ 이 연합을 많은 돌들이 함께 연결되어 지어진 집에 비유합니다.

"산 돌이신 예수께 나아가, 너희도 산 돌같이 신령한 집으로 세워지고"(벧전 2:4,5).

"너희는 사도들과 선지자들의 터 위에 세우심을 입은 자라 그리스도 예수께서 친히 모퉁잇돌이 되셨느니라. 그의 안에서 건물마다 서로 연결하여 주 안에서 성전이 되어 가고"(엡 2:20,21).

이 비유들은 모두 현실 세계에서 가장 친밀하게 이루어지는 연합을 가리킵니다. 그러나 그리스도와 신자의 영적 연합은 이 모든 것들보다 더욱 친밀한 성격을 띕니다.

그리스도와의 교제

서로에게 속한 연합의 결과는 반드시 교제로 이어집니다. 교제는 관계를 실행하고 맺는 것입니다. 이 교제는 그리스도와 그분 안에 있는 모든 복락과 관련됩니다.

첫째, 신자는 그분의 위격과 교제합니다.

세속적인 신자는 그리스도께는 관심이 없고 오직 그분에게서 비롯되는 복락에만 관심을 기울입니다. 반면 참된 신자는 예수 그리스도의 위격과 교제합니다. 많은 이들이 그리스도를 묵상하지 않을뿐더러, 그리스도와 관련하여 자신들의 행위에 주의를 기울이지 않습니다. 이와 같이 잘못된 모습은 믿음의 견고함을 깨뜨리고, 믿음의 성장을 방해합니다. 따라서 저는 그런 사람들에게 서로에게 속하라는 진리의 말씀으로 예수 그리스도와 연합하고 교제하라고 권면합니다. 그리할 때, 비참하고도 죄악된 인간을 하나님의 아들과 친밀히 연합하게 하시는, 헤아릴 수 없는 하나님의 선하심과 은혜를 더욱 깊이 깨닫게 될 것입니다. 그러한 성찰은 심령을 경이로울 만큼 불타오르게 할 것입니다. 또한 두려움 없이 예수님을 신뢰하고자 하는 그들의 다짐을 견고히 만들 것입니다. 그들의 마음의 소원을 만족시킬 모든 것을 그리스도에게서 얻을 담력과 자유함을 주며, 그분 안에서 자라 가게 할 것입니다. 그리하여 더 큰 광채와 기쁨을 일으킬 것입니다.

이로써 믿음과 소망과 사랑이 그리스도의 위격과 관련해 설명됩니다. 성경은 그리스도를 영접하고 믿고 신뢰하며, 그분 안에서 살며 사랑하고 소망하라고 말씀합니다. 다음의 성경 구절은 그리스도의 위격과의 교제를 표현합니다.

"너희로 우리와 사귐이 있게 하려 함이니 우리의 사귐은 아버지와 그의 아들 예수 그리스도와 더불어 누림이라"(요일 1:3).

"너희를 불러 그의 아들 예수 그리스도 우리 주와 더불어 교제하게 하시는 하나님은 미쁘시도다"(고전 1:9).

"우리가 축복하는 바 축복의 잔은 그리스도의 피에 참여함이 아니며 우리가 떼는 떡은 그리스도의 몸에 참여함이 아니냐"(고전 10:16).

둘째, 그리스도와 연합함으로써 신자는 그분의 모든 복락에 참여합니다.

주 예수님은 자신과 성부의 관계에 관해 "내 것은 다 아버지의 것이요 아버지의 것은 내 것이온데"(요 17:10)라고 말씀하십니다. 이처럼 신자도 그리스도께 "저의 모든 것이 주님의 것이요, 주님의 모든 것이 저의 것입니다"라고 말할 수 있다는 것은 얼마나 경이로운 일인지요. 신자들은 그리스도와 그분께 속한 모든 것에 참여하며, 주님의 소유를 자신의 것으로 사용할 수 있습니다.

① 그들은 주님과 같은 인성을 가지고 있으며(히 2:11-14 참고), 그러한 지위에서 함께 교제합니다.

② 그들은 주님을 형제로서 사귑니다. 왜냐하면 이들이 주님 안에서 하나님을 한 분 아버지로 둔 하나님의 자녀이기 때문입니다(요 20:17 참고).

③ 주님께서 하나님의 공의를 만족시키신 것이 곧 그들의 것이 됩니다. 이로써 그들은 하나님께서 그 의를 따라 자신들에게 공의롭게 행하실 것을 바라면서 하나님께 나아갈 수 있습니다. 그들은 예수 그리스도의 부활하심을 근거로 진심으로 다음과 같이 요구할 수 있습니다. "그리스도께서 나의 모든 죗값을 치르지 않으셨습니까? 그러므로 주께서 나를 만족스럽게 여기며, 나와 화목하게 되지 않으셨습니까?" 사도는 로마서 5장 10절에서 이를 확증합니다.

"곧 우리가 원수 되었을 때에 그의 아들의 죽으심으로 말미암아 하나님과 화목하게 되었은즉, 화목하게 된 자로서는 더욱 그의 살아나심으로 말미암아 구원을 받을 것이니라."

④ 주님께서 율법에 완전하게 순종하신 것과 율법을 성취하신 것이 그들의 것이 됩니다. 그리하여 그들은 하나님 앞에서 완전해지며(골 2:10 참고), 그 안에서 하나님의 의가 됩니다(고후 5:21 참고). 그로 말미암아 그들은 "그가 구원의 옷을 내게 입히시며 공의의 겉옷을 내게 더하심이"(사 61:10)라고 말할 수 있는 권세를 가지게 됩니다.

⑤ 주님께서 그들을 위하여 대제사장으로서 은혜의 보좌 앞에 나아가 중보하십니다.

"그가 항상 살아 계셔서 그들을 위하여 간구하심이라"(히 7:25).

그들은 그리스도께서 대제사장으로서 드린 기도를 늘 자신들을 위한 간구로 여길 수 있습니다.

"아버지여 내게 주신 자도 나 있는 곳에 나와 함께 있어 아버지께서 창세전부터 나를 사랑하시므로 내게 주신 나의 영광을 그들로 보게 하시기를 원하옵나이다"(요 17:24).

⑥ 그리스도의 영광이 그들의 영광이며, 그리스도의 기업이 그들의 기업입니다. 머리가 관을 쓸 때에 당연히 온몸도 관을 쓰게 마련입니다.

"내게 주신 영광을 내가 그들에게 주었사오니"(요 17:22).

"자녀이면 또한 상속자 곧 하나님의 상속자요 그리스도와 함께한 상속자니"(롬 8:17).

⑦ 그리스도의 성령께서 그들의 성령이 되십니다.

"예수를 죽은 자 가운데서 살리신 이의 영이 너희 안에 거하시면"(롬 8:11).

"그리스도의 영이 없으면 그리스도의 사람이 아니라"(롬 8:9).

⑧ 그리스도의 권세가 그들의 것입니다. 그들이 그 권세를 의지하며, 그 권세를 그들의 것처럼 행사할 것입니다.

"그리하지 아니하면 내 힘을 의지하고"(사 27:5).

"주께 힘을 얻고……있는 자는 복이 있나이다"(시 84:5).

"여호와는 내 생명의 능력이시니"(시 27:1).

⑨ 요컨대, 은혜언약으로 말미암는 모든 복락이 그들의 복락이며, 그리스도의 모든 충만하심이 그들의 것입니다.

"우리가 다 그의 충만한 데서 받으니 은혜 위에 은혜러라"(요 1:16).

⑩ 마지막으로, 그들은 주님의 고난과 관계를 맺고, 그 고난에 동참합니다. 이것이 그들의 탁월한 영광입니다.

"너희가 그리스도의 이름으로 치욕을 당하면 복 있는 자로다. 영광의 영 곧 하나님의 영이 너희 위에 계심이라"(벧전 4:14).

그리스도와의 연합과 교제에 관한 권면

그리스도와 그분 안에 있는 모든 복락에 참여하게 된 이후, 신자는 이 연합과 관련된 것들을 마음을 다해 부지런히 실천해야 합니다!

첫째, 연합은 그들의 분깃이자 권리입니다. 예수님이 친히 그들의 예수님이 되시며, 그분 안에 있는 복락이 모두 그들의 것입니다.

둘째, 신자들이여, 여러분이 예수님과 그분의 충만하심 말고는 그 어떤 것에도 마음을 빼앗기지 않으며 그 어떤 것으로도 채워지기를 원하지 않는다면, 어찌하여 그렇게 오랫동안 심령을 공허하게 내버려 둡니까? 일어나십시오! 그리스도로 충만해지고, 그분으로 여러분 자신을 채우십시오. 그리하여 주님과 주님 안에 있는 복락으로 말미암아 기뻐하십시오.

셋째, 신자는 주님을 부끄러워하지 않습니다. 예수님과 친밀해지고 한 가족의 구성원으로서 교제하는 것이 여러분에게 가장 큰 기쁨이지 않습니까?

넷째, 예수님도 신자와 교제하기를 즐거워하십니다. 그래서 자신과 더불어 교제하도록 그들을 다정하게 초대하십니다.

"나의 사랑, 나의 어여쁜 자야 일어나서 함께 가자……내가 네 얼굴을 보게 하라 네 소리를 듣게 하라 네 소리는 부드럽고 네 얼굴은 아름답구나"(아 2:13,14).

"내 신부야 너는 레바논에서부터 나와 함께하고 레바논에서부터 나와 함께 가자"(아 4:8).

"내 사랑하는 자야 우리가 함께 들로 가서 동네에서 유숙하자……거기에서 내가 내 사랑을 네게 주리라"(아 7:11,12).

다섯째, 이 교제 안에는 감미로운 즐거움이 흘러넘칩니다.

"내게 입 맞추기를 원하니 네 사랑이 포도주보다 나음이로구나"(아 1:2).

"내가 그 그늘에 앉아서 심히 기뻐하였고 그 열매는 내 입에 달았도다. 그가 나를 인도하여 잔칫집에 들어갔으니 그 사랑은 내 위에 깃발이로구나"(아 2:3,4).

"그들이 주의 집에 있는 살진 것으로 풍족할 것이라 주께서 주의 복락의 강물을 마시게 하시리이다"(시 36:8).

여섯째, 모세가 산 위에서 하나님과 교제한 후에 그 얼굴에서 광채가 났던 것같이, 주님과 교제하는 신자들의 얼굴에서도 거룩한 광채가 날 것입니다. 그리하여 그리스도와의 교제가 심령을 거룩한 빛으로 빛나게 할 것입니다.

"우리가 다 수건을 벗은 얼굴로 거울을 보는 것같이 주의 영광을 보매, 그와 같은 형상으로 변화하여 영광에서 영광에 이르니 곧 주의 영으로 말미암음이니라"(고후 3:18).

일곱째, 신자들은 이 교제를 통해 그들이 맞닥뜨리는 모든 상황 속에서 강력하고도 다정한 위로를 얻습니다.

① 주님과의 교제는 세상의 모든 멸시를 견딜 수 있게 합니다. 예수님께서 그들의 영광이요 즐거움이 되십니다. 또한 그들은 언젠가 온 세상이 보는 앞에서 영광 중에 계신 주 예수님의 오른편에 앉게 될 것을 압니다.

② 그들은 극심한 가난을 감내하면서도 낙심하지 않습니다. 왜냐하면 주님 안에 있는 자신들의 부요함을 바라보기 때문입니다. 주님은 부요하신 이로서 그들을 위하여 가난하게 되셨는데, 이는 그분의 가난함으로 말미암아 그들을 부요하게 하려 하심입니다(고후 8:9 참고).

③ 그들은 박해를 두려워하지 않습니다. 왜냐하면 그들이 받는 박해를 곧 주님이 몸소 받는 박해로 여기신다는 사실을 알기 때문입니다.

"사울아 사울아 네가 어찌하여 나를 박해하느냐?"(행 9:4)

"그의 경건한 자들의 죽음은 여호와께서 보시기에 귀중한 것이로다"(시 116:15).

④ 그들은 이 교제 안에서 상처 입은 심령을 위한 유향을, 흑암을 물리칠 빛을, 메마름에 생기를, 주리고 목마를 때에 음식과 음료를, 불안한 심령을 위한 평안을, 그들의 죄를 씻을 피를, 성화를 위한 성령을, 어찌할 바를 모를 때에 모사를, 여러 가지 결핍을 채울 모든 충만함을 찾습니다.

⑤ 그와 같은 교제는 사망에 대한 두려움을 치료하는 위로를 줍니다. 그리스도와 교제하는 것은 정죄로 말미암은 영적 두려움뿐만 아니라 때때로 크게 엄습하는 죽음에 대한 본능적인 두려움을 없애 줍니다. 왜냐하면 예수님이 "나는 부활이요 생명이니 나를 믿는 자는 죽어도 살겠고"(요 11:25)라고 말씀하신 진리를 믿고 경험하기 때문입니다.

⑥ 그리스도와 교제하는 것은 신자들로 하여금 보편적인 심판의 날이 도래할 것을 즐거워하게 합니다. 그들은 그날을 바라며 갈망합니다. 그날에 주님께서 다시

나타나실 것을 사모합니다. 왜냐하면 그때에 온 세상이 영광 중에 오시는 성도들의 신랑을 보고, 성도들은 가까이서 그분을 볼 것이기 때문입니다. 또한 그리스도께서 성도들을 새 예루살렘으로 인도하실 것이기 때문입니다.

이처럼 영광스럽고도 복된 일들은 믿는 자들로 하여금 그리스도와의 교제에 마음을 기울이도록 하기에 충분합니다. 그래서 그들은 이렇게 교제하는 방식과 방편을 알고 싶어할 것입니다.

신자가 그리스도와 교제하는 방식

신자는 그리스도와 다음과 같은 방식으로 교제합니다.

① '주 예수님을 바라보는 가운데' 그분의 아름다우심과 합당하심과 충만하심에 주목합니다. 그리할 때, 하나님의 아들께서 택함 받은 자기 백성들을 사랑하여 자원함으로 자신을 대속물로 내주신 평화의 의논(the Counsel of Peace)을 깊이 성찰하게 될 것입니다. 거기에서 인성을 취한 그리스도가 겪으신 쓰디쓴 고난과 저주받은 죽음의 모든 부분을 묵상하는 자리로 내려갑니다. 또한 거기에서 부활하고 승천하여 하나님의 오른편에 앉으신 그리스도께로 올라갑니다. 이 모든 것으로부터 주님의 사랑, 자원하시는 마음, 속죄의 효력, 죄인을 구원하기에 합당한 모든 충만하심을 봅니다. 여기서 영혼은 그 눈빛을 주님께 고정하여, 주님의 완전하심을 더 많이, 더 분명히, 더 가까이 보기를 원하며 갈망합니다. 그는 그러한 관조적 묵상(contemplation)[2] 속에서 즐거움을 누리며 사랑으로 불타오르기를 원합니다. 그리고 기쁨 가운데 주님을 그러한 분으로 받아들이며 인정하고, 주님을 높이며 찬미하기를 원합니다. 신자는 이와 같은 방식으로 예수님을 바라봅니다. 이렇게 주님을 바라보는 자는 예수님에게서 그분의 사랑을 보여 주고자 하는 마음을 불러일으킵니다.

---

[2] 역자주 - 아 브라켈은 meditation과 contemplation이라는 단어를 함께 사용하는데, 이는 칼빈이나 오웬이 '하나님과 그분의 성품에 마음과 생각을 주목하는 행위'를 시사하면서 'behold(보다)'라고 표현하는 것과 같은 맥락이라고 할 수 있다. 직접적인 말씀 묵상과 구분하는 동시에 신비주의적 관상 기도와 구별하기 위해 '관조적 묵상'이라고 번역하였다.

"내 누이, 내 신부야 네가 내 마음을 빼앗았구나. 네 눈으로 한 번 보는 것과 네 목의 구슬 한 꿰미로 내 마음을 빼앗았구나"(아 4:9).

② 신자는 예수님을 자신의 소유이자 신랑으로 바라보면서 '그분을 사랑하는 마음으로 예수님께 나아'갑니다. 사랑하는 이에게 주목하려는 갈망이 일어나고, 그렇게 바라봄으로써 그 사랑이 더욱 고양될 것입니다. 그분이 자신을 바라보는 신자의 얼굴에서 그 사랑을 볼 것입니다. 교제는 바로 사랑 안에서 서로를 바라보는 것입니다. 이를 통해 서로를 향한 사랑의 욕구가 지속됩니다.

③ 예수님을 향한 사랑으로 그분을 바라보는 심령은 '친밀한 대화'를 통해 자신이 사랑하는 분께 자신의 모든 마음을 나눕니다. 곧 그분을 향한 사랑과 그분을 더 사랑하지 못하는 아픔을 나눕니다. 자신의 모든 필요를 그분께 가지고 나아갑니다. 자신의 갈망을 그분께 드러냅니다. 그리고 자신의 이러한 갈망을 채워 달라고, 사랑스럽고도 다정하게 간청합니다. 신자는 예수님께서 그에게 하시는 말씀을 듣고, 그것을 사랑하는 이의 목소리로 여기며, 그분의 말씀으로 돌이킵니다. 특별히 주님은 성도의 심령에 성경의 어떤 구절을 분명하며 권세 있고도 감미롭게 감화하여 그로 하여금 다시금 주님께 말하게 하시고, 주님을 사랑하는 까닭에 자신 안에 일어난 모든 의문들을 표현하게 하십니다. 그리하면 예수님께서 그에게 답하십니다. 이처럼 행할 때, 신자는 자신의 존재를 잊어버릴 것입니다. 반면, 신자가 주님의 사랑의 감화와 입맞춤뿐만 아니라 자신의 갈망의 무게를 견디지 못할 정도로 약하거나 주님과의 대화가 단절된 상태라면, 그는 큰 아픔을 겪게 될 것입니다.

④ 사랑 안에서 '주님을 의지하는 가운데' 신자는 자신의 영혼과 몸과 겪게 될 모든 일을 주님께 의탁하며, 그분께로 와서 숨습니다. 자신의 신랑 되신 분께 이 모든 것을 표현하고 드러냅니다. 그분의 그늘 아래로 피하고, 보호하심 속에서 안식합니다. 주님께서 자신을 버리거나 쫓아내지 않으실 것을 알기에 주님을 피난처로 삼으며, 자신의 모든 것을 그분께 맡깁니다. 이 일이 주님을 기쁘시게 하며, 주님으로 하여금 나를 바라보게 만들기 때문입니다.

⑤ 어떤 일을 수행하거나 그만두어야 할 때, '주님의 가르침'을 구합니다. 신자는

맹목적으로 행하거나 자신의 판단을 신뢰하지 않으며, 자신의 뜻을 따르지도 않습니다. 오히려 주님의 뜻대로 행하기를 원하여, 주님이 기뻐하시는 바가 무엇인지를 주님께 여쭙고 가르침을 구할 것입니다. 그리고 주님의 가르침을 받은 후에는 정직한 길로 행할 것입니다.

⑥ '주님의 능력과 그분 안에 있는 복락을 자신의 것으로 삼아 사용'할 수 있다는 사실을 압니다. 주님이 이것을 기뻐하실 뿐만 아니라, 바로 그 목적을 위해 그와 같은 복락을 주셨다는 사실을 압니다. 죄를 범했을 때, 신자는 주님의 보혈로 피할 것입니다. 더러워졌을 때에 씻어 주는 샘물이신 주님께로 나아갈 것입니다. 약할 때에 강함 되시는 주님을 붙잡을 것입니다. 주님과 연합함으로써, 주님의 뜻이라면 무엇이든지 준행하며 어떠한 반대도 견딜 것입니다. 주님의 강하심으로 힘을 얻을 것입니다. 신자는 주님 안에 있는 복락을 자신의 것으로 자랑하고, 그분 안에 있는 빛과 생명과 강함과 부요함과 영광과 그 밖의 모든 것을 가진 자로 나타납니다. 이로 말미암아 신자는 세상을 멸시합니다. 그는 세상 앞에서 스스로를 천국에서 거닐 자로 드러냅니다.

지속적으로 그리스도와 교제하기를 원한다면, 다음의 사안들을 숙고하십시오.

① 불시에 신자를 덮치는 예기치 못한 죄악을 주의 깊게 경계해야 합니다. 고의로 짓는 죄를 더욱 경계하십시오. 이는 거룩한 친밀함에 매우 해롭습니다. 이로 말미암아 거룩하신 예수님이 뒤로 물러나시고, 신자가 자유롭고도 합당한 상태를 상실하기 때문입니다. 만일 죄로 인해 넘어졌다면, 속히 일어나 그리스도께서 그분의 몸으로 지불하신 대속하심을 구해야 합니다.

② 예수 그리스도 앞에서 합당하게 처신하십시오. 다른 이유로 그리스도와의 교제가 약해졌다면, 은혜를 거절하지 않도록 유의하십시오. 예수님은 그러한 것 때문에 떠나지 않으실 것입니다. 안달하지 마십시오. 또한 교제의 결핍에 무지하여, 마치 그리스도 없이 무언가를 할 수 있다거나 더는 회복할 수 없다거나 이전의 교제를 다시는 누리지 못할 것처럼 생각하지 마십시오.

③ 이러한 교제를 누리고 있다면, 사람을 두려워하여 그리스도에 대한 신앙을

고백하지 못하거나 주님의 형상과 참된 거룩함을 나타내지 못하는 일이 없도록 반드시 주의해야 합니다. 이는 주님의 이름을 모욕하는 처사입니다. 그리스도를 부끄러워하지 마십시오.

오히려 그분과 함께하는 자가 되어야 합니다. 홀로 있을 때나 동료들과 있을 때나 여러분이 일하는 현장에서 날마다 주님과 교제하십시오. 언제나 주님께 귀 기울이고, 그분을 바라보십시오.

비록 여러분이 지각하거나 느끼지 못한다 하더라도, 하나님과 화목하게 되었고 주님 안에 있는 복락에 참여하고 있다는 사실을 믿음으로 굳게 붙드십시오. 그리스도께 속하는 것은 감정에 근거하지 않습니다. 믿음 안에서 참되게 행할 때, 영혼은 그리스도와 교제하도록 이끌릴 것입니다.

다른 이들이 얻은 데에 이르지 못했다 하더라도 인내하며 양순하게 행하십시오. 주님은 여러분에게 조금도 구속받지 않는 자유로우신 분입니다. 주님께서 적게 허락하셨다고 하여 적게 사랑하시는 것은 아닙니다. 또한 주님께 받은 기업이 적다는 의미도 아닙니다. 오히려 다른 사람들과는 다른 방식으로 여러분에게서 영광 받고자 하시는 하나님의 지혜입니다. 그러므로 여러분의 장래의 영광은 조금도 덜하지 않을 것입니다.

주님의 약속 위에서 간절히 구하십시오. 또한 주님께서 이 약속들을 직접 주셨음을 아뢰며, 주님께 이 약속을 향한 여러분의 갈망을 보여 드리십시오.

말씀으로 인도받고, 그것을 믿고 따르십시오. 약속이 성취될 때까지 기다리십시오. 복락이 천국에 예비되어 있으며, 이 땅에서 사는 동안 하는 전투는 승리가 보장되었음을 기억하십시오. 그리할 때, 여러분은 멀리 벗어나지 않을 것입니다. 또한 주님께서 영광 중에 우리와 친히 연합하실 때까지 계속 회복될 것입니다.

성도의 교제

신자가 머리 되신 예수 그리스도와 교제하는 것처럼 신자들도 서로 교제합니다.

다시금 말하지만, 이것은 신자 간에 나누는 교제를 의미하지, 종교적인 목적으로 모인 집단의 교제를 가리키지 않습니다. 성도는, 어떤 이름으로 불리든 그러한 모임들과 구별됩니다. 예를 들어, 다음과 같은 경우들이 있습니다.

① 성도는 마호메트교도를 비롯한 다양한 이교도들과 구별됩니다. 소시니안도 마찬가지이며, 소시니우스주의를 신봉하는 재세례파와 알미니안들과도 구별됩니다. 이들은 성삼위일체와 그리스도 본성의 위격적 연합(위격의 연합 안에서 인성을 취한 것과 영원한 성부의 영원한 아들이신 그리스도 되심)을 부인합니다. 그리고 택자를 위한 그리스도의 완전한 대속 및 인간의 공로 없이 오직 그리스도의 공로를 근거로 하는 칭의를 부인합니다. 뿐만 아니라 모든 신자를 향한 성례의 인 치는 능력도 부인합니다.

② 적그리스도인 교황을 자신들의 머리로 삼고 성찬의 떡 조각을 하나님으로 숭배함으로써 가증한 우상숭배를 범하는 교황주의자들과도 구별됩니다. 그들은 육체와 영혼의 도움을 받고자 종교적인 열심 가운데 천사와 죽은 성인들을 찾습니다. 형상들을 신앙적으로 경배합니다. 또한 죄 사함을 받기 위해 그리스도의 희생 제사를 반복함으로써, 그리스도의 몸과 피에 대해 죄를 범합니다. 자신의 공로를 통해 칭의를 구할 뿐 아니라, 다른 이들의 공로를 통해서도 구원을 얻으려 합니다. 성례에 죄를 제거하는 권세가 있다고 말하면서도, 정작 성례의 인 치는 능력을 부인합니다. 또한 그들은 주 예수님과 그분의 교회를 혹독하게 박해합니다.

③ 최근의 루터교도들과도 구별됩니다. 여기서 말하는 루터교도란 아우크스부르크 신앙고백(Augsburg Confession)을 견지하는 자들이 아닙니다. 입으로는 아우크스부르크 신앙고백을 말하면서도, 실제로는 그 고백을 떠나 교황주의로 회귀하는 최근의 루터교도를 지칭합니다. 이들은 박해가 조금만 일어나도, 개가 그 토하였던 데로 돌아가듯이 이내 교황주의에 붙을 자들입니다. 이러한 자들과 사귀고자 하는 것은 전적으로 교회를 부패시킵니다. 주님께서 여러분의 교회를 이러한 일로부터 지켜 주시기를 기도합니다. 그러나 그들이 루터의 가르침에 신실히 머무르려 한다면, 우리는 기꺼이 온 마음을 다해 그들을 포용하고, 그들의 잘못된 생각을 문

제 삼지 않을 것입니다.

④ 마지막으로, 교회 안에 있는 이단자들과도 구별됩니다. 무저갱에서 피어난 연기가 교회에 스며들면, 해롭고도 천박한 정서들이 걷잡을 수 없이 만연할 뿐만 아니라 그러한 정서들이 열정적으로 고취됩니다. 교회가 옛 사랑을 소유하고 교회의 진리와 순결을 참으로 염려한다면, 그러한 자들을 출교해야 합니다.

그러한 이단자들이 여전히 교회 안에 남아 있다 하더라도, 신자는 교회 밖의 사람들과 구별되듯이 그러한 자들과 구별되고자 할 것입니다. 신자들은 그러한 자들과 교회적 사귐(ecclesiastical fellowship)을 맺고자 하지 않습니다. 오히려 교회가 이단자들을 출교하지 않는 것을 비통해합니다. 그러나 그들이 출교당하지 않는 한, (겸손하고 온화하며 유익을 끼치는) 신자들은 그러한 이단자들과 죄악된 이들에게도 사회적인 예의를 갖추어 인사할 것이고, 그렇게 해야 합니다. 우리 나라에서는 인사하는 행동을 친교를 맺거나 사귀는 것으로 이해하지 않습니다. 그렇지 않다면, 그런 자들과 인사하는 것도 허락되지 않을 것입니다. 인사는 전혀 모르는 사람에게도 의례적으로 하는 사회적인 행동 양식일 뿐입니다. 그러나 사회적 관계를 맺거나 관용을 표할 때, 신자는 그들과 분명히 구별된다는 점을 항상 보여 주어야 합니다. 그들을 신자나 경건한 사람으로 대하는 것이 아니라, 한 인격체로 만난다는 사실을 분명히 해야 합니다.

신자는 그들과 자신을 구별함으로써 교회 및 교회의 지체들과 함께 교제합니다. 신자는 천상의 승리한 교회의 일부인 동시에 지상의 전투하는 교회의 일부로서, 이 둘에 속한 이들 모두와 교제합니다.

성도의 교제와 천사와의 사귐

죄악으로 인해 마땅히 경멸받아야 할 인간이 천사와 교제하고 사귀는 지위로 높아진 것은 얼마나 놀라운 일인지요! 이전에 둘은 서로의 차이점(한 존재는 천사요 다른 존재는 사람이며, 한편은 거룩하고 다른 편은 죄악되며, 한편은 하나님을 사랑하고 다른 편은 하나님을 미워함) 때문에 함께할 수 없는 적대적인 사이였습니다. 그러나 주 예수님께서 이러한 차이를 제거하고, 서로 화합하게 하셨습니다.

"그의 십자가의 피로 화평을 이루사 만물 곧 땅에 있는 것들이나 하늘에 있는 것들이 그로 말미암아 자기와 화목하게 되기를 기뻐하심이라"(골 1:20).

스가랴 3장 7절도 이에 관해 말합니다.

"내가 또 너로 여기 섰는 자들 가운데에 왕래하게 하리라."

이처럼 성도는 하늘의 시민입니다.

"그러나 우리의 시민권은 하늘에 있는지라"(빌 3:20).

헬라어 πολίτευμα(폴리튜마)는 단지 '왕래하다'라는 의미가 아니라 '시민으로서 자신의 도시에 거주하다'라는 의미로, 곧 시민권을 나타냅니다. 그러므로 신자는 총회에 포함됩니다.

"그러나 너희가 이른 곳은 시온산과 살아 계신 하나님의 도성인 하늘의 예루살렘과 천만 천사와 하늘에 기록된 장자들의 모임과 교회와 만민의 심판자이신 하나님과 및 온전하게 된 의인의 영들과"(히 12:22,23).

동일한 이유로 신자는 시민으로 불립니다.

"나는 너와 및 예수의 증언을 받은 네 형제들과 같이 된 종이니"(계 19:10).

그들은 예수 그리스도를 머리로 하여 경건한 자들과 더불어 동일한 유업을 받으며, 하나님과 영원토록 교제하는 복락을 소유합니다. 천사들은 구원받을 상속자들을 보호하고 섬김으로써 신자들을 향한 사랑을 나타냅니다. 이것이 하나님께서 그들을 보내신 목적입니다(히 1:14 참고). 천사들은 경배하며 예배하기를 기쁨으로 삼고, 그러한 곳에 함께합니다. 그들은 하나님께서 성도를 대하시는 방식에 주목함으로써, 하나님의 지혜의 경륜을 배웁니다(엡 3:10 참고).

신자들은 천사들의 영광 됨을 인정하며 사랑합니다. 천사들이 하나님을 사랑하기 때문입니다. 또한 마치 하나의 회중인 것처럼 천사들과 한 몸을 이루고, 그들의 존재에 대해 경외심을 가집니다(고전 11:10 참고). 그러나 천사들을 신앙적으로 존경하거나 예배하지는 않습니다.

신자와 영화롭게 된 성도의 관계

또한 신자들은 온전하게 된 의인의 영들과 함께합니다. 이들은 여전히 지상에 남아 있는 자들과 함께 총회에 속합니다(히 12:23 참고). 영화롭게 된 성도는 지상에 전투하는 교회가 있다는 사실을 여전히 알고 있습니다. 그들이 지닌 구체적인 지식이 거룩한 계시에 따른 것인지 거룩한 천사들이 알려 준 것인지는 알 길이 없습니다. 하나님의 말씀이 거기에 관해 침묵하기 때문입니다. 그러나 우리는 그들이 "거룩하고 참되신 대주재여, 땅에 거하는 자들을 심판하여 우리 피를 갚아 주지 아니하시기를 어느 때까지 하시려 하나이까?"(계 6:10)라고 울부짖는다는 사실을 압니다.

지상에 있는 신자들은 영화롭게 된 성도들을 형제자매로 여깁니다. 그들을 지극히 존경하며 사랑합니다. 그들이 지상에 거할 때 행한 대로 따릅니다. 그들과 연합합니다. 그들과 더불어 보좌 앞에 나아가 절하며, 주님께 영광과 존귀를 돌립니다. 또한 완전한 상태가 되어 그들과 함께하기를 사모합니다. 그러나 하늘에 있는 성도들에게 경배받을 지위가 부여된 것은 아님을 분명히 압니다. 하나님은 그들에게 지상에 있는 성도를 돕는 일을 맡기지 않으셨을 뿐만 아니라, 중보의 직분을 맡기지도 않으셨습니다. 그러므로 신자는 그들에게 신앙적인 존경을 표하거나 자신들을 위해 하나님께 기도해 달라고 간청하지 않습니다.

지상에 있는 성도의 교제

성도 간에 교제하는 일, 서로의 필요를 나누는 일, 사랑과 우애로써 서로 사귀는 일은 세상에서 미움을 받는 하나님의 자녀들의 심령을 참으로 새롭게 합니다! 그들은 하나님의 백성 중 하나로서, 진리를 고수하며 구원의 길을 가는 한 사람으로서, 그리고 그리스도를 자신의 유일한 머리로 고백하는 한 사람으로서 (세상에 널리 퍼져 있는) 하나님의 교회와 보편적인 교제를 나눕니다. 그들은 동일한 한 성령을 소유하며, 공통된 관심사를 가집니다. 따라서 교회가 번영할 때에는 함께 기뻐하고, 교회가 잘못될 때에는 함께 아파합니다. 그들은 교회를 위해 함께 기도하고, 교회로 말미암아 감사합니다. 자신이 속한 왕국이나 나라 안에 있는 교회와 함께 교제합니다. 그들이 거주하는 도시나 마을의 특정한 모임에 참여합니다. 그런 식으로 경건한 자들과 실제로 교제합니다. 또한 성도는 자신의 교회에 속해 있으면서도 다른 이들과 특별한 관계를 맺을 수 있습니다. 그렇다고 하여 교회로부터 분리되거나 떨어져 나가지 않습니다. 왜냐하면 성도는 지상에서 누리는 어떤 기쁨보다 교회를 더욱 소중히 여기기 때문입니다.

이처럼 신자는 서로 알든 모르든 교회를 이루는 모든 신자들과 연합합니다. 비록 아는 이가 적더라도 자신이 알지 못하는 수많은 신자들이 이 땅에 존재한다는 사실을 믿습니다. 또한 교회 안에 회심하지 않은 자들이 있으며, 이들과는 단지 공통의 신앙고백을 함께할 뿐임을 압니다. 신자는, 많은 사람들이 그리스도를 고백하고 교회가 그리스도를 위하여 영혼을 해산할 기회를 많이 얻는 것을 기뻐합니다. 그러한 기회를 구하는 것이 경건한 자들이 교회 안의 회심하지 않은 자들을 위해 드리는 기도의 핵심입니다.

신자들은 믿음의 크기와 상관없이 모두 동등하게 성부, 성자, 성령 하나님과 교제합니다. 그들은 중보자이신 그리스도 예수님과 동등하게 교제할 뿐만 아니라, 예수님의 충만하심과 그분 안에 있는 모든 복락에도 동등하게 참여합니다. 이 모든 것의 주된 내용들은 앞서 설명하였습니다.

이 교제는 다양한 행동으로 나타납니다.

첫째, 성도는 말씀을 듣고 성례에 참여하기 위해 '하나님의 백성의 모임에 성실히 참여'합니다. 다윗이 그러했듯이, 그들도 이를 기뻐합니다(시 122:1 참고). 그들은 모든 경건한 자들이 존재하는 교회 및 회중과 연합합니다. 또한 신앙을 함께 고백하는 자요 주 예수님을 고백하는 모든 자들과 연합합니다. 그리하여 이 회중이 예수 그리스도의 교회라는 사실을 증언합니다. 또한 교회의 지체로서 교회와 더불어 교제하고, 공통된 관심사를 가질 뿐만 아니라, 교회와 더불어 살며 죽고자 합니다. 그렇게 함으로써 그들은 예수님께서 유일한 구주요 교회의 머리 되심을 공적으로 고백합니다. 성도는 이러한 방식으로 세상과 회중에게 자신을 나타냅니다. 한 분이신 성령 안에서 하나가 되어 시편을 찬송하고, 하나님의 이름을 부르며, 하나님의 종들의 입을 통해 나오는 하나님의 말씀을 듣습니다. 또한 하나님께서 그러한 모임들 가운데 주겠다고 약속하신 복락을 사모하며 고대합니다. 다음의 권면에 이 모든 것이 담겨 있습니다.

"모이기를 폐하는 어떤 사람들의 습관과 같이 하지 말고"(히 10:25).

둘째, '성도는 모든 힘을 다해 화평하기'를 힘씁니다. 여러 가지 오류를 용납하면 화평을 이룰 수 없습니다. 진리와 화평은 반드시 함께 가야 하기 때문입니다.

"오직 너희는 진리와 화평을 사랑할지니라"(슥 8:19).

이것은 여러 죄악과 범죄를 용납하라는 의미가 아닙니다. 다음과 같이 명령하십니다.

"네 이웃을 반드시 견책하라. 그러면 네가 그에 대하여 죄를 담당하지 아니하리라"(레 19:17).

에베소의 회중은 이런 면에서 칭찬을 받았습니다.

"또 악한 자들을 용납하지 아니한 것과"(계 2:2).

화평은 다음과 같은 경우에 지속됩니다.

① 동일한 진리를 붙잡을 때에 화평이 지속됩니다. 누군가가 특별한 견해를 고수하고자 한다면, 반드시 지혜로운 사람에게서 지도를 받아야 합니다. 다만 그러한 때에 다른 이들이 알지 못하도록 마음속에 담아 두어야 합니다. 의견의 차이가 감정을 동요시키기 때문입니다.

② 이웃의 냉대를 견딜 때에 화평이 지속됩니다. 자신이 냉대받고 있다는 것을 다른 이에게 알려서는 안 되며, 이를 참고 있다는 것을 드러내서도 안 됩니다.

"오래 참음으로 사랑 가운데서 서로 용납하고"(엡 4:2).

"서로 용납하여"(골 3:13).

③ 언제나 남을 높이며 겸손히 행할 때에 화평이 지속됩니다. 하나님의 자녀를 본다는 것과, 그들 중에 거하면서 그들을 섬긴다는 사실로 기뻐해야 합니다.

"아무 일에든지 다툼이나 허영으로 하지 말고 오직 겸손한 마음으로 각각 자기보다 남을 낫게 여기고"(빌 2:3).

④ 동료의 죄악에 대해 내색하지 않고, 그들의 등 뒤에서 수군대지 않으며, 다른 이에 관해 수군거리는 말들을 듣지 않을 때에 화평이 지속됩니다. 오히려 어떻게 하면 다른 이의 덕을 높이고 상대를 귀하게 여길지에 관심을 기울여야 합니다.

"너는 네 백성 중에 돌아다니며 사람을 비방하지 말며"(레 19:16).

"사랑은……모든 것을 견디느니라"(고전 13:4-7).

셋째, '성도는 사랑을 소유하고 나타내며 보이도록' 힘씁니다.

"사랑을 더하라 이는 온전하게 매는 띠니라"(골 3:14).

사랑은 하나로 묶어 줍니다.

"사랑 안에서 연합하여"(골 2:2).

만일 사랑인 하나님께서 우리의 영적 근원이라면, 우리도 마찬가지로 사랑의 마음을 소유하게 될 것입니다. 또한 하나님을 사랑한다면, 그분의 자녀들도 사랑하게 될 것입니다.

"또한 낳으신 이를 사랑하는 자마다 그에게서 난 자를 사랑하느니라"(요일 5:1).

신자가 하나님의 사랑을 받으며 하나님을 사랑한다고 여겨지는 사람을 만나면, 그를 사랑할 수밖에 없습니다. 이러한 사랑이 충분히 강하다면, 사람 안에 있는 약함은 장애물이 되지 않습니다.

"사랑은 오래 참고 사랑은 온유하며 시기하지 아니하며 사랑은 자랑하지 아니하며 교만하지 아니하며, 무례히 행하지 아니하며 자기의 유익을 구하지 아니하며 성내지 아니하며 악한 것을 생각하지 아니하며"(고전 13:4,5).

신자는 마음속에 사랑을 품는 것으로 그쳐서는 안 되며, 기쁨을 표현함으로써 그 사랑을 드러내야 합니다. 즉, 친절하게 말을 건네야 합니다. 서로의 관계 가운데 화합해야 합니다. 도울 기회가 주어졌을 때에(다른 이가 도울 수 있다 하더라도) 도와야 합니다. 스스럼없이 서로에게 조언해 주어야 합니다.

넷째, '서로에게 선한 본이 되고, 선한 행실로 서로의 본을 따름'으로써 교제합니다. 본이 되는 행실은 다른 이들의 마음을 끌어당기는 데 놀라울 정도로 효과적입니다. 그리스도는 완벽한 모범이십니다.

"너희에게 본을 끼쳐 그 자취를 따라오게 하려 하셨느니라"(벧전 2:21).

신자는 그리스도께서 빚으신 대로 그리스도의 형상을 나타내야 할 뿐만 아니라, 다른 이들에게 선한 본이 되고자 하는 목적도 가져야 합니다.

"이같이 너희 빛이 사람 앞에 비치게 하여 그들로 너희 착한 행실을 보고 하늘에 계신 너희 아버지께 영광을 돌리게 하라"(마 5:16).

"존경하기를 서로 먼저 하며"(롬 12:10).

"행함이 없는 네 믿음을 내게 보이라"(약 2:18).

"모든 믿는 자의 본이 되었느니라"(살전 1:7).

"범사에 네 자신이 선한 일의 본을 보이며"(딛 2:7).

신자는 다른 이의 본이 되고자 힘쓰는 한편, 주님께서 그분의 교회에 허락하신 다른 성도들의 선한 본을 따르고자 힘써야 합니다.

"내가 그리스도를 본받는 자가 된 것같이 너희는 나를 본받는 자가 되라"(고전 11:1).

"게으르지 아니하고 믿음과 오래 참음으로 말미암아 약속들을 기업으로 받는 자들을 본받는 자 되게 하려는 것이니라"(히 6:12).

"형제들아 너희는 함께 나를 본받으라 그리고 너희가 우리를 본받은 것처럼 그와 같이 행하는 자들을 눈여겨보라"(빌 3:17).

회중 가운데서 다른 이들의 경건을 고양하며 본이 되는 동시에, 다른 이들의 본으로부터 신앙적 유익을 얻는 것은 복된 일입니다. 이러한 요소들이 실천될 때에 성도의 교제가 이루어집니다.

다섯째, 성도는 '서로의 영적 성장을 고취시킴'으로써 교제합니다.

① 성도의 교제는 넘어진 자를 다시 일으켜 세우고 그릇되게 행하는 자를 책망함으로써 이루어집니다.

"형제들아 사람이 만일 무슨 범죄한 일이 드러나거든 신령한 너희는 온유한 심령으로 그러한 자를 바로잡고 너 자신을 살펴보아 너도 시험을 받을까 두려워하라"(갈 6:1).

② 서로를 격려하고 권함으로써 교제합니다.

"오직 오늘이라 일컫는 동안에 매일 피차 권면하여 너희 중에 누구든지 죄의 유혹으로 완고하게 되지 않도록 하라"(히 3:13).

③ 낙심한 자들을 위로함으로써 교제합니다.

"그러므로 이러한 말로 서로 위로하라"(살전 4:18).

사도는 이러한 여러 의무들을 하나로 묶습니다. 교회를 바로 세우는 일이 반드시 성도의 교제로부터 충만히 흘러나오기 때문입니다.

"그들의 역사로 말미암아 사랑 안에서 가장 귀히 여기며 너희끼리 화목하라. 또 형제들아 너희를 권면하노니 게으른 자들을 권계하며 마음이 약한 자들을 격려하고 힘이 없는 자들을 붙들어 주며 모든 사람에게 오래 참으라. 삼가 누가 누구에게든지 악으로 악을 갚지 말게 하고 서로 대하든지 모든 사람을 대하든지 항상 선을 따르라"(살전 5:13-15).

여섯째, 성도는 '어려운 일을 당한 시기에 신실하게 서로 도움'으로써 교제합니다. 누군가가 조언을 필요로 할 때, 여러분이 할 수 있는 만큼 조언해 주십시오. 여러분의 조언이 합당할 수도 있고, 또는 여러분과 상의한 결과를 통해 그가 빛을 얻을 수도 있습니다. 누군가가 비방을 받고 있다면, 그의 명성을 보호해 주십시오. 병들어 아픈 자를 문안하십시오. 여러분의 재물이나 다른 방식으로 가난한 자를 도우십시오. 모든 사랑과 긍휼과 성실을 나타내면서 그렇게 행하십시오.

① 이에 관해 욥은 우리에게 본이 됩니다.

"나는 맹인의 눈도 되고 다리 저는 사람의 발도 되고, 빈궁한 자의 아버지도 되며 내가 모르는 사람의 송사를 돌보아 주었으며, 불의한 자의 턱뼈를 부수고 노획한 물건을 그 잇새에서 빼내었느니라"(욥 29:15-17).

② 주님은 심판 날에 이러한 덕행을 공개적으로 칭찬하실 것입니다. 주님은 자신의 택자들이 사는 날 동안 이러한 덕을 실천하였음을 보이실 것입니다. '그날에' 이러한 칭송을 듣기를 원한다면, 분명 '지금' 이러한 일을 실천해야 할 것입니다.

"내가 주릴 때에 너희가 먹을 것을 주었고 목마를 때에 마시게 하였고 나그네 되었을 때에 영접하였고, 헐벗었을 때에 옷을 입혔고 병들었을 때에 돌보았고 옥에 갇혔을 때에 와서 보았느니라"(마 25:35,36).

성도의 교제와 소유의 나눔

> ▶ 질문
> 신자는 반드시 세상의 모든 것들을 통용해야 하는가?

대답: 그것은 게을러서 일하지 않는 자들의 오해이며, 앞서 나간 생각입니다. 그들은 그러한 방식으로 주류에 편입되거나 자신의 필요를 채우려고 합니다. 지난 세대 동안 크니퍼돌링크(Knipperdollink)와 얀 판 라이덴(Jan van Leiden)[3]이 이끌었던 재세례파들이 그렇게 행했습니다. 지금은 보헤미안주의자들이 그와 같이 시행하려 하며, 특히 그중에서도 지위가 낮은 자들이 더욱 그러합니다. 라바디주의자들도 이를 실천하는 것처럼 보였는데, 실상 기부하지 않은 자들은 노동을 많이 하고 적게 먹으며 적게 자야 했습니다. 그러나 사람들은 서로를 구별하면서 가능한 한 자신의 재산을 따로 소유했습니다. 모든 사람들이 자신이 기부한 만큼 보상받을 수는 없었으므로, 몇몇 사람들은 얻어먹는 신세로 전락하고 말았습니다.

신자들은 자신의 소유를 사용해 가난한 다른 신자들을 도와야 합니다. 그러나 모든 사람은 자신의 재산을 소유하고 관리할 수 있습니다. 그 이유는 다음과 같습니다.

첫째, 사도 시대에도 부자와 가난한 자가 함께 있었습니다.

"만일 형제나 자매가 헐벗고 일용할 양식이 없는데 너희 중에 누구든지 그에게 이르되 평안히 가라, 덥게 하라, 배부르게 하라 하며 그 몸에 쓸 것을 주지 아니하면 무슨 유익이 있으리요"(약 2:15,16).

부요한 신자가 있는 것과 마찬가지로 가난한 신자들이 있었습니다. 부자들은 자신의 재산을 소유하고 관리하면서, 이를 가난한 자에게 아낌없이 나누어 줄 의무

---

[3] 역자주 – 베른하르트 크니퍼돌링크(Bernhard Knipperdollink, ?~1536)와 얀 판 라이덴(1509-1536)은 뮌스터 지역의 재세례파 지도자들이었다.

를 지고 있었습니다. 여자들도 재산을 소유하였고, 자기 소유로 주 예수님을 섬겼습니다(눅 8:3 참고). 도르가(행 9:36 참고)와 자색 옷감 장사였던 루디아(행 16:14,15 참고)도 그러했습니다. 바울이 빌레몬에게 보내는 편지에서 확인할 수 있듯이, 빌레몬은 부자였습니다. 에베소 회중에 속한 신자들은 금과 은을 가지고 있었습니다. 바울은 이와 관련해 사도행전 20장 33절에서 "내가 아무의 은이나 금이나 의복을 탐하지 아니하였고"라고 말합니다.

둘째, 만일 모든 재산을 통용해야 한다면 자선을 베푸는 일이 중단될 것이며, 아예 자선을 베풀지도 않을 것입니다. 그러나 연보와 베풂에 관한 권면을 볼 때, 분명히 자선은 중단되어서는 안 됩니다. 성경은 연보에 관해 다음과 같이 말합니다.

"성도를 위하는 연보에 관하여는 내가 갈라디아교회들에게 명한 것같이 너희도 그렇게 하라. 매주 첫날에 너희 각 사람이 수입에 따라 모아 두어서 내가 갈 때에 연보를 하지 않게 하라"(고전 16:1,2).

베풀기를 권면하는 말씀도 함께 숙고하십시오.

"성도들의 쓸 것을 공급하며 손 대접하기를 힘쓰라"(롬 12:13).

"우리가 선을 행하되 낙심하지 말지니"(갈 6:9).

"오직 선을 행함과 서로 나누어 주기를 잊지 말라. 하나님은 이 같은 제사를 기뻐하시느니라"(히 13:16).

반론 1

초대의 사도적 교회는 모든 물건을 통용하였다.

"믿는 사람이 다 함께 있어 모든 물건을 서로 통용하고"(행 2:44).

"믿는 무리가 한마음과 한뜻이 되어 모든 물건을 서로 통용하고 자기 재물을 조금이라도 자기 것이라 하는 이가 하나도 없더라"(행 4:32).

"그중에 가난한 사람이 없으니 이는 밭과 집 있는 자는 팔아 그 판 것의 값을 가져다가 사도들의 발 앞에 두매 그들이 각 사람의 필요를 따라 나누어 줌이라"(행 4:34,35).

심지어 아나니아와 삽비라는 일부를 내놓지 않아서 죽음의 형벌까지 받았다(행

5:1-10 참고).

> 답변

우리는 이미 초대 교회에서 모든 사람이 자신의 재산을 소유하고 관리하였다는 사실을 살펴보았습니다. 당시 초대 예루살렘교회는 수많은 이방인 무리가 예루살렘에 거했던 특별한 상황을 마주하고 있었습니다. 그들은 믿음을 가지게 된 후에 고향으로 돌아가지 않고 그대로 교회에 남아 있었습니다. 그리고 극심한 박해가 눈앞에 들이닥쳐 모든 사람이 재산을 강탈당할 위험에 처해 있었습니다. 이러한 특별한 상황이 모든 시대와 장소의 기준이 될 수는 없습니다. 또한 도르가나 루디아처럼 자신의 소유를 가진 이들이 있었음은 분명한 사실입니다. 전도자 빌립에게도 당시에 바울과 그의 동역자들을 맞이할 만한 집과 소유물이 있었습니다. 물론 아나니아도 자신의 재물을 가질 수 있었습니다. 그가 형벌을 받은 것은 재물을 가지고 있었기 때문이 아니라 거짓말을 했기 때문입니다.

반론 2

신자는 금과 은을 소유할 수 없다. 신자는 소유하고 있는 것이 무엇이든, 그것을 팔아 가난한 자들에게 주어야 한다.

"너희 전대에 금이나 은이나 동을 가지지 말고"(마 10:9).

"네가 온전하고자 할진대 가서 네 소유를 팔아 가난한 자들에게 주라. 그리하면 하늘에서 보화가 네게 있으리라"(마 19:21).

> 답변

(1) 이는 주 예수님께서 복음을 전파하기 위해 제자들을 파송하실 때에 그들에게 하신 특별한 명령입니다. 이 명령은 주님께서 그들을 돌보신다는 사실을 가르치기 위한 것으로, 오직 전도 여행 기간에만 강제력이 있었습니다. 주님이 승천하신 후에 그들이 사역을 할 수 있도록 그들을 준비시키신 것입니다. 이를 통해 그들이 주님을 신뢰하면서 사역할 수 있게 하시고자 하였습니다. 따라서 이 본문은 모든 회중, 곧 모든 지체에게 해당하지 않을뿐더러, 모든 시대의 목회자들에게도 해당하

지 않습니다. 즉, 목회자도 소유가 금지되지 않습니다. 다만 목회자들에게는 물질적인 이득이나 더러운 돈을 위해 설교하는 것이 금지될 뿐입니다.

(2) 젊은 부자 청년에게 하신 명령은 자신의 비참함과 소유한 물질의 우상 됨을 일깨우시기 위한 것입니다. 특정한 상황에서 주어진 특별한 명령이 다양한 상황 속에 있는 모든 사람을 위한 규범이 될 수는 없습니다.

성도가 교제하는 복된 교회에 관한 권면

지금까지 우리는 성도의 교제에 관해 살펴보았습니다. 누구든지 그와 같은 교제가 이루어지는 교회가 참으로 복되다는 사실에 동의할 것이며, 그렇게 행하는 이들을 칭송할 것입니다. 참된 신자라면, 교제하는 데에 태만한 것이 부끄러운 일임을 확신할 것입니다. 그러므로 모든 성도가 열의를 다하여 교제하는 일에 고무되기를 바랍니다.

① 성도의 교제를 통해 온 회중이 등경 위의 빛과 같이 빛을 발할 것입니다. 교회가 산 위의 동네와 같이 그리스도께 존귀와 영광을 돌릴 것입니다. 또한 교회 밖에 있는 모든 자들에게서 존경을 얻을 것입니다.

② 이 교제를 통해 회중이 세워져 갈 것입니다. 경건한 자들은 서로를 본받아 그와 같이 행할 것입니다. 그 결과, 많은 이들이 회심할 것입니다. 교회 밖에 있던 무리가 하나님께서 교회 가운데 계신다는 것과 그 교회가 참되다는 것을 알고서 몰려들 것입니다.

③ 서로 간에 큰 기쁨과 연합을 불러일으킬 것입니다. 신자들은 사랑과 화평으로 심령이 새롭게 되어 세상에 속한 사람들의 사랑 없음을 견딜 것입니다. 진정으로 그들은 세상의 모든 멸시와 비방과 박해에도 개의치 않고 담대히 인내할 것입니다.

④ 주님께서 그러한 회중에게 복락을 넘치도록 부어 주실 것입니다.

"보라 형제가 연합하여 동거함이 어찌 그리 선하고 아름다운고……거기서 여호와께서 복을 명령하셨나니 곧 영생이로다"(시 133:1-3).

⑤ 그러한 자들은 기쁜 음성으로 선포하시는 그분의 말씀을 듣게 될 것입니다. "잘하였도다 착하고 충성된 종아. 네가 적은 일에 충성하였으매 내가 많은 것을 네게 맡기리니 네 주인의 즐거움에 참여할지어다"(마 25:21).

27

교회의 치리 및 목회자의 위임

어떤 왕국이나 국가, 또는 가정이나 사회도 질서 없이는 존재할 수 없습니다. 교회도 마찬가지입니다. 하나님은 질서의 하나님이십니다. 그래서 모든 만물이 정당하고도 조화롭기를 원하십니다. 주 예수님은 교회의 유일하고도 충만한 머리가 되십니다. 그분은 교회의 유일한 주요 스승이십니다. 오직 한 분인 신랑이며, 유일한 중보자요, 단 하나의 터입니다. 주 예수님은 하나님이시므로, 교회를 다스리고 일으키기 위해 사람에게서 도움을 받으실 필요가 없습니다. 그러나 보통 주님은 모든 것들을 간접적으로 다스리고 가르치십니다. 교회 가운데 세우신 사람들을 통해 일하심으로써, 그분의 지혜와 선함을 나타내고자 하십니다. 이를 위해 주님은 목자와 교사와 장로와 치리회(governing bodies), 목회자를 임명하여 그분의 교회를 섬기게 하십니다.

교황: 교회의 머리도, 베드로의 계승자도 아님

교황주의자들은 그리스도께서 교황이라는 섭정을 통해 그분의 교회 전체를 다스리신다고 주장합니다. 또한 이 섭정이 모든 사안을 주관한다고 말합니다. 교황주의자들은 주 예수님께서 베드로를 지상에 있는 교회의 보편적인 머리로 세우셨다고 단언합니다. 그들은, 베드로가 로마에 그의 권좌를 세우고 거기에서 25년 동안 총대주교로 있었다고 말합니다. 그리고 교황이 베드로를 계승한다고 주장합니다. 그리하여 교황이 지금의 보좌에 앉아 베드로의 자리를 차지하고, 교회의 보편적 머리라는 지위를 얻은 것입니다. 교황주의자들은 교황에게 부섭정과 추기경, 대주교와 주교, 대수도원장, 소수도원장, 사제 등을 임명할 권세가 있다고 여깁니다. 그들은 이러한 지위들을 계급순으로 배열하여, 교황의 지위 아래 두었습니다. 이 모든 것들은 성경을 벗어난 교활한 거짓말이며, 하나님의 말씀에 어긋나는 주장입니다.

첫째, 성경에는 한 사람에게 교회에서 가장 높은 권세를 부여했다거나 부여한다는 진술이 단 한 구절도 없습니다. 성경은 다양한 직분을 언급하지만, 결코 어느 직분이 다른 직분보다 낮다거나 모든 직분이 한 개인에게 종속된다고 말하지 않습니다. 따라서 우리는 이러한 직제를 거부합니다.

둘째, 성경은 한 직분이 다른 직분을 주관하는 것을 분명히 금지합니다.

"이방인의 임금들은 그들을 주관하며……너희는 그렇지 않을지니 너희 중에 큰 자는 젊은 자와 같고 다스리는 자는 섬기는 자와 같을지니라"(눅 22:25,26).

"맡은 자들에게 주장하는 자세를 하지 말고 양 무리의 본이 되라"(벧전 5:3).

심지어 구약의 대제사장조차도(이 직분은 그리스도를 예표하므로, 신약 시대에 동일하게 적용할 수는 없습니다) 다른 제사장들을 지배하지 않았습니다. 그는 서열이 가장 높았지만, 지배하는 것과는 관련이 없었습니다. 그러므로 교회에 그리스도 외에 다른 머리가 있어서는 안 됩니다.

셋째, 앞에서 교황주의자들이 베드로에 관해 언급한 주장은 모두 성경을 벗어나는 데다가 성경에 어긋납니다. 베드로를 교회와 다른 모든 사도의 머리로 임명하여 그들에게 명령하고 규례를 주도록 하였다는 말이 성경 어디에 기록되어 있습니까? 사도들이 베드로를 교회의 머리로 인정하고 그에게 복종하였다는 기록을 성경 어디에서 읽을 수 있습니까? 그런 말은 어디에서도 발견되지 않습니다. 성경뿐만 아니라 초대 교회 당시의 역사를 참되게 기록한 문헌들에서는 베드로가 로마에서 살았다거나 로마의 주교로 있었다거나 총주교로서 사도들이 세운 다른 모든 교회를 다스렸다는 내용을 찾아볼 수 없습니다. 그러므로 우리는 날조된 이야기에 불과한 그 모든 주장을 거부합니다.

넷째, 하나님의 말씀은 베드로와 다른 사도들의 지위가 모두 동등했다고 분명히 밝힙니다.

① 주 예수님은 동일한 말씀으로 그들을 보내면서 동일한 사명을 주셨습니다.

"그러므로 너희는 가서 모든 민족을 제자로 삼아……세례를 베풀고……가르쳐 지키게 하라"(마 28:19,20).

"아버지께서 나를 보내신 것같이 나도 너희를 보내노라……성령을 받으라. 너희가 누구의 죄든지 사하면 사하여질 것이요 누구의 죄든지 그대로 두면 그대로 있으리라 하시니라"(요 20:21-23).

② 오순절에 모든 사도는 동등하고도 동일한 방식으로 사도의 직분을 부여받았습니다(행 2:1-4 참고).

③ 다른 사도를 뽑는 경우와 같이, 그들은 모두 동일하게 사역을 수행했습니다(행 1:23 참고). 바울은 어떤 문제가 발생하여 그에 관한 답변이 필요할 때, 베드로가 아니라 예루살렘에 있는 사도와 장로들에게로 갔습니다(행 15:2 참고). 사도들이 베드로를 사마리아로 보냈습니다(행 8:14 참고). 그리고 예루살렘의 교회 회의는 베드로가 아니라 야고보의 의견을 따랐습니다(행 15:7-29 참고). 바울은 "나는 지극히 크다는 사도들보다 부족한 것이 조금도 없는 줄로 생각하노라"(고후 11:5)라고 선포했으며, 갈라디아서 2장 9절에서는 야고보를 베드로보다 먼저 언급했습니다. 사도들은 사역을 분담했습니다. 베드로는 할례자들을 위한 사역을, 바울은 무할례자 곧 이방인을 위한 사역을 맡았습니다(갈 2:7 참고). 바울은 베드로가 잘못 행한 일을 책망하기도 했습니다(갈 2:11 참고). 마지막으로 베드로는 자신을 다른 사도들보다 높이지 않고 "함께 장로 된 자"(벧전 5:1)라고 일컬었습니다.

다섯째, 교황이 베드로를 계승한다는 것은 사실이 아닙니다. 성경 어디에서 이를 증언합니까? 설령 베드로가 교회의 머리였다 하더라도(물론 이는 사실이 아닙니다), 오직 베드로 개인에게만 해당될 뿐입니다. 베드로가 이러한 지위를 다른 사람에게 승계할 권세를 가졌다는 증언이 어디에 있습니까? 그가 이러한 직분을 안디옥의 주교가 아니라 로마의 주교에게 승계했다는 증언은 어디에 있단 말입니까? 주후 606년 이전에는 안디옥의 주교도 으뜸가는 주교들 중 한 명이었습니다. 베드로가 안디옥을 방문했다는 기록은 있지만(갈 2:11 참고), 로마를 방문했다는 기록은 어디에도 없습니다. 더욱이 설령 베드로가 로마에 갔고 그곳에서 주교로 지냈다 하더라도, 그를 뒤이은 자가 교회의 머리가 되는 것은 아닙니다. 이것이 질문의 요점입니다.

이미 역사적으로 알려진 대로, 초기에는 모든 지역에 각각 주교가 있었습니다. 그런데 서서히 야심이 꿈틀대면서, 한 지역이 다른 지역을 자신의 영향권 아래 두려고 하는 움직임이 일어났습니다. 그러나 많은 주교들은 이에 굴복하지 않았으며, 굴복하더라도 진정으로 복종하지는 않았습니다. 그리하여 교회에 주교가 네 명이 되었습니다. 이들은 서로를 시기하여 적그리스도라고 비난할지언정, 어느 한 명이 다른 이보다 지위가 높지는 않았습니다. 그런데 최종적으로 서방 제국이 무너지고 로마 주교의 힘이 더욱 커지자, 동방 제국의 황제들은 서방 제국에 대한 지배권을 다시 얻기 위해 로마 주교 또는 대주교에게 아첨했습니다. 이 모든 일은 동방 제국의 황제 포카스(Phocas)가 로마 주교를 총대주교로 인정하고, 콘스탄티노플과 안디옥과 알렉산드리아의 대주교들을 로마 주교보다 지위가 낮은 성직으로 임명하면서 끝을 맺었습니다.

여기서 계승권이 언급됩니까? 606년 이전에는 베드로뿐만 아니라 다른 어떤 로마 주교도 언급되지 않았습니다! 게다가 로마의 첫 주교가 베드로를 계승했다 하더라도, 교황에게는 이것이 해당되지 않습니다. 훌륭한 조상에게서 이단과 같은 자손이 태어날 수도 있습니다. 이처럼 진리가 사라진 곳에서 계승은 단절됩니다. 이 책의 거의 모든 장에 나타나듯이, 교황은 베드로의 가르침을 견지하기는커녕 반대해 왔습니다. 또한 교황은 베드로처럼 살지도 않습니다. 베드로가 다이아몬드로 장식된 삼중관을 썼다는 증언이 어디에 있습니까? 오히려 그는 "은과 금은 내게 없거니와"(행 3:6)라고 말했습니다. 베드로가 자색 옷을 입고, 마차를 타고, 헛된 구경거리를 위한 가마에 앉아 자색 옷을 입은 추기경들에 의해 들려 다녔다는 말이 어디에 기록되어 있습니까? 그가 자신의 발에 입 맞추도록 허락한 적이 있습니까? 베드로가 어느 왕을 세우거나 폐하였습니까? 어느 나라에 대한 지배권을 특정한 왕에게 준 적이 있습니까? "내가 그 사람을 알지 못하노라"라는 고백 말고는, 교황과 베드로는 조금도 닮은 구석이 없습니다.

마지막으로, 교황은 적그리스도이므로 확실하게 베드로의 계승자가 아닙니다. 이에 관해서는 이미 24장에서 설명하였습니다.

이렇게 성직자에 대한 권위 및 교황에게 종속되는 계급 제도와 관련하여 교황주의의 전체 체계를 충분히 폭로했는데도, 교황주의자들은 여전히 베드로의 수위권(supremacy)을 증명하기 위해 세 가지 반론을 제기합니다. 그 반론들에 답변하겠습니다. 그러나 이것도 그들에게는 아무런 소용이 없을 것입니다.

반론 1

"또 내가 네게 이르노니 너는 베드로라. 내가 이 반석 위에 내 교회를 세우리니 음부의 권세가 이기지 못하리라"(마 16:18).

그리스도는 베드로의 영광스런 고백으로 인해 그에게 특별한 약속을 하셨다. 곧 그리스도께서 베드로 위에 그분의 교회를 세우시겠다는 것이다. 따라서 베드로는 반드시 모든 사도들 중 가장 큰 사도이자 교회의 머리가 되어야 한다.

답변

(1) 그리스도께서 베드로에게 하신 약속은 "주는 그리스도시요 살아 계신 하나님의 아들이시니이다"(마 16:16)라는 고백에 대한 것이었습니다. 즉, 이것은 주님께서 모래가 아니라 견고한 반석(πέτρα, 페트라)인 자신 위에 교회를 지으시겠다는 약속입니다. 사탄의 모든 교활함과 권세가 교회를 이기지 못하도록, 주님은 이 기

초를 견고하고도 불변하게 만드셨습니다. 베드로도 이에 따라 보존되고 세움 받을 것이므로 두려워할 이유가 없는 것입니다. 베드로는 주님을 세 번 부인하고 나서 이 약속으로 위로받을 수 있었습니다. 베드로뿐만 아니라 거기에 함께 있었던 모든 사도들이 자신과 교회가 보존되리라는 소망으로 위로받을 수 있었습니다. 그러하기에 그리스도께서 십자가에서 죽으시는 것을 보거나 사도의 직분을 감당하면서 수많은 역경을 만나도, 베드로의 심령이 상하지 않았습니다. 이것이 위에서 사용된 단어들의 문자적인 의미입니다. 따라서 베드로의 수위권에 관한 증언이 어디에도 없다는 것은 분명한 사실입니다.

(2) '페트로스(πέτρος, 베드로)'와 '페트라(반석)'는 각각 원의미가 확연히 다른 것처럼, 여기에서도 분명하게 구별됩니다. '페트로스'는 돌, 자갈, 벽돌을 가리킵니다. '페트라'는 그 위에 집을 지을 수 있는 암석층이나 바위산 형태를 가리킵니다. 반석 위에 지은 집은 폭풍과 폭우와 홍수를 견딜 만큼 견고하고 강한 반면, 모래 위에 지은 집은 그렇지 않을 것입니다(마 7:24-27 참고). 복음서에 기록된 이 비유를 통해 말씀하신 것처럼, 주 예수님은 지금 베드로(페트로스)라는 이름에 빗대어 반석(페트라)을 언급하고 계십니다. 주님은 베드로에게서 자신에게로 나아가 자신을 반석이라 부르시면서, 그것이 이전부터 약속된 자신의 이름임을 시사하십니다.

"내가 한 돌을 시온에 두어 기초를 삼았노니 곧 시험한 돌이요 귀하고 견고한 기촛돌이라. 그것을 믿는 이는 다급하게 되지 아니하리로다"(사 28:16).

"건축자가 버린 돌이 집 모퉁이의 머릿돌이 되었나니"(시 118:22).

이 구절들은 신약에서 그리스도께 적용됩니다. 고린도전서 10장 4절도 "이는 그들을 따르는 신령한 반석(페트라)으로부터 마셨으매 그 반석(페트라)은 곧 그리스도시라"라고 말합니다. 로마서 9장 33절도 그리스도를 바위(페트라)라고 부르며, 베드로전서 2장 7절은 "버린 그 돌(페트라)"이라고 부릅니다.

① 하나님의 말씀은 그리스도를 반석(페트라)이라고 부릅니다. 반석이라는 이름은 결코 베드로에게 주어지지 않았습니다.

② 페트로스와 페트라는 어미가 명백히 다릅니다. 페트로스는 남성형이고, 페트

라는 여성형입니다.

③ 두 단어를 잇는 접속사는 페트라와 그 앞에 나오는 페트로스가 서로 다른 의미임을 보여 줍니다. 이는 교회가 사도 베드로(페트로스) 위에 지어지는 것이 아니라, 신령한 반석(페트라) 위에 지어질 것을 말합니다.

(3) 반석에 관한 진술 곧 교회가 그 위에 세워지며 음부의 권세가 이기지 못하리라는 말씀은 베드로에 관한 것일 수가 없습니다. 사람 위에 집을 지을 수 있습니까? 사람 때문에 교회가 흔들리지 않습니까? 모든 이가 한 사람을 믿고, 그의 육신을 힘입으라고 부름받았습니까? 예레미야 17장 5절은 그러한 자들에게 저주를 선포합니다. 돌처럼 단단한 마음을 가진 채 (마찬가지로 돌처럼 단단한 마음을 가진) 교황을 의뢰하려는 자들은 그와 함께 저주를 면치 못할 것입니다.

"그러나 무릇 여호와를 의지하며 여호와를 의뢰하는 그 사람은 복을 받을 것이라"(렘 17:7).

그리스도만이 교회가 세워질 유일한 터이십니다.

"이 닦아 둔 것 외에 능히 다른 터를 닦아 둘 자가 없으니 이 터는 곧 예수 그리스도라"(고전 3:11).

주님께서 사도들과 선지자들의 터이십니다. 그들 자신은 터가 아닙니다. 그들은 그리스도를 전파함으로써 이 터를 놓을 뿐입니다.

"너희는 사도들과 선지자들의 터 위에 세우심을 입은 자라. 그리스도 예수께서 친히 모퉁잇돌이 되셨느니라. 그의 안에서 건물마다 서로 연결하여 주 안에서 성전이 되어 가고"(엡 2:20,21).

야고보와 게바와 요한 같은 사도들은 그리스도 위에 지어진 회중을 떠받드는 우뚝 솟은 버팀대들이었습니다. 그러하기에 그들을 "기둥"(갈 2:9)이라고 부릅니다. 따라서 베드로는 교회를 지은 터인 반석이 아닙니다. 오직 영원한 주 예수님만이 전능하신 분이며, 베드로와 교회를 배교로부터 보존하실 분입니다. 주님께서 교회를 음부의 모든 공격에도 요동치 않게 하실 것입니다. 갈라디아서 2장 9절에 기록된 베드로의 다른 이름인 '게바'는, 머리를 뜻하는 헬라어 $\kappa\epsilon\varphi\alpha\lambda\dot{\eta}$(케팔레)의 파생어가 아니라 돌을 뜻하는 아람어 אפכ(케파)의 파생어입니다. 아람어는 당시 유대인들의 공용어이자 그리스도와 사도들이 사용했던 언어입니다.

반론 2

"내가 천국 열쇠를 네게 주리니 네가 땅에서 무엇이든지 매면 하늘에서도 매일 것이요, 네가 땅에서 무엇이든지 풀면 하늘에서도 풀리리라 하시고"(마 16:19).

답변

(1) '열쇠'라는 단어는 다스릴 권세를 가리키지 않습니다. 그리스도만이 그러한 권세를 소유하신다는 점은 부인할 수 없는 사실입니다.

"내가……사망과 음부의 열쇠를 가졌노니"(계 1:18).

오히려 이것은 목회적 권위를 가리킵니다. 하나님의 종은 이로써 그리스도께서 들이고자 명하신 자들에게는 문을 열고, 그리스도께서 막고 내쫓기를 명하신 자들에게는 문을 닫을 권한을 부여받습니다. 이것은 회개한 죄인에게 그리스도의 이름으로 사죄를 선포하는 것, 그리고 여전히 죄 중에 남아 있는 자들에게 그리스도를 대신하여 그분의 이름으로 죄 됨을 선포하는 것을 의미합니다. 이것이 바로 그리스도께서 베드로에게 부여하신 권위입니다. 그런데도 베드로가 다른 모든 사도들을 다스릴 가장 높은 권위를 가졌으며 교회의 머리라고 주장하면서, 증거 비슷한 것이라도 내놓을 사람이 있습니까? 종이라 불리는 것은 그가 주인과 스승과 머리가 아님을 선언하는 것과 같습니다.

(2) 다른 사도들도 동일한 권위를 부여받았습니다.

"진실로 너희에게 이르노니 무엇이든지 너희가 땅에서 매면 하늘에서도 매일 것이요 무엇이든지 땅에서 풀면 하늘에서도 풀리리라"(마 18:18).

"너희가 누구의 죄든지 사하면 사하여질 것이요 누구의 죄든지 그대로 두면 그대로 있으리라 하시니라"(요 20:23).

이 두 구절은 너무나 분명하게 주님께서 모든 사도들에게 동일한 권위를 부여하셨음을 드러냅니다. 다른 사도들도 베드로와 지위가 동등하며, 베드로와 조금도 다를 바 없는 권위를 부여받았습니다. 따라서 베드로의 수위권에 대한 주장은 전혀 근거가 없습니다.

반론 3

그리스도는 요한복음 21장 15-17절에서 베드로에게 자신의 양을 먹이라고 세 번이나 명하셨다. 그런데도 베드로가 탁월한 목자요 모든 목자들의 목자라고 결론 내리는 데에 다른 무언가가 필요하다는 말인가?

답변

(1) 그와 같은 결론은 완전히 거부되어야 합니다. 앞서 말한 내용과 그러한 결론 사이에는 어떤 연관성도 없습니다.

(2) 여기에서 베드로에게 주어진 신적 위임은, 사도행전 20장 28절의 "교회를 보살피게 하셨느니라"라는 말씀에서 보듯이 다른 모든 사도들(모든 목회자들도 마찬가지입니다)에게도 주어진 위임입니다.

(3) 그리스도는 "목자장"(벧전 5:4)이시며, "큰 목자"(히 13:20)이십니다. 오직 그리스도만이 이러한 존귀를 받기에 합당하십니다. 따라서 주님은 베드로를 목자장으로 세우지 않으셨습니다.

추가반론

그리스도께서 베드로에게 양을 먹이라고 세 번이나 명령하신 것은 분명히 중요한 의미를 가진다.

| 답변 |

'먹이라'라는 단어는 수위권이 아니라 목양을 가리킵니다. 마찬가지로, 세 번이나 반복하신 취지가 베드로의 수위권을 입증하지도 않습니다. 이는 단지 세 번 부인한 베드로의 영적 침체와 퇴보를 암시할 뿐입니다. 또한 자신에게 사도라는 직분을 맡을 자격이 없다고 생각하는 베드로를 격려하시기 위함이었습니다. 그리하여 베드로가 자신의 직분을 수행하는 데 방해받지 않도록, 또한 자신의 사명을 가치 없게 여겨 완전히 물러나지 않도록 하려는 것이었습니다. 세 번 명령하심은 그가 세 번 부인한 데 대한 세 번의 회복입니다.

이 모든 것은 베드로가 온 교회의 총대주교가 아니며, 다른 사도와 교회에 대한 수위권을 소유하지 못했다는 사실을 분명하게 입증합니다. 그러므로 로마 교황은 베드로의 계승자도, 교회의 머리도 아닙니다.

감독은 다른 목회자에 대한 권위를 가지지 않음

개신교도들 가운데 논란이 되는 또 다른 주장이 있습니다. 바로 감독(bishop)[1]이 목회자와는 다른 상위 직분인가 하는 것입니다. 감독이 다른 목회자들에 대해 권세와 권위를 가지며, 따라서 목회자들과 모든 회중이 감독에게 종속된다는 주장이 있기 때문입니다. 교황주의는 여기에 긍정적으로 대답합니다. 종교개혁 시기에는 몇몇 나라에 여전히 진리를 견지하는 감독들이 있었습니다. 그러나 그들은 자신들이 가진 상당한 소득과 명예를 내려놓으려 하지 않았습니다. 그들은 자신의 교구를 유지하면서 이것이 종교개혁에 반하지 않는다고 주장했습니다. 이런 점에서 그들은 교황주의자들과 의견을 같이했고, 오늘날까지도 그러합니다.

한편 우리는 방금 제기한 문제에 관해 개혁교회와 더불어 부정적으로 대답합니다. 감독의 직분은 목회자의 직분과 전혀 다르지 않으며, 우월하지도 않습니다. 다음의 이유에서 이것은 분명한 사실입니다.

첫째, 성경은 어디에서도 감독과 목회자가 다르다고 말하지 않습니다. 또한 감독이 목회자보다 높은 직분이라거나 목회자가 감독에게 복종해야 한다고 가르치지 않습니다. 특히 교회의 사역자들에 관해 말하는 성경 구절들에서 그러한 내용을 찾아볼 수 있습니다(엡 4:11; 고전 12:28 참고). 따라서 위와 같은 주장은 하나님의 말씀을 벗어나 꾸며 낸 거짓에 불과합니다.

---

1) 역자주 - 'bishop'이라는 단어는 가톨릭과 관련해서는 '주교'로, 개신교와 관련해서는 '감독'으로 번역했다.

회피주장 사도들뿐만 아니라 디모데와 디도는 목회자들을 안수하여 세웠다.

| 답변 |

❶ 그들이 자신이 안수한 목회자들에게 권세와 권위를 행사했다는 기록은 어디에도 없습니다.

❷ 교회와 목회자가 없는 지역에 교회를 세울 경우, 다른 곳에서 목회자를 불러들여야만 했습니다. 또는 그 교회 구성원 가운데 믿는 지체를 목회자로 임명할 수도 있었습니다. 그래서 사도들은 도시마다 장로들을 안수하여 세웠고, 바울도 디도에게 다른 이를 안수하도록 위임했습니다. 특정한 지역에 이미 신자들이 있는 경우에는, 회중이 거수하여 장로들을 선출했습니다. 따라서 직분의 구별이나 우위를 암시하는 말은 전혀 없습니다.

둘째, 장로와 감독은 동일한 직분입니다. 장로가 감독이고, 감독이 곧 장로입니다. 우리말에서 '감독'이라는 단어는 '장로'라는 단어와 동일하게 사용됩니다(행 20:17 참고). 바울은 사도행전 20장 17절에서 "교회 장로들을 청하니"라고 말했다가 28절에서는 "성령이 그들 가운데 여러분을 감독자(overseers, 즉 bishop)로 삼고"라고 말합니다. 또한 한 도시에 여러 명의 감독들이 있었다는 사실도 알 수 있습니다. 그런데 로마 가톨릭은 여러 회중들을 함께 묶은 하나의 큰 회중[2]에 반드시 단 한 명의 주교(bishop)만이 있을 수 있다고 주장합니다. 그러나 다음의 성경 구절은 이에 대해 분명히 말합니다.

"빌립보에 사는 모든 성도와 또한 감독들(bishops)과 집사들(deacons)에게"(빌 1:1).

바울은 빌립보 도시와 빌립보 회중 가운데 있는 여러 명의 감독들과 집사들에게 안부를 물었습니다. 만일 교사와 장로들이 '감독'에 포함되지 않았다면, 바울은 분명 그들도 언급했을 것입니다. 이들을 돕는 직분인 집사들도 언급했기 때문입니다

---

2) 역자주 - 대교구를 의미한다.

다. 이로부터 회중 가운데 오직 감독과 집사 두 직분만 있었다는 사실을 분명하게 추론할 수 있습니다. 따라서 감독이라는 단어는 목회자와 장로 모두를 지칭하는 것입니다. 감독과 집사가 반드시 지녀야 할 자격과 따라야 할 처신에 관해 가르치는 디모데전서 3장도 이를 확증합니다. 여기서는 목회자와 장로를 위한 특별한 규례가 따로 언급되지 않습니다. 이 사실은 장로를 감독으로 이해한다는 점을 명백히 보여 줍니다. 또한 디도서 1장 5절에서는 장로들(elder)로, 7절에서는 감독(bishop)으로 부른다는 점에서도 이는 참됩니다. 그러므로 우리는 다스리고 가르치는 장로와 감독이 하나요 동일한 직분이라고 결론 내립니다. 감독은 목회자보다 상위 직분이 아니며, 따라서 감독은 다른 목회자들에 대해 권세와 권위를 가지지 않습니다.

셋째, 모든 목회자들은 교회를 다스리는 데 동일한 권위를 가집니다. 또한 회중과 장로들에게 주어진 것과 마찬가지로, 열쇠를 사용하는 데도 동일한 권위를 가집니다(마 18:18; 요 20:21,22 참고). 여기에는 어떠한 차이도 없습니다.

넷째, 이미 지적한 대로, 하나님은 교회 안에서 누군가가 수위권을 가지고 다른 이에게 주인으로 행세하는 것을 금하십니다. 그러므로 우리는 감독의 직분이 다른 목회자나 장로의 직분과 다르지 않다고 결론짓습니다. 어느 개혁교회 교파[3]에서 감독 직분은 짐승에게 남아 있는 발톱이요 적그리스도를 보좌에 앉힌 악덕에 지나지 않습니다. 교황주의 아래에서 주교에게 사제로 위임받고서 개혁 신앙으로 개종한 사람을 새로 위임받지 않고도 설교할 수 있도록 허락하였다는 사실을 감안한다면, 이는 더욱 분명한 사실입니다. 반면, 교황주의자들은 주교가 아닌 클라시스[4]로부터 위임받은 목회자들에게 자신들의 강단을 허락하지 않습니다.

---

3) 영역주 - 네덜란드 개혁교회에는 감독 직분이 존재하지 않았다. 따라서 여기서 아 브라켈은 네덜란드 밖에 있는 개혁 교회를 일컫고 있으며, 잉글랜드의 성공회 교회를 가리키는 듯하다.

4) 역자주 - 이후로는 노회와 병기하여 번역한다.

반론 1

구약에서 대제사장은 다른 제사장들이나 레위인보다 지위가 높다. 제사장직을 수행하기 위한 24반차에 각각 대제사장이 있었으며, 이들은 다른 제사장들의 머리였다. 따라서 신약에서 감독 직분은 다른 목회자나 장로 직분에 비해 탁월하고도 특별하며, 다른 직분들은 반드시 감독에게 예속되어야 한다.

답변

(1) 그러한 결론에는 필연적으로, 지상의 모든 교회와 목회자 및 장로에 대해 단 하나의 감독만이 존재해야 한다는 사실이 따라옵니다. 그러나 그들 스스로가 여기에 반대하므로, 그들의 결론은 무너질 수밖에 없습니다. 그러한 결론은 그들이 인정하려는 것보다 더 많은 것을 내포하기 때문입니다.

(2) 그와 같은 목회적 직무(또는 봉사)는 다양한 직제에 의해 수행되었습니다. 그러나 한 사람이 다른 이들에게 지배권을 행사하지는 않았습니다. 이는 지금의 목회자나 장로나 집사에게도 해당됩니다.

(3) 구약의 제의적 예배를 신약에 결부시킬 수는 없습니다. 모든 제의적 사역과 직분은 폐지되었기 때문입니다.

반론 2

아시아의 일곱 회중에게는 각각 단 한 명의 사자가 있었다. 이처럼 다른 목회자들에 대해 권위를 가지는 단 한 명의 감독이 존재한다.

답변

(1) 각 회중 가운데 목회자가 한 명 이상 있었다는 사실을 어떻게 입증합니까?

(2) 목회자가 한 명 이상 있었다는 것을 인정하더라도, 그것이 편지를 받은 한 사람이 다른 사람들보다 높은 지위를 가지며, 따라서 다른 목회자들이 그에게 복종해야 했음을 증명하지는 않습니다. 바울 당시에 에베소에서는 여러 감독이 동시에 섬겼습니다(행 20:17,18 참고). 그러므로 에베소 회중의 한 사자가 오직 한 명의 감독을 의미하지는 않으며, 그가 다른 감독들에 대한 권위를 지녔다는 의미도 아닙

니다. 이것으로부터 다른 교회에 대한 결론도 이끌어 낼 수 있습니다.

(3) '사자(angel)'라는 단어는 다른 이들보다 높은 어느 목회자를 가리키는 데 사용될 수 없습니다. 왜냐하면 모든 목회자들은 하나님께서 위탁하고 위임하신 전령이기 때문입니다(엡 4:11; 고전 12:28 참고). 모든 목회자는 사자이자 전령입니다(말 2:7 참고).

(4) 그 편지는 회중 자체에 관한 것입니다. 물론 인사말은 목회자들 가운데 한 명이나 장로회 전체를 향한 것이었습니다. 이들을 통해 편지가 회중에게 알려졌을 것입니다.

반론 3

디모데와 디도는 자신들이 분별하고 안수하여 세운 다른 사역자들에 대해 권위를 가진 감독이었다. 따라서 감독의 직분은 탁월하고 특별한 직분이다.

답변

(1) 디모데와 디도가 다른 사역자들에 대해 권위를 가지고 있었다는 증언은 어디에도 없습니다. 이것이 방금 우리가 논의한 내용입니다. 세상 어디에서도 이에 관한 증거가 발견되지 않았으므로, 우리는 이를 부인합니다.

(2) 그들이 도시마다 다른 목회자들을 안수하여 세운 것은, 그와 같은 교회가 조직되어야만 했기 때문입니다. 그곳에서 가장 적절한 위치에 있는 목회자가 그 지역에 다른 목회자를 세우는 것은 그들의 직분에 합치하는 일이었습니다.

(3) 바울이 디모데에게 "두세 증인이 없으면 장로에 대한 고발을 받지 말라"(딤전 5:19 참고)라고 권면한 것은, 디모데에게 수위권이 없었음을 말해 줍니다. 동일한 지위에 있는 자들은 두세 증인이 없이는 다른 이들로부터 고발을 받지 않습니다. 모든 콘시스토리나 노회나 총회는 반드시 그와 같이 행해야 합니다. 디모데가 고발을 받은 장로에 대해 판결을 내려야 했다 하더라도, 그가 혼자 이러한 일을 처리해야 했다는 의미는 아닙니다. 바울이 근친상간을 범한 이를 출교하기 위해 하나님 나라의 열쇠를 사용할 때조차도, 회중이 함께 모여 이 일을 행해야 했습니다(고

전 5:4 참고). 그러므로 이것은 감독이 교회를 치리한다는 증거가 되지 않습니다. 우리는 한 명 또는 여러 명의 목회자들이 다른 목회자의 삶과 가르침과 교회 사역을 살피도록 임명되는 데에 반대하지는 않습니다. 다만 한 사람이 다른 사람의 주인인 양 행세해서는 안 된다는 말입니다.

이로써 교회의 치리가 모든 이들의 머리라고 여겨지는 한 사람에게 부여되지 않았다는 사실과, 다른 사역자들에게 권위를 행사하며 여러 회중을 다스리는 감독제가 옳지 않다는 사실을 살펴보았습니다. 모든 목회자는 동등한 지위를 가지며, 그 직분이 다른 이보다 열등하지 않습니다. 그들은 모든 영역에서 동등하게 사역해야 합니다.

하나님께서 제정하신 교회의 직분

이제 하나님께서 그분의 교회에 어떠한 직분을 제정하셨는지를 설명하겠습니다. 이를 살펴봄으로써 직분에 관한 소명 및 그 직분과 관련된 사역을 숙고해 봅시다.

때때로 하나님은 교회의 특별한 시기나 상황 가운데 일반적이지 않은 직분들을 사용하기도 하십니다. 이러한 직분으로는 사도(apostles), 전도자(evangelists), 선지자(prophets)가 있습니다. 주님은 신약 시대 초기에 이러한 직분들을 사용하셨습니다. 여전히 몇몇 사람들에게서 장래 일에 관한 성령의 예언이 나타나지만(이를 알 기회가 없었던 이들이 즉시 부인할 만한), 그러한 계시는 단지 그것을 받은 자들을 위해 의도된 것입니다. 그들에게는 하나님의 임재를 느끼는 감각이 동반됩니다. 그들은 자신이 장래의 일을 알게 된 것이 사탄의 교묘한 술책이나 허구의 상상이 아니라 하나님께서 친히 알려 주신 데서 비롯됨을 압니다. 그러나 그러한 일들은 교리적인 요소와 관련되지 않으며, 따라서 다른 사람들에 대해 구속력을 가지지 않습니다. 그러므로 그와 같은 계시를 그대로 두는 것은 죄가 아닙니다. 물론 그러한 계시가 좀처럼 많은 사람들에게 알려지지는 않습니다.

이제 목회자와 장로와 집사 같은 일반적인 직분에 관해 논해 봅시다. 때때로 이 직분은 두 개로 줄기도 합니다. 다스리고 가르치는 장로와 집사, 또는 다스리는 장로와 집사 두 가지입니다(빌 1:1; 딤전 3:1-8 참고). 모든 사람이 예배 예식을 통해 하나님의 말씀을 듣고 회중의 연합을 나타내야 하며, 그 예식을 질서 있게 행해야 한다는 점을 기꺼이 인정할 것입니다. 또한 불경건한 태도로 행하는 자, 곧 술 취하거나 부적절한 태도로 예배에 참여하는 자들을 회중 가운데 지체로 인정하거나 그들에게 그러한 자격을 주어서는 안 된다는 점도 알 것입니다. 교회의 치리와 공적인 말씀 사역은 필수 불가결하므로, 각각의 사람들이 이러한 목적을 위해 보냄을 받았는지를 검증해야 합니다. 또한 그 직분을 사모하며 자신이 그 직무를 감당할 수 있다고 생각하는 자는 누구든지 그 일을 수행할 만한지를 검증 받아야 합니다. 위임이 필요하다면, 그러한 위임이 사람에게서 비롯된 것인지, 아니면 하나님께 기원을 두며 교회에 의해 시행된 신적 위임인지를 밝혀야 합니다.

그렇다면 가장 먼저, 목회자 곧 목사와 교사의 신적 위임에 관해 논하겠습니다.

말씀 사역을 위한 신적 위임의 필요성

> ▶ 질문
> 목회자 직분에 신적 위임이 반드시 필요한가?

대답: 이에 관해 소시니안을 비롯한 몇몇 이들은 부정적으로 대답합니다. 그러나 신적 위임은 반드시 필요합니다.

첫째, 성경의 여러 구절들이 신적 위임의 필요성을 명백히 증언합니다.

① 마태복음 28장 19,20절을 보십시오.

"그러므로 너희는 가서 모든 민족을 제자로 삼아 아버지와 아들과 성령의 이름으로 세례를 베풀고 내가 너희에게 분부한 모든 것을 가르쳐 지키게 하라. 볼지어다 내가 세상 끝 날까지 너희와 항상 함께 있으리라 하시니라."

어느 누구도 이것이 사도들에게만 국한된 신적 위임이라고 주장할 수 없습니다.

왜냐하면 이것이 가르침과 성례의 시행을 포함하는 위임이기 때문입니다. 교회에서 이러한 사역이 수행되는 한, 위임은 반드시 있어야 합니다. 우리는 이러한 사역이 교회 안에서 계속되어야 한다는 사실을 인정합니다. 그 일은 사도 시대가 종료될 때 함께 중단되도록 의도되지 않았습니다. 따라서 위임도 중단될 수 없습니다. 이에 덧붙여, 주님은 세상 끝 날까지 교회와 함께하겠다고 약속하셨습니다. 이 또한 사도들에게만 국한된 약속일 수 없습니다. 그들이 그렇게 오래 살 수는 없기 때문입니다. 따라서 본문은 사역 및 사역과 관련된 위임에 관한 말씀입니다.

② 에베소서 4장 11절도 이를 입증합니다.

"그가 어떤 사람은 사도로……어떤 사람은 목사와 교사로 삼으셨으니."

그리스도는 "성도를 온전하게 하여 봉사의 일을 하게 하며 그리스도의 몸을 세우기"(엡 4:12 참고) 위해 사도뿐만 아니라 목사와 교사를 주셨습니다. 주님은 목회 직분의 역할이 필요한 곳이라면 어디든지 목회자를 보내실 것입니다. 또한 고린도전서 12장 28절은 "하나님이 교회 중에 몇을 세우셨으니 첫째는 사도요……셋째는 교사요"라고 증언합니다. 이처럼 하나님은 사도뿐만 아니라 목사도 임명하셨습니다. 이와 관련해 사도행전 20장 28절은 "성령이 그들 가운데 여러분을 감독자로 삼고"라고 기록합니다.

③ 로마서 10장 15절을 숙고해 보십시오.

"보내심을 받지 아니하였으면 어찌 전파하리요."

진술된 대로, 보내심을 받지 않고서는 어느 누구도 설교할 수 없으며, 해서도 안 됩니다. 어느 누구도 이를 바울 시대에만 해당되는 것으로 취급하면서 회피할 수 없습니다. 이것이 그 시대에만 국한된다는 주장은 성경 어디에서도 발견되지 않습니다. 당시든 지금이든 시기와 상관없이 그것은 본질적으로 같은 문제입니다. 바울은 하나의 사안에서 다음 사안으로 나아가는 방식으로 논증하면서 예나 지금이나 신적인 위임이 없이는 설교할 수 없음을 보여 줍니다. 하나님을 부르는 성도의 의무와 마찬가지로 다른 모든 의무들이 그런 식으로 이어집니다. 믿음이 없이 어떻게 하나님을 부를 수 있겠습니까? 들음이 없이 어떻게 믿을 수 있겠습니까? 전파하지 않으면 어떻게 들을 수 있겠습니까? 그리고 보내심이 없다면 어떻게 전파할 수 있겠습니까? 위임받는 일에 선행하는 모든 요소들은 모든 시대에 참됩니다. 따라서 사도의 말을 따른다고 하면서 마지막 요소를 부정하는 것은, 다른 요소들을 무효로 만드는 일입니다.

둘째, 구약과 신약을 통해 이 일을 행하신 하나님으로부터 이것이 참된 사실임을 알 수 있습니다. 하나님은 장자 대신 레위 족속을 부르고 위임하여 그분을 섬기도록 구별하셨습니다. 아론과 그의 자손들을 택하여 제사장 직분을 감당하게 하셨습니다. 이에 관해 사도는 다음과 같이 진술합니다.

"이 존귀는 아무도 스스로 취하지 못하고 오직 아론과 같이 하나님의 부르심을 받은 자라야 할 것이니라"(히 5:4).

가르치는 것은 제사장의 임무 중 하나인데, 제사장은 하나님의 대사로서 이 임무를 수행해야 했습니다.

"제사장의 입술은 지식을 지켜야 하겠고 사람들은 그의 입에서 율법을 구하게 되어야 할 것이니, 제사장은 만군의 여호와의 사자가 됨이거늘"(말 2:7).

신적 위임 없이 행하는 자들에게는 날카로운 경고가 주어졌습니다.

"이 선지자들은 내가 보내지 아니하였어도 달음질하며 내가 그들에게 이르지 아니하였어도 예언하였은즉"(렘 23:21).

마찬가지로, 신약에서도 설교를 위한 신적 위임을 받지 않고서 설교한 사람은 아무도 없습니다. 사도들은 편지를 쓸 때에 서두에서 그들의 이러한 자격을 언급하고 나서, 차례로 다른 이들을 위임하였습니다.

"각 교회에서 장로들을 택하여"(행 14:23).

"네 속에 있는 은사 곧 장로의 회에서 안수 받을 때에 예언을 통하여 받은 것을 가볍게 여기지 말며"(딤전 4:14).

"아무에게나 경솔히 안수하지 말고"(딤전 5:22).

"내가 명한 대로 각 성에 장로들을 세우게 하려 함이니"(딛 1:5).

이와 같은 말씀을 통해, 설교하는 자들은 모두 설교하도록 위임받았다고 결론 내릴 수 있습니다. 따라서 신적 위임은 지금도 필수 조건입니다.

셋째, 목회자들은 하나님의 대사입니다.

"제사장은 만군의 여호와의 사자가 됨이거늘"(말 2:7).

"그러므로 우리가 그리스도를 대신하여 사신이 되어"(고후 5:20).

대사는 자신이 위임받은 것 말고는 다른 어떤 것도 행할 수 없습니다. 그러므로 설교자는 자신이 섬기는 주를 대신하여 말합니다.

반론 1

가르치는 것은 모든 이의 의무이며, 그러한 능력을 부여받은 사람은 그것들을 활용해야만 한다. 따라서 모든 이들은 예언하기를 사모해야 한다(고전 14:39 참고).

답변

모든 사람은 개인적으로 그렇게 해야 합니다. 그러나 그것이 모두가 공적으로 가르쳐야 한다는 의미는 아닙니다. 누군가에게 다스리는 능력이 있다고 해서 곧장 왕위에 올라 통치해야 합니까? 반론의 주장은 이런 식으로 적용하는 것과 같습니다.

반론 2

사도행전 8장 4절은 "그 흩어진 사람들이 두루 다니며 복음의 말씀을 전할새"라고 증언한다. 즉, 모든 신자가 복음의 말씀을 전하는 일에 동참해야 한다는 것이다. 따라서 신적 위임은 목회 직분을 위한 필수 조건이 아니다.

답변

(1) 흩어진 신자들 가운데는 장로와 전도자와 집사들이 있었으며, 특히 전도자 빌립이 있었습니다(행 21:8 참고). 그는 특별한 계시와 위임을 받았고(행 8:29 참고), 세례를 베풀 권세도 받았습니다(행 8:38 참고).

(2) 흩어진 자들은 모두 개인적으로 한 사람이 다른 사람에게 전하고 다른 사람이 또 다른 사람에게 전하는 방식으로 말씀을 전했습니다. 따라서 그들은 사적으로 복음을 전하도록 부름받은 의무를 행하였습니다. 반면, 그들이 공적으로 목회

사역을 했다거나 성례를 시행했다는 말은 어디에도 없습니다.

반론 3

고린도전서 14장 26절은 회중 가운데 있는 모든 자들이 어떻게 말해야 할지를 가르친다.

"그런즉 형제들아 어찌할까. 너희가 모일 때에 각각 찬송시도 있으며 가르치는 말씀도 있으며 계시도 있으며 방언도 있으며 통역함도 있나니 모든 것을 덕을 세우기 위하여 하라."

따라서 설교를 위한 특별한 위임은 없다.

답변

(1) 여기에 언급된 모임에는 특별한 성령의 기름 부음이 있었음을 바로 알 수 있습니다. 여기서 사도는 이러한 특별 은사를 활용할 때에 모두가 어떻게 처신해야 하는지를 가르칩니다. 그러나 특별한 데서 일반적인 결론을 이끌어 내서는 안 됩니다.

(2) 여기서 언급하는 예언하는 자들은 질서와 차례를 따라 말해야 합니다.

(3) 서로 의견을 나눌 수 있는 사적인 모임에서는 모든 사람들이 말할 수 있습니다. 따라서 이 본문이 목회자들에게 필요한 신적 위임을 부인하는 것은 아닙니다.

반론 4

요한일서 2장 20절과 27절은 다음과 같이 증언한다.

"너희는 거룩하신 자에게서 기름 부음을 받고 모든 것을 아느니라……아무도 너희를 가르칠 필요가 없고."

이를 볼 때, 목회자는 필요하지 않다. 따라서 목회자가 신적 위임을 받아야 할 필요도 없음이 분명하다.

답변

(1) 그와 같은 사람들은 아무런 가르침도 없이 그러한 큰 진보를 이루었습니까? 당연히 그렇지 않습니다. 그들도 처음에는 가르침을 받아야만 했습니다. 이러한

가르침의 당위성이 위의 반론을 무효화합니다.

(2) 사도는 이들이 절대적으로 완전한 지식에 도달했으므로 가르침이 필요 없다고 말하는 것이 아닙니다. 다만 성령의 조명을 받아야 한다는 사실과, 이 빛으로 진리와 오류를 분별할 수 있다는 사실을 진술합니다. 또한 이로써 진보가 이루어진다는 점을 이야기합니다. 그들이 말씀으로 말미암아 기뻐하면서 말씀 사역을 행하는 것은 유익한 수고가 될 것입니다.

이로써 목회 사역을 위해 신적 위임이 필요하다는 사실을 살펴보았습니다. 이제 이 위임의 특성에 관해 숙고해 보겠습니다.

신적 위임의 특성

목회로의 내적 소명

이 위임은 내적이고도 외적입니다. 하나님의 특별한 신적 선포는 내적 위임의 요소가 아닙니다. 하나님은 매번 직접 특별한 신적 선포를 행하시지는 않으며, 매우 드물게 그 일을 행하십니다. 따라서 그것을 기다릴 필요가 없습니다. 자신의 내적 소명을 확신할 수 있는 다른 요소들이 있습니다.

첫째, '직분에 관한 지식'이 바로 그것입니다. 부르심을 받은 이는 그리스도의 종이요 하나님의 입이 된다는 것이 무슨 의미인지를 알아야 합니다. 또한 위대한 복음을 선포하는 것, 무지한 이에게 구원의 도를 가르치는 것, 마귀로부터 인생을 건져 그리스도께로 이끄는 도구가 되는 것이 의미하는 바를 분명히 알아야 합니다. 그리고 이 직분의 내용들, 곧 애통하는 자를 위로하는 것, 나태한 자를 각성시키는 것, 방황하는 자를 바른 길로 인도하는 것, 위선자와 세속적인 자들을 밝혀내는 것, 오류로부터 진리를 수호하는 것, 경건치 않은 자들을 책망하는 것, 죄악되게 사는 자들을 돌이키게 하거나 교회로부터 내쫓는 것, 교회를 존귀하게 하는 것 등을 알아야 합니다. 이를 통해 진리를 고백하는 자들의 거룩함으로 말미암아, 교회는 그리스도께 영광을 돌릴 것입니다. 또한 목회자는 자신에게 맡겨진 영혼에 관해 설명할 수 있어야 하며, 본이 되어야 한다는 사실을 알아야 합니다. 이러한 사안들을 알지도 못하고, 그 무게를 깨닫지도 못할뿐더러, 이를 중심으로 받지도 않는 자가 어떻게 이러한 일에 충성하려는 생각을 품을 수 있겠습니까? 한 사람의 소명을 깨닫기 위해서는 반드시 이 모든 사안들을 알며, 숙고하고, 경험해야만 합니다.

둘째, '이 직분을 위한 적성'에 관해 반드시 어느 정도 알고 있어야 합니다. 거룩한 진리에 관한 기초적이고도 이론적인 지식만으로는 충분하지 않습니다. 오히려 부름받은 자는 자신을 회심시킨 진리의 능력을 반드시 경험해야 합니다. 그리하여 자신의 경험으로부터 말할 수 있어야 합니다. 목회자는 자신의 생각을 분명하게 표현할 수 있어야 합니다. 또한 다른 이에게 호소력 있는 음성을 가지고 있어야 합니다. 물론 가장 적합한 사람이라 하더라도 "누가 이 일을 감당하리요"(고후 2:16)라고 말할 수밖에 없지만, 자질이 어느 정도인지에 관해서는 반드시 자각하고 있어야 합니다. 잠시 후에 이러한 자질에 관해 더 자세히 숙고해 보겠습니다.

셋째, '특출난 사랑'이 있어야 합니다.

① '그리스도를 향한 특출난 사랑' 때문에 그리스도를 전하고자 하는 열망이 있어야 합니다.

② '교회를 향한 특출난 사랑' 때문에 교회를 그리스도께 정결한 처녀로 드릴 수 있어야 합니다.

③ '영혼을 향한 특출난 사랑'으로 회심하지 않은 자들을 불속에서 끌어낼 뿐만 아니라, 회심한 자들을 견고케 하고 위로하며 신령한 양식을 계속 공급할 수 있어야 합니다.

넷째, '세상의 모든 것을 기꺼이 거절'해야 합니다. 여기에는 세상의 명예와 재물 및 이생에서의 생명이 포함됩니다. 만일 누군가가 목회를 통해 사회적으로 낮은 자신의 지위를 높이고, 명성과 재물을 얻고자 한다면, 그의 목적은 전적으로 잘못된 것입니다. 그러한 사람은 구두 수선공이 되는 편이 훨씬 행복할 것입니다. 저는 자신의 이익을 위해 하나님의 거룩한 것을 이용하는, 거듭나지 않은 목회자보다 끔찍한 사람은 없다고 생각합니다.

다섯째, '이 직분을 향한 큰 열망'을 지녀야 합니다(딤전 3:1 참고). 이 사역을 통해 자신을 드리고자 끊임없이 분투해야 합니다. 또한 자신이 부름받았는지를 염려해야 합니다. 마음속에 이 직분을 그만두고자 생각하게 만드는 동기가 숨어 있다는 것을 깨닫고서 근심합니다. 또는 모세나 예레미야처럼 맡겨진 직무가 막중한 데 반해 자신이 무능력하다고 느낄 때, 이 직분을 어려워하여 사역에서 놓이기를 구할 정도로 근심하기도 합니다. 그러나 분투는 계속될 것이며, 그러한 장애물을 극복할 것입니다. 결과적으로 이것이 그를 주님 앞에서 더 자유롭게 할 것입니다. 또한 스스로가 이전보다 더욱 자원하게 될 것입니다. 왜냐하면 이와 같은 장애물을 통해 자신의 심령의 동기를 더욱 분명히 깨닫기 때문입니다. 그리하면 그는 마음에 정죄를 받지 않고, 오히려 이러한 문제 가운데서 자신의 신실함을 확신하게 됩니다.

이와 같거나 비슷한 논증을 통해 목회자는 자신의 내적 소명을 확인할 수 있습니다. 이제 외적 소명에 관해 숙고하겠습니다.

목회로의 외적 소명

외적 소명도 본질적으로 비상한 것이 아닙니다. 그와 같은 특별한 부르심은 오직 선지자와 사도에게만 적용됩니다. 그러한 소명은 즉각적으로 임하거나 특정한 방편과 더불어 나타났습니다.

"주를 섬겨 금식할 때에 성령이 이르시되 내가 불러 시키는 일을 위하여 바나바와 사울을 따로 세우라 하시니, 이에 금식하며 기도하고 두 사람에게 안수하여 보내니라"(행 13:2,3).

일반적인 외적 소명은 하나님께서 직접 명하시는 것이 아니라, 하나님께서 교회를 방편으로 하여 일으키십니다. 어느 지역에 교회가 세워져야 하는데 신적 위임을 받은 목회자를 구하기 어려울 때, 목회자를 부르기 위한 최종적인 권위가 그 교회에 부여됩니다. 비록 안수하여 목회자를 세우지는 못하더라도, 교회는 자신들 가운데 자격을 가진 몇몇을 이 위대한 사역으로 불러 섬기게 할 권한을 가집니다. 비록 세워지는 과정에 있는 교회라 하더라도, 교회는 언제나 목회자를 부르기 위한 권위를 보유합니다. 어느 누구도 이 권위에 대해 이의를 제기하면서 교회로부터 이 권위를 없애서는 안 됩니다. 설립된 교회에서 '국왕의 보호권(Jus Patronatus)'[5]을 행사하는 것은 가증스러운 행위입니다. 자신과 자신의 목회에 하나님의 복이 임하기를 바란다면, 그러한 방식으로 교회에 자신의 영향력을 행사하려고 해서는 안 됩니다.

임직은 신적 위임을 받은 목회자들에 의해 이루어지지만, 외적 소명은 회중과 관련됩니다. 회중 가운데 있는 모든 형제들이 표를 행사하거나(네덜란드의 몇몇 교회에는 여전히 이러한 관습이 있습니다), 장로들을 통해 목회자를 청빙합니다. 그 이유는 다음과 같습니다.

① 장로는 회중을 대표합니다.

② 교회가 장로를 위해 존재하는 것이 아니라 장로들이 교회를 위해 존재합니다. 그들은 교회의 주인이 아니라 종입니다(고후 4:3,5 참고).

③ 회중은 목회자들의 가르침과 삶에 세심한 주의를 기울여야 할 의무를 집니다. 그들의 영이 하나님께 속했는지를 분별해야 합니다(요일 4:1 참고). 또한 거짓 선지자들을 삼가야 하며, 그들의 음성을 듣거나 따라서는 안 됩니다(요 10:27 참고).

④ 초대 교회의 회중은 두 사람을 지명한 후에 제비를 뽑아 그중 하나를 택했습니다(행 1:23 참고). 일곱 집사를 택하여(행 6:3,5,6 참고), 몇몇을 안디옥으로 파송했습니다(행 15:22,23 참고). 바울은 하나님 나라의 열쇠를 사용할 때, 언제나 회중과 더불어 그 일을 행하고자 했습니다(고전 5:4 참고). 이는 바울이 디도로 하여금 각 도시에 장로들을 세우게 한 사실과 모순되지 않습니다(딛 1:5 참고). 이는 교회가 그곳에 세워져야 했기 때문입니다. 바울은 자신이 그렇게 행한 것처럼 디도에게도 평상적인 방식, 곧 회중의 거수를 통해 이 일을 행하라고 명했습니다. 그러므로 목회자를 부르는 권한은 감독이나 다른 목회자(권위를 부여받은)에게 있는 것이 아니

---

[5] 역자주 - 국왕의 보호권(Jus Patronatus)은 교회를 교황보다 국왕과 국가에 종속시키기 위해 성직자를 임명하는 데 국왕이 절대적인 영향력을 행사할 수 있도록 제정된 법이다.

라, 회중에게 있습니다.

설립된 교회 안에서는 (외적 소명의 기본적 특권을 소유한) 목회로의 '위임(commission)'과, 특정한 교회로부터의 '청빙(call)'과, 교회 안에서 이루어지는 '목사 안수(ordination)'를 구분해야 합니다.

'위임'은 노회나 총회 같은 곳에 모인 장로들이 행합니다. 거기서는 우선적으로 주님의 교회에서 주를 섬기는 능력과 가르침과 삶을 주의 깊게 검증해야 합니다.

"내게 들은 바를 충성된 사람들에게 부탁하라. 그들이 또 다른 사람들을 가르칠 수 있으리라"(딤후 2:2).

"아무에게나 경솔히 안수하지 말고"(딤전 5:22).

"이에 이 사람들을 먼저 시험하여 보고 그 후에 책망할 것이 없으면 집사의 직분을 맡게 할 것이요"(딤전 3:10).

이러한 검증 후에 위임이 뒤따릅니다. 이러한 자들에게 그리스도의 이름으로 설교하고, 성례를 집행하며, 권징을 시행하고, 목회 직분과 관련된 모든 일을 행할 수 있는 권위를 부여합니다. 이와 같은 권위는 바로 주어지지 않고, 예비적인 검증이 시행됩니다. 그러한 후보자들에게는 하나님의 대사로 말씀을 전하는 것을 비롯하여 목회에 관한 어떤 것도 허락되지 않습니다. 하나님의 대사로 말씀을 전하는 것과 성례를 집행하는 것은 분리될 수 없기 때문입니다. 주 예수님은 마태복음 28장 19절에서 설교하고 세례 베푸는 일을 동일한 사람들에게 맡기셨습니다. 다만 목회 후보자들은 여러 곳에 있는 목회자들의 지도 아래에서 자신의 은사를 사용할 수 있습니다. 또한 그 지도 아래에서 목회자의 결원이 생겼을 때, 회중에게 설교하는 것이 허용됩니다. 그와 같은 권위는, 회중을 통해 부름받고 위임을 위해 노회로부터 임명된 목회자들이 안수한 자들에게만 주어집니다.

어떤 지역에서는 예비 검증을 받은 목회 후보자에게 이러한 권위를 준 후에, 특정한 회중과의 협력 없이 그를 거룩한 목회 사역으로 보냅니다. 이러한 위임은, 비록 특정한 회중에게 청빙을 받기 전일지라도, 그리스도의 대사로서 복음을 선포할 권위와 성례를 시행할 권위를 부여합니다. 또한 부름의 연장선에서 한 회중에게서 다른 회중에게로 옮겨 갈 자유가 있습니다. 이러한 부름은 새로운 소명이라기보다는 "와서 도우라"라는 요청으로 여겨집니다. 그와 같은 부름의 경우에는, 먼저 주님께 구한 후에 교회에 가장 유익이 되는 방향을 고려하여 받아들이거나 거절해야 합니다. 그러한 위임은 보편적인 직분과 관련된 것으로, 특정한 회중 가운데 있는 경우뿐만 아니라 순회하면서도 그리스도의 대사로 행할 자유를 줍니다.

이처럼 저는 제가 특정한 지역에 제한되지 않는 보편적인 위임을 받았다는 사실로 인해 기쁠 뿐만 아니라, 많은 경우 자유롭습니다. 모든 프리슬란트 지방의 목회 후보자들(Frisian cadidates)도 그러합니다. 제 위임에 대한 선언문은 다음과 같습니다.

……Itaque per praesentus literas, testatum facimus, nos as dignissimum ministerii munus (quod Deus bene vertat) praefatum dominum Wilhelmum a' Brakel admisisse, sicut etiam admittimus, in album et ordinem ministrorem Christi recepisse, sicut etiam recpimus eique potestatem dedisse, sicut etiam damus Euangelium ex Dei praescripto pure praedicare, veneranda N.T. Sacramenta reverenter adminitrare, claves aperiendi atque claudendi regnum caelorum, ecclesiasticam, scilicet disciplinan prudenter exercere, oniaque, quae ad ecclesiae regimen spectant tum publice, tum privatum perager, prout fidum Christi ministrum decet; etc.,

이를 번역하면 다음과 같습니다.

……우리는 이 문서를 통해 빌헬무스 아 브라켈이 가장 존귀한 목회의 직분을 받은 자로 인정되었음을 증언합니다(하나님께서 창대케 하시기를 기원합니다). 이와 같이 그는 그리스도의 종 가운데 속한 자로 인정되고 허락되었습니다. 또한 그에게 하나님의 뜻에 따라 복음을 순전하게 전하고, 신약의 영예로운

성례를 집행하며, 천국의 문을 열고 닫을 열쇠를 사용하고, 교회의 권징을 사려 깊게 시행하며, 교회의 치리와 관련된 모든 일에 특별하게 종사할 권위가 부여되고 허락되었습니다. 따라서 그리스도의 신실한 종으로서 마땅히 공적으로나 사적으로나 이 의무를 다해야 할 것입니다.

목회 후보자는 반드시 하나님께서 제정하신 제도와 교회의 선한 질서에 따라 회중이나 장로로부터 선택을 받아야 합니다. 그리고 이러한 선택과 부름에 대해 후보자는 그를 위임하는 목적과 그에 관한 예비적 검증에 부합해야 합니다. 부름을 받아들이고 예비 검증을 받은 후보자는 한 번 더 검증을 받습니다. 그러고 나서 그는 특정한 회중 가운데서 노회로부터 임명된 목회자들에게서 (성경에 제시된 모범과 교회에 세워진 전통에 준하여) 안수를 받습니다. 그러나 청빙에 의해 다른 회중에게로 이동했을 때는 다시 안수하지 않습니다. 프리슬란트에서는 보편적인 위임을 시행하기 때문에, 새로 임명하는 일은 없습니다

목회자 스스로의 검증

모든 목회자들은 주님 앞에서 자신을 살피고 숙고하여 다음의 질문에 답해 보십시오. 여러분은 하나님으로부터 보내심을 받았습니까, 아니면 스스로 나섰습니까? 이 직분과 관련된 일이 무엇인지를 알고 있습니까? 외적 지식과 관련해 이 직분을 수행할 만한 자질을 갖추었다고 확신합니까? 또한 거듭남의 경험, 믿음, 소망, 사랑, 거룩함, 하나님께서 영혼을 다루시는 일, 영적 전쟁, 영혼의 다양한 상태에 관하여 영적 지식이 있습니까? 이는 곧 자기 마음의 보화로부터 새것과 옛것을 내고, 모든 사람의 상태에 따라 설교하며, 개인적인 경험을 통해 공적으로나 사적으로 모든 이에게 각자가 얻을 것을 제공하고, 마음과 마음으로 이야기하기 위한 지식입니다. 그리스도를 전파하며, 영혼을 회심시키는 도구가 되고, 교회를 더욱 행복하게(welfare) 만들기를 특별히 사모합니까? 이 사역을 감당하기 위해 끊임없이 분발합니까? 주님께서 나를 보내셨는가 그렇지 않은가를 근심하는 한편, 이를 알기

위해 많이 기도합니까? 때때로 이 직무의 중함과 자신의 무능함을 깊이 숙고하면서, 이 직분에서 놓이기를 소망한 적이 있습니까? 뒷걸음치고자 하는 마음들을 하나님의 사역을 향한 사모함으로 계속 물리칩니까? 아니면 자신의 의향을 확인하면서 종종 안심합니까? 자신의 숨은 동기 때문에 근심한 적이 있습니까? 주님의 임재 가운데서 자신의 참된 동기를 깨달음으로써 그 숨은 동기가 사라진 적이 있습니까? 주님과 주님의 교회를 위해 재물과 명예, 나아가 생명조차 기꺼이 부인하는 마음의 상태를 알고 있습니까? 명예와 신망과 세속적인 삶의 환경을 개선하기 위해 재물을 얻는 데만 열중하지는 않았습니까? 또한 학문적으로 반드시 이르러야 할 정도의 진보를 이루었습니까? 이러한 사안들에 관해 진정으로 자신을 검증해 보았습니까? 아니면 자신을 검증하지도 않은 채 그저 내달리기만 했습니까?

외적 소명에 관해 자문해 보십시오. 어떻게 지금의 회중을 만났습니까? 회중을 대표하는 장로들에게서 호감을 얻기 위해 그들에게 듣기 좋은 말만 하지는 않았습니까? 그들을 통제하기 위해 우호적인 관계를 맺지는 않았습니까? 그들에게 선물을 주지는 않았습니까? 회중에게 받아들여지기 위해 교회 안에 있는 세속적인 구성원들과 교감하지는 않았습니까? 이 회중에게로 나아오면서 돈을 받거나 약속받지는 않았습니까? 또한 이러한 행위가 다른 동료에 의해 부지중에 이루어진 경우라면, 그것을 알게 된 이후에 다시 돌려주었습니까?

이와 같은 질문들을 숙고하는 것은 아직 목회를 시작하지 않은 후보생들에게 매우 유익할 것입니다. 또한 부름받은 모든 사역자들에게는, 자신이 죽이고 멸망시키러 온 자(요 10:10 참고)인지, 자기 몸만 기르는 목자(유 1:12 참고)인지를 깨닫는 데에 도움이 될 것입니다. 자신이 이 존귀한 직분으로 위임받지 않았다는 사실을 확신하게 되었는데도 불법적인 목적과 수단으로 이 직분을 계속 강행해 왔다면, 그는 주님 앞에서 겸비하여 그리스도의 피로 화목케 되기를 구하는 동시에, 내적 부르심을 받도록 힘써야 할 것입니다. 반면 그가 이렇게 행하지 않는다면, 저는 그에게 걸인이 될지언정 목회를 그만두라고 권고할 것입니다. 왜냐하면 그러한 자들의 머리 위에는 가장 참혹한 심판이 드리워 있기 때문입니다. 그는 자신이 누려 온 명성과 이익에 대해 큰 대가를 치르게 될 것입니다. 자신의 양심을 잠재우기 위해 비굴하게 구는 것은, 소명을 완전히 부정하고 목회자를 그저 학교에 고용된 교사처럼 여기는 태도요, 삯꾼을 자처하는 것입니다.

반면 자신의 위임을 확신한다면, 이러한 위임을 자신의 무능함을 강화하는 데 사용하십시오. 또한 이 직분을 자유롭게 수행하고, 자격을 구비하기 위해 믿음으로 기도하며, 목회하다가 당면하는 온갖 시험 가운데서도 끈기 있게 신뢰하는 일에 이 위임을 사용하십시오.

또한 자신의 신적 위임을 확신하는 사람은 스스로를 주 예수님의 대사로 여겨야 합니다. 따라서 그는 그러한 권위를 가지고서 설교와 교리문답 교육, 성례의 시행, 심방, 하나님 나라의 열쇠를 사용하는 것 등 목회의 모든 사역을 수행해야 합니다. 이로써 그는 더욱 담대하게 충성할 것이며, 따라서 그와 그의 사역은 더욱 인정받게 될 것입니다. 이처럼 모든 사역자의 행실은 자신이 받은 위임과 관련될 수밖에 없습니다.

목회자의 소명에 대한 교회 지체의 책임

교회의 지체들이 목회자의 내적 소명을 지각할 수는 없습니다. 그러므로 이것은 그들이 관여할 사안이 아닙니다. 마찬가지로, 목회자의 외적 소명을 지나치게 검증하는 것도 그들의 일이 아닙니다. 회중을 대표하는 장로들을 통해 누군가가 청빙을 받으면, 교회의 지체들은 반드시 그를 하나님의 대사로 인정해야 합니다. 목회자가 실제로 가룟 유다와 같을지라도, 이는 오직 그 자신과만 상관이 있습니다. 가룟 유다와 마찬가지로 경건하지 않은 목회자들도 하나님의 대사이므로, 회중은 그들의 말을 들어야 합니다.

"서기관들과 바리새인들이 모세의 자리에 앉았으니, 그러므로 무엇이든지 그들이 말하는 바는 행하고 지키되 그들이 하는 행위는 본받지 말라 그들은 말만 하고 행하지 아니하며"(마 23:2,3).

장로들이 목회자를 청빙하는 일에 태만하거나 악한 사역자를 청빙하기로 약속하거나 청빙하라고 위협한다면, 그들은 그 일에 대해 책임을 지게 될 것입니다. 목회자가 청빙을 받고 노회가 이 청빙을 재가했으며 이후에 회중 가운데서 공적으로 임직을 받았다면, 그 목회자가 악을 행하지 않고 진리를 전하는 한 회중은 그의 말을 들어야 합니다. 경건한 태도와 정당한 방식의 청빙을 통해 경건한 목회자를 얻은 회중은 복됩니다. 회중은 그리스도께서 교회적 절차에 따라 그를 보내셨는지, 즉 목회자가 회심했는지 아닌지, 또는 그 청빙이 합당한지 아닌지를 분명히 생각해야 합니다. 따라서 목회자가 합당한지를 알기 위해 반드시 그의 말들을 들어 보아야 합니다. 그리고 그의 말이 하나님의 말씀과 일치할 때, 회중은 그가 하는 말을 그리스도의 이름으로 선포된 말씀으로 받아야 합니다. 순전하게 사역하는 목회자들은 그 사역을 통해 세움을 받을 것입니다. 또한 목회자를 그저 진리를 제시하는 자로만 여기거나 그에게 주목하게 하여 쉽사리 마음을 상하게 만들지 않을 것입니다. 오히려 그리스도를 대신하여 전하는 그리스도의 대사로서 그가 받은 위임과 그의 자격으로 영혼에 더 큰 영향을 미치게 할 것입니다. 목회자의 위임과 자격과 권위(단지 유익한 진리를 전하는 자가 아닌 그리스도의 대사로서)와 더불어 그리스도께서 자신의 명령을 전하고자 회중과 각 지체들에게 자신의 이름으로 대사를 보내셨다는 사실을 적절히 숙고하는 일은, 지체들의 심령에 강력한 영향을 끼칠 것입니다. 따라서 모든 사람이 목회자를 그리스도의 대사로 인정하고서 그의 가르침을 듣도록, 목회자는 회중들에게 자신의 위임에 대해 감화를 주어야 하고, 지체들 역시 목회자의 위임에 관해 서로 가르쳐야 합니다.

교회의 지체들은 목회자의 위임의 중요성을 잊지 않도록 항상 경계해야 합니다. 누군가가 집이나 다른 장소에 사람들을 불러 모아 놓고는 설교 형식에 따라 본문을 강해하고 적용하면서 목회 사역을 흉내 낸다면, 목회자 위임의 중요성이 사라질 것입니다. 또한 어떠한 잣대를 들이대면서(이런 것을 생각하는 것은 두려운 일입니다) 목회자가 영적으로 살았는지 죽었는지를 표명할 때에도 그러합니다. 그리하면 그 목회자는 보내심을 받지 않고 스스로 나선 것이 되어, 결국 목회자의 위임에 관한 감동이 사람들의 심령에서 사라지고, 그 목회 사역은 열매를 많이 맺지 못하게 될 것입니다. 설령 누군가에게 탁월한 은사가 있고, 목회자들보다 은사가 더 많으며, 다른 이들의 덕을 세우기 위해 그렇게 행했다 하더라도, 그러한 행실은 정당하지 않습니다. 그러한 행위는 일반적으로 유익하기보다는 열 배나 더 해롭습니다. 게다가 거기에는 자기를 자랑하고 드러내려는 마음이 수반되기 마련입니다. 이는 자주 마음을 분열시킵니다. 경건하지 않은 자들은 설교자의 경솔한 언사로 말미암아 자신들의 근거를 더 강화하지만, 경건한 자들의 심령은 그 때문에 혼란스러워하며 슬퍼합니다. 저는 그러한 일들이 교회를 더욱 혼란스럽게 만든다고 생각합니다. 그들이 아직 회심하지 않았다면, 주님께서 그러한 자들을 공포로 가득 채우실 것입니다. 회심한 자들이라면, 주님께서 그들의 잘못을 깨닫게 하여, 그와 같은 행위를 그치게 하실 것입니다!

교회의 지체들이 특별하게 모이는 데에 반대하는 것이 아닙니다. 저는 특정한 모임을 한다거나 자신에게 반대한다는 이유로 경건한 지체들이 주의 만찬에 참여하지 못하도록 막는 목회자들을 경멸합니다. 지체들이 함께 만나도록 격려하는 것이 저의 일입니다. 그것이 성도의 교제에 필요하기 때문입니다. 그러나 앞서 언급한 무질서한 모임과 행실에는 반대합니다. 한 사람이 어느 모임을 주도하려고 해서는 안 됩니다. 각 사람이 동등하게 기여해야 합니다. 서로 논의하면서 그러한 모임을 진행해야 합니다. 하나님의 말씀을 장별로 읽고, 서로 질문하고 답하며(한 사람이 질문하며 인도할 수도 있습니다), 시편 찬송과 신령한 노래를 함께 부르고, 설교를 다시 나누며, 서로 격려하고 위로하며, 함께 기도하는 모임을 가져야 합니다. 그러한 모임 위에 주님의 복이 머물 것이며, 주님의 약속대로 주 예수님께서 그 가운데 친히 임하실 것입니다. 그런데 그러한 모임이 너무 자주 이루어지거나 너무 오래 지속되어서는 안 됩니다. 지루하다거나 시간을 낭비한다거나 가정을 도외시한다는 비난을 받아서는 안 되기 때문입니다. 사실은 그와 반대라는 것을 보여 주어야 합니다. 특히 남자와 여자가 함께 모이는 경우라면, 밤보다는 낮에 모이는 것이 더 사려 깊은 행동일 것입니다.

28

목회자, 장로, 집사의 직분

이전 장에서는 내적, 외적 소명의 본질에 관해 숙고해 보았습니다. 이제 더 나아가 하나님께서 교회 가운데 제정하신 직분 및 각 직분과 관련된 사역에 관해 숙고해 봅시다.

목회자의 직분

먼저 목회자들에 관해 숙고해 보겠습니다. 이는 목회자의 지위와 그 사역이 가지는 중요성(우월함이나 다스리는 영향력이 아닙니다) 때문입니다. 에베소서 4장 11절에서 사도는 목회자를 목사와 교사로 부릅니다. 그러나 호칭이 두 가지라고 하여, 두 개가 교회 안에서 서로 다른 직분이라거나 각각의 직분을 위해 두 부류의 사람이 필요하다는 의미는 아닙니다. 또한 목회 직분이 가르치는 직분보다 높다는 의미도 아닙니다. 교사 직분이 신학 박사(*Doctor Theologiae*)를 가리키므로 목사보다 높으며 월등한 자격을 갖추었다는 의미는 더욱 아닙니다. 이 호칭들은 단지 하나요 동일한 직분을 가리킵니다. 왜냐하면 목사에게는 자신의 무리를 가르치는 사역과 먹이는 사역 두 가지가 다 요구되기 때문입니다. 한편 오늘날 신학 박사는 명예로운 직함입니다. 그러한 사람은 명예로운 직함을 가졌으며, 또한 그렇게 인정받아야 합니다.

목회자는 하나님께서 제정하신 직분입니다. 이 직분은 구약 시대에는 '제사장'으로, 신약 시대에는 '목사'로 불리며 수행되었습니다. 비록 목회자들은 사람의 손을 통해 위임과 소명을 받지만, 하나님의 이름으로 직분을 행합니다. 그러므로 목사들은 저마다 하나님의 대사로서 행동해야 합니다.

"그러므로 우리가 그리스도를 대신하여 사신이 되어"(고후 5:20).

우리는 목회 직분을 받은 사람에게 반드시 요구되는 자격과 그 사역의 구별된 요소를 숙고해야 합니다.

목회 사역을 위한 자격

목회에 임할 사람은 일반적으로 이 직무에 적합한 자질을 갖추고 직분을 신실하게 수행해야 합니다.

첫째, 목회자는 '학식이 깊어야' 합니다.

이는 명백히 요구되는 사항입니다. 여러 언어를 알아야 한다는 말이 아닙니다. 언어에 관한 지식이 곧 학문이 되지는 않습니다. 언어는 단지 학문에 이르는 수단일 뿐입니다. 라틴어를 아는 지식이 목회자를 돋보이게는 하겠지만, 목회 직분을 위해 그런 지식이 절대적으로 필요하지는 않습니다. 다만 철학과 신학을 비롯해 중요한 성경 주해서들이 대부분 라틴어로 기록되어 있으므로, 라틴어를 안다면 크게 도움이 될 것입니다. 히브리어와 헬라어에 관한 지식은 훨씬 더 중요합니다. 성경이 원래 그 언어들로 기록되었기 때문입니다. 그래서 목회자들은 이 두 가지 언어들을 잘 알아야 합니다. 그러나 학식은 수많은 사안들에 관한 지식과 그 지식을 활용하는 지혜, 그리고 그 지식을 다른 이에게 유익한 방식으로 드러내는 자질로 구성됩니다. 그러므로 목회자들이 철학과 자연 지식을 배우는 것은 유익한 일입니다. 그것들을 통해 신학적인 사안들을 더 훌륭하게 다룰 수 있기 때문입니다. 반면,

목회자에게는 신학에 관한 철저한 지식이 절대적으로 요구됩니다. 진리에 관한 개요서(a summary statement)를 암기하는 것(남부끄럽지 않게 시험을 통과하려고 특정한 명제들을 머릿속에 채워 넣는 것)으로 만족해서는 안 됩니다. 또한 다양한 책들을 활용해 가능한 한 많은 지식을 한 편의 설교로 만드는 과정으로 만족해서도 안 됩니다. 그러한 목회자와 회중은 얼마나 비참한지요!

훌륭한 신학자가 되기 위해서는, 다양한 신학 주제에 관해 깊고도 통찰력 있는 지식을 갖추어야 합니다. 이러한 주제들을 자주 다루어 거기에 정통해야 합니다. 이를 위해 성경을 더욱 많이 연구해야 합니다. 그러하기에 목회자는 말씀을 많이 읽을 뿐만 아니라, 성경 구절을 서로 비교하고, 예언과 모형의 성취가 무엇인지를 규명하며, 영적 의미와 문맥을 탐구해야 합니다. 그러나 성령으로 회심하여 조명을 받아야만, 이 모든 일이 의미가 있을 것입니다. 그렇게 될 때에 하나님의 말씀에서 읽은 진리를 자신의 심령에서 발견할 수 있기 때문입니다. 목회자는 회심, 기도, 그리스도를 향한 믿음, 믿음의 싸움, 미혹됨, 사탄의 공격, 무지, 성령의 인치심, 자기 부인, 죄 죽임 등이 무엇인지를 개인적으로 경험하여 알아야 합니다. 그리하면 능히 구원에 이르는 지혜가 담긴 성경을 어려서부터 알았던 디모데와 같은 사람이 될 것입니다(딤후 3:15 참고). 그는 "천국의 제자 된 서기관"과 같고, "새것과 옛것을 그 곳간에서 내오는 집주인"과 같아질 것입니다(마 13:52 참고). 그때 그는 이렇게 말할 것입니다.

"생명의 말씀에 관하여는 우리가 들은 바요 눈으로 본 바요 자세히 보고 우리의 손으로 만진 바라……너희에게도 전함은"(요일 1:1,3).

둘째, 목회자는 '가르치기를 잘해야' 합니다(딤전 3:2 참고).

훌륭한 신학자가 모두 목사와 교사가 되는 것은 아닙니다. 모든 사람이 진리의 보화를 잘 전달하고 깨닫게 하는 은사를 받은 것은 아닙니다. 사람들의 양심에 진리의 계시를 분명하고도 매력적인 방식으로 표명할 수 있는 은사는 누구에게나 주어지는 것이 아닙니다. 그는 먼저 자신의 덕을 세워야 합니다. 그렇지 않으면, 그가 가진 지식의 보화가 다른 이들에게 그다지 유익하지 않을 것입니다. 목사와 교사라는 직분이 가지는 분명한 목적은 다른 이들에게 유익을 끼치는 것입니다.

셋째, 목회자는 '위엄이 있어야' 합니다.

"누구에게서든지 업신여김을 받지 않도록"(딛 2:15 참고) "모든 공손함"(딤전 3:4)과 "교훈에……단정함"(딛 2:7)을 갖추어야 합니다. 욥이야말로 그러한 사람입니다.

"나를 보고 젊은이들은 숨으며 노인들은 일어나서 서며 유지들은 말을 삼가고 손으로 입을 가리며"(욥 29:8,9).

이때 세 가지 악덕을 피해야 합니다.

① 가식을 피해야 합니다. 가식적인 사람은 실제와는 다르게 겉모습을 위엄 있게 꾸미거나, 자신을 가리켜 사람들이 "이 사람은 위엄이 있다"라고 말하기를 바랍니다. 그에 맞추어 언제나 가식적으로 행동합니다. 사람들에게 부응하기 위해 모자를 쓰고 우쭐대며, 고개를 쳐들고 우스꽝스럽게 걷습니다. 개인의 영달에서 비롯된 그와 같은 우스꽝스러운 허세는 얼마나 가증스러운지요!

② 무례하거나 지나치게 근엄해서는 안 됩니다. 이러한 모습은 자신이 다른 사람들보다 훨씬 뛰어나다고 착각하는 교만함에서 비롯됩니다. 그러한 사람은 스스로 무엇이라도 된 양 모든 사람들을 내려다보면서 자신을 우대해 주기를 바랍니다. 어쩌면 이것은 가정교육을 제대로 받지 못하여 사람들 가운데서 어떻게 처신해야 하는지를 배우지 못한 결과일 수 있습니다.

③ 천박하고도 성숙하지 못한 말과 행동을 피해야 합니다. 이 역시 허망한 마음과 잘못된 가정교육에 기인합니다. 목회자는 이러한 것들을 피하기 위해 상냥한 동시에 위엄을 갖출 수 있도록 힘써 노력해야 합니다. 그렇게 될 때, 그의 양들이 그의 면전에서 쑥스러워하지 않으면서 동시에 그를 업신여기지 않을 것입니다.

넷째, 목회자는 반드시 '그리스도와 그분의 대의, 그리고 그분의 양 떼를 탁월하게 사랑해야' 합니다.

이것이 회중에게 명백히 증명된다면, 분명히 덕을 세울 것입니다. 바울은 이러한 사랑을 다음과 같이 표현합니다.

"우리의 마음이 넓어졌으니"(고후 6:11).

"너희를 더욱 사랑할수록 나는 사랑을 덜 받겠느냐"(고후 12:15).

"우리가 이같이 너희를 사모하여 하나님의 복음뿐 아니라 우리의 목숨까지도 너희에게 주기를 기뻐함은 너희가 우리의 사랑하는 자 됨이라"(살전 2:8).

회중을 향한 이러한 사랑은 단순히 호혜적 사랑을 기대하거나 회중에게 자연스레 끌린 결과이어서는 안 됩니다. 오직 회중의 영적 복락을 순전히 갈망하며 그리스도를 사랑한 데서 비롯되어야 합니다.

"우리가 만일 미쳤어도 하나님을 위한 것이요 정신이 온전하여도 너희를 위한 것이니, 그리스도의 사랑이 우리를 강권하시는도다"(고후 5:13,14).

그러한 마음을 지닌 목회자는 친밀한 아버지처럼 지체들과 더불어 소통할 것입니다.

"도리어 너희 가운데서 유순한 자가 되어 유모가 자기 자녀를 기름과 같이 하였으니"(살전 2:7).

이러한 사랑을 가진 목회자는 회중을 위해 더 많이 기도할 것입니다. 또한 회중들에게 은혜를 전하기 위해 더욱 은혜를 얻고자 힘써 기도할 것입니다. 설교를 위해 연구하면서도 기도하고, 거리에 다니면서도 설교단을 위해 기도할 것입니다. 그것은 불명예와 수치를 피하기 위한 기도가 아닙니다. 또한 회중을 만족시키는 설교를 하여 군중을 끌어모으고 명예와 존경을 얻기 위한 기도도 아닙니다. 만일 이러한 동기를 감추고 (비록 드러내 말하지는 않을지라도) 다른 동기가 있는 체하면서 하나님의 영예와 회중의 덕을 위해 기도한다면, 그것은 자신의 양심을 만족시키기 위해 자주 기도하는 것이며, 자신의 명예가 근본적인 동기가 되어 행한 것일 뿐입니다. 반면, 사랑을 가진 목회자는 언제나 회중과 회중의 유익을 위해 기도합니다.

"주야로 심히 간구함은 너희 얼굴을 보고 너희 믿음이 부족한 것을 보충하게 하려 함이라"(살전 3:10).

다섯째, 목회자는 반드시 '자기를 부인해야' 합니다.

이는 자신의 명예와 물질, 심지어 생명까지도 기꺼이 희생하려는 자원함입니다.

"내가 달려갈 길과……마치려 함에는 나의 생명조차 조금도 귀한 것으로 여기지 아니하노라"(행 20:24).

"나는 주 예수의 이름을 위하여 결박당할 뿐 아니라 예루살렘에서 죽을 것도 각오하였노라 하니"(행 21:13).

이는 바로 그리스도의 종이 어떠해야 하는지를 보여 줍니다. 목회자는 자신의 잘못된 행실 때문에 경멸과 조소와 비난을 받을 만한 빌미를 제공해서는 안 됩니다. 그러나 회중의 영적 복락을 마음에 두고서 신실하게 행하고자 한다면, 자신 앞에 당한 모든 일을 기꺼이 감수해야 합니다. 바울을 자신의 본으로 삼고서, 어떤 것에도 방해받지 않고 낙심하지 말아야 합니다.

"우리가 이 직분이 비방을 받지 않게 하려고 무엇에든지 아무에게도 거리끼지 않게 하고, 오직 모든 일에 하나님의 일꾼으로 자천하여 많이 견디는 것과……영광과 욕됨으로 그러했으며 악한 이름과 아름다운 이름으로 그러했느니라 우리는 속이는 자 같으나 참되고"(고후 6:3,4,8).

해 아래 자신을 드러내는 목회자보다 가증스런 피조물은 없습니다. 그가 자신의 악한 정욕을 채우고자 하나님과 거룩한 모든 것들을 사용하기 때문입니다. 그러면서 기도와 설교와 어투 가운데 거룩한 열심을 드러내는 것은 얼마나 가증스런 일인지요! 이는 이상한 다른 불이거나 자신의 명예와 자기 사랑을 추구하기 위해 하나님을 사랑하는 척하는 것에 불과합니다. 이런 가증한 마음은 '시기'라는 또 다른 무서운 악덕을 수반합니다. 다른 사람이 자신의 명성을 깎아내릴까 봐 늘 두려워하면서, 그들이 받은 탁월한 은사와 은혜를 시기합니다. 그는, 다른 이들에게 목회의 문이 열리고 그들이 영혼을 확신시켜 그리스도께로 인도하며 그들의 목회 아래서 심령들이 감동을 받고 잔잔한 눈물로 녹아내리면 슬퍼합니다. 자신이 그러한 일을 해내야 하며, 자신을 통해 그와 같은 일들이 일어나야 하기 때문입니다. 실제로 그는 다른 사람의 목회를 통해 인도받는 자들을 경멸하며, 다른 목회자를 사랑하는 자들을 증오합니다. 그런 이들에게 과연 그리스도와 영혼을 향한 사랑이 있습니까? 그는 목회의 목적을 따르는 데 실패한 정도가 아니라, 그 목적에 반하는 자입니다. 자신의 목적을 이루는 데 적합하지 않은 것은 그에게 전혀 쓸모없을 뿐입니다.

여섯째, 목회자는 반드시 '성실해야' 합니다.

게으르고 나태한 사람은 목자가 되기에 합당하지 않습니다. 감독의 직분은 사역으로 이루어지며(딤전 3:1 참고), 그와 같은 사람은 절제해야 합니다(딤전 3:2 참고). 악한 목자들은 "다 꿈꾸는 자들이요 누워 있는 자들이요 잠자기를 좋아하는 자들이니"(사 56:10)라고 묘사됩니다. 목자장이신 예수 그리스도는 이른 아침부터 늦은 저녁까지 쉬지 않고 일하셨으며, 밤에는 기도하셨습니다. 선한 목자는 해야 할 일이 많으므로 주님의 본을 따를 수밖에 없을 것입니다. 자신이 습득한 학식(여러 가지 보배로운 지식)을 유지하고 향상시키기 위해 배우고, 늘 하나님 말씀을 연구하며 기도해야 합니다. 또한 설교를 준비(본문 말씀을 설교하기 전에 그 말씀을 자신의 심령에 적용하려는 노력이 동반된)하고, 병든 자뿐만 아니라 온전한 자를 위해서도 심방해야 합니다. 상황이 요구하는 대로 언제든지 행동해야 합니다. 이 모든 요구 사항이 시간을 들여야 하는 것들인 반면, 시간이라는 재화는 턱없이 부족합니다. 그러하기에 목회자는 부지런해야 하며, 쓸데없이 시간을 흘려보내지 않아야 합니다. 만약 금전적인 동기나 품위 있고도 아늑하며 편안한 삶을 살려는 동기로 목회에 뛰어든 사람이 있다면, 그는 자신이 왔던 곳으로 되돌아가야 합니다. 이 직분에는 많은 노력이 필요하기 때문입니다. 수고하지 않고 돈을 얻고자 하는 것은 이득을 불의하게 소유하려는 것입니다.

일곱째, 목회자는 모든 일에 '모범이 되어야' 합니다.

그리하면 빌립보서 3장 17절에서 바울이 말한 것처럼 회중들에게 말할 수 있을 것입니다.

"형제들아 너희는 함께 나를 본받으라. 그리고 너희가 우리를 본받은 것처럼 그와 같이 행하는 자들을 눈여겨보라."

바울은 다른 곳에서도 "내가 그리스도를 본받는 자가 된 것같이 너희는 나를 본받는 자가 되라"(고전 11:1)라고 말합니다. 또한 목회자가 좋은 본이 되어야 한다고 언급합니다.

"오직 말과 행실과 사랑과 믿음과 정절에 있어서 믿는 자에게 본이 되어"(딤전 4:12).

디모데전서 3장 2-7절은 이와 관련하여 많은 내용을 덧붙입니다.

"그러므로 감독은 책망할 것이 없으며 한 아내의 남편이 되며 절제하며 신중하며 단정하며 나그네를 대접하며 가르치기를 잘하며, 술을 즐기지 아니하며 구타하지 아니하며 오직 관용하며 다투지 아니하며 돈을 사랑하지 아니하며, 자기 집을 잘 다스려 자녀들로 모든 공손함으로 복종하게 하는 자라야 할지며……새로 입교한 자도 말지니 교만하여져서 마귀를 정죄하는 그 정죄에 빠질까 함이요, 또한 외인에게서도 선한 증거를 얻은 자라야 할지니 비방과 마귀의 올무에 빠질까 염려하라."

목회자가 만일 죄를 범한다면, 그는 즉시 "의사여, 네 자신이나 치료하라"라는 말을 듣게 될 것입니다. 그리하면 다른 사람을 책망할 자유를 상실하고, 그의 말이 설 자리를 잃을 것입니다. 그리고 하나님의 이름이 만홀히 여김 받게 되어 많은 사람들이 죄를 범하게 될 것입니다. 반면 목회자의 덕이 뛰어나고 그의 삶이 빛을 발한다면, 그 목회자의 말은 듣는 자의 심령을 크게 감화할 것입니다. 함께하는 것만으로도 존경심을 불러일으키며, 많은 사람들이 자신의 죄악으로 인해 양심에 책망을 받을 것입니다. 또한 그를 볼 때마다 자극을 받아 경건을 추구하게 될 것입니다.

그러므로 목회자는 자신의 내적 상태와 행동에 세심하게 주의해야 합니다. 목회자는 미세한 머리카락이나 가는 실도 쉽게 발견되는 연마된 다이아몬드와 같습니다. 그는 자신이 생각하는 것보다 자신에 관해 훨씬 많은 부분들이 보여지며, 그러하기에 자신의 내적 상태를 자신이 추측하는 것 이상으로 사람들이 많이 알고 있다는 사실에 유의해야 합니다.

이것으로 목회자에게 요구되는 자격에 관한 논의를 마치겠습니다.

목회자의 의무

이제 목회자가 직분을 수행할 때에 반드시 행해야 할 사역에 관해 논하겠습니다. 목회자의 사역은 기도, 설교, 교리문답 교육, 심방, 성례의 시행, 권징의 시행으로 이루어집니다.

첫째, 목회자는 '기도'해야 합니다.

여기서 기도란 목회 사역을 감당하기 위해 계속 실천해야 하는 기도가 아니라, 하나님을 향해 회중의 입이라는 역할을 감당하는 회중 기도를 가리킵니다. 다음 성경 구절에 이와 같은 기도가 나옵니다.

"이 말을 한 후 무릎을 꿇고 그 모든 사람들과 함께 기도하니"(행 20:36).

"우리가 바닷가에서 무릎을 꿇어 기도하고"(행 21:5).

① 목회자는 설교단에 나가기 전에 은밀하게 기도해야 합니다. 기도의 영을 구하고, 설교할 능력을 얻기 위해 기도해야 합니다. 책에 적힌 기도문을 읽거나 다른 사람의 기도를 외워서 말하거나 그러한 기도를 되풀이하는 것은 자신이 지각 없는 기도자(intercessor)임을 드러냅니다. 그러한 자를 따라 기도하는 이들도 지각 없이 기도하는 셈입니다. 물론 회중을 대신해 주님 앞에 가지고 나갈 기도 제목들을 미리 생각하는 것을 반대하지는 않습니다. 기억을 돕고자 몇 가지 기도 요점을 적어 두는 것도 반대하지 않습니다. 그러나 기도 제목들이 늘 같을 수는 없으며, 때와 장소에 따라 바뀌어야 합니다. 더욱이 기도하는 자는 성령을 의지하며, 말씀과 기도의 내용이 자신과 하나가 되어야 합니다. 또한 어떠한 말과 표현과 몸짓으로도 표현할 수 없는, 탄식 가운데 중보하시는 성령을 따라 구해야 합니다.

② 목회자는 공적으로 기도할 때, 자신이 기도하는 대상인 크고도 엄위하신 분을 향한 존경과 경외함이 드러나도록 힘써야 합니다. 그러나 가식과 다른 사람을 모방하는 것이 아니라, 진실함과 온전함으로 이를 나타내야 합니다.

③ 기도 제목들은 회중을 감화하고 고양시킬 만한 합당한 방식으로 제시되어야 합니다. 그때 회중은 목회자의 기도 내용을 따라가면서 그의 기도에 거듭 아멘으로 화답할 것입니다. 한 제목에서 다른 제목으로 건너뛰거나 말에 조리가 없고 이해되지 않는 방식으로 횡설수설하는 것은 끔찍한 일입니다. 헛된 말들을 지어내기 보다는, 차라리 기도문을 쓰는 것이 회중에게 유익하며, 그들을 더욱 집중시킬 수 있을 것입니다.

④ 설교를 위해 도우심을 구하고자 목회자 자신을 위해 기도할 때, 마치 자신의

방에서 홀로 기도하듯이 "나" 또는 "나의" 같은 말을 사용하지 않도록 주의해야 합니다. 그렇게 기도하면 회중이 그와 함께 기도할 수 없습니다. 목회자는 제3자로서 말해야 합니다. 주님의 백성들 앞에서 자신을 주님의 대변자로 의식하는 가운데, 하나님께서 이 사역을 감당할 자격을 주시고 자신을 통해 회중을 교화해 주시기를 기도해야 합니다.

⑤ 목회자는 건강 상태가 좋지 않거나 그렇다고 짐작되더라도 자기 육신의 약함을 너무 많이 언급해서는 안 됩니다. 이것은 사람들에게 연민을 구걸하거나 설교를 잘하지 못했을 때에 양해를 구하려는 듯한 인상을 줍니다. 아니면, 충분히 연구하지 못했다는 인상을 주거나, 육신이 약한데도 이 일을 잘 감당한 것에 대한 동경을 구하는 듯한 인상을 줍니다.

둘째, 목회자는 '설교'를 합니다. 이것은 매우 중요한 직무입니다.

"하나님의 나라를 전파하며……내보내시며"(눅 9:2).

"너는 말씀을 전파하라"(딤후 4:2).

이 사역을 위해 다음의 것들이 반드시 요구됩니다.

① 목회자는 자신의 심령을 드리는 가운데, 하나님께서 자신을 보내셨으며, 자신이 하나님의 대사로서 설교단에 올라 하나님의 이름으로 말한다는 사실을 적극적으로 상기해야 합니다. 회중을 향한 여호와의 입으로 서는 것입니다. 이것을 기억한다면, 목회자는 자신이 하나님으로부터 받은 것을 설교하는지 그렇지 않은지를 주님께서 직접 살피신다는 마음으로 행할 것이며, 자신이 말할 내용에 관해 두려워 떨 것입니다.

② 목회자는 목회 직분의 필요성과 유익을 적극적으로 상기해야 합니다. 그 일은 구원에 이르는 하나님의 능력입니다. 하나님께서 그러한 방편을 통해 영혼들을 마귀의 왕국과 흑암의 권세에서 건져 그분의 기이한 빛, 곧 주 예수의 왕국으로 옮기시기 때문입니다. 따라서 목회자는 자신의 설교가 목적을 달성하기에 합당한지를 생각하며, 자신이 전하는 내용과 방식에 유의해야 합니다.

③ 목회자는 설교자의 심장을 소유해야 합니다. 그것은 곧 자신이 전파하는 하

나님의 이름을 경외함으로 그 앞에 서는 것이며, 사랑으로써 자신이 전하는 말씀을 듣는 영혼들의 복락을 구하는 것입니다. 목회자는 자신이 '전적으로 망하게 된 자'임을 자각하며, 자신의 무능함을 생생하게 느껴야 합니다. 그리할 때 자신이 공부한 것들을 지나치게 신뢰하지 않을 것입니다. 설교를 잘 마치기 위해서가 아니라 심령이 만족하고 하나님의 임재를 끊임없이 의식하기 위해, 합당하게 표현하기 위해, 영혼의 회심을 위해, 위로와 덕을 세우기 위해 자신의 설교에 복을 내려 달라고, 설교하기 전에 더 많이 기도해야 합니다. 목회자는 회중이 자신을 기뻐하며 자신의 설교를 칭송하는 데에 관심을 두어서는 안 됩니다. 오직 회중의 복락을 위한 사랑을 동기로 삼아야 합니다.

④ 목회자의 심령이 먼저 설교할 내용에 감동을 받아야 합니다. 그러고 나서 자신이 다른 이들을 이끌어 가고자 하는 심령 상태에 이르기를 구해야 합니다. 이것이 바로 심령에서 심령으로 말하는 것입니다.

⑤ 목회자는 자신의 모든 학식을 활용하여, 말하고자 하는 바를 명료하게 전달해야 합니다. 그리하여 설교 내용을 가장 명백하고도 강력하게 표현해야 합니다. 그러나 설교단에서 자신의 학식을 드러내서는 안 됩니다. 학구적인 사람이라는 명성을 얻기 위해 수고하면서 설교단에서 라틴어를 많이 인용하는 것은 그저 자신을 추구하는 일에 불과합니다. 모든 말을 라틴어로 하는 것은 터무니없는 일입니다(이는 세속성에서 비롯되는 모습입니다). 진리를 계시하여 사람들의 양심에 기쁨이 되고자 하는 학식이 깊은 목회자들은 그러한 행동을 경멸합니다. 물론 의미를 온전히 밝히고자 성경의 원어인 히브리어나 헬라어를 인용하는 일을 지적하는 것은 아닙니다.

⑥ 목회자는 회중과 상황, 그리고 현재 일어나는 사건들을 고려하여(기도로써 인도받아) 가장 합당하다고 여겨지는 것을 설교 주제로 선택해야 합니다. 성경의 어느 장이나 특정한 책, 또는 서신서를 연속적으로 다루고 있더라도, 자유롭게 본문을 선택하여 설교해야 할 때도 있습니다.

⑦ 모든 설교는 듣는 이의 심령을 감화하는 것을 목적으로 해야 합니다. 즉, 마음

을 겨냥하여 말씀을 적용하고 위로하며 고무해야 합니다.

⑧ 설교를 마친 후에는 하나님을 향한 경외와 맡은 직무의 중대함이 그 얼굴에 여전히 드러나도록, 산에서 내려온 모세처럼 설교단에서 내려와야 합니다. 설교단에서 내려온 후에 곧바로 다른 사안에 관해 이야기하거나 새로운 것을 물어보아서는 안 됩니다.

⑨ 집에 도착해서는 즉시 자신의 방에 들어가 그날 설교했던 심령의 상태를 성찰해야 합니다. 부족했던 부분에 대해 하나님 앞에 겸비하고, 하나님의 도우심에 감사하며, 자신과 회중을 위해 말씀에 복을 달라고 기도해야 합니다.

셋째, 목회자의 직무는 '교리문답 교육'입니다.

교리문답은 문답 형식을 통해 진리를 마음에 각인시키고 경건을 함양합니다.

"이는 각하가 알고 있는 바[1]를 더 확실하게 하려 함이로라"(눅 1:4).

"가르침을 받는 자는 말씀을 가르치는 자와 모든 좋은 것을 함께하라"(갈 6:6).[2]

저는 교리문답을 교육하지 않는 목회자가 어떻게 양심에 거리낌 없이 일평생을 살 수 있는지 이해할 수가 없습니다. 사람들은 대체로 학식이 없기 때문에, 유려한 설교로는 그들의 마음에 진리와 경건의 기본 원리가 뿌리내리도록 하기에 적합하지 않습니다. 교리문답 교육은 비록 방법은 다를지라도 설교와 동등한 것으로서, 이러한 목적에 가장 부합합니다.

교리문답 교육은 편의상 네 가지 범주로 정리할 수 있습니다(여기서는 부모가 자식에게 가르치거나 개인이 가르치는 사적인 교리문답에 관해서는 논하지 않겠습니다).

① 어린이에게 교리문답을 교육해야 합니다. 이를 통해 어린이가 이해할 만한 수준으로 그리스도에 관한 기본적인 교리를 가르칠 수 있습니다. 어린이들 역시 세례를 받고 교회에 속했으므로, 목회자는 다른 지체들과 마찬가지로 아이들에게 관심을 기울여 그들을 목양해야 할 의무를 집니다.

---

1) 역자주 - 개역개정에서 '알고 있는 바'라고 번역된 부분을 흠정역은 'has been instructed'라고 번역한다. 이는 '가르침을 받은'으로 직역할 수 있다. 아 브라켈은 여기서 'instructed'를 'catechized(문답으로 가르침을 받은)'와 병행하여 사용한다.

2) 역자주 - 여기서도 'teach(가르치다)'를 'catechize'와 병행하여 사용한다.

② 주의 만찬에 참여하려는 성인들에게 교리문답을 교육해야 합니다. 이들이 진리를 온전히 알지 못한다면, 어떻게 신앙을 고백하고 자신 안에 있는 소망에 관해 설명할 수 있겠습니까? 배우지 않고 어찌 알 수 있겠습니까? 어렸을 때에 받은 가르침만으로는 부족합니다. 진리에 관한 지식을 더 분명히 배워야 하며, 경건한 행실에 관해서도 더욱 자극을 받아야 합니다. 교회의 복락과 부패는 주의 만찬이 어떠한지에 달려 있습니다. 그러므로 교회는 주의 만찬에 참여하도록 허락할 사람들을 주의 깊게 살펴보아야 합니다. 신조와 주기도문을 암송하는 것만으로 주의 만찬에 참여하도록 허락하는 목회자들은 너무나 곧이곧대로 믿는 것이며, 이를 근거로 주의 만찬에 참여하는 지체들은 참으로 불쌍한 자들입니다!

③ 젊은이들과 남자들에게 교리문답을 교육해야 합니다. 그리하면 진리에 반대하는 자들에게 진리를 능숙하게 변호하여 "서로 돕는"(고전 12:28) 자가 될 것입니다. 그에 따라 그들은 다른 이를 가르치고 훈계하며, 아픈 이들을 방문하고, 상선에 서든 군함에서든 성경을 읽는 자가 될 것입니다. 또한 목회자는 그들 중 가장 유능하게 목회할 만한 이를 준비시키는 데 힘써야 합니다.

④ '경건의 실천'에 교리문답 교육의 초점을 맞추어야 합니다. 그리하면 회심을 통해 하나님께서 영혼 가운데 일하시는 방식을 설명하고, 영적인 삶에 진보를 이룰 수 있을 것입니다. 또한 기쁨과 슬픔, 열심과 나태함, 분투와 승리 등 영혼의 상태와 관련된 의식의 다양한 양상들을 다룰 기회를 얻을 것입니다. 따라서 모든 사람이 견고하게 신앙의 길을 걸어갈 수 있도록 지침이 주어져야 합니다. 이것은 목회자의 지도 아래 개인이 묻고 답하는 열린 토론의 방식으로 이루어질 수도 있고, 공적인 장소나 소수가 모인 사적인 장소에서 공인된 교리문답서를 나누는 방식으로 이루어질 수도 있습니다.

넷째, '심방' 곧 지체들을 집집마다 방문하는 것도 목회자의 직무입니다.

"네 양 떼의 형편을 부지런히 살피며 네 소 떼에게 마음을 두라"(잠 27:23).

지체들을 파악하기 위해 목회자는 그들의 심령 상태를 알아야 합니다. 목회자는 각 지체들의 생활, 다시 말해 아침과 낮과 저녁에 홀로 하나님의 말씀을 읽고 기도

하는 일이 그들의 몸에 배었는지를 알아야 합니다. 가정 예배를 드리는지, 자녀들을 직접 가르치거나 자녀들이 배울 수 있도록 하는지, 생업에 종사하면서 어떻게 처신하는지, 공예배에 성실하게 참석하는지, 주일을 거룩하게 지키는지, 다른 사람의 덕을 세우기 위해 어떤 일들을 행하는지 등을 알고 있어야 합니다. 그리하여 목회자는 모든 사람을 각각의 상황에 맞게 대해야 합니다. 이 직무는 주의 만찬을 시행하기 전뿐만 아니라, 특정한 때와 관계없이 날마다 요구됩니다. 그러므로 목회자는 병이 들거나 몸이 약하여 집 안에서만 지내는 자들뿐만 아니라 건강한 자들도 심방해야 합니다. 목회자가 주의 만찬을 앞두고서 어느 집을 심방하지 않았다는 질책을 피하기 위해, 마치 자신의 일을 빨리 끝내려는 장의사처럼 서둘러 집을 방문해서는 안 됩니다. 또한 지체들을 심방하여, "주의 만찬에 참석하지 못하도록 하는 일이 있습니까? 없다면 하나님의 복이 충만하기를 빕니다"라는 식으로 같은 말만을 되풀이해서는 안 됩니다. 처음에는 세상적인 대화를 나누다가 끝에 가서야 주의 만찬에 관해 이야기해서도 안 됩니다. 그런 대화는 뒤에 듣게 될 내용으로부터 많은 유익을 얻지 못하게 만듭니다. 목회자는 요점을 바로 말해야 합니다. 지체들의 가정을 심방할 때 훌륭한 포도주나 다과 같은 것을 지시해서는 안 됩니다. 그것 때문에 다른 가정을 심방할 시간이 부족해져서 다른 지체와는 한두 마디를 나누는 것으로 만족해야 할 수도 있기 때문입니다. 이와 같은 태도로 심방하는 목회자와, 그러한 심방을 받는 가정은 너무나 비참합니다.

다섯째, '성례의 시행'도 목회자의 임무입니다.

목회자는 설교하도록 보냄 받았을 뿐만 아니라 성례를 시행하도록 보냄 받았습니다. 주 예수님께서 이 둘을 결합시키셨습니다.

"그러므로 너희는 가서 모든 민족을 제자로 삼아……세례를 베풀고"(마 28:19).

목회자는 설교를 통해 하나님을 대변하는 입이요, 주 예수님의 신부에게 결혼반지를 가져다주는 손입니다. 목회자는 하나님을 경외하는 마음으로 성례를 시행해야 합니다. 이 일을 행할 때마다 그리스도의 대사로서 이 직무를 수행하는 것임을 염두에 두어야 합니다. 그리고 이 직무가 주 예수 그리스도의 고난과 죽으심에 대한 표와 보증을 나누어 주고, 거기에 참여한 모든 사람들에게 '아들을 믿는 자는 누구든지 영생을 얻으리라'는 것을 보증하는 일임을 염두에 두고 늘 마음을 새롭게 해야 합니다. 만일 목회자가 지각없이 부주의하여 영적인 틀을 갖추지 못한 채로 성례를 시행한다면, 거룩한 사역을 심각하게 모독하는 죄를 범하는 것입니다.

여섯째, 목회자는 '천국 열쇠'를 사용합니다.

"너희가 누구의 죄든지 사하면 사하여질 것이요 누구의 죄든지 그대로 두면 그대로 있으리라 하시니라"(요 20:23).

목회자는 신자들에게 죄 사함을 선포할 하나님의 말씀이라는 열쇠를 사용할 수 있고, 또한 특별한 분별력을 가지고 이를 사용해야 합니다. 그리고 참된 신자라고 여기는 특정한 개인들에게 이를 적용하여, 연약한 믿음을 강하게 해야 합니다. 물론 이러한 일에 관해 목회자가 모든 것을 전혀 오류가 없이 확실하게 아는 것은 아닙니다. 그러나 목회자는 영적 생명과 비슷한 모습이 있는지를 알 수 있고, 따라서 어떤 사람의 신자 됨을 파악할 수 있습니다. 이런 경우, 대개 목회자의 판단이 올바릅니다. 다만 목회자가 속을 수도 있으므로, 그들이 실제로 신자라는 조건을 달고 구체적으로 이 열쇠를 적용해야 합니다.

한편 목회자는 불경건한 지체들에게 이 말씀의 열쇠를 구체적으로 적용할 수 있고, 또한 그래야 합니다. 회개하지 않는 자들에게, 그들이 회심하지 않았으며 그리스도 안에 있는 어떠한 분깃도 얻지 못할 것이고 잃어버린 자가 되리라고 선포해야 합니다.

공적인 설교단에서도 이 열쇠를 구체적으로 적용해야 합니다. 처음에는 모든 사람이 자신의 상태를 깨달을 수 있도록 참된 신자 됨을 분명히 분석하여 제시해야 합니다. 그다음에는 그러한 사람에 대한 죄 용서를 선포해야 합니다. 한편으로는 회심하지 않은 자들의 상태를 들추어내야 합니다. 회심하지 않은 자들에게, 그들이 여전히 하나님의 진노의 대상이며, 회심하지 않는다면 반드시 심판을 받게 되리라고 분명하고도 강력하게 선포해야 합니다. 목회자는 그리스도의 왕국이 확장되도록 이 열쇠를 온유한 심령으로 충성되게 사용해야 합니다. 그러면서도 사람을 염두에 두어서는 안 되며, 그리스도께서 부여하신 권위로 담대히 이를 행해야 합니다. 따라서 목회자는 열쇠를 사용할 때에 세심하게 주의를 기울여야 합니다. 이 열쇠를 사용하지 않고 내버려 두는 것은 곧 그리스도와 그분의 교회에 충성하지 않는 것입니다. 이로 인해 경건한 사람을 슬프게 만들고 불경건한 자들을 완악하게 만들었다면, 그런 목회자는 하나님의 심판을 두려워해야 합니다.

"내가 슬프게 하지 아니한 의인의 마음을 너희가 거짓말로 근심하게 하며 너희가 또 악인의 손을 굳게 하여 그 악한 길에서 돌이켜 떠나 삶을 얻지 못하게 하였은즉"(겔 13:22).

또 하나의 열쇠는 기독교적 권징으로, 목회자는 이를 독단적으로 행할 수 없고 콘시스토리의 한 구성원으로서 행해야 합니다. 이에 관해서는 다음 장(29장)의 뒷부분에서 조금 다루겠습니다.

장로의 직분

지금까지 목회자 직분에 관해 다루었습니다. 이제 교회의 두 번째 직분인 '장로직'을 살펴보겠습니다. 오래전부터 많은 사람들이 이 직분에 반대해 왔습니다. 왜냐하면 이 직분으로 인하여 반기독교적인(anti-Christian) 자가 교회 안에서 권세와 지배권을 가지기 힘들어지기 때문입니다. 잉글랜드의 주교들도 자신들이 지배권을 행사하는 데 방해가 된다는 이유로 장로 직분을 거부합니다. 알미니안 역시, 비록 지금은 장로의 직분을 인정하지만, 얼마 전까지만 해도 정부에 아첨하며 정부를 자신들의 편으로 삼고자 교회의 권위를 국가의 손에 넘겨주려 하면서 장로 제도를 방해물로 여겼습니다. 그러다가 지금에 와서 이 직분이 새롭게 발견되었다고 말합니다. 우리 중에도 자신의 잘못된 견해를 더 자유롭게 펼치기 위해, 또는 다른 사람 위에 군림하기 위해 이러한 방향으로 나아가려는 사람들이 있습니다. 그러므로 장로 직분의 의무를 제시하기 전에, '장로가 하나님께서 세우신 직분'임을 입증해야 합니다.

장로직: 하나님께서 세우신 직분(Divine Institution)

다음과 같은 근거에서 장로는 분명히 하나님이 세우신 직분입니다.

첫째, 디모데전서 5장 17절은 다음과 같이 말합니다.

"잘 다스리는 장로들은 배나 존경할 자로 알되 말씀과 가르침에 수고하는 이들에게는 더욱 그리할 것이니라."

교회의 감독(overseers)은 연장자 중에 선택된다는 연령적인 측면이나, 지혜로움이 나이 든 이들의 특징으로 여겨진다는 측면에서 대개 '장로(elder)'라는 호칭으로 더 많이 불립니다. 디모데는 젊은 나이였는데도 장로로 선택되었습니다. 또한 여기서 보듯이, 장로는 다스리는 장로와 가르치는 장로로 분명하게 구분됩니다. 사도는 전자보다 후자를 더 높이는데, '더욱'이라는 단어를 사용하여 이를 분명히 나타냅니다.

회피주장 1 이는 단지 사역을 수행하는 데에 온 힘을 쏟는 목회자와 그러지 않는 목회자를 구분하는 것이다.

| 답변 |

자신의 직무에 태만한 자는 배나 존경받을 자격이 없습니다. 그런 사람은 오히려 책망을 받아야 합니다. 따라서 본문이 앞부분에서 언급하는 장로는 목회자를 가리키지 않습니다.

회피주장 2 본문이 앞부분에서 언급하는 장로는 집사를 가리킨다.

| 답변 |

집사는 장로로 불릴 수 없으며, 집사의 직무는 다스리는 것이 아닙니다.

회피주장 3 여기에서 언급하는 장로는 사례를 받는 자들이다. 반면 다스리는 장로는 사례를 받지 않는다. 따라서 본문의 첫 부분은 장로를 가리키는 것이 아니다.

| 답변 |

성경은 어디에서도 장로가 사례를 받는 것을 금하지 않습니다. 만일 그들이 회중

을 위한 사역에 모든 시간을 쏟는다면, 회중은 마땅히 이에 대해 사례해야 합니다.

둘째, 고린도전서 12장 28절은 다음과 같이 말합니다.

"하나님이 교회 중에 몇을 세우셨으니 첫째는 사도요 둘째는 선지자요 셋째는 교사요 그다음은 능력을 행하는 자요 그다음은 병 고치는 은사와 서로 돕는 것과 다스리는 것과."

여기서도 다스리는 직분은 가르치는 직분과 구별됩니다. "첫째," "둘째," "셋째"라고 표현하여 각각 특정한 직분을 언급한다는 점이 이를 증명합니다. "다스리는 것"이라는 말이 다스리는 직무를 지닌 장로를 지칭한다는 사실은, "잘 다스리는 장로들"이라고 말하는 디모데전서 5장 17절에서 분명하게 확인됩니다.

회피주장 1 "다스리는 것"이란 세속 정부를 가리킨다.

| 답변 |

하나님은 세속 정부를 위한 직분을 교회 안에 두지 않으셨습니다. 정부는 권위를 지닌 존재로서 통치하며 법을 공포합니다. 그러나 주님은 교회 안에서 정부가 군림하지 못하도록 막으셨습니다. 사도는 믿지 않는 이교도로 구성된 정부의 통치를 받는 고린도 교인들에게 이에 관해 가르칩니다.

회피주장 2 "다스리는 것"은 "능력을 행하는 자"와 "병 고치는 은사"와 "서로 돕는 것" 다음에 언급된다. 그러므로 장로를 지칭하는 것일 수 없다. 장로는 앞서 언급한 것들보다 가치 있는 직분이므로, 이 모든 것 앞에 언급되어야 한다.

| 답변 |

어떤 것이 앞에 언급되고, 다른 것이 뒤에 언급되었다는 사실을 근거로 하여 가치를 단정 지을 수는 없습니다. 부모를 경외하는 문제를 다룰 때에도 어머니를 아버지보다 앞에 두며(레 19:3 참고),[3] 브리스길라도 남편인 아굴라보다 앞에 언급됩

---

3) 역자주 - 한글 개역개정 성경에서는 "너희 각 사람은 부모를 경외하고"라고 번역하지만, KJV 성경과 아 브라켈이 사용한 스타텐베이벌 성경은 각각 "Every one of you shall reverence his mother and his father," "Want ieder zal zijn moeder en zijn vader vrezen"이라고 되어 있다. 히브리어 성경도 엠(אם, 어머니)과 아브(אב, 아버지)로 기록한다.

니다(행 18:18 참고).

셋째, 사도행전에서 대개 장로들은 다스리지만 가르치지는 않는 자들을 가리키며, 목회자와 구별됩니다(행 15:2,4,6,22 참고). 유대인들 중에도 레위인, 대제사장, 서기관들과 구별되는 장로가 있었습니다(마 16:21 참고). 이처럼 신약에서도 주 예수님은 목회자와 구별된 사람들이 교회를 다스리도록 정하셨습니다. 다음의 구절에서 이를 확인할 수 있습니다.

"형제들이 이 문제에 대하여 바울과 바나바와 및 그중의 몇 사람을 예루살렘에 있는 사도와 장로들에게 보내기로 작정하니라……예루살렘에 이르러 교회와 사도와 장로들에게 영접을 받고……사도와 장로들이 이 일을 의논하러 모여……이에 사도와 장로와 온 교회가 그중에서 사람들을 택하여……보내기를 결정하니"(행 15:2,4,6,22).

① 사도들도 장로였으나(벧전 5:1,2; 요이 1:3; 요삼 1:1 참고), 사도들과는 구별된 장로들이 있었습니다.

② 사도들은 예루살렘에서 말씀 사역을 맡았습니다.

"우리가 하나님의 말씀을 제쳐 놓고 접대를 일삼는 것이 마땅하지 아니하니……우리는 오로지 기도하는 일과 말씀 사역에 힘쓰리라 하니"(행 6:2,4).

그때 예루살렘에 말씀을 전하는 사도 말고 다른 이들이 있었다거나 다른 목회자가 있었다는 점은 전혀 찾아볼 수 없습니다. 그러므로 여기서 다른 장로들은 사도와 구별됩니다. 결론적으로 장로 직분과 목회자 직분은 구별됩니다.

반론 1

일부 장로들은 배우지 못한 자들이다. 하위 계층에 속한 많은 이들이 목회자들 위에 군림하기도 한다. 목회자는 스스로 사역을 감당할 수 있으므로 장로 직분은 필요 없다.

답변

사도들의 출신은 어떠했습니까? 그들의 경우 목회자들과 마찬가지로 자격이 부족하고 결점이 있다고 해서 사도 직분에 적합하지 않다고 여겨지지 않았습니다. 목회자의 가르침과 삶을 살펴 그들을 견제하고, 그들이 군림하는 것을 방지하기 위해 장로직은 유익합니다. 교회 안의 모든 것을 잘 다스리기 위해 목회자가 홀로 치리할 수는 없습니다. 하나님께서 이러한 직분을 교회에 두기를 기뻐하셨다는 것으로 모든 논쟁을 마치겠습니다. 어느 누가 감히 하나님을 향해 "어찌하여 그렇게 하셨습니까?"라고 말할 수 있습니까?

반론 2

디모데전서 3장에서 사도는 감독과 집사에 관해서만 언급한다.

답변

(1) 어떤 본문에서 진술되지 않은 것이 다른 본문에서 발견될 수 있습니다.
(2) '감독'이라는 호칭이 두 종류의 장로를 지칭할 수 있습니다.

반론 3

양 떼를 먹이는 것이 장로의 직무이다(행 20:28 참고). 말씀을 통한 사역은 목사의 직무이다. 따라서 '장로'가 곧 목회자를 가리킨다고 이해해야 한다.

답변

양 떼를 살피고 먹이는 일은 다스리고 가르치는 직무 모두와 관련됩니다. 또한 개인적으로 하나님의 말씀을 전하고 그 말씀으로 권면하며 책망하는 일은, 장로의 의무이기도 합니다. 이 모든 것을 고려할 때, 하나님께서 장로 직분을 제정하셨다는 것은 여전히 참된 사실입니다.

장로의 자격과 사역의 수행

장로는 자원하여 섬길 수 있는 직분이 아니며, 앞서 살펴본 목회자의 경우처럼 반드시 회중이 선택해야만 합니다. 그러므로 이에 대해서는 더는 논하지 않겠습니다. 장로 직분은 그 직분을 가진 사람의 자격과 사역의 수행도 포함합니다. 장로도 목회자와 동일한 자격을 요구받으므로, 여기에서 더 다루지는 않겠습니다. 그들의 자격에 관해서는 이미 폭넓게 다루었기 때문입니다. 다만 장로는 두 번째 자격 곧 공적 설교와 관련된 것은 제외됩니다. 장로는 설교에 필요한 자격을 얻거나 배우려 해서는 안 된다는 의미가 아닙니다. 그것은 우리가 말하고자 하는 바와 거리가 멉니다. 더 많이 알고 자격을 구비하는 것은 좋은 일입니다. 다만 가르치는 장로와 달리 다스리는 장로에게는 그런 자격이 절대적으로 요구되지 않습니다.

장로의 의무

이제 장로의 사역과 관련하여 몇 가지 의무를 설명하겠습니다.

장로는 교회의 앞자리, 푹신한 머리 받침대가 있는 의자에 머리를 대고서 앉아 있기 위해 존재하는 것이 아닙니다. 또한 다른 사람 위에 서서 이래라저래라 명령할 수 있다고 착각해서도 안 됩니다. 목회자들의 교리와 삶에 주의를 기울일 의무를 가졌다고 해서, 자신들이 마치 목회자의 주인이자 선생이 된 것처럼 처신해서도 안 됩니다. 장로들의 교리와 삶을 살피는 것 또한 목회자의 의무임을 알아야 합니다. 장로는 콘시스토리 안에서 목회자의 선한 조언에 반대해서는 안 되며, 목회자의 의견을 저지시킨 일을 대단하게 여겨서도 안 됩니다. 뿐만 아니라 장로는 목회자가 원하는 바를 맹목적으로 따라서도 안 됩니다. 오히려 목회자가 교회의 복락을 증진하기 위해 하는 일을 매우 겸손히, 지혜와 사랑으로 돕는 것이 그들의 직무입니다. 또한 장로의 사역도 목회자와 마찬가지로 개인적인 사역과 더불어 콘시스토리, 노회, 총회를 통해 사역에 협력한다는 점에서 이중적입니다.

모든 장로는 회중에 대한 의무를 집니다. 그는 회중을 위해 사역하도록 주님으로부터 보내심을 받았다는 사실에 유념해야 합니다. 이러한 생각과 이해를 바탕으로 자신의 직분을 받아들이고, 모든 섬김을 감당해야 합니다.

첫째, 장로의 주된 직분은 '온 양 떼를 위하여 삼가는 것'과 '하나님의 양 무리를 치는 것'입니다(행 20:28; 벧전 5:1-3 참고).

장로는 회중이 하나 되게 하고 길 잃은 무리를 돌이키게 하며, 잘못된 교리로 회중을 불안하게 만드는 이리 떼를 힘써 경계해야 합니다. 이러한 일에 주의하여 하나님의 말씀이라는 방편을 통해 이리 떼를 내쫓고, 양 떼에게 푸른 초장을 제공해야 합니다. 그들의 직무는 단지 목회자를 청빙하는 것이 아니라, 가장 경건한 적임자를 찾는 것입니다. 한편으로는, 목회자들이 설교하고 교리문답을 교육하며 모인 무리의 덕을 세우고 그들을 이끌 수 있도록 격려해야 합니다. 모든 다툼과 불화를 방지하고 해소함으로써, 모든 지체들이 사랑과 화목함 가운데 거하는 어린양들처럼 함께 생활하도록 하는 것 또한 그들의 직무입니다. 온 회중을 살피며, 회중의 복락을 위하는 사랑의 마음으로 양들이 겪을 수 있는 고난에 관심을 가져야 합니다.

둘째, 장로는 각 지체들의 행실에 특별히 주의를 기울여야 합니다.

장로는 그들이 가정에서 어떻게 행하는지를 주의 깊게 감독해야 합니다. 가정이 화목하고 사랑이 있는지, 또한 가족 구성원들이 각자의 위치에서 합당하게 서로를 대하는지를 살펴야 합니다. 가정에서 예배하는지, 하나님의 말씀을 읽는지, 자녀들이 가르침을 받으며 적절하게 양육되고 있는지, 학교에 출석하는지, 진실한 신앙고백을 위해 준비되고 있는지를 살펴야 합니다. 또한 그 가정의 아버지가 진실한 신앙고백을 소유하고 있으며, 그 고백에 합당하게 처신하고 있는지도 살펴보아야 합니다. 장로는 각 지체들이 지역 사람들에게서 어떠한 평판을 받고 있는지도 살펴보아야 합니다. 한마디로 말해, 모든 것에 주의를 기울여야 합니다.

어딘가에서 무언가가 잘못되고 있음을 알게 되면, 곧바로 그러한 사태를 바로잡기 위해 행동해야 합니다. 이를 위해 장로들도 목회자들처럼 담당하는 구역을 나눌 필요가 있습니다. 그리하면 그들에게 일어나는 일들을 더 주의 깊게 살필 수 있습니다. 장로들은 한 마디도 하지 않으면서, 그저 목회자와 함께 가정을 심방했다는 사실만으로 자신의 의무를 다했다고 여겨서는 안 됩니다. 장로가 심방에 동행하는 목적은 가정 심방에 신뢰를 더하고, 각 가정이 주의 만찬을 준비하는 일에 깊이 감화되도록 하려는 것입니다. 또한 필요한 경우에는 말과 행실로써 목회자를 도우며, 목회자에게서 영혼 대하는 법을 배워야 합니다. 장로는 목회자의 심방이 필요한 가정이 없는지를 잘 살펴 적절히 대처할 수 있도록 해야 합니다. 이 일이 장로가 맡은 역할입니다.

장로는 하나님께서 각자에게 맡기신 본분을 행하도록 권면하기 위해 다음을 유념해야 합니다.

① '삼가라,' '먹이라,' '감독자'라는 단어에 유의하십시오(행 20:28 참고). '모든 사람이 고백서에 진술된 대로 합당하게 고백하고 행하는가'를 특별히 주의하여 살피지 않는 한, 이런 직무는 올바로 수행되지 않습니다.

② 서로에게 세심하게 주의하는 것은 모든 지체들의 의무입니다.

"서로 돌아보아"(히 10:24).

그러므로 장로라는 호칭을 가진 사람은 더욱 그리해야 합니다.

③ "그러한 일을 장로 혼자 행하는 것은 해로울 수 있지 않는가?" "그가 잘못 행할 수도 있지 않는가?"라는 질문에 대해 "그렇지 않습니다"라고 답해야 합니다. 오히려 목회자와 장로들이 지체들의 행위를 알고 그들을 제재하는 것은 좋은 일이 아닙니까? 회중의 덕을 세우기 위해 영향을 끼치는 일이 중요하지 않습니까? 모든 사람은 이에 대해 분명히 그러하다고 답해야 합니다. "사람이 선을 행할 줄 알고도 행하지 아니하면 죄니라"(약 4:17)라는 말씀을 숙고해 보십시오.

셋째, 장로는 무지한 사람들을 가르쳐야 합니다.

① 이것은 모든 사람의 의무입니다.

"피차 가르치며 권면하고"(골 3:16).

그러므로 장로에게는 더욱 해당되는 일입니다.

② 의문의 여지 없이 이것은 목회자의 직무입니다. 설교를 제외하고서 목회자에게 해당하는 사역은 모두 장로의 의무입니다. 둘 다 장로라고 불리기 때문입니다.

③ 총회에서는 장로가 모든 가정의 무지한 자들을 가르칠 뿐만 아니라 교리문답을 교육해야 한다고 공표해 왔습니다. 또한 이것을 개별 가정에서뿐만 아니라 교회 안에서도 공적으로 행하라고 말합니다.

④ 다음과 같이 질문할 수도 있습니다. "장로가 그렇게 행할 때에 죄를 범할 수 있지 않은가? 만일 그렇다면 선한 유익이 될 수 없지 않은가?" 설령 그러할지라도,

그는 그것이 장로의 의무라는 사실을 그 양심에 각인시킬 것입니다.

넷째, 장로는 권면하고 책망하며 위로해야 합니다.

① '양 떼를 위해 삼가는 것, 먹이는 것, 살피는 것'이야말로 양 떼들이 합당하게 행하는지를 확인하라는 의미가 아니고 무엇이겠습니까? 이것이 단지 지켜보기만 하라는 말입니까? 아닙니다. 그것은 장로들이 때에 따라 처신하라는 말입니다.

② 이것은 모든 사람의 의무입니다.

"매일 피차 권면하여"(히 3:13).

"게으른 자들을 권계하며 마음이 약한 자들을 격려하고 힘이 없는 자들을 붙들어 주며 모든 사람에게 오래 참으라"(살전 5:14).

따라서 이것은 장로들에게는 더 큰 의무입니다.

③ 여기서 말하는 특정한 의무는 목회자의 의무인 것과 마찬가지로 장로의 의무이기도 합니다.

④ 다음과 같이 다시금 동일하게 질문할 수 있습니다. "그것이 죄인가? 그것이 선하지 않은가?"

다섯째, 장로는 병든 자를 비롯하여 과부와 고아와 여러 가지 시험을 겪는 모든 사람들을 심방해야 합니다.

① 이것은 모든 사람의 의무입니다.

"하나님 아버지 앞에서 정결하고 더러움이 없는 경건은 곧 고아와 과부를 그 환난 중에 돌보고"(약 1:27).

"병들었을 때에 돌보았고"(마 25:36).

이러한 직무를 감당하지 않는 장로는 부끄러워해야 합니다!

② 이것은 목회자의 의무인 것처럼 장로의 의무이기도 합니다.

③ 그러한 일이 나쁜 행실이기는커녕 옳은 일임을 양심이 증언합니다.

④ 성경은 병든 자에게 장로들을 청하라고 가르칩니다.

"너희 중에 병든 자가 있느냐 그는 교회의 장로들을 청할 것이요 그들은……그를 위하여 기도할지니라"(약 5:14).

여기서 '장로'라는 단어는 제한을 두지 않고 사용된 것으로, '장로'라고 불리는 가르치는 장로와 다스리는 장로를 모두 포함합니다.

장로들이 하나님께서 자신을 보내셨음을 인식하고, 앞서 언급한 내용에 합치되는 마음과 성품으로 맡겨진 의무들을 수행하며, 장로와 회중 모두가 이와 같은 장로의 직분을 인정한다면, 그 회중은 풍성해질 것입니다. 그러므로 장로는 마땅히 이 모든 의무를 수행해야 합니다.

다음으로 집사의 직분에 관해 간략히 규명하겠습니다. 그리고 나서는 목회자와 장로가 반드시 함께 수행해야 할 의무에 관해 설명하겠습니다.

집사의 직분

하나님께서 자신의 교회에 친히 제정하신 세 번째 직분은 '집사직'입니다. 집사직은 장로와 목사의 직분과는 구별되며, 그 목적은 '회중 가운데 있는 궁핍한 자들의 물질적인 필요를 돕는 것'입니다. 하나님은 가장 먼저 궁핍한 자들을 교회로 모으시기 때문에, 교회 안에는 언제나 가난한 사람들이 있습니다.

"땅에는 언제든지 가난한 자가 그치지 아니하겠으므로 내가 네게 명령하여 이르노니 너는 반드시 네 땅 안에 네 형제 중 곤란한 자와 궁핍한 자에게 네 손을 펼지니라"(신 15:11).

이것은 재력 있는 자들에게는 자신의 관대함을 드러낼 기회를, 가난한 자들에게는 그들을 향한 주님의 섭리를 알고 감사할 수 있는 기회를 줍니다. 그러나 궁핍한 지체들이 재력 있는 지체들에게 알려지지 않아 등한시되어서 가난으로 인해 죽거나 구걸하는 신세로 내몰리는 일이 얼마든지 발생할 수 있습니다. 이러한 일은 교회의 부끄러움이 될 것입니다. 그러므로 궁핍한 자들을 살피는 직분이 얼마나 필요한지를 쉽게 알 수 있습니다. 그래서 주님은 교회 가운데 집사 직분을 제정하기를 기뻐하셨습니다.

이제 이 직분의 소명과 자격 요건과 직무에 관해 알아보겠습니다.

집사직: 하나님께서 제정하신 것

첫째, 주님께서 이 직분을 제정하셨습니다. 사도행전 6장 3절을 보십시오.
"형제들아 너희 가운데서 성령과 지혜가 충만하여 칭찬받는 사람 일곱을 택하라. 우리가 이 일을 그들에게 맡기고."

둘째, 집사직은 단지 상황이 긴박해서 모든 재물을 함께 모아 공동의 자금으로 살아야 했던 초대 교회 시대에만 필요하지 않습니다. 교회 안에는 언제나 궁핍한 사람이 있을 것이므로, 집사 직분은 모든 시대에 계속 필요합니다. 로마의 회중에도 집사가 있었습니다. 사도는 그들에게 "구제하는 자는 성실함으로……할 것이니라"(롬 12:8)라고 말했습니다. 또한 빌립보에 있는 '감독들과 집사들'에게 편지를 쓰기도 했습니다. 디모데전서 3장에서는 디모데에게 집사가 반드시 지녀야 할 태도를 가르침으로써, 집사직이 하나님께서 세우신 제도임을 확증했습니다.

집사직은 교회의 신적 제도이자 교회를 위한 신적 제도이므로, 교회로부터 선택을 받아야 하는 직분입니다. 이는 세속 정부가 아니라, 교회의 모든 형제들과 대표자들(장로들)이 정합니다. 사도행전 6장에서 바로 이 일을 행하는 모습이 나옵니다. 사도는 먼저 이러한 사람들을 시험해 보고 그 후에 섬기게 하라고 강조합니다(딤전 3:10 참고). 검증한 후에 봉사하게 하라는 것은 선택받음을 암시합니다. '집사 임직서(the form for the installation deacons)'는 이를 강조하여 다음과 같이 진술합니다.

"첫째로, 나는 장로와 집사인 그대들에게 묻습니다. 그대들은 하나님의 교회가 합법적으로 그대들을 불렀으며, 따라서 하나님께서 친히 이 각각의 직분으로 부르셨음을 마음 깊이 확신합니까?"

집사는 교회를 위해 의도된 직분입니다. 따라서 교회 안의 구제는 물론이요 교회 밖에 있는 자들에게도 구제를 베풀어 공공의 차원에서 가난한 자들을 지원하는 식으로 혼합하는 것은 적절하지 않습니다. 그 이유는 다음과 같습니다.

① 이는 이 직분의 목적에 반합니다.

② 그것은 모든 궁핍한 자들을 동일하게 다루어, 교회 안과 교회 밖에 있는 자들이 혼합되는 것을 교묘하게 조장합니다. 교회는 모든 면에서 분명히 구별되어야 합

니다.

③ 자신들의 것이 목적에 맞게 나누어지지 않음으로 말미암아 베풀고자 하는 마음에 훼방을 받을 수 있습니다.

④ 그러지 않았더라면, 교회 안의 궁핍한 자들이 더 풍족하게 받을 수 있었을 혜택을 받지 못할 수 있습니다.

⑤ 교황주의자들이나 그 밖의 다른 이들을 개의치 않고 후원하는 것은 그들로 하여금 오류 속에서 경건하지 않게 살도록 확증하는 셈입니다.

⑥ 그것은 교회의 빛을 꺼트리는 일입니다. 구제 기금이 풍족하여 집사들이 교회 밖에 있는 다른 이들에게도 자발적으로 관대함을 나타낼 수 있다면, 교회가 그 빛을 더 분명히 발할 것입니다.

집사의 자격

사도는 집사에게 요구되는 자격에 관해 다음과 같이 설명합니다.

"이와 같이 집사들도 정중하고 일구이언을 하지 아니하고 술에 인박히지 아니하고 더러운 이를 탐하지 아니하고, 깨끗한 양심에 믿음의 비밀을 가진 자라야 할지니……집사들은 한 아내의 남편이 되어 자녀와 자기 집을 잘 다스리는 자일지니"(딤전 3:8,9,12).

이에 더하여 집사는 다른 사람들의 본이 되도록, 그리스도인이 가져야 할 모든 미덕을 지녀야 합니다. 집사의 모든 미덕은 특별히 관대함이라는 미덕으로부터 흘러넘쳐야 합니다.

① 집사는 '연민'을 나타내야 합니다. "동정하며"(벧전 3:8)라는 말씀과 같이, 집사는 자신이 궁핍함을 겪는 것처럼 궁핍한 자의 짐을 져야 합니다. 무례하거나 거만히 행해서는 안 됩니다. 또한 개나 원수를 대하듯이 호통을 쳐서도 안 됩니다.

② 집사는 '긍휼'을 나타내야 합니다. 이것은 한 사람으로 하여금 또 다른 이를 돕도록 만드는 호의입니다.

"긍휼히 여기는 자는 복이 있나니"(마 5:7).

"너희도 자비로운 자가 되라"(눅 6:36).

"불쌍히 여기며"(벧전 3:8).

자신의 마음을 걸어 잠그고, 궁핍한 자들에 대해 무감각하며, 아무것도 베풀지 않는 것은 긍휼이 아닙니다. 또한 체면이나 다른 이유로 긍휼히 여기는 것은 마치 개에게 빵 조각을 던져 주는 것과 같은 태도입니다.

③ 집사는 아버지가 자녀를 보살피듯이 궁핍한 자들의 일자리를 마련하고, 먹고 사는 데 지장 없이 주님께 감사하며 살 수 있도록 보살펴야 합니다.

"나는 맹인의 눈도 되고 다리 저는 사람의 발도 되고, 빈궁한 자의 아버지도 되며 내가 모르는 사람의 송사를 돌보아 주었으며"(욥 29:15,16).

④ 유쾌하고 친절하게 행해야 합니다.

"긍휼을 베푸는 자는 즐거움으로 할 것이니라"(롬 12:8).

"불쌍히 여기며 겸손하며"(벧전 3:8).

집사는 상냥해야 합니다. 친절한 말과 상냥한 표정은 가난으로 인해 낙담한 자의 심령을 새롭게 하므로 가장 귀합니다. 반면 험상궂은 표정과 무정한 말은 그들의 심령을 짓밟습니다.

집사의 직무

집사의 직무는 금전을 모으고 분배하는 것과 더불어 궁핍한 자들의 심령을 보살피는 것과 관련 있습니다.

첫째, 집사는 '모으는(collect)' 직분입니다. 목회자와 장로와 협력하여 이 일을 수행해야 하며, 그들과 함께 궁핍한 자와 재력 있는 자를 모두 감독해야 합니다. 목회자 직분은 장로와 집사 직분을 포괄하고, 장로 직분은 집사 직분을 포괄하기 때문입니다. 거듭 말하지만, 집사는 물질을 걷는 일을 결정할 때에 목사와 장로에게 상의해야 하며, 그들이 알아야 할 사안들을 부지런히 알려야 합니다.

둘째, 집사는 '분배하는' 직분입니다. 기금을 분배할 때에 경솔하지 않도록, 지혜롭고도 조심스럽게 행해야 합니다. 가장 궁핍한 사람들에게 가장 많이 돌아가게 하고, 게으르거나 받은 것을 낭비하는 사람들에게는 노동과 절약을 가르치기 위해 적게 주어야 합니다. 고아와 노인, 병든 자와 산모는 저마다 다르게 접근해야 합니다. 자신의 가난에 대해 책임 있는 자들과 일할 수 있는 자들도 다르게 다루어야 합니다. 건강하지만 장애가 있어서 일할 수 없는 자들도 마찬가지입니다. 집사직을 통해 도움 받는 것이 알려지느니 차라리 가족과 함께 굶어 죽으려고 하는 자들도(이것은 죄입니다) 그러합니다. 일정한 재정 지원이 없으면 가난하게 될 수밖에 없는 사람들이 채무를 상환할 수 있도록 도와주는 일에도 다르게 접근해야 합니다. 이러한 결정들을 내릴 때, 때와 방식과 상황을 명확히 분별하기 위해서는 지혜가 많이 필요합니다.

셋째, 집사는 아버지처럼 '가난한 자들의 심령을 보살피는' 직분입니다. 어떤 지체가 다른 사람에게 어떤 의무를 지든, 집사는 주님께서 그들에게 맡기신 자들을 탁월하게 대해야 합니다.

① 무지한 사람들을 가르쳐 그들을 교회 예배와 교리문답 교육으로 이끌어야 합니다.

② 개인의 상황에 따라 권면하고 책망하며 위로해야 합니다.

③ 병든 자를 심방하고, 죽음을 맞이할 때에 그들의 심령을 준비시키며, 건강을 회복했을 때에는 경건을 깊이 함양할 수 있도록 권면해야 합니다.

그리하면 그들은 "아름다운 지위와 그리스도 예수 안에 있는 믿음에 큰 담력을"(딤전 3:13) 얻을 것입니다. 교회를 이전보다 이롭게 하여 교회를 빛낼 것입니다. 마찬가지로 그들의 은사와 은혜도 커질 것입니다.

모든 직분 가운데 집사직보다 육체적으로 고되고 힘든 직분은 없습니다. 주님께서 네덜란드 교회의 대다수 집사들에게 그와 같이 자원하는 마음과 열심을 허락하신다는 사실은 참으로 놀랍고 기쁜 일이 아닐 수 없습니다. 이들은 기부받은 값진 것들을 모으면서 마치 자신이 이것을 받는 양 즐거워합니다. 저녁 늦게까지 이 직무를 감당하는데도 수고스럽게 여기지 않습니다. 이러한 집사들의 모임보다 체계적이고도 조화로우며 충성된 모임은 없습니다. 주님은 그러한 자들에게 명예와 존경으로 상 주시며, 그들의 형편도 대부분 나빠지지 않고 도리어 나아지도록 하십니다.

직분을 충성스럽게 수행하라는 권면

이러한 영적 직분에는 특별히 앎과 행함이 반드시 함께 가야 합니다. 따라서 직분 자체에 관한 설명에 덧붙여, 이 직분을 충성스럽게 수행하라고 권면하고자 합니다. 그 이유는 다음과 같습니다.

첫째, 여러분 모두를 목사와 장로와 집사라는 각각의 직분과 직무로 부르신 이는 바로 교회의 왕이신 주 예수님입니다. 세상에서는 왕의 대사가 되는 것을 대단한 명예로 여깁니다. 그러나 우리는 지금 만주의 주요 만왕의 왕이신 분을 모시고 있습니다. 그분은 하나님 자신이시며, 성부의 영광의 광채이시요, 눈에 보이는 하나님의 형상입니다. 하나님 아버지의 의로운 오른손으로 높임 받으시고, 성부와 함께 그분의 보좌에 앉으셨으며, 존귀와 영광으로 관을 쓰신 중보자입니다. 그분이 여러분을 주님의 사역으로 부르시고, 하나님의 말씀이 기록된 메시지와 함께 보내십니다. 이 왕을 경외하는 자, 세상의 명예와는 비교되지 않는 신령한 영예를 알아 보는 영적 안목을 지닌 자, 그리고 하나님과 주 예수님께서 천사들과 자녀들에게 부여하신 명예가 사람이 부여한 명예와는 비교할 수 없다는 사실을 아는 자는, 모두 주님의 대사이자 전령이 되는 일을 가장 명예롭게 여길 것입니다. 자만하게 행하는 것이 아니라 하나님으로부터 메시지를 받은 천사 같은 각오와 자원함으로 즐거이 자신의 대사직을 수행할 것입니다. 보내신 분이 위대하면 위대할수록 보내심을 받은 사람은 신중하고도 철저히 그 명령에 순종해야 합니다. 위대한 왕께서 여러분을 명예롭게 하셨다는 사실에 주의하십시오. 주님은 그토록 영광스럽고도 존귀한 직무를 여러분에게 맡기셨을 뿐만 아니라, 여러분을 계속 지켜보십니다. 그러므로 진실하고도 충성된 태도로 맡겨진 직무를 감당하십시오. 말씀을 자주 숙고하여 충성되고도 성실한 자가 되십시오.

"내가 복음을 전할지라도 자랑할 것이 없음은 내가 부득불 할 일임이라. 만일 복음을 전하지 아니하면 내게 화가 있을 것이로다. 내가 내 자의로 이것을 행하면 상을 얻으려니와 내가 자의로 아니한다 할지라도 나는 사명을 받았노라"(고전 9:16,17).

둘째, 주님은 은사와 달란트를, 맡기신 사역에 필요한 대로 어떤 이에게는 적게 주시고 어떤 이에게는 많이 주십니다. 이는 달란트를 더 많이 남기게 하시기 위함입니다. 게다가 사람들에게서 존경과 높임을 받게 하셔서 그 달란트를 유익하게 활용할 수 있는 근거와 복된 기회를 허락하십니다. 그런데도 여러분은 이처럼 놀라운 은사와 달란트를, 그리고 기회와 존경을 사용하지 않고 내버려 두겠습니까? 아니면 이를 오만하게 드러내며, 신령한 것으로 세상적인 명예를 탐하는 사람이 되겠습니까? 그렇게 하기에 이것은 너무나 귀한 직분입니다. 그러므로 이러한 은사와 달란트의 귀함을 알고, 열심을 다해 그것이 주어진 목적, 곧 주님을 섬기고 주님의 교회를 유익하게 하는 일에 모두 불태우십시오.

셋째, 존귀하고도 소중한 영혼의 구원과 영벌이 여러분의 사역에 달려 있습니다. 사람으로 가득 찬 교회를 바라보면서, 모든 사람이 불멸의 영혼을 가지고 있다는 사실을 기억하십시오. 그리고 그들이 본질상 영원히 지속될 멸망에 이르는 넓은 길을 걷고 있다는 사실을 기억하십시오. 주님께서 여러분의 입에 화목케 하는 말씀을 담아 주셨습니다. 여러분 외에 그들이 도움을 얻을 다른 방편은 없습니다. 만일 그들이 자신의 길을 가도록 내버려 둔다면, 그들을 잃어버리고 말 것입니다. 그런데도 그들을 돕지 않겠습니까? 만일 누군가가 물에 빠져 들어가고 있다면, 누구나 도와 달라고 외치며 무엇이든 자신이 할 수 있는 일을 할 것입니다. 하물며 영혼과 육체가 영원한 멸망으로 향하고 있다면 어떻게 해야 합니까! 그들을 돕기 위해 주 예수님으로부터 보내심을 받은 여러분은 더욱 그리해야 합니다. 여러분이 할 수 있는 한, 그들을 도울 방법을 모두 동원해야 하지 않겠습니까? 그들을 가르치고 권면하며 책망해야 하지 않겠습니까? 지옥의 문에서 건진 노획물같이, 그 영혼을 사로잡아 불구덩이에서 끌어내 그리스도의 발 앞으로 데려와야 하지 않겠습니까?

또한 교회 안에는 회심한 사람들이 있습니다. 그들 중에는 어린아이들도 있고, 영적으로 진보해 가는 사람들도 있습니다. 그들은 모두 영적으로 충만한 삶을 바라며, 그것을 위한 양식과 젖과 빵 조각을 절실히 원합니다. 그들 중 어떤 이들은 올바른 길 위에서 차근차근 진보해 가는 반면, 길을 잃은 양처럼 이리저리 헤매는 자들도 있습니다. 건강한 사람이 있는가 하면 병든 사람도 있고, 사망에 가까운 사람이 있는가 하면 영원으로 들어가는 사람도 있습니다. 모든 사람이 자신의 심령을 열어 견고케 하고 북돋아 줄 말씀을 갈망합니다. 그들은 여러분이 오기를 기대합니다. 즉, 여러분의 입에서 나오는 말씀을 얻으려 합니다. 여러분에게는 자유롭게 사용할 수 있는 빵과 포도주가 있습니다. 그리고 주님께서 여러분을 보내면서, 그들을 견고케 하고 격려할 수 있도록 이 직무를 감당할 자격을 주셨습니다. 그러므로 어찌하여 게으르고 부주의하게 행하여 주 예수님께서 여러분에게 맡기신 양식을 공급하지 못한 탓에 그들이 굶주려 죽어 가도록 내버려 두겠습니까? 조금이라도 사랑과 긍휼의 마음이 있고 그 영혼(회심했든 회심하지 않았든)을 생각한다면, 여러분은 온 힘을 다해 그들을 도우려 할 것입니다.

넷째, 주님께서 여러분을 감독자로 세워 맡기신 회중을 생각하십시오. 이는 그리스도께서 자신을 내주기까지 사랑하여 자신의 피로 세우신 하나님의 교회입니다. 주님께서 여러분에게 양육하라고 맡기신 그들은, 주님의 존귀한 아들딸이요 사랑하는 자녀들입니다. 주님께서 그토록 사랑하시는 자들을 신중히 대해야 하지 않겠습니까? 곧 예수님의 사랑을 입은 자녀들을 해치려는 자들로부터 보호하고, 오류로부터 지키며, 양식과 음료를 주어 가르쳐야 합니다. 예수님께서 자신의 피로 그들을 사셨듯이, 여러분도 그들을 그와 같이 대해야 하지 않겠습니까? 교회를 향한 예수님의 사랑으로 여러분의 마음이 가득 채워진다면, 여러분은 온 힘을 다해 성실히 교회를 돌보며 교회의 복락을 구하게 될 것입니다.

다섯째, 교회의 번영은 이 땅에서 하나님을 영화롭게 합니다. 주 예수님은 우리에게 "이름이 거룩히 여김을 받으시오며"라고 기도를 가르치고 나서 곧바로 "나라가 임하시오며!"라고 말씀하심으로써, 그것이 성취되는 방식을 알려 주셨습니다. 교회는 그리스도의 영광이 나타나는 곳이며, 우리를 흑암에서 건져 그분의 기이한 빛으로 옮기신 주님을 찬양하는 곳입니다. 교회가 죄에 물들고 병들면, 하나님의 이름이 모독 받을 것입니다. 반면 교회가 거룩한 아름다움으로 빛을 발하며, 기뻐할 만한 덕성과 열매를 많이 맺으면, 주님은 영광을 받으실 것입니다. 그때에 주님의 속성들(Lord's attributes)이 찬양받고, 천사들이 송축하며, 목회자들이 기뻐하고, 하나님의 자녀들이 즐거워할 것입니다. 뿐만 아니라 교회 밖에 있는 자들도 주님의 거룩하심을 알게 되어 그분을 경외하게 될 것입니다. 하나님을 찬양하는 소리들이 울려 퍼지며, 천국이 그 소리들에 화답할 것입니다. 교회의 감독자들이여, 교회가 그와 같이 되도록 주님께서 여러분에게 사역을 맡기셨습니다. 그러므로 여러분이 주님께서 영광 받으시기를 기뻐하고 소망한다면, 교회가 그와 같도록 진실로 성실하게 행하십시오.

여섯째, 특별히 여러분 모두는 하나님께서 맡기신 영혼들에 관해 하나님 앞에서 청산할 날이 올 것입니다. 충성하지 않은 자에게는 화가 있겠지만, 충성한 자는 복될 것입니다. 여러분이 행한 일이 판단되지 않으리라 여기지 마십시오. 주님께서 틀림없이 여러분을 그분의 심판대 앞에 세우고 이같이 말씀하실 것입니다. "네가 주관해 온 일들을 내게 고하라. 너는 네가 받은 위임과 달란트와 네가 가졌던 놀라운 모든 기회들에 진실했느냐? 영혼을 어떻게 대했느냐? 그들 가운데 잃어버린 자들에 대해 책임을 지겠느냐? 불경건한 자들의 손을 더욱 굳게 하지는 않았느냐? 죽고자 하는 자들이 죽음에 이르도록 내버려 두지는 않았느냐? 내 양과 젖먹이들에게 신중하게 주의를 기울였느냐? 아니면 그들을 부당하게 대하고 애통하게 하며 죽이고 겉옷을 벗기고 빼앗았느냐?(아 5:7 참고) 너의 섬김을 통해 회심하며 위로를 얻고 세움을 입은 영혼들은 어디에 있느냐?"

많은 감독자들이 이러한 심판과 심문을 너무나 두려워할 것입니다! 그들에게 선고될 형벌이 너무나 비참하고 끔찍할 것입니다! 태어나지 않았더라면 감독자가 될 일도 없었을 텐데 말입니다. 사람이 자신의 죄악으로도 멸망당하는데, 하물며 수많은 영혼들에 대한 무게는 어떠하겠습니까! 멸망하는 영혼들이 마지막 심판 날에 여러분을 보고 일어나 외칠 것입니다. "당신들은 내가 무지하고 죄 가운데 산다는 것을 알았습니다. 만일 당신들이 나를 훈계하고 책망하며 가르쳐 구원의 길로 이끌었다면, 나는 구원받았을 것입니다. 그러나 보십시오, 충성되지 않았던 목회자여! 충성되지 않았던 장로들이여! 나는 잃어버린 자가 되었습니다! 하나님께서 나의 피를 당신들의 손에 물으시기를! 당신들을 악하고 게으른 종으로 대하시기를!"

그러나 충성된 목회자와 장로와 집사들에게는 이때가 복된 순간일 것입니다. 주님께서 회중을 향한 그들의 수고와 기도, 탁월했던 강론, 권면과 훈계, 영혼을 지도했던 모든 행적들을 다 드러내실 것입니다. 그리고 다음과 같이 말씀하면서 그들을 영광으로 들이실 것입니다.

"잘하였도다 착하고 충성된 종아 네가 적은 일에 충성하였으매 내가 많은 것을 네게 맡기리니 네 주인의 즐거움에 참여할지어다"(마 25:21).

경계와 권면을 위한 다음 구절들을 숙고해 보십시오.

"내가 그의 피 값을 네 손에서 찾을 것이고……너는 네 생명을 보존하리라"(겔 3:18,19).

"그들은 너희 영혼을 위하여 경성하기를 자신들이 청산할 자인 것같이 하느니라"(히 13:17).

"이 무익한 종을 바깥 어두운 데로 내쫓으라. 거기서 슬피 울며 이를 갈리라"(마 25:30).

"그 주인이 이르되 잘하였도다 착하고 충성된 종아 네가 적은 일에 충성하였으매 내가 많은 것을 네게 맡기리니 네 주인의 즐거움에 참여할지어다 하고"(마 25:23).

이러한 구절들을 가볍게 지나치지 말고, 이 말씀들의 무게를 마음 깊이 헤아려 맡은 직분에 충성하기를 바랍니다.

29

교회의 권위와 천국 열쇠의 사용

지금까지 목회자, 장로, 집사가 수행해야 할 사역에 관해 논했습니다. 이제 더 나아가 목회자와 장로가 협력하여 수행해야 할 사역에 관해 숙고해 봅시다.

목회자와 장로가 협력하여 사역할 때는 콘시스토리와 노회와 총회를 구성하게 됩니다.

교회 공회의 근거와 목적

공회의 근거와 필요성

첫째, 교회 공회(ecclesiastical assemblies)의 타당성은 그 필요성을 고려할 때에 분명히 드러납니다. 국가나 사회가 지도자로 임명된 사람으로 구성된 조직 없이 존재할 수 없다는 것은 자명한 사실입니다. 특히 여러 지방, 도시, 마을을 아우르는 국가나 사회는 더욱 그러합니다. 마찬가지로 교회도 개교회뿐만 아니라 각 지방의 장로들로 구성된 모임이 반드시 필요합니다. 다시 말해, 다양한 지방을 대표하는 조직이 있어야 합니다. 또한 세계 도처의 모든 교회를 대표하는 자들로 구성된 공회가 필요합니다. 교회들은 하나의 교회이기 때문입니다. 교리의 통일성도 이와 같이 보존된다면, 교회는 혼란으로부터 벗어날 것입니다.

둘째, 구약의 교회도 공회를 통해 교회의 일을 수행했습니다. 주 예수님은 "형제를 대하여 라가라 하는 자는 공회에 잡혀가게 되고"(마 5:22)라고 말씀하면서 이를 인정하셨습니다.

셋째, 사도 교회도 이러한 방식으로 교회의 일을 수행했습니다.
"사도와 장로들이 이 일을 의논하러 모여"(행 15:6).
"너희가 내 영과 함께 모여서"(고전 5:4).
이러한 공회는 상위 공회와 하위 공회가 있는데, 이것은 위계가 아니라 관할하는 내용에 따라 나눕니다.

공회의 목적

첫째, 공회의 목적은 참된 교리의 통일성을 보존하고, 표면에 드러나는 오류들에 맞서 성경의 참된 의미를 수호함으로써 "진리의 기둥과 터"(딤전 3:15)가 되는 것입니다. 새로운 교리나 신앙을 정립하는 것, 더 나아가 성경에 권위를 부여하는 것은 교회 공회의 목적이 아닙니다. 공회는 논쟁적인 사안에 관해 오류가 없이 최종적으로 판단하는 기구도 아닙니다. 그 이유는 다음과 같습니다.

① 오직 하나님만이 입법자이시기 때문입니다(약 4:12 참고).

② 어느 누구도 성경에 무언가를 더하거나 빼서는 안 되기 때문입니다(신 4:2; 계 2:18,19 참고).

③ 주 예수님께서 사람의 계명과 교훈을 거부하시기 때문입니다(마 15:9 참고).

④ 목회자는 주님께서 분부하신 대로 하나님의 모든 말씀을 가르치라고 부름받았기 때문입니다(마 28:18,19 참고).

⑤ 모든 지체는 사람의 종이 되지 않도록 경계해야 하며, 어느 누구에게도 지배받지 않아야 하기 때문입니다(갈 5:1; 고전 7:23 참고).

둘째, 공회의 목적은 선한 질서를 유지하여 "모든 것을 품위 있게 하고 질서 있게"(고전 14:40) 하는 것입니다. 그 목적에 따라, 한 사람이 다른 사람의 주인인 양 행세하지 못하게 합니다. 또한 이를 통해 혼란스럽지 않도록 실천적인 경건의 덕을 세우며, 경건의 실천이 도외시되지 않도록 합니다.

셋째, 공회의 목적은 하나님의 뜻을 거스르는 모든 일을 방지하고, 천국 열쇠, 곧 기독교적 또는 교회 차원의 권징을 사용하는 것입니다.

천국 열쇠

이제 '천국 열쇠'에 관해 숙고해 봅시다.

먼저, '열쇠'는 권위를 상징합니다. 이 권위는 본질적으로 법률적인 것입니다. 교회의 주인이신 주 예수님은 "진실하사 다윗의 열쇠를 가지신 이, 곧 열면 닫을 사람이 없고 닫으면 열 사람이 없는"(계 3:7) 분으로서, 교회에 대해 이러한 권위를 가집니다. 또한 이 권위는 그 법을 '집행'하는 것으로서, 주 예수님을 대신하여 그분의 명령을 수행하는 것입니다.

"내가 또 다윗의 집의 열쇠를 그의 어깨에 두리니"(사 22:22).

이처럼 교회는 교회 안으로 들이거나 내쫓을 권세를 가집니다.

다음으로, 천국 곧 '하늘'의 왕국에 관해 살펴보겠습니다. 하늘 왕국이란 권능과 영광의 왕국이 아니라 '은혜'의 왕국, 곧 하늘의 모든 속성을 담고 있는 지상의 교회를 말합니다. 이 왕국은 천상의 왕, 천상의 백성, 천상의 재화, 그 성벽과 문, 그리고 그곳에 들이는 것을 허락하거나 거부하는 천상의 권세로 이루어져 있습니다. 이 권위는 변하지 않습니다. 따라서 어떤 지역인지는 문제 되지 않습니다. 뿐만 아니라 마치 교회가 장로의 소유라도 되는 양 장로들에게서 비롯되는 것도 아닙니다. 그들에게는 그러한 권위가 없습니다. 본질적으로도 그들의 것이 아닐뿐더러, 그들에게 부여된 적도 없습니다. 교회는 여전히 그리스도의 것이요 그분께만 속하기 때문입니다. 장로들은 단지 그리스도께서 그분의 권위를 행사하기 위해 사용하시는 종들에 불과합니다.

이 권위는 매고 푸는 것, 그리고 죄를 사하거나 그대로 두는 것과 관련됩니다.

"네가 땅에서 무엇이든지 매면 하늘에서도 매일 것이요 네가 땅에서 무엇이든지 풀면 하늘에서도 풀리리라"(마 16:19, 18:18 참고).

"너희가 누구의 죄든지 사하면 사하여질 것이요 누구의 죄든지 그대로 두면 그대로 있으리라 하시니라"(요 20:23).

이것의 확실함은 목회자에게서 나오는 것이 아니며, 하나님께서 장로들이 원하는 대로 행하겠다고 스스로 합의하신 데서 기인하는 것도 아닙니다. 오히려 이 권위는 그리스도께 속했으며, 그분의 법도에 따라 주님의 이름으로 시행됩니다.

"너희는 의인에게 복이 있으리라 말하라……악인에게는 화가 있으리니……그가 보응을 받을 것임이니라"(사 3:10,11).

두 열쇠: 말씀 선포와 권징

교회는 하나님의 말씀과 기독교적 권징이라는 두 개의 열쇠를 가집니다.

'첫 번째 열쇠는, 하나님 말씀의 선포'입니다.

주님은 교회에 이 말씀을 주시고, 종들에게 권세를 부여하여 주님의 이름으로 이 말씀을 선포하게 하셨습니다.

"너희 말을 듣는 자는 곧 내 말을 듣는 것이요 너희를 저버리는 자는 곧 나를 저버리는 것이요"(눅 10:16).

이러한 권위로 그들은 신자에게 사죄와 영생을 선포합니다.

"아들을 믿는 자에게는 영생이 있고"(요 3:36).

"주 예수를 믿으라 그리하면……구원을 받으리라"(행 16:31).

반면 불신자와 회심하지 않는 자에게는 그들이 계속 그러한 상태에 머물러 있고 회개하지 않는 한, 동일한 권위로 천국의 문을 닫습니다.

"악을 행하는 각 사람의 영에는 환난과 곤고가 있으리니"(롬 2:9).

"아들에게 순종하지 아니하는 자는 영생을 보지 못하고 도리어 하나님의 진노가 그 위에 머물러 있느니라"(요 3:36).

어떤 사람이 이러한 것을 개인적으로 말해 주어서 알게 되는 것과, 그리스도의 종이(공적으로든 사적으로든) 구체적인 사안을 가지고서 "성도님, 당신은 영생의 상속자이며, 당신의 죄가 사해졌습니다"라고 말하거나 경건하지 않은 사람에게 "하나님의 진노하심이 그대 위에 있으며, 그대가 회개하지 않는다면 심판을 받게 되리라 선포하는 바입니다"라고 말하는 것에는 엄청난 차이가 있습니다. 그리스도의 명령에 따라 그리스도의 종을 통해 선포되는 말씀은 하나님의 말씀과 동일한 권위를 가집니다. 그러므로 목회자를 통해 선포되는 말씀은 마치 주 예수님이 그들에게 직접 말씀하시는 것처럼 한편에는 위로로, 다른 한편에는 두려움으로 임할 것입니다.

'두 번째 열쇠는, 기독교적 권징'입니다.

이것은 교회에 주어진 것으로서, 죄악되고도 불경건한 자에게는 천국의 문을 '닫고,' 이전의 삶을 회개하고 삶의 갱신을 약속하며 행실로써 이를 확증하는 자에게는 다시 '여는' 일을 집행할 권세를 말합니다. 이 열쇠는 유대인과 이교도, 교회 밖에 있는 자들에게 행하는 것이 아닙니다. 죄를 범한 교회의 구성원, 곧 세례를 받거나 주의 만찬에 참여하도록 허락받은 이들을 대상으로 합니다.

"밖에 있는 사람들을 판단하는 것이야 내게 무슨 상관이 있으리요마는 교회 안에 있는 사람들이야 너희가 판단하지 아니하랴. 밖에 있는 사람들은 하나님이 심판하시려니와 이 악한 사람은 너희 중에서 내쫓으라"(고전 5:12,13).

교회에 속해 있으면서 잘못된 가르침과 삶으로 인해 수차례 책망을 받았는데도 그것을 지속하는 사람이 기독교적 권징의 대상입니다.

"이 악한 사람은 너희 중에서 내쫓으라"(고전 5:13).

"그 가운데 후메내오와 알렉산더가 있으니 내가 사탄에게 내준 것은 그들로 훈계를 받아 신성을 모독하지 못하게 하려 함이라"(딤전 1:20).

어떤 사람을 출교한다는 것은 그에게서 그리스도의 보호하심을 거두는 것이며, 교회의 경계 너머에 있는 통치자,[1] 곧 사탄에게 그를 내주는 것입니다.

기독교적 권징의 단계

출교의 목적은 범죄한 구성원을 교회에서 제명하는 것으로, 주의 만찬에 참여하지 못하게 할 뿐만 아니라 더 이상 교회의 지체로 여기지 않는 것입니다. 이러한 최후의 조치는 몇 단계를 거쳐 이루어집니다.

① 첫 번째 단계는 권면과 경계와 책망입니다. 이는 가정에서 은밀히 행해지든지, 그런 요청이 없다면 장로회에 참석하여 행해집니다.

② 두 번째 단계는 주의 만찬에 참여하지 못하게 하는 것입니다. 이러한 견책은 죄를 범한 사람을 회개로 이끌기 위함인 동시에, 그러한 죄로 인해 다른 사람들의 심령이 상하거나 그 죄를 모방하여 교회를 훼손시키지 않게 하기 위함입니다.

"적은 누룩이 온 덩어리에 퍼지는 것을 알지 못하느냐?"(고전 5:6)

이와 같이 누군가가 죄를 범한 경우, 교회의 유익을 위해 그 사람을 주의 만찬에 참여하지 못하게 해야 할 이유가 몇 가지 있습니다. 그러지 않으면, 죄를 범하기 전이나 후나 별 차이 없이 겉으로 진심으로 슬퍼하는 듯 흠 없고도 경건하게 생활하는 모습을 보여 인정받을 것입니다. 특별히 견책의 두 번째 단계는 지속적으로 죄를 범하는 자들을 위한 것입니다.

③ 세 번째 단계는 죄악되게 살면서도 가르치기를 계속하는 자를 회중에게 알리는 것입니다. 이를 통해 지체들에게 하나님 나라의 열쇠가 사용되고 있다는 사실을 알리는 동시에, 그릇되게 행한 자를 위하여 기도하게 하기 위함입니다. 또한 죄를 범한 이가 부끄러움을 느껴 회개에 이르도록 하기 위함입니다. 이것을 처음 공포할 때에는 그의 이름을 구체적으로 언급하지 말아야 합니다. 그러나 이후에도 상황이 변하지 않고 계속된다면, 범법자와 회중 모두의 심령에 훨씬 더 크게 각인될 수 있도록 이름을 밝혀야 합니다.

④ 이 모든 것이 소용없을 때에는 네 번째, 곧 마지막 단계로 나아가야 합니다. 즉, 그 사람을 교회의 모든 교제에서 제외시키고 출교하는 것입니다. 즉, 그 사람을

---

1) 영역주 - 네덜란드어 판은 "die buiten heerst"라고 기록한다.

더는 형제나 자매로 받지 않고, 오히려 이교도로 여기는 것입니다. 구약에서 견책을 집행하는 경우도 이와 마찬가지였습니다. "백성 중에서 끊어지리니"(창 17:14)라는 말씀은, 곧 족보에서 그 이름이 지워져 아브라함의 자손에 속하지 않으며, 그의 자손과 맺은 언약을 상속하지 못한다는 의미입니다. "교회의 말도 듣지 않거든 이방인과 세리와 같이 여기라"(마 18:17)라고 하신 주님의 말씀도 바로 그러한 의미입니다. "이 악한 사람은 너희 중에서 내쫓으라"(고전 5:13)라는 사도 바울의 말도 동일합니다.

기독교적 권징의 목적

기독교적 권징의 목적은 영적입니다. 따라서 모든 사람에게 해당하는 것이 아니며, 육체적 형벌을 가하는 것은 더욱욱 아닙니다. 권징은 오직 그 가르침과 삶이 하나님의 말씀에 어긋나는 교회 구성원에게만 해당됩니다. 이러한 권징의 목적은 다음과 같습니다.

① 죄인으로 하여금 '부끄러움'을 느끼게 하여 자신이 하나님의 법도가 말하는 신앙으로부터 얼마나 벗어났는지, 그리고 자신의 고백과 얼마나 상반되게 살고 있는지를 일깨우기 위함입니다. 그리고 하나님과 교회 앞에서 부끄러움을 느끼고서 회개에 이르도록 하기 위함입니다.

"그 사람을 지목하여 사귀지 말고 그로 하여금 부끄럽게 하라"(살후 3:14).

② 죄인으로 하여금 주 예수님께서 친히 견책하신 것으로 민감히 받아들여 자신의 악한 길에서 돌이키게 하기 위함입니다.

"영은 주 예수의 날에 구원을 받게 하려 함이라"(고전 5:5).

"신성을 모독하지 못하게 하려 함이라"(딤전 1:20).

③ 주 예수님께서 내린 형벌의 두려움을 다른 지체들에게 일깨우기 위함입니다. 아버지가 한 아이를 꾸짖으면 다른 자녀들이 이를 두려워하여 행동을 삼가게 되는 것과 같은 이치입니다.

"범죄한 자들을 모든 사람 앞에서 꾸짖어 나머지 사람들로 두려워하게 하라"(딤전 5:20).

④ 교회 안에 있는 자들이 유익을 얻을 뿐만 아니라 교회 밖에 있는 자들이 죄악 됨을 이유로 신앙을 비방하지 못하도록, 그와 같은 죄악을 교회에서 제하기 위함입니다.

"하나님의 이름이 너희 때문에 이방인 중에서 모독을 받는도다"(롬 2:24).

⑤ 하나님의 심판이 온 회중 위에 임하는 것을 막기 위함입니다.

"너희 허물이 이러한 일들을 물리쳤고 너희 죄가 너희로부터 좋은 것을 막았느니라. 내 백성 가운데 악인이 있어서"(렘 5:25,26).

"그러므로 너희 중에 약한 자와 병든 자가 많고 잠자는 자도 적지 아니하니, 우리가 우리를 살폈으면 판단을 받지 아니하려니와"(고전 11:30,31).

견책에 관한 적절한 행동

견책과 관련하여 우리는 견책을 시행하는 장로의 행동, 견책을 받는 사람의 행동, 견책 받는 자들에 대한 다른 사람들의 행동을 숙고해야 합니다.

① '견책을 시행하는 자들'은 사람을 염두에 두지 않고 '공평히' 행해야 합니다. 또한 그들이 주 예수님의 임재를 의식하며 그분의 이름으로 이러한 직무를 수행하고 있음을 나타내야 합니다. 이를 위해 '신중'하고 '온유'하며 '엄숙'하게 행해야 합니다. 고압적인 태도가 아니라 온전히 겸손하게, 그 사람의 비참한 상태를 애통해하며 긍휼히 여기는 종으로서 이를 수행해야 합니다. 그리하여 견책을 받는 자와 다른 회중의 복락을 구해야 합니다.

② '견책을 받는 자들'은 그것을 민감하게 받아야 하며, 애통하는 마음으로 교회의 권징에 따라야 합니다. 그리스도께서 친히 자신을 징계하신다고 여기며, 주의 만찬에 참여할 때에 맺은 약속을 기억하고, 교회의 처분이 자신과 주 예수님의 나라의 복락을 위한 것임을 인정하면서 이를 받아들여야 합니다.

그러나 교회가 부패하고 장로들이 너무나 불경건하여 죄악들을 방치하며, 그 결과 정통적인 신앙을 가지고 순결하게 사는 신실하고도 경건한 이들을 억압하려고 하나님 나라의 열쇠를 사용한다면, 그러한 견책은 아무런 효력이 없을 것입니다.

다른 지체들도 그러한 불의한 견책에 아무런 의미나 효력이 없다고 여길 것입니다. 그리스도의 법도를 따르지 않는 견책은 오히려 그리스도의 법도에 반하는 것입니다.

"까닭 없는 저주는……이루어지지 아니하느니라"(잠 26:2).

오히려 거짓말을 하여 의로운 자들의 심령을 상하게 하고 불경건한 자들의 손을 굳게 한 자들의 머리 위에 그 저주가 내려질 것입니다(겔 13:21,22 참고).

③ '지체들'은 견책 받는 자를 사려 깊게 대해야 하며, 견책의 단계에 알맞게 그들을 책망하거나 그들과의 교제를 삼가야 합니다.

"누가 이 편지에 한 우리 말을 순종하지 아니하거든 그 사람을 지목하여 사귀지 말고 그로 하여금 부끄럽게 하라. 그러나 원수와 같이 생각하지 말고 형제같이 권면하라"(살후 3:14,15).

누군가에게 견책의 마지막 단계를 시행할 때에는, 그와 같은 배제를 확실하고도 명백하게 행해야 합니다. 만일 거기에 어떤 여지나 어느 정도 교화시킬 기회가 있다면, 그 사람과 거리를 두어 구별됨을 나타내는 동시에, 애통하는 마음으로 그가 비참한 상태에서 돌이키도록 권면해야 합니다. 반면 권면이 아무런 효과가 없고 도리어 그가 더욱 악하게 행동한다면, 그 사람을 이방인과 세리와 같이 내버려 두어야 합니다.

"이방인과 세리와 같이 여기라"(마 18:17).

"이단에 속한 사람을 한두 번 훈계한 후에 멀리하라"(딛 3:10).

"거룩한 것을 개에게 주지 말며 너희 진주를 돼지 앞에 던지지 말라"(마 7:6).

천국의 문은 이러한 기독교적 권징을 통해 닫힙니다. 그러나 이러한 닫음은 영원하지 않습니다. 권징은 권징을 받는 사람이 회개하고 신앙을 참되게 고백하며, 행실을 통해 죄악을 진정으로 애통해함을 증명하고, 그릇되고도 죄악된 삶에서 돌이켜 본이 되는 경건한 삶을 살게 될 때까지만 지속됩니다. 그때 천국의 문이 다시 열리고, 다시금 형제자매로서 교회의 친교 안으로 받아들여질 것입니다. 뿐만 아니라 주의 만찬에도 다시 참여하게 될 것이며, 그 가운데 기쁨과 사랑을 맛볼 것입니다. 왜냐하면 회개하는 모든 영혼은 천국의 기쁨이기 때문입니다(눅 15:7,10 참고). 고린도후서 2장 6,7절은 이와 같은 회복(restitution)을 말합니다.

"이러한 사람은 많은 사람에게서 벌받는 것이 마땅하도다. 그런즉 너희는 차라리 그를 용서하고 위로할 것이니 그가 너무 많은 근심에 잠길까 두려워하노라."

기독교적 권징의 토대

교회 안에는 언제나 견책을 시행하는 데에 반대하는 이들이 있어 왔으며, 지금도 그러합니다. 따라서 교회가 앞서 진술한 영적 권위를 부여받았는가 하는 질문에 답변함으로써, 이에 관해 더욱 명확히 설명하겠습니다.

에라스투스주의자와 알미니안주의자들은 모두 교회가 복음만을 선포할 뿐 다른 어떤 것도 선포해서는 안 된다고 주장하면서, 교회의 권징하는 영적 권위를 부정합니다. 혹 그러한 권위를 어느 정도 인정하더라도, 그와 같은 권위가 세속 정부에 부여되었으며, 따라서 장로가 정부의 관료이자 고용인으로서 이 일을 수행해야 한다고 주장합니다. 그러나 우리는 교회가 권징에 관한 영적 권위를 부여받았음을 인정하고, 주 예수님께서 교회에 그러한 권세를 부여하셨다고 주장합니다. 이 권위는 세속 정부의 권위와는 전적으로 다르며, 교회가 그리스도를 대신하여 행하는 것이지 정부를 대신하여 행하는 것이 아닙니다.

첫째, 성경 본문들이 이를 명백하게 진술하여 확증합니다.

"내가 천국 열쇠를 네게 주리니 네가 땅에서 무엇이든지 매면 하늘에서도 매일 것이요 네가 땅에서 무엇이든지 풀면 하늘에서도 풀리리라"(마 16:19).

"교회의 말도 듣지 않거든 이방인과 세리와 같이 여기라"(마 18:17).

"내가 실로 몸으로는 떠나 있으나 영으로는 함께 있어서 거기 있는 것같이 이런 일 행한 자를 이미 판단하였노라. 주 예수의 이름으로 너희가 내 영과 함께 모여서 우리 주 예수의 능력으로 이런 자를 사탄에게 내주었으니……이 악한 사람은 너희 중에서 내쫓으라"(고전 5:3-5,13).

"너희를 어지럽게 하는 자들은 스스로 베어 버리기를 원하노라"(갈 5:12).

"형제들아 내가 너희를 권하노니 너희가 배운 교훈을 거슬러 분쟁을 일으키거나 거치게 하는 자들을 살피고 그들에게서 떠나라"(롬 16:17).

"누가 이 편지에 한 우리 말을 순종하지 아니하거든 그 사람을 지목하여 사귀지 말고 그로 하여금 부끄럽게 하라"(살후 3:14).

"이단에 속한 사람을 한두 번 훈계한 후에 멀리하라"(딛 3:10).

"누구든지 이 교훈을 가지지 않고 너희에게 나아가거든 그를 집에 들이지도 말고 인사도 하지 말라"(요이 1:10).

이 모든 구절들을 전체적으로 보든 개별적으로 고려하든, 그리스도와 사도들은 죄악된 자들을 교회 밖에 두라고 명령하였고, 이와 같이 사도적 교회에서 견책이 행해졌음이 분명합니다. 교회 안에 죄악된 사람들이 있다면, 그들은 출교되고 교회 안에서 관계를 맺지 못할 뿐만 아니라, 교회로부터 제명되고 배척당할 것입니다. 이처럼 교회는 세속 정부와 상관없이 이러한 일을 행하라고 명령받았습니다.

회피주장 당시 세속 정부는 이교도들이었으므로 그러한 직무를 수행할 수 없었다. 그래서 어쩔 수 없이 교회가 그 일을 행해야만 했다. 그러나 세속 정부가 기독교 신앙을 따른다면, 그런 권위는 세속 정부에 부여될 것이다.

| 답변 |

세속 정치를 행하는 자들이 기독교 신앙을 가졌는지 여부는 이와 무관합니다. 실제로 세속 정부도 권위를 가지고 있으므로, 세속 정부의 종교적 신념과는 무관하게 모든 그리스도인들은 동일한 태도로 세속 정부에 복종해야 할 의무를 집니다. 그리스도인인지 아닌지는 정부의 직책을 맡은 사람에 관한 것이지, 그 직위 자체와는 아무런 관련이 없습니다. 기독교인인 정부가 이교도 정부보다 권위를 더 많이 부여받았다는 말은 그 어디에도 없습니다. 교회는 세속 정부의 본질과 상관없이 고유한 본질과 방식을 가집니다.

둘째, 교회의 권위는 장로의 사역을 설명하는 말에서 분명하게 나타납니다.

그들은 "하나님의 청지기"(딛 1:7), "감독자"(행 20:28), "그리스도의 일꾼이요 하나님의 비밀을 맡은 자"(고전 4:1), "다스리는 것"(고전 12:28), "너희를 인도하던 자들"(히 13:7,17), "너희를 다스리며 권하는 자들"(살전 5:12), "잘 다스리는 장로들"(딤전 5:17)이라고 불립니다. 성경은 그들의 사역에 관해 다음과 같이 기록합니다.

"온 양 떼를 위하여 삼가라……교회를 보살피게 하셨느니라"(행 20:28).

"모든 것을 품위 있게 하고 질서 있게 하라"(고전 14:40).

"그리스도의 몸을 세우려 하심이라"(엡 4:12).

"내가 너희를 정결한 처녀로……그리스도께 드리려고"(고후 11:2).

이 모든 용어들은 특정한 일을 행하는 권위를 부여받는 것과 관련 있습니다. 그러므로 교회는 권위를 부여받습니다. 그러한 권위는 세속 정부에서 비롯되지 않습니다. 따라서 장로는 정부에 고용된 자로서 그러한 권위를 행사하는 것이 아닙니다. 이 권위는 교회의 왕이신 주 예수 그리스도에게서 비롯됩니다. 그러므로 교회의 장로는 그리스도의 종으로서 이 권위를 행사합니다. 게다가 열고 닫거나 들이고 내쫓지 못하는 권위의 행사란 있을 수 없으며, 그러한 것이 없는 권위는 목적을 이룰 수 없습니다. 따라서 교회가 권위를 부여받았음은 분명한 사실입니다.

셋째, 구약 시대에도 그러한 권위가 시행되었습니다.

하나님께서 친히 가인을 교회 밖으로 내쫓으셨습니다(창 4:14,16 참고). 하나님은 성경의 많은 구절들에서 죄악된 자들의 영혼을 그 백성으로부터 끊어 출교하라고 명하십니다. 교회는 하나이므로, 그때 이러한 권위가 주어졌다면 오늘날에도 마찬가지입니다. 이 권위는 의식법과 관련되었다기보다는 교회의 참된 본질과 관련되었기 때문입니다. 곧 이 권위의 본질은 항구적입니다. '그 영혼을 백성으로부터 끊는다는 것'은 죽인다는 의미가 아니라, 이스라엘 자손의 족보, 곧 교회에서 지워 버리겠다는 의미입니다. 다시 말해, 그러한 자를 이제 아브라함의 자손이 아니라 이교도나 세리처럼 여기겠다는 말입니다. 그리스도께서 마태복음 18장 17절에서 견책에 대해 언급하신 것이 바로 이를 의미합니다.

넷째, 규율과 권위는 모든 단체와 기관의 핵심적인 본질입니다.

단체는 자신들이 인정하는 조건들을 따르지 않고 조직 전체에 혼란을 부추기는 사람을 제명할 권위를 가집니다. 교회는 영적 공동체로서, 사람들은 자신들이 맺은 서약에 근거해 이 공동체에 들어오도록 허락받습니다. 따라서 교회는 그 서약을 어기거나 공동체의 안녕을 해치는 자들을 제명할 권위를 가집니다.

다섯째, 다음과 같은 내용들을 숙고해 보십시오.

① 첫 번째 공회였던 예루살렘 공회(행 15장 참고)도 지침을 내리고(행 15:24 참고), 오류를 꾸짖으며 책망했습니다(행 15:25 참고). 또한 규례를 제정하였습니다(행 16:4 참고). 이처럼 교회는 분명히 장로로 하여금 교회를 다스리고 가르치게 할 권위를 가지며, 이 권위는 누군가를 들이거나 배제할 수 있는 권세를 포함합니다.

② 모든 시대의 교회는 권징을 계속 시행해 왔습니다. 종교개혁 이후로 네덜란드의 개혁교회 역시 이것을 고백하고 시행해 왔습니다. 「하나님의 말씀을 맡은 목회자 임직서」(The Form of Ordination of the Ministers of God's Word)에서 이를 확증합니다. "끝으로, 말씀을 맡은 목회자는 권징을 신실하게 시행함으로써 교회를 보호하고, 주님께서 위탁하신 방식으로 교회를 다스려야 한다. 이는 그리스도께서 사도들에게 '무엇이든지 너희가 땅에서 매면 하늘에서도 매일 것이요'라고 말씀하시며, '하나님께서 주신 명령을 따라' 천국 열쇠(들이거나 배제할 수 있는)를 위탁하셨기 때문이다."

「장로 임직서」(The Form of Ordination of Elders)도 이를 확증합니다. "첫째로 장로직은……모든 사람이 자신의 신앙고백과 친교에 합당하게 처신하는지를 성실하게 살피며, 규모 없이 행하는 자를 훈계하고, 가능한 한 성례가 더럽혀지지 않도록 지키며, 뉘우치지 않는 자에 대한 (기독교적 권징을 따라) 조치를 취한다."

출교에 관한 양식은 이를 더욱 분명하게 전달합니다. 다음의 말을 유의하여 보십시오. "이러한 연유로 우리는 지금 하나님께서 그분의 거룩한 말씀을 통해 명령하신 대로 출교를 시행할 수밖에 없는 상황에 이르렀습니다."

하이델베르크 요리문답 82문의 답변은 다음과 같이 진술합니다. "그러므로 그리스도와 사도들의 교훈을 따라 그와 같은 사람들을 (성찬에서) 배제하는 것은 그리스도의 교회의 의무이다." 또한 85문의 답변은 다음과 같습니다. "그러므로 그리스도의 명령에 따라……교회의 장로들은 그들이 성례에 참여하는 것을 금지하여 그리스도의 교회 밖에 두어야 하며, 하나님도 친히 그들을 그리스도의 나라에서 제외시키실 것이다."

우리는 벨직 신앙고백서 32조에서 "이 목적을 위해 하나님의 말씀에 따라……출교 및 교회의 권징이 요구된다"라는 기록을 확인할 수 있습니다.

이에 덧붙여, 1645년에 제정되어 기독교적 본으로 칭송받는 「프리슬란트 영지의 가장 고귀한 위정자들의 결의안」(Resolution of the Most Noble Commissioners of the Province of Friesland)은 지금도 많은 사람들 사이에 회자되는 문서로서, 동일한 관점을 엄격하게 견지하면서 "교회는 그 적법한 권위를 보존하기 위해 견책과 권징에 관한 모든 것을 부여받는다"라고 기록합니다.

앞의 진술들은 권징이 어느 개인의 특별한 견해가 아니라, 네덜란드의 모든 개혁교회에서 시행한 것임을 분명하게 말해 줍니다. 그러므로 권징의 시행을 반대하거나 부인하는 사람은 개혁교회에 맞지 않을뿐더러, 오히려 하이델베르크 요리문답과 벨직 신앙고백서 및 일치신조를 온 마음을 다해 훼손하는 사람입니다.

반론 1

마태복음 13장 28-30절은 분명히 가라지를 뽑지 말라고 하며, 오히려 그것들이 함께 자라도록 내버려 두라고 명령한다.

"우리가 가서 이것을 뽑기를 원하시나이까? 주인이 이르되 가만 두라. 가라지를 뽑다가 곡식까지 뽑을까 염려하노라. 둘 다 추수 때까지 함께 자라게 두라."

답변

여기서 밭은 교회가 아니라 세상을 의미합니다(마 13:38 참고). 그리고 가라지는 악인을, 추수 때는 세상 끝을 상징합니다(마 13:39 참고). 이 비유는 하나님께서 세상에 경건한 자들뿐만 아니라 경건하지 않은 자들도 함께 두고자 하신다는 것을 시사합니다. 택함 받은 자들을 모으기 위해서는 그 가운데 불경건한 자들도 함께 있어야 합니다. 이는 경건한 자녀들이 불경건한 자들로부터 나오기 때문이며, 불경건한 자들이 없이는 택함 받은 자를 모으는 일이 있을 수 없기 때문입니다. 따라서 이 구절은 교회 및 교회가 가진 견책의 권위와는 전혀 관련이 없습니다. 견책은 위선자가 아니라 죄를 범한 자들에 관한 것입니다.

반론 2

마태복음 18장 15절을 볼 때, 공적인 책망과 출교는 교회에 속한 것이 아니다.
"네 형제가 죄를 범하거든 가서 너와 그 사람과만 상대하여 권고하라."

답변

(1) 이어지는 16-18절을 읽어 보십시오. 출교에 관한 명령을 발견할 것입니다. 그러나 하나님은 그러한 최후의 조치가 여러 단계를 거쳐 이루어지도록 정하셨습니다.

(2) 주님은 15절에서, 공적인 범죄가 아니라 개인적인 죄를 언급하십니다.

반론 3

고린도전서 11장 28절에 따르면, 이러한 일은 콘시스토리의 직무가 아니다.
"사람이 자기를 살피고."

답변

개인적인 의무가 콘시스토리의 직무를 제한하지는 않습니다. 이는 감독자들에게 맡겨진 일입니다.

"교회 안에 있는 사람들이야 너희가 판단하지 아니하랴"(고전 5:12).

누군가가 스스로 살필 수 없거나 살피려고 하지 않을 때, 그와 같은 자를 살피는 것이 바로 장로의 임무입니다.

반론 4

그와 같은 일은 사람에게 낙인을 찍는 행위이며, 다른 이들에게 혐오를 받게 만든다.

> 답변

(1) 불경건한 삶을 살려는 자들이 없어야 합니다.

(2) 그것은 교회가 그러한 일을 공적으로 행하지 않고, 그저 모두에게 드러난 일들만을 처벌한 데서 야기된 일입니다.

(3) 견책의 목적은 단지 처벌하는 것이 아니라, 견책 받는 자들이 회심하고 교회가 복락을 누리는 것입니다.

반론 5

형벌을 부과하는 것은 세속 정부에 허락된 것이지 교회에 허락된 것이 아니다.

> 답변

세속 정부는 천국 열쇠를 사용할 권위를 가지지 않습니다. 그 열쇠는 정부가 아니라 교회에 주어졌습니다. 세속 정부는 백성의 평화로운 공존을 저해하는 자들에게 신체적인 형벌을 가함으로써 처벌합니다. 반면, 교회는 진리와 경건을 거스르는 자들에게 영적 권징을 행합니다. 이 둘은 목적이 다르므로 벌하는 방식도 다릅니다. 교회에서 징계를 받은 사람이더라도 그 나라의 선한 백성일 수 있습니다.

반론 6

그와 같은 행위는 정부 안에 또 다른 정부를 세우는 것이다. 서로 다른 두 개의 정부가 공존한다면, 필연적으로 왕국 또는 국가가 무너질 것이다.

> 답변

만일 두 정부의 본질이 동일하다면, 그러한 일이 발생할 것입니다. 그러나 이미 우리가 첫 번째 논증에서 보았듯이, 이 둘은 본질이 완전히 다릅니다. 만일 그 둘이 각자에게 합당한 지위를 지킨다면 이들은 결코 서로를 반대하지 않을 것이며, 오히려 서로에게 힘을 더해 줄 것입니다. 천국 열쇠를 받은 교회가 불순종하는 자들을 처벌하듯이 세속 정부에 복종하지 않는 자들에 대해서도 그 권위를 사용하는 것입니다.

세속 정부와 교회의 관계

이에 대해 또 다른 질문이 제기됩니다. "세속 정부는 교회와 관련해 아무런 권위도 가지고 있지 않은가? 만일 가진다면 정부의 권위는 무엇이고, 정부의 권위가 아닌 것은 무엇인가?"

이 질문에 답변하기 전에 밝힐 점들이 있습니다.

첫째, 교회의 직분자인 목사와 장로와 집사는 모두 개인으로서 세속 정부 아래 속해 있으며, 따라서 다른 백성들과 동일한 부류의 사람들입니다. 거듭 말하지만, 이는 개인으로서 그러하다는 것입니다. 그러나 교회의 지위에서는 그렇지 않습니다. 이와 관련해 그들은 콘시스토리와 노회와 총회의 권위 아래 있으며, 따라서 교회의 유일한 왕이신 예수 그리스도께 속합니다.

둘째, 교회의 직분자가 다른 시민들처럼 세속법을 범한다면, 일반 시민과 마찬가지로 범죄의 정도에 따라 처벌을 받을 것이며, 마땅히 그래야만 합니다.

셋째, 교회의 직분자는 세속 정부의 관료가 아니지만 개인으로서는 다른 모든 일반 시민과 동일한 부류이므로, 동일하게 자신을 변호할 권리를 가집니다. 따라서 기소되었을 경우 다른 시민과 마찬가지로 합법적인 절차를 밟아 재판이 진행되어야 합니다.

넷째, 교회의 직분자와 모든 회중은 각자의 위치에서 성심을 다해 양심적으로 세속 정부에 경의를 표하고 복종해야 할 의무를 집니다. 억지로 강요된 것이 아니라, 하나님을 향한 사랑에서 비롯된 애정 어린 태도로 행해야 합니다. 왜냐하면 세속 정부의 지위도 하나님의 우월함과 위엄을 반영하기 때문입니다. 단순히 교회의 직분자라는 사실로 인해, 세속 정부에 경의를 표하고 복종해야 할 의무에서 자유로울 수는 없습니다. 세속 정부는 그것이 이교도이든 이슬람이든 이단이든 기독교이든 상관없이, 또한 그 정부가 선하든 악하든, 경건하든 경건하지 않든, 온정적이든 혹독하든 상관없이 경의를 표하고 복종해야 할 대상입니다. 그러한 존중과 복종을 고취시키는 것이 바로 장로의 의무입니다.

"각 사람은 위에 있는 권세들에게 복종하라"(롬 13:1).

> ▶ 질문
> 세속 정부는 교회와 관련하여 아무런 권위도 행사하지 않는가?

대답: 세속 정부는 교회 안에서(in the church) 아무런 권위도 가지지 않으며, 다만 교회와 관련된(with regard to the church) 권위를 가질 뿐입니다. 그러하기에 교회의 치리와 권위에 관한 모든 것이 세속 정부에 속한다고 단정하면서 교회에 위임된 치리의 권위를 세속 정부에 종속시키려는 에라스투스주의자와 알미니안주의자에 강력히 반대합니다. 이에 대해서는 이미 반박했으므로 여기서는 간단히 언급하고 넘어가겠습니다. 마찬가지로, 교회의 모든 것을 정부의 관할로부터 배제하는 교황주의자들의 견해에도 반대합니다. 그들은 세속 정부가 종교 영역에 관해 절대로 판결해서는 안 되며, 그저 교회가 옳다고 판단한 대로 무조건 따라야 한다고 주장합니다. 한편 자유사상가(Libertines)[2]들이 주장하듯이, 정부가 종교에 전혀 관여해서는 안 되며, 무엇을 설파하든 모든 종교에게 고유한 영역을 허용해야 한다는 견해에도 반대합니다. 우리는 세속 정부가 실제로 교회와 관련된 권위를 가지고 있으며, 그 권위를 사용할 의무가 있음을 분명하게 밝히는 바입니다. 이 사안에 관해서는 차후에 논증하겠습니다.

> ▶ 질문
> 세속 정부가 가지지 않는 권위는 무엇인가?

---

2) 역자주 - 16-18세기에 기존의 종교 및 도덕규범을 비판하고 합리적 사고에 근거하여 무신론을 주창했던 사상가들을 일컫는다.

대답: 세속 정부는 교회 안에서는 아무런 권위도 가지지 않습니다. 따라서 교회의 주인이나 선생인 양 교회를 지배하려 해서는 안 됩니다. 정부 관리는 자신이 그리스도께서 보내신 종인 것처럼 행동해서는 안 됩니다. 그리스도의 이름으로 하는 설교, 성례의 시행, 천국 열쇠의 사용, 목회자 위임, 장로 임직, 거룩한 진리에 관한 설교의 내용을 결정하는 것, 기독교 신앙의 근본 요점이 무엇인지를 결정하는 것 등은 그들의 직무가 아닙니다. 또한 교회에 의해 적법하게 청빙을 받아 흠 없이 가르치면서 살아가는 경건한 목회자들을 면직하거나 추방할 권리도 그들에게 없습니다. 그들이 교회의 주인이자 선생인 양 목회자 청빙을 무효화하거나 취소시킬 수도 없습니다. 이와 같은 사안에 관해 정부는 교회에 아무런 권위도 행사할 수 없습니다. 그것은 주 예수 그리스도의 주권과도 같은 면류관과 홀을 취하려 드는 행위입니다. 하나님께서 그러한 일들을 심판하신 사례들을 수없이 많이 보면서도 정부가 그와 같이 행하려 한다면, 그에 대해 비참한 대가를 치르게 될 것입니다.

교회의 유일한 주권적 왕이신 주 예수 그리스도

세속 정부에는 주인이자 선생으로서 교회를 다스릴 권위가 없습니다. 그러하기에 정부가 임의로 교회의 모든 것을 판결하거나 통치할 수 없음은 분명합니다.

첫째, 주 예수님만이 교회의 유일한 주권적 왕이십니다. 그분께서 홀로 통치하시며, 규례를 제정하십니다(갈 6:16 참고). 주님은 오직 말씀을 선포하고(마 28:20 참고), 성례를 시행하며(마 28:19, 26:26 참고), 천국 열쇠를 사용함으로써(마 16:19 참고) 그분의 법을 알리도록 명령하셨습니다. 주님께서 홀로 종들을 임명하고 파송하십니다(엡 4:11; 행 20:28 참고). 또한 주님은 교회에서 이루어지는 모든 일들이 그분의 이름으로 이루어지기를 뜻하셨습니다(마 16:18,19 참고). 그러므로 세속 정부는 교회를 다스리고 교회에 대해 법을 행사할 권위를 가지지 않습니다. 또한 목회자와 장로를 임명하거나 직분의 수행에 관해 지침을 내리거나 정부의 이름으로 무언가를 집행할 권위도 가지지 않습니다. 따라서 모든 사람은 그리스도의 주재권과 통치권을 침해할까 두려워해야 합니다. 그렇지 않으면 교황에게 그 책임을 물으셨듯이, 동일한 심판이 그들에게도 임할 것입니다.

둘째, 그리스도는 자신의 교회를 다스릴 권위를 교회 외에 어느 누구에게도 위임하지 않으셨습니다. 이에 관해서는 앞에서 다섯 가지 논증을 통해 밝혔습니다. 따라서 세속 정부는 교회에 대한 권위, 또는 교회의 권위를 가지지 않습니다. 정부는 교회가 아니며, 통치 집단으로서 교회의 구성원도 아니기 때문입니다. 그러므로 정부가 교회를 통치하는 것은 이질적이고도 압제적인 모습입니다. 교회의 왕은 이를 용납하지 않으실 것입니다.

셋째, 에베소서 4장 11절과 고린도전서 12장 28절은 주 예수님께서 자신의 교회에 두고자 친히 택하여 보내신 종들의 이름을 분명하게 언급합니다. 이에 관해서는 27장에서 세 가지 논증을 통해 확증했습니다. 그 종들은 각각 사도, 전도자와 선지자, 목자와 교사, 장로, 집사입니다. 반면 세속 정부에 관해서는 단 한 마디도 언급하지 않습니다. 세속 정부가 교회를 다스리고자 하면, 주 예수님으로부터 그러한 직임을 받았다는 것을 증명해야 합니다. 만일 그렇다면 수긍하겠지만, 실제로 그럴 수가 없습니다. 따라서 교회의 왕으로부터 아무런 명령도 받지 않은 채 교회 위에 군림하고 지배하려는 것은 비참한 대가를 치를 압제일 뿐입니다.

넷째, 세속 정부와 교회 치리회는 본질상 전혀 다르므로, 한 정부가 두 영역을 모두 관할하여 다스릴 수 없습니다. 다음의 근거들이 이를 뒷받침합니다.

① 세속 정부는 창조주요 보존자이신 하나님으로부터 비롯됩니다. 반면에 교회 치리회는 중보자이신 그리스도를 통해 세워지며, 그리스도로부터 비롯됩니다.

② 세속 정부는 강제적인 성격을 띱니다. 반면, 교회에서는 누군가가 다른 사람의 주인 노릇을 해서는 안 됩니다(벧전 5:3 참고). 교회의 모든 치리는 전적으로 그리스도를 대신하여 수행하는 것으로서, 섬김의 성격을 띱니다. 교회가 세속 정부 아래 있으려면, 세속 정부도 본질적으로 강제적이지 않고 그리스도의 이름으로 섬기는 성격을 띠어야 합니다. 그러나 세속 정부는 본질적으로 섬긴다거나 그리스도를 대신하는 것이 아니라, 강제적인 통치권을 행사한다는 점을 인정해야 합니다. 그러한 통치 방식은 교회 안에서 기능할 수 없습니다.

③ 세속 정부는 세속적인 권세를 행사합니다. 그 관할권은 이 세상이며, 일반 백성에게 미칩니다. 그 법과 형벌은 오직 육체적 영역에 국한됩니다. 반면, 교회의 치리회는 하늘에서 비롯되며, 이 세상이 아닌 다른 나라에 속하여 다스림을 받는 자들(요 18:36 참고)에게 미칩니다. 따라서 교회의 법 역시 하늘에서 비롯되며, 그 형벌은 영적 심판과 관련됩니다. 세상에 속한 정부는 천상의 정부에 속하지 않으며, 아무런 관련도 없습니다. 땅의 것은 하늘에 미치지 못할뿐더러 본질상 전혀 다르며, 또한 백성도 완전히 다르기 때문입니다. 따라서 정부의 유형에 관한 한 이 둘은 비교가 되지 않으며, 어떠한 공통점도 없습니다. 그러므로 세속적인 권위가 (오직 육체적 영역에 관련된) 검을 휘두를 자리가 교회 어디에 있겠습니까?

④ 세속 정부는 무력으로 다스립니다. 반면에 교회는 하나님 나라의 열쇠, 곧 복음 선포와 성례의 시행, 죄에 대한 용서나 용서치 않음, 범죄한 자에 대한 권징, 훈계, 수찬 정지, 교회의 친교로부터 배제함, 회개한 자에 대한 복권, 교회 장로의 위임 및 청빙과 같은 방편으로 다스립니다. 이 모든 것들은 서로 밀접하게 관련되어 있으므로, 한 가지를 행하면 다른 것도 함께 행합니다. 지성적으로 결핍되거나 고의적으로 악하지 않은 사람이라면, 또한 하나님의 말씀과 이성을 따르는 경건한 사람이라면, 교회가 다스리는 방식이 세속 정부와 조금도 같지 않다고 결론지을 것입니다. 만일 교회가 어느 지역을 지배하기 위해 자신의 권위를 사용하려 한다면, 필연적으로 직접, 또는 교회의 장로가 아니라 관료들을 통해 다른 모든 지역도 지배하게 될 것입니다. 그리하면 관료들은 그리스도를 대신하는 것이 아니라 '정부를 대신하여 너의 죄가 사해졌음을 선포하노라'라고 말해야 할 것입니다. 이런 생각은 모든 사람에게 거부감을 일으킵니다. 이것이 거북하다면, 세속 정부가 교회를 다스리거나 그런 식으로 압제하는 것도 거부해야 합니다.

다섯째, 사도 시대와 이후 이교도 황제가 통치하던 시대에도 교회는 제 기능을 발휘하는 고유한 통치 기관을 가지고 있었습니다. 따라서 교회는 세속 정부로부터 어떠한 영향도 받지 않으며, 본질적으로 온전한 권위를 가집니다. 당시 교회가 세속 정부에 의존하지 않았으므로, 오늘날에도 교회에 내재하는 본질과 권위는 동일합니다.

회피주장 당시 세속 정부는 유대교이거나 이교도였기 때문에 교회에 적대적이었다. 반면 오늘날의 정부는 그리스도인들이며 교회를 사랑하는 자들이다.

| 답변 |

❶ 교회 위에 군림하려는 자는 교회를 사랑하는 자가 아니라 교회의 원수입니다. 그들이 왕 되신 그리스도께서 교회의 복락을 위해 교회에 주신 것들을 빼앗으려 하기 때문입니다.

❷ 세속 정부가 이교도이든 그리스도인이든, 또는 교회에 우호적이든 적대적이든 상관없이 세속 정부와 교회 직분은 변함없이 명백히 구분됩니다. 기독교 정부와 이교도 정부는 모두 동일한 권리를 가집니다. 이교도 정부가 가지는 의무는 곧 기독교 정부가 가지는 의무입니다. 정부 관료도 먼저 그리스도인이 된 후에야 비로소 교회에 참여하며, 교회 안에서 그리스도인으로서 그리스도의 정부에 복종해야 합니다. 그렇다 하더라도 교회에는 아무런 변화가 없으며, 세속 정부에 합병되거나 그 관할에 포함되지 않습니다. 어떤 인물이 동인도 회사에 근무하면서 정부의 요직을 얻었다 하더라도, 그 회사에는 아무런 변화가 없을 것입니다. 그가 회사를 다스리게 되지도 않을뿐더러, 이전에 해 왔던 직무 이상으로 지도자적인 역할을 하지도 않을 것입니다. 그 회사가 정부에 복종할 의무를 지지 않는다는 것은 이전이나 지금이나 변함없는 사실입니다.[3] 이것은 아버지에게도 똑같이 적용됩니다. 아버지가 이교도이든 그리스도인이든 아버지로서 가지는 권위가 커지거나 작아지지 않습니다. 공직에 있어야만 아내에 대한 남편의 권위나 종들에 대한 주인의 권위가 커지거나 새로워지는 것이 아닙니다. 이와 마찬가지로, 종교도 세속 정부의 권위와 그 관할권을 증가시키거나 감소시키지 않습니다.

---

3) 역자주 - 네덜란드 동인도 회사는 정부에 준하는 성격을 띤 회사로서 현재의 인도네시아 지역에 대한 독자적인 권한을 가졌다.

이 모든 것을 고려할 때, 교회는 스스로 행사할 수 있는 권위를 그리스도에게서 부여받았으며, 그리스도를 대신하여 이 권위를 행사합니다. 이는 분명한 사실입니다. 세속 정부는 교회 안에서 어떠한 권위도 가지지 않습니다. 따라서 그들에게는 그것을 행사할 권세가 없습니다. 교회는 교회가 다스립니다. 교리의 가르침, 성례전, 천국 열쇠의 시행, 목회자와 장로의 청빙 및 파송 등이 바로 이 다스림에 해당합니다.

세속 정부와 교회 치리회가 가지는 고유한 지배권에 관한 반론들과 답변

이러한 진리를 더 분명히 하기 위해, 이에 관해 제기될 만한 반론들이 얼마나 헛된지를 살펴봅시다.

반론 1

가장 고귀한 것에서부터 천한 것에 이르기까지 세속 정부의 관할권 아래에 있는 것은 무엇이든 세속 정부의 영향을 받는다. 교회도 그 영토 안에 포함되어 있다. 그러므로 필연적으로 세속 정부가 교회의 모든 것들을 통제하고 자유롭게 다스려야 한다.

답변

(1) 그렇다면 세속 정부의 관할권이 시민의 지갑 사정과 개인 소유에까지 영향력을 미쳐야 할 것입니다. 각 가정이 식사 때마다 먹는 음식과 가족 구성원이 잠자는 방들, 집에 드나드는 시간, 특정한 일을 행하는 시간도 이에 포함될 것입니다. 각 사람의 양심과 종교, 그 밖에 무신론자들의 생각까지도 세속 정부에 속박될 것입니다. 그러나 이것은 이치에 맞지 않습니다. 따라서 세속 정부의 권위가 관할하는 범위 안에 있는 모든 것에 (그것이 크든 작든) 미치지는 않는다는 사실이 분명히 드러납니다.

(2) 세속 정부는 시민에게 유익한 사회 관계를 증진하는 모든 것을 관할합니다. 그러하기에 목회자와 장로를 포함한 교회의 모든 지체들은 백성으로서 정부의 권

위에 따라야 합니다. 그러나 하나님과 그의 백성들이 그 이상의 권위를 정부에 부여한 적은 없습니다. 따라서 이상의 두 명제들은 이 반론이 근거가 없음을 밝힙니다. 설령 정부의 관할권을 사회의 모든 물리적 영역으로까지 확장한다 하더라도, 교회에까지 미치지는 않습니다. 왜냐하면 교회는 이 세상에 속한 나라가 아니며, 오직 주 예수님만을 왕으로 모신 왕국이기 때문입니다. 어떤 이들은 그러한 사실을 유감스럽게 여기지만, 이 왕국에서 행하는 모든 일은 온전한 왕이신 주 예수님을 위한 것입니다.

반론 2

교회 치리회의 본질이 그러하기에, 세속 정부에 종속되지 않으면 한 국가나 도시 안에 두 정부가 있는 셈이 된다. 한 국가나 도시가 존속하는 데에 이는 바람직하지 않다.

답변

두 정부가 근본적으로 동일한 본질과 동일한 백성, 동일한 목적을 가진다면 이 주장이 옳습니다. 그러나 사실 그렇지가 않습니다. 한편의 권위는 목회적 특성(ministerial nature)을 띠며, 주 예수님을 대신하여 수행됩니다. 주님이 자신들의 땅을 다스리시기를 원하지 않는 사람들은 할 수 있는 한 주님의 다스림을 방해하려 듭니다. 다른 한편의 권위는 창조주요 보존자이신 하나님께서 세속 정부에 주신 것으로서, 통치적 특성(ruling nature)을 띱니다. 하나는 영적인 영역과 관련되고, 다른 하나는 육체적인 영역과 관련됩니다. 하나는 영적인 삶과 구원에 관한 것이고, 다른 하나는 육체적인 삶과 사람들이 조화를 이루는 사회적 삶에 관한 것입니다. 이 두 유형의 정부는 서로 극명하게 다르므로 서로 개입할 수 없으며, 상대의 장애물이 될 수 없습니다. 이 둘 모두가 자신의 경계 안에서 각자의 역할을 감당한다면, 오히려 서로의 안녕을 증진시킬 것입니다. 가정이나 여러 기관들을 경영하는 것과 세속 정부를 경영하는 것이 공존할 수 있다면, 마찬가지로 교회와 세속 정부도, 비록 그 본질은 다르더라도 역할의 면에서 서로를 지탱하되 더욱 그러할 것입니다.

반론 3

하나님을 경외하는 이스라엘의 왕들은 교회를 다스렸다. 따라서 세속 정부도 교회를 다스릴 권한을 가짐이 정당하다.

답변

(1) 몇몇 인물들의 사례가 그러한 권한을 정당화하는 근거가 되지는 않습니다.

(2) 이스라엘의 몇몇 통치자들과 왕들은 하나님에게서 직접 선포와 명령을 받은 선지자들이었습니다. 그러므로 이러한 사례로부터 다른 이들의 권세에 관한 논리를 도출해서는 안 됩니다.

(3) 성경 어디에도 하나님을 경외하는 왕이 교회를 다스렸다는 기록은 없습니다. 다만 우리는 악한 왕들 때문에 교회가 무너진 후, 하나님을 경외하는 왕이 교회를 지키고 진보시키기 위해 힘썼다는 기사를 읽을 뿐입니다. 반면에 제멋대로 신앙 행위를 조장하고 주님의 종들을 지배하려 했던 악한 왕들의 사례는 얼마든지 있습니다. 그 예로, 느밧의 아들 여로보암은 단에서 벧엘에 이르기까지 금송아지를 세워 이스라엘로 하여금 범죄하게 만들었습니다. 아하스는 다메섹에 있는 제단과 유사한 제단을 만들도록 지시했고, 그곳에서 직접 희생 제물을 드렸습니다. 웃시야는 다음과 같이 행했습니다.

"그가 강성하여지매 그의 마음이 교만하여 악을 행하여 그의 하나님 여호와께 범죄하되 곧 여호와의 성전에 들어가서 향단에 분향하려 한지라……(제사장들이)……웃시야 왕 곁에 서서 그에게 이르되 웃시야여 여호와께 분향하는 일은 왕이 할 바가 아니요……성소에서 나가소서……웃시야가……화를 내니 그가 제사장에게 화를 낼 때에 여호와의 전 안 향단 곁 제사장들 앞에서 그의 이마에 나병이 생긴지라……모든 제사장이 왕의 이마에 나병이 생겼음을 보고 성전에서 급히 쫓아내고 여호와께서 치시므로 왕도 속히 나가니라"(대하 26:16-20).

반론 4

솔로몬은 대제사장을 파면하거나 세우기도 했다.

"아비아달을 쫓아내어 여호와의 제사장 직분을 파면하니……왕이……제사장 사독으로 아비아달을 대신하게 하니라"(왕상 2:27,35).

답변

(1) 이 사례를 제외하고는 성경 어디에서도 이와 비슷한 사례를 볼 수 없습니다. 한 사람이 행한 단 하나의 행위를 근거로 하여 다른 이에 대한 정당성을 추론해 낼 수는 없습니다. 게다가 솔로몬도 본받지 말아야 할 죄악된 행위를 많이 범했다는 사실을 유념해야 합니다.

(2) 아비아달은 왕권을 거스르는 대역죄를 저질렀습니다. 그는 스스로 왕이 되려 했던 아도니야와 함께 추방되었고, 죽은 자처럼 지냈습니다. 솔로몬은 그의 형벌을 사형에서 추방으로 경감시켰습니다. 아비아달은 추방되었으므로, 예루살렘에서만 맡을 수 있는 제사장 직분을 감당할 수 없게 되었습니다. 따라서 제사장 직분을 내려놓는 것 자체는 형벌이 아니라 형벌의 결과였습니다. 추방은 직분 그 자체가 아니라 그 직분의 수행과 관련됩니다. 그는 추방된 이후에도 분명히 제사장으로 인정받았습니다.

"사독과 아비아달은 제사장이요"(왕상 4:4).

(3) 아비아달의 자리에 사독을 임명한 것은, 오직 하나님께서 제정하신 제사장의 직제를 보호하기 위함이었습니다. 그래서 사독이 제사장 직분으로 정해진 채 태어나지 않았는데도 그로 하여금 아비아달을 계승하게 하신 것입니다. 이처럼 솔로몬은 정당한 권한으로 사독을 임명하고 보호했습니다. 따라서 여기에는 세속 정부가 교회와 목회자를 다스리도록 허락받았다는 주장을 뒷받침할 만한 그 어떤 근거도 없습니다.

반론 5

왕과 마찬가지로, 세속 정부는 교회의 양아버지이다. 따라서 교회를 다스릴 권한을 가진다.

"왕들은 네 양부(nursing fathers)가 되며 왕비들은 네 유모가 될 것이며"(사 49:23).

> 답변

(1) 이 구절에서는 왕과 그 아내인 왕비가 나란히 나타납니다. 우리는 국가를 다스릴 권한이 왕에게 있지, 그 아내에게 있지 않다는 사실을 압니다. 따라서 본문은 통치권이 아니라 자비로운 선행에 관해 말합니다. 고레스는 이교도였는데도 교회의 양아버지가 되었습니다. 아하수에로도 마찬가지였습니다. 콘스탄티누스 대제(Constantine the Great), 데오도시우스(Theodosius) 황제, 엘리자베스 여왕(Queen Elizabeth), 백작 프레드릭 3세(Count Frederick III, 경건왕 프레드릭이라고 불립니다) 등이 모두 그러합니다.

(2) 이러한 왕과 왕비들은 교회 앞에서 자신을 낮춤으로써 교회에 지극히 복종하는 모습을 보여 주었습니다. 우리는 같은 구절에서 "그들이 얼굴을 땅에 대고 네게 절하고 네 발의 티끌을 핥을 것이니"(사 49:23)라는 내용을 발견합니다. 그러므로 왕과 왕비가 교회를 다스렸다는 주장은 진실과 거리가 멉니다. 교회는 왕이신 주 예수님의 신부입니다. 그 앞에 겸손히 절하지 않으려는 자로 하여금 신랑 되신 예수님께서 거하시는 교회를 다스리게 해서는 안 됩니다.

(3) 본문의 '양육하다(nurse)'라는 단어(원문에는 '아버지'라는 단어가 없습니다)는 수위권이 아니라 종의 사역을 가리킵니다. 왕의 자녀(교회)의 유모는 양육받는 왕의 자녀보다 작은 자입니다. 유모는 자신이 원하는 대로 왕의 자녀를 다루거나 지도해서는 안 됩니다. 오직 "이것은 행하고 이것은 행하지 말라"라는 그 아버지의 명령에 따라야 합니다. 유모는 그 아버지가 자녀를 위해 임명한 종들을 받아들여야 합니다. 자신의 뜻대로 그들을 쫓아내거나 다른 사람을 들여서는 안 됩니다. 유모는 그 아버지가 자녀에게 부여한 특권을 축소하거나 바꾸어 고칠 수 없습니다. 오히려 왕의 자녀와 그들의 특권을 보호하고, 자녀를 해칠 수 있는 많은 해악으로부터 그들을 지키는 것이 유모의 의무입니다. 이처럼 '양육하다'라는 단어에는 지배한다는 개념이 담겨 있지 않으며, 오히려 분명하게 배제됩니다.

(4) 반면 세속 정부는 통치 집단으로서, 교회의 유모가 아닙니다. '다스리다'라는 단어는 유모와 아무런 관련이 없을뿐더러, 세속 정부는 대개 교회를 대적하고 박해합니다. 반론에서 언급한 구절은, 주님께서 위대하고도 명망이 높은 유력한 남자와 여자들의 심령을 북돋워 전심으로 그분의 교회에 자비를 베풀게 하시겠다는 약속입니다. 이것은 높은 지위에 오른 모든 이들의 의무입니다. 이처럼 우리는 세속 정부가 교회 안에서 어떤 권위도 가지지 않으며, 교회를 다스릴 수 없음을 확인합니다. 그러나 목회자와 직분자들은 모두 예외 없이 다른 사람들과 마찬가지로 세속 정부에 복종해야 합니다.

반론 6

모세는 아론에게 "하나님같이 되리라"(출 4:16)라는 말씀을 들었다. 모세는 세속 정부를 대변하고, 아론은 교회를 대변한다. 따라서 세속 정부는 교회를 다스릴 수 있다.

답변

(1) 세속 정부를 모세와 연결시킨다면, 어찌하여 세속 정부를 가리켜 교회의 하나님이라고 결론 내리지는 않습니까? 그러나 감히 세속 정부가 '교회의 하나님'을 자처한다고 주장하는 사람은 아무도 없으리라 생각합니다.

(2) 하나님께서 모세에게 이 말씀을 하실 때, 아론은 평범한 사람에 불과했으며, 아직 대제사장 직분으로 부름받지 않았습니다. 게다가 그가 대제사장이 되었을 때에도 교회를 세운 것은 아닙니다. 따라서 이러한 주장은 전혀 타당하지 않습니다.

(3) 당시 이스라엘은 애굽의 바로에게 노예로 종속되었던 까닭에, 온전한 국가를 이루지 못했습니다. 그런데 하나님께서 이스라엘을 해방하시기 위해 바로에게 모세를 보내셨습니다. 모세는 자신이 말에 능숙하지 못하다고 핑계하였으나, 하나님은 말을 잘하는 아론을 모세에게 붙여 주셔서 그가 하나님의 선지자로서 받은 계시를 바로와 그 백성에게 선포하도록 하셨습니다. 선지자 예레미야를 따랐던 바룩도 그러했습니다. 다시 말해, 모세는 여기에서 통치자나 왕이 아니라 선지자로 언

급됩니다. 이처럼 정부도 선지자가 아니며, 그러하기에 교회를 다스릴 자격은 정부에 해당되지 않습니다.

⑷ 모세는 바로 앞에서 신(god)과 같이 되리라고 약속을 받았습니다. 그러므로 앞의 본문에서 '하나님(God)'은 '통치자'를 의미하지 않습니다.

"내가 너를 바로에게 신같이 되게 하였은즉"(출 7:1).

모세는 분명히 바로의 왕이 아니며, 바로 또한 모세의 백성이 아닙니다. 다만 모세는 선지자적 사역과 그 권세라는 측면에서 바로를 능가했습니다. 하나님은 이스라엘을 바로의 손에서 구하기 위해 모세를 부르셨습니다.

지금까지 세속 정부가 가지지 않는 권위에 관해 논증했습니다.

교회와 관련된 세속 정부의 책임

이제 '교회와 관련하여 세속 정부가 가지는 권위'를 숙고해 봅시다. 우리는 세속 정부가 자기 권위를 행사하는 것을 전심으로 지지합니다.

교회와 관련된 세속 정부의 세 가지 책무로는 보호권, 외부 환경에 대한 법적 권한, 유해한 세력에 대한 진압권을 들 수 있습니다.

첫째, 세속 정부는 '교회를 보호할 권한'을 부여받았습니다.

신앙을 실천하거나 콘시스토리, 노회, 총회로 모일 때에 누구에게서도 방해받거나 훼방받지 않도록, 안팎에서 일어나는 모든 압제에서 교회를 보호해야 합니다. 그리스도께서 교회에 주신 자유와 영적 특권을 행사할 때에 어떠한 장애도 없도록 이를 보호해야 합니다. 신앙에 해롭거나 교회의 성장과 안녕을 저해할 만한 모든 외적 장애물들을 제거해야 합니다. 정부의 보호 아래서 교회가 번영하고, "모든 경건과 단정함으로 고요하고 평안한 생활"(딤전 2:2)을 할 수 있도록, 신앙을 증진시킬 수 있도록 이 모든 일을 행해야 합니다. 다윗, 솔로몬, 아사, 여호사밧, 히스기야, 요시야 같은 경건한 왕들이 그와 같이 행했습니다. 열왕기서와 역대서에 이러한 사실이 잘 드러납니다.

둘째, 세속 정부는 '외부 환경에 대한 법적 권한'을 가집니다.

이것은 예배하기에 가장 적합한 장소나 시간과 같이, 공적 예배를 위해 외부 환경의 질서를 유지하는 일입니다. 또한 이는 일반 시민의 복지를 저해하지 않는 일이기도 합니다. 각 종교 회의를 통해 교회의 내적 복락이 증진되도록, 정부는 교회의 총회를 소집하고 교회의 다른 회의들이 열릴 수 있도록 조처해야 합니다.

셋째, 세속 정부는 '교회적 사안에 대해 규제할 권한'을 가집니다.

정부는 직분을 구성하는 목사와 장로, 집사가 각자의 본분을 다하며, 태만하지 않도록 해야 합니다. 또한 하나님의 말씀에 따라 세워진 교회의 체계를 따르게 해야 합니다. 잘못된 가르침과 부도덕함으로 교회를 어지럽히거나 정치적인 사안과 관련해 유해한 철학과 견해로 국가를 교란하는 이들을 공적으로 저지해야 합니다. 또한 그러한 행실이 지속되지 못하도록 막아야 합니다. 거짓 종교들을 근절시켜야 합니다. 교회가 교리와 도덕의 측면에서 전반적으로 쇠퇴할 때, 세속 정부는 교회의 개혁을 고취시켜야 합니다. 가능한 한 모든 정치적 수단을 행사하여 반대자들을 저지하고, 신앙을 저버린 자들로 하여금 본분을 지키게 해야 합니다. 모세(출 32장 참고), 아사(대하 14장 참고), 여호사밧(대하 17장 참고), 히스기야(대하 29,30장 참고), 요시야(대하 34장 참고), 느헤미야(느 13:30,31 참고) 같은 인물들이 그런 식으로 개혁의 역사를 감당하였습니다. 이처럼 자신의 영향력이 미치는 고유한 영역에서 자신의 직무에 충성함으로써 각자의 역할을 감당하는 교회와 국가는 얼마나 복됩니까!

따라서 정부가 교회의 상태를 염려하거나 교회의 일에 전혀 상관해서는 안 되며 그저 교회가 하려는 일을 맹목적으로 따라야 한다는 주장에는 근거가 없습니다. 세속 정부는 거룩한 것과 관련해 정당한 자격과 권한과 의무가 있습니다. 이에 관해, 벨직 신앙고백서는 36조에서 다음과 같이 진술합니다.

그들의 직분은 국가의 안녕을 귀하게 여기고 지킬 뿐만 아니라, 신성한 목회 사역을 보호하는 것이다. 이를 통해 모든 우상숭배를 제거하고, 그릇된 예배를 방지하기 위함이다. 곧 적그리스도의 왕국이 파괴되고, 그리스도의 왕국이 신장되기 위함이다. 그러므로 관료들은 어디에나 복음의 말씀이 전파되도록 장려하여, 하나님께서 그분의 말씀을 통해 명하신 대로 모든 사람이 하나님을 경배하며 존귀히 여기게끔 해야 한다.

세속 정부의 의무는 율법의 둘째 돌판뿐만 아니라 첫째 돌판도 지키는 것입니다. 하나님께서 반드시 존귀히 여김 받으시도록 해야 합니다. 자신의 관할권 안에서는 어떠한 우상숭배와 성상 숭배와 거짓 종교도 허용해서는 안 되며, 오히려 이것들을 근절하기 위해 힘써야 합니다. 저주와 맹세, 그리고 신성모독의 말들로 하나님의 이름이 망령되게 일컬어지는 것을 막아야 합니다. 거룩한 안식일을 모독하며 계명을 범한 자를 벌해야 합니다. 또한 그 관할권 안의 어디에서나 복음이 선포되도록 해야 합니다. 주 예수님께서 사랑하시는 교회가 보호받고 보존되도록 해야 합니다. 내부의 불화나 외부의 압제로 교회가 혼란스러워지거나 파괴되지 않도록, 또한 교회가 교회의 왕이신 예수님께서 주신 특권과 자유를 안전히 누리며 보존할 수 있도록 해야 합니다.

정부는 이 모든 일과 관련된 일들을 수행하지만, 본질적인 역할을 하려 해서는 안 됩니다. 다시 말해, 당면한 사안의 본질적인 부분에 관여해서는 안 됩니다. 또한 정부는 그 일을 수행할 때에 교회를 자기 직무의 대상으로 간주하여 객관적으로 행해야 합니다. 이처럼 세속 정부는 교회에 대해 어떠한 권위를 가진다기보다, 교회와 관련된 것에 대해 일정한 권위를 가진다고 말할 수 있습니다. 어떤 세속 정부나 인물도 교회에 대해, 또는 교회 위에서 권위를 행사할 수 없습니다. 교회의 왕은 오직 예수 그리스도이시기 때문입니다. 세속 정부는 단지 교회와 관련하여 의무를 질 뿐입니다. '교회 안(in)'과 '교회와 관련된(with regard to)' 것은 분명히 다릅니다. 세속 정부는 결혼과 관련된 사안에 대해 권위를 가지지만, 결혼 자체에서 권위를 가지지는 않습니다. 가정과 관련된 권위는 있으나, 가정 안에서는 권위가 없습니다. 마찬가지로 교회와 관련된 사안에 대해 권위를 가질 뿐, 교회 안에서 권위를 가지지는 않습니다.

지금까지 세속 정부가 교회와 관련하여 가지는 권위와 장로들이 회중에 대해 가지는 권위가 무엇인지를 규명해 보았습니다.

천국 열쇠의 사용에 관한 권면

이 열쇠는 교회를 치리하는 포괄적 권위로서, 곧 주님께서 교회에 주신 바 하나님의 말씀과 기독교적 권징을 통해 천국 문을 열고 닫을 권세를 말합니다. 따라서 장로들은 이 열쇠를 주의 깊게 사용해야 하며, 지체들은 이 권위에 복종해야 합니다.

장로는 천국 열쇠가 합당하게 사용되도록 주의해야 합니다. 한 열쇠 곧 하나님의 말씀을 통해 열고 닫는 일은 목회자가 시행하며, 다른 열쇠 곧 기독교적 권징은 목회자와 장로가 함께 시행합니다. 여기서는 목회자에 관한 것을 먼저 다루고 나서, 둘 모두에 관해 진술하겠습니다.

하나님 말씀이라는 열쇠의 합당한 사용

첫 번째 열쇠는 목회자가 하나님의 말씀을 선포함으로써 시행합니다. 목회자는 이 열쇠를 두렵고도 떨리는 마음으로 신중하면서도 담대하며 신실하게 행해야 합니다.

① 목회자는 자신이 이 열쇠를 맡았으며, 그리스도의 대사로서 그리스도를 대신하여 이 일을 수행한다는 사실을 언제나 기억해야 합니다. 그는 자신의 일이 아니라 그리스도의 사역을 수행하는 것입니다.

② 목회자는 주님께서 자신을 지켜보면서 이 대사 직분을 수행하는 자신의 마음 상태와 목적과 열심을 살피신다는 사실을 늘 기억해야 합니다.

③ 자신에게 맡겨진 영혼의 구원과 영벌이 이 열쇠의 사용과 관련된다는 사실을 늘 새겨야 합니다. 천국 열쇠를 통해 많은 이들의 영적 상태가 폭로되고 그들이 교회 밖에 버려져 있음이 드러난다면, 다시 말해 그리스도를 대신해 영혼들을 향해 그들이 죄 가운데 살고 있으며 하나님의 진노 아래 놓여 있다는 사실을 선포하고, 그들이 죄 용서와 구원이 아니라 영원한 저주를 기다려야 하리라는 사실을 매우

위엄 있고도 담대하며 분명하게 선포한다면, 그들이 회개하고자 마음먹거나 회개하지 않겠습니까? 또한 믿음이 연약한 사람이 자신이 받은 은혜를 깨닫고, 자신에게 사죄와 영원한 구원에 관한 약속이 주어졌다는 사실을 안다면, 크게 기뻐하면서 자신의 경주를 하며, 은혜 가운데서 자라고 견고해지지 않겠습니까? 그들이 슬픔 속에서 살아가는 것은 목회자가 열쇠 사용하기를 등한시하기 때문입니다.

④ 설교를 준비할 때에는, 학적으로 탁월한 명성을 얻기 위하여, 또한 이를 통해 회중을 많이 끌어모으기 위하여 연구하는 것은 아닌지를 늘 살펴야 합니다. 주님의 제단에 다른 이상한 불을 놓는 것은 경멸받아 마땅한 일입니다! 오직 모든 사람으로 하여금 자신의 영적 상태를 알도록 하기 위하여 이 열쇠를 신실하게 사용해야 합니다. 또한 회심하지 않은 자를 회개로 이끌고, 은혜 입은 영혼을 위로하고 격려하기 위하여 구원과 영벌을 선포해야 합니다. 이것이 목회자가 연구하는 목적이 된다면, 그들은 설교를 통해 그리스도의 대사로서 이러한 사안들을 선포하는 데 열심을 낼 것입니다.

⑤ 말씀을 단지 일반적인 상식에만 근거하여 전하지 않고, 사려 깊게 분별하여 선포할 수 있도록, 성경의 흐름을 (병행 구절도 함께) 늘 상기해야 합니다. 또한 모든 사람의 영적 상태를 정확하게 다룰 수 있도록 주의를 기울여야 합니다. 그러지 않으면, 영혼의 영적 상태에 대한 무지, 사람에 대한 두려움, 사람에게서 인정받으려는 욕망, 불경건한 자를 향한 부적절한 사랑, 경건한 자들을 향한 죄악된 반감 등으로 인해, 증거 구절을 올바르게 제시하지 못하거나 부정확하게 적용할 것입니다. 다음의 구절들을 진지하게 숙고해 보십시오.

"너희는 의인에게 복이 있으리라 말하라……악인에게는 화가 있으리니"(사 3:10,11).

"가령 내가 악인에게 말하기를 너는 꼭 죽으리라 할 때에 네가 깨우치지 아니하거나 말로 악인에게 일러서 그의 악한 길을 떠나 생명을 구원하게 하지 아니하면, 그 악인은 그의 죄악 중에서 죽으려니와 내가 그의 피 값을 네 손에서 찾을 것이고"(겔 3:18).

"너희의 하나님이 이르시되 너희는 위로하라 내 백성을 위로하라. 너희는 예루살렘의 마음에 닿도록 말하며 그것에게 외치라. 그 노역의 때가 끝났고 그 죄악이 사함을 받았느니라"(사 40:1,2).

"어떤 의심하는 자들을 긍휼히 여기라. 또 어떤 자를 불에서 끌어내어 구원하라. 또 어떤 자를 그 육체로 더럽힌 옷까지도 미워하되 두려움으로 긍휼히 여기라"(유 1:22,23).

또한 다음 구절을 마음에 새기십시오.

"내가 슬프게 하지 아니한 의인의 마음을 너희가 거짓말로 근심하게 하며 너희가 또 악인의 손을 굳게 하여 그 악한 길에서 돌이켜 떠나 삶을 얻지 못하게 하였은즉, 너희가 다시는 허탄한 묵시를 보지 못하고 점복도 못할지라. 내가 내 백성을 너희 손에서 건져 내리니"(겔 13:22,23).

목사가 충성되고도 단호하게 이 열쇠를 사용해야 하는 만큼, 교회의 회원들 또한 천국의 문이 열리고 닫힐 때, 곧 죄의 용서나 죄에 대한 유예 상태가 선포될 때에 관심을 기울여야 합니다. 천국의 문이 열린 사람과 닫힌 사람의 상태와 자격에 대한 설명에 주의를 기울여야 합니다. 또한 자신이 어느 부류에 속하는지를 확인해야 합니다. 그러고 나서 들은 말씀을 자신에게 적용하고, 이제까지 자신의 행위를 통해 천국의 문을 열었는지 닫았는지를 숙고해야 합니다. 마찬가지로, 그 모든 것들을 다루는 분이 주 예수님이시라는 사실에 유념해야 합니다. 그러하기에 그것들이 확실하며 효력이 있습니다. 회심하지 않은 자들은 두려움에 가득 차 회개하며, 장차 임할 진노에서 벗어나고자 하는 동기를 부여받을 것입니다. 반면에 회심한 자들은 신령한 기쁨으로 즐거워하며, 자신이 부름받은 대로 행하고자 애쓸 것입니다. 오! 하나님 나라의 열쇠가 이렇게 사용되고 적용된다면, 목사들이 얼마나 크게 영향을 끼치겠습니까!

모든 지체들은 주 예수님께서 목사에게만 허락하신 이 직무에 (이와 유사한 어떤 것이든) 관여해서는 안 됩니다. 일반 성도에게는 다른 사람을 시험하고 판단할 권한이 없습니다. 또한 다른 사람에게 생명과 죽음을 선고할 권한도 없습니다. 이와 관련해 "비판을 받지 아니하려거든 비판하지 말라"(마 7:1)라는 주님의 말씀은 참으로 옳습니다. 목사를 모방하는 것은 정작 목사가 이 열쇠를 사용할 때에 끼칠 효력을 빼앗아 갑니다. 그러한 행위는 신앙에 흠집을 내며, 그런 사람은 오히려 다른 이들에게서 남을 판단하고 정죄한다는 비방과 미움을 받습니다. 그런 사람은 보통 스스로를 높이 평가하며, 그렇게 교만하고 오만한 까닭에 자신이 다른 사람보다 뛰어나고 비범한 인물로 드러나기를 원합니다. 그러나 실상 그들은 대부분 은혜를 거의 소유하지도, 자격을 갖추지도 않았습니다. 오히려 자신이 가진 것 때문에, 소자를 향한 하나님의 사역을 방해합니다. 그러나 대부분 판단하고 비난하는 그들보다는 소자들이 은혜를 더 많이 소유하고 있습니다. 판단하는 이들은 가능한 한 상한 갈대를 꺾으려 하고, 꺼져 가는 등불을 끄려 합니다. 그러므로 자신을 모든 사람보다 높이지 말고, 오히려 두려움과 겸손함 가운데 나보다 남을 낫게 여기십시오. 하나님을 경외하는 가장 탁월한 목회자들도 이에 관한 일을 행할 때에 두려움과 떨림으로 조심해야 합니다. 그러지 않으면, 모든 일을 그르칠 것입니다. 또한 그런 식으로 판단하는 목회자들 때문에 믿음이 연약한 자들의 심령이 두려워하도록 내버려 두지 마십시오. 오히려 그들을 피하고, 교제하지 말아야 합니다. 그리하면 많은 사람들이 교화되고, 권면과 격려와 위로를 받을 것입니다.

기독교적 권징이라는 열쇠의 합당한 사용

두 번째 열쇠인 기독교적 권징은 목사들과 장로들이 함께 사용합니다. 만일 교회에 부패한 부분이 발견된다면, 이는 이 열쇠를 부주의하게 사용했기 때문입니다. 권징을 비교적 충실하게 시행하는 회중도 있지만, 대부분은 마치 주 예수님께 이 열쇠를 받지 않은 것처럼 보일 정도입니다. 포도원을 허무는 작은 여우들을 잡지 않는 정도가 아니라, 큰 이리들이 그곳을 차지하도록 만듭니다. 포도원의 벽이 허물어진 까닭에 짓밟히기 쉬워지고 맙니다! 멧돼지들이 교회 여기저기를 헤집고, 누룩이 온 덩어리에 퍼지고 있습니다. 이로 말미암아 하나님의 이름과 교회가 모독을 받고, 성례가 더럽혀집니다. 좋은 식물이 잡초 때문에 말라비틀어집니다. 또한 하나님의 복이 교회에 임하지 않습니다. 이 모든 일이 불경건한 자들이 교회에서 자리를 차지하고 있기 때문에 발생합니다. 주님께서 언젠가 그러한 지역에서 그분의 말씀의 촛대를 제하실 수 있다는 것은 두려운 일입니다.

그렇다면 무엇을 할 수 있겠습니까? 그것이 개선될 여지가 전혀 없습니다. 그 이유는 다음과 같습니다.

① 더는 본보기가 없고, 그래서 무엇을 어떻게 해야 할지를 알지 못하기 때문입니다. 그들은 어떠한 행위가 범죄인지를 모를뿐더러, 교회의 모든 일이 잘되어 가는 것 같을 때에도 실상은 교회가 감당해야 할 역할을 제대로 알지 못합니다. 이러한 회중은 예배에 참석하는 이들이 많으면 교회가 번영하고 있다고 착각합니다. 모든 사람이 태평스럽게 잠자고 있을 때에도, 교회의 회원이 많아지고 (그들이 이교도만큼 무지하거나 완전히 세속적이라 할지라도) 그 교회에 외적 평화가 지속되고 있으면 교회가 번영하고 있다고 생각합니다.

② 목자들과 장로들 대다수가 맹인이나 다름없기 때문입니다.

"이스라엘의 파수꾼들은 맹인이요 다 무지하며 벙어리 개들이라. 짖지 못하며 다 꿈꾸는 자들이요 누워 있는 자들이요 잠자기를 좋아하는 자들이니, 이 개들은 탐욕이 심하여 족한 줄을 알지 못하는 자들이요 그들은 몰지각한 목자들이라. 다 제 길로 돌아가며 사람마다 자기 이익만 추구하며"(사 56:10,11).

"어리석은 목자의 기구들"(슥 11:15)을 가지고 있는 어리석은 목자들이 많습니다. 그런 목자들에게서 무엇을 기대할 수 있겠습니까?

③ 분별력을 가진 자들이 그 분별력을 발휘하지 않기 때문입니다. 죄악들이 노골적으로 행해지는데도, 그들은 그것을 거의 인식하지 못합니다. 어떤 이는 그러한 죄악을 보지 않으려고 고개를 돌려 버립니다. 많은 이들이 하나님의 사랑에서 동기를 찾지 못하며, 교회의 복락이나 그리스도의 명령을 신실하게 따르는 일에 관심을 두지 않습니다. 그 결과, 그들은 죄악을 없애거나 그에 맞서고자 노력도 하지 않은 채, 모든 것을 되는 대로 방치해 버립니다.

④ 장로들이 그저 평화만을 원할 뿐, 교회에서 일어나는 일들을 굳이 알려고 하지 않기 때문입니다. 그런 일들을 알게 되면, 많이 수고해야 합니다. 많은 사람들이 견책 받을 때에 분노하므로, 그들의 독설과 소란을 견뎌야 합니다. 따라서 장로들은 모든 것을 내버려 두는 편이 가장 낫다고 생각합니다.

⑤ 목회자와 장로들이 그들을 통해 고양되고 진보할 수 있는 자녀들이 있는데도, 유력한 교회 구성원들에게서 미움을 살까 봐 두려워하며, 사람들의 인정과 존경과 호의를 얻으려 하기 때문입니다. 그들은 특정한 사람들과만 좋은 관계를 맺고, 사람들에게 특별한 손님으로 대접받고 싶어하며, 좋은 품질의 포도주를 즐기려 합니다. 그래서 해야 할 말을 하지 못하고, 해야 할 일을 하지 못하는 것입니다. 어느 구성원이 자신에게 주어진 견책에 완강히 반대하며 함부로 말을 내뱉어도, 그와 깊은 관계를 맺고 있는 탓에 그저 내버려 둘 수밖에 없는 경우도 있습니다. 그래서 권징을 하더라도 별 문제가 없을 만한 사람, 곧 사회적 지위가 낮은 사람만 권징합니다. 그리고 평판이 나쁜 사람들이 일으키는 문제에 대해서만 권징합니다. 경건한 자를 몰아붙일 수만 있다면, 그 사람에게 죄가 있든 없든 산 채로 피부를 벗기려 할 것이며, 그 사람을 가장 잔혹하게 권징하려고 열심을 낼 것입니다. 그들은 징계받는 사람을 사랑하거나 교회와 그 영혼의 복락을 위해서가 아니라, 단지 자신들의 정욕을 만족시키려는 욕망과 시기심으로 이 일을 행합니다. 이런 장로들에게서 무엇을 기대할 수 있겠습니까?

⑥ 주님의 선하심으로 권징을 시행하려는 선하고도 신실한 장로들도 있지만, 그들에게 그 일을 완수할 만한 진리의 빛이나 능력이 부족하기 때문입니다. 또한 견책을 행하려 해도 어디서부터 시작해야 할지를 모르는 경우가 매우 많기 때문입니다. 비록 이 일에 앞장선다 하더라도, 아무도 도와주지 않아 홀로 남게 됩니다. 아무리 견책의 직무를 지지하는 사람이라 하더라도 심한 반대에 부딪친다면, 상심한 나머지 이 직무를 방치하게 될 것입니다.

권징이 단지 세속적인 일이라면 이렇게 목소리를 내지 않아도 될 것입니다. 그러나 이것은 매우 중요한 직무입니다. 따라서 이 일에 더욱 분발할 수 있도록 다음의 진술들을 숙고하십시오.

① 지금까지 장로에 관해 전반적으로 진술한 내용을 마음에 새기고 상기하십시오. 28장으로 돌아가, 이 직무와 관련하여 동기로 삼아야 할 내용들을 주의 깊게 읽어 보십시오. 그리하여 장로의 직무를 깊이 숙고할 뿐만 아니라, 분발하여 그 의무

를 성실히 수행하십시오.

② 주 예수님께서 이 열쇠를 여러분에게 맡기셨다는 사실에 유념하십시오. 말하자면, 여러분은 성을 지키는 문지기입니다. 성을 무너뜨리려는 적이 성에 들어오도록 방임하는 문지기는 가장 불충한 자입니다. 그러한 원수들이 회중 가운데 들어와 머물도록 내버려 둠으로써, 여러분이 신실히 섬기리라 신뢰했던 회중이 무너진다면, 여러분은 불충한 문지기가 될 것입니다.

③ 여러분은 교회가 완전히 부패하는 데에 원인을 제공합니다. 이 모든 결과에 대한 책임이 여러분에게 있습니다. 그리하여 하나님의 이름이 더럽혀지고, 많은 이들이 교회에서 멀어지거나 교회에 참여하지 않게 될 것입니다. 하나님 나라의 열쇠를 통해 회개에 이르러야 할 영혼들이 파멸하고, 신앙의 부요함이 가로막힐 것입니다. 여러분은, 지체들이 서로의 죄악된 행위를 따르고, 경건한 자가 핍박받으면서 교회의 비참한 상태 때문에 숨죽여 탄식하게 만드는 원인이 될 것입니다.

④ 이 모든 일에 관해 주님께서 여러분을 심판대에 세우시리라는 사실을 기억하십시오. 심판대에서 주님은, 여러분에게 위탁하여 다스리게 하신 교회와 여러분을 감독자로 세워 맡기신 영혼들을 대한 태도를 계산하실 것입니다. 주님은 이 열쇠를 태만하게 사용하여 멸망한 모든 영혼들의 피 값을 여러분에게 요구하실 것입니다. 오! 이 얼마나 무거운 짐입니까! 불충한 장로들에게 임할 하나님의 심판이 얼마나 끔찍하겠습니까! 많은 이들이 장로가 되지 않았더라면 더 나았을 것입니다!

장로들이여, 이 사안에 관해 분발하여 자신의 심령을 주님의 길에 드리기를 바랍니다!

① 많은 사람들을 비롯해 장로조차도 이러한 의무의 본질과 필요를 잘 알지 못합니다. 이 열쇠에 관해 잘 알고 이를 시행하는 법을 배우려면, 하나님의 말씀을 살펴보아야 합니다. 이 일에 정통한 목회자들에게서 배워야 합니다. 이 장을 통해 이 주제에 관해 제가 설명하고자 하는 바가 잘 전달된다면 참으로 기쁠 것입니다.

② 모든 이들이 이 일에 충성하는 마음과 진리의 빛을 더 많이 구해야 합니다. 왜냐하면 이것이 온 세상에 맞서는 전투이기 때문입니다. 이 전투에는 아무나 선뜻

참여할 수 없습니다. 또한 누구든지 주님의 특별한 도우심이 없다면 이 전투에서 패할 수밖에 없습니다!

③ 여러분은 이 직무가 주님의 사역임을 인식하면서 수행해야 합니다. 그리하면 능력과 담대함을 얻을 것입니다. 그리할 때, 여러분은 회중을 집집마다 살피기 시작하고, 누군가에게 의심이 들면 자세히 알아보게 될 것입니다. 여러분은 그러한 사람을 은밀하게 권면하고 훈계해야 합니다. 또한 온유한 영으로 그들을 책망하고자 애써야 합니다. 만일 그가 여러분의 말에 귀 기울인다면, 그 영혼을 얻을 것입니다. 만일 그가 여전히 자신의 죄악을 고집한다면, 반드시 콘시스토리에 알려 견책을 받게끔 해야 합니다. 그다음에는 견책을 받은 심령이 감화되도록 그와 비공개적으로 따로 만나 대화해야 합니다. 그리하면 견책을 받은 이는 견책에 복종하거나 분노하며 반항할 것입니다. 그의 행동에 따라 견책의 다음 단계를 진행해야 합니다.

회중들은 교회가 자신의 생활을 살피며 누군가가 죄를 범했을 때에 곧바로 조치한다는 사실을 인식하면, 두려움과 수치스러움으로 더 신중하게 처신할 것입니다. 무슨 일이 일어나는지를 더욱 잘 알 수 있도록 신앙이 연약한 사람들은 죄악된 행실을 다루는 것이 모든 사람의 의무라는 사실을 알아야 합니다. 이 일은 개인적으로 행하지만, 공적으로 알려집니다. 우리는 서로 사랑하며, 서로에게 선하게 행해야 할 의무를 집니다. 이로 인해 다른 사람에게 미움과 비방을 받더라도, 마땅히 자신의 의무를 신실하게 감당해야 합니다. 교회와 영혼의 복락을 염두에 두고, 이러한 일을 사랑과 신실함으로 행하고 있음을 확증해야 합니다. 특히 자신의 우월함을 넌지시 나타내거나 그러한 인상을 주어서는 안 됩니다.

교회를 치리하는 권위에 대한 복종

견책을 받는 자나 받지 않는 자 모두가 지체로서 각자의 본분을 지켜야 합니다. 먼저, 지체들은 서로를 권면할 뿐만 아니라 책망해야 합니다(살전 5:14; 히 3:13 참고). 그리고 그 행실이 합치되지 않는데도 지체들의 권면을 듣지 않는 자들을 그리스도가 명령하신 대로 교회의 장로들에게 알려야 합니다.

"만일 그들의 말도 듣지 않거든 교회에 말하고"(마 18:17).

견책을 받고 있는 자들에게는 다음과 같이 행해야 합니다.

① 그들에게 자신들의 죄를 비통해하고 회개하라고 충고하는 동시에, 그들을 긍휼히 여기고 슬퍼해야 합니다. 다만 그와 같이 행할 때에는 견책을 받는 자와 간격을 두고, 분명한 거리를 유지해야 합니다.

② 지체들 스스로도 그러한 행실을 삼가며, 그러한 자들과 어떤 식으로든 교제하지 않아야 합니다(살후 3:14 참고). 식사에 초대하거나 함께 산책하는 등 친밀함을 암시할 수 있는 모든 형태의 교제를 중단하여, 견책을 받는 자로 하여금 부끄러움을 느끼게 해야 합니다. 이렇게 관계에서 물러나는 정도는 견책의 단계에 상응해야 합니다.

이 의무를 충성스럽게 행하기 위해서는, 견책이 비록 장로들에 의해 수행될지라도 온 회중과 관련된 사안이라는 사실을 알아야 합니다. 이에 태만한 사람은 주 예수님께서 친히 맡기신 의무에 충성하지 않는 자입니다. 이 일에 태만한 자는 죄 가운데 거하는 죄인들에 대해, 성례가 모독당한 것에 대해, 그리고 교회가 부패하였고 계속해서 부패해 가는 것에 대해 책임을 져야 합니다. 이는 매우 중대한 일입니다. 이는 실제로 그러한 일들에 대해 스스로가 죄를 짓게 만들며, 그 범죄의 원인이 됩니다. 따라서 모든 사람들은 회중 가운데 있었던 죄악을 바울에게 알렸던 글로에의 가정을 모범으로 삼아, 이 일을 충성스럽게 행하십시오(고전 1:11 참고).

다음으로, 견책을 받는 자들은 다음과 같이 행해야 합니다.

① 죄악된 행위와 주어진 견책에 매우 민감해야 합니다. 이와 관련해 주 예수님은 "차라리 연자 맷돌이 그 목에 매여 바다에 던져지는 것이 나으리라"(막 9:42)라고 말씀하셨습니다.

② 자신에게 주어진 견책에 반박하거나, 견책을 부과한 회중의 장로들에게 분노해서는 안 됩니다. 오히려 유순한 마음으로 그들에게 복종해야 합니다. 그 이유는 다음과 같습니다.

첫째, 이것이 주 예수님께서 행하신 일이요, 그분의 명령에 따라 그분을 대신하여 수행된 일이기 때문입니다. 따라서 견책에 저항하는 것은 실제로 주 예수님을 반대하는 것입니다. 이는 참으로 두려운 일입니다.

둘째, 그들이 회중의 지체로서 입교할 때에 범죄한 일에 관하여 당회의 권징에 복종하겠다고 약속했기 때문입니다. 이에 반하여 행하는 것은 자신이 맺은 엄숙한 서약을 어기는 것입니다.

셋째, 견책이 견책 받는 자와 회중을 모두 염두에 두기 때문입니다. 그러므로 자신의 구원과 경건의 실천을 소중히 여긴다면, 이를 위한 방편들을 거부해서는 안 됩니다. 비록 자신의 유익을 위해서는 자원하여 달게 받지 못한다 하더라도, 회중을 향한 사랑 때문에라도 이를 받아야 합니다. 왜냐하면 이 열쇠를 사용하지 않을 경우 회중이 부패할 것이기 때문입니다. 반면에 열쇠를 사용한다면, 회중이 정결하게 되고 죄짓기를 두려워하게 되며, 연약한 자들이 그 범죄에서 건져질 것입니다. 또한 외부에 있는 자들이 교회를 칭송하며, 경건과 구원을 열망하여 교회에 참여하는 근거가 될 것입니다.

이처럼 견책을 시행하는 회중은 복됩니다.

"거기서 여호와께서 복을 명령하셨나니 곧 영생이로다"(시 133:3).

The Christian's Reasonable Service

구원론

Soteriology: The Doctrine of Salvation

30

외적 부르심과
내적 부르심

지금까지 우리는 언약의 보증에 관해, 그리고 그 언약의 참여자인 교회에 관해 논하였습니다. 이제 주님께서 어떻게 언약의 참여자를 언약 안으로 인도하시는지, 그리고 어떻게 언약의 궁극적인 목적인 영원한 복락으로 이끄시는지를 숙고해 봅시다. 이 여정의 첫 번째 요소는 '부르심'입니다.

부르심: 죄인들을 향한 하나님의 복음 선포

부르심은 하나님께서 복음을 통해, 죄와 진노 아래 놓인 죄인의 상태를 그리스도와 맞바꾸도록 죄인들을 초청하시는 하나님의 은혜로운 역사입니다. 그리고 이로 말미암아 그리스도 안에서 하나님과 화목하게 되어 경건과 구원을 얻게 하시려는 역사입니다. 또한 하나님은 부르심이라는 방편을 통해, 성령으로, 택함 받은 자를 그러한 상태로 유효하게 옮기십니다.

부르심은 하나님의 은혜로운 역사입니다.

"그 종들을 보내어 그 청한 사람들을 혼인 잔치에 오라 하였더니 오기를 싫어하거늘…

…청함을 받은 자는 많되 택함을 입은 자는 적으니라"(마 22:3,14).

"자기의 영광과 덕으로써 우리를 부르신 이"(벧후 1:3).

"너희를 불러 그의 아들 예수 그리스도 우리 주와 더불어 교제하게 하시는 하나님은 미쁘시도다"(고전 1:9).

하나님은 자연법칙이나 만물의 역사를 통해 부르시지 않습니다. 다만 이러한 것들을 통해 선하심을 베푸시는 가운데 그 증거를 이교도에게 남겨 두실 뿐입니다(행 14:17 참고).

"이는 사람으로 혹 하나님을 더듬어 찾아 발견하게 하려 하심이로되"(행 17:27).

그러므로 이러한 것들로는 그리스도가 전해지지 않을 뿐만 아니라, 이방인(the heathen)들에게 그리스도를 믿도록 권하지도 못합니다. 이방인들은 행위언약 아래 있습니다. 하나님께서 그들 가운데 행하시거나 그들에 대해 행하시는 일은, 모두 행위언약과 관련됩니다. 따라서 그들은 "이것을 행하라. 그리하면 살리라"라는 원칙에 따라 살 수밖에 없습니다. 이처럼 자연법칙이나 만물을 운행하시는 하나님의 일반적인 역사에는 부르심이 없습니다. 그러므로 이방인들은 부르심을 받지 않았습니다.

이러한 부르심은 성경의 도덕법을 통해 일어나지도 않습니다. 도덕법은 반드시 두 가지 측면에서 고찰되어야 합니다. 행위언약의 완전한 조건을 보여 주는 '요구사항'이라는 측면과, 삶의 규범이요 참된 거룩함의 표준으로 삼도록 교회에 주어진 '목적'이라는 측면입니다. 첫 번째 측면에서 볼 때, 율법은 사람에게 죄를 깨닫게 하기 위하여 선포됩니다(롬 3:20 참고). 그리고 이를 통해 자신의 행위로는 구원받을 수 없다는 절망에 이르게 합니다. 도덕법의 역할은 바로 여기까지입니다. 그러나 율법으로 거절된 사람에게 복음을 통해 그리스도가 전파되면, 그는 복음으로 이끌릴 것입니다. 따라서 그리스도의 복음이 전파되는 곳에서 율법은 우리를 그리스도께로 이끄는 초등 교사의 역할을 합니다(갈 3:24 참고). 그러나 율법은 그리스도를 가르치지도 않고 그분에게로 부르지도 않으므로, 부르심이 기능하게 하는 요소는 아닙니다. 의식법(ceremonial law)[1]은 이와는 달리 복음에 속합니다.

우리가 부르심을 받는 참된 방편은 바로 복음입니다.

"이를 위하여 우리의 복음으로 너희를 부르사"(살후 2:14).

'복음'이라는 단어는 '좋은 소식'을 뜻하며, 그 내용은 다음과 같습니다. "불쌍한 자여, 그대는 죄와 하나님의 진노 아래 있습니다. 그대는 영원한 멸망으로 끝날 길을 걷고 있습니다. 그러나 하나님께서 자신의 아들 예수 그리스도를 보증으로 보내셨습니다. 그분의 수난과 죽으심을 통해 하나님의 공의가 온전히 만족되었습니다. 이로써 우리는 죄책과 형벌을 면하게 되었습니다. 예수 그리스도는 율법에 순종하신 완전한 거룩하심으로 말미암아, 그분을 통해 하나님께로 나아가는 모든 이들을 온전히 구원하실 수 있습니다. 주님께서 자신의 모든 공로를 통해 영원한 구원을 우리에게 주십니다."

주님은 지금도 다음과 같이 말씀하면서 모든 이들을 부르고 초청하십니다. "내게로 와서 구원을 받으라. 나를 영접하고 내게 순복하라. 나와 더불어 언약으로 들어가라. 그리하면 멸망치 않고 영생을 얻으리라." 이러한 선포가 신구약성경 모두에 기록되어 있습니다. 최초의 복음은 창세기 3장 15절에서 선포됩니다. 여기에서는 '여자의 후손이 뱀의 머리를 상하게 할 것'이라고 말씀합니다. 그리고 이후로 하나님은 복음이 다양한 방식으로 전파되게 하셨습니다(히 1:1 참고).

"그들과 같이 우리도 복음 전함을 받은 자이나"(히 4:2).

그리스도께서 오시기 전에 복음은 '약속의 복음'으로 불렸습니다.

"하나님의 복음을 위하여 택정함을 입었으니, 이 복음은 하나님이 선지자들을 통하여 그의 아들에 관하여 성경에 미리 약속하신 것이라"(롬 1:1,2).

그리스도께서 오신 이후로 이 복음은 '성취된 복음'으로 불립니다.

"예수께서 갈릴리에 오셔서 하나님의 복음을 전파하여 이르시되 때가 찼고"(막 1:14,15).

율법과 복음은 종종 서로 대립되는 것으로 간주됩니다. 의식법과 복음을 생각해 볼 때, 의식법이 의식들을 통해 그리스도의 오심을 예표함으로써 오실 그리스도를

---

1) 역자주 - 의식법(ceremonial law)은 구약의 제사와 관련된 법으로서, 그리스도의 희생과 그로 말미암은 은혜를 상징함으로써 복음적 기능을 한다.

가리키는 한편, 성취된 복음은 오신 그리스도를 선포한다는 점을 대비할 수 있을 것입니다. 본질적으로 이 둘 사이에는 대립되는 것이 전혀 없습니다. 그 의식들이 복음을 함축하며, 그 의식들을 통해 복음이 선포되었기 때문입니다.

그러나 도덕법과 복음은 본질적으로 다릅니다.

첫째, 율법은 엄위하신 주권자요 유일한 입법자이신 주 하나님께서 주신 것으로, 모든 인류와 관련됩니다. 반면 복음은 "자비롭고 은혜롭고 노하기를 더디 하고 인자와 진실이 많은"(출 34:6) 하나님께서 나타나신 것으로, 모든 이가 아니라 일부와만 관련됩니다.

둘째, 율법은 인간이 본성을 통해 부분적으로나마 알 수 있지만(롬 2:15 참고), 복음은 오직 계시를 통해서만 알 수 있습니다(엡 3:5 참고).

셋째, 율법은 행위언약의 조건으로서, 율법을 완전히 지켜야만 구원을 약속하며 용서가 없습니다(롬 10:5; 마 19:17 참고). 반면 복음은 은혜언약의 선언으로서, 신자들에게 예수 그리스도를 통한 용서와 구원을 약속합니다(롬 10:8,9 참고).

넷째, 율법은 죄인에게 죄를 일깨워(롬 3:20 참고) 하나님의 진노를 대면하게 하고(롬 4:15 참고) 두려워하며 떨게 합니다(사 33:14 참고). 반면 복음은 능력으로 구원에 이르게 하시는 하나님의 존귀한 역사입니다(롬 1:16 참고). 이 복음이 바로 하나님께서 사람들을 구원으로 부르시는 방편입니다.

하나님은 말씀을 통하지 않고서도 그리스도를 사람에게 직접 나타내실 수 있으며, 사람들을 그리스도께로 이끌어 믿고 구원에 이르게 하실 수 있습니다. 그러나 주님은 자신의 다양한 지혜가 나타나는 가운데 여러 속성들이 영광을 받도록, 사람들을 부르고 복음의 말씀을 통해 구원에 참여시키기를 기뻐하셨습니다. 이성을 지닌 사람을 이성적인 방식으로 인도하시는 것입니다. 이러한 방편을 '부르심'이라고 일컫습니다. 모든 사람들은 멸망으로 향하는 악한 길에서 헤매고 있습니다. 그래서 하나님은 길을 잃고 헤매는 자들이 결국 영원한 멸망에 이를 것이라고 외치면서, 구원에 이르는 유일한 길인 그리스도에게로 나아오라고 초청하십니다.

외적 부르심과 내적 부르심의 구별

이러한 부르심은 '외적 부르심'과 '내적 부르심'으로 구별됩니다. 두 부르심은 모두 하나님에게서 비롯되며, 말씀을 통해 이루어집니다. 둘은 동일한 사안을 다루며, 모두에게 동일한 것을 제시합니다. 또한 두 가지 모두 본성상 동일한 인간에게 제시됩니다. 그러나 둘은 구별됩니다. 외적 부르심은 말씀을 통해 외적으로 작용합니다. 이는 성령께서 보편적 역사로 말씀의 방편에 참여하여 일반적인 조명과 역사적 믿음을 산출하시는 것입니다. 반면, 내적 부르심은 기이한 빛으로 말씀을 강력하게 조명하고, 사람의 심령을 관통하여 영적 신비의 본질을 계시하며, 사람의 의지에 강력하게 역사하여 그리스도 안에 있는 그 비밀들을 붙잡고 믿음으로 순종하게 합니다.

알미니안주의자들을 비롯하여 인간의 부패한 지성 곧 자유의지를 지지하는 자들과 성경 사이에는 무한한 간극이 존재합니다. 문제는 이것입니다. 구원이 인간에게서 비롯됩니까? 자기를 구원하는 유일하고도 근본적인 원인이 자기 자신입니까, 아니면 하나님이십니까? 하나님께서 유일하고도 근본적인 원인이시며, 인간은 구원을 얻기 위해 아무것도 할 수 없는 전적으로 무능한 존재입니까? 알미니안주의자들은, 하나님께서 구원을 준비하고 성취하셨으며 그리스도를 중보자로 주고 계시하셨다는 사실을 기꺼이 인정합니다. 그러나 그들은 구원의 도를 받아들이고 거기에 들어가는 것이 인간의 선한 의지와 능력에 달려 있다고 주장합니다. 이것을 경주장에서 일어나는 일에 비유할 수 있습니다. 즉, 주최 측이 상을 진열해 두고 경주로를 준비하지만, 그 상을 얻는 것은 경주자 자신에게 달려 있는 것입니다.

알미니안주의자들은 그들이 구원의 원인으로 내세우는 인간의 고유한 능력과 선한 의지라는 우상을 비호하기 위해 외적 부르심과 내적 부르심을 구별하지 않습니다. 그들은 그것들을 동일한 것으로 간주하여 오직 하나의 부르심만을 인정합니다. 그리하면 부르심의 효과가 어떤 사람 가운데 일하신 하나님의 유효한 사역에 기인하는 것이 아니라 오히려 그 결과와 관련되어 버립니다. 다시 말해, 한 사람이 자신의 자유의지(자의로 부르심에 응답하거나 거절할 수 있는)로 부르심에 순종하여 구원을 받는 반면, 어떤 사람은 그러한 중립적이고도 동일한 자유의지로 이 부르심을 멸시하고 거부하는 것입니다.

그러나 성경은 그러한 어리석은 주장들을 책망하고 거부하며, 하나님의 뜻에 따라 부르심이 구원에 이르는 유효한 사역이 된다는 것을 보여 줍니다.

"그의 뜻대로 부르심을 입은 자들에게는"(롬 8:28).

"하나님의 은사와 부르심에는 후회하심이 없느니라"(롬 11:29).

부르심을 받은 자에게 믿음이 실질적으로 일어나는 것은 바로 하나님의 뜻에서 비롯됩니다.

"영생을 주시기로 작정된 자는 다 믿더라"(행 13:48).

또한 성경은 이러한 차이가 사람이 아니라 하나님에게서 기인한다고 말합니다.

"누가 너를 남달리 구별하였느냐? 네게 있는 것 중에 받지 아니한 것이 무엇이냐? 네가 받았은즉 어찌하여 받지 아니한 것같이 자랑하느냐?"(고전 4:7)

그런데도 사람은 누군가가 다른 이보다 더 큰 믿음을 가지는 것이 그의 선함과 능력에 근거하는 양 스스로를 구별하려고 합니다.

이와 같이 속사람(지성과 의지와 사람을 변화시키며 성화를 이루게 하는 경향성)을 관통하는 유효한 부르심이 있습니다. 그것이 바로 '내적 부르심'입니다. 또한 하나님의 말씀을 수단으로 하지만, 하나님의 유효한 역사(믿음과 사랑을 산출하는)가 뒤따르지 않은 채 육신의 귀에만 이르는 부르심도 있습니다. 이러한 부르심은 사람을 본성적인 상태로 내버려 둡니다. 그런 사람은 자신의 죄악 가운데서 외적 부르심을 거부합니다. 그는 자신의 자유의지가 필연적으로 바라는 바로 인해 이러한 외적 부르심을 멸시합니다. 부르심을 받은 사람들이 대부분 여기에 해당합니다(마 22:5,14 참고). 여기서는 먼저 외적 부르심에 관해 살펴보고 나서, 두 부르심에 관해 개별적으로 논하겠습니다.

외적 부르심

보편적인 부르심이 아님

외적 부르심에 관해 다음과 같은 의문이 제기됩니다. '외적 부르심은 보편적 부르심인가? 곧 하나님께서 지구 상의 모든 사람들을 그리스도께로 부르시고, 그분을 통한 구원으로 부르시는가?' 이에 대해 루터교도는 긍정적으로 답합니다. 그러나 우리는 이 부르심이 모든 사람에게 주어지지는 않는다고 주장합니다. 이것이 비록 모든 지역과 나라와 백성과 언어에 이르기는 하지만, 모든 사람에게 이르지는 않습니다. 성경 전체와 모든 세대의 경험을 살펴보면, 그것을 알 수 있습니다. 가인은 최초로 하나님 앞에서 쫓겨난 자였으며, 복음은 셋의 계보로 이어졌습니다. 아브라함과 그의 자손은 하나님의 교회 가운데 받아들여졌으며, 그들에게 하나님의 계시가 맡겨졌습니다. 반면 하나님은 다른 모든 이방인들이 자신들의 길로 행하도록 내버려 두셨습니다(행 14:16 참고).

"그가 그의 말씀을 야곱에게 보이시며 그의 율례와 규례를 이스라엘에게 보이시는도다. 그는 어느 민족에게도 이와 같이 행하지 아니하셨나니 그들은 그의 법도를 알지 못하였도다"(시 147:19,20).

그리스도께서 오신 이후에도 외적 부르심은 보편적이지 않았습니다. 아메리카 대륙 전체는 적어도 천 년 동안 알려지지 않은 채로 있었으며, 따라서 복음이 전해지지 못했습니다. 광범위한 내륙은 여전히 알려지지 않은 채로 있습니다.[2] 복음이 전파되지 않은 나라는 언제나 존재했습니다. 오늘날에도 지구 상의 나라들 대부분은 복음을 알지 못합니다. 이 사실은 너무나 명백하여 반박할 수조차 없습니다. 따라서 외적 부르심이 보편적이지 않다는 것은 자명한 사실입니다.

---

2) 역자주 - 이 책이 1700년대에 기록되었다는 사실을 기억해야 한다.

반론 1

모든 사람들은 아담과 노아 안에서, 뿐만 아니라 복음이 전해졌는데도 그것을 거부한 다른 조상들 안에서 부르심을 받았다. 이러한 이유로 하나님은 요한계시록 2,3장이 말하는 대로 그들에게서 촛대를 옮기셨다.

답변

우리는, 그들의 조상이 부르심을 받았으므로 복음을 전해 듣지 않은 자손들까지도 부르심을 받았다는 주장에 반대합니다. "아들은 아버지의 죄악을 담당하지 아니할 것이요"(겔 18:20)라는 선지자의 말씀이 이를 뒷받침합니다. 따라서 조상이 복음을 거부한 것을 그 자손들에게로 전가시킬 수는 없습니다. 우리는 모든 사람이 아담과 노아와 다른 조상들 안에서 부르심을 받았다는 사실을 부인합니다. 아담과 노아 안에 있는 모든 사람이 은혜언약 안에 있거나 은혜를 받는 수혜자는 아니기 때문입니다.

반론 2

다음 본문들을 보면, 부르심이 보편적이며 모든 사람이 개별적으로 부르심을 받는다고 결론지을 수 있다.

"하나님은 모든 사람이 구원을 받으며 진리를 아는 데에 이르기를 원하시느니라"(딤전 2:4).

"모든 사람에게 구원을 주시는 하나님의 은혜가 나타나"(딛 2:11).

"너희는 온 천하에 다니며 만민에게 복음을 전파하라"(막 16:15).

답변

'모든'이라는 말은 주로 '다양한'이라는 뜻을 가집니다. 위의 구절들에서 '모든'이라는 말이 다양함을 뜻한다는 것은 경험을 통해 확인됩니다. 이러한 본문들은 복음이 이전에 아브라함의 자손들에게 국한되었던 데 반해, 이제 온 세상에 전파되는 것과 관련됩니다. 이는 차별 없는 모든 부류의 나라를 가리키는 것이지, 예외 없는 모든 나라를 가리키는 것이 아닙니다.

반론 3

성경은 욥, 멜기세덱, 발람, 고넬료와 같이 교회가 없는 지역에 신자들이 많이 살았다고 말한다. 이것은 부르심이 가시적 교회의 한계를 넘어 영향을 미친다는 것을 증명한다. 이와 같이 부르심은 보편적이다.

답변

특정한 개인들을 향한 부르심에서 모든 사람을 향한 보편적 부르심을 추론할 수는 없습니다. 이들 중에는 아브라함의 자손이 구별되기 전에 살았던 사람들도 있습니다. 참된 신앙에 관한 지식이 다른 자손들에게도 어느 정도 전달되었던 시대에 살았던 셈과 족장들이 그러합니다. 또 어떤 사람들은 아브라함의 자손에 속하지는 않았지만 교회가 있는 지역에 살았고, 그러한 환경 덕분에 개종하여 신자가 되었습니다.

반론 4

교회에서 멀리 떨어져 살았는데도 경건하게 살면서 선한 일을 행한 자들이 많다. 그들의 지식은 구원을 얻기에 충분했다. 그러므로 부르심은 보편적이다.

답변

자연법은 인간 모두에게 내재되어 있습니다. 여기서 자연종교(natural religion)가 발생하며, 또한 본성적 미덕(natural virtues)이 생겨납니다. 자연종교나 본성적 미덕이 구원을 얻는 데 충분하지 않다는 사실은 이미 1장에서 살펴보았습니다. 이러한 '본성적' 지식, 종교, 덕행 같은 것들은 그리스도 안에 있는 하나님에 관한 참된 지식과 신앙, 덕행과는 본질적으로 다릅니다. 그러므로 본성적인 것이 반드시 그리스도 안에 있는 참된 것으로 이어지지는 않습니다. 이 모든 것을 볼 때, 부르심이 보편적이지 않다는 사실은 분명합니다.

구약 시대에 있었던 복음의 외적 부르심

한편 소시니안주의자들은 이와는 전혀 다른 극단을 주장합니다. 그들은 그리스도께서 오시기 이전에도 복음에 대한 부르심이 있었다는 사실을 부인합니다. 그들도 실제로는 특별한 계시를 받은 선지자들에게 복음에 관한 지식이 있었다는 점을 인정할 것입니다. 선지자들을 아무것도 지각하지 못한 채 소리를 내는 파이프오르간 같은 이성 없는 존재로 여길 만큼 어리석지는 않을 것이기 때문입니다. 그들은 선지자들이 복음을 알고 있었다는 점을 인정하더라도, 백성들에게 복음에 관한 지식이 어느 정도 있었다는 것은 부인하려 합니다. 그들이 그저 장래에 관한 것, 곧 메시아의 때에 이방인들이 메시아께 부르짖으리라는 것을 이해했을 뿐이라고 말합니다. 반면 우리는 구약의 비춤이나 효력이 비록 신약보다는 못했지만, 그 백성들도 오실 메시아를 믿음으로써 칭의와 성화와 구원에 이르도록 부르심을 받았다고 주장합니다.

첫째, 다음 구절들이 이를 명백하게 입증합니다.

"또 하나님이 이방을 믿음으로 말미암아 의로 정하실 것을 성경이 미리 알고 먼저 아브라함에게 복음을 전하되 모든 이방인이 너로 말미암아 복을 받으리라 하였느니라"(갈 3:8).

아브라함은 할례를 받기 이전에 복음을 받아들이고 부르심을 받았습니다. 그래서 사도는, 비록 할례를 받지 않았다 하더라도 믿는 사람은 아브라함의 자손이라고 결론 내립니다. 이것은 아브라함뿐만 아니라 하나님께서 이를 알게 하신 아브라함의 모든 자손들에게도 해당됩니다. 하나님께서 이것을 증언하십니다.

"여호와께서 이르시되 내가 하려는 것을 아브라함에게 숨기겠느냐. 아브라함은 강대한 나라가 되고 천하 만민은 그로 말미암아 복을 받게 될 것이 아니냐. 내가 그로 그 자식과 권속에게 명하여 여호와의 도를 지켜 의와 공도를 행하게 하려고 그를 택하였나니"(창 18:17-19).

하나님은 이러한 목적을 위해 아브라함을 아셨고, 택하셨고, 부르셨습니다. 또한 그 뒤를 따르는 자녀들과 권속들에게 이 진리를 알리시고자 아브라함에게 복음을 선포하셨습니다. 이처럼 그들에게도 복음이 있었으며, 전파되었습니다.

또한 다음의 말씀을 숙고해 보십시오.

"그들과 같이 우리도 복음 전함을 받은 자이나 들은 바 그 말씀이 그들에게 유익하지 못한 것은 듣는 자가 믿음과 결부시키지 아니함이라"(히 4:2).

신약 시대를 사는 우리가 가진 복음은 구약 시대 사람들이 소유했던 복음과 동일합니다. 이렇게 말하는 것은, 구약 시대 사람들이 복음의 명료성과 관련해서는 신약 시대에 비할 수 없다 하더라도, 그들보다 앞서 복음을 소유했다는 관점에서는 어느 정도 우위에 있었음을 표현합니다. 그들에게도 복음이 있었으며, 복음은 그 당시 사람들을 위한 것이기도 했습니다. 그들은 복음을 들었고 믿음으로 그것을 붙잡아야 했으며, 복음을 받아들이지 않는 것은 죄였습니다.

둘째, 선지서도 이를 명백히 증언합니다. 선지서가 장차 오실 메시아에 관해 수없이 예언하고 묘사하며, 메시아를 믿으라고 권면한다는 데는 반박할 수 없습니다(시 2,45,72편; 사 40장 등 참고). 선지서는 선지자들이 백성들에게 선포한 설교를 요약한 책이며, 따라서 백성들은 그 모든 내용을 알았습니다. 이로 인해 백성들은 회개해야 했으며, 이러한 설교를 통해 믿음을 가지도록 각성 받았습니다. 이와 같이 복음은 구약 시대에도 있었습니다.

셋째, 모든 제의적 예배가 이러한 사실을 확증합니다. 이러한 제사 의식들은 외형적으로 의식을 수행하는 데에서 머물라고 이스라엘에게 주어진 것이 아닙니다. 그것들은 그것들의 본체인 그리스도의 그림자였습니다(골 2장; 히 10:1 참고). 이스라엘 백성들은 이러한 그림자를 통해 장차 오실 메시아를 고대하며 그분을 믿도록 부르심을 받았습니다. 히브리서 전체에서도 이러한 사실을 증언합니다. 따라서 이러한 그림자는 모두 복음의 본질적인 요소입니다. 구약의 사람들은 그림자를 가졌으므로 복음도 가졌던 것입니다.

넷째, 구약의 신자들은 복음 안에 제시되고 약속된 복락에 참여했습니다. 그들은 은혜언약에 참여했으며(창 17장; 행 3:25 참고), 성령을 소유했습니다(고후 4:13 참고). 하나님께서 그들의 아버지이셨고, 그들은 그분의 자녀였습니다(롬 9:4; 시 103:13; 렘 31:20 참고). 그들은 죄를 용서받았으며(시 32:5 참고), 더 나아가 은혜언약 안에 있는 모든 복락을 소유했습니다. 또한 구원받기를 고대했습니다(히 11:6 참고). 이러한 모든 은혜가 있는 곳에는 반드시 복음이 있습니다. 구약 시대에 이러한 것들이 있었고, 따라서 복음도 있었던 것입니다.

반론 1-1

복음은 그리스도가 오시기 이전에는 감추어져 있었다. 당시 신자들은 단지 그에 관한 약속만을 받았을 뿐, 복음 자체를 받지는 않았다. 다음 구절들을 볼 때에 이는 명백한 사실이다.

"이 사람들은 다 믿음을 따라 죽었으며 약속을 받지 못하였으되"(히 11:13).

답변

이 본문은 오시리라고 약속된 그리스도가 아직 육신으로 계시지는 않았음을 말하는 것이며, 그들에게 복음이 없었다거나 장차 오실 그리스도를 믿도록 부르심을 받지 않았다는 의미가 아닙니다. 오히려 그 반대입니다. 그들은 믿었습니다. 따라서 그들은 동일한 내용을 담은 동일한 복음으로 부름받았습니다(벧전 1:20 참고). 왜냐하면 믿음은 들음에서 나기 때문입니다.

반론 1-2

"영세 전부터 감추어졌다가 이제는 나타내신 바 되었으며 영원하신 하나님의 명을 따라 선지자들의 글로 말미암아 모든 민족이 믿어 순종하게 하시려고 알게 하신 바 그 신비의 계시를 따라 된 것이니 이 복음으로 너희를 능히 견고하게 하실"(롬 16:25,26).

이 말씀에서 사도는 복음이 창세 이후에 감추어졌다가 신약에 이르러 나타났다고 진술한다.

답변

그 구절 자체가 그러한 주장을 반박합니다. 왜냐하면 사도는 지금 유대인이 아니라 이방인을 향한 복음의 계시를 말하고 있기 때문입니다. 바울은 복음을 제시하고 계시했던 선지자의 글들을 통해 이방인들이 복음을 알게 되었다고 말합니다. 유대인들에게는 성경이 있었으므로 복음이 알려졌지만, 이방인들은 그렇지 않았습니다. 성경의 다른 본문에서도, 유대인에게는 알려졌으나 이방인에게는 감추어졌던 이 비밀에 관해 말합니다.

"이제 그의 거룩한 사도들과 선지자들에게 성령으로 나타내신 것같이 다른 세대에서는 사람의 아들들에게 알리지 아니하셨으니, 이는 이방인들이 복음으로 말미암아 그리스도 예수 안에서 함께 상속자가 되고 함께 지체가 되고 함께 약속에 참여하는 자가 됨이라"(엡 3:5,6).

그전에는 복음이 오늘날 계시된 것처럼 분명하게 계시되지 않았습니다. 이방인들에게는 복음이 전혀 계시되지 않았고, 전에는 어느 누구도 이방인을 부르시리라는 약속이 성취되는 것을 보지 못했습니다. 그러나 사도들은 말씀을 전파함으로써 이방인들이 회심하게 되었다고 증언합니다. 많은 성경 구절들이 이와 동일한 내용을 말합니다(엡 3:9; 골 1:26; 딤후 1:10,11; 딛 1:2 참고).

반론 2-1

모세는 구약 시대의 중보자였고, 그리스도는 신약 시대의 중보자이다. 그러므로 그리스도는 구약 시대 사람들에게 전파되지 않았고, 따라서 그들은 그리스도에게 참여한 자들이 아니다. 요한복음 1장 17절을 숙고해 보라.

"율법은 모세로 말미암아 주어진 것이요 은혜와 진리는 예수 그리스도로 말미암아 온 것이라."

답변

(1) 모세가 백성들에게 증언하고 전파한 이가 바로 그리스도였습니다(눅 24장 참고). 그러므로 복음은 모세의 시대에도 존재했습니다.

(2) 여기서는 연대가 아니라 모세와 그리스도의 인격과 사역을 구별합니다. 모세는 하나님께서 언약에 참여한 자들에게 삶의 규범인 십계명과 그리스도를 예표하는 의식법을 주기 위해 사용하신 도구였습니다. 모세나 그를 통해 주어진 율법은 실체가 아니었습니다. 오직 어제나 오늘이나 동일하신 그리스도께서 그 실체이십니다. 그리스도는 바로 모세가 예표한 진리요 본체이자 육신이 된 실재이십니다.

반론 2-2

갈라디아서 3장 19절을 숙고해 보라.

"천사들을 통하여 한 중보자의 손으로 베푸신 것인데."

모세는 구약 시대의 중보자였고, 그리스도는 신약 시대의 중보자이다.

"이로 말미암아 그는 새언약의 중보자시니"(히 9:15).

> 답변

모세는 하나님과 백성 사이를 오가며 말을 전달한 중재적 중보자였습니다. 반면, 그리스도는 대속의 공로로 말미암은 보증이자 중보자이십니다.

"이로 말미암아 그는 새언약의 중보자시니 이는 첫 언약 때에 범한 죄에서 속량하려고 죽으사 부르심을 입은 자로 하여금 영원한 기업의 약속을 얻게 하려 하심이라"(히 9:15).

모세는 살아 있는 동안에만 중보자 역할을 하였는데, 그마저도 짧은 시간에 불과했습니다. 따라서 이후 세대는 그를 중보자로 둘 수 없습니다. 그러나 그리스도는 어제나 오늘이나 동일하십니다. 주님은 제사 의식들을 통해 창세전부터 죽임을 당하셨습니다(계 13:8 참고). 모세는 앞에서 설명한 유형의 중보자로서, 하나님을 대신하여 백성들에게 그리스도를 알리고 믿도록 권면했습니다(눅 24:27 참고). 이것이 바로 의식법이 제정된 이유였습니다. 그러므로 구약에서도 부르심과 복음은 실재하였습니다.

> 반론 3-1

구약의 백성들은 은혜언약의 영적 복락을 소유하지 못했다. 이는 그들이 복음을 소유하지 못했음을 의미한다. 따라서 그들은 구원으로 부름받지도 않았다.

히브리서 7장 19절이 이를 확증한다.

"(율법은 아무것도 온전하게 못할지라) 이에 더 좋은 소망이 생기니 이것으로 우리가 하나님께 가까이 가느니라."

> 답변

율법 자체와 그 내용이 사람에게 구원에 관한 소망을 줄 수 없음은 사실입니다. 그러나 구약의 제사 의식들은 사람들을 그리스도께로 인도하였고, 이로써 구약의 사람들은 믿음을 통해 은혜로 나아갔습니다. 그들은 그리스도를 믿었으며, 신약 시대의 우리와 마찬가지로 언약의 복락에 참여하였습니다.

반론 3-2

히브리서 9장 8절을 보라.

"첫 장막이 서 있을 동안에는 성소에 들어가는 길이 아직 나타나지 아니한 것이라."

여기서 '성소(지성소)'는 천국을 가리킨다. 즉, 천국에 이르는 길이 아직 나타나지 않았다는 것이다. 따라서 구약의 신자들은 복음을 통해 구원에 이르도록 부르심을 받지 않았다.

답변

(1) 사도는 이어지는 구절에서 "이 장막은 현재까지의 비유니"(히 9:9)라고 말합니다. 따라서 그들은 당시에도 자신들을 위한 천국의 모형을 가지고 있었습니다.

(2) 지성소는 사람들이 그 안을 들여다보지 못하도록 휘장으로 가려져 있었습니다. 이는 어떠한 의식을 통하더라도 그들 스스로는 천국을 열 수 없음을 의미합니다. 따라서 어느 누구든 이러한 방편들을 통해서는 천국에 들어갈 수 없으며, 이러한 의식들이 예표하는 그리스도를 통해서만 하나님께로 나아갈 수 있습니다(요 14:6 참고).

(3) 사도는 "그 길이 아직 나타나지 아니한 것"이라고 진술합니다. 이것은 지성소가 없었다는 말이 아닙니다. 구약 시대에는 길 되시는 그리스도께서 아직 육신으로 계시지 않았다는 말입니다.

(4) 그 길이 아직 나타나지 않았다는 말은 그때 그 길이 존재하지 않았다거나 그들에게 전혀 알려지지 않았다는 의미가 아닙니다. 그것은 단지 그 길이 그리스도께서 오신 이후처럼 분명하게 알려지지 않았다는 의미입니다. 왜냐하면 그들이 장차 오실 그리스도를 어두운 그림자를 통해 보아야 했기 때문입니다. 그러하기에 요한일서 3장 2절은 우리가 그에 관한 지식을 어느 정도 가지고 있는데도, 하나님의 자녀들에게 "장래에 어떻게 될지는 아직 나타나지 아니하였으나"라고 기록합니다. 반론이 제시한 구절은 지식의 정도와 그리스도를 통해 하나님께로 나아가는 방식의 다양함, 곧 이전에는 의식을 통해서였는데 지금은 그렇지 않다는 것을 시

사합니다.

반론 3-3

그리스도께서 처음으로 생명을 드러내셨다는 사실에 주목해야 한다.

"이제는 우리 구주 그리스도 예수의 나타나심으로 말미암아 나타났으니 그는 사망을 폐하시고 복음으로써 생명과 썩지 아니할 것을 드러내신지라"(딤후 1:10).

따라서 그리스도께서 나타나시기 이전에는 복음이 알려지지 않았다.

답변

(1) 그리스도가 오시기 이전에도 영생이 알려졌다는 것, 그리고 구약의 백성들도 이생 이후에 있을 영생을 구했으며 그 생명에 참여하고자 힘썼다는 사실에 관해서는 앞에서 증명했습니다(레 18:5; 마 19:7; 요 5:39 참고). 따라서 이 구절이 이전에는 영생에 전적으로 무지했음을 말한다고 볼 수 없습니다.

(2) 그리스도께서 자신의 행위를 통해 죄에 대한 요구를 만족시키고 자기 백성을 사망으로부터 건져 그들에게 영생을 주심으로써, 생명과 썩지 않을 것들을 밝히 보이셨습니다.

(3) 예언들과 의식들은, 그리스도께서 아직 오시지 않았고 그 일이 실제로 성취되지 않았으나 그분이 이 모든 것을 성취하러 오시리라는 사실을 전해 줍니다. 복음은 그리스도께서 오셨으며 모든 것을 성취하셨다는 사실을 진술합니다.

(4) 이전 시대의 모든 것은 그림자를 통해 드러나는 희미한 예표였습니다. 그것들은 본질이나 실재만큼 명료할 수 없습니다. 그러나 그리스도 안에서 모든 그림자가 성취되었고, 우리가 그 실체를 분명하게 깨닫게 되었습니다.

(5) 실제로 사도는 이것을 아직 부르심을 받지 않아 보지 못하는 이방인들에게 적용합니다. 이어지는 구절이 이를 증명합니다.

"내가 이 복음을 위하여 선포자와 사도와 교사로 세우심을 입었노라"(딤후 1:11).

반론 3-4

다음 본문에 따르면, 구약의 사람들은 분명히 하늘의 복락에 참여하지 못했다.

"이 사람들은 다……약속된 것을 받지 못하였으니, 이는 하나님이 우리를 위하여 더 좋은 것을 예비하셨은즉 우리가 아니면 그들로 온전함을 이루지 못하게 하심이라"(히 11:39,40).

> 답변

(1) 그들은 메시아의 오심에 대한 약속은 받았으나 그것의 성취, 곧 육체로 오신 그리스도는 받지 못했습니다.

(2) 신약의 신자들이 구약의 백성들보다 '더 좋은 것'을 가지고 있으나, 본질적인 면에서는 차이가 없습니다. 왜냐하면 구약의 신자들 역시 신약의 신자들이 누리는 영적 복락과 분깃을 가지고 있었기 때문입니다. '더 좋은 것'이란 단지 그것에 참여하는 방식을 일컬을 뿐입니다. 그들은 그림자를 통해 참여하고, 우리는 실체인 진리 그 자체를 통해 참여합니다. 그들은 약속 가운데서 그리스도의 오심을 고대했으나, 우리는 그 약속의 성취를 소유했습니다. 그들은 소망함으로써 이러한 복락을 소유했으나, 우리는 그것들을 봄으로써 직접 소유했습니다. 그들은 이러한 복락을 적은 분량 소유했으나, 우리는 이 모든 것들(성령과 빛과 생명)을 차고 넘치도록 소유했습니다. 하나님은 아담과 하와(또는 아브라함, 이삭, 야곱)에게 그리스도에 관한 약속을 주시자마자 그리스도를 육신으로 보내기를 기뻐하지 않으셨습니다. 그렇게 하셨더라면 그들은 이미 그리스도를 소유했을 것이고, 그들에게 더는 그림자가 필요하지 않았을 것입니다. 그러나 그리스도는 오래 지체하심으로써 백성들이 성취의 때를 갈망하게 만드시고, 우리 시대에 오셔서 모든 것을 성취하심으로써 그들만 참된 복락에 참여하지 않도록 하셨습니다. 비록 우리가 더 좋은 것에 참여하였지만, 우리는 그들과 함께 참여한 자이며 그들은 우리와 함께 참여한 자입니다.

반론 3-5

다음 본문들에 따르면, 구약의 신자들은 영적 복락이 아니라 일시적인 복락에 참여한 자임이 분명하다.

"이와 같이 예수는 더 좋은 언약의 보증이 되셨느니라"(히 7:22).

"그는 더 좋은 약속으로 세우신 더 좋은 언약의 중보자시라"(히 8:6).

> 답변

우리는 '더 좋은'이라는 말이 본질을 가리킨다는 주장에 반대합니다. 그 반대가 참되다는 것은 앞에서 밝혔습니다. '더 좋은'이라는 말은 언약이 시행되는 방식을 가리키며, 대부분 '언약'이라는 이름으로 일컬어집니다(1권 16장 참고).

지금까지 우리는 인간이 타락한 이후로 하나님께서 동일한 복음을 통해 그분의 백성을 부르신다는 사실을 살펴보았습니다.

복음에 대한 외적 부르심은 복음을 듣는 모든 이에게 미침

> ▶ 질문
> 하나님은 복음 사역 아래 있지만 구원받지 못한 모든 자들을 부르시는가, 아니면 오직 택자들만을 부르시는가?

대답: 하나님은 복음의 사역 아래 있는 모든 사람들을 부르십니다. 이것은 믿음으로 말미암아 그리스도를 영접할 자유를 주시기 위함입니다. 이에 주의하십시오. 복음이 제시되지 않는다면, 어느 누구도 복음을 소유할 수 없을 것입니다. 또한 큰 구원의 일을 등한시하고 복음에 순종하지 않는 자들을 벌하심으로써 하나님의 공의가 인정되도록 하기 위함입니다. 이 사안에 관해 분명하게 알려면, 다음 사실들을 유념하십시오.

① 여러분 자신을 그리스도도 모르고 구원에 관한 지식도 없는 미개한 이방인들과 비교해 보십시오. 하나님께서 그들을 다루시는 방법과 여러분을 다루시는 방법이 다르다는 사실을 볼 수 있지 않습니까? 여러분은 그들과 자리를 바꾸고 싶습니까? 그렇지 않다면 그 이유는 무엇입니까? 그들이 거하는 곳보다 여러분이 거하는 곳에 구원의 소망이 더욱 크기 때문이 아닙니까? 복음의 사역 아래 살면서 회개하지 않은 자가 받을 정죄가 미개한 이방인이 받을 정죄보다 더 크지 않겠습니까? 여

러분에게 복음이 제시되지 않았다면 어찌 그런 일이 있을 수 있겠습니까? 따라서 복음을 들은 사람이 모두 부르심을 받는다는 것은 분명합니다.

② 복음의 사역 아래에 있는 사람은 모두 설교와 권면과 훈계를 통해 목사의 목소리를 듣습니다. 그것을 듣는 자에게는 복음이 제시됩니다. 목사는 그리스도의 종이요 "하나님의 비밀을 맡은 자"(고전 4:1)이며, "그리스도를 대신하여 사신"(고후 5:20)이 된 자입니다. 그러하기에 목사로부터 나오는 말씀을 듣는 자는 곧 그리스도의 말씀을 듣는 자이며, 그를 배척하는 자는 그리스도를 배척하는 자입니다(눅 10:16 참고). 또한 성경에 하나님의 말씀이 담겨 있다는 사실을 숙고하십시오. 목사의 말과 그 귀에 울려 퍼지는 하나님의 말씀을 듣는 사람들은, 그들이 듣는 바가 곧 그들에게 제시되는 것이므로 복음으로 부르심을 받는 자들입니다.

③ 성경은 부르심을 입은 많은 사람들 중에 멸망한 자들이 있다고 분명히 밝힙니다.

"청함을 받는 자는 많되 택함을 입은 자는 적으니라"(마 22:14; 20:16 참고).[3]

"어떤 사람이……많은 사람을 청하였더니 잔치할 시각에 그 청하였던 자들에게 종을 보내어 이르되 오소서 모든 것이 준비되었나이다 하매 다 일치하게 사양하여"(눅 14:16-8).

"그 종들을 보내어 그 청한 사람들을 혼인 잔치에 오라 하였더니 오기를 싫어하거늘"(마 22:3).

예복을 갖추지 않은 손님도 초대를 받았습니까? 그도 분명 초대를 받았습니다. 그의 죄는 오지 않은 것이 아니라 잘못된 방식, 곧 예복을 갖추지 않고 온 것이었습니다. 그러므로 목회 아래 있는 사람이 모두 부르심을 받고 그리스도께로 나아오도록 초청을 받는다는 것은 분명한 사실입니다.

④ 목마른 자, 돈 없는 자, 원하는 자들 모두를 향해 보편적이고도 무조건적으로 선포됩니다(사 55:1,2; 요 7:37; 계 22:17 참고). 원하지도 않고, 목마르지도 않은 자는

---

[3] 역자주 - 원서와 영역본은 마태복음 20장 16절을 인용하는데, 영어 KJV역에 나오는 "for many be called, but few chosen"에 해당하는 구절이 한글 개역개정 성경에는 기록되어 있지 않다. 다만 KJV와 개역개정 성경의 마태복음 22장 14절에서 그와 동일한 번역의 구절이 반복되므로, 여기서 인용 성구를 본문과 같이 표기하였다. 한편 헬라어 성경 NA 28판에는 이 구절이 없다.

나아오지 않을 것입니다. 초청을 받고 보편적인 부르심을 들은 자는 자신의 행위에 책임을 져야 합니다.

⑤ 복음을 거부한 자가 많다는 것은 필연적으로 그들에게 복음이 제시되었음을 전제합니다. 제시되지 않은 것을 거부할 수는 없기 때문입니다.

"하나님의 말씀을 마땅히 먼저 너희에게 전할 것이로되 너희가 그것을 버리고 영생을 얻기에 합당하지 않은 자로 자처하기로 우리가 이방인에게로 향하노라"(행 13:46).

많은 사람들이 이 복음에 복종하지 않고(살후 1:8 참고), 아들에게도 순종하지 않습니다(요 3:36 참고). 결론적으로, 그리스도께서 그들에게 제시되셨고, 그들은 그리스도를 믿으라는 명령을 받았습니다.

⑥ 회개하라는 것과 믿으라는 것은 서로 결속된 권면입니다. 회개하라는 권면이 모든 사람에게 해당된다는 것을 의심할 사람은 아무도 없을 것입니다. 마찬가지로, 믿으라는 권면도 모든 사람과 관련됨을 인정해야 합니다. 왜냐하면 이 둘이 동일하게 중요하기 때문입니다.

"회개하고 복음을 믿으라"(막 1:15).

⑦ 불신은 무서운 죄입니다. 이는 사실상 하나님을 거짓말하는 자로 여기는 것입니다.

"하나님을 믿지 아니하는 자는 하나님을 거짓말하는 자로 만드나니, 이는 하나님께서 그 아들에 대하여 증언하신 증거를 믿지 아니하였음이라"(요일 5:10).

"그가 와서 죄에 대하여……세상을 책망하시리라. 죄에 대하여라 함은 그들이 나를 믿지 아니함이요"(요 16:8,9).

만일 불신하는 자에게 그리스도가 제시되지 않았다면, 그의 불신은 죄가 아니며 그에 대한 책임도 없을 것입니다. 그러나 복음이 그에게 주어졌음이 명백하기 때문에 그의 불신은 죄입니다.

⑧ 끔찍한 심판이 불신자들을 기다리고 있다는 사실을 볼 때, 복음이 그들에게 명백하게 제시되었으며 그들도 분명히 복음의 부르심을 받았음을 알 수 있습니다. 다음 본문에서 그러한 사실을 살펴보십시오.

"하나님을 모르는 자들과 우리 주 예수의 복음에 복종하지 않는 자들에게 형벌을 내리시리니"(살후 1:8).

"내가 와서 그들에게 말하지 아니하였더라면 죄가 없었으려니와 지금은 그 죄를 핑계할 수 없느니라"(요 15:22).

복음의 사역 아래 있는 자들이 부르심을 받은 적도 없고 그들에게 그리스도가 주어진 적도 없다면, 어찌 그들이 형벌을 받을 수 있겠습니까? 그런데도 정죄를 받는다면, 이보다 더 무거운 정죄가 어디에 있겠습니까? 그들이 복음에 불순종하여서 형벌을 받고 다른 이들보다 더 무거운 형벌을 받는 것은, 결국 그들에게 복음이 제시되었음을 말해 줍니다.

이처럼 복음 사역 아래 있는 모든 자들에게 그리스도가 제시되었기 때문에 모든 사람이 그리스도께로 나아갈 수 있으며, 자신이 부름받았는지 받지 않았는지를 염려할 필요가 없습니다. 뿐만 아니라 모든 사람은 의롭다하심을 받고 성화되며 영화롭게 되기 위해 그리스도께로 나아와 그분을 영접해야 합니다. 그러나 모든 이가 그리스도께서 자신을 위해 죽으사 구주가 되셨다는 사실을 믿을 수 있다는 식으로 이해해서는 안 됩니다. 그러한 생각은 우리가 말하려는 바와 거리가 멉니다. 왜냐하면 그것은 믿음의 본질이 아니기 때문입니다. 믿음은 자기 확신이 아닙니다. 오히려 확신은 믿음으로부터 나오는 결과입니다. 믿음은 영혼이 자신에게서 그리스도께로 옮겨 가는 것입니다. 다시 말해, 자신의 비참한 상태에 대해 어찌할 바를 몰라 하며 화목과 평강과 거룩함과 영광을 소망하는 것입니다. 믿음은, 자신을 내주시고 모든 죄인을 자신에게로 부르고 초청하시며, 자기에게로 나아오는 자를 결코 내쫓지 않으시는 그분을 영접하는 것입니다. 결정적으로 믿음은 영혼이 전능하고도 참되며 신실하신 구주를 신뢰하는 것입니다. 힘 있게 이러한 일들을 행하고 자기 안에 참으로 그런 믿음이 있음을 지각하는 사람은, 예수님이 자신을 위하여 죽으셨다는 사실도 확신하게 될 것입니다.

복음의 사역 아래에 있는 자는 그리스도를 믿어야 합니다. 그러나 그가 믿지 않으면서 그리스도께서 자신을 위해 죽으셨음을 확신해야만 하는 것은 아닙니다. 그러할 경우 그는 거짓을 믿게 될 수 있습니다. 믿음은 진리만을 대상으로 하기 때문입니다.

하나님께서 사람을 부르시는 목적

> ▶ 질문
> 그렇다면 하나님은 죄인을 그리스도께로 부르실 때, 모든 사람의 구원을 목적으로 하셨는가? 복음의 사역 아래 있는 사람들을 부르실 때, 모든 사람들을 구원에 참여시키시는 것이 하나님의 목적인가?

대답: 그렇지 않습니다. 하나님은 자신의 목적을 성취하는 데 실패하실 수 없습니다. 만일 모든 사람이 구원받는 것이 하나님의 목적이라면, 부르심을 받은 사람 모두가 반드시 구원을 받아야 할 것입니다.

이 사안을 바르게 이해하기 위해 다음의 내용을 생각해 보십시오.

① 부르심이 우선적으로 의도하는 바는 택함 받은 자들을 모으는 것입니다.

"그가 어떤 사람은 사도로, 어떤 사람은 선지자로, 어떤 사람은 복음 전하는 자로, 어떤 사람은 목사와 교사로 삼으셨으니, 이는 성도를 온전하게 하여 봉사의 일을 하게 하며 그리스도의 몸을 세우려 하심이라"(엡 4:11,12).

하나님은 택함 받은 자가 없는 지역에 복음을 전하지 않으십니다. 게다가 특정한 지역에서 택함 받은 자들을 추수하면, 하나님은 대개 복음을 그곳에서 다른 곳으로 옮기십니다. 그런데 택함 받은 자들이 세상 가운데 다른 이들과 섞여 있으므로, 모든 사람들 곧 택함 받은 자와 그렇지 않은 자들 모두에게 부르심이 주어집니다. 하나님은 부르심의 방편, 곧 복음 선포를 통해 택한 자들에게는 회개와 믿음을 허락하시고, 다른 이들에게서는 이를 거두십니다.

② 역사하시는 하나님의 목적과 하나님의 역사의 목적을 구별해야 합니다. 복음의 참된 본질은 구원의 길을 충분히 계시하고, 사람으로 하여금 믿도록 설득하여

구원에 이르기에 부합하게 만드는 것입니다. 복음을 듣는 모든 사람이 구원받지 못한다 하더라도, 그 책임은 복음에 있지 않습니다. 오히려 그 사람에게 책임이 있습니다. 가르침과 인도함을 받지 않으려고 한다면, 그 책임은 그 사람 자신에게 있습니다. 이와 같은 것이 바로 복음의 목적입니다. 하나님께서 택함 받지 않은 자들에게 복음을 선포하시는 것은, 사람에게 구원의 길을 선포하고 알리심으로써 구원의 길에 들어가라고 명령하시기 위함입니다. 또한 그렇게 하시는 모든 근거를 제시하고 그리스도 안에 있는 회개와 참된 믿음에 따르는 구원을 약속함으로써 자신의 선하심을 드러내시기 위함입니다.

하나님은 참으로 책임 있는 분이시므로 사람을 행할 수 있는 상태로 지으셨습니다. 즉, 사람은 아담 안에서 거룩하게 지음 받은 본성으로 이를 행할 수 있습니다. 사람이 이것을 행하지 못하는 것은, 하나님께서 그를 막으셨거나 행할 능력을 박탈하셨기 때문이 아니라 그 사람이 원하지 않았기 때문입니다. 그러므로 그 책임은 인간 자신에게 있으며, 오히려 그를 회개로 이끄는 것은 하나님의 선하심입니다. 또한 그와 같이 자애로운 초청을 거절한 인간의 악함과 주어진 구원을 거절한 자들을 벌하시는 하나님의 공의를 인정하게 하려는 것이 하나님의 목적입니다(요 15:20 참고). 그러하기에 하나님께서 회심하지 않은 자들에게 복음이 선포되도록 허용하십니다.

반면 그들에게 하나님의 성령을 주시거나 그들을 구원하시는 것은 하나님의 목적이 아닙니다. 다음과 같은 이유에서 이는 명백한 사실입니다.

① 그것은 하나님의 전능하심에 반합니다. 하나님은 자신에게 속한 자들을 아십니다. 그분은 유기된 자들이 구원받지 못하리라는 것을 아십니다. 따라서 그들을 구원하는 것은 하나님의 목적이나 목표가 될 수 없습니다. 우리는 죽은 사람이 다시 살아날 수 없음을 압니다. 그러므로 죽은 자를 불러 살아나게 하는 것은 목적이 될 수 없습니다. 하나님은 회심하지 않은 자들을 아시고, 그들이 영적으로 죽었다는 사실도 아십니다. 그러하기에 그들을 구원하는 것은 그분의 목적이 될 수 없습니다.

② 그것은 영원한 택하심에 반합니다. 하나님은 어떤 자들을 지명하고 영원히

택하여 영원한 구원의 수혜자로 정하셨습니다. 이것은 어떤 이들을 택하지 않으시고 그들의 죄 가운데 머물러 그 죄로 말미암아 정죄 받게 하신 것과는 대조됩니다. 하나님은 그들의 죄에 대해 정당하게 정죄하기로 작정하셨습니다. 따라서 하나님은 그들에게 복음을 전파하더라도 그들을 구원하고자 목적하시지는 않습니다. 반면 하나님은 앞에서 진술한 대로 다른 목적들을 가지고 계셨습니다.

③ 하나님은 자신의 목적을 성취하는 데 좌절하실 수 없습니다. 그분은 모든 것을 아시며 온전히 지혜롭고 전능하시기 때문에, 목적한 바를 반드시 이루실 수밖에 없습니다.

"나의 뜻이 설 것이니 내가 나의 모든 기뻐하는 것을 이루리라 하였노라"(사 46:10).
"만군의 여호와께서 경영하셨은즉 누가 능히 그것을 폐하며"(사 14:27).

하나님은 구원하기로 작정한 자들을 반드시 구원하실 것입니다. 그러하기에 구원받지 못한 자들은 하나님께서 구원을 염두에 두지 않으신 자들입니다.

사람에게 복음이 선포될 때에 반응하여 회개하고 그리스도를 믿을 능력이 충분히 있다고 여기는 자들은(이 사안에 관해 곧 논의할 것입니다) 이러한 주장에 반대할 것입니다. 그들은 복음 선포 말고는 아무것도 필요 없다고 생각합니다. 그리고 하나님께서 복음을 전파하여 모든 사람을 구원하기로 목적하고 뜻하셨다고 주장합니다. 그런데 죄인들이 나아오지 않고 믿지 않는다면, 이는 하나님의 목적에 반하는 것이요, 하나님께서 자신의 목적을 성취하지 못하신 셈이 됩니다. 그러나 이러한 주장에 대해서는 방금 전에 논박했습니다. 그들은 자신들의 견해를 다음과 같이 내세웁니다.

반론 1

만일 하나님께서 누군가를 구원으로 부르신다고 하면서 진정으로 그렇게 행하시지 않는다면, 그분은 거짓을 행하시는 분이 된다.

답변

하나님은 구원에 이르는 복음을 듣도록 모든 자들을 부르십니다. 또한 하나님은 참으로 믿는 모든 자들에게 구원을 주기로 목적하고 뜻하셨습니다. 그러나 참된 믿음과 회개는 하나님께서 구원하기로 정하신 자들에게 베푸시는 놀라운 은혜의 선물입니다. 반면 하나님은 어떤 이들을 불의하고도 어두운 상태에 두되, 원하지 않는 마음을 품은 상태 그대로 내버려 두십니다. 그들은 무능하여, 믿고 회개하지 않아 구원받지 못할 것입니다. 하나님은 그런 자들에게 은혜의 선물을 주지 않기로 작정하셨습니다. 그분은 이 모든 것을 이미 아십니다. 하나님은 자신의 목적을 이루는 데 실패하실 수 없습니다. 그러므로 그들의 구원을 염두에 두실 수 없습니다.

그렇다고 하여 하나님께서 그들에게 구원의 길을 알리시고 그 길에 들어가야 할 책임을 지우시며, 회개하고 그리스도를 믿으면 구원하겠다고 약속하신 것이 거짓은 아닙니다. 진실로 하나님은 참되게 이 모든 것을 염두에 두십니다. 이 모든 것을 통해 하나님은, 회심하지 않은 자들이 자신들은 불의하나 하나님께서 선하며 공의롭고 그 공의에 따라 자신들을 벌하심을 깨닫기를 뜻하셨습니다. 사람이 회개하지 않고 믿지 못하는 것은 하나님의 책임이 아니라 자신의 책임입니다. 하나님은 그들에게 구원에 이르는 모든 수단을 제공하시되, 추가적인 은혜를 주지 않고 그들을 그대로 내버려 두심으로써 그들의 불의함과 회개하지 않음을 정죄하기로 뜻하셨습니다. 즉, 그들의 구원을 목적으로 삼지 않으셨습니다. 하나의 사안이 여러 목적과 관련될 수 있습니다.

따라서 어느 한 가지를 뜻하거나 뜻하지 않는다고 해서 다른 어떤 것을 뜻하지 않거나 뜻한다고 결론지을 수는 없습니다. 여기서 목적은 수단과 관련이 있지, 구원의 궁극적인 목적과는 관련이 없습니다. 복음은 구원에 이르는 탁월하고도 충분한 길입니다.

반론 2

하나님은 모든 사람을 혼인 잔치에 초대하신다. 이 혼인 잔치가 곧 구원이다(마 22:3,4; 눅 14:16 참고). 따라서 하나님은 모든 사람이 구원에 이르는 것을 분명하게 목적하셨다.

> **답변**

모든 사람을 초청하여 믿음과 회개를 통한 구원을 제시하고, 그것을 막지 않으시는 것이 하나님의 목적입니다. 그런데 그 초청에는 예복을 입고 오라는 조건이 포함되어 있습니다. 예복을 입지 않은 손님은 혼인 잔치에 들어갈 수 없습니다. 그가 초청받지 않은 것이 아니라, 예복을 입으라는 초청의 조건을 만족시키지 않았기 때문입니다. 구원에 이르는 모든 방편을 제공하고, 이를 인정받고 영광 받으시는 것이 하나님께서 목적하신 바입니다. 그러나 혼인 잔치로 부르되, 그들을 혼인 잔치로 인도하여 예복을 주는 것은 그분의 뜻이 아닙니다. 그들은 스스로 그것을 이해하지도, 원하지도, 행할 수도 없습니다. 그러하기에 하나님께서 절대적으로 그들을 위해 그 일을 행하셔야만 합니다. 그러나 하나님께서는 그렇게 행할 의무가 없으며, 그들을 위해 그렇게 행하기로 뜻하지도 않으셨습니다. 결국 그들을 구원하는 것은 그분이 목적하신 바가 아닌 것입니다. 따라서 초청은 그들에게 나아와 믿으라는 의무를 부과합니다. 만일 그들이 회개와 믿음을 통해 나아온다면, 그들도 구원받을 것입니다. 그렇다고 하여 이것이 하나님께서 무조건적으로 구원을 베푸신다거나 구원의 조건을 만족시키는 데 필요한 것을 제공하기로 뜻하셨다는 의미는 아닙니다.

> **반론 3**

만약 하나님께서 말씀으로 부름받는 자들 모두가 구원받기를 뜻하지 않으셨다면, 어느 누구도 그 부름을 진지하게 받지 않을 것이며, 감히 나오려고 하지 않을 것이다. 하나님께서 자신에게 말씀하셨는지를 아무도 알지 못할 것이기 때문이다.

> **답변**

진리인 하나님의 말씀은 모든 사람들에게 충분합니다. 어떤 이는 마음껏 말씀을 의지하고, 속임을 당하지 않을 것입니다. 하나님의 말씀은 그리스도를 믿고 영접하여 칭의와 성화에 이르는 모든 자에게 구원을 약속합니다. 이러한 약속이 모든 이들에게 선포되어야 하며, 모든 사람은 그 말씀을 믿고 자신에게 적용하여, "내가 믿고 참으로 회개한다면 구원을 받을 것이다"라고 인정해야 합니다. 하나님은 누가 그분에게로 나아오기를 원하지 않을지를 미리 아십니다. 하나님께서 그러한 자가 마음대로 하도록 내버려 두시고, 한때 모든 면에서 하나님께 순종할 능력을 가졌던 자에게 새롭게 하는 은혜를 주지 않으신다고 해서, 그분이 그를 불의하게 대하시는 것은 아닙니다. 하나님은 사람이 자유의지를 행사하도록 허용하십니다. 그는 고의로 그리스도와 하늘의 모든 은택을 거부합니다. 반면 택함 받은 자들에게는 말씀과 더불어 믿음과 회개를 베푸시는 성령을 허락하십니다. 이처럼 필요한 조건들이 충족됨으로써 그들은 구원을 받습니다.

이 모든 것을 통해, 사람 편에서는 하나님의 말씀에 응답해야 한다는 것과, 믿고 회개하면 구원을 얻으리라는 사실을 믿어야 한다는 것을 알게 됩니다. 그러하기에 그는 하나님께서 자신에게 개인적으로 말씀하셨는지를 물으면서 스스로를 괴롭힐 필요가 없습니다. 그러한 문제는 하나님의 손에 남겨 두어야 합니다. 그것은 다분히 "하나님께서 내게 믿음과 회개를 허락하실 것인가, 그렇지 않으실 것인가?"라고 묻는 것과 같습니다. 죄인은 이를 미리 알지 못합니다. 하나님은 자신이 기뻐하시는 자들에게 그것을 주실 것입니다. 다만 죄인은 회개하고 믿으면 구원받으리라는 하나님의 말씀에 반응하여 자신에게 주어진 그리스도를 믿는 것이 자신의 의무임을 이해해야 합니다.

지금까지 하나님께서 모든 이들에게 회개하는 믿음을 주기로 뜻하지 않으셨으며, 따라서 모든 사람이 아니라 택자들만을 구원하고자 목적하셨다는 점을 살펴보았습니다. 그러나 하나님은 사람을 거짓으로 대하시지 않습니다.

내적 부르심

외적 부르심에 관해서는 충분히 다루었으므로, 이제 내적 부르심을 살펴보겠습니다. 성경은 이를 "하늘의 부르심"(히 3:1), "그(하나님)의 뜻대로 부르심"(롬 8:28), '마음을 여심'(행 16:14 참고), '죽은 자 가운데서 살리시고 일으키심'(엡 2:5,6 참고), '하나님의 이끄심'(요 6:44 참고), '흑암의 권세에서 구하여 그리스도의 나라로 옮기심'(골 1:13 참고)으로 일컫습니다. 이러한 어구들은 모두 성령의 강력한 역사를 표현합니다. 성령은 하나님의 말씀을 방편으로 하여 속사람, 곧 지성에 역사하여 속사람의 눈을 밝히십니다(엡 1:18 참고). 더 나아가 성령은 사람의 의지에 역사하여 그리스도 예수 안에 있는 하늘의 은택을 사모하게 하시며, 그리스도를 영접하도록 이끄십니다(빌 2:13 참고).

이러한 사안을 분명히 이해하도록 돕고 이와 관련된 여러 견해들의 요점을 다루고자 다음의 논의에서 시작하겠습니다.

인간의 본성과 일치하는 방식으로 역사하심

하나님은 내적으로 부르실 때에 인간의 본성과 일치하는 방식으로 역사하십니다. 인간은 이성적인 피조물이므로 타고난 지성으로 문제를 추론하여, 그것을 소유하고 추구하며 행하는 것이 유익하고도 필요한 일인지를 판단합니다. 만일 그것이 긍정적이라고 판단되면, 그와 관련해 시간과 장소와 방법, 곧 '언제,' '어디서,' '어떻게'를 판단합니다. 이것을 실천적 판단이라고 일컫습니다. 그러한 방식으로 그 일을 제시하고 제한하여 의지가 자발적으로 그것을 받아들이도록 이끌기 때문입니다.

의지는 지성으로 파악한 것, 곧 당면한 사안의 타당성과 필요성과 유익성이 드러난 것만을 행할 수 있는 무조건적 기능(blind faculty)입니다. 따라서 의지는 자유롭습니다. 이 의지에 무엇을 원하도록 강요할 수는 없습니다. 또한 (앞서 진술한 대로) 바람직한 것으로 제시되어 지성이 받아들인 것 외에 다른 것을 행하도록 강제할 수 없습니다. 이 자유는 무언가를 하든 안 하든, 또는 이것을 행하든 그 반대로 행하든 상관없는 실체 없는 중립이 아닙니다. 지성이 혐오스럽고도 피해야 할 것으로 지각하여 의지에 전달한 것을 의지가 바라거나 소원할 수는 없습니다. 다만 이 자유는 필연적인 결과이며, 의지는 외부의 강제 없이 자체의 경향성에 따라 이것 또는 저것을 행합니다(이것을 더 포괄적으로 이해하려면 15장을 참고하십시오).

 사람을 부르실 때에 사람의 본성에 조화롭게 역사하십니다. 주님은 의지를 강압하지 않되, 영적인 것들의 영적 차원을 지각할 만한 지성적 안목을 허락하십니다. 주님은 그 빛이 의지를 관통하여 바람직하다고 인식한 것을 의지가 받아들이도록 이끄십니다. 주님은 이러한 방법으로 지성과 의지 모두에 역사하십니다.

예비적 환경을 사용하심

 하나님께서 누군가를 내적으로 부르실 때, 이 내적 부르심이 삭개오나 십자가에 달린 강도의 회심처럼 갑작스럽게 일어나는 경우는 매우 드뭅니다. 갑자기 회심하는 경우가 간혹 있지만, 주님께서 죄인을 하늘나라로 옮기고 살아나게 하실 때, 즉 어느 한 순간에 죽고 다음 순간에 살아나게 하실 때에는(중간 상태는 없음) 내적이면서도 외적인 준비 과정들을 사용하십니다. 이런 과정들에는 일반적으로 가난, 비극적인 사건, 재물이나 사랑하는 이의 상실, 지진, 전쟁, 전염병, 죽음의 위험, 질병 같은 것들이 사용됩니다. 이러한 것들 때문에 불안해진 사람은 회개에 대해 심사숙고하기 시작하고, 하나님의 말씀에 사로잡혀 죄를 깨달으며, 영원한 정죄를 생각하게 됩니다. 또한 주 예수님과 신자들의 복됨을 알게 되고, 그러한 복된 상태에 거하기를 소원하게 됩니다. 그는 말씀을 읽고 기도하며 경건한 자들과 교제하고, 세상의 더럽고도 부패한 것을 피합니다. 택함 받은 자들뿐만 아니라 회심하지 않은 자들도 보편적으로 이런 일을 경험합니다. 그런데 많은 사람들이 처음 들어섰다고 생각했던 그 길에서 뒤돌아 떠나기도 합니다. 그러나 때가 되면 주님께서 거듭나게 하시는 성령의 능력으로 택자들을 자신의 나라로 옮기십니다.

 앞서 언급한 예비적 상황들은 사람에게서 난 것이 아니라 하나님께서 행하시는 일반적인 역사입니다. 그것들은 거듭남을 위한 단계도 아니며, 사람을 변화시키기에 충분하지도 않습니다. 사람에게는 그러한 환경에서 자신의 자유의지로 변화되고 믿고 회개할 만한 능력이 없습니다. 그러한 환경에 처한 사람이 회심하려면, 하나님의 유효하고도 전능한 능력이 임해야만 합니다. 이와 같은 예비적 환경은 인간의 본성에 맞는 방식으로 사람을 다루기 위해 하나님께서 허락하고 사용하시는 방편에 불과합니다.

영적 성향은 본성적 성향과 본질적으로 다름

하나님께서 누군가를 내적으로 부르실 때, 그 사람은 인간의 본성이나 예비적 환경이 만들어 낼 수 있는 것과는 본질적으로 완전히 다른 성향을 얻을 것입니다. 사람이 내적 부르심으로 인해 참여하는 조명하심과 덕행은, 정도에서는 자연인의 상태와 다르지 않을지라도 본질에서는 차이가 있습니다. 이것을 태양이 처음 떠오를 때와 그것이 점차 진행될 때 나타나는 차이나, 어린아이가 태어났을 때와 이후에 성장한 때 나타나는 차이로 비교할 수는 없습니다. 이것은 균형을 맞추기 위해 무언가를 더하는 것 같은 차이가 아닙니다. 한쪽 저울판에 추를 올려놓았다고 가정해 보십시오. 그런데 다른 쪽 저울판에 모래를 조금씩 더한다면, 결국 반대편 접시의 추보다 무거워져 모래를 올린 쪽으로 저울이 기울어질 것입니다. 이런 식으로 말하면서, 사람의 덕행이 자신의 육신과 부패함의 무게보다 무거워질 때에 그 사람이 거듭난 것이라고 시사하려 할 수도 있습니다. 그러나 우리는 이런 견해에 동의하지 않습니다. 왜냐하면 이와 같은 견해는 거듭남의 본질을 완전히 뒤엎고, 이교도의 지식과 덕을 거듭남과 동일하게 간주해 버리기 때문입니다. 그러나 결코 그렇지 않습니다. 거듭남에서의 조명하심 및 덕행은 그런 것들과 본질적으로 전혀 다릅니다.

> ▶ 질문
> 영적인 빛 및 덕행과 본성적인 빛 및 덕행의 차이는 정도의 차이인가, 아니면 본질적 차이인가?

대답: 소시니안주의자들은 그 차이가 정도의 차이라고 주장합니다. 반면에 우리는 이것을 본질적 차이로 봅니다. 먼저 빛의 본질적 차이를 밝히고, 그다음

에 덕행의 차이에 관해 논하겠습니다.

① 본성의 빛은 하나님이 있다는 느낌에서 시작하여 하나님의 말씀으로 증가할 뿐입니다. 반면에 영적인 빛은 '사람의 심령을 비추는 성령의 조명하심'에서 비롯되는 것으로, '예수 그리스도의 얼굴에 있는 하나님의 영광을 아는 빛을 우리 마음에 비추신'(고후 4:6 참고) 것입니다. 주님은 우리 마음의 눈을 밝혀(엡 1:18 참고) 어둠에서 이끌어 내 그분의 기이한 빛에 들어가게 하십니다(벧전 2:9 참고). 따라서 이 빛의 원인 자체가 다릅니다. 성경에 따르면, 가장 지성적이고도 탁월한 철학자들과 신학자라 하더라도 회심하지 않으면 "미련한 마음이 어두워졌나니 스스로 지혜 있다 하나 어리석게"(롬 1:21,22) 된 맹인에 불과합니다.

"육에 속한 사람은 하나님의 성령의 일들을 받지 아니하나니 이는 그것들이 그에게는 어리석게 보임이요, 또 그는 그것들을 알 수도 없나니 그러한 일은 영적으로 분별되기 때문이라"(고전 2:14).

"바리새인 중에 예수와 함께 있던 자들이 이 말씀을 듣고 이르되 우리도 맹인인가, 예수께서 이르시되 너희가 맹인이 되었더라면 죄가 없으려니와 본다고 하니 너희 죄가 그대로 있느니라"(요 9:40,41).

② 본성적인 빛과 영적인 빛은 각각 다른 대상에 초점을 맞춥니다. 본성적인 빛은 자연과 행위언약을 통해 자신을 계시하신 하나님께 초점을 맞춥니다(롬 2:14,15, 1:19-22 참고). 반면에 영적인 빛은 은혜언약, 곧 예수 그리스도 안에서 자신을 계시하신 하나님께 초점을 맞춥니다(고후 4:6 참고). 영적인 빛을 가진 자는 그리스도 안에서 하나님의 영광을 거울을 보는 것처럼 볼 수 있습니다(고후 3:18 참고). 그들은 그리스도의 마음을 가졌고, 그리스도 안에 있는 진리를 이해합니다.

③ 본성적인 빛은 영적인 것들을 본성적인 감각으로 지각하고, 육적인 영역으로 축소시킵니다. 거기에 영적인 분별력이 없기 때문입니다(고전 2:14 참고).

"이 사람들은 무엇이든지 그 알지 못하는 것을 비방하는도다. 또 그들은 이성 없는 짐승 같이 본능으로 아는 그것으로 멸망하느니라"(유 1:10).

반면, 영적인 빛은 영적인 것으로 영적인 것들을 분별하고(고전 2:13-15 참고), 본성적인 것들마저 영적으로 이해합니다.

④ 본성적인 빛은 사람에게 열심을 일으키지 못하며, 그를 냉랭하고 죽어 있고 믿음 없는 상태로 만듭니다. 반면, 영적인 빛은 믿음과 사랑의 열심을 불러일으킵니다.

"그들이 서로 말하되 길에서 우리에게 말씀하시고 우리에게 성경을 풀어 주실 때에 우리 속에서 마음이 뜨겁지 아니하더냐 하고"(눅 24:32).

⑤ 본성적인 빛은 거룩하게 하지 못합니다. 외적 부르심은 고작해야 세상의 더러운 부패를 피하려는 마음을 불러일으킬 뿐입니다(벧전 2:20 참고). 반면, 영적인 빛에는 변화시키는 영향력이 있습니다.

"진리를 알지니 진리가 너희를 자유롭게 하리라"(요 8:32).

"우리가 다 수건을 벗은 얼굴로 거울을 보는 것같이 주의 영광을 보매 그와 같은 형상으로 변화하여 영광에서 영광에 이르니 곧 주의 영으로 말미암음이니라"(고후 3:18).

이 모든 것을 볼 때, 거듭난 자에게서 발견되는 빛은 거듭나지 않은 자에게 있는 빛과 본질적으로 완전히 다르다는 점을 명확히 알 수 있습니다. 따라서 회심한 자와 그렇지 않은 자의 덕행 또한 본질상 분명히 다를 수밖에 없습니다. 이는 다음과 같은 이유에서 확실한 사실입니다.

① 본성적인 덕행과 영적인 덕행은 각각 다른 원인에서 비롯됩니다. 본성적인 덕행은 본성적인 빛에서 나오며, 본성에 내재된 법과 관련됩니다. 반면에 영적인 덕행은 말씀을 방편으로 하여 재창조하고 거듭나게 하시는 성령의 능력에서 나오며, 따라서 영적인 빛과 영적인 생명, 그리고 하나님에 대한 영적인 생각의 결과입니다(요 3:5; 고후 5:17 참고).

"우리는 그가 만드신 바라 그리스도 예수 안에서 선한 일을 위하여 지으심을 받은 자니"(엡 2:10).

"자기의 뜻을 따라 진리의 말씀으로 우리를 낳으셨느니라"(약 1:18).

"우리가 다 수건을 벗은 얼굴로 거울을 보는 것같이 주의 영광을 보매 그와 같은 형상으로 변화하여 영광에서 영광에 이르니 곧 주의 영으로 말미암음이니라"(고후 3:18).

"신성한 성품에 참여하는 자가 되게 하려 하셨느니라"(벧후 1:4).

"오직 내 안에 그리스도께서 사시는 것이라"(갈 2:20).

신성한 성품에 참여하는 데서 비롯되는 이 생명은 그리스도와의 연합에서 흘러나오므로, 육에 속한 사람의 생명과는 전혀 다른 종류의 생명입니다.

② 영적인 덕행은 영혼의 생명 되시는 그리스도를 영접하며, 영혼을 그리스도께 연합시키는 믿음에서 시작됩니다.

"믿음이 없이는 하나님을 기쁘시게 하지 못하나니"(히 11:6).

"사랑으로써 역사하는 믿음뿐이니라"(갈 5:6).

"오직 사랑 안에서 참된 것을 하여 범사에 그에게까지 자랄지라. 그는 머리니 곧 그리스도라. 그에게서 온몸이 각 마디를 통하여 도움을 받음으로 연결되고 결합되어 각 지체의 분량대로 역사하여 그 몸을 자라게 하며 사랑 안에서 스스로 세우느니라"(엡 4:15,16).

요한복음 15장 4절도 이를 확증합니다.

"내 안에 거하라 나도 너희 안에 거하리라. 가지가 포도나무에 붙어 있지 아니하면 스스로 열매를 맺을 수 없음같이 너희도 내 안에 있지 아니하면 그러하리라."

거듭난 자들의 덕은 그리스도와 연합한 데서 나오는 열매입니다. 반면 회심하지 않은 자들에게는 그리스도가 없으므로, 그들이 회심한 자들과 같다고 말할 수는 없습니다. 이처럼 둘은 본질적으로 다릅니다.

③ 회심하지 않은 자의 덕행이 아무리 뛰어나더라도, 그들은 "허물과 죄로 죽은"(엡 2:1 참고) 자들입니다. 반면에 신자들은 영적으로 살아 있는 자들입니다(엡 2:5 참고). 죽은 육신에서 움직이는 것은 무엇이든 살아 있는 몸에서 비롯된 것과는 본질적으로 다릅니다. 마찬가지로, 회심한 자와 회심하지 않은 자의 덕도 본질적으로 다릅니다.

④ 영적인 덕행은 그리스도 안에서 하나님과 연합한 결과로 나타납니다. 그러므로 영적인 삶과 믿음은 아버지 되신 하나님을 자녀의 마음으로 사랑하고 경외하며 그분께 순종함으로써 실행됩니다. 믿음은 '사랑으로써 역사하므로'(갈 5:6 참고) 믿는 자만이 하나님을 참으로 사랑할 수 있습니다. 사랑에서 말미암지 않은 것은 무

엇이든 아무런 가치가 없습니다(고전 13:1,2 참고). 사랑은 덕의 근원이자 율법의 모든 내용입니다(마 22:37 참고). 신자는 주를 경외하는 성도입니다(시 34:10 참고).

"여호와를 경외하는 것은 생명의 샘이니 사망의 그물에서 벗어나게 하느니라"(잠 14:27).

그들은 순종하는 자녀로서 하나님을 섬기는 것이지, 하나님에게서 멀리 떨어진 자로서 낯선 하나님을 섬기는 것이 아닙니다. 믿음이 강하든 약하든, 그 믿음으로 그리스도 안에서 그들의 하나님이요 아버지이신 그분을 섬깁니다.

"너희가 순종하는 자식처럼 전에 알지 못할 때에 따르던 너희 사욕을 본받지 말고, 오직 너희를 부르신 거룩한 이처럼 너희도 모든 행실에 거룩한 자가 되라"(벧전 1:14,15).

회심하지 않은 자들은 그리스도와 연합되지 않았으며, 그리스도 없이는 어느 누구도 하나님께로 나올 수 없습니다. 그들의 행위는 그리스도와 연합한 데서 비롯되지 않으며, 따라서 그 동기도 하나님을 사랑하고 경외하며 순종하는 마음에서 비롯되지 않습니다. 이 모든 것을 볼 때, 회심한 자와 회심하지 않은 자의 덕행은 형태가 전적으로 다르며 본질적으로도 완전히 다르다는 사실이 대낮의 태양처럼 명백해집니다.

내적 부르심은 하나님의 은혜의 역사

무엇보다도 유효한 부르심이 하나님의 은혜의 역사라는 사실을 진술하고자 합니다. 알미니안주의자들 역시 자신들이 성경적으로 말한다는 인상을 주기 위해 은혜라는 말을 사용합니다. 그러나 그들은 은혜가 더 이상 은혜가 되지 않는 방식으로 은혜를 설명합니다. 그들은 은혜를 사람으로 하여금 행하도록 만드는 것에 불과한 것으로 이해합니다. 그러면서 '의지적으로 원하고 행하는' 능력이 사람에게서 비롯된다고 주장합니다. 그들은 이렇게 생각합니다. '내가 회개할 수 있게 된 것에 대해서는 하나님께 감사하지만, 나 자신이 회개하고자 했다는 사실에 대해서는 나 자신에게 감사한다.' 그들은 충분한 은혜(sufficient grace)와 유효한 은혜(efficacious grace)를 구별합니다.

알미니안주의자들은 충분한 은혜를 곧 하나님께서 모든 사람들(높은 자든 낮은 자든, 나이 든 자든 젊은 자든, 유대인이든 이슬람교도든, 이교도든 그리스도인이든)에게 회개하고 그리스도를 믿을 수 있는 충분한 능력을 주신 것으로 이해합니다. 이들에게 충분한 은혜란, 소생시키고 선행하며 효력이 있고 교훈하며 권고하는 은혜를 뜻합니다. 그러나 어떻게 명명하든 간에 이러한 은혜는 그것을 받거나 받지 않을 인간의 자유의지에 전적으로 종속됩니다. 더 나아가 인간이 이 은혜를 도우고 협조하며 지원한다고 말합니다. 사실상 이 은혜를 보조적인 것으로 이해합니다. 즉, 나란히 활동하고, 각각 독립적으로 작용하며, 서로 돕는 것으로 여깁니다. 각각의 요소가 독립적으로 작용한다는 것은, 하나님은 하나님 편에서, 사람은 사람 편에서 활동한다는 것입니다. 그러므로 사람이 하나님의 말씀을 받고 회개하기 시작하면, 하나님께서 그를 도우며 다양한 동기들을 통해 격려하고 고무시키십니다. 다만 그것은 외부적인 작용일 뿐, 언제나 자유로운 인간이 신적인 역사에 굴복할지 말지를 결정합니다. 또한 사람은 회개하여 신자가 되고 나서도 여전히 동일하게 독립적이므로, (드물게 일어나는 일이긴 하지만) 자유의지를 행사하여 자신의 회심의 역사를 뒤집을 수도 있습니다.

게다가 알미니안주의자들은 이 유효한 은혜를 은혜가 가져온 결과와 관련지어 설명합니다. 즉, 그것이 사람을 실제로 회심하게 하시는 하나님의 전능하신 능력으로 인해 효력 있는 것이 아니라, 그 결과와 관련하여 유효하다는 것입니다. 만일 사람이 회개하여 믿는다면, 그 사람이 행한 것 때문에 부르심이 유효해지는 것입니다. 어떤 이들은, 이 은혜가 적합성(*congruitas*)의 정도에 따라 유효하다고 말합니다. 하나님께서 어떤 기회(사람의 성향이나 상태가 가장 약하고 부드러워진 때)나 그 기회의 시기를 사용하여 그가 설득되고 확신을 가지기에 적합한 동기를 제시하고 제공하는 것입니다. 뭐라고 일컫든 그들의 결론은 하나입니다. 곧 자유의지가 그것을 받아들이거나 거절하는 궁극적인 권세로서 지배자이자 주인이라는 사실입니다. 그들에 따르면, 하나님은 단지 조언하거나 행하도록 권유하는 종이나 친구에 불과하며, 그것을 취할지 말지는 사람이 스스로 결정합니다.

우리는 이 모든 주장을 부인합니다. 이러한 견해에 대해 우리는 다음과 같이 주장합니다.

① '은혜라는 선물(gift of grace)'과 '주어진 은혜(given grace)'는 구분되어야 합니다. 은혜라는 선물은 하나님의 선하심을 말하며, 사람이 누리는 모든 선한 것의 원천입니다. 주어진 은혜는 사람이 받아 소유하는 유익들을 뜻합니다. 은혜라는 선물에 관해서는 "그리스도를 위하여 너희에게 은혜를 주신 것은 다만 그를 믿을 뿐 아니라 또한 그를 위하여 고난도 받게 하려 하심이라"(빌 1:29)라고 기록합니다. 주어진 은혜에 관해서는 "부당하게 고난을 받아도 하나님을 생각함으로 슬픔을 참으면 이는 아름다우나"(벧전 2:19)라고 말합니다.

② 은혜는 '일반적'인 것이기도 하고 '특별한' 것이기도 합니다. 하나님은 모든 사람에게 현세적인 은택을 허락하심으로써 일반은총을 내려 주십니다.

"그러나 자기를 증언하지 아니하신 것이 아니니 곧 여러분에게 하늘로부터 비를 내리시며 결실기를 주시는 선한 일을 하사 음식과 기쁨으로 여러분의 마음에 만족하게 하셨느니라 하고"(행 14:17).

또한 여기에는 말씀을 허락함으로써 부르시는 모든 자들에게 부어 주시는 모든 좋은 것들이 포함됩니다.

"모든 사람에게 구원을 주시는 하나님의 은혜가 나타나"(딛 2:11).

이에 더하여, 하나님은 거의 그리스도인이 될 수 있을 만한 조명하심과 역사적 믿음, 확신과 내적 신념을 보편적으로 허락하십니다.

한편 특별은총은 유효한 부르심을 말합니다. 이를 통해 사람은 놀라운 영적인 빛으로 조명을 받고, 그의 의지가 실제로 변화되어 어둠에서 빛으로, 사망에서 생명으로, 죄와 마귀의 다스림에서 그리스도와 그분의 나라로 옮겨집니다.

"하나님이 우리를 구원하사 거룩하신 소명으로 부르심은 우리의 행위대로 하심이 아니요 오직 자기의 뜻과 영원 전부터 그리스도 예수 안에서 우리에게 주신 은혜대로 하심이라"(딤후 1:9).

"그가 우리를 흑암의 권세에서 건져 내사 그의 사랑의 아들의 나라로 옮기셨으니"(골

1:13).

이상의 네 가지 서론적인 견해를 통해 내적 부르심의 성격이 분명히 드러납니다. 이제 더 나아가 사람이 자신의 회심에 어떻게 관여하며, 그 측면에서 하나님께서 무슨 일을 행하시는지를 살펴보겠습니다.

회심에서 인간의 역할

사람에게 회개하고 믿을 수 있는 본성적인 성향이 있다고 주장하는 알미니안주의자의 오류

> ▶ 질문
> 복음이 얼마나 강력하게 선포되는지에 상관없이 복음이 외적으로 제시될 때, 사람은 그리스도를 믿고 참으로 회개할 만한 내적 기질과 성향과 능력과 힘을 가지고 있는가?

대답: 알미니안주의자들과 몇몇 사람들은 이 질문에 긍정적으로 답변합니다. 그러나 우리는 다음과 같은 이유에서 이 질문에 부정적으로 답할 수밖에 없습니다.

첫째, 영적인 것에 관한 한 사람은 완전히 맹인입니다.

"그들의 총명이 어두워지고 그들 가운데 있는 무지함과 그들의 마음이 굳어짐으로 말미암아 하나님의 생명에서 떠나 있도다"(엡 4:18).

"기록된 바 하나님이 자기를 사랑하는 자들을 위하여 예비하신 모든 것은 눈으로 보지 못하고……육에 속한 사람은 하나님의 성령의 일들을 받지 아니하나니 이는 그것들이 그에게는 어리석게 보임이요, 또 그는 그것들을 알 수도 없나니 그러한 일은 영적으로 분별되기 때문이라"(고전 2:9,14).

여기서 바울은 인간이 영혼과 몸으로 이루어져 있다는 사실을 말하고 있지 않습니다. 이것은 모든 사람에게 적용되는 것으로, 아담에게도 적용되며, 분명히 그는 영적인 것들을 이해했습니다. 고린도전서 2장에서 바울은 회심한 자와 회심하지 않은 자에 관해 말합니다. 곧 회심한 사람은 영적인 것들을 분별하지만(고전 2:9,10 참고), 회심하지 않은 자들은 모두 (그들이 얼마나 악한지와 관계없이) 영적인 것들을 분별하지 못한다고 설명합니다. 그는 육에 속한 사람을 ψυχικοί(프쉬키코이)라고 부릅니다. 이는 육에 속한 사람도 영혼을 가진 존재로서, 사유하는 본성적인 지성과 사랑하고 미워하는 본성적인 의지와 욕구하는 본성적인 감정(passion)을 소유한다는 의미입니다. 따라서 그러한 사람은 성령 없이 본성적인 상태에 있는 자입니다. 유다는 그러한 사람들을 가리켜 "이 사람들은 분열을 일으키는 자며 육에 속한 자며 성령이 없는 자니라"(유 1:19)라고 말합니다. 바울은 그들이 영적인 것들을 분별할 수 없다고 말하는데, 이는 계시가 없어서 그런 것들을 생각할 수 없다는 말이 아닙니다. 왜냐하면 그렇게 본성적인 사람들도 복음의 사역 아래 살았기 때문입니다(고전 2:8 참고). 이는 바울이 "그에게는 어리석게 보임이요"(고전 2:14)라고 덧붙인 말에서 분명히 드러납니다. 어느 누구도 전혀 들어 보지 못한 것에 대해 미련하다고 말하거나 생각할 수는 없습니다. 사람은 눈이 멀었으므로, 반드시 보고 이해할 능력이 그에게 주어져야 합니다. 이것이 어떤 사람에게는 주어지고, 어떤 사람에게는 주어지지 않습니다.

"대답하여 이르시되 천국의 비밀을 아는 것이 너희에게는 허락되었으나 그들에게는 아니되었나니"(마 13:11).

이 정도로 눈먼 자들은 비록 복음을 듣는다 하더라도 스스로 회개하여 그리스도를 믿을 수 없습니다.

둘째, 사람은 알지 못하는 것에 대해 자신의 의지로 반응할 수 없습니다. 그러므로 사람은 본성상 회개를 원하지도 않고 원할 수도 없을 만큼 불의하고 악합니다. 무언가가 본질적으로 바람직하다고 판단된다 하더라도, 그는 '지금,' '여기서,' '자신을 위해' 그러한 것에 관심을 가지려 하지 않을 것입니다. 왜냐하면 세상에 있는 것들이 '지금,' '여기서,' '자신을 위해' 더 바람직하고 유익하게 보이기 때문입니다.

영적인 것과 죄악된 것은 서로 상반되므로, 이 세상에 속한 죄악된 것들을 즐기고 있으면 영적인 것을 즐거워하거나 바랄 수 없습니다. 본성적인 사람은 이 세상에 속한 죄악된 것들을 사랑하므로 영적인 것을 사랑하지도 않고, 사랑할 수도 없습니다.

"그러나 너희가 영생을 얻기 위하여 내게 오기를 원하지 아니하는도다"(요 5:40).

"그러나 너희가 원하지 아니하였도다"(마 23:37).

본성적인 사람이 영적인 빛과 생명을 조금이라도 지각한다면, 그는 즉시 그것을 미워할 것입니다.

"빛보다 어둠을 더 사랑한 것이니라……악을 행하는 자마다 빛을 미워하여"(요 3:19,20).

"하나님께서 미워하시는 자요"(롬 1:30).

"세상이 너희를 미워하면 너희보다 먼저 나를 미워한 줄을 알라"(요 15:18).

이러한 경향을 가진 채로 회개하거나 회개하고자 바랄 수는 없습니다.

셋째, 인간은 무지하며 반항적이기 때문에 회개할 수 없습니다.

"나를 보내신 아버지께서 이끌지 아니하시면 아무도 내게 올 수 없으니"(요 6:44).

'아무도'라는 말은 모두를 포함합니다. 그가 누구든 나아갈 수 없으며, 나아가지도 않습니다. 하나님께로 나아가기 위해서는 전능한 권세에 이끌려야만 합니다.

"육신의 생각은 하나님과 원수가 되나니 이는 하나님의 법에 굴복하지 아니할 뿐 아니라 할 수도 없음이라"(롬 8:7).

사도 바울은 로마서 8장 5절에서 회심한 자와 회심하지 않은 자를 대조합니다. 그는 회심하지 않은 사람을 일컬어 "육신을 따르는 자"라고 부릅니다. $\varphi\rho\acute{o}\nu\eta\mu\alpha$ (프로네마)라고 언급되는 그들의 생각, 사고방식, 의지, 숙고, 바람, 지혜가 보이는 것과 죄악된 것에 집중한다는 말입니다. 그들은 하나님을 원수로 대적하며, 하나님의 법에 복종하지 않을뿐더러, 복종할 수도 없습니다.

고린도후서 3장 5절을 숙고해 보십시오.

"우리가 무슨 일이든지 우리에게서 난 것같이 스스로 만족할 것이 아니니 우리의 만족은 오직 하나님으로부터 나느니라."

같은 장에서 바울은 자신과 회중을 가리켜 "너희는 우리로 말미암아 나타난 그리스도의 편지니 이는 먹으로 쓴 것이 아니요 오직 살아 계신 하나님의 영으로 쓴 것이며"(고후 3:3)라고 말합니다. 바울은 자신과 고린도교회의 회중이 본질상 어떠한 자들인지를 정의합니다. 따라서 바울은 그들이 하나님의 성령으로 말미암아 어떠한 자가 되는지를 말하기보다 그들이 스스로 무엇을 할 수 있는지를 진술합니다. 즉, 사람이 본질상 계시되지 않은 것을 생각하기에는 충분하지 않다는 사실을 설명합니다. 그들은 오직 성령께서 신자들의 마음에 기록하신 영적인 것들을 생각하고 이해하며 기쁨으로 묵상하며 즐거워할 수 있을 뿐입니다. 바울은, 이와 같이 행하기에 사람은 전적으로 부족한 존재라고 선언합니다. 따라서 사람은 하나님께서 그에게 주고 행하게 하신 것만을 소유하고 행할 수 있습니다. 성경은 인간의 무능함에 관해 매우 자주 언급합니다.

넷째, 영적 생명에 관한 한 인간은 "허물과 죄로 죽어"(엡 2:1 참고) 있습니다. 여기서 사도는 복음을 전혀 들어 보지 못한 자들뿐만 아니라 복음을 들어 본 자들도 언급합니다. 이는 바울이 자신을 포함시키는 데서 알 수 있습니다. 에베소교회에는 유대인이 많이 있었는데(행 19:8 참고), '허물과 죄로 죽어 있다'는 표현은 보편적인 의미로 사용되었습니다. 바울은 육체적인 죽음이 아니라, 허물과 죄로 인한 영적인 죽음을 말합니다. 영적인 죽음이란 하나님과 연합되지 않은 상태를 말하는데, 이는 영적 생명이 하나님과의 연합에 있기 때문입니다(갈 2:20 참고). 하나님과 연합되지 않은 사람들은 ἄθεοι(아데오이)로서, 무신론자들이거나 하나님이 없는 자들이며(엡 2:12 참고), "성령이 없는 자"(유 1:19)들입니다. 여기서 바울은 죄의 형벌로서 죄의 삯인 사망에 관해 말하는 것이 아니라, 영적인 생명과 정반대되는 영적인 죽음에 관해 말합니다. 즉, 영적인 죽음을 영적인 생명과 완전히 반대되는 것으로 언급합니다.

"허물로 죽은 우리를 그리스도와 함께 살리셨고"(엡 2:5).

인간은 죽어 있기 때문에 스스로를 살릴 수가 없습니다. 본성과 성경은 모두 어떤 식으로 죽었든 상관없이, 죽은 자가 스스로를 살릴 수 없다고 가르칩니다.

다섯째, 앞선 네 가지 논증을 종합하여 한 가지 결론을 내려 봅시다. 눈먼 데다가 무지한 사람은 원하지도 않을뿐더러 도리어 혐오할 정도로 악합니다. 행할 수 없을 만큼 전적으로 무능합니다. 회개하고 그리스도를 믿을 수 있는 어떠한 내적 기질이나 성향, 능력, 힘도 없는, 죽은 존재입니다.

인간의 전적 무능은, 말씀이 아무리 강력하게 선포된다 하더라도 인간이 회심하기에는 충분하지 않음을 밝히는 성경의 여러 본문들에서도 분명히 드러납니다. 하나님의 말씀과 더불어 사람의 마음에 하나님의 유효한 역사하심이 반드시 있어야 합니다. 디모데후서 2장 25절은 "거역하는 자를 온유함으로 훈계할지니"라고 말합니다. 이는 하나님의 말씀과 그것이 선포되는 유효한 방법을 진술합니다. 그러나 이것으로 충분합니까? 어느 정도 지나면 이를 통해 회개가 일어납니까? 그렇지 않습니다. 바울은 "혹 하나님이 그들에게 회개함을 주사 진리를 알게 하실까 하며"라고 덧붙입니다. 그러므로 하나님의 말씀이 반드시 회개하게 하시는 하나님의 능력과 결합되어야 합니다.

"여호와께서 애굽 땅에서 너희의 목전에 바로와 그의 모든 신하와 그의 온 땅에 행하신 모든 일을 너희가 보았나니……그러나 깨닫는 마음과 보는 눈과 듣는 귀는 오늘 여호와께서 너희에게 주지 아니하셨느니라"(신 29:2-4).

"천국의 비밀을 아는 것이 너희에게는 허락되었으나 그들에게는 아니되었나니"(마 13:11).

유대인들은 그리스도가 전하시는 말씀을 들었고, 성경도 가지고 있었습니다. 그런데도 왜 그들은 믿지 못했습니까? 주 예수님은 부패한 존재인 인간이 믿기 위해서는 그에게 다른 어떤 일이 일어나야 한다고 말씀하십니다. 즉, 신적 이끄심이 있어야 합니다.

"나를 보내신 아버지께서 이끌지 아니하시면 아무도 내게 올 수 없으니"(요 6:44).

루디아가 회심하기 위해서는 바울이 전하는 복음을 듣는 것으로 충분하지 않았습니다. 하나님의 직접적인 역사가 동반되어야 했습니다.

"주께서 그 마음을 열어 바울의 말을 따르게 하신지라"(행 16:14).

이처럼 사람은 스스로 회심할 수 없는 존재입니다.

여섯째, 회심[4]이 하나님의 역사라는 사실, 곧 본질적으로 인간의 행위 없이 일어난다는 사실을 숙고해 보십시오. 회심은 '창조하심'(시 51:10 참고), '낳으심'(약 1:18 참고), '육신에서 굳은 마음을 제거하고 부드러운 마음을 주심'(겔 36:26 참고), '마음의 눈을 밝히심'(엡 1:18 참고), '소원을 두고 행하게 하심'(빌 2:13 참고) 등으로 일컬어집니다. 잠시 후에 이에 대해 전반적으로 다루겠습니다.

반론 1

이사야 5장 4절을 보라.

"내가 내 포도원을 위하여 행한 것 외에 무엇을 더할 것이 있으랴? 내가 좋은 포도 맺기를 기다렸거늘 들포도를 맺음은 어찌 됨인고."

하나님께서 사람의 회심에 필요한 모든 것을 행하시고 나서 사람에게서 회개와 거룩함을 기대하신다면, 사람에게는 회개하는 능력이 있어야만 한다.

답변

(1) 이사야 5장 4절은 교회를 세상의 다른 모든 나라들과 대조하는 말씀입니다. 하나님은 어느 민족에게도 그와 같이 행하지 않으시며(시 147:20 참고), 그들이 자신들의 길을 가도록 내버려 두십니다(행 14:16 참고). 그러므로 이 구절은 반론을 제기하는 자들이 주장하는 대로 모든 사람에게 회개의 능력이 있다고 증언하는 말씀이 아닙니다.

(2) 본문은 구원으로 이끄는 외적 방편에 관해 말합니다. 이사야 5장 1-3절에 제시된 내용들을 보면 그러한 사실을 추론할 수 있습니다. 그러므로 본문은 회심의 역사에 관해 말하지 않습니다. 이 말씀은 농부에 대한 비유로서, 농부가 땅이 열매 맺는 데 필요한 모든 것을 행하고 나면 오직 하나님께서 열매 맺게 하시기를 기대할 뿐 아무것도 할 수 없음을 의미합니다. 이처럼 하나님은 방편에 관한 한, 외적

---

4) 역자주 - 아 브라켈은 회심과 거듭남을 동의어로 사용한다.

인 의미에서 이스라엘에게 모든 것을 행하셨습니다. 그리고 이스라엘로 하여금 회개하고 회개에 합당한 열매를 맺으라고 요구하셨습니다. 이것이 이 비유의 목적입니다. 비유의 세세한 부분들에 모두 초점을 맞추어 유비적 요소들을 찾으려고 해서는 안 됩니다.

(3) 하나님께서 열매를 기대하신다는 것은, 그분이 그들로 하여금 열매 맺도록 하실 수 없다거나 그들이 어떤 결과물을 내어놓을지를 모르신다는 의미가 아닙니다. 또한 비와 햇빛을 받으면서도(히 6:7 참고) 가시와 엉겅퀴밖에 낼 수 없는 불모지 같은 사람에게 열매 맺는 능력이 있다는 의미도 아닙니다. 오히려 이스라엘 백성에게 열매를 맺어야 할 의무가 있다는 사실을 진술하고 있습니다. 그들이 열매를 맺지 못하는 것은 그들의 악함 때문이며, 따라서 그러한 자들은 마땅히 정죄 받고 뿌리째 뽑혀야 하는 자들입니다.

반론 2

"회개하고 복음을 믿으라"(막 1:15).

하나님께서 사람들에게 회개하고 믿으라고 명령하시는 데에는, 사람이 이를 행할 수 있다는 의미가 함축되어 있다. 왜냐하면 하나님은 사람이 결코 행할 수 없는 것을 요구하실 수 없기 때문이다. 그러한 요구는 무의미한 시도일 뿐만 아니라 불의한 일일 것이다.

답변

(1) 하나님은 사람이 하나님의 계명에 순종하여 행할 수 있도록 사람을 아담 안에서 완전하게 창조하셨습니다. 아담이 그리스도를 믿을 수 없었다 해도, 그것은 하나님께서 아담에게 그리스도를 알리고자 하셨으나 그에게 믿을 능력이 없었기 때문이 아니며, 오히려 그가 온전한 상태에 있어서 죗값을 만족시킬 보증을 믿는 믿음을 필요로 하지 않았기 때문입니다. 이처럼 인간은 본질적으로 믿을 수 있는 존재였습니다. 그런데 인간이 스스로를 무능한 상태로 내몰았습니다. 따라서 그 무능함은 하나님께서 본래 사람에게 행할 수 있도록 하신 것을 명령하고 요구하실

그분의 권리를 없애지 못합니다. 채권자는 채무자가 자신의 재원을 낭비하여 갚을 능력을 잃었다 하더라도 부채를 갚으라고 요구할 수 있습니다. 따라서 본문의 권고는 사람에게 그것을 행할 능력이 있음이 아니라, 사람이 마땅한 의무로서 그 일을 행해야 함을 시사합니다.

(2) 사람은 죄를 짓지 않고 하나님께 순종해야 할 의무를 진다는 사실을 고백하고 시인해야 합니다. 사람은 자신의 의무와 하나님의 계명이 무엇인지를 알면서도 그것을 행하려 하지 않을 정도로 악한 존재입니다. 사람이 악하여 순종하지 않으려 하고 순종의 의무를 묵인한다고 해서, 하나님께서 사람의 본분이 무엇인지를 알지 못하시겠습니까?

(3) 본문의 권고들은 비록 사람이 악하여 순종할 수 없다 하더라도 헛되지 않습니다. 왜냐하면 이 권고를 통해 사람의 의무와 죄를 판단하는 하나님의 공의를 분명하게 확인하게 되기 때문입니다. 이것이 하나님께서 택자들로 하여금 죄를 깨닫고 확신케 하시며 회개하고 믿음에 이르게 하시는 방편입니다. 그리스도는 죽은 나사로에게 "나오라"(요 11:43)라고 명령하셨습니다. 이 명령은 나사로가 무언가를 할 수 있다는 것을 시사하지 않습니다. 그러나 그것은 헛된 명령이 아닙니다. 왜냐하면 그 명령이 나사로를 소생시키는 방편이었기 때문입니다. 이처럼 하나님의 말씀으로서 회개하라는 명령은, 사람의 손이 아니라 하나님의 손이 회심으로 이끄시는 방편입니다.

반론 3

회심하지 않은 많은 사람들이 회심한 자들과 마찬가지로 선한 일을 행한다. 이교도들조차도 그러하다. 따라서 사람은 분명히 선한 일을 행할 본성적인 능력을 지녔다고 보아야 한다.

답변

(1) 어떤 이교도들은 그 덕행이 너무나 탁월하여 수많은 그리스도인들을 부끄럽게 만들기도 합니다. 그런데 그것이 언제나 참된 덕이라면, 거듭남은 왜 필요하겠

습니까? 거듭남이 필요하다면, 그들의 덕은 분명 참된 덕이 아닙니다.

(2) 선한 행실에는 네 종류가 있습니다. 바로 본성적 선행, 사회적 선행, 외적인 종교적 선행, 그리고 영적 선행입니다. 회심하지 않은 자들은 앞의 세 가지 선행을 행하지만, 네 번째 선행을 행하지는 못합니다. 그들의 선행은 내용의 측면에서는 선하지만, 본질의 면에서 진정으로 선하지는 않습니다. 그런 선행들은 진정한 선행이 아닙니다. 앞서 설명한 대로, 영적인 빛과 생명과 덕행은 정도의 측면에서는 본성적인 것과 구별되지 않지만, 본질의 측면에서는 구별됩니다. 따라서 그와 같은 추론은 성립될 수 없습니다.

반론 4

"무릇 있는 자는 받아 넉넉하게 되되 없는 자는 그 있는 것도 빼앗기리라"(마 13:12).

이 말씀은 충분한 은혜를 소유한 사람이(모든 사람이 이러한 은혜를 소유한다) 그 은혜를 잘 활용하면 은혜를 더 많이 받으리라는 뜻이다. 따라서 이것은 사람에게 회개할 수 있는 은혜와 능력이 있다는 의미이다.

답변

(1) 'for'[5]라는 단어는 이 말씀이 회심한 자들에 관한 것임을 분명하게 보여 줍니다. 즉, 11절에서 "너희에게는 허락되었으나"라고 말하는 대로, 다른 이에게는 허락되지 않은 바를 허락받은 자들을 가리키는 것입니다.

(2) 본문은 명백히 사람이 본성적으로 소유한 것이 아니라 하나님의 말씀이라는 방편을 통해 받은 것에 관해 말합니다. 그 말씀이 이미 부르심을 받아 회심한 제자들에게 주어졌다는 사실에서도 그 점이 확인됩니다. 그러므로 비록 이 말씀이 비유로 주어졌을지라도, 그들은 하나님 나라의 비밀을 이해할 능력을 이미 부여받은 자들입니다. 따라서 이 구절은 참되게 회심한 자들의 성장과 증가에 관해 말합니다.

---

5) 역자주 - KJV역 마태복음 13장 12절에는 문장의 첫 부분에 'for'라는 접속사가 있다. "For whosoever hath, to him shall be given, and he shall have more abundance: but whosoever hath not, from him shall be taken away even that he hath." 그러나 한글 개역개정 성경에는 이 접속사에 해당하는 부분이 나오지 않는다.

(3) "없는 자"들이란 은혜를 받지 못한 자들로, 회심하지 않은 사람들입니다. 그들은 자기 자신이 맹인이 아니며, 이러한 비밀을 이해할 수 있는 가장 탁월한 그리스도인이라고 생각합니다.

"이르되 우리도 맹인인가"(요 9:40).

복음을 전해 듣고서도 이해하지 못하거나 그 이해한 바를 행하지 않는 사람들은 더욱 눈멀고 강퍅해질 것입니다. 어두워진 심령은 더욱 어두워질 것이며, 지혜로운 체하나 어리석은 자가 될 것입니다(롬 1:21,22 참고). 그 결과, 있는 줄로 아는 것조차 빼앗길 것입니다(눅 8:18 참고). 공의로운 심판에 따라, 그들은 함부로 사용한 본성적인 은사나 성경을 통해 주어진 일반적인 은사를 빼앗길 것입니다.

마태복음 25장 29절에도 동일한 말씀이 기록되어 있습니다. 여기서는 이 말씀을 달란트를 잘 사용하는 것과 그러지 않는 것에 적용합니다. 우리는 여기에도 동일하게 답해야 합니다. 즉, 이 구절은 모든 사람이 가진 타고난 재능이나 그것을 선하게 사용하는지 그러지 않는지에 관해 말하는 것이 아니라 교회, 즉 하늘의 왕국에 관해 말하고 있습니다(마 25:1,14 참고). 주 예수님은 교회 안에 구원의 은사나 일반적인 은사와 같이 다양한 은사를 주십니다. 모든 사람은 다른 사람의 유익, 즉 다른 이들의 회심을 위해 이러한 은사를 사용해야 합니다. 주님께서 은혜를 주셔서 충성되게 하여 영혼을 회심하도록 이끄는 도구로 사용하신 사람은, 주님으로부터 특별한 분량의 영광이라는 은혜로운 상을 얻을 것입니다. 반면에 재능(은혜가 아니라)을 받았으나 충성하지 못한 종은 지옥에 던져질 것입니다. 따라서 본성적인 상태에 있는 자에게 모든 것을 가능하게 하는 은혜가 있다는 주장은 설 자리가 없습니다.

반론 5

"볼지어다 내가 문 밖에 서서 두드리노니 누구든지 내 음성을 듣고 문을 열면 내가 그에게로 들어가 그와 더불어 먹고 그는 나와 더불어 먹으리라"(계 3:20).

이 구절에서 문을 열거나 열지 않는 행위는 사람에게 속한다. 따라서 사람에게는 반드시 그렇게 행할 능력이 있다.

> **답변**

(1) 이 본문은 교회, 특별히 라오디게아교회에 전해진 말씀입니다. 그러므로 이 말씀을 근거로 삼아 모든 사람이 본성적으로 그와 같이 행할 수 있다는 것을 증명할 수는 없습니다.

(2) 본문은 단지 사람의 본분에 관해 말할 뿐, 그가 무엇을 할 수 있는지를 말하지는 않습니다. 실제로 이 말씀은 문을 여는 자에게 주시는 약속인데, 그가 스스로의 능력으로 문을 여는지, 아니면 성령의 은혜로 문을 여는지에 관해서는 전혀 언급하지 않습니다.

(3) 본문은 택한 자의 회심을 위한 방편인 외적 부르심에 관해 말합니다. 경건하지 않은 자는 이러한 방편을 통해 자신의 악함과 하나님의 공의를 깨닫게 됩니다. 따라서 이 부르심은 헛되지 않습니다. 동시에 이것은 사람이 스스로 문을 열 수 없다면 왜 그리스도께서 부르며 문을 두드리시는가, 또한 그리스도께서 친히 그 문을 여신다면(행 16:14 참고) 왜 문을 두드리고 부르시는가 하는 질문에 대답합니다. 즉, 그것은 그리스도께서 사용하시는 수단에 불과한 것입니다.

거듭남에서 수동적인 인간

앞에서 진술한 대로, 인간은 무능합니다. 분명 사람은 처음 회심하는 순간에 독립적으로 행하지 않으며, 하나님의 소생케 하시는 선행하는 은혜에 협력하지도 않습니다. 오히려 사람은 하나님의 조명하고 소생케 하시는 능력의 수동적인 대상이요 수혜자일 뿐입니다. 이것은 이미 거듭난 사람이 아니라, 거듭나지 않은 사람이 거듭나게 되는 일에 해당합니다. 그러한 사람은 능동적이지 않고 수동적입니다.

첫째, 이러한 사실은 앞서 진술한 내용에서도 명백하게 드러납니다. 곧 인간은 맹인이며, 자신이 마땅히 해야 할 일을 알지 못할뿐더러 악하고 반항적이어서 영적인 것을 행하기 싫어합니다. 그는 아무것도 행할 능력이 없으며, 무력하고 죽은 자입니다. 그러하기에 그는 거듭남과 회심이 일어나는 첫 순간에 단지 수동적일 뿐 협력할 수 없습니다. 사람의 이러한 상태에 관해서는 이미 진술했습니다. 따라서 거듭남과 회심에서 사람은 독립적으로든 협력적으로든 어떤 역할도 하지 못한다는 결론에 이릅니다.

둘째, (앞서 진술한 대로) 본성적인 빛과 생명과 덕행은 영적인 것과 정도가 아니라 본질적으로 다릅니다. 그러하기에 사람은 자기 자신의 상태를 변화시킬 수 없으며, 한 상태에서 다른 상태로 옮기는 데에 협력할 수도 없습니다. 오히려 전능하신 하나님의 능력만이 필요합니다. 누가 돌을 살로 바꾸며, 이성이 없는 짐승을 사람으로 바꿀 수 있습니까? 그렇다면 누가 죽은 자를 산 사람으로 바꿀 수 있습니까?

셋째, 거듭남은 오직 하나님께 속한 역사이며, 하나님의 전능하신 역사입니다.

① 하나님의 역사입니다.

"여호와가 우리 하나님이신 줄 너희는 알지어다. 그는 우리를 지으신 이요 우리는 그의 것이니 그의 백성이요 그의 기르시는 양이로다"(시 100:3).

"이는 혈통으로나 육정으로나 사람의 뜻으로 나지 아니하고 오직 하나님께로부터 난 자들이니라"(요 1:13).

"그가 우리를 흑암의 권세에서 건져 내사 그의 사랑의 아들의 나라로 옮기셨으니"(골 1:13).

"너희 안에서 행하시는 이는 하나님이시니 자기의 기쁘신 뜻을 위하여 너희에게 소원을 두고 행하게 하시나니"(빌 2:13).

② 하나님의 전능하신 역사이며, 오직 사람만을 대상으로 합니다. 거듭남은 창조의 역사입니다. 이러한 창조적 사역을 통해 새로운 피조물이 만들어집니다.

"그런즉 누구든지 그리스도 안에 있으면 새로운 피조물이라. 이전 것은 지나갔으니 보라 새것이 되었도다"(고후 5:17).

"우리는 그가 만드신 바라 그리스도 예수 안에서 선한 일을 위하여 지으심을 받은 자니"(엡 2:10).

우리는 창조 행위와 관련해 피조물이 아무런 협력도 하지 않고서 태어난다는 사실을 압니다. 거듭남은 죽은 자 가운데서 부활하는 것이며, 살리시는 역사입니다.

"또 범죄와 육체의 무할례로 죽었던 너희를 하나님이 그와 함께 살리시고"(골 2:13).

거듭남은 자식을 낳는 행위이며, 새롭게 태어나는 것입니다.

"자기의 뜻을 따라······우리를 낳으셨느니라"(약 1:18).

"사람이 물과 성령으로 나지 아니하면 하나님의 나라에 들어갈 수 없느니라"(요 3:5).

이 모든 구절들은 창조주이자 생명의 수여자요 산출자이신 하나님의 역사를 말합니다. 또한 피조물은 그러한 사역 가운데 부활하고 다시 태어날 때에 전적으로 아무 협력도 하지 않는다고 말합니다. 이처럼 분명 사람은 거듭나는 첫 순간에 수동적이고 어떠한 협력도 하지 않으며, 이러한 역사를 받아들이는 대상이 될 뿐입니다. 비록 거듭나기 전에도 그는 인간이었고 인간으로 기능했지만, 영적 생명에 대하여 죽은 자였으며, 죽은 사람이 아무것도 할 수 없듯이 거듭남에 어떠한 협력도 할 수 없었습니다.

넷째, 회심하는 첫 순간에 사람이 협력한다는 것은, 그가 회심의 가장 중요하고도 본질적인 요소와 관련해 독립적으로 행할 수 있다는 말입니다. 다시 말해, 모든 사람이 공통적으로 지닌 본성적 능력으로 말미암아 복음의 초청에 응하여 그리스도께로 나아갈 수 있다는 뜻이며, 결국 영적으로 죽은 자가 무언가를 행할 능력을 가질 뿐만 아니라 자신의 구원의 원인이 되며 스스로 다른 이들과 구별된다는 뜻입니다. 그러나 성경은 그와는 반대로 구원이 사람이 아니라 하나님께 있다고 말합니다.

"누가 너를 남달리 구별하였느냐? 네게 있는 것 중에 받지 아니한 것이 무엇이냐?"(고전 4:7)

"너희는 그 은혜에 의하여 믿음으로 말미암아 구원을 받았으니 이것은 너희에게서 난 것이 아니요 하나님의 선물이라"(엡 2:8).

따라서 사람은 거듭나는 데 전적으로 수동적이며, 아무것도 협력하지 못합니다.

반론 1

"이와 같이 성령도 우리의 연약함을 도우시나니"(롬 8:26).

> 답변

본문에서 사도가 제시하는 논점은 회심하지 않은 자들에 관한 것이 아닙니다. 그는 오히려 소망 가운데 구원받은 자들에 관해 말합니다(롬 8:24 참고). 그들이 마땅히 빌 바를 알지 못할 때에 성령께서 가르치시는 것입니다.

반론 2

"우리는 하나님의 동역자들이요"(고전 3:9).
"우리가 하나님과 함께 일하는 자로서"(고후 6:1).

> 답변

위의 구절들은 질문의 요점인 회심에서의 사람의 사역을 다루지 않습니다. 오히려 목회적 사역, 곧 하나님의 말씀을 전파하는 일과 관련됩니다. 목회자는 말씀을 전파하는 사역자로서 역할을 하는 하나님의 도구입니다. 따라서 그는 다른 이들을 회심으로 이끄는 방편으로서 하나님과 동역합니다. 그러나 어느 누구도 자신의 힘으로 사람을 회심시킬 수 있다고 주장하지는 않을 것입니다. 그들은 도구가 쓰임 받듯이 하나님과 동역할 뿐입니다.

반론 3

"내가 모든 사도보다 더 많이 수고하였으나 내가 한 것이 아니요 오직 나와 함께하신 하나님의 은혜로라"(고전 15:10).

> 답변

바울은 자신이 회심하기 전이나 회심할 때에 행한 수고가 아니라, 회심한 후에 행한 수고에 관해 말합니다. 이것은 자신이 아니라 다른 사람을 위한 수고입니다. 이 구절에서 바울은, 자신의 사역이 다른 이들의 유익에 관한 한 결코 열매가 없지 않았으며 오히려 놀라울 정도로 풍성한 열매를 맺었다고 진술합니다. 그러나 이를 통해 자신을 높이지 않고, 자신 안에서 역사하신 하나님의 은혜를 그 원인으로 고백합니다. 따라서 이 구절은 반론을 지지하는 것이 아니라 오히려 거기에 반대합니다.

반론 4

사람을 회심에서 전적으로 수동적일 뿐만 아니라 단지 하나님께서 행하시는 일의 대상이요 수혜자로만 여기는 것은, 사람을 목석으로 보는 것에 불과하다.

답변

아담의 육체에 영혼이 임할 때나 나사로가 다시 살아날 때와 같이, 인간이 행한 일은 아무것도 없습니다. 그러나 사람은 회심하게 하나님의 하시는 능력을 받을 수 없거나 그러한 역사의 대상으로 적합하지 않은 목석 같은 존재가 아닙니다. 오히려 사람은 이성적이고 지성적이며 의지와 경향성을 가진 까닭에, 회심하게 하시는 하나님의 역사를 받아들이기에 적합한 대상입니다. 따라서 하나님은 지성에 빛을 비추시고 의지가 원하게 하시며, 사람에게 강제하지 않으면서도 기꺼이 원하도록 만드십니다. 하나님은 이러한 방식으로 사람을 살리십니다. 그러나 나무나 돌이 한 장소에서 다른 장소로 옮겨 가지 못하듯, 사람도 회심에서 아무런 협력도 하지 못합니다.

반론 5

그렇다면 사람은 모든 것이 그러한 과정을 따라 일어나도록 내버려 두고, 그저 하나님께서 기뻐하실 때에 행하시도록 하면 될 것이다.

답변

눈멀고 장애를 가진 사람이 스스로를 도울 수 없다고 하여 그것이 베데스다 연못이나 의원의 도움도 받아서는 안 된다는 의미입니까? 사람의 무능함은 회심으로 이끄는 방편들을 활용하고 하나님께서 다루시리라 기대하면서 교회에 출석하도록 하는 동기가 되어야 합니다. 또한 회개하고 그리스도를 믿는 것은 사람의 본분이기도 합니다. 회개하지 않고 믿지 않는 것은 죄악이며, 인간의 본분에 반하여 행함으로써 심판을 자초하는 것입니다. 따라서 사람이 협력하지 않는다는 사실은 여전히 확실합니다.

지금까지 거듭남과 관련하여 사람이 어떠한 일도 행할 수 없으며, 하려고 하지도 않는다는 사실에 관해 살펴보았습니다. 이제 내적 부르심을 통해 거듭나게 하시는 하나님의 역사를 숙고하며, 이 역사하심의 권능과 불가항력적인 성격에 관해 설명하겠습니다.

내적 부르심을 통해 거듭나게 하시는 하나님의 역사

내적 부르심에 나타나는 하나님의 권능

> ▶ 질문
> 내적 부르심은 말씀을 방편으로 하여 일어난다. 그런데도 그것을 사람의 지성과 의지와 경향성에 역사하여 그들을 변화시키는, 곧 영적으로 죽은 자를 살리시는, 하나님의 직접적이고도 유효한 역사라고 할 수 있는가?

대답: 알미니안주의자들은 이를 부정하지만, 우리는 그렇다고 대답합니다. 말씀을 방편으로 하여 사람의 영혼에 직접 역사하고 변화시키며 조명하고 거듭나게 하여 영적 생명을 주시는 하나님의 초자연적인 역사를 이해할 수는 없지만, 하나님의 말씀은 그분이 이 일을 행하신다고 가르칩니다. 하나님은 한순간에 사울의 마음을 바꾸시며(삼상 10:9 참고), 모두의 마음을 지으셨을 뿐만 아니라(시 33:15 참고) 사람의 마음을 변화시키십니다. 사람은 스스로 그러한 일을 이루지 못하며, 하나님께서 원천이요 유일한 원인이 되십니다. 하나님께서 사람에게 신령한 성향을 부여하셨기에, 이와 같이 신령한 성향을 부여받고 거듭나게 된 사람은 (하나님의 도우심으로 말미암아) 영적인 일을 행하게 됩니다. 하나님은 대상과 조화롭게 행하시지만, 역사 자체는 초자연적입니다. 하나님은 말씀을 방편으로 사용하십니다. 그러나 실제로 그 방편에 함께하여 영혼을 만지시는 직접적이고도 전능한 역사를 행하십니다. 그리하여 지성, 의지, 성향에서 영혼의 강력한 변화가 일어납

니다.

첫째, 앞에서 포괄적으로 말한 대로 인간이 회심하기 전에 가지는 악한 성향과 무능함을 생각할 때, 이것은 명백한 사실입니다. 완전히 눈이 멀어서 자신을 위해 십자가에 달리신 그리스도를 수치와 어리석음으로 여기는 자요, 악하여서 영적인 것을 원하지 않고 도리어 혐오하며 무능하고 죽어 있는 자가 회심하여 변화되기 위해서는, 권능의 역사가 그에게 직접 영향을 미쳐 그를 변화시켜야 합니다. 그런데 실제로 사람이 회심하므로 권능의 역사는 있는 것이 분명합니다.

둘째, 성경의 분명한 진술에 따르면, 말씀만으로는 그러한 사람의 마음에 영향을 미칠 수 없으며, 사람의 마음에 임하는 하나님의 강력한 역사하심이 하나님의 말씀에 수반되어야 합니다. 볼 수 있는 눈과 들을 수 있는 귀와 이해할 수 있는 마음과 함께(신 29:4 참고), 마음의 눈을 밝혀 주셔야 합니다(엡 1:18 참고). 하나님께서 성경을 계시하심으로써 그 마음을 안에서부터 뜨겁게 만들어 주셔야 합니다(눅 24:32 참고). 그 훈계에 회개의 은사가 수반되어야 하며(딤후 2:25 참고), 하나님께서 말씀을 듣는 자의 마음을 열어 주셔야만 합니다(행 16:14 참고). 고린도전서 3장 6,7절에서도 이 점이 확인됩니다.

"나는 심었고 아볼로는 물을 주었으되 오직 하나님께서 자라나게 하셨나니, 그런즉 심는 이나 물 주는 이는 아무것도 아니로되 오직 자라게 하시는 이는 하나님뿐이니라."

사람이 이 일을 성취할 수 없으며 하나님의 말씀만으로는 사람의 마음에 그러한 권능의 역사를 행할 수 없다면, 사람의 마음을 바꾸시는 하나님의 직접적이고도 전능한 역사가 하나님의 말씀에 반드시 수반되어야 합니다. 이것이 위의 구절들이 말하고자 하는 바입니다.

셋째, 하나님의 역사를 어떻게 부르는지를 보면 그것이 직접적이고도 유효하다는 점이 드러납니다. 하나님의 측면에서 회심은 창조(엡 2:10 참고), 낳음(약 1:18 참고), 죽은 자 가운데서 살려 부활하게 하심(엡 2:5 참고)으로 불립니다. 이에 관해 더 포괄적으로 살펴보고자 한다면, 앞에서 다루었던 부분을 참고하십시오.

다음의 유사한 본문들에서도, 하나님께서 그처럼 직접적이고도 유효한 방식으로 일하겠노라고 약속하셨으며 실제로 그렇게 행하셨음을 명백하게 볼 수 있습니다.

① 하나님은 다음과 같이 행하겠다고 약속하셨습니다.

"내가 나의 법을 그들의 속에 두며 그들의 마음에 기록하여"(렘 31:33).

"나를 경외함을 그들의 마음에 두어 나를 떠나지 않게 하고"(렘 32:40).

"또 새 영을 너희 속에 두고 새 마음을 너희에게 주되 너희 육신에서 굳은 마음을 제거하고 부드러운 마음을 줄 것이며"(겔 36:26).

사람이나 하나님의 말씀이 아니라 하나님 자신이 그 모든 대적을 이기겠다는 것입니다. 하나님께서 친히 역사하여 사람의 심령을 회개로 이끄시겠다는 것입니다.

② 하나님께서 사람의 마음에 유효하게 역사하여 회개로 이끄십니다.

"너희 안에서 행하시는 이는 하나님이시니 자기의 기쁘신 뜻을 위하여 너희에게 소원을 두고 행하게 하시나니"(빌 2:13).

바울은 빌립보교회에 편지를 쓰면서(빌 1:1 참고), 두렵고 떨림으로 자신의 구원을 이루라고 권면합니다(빌 2:12 참고). 더 나아가 교만이나 자만에 빠지지 말고, 원망과 다툼 없이 모든 일을 행하며, 아이처럼 공손하고도 신중하게 경건의 길을 걸어가라고 권면합니다. 그는 자신의 믿음과 행함이 자신에게서 나온 것이 아니라, 하나님의 능력을 힘입은 것임을 강조합니다.

"너희 안에서 행하시는 이는 하나님이시니"(빌 2:13).

그들은 이 선행하는 은혜와 역사하심을 따라 사용되고 행하며, 하나님의 권능의 방편으로 쓰임 받았습니다.

의지를 창조하신 하나님께서 택하신 자들의 의지를 재창조하십니다. 사람은 누군가가 자발적으로 특정한 일을 행하도록 하기 위해 다양한 방식으로 동기를 부여하여 그를 설득하려 애씁니다. 그러나 하나님은 그와 같이 사람이 하는 방식으로 사람들을 다루실 필요가 없습니다. 오히려 하나님은 사람의 지성에 새로운 빛을 비추고 소원을 불러일으켜 그로 하여금 자원하여 행하게 하십니다. 하나님은 먼저 자원함을 일으키신 후에 역사하십니다.

사도는 데살로니가후서 1장 11절에서 동일한 진리를 증언합니다.

"우리 하나님이……모든 선을 기뻐함과 믿음의 역사를 능력으로 이루게 하시고."

하나님의 말씀이 그들에게 있었고, 그 말씀은 매우 생명력 있게 전파되었습니다. 사도는 말씀 자체만으로는 신자를 낳기에 충분하지 않으며, 사람이 믿으려면 하나님의 말씀과 더불어 그분의 전능하신 능력을 따라 하나님의 선물인 믿음(엡 2:8 참고)이 필요함을 논증합니다.

"그의 힘의 위력으로 역사하심을 따라 믿는 우리에게 베푸신 능력의 지극히 크심이 어떠한 것을 너희로 알게 하시기를 구하노라"(엡 1:19).

또한 사도는 이렇게 말합니다.

"모든 선한 일에 너희를 온전하게 하사 자기 뜻을 행하게 하시고 그 앞에 즐거운 것을 예수 그리스도로 말미암아 우리 가운데서 이루시기를 원하노라"(히 13:21).

이 모든 것을 종합하여 숙고해 보십시오. 앞에서 설명한 대로, 사람은 눈멀고 악하며 무능하고 죽어 있는 존재입니다. 하나님께서 많은 이들에게 복음이 전파되도록 하셨지만, 그것을 듣는 대다수의 사람에게는 효력이 없습니다. 그런데도 어떤 이들은 회심하는데, 이는 하나님께서 말씀에 그분의 성령으로 함께하셔서 다른 사람에게는 행하지 않은 역사를 행하시기 때문입니다. 다른 이들에게는 비추지 않은 기이한 빛을 그들에게는 비추십니다. 돌 같은 마음을 제거하고 살 같은 마음을 주십니다. 다른 이들에게는 그렇게 행하시지 않지만, 그들에게는 믿음의 일을 행하며 능력으로 행하도록 역사하십니다. 따라서 하나님께서 사람의 마음에 직접 역사하여 변화시키신다는 것은 반박할 수 없는 분명한 사실입니다.

반론 1

하나님의 말씀은 거듭남의 씨앗이요(벧전 1:23 참고), 눈을 밝히고 영혼을 회심시키며(시 19:8,9 참고), 살아 있고 활력이 있어 좌우에 날 선 검으로서 '혼과 영을 쪼개기까지'(히 4:12 참고) 한다. 그러므로 하나님의 말씀만으로도 충분하다. 말씀에 조명하며 변화시키시는 하나님의 직접적인 능력이 수반되어야 하거나, 다른 무언가를 더할 필요가 없다.

> 답변

(1) 위의 모든 구절들은 단지 하나님께서 말씀을 방편으로 하여 모든 것을 행하신다는 의미입니다.

(2) 하나님의 말씀 자체에 그러한 능력이 있다면, 동일한 상황에서 말씀을 듣는 모든 사람에게 효력이 나타나야 할 것입니다. 그러나 그렇지 않습니다.

(3) 성경은 하나님의 말씀 자체에 능력이 내재된 것이 아니며, 하나님의 직접적이고도 유효한 역사가 하나님의 말씀에 수반되어야 한다고 말합니다.

"나는 심었고 아볼로는 물을 주었으되 오직 하나님께서 자라나게 하셨나니"(고전 3:6).

반론 2

만일 하나님의 말씀에 하나님의 직접적이고도 유효한 역사가 수반되어야 한다면, 사람에게는 구원에 이를 충분한 방편이 없는 것이다.

> 답변

수단은 효력을 발생시키는 동인이 아닙니다. 하나님의 말씀은 동인이 아니라, 단지 하나님의 손에 들린 수단에 불과합니다. 말씀이 아니라 하나님의 직접적인 역사하심이 동인입니다. 하나님은 은혜를 일으키는 수단인 말씀을 모든 이에게 주시지는 않습니다. 또한 방편을 허락하신 모든 곳에서, 모든 사람에게 그러한 수단을 통해 역사하시지도 않습니다. 오직 하나님께서 기뻐하시는 자들에게만 이와 같이 행하십니다. 누군가가 사람이 구원받는 데에 하나님의 말씀만으로는 불충분하며 하나님의 말씀에 하나님의 역사하심이 함께해야만 한다고 주장한다면, 사람이 하나님의 말씀을 방편으로 하여 스스로 회심할 수 없다는 점에 참으로 동의할 것입니다.

반론 3

하나님의 말씀에 반드시 하나님의 역사가 수반되어야 한다면, 사람은 자신이 회개하지 않은 것에 대해 핑계할 것이다. 왜냐하면 사람에게는 회개할 능력이 없기 때문이다.

> **답변**

(1) 그러한 추론을 따른다면, 이교도들도 본성의 법을 온전히 행하지 못한 것에 대해 핑계할 수 있을 것입니다. 왜냐하면 그들에게도 이를 행할 능력이 없기 때문입니다. 그러나 바울은 그들이 핑계하지 못할 것이라고 말합니다(롬 1:20 참고).

(2) 사람이 어느 지점까지 나아갈 수 있다는 것, 곧 자신의 무능함에 가로막히는 지점까지는 나아갈 수 있다는 것은 결코 사실이 아닙니다. 처음부터 그것을 원하지 않는 자아에 가로막혀 있습니다. 누군가의 주장대로 사람에게 원할 수도 있고 원하지 않을 수도 있는 중립적인 의지가 있다면, 그는 불평할 이유가 없습니다. 그가 자신의 의지를 사용하여 하나님을 피하여 죄 가운데 사는 것이기 때문입니다.

추가반론 그러나 사람에게는 회개할 능력이 없으므로 핑계할 수 있다는 사실은 유효하다.

| 답변 |

사람은 하나님이나 말씀이나 다른 어떤 피조물에 의해서도 그의 뜻을 방해받거나 제약받지 않습니다. 다만 그 사람은 너무나 방자하고 악하며 하나님을 향해 적대감을 품고 있으며 죄에 강하게 이끌리는 까닭에 회개할 수가 없습니다. 따라서 책임은 그 사람 자신에게 있습니다.

반론 4

사람의 영혼에 하나님께서 직접적이고도 유효하게 역사하신다고 주장한다면, 사람의 자유의지가 파괴되고 제거될 것이다.

> **답변**

우리는 이러한 주장을 부정합니다. 하나님은 인간의 본성에 들어맞게 일하시지만, 한 사람이 다른 사람에게 영향을 주듯이 행하시지는 않습니다. 하나님은 사람을 창조하셨을 때처럼 사람이 자발적으로 원하도록 이끄십니다. 사람의 의지를 창조하신 하나님께서 그 의지의 자유를 없애지 않고 의지와 영혼을 움직이신다면, 어찌하여 재창조의 역사에서는 그러하지 않으리라 말할 수 있겠습니까? 첫 창조의 때에는 존재하지 않았던 사람과 그의 의지가 창조되었습니다. 두 번째 창조, 곧 재창조의 때에는 사람과 그의 의지가 영적으로 죽어 있는 상태입니다.

추가반론 거듭날 때에 사람의 영혼은 이미 거듭날 가능성을 소유하며, 이는 영적인 영역에서 활성화된다. 인간의 의지가 본성적인 영역에서 본성적인 동기를 따라 활성화되듯, 영적인 영역에서는 영적인 동기를 따라 활성화된다. 그러므로 하나님께서 인간의 자유의지에 영향을 미치지 않으면서 사람의 영혼에 직접적으로 역사하신다는 주장은 받아들일 수 없다.

| 답변 |

❶ 이러한 추론은 본성적인 덕행과 영적인 덕행이 본질적으로 다르지는 않으며 정도의 차이만 있음을 전제합니다. 그러나 우리는 앞에서 그렇지 않다는 것을 살펴보았습니다. 따라서 이는 헛된 주장에 불과합니다.

❷ 본성적인 영역에서 사람은 본성적인 동기에 따라 무언가를 행하려는 일정한 원리를 나타냅니다. 그러나 영적인 영역에서는 완전히 죽어 있고 전적으로 악하며, 영적인 것을 바라거나 행하려는 동기를 품을 수 없습니다. 그러하기에 영혼의 기능들이 영적인 의미에서 활동하기 위해서는, 전능하고도 초월적인 하나님의 역사가 필요합니다.

반론 5

하나님께서 인간의 영혼과 영혼의 기능에 직접 역사하신다는 주장은 '광신(fanaticism)'에 불과하다.

답변

그렇지 않습니다. 왜냐하면 광신이란 하나님의 말씀에 반하거나 그 범위를 벗어난 계시를 좇는 것이기 때문입니다. 광신은 지성과 의지를 무시하는 열광이나 충동적인 행동으로 이어지는 기만과 헛된 망상에 불과합니다. 반면, 거듭남은 하나님의 말씀이라는 방편을 통해 일어나며, 그 말씀에 따라 활동합니다. 그런데 '영으로 인도받는 것(being driven by the spirit)'[6] 즉 성령의 거듭나게 하심과 하나님 말씀의 규례를 따라 성령으로 살고 행하는 것을 광신이라고 표현한다면, 우리는 그 표현에 대해 반대하지 않을 것입니다. 반론이 불합리한 것으로 제시한 것은 불합리한 것이 아닙니다.

지금까지 우리는 사람이 본성상 전적으로 무능하며 무력한 존재임을 논증하였습니다. 사람은 자신이 회심하는 첫 순간에 무언가를 행하거나 협력하지 못하며, 다만 수동적일 뿐입니다. 하나님은 초월적이고도 전능한 능력으로, 인간의 지성과 의지에 직접적으로 영향을 미쳐 눈먼 자로 하여금 보게 하며, 그를 악에서 선으로 변화시키십니다. 지금까지 진술한 내용들이 이 문제의 타당성을 확증합니다.

내적 부르심의 불가항력성

> ▶ 질문
> 하나님은 회심하는 자에게 불가항력적으로 역사하여 그들의 악한 본성에서 나오는 모든 적대감을 무너뜨리고, 실제로 영적 사망에서 영적 생명으로 옮기시는가?

대답: 알미니안주의자들은 이를 부인하지만, 우리는 이것을 확신합니다. 사람은 본성상 하나님과 그분의 말씀 및 복음을 미워하며 대적합니다. 모든 인간이 그런 상태입니다. 그런데 어떤 사람은 회심하고, 어떤 사람은 회심하지 않습니다. 그렇다고 해서 어떤 이는 자신의 자유의지로 이 은혜를 받아들이고 다른 이는 거절한다는 식으로 이해하여, 그 원인을 사람에게로 돌려서는 안 됩니다. 오히려

---

6) 영역주 - 여기에서 '광신' 또는 '열광주의'로 번역된 'geestdrijverij'라는 단어는 문자적으로 '영으로 인도받은'으로 해석할 수 있다. 아 브라켈은 이 문장에서 두 번째로 이 단어를 사용할 때, 분명히 문자적인 의미로 해석하고 있다.

회심은 어떤 이에게는 역사하는 반면 다른 이에게는 역사하지 않으시는, 하나님의 유효한 역사하심에 의한 것입니다. 하나님은 사람의 지성에 유효한 빛을 불가항력적으로 비추시고, 불가항력적으로 사람이 이끌리게 하십니다. 뿐만 아니라 반항적인 의지에도 그와 같이 역사하여 그가 자원하여 행하게 하십니다. 이 자유는 무언가를 해도 되고 안 해도 되는, 실체 없는 중립적인 어떤 것을 가리키지 않습니다. 그것은 하나의 '필연적인 결과(necessary consequence)'로서, 사람이 자신의 선택과 경향성을 따르는 의지를 가진 상태입니다. 이는 앞서 증명한 세 가지 논증에서 분명히 드러납니다.

첫째, 사람이 눈멀고 행할 바를 알지 못하며, 하나님을 향해 악의와 적개심을 품고 있으며, 말씀과 회심한 자들에게서 나타나는 하나님에 대한 모든 것을 혐오하고 반박하며, 전적으로 무능하고 약한 존재이며, 영적 생명에 대해 전적으로 죽은 존재라면, 그런 자는 회심할 때에 스스로 아무리 저항한다 하더라도 하나님의 유효한 역사를 거부할 수 없을 것입니다. 그는 자신이 바뀌는 것을 막지 못하며, 그 마음과 의지가 변화되는 데에 저항할 수도 없을 것입니다. 이는 마치 죽어 있는 자가 다시 살아난 후에 살아 있음을 거부할 수 없는 것과 같습니다. 그러므로 회심하게 하는 하나님의 전능하신 역사는 불가항력적입니다.

둘째, 사람이 회심에 수동적이며 하나님의 신적 역사의 수혜자이어서 전혀 협력하지 않았는데도 (앞서 논증한 대로) 회심했다면, 전능하며 모든 것을 굴복시키고 통찰하시는 하나님의 불가항력적인 역사로 말미암아 그가 변화를 받은 것입니다. 어떠한 행위를 수동적으로 수용하는 대상은 저항하거나 협력할 수 없습니다.

셋째, 회심과 관련해 하나님께서 전능한 능력으로 사람의 지성을 조명하고 그의 경향성을 이끄시며 사람의 의지에 직접 영향을 끼치고 변화시켜 원하지 않던 것을 원하도록 만드신다면, 이러한 하나님의 회심의 역사는 불가항력적입니다. 이미 앞서 설명한 대로, 이는 전능하신 역사, 창조적 행위, 생명을 낳는 행위, 죽은 자 가운데서의 부활, 마음의 변화, 돌 같은 마음을 제거하고 살 같은 마음을 주시는 하나님의 역사입니다. 사람을 회심시키는 하나님의 역사는 이처럼 불가항력적이고 전능하며, 모든 것을 굴복시키고 통찰합니다.

넷째, 부르심은 특정한 사람에게 영생을 주시려는 하나님의 목적을 따릅니다. 하나님은 이러한 목적으로 택함 받은 자들만을 회개와 믿음을 통해 영생에 참여하게 하십니다(본 서 1권 6장 참고).

"또 미리 정하신 그들을 또한 부르시고, 부르신 그들을 또한 의롭다 하시고, 의롭다 하신 그들을 또한 영화롭게 하셨느니라"(롬 8:30).

하나님께서 친히 택한 자들을 부르고 영원한 복락으로 이끄시는, 끊을 수 없는 사슬이 있다는 사실에 주목하십시오. 하나님이 그들을 '구원하사 거룩하신 소명으로 부르심은……자기의 뜻과 영원 전부터……그들에게 주신 은혜대로' 하심입니다(딤후 1:9 참고). 그러하기에 하나님께서 그들을 구원하려는 목적으로 부르셨다면, 하나님의 부르심의 능력에 저항할 수 없을 것입니다. 왜냐하면 하나님께서 자신의 목적을 성취하실 것이기 때문입니다. 하나님께서 목적하여 작정하신 것을 "누가 능히 폐할"(사 14:27 참고) 수 있겠습니까? 그러므로 부르심이 불가항력적이라는 것은 명백하고도 확고한 사실입니다.

지금부터 여기에 반박하는 주장들을 살펴봅시다.

반론 1

성경은 사람이 이러한 내적 부르심에 저항한다고 명백히 진술한다.

"내가 종일 손을 펴서 자기 생각을 따라 옳지 않은 길을 걸어가는 패역한 백성들을 불렀나니"(사 65:2).

"인자야 네가 반역하는 족속 중에 거주하는도다. 그들은 볼 눈이 있어도 보지 아니하고 들을 귀가 있어도 듣지 아니하나니 그들은 반역하는 족속임이라"(겔 12:2).

"예루살렘아 예루살렘아 선지자들을 죽이고 네게 파송된 자들을 돌로 치는 자여, 암탉이 그 새끼를 날개 아래에 모음같이 내가 네 자녀를 모으려 한 일이 몇 번이더냐? 그러나 너희가 원하지 아니하였도다"(마 23:37).

"너희도 너희 조상과 같이 항상 성령을 거스르는도다"(행 7:51).

> 답변

언급한 본문들은 내적 부르심이나 영적으로 변화(transformation)하는 순간, 또는 거듭남을 가리키지 않습니다. 반론의 요지는 성령의 역사를 거부할 수 있는지 없는지와 관련됩니다. 그러나 위의 말씀들은 오히려 외적 부르심과 칭의와 성화 및 영화를 위해 드려진 그리스도를 언급합니다. 우리는 택함 받지 못한 자가 외적 부르심을 거부한다는 사실을 기꺼이 인정합니다. 왜냐하면 육신의 생각은 하나님과 원수가 되기 때문입니다. 본성적인 사람은 하나님과 거룩함을 미워하며, 이러한 부르심을 거절하고 저항할 뿐입니다. 그러나 그런 사실을 근거로 하여, 거듭난 사람이 죽은 자를 살리며 반항하는 자를 자원하게 만드시는 성령의 강력한 역사를 거절할 수 있다고 결론지을 수는 없습니다. 우리는 그러한 주장을 부정하며, 위의 구절들 또한 그것을 말하지 않습니다. 외적 부르심과 내적 부르심의 구별에 관해서는 앞에서 진술한 내용을 참고하십시오.

반론 2

"너희에게 행한 모든 권능을 두로와 시돈에서 행하였더라면 그들이 벌써 베옷을 입고 재에 앉아 회개하였으리라"(마 11:21).

이 말씀은 사람이 스스로 회심할 수 있다고 시사한다. 그렇다면 회개는 사람이 임의로 자유롭게 선택할 수 있는 것이다. 따라서 회심은 하나님의 불가항력적인 권세로 일어나는 것이 아니라고 결론지을 수 있다.

> 답변

(1) 이 말씀은 참된 변화나 거듭남에 관해서가 아니라, 역사적 믿음에서 비롯되거나 기적에 반응하여 베옷을 입고 재를 덮어쓰는 행동, 즉 회심의 외적인 부분에 관해 이야기합니다.

(2) 또한 유대인들로 하여금 그들의 악함과 불신앙이 이교도에 비해 더욱 무책임한 것임을 깨닫게 하려고 과장하여 표현한 말씀입니다. 누가복음 19장 40절도 그와 같이 표현합니다.

"내가 너희에게 말하노니 만일 이 사람들이 침묵하면 돌들이 소리 지르리라 하시니라."

반론 3

"바리새인과 율법교사들은……그들 자신을 위한 하나님의 뜻을 저버리니라"(눅 7:30). 하나님의 뜻을 저버릴 수 있다면, 하나님의 뜻에 저항할 수도 있다.

답변

여기서 '하나님의 뜻'이란 하나님이 작정하신 바가 아니라, 어떻게 하면 하나님의 진노를 피할 수 있는지를 전하는 복음의 외적 부르심을 의미합니다. 이러한 외적 부르심에 저항할 수 있다는 데에는 전적으로 동의합니다. 모든 것을 굴복시키는 하나님의 불가항력적인 역사가 있기 전까지, 회심하지 않은 자들은 실제로 복음을 거부합니다. 반면 오직 택함 받은 자에게서는 하나님의 불가항력적인 역사가 나타납니다. 이들의 회심은 하나님께서 뜻하신 바이며, 어느 누구도 그것을 막을 수 없습니다.

남아 있는 반론들에 관해서는 이미 다루었습니다. 이어지는 두 장에서는 실제적인 적용을 다루겠습니다.

31

거듭남

지금까지 사람이 회심할 때에 하나님께서 행하시는 역사에 관해 숙고했습니다. 이제 이와 같은 하나님의 역사를 받아들이는 수혜자인 거듭난 사람에 관해 살펴봅시다.

거듭남의 정의

'거듭남'이라는 단어는 인간의 출생에서 유래하였습니다.[1] 그러나 이 말이 출생 자체만을 가리킨다고 이해해서는 안 됩니다. 그것은 잉태를 비롯해 태아의 성장과 출생 모두를 포함합니다. 우리가 회심이라고 생각하는 거듭남에 예비적 단계가 있기라도 한 것처럼, 거듭나기 이전에도 사람에게 생명이 있으리라고 생각해서는 안 됩니다. 회심 전에 사람은 생명이 없는 죽은 상태이며, 거듭남을 통해 생명을 얻습

---

1) 영역주 - '거듭남'을 뜻하는 네덜란드어는 'wedergeboorte'인데, 문자적으로는 '갱생(rebirth)'이라는 의미를 가지며, 거기에서 파생된 동사는 '다시 태어남(to be born again)'이라는 의미를 가진다. 그래서 아 브라켈은 거듭남을 인간의 출생과 관련짓는다.

니다. 죽음과 생명 외에 또 다른 상태가 없는 것처럼, 회심한 상태와 회심하지 않은 상태도 그러합니다.

비록 부르심, 거듭남, 회심, 성화를 하나에서 다른 하나로 진행해 가는 일련의 순서로 생각하여 구별할 수 있다 하더라도, 성경이 언제나 그렇게 구별하는 것은 아닙니다. 그보다는 이 모든 것들을 포함하여 어떤 한 단어로 표현합니다.

하나님의 공의가 거듭남을 요구한다기보다, 하나님의 뜻과 관련하여 거듭남이 반드시 일어난다고 할 수 있습니다. 하나님의 공의를 만족시키지 않고서는 어느 누구도 결코 구원을 받을 수 없습니다. 그런데 거듭남은 죄책을 만족시키거나 영생의 권리를 얻는 데에 전혀 기여하지 않습니다. 따라서 거듭남이 하나님의 공의와 충돌하지 않으려면, 택함을 받아 그리스도의 죽으심으로 화목하게 된 사람이 죽는 순간에 그를 완전한 상태와 영원한 복락으로 옮기는 것이 하나님의 기뻐하시는 뜻이어야 합니다. 이것은 출생하기 전이나 분별력이 있기 전에 죽은 자녀들에게도 해당됩니다. 오래 살았든 짧게 살았든 일찍 회심했든 늦게 회심했든 상관없이, 거듭난 사람은 모두 그가 죽는 순간에 비로소 온전해질 것입니다. 그러나 사람이 분별할 수 있는 나이에 이르렀는데도 이생에서 말씀을 통해 거듭나지 못했을 때에는, 그를 천국에 들이지 않는 것이 하나님의 뜻이자 지혜입니다.

거듭남의 필요성

거듭남이 필요하다는 것은 자명한 사실입니다.

첫째, 다음 성경 말씀들을 보십시오.

"예수께서 대답하여 이르시되 진실로 진실로 네게 이르노니 사람이 거듭나지 아니하면 하나님의 나라를 볼 수 없느니라……사람이 물과 성령으로 나지 아니하면 하나님의 나라에 들어갈 수 없느니라"(요 3:3,5).

"마음과 영을 새롭게 할지어다. 이스라엘 족속아 너희가 어찌하여 죽고자 하느냐?"(겔 18:31)

그러므로 새 마음을 받지 않은 자들은 죽을 것입니다.

둘째, 성경 전체를 살펴보십시오. 사람이 아무리 교양 있고 외적으로 종교적이라 할지라도, 거듭나지 않고서는 결코 구원받을 수 없습니다. 이스라엘의 선생으로서 책망할 것이 없었던 니고데모나 율법에 따라 흠잡을 데가 없었던 바울도 구원받기 위해서는 회심해야만 했습니다.

셋째, 사람이 거듭나지 않고서 어떻게 하나님과 교제할 수 있겠습니까? 사람의 본성은 흑암과 같고 악하며, 하나님을 대적하고, 부패함 그 자체입니다. 반면, 하나님은 빛이며 거룩하십니다. 또한 죄악된 사람은 하나님의 임재 가운데 거할 수 없습니다(시 5:5-7 참고). 따라서 사람이 하나님과 교제하기 위해서는 반드시 회심해야 합니다.

또한 하나님께서 언약 안에 있는 자들을 회심시키시리라는 것이 언약의 약속입니다.

"그러나 그날 후에 내가 이스라엘 집과 맺을 언약은 이러하니, 곧 내가 나의 법을 그들의 속에 두며 그들의 마음에 기록하여"(렘 31:33).

"또 새 영을 너희 속에 두고 새 마음을 너희에게 주되 너희 육신에서 굳은 마음을 제거하고 부드러운 마음을 줄 것이며, 또 내 영을 너희 속에 두어 너희로 내 율례를 행하게 하리니 너희가 내 규례를 지켜 행할지라"(겔 36:26,27).

그러므로 새 마음을 소유하지 않은 사람은 이 언약에 참여한 자가 아닙니다. 이 언약에 참여한 사람은 모두 새 마음을 받을 것입니다.

거듭남은 그리스도가 고난받고 죽으신 목적이기도 합니다.

"그가 우리를 대신하여 자신을 주심은 모든 불법에서 우리를 속량하시고 우리를 깨끗하게 하사 선한 일을 열심히 하는 자기 백성이 되게 하려 하심이라"(딛 2:14).

그러므로 그리스도가 공로로 얻으신 것에 포함된 자는 거듭날 것입니다. 하나님은 그리스도를 통해 의롭다고 칭하신 자에게 성화를 이루십니다.

거듭남 없는 구원은 생각할 수 없습니다. 거듭남은 본질적인 것이므로, 자신이 거듭났는지를 깊이 숙고해야 합니다! 본성상 인간은 거듭나지 않고 죽었으며 멸망의 길에 서 있기 때문입니다. 이러한 점에서 모든 이가 자신의 상태를 깊이 생각해야 합니다! '나는 거듭난 자들 중 하나인가?'라고 자문해야 합니다. 여러분 자신에게 '나는 이미 거듭났는가?'라고 질문해 보십시오. 답을 회피하지 마십시오. 두 가지 외에 다른 상태는 없습니다.

① 대부분의 사람들은 전적으로 악한 탓에 스스로에게 그러한 질문을 던지지 않습니다. 자신의 의지에 반해 마음속에서 그러한 질문이 생겨나더라도 답하지 않은 채 멀찍이 밀어 놓습니다. 그들에게 그런 생각은 불쾌하거니와, 중요하지도 않기 때문입니다. 또한 그런 것을 생각하다가는 그다지 좋지 않은 결과를 발견하게 되어 거추장스러워지리라는 사실을 분명히 알기 때문입니다. 그리하여 더 이상 죄 가운데서 기뻐할 수 없게 되는 것은 그들에게 어울리지 않기 때문입니다.

② 그와는 정반대로, 어떤 사람들은 자신이 이미 거듭났다고 상상합니다. 자신의 삶으로 거듭남을 보여 준다고 생각하면서, 그러한 삶에 구원이 뒤따른다고 여기기 때문입니다. 또는 자신이 회심하지 않았고 구원받지 않은 상태일 수도 있다는 다소 침울한 상황을 생각하고 싶어하지 않기 때문이기도 합니다. 누군가는 한때 죄책으로 두려워했다거나, 더럽고도 부끄러운 죄를 범한 것으로 슬퍼했다는 사실에 근거하여 자신이 거듭났다고 생각할 수도 있습니다. 그때 용서해 달라고 기도한 후, 지금은 전에 탐닉했던 죄를 삼가고, 교회에 부지런히 출석하며, 책망할 것이 없도록 살아간다는 것입니다. 그들은 여전히 죄 가운데 거하면서도 그렇게 확신하며 평안히 잠자리에 듭니다.

③ 사려 깊은 이들은 스스로를 기만하려 들지 않습니다. 그들은 염려하지만, 거듭남의 본질을 잘 알지 못하여 결론에 도달하지 못합니다. 이는 자신의 상태와 자신에게 일어난 일들을 알 만한 충분한 빛을 가지지 못했기 때문이기도 합니다.

지금부터 이러한 모든 사람들이 그 빛 아래에서 자신을 살필 수 있도록 거듭남의 본질을 설명하겠습니다. 그리하여 회심하지 않은 자는 자신의 죄를 깨닫고 거듭나기를 구하기를 바랍니다. 또한 회심한 자는 자신의 거듭난 상태를 인식하고 즐거워하며, 거듭남을 드러내도록 각성하며, 자라 가기를 바랍니다.

거듭남 교리에 관하여

거듭남에 관하여 다음의 여섯 가지 측면을 논증하겠습니다.
① 거듭남은 하나님에 관한 자연적 지식이 산출하는 것과는 본질적으로 다른 본성을 산출함
② 거듭남을 통해 변화되기 이전의 사람의 상태와 변화된 이후의 사람의 상태
③ 거듭남의 방편
④ 거듭남이 일어나는 다양한 방식
⑤ 거듭남이 일어나는 다양한 연령대
⑥ 거듭남의 열매들

하나님에 관한 자연적 지식과 본질적으로 다른 것을 산출함

거듭남을 통해 발생하는 영적 생명은 본성의 빛이나 하나님 말씀에 관한 외적 조명으로 산출되는 덕행과는 성질이 완전히 다르다는 사실에 주의해야 합니다. 거듭남이 사람으로 하여금 그저 죄를 더 짓지 못하도록 작용하거나 선을 더 많이 행하도록 자극한다는 식의 정도 차이가 아닙니다. 그런 생각은 자연인의 공상에 불과합니다. 그런 생각 때문에 자신이 거듭났다고 쉽사리 착각하게 됩니다. 실제로 그 차이는 본성과 본질에 관한 것입니다(본 서 30장 참고).

거듭남을 통해 변화된 사람의 상태

거듭남은 죽음에서 생명으로 옮겨진 것입니다.
① 먼저 거듭나기 이전의 상태, 곧 영적으로 죽은 상태에 관해 알아봅시다. 육체적 죽음은 영혼과 몸이 분리되는 것이며, 영적인 죽음은 영혼이 하나님과 분리되는 것입니다. 하나님은 인간을 오직 하나님 안에서 참된 기쁨과 만족을 얻을 수 있게끔 창조하셨습니다. 이러한 목적을 가지고, 하나님은 사람에게 자신을 알리셨으며, 타락 이전에 사람으로 하여금 하나님과 더불어 교통하며 살도록 하셨습니다.

타락 이후에 사람은 하나님으로부터 완전히 분리되었습니다. 그는 하나님을 알지도, 구하지도, 사랑하지도 않게 되었습니다. 하나님은 더 이상 사람이 기뻐하고 경외하며 순종하는 대상이 아니었습니다. 이처럼 하나님과 분리된 사람은 그 상태로 남기를 원했으며, 분리된 상태에 있을수록 그것을 더욱 즐기게 되었습니다. 이 세상에 속한 것들에서 즐거움을 찾을 수 있는 한 그것으로 만족했습니다.

"이스라엘의 거룩하신 이를 우리 앞에서 떠나시게 하라 하는도다"(사 30:11).

"우리를 떠나소서 우리가 주의 도리 알기를 바라지 아니하나이다"(욥 21:14).

하나님을 떠난 사람은 기회가 있을 때마다 자신의 본성과 습성에 따라 오직 피조물에서 기쁨을 찾습니다. 그들의 눈에는 세상에 속한 것들이 영광스럽고 즐거우며, 구하고 추구할 만하게 보입니다. 사람에게는 지성과 의지와 정서라는 영혼의 요소가 있는데, 이것들은 만족과 즐거움을 얻을 수 있는 대상을 필요로 합니다. 살았는지 죽었는지는 자신이 몰두하는 대상에 따라 결정됩니다. 만일 하나님과 하나님을 바르게 아는 지식이 몰두하는 대상이라면, 그에게는 영적 생명이 있을 것입니다. 그가 추구하는 것이 화려한 것이든 창조된 생명이든 하나님 외에 다른 것이거나 하나님을 거스르는 것이라면, 그 사람은 영적으로 죽은 자입니다. 따라서 모든 사람은 영적으로 죽은 존재입니다.

"그들의 총명이 어두워지고……하나님의 생명에서 떠나 있도다"(엡 4:18).

"세상에서 소망이 없고 하나님도 없는 자이더니"(엡 2:12).

"허물로 죽은 우리를 그리스도와 함께 살리셨고"(엡 2:5).

영적인 죽음에는 영원한 사망이 뒤따릅니다.

"죄의 삯은 사망이요"(롬 6:23).

그러한 자들에게는 둘째 사망이 그 권세를 발휘합니다(계 20:6 참고). 택함 받은 자들은 거듭남을 통해 이러한 상태에서 건짐을 받습니다.

② 거듭난 사람들은 영적 생명으로 옮겨져 하나님과 교통하는 상태가 됩니다. 하나님은 한 영혼을 거듭나게 하실 때, 그 사람의 마음에 빛을 비추어 자신의 비참함, 곧 하나님과 분리되고 하나님께 순응하지 않으며 하나님의 진노 아래 처해 있

는 모습을 보게 하십니다. 반면에 하나님을 바라보며 하나님과 화목하게 되고 하나님과 더불어 사귀면서 살며 하나님을 사랑하고 경외하는 데에 모든 구원과 기쁨과 즐거움과 복락이 있다는 사실을 보게 하십니다. 영혼의 행복은 이러한 사실을 얼마나 명료하게 알고 있는지, 그리고 그 모든 것을 얼마나 즐거워하는지에 따라 측정됩니다. 거듭난 결과, 그리스도가 거듭난 자의 영혼에 거하시며(갈 2:20 참고), 그 영혼은 하나님과 하나 되며(요 17:21 참고) 동행하고(창 5:22 참고), 주의 얼굴 빛 안에서 다니며(시 89:15 참고), 주 안에서 충만한 기쁨을 얻게 됩니다. 거듭난 영혼이 하나님을 가까이하고 그분을 자신의 분깃으로 삼는 것은 선한 일입니다(시 73:26,28 참고). 거듭남을 통해, 하나님께서 그들에게 사랑과 경외와 순종의 대상이 되시고, 그들은 "하나님 안에서"(요 3:21) 선하게 행합니다. 그러므로 그들은 성령으로 살며, 성령 안에서 행합니다(갈 5:25 참고).

거듭남의 방편

사람이 거듭나게 되는 방편을 반드시 숙고해 보아야 합니다. 말씀을 읽든지 듣든지, 아니면 어찌하든지, 하나님의 말씀만이 사람이 말씀에 계시된 진리를 아는 지식에 이르는 길입니다.

"자기의 뜻을 따라 진리의 말씀으로 우리를 낳으셨느니라"(약 1:18).

"너희가 거듭난 것은 썩어질 씨로 된 것이 아니요 썩지 아니할 씨로 된 것이니 살아 있고 항상 있는 하나님의 말씀으로 되었느니라"(벧전 1:23).

하나님은 실제로 외적인 방편들을 사용하십니다. 불안을 야기해 사람들이 주님께로 나아오도록 이끄시기도 합니다. 가난, 국가나 가정 또는 개인에게 임하는 특별한 심판, 죽음 및 죽음을 초래할 위험에 대한 염려, 환상을 본 것 같은 꿈이나 비현실적인 생각, 특별한 구출이나 현세적인 번영, 다른 이들의 경건함이나 그들이 보여 주는 서로 간의 사랑, 그 밖에도 많은 사건들이 있습니다. 그러나 이러한 것들은 회심하게 하는 방편이 아니라, 단지 그들을 말씀으로 이끌고 누그러뜨리며 유순하게 만드는 방편일 뿐입니다. 그러므로 오직 하나님의 말씀만이 유일한 방편입니다. 구원의 도에 관한 지식에 이르지 못한 자의 회심은 참된 회심이 아닙니다.

거듭남이 일어나는 다양한 방식

거듭남이 일어나는 방식에 관해 숙고해 봅시다. 이는 매우 다양합니다.

① 어떤 이들은 한순간에 매우 갑작스런 방식으로 회심합니다. 삭개오, 십자가에 달린 강도, 오순절의 많은 이들, 빌립보 감옥의 간수 등이 그러했습니다. 그러나 모든 이들에게 회심이 이처럼 급격하게 일어나지는 않습니다.

② 어떤 이들은 율법이나 죽음, 정죄에 직면할 때에 심한 공포를 느끼고 경악하면서 회심합니다. 오순절의 많은 이들이나 빌립보 감옥의 간수가 이에 해당합니다(행 16:27 참고).

③ 어떤 이들은 매우 복음적인 방식으로 회심합니다. 중보자이신 예수 그리스도의 구원과 충만함이 영혼을 압도하고, 복음의 은총에서 오는 달콤함이 그 영혼을 가득 채워, 자신의 죄를 두려워할 여유조차 없습니다. 말하자면, 그들은 복음에 삼킨 바 되어 삭개오처럼 기쁨으로 예수님을 영접합니다(눅 19:3,10 참고).

④ 주님은 어떤 이들에게 진리에 관한 안목을 허락하여 그들이 매우 정적인 방식으로 회심하게 하십니다. 그들은 자신의 죄악, 그리스도와 상관없는 자로서의 비참함, 언약에 참여한 자들의 구원, 마찬가지로 복음을 통해 그들에게 제시된 그리스도의 진실하심을 조용히 인식합니다. 이처럼 진리를 깨달아 점차 조금씩 변화되고 진리에 순종하며, 진리를 아는 데에 따르는 결과를 믿고, 마음을 깨끗이 합니다(벧전 1:22 참고). 그들은 비통한 슬픔이나 황홀한 기쁨을 경험하지는 않습니다. 그들은 그들의 비참함과 그리스도 안에서 얻는 구원 및 그리스도를 영접하고 신뢰하는 것에 관한 진리에서, 그리고 그 진리를 달콤하게 받아들이는 데에서 기쁨을 얻습니다. 보통 이러한 사람들이 가장 한결같고도 견고한 그리스도인으로 섭니다.

⑤ 어떤 이들은 슬픔과 기쁨, 믿음과 불신, 반목과 승리, 실족과 다시 일어섬 사이를 오가면서 점진적으로 회심합니다. 이것이 대부분의 사람들이 회심할 때에 주님께서 일반적으로 행하시는 방식입니다. 여기서 사용된 '점진적'이라는 단어는

포괄적이고도 광범위한 의미에서 회심을 일컫습니다. 곧 죄를 처음 깨닫게 된 것부터 의식적으로 그리스도를 영접하게 된 것까지를 말합니다. 회심(거듭남)이 한순간에 일어난다는 것은 분명한 사실입니다. 왜냐하면 영혼이 사망에서 생명으로 즉각 옮겨지기 때문입니다. 죽은 것과 살아 있는 것 사이에 중간 상태는 없습니다.

이렇게 회심하는 방식이 가장 일반적이므로, 이러한 회심의 시작과 진행과 결과를 숙고하면서 거듭남의 방식을 더 자세히 다루어 보겠습니다. 이러한 방식에 따라 자신을 점검해 볼 수 있을 것입니다.

다만 자신의 회심이 이러한 형식대로 일어나지 않았거나 다른 사람이 회심한 방식과 일치하지 않는다고 해서 회심의 방식에 관해 염려할 필요가 없음을 미리 말해 둡니다. 여러분의 회심이 참되다면 문제 될 것은 없습니다. 그러므로 여러분의 회심이 전혀 읽어 보거나 들어 본 적 없는 방식으로 일어났다 하더라도, 그것을 염려하며 동요하지 마십시오. 하나님의 길은 신비스러우므로, 일반적인 회심의 방식 속에서도 다른 사람에게 알려지지 않은 것을 경험하기도 합니다. 그러나 우리는 하나님께서 인도하시는 모든 섭리와 방법을 자주 숙고해 보아야 합니다. 그리하면 하나님을 경배하고 영화롭게 하며 자신의 영적 상태를 확증할 만한 근거를 발견할 것입니다.

하나님께서 죄인을 회심시키시는 일반적인 방식

일반적으로 이루어지는 회심의 방식을 숙고해 봅시다. 특정한 목적지를 향해 걷는 어떤 무리를 상상해 보십시오. 그렇게 걷고 있는데, 누군가가 그들에게 이렇게 외칩니다. "여러분은 잘못된 길로 가고 있습니다. 그 길은 여러분이 선택한 목적지로 인도해 주지 않습니다. 더는 나아가지 마십시오. 조금만 더 가면, 여러분을 강탈하고 살해할 무리를 만날 것입니다. 저에게로 오십시오. 제가 이 길 대신에 여러분이 바라는 목적지에 확실하고도 안전하게 다다르는 길로 인도하겠습니다."

어떤 이들은 그가 외치는 소리를 듣고서도 그 말을 이해하지 못합니다. 그들은 가다가 멈추어 그가 뭐라고 말하는지를 확인해 볼 가치가 없다고 여기는 까닭에 그대로 가던 길을 갑니다. 어떤 이들은 그가 부르는 소리를 듣고 이해하지만, 자신도 그와 마찬가지로 그 길을 알며 이미 바른 길을 걷고 있다고 확신하면서 오히려 그를 비웃습니다. 그들은 자신이 걷는 길이 안전하며 위험하지 않다고 여겨 여전히 그 길로 행합니다. 어떤 이들은 자신이 나아가야 할지 돌이켜야 할지를 고민합니다. 그러고 나서 계속 나아가기로 결정하거나, 이 길로 갈지 저 길로 갈지를 고민하면서 밤이 되도록 머뭇거립니다. 또 어떤 이들은 외치는 소리에 즉각 반응하여 얼른 그 길에서 돌이킵니다. 그런데 그 길이 너무나 험한 탓에 얼마 지나지 않아 다시 고민하기 시작합니다. 그들에게는 처음의 길이 훨씬 더 즐거운 길이었습니다. 그래서 그들은 새로 들어선 길을 떠나 처음에 걸었던 길로 돌아갑니다.

한편 어떤 이들은 그 사안을 숙고하며, 외치는 자가 진실하고 지식 있는 자임을 알고 그를 믿습니다. 그들은 임박한 위험을 염려하며, 그 길이 다소 어려워 보일지라도 자신이 원하는 곳으로 곧장 인도할 것임을 깨닫습니다. 그래서 자신이 처음 걸었던 길에서 완전히 떠납니다. 그들은 안내자를 충실히 따라가 자신이 소망하는 목적지에 다다릅니다. 반면 다른 이들은 그 목적지에 이르지 못합니다. 이것은 하나의 비유에 지나지 않지만, 회심이라는 사안에 한 치도 어긋나지 않게 적용됩니다.

사람의 회심은 이와 같이 일어납니다. 하나님은 복음 사역 아래 있는 모든 사람들을 불러 그들의 멸망을 경고하고 구원으로 초청하며, 길 되시는 예수 그리스도를 계시하십니다. 많은 사람들이 여기에 주목하지 않고, 자신에게 전혀 해당하지 않는다고 여깁니다. 어떤 이들은 잠시 듣다가 이전의 길로 나아갑니다.

또 어떤 이들은 성령의 일반적인 역사를 경험하고서 확신합니다. 이를 일반적이라고 일컫는 것은 택함 받은 자와 회개하지 않는 자가 모두 그 역사에 참여하기 때문입니다. 여기에는 인간의 비참함을 일반적으로 자각하는 것, 구원과 형벌에 대해 어떤 개념이나 인상을 형성하는 것, 하나님의 진노를 두려워하는 것, 주 예수님을 아는 것, 믿음의 신비를 깨닫는 것 등이 있습니다. 그들은 하나님의 자녀 된 상태를 귀히 여기며, 그 가운데 속하기를 원합니다. 그리하여 회개하고 기도하며 하나님의 말씀을 읽고 역사적인 믿음을 행사하며 경건한 자들과 연합하고 세상에 넘치는 부패를 피하고자 하는 내적인 동요가 일어납니다.

이러한 내적인 동요는 택함 받은 자뿐만 아니라 회개하지 않은 자들에게서도 발견됩니다. 거듭나기 위해 준비될 택자들은 이러한 내적인 동요를 더욱 강력하게 경험합니다. 그러나 이렇게 내적으로 동요한다 하더라도 그들은 여전히 죽어 있는 상태이며, 이렇게 동요하지 않았던 때보다 생명에 조금 더 가까워졌다고 할 수도 없습니다. 이러한 예비적 단계는 생명에 속한 초기 단계가 아니며, 사람에게서 비롯되지도 않습니다. 그것은 사람 안에서 행하시는 하나님의 역사입니다.

부르심을 받은 많은 이들이 벨릭스가 경험했던 두려움이나 아그립바의 확신, 사울 왕의 뉘우침이나 바로에게서 나타났던 변화보다 더 나아가지 못합니다. 이는 마치 "개가 그 토하였던 것에 돌아가고 돼지가 씻었다가 더러운 구덩이에 도로 누웠다"(벧후 2:22) 하는 것과 같습니다. 이처럼 그들은 자신의 옛 방식을 지속합니다.

또 어떤 이들은 그 진리를 기쁨으로 받아들이고 빠르게 성장합니다. 그러나 겉으로는 경건하게 보여도, 그들에게는 뿌리가 없고, 참된 열매도 없습니다. 그들은 자신에게 유익한 범위에서 경건한 자들과 어울리며 경건을 연습할 것입니다. 그러나 말씀 때문에 핍박을 받거나, 경건의 도를 저버림으로써 존영과 이익을 더 많이 얻을 수 있다면, 그들은 이 길을 떠날 것이며, 때로는 가장 지독한 원수가 되기도 할 것입니다.

택함 받은 자들의 영혼의 활동

① 한편 택함 받은 자들에게서 나타나는 성령의 일반적인 역사는 회심을 목적으로 삼습니다. 그러므로 앞서 언급한 활동이 더욱 견고해집니다. 그들의 영혼은 간혹 완전히 활동을 멈춘 것처럼 보이지만, 여전히 무언가가 남아 있어서 다시금 활동하기 시작합니다. 죄에 대한 확신이 매우 빈번하게 찾아올 텐데, 그 깊이와 정도가 더욱 깊고 심각할 것입니다. 어떤 이들은 정죄 받는 생각만 해도 두려워서 '머리가 쭈뼛 설' 것입니다. 그들은 구원과 사죄를 바라며, 하나님과 누리는 화목과 화평, 하나님의 사랑, 하나님을 새롭게 아는 데서 비롯되는 경외와 사랑과 순종을 바라고, 하나님을 영화롭게 하기를 간절히 원합니다. 그런 것들이 없으면, 그들의 영혼은 잠시도 평안을 누리지 못합니다. 그들이 여러 상황들이나 육체의 정욕 때문

에 잠시 잊어버린다 하더라도, 그 소원들 자체는 그들의 마음속 깊이 남아 있습니다. 그들이 더욱 절박해지면, 그것이 수면 위로 다시 드러날 것입니다. 그리고 구원과 관련된 모든 것을 박탈당한 자신을 발견하고는, 무슨 대가를 치르더라도 반드시 그것을 얻고자 할 것입니다.

② 이처럼 불안과 소망을 함께 지닌 자들은 (비록 진리 안에서 적절한 가르침이나 올바른 지도를 받지 못하더라도, 또는 하나님의 말씀의 교훈보다 자신의 본성적 성향을 따르더라도) 대부분 기도와 눈물로 죄를 삼가는 데에 전념할 것입니다. 이러한 일들이 악하므로 해서는 안 된다고 말하려는 것이 아닙니다. 문제는 이 모든 일들이 마치 하나님을 감화시켜 구원을 얻으려는 듯, 올바르지 않은 목적으로 이루어졌다는 것입니다. 그들은 그 일이 사람이 아니라 하나님 편에서 시작된다는 사실을 알지 못합니다. 또한 하나님께서 거룩하고 공의로우셔서 여전히 가증스럽고도 혐오스러운 죄인에게 은혜의 선물이 아니라 진노를 내리실 수밖에 없다는 사실을 알아차리지 못합니다. 그러한 죄인들은, 자신이 먼저 하나님을 구하고 기도하며 죄에 맞서 열렬히 싸웠는데도 계속 죄를 짓고 넘어지며 자신의 길을 굽게 하고 있음을 깨닫고서, 당혹스러워하며 낙심할 것입니다. 그들은 자신을 향한 하나님의 은혜로운 성향을 믿고, 자신의 선행으로써 그 은혜를 획득하여 새롭게 변화되고자 하였습니다. 그래서 그들은 사람을 대하듯이 하나님을 대합니다. 하나님께서 사람인 것처럼, 그 활동의 원인을 하나님께로 돌리면서도 정작 은밀하게는 스스로가 그것을 주도하며, 자신의 활동에 따라 모든 것이 결정된다고 여깁니다. 이러한 생각은 한동안 지속될 수 있습니다.

③ 이러한 사람들은 자신이 직면한 문제들을 더 깊이 꿰뚫어 보게 될 때, 자신의 모든 기도와 선행으로는 하나님의 도우심을 끌어내거나 그분을 기쁘시게 할 수 없다는 사실을 깨닫습니다. 실상은 오히려 모든 것이 전적으로 죄악되며, 하나님의 진노를 받기에 마땅함을 알게 됩니다. 그제야 그들은 절망하며, 결코 구원받을 수 없으리라고 생각하기 시작합니다. 바로 이 시점에, 사탄이 은밀하게 공격하기 시작합니다. 다음과 같이 수많은 불신과 비참한 생각들이 그들의 마음속에서 일어납

니다. '이제 너무 늦었다. 너는 은혜의 때를 허비해 버렸다. 너는 너무 오랫동안 죄를 지은 데다가 너무나 지독한 죄를 범했다. 그런 죄를 짓지 않았더라면 은혜를 어느 정도 바랄 수 있었을 테지만, 이제 너에게는 아무런 소망이 없다. 너는 성령을 거슬렀다. 그러한 죄는 사함을 받지 못한다. 아마도 너는 택함 받지 못했을 것이며, 따라서 그 모든 것이 부질없다. 너의 노력들도 모두 부질없으며, 더는 아무런 소망도 없다.'

과연 이것이 모두 사실입니까? 이 모든 것들이 인간적인 생각은 아닐까요? 게다가 때때로 악한 생각과 하나님을 교묘하게 모독하는 생각마저 들지 않습니까? 영혼은 이러한 것들에 심히 억눌려 단념하고 싶어하며, 실의에 잠겨 자신의 모든 노력을 중단하고 싶어합니다.

④ 더 나아가 이제 그들은 하나님과 화목하게 되지 않고서는 하나님을 섬길 수도 없고 그분에게서 아무 은혜도 받을 수 없다는 사실을 분명히 깨닫습니다. 그들은, 하나님께서 죄에 대해 내리시는 현세와 내세의 영원한 형벌을 받음으로써 하나님의 공의를 온전히 만족시키지 않고서는 하나님과 화목할 수 없다는 사실을 알게 됩니다. 또한 완전한 거룩함이 구원을 이루는 요소임을 이해합니다. 그들은 자신이 그 어떤 것도 행할 수 없으며, 따라서 자신의 편에서는 절망뿐임을 마음으로 깨닫기 시작합니다. 그리하여 새로운 당혹스러움이 일어납니다.

⑤ 이러한 상태가 되면, 그들은 보증의 필요성을 깨닫기 시작합니다. 그리고 예수 그리스도(이전에는 그들에게 이름뿐이었으나)의 어떠함, 곧 그분의 본성과 직분, 그분의 낮아지심과 높아지심을 주목하여 배우기 시작합니다. 그들은 예수 그리스도가 합당한 보증이 되신다는 사실을 인정하게 됩니다. 즉, 그분이 죽으심으로써 인간(죄악뿐인)을 하나님과 화목하게 하실 수 있으며, 그들에게 지혜와 의와 거룩함과 구속함과 영원한 구원이 되실 수 있음을 알게 됩니다. 그들은 주 예수님을 구세주로 모신 사람들이 누리는 행복을 지극히 위대하게 여깁니다. 오, 주님께서 기꺼이 그들에게 그러한 구주가 되어 주실 수만 있다면! 그러나 그들은 그와 반대일까 봐 두려워합니다. 심지어 그들은 자신이 예수님을 구주로 모시고자 하는 만큼

예수님께서 자신을 받아 주기만 하신다면, 가장 확실하게 구원을 얻을 수 있으리라고 생각합니다.

⑥ 그들은 때때로 일정한 소망을 품습니다. 설교를 듣거나 하나님의 말씀을 읽을 때, 기도하거나 대화를 나눌 때, 또는 교훈을 주는 책을 읽거나 일상에서 일어나는 어떤 일들을 접할 때, 이따금 용기를 북돋워 주는 감화를 깨닫습니다. 그들은 이러한 소망을 통해 다시금 의욕을 가지게 됩니다. 그러나 그들은 자신의 힘으로 하나님을 감동시키려는 잘못된 목적으로 향합니다. 그런 목적으로 주의 깊게 죄를 경계하며 기도에 힘쓰기로 결심합니다. 그리하면 그리스도께서 감동하여 자신을 긍휼히 여겨 받아들이시리라 기대합니다. 그러나 주님은 그들의 전적인 무능을 들추어내시고, 무엇보다 (이전에는 그들이 깨닫지 못했던) 그들의 율법적인 영성과 그들의 영성 없음을 드러내십니다. 그들은 그 어느 때보다도 자신이 영적인 문제에 무지함을 깨닫습니다. 그들이 죄의 혐오스러움은 물론 자신의 역겨움과 가증스러움을 알고, 자신이 용납받을 수 없으며 전적으로 무능력한 존재라는 사실을 알 때까지, 그리고 이에 비추어 자신이 벌레같이 하찮으며 그 체질이 방탕한 아들과 같다는 사실을 알 때까지, 주님은 그들이 자신의 길을 가도록 내버려 두십니다. 그리하여 그들은 스스로 노력하는 데에 완전히 용기를 잃어버립니다.

⑦ 이처럼 깊은 구렁텅이에 빠진 그들은, 오직 하나님의 은혜로운 개입을 기다리는 것 외에 할 수 있는 일이 없습니다. 그리스도를 향한 모든 선한 생각과 행함, 은혜를 바라면서 하늘을 향해 눈을 들었던 모든 시간, 지극히 작은 눈물이나 하찮은 한숨조차도 하나님의 선하심의 표지로 인정하게 됩니다. 그리고 여태껏 그러한 것을 대수롭지 않게 여긴 것으로 몹시 슬퍼할 것입니다.

⑧ 더 나아가 주 예수님께서 복음을 듣는 모든 이들, 곧 '누구든지 나아오려는 자'들을 부르신다는 사실에 관한 지식과 믿음이 점차 커집니다. 그들은 예수님께서 자신에게로 나아오는 자들을 결코 내쫓지 않으신다는 약속과 더불어, 자신이 '직접' 부르심 받았다는 사실을 깨닫습니다. 그리하여 다시금 소생할 수 있다는 소망을 품으며, 더욱 순전하게 주목합니다. 예수님께로 돌이키며, 그분을 바라보고 사

모하며 갈망합니다. 그 모든 것이 값없는 은혜요 자신은 무능한 존재임을 알기에, 조용하고도 차분하게 그분을 기다립니다. 더욱 자유로워지고 믿음으로 예수님을 영접하게 되며, 주저하지 않고 예수님께 온전히 순복함으로써 그분을 온전히 의지하게 될 때까지 (때로는 소망으로, 때로는 분투함과 슬픔으로) 그와 같이 행합니다. 그리하여 그들은 자신의 보증 되신 그분을 믿음으로 영접하고, 그분의 거룩함과 속죄하심을 따라 하나님께로 나아갑니다. 그들은 죽은 자 가운데서 부활하신 예수 그리스도를 반석으로 삼아 스스로에게 질문합니다. "그리스도께서 나의 보증이 아닌가? 그분이 내 모든 죗값을 지불하시지 않았는가? 나는 이제 주님과 화목하게 되지 않았는가? 그렇다면 주님께서 이제 은혜 가운데 나를 받아 주시지 않겠는가?"

또한 하늘로부터 임한 변함없는 음성 같은 하나님의 말씀에 나타난 그분의 약속을 바라봅니다. 그래서 성경 전반에 나타난 복음의 약속들을 품기도 하고, 특정한 성경 말씀을 마음에 강하게 적용하기도 합니다. 믿음을 통해 그 약속들을 하나님의 응답으로 듣고, 자신의 마음에 이미 이루어진 것으로 적용합니다. 왜냐하면 자신 안에서 말씀에 언급된 영적 체계를 발견하기 때문입니다. 따라서 그들은 자신이 의롭다하심을 받았고, 죽은 행실로부터 양심이 깨끗해졌으며, 예수 그리스도를 통해 하나님과 화평을 누리게 되었다는 사실을 깨닫습니다. 그들은 이것을 명료하거나 모호한 가운데, 치열하거나 느슨한 분투 가운데, 많거나 적은 평안과 위로 가운데 경험합니다. 그들은 이것이 상상이나 스스로를 기만한 결과가 아님을 확신합니다. 도리어 이 모든 것이 참된 진리이며, 자신의 영적 체계가 하나님의 말씀에 합치한다는 사실을 확신합니다. 때로는 그들이 하나님의 자녀임을 그들의 심령에 증언하시는 성령의 인 치는 권세로 이 모든 일이 이루어지기도 합니다. 이러한 동인으로부터 하나님과 예수 그리스도를 향한 사랑이 발생합니다. 그리고 그 사랑은 다시금 참된 거룩함을 추구하고 죄를 철저히 피하며, 세상 및 자신의 정욕과 의지를 부인하고, 여러 미덕을 주의 깊게 따르고자 하는 마음을 낳습니다. 그리하여 이 모든 것을 통해 주님 곧 자신과 화목하게 되신 아버지를 기쁘시게 하고자 합니다.

반복적인 믿음의 행사

그리스도의 속죄와 그분의 거룩함을 적용하는 것은 단 한 번 일어나는 일이 아닙니다. 마치 그것이 한 번으로 끝나는 것처럼 한편에 제쳐 둔 채 부지런히 성화에 힘쓰려 해서는 안 됩니다. 오히려 신자들은 날마다 이를 실천해야 합니다. 믿음을 행사한다고 하여 또다시 은혜가 전혀 없는 자인 것처럼, 또는 처음 믿을 때와 동일한 방식으로 그리스도를 믿고 영접하는 것처럼 하는 것이 아닙니다. 그것은 그리스도 안에서 지속적으로 사는 것이며, 결코 완전히 이해할 수 없는 구속의 도를 항상 더욱 깊이 헤아리는 것입니다. 그러한 사람들은 대개 이전에는 알지 못했던, 그러나 지금은 그들의 마음을 감화하여 하나님께 감사하며 그분을 경배하고 찬양하게 하는 무언가를 깨닫게 됩니다. 신자가 죄로 말미암아 자기의 영적 상태와 양심의 평안을 선명히 지각하지 못할 수 있습니다. 그러하기에 우리로 하여금 칭의를 얻게 하시는 그리스도를 끊임없이 적용해야 합니다. 그리스도를 영접함으로써 신자의 영적 상태와 내적 평안이 더욱 견고해집니다.

그들이 은혜의 상태에서 떨어지기를 반복한다는 의미가 아닙니다. 다만 은혜에 첫발을 내디딘 많은 연약한 이들은 자신의 약한 믿음과 오랜 시간 황폐해져 온 영적 상태, 반목과 무감각, 다시금 강하게 일어선 죄, 또 다른 부정적인 환경들 때문에, 이전에 행했던 모든 믿음의 실천들이 전혀 올바르지 않았고, 자신이 은혜의 상태에 있었던 적이 없으며 결코 거듭나지 않았다고 부정하는 자리에까지 나아갑니다. 말하자면, 그러한 사람들은 처음부터 시작해야 합니다. 반면 더 성숙한 사람들은 믿음을 날마다 적용함으로써 하나님께 지속적으로 자유롭게 나아가며, 하나님과 누리는 화평을 쉼 없이 즐거워하고, 그리스도와의 연합에서 흘러넘치는 사랑으로 되살아나며, 그 사랑이 동기가 되어 성화의 자리로 나아갑니다.

믿음과 거듭남의 관계

첫 번째 믿음의 행위가 있기 이전에 그 사람은 신앙의 예비적 실천이 얼마나 많든 관계없이 영적으로 죽은 사람입니다. 여기서 '예비(preparation)'라는 말을 영적 생명의 초기 요소를 가리키는 것으로 이해해서는 안 됩니다. 그것은 우리가 말하려는 바와 거리가 멉니다. 단지 예비적 단계에 있는 사람은 죽은 자이며, 계속 죽어 있는 상태입니다. 따라서 그의 행실이 아무리 덕스럽게 보여도 하나님을 기쁘시게 할 수 없습니다. 영혼은 처음 믿음을 행사할 때에 처음으로 생명의 원리를 얻게 됩니다. 시간 순서로 보면 믿음과 영적 생명은 동시에 시작되지만, 은혜의 순서로 보면 믿음이 생명의 출처로서 거듭남보다 선행합니다.[2] 영혼의 생명이신 그리스도와의 연합을 떠난 영적 생명은 없습니다. 믿음은 그리스도와 연합하는 방편입니다. 이것은 자기 부인과 거룩함을 먼저 구하는 자들의 어리석음을 드러냅니다. 그러한 자들은 절대 거듭나지 못할, 심각한 위험에 처해 있습니다.

누군가가 거듭나는 첫 순간을 어떻게 알 수 있느냐고 묻는다면, 저는 믿음의 처음 행위를 통해 알 수 있다고 답하겠습니다. 더 나아가 믿음을 처음 행사하는 시점을 반드시 알아야 하며 알 수 있느냐고 묻는다면, 저는 그 시점을 반드시 알 필요는 없으며 확실하게 알 수도 없다고 답하겠습니다. 죄에 대해 처음으로 심각하게 자각하기 시작했다면, 아직 믿음을 가지지 못했을 개연성이 큽니다. 의식적으로, 그리고 마음 깊이 우러나는 태도로 믿음을 처음 행사할 때에 믿음이 시작된다고 판단한다면, 믿음의 시작을 너무 늦게 잡는 것입니다. 왜냐하면 그는 십중팔구 그 이전에 믿음을 소유했을 것이기 때문입니다. 그러므로 저는 믿음이 시작되는 시점과 거듭남이 일어나는 때를 정확히 알 수 없으며, 안다고 해도 극히 드문 경우라고 주장하는 바입니다. 또한 그 순간을 알 필요가 없습니다. 자신의 믿음과 거듭남이 하나님의 말씀과 자신의 마음과 행실을 올바르게 아는 데서 나온 합당한 근거 위에 있다면, 그것으로 충분합니다. 이에 대해서는 다음에 논의하겠습니다.

우리는 여기에서 묘사한 일련의 순서에 따라 영혼 안에서 이루어진 한 행위에 다른 행위가 뒤따른다고 주장해서는 안 됩니다. 이는 단지 두 행위를 동시에 표현

---

[2] 영역주 - 이 진술을 마치 아 브라켈이 믿음의 행사가 거듭남보다 선행한다고 가르치는 것처럼 이해해서는 안 된다. 이는 거듭남에 관한 장(31장)이 믿음에 관한 장(32장)보다 앞에 나온다는 사실에서 분명하게 확인된다. 게다가 이번 장에 인접한 문맥인 32장 전체뿐만 아니라 이 책 전체의 문맥을 보면, 아 브라켈이 여기에서 믿음의 본질 또는 성향, 즉 믿고자 하는 경향성을 말한다는 점을 분명히 알 수 있다. 하나님은 영혼이 거듭나는 동시에 즉각 믿음을 그 영혼에 부여하신다. 이에 대해 더 자세히 알려면 다음을 참고하라. G. H. Kersten, *Reformed Dogmatics*, (Grand Rapids: Eerdmans, 1980), 362.

할 수 없어서 하나의 행위 다음에 다른 것을 둔 것에 불과합니다. 앞에서 언급한 모든 활동들은 사람의 영혼 안에서 빈번하게 뒤얽힙니다. 때로는 한 행위가 마음 전면에 드러나는가 하면, 때로는 다른 행위가 드러나기도 합니다. 때때로 그것들은 믿음을 행사하는 데에 동일하게 하나로 작용합니다. 그러므로 믿음이 시행되는 방식이나 그것이 시작된 방식을 골똘히 생각하다가 그것이 발생하는 순서와 관련해 혼란에 빠져서는 안 됩니다. 누군가가 앞서 묘사한 것과는 다른 방식으로 인도받았다 하더라도 괴로워할 필요가 없습니다. 주님께서 다루시는 방식들이 기이하고도 다양하기 때문입니다. 저는 여기에 모든 것을 기록하지 않았습니다. 그리고 하나님의 말씀으로 말미암으며 하나님의 말씀에 합치하나 너무나 기이한 어떤 것에 관해서는 의도적으로 침묵했습니다. 만일 제가 그러한 영혼들을 다루지 않았더라면, 저 자신도 그것들을 믿지 않았을 것입니다. 제가 언급한 것들로 충분합니다. 뒷부분에 진술한 것은 단지 비범한 방식으로 회심한 사람들이 불안해하는 것을 방지하기 위함입니다. 중요한 것은 하나님의 말씀에 의해 회심했느냐 하는 것입니다. 회심한 사람이 근본적인 진리에 관해 합당하고도 분별력 있는 지식을 가졌을 수도 있고, 불확실함에 둘러싸여 매우 혼란스럽게 알고 있을 수도 있습니다. 그것은 공통된 특성으로, 단지 선포된 진리를 들었거나 누군가가 그것에 관해 하는 말을 들은 데에 따르는 결과입니다. 만일 그가 그리스도와 그분의 고난과 죽으심만을 들었다면, 저는 그 지식이 하나님의 말씀을 통해 주어졌다고 간주할 것입니다. 왜냐하면 오직 하나님의 말씀만이 그리스도를 계시하기 때문입니다. 그러므로 특정한 성경 구절이 그 마음에 꼭 있어야 할 필요는 없습니다.

거듭남이 일어나는 시기

거듭남이 일어나는 '시점' 또는 '시기'를 숙고해 봅시다. 우리는 일반적으로 인생을 네 단계로 구분합니다. 유아기, 청소년기, 성인기, 노년기입니다. 하나님은 어느 시기든 예외 없이 영혼을 거듭나게 하십니다. 이는 포도원에서 일하도록 부름받은 일꾼들의 비유에서 잘 나타납니다. 그들 중 어떤 이들은 한 시에, 다른 이들은 각각

세 시, 여섯 시, 아홉 시, 그리고 열한 시에 부름을 받았습니다(마 20:1-7 참고).

어떤 이들은 '유아기'에 거듭납니다. 속죄의 필요성과 거듭남의 필요성에는 다음의 차이가 있습니다. 하나님의 공의는 속죄를 요구하는 반면, 거듭남은 하나님의 뜻에서 비롯됩니다. 지성을 사용하지 못하는 어린아이일지라도 택함 받아 그리스도 안에서 하나님과 화목하게 된 자녀라면, 하나님의 말씀을 매개로 하지 않고서도 하나님의 전능하신 능력으로 회심하고 변화될 수 있으며, 그 본성이 거룩해질 수 있습니다. 세례 요한은 마리아의 문안을 듣고 어머니의 배 속에서 뛰놀았습니다(눅 1:41,42 참고).

우리는 경험을 통해 세 살, 네 살, 다섯 살, 여섯 살 난 자녀들이 거듭난다는 것을 압니다. 이러한 아이들은 아주 조금 가르쳐도 그리스도를 아는 지식에 이를 수 있으며, 성령의 역사를 경험하여 믿고 회개할 수 있습니다. 이러한 아이들은 하나님이 그들의 삶의 중심이 되시며, 또한 그들이 죄짓기를 두려워한다는 사실을 확연하게 보여 줍니다. 그들은 죄를 지으면 이내 두려워하면서, 그리스도의 고난에 눈을 고정한 채 화목하게 되기를 간절히 구합니다. 그들은 어린아이의 방식으로 분투하며, 때때로 하나님을 즐거워하기도 합니다. 어떤 이들은 이러한 일을 분명히 기억하며, 평생 간직하기도 합니다. 그들이 성장하는 동안 어린 시절의 그러한 경험을 항상 반복하지는 않습니다. 어떤 아이는 사랑스럽게 자라납니다. 해가 지나면서 이따금 반목과 무지와 죄에 빠지기도 하지만, 빛이 더해지고 믿음이 자라며 더욱 성화해 갑니다. 어떤 아이들은 오랜 기간 심각한 상태에 빠져 있어서, 겉으로 마치 은혜가 전혀 없는 것처럼 보이기도 합니다. 그러나 그들의 내적인 은혜의 상태를 보면 그렇지 않습니다. 왜냐하면 죄를 깨닫게 하는 빛이 지속적으로 비추고 있어서, 불안한 양심과 넘어짐으로 계속 슬퍼하기 때문입니다. 또한 마음으로 주님을 바라보면서 진정으로 기도할 때, 때로는 거룩함에 고취되거나 눈물을 흘리기도 할 것입니다. 이 모든 것이 다시금 중단될 수도 있습니다. 해가 더할수록 그렇게 넘어졌다가 회복되는 주기가 더욱 짧아집니다. 특히 청소년기에 부름받은 사람들은 성인기에 회심한 사람들보다 회복의 주기가 더욱 짧습니다. 왜냐하면 육신의 부패함과 정욕이 젊은 시기에 가장 강하게 나타나는 데다가, 그들에게는 롯, 다윗, 베드로가 지은 죄보다 심각한 죄에 빠지는 것을 막을 만한 특별한 약속이 없기 때문입니다.

> ▶ **질문**
> 성령은 거듭남의 효력이 실제로 발생하지 않더라도 택함 받은 자들 가운데 처음부터 내주하시는가? 또한 택함 받은 자들은 모두 삶이 시작될 때부터 그 안에, 정해진 때에 싹을 틔울 거듭남의 씨앗을 지니고 있는가?

대답: 이 두 질문 모두에 저는 아니라고 답하겠습니다. 왜냐하면 하나님의 말씀에서 그에 대한 근거를 찾을 수 없기 때문입니다. 택함 받은 자들 또한 회심하지 않은 모든 자들과 마찬가지로 영적으로 동일하게 죽음의 상태에 있습니다(엡 2:12 참고). 그들도 다른 이들처럼 진노의 자녀들이며(엡 2:3 참고), 가증스러운 자들입니다(딛 3:3 참고). 그러한 상태에 있는 자들 안에 성령이 거하신다거나 거듭남의 씨앗이 있다고 말할 수는 없습니다. 또한 성령은 어디에 계시든지 역사하실 수밖에 없습니다. 그러므로 성령이 그들 안에 계신다면, 그들 안에서 역사하실 것입니다. 그러나 실제로 택자들 중 많은 수는 오랫동안 죄와 마귀의 지배 아래 거합니다. 그리고 이것이 참이라면, 성경에서 분명히 증언하는 대로, 그들이 곧바로 말씀(the Word)으로 말미암아 성령을 받을 수는 없습니다.

반론

택함 받은 자들은 모두 그리스도에게 속한다. 그러므로 그들에게는 반드시 성령이 계신다.

"누구든지 그리스도의 영이 없으면 그리스도의 사람이 아니라"(롬 8:9).

답변

(1) 성부는 택함 받은 자녀들을 그리스도에게 주셨으며(요 17:9 참고), 그리스도는

그들의 보증으로서 화목을 이루셨습니다. 한 사람이 그리스도의 소유가 되는 것은 바로 이러한 토대 위에 있는 것이지, 성령의 내주하심에 기인하지 않습니다. 분별할 수 있는 나이에 이른 자들이 그리스도께 참여하고 그것이 실제임을 드러내는 것은 성령의 내주하심을 통해 이루어집니다.

(2) 사도는 로마서 8장에서 어린아이보다 어른에 관해 언급합니다. 8장 대부분의 구절이 그러한데, 특히 9절의 "너희가 육신에 있지 아니하고 영에 있나니"라는 구절이 이에 해당합니다. "영에 있나니"라는 표현은 '육신에 있다'는 표현과 대조됩니다. '육신에 있다'는 것은 회심하지 않았다는 말입니다. 또한 '영에 있다'는 것은 회심했다는 말입니다. 이는 5절에서 명확히 나타납니다.

"육신을 따르는 자는 육신의 일을, 영을 따르는 자는 영의 일을 생각하나니."

만일 이러한 말씀을 근거로 하여 택함 받은 이들이 존재하기 시작한 순간부터 그들 안에 성령이 거하셨다고 결론 내리려 한다면, 택함 받은 사람이 모두 어릴 때부터 회심하였다고 결론 내려야만 할 것입니다. 그러나 사람들의 경험은 이를 부인합니다.

(3) 여기서 사도는 누군가가 거듭났는지 그렇지 않은지, 그리고 그리스도께 참여하였는지 그렇지 않은지를 추론하여 그리스도의 성령이 계시는지 안 계시는지를 확인하도록 합니다.

"그의 성령을 우리에게 주시므로 우리가 그 안에 거하고 그가 우리 안에 거하시는 줄을 아느니라"(요일 4:13).

은혜를 구별하는 표지는 성인들을 위한 것이지, 태어나기 전의 자녀나 아직 지성을 활용하지 못하는 아이들을 위한 것이 아닙니다. 따라서 택함 받은 모든 이들이 거듭나기 이전에 성령을 소유한다는 진술은 분명히 사도가 의도한 바가 아닙니다.

(4) 성령을 소유하였는가 그렇지 않은가 하는 것이 거듭남의 여부를 증명합니다. 그러므로 회심하지 않은 모든 자들(비록 택함 받았다 하더라도)뿐만 아니라 아직 회심하지 않은 아이들에게도 성령이 계시지 않다는 것은 분명한 사실입니다. 만일 회심하기 이전에도 택함 받은 자들에게 이미 성령이 계신다면, 성령이 계시다는 것

은 더 이상 사람이 회심했다는 증거가 될 수 없습니다.

> ▶ 질문
> 어린아이들에게서 나타나는 기도하려는 성향, 하나님의 말씀을 읽으려는 욕구, 영적 문제에 관한 탐구, 덕스러운 모습, 그 밖의 특정한 활동과 같은 영적인 행위를 어떻게 판단해야 하는가? 게다가 이러한 모습이 십 대 시절에 주 예수님에 관한 올바른 지식과 믿음의 실천 없이 왕성하게 나타난다면, 그것을 어떻게 판단해야 하는가?

대답: 그러한 영적 행위들을 언제나 거듭날 때에 가장 먼저 나타나는 징후로 볼 수는 없습니다. 우리가 경험한 바에 따르면, 그러한 사람들도 지독한 불신자가 되어 죄 가운데 죽을 수 있기 때문입니다. 따라서 어느 누구도 위의 모습을 근거로 내세워 어린아이 때부터 거듭났다고 결론 내릴 수 없습니다. 그러한 영적 행위는 본성적인 빛, 하나님 말씀의 외적 조명, 또는 덕스러운 부모의 교육과 훌륭한 본을 따른 결과일 수도 있습니다. 분별할 수 있는 연령에 이른 사람들은 그리스도에 대한 믿음을 행사하기 이전에는 자신이 회심한 때를 추정하지 않아도 됩니다. 그리스도에 대한 믿음이 역사하기 이전의 모든 영적 행위들은 앞서 진술한 바와 같이 고려되어야 합니다. 또는 회심에 이르도록 성령께서 예비적으로 역사하시는 것일 수도 있습니다. 하나님의 말씀에 근거하여 그리스도를 믿지 않는다면, 회심이 일어날 수 없기 때문입니다. 한편 어린아이도 믿음을 가질 수 있으며, 주 예수님에 대한 지식을 표현할 수 없을 때에도 스스로 그것을 인식하여 믿음을 행사할 수 있다는 사실도 잘 알려져 있습니다. 그러므로 어린아이들이 믿음과 거듭남에서 비롯된 덕행을 실제로 행할 수도 있습니다. 결국 그러한 덕행 자체가 거듭났다는 확실한 증거가 되지는 못합니다. 성령의 일반적인 역사로 인해, 회심하지 않은 자들도 택함 받았으나 아직 거듭나지 않은 자들처럼 영적인 활동을 할 수 있습니다. 그러므로 성령이 계시지 않은 사람들일지라도 실제로 성령께서 역사하신다는 것은 분명

한 사실입니다.

어떤 이들은 십 대에 거듭납니다. 그들은 훌륭한 교육을 받고, 어린 시절부터 외적인 종교 활동에 참여해 왔습니다. 그들은 외적인 의미에서 규범적이고도 종교적인 삶을 실천합니다. 그러한 많은 사람들에게 주님은 예비적인 확신을 주십니다. 반면에 모든 방면에서 불경건한 사람과 비슷했던 이들도 있습니다. 그렇습니다. 그들은 외적인 면뿐만 아니라 내적인 면에서도 지독한 불신자들 가운데 속했던 자들입니다. 성경과 우리의 경험이 이를 확증합니다(고전 6:10,11 참고). 그들은 자신의 변화, 곧 어떠한 비참함으로부터 기이한 빛과 생명으로 옮겨졌는지를 주저하지 않고 말할 수 있습니다. 회심을 특정한 연령층에 국한할 수는 없지만, 우리의 경험에 따르면, 대개 14세에서 25세 사이에 속하는 회중에게 효과적으로 사역이 이루어진다는 것을 알 수 있습니다.

주님은 성인이 된 사람들을 미혼이든 기혼이든 상관없이 회심하게 하십니다. 사도행전에서도 이러한 경우를 살펴볼 수 있는데, 특히 이전에 전혀 사역이 행해지지 않았거나 효과적인 사역이 없었던 지역에 처음으로 사역이 이루어질 때에 발생합니다. 부부 중 한 사람만이 회심했을 때, 회심한 사람은 배우자가 반대할 것을 예상할 수 있습니다. 만일 회심한 이가 미혼이라면, 불신자뿐만 아니라 종교적 고백만 있을 뿐 회심하지 않은 사람과도 멍에를 함께 메지 말라고 권면 받습니다. 후자와의 결혼이 금지된 것은 아니지만, 그러한 사람은 수많은 미혹에 빠질 것입니다. 불과 물, 생명과 사망이 결코 양립할 수 없는 것처럼, 그들은 수없이 많이 대립할 것입니다. 그들은 대부분 결혼 생활에서 누리는 동고동락의 기쁨을 상당 부분 잃어버릴 것입니다. 반면 경건한 배우자는 서로를 지지하는 사이가 될 것입니다. 그들이 비슷한 성향을 가졌다면 더욱 그러할 것입니다. 두 사람의 성향이 다르다면 때때로 충돌할 수도 있습니다. 그러나 충돌하게 된 원인이나 상대방의 상태에 대한 서로의 판단은 변함이 없습니다.

어떤 이들은 인생의 황혼기에 이르러 회심합니다. 우리의 경험을 볼 때, 하나님의 말씀 사역 아래에서 평생을 살면서도 죄에 대해 깨닫기를 거부해 온 노인은 거의 회심하지 못합니다. 그러나 이러한 회심도 분명히 일어납니다. 누구라도 살아 있다면, 소망이 끊어진 것은 아닙니다. 그러하기에 어느 누구도 정죄하거나 버림받은 자로 판단해서는 안 됩니다. 비록 자주 일어나지는 않지만, 젊은이나 노인이 인생의 마지막, 곧 병상이나 임종의 자리 또는 처벌을 받는 자리에서 회심하는 일이 일어나기도 합니다. 단 한 명뿐이었지만, 십자가에 달린 강도가 회심한 사례도 있습니다. 그러므로 어느 누구도 자신의 회심을 미루어서는 안 됩니다. 모두가 다음 말씀대로 자신의 창조주를 기억해야 합니다.

"청년의 때에 너의 창조주를 기억하라 곧 곤고한 날이 이르기 전에, 나는 아무 낙이 없다고 할 해들이 가깝기 전에"(전 12:1).

거듭남의 열매

거듭남 곧 새로운 출생의 열매에 관해 살펴봅시다. 거듭남은 영혼의 모든 요소 곧 지성, 의지, 정서와 더불어 의의 도구로 쓰일 몸의 모든 지체에까지 영향을 미칩니다.

"그런즉 누구든지 그리스도 안에 있으면 새로운 피조물이라 이전 것은 지나갔으니 보라 새 것이 되었도다"(고후 5:17).

모든 것이 변화됩니다. 이러한 변화는 죽은 자가 살아나 죽은 자들 가운데서 일어나는 것, 눈먼 자가 보게 되는 것, 귀먹은 자가 듣게 되는 것, 그리고 저는 자가 걷게 되는 것과 같은 변화입니다. 그러나 옛 본성이 남아 있어서 함께 활동하고 역사하기 때문에 완전한 변화는 아닙니다. 이것이 육체와 성령의 싸움을 초래합니다(갈 5:17; 롬 7:23 참고).

▶ 질문

한 사람 안에 옛 본성과 새 본성, 빛과 어둠, 생명과 사망이 공존한다는 것을 어떻게 이해해야 하는가? 그 사람 안에서 각각 자리를 차지하거나 서로 다른 부분을

> 이룬다는 것인가? 자신의 고유한 영역을 지키면서, 동시에 서로 다른 요소를 몰아내려고 분투한다는 것인가?

       대답: 그것들은 저마다 독자적으로 기능하지 않으며, 마치 해 질 녘의 빛과 어둠이나 미지근한 물의 냉기와 열기처럼 완전히 뒤얽혀 있습니다. 때로는 한 부분이 다른 부분보다 우세하고, 때로는 그 반대가 되기도 합니다. 한 대상 안에서 서로 반목하는 두 요소가 각각 최상의 상태로 동등하게 존재할 수 없습니다. 다만 각 영역이 중간 상태로 있을 수 있을 뿐입니다. 그리고 한편이 늘 다른 편을 몰아내려고 하므로 평화롭게 공존할 수 없습니다. 따라서 한 사람의 거듭남을 새로운 생명이 완전한지 또는 얼마나 나타나는지를 근거로 판단해서는 안 되며, 그것이 진실한지를 근거로 추론해야 합니다. 만일 그의 영적 생명과 빛과 믿음이 참되다면, 그는 거듭난 자입니다. 그에게 존재하는 옛사람이 아무리 강력하다 하더라도, 거기에는 생명이 있으며 여전히 존재할 것입니다. 또한 생명이 내재하는 곳에는 그 생명과 생명의 열매가 나타날 것입니다.

  ① 영적 생명은 하늘에서 비롯되었기에 언제나 그 중심이 하늘을 향해 이끌립니다. 하나님이 영적 생명의 원인이자 영적 활동의 목적이 되십니다. 거듭난 사람의 모든 기쁨과 즐거움과 희락은 바로 하나님께 있습니다. 그러한 사람은 하나님 없이 존재할 수 없습니다. 하나님의 얼굴의 빛과 하나님과의 화평, 그분과의 사랑의 교제를 바라고 누려야만 합니다. 그는 하나님과 연합됨으로 말미암아 하나님의 뜻에 합하기를 원하며, 하나님께서 미워하시는 것을 미워하고, 하나님께서 기뻐하시는 일은 무엇이든 행하고자 하며, 하나님을 기쁘시게 하는 데서 자신의 기쁨을 찾습니다. 또한 주님과 소원해지는 듯할 때에는 즉각 그것을 알아차립니다. 그는 그런 상태가 되면 슬퍼하고 괴로워하며, 자유함을 잃어버리고 말 것입니다. 그러하기에 영혼의 참된 안식처이신 하나님께로 다시금 가까이 나아가기까지는 안식할 수 없을 것입니다. 그는 육체가 호흡하듯 하나님 안에서 숨을 쉬며, 그분에게서 생

명을 얻습니다.

"하나님께 가까이함이 내게 복이라"(시 73:28).

생명을 기뻐하는 만큼 죽음도 크게 비통해합니다.

② 영적으로 살아난 사람은 마치 새로 태어난 어린아이처럼, 지각의 눈을 치켜 뜨고 즐거워하면서 기이한 빛을 바라봅니다. 그는 계속 그곳으로 시선을 돌려 그 빛에 주목합니다. 그리고 그 빛 가운데서 이전에는 보지 못했던 것들을 깨닫습니다. 그것은, 눈멀었던 사람이 빛을 얻은 후 자신이 보는 것이 무엇인지를 분간하지 못하여 마치 나무 같은 것이 걸어간다고 하였던 것과 같은 경험입니다. 그러나 그 빛은 그에게 너무나 기이하고 놀랍도록 귀합니다. 그는 이제 세상과 세상에서 발견되는 모든 것(안목의 정욕, 육신의 정욕, 이생의 자랑, 공직, 사회적 지위, 돈, 의복, 자산, 명예, 인간적인 사랑)들을 완전히 다른 관점으로 바라보게 됩니다. 그 모든 것들의 영광과 광채, 고귀함이 사라지고, 그에 대한 사모함을 잃어버립니다. 그 모든 것들을 입에 담을 필요도 없는 허망한 것으로 여깁니다. 그런 데서 기쁨을 찾는 자를 가장 어리석게 여기면서, 자신도 그와 같이 분별하지 못했던 어리석은 자였다고 생각합니다. 하나님의 말씀과 더불어 소통하게 되면, 영적인 것들 속에서 발견되는 온전한 것뿐만 아니라 말씀의 영적인 차원을 분별하게 됩니다. 한마디로, 그는 이전과는 완전히 다른 관점으로 사물을 바라봅니다. 이전에 귀하게 여겼던 것들을 이제는 멸시하며, 이전에 멸시했던 것들을 지금은 비할 수 없이 가치 있고도 사모할 만한 영광스러운 것으로 여깁니다.

③ 영적 생명의 결과로 이전과는 완전히 다른 것을 원하게 됩니다. 이전에 무엇을 즐겼든 이제는 그것을 미워하며, 이전에 싫어했던 그것을 지금은 즐거워합니다. 이제 그의 모든 사랑과 바람은 하나님과 그리스도, 경건한 사람들, 정결한 마음, 자기 부인과 겸손, 온유와 정직, 하나님의 형상 됨, 그리고 하나님의 영광을 위한 삶을 향합니다. 이러한 것들에 매료되어 그것을 너무나 바란 나머지 쇠약해질 지경입니다. 이러한 것을 놓치거나 구렁텅이에 빠져 이 세상 것들에 걸려 넘어지는 것이 그의 괴로움이요 슬픔입니다.

"나의 힘이신 여호와여 내가 주를 사랑하나이다"(시 18:1).

"내가 사랑하는 주의 계명들을 스스로 즐거워하며"(시 119:47).

"내가 주의 법을 어찌 그리 사랑하는지요"(시 119:97).

④ 영적 생명은 다른 생각과 사고방식을 가져옵니다.

"육신을 따르는 자는 육신의 일을, 영을 따르는 자는 영의 일을 생각하나니"(롬 8:5).

이전에는 그도 죄를 생각하고 상기했습니다. 그는 과거에 범했던 죄를 떠올리면서 기쁨을 얻으려 하곤 했습니다. 미래의 죄(또는 미래에도 결코 범하지 않을 죄)에 대해 곰곰이 생각하면서, 마치 현재에 그것을 저지르고 있는 것처럼 생각하거나 죄악된 기쁨을 상상하곤 했습니다. 실제로 죄를 범하든 단지 죄를 범할 만한 방법을 궁리하든, 그는 그러한 죄를 실제로 저지를 방도를 고안하고 구체화하려 했습니다. 그가 하나님과 그분의 뜻이 아니라 죄를 묵상하였기 때문입니다.

그러나 영적 생명을 받으면, 그와 같은 죄악되고도 허망한 생각에서 벗어날 방도를 궁리하게 됩니다. 왜냐하면 죄악된 생각이 그 영혼에 해를 끼쳐 고통을 주고 상하게 만들기 때문입니다. 죄악되게 여겨지는 것은 무엇이든 영혼을 위하여 경멸해야 합니다. 그러한 사람은 혐오하는 것들에 관해 생각하고 싶어하지 않습니다. 대신에 하나님을 생각하고, 비참한 인류를 구속하는 길에 관해 깊이 생각하고 싶어 합니다. 또한 그러한 사람은 어떻게 하면 하나님을 구하고 찾을 수 있는지를 생각하려 합니다.

"나의 기도를 기쁘게 여기시기를 바라나니 나는 여호와로 말미암아 즐거워하리로다"(시 104:34).

"내가 나의 침상에서 주를 기억하며 새벽에 주의 말씀을 작은 소리로 읊조릴 때에 하오리니"(시 63:6).

⑤ 거듭난 사람은 영적 생명을 얻은 결과로 그가 하는 모든 활동의 목적이 달라집니다. 이전에 그가 행했던 일들은 모두 자신의 유익을 위한 것이었으며, 자신의 영광과 이득과 기쁨과 사랑을 얻는 것이 목적이었습니다. 이러한 성향은 너무나 익숙하게 나타나므로, 자기 행위의 목적이 무엇인지를 일깨우고자 격려할 필요조

차 없습니다. 왜냐하면 그러한 성향은 필연적으로 자기 자신을 목적으로 하며, 그러한 자아가 그를 그와 같은 방향으로 몰아가기 때문입니다. 회심한 후에는 궁극적인 동기(자기 자신과 자아를 추구하려는)가 가장 큰 골칫거리가 되어 무언가를 행할 자유를 빼앗고, 따라서 선을 행했더라도 모든 위안을 빼앗기게 됩니다. 그러나 이제 그는 모든 것 가운데서 하나님을 예배하듯 하나님의 뜻을 행하기로 결심합니다. 또한 하나님의 일을, 하나님을 통해, 하나님을 위해, 하나님을 향해 행하기로 결단합니다. 그는 모든 일을 하나님을 위해 하고, 또한 그 일들을 통해 다른 이들 앞에서 하나님을 영예롭게 하며, 하나님 안에서 즐거움을 찾고, 하나님을 경외하며 순종하고 신뢰하는 것을 나타내기를 원합니다. 만일 사람이 이러한 동기로 행하고 인내하며 이를 끝까지 순전하게 추구한다면, 그는 자신의 행함으로 인해 상하고 모욕과 역경을 겪더라도 마침내 위로와 온전한 만족을 얻을 것입니다.

"다 하나님의 영광을 위하여 하라"(고전 10:31).

⑥ 영적 생명은 다른 종류의 확신을 산출합니다. 거듭나기 이전에 사람은 자신의 지혜와 힘과 소유로 인해 교만했습니다. 그는 자신의 정욕을 채우고 평안과 쾌락을 얻기 위해, 언제나 세상에서 무언가를 찾으려 했습니다. 그에게 소망이란 환경이나 친구들이 자신에게 우호적인지 아닌지에 달려 있었습니다. 그는 금을 의뢰했고(욥 31:24 참고), 사람을 의지했으며, 육신을 그의 팔과 힘으로 삼았고, 마음으로 하나님을 떠났습니다(렘 17:5 참고). 그러나 이제 그 모든 것은 헛되며, 오로지 고통을 낳을 뿐입니다. 그는 이 모든 것을 포기하고, 주 예수 그리스도께로 돌이킵니다. 그는 이제 하나님과 화목하게 되었으며, 그분의 전능하심과 지혜로우심, 선하심과 신실하심 가운데 안식할 것입니다. 또한 육체와 영혼은 특정한 환경에서뿐만 아니라 보편적으로도 그러한 안식을 누릴 것입니다. 그는 자신을 온전히 돌보고 능하게 하실 하나님을 피난처로 삼습니다.

"무릇 여호와를 의지하며 여호와를 의뢰하는 그 사람은 복을 받을 것이라"(렘 17:7).

⑦ 영적 생명은 이전과는 전혀 다른 행실을 낳습니다. 이전에는 육신의 정욕을 따라 행하며, 육신과 자신의 생각에 지배받았습니다. 또한 지혜가 없었고, 불순종

하며 어그러졌고, 여러 쾌락과 정욕에 빠져 있었으며, 악독과 시기와 증오 가운데 서로를 미워하면서 살았습니다. 그러나 이제 유혹의 욕심을 따라 썩어져 가는 구습을 따르는 옛사람을 벗어 버립니다. 모든 경건하지 않은 것과 세상의 쾌락을 버리고, 이생의 삶에서 온전하고도 합당하며 경건하게 사는 것이야말로 자신이 온 힘을 쏟아야 할 일로 여깁니다. 하나님의 법도라면 크든 작든 엄격하게 지켜야 할 자신의 규범으로 삼습니다. 죄에 빠지기 쉬운 영역이 있고 그렇지 않은 영역이 있다 하더라도, 그 어떤 것도 마음대로 행하도록 허용하지 않습니다. 그는 겸손, 온유, 화평, 유익함, 사랑, 관용, 절제, 진실한 말, 지혜, 위엄과 같은 모든 덕행을 행하는 데 전념합니다. 이렇게 경건한 그의 모습이 회심한 자들과 회심하지 않은 자들 모두에게 드러납니다. 세상은 그를 미워하게 되지만, 경건한 자들은 그를 기뻐할 것입니다. 한마디로, 그는 자신의 안팎으로나, 집에서나 거리에서나, 사람들과 함께 있을 때나 홀로 있을 때나, 말할 때나 침묵할 때나 완전히 다른 사람이 되는 것입니다. 그는 세상을 본받지 않고 옷차림을 단정히 할 것이며, 어느 누구도 상하지 않게 하고 세상에서 빛으로서 빛을 발하며 살고자 애쓸 것입니다. 회심하지 않은 이들의 죄가 드러나고 회심한 자들이 온전히 세워지도록, 하나님의 명예를 위해 처신하며 모든 사람에게 본이 되고자 분투할 것입니다.

⑧ 영적 생명은 다른 부류의 사람들을 찾는 결과를 낳습니다. 이전에 그는 세상으로부터 사랑받았고, 그 역시 세상을 사랑했습니다. 전에는 죄인들(호색하고 허영에 들뜬 자, 험담하는 자, 조롱하는 자, 간음하는 자, 술주정뱅이와 노름꾼)을 사랑했으며, 그들에게서 즐거움을 찾았습니다. 그러나 이제 그는 그러한 자들을 꺼리고, 경건한 자들과 함께합니다. 주님을 경외하는 자들 중 하나가 됩니다. 이제 그는 주님을 경외하는 자들을 가장 보배로운 존재로 여깁니다. 그는 그들을 사랑하고 우정을 나누며, 그들과 더불어 흥망성쇠를 함께하고자 합니다. 세상과 더불어 즐기며 번영을 누리기보다는, 하나님의 백성과 함께 고난받기를 선택합니다.

이 모든 것들을 숙고해 보십시오. 그리하여 모든 것을 아시는 하나님의 임재 가운데서 여러분의 마음과 행실을 시험해 보십시오. 또한 여러분 자신이 회심하였는지 그렇지 않은지에 관해 결론 내리기까지 깊이 숙고해 보십시오.

회심하지 않은 자들을 향한 엄숙한 권면

회심하지 않은 사람들은 다음과 같은 것들을 생각해야 합니다.

"① 나 자신을 포함하여 모든 사람은 본질상 허물과 죄로 죽었으며, 하나님으로부터 분리되었고, 하나님의 진노의 대상이다. 진리의 하나님께서 자신의 말씀을 통해 그렇게 말씀하시므로 이것은 분명히 사실이다.

② 거듭나지 않으면 어느 누구도 구원받지 못한다. 하나님께서 자신의 말씀을 통해 그렇게 말씀하시므로, 모든 사람에게 동일하게 이것이 적용된다.

③ 나는 하나님으로부터 분리되었으며, 분리된 채로 살고 있다. 나는 그리스도 예수 안에서 그와 연합되지 않았다. 그러한 연합은 내게 호소력도 없고, 그러하기를 바라지도 않는다. 내가 놓치고 있는 것에 대해 슬퍼하지 않을뿐더러, 그것을 찾지도 않는다. 그것 없이도 이 세상에 속한 것들을 나의 방식대로 추구할 수 있는 한, 나는 만족한다. 나는 정욕을 따르며 죄를 탐닉하는 것으로 즐거워한다. 나는 하나님도 알지 못하고, 하나님과 함께하는 영적 생명도 알지 못한다. 나는 그러한 것에 아무런 매력도 느끼지 않는다. 나는 그러한 것을 사랑하지 않는다. 그것은 내가 목표하는 바가 아니며, 나는 그러한 것을 생각하지도, 그것들로 나의 생각을 채우지도 않는다. 또한 하나님 안에서 안식하거나 그를 신뢰하지도 않는다. 설령 내가 하나님을 신뢰한다고 고백하더라도, 내 마음은 그것이 사실이 아니라고 증언한다. 하나님의 법도가 아니라 나의 유익이 내 삶의 규범이다. 내가 행하는 모든 일들은 하나님을 향한 사랑과 경외와 순종에서 비롯되는 것이 아니라, 안목의 정욕과 육신의 정욕과 이생의 자랑에서 비롯된다. 나의 모든 행실은 경건한 자들의 행실과는 다르며, 오히려 죄악된 정도의 차이는 있겠지만, 다른 이들의 길과 같다. 나의 존재 전체라고 할 수 있는(곧, 지성과 의지와 정서) 눈, 귀, 입, 손발이 기뻐하고 슬퍼하는 일은 모두 영적인 일보다는 세상에 속한 것과 관련된다. 나의 종교적 행위는

모두 육신적이고도 외적인 것에 불과하다. 나는 하나님에 대한 예배를 단지 종교가 가지는 보편적인 의미로만 생각한다. 나는 경건한 자들을 기뻐하는 대신 경멸한다. 그들의 동료가 되고 싶지 않다. 오히려 나는 하나님에 관해 말하지 않는 자들, 죄를 요란하게 짓든 품위 있게 짓든 상관없이 허영에 빠져 사는 자들과 어울리기를 즐거워한다.

이러한 사실들을 살펴보니, 내가 그러한 자임을 심령으로 인정할 수밖에 없다. 따라서 나는 회심하지 않았다고 결론 내려야만 한다. 더 나아가 회심하지 않은 상태로 남아 있으면 구원받을 수 없을 뿐만 아니라 받지 못하게 되리라고 결론 내릴 수밖에 없다. 때때로 이러한 사실을 인식했는데도 내 마음이 거기로 움직이지 않았다. 가끔 그곳에서 시작하기도 했지만, 그 길은 내게 너무 좁은 길이었다. 설령 내가 버림받는다 해도 그런 삶을 살고 싶지 않았고, 살 수도 없었다. 그래서 나는 한숨을 쉬며 포기해 버렸고, 이전의 삶으로 돌아가 하나님의 자비를 생각하며 스스로를 달랬다. 그렇게 사는 사람만이 구원받을 수 있다면, 구원받을 자가 많지 않으리라고 생각했다. 그런데 나는 그 생각을 받아들이지 않는다. 구원의 길이 그처럼 좁을 수는 없으며, 따라서 나는 구원받을 것이라는 희망을 가지기 때문이다. 그렇지 않다 해도 두렵지는 않다. 왜냐하면 나도 다른 사람들만큼 소망을 가지고 있기 때문이다. 그러므로 여러분은 내가 회심하지 않은 사람이라고 즉시 결론 내릴 수 있다."

여러분 자신이 회심하지 않았다고 분명히 깨닫게 되었다면, 죽기 전에 회심하지 않을 경우 자신이 얼마나 비참하며, 또한 비참한 상태로 남게 될 것인지를 숙고해 보십시오. 그것이 여러분을 회심으로 이끄는 방편이 되기를 바랍니다.

① 모든 약속을 포함하는 은혜언약의 가장 주된 약속은 '내가 너희의 하나님이 되리라'라는 것입니다. 이 약속에 여러분은 포함되지 않습니다. 하나님은 여러분의 하나님이 아니며, 그러므로 여러분은 하나님이 없는 자들입니다(엡 2:12 참고). 하나님 안에 여러분을 위한 안식과 안전은 없습니다. 오히려 하나님은 여러분의 원수입니다. 모든 피조물과 더불어 하나님께서 전적으로 여러분을 대적하시고, 사

람의 몸과 마음을 비참하고 고통스럽게 할 모든 두려움으로 여러분을 괴롭히실 것입니다. 하나님이 여러분에게 두려움이 되실 것이며, 그분의 얼굴이 여러분을 대적할 것입니다. 살아 계신 하나님의 손에 떨어진다는 사실은 얼마나 두렵습니까! 여러분이 어디에 숨을 수 있단 말입니까? 위에 있는 천국과 아래 있는 지옥이, 그리고 여러분 안의 양심과 여러분을 둘러싼 모든 피조물들이 합세하여, 생각만 해도 머리털이 곤두서는 상태로 여러분을 몰아갈 것입니다.

② 주 예수님은 여러분의 구주가 아닙니다. 왜냐하면 예수 그리스도 안에 있는 자는 새로운 피조물이기 때문입니다(고후 5:17 참고). 여러분은 새로운 피조물이 아니므로 그리스도 밖에 있는 자들입니다(엡 2:12 참고). 여러분이 원하는 대로 그분을 여러분의 주님으로 마음껏 불러 보십시오. 단지 여러분이 주님과 아무런 관계도 없으며, 그분의 은덕이 여러분에게 조금도 유익하지 않다는 사실만을 경험할 것입니다. 심판 날에 그분께서 나타나시는 것이야말로 여러분에게 가장 두려운 일이 될 것입니다. 여러분이 죽은 후에 천국에 가게 되리라고 스스로 생각한다면, 그 천국문이 닫혀 있는 것을 볼 것이며, "떠나라……내가 너희를 알지 못하노라"(마 25:12 참고)라고 하시는 주님의 음성을 듣게 될 것입니다.

③ 여러분은 믿음이 없이는 아무도 구원받지 못한다는 사실을 알고 있습니다. 회심하지 않은 자에게는 믿음이 없습니다. 따라서 여러분이 믿음이라고 부르며 소유하였다고 상상하는 그것은 믿음이 아닙니다. 그런 것은 여러분에게 아무런 도움이 되지 못하며, 그저 하나님께서 존재하시고 그리스도가 구주 되신다는 사실을 믿고서 떠는 귀신의 믿음에 지나지 않습니다. 여러분의 믿음은 주님을 영접하는 참된 믿음이 아니며, 오히려 여러분이 받을 정죄를 더욱 무겁게 할 것입니다.

"믿지 않는 사람은 정죄를 받으리라"(막 16:16).

④ 여러분이 하나님의 저주를 받고, 여러분의 모든 소유와 모든 행위가 저주를 받습니다.

"네가 성읍에서도 저주를 받으며 들에서도 저주를 받을 것이요, 또 네 광주리와 떡 반죽 그릇이 저주를 받을 것이요, 네 몸의 소생과 네 토지의 소산과 네 소와 양의 새끼가 저주를 받을 것이며, 네가 들어와도 저주를 받고 나가도 저주를 받으리라. 네가 악을 행하여 그를 잊으므로 네 손으로 하는 모든 일에 여호와께서 저주와 혼란과 책망을 내리사 망하며 속히 파멸하게 하실 것이며"(신 28:16-20).

이 말씀이 여러분을 두렵게 하기에 충분하지 않다면, 다음의 말씀도 생각해 보십시오.

"그가 저주하기를 좋아하더니 그것이 자기에게 임하고 축복하기를 기뻐하지 아니하더니 복이 그를 멀리 떠났으며, 또 저주하기를 옷 입듯 하더니 저주가 물같이 그의 몸속으로 들어가며 기름같이 그의 뼈 속으로 들어갔나이다. 저주가 그에게는 입는 옷 같고 항상 띠는 띠와 같게 하소서"(시 109:17-19).

이러한 저주에도 두려워 떨지 않는 자가 있습니까? 회심하지 않은 죄인들이여, 여러분이 회심하지 않은 채로 남아 있는 한, 이러한 저주가 여러분 위에 놓여 있습니다.

⑤ 이것이 전부이고 이러한 저주가 이생에서 끝난다면 여러분은 자신의 경우가 최악이 아니기를 바라면서 고통을 감내하며 가던 길을 고수할지도 모릅니다. 악인의 길이 형통하게 끝나는 것을 보기 때문입니다. 실현되지 않은 하나님의 저주는 무엇을 의미합니까? 가장 큰 재앙은 이생 후에 예비되어 있습니다. 하나님의 오래 참으심이 끝날 때, 영원이 도래합니다. 거기에는 어떠한 틈도, 어느 누구의 위안도 없을 것입니다. 오히려 아무런 방해물도 없고 중단되는 법도 없이, 하나님의 저주가 영원토록 임할 것입니다. 몸에서 영혼이 분리될 때에 마귀가 그 영혼을 지옥으로 끌고 간다는 것은 얼마나 끔찍한 일입니까! 마지막 날에 몸과 영혼이 연합될 때에는 또 얼마나 두렵겠습니까! 마지막 날에, 회심하지 않은 자들은 하늘과 땅의 심판자의 왼편에서 자신들을 발견할 것입니다. 그리고 그때에 죄인들은 하늘과 땅에 드리운 주 예수님의 영광과 두려움으로 무서워 떨 것입니다! 그다음에, 회심하지 않은 자들은 이 저주의 실체를 경험할 것입니다. 영광 가운데 임하는 경건한 자들을 보고, 그들이 멸시하는 소리를 들을 것입니다. 이처럼 자신의 모든 경건하지 않은 길을 온전히 깨달은 후에는, "저주를 받은 자들아 나를 떠나 마귀와 그 사자들

을 위하여 예비된 영원한 불에 들어가라"(마 25:41)라는 참혹한 선고를 들을 것입니다. 이어서 그 선고가 무시무시하게 집행될 것입니다. 천국 문이 영원히 닫히고 지옥이 그들의 영원한 처소가 되어, 그들은 한 줄기 빛도, 어떠한 안식도 없는 곳에서 영원히 거하게 될 것입니다. 고통과 그것을 느끼는 감각이 줄어들지 않고, 견딜 수 없는 양심의 고뇌가 있을 것입니다. 그들에게 하나님의 모든 진노가 부어지고, 어떠한 은혜와 소망도 없는, 말로 표현할 수 없는 절망을 경험할 것입니다.

"하나님을 알지 못하는 자의 처소도 이러하니라"(욥 18:21).

이러한 것들을 여러분의 마음에 새기고 무시하지 마십시오. 이러한 말들이 심히 불쾌할지라도 거부하지 마십시오. 그것을 생각하는 것만으로도 두렵다면, 그 실제는 어떠하겠습니까? 이 모든 사안들을 묵상하고, 자신에게 적용해 보십시오. 주님께서 주시는 두려움이 여러분을 믿음으로 이끌도록, "내가 내 길을 고집하며 회심하지 않을 때, 나는 이 모든 것을 영원한 분깃으로 받게 될 것이다"라고 자신에게 말해 보십시오. 하나님은 두려움을 통해 여러분이 죄를 깨닫고 근심함으로써 회개에 이르도록 하십니다.

> ▶ 질문
> 구원받기 위해 무엇을 해야만 하는가?

대답: 진심으로 묻는 것입니까? 간절한 심령으로 말하는 것입니까? 세상에 속한 모든 즐거움들을 기꺼이 버릴 마음이 있습니까? 이전에 기쁘고 유익하며 즐겁다고 여겼던 여러분의 죄와 결별할 마음이 있습니까? 하나님과 화목하게 되며, 모든 경건함 가운데 하나님을 사랑하고 경외하며 섬기기를 그 무엇보다 원합니까? 하나님을 알고자 소원합니까? 그 어떤 것보다도 하나님을 알기를 원합니까? 여러분이 "진심으로 그렇습니다"라고 대답한다면, 저는 "회개하고 복음을 믿으십시오"라고 답하겠습니다. 이어서 여러분이 진정으로 구원받을 것임을 분명히 알게 되었다고 답한다면, 바로 그것이 믿고 회개하는 자가 구원받으리라는 형언할

수 없는 자비와 특권임을 분명히 기억하라고 말하겠습니다. 하나님께는 여러분을 이러한 방식으로 구원하셔야 할 의무가 전혀 없습니다. 그런데도 하나님은 오직 그분의 주권적인 선하심에 따라 이러한 방식으로 구원하겠다고 약속하고, 또한 구원하셨습니다. 그러므로 여러분, 회개하십시오!

> ▶ 질문
> 나에게 회개할 능력이 있는가? 이것이 내 능력의 범주 안에 있는가?

대답: ① 회개가 여러분의 의무라는 사실을 유념하십시오. 이는 여러분도 인정하는 사실입니다.

② 일단 시도해 보십시오. 그리하면 가장 먼저 여러분이 눈멀었다는 사실과, 하나님이나 그리스도, 그리스도께로 나아가는 길, 거듭난 영혼의 상태, 참된 거룩함의 본질을 알지 못한다는 사실을 깨달을 것입니다. 자신이 알지 못하는 것에 어떻게 반응할 수 있겠습니까? 게다가 여러분이 자신에게 집중해 보면, 회개하기를 원하지 않는 자신을 발견할 것입니다. 이렇게 회개하기를 원하지 않는 마음이야말로 회심을 소홀히 여기게 되는 첫 단계입니다. 심지어 여러분의 본성은 너무나 악하고, 죄는 강력하며, 이 일은 매우 어렵습니다. 그래서 실제로 여러분은 이 일을 행할 수가 없을 것입니다. 그러므로 자신의 비참함과 무능함을 절감하고 주저앉으십시오. 그리고 자신에 대해 어떠한 소망도 가질 수 없을 때까지 절망 가운데 거하십시오.

> ▶ 질문
> 당신은 뭐라고 조언하려 하는가? 그렇다면 이제 내게는 아무런 소망도 없지 않은가?

대답: 여러분 자신에게서는 소망을 찾을 수 없지만, 하나님께는 소망이

있습니다. 여러분이 복음 사역 아래 있기 때문에 소망이 있습니다. 이 복음 사역이야말로 하나님께서 영혼을 회심시키시는 유일한 방편입니다. 그러므로 여러분이 복음이라는 방편 아래 살고 있으며, 하나님께서 여러분으로 하여금 죄를 깨닫게 하시고, 회개와 구원에 대한 열망을 주신다는 사실로 기뻐하십시오. 설교를 듣거나 요리문답에 참여하는 것과 같은 복음의 방편들을 부지런히 활용하십시오. 하나님의 말씀을 자주, 그리고 주의 깊게 읽거나 다른 사람에게 읽어 달라고 요청하십시오. 경건한 자들과 함께하며, 그들의 모임에 참여하십시오. 기도하며 경건한 사람이 되고자 하는 마음을 고취하십시오.

▶ 질문
이 모든 것을 행하고 나면 회심하여 구원받게 되는가?

대답: 여러분의 노력이 하나님으로 하여금 회개를 허락하시도록 만들 수는 없습니다. 그러나 여러분이 스스로 하나님을 몰아내지 않는다면, 하나님도 여러분을 몰아내지 않으실 것입니다. 하나님께서 여러분으로 하여금 죄를 깨닫게 하시고 여기까지 이끌어 오셨기 때문에, 여러분은 소망을 품을 이유가 있습니다. 그러므로 성령을 기다리며, 그분의 작은 움직임에도 반응하여 거절하지 않도록 주의하십시오. 복음의 방편을 꾸준히 활용하되, 또다시 자신의 정욕에 빠지더라도 약해지지 마십시오.

거듭난 자들을 향한 권면

이제 참으로 거듭난 사람들에게 권면하고자 합니다. 우리는 이전 장에서 거듭남의 본질과 거듭나게 하시는 하나님의 다양한 방식들을 자세히 살펴보았습니다. 이제 여러분은 전능하신 하나님의 임재 가운데서 자신을 살펴보고, 자신이 진정으로 이러한 생명을 받았는지를 숙고해 보십시오(받은 생명이 어느 정도로 큰지를 말하는 것이 아닙니다). 정직하게 판단하고 주의 깊게 보고, 그 결과를 부인하지 마십시오. 만일 여러분에게 이 생명이 있다면, 이것을 <u>스스로</u> 이룬 양 자기의 공로로 낮추고 겸손한 척하면서 그 생명을 하찮게 보이도록 만들지 마십시오. 왜냐하면 그것이 여러분이 아니라 오직 전능하신 하나님께서 행하신 데에서 비롯되었기 때문입니다. 소유하지 않은 은혜를 자랑하는 것보다 우리 안에 있는 은혜를 부정하고 하찮게 여기는 것이 더욱 큰 죄입니다. 그러므로 이렇게 말함으로써 그 결론에 이르십시오. "나는 이와 같이 거듭났음을 확신합니다. 나는 그 생명에 참여하였습니다. 내 안에 있는 그 생명을 보고 있으며, 내 양심이 하나님 앞에서 이를 증언합니다. 그러므로 나는 거듭났습니다."

이처럼 결론 내릴 뿐만 아니라, 그 생명으로부터 모든 확고한 위로를 얻기 위하여 에디오피아 내시와 빌립보 감옥의 간수와 루디아처럼 기뻐하십시오.

① 여러분의 거듭남은 그것의 원천이신 하나님의 영원한 사랑과 택하심에까지 거슬러 올라갑니다.

"내가 영원한 사랑으로 너를 사랑하기에 인자함으로 너를 이끌었다 하였노라"(렘 31:3).

"또 미리 정하신 그들을 또한 부르시고"(롬 8:30).

이처럼 여러분은 하나님의 영원한 사랑과 택하심을 받았습니다. 바로 여러분이 거듭난 자들이기 때문입니다.

② 지금 이 순간 여러분은 하나님의 자녀입니다. 하나님께서 그분의 뜻에 따라 진리의 말씀으로 여러분을 낳으셨기 때문입니다(약 1:18 참고). 여러분은 하나님으로부터 난 자들이며, 따라서 하나님의 자녀입니다(요 1:12,13 참고). 하나님은 여러분의 아버지이시며, 사랑하시는 아버지로서 여러분을 대하실 것입니다. 또한 여러분은 자녀로서 하나님으로부터 모든 것을 구할 수 있고, 그분을 신뢰할 수 있습니다.

③ 여러분의 영적 신분은 확고하며, 변치 않습니다.

"하나님의 은사와 부르심에는 후회하심이 없느니라"(롬 11:29).

"너희 안에서 착한 일을 시작하신 이가 그리스도 예수의 날까지 이루실 줄을 우리는 확신하노라"(빌 1:6).

그러므로 기뻐하십시오. 이와 같은 선한 역사가 취소될까 봐 두려워하지 마십시오.

④ 거듭남을 통해 변치 않는 기업으로 주어진 영원한 복락에 마음을 집중시키십시오. 그리고 그 가운데서 살아갈 것을 기대하고 소망하면서 분투하며 즐거워하십시오.

"찬송하리로다 그의 많으신 긍휼대로 예수 그리스도를 죽은 자 가운데서 부활하게 하심으로 말미암아 우리를 거듭나게 하사 산 소망이 있게 하시며"(벧전 1:3).

여러분이 거듭났다면, 죽은 자 곧 회심하지 않은 자들과 온전히 구별되십시오. 그들은 썩은 시체같이 악취를 풍깁니다. 대신에 산 자들과 함께하며, "주를 경외하는 모든 자들과 주의 법도들을 지키는 자들의 친구"(시 119:63)가 되십시오. 오직 땅에 있는 성도들 곧 존귀한 자들과 교제하기를 바라십시오(시 16:3 참고). 교회로부터 고립되거나 분리되지 마십시오. 만일 그렇게 되면 여러분의 빛이 점점 희미해지고, 거듭난 자의 성향에 반하는 삶을 살게 될 것입니다.

"주께서 구원받는 사람을 날마다 더하게 하시니라"(행 2:47).

단지 거듭나고 생명에 참여하게 되었다는 사실에 만족하지 말고, 성장하고 자라나기 위해 분투하십시오. 성장하고 자라는 것은 생명을 가진 모든 것들의 특성입니다.

"갓난아기들같이 순전하고 신령한 젖을 사모하라. 이는 그로 말미암아 너희로 구원에 이르도록 자라게 하려 함이라"(벧전 2:2).

살아 있는 영혼으로 살아가십시오. 죽은 자와 산 자의 차이가 뚜렷하게 드러나도록, 모든 덕을 준행함으로써 생명을 나타내십시오.

"또한 너희 지체를 불의의 무기로 죄에게 내주지 말고 오직 너희 자신을 죽은 자 가운데서 다시 살아난 자같이 하나님께 드리며 너희 지체를 의의 무기로 하나님께 드리라"(롬 6:13).

아멘.

32

믿음에 관하여

    우리는 믿음을 거듭남 다음에 둡니다. 그렇다고 해서 사람이 먼저 살아나고 거듭난 후에 믿음을 부여받는다는 것은 아닙니다. 오히려 그와는 반대로 믿음이 거듭남을 앞섭니다. 이는 시간적인 순서가 아니라 논리적인 순서입니다. 왜냐하면 하나님의 말씀이 거듭남의 씨이며(벧전 1:23 참고), 그 말씀은 믿음이 아니고서는 효력을 나타낼 수 없기 때문입니다(히 4:2 참고). 가장 먼저 예수님을 영접하고 그분과 연합해야 사람이 영적으로 살아납니다. 그리고 그 사람이 믿음을 통해 예수님을 영접하고 그분과 연합하게 되며, 그 믿음을 행사함으로써 그의 생명이 자라 갑니다.

    "그러므로 너희가 그리스도 예수를 주로 받았으니 그 안에서 행하되, 그 안에 뿌리를 박으며 세움을 받아 교훈을 받은 대로 믿음에 굳게 서서 감사함을 넘치게 하라"(골 2:6,7).

    오늘날 한편에서는 무신론이, 다른 편에서는 일시적인 믿음이 일어나고 있습니다. 그러므로 그 어느 때보다도 믿음의 본질을 모든 관점에서 설명하고 숙고해야 합니다. 먼저 '믿음'이라는 단어에 관해 논하고, 그다음으로 믿음 자체에 관해 살펴보겠습니다. 믿음이라는 단어의 의미, 동일한 단어를 통해 표현되는 다양한 문제들, 이 단어와 의미가 같은 다른 단어들에 관해 다룰 것입니다.

'믿음'이라는 단어의 의미

히브리어와 헬라어 안에서의 의미

먼저 이 단어의 의미를 생각해 봅시다. 언어는 저마다 고유성을 띠므로, 한 언어가 다른 언어의 기준이 될 수는 없습니다. 지금 우리는 히브리어와 헬라어로 기록된 '믿음'이라는 단어에 관해 논의하고 있습니다. 따라서 일상에서 보편적으로 사용되는 의미가 아니라, 히브리어와 헬라어 안에서 쓰이는 이 단어의 원 의미를 살펴보아야 합니다. 믿음의 일상적인 의미가 성경이 말하는 믿음을 잘못 해석하도록 만들기 때문입니다.

히브리인들은 הֶאֱמִין(헤민)이라는 단어를 사용했습니다. '헤민'의 어원에는 '처신하다'라는 의미(언어학자들이 인정하는 의미)가 있습니다. 우리말로 이것은 '믿다'라고 번역되기도 합니다.

"그것을 믿는 이는 다급하게 되지 아니하리로다"(사 28:16).

우리가 '믿다'라고 표현하는 행위는 일반적으로 약속이나 누군가의 공언을 전제합니다. 그러나 히브리어에서는 언제나 그렇지는 않습니다. '헤민'은 공언이나 약속이 없을 때에도 '믿다'라는 의미를 띱니다.

"그가 어두운 데서 나오기를 바라지 못하고[1] 칼날이 숨어서 기다리느니라"(욥 15:22).

욥기 19장 25절이나 예레미야애가 4장 12절도 그러합니다. 이따금 '헤민'은 '신뢰하다'라고 번역되기도 하는데, 어떠한 공언이나 약속이 없을 때에도 그렇게 사용됩니다.

"그가 스스로 속아 허무한 것을 믿지 아니할 것은"(욥 15:31).

"하나님은 그의 종이라도 그대로 믿지 아니하시며"(욥 4:18).

---

1) 역자주 - 우리말로 "바라지 못하고"라고 번역된 부분을 영어 KJV는 'believeth not,' 즉 '믿지 않고'로 번역한다.

욥기 15장 15절에서도 마찬가지입니다. 우리말로 '믿음'이라 번역되는 אֱמוּנָה(에무나)가 이 단어에서 파생되었습니다(호 2:19; 합 2:4 참고). 또한 이것은 "성실함"(사 25:1; 시 89:2, 119:75 참고), "진실"(시 33:4), "충성됨"(잠 28:20 참고)을 가리키기도 합니다. 이와 같은 하나의 히브리어 단어가 우리말로 다양하게 표현됩니다.[2]

헬라어 단어인 πίστις(피스티스)와 πιστεύω(피스튜오)는 약속과 관련될 때에 각각 '믿음'과 '믿다'로 번역됩니다.

"그러므로 믿음은 들음에서 나며 들음은 그리스도의 말씀으로 말미암았느니라"(롬 10:17).

때때로 하나님의 말씀이나 약속과 관련이 없을 때에는 '의탁하다' 또는 '맡기다(commit)'로 번역되기도 합니다.

"예수는 그의 몸을 그들에게 의탁하지 아니하셨으니 이는 친히 모든 사람을 아심이요"(요 2:24).

"그들이 하나님의 말씀을 맡았음이니라"(롬 3:2).

"나는 사명을 받았노라"(고전 9:17).

"누가 참된 것으로 너희에게 맡기겠느냐?"(눅 16:11)[3]

'믿음'이라는 단어의 본질과 성격을 우리가 쓰는 말이 아니라 히브리어와 헬라어를 토대로 정의해야 한다는 데에는 논박할 여지가 없습니다. '믿다'라는 동사가 언제나 약속과 관련되지는 않으며, 항상 하나님의 말씀이나 약속을 받는 행위나 거기에 동의하는 행위를 가리키지도 않습니다. 뿐만 아니라 이 동사는 '신뢰하다(trust),' '의탁하다(commit to),' '의지하다(rely upon)'라는 뜻을 가지기도 합니다. 실제로 네덜란드어에는 '믿다'라는 단어에 이러한 의미가 없으므로, 프랑스어나 라틴어로 '믿다'를 뜻하는 *crediter*나 *crediteur*를 사용하는 편이 낫습니다. 이 단어들은 단지 누군가의 말을 진실로 여긴다는 의미뿐만 아니라, 무언가를 누구에게 맡긴다는 의미

---

2) 스타텐베이벌 역은 KJV 역본보다 훨씬 더 다양하게 표현한다. vastigheid, waarheid, getrouwheid라는 네덜란드 단어를 KJV 역은 모두 'faithfulness(성실함)'로 번역한다.
3) 영역주 - 이 경우에도 네덜란드어는 영어보다 더욱 다양한 어휘를 가지고 있다. 네덜란드어 스타턴퍼탈링에 나오는 betrouwen, toebetrouwen, vertrouwen을 KJV 역은 모두 'commit(의탁하다, 맡기다)'으로 번역한다.

도 가지기 때문입니다. 이러한 설명은, '믿다'라는 단어를 통상적인 의미로 이해하다가는 심각한 오해를 범할 수 있음을 분명히 보여 줍니다. 또한 어떤 사람들이 믿음의 본질에 왜 그토록 무지한지를 말해 줍니다. 그들은 원어에서 나타나는 이 단어의 의미에는 주의를 기울이지 않고, 단순히 그들이 쓰는 말에만 초점을 맞춥니다. 결론적으로, 이 단어는 '신뢰하다' 또는 '맡기다'라는 의미를 가집니다.

주제와 관련된 의미

'믿음'이라는 단어를 숙고할 때에는, 이 단어가 본질적으로 다른 여러 가지 주제를 가리킨다는 점에 주의해야 합니다.

첫째, 이 단어는 약속을 이행하는 신실함을 가리키기도 합니다.

"그 믿지 아니함이 하나님의 미쁘심을 폐하겠느냐?"(롬 3:3)

둘째, 이 단어는 믿음의 가르침을 지칭하기도 합니다.

"믿음과 착한 양심을 가지라 어떤 이들은 이 양심을 버렸고 그 믿음에 관하여는 파선하였느니라"(딤전 1:19).

셋째, 이 단어는 믿는 바 진리에 대한 고백을 가리키기도 합니다.

"너희 믿음이 온 세상에 전파됨이로다"(롬 1:8).

넷째, 때때로 이 단어는 성경의 진리를 믿는 심령의 실제 행위를 가리키기도 합니다. 이와 관련하여 성경은 역사적 믿음, 이적적 믿음, 일시적 믿음, 그리고 구원 얻는 믿음이라는 네 종류의 믿음에 대해 말합니다. 이것들은 비록 동일하게 믿음이라고 불리지만, 본질적으로 서로 다릅니다. 우리는 여기서 구원 얻는 믿음에 대해서만 논의할 것입니다. 따라서 믿음이라는 단어의 다양한 의미로 인해 오해가 생기지 않도록 이러한 점에 분명히 유의해야 합니다.

① 역사적 믿음이란 하나님 말씀의 역사(성경에 기록된 내용)를 알고 그것을 사실로 인정하고 받아들이는 믿음을 말합니다. 그러나 이러한 믿음을 소유한 사람들은 그 내용을 따라 행하지는 않습니다. 그들은 성경의 내용보다 오히려 세상의 역사에 영향을 더 크게 받습니다. 이러한 믿음은 그들의 마음을 움직이지 못하며, 때때

로 진리를 고백하게 만들지도 못합니다.

"네가 하나님은 한 분이신 줄을 믿느냐? 잘하는도다 귀신들도 믿고 떠느니라"(약 2:19).

"아그립바 왕이여 선지자를 믿으시나이까 믿으시는 줄 아나이다"(행 26:27).

② 일시적 믿음은 복음의 진리를 참된 것으로 알고 동의합니다. 이러한 믿음은 영혼의 정서 안에 어떠한 본성적인 움직임을 일으키고, 교회와 더불어 진리를 고백하게 하며, 그 고백에 걸맞은 외적 행위들을 이끌어 냅니다. 그러나 그 모든 것이 그리스도의 칭의와 성화 및 구원과 결부되지는 않습니다. 다음의 구절들이 그러한 믿음에 대해 말해 줍니다.

"돌밭에 뿌려졌다는 것은 말씀을 듣고 즉시 기쁨으로 받되, 그 속에 뿌리가 없어 잠시 견디다가 말씀으로 말미암아 환난이나 박해가 일어날 때에는 곧 넘어지는 자요"(마 13:20,21).

"한 번 빛을 받고 하늘의 은사를 맛보고 성령에 참여한 바 되고, 하나님의 선한 말씀과 내세의 능력을 맛보고도, 타락한 자들은 다시 새롭게 하여 회개하게 할 수 없나니 이는 그들이 하나님의 아들을 다시 십자가에 못 박아 드러내 놓고 욕되게 함이라"(히 6:4-6).

"그들이 우리 주 되신 구주 예수 그리스도를 앎으로 세상의 더러움을 피한 후에 다시 그중에 얽매이고 지면 그 나중 형편이 처음보다 더 심하리니"(벧후 2:20).

일시적 믿음과 구원 얻는 믿음의 차이에 관해서는 나중에 더 포괄적으로 다루겠습니다.

③ 이적적 믿음은 하나님의 직접적인 역사로 말미암아 마음에 일어나는 확신으로, 우리가 명령할 때에 초자연적인 일이 나타나거나 그런 초자연적인 일이 우리에게 일어나리라는 사실을 믿는 것입니다. 그러나 이적을 일으키는 능력은 사람에게 있지 않습니다. 하나님께서 믿음에 응답하여 그분의 전능하신 능력으로 이적을 일으키시는 것입니다. 다음의 구절들을 보면 그것을 알 수 있습니다.

"만일 너희에게 믿음이 겨자씨 한 알 만큼만 있어도 이 산을 명하여 여기서 저기로 옮겨지라 하면 옮겨질 것이요 또 너희가 못할 것이 없으리라"(마 17:20).

"또 산을 옮길 만한 모든 믿음이 있을지라도"(고전 13:2).

"바울이 말하는 것을 듣거늘 바울이 주목하여 구원받을 만한 믿음이 그에게 있는 것을 보고, 큰소리로 이르되 네 발로 바로 일어서라 하니 그 사람이 일어나 걷는지라"(행 14:9,10).

특히 이 믿음은 그리스도와 사도들의 시대에 일반적으로 나타났으며, 복음의 가르침을 확증하는 것이 그 목적이었습니다. 본 장에서는 지금까지 언급한 세 종류의 믿음에 관해서는 논하지 않겠습니다.

④ 구원 얻는 믿음이 있습니다. 이 믿음은 의롭게 하는 믿음이라고도 불립니다. 이러한 호칭은 모두 이 믿음의 목적을 시사하며, 이는 다른 믿음들과는 본질적으로 다른 믿음입니다. 이 믿음에 관해서는 조금 뒤에 다루겠습니다.

지금까지 믿음이라는 단어 자체가 가지는 모호함을 제거함으로써 그 의미를 규명해 보았습니다.

성경의 묘사와 관련된 의미

이 단어를 생각할 때에는, 성경이 구원을 일컬을 때에 사용하는 다른 용어를 고려해야 합니다. 이를 통해 다양한 관점에서 믿음의 본질을 더욱 명확히 분별할 수 있습니다. 히브리어 '헤민'이 '믿다,' '의탁하다'라는 의미인 것처럼, חסה(하사)라는 단어도 '누군가를 의지하다'라는 의미를 가집니다.

"여호와께 피하는 모든 사람은 다 복이 있도다"(시 2:12).

또한 '누군가를 신뢰하다'라는 의미를 가지기도 합니다.[4]

"나의 방패이시니 내가 그에게 피하였고"(시 144:2).

"여호와께서 시온을 세우셨으니 그의 백성의 곤고한 자들이 그 안에서 피난하리라"(사 14:32).

"사람들이 주의 날개 그늘 아래에 피하나이다"(시 36:7).

'믿다'라는 의미는 בטח(바타흐)라는 단어로도 표현됩니다. 이것 역시 '신뢰하다'

---

[4] 영역주 - 아 브라켈이 인용하는 스타턴퍼탈링에서는 이 표현이 각각의 본문에서 다음과 같이 나타난다. 'betrouwen op iemand,' 'toevlucht hebben tot iemand,' 'toevlucht nemen,' KJV 영역본은 이를 모두 'trust in(의뢰하다)'으로 번역한다.

라는 의미를 가집니다.[5]

"여호와를 의뢰하고 그의 마음을 굳게 정하였도다"(시 112:7).

"여호와여 주의 이름을 아는 자는 주를 의지하오리니"(시 9:10).

"거짓말을 믿지 말라"(렘 7:4).

"조각한 우상을 의지하며……크게 수치를 당하리라"(사 42:17).

'믿다'라는 동사는 סָמַךְ(사메크)로도 표현되는데, 이것은 '누군가에게 기대다'라는 의미를 가집니다.

"내가 모태에서부터 주를 의지하였으며"(시 71:6).[6]

헬라어 '피스티스'와 '피스튜오'는 '믿다,' '의지하다,' '의탁하다'라는 의미를 가집니다. '믿도록 설득하다'라는 의미를 띠는 πειποίθησις(페이포이쎄시스)뿐만 아니라, πείθω(페이쏘)와 πείθομαι(페이쏘마이)도 마찬가지입니다.

"우리는 주의 두려우심을 알므로 사람들을 권면하거니와"(고후 5:11).

이것은 '믿다'를 의미할 수 있습니다.

"그중의 어떤 사람……권함을 받고"(행 17:4).[7]

또한 이것은 '신뢰하다'를 의미할 수도 있습니다.

"그가 하나님을 신뢰하니"(마 27:43).

'누군가를 의지하다'를 뜻할 수도 있습니다.

"부를 의지하는 자들"(막 10:24).[8]

"내가 그를 의지하리라"(히 2:13).

"우리가 그리스도로 말미암아 하나님을 향하여 이 같은 확신이 있으니"(고후 3:4).

---

5) 영역주 - 네델란드어가 전달하는 뉘앙스가 KJV에서는 그대로 표현되지 않는다. 아래 구절에서 영어로 'to trust(의뢰하다)'라고 번역된 네델란드어 동사는 'betrouwen,' 'vertrouwen,' 'zich vertrouwen op,' 'zich verlaten op'이다.

6) 영역주 - 스타턴퍼탈링 역을 직역하면 '내가 모태에서부터 주께 기대었나이다(I have leaned upon Thee from the womb)'이다.

7) 역자주 - 개역개정 성경이 "권함을 받고"라고 번역한 부분을 KJV 영역본은 "And some of them believed"로 번역한다.

8) 역자주 - 이 표현이 개역개정 성경에는 없지만, KJV 영역본에는 "them that trust in riches(부를 의지하는 자들)"라는 구절이 포함되어 있다.

이 모든 표현들을 종합하여 숙고해 볼 때, 믿음이 단순히 복음의 진리에 동의하는 것이 아니라, 그리스도를 통해 마음으로부터 하나님을 신뢰하고 그분께 자신을 내맡기는 행위를 의미한다는 것을 분명히 알 수 있습니다.

지금까지 단어의 의미에 관해 포괄적으로 논의해 보았습니다. 이를 통해 언어를 모르는 이들도 히브리어와 헬라어에서 말하는 '믿다'의 의미를 깨달을 수 있을 것입니다.

믿음 자체에 관한 고찰

이제 믿음 자체에 관해 살펴봅시다. 이 주제를 다루면서 다음의 사안들을 숙고해 볼 것입니다.

① 세상에서의 믿음의 실재와 필요성

② 믿음의 속성, 또는 본질

③ 믿음의 주체

④ 믿음을 행사하는 대상

⑤ 믿음의 형태와 독특한 본질

⑥ 믿음의 원인과 이차 원인

⑦ 믿음의 목적

⑧ 믿음의 부가적인 특징들

⑨ 믿음의 효력, 또는 열매

⑩ 다른 종류의 믿음과 대비되는 유사성과 차이점

⑪ 믿음과 상반되는 것

⑫ 믿음에 대한 설명

믿음의 필요성

하나님의 말씀을 믿는 그리스도인들에게는 구원을 받는 데 믿음이 필요하다는 점을 굳이 증명하지 않아도 됩니다. 다음의 구절들이 이를 확증합니다.

"아들을 믿는 자에게는 영생이 있고 아들에게 순종하지 아니하는 자는 영생을 보지 못하고 도리어 하나님의 진노가 그 위에 머물러 있느니라"(요 3:36).

"믿고 세례를 받는 사람은 구원을 얻을 것이요 믿지 않는 사람은 정죄를 받으리라"(막 16:16).

믿음의 속성

믿음의 속성, 또는 본질은 그것이 하나의 성향(a propensity)이라는 것입니다. 성향은 지성과 의지의 기능을 보완합니다. 성향은 부단한 실천을 통해 얻게 되거나, 하나님께서 사람의 영혼에 심으시는 것입니다. 믿음, 소망, 사랑 등은 후자에 해당합니다. 사람이 믿음을 얻고자 행하는 모든 행위는 믿음을 획득하기에 턱없이 부족합니다. 믿음을 처음 주시는 분도 하나님이시며, 그것을 보존하고 자라게 하며 완성시키는 분도 하나님이십니다. 믿음을 가지고 싶은 사람은 반드시 그 믿음이 하나님으로부터 온다는 사실을 감사함으로 인정하고, 믿음을 더하여 주시기를 바라며 하나님께 기도해야 합니다.

믿음의 주체

믿음의 주체, 또는 믿음이 자리하는 곳은 사람입니다. 구체적으로는 그 사람의 영혼이며, 더 구체적으로는 의지입니다.

믿음의 주체는 사람입니다. 그런데 이것이 모든 사람에게 해당되지는 않으며, 오직 택함 받은 자들에게만 해당됩니다.

"믿음은 모든 사람의 것이 아니니라"(살후 3:2).

"하나님이 택하신 자들의 믿음과"(딛 1:1).

"영생을 주시기로 작정된 자는 다 믿더라"(행 13:48).

유아세례와 믿음의 행사

> ▶ **질문**
> 유아들은 세례를 받을 때 믿음의 본질을 받는가? 세례 받은 유아들은 믿음을 행사하는가?

대답: 그렇지 않습니다.

① 성경 어디에서도 그런 식으로 말하지 않습니다. 따라서 그렇게 믿어서는 안 되며, 도리어 거부해야 합니다.

② 유아들은 지성을 사용하지 못합니다. 사유하는 능력은 선천적이지만, 사유하는 행위는 나중에 시작됩니다. 이 사유하는 행위는 믿음을 행사하는 데에 본질적인 요소입니다.

③ 사유하기 이전의 자녀들은 무언가에 관한 지식을 가지지 않습니다. 만일 믿음에 신령한 진리가 반드시 요구된다면, 어떻게 아이들이 믿을 수 있겠습니까?

④ 사유할 수 있는 연령에 이르지 못한 어린아이들은 실제로 악이나 선을 행하지 않습니다(롬 9:11 참고).[9] 마찬가지로 믿음과 같은 미덕도 행사하지 않습니다.

⑤ 믿음은 들음에서 납니다(롬 10:17 참고). 유아들은 아직 하나님의 말씀을 들을 수 없기 때문에 믿을 수 없습니다.

---

9) 영역주 - 실제로 로마서 9장 11절은 태어나지 않은 아이를 말하고 있다.

반론 1

"누구든지 나를 믿는 이 작은 자 중 하나를 실족하게 하면"(마 18:6).

답변

본문에서 언급하는 작은 자란 자신의 지성을 사용하는 아이들입니다. 그런 이들이 실족할 수 있기 때문입니다. 즉, 그리스도께서 말씀하시는 "작은 자"는 앞에서 예로 언급된 아이들(마 18:2,3 참고)이 아니라, 영적인 유아들입니다.

반론 2

"어린아이들을 용납하고 내게 오는 것을 금하지 말라. 천국이 이런 사람의 것이니라"(마 19:14).

답변

(1) 여기서 말하는 아이들이 자신의 지성을 활용할 수 없을 정도의 어린아이라는 사실을 입증할 수는 없습니다. 이 본문을 반론의 증거로 삼으려면, 먼저 이러한 점을 분명하게 밝혀야 합니다. 오히려 두세 살의 아이들은 믿을 수 있으므로, 그러한 경우에 해당하는 말씀이라고 할 수 있습니다.

(2) 천국이 그런 아이들의 것임은 하나님께서 그들에게 그리스도의 속죄를 전가하신 까닭이지, 그들이 믿음을 행사한 까닭이 아닙니다. 그러나 모든 아이들이 구원을 받는 것은 아니며, 오직 택함 받은 아이들만이 구원을 받습니다.

반론 3

"어린아이들과 젖먹이들의 입으로 권능을 세우심이여"(시 8:2).

답변

이는 어린아이들과 유아들에게 말하는 능력이 있음을 시사하지 않습니다(만일 그렇다면 반론 자체가 의미가 없을 것입니다). 이 말씀은 객관적인 관점에서 하나님을 높인다는 의미로서, 하늘과 궁창이 밤낮 하나님을 찬양하는 것처럼(시 19:2,3 참고), 하나님의 역사하심 안에서 어린아이들과 유아들이 성인들에게 하나님을 찬양할 이유를 제공한다는 의미입니다.

반론 4

예레미야와 같이 어린아이 시절에 믿음을 가진 예가 있다(렘 1:5 참고).

답변

(1) 이 구절은 하나님께서 택하고 뜻하신 바에 따라 그를 선지자로 거룩하게 구별하신 하나님의 예지(foreknowledge)에 관해 말합니다.

(2) 하나님의 성령에 의해 거룩히 구별되는 것과(하나님은 능히 그렇게 행하실 수 있습니다) 믿음을 행사하는 것은 실제로 별개의 사안입니다. 거룩함 자체와 관련하여, 사람의 본성은 실제로 거룩함을 행사하지 않더라도 거룩하게 될 수 있습니다. 이것은 믿음이 없어도 가능합니다.

추가반론 디모데의 사례가 있다.

"또 어려서부터 성경을 알았나니 성경은 능히 너로 하여금 그리스도 예수 안에 있는 믿음으로 말미암아 구원에 이르는 지혜가 있게 하느니라"(딤후 3:15).

| 답변 |

본문은 디모데가 사유할 수 있는 연령이 되기 이전에 그러했다고 말하지 않습니다. 오히려 디모데는 그의 외조모 로이스와 어머니 유니게로부터 하나님의 말씀을 배울 수 있는 시기였습니다. 따라서 이 구절은 사유할 수 있는 나이에 이르기 전에 믿음을 행사할 수 있음을 증명하지는 않습니다.

추가반론 세례 요한의 예가 있다(눅 1:41 참고).

| 답변 |

❶ 본문은 세례 요한이 믿었다고 말하지 않습니다. 다만 그의 어머니가 마리아가 문안함을 들었을 때에 요한이 복중에서 뛰놀았다고 기록할 뿐입니다.

❷ 우리는 그에게 임하여 그를 뛰놀게 만든 하나님의 전능하심에 대해 알지 못합니다. 특별한 역사를 사용해 일반적인 결론을 이끌어 내려 해서는 안 됩니다.

❸ 배 속의 요한은 할례나 세례를 받지 않았습니다. 그러므로 그가 뛰논 것이 세례의 효력은 아닙니다. 이에 관해서는 추후에 증명하겠습니다.

> ▶ 질문
> 비록 믿음을 실제로 행사하지는 않더라도, 택함 받은 자들은 모두 잉태되는 순간부터 그 안에 믿음의 씨를 가지고 있는가?

대답: 그렇지 않습니다.

① 성경은 어디에서도 믿음의 씨나 종자 형태의 믿음에 관해 말하지 않습니다. 그러므로 믿음의 씨를 주장하면서 그것을 토대로 교리 전체를 세우려는 시도는 무모한 것입니다. 성경은 거듭남의 씨 곧 하나님의 말씀에 관해 말합니다(벧전 1:23 참고). 하나님의 말씀은 어린아이들에게서는 발견되지 않으나, 주님의 때에 그들이 회심하는 방편이 됩니다. 만일 믿음이 믿음의 씨에서 시작된다면, 그들은 이미 그것을 실제로 소유했을 것입니다.

② 거듭나기 전의 사람들은 (택함 받았다 할지라도) 영적으로 죽었으며, 진노의 자녀들입니다. 그들은 그리스도도, 약속도, 하나님도 없으며, 따라서 믿음도 없는 자들입니다(엡 2:2,3,12 참고). 성부, 주 예수, 성령은 그들이 존재하는 순간부터 그들의 아버지요, 구주이며, 거룩케 하는 분으로서 그들을 돌보십니다. 그러나 그들 자체는 다른 모든 이들과 영적으로 동일한 상태에 있습니다.

③ 들음이 없이는 어느 누구도 믿음을 받지 못합니다(롬 10:17; 갈 3:2 참고). 사람은 말씀을 들음으로써 불신자에서 신자로 변화합니다. 만일 듣기 이전에 이미 믿음의 요체를 가진 신자로 존재했다면, 복음 전파를 통해 믿음을 받고서 신자가 되었다고 말할 수 없을 것입니다.

반론 1

택함 받은 어린아이들은 언약 안에 있는 자들이다. 믿음이 없이는 어느 누구도 언약 안에 있을 수 없다. 그러하기에 그들은 처음부터 믿음을 가지고 있음이 분명하다.

답변

(1) 택함 받은 어린아이들이 모두 언약 안에 있지는 않습니다. 왜냐하면 수천의 회심한 아이들이 이교도 부모의 자녀들이기 때문입니다. 아니면 언약에 참여한 이들의 자녀들만이 믿음의 씨를 가지고, 다른 택함 받은 자녀들은 그렇지 않다는 것입니까? 택함 받은 자녀들을 그런 식으로 구분하는 근거가 무엇입니까?

(2) 자녀들이 언약 안에 있다는 것은 그 아이들 안에 무언가가 있음을 전제하지 않습니다. 그렇지 않다면, 그 아이들이 실제로 믿음을 가지고 있으며 거듭났다고 결론 내려야 할 것입니다. 그러나 그 결론은 성립될 수 없으며, 따라서 그 반론 역시 사실이 아닙니다.

반론 2

천국이 이러한 자의 것이다(마 19:14 참고).

답변

앞서 언급한 답변을 참고하십시오.

반론 3

예레미야, 세례 요한, 디모데에게 이것은 사실이었다.

답변

앞서 언급한 답변을 참고하십시오.

반론 4

아담이 범죄하지 않았다면 본성적인 의가 영구했을 것이다. 그렇다면 왜 이것이 언약에 참여한 자들의 자손이 초자연적으로 거듭나는 것에는 해당될 수 없는가?

> 답변

(1) 물론 하나님은 그런 일을 행하실 수 있습니다. 그러나 가능성으로부터 현실에 대한 논리적 결론을 이끌어 낼 수는 없습니다.

(2) '왜 안 되는가?'라는 질문을 통해서는 무언가를 확인할 수 없습니다. 하나님께는 그분이 행하시는 일에 관해 해명하셔야 할 의무가 없으며, 우리는 하나님의 역사와 행하심에 대한 근거를 제시할 수 없습니다. 그러므로 우리가 어떤 이유를 제시할 수 있거나 없다고 하여 그것을 근거로 무언가를 주장하거나 부인해서는 안 됩니다. 오히려 하나님의 말씀으로 돌이켜 거기에 계시된 바와 계시되지 않은 바를 살펴보아야 합니다.

(3) 우리는, 하나님을 경외하며 언약에 참여한 택함 받은 자들 모두에게서 믿음의 씨가 발견되지는 않는다는 사실을 경험을 통해 압니다. 어떤 이들은 세상을 떠나는 날까지 경건하지 않은 채로 남는데, 그런 경우 그들이 믿음의 씨를 소유했으리라 보기에는 모순이 있습니다. 믿음의 씨를 가졌다는 것은 실제로 믿음을 가진 것이며, 따라서 그것은 처음부터 믿음이기 때문입니다. 반면 택함 받은 자들 중에는 믿음의 씨를 가지지 않았을 이교도의 자녀들도 매우 많습니다. 그렇다면 이교도의 자녀들의 경우에는, 하나님께서 언약에 참여한 부모에게 속한 택함 받은 자녀들과는 다른 방식으로 회심시키신다고 결론 내려야 할 것입니다. 만일 그렇다면, 언약에 참여한 부모에게서 난 택자의 경우에는 그 안에 있는 씨가 싹이 나 회심하게 되는 반면, 그러한 씨가 없는 이교도의 자녀에게는 믿음이 주어져야 할 것입니다.

반론 5

다음 본문을 보라.

"믿음이 없이는 하나님을 기쁘시게 하지 못하나니 하나님께 나아가는 자는 반드시 그가 계신 것과 또한 그가 자기를 찾는 자들에게 상 주시는 이심을 믿어야 할지니라"(히 11:6).

> 답변

앞서 언급한 답변을 참고하십시오.

> 반론 6

그들에게는 믿음의 성령이 계신다. 그렇지 않다면 그들은 그리스도에게 속하지 않을 것이다(롬 8:9 참고).

> 답변

31장에서 언급한 답변들을 참고하십시오.

그러므로 택함 받은 자들이 잉태되는 순간부터 믿음의 씨를 소유한다는 것은 여전히 사실이 아닙니다. 그 구절은 성인들을 가리킵니다.

진리에 대한 지식: 믿음을 행사하는 데 본질적인 요소

이처럼 택함 받은 자가 믿음의 주체이므로, 우리는 믿음이 사람의 어디에 자리하는지를 더욱 면밀히 살펴보아야 합니다. 비록 선한 행실과 진리에 대한 고백이 몸을 통해 드러나기는 하지만, 믿음이 육체에 자리하지는 않습니다. 오히려 믿음이 실제로 자리하는 곳은 영혼입니다.

"사람이 마음으로 믿어"(롬 10:10).

영혼은 믿음이 작용하는 지성과 의지와 감정의 기능이 있습니다. 이것들의 실재는 각각 이성적으로 추론하여 독립적으로 숙고할 수 있습니다. 그것들은 서로 구별됩니다. 지성은 의지나 감정이 아닙니다. 의지도 지성이나 감정이 아닙니다. 마찬가지로 성향(inclination)은 앞의 둘과는 다릅니다. 이들이 작용하는 방식도 서로 구별됩니다. 지성은 이해하고 판단하며(추리와 적용), 도덕적으로 분별합니다. 의지는 바람직하게 여기는 것들을 애정으로 수용하고, 혐오스럽게 여기는 것들을 거부합니다. 감정은 영혼의 욕구 또는 실현에 대한 열망입니다. 영혼은 자기 자신 안에서 기쁨과 만족을 이루거나 찾을 수 없습니다. 오히려 영혼은 자신의 외부에 있는 무언가를 통해 기쁨과 만족이 이루어지기를 구해야 합니다. 그런데 사람이 지성을 통해 이 실재들을 각각 추론하고 개별적으로 고려한다 할지라도(지성적인 방식으로 우리의 행위와 성격을 자각하고자 한다면 반드시 그렇게 해야 합니다), 그것들을 활용할 때에는 서로 완전히 구별하지 않습니다. 만일 사람 안에서 작용하는 이러한 요소들을 지나치게 구별하려 든다면, 그것을 혼합하는 것만큼이나 혼동과 혼란을 초래할 것입니다.

이것을 믿음에 적용해 봅시다. 영혼이 믿는다는 것은, 이해하고 의지적으로 행하며 열망한다는 것을 의미합니다. 사람이 믿을 때, 그의 기능적 요소들이 모두 동시에 작용합니다.

> ▶ 질문
> 믿기 위해서는 자신이 믿는 진리를 반드시 알아야만 하는가? 아니면 지식이 없는 것이야말로 믿음을 가장 잘 설명하는 것이 되도록, 단지 속죄에 대해 맹목적으로 동의하기만 해도 되는가?

대답: 교황주의자들은 첫 번째 주장을 부인하고 두 번째 주장을 받아들입니다. 우리는 동의만으로는 충분하지 않으며, 믿음에 지식이 절대적으로 필요하다고 주장합니다. 그렇다고 하여 믿음의 주제들 상호 간의 복잡한 관계를 명료하고도 분별력 있게 지각하는 것처럼, 진리에 대해 완벽한 지식을 갖추어야 한다는 말이 아닙니다. 만일 그렇다면, 우리가 믿지 못할 주제들이(그러나 의심할 수도 없고, 의심해서도 안 되는) 매우 많을 것이기 때문입니다. 예컨대 하나님의 본질, 영원성, 무한성, 그리스도의 두 위격의 연합에 관한 가르침이 그러합니다. 그렇다면 이렇게 계시된 신비들 중 하나라도 믿으려 하겠습니까?

오히려 우리가 말하는 지식은 계시된 진리를 이해하는 것으로, 그 비추임이 많거나 적은 차이가 있겠지만 진리를 올바르고도 참되게 이해하는 것입니다. 지식이 믿음의 요소라는 말은 믿음과 지식이 동등하다는 의미가 아닙니다. 단순히 지식을 가지고 있다고 해서 그 진리를 믿는 것도 아닙니다. 지식과 믿음이 하나이며 동일하다는 것은 더욱 아닙니다. 그것은 교리 및 이 교리와 관련하여 하나님의 말씀이 전하는 계시를 아는 지식이 진리를 믿는 데에 필수적이라는 말입니다. 믿음을 행사하는 데에 지식이 필수적인 이유는 다음과 같습니다.

첫째, 성경 구절들이 이를 분명하게 진술합니다.

"나의 의로운 종이 자기 지식으로 많은 사람을 의롭게 하며, 또 그들의 죄악을 친히 담당하리로다"(사 53:11).

히브리어 בדעתו(베다으토)는 '그의 지식으로' 또는 '그의 지식을 통해'라는 뜻입니다. 이 단어는 그리스도가 가진 지식을 가리킬 수도 있고, 사람이 가진 그리스도에 관한 지식을 가리킬 수도 있습니다. 본문의 문맥은 사람이 가진 그리스도에 관한 지식을 가리킵니다. 왜냐하면 그리스도는 그분의 지식을 통해서가 아니라 그분의 고난과 순종을 통해 사람을 의롭게 하시기 때문입니다(고후 5:21; 롬 5:10, 17-19 참고). 사람 편에서는 믿음으로 의롭다하심을 받습니다(롬 5:1 참고). 로마서 5장 1절에서 믿음에 관한 것으로 언급되는 모든 내용이 이사야 53장 11절에서는 지식에 관한 것으로 언급됩니다. 그러나 이것은 믿음과 지식이 하나이고 동일하다는 말이 아니며, 동의와 믿음(trust)이 없는 지식만으로 사람을 의롭게 할 수 있다는 말도 아닙니다. 왜냐하면 지식은 가지고 있지만 참된 믿음이 없는 사람들이 많기 때문입니다.

그런데 본문에서는 칭의가 지식에서 나온다고 말합니다. 왜냐하면 여기서는 믿음을 포괄적인 의미로, 그리고 그 믿음의 총체적인 행사와 관련하여 언급하는데, 이 믿음이 지식과 더불어 시작되고 이 지식을 반드시 요구하기 때문입니다. 그러므로 구원은 진리에 대한 고백 및 심령의 가난함, 애통함, 온유함, 경건함과 같은 믿음의 열매에 근거하여 약속된 것입니다. 이러한 것들이 믿음에서 비롯되지 않았다면, 그것들 자체로는 하나님을 기쁘시게 할 수 없습니다. 그러므로 믿음이 반드시 지식을 요구한다는 결론이 뒤따릅니다.

또한 요한복음 17장 3절을 숙고해 보십시오.

"영생은 곧 유일하신 참 하나님과 그가 보내신 자 예수 그리스도를 아는 것이니이다."

이는 천국에서 하나님을 바라보는 것을 말하지 않습니다. 그것은 고린도후서 5장 7절에서 말하는 믿음과 상반됩니다. 오히려 주님은 하나님을 직접 보게 될 천국에 이르는 길인, 이 땅에서 일어나는 일에 관해 말씀하십니다. 믿음은 이 땅에서 작용하며, 영생은 단순한 지식이 아니라 이 믿음 위에 약속되어 있습니다. 따라서 이 구절은 믿음을 행사하는 총체적 측면에서의 믿음을 가리키며, 지식은 믿음을 행사하는 데에 첫 번째 요소요 지속적인 요소임을 말합니다. 이러한 이유에서 지식과 믿음은 서로 연결되어 있습니다.

"내 아버지의 뜻은 아들을 보고 믿는 자마다 영생을 얻는 이것이니 마지막 날에 내가 이를 다시 살리리라 하시니라"(요 6:40).

둘째, 지식이 믿음의 필수 요소라는 사실은 하나님의 말씀을 들음으로써 믿음이 역사한다는 데서도 분명히 드러납니다.

"그러므로 믿음은 들음에서 나며 들음은 그리스도의 말씀으로 말미암았느니라"(롬 10:17).

"아버지께 듣고 배운 사람마다 내게로 오느니라"(요 6:45).

그러나 듣는 이가 이해하지 못한다면, 그 말씀은 아무런 유익이 되지 못하고, 어느 누구도 말씀을 들음으로써 믿음을 가질 수 없을 것입니다.

"오직 진리를 나타냄으로 하나님 앞에서 각 사람의 양심에 대하여 스스로 추천하노라"(고후 4:2).

셋째, 모든 신자는 그리스도를 고백하고(마 10:32 참고), 자신의 신앙을 설명할 의무를 집니다. 따라서 자신이 믿는 바에 관한 지식이 절대적으로 필요합니다. 자신이 알지 못하는 것을 고백하고 설명할 수는 없기 때문입니다.

반론 1

"믿음은 바라는 것들의 실상이요 보이지 않는 것들의 증거니"(히 11:1).

이와 같이 믿음은 지식을 배제한다.

> 답변

사도는 믿음이 지식이 필요 없는 맹목적인 것이라고 말하지 않습니다. 그 반대로 믿음이 무언가를 증언하며 어떤 것의 확실성 위에 세워진다고 말합니다. 이것이 ἔλεγχος(엘렝코스)라는 단어의 근본적인 의미입니다. 해당 사안에 관한 지식이 없다면, 그것을 설명할 수도 없고, 증명할 수도 없습니다. "보이지 않는 것들"이란 육안으로 관찰할 수 없고, 본성적인 이성으로 깨닫거나 밝힐 수 없는 것을 가리킵니다. 그리스도의 신비가 바로 그러합니다. 그러나 하나님은 말씀과 성령으로 그러한 것들을 계시하시고, 믿음은 그것을 의심할 여지 없는 진리로 받아들입니다. 따라서 이 구절도 믿음이 지식과 이해(light)로 구성됨을 명백히 증언합니다.

반론 2

"하나님 아는 것을 대적하여 높아진 것을 다 무너뜨리고 모든 생각을 사로잡아 그리스도에게 복종하게 하니"(고후 10:5).

모든 이론을 파하고 모든 생각을 사로잡아야 하므로, 결국 믿음으로부터 모든 지식을 배제해야 한다.

> 답변

여기서 사도는 하나님과 그리스도의 순종하심을 아는 지식에 반하여, 하나님을 대적하는 부패하고도 본성적인 마음에서 비롯된 자신을 높이는 이론과 생각들에 대해 말합니다(롬 8:7 참고). 사도는 그러한 것들에 반대합니다. 그는 하나님께서 계시하신 진리를 통해 사람들이 하나님을 알고 그리스도께 순종함으로써 그런 잘못된 지식을 극복하도록 이끕니다. 이것은 믿음과 불순종이 서로 대비되는 요한복음 3장 36절에도 분명히 나타납니다.

동의: 믿음을 행사하는 데 더해지는 요소

지금까지 지식이 믿음 행사에 반드시 필요한 요소라는 점을 살펴보았습니다. 여기에 더하여 반드시 '동의'가 있어야 합니다. '동의'란 바로 하나님께서 그분의 말쏨을 통해 말씀하신다는 사실뿐만 아니라, 특별히 아들과 그 아들의 공로를 통해 이루시는 구원에 관한 모든 계시가 진실하다는 사실을 확증하는 것입니다. 무언가를 신뢰하고 의지하며 믿기 위해서는 그것의 기초가 참되고 확고한지를 확신해야 합니다. 히브리서 11장 1절에서 사도는 믿음을 가리켜 "바라는 것들의 실상"이라고 말합니다. 이는 믿음이 거짓에 반하는 진리를 확신하는 것, 확고한 토대, 마치 자신이 직접 보고 만지는 것처럼(요일 1:1 참고), 분명하고 참되며 변하지 않는 확실한 실체(matter)라는 말입니다. 이러한 이유에서 사도는 $\pi\lambda\eta\rho o\phi o\rho i\alpha\nu$(플레로포리안) 곧 '온전한 확신(full assurance)'[10]을 믿음의 결과로 봅니다(히 10:22 참고). 동의의 필요성은 다음의 구절에서도 확인됩니다.

"그의 증언을 받는 자는 하나님이 참되시다는 것을 인 쳤느니라"(요 3:33).

"만일 우리가 사람들의 증언을 받을진대 하나님의 증거는 더욱 크도다. 하나님의 증거는 이것이니 그의 아들에 대하여 증언하신 것이니라. 하나님의 아들을 믿는 자는 자기 안에 증거가 있고 하나님을 믿지 아니하는 자는 하나님을 거짓말하는 자로 만드나니, 이는 하나님께서 그 아들에 대하여 증언하신 증거를 믿지 아니하였음이라"(요일 5:9,10).

"미쁘다 모든 사람이 받을 만한 이 말이여. 그리스도 예수께서 죄인을 구원하시려고 세상에 임하셨다 하였도다. 죄인 중에 내가 괴수니라"(딤전1:15).

이렇게 하여 지식과 동의가 믿음에 필수적인 요소라는 사실을 논증하였습니다. 여기서 다음과 같은 질문이 따라옵니다.

> ▶ 질문
>
> 구원 얻는 믿음의 본질적인 특성은 지성이나 의지에 자리하는가? 다시 말해, 믿음의 본질을 구성하는 지식과 동의가 모두 지성에서 비롯되는가? 또한 칭의와 성화와 영화를 위한 구원 얻는 믿음, 곧 예수 그리스도를 통하여 하나님을 신뢰하는 것이 의지에서 비롯되는가?

---

10) 역자주 - 개역개정은 KJV 영역본이 'full assurance of faith'로 번역한 구절을 '온전한 믿음'으로 번역하고 있으나, 문맥을 고려하여 '온전한 확신'이라고 번역하는 바이다.

대답: 믿음은 신뢰하는 것이며, 따라서 의지에서 비롯됩니다. 이 질문은 믿음의 본질을 살펴볼 때에 더 분명하게 이해될 것입니다.

믿음의 대상

지금까지 믿음의 주체, 또는 믿음의 자리에 관해 살펴보았습니다. 이제 믿음을 행사할 때, 믿음이 중점적으로 다루는 대상에 관해 숙고해 봅시다.

첫째, 믿음의 대상은 하나님의 말씀, 곧 하나님께서 구약과 신약에 계시하신 모든 말씀입니다. 특별히 여기에는 복음에 관한 하나님의 계시와 약속, 화목케 됨, 죄 사함, 평화, 거룩함, 구원에 관한 모든 약속이 포함됩니다. 신구약성경에 있는 모든 약속이 신자들에게 주어졌습니다.

"복음을 믿으라"(막 1:15).

"그러므로 믿음은 들음에서 나며 들음은 그리스도의 말씀으로 말미암았느니라"(롬 10:17).

"너희가 성령을 받은 것이 율법의 행위로냐 혹은 듣고 믿음으로냐"(갈 3:2; 롬 1:16; 요 3:16 참고).

하나님의 말씀은 진리이며(요 17:17 참고), 하나님은 진리의 하나님이십니다(사 65:16 참고). 그러므로 하나님은 사람에게 진리를 나타내시고 이 진리를 믿으라고 명하시는 것 외에 다른 것을 명하실 수 없습니다. 따라서 하나님의 말씀에서 그 말씀의 최종적인 결과와 조화되지 않는 명령이나 약속이나 경고가 주어질 때면, 우리는 그것들을 부차적이고도 가변적인 성격의 것으로 이해해야 합니다. 이처럼 말씀은 앞으로도 진리이며, 또한 그렇게 믿어야 합니다.

둘째, 믿음은 단지 말씀에만 초점을 맞추지 않으며, 말씀을 통해 보증이요 중보자이신 그리스도께로 나아갑니다.

"아들을 믿는 자에게는 영생이 있고"(요 3:36).

"또 나를 믿으라"(요 14:1).

"이는 그를 믿는 자마다 멸망하지 않고 영생을 얻게 하려 하심이라"(요 3:16).

셋째, 믿음은 중보자이신 그리스도께 초점을 맞출 뿐만 아니라, 그리스도를 통해 하나님께로 나아갑니다.

"그러므로 자기를 힘입어 하나님께 나아가는 자들을 온전히 구원하실 수 있으니"(히 7:25).

"내 말을 듣고 또 나 보내신 이를 믿는 자는 영생을 얻었고"(요 5:24).

"일을 아니할지라도 경건하지 아니한 자를 의롭다 하시는 이를 믿는 자에게는 그의 믿음을 의로 여기시나니"(롬 4:5).

'하나님에 대해 믿는 것(believing God)'과 '하나님을 믿는 것(believing in God)'은 다릅니다. '하나님에 대해 믿는 것'은 하나님께서 약속하신 진리에 초점을 맞추는 것입니다. 이것은 그리스도를 통해 하나님께로 나아오며 그분을 믿을 수 있는 자유를 줍니다. 뿐만 아니라 하나님에 대한 믿음을 가진 동안 자기의 확신과 기대를 스스로 굳세게 할 것입니다. 한편 하나님과 그리스도를 믿는다는 것은 하나님과 그리스도에게 초점을 맞추는 것입니다. 약속을 주며 진실할 뿐만 아니라 전능하고 신실하며 지혜롭고 선하신 하나님, 그래서 사람이 의롭게 되고 거룩해지며 영화롭게 되기 위해 신뢰하고, 자신의 영혼과 육체를 맡길 수 있는 그 하나님을 믿는 것입니다.

믿음의 독특한 본질

이제 믿음의 대상에서, 믿음의 형태 또는 믿음의 독특한 본질 및 성질이라는 주제로 나아가겠습니다. 본질은 그것이 그것이게끔 규정합니다. 본질은 그것이 무엇인지를 분별하게 하여 다른 모든 것들로부터 그것을 구별합니다. 또한 하나의 실체는 오직 하나의 본질만을 가질 수 있습니다. 두 개의 본질이 있다면, 그것은 두 개의 실체입니다. 마찬가지로, 믿음도 믿음만의 고유하고도 유일한 본질을 지닙니다.

먼저 믿음의 본질적인 성질이 아닌 것을 다루고 나서, 믿음을 구성하는 본질적 요소를 다루겠습니다.

믿음의 본질이 아닌 것

첫째, 믿음은 사랑에 있지 않습니다. 교황주의자나 알미니안주의자들은 믿음이 사람에 있다고 주장합니다. 그러나 사랑은 믿음의 본질이 아닙니다.

① 믿음과 사랑은 서로 구별되는 건덕입니다.

"그런즉 믿음, 소망, 사랑, 이 세 가지는 항상 있을 것인데 그중의 제일은 사랑이라"(고전 13:13).

② 사랑은 믿음의 열매입니다.

"그리스도 예수 안에서는 할례나 무할례나 효력이 없으되 사랑으로써 역사하는 믿음뿐이니라"(갈 5:6).

따라서 사랑에서 믿음의 효력이 나오는 것이 아닙니다. 오히려 믿음이 사랑으로 하여금 활동하도록 하며, 사랑을 통하여 모든 건덕들이 드러나게 합니다. ἐνεργέω(에네르게오, 역사하다)라는 단어의 본래 의미를 생각해 보십시오(롬 7:5; 골 1:29 참고). 어떤 것의 결과가 그것의 본질일 수는 없습니다.

둘째, 믿음은 하나님의 계명에 순종하고 그것을 준수하는 것도 아닙니다. 앞서 언급한 무리들은 그렇게 주장하지만, 믿음은 행위와 명백히 구별됩니다(고전 13:13 참고).

"이 교훈의 목적은 청결한 마음과 선한 양심과 거짓이 없는 믿음에서 나오는 사랑이거늘"(딤전 1:5).

실제로 칭의의 문제에서 행위와 믿음은 서로 대비됩니다.

"그러므로 사람이 의롭다하심을 얻는 것은 율법의 행위에 있지 않고 믿음으로 되는 줄 우리가 인정하노라"(롬 3:28).

"어떤 사람은 말하기를 너는 믿음이 있고 나는 행함이 있으니"(약 2:18).

참된 믿음은 선한 행실의 근원이 됩니다. 선한 행실은 믿음의 열매이자 특성입니다. 따라서 선행이 없다면, 참된 믿음도 존재하지 않습니다.

"영혼 없는 몸이 죽은 것같이 행함이 없는 믿음은 죽은 것이니라"(약 2:26).

호흡이 중단되면 몸이 죽었다는 사실을 분명히 알 수 있습니다. 이와 마찬가지로 믿음이 드러나지 않는다면 그 믿음은 죽은 것이며, 참된 믿음이 존재하지 않는 것입니다.

비록 사랑과 계명 준수가 믿음의 근본적인 본질은 아니라 할지라도, 사랑이 없어도 믿음이 존재할 수 있다는 식의 주장은 우리의 의도와는 거리가 멉니다. 사람이 신자가 되면, 그는 지각의 눈이 밝아져 중보자와 언약의 유익을 알게 될 뿐만 아니라 그것에 마음을 빼앗깁니다. 그는 구원, 죄 사함, 성령의 거룩케 하심이 있다는 사실로 기뻐합니다. 그리스도가 계시며 그분이 자신에게 허락되었다는 사실로 즐거워합니다. 그에게는 진리를 향한 사랑이 있습니다(살후 2:10 참고). 믿음으로 그리스도를 영접하고 그분과 연합하였기에, 하나님과 그리스도를 향한 사랑이 불붙고, 온 마음을 다해 순종하기를 간절히 원합니다.

"우리가 사랑함은 그가 먼저 우리를 사랑하셨음이라"(요일 4:19).

셋째, 믿음의 본질은 그리스도를 나의 구주로 확신하는 것이 아닙니다.

① 그리스도가 모든 사람을 위해 죽지는 않으셨습니다. 따라서 모든 사람에게는 그리스도가 자신을 위하여 죽으셨고 자신의 구주가 되신다는 결론에 이를 만한 확고한 기초가 필요합니다.

② 실제로 하나님은 그분의 말씀을 듣는 이들에게 믿으라고 명하셨지, 모든 사람들에게 그리스도를 그들의 구주로 믿으라고 명하지 않으셨습니다. 성경은 어디에서도 그와 같이 말하지 않습니다. 그러므로 모든 사람이 반드시 그리스도를 자신의 구주로 믿어야 한다는 주장은 그저 상상에 불과합니다. 그런 망상은 거짓을 믿게 만들고, 결국 지옥으로 이끕니다.

③ 그리스도가 나의 구주가 되신다는 믿음은 확신에 속합니다. 이것은 믿음의 열매이며, 정도의 차이가 다양하거나 전혀 없을 수도 있습니다. 그러나 자신에게 참된 믿음이 자리하며 그 믿음을 소유한 사람이라면 여전히 참된 신자입니다.

④ 일시적이고도 세상적인 믿음을 가진 수많은 신자들도 그리스도가 자신을 위

해 죽었으며 구주 되신다는 사실을 전혀 의심하지 않고 확신합니다. 그러나 그들은 참된 믿음을 소유하고 있지 않으며 자신이 속았다는 사실을 깨닫게 될 것입니다. 결론적으로, 참된 믿음의 본질은 그리스도가 나 자신을 위해 죽으셨다는 것을 신뢰하는 데에 있지 않습니다.

넷째, 믿음의 본질은 예수님을 구주로 모시고자 소망하는 마음도 아닙니다. 소망하거나 원하는 것을 내적 활동으로 여길 수도 있습니다. 예수님을 자신의 구주로 모시는 것이 진리임을 깨닫고 그것의 필요성과 타당성을 자각한 사람은 예수님을 구주로 모시고자 합니다. 이러한 내적 열망은 부차적인 것이 아니라 그 사안 자체에 집중합니다. 이를테면 세속적인 삶을 버리고 진정으로 그리스도를 추구하며 그리스도와의 언약 관계에 들어가 그분 안에서 자신의 기쁨을 찾는 일에 초점을 맞추는 것입니다. 또한 세상에 맞서고, 세상에 증언하며, 세상과 더불어 싸우면서, 그리스도를 위해 모든 가난과 헐벗음과 박해와 멸시를 기꺼이 견디는 것에 집중합니다. 그러나 이런 소원이 그들을 돕지는 않습니다. 그래서 그들은 그리스도께서 그리스도 되신 것 때문에 주님을 떠나며 자신들의 정욕에 굴복합니다. 그들의 소원은 발람의 소원과 다르지 않습니다.

"나는 의인의 죽음을 죽기 원하며 나의 종말이 그와 같기를 바라노라"(민 23:10).

한편 이러한 소원함을 겉으로 드러나는 것으로 여길 수도 있습니다. 곧 그리스도를 향하는 드러남인데, 이를 통해 다른 것을 모두 버리고 그리스도와 그분의 은택을 얻고자 하는 자신의 온전한 소원을 주 예수님께 선언하고 증명하는 것입니다. 자신의 마음이 스스로를 정죄하지 않기에, 그는 자유롭게 주님께 나아가 믿음으로 그분을 구주로 영접합니다.

"목마른 자도 올 것이요 또 원하는 자는 값없이 생명수를 받으라 하시더라"(계 22:17).

그러므로 이처럼 겉으로 드러나는 소원이 있는 곳에 참된 믿음이 있다 하더라도, 믿음의 본질에 관한 한 소원함이 있다는 사실은 믿음의 행사에 앞서지 않습니다.

다섯째, 믿음의 본질은 복음의 진리에 동의하는 데 있지 않습니다. 어떤 사람은 진리와 그 진리의 타당성에 관한 믿음의 모든 신비를 분명하게 이해하기도 합니다다. 그런데 그가 이러한 진리와 그 진리의 타당성을 진리로서 확신하며 동의한다 하더라도, 그것이 참된 믿음은 아닙니다. 신자들도 실제로 지식을 가지고 동의합니다. 그러나 거기에 만족하지 않습니다. 신자들은 단지 이것만으로는 그리스도에게 참여할 수 없다는 사실을 알고 경험합니다. 그러므로 그들은 지식과 동의를 넘어 그리스도를 적용합니다. 그리스도 안에서 안식하며, 그분께서 자신을 의롭게 하시도록 자신의 몸과 영혼을 그분께 맡깁니다. 따라서 누군가가 지식을 가지고 거기에 동의할 뿐이라면, 그는 단지 역사적인 믿음이나 일시적인 믿음을 가진 것에 불과하다는 사실을 분명히 알아야 합니다. 만일 누군가가 자신이 동의한 결과(믿음의 본질적인 행위)로 그리스도를 진실로 신뢰한다고 생각한다면, 그의 믿음이 참된 것은 맞습니다. 그러나 그는 지식을 믿음의 본질적인 성질로 여기는 오류를 범하고 있습니다. 이 점에 관해서는 이어지는 질문을 통해 더 자세히 설명하겠습니다.

이처럼 믿음의 독특한 본질이나 형태는 지금까지 진술한 것들에 있지 않습니다.

믿음의 본질적 요소

그렇다면 믿음의 독특하고도 본질적인 행위를 숙고해 봅시다.

> ▶ **질문**
> 믿음의 본질적인 행위는 신적 진리와 복음의 약속에 동의하는 것인가? 아니면 의롭게 하고 거룩하게 하며 자신과 함께 복락에 이르게 하시는 그리스도를 온 맘을 다해 신뢰하는 것인가?

대답: 대답하기 전에, 다음에 관해 밝히겠습니다.

① 우리는 이러한 신뢰를 확신과 동등하게 이해하지 않습니다. 여기서 확신이란, 한 사람이 개인적으로 그리스도와 그분의 모든 약속에 참여한 것 또는 그의 영혼에 임하는 평안과 안식을 말합니다. 이러한 것들은 믿음의 열매로, 사람에 따라 정도가 다르기 마련입니다. 한편 신뢰란 마음을 겉으로 드러내는 행위로, 그리스

도께 순복하며 그분을 영접하는 가운데 그분이 자신을 구원하시도록 온몸과 마음을 그분께 내맡기는 것으로 이해할 수 있습니다. 이것은 자신의 돈을 누군가에게 맡기는 채권자에 비유할 수도 있습니다. 또한 강한 사람의 어깨에 자신을 맡겨 물을 건너고, 그에게 기대고 의탁하여 목적지까지 이동하는 것에 비유할 수도 있습니다.

② 복음 진리에 관한 지식과 거기에 동의하는 것은 반드시 신뢰에 선행합니다. 또한 그 이후에 믿음은 지속적으로 약속에 초점을 맞추며, 그 약속에 의해 활성화됩니다. 서론적으로 이러한 점을 언급하였으니, 이제 질문에 대답하겠습니다.

참으로 구원 얻는 믿음은 복음의 약속에 동의하는 데 있지 않고, 구원하시는 그리스도를 진정으로 신뢰하는 데 있습니다. 이 신뢰는 주님께서 자발적으로 베푸시고, 자신을 의지하는 이들에게 하신 약속에 근거합니다. 따라서 우리는 즉각적으로 '믿음이 거하는 자리가 지성이 아니라 의지'라는 사실을 확증합니다. 참된 믿음이 진리에 대한 동의에 있지 않다면, 지성에 자리할 수 없습니다. 반면 참된 믿음이 신뢰로 이루어진다면, 참된 믿음이 의지에 자리한다고 결론지을 수 있습니다.

이상의 내용은 다음과 같은 이유에서 명백한 사실입니다.

첫째, 이 단어 자체를 볼 때 명백히 그러합니다. 성경에서 '믿다'라는 말은 '의지하다,' '맡기다,' '신뢰하다'라는 의미를 가집니다. 그와 관련된 약속이 전혀 없을 때에도 이것은 사실입니다. 이에 관해서는 이미 앞에서 논쟁의 여지가 없도록 분명하게 논의했습니다. 그러나 우리는, 하나님의 말씀에 나타난 신령한 것들을 다룰 때에 우리가 쓰는 언어에만 주의해서는 안 된다는 사실을 알고 있습니다. 그리하면 쉽게 오류를 범하기 때문입니다. 오히려 하나님의 말씀을 기록할 때에 사용된 히브리어와 헬라어의 특징과 성격에 따라 해석하고 말해야 합니다. 우리가 사용하는 언어에서 '믿다'라는 단어는 누군가의 증언을 근거로 하여 자신과 관련된 약속이나 사건을 받아들인다는 의미를 내포합니다. 그러므로 우리말에만 초점을 맞추기보다는, 원어의 원래 의미를 살펴보아야 합니다. 결국 헤민, 피스튜오, 하사, 바타흐, 사마흐 같은 단어들은 '믿다'로 번역되어야 할 뿐만 아니라, 누군가의 말이나 약속과 관계가 없을 때에도 '의지하다,' '맡기다,' '의탁하다,' '기대다' 등으로 번역되어야 합니다. 다만 믿음을 행사하는 데에 이런 약속들은 믿음의 본질로서가 아니라, 그리스도를 의존하고 그분께 자신을 맡기도록 만드는 역할을 합니다.

둘째, 성경은 믿음이 마음에서 기인한다고 말합니다.

"사람이 마음으로 믿어 의에 이르고 입으로 시인하여 구원에 이르느니라"(롬 10:10).

"빌립이 이르되 네가 마음을 온전히 하여 믿으면 가하니라. 대답하여 이르되 내가 예수 그리스도께서 하나님의 아들인 줄 믿노라"(행 8:37 난외주 참고).[11]

마음 또는 의지는 주님께 자신을 맡기며 그분을 믿기 위해 움직입니다.

회피주장 마음이 지성을 지칭할 수도 있다.

| 답변 |

그러한 경우는 극히 드뭅니다. 설령 그러한 경우가 있다 하더라도, 그것은 지성에만 국한되지 않고 일반적으로 의지를 가리킵니다. 또는 영혼 안에서 작용하는 영혼의 포괄적인 활동을 말합니다. 따라서 우리는 이러한 종합적인 의미를 고수하여 마음이 의지를 가리킨다고 이해합니다. 특히 믿는다는 것이 의지의 행위를 의미하기 때문입니다.

셋째, 믿음의 행위가 본질적으로 약속된 진리에 동의하는 것이라는 주장은 다음의 결론들로 이어집니다.

① 그 주장은 그리스도를 영접하지 않고 신뢰하지 않아도 구원의 방식을 믿을 수 있다는 말이 됩니다. 그리스도의 구주 되심을 자신이 원하는 대로 마음껏 알고 인정하며 동의한다고 해서, 그리스도와 연합하고 교제하게 되었습니까? 그리스도를 영접하며 신뢰하고 그분께 기대는 행위는 단지 믿음의 열매이자 결과입니다. 그런데 어떤 것의 결과가 그것의 본질을 온전하게 할 수는 없습니다. 그 결과가 발

---

11) 역자주 - 사도행전 8장 37절은 KJV 영역본과 벌게이트 역을 제외한 다른 번역본에서는 생략되어 있다. 여기서는 한글 개역개정 성경의 난외주에 나온 번역을 따랐다.

생하기 이전에도 이미 온전했기 때문입니다.

②그 주장은 구원 얻는 신앙의 본질과 역사적 신앙의 본질이 다르지 않다는 말이 됩니다. 역사적 믿음도 약속들이 사실이라는 데에 동의하기 때문입니다. 따라서 그 둘은 동일한 것이 되고 맙니다. 회심하지 않은 자들과 귀신들도 그와 같이 동의하여 일시적인 믿음을 행사합니다. 이러한 점은 성경과 일반적인 지식을 통해 충분히 확인할 수 있습니다.

회피주장 지식과 지식에 대한 동의는 어떤 사람에게는 영적이지만, 다른 어떤 사람에게는 그렇지 않다.

| 답변 |

❶ 회심하지 않은 자의 지식과 회심한 자의 지식은 (구원에 이르는 예비적 지식이 아닌 한) 본성이 분명히 다릅니다. 그러나 지식의 내용 자체는 아무리 다르게 인식된다 하더라도 두 지식 모두에게 동일합니다. 두 지식 모두 역사적 사실을 포함하며, 그 진리에 동의할 때 그 믿음은 그들 모두에게 역사적 믿음입니다.

❷ 성경은 결코 구원 얻는 믿음과 역사적 믿음의 차이를 역사적 진리에 관한 영적인 지식으로 정의하지 않습니다.

❸ 게다가 어떤 사람이 회심하지 않고 그리스도를 신뢰하지 않는다면(구원 얻는 믿음이 없다면), 그러한 믿음의 지식은 영적이지 않습니다. 따라서 사람이 참으로 믿는지 여부를, 결코 믿음의 열매가 아닌 믿음 그 자체로부터 추론할 수는 없습니다. 이것은 전적으로 그릇된 견해입니다.

넷째, 구원 얻는 믿음은 하나님 곧 그리스도를 믿는 것입니다. 이러한 믿음은 단지 하나님의 말씀에 초점을 맞추고 그 진리에 동의하는 것만으로는 충분하지 않으며, 말씀을 통해 그리스도께로 나아가 그분을 신뢰하는 것을 말합니다.

"또 그들의 말로 말미암아 나를 믿는 사람들도 위함이니"(요 17:20).

바로 여기서 믿음의 목적이 이루어지고, 그 본질이 드러나며, 그 믿음이 실현됩니다. 그래서 구원 얻는 믿음은 성경에서 일반적으로 하나님을 믿는 것, 곧 그리스도를 믿는 것으로 표현됩니다.

"주 예수를 믿으라 그리하면 너와 네 집이 구원을 받으리라 하고"(행 16:31).

그리스도를 믿는 것은 믿음 그 자체이지, 믿음의 열매가 아닙니다. 만일 믿음의 본질이 지식과 동일하다면, 그리스도를 믿는 것은 믿음의 열매가 되어야 할 것입니다.

회피주장 성경은 회심하지 않은 사람이 진리에 동의하는 것도 때때로 그리스도를 믿는 것으로 표현한다(요 8:30,31; 12:42; 출 14:31 참고). 그리스도를 믿는다는 표현에서 구원 얻는 신앙의 본질이 신뢰에 있다는 명제를 추론해 낼 수는 없다.

| 답변 |

❶ 우리는 단지 표현 방식만을 따로 떼어 숙고하지 않고, 문맥 안에서 본문 및 당면한 사안과 관련된 표현 방식을 고려하여 결론을 도출하였습니다. 예를 들어, 앞서 인용한 구절인 요한복음 17장 20절도 이에 해당됩니다. 하나님의 말씀 및 그리스도의 위격, 말씀의 증언을 '받아들이는' 것과 그리스도의 위격을 '믿는' 것 사이에는 분명히 차이가 있습니다. 따라서 말씀을 통해 그리스도를 믿는 믿음(이전에 먼저 진리를 받아들인 믿음)은 그분의 증언을 받아들이는 것이 아니라 그분을 심령으로 믿는 것입니다.

❷ 단순히 그리스도의 증언을 받아들이는 것이 그리스도를 믿는 것과 동등한 것으로 표현되었다면(그런 경우는 거의 없습니다만), 여러분은 그것이 그러한 방식으로 기록되었을 뿐이며, 구원 얻는 믿음을 언급하는 것이 아니라 구원의 믿음을 소유하지 않고 회심하지 않은 자가 그리스도의 증언을 받아들이는 것에 대해 말하고 있음을 문맥을 통해 분명히 알아챌 수 있을 것입니다. 요한복음 12장 42절은 그러한 사람들에 대해 언급합니다. 요한복음 8장 30,31절도 그러한 경우일 수 있습니다.

❸ 회피주장에 반대한다면, 하나님이나 그리스도에 대한 믿음을 언급하는 구절

이 단순히 '하나님을 믿는 것'과 하나님이나 그리스도께서 말씀하신 진리를 믿는 것을 의미한다고 이해할 수 없으며, 그렇게 이해해서도 안 됩니다. 이처럼 그리스도를 믿는다는 것은 그리스도를 신뢰한다는 것임을 깨달아야 합니다.

❹ 출애굽기 14장 31절에 쓰인 히브리어 철자 ב(베트)는 어떤 단어 앞에 붙을 때에 '안에(in)' 또는 '위에(on)'라는 의미를 가집니다. 따라서 문맥에 따라 이 철자의 의미를 이해하고 번역해야 합니다. 우리의 성경 번역자들은 이것을 다음과 같이 훌륭하게 번역했습니다.

"백성이……여호와와(in) 그의 종 모세를(on) 믿었더라."[12]

다섯째, 믿음은 영혼으로 그리스도와 연합하게 하여, 영혼에게 주어진 약속들을 소유하고 양심을 만족하게 하며, 자유롭게 하나님께 나아가 아버지라고 부르게 합니다(엡 2:17, 3:12; 요 3:36; 롬 5:1 참고). 그러나 약속 곧 진리에 동의하는 것은 이러한 믿음을 낳지 못하며, 그리스도를 신뢰하게 하지도 못합니다. 여러분이 원하는 한, 그리고 그것이 명확한 만큼 동의할 수는 있을 것입니다. 그러나 그러할지라도 단 하나의 약속도 여러분에게 해당되지 않으며, 여러분의 마음을 그리스도께 연합시키지도, 여러분의 영혼을 만족시키지도 못합니다. 또한 "아빠, 아버지"(롬 8:15)라고 자유롭게 부르짖게 하지도 못합니다. 따라서 동의는 구원 얻는 믿음이 아니라고 결론지을 수 있습니다.

회피주장 동의의 목적은 그리스도를 영접하고 그분을 신뢰하는 것이며, 앞서 말한 모든 것을 받아들이는 것이다. 따라서 이 모든 것은 진리에 동의하는 데에서 비롯된다.

| 답변 |

❶ 동의하는 행위 자체는 아무것도 이룰 수 없으며, 무언가를 이루는 것은 분명

---

12) 영역주 - 스타턴퍼탈링은 다음과 같이 번역하였다. "And the people believed in the Lord and on Moses His servant."

동의의 열매입니다. 동의에는 가장 먼저 받아들이고 신뢰하는 행위가 일어나야만 합니다. 그러므로 동의는 믿음의 본질이 아닙니다. 게다가 성경은 믿음의 열매가 아니라 믿음이 동의를 이룬다고 말합니다.

❷ 동일한 논법으로, 믿음과 관련된 모든 것에서 지식이 가장 우선한다고 한다면, 우리는 복음의 비밀에 관한 지식이 그리스도와 연합하게 하고 약속에 참여하게 하며 평화와 자유를 가져다준다고 생각해야 합니다. 그러나 이는 이치에 맞지 않습니다. 마찬가지로, 동의가 그러한 결과를 가져온다는 주장도 터무니없습니다.

여섯째, 구원 얻는 믿음의 반대는 복음의 진리를 거부하는 것이 아니라 의심하는 것, 즉 그리스도를 신뢰하지 않고 의지하지 않거나 의탁하지 않는 것입니다.

"아들을 믿는 자에게는……아들에게 순종하지 아니하는 자는"(요 3:36).

"너희는 마음에 근심하지 말라……또 나를 믿으라"(요 14:1).

"믿음이 작은 자여 왜 의심하였느냐?"(마 14:31)

"너희 믿음이 어디 있느냐?"(눅 8:25)

여기에서 믿음은 '두려워 떠는 것'과 대조됩니다. 그러므로 참된 믿음은 동의가 아니라 신뢰입니다.

이 모든 것을 볼 때, 실제 믿음의 행위는 복음의 진리와 약속에 동의하는 것이 아니라, 예수님을 신뢰하는 것이요 그분께 자신을 의탁하는 것임이 분명합니다.

반론과 답변

이제 이러한 주장에 대해 제기될 수 있는 반론들을 숙고해 봅시다.

반론 1

세상은 믿음의 행위를 누군가의 증언을 받아들이고 사실로 여기는 것으로 이해한다.

> 답변

(1) 세상은 우리가 우리의 언어로 믿음을 이해하는 것과 동일한 방식으로 믿음을 표현합니다. 그러나 믿음의 비밀은 오직 성경을 기록한 원어를 통해 계시되어 있으므로, 히브리어와 헬라어에 따라 이해해야 합니다. 따라서 앞서 설명한 대로 성경 언어의 용법에 따라 '믿다'라는 단어를 '신뢰하다'라는 뜻으로 이해해야 합니다.

(2) 세상은 '믿음'이라는 단어를 역사적 믿음을 가리키는 것으로 이해합니다. 우리도 그렇게 생각하지만, 구원 얻는 믿음과 관련해서는 그렇지 않습니다. 용어는 동일하지만, 그 내용의 본질은 전혀 다릅니다. 동일한 단어가 서로 다른 두 개의 내용을 가리킬 때(그러한 경우는 흔합니다), 하나의 특징이 다른 것의 특징도 된다고 결론지어서는 안 됩니다. 이는 교육을 받지 않은 사람조차도 아는 사실입니다. 예를 들어, 'light(밝은, 가벼운)'의 반대말은 '어두운(dark)'이나 '무거운(heavy)'이 될 수 있습니다. 단어는 하나이지만, 공통점이 전혀 없는 두 가지 의미를 가집니다. 그러므로 이 단어를 사려 깊게 다루려면, '믿다'라는 단어의 발음 자체에 선입견을 가져 오해하지 않도록 해야 합니다.

> 반론 2

믿음의 수납을 특징으로 하는 신뢰는 믿음의 열매로서, 진리에 관한 복음의 비밀과 약속에 동의하는 것이다.

> 답변

(1) 이러한 주장은 우리를 다시 원점으로 돌립니다. 바로 이것이 쟁점이기 때문입니다.

(2) 사전에 무언가를 진리로 동의하고 수용하지 않은 채 확신할 수 없다는 점은 인정합니다. 그러나 거기서 동의가 곧 구원 얻는 믿음이라는 결론을 이끌어 내지는 못합니다.

(3) 구원 얻는 믿음의 본질이 신뢰에 있지 않다면, (동의가 신뢰의 필수적인 선행 요건이기 때문에) 동의 역시 구원 얻는 믿음을 이루는 것일 수 없습니다. 동의가 지식

의 결과로서 지식이 동의에 우선하기 때문입니다. 그러므로 반론의 논법대로라면 복음 진리에 대한 지식이 믿음의 본질적 요소라고 해야 합니다.

반론 3

참된 믿음은 영원한 생명이 약속된 믿음이다. 다음의 구절에서 나타나듯이, 영원한 생명은 복음의 진리에 대한 동의를 토대로 약속된다.

"내가 땅의 일을 말하여도 너희가 믿지 아니하거든 하물며 하늘의 일을 말하면 어떻게 믿겠느냐……이는 그를 믿는 자마다 영생을 얻게 하려 하심이니라……그가 친히 보고 들은 것을 증언하되 그의 증언을 받는 자가 없도다. 그의 증언을 받는 자는 하나님이 참되시다는 것을 인 쳤느니라"(요 3:12,15,32,33).

"나는 부활이요 생명이니 나를 믿는 자는 죽어도 살겠고 무릇 살아서 나를 믿는 자는 영원히 죽지 아니하리니 이것을 네가 믿느냐? 이르되 주여 그러하외다. 주는 그리스도시요 세상에 오시는 하나님의 아들이신 줄 내가 믿나이다"(요 11:25-27).

답변

요한복음 3장 12,15,32,33절은 한 마디로 다룰 수 있습니다. 12절은 역사적 믿음에 관해 말합니다. 15절은, 여기서 언급된 바 영원한 생명이 약속된 믿음이 마치 12절의 믿음과 동일한 것인 양 말하지 않습니다. 따라서 15절은 12절에 연결되지 않고, 그분을 믿는 자에게 영원한 생명이 약속되었다고 말합니다. 32절과 33절 역시 12절과 연결되지 않습니다. 참된 믿음을 가진 신자와 마찬가지로, 역사적 믿음을 가진 신자와 일시적 믿음을 가진 신자도 하나님의 증언을 받아들여 하나님이 참되심을 확증합니다. 요한복음 11장 25-27절은 마르다가 '그리스도를 믿는 자는 누구든지 살리라'라는 사실을 믿었다고 하여 영원한 생명을 약속받았다고 말하지는 않습니다. 결코 구원받지 못할 많은 사람들도 그것을 믿습니다. 여기에서 주님은 마르다에게 구원을 약속하시지 않습니다. 단지 그녀에게 그리스도의 말씀이 참되다는 사실을 믿는지 여부를 질문하셨을 뿐입니다.

추가반론 영원한 생명은 진리에 대한 동의 위에 약속된다. 그러므로 동의는 곧 구원 얻는 믿음이다.

"내 말을 듣고 또 나 보내신 이를 믿는 자는 영생을 얻었고"(요 5:24).

"주께서 사랑하시는 형제들아……하나님이 처음부터 너희를 택하사 성령의 거룩하게 하심과 진리를 믿음으로 구원을 받게 하심이니"(살후 2:13).

| 답변 |

❶ 구원 얻는 믿음에 관해 말할 때, 성경이 항상 믿음의 일정한 행위(formal act of faith)를 표현하지는 않습니다. 대신에 구원 얻는 믿음에 선행하거나 뒤따르는 것을 언급합니다. 그렇게 함으로써, 성경은 구원 얻는 믿음을 다양한 측면에서 살피면서 그것을 토대로 구원을 약속합니다. 다음의 말씀들을 보십시오.

"나의 의로운 종이 자기 지식으로 많은 사람을 의롭게 하며"(사 53:11).

"영생은 곧 유일하신 참 하나님과……예수 그리스도를 아는 것이니이다"(요 17:3).

이처럼 구원은 믿음의 열매 위에 약속된 것입니다(마 5:3-16 참고). 사도행전 16장 31절에서도 이와 같이 기록합니다.

"이르되 주 예수를 믿으라. 그리하면 너와 네 집이 구원을 받으리라."

따라서 하나님을 믿는다는 것은 하나님께서 믿으라고 명하신 대로 믿는 것입니다. 믿음을 진리에 대한 믿음으로 일컫는 것은 믿음의 형식적 행위를 가리키는 것이 아니라, 믿음이 진리 위에 세워져 있다는 사실을 말하는 것입니다.

❷ 그러한 방식으로 표현하는 것은 믿음에서 신뢰라는 요소를 배제하는 것이 아니라, 오히려 그것을 포함합니다. 그렇지 않다면, 실제로 종종 어둠 속에서 갈등을 겪는 참된 신자들보다 일시적 믿음을 가진 신자들이 더욱 견고한 구원 얻는 믿음을 소유하게 될 것입니다.

반론 4

믿음은 신뢰와 분명히 구별된다.

"우리가 그 안에서 그를 믿음으로 말미암아 담대함과 확신을 가지고 하나님께 나아감을 얻느니라"(엡 3:12).

따라서 신뢰는 믿음의 본질이 아니다.

> 답변

(1) '신뢰'라는 단어는 성경에서 두 가지 의미로 간주됩니다. 먼저 '의탁하다' 곧 '누군가에게 자신을 맡기다'라는 의미로 쓰일 수 있습니다. 이것이 바로 믿음입니다. πίστις(피스티스)라는 단어가 종종 그렇게 번역되었습니다(앞에서 신뢰가 믿음의 본질이라고 설명한 내용을 참고하십시오). 또한 '신뢰'는 평화, 자유, 용기, 담대함, 확신을 뜻하기도 합니다. 이러한 것들은 그것의 원인인 신뢰에서 흘러나옵니다. 고린도후서 2장 3절과 3장 4절, 갈라디아서 5장 10절, 빌립보서 1장 6절 등의 본문들에서 언급된 '확신'이 바로 자유, 확신, 평화라는 의미를 내포합니다.

(2) 예수님께 자신을 의탁하는 사람은 예수님과 그분의 은택에 참여하게 됩니다. 그리고 모든 약속에 참여하여 그 모든 약속을 상속합니다. 그리하여 신자는 약속에 따라 행할 수 있으며, 실제로 약속을 따라 살아갑니다. 이를 통해 ἐν πεποιθήσει(엔 페포이데세이), 곧 온전한 확신과 믿음으로 하나님께 나아가 그분을 아버지로 부를 힘과 평화와 자유를 얻습니다.

반론 5

사람이 믿음으로 의롭게 된다는 것을 믿는 믿음은 참으로 구원 얻는 믿음이다. 그런데 사람은 오직 하나님의 약속이 진실하다는 데 동의함으로써 의롭게 된다. 따라서 동의는 믿음이다. 아브라함이 의롭다함을 받은 것이 그 증거이다. 창세기 15장 5절에서 하나님은 아브라함에게 자손이 번창하리라 약속하셨다. 그리고 이어지는 6절에서는 이렇게 기록한다.

"아브람이 여호와를 믿으니 여호와께서 이를 그의 의로 여기시고."

로마서 4장 3절과 야고보서 2장 23절도 동일한 말씀을 인용한다.

> 답변

(1) 아브라함은 분명 이 사건 이전에 이미 의롭다함을 받았고 믿음의 사람이었습

니다. 따라서 위에 언급된 본문은 아브라함이 신자가 될 때에 행한 믿음의 행위가 아니라, 신자로서 행한 믿음의 행위를 말합니다.

(2) 아브라함의 믿음은 하나님의 약속이 진실하다고 인정하는 것이 아니라, 그 약속을 신뢰하는 것이었습니다. 본문은 "아브람이 여호와를 믿으니"라고 진술합니다. 이것은 다음 말씀에서도 분명히 나타납니다.

"아브라함이 바랄 수 없는 중에 바라고 믿었으니……믿음이 약하여지지 아니하고……믿음으로 견고하여져서……약속하신 그것을 또한 능히 이루실 줄을 확신하였으니"(롬 4:18-21).

이것은 비록 모든 상황이 약속과 정반대되더라도 평안과 진실한 중심으로 약속을 신뢰하는 것입니다. 그가 πληροφορεθείς (플레로포레데이스), 곧 온전히 확신했다는 것은 가장 높은 수준으로 신뢰했다는 말입니다. 그가 약속을 온전히 확신한다는 것은 단지 그 약속을 참되게 여긴다는 것을 넘어서는 일입니다. 아브라함은 약속을 신뢰했습니다. 이 온전한 확신은 약속뿐만 아니라 하나님의 전능하심과도 관련됩니다. 그의 믿음은 하나님의 참되심과 전능하심과 신실하심을 신뢰하는 것이었습니다. 하나님을 향한 이러한 신뢰가 너무나 강한 까닭에, 그는 온전한 확신과 마음의 평안을 누릴 수 있었습니다. 바로 이러한 믿음이 그에게 의로 여겨졌습니다.

"그러므로 그것이 그에게 의로 여겨졌느니라"(롬 4:22).

따라서 위의 반론은 그 자체로 부인되며, 신뢰가 믿음의 본질이라는 사실이 명백하게 증명됩니다.

(3) 앞서 진술한 내용들을 숙고해 보십시오. 언급된 구절은 믿음을 총체적인 의미로 이해할 때 믿음의 행위와 관련됩니다. 그 반대로 믿음의 일정한 행위를 언제나 믿음이라고 말하지는 않습니다.

(4) 앞서 우리는 믿음을 행사하는 신자가 약속을 따라 살아가며, 그 약속을 통해 살고, 그 약속으로 말미암아 용기를 얻는다는 사실을 살펴보았습니다. 야고보서 2장 23절이 이에 해당합니다.

반론 6

성례를 받을 자격이 있는 사람의 믿음은 구원 얻는 참된 믿음이다(성례는 믿음으로 말미암는 의의 보증이다). 그런데 성례에 참여할 자격은 약속이 진실하다는 데 동의함으로써 주어진다. 따라서 동의가 곧 믿음이다. 사도행전 8장 36-38절이 이것을 증언한다.

"보라 물이 있으니 내가 세례를 받음에 무슨 거리낌이 있느냐. (빌립이 이르되 네가 마음을 온전히 하여 믿으면 가하니라. 대답하여 이르되 내가 예수 그리스도께서 하나님의 아들인 줄 믿노라)……빌립이 세례를 베풀고."[13]

답변

(1) 목회자가 세례를 베풀 때, 그 사람이 온전히 회심했는지를 확증할 수는 없습니다. 다만 그 사람의 삶에 일치하는 선한 고백을 근거로 그에게 세례를 베풀 뿐입니다. 빌립이 내시에게 전심으로 믿느냐고 물었을 때, 빌립은 그의 양심에 호소하였습니다. 그러자 내시는 "그렇습니다. 내가 전심으로 믿습니다"라는 말로 예수 그리스도가 하나님의 아들이심을 고백하였습니다. 따라서 신적 진리에 대한 동의가 믿음의 본질적인 일정한 행위라는 근거는 어디에서도 찾아볼 수 없습니다.

(2) 설령 '믿음'이라는 말로 믿음의 본질적인 한 요소를 가리켜 언급할 때에도, (앞서 살펴본 대로) 종종 그것을 포괄적인 의미로 이해해야 합니다. 예수 그리스도가 하나님의 아들이심을 믿는다는 것에는 믿음에 요구되는 모든 것이 포함되는 것입니다. 여기에는 신뢰라는 요소가 배제되지 않고 오히려 포함됩니다. 그렇지 않으면, 일시적 믿음을 소유한 자들 모두에게 성례에 참여할 자격을 주어야 할 것입니다. 그들도 동일하게 고백하고 동일한 진리를 믿기 때문입니다. 이 답변에 덧붙여, 비록 믿음의 본질적 행위 자체는 표현되어 있지 않더라도(롬 10:6-10 참고), 믿음의 필수 요건들과 관련하여 믿음에 관한 본문들을 모두 다루어 보았습니다.

---

13) 역자주 - 괄호 안에 기록된 사도행전 8장 37절에 관해서는 각주 11)을 참고하라.

지금까지 우리는 믿음의 본질적인 일정한 행위가 복음 진리에 동의하는 것이 아니라, 의롭다함을 받고 거룩하게 되며 주님과 더불어 복락의 신분에 이르기 위해 진실한 중심으로 그리스도를 신뢰하는 특성을 띤다는 사실을 논증하였습니다.

구원 얻는 믿음에 대한 포괄적인 묘사

첫째, 사람은 믿기 이전에 말씀을 통해 자신의 비참한 상태를 깨달으며, 죄 됨과 죄책으로 인해 자신의 상태를 불편해하고 당혹스러워합니다. 이 일은 감정에서는 다소 차이가 있으나, 율법적 방식이나 복음적 방식을 통해 일어납니다. 그러한 자는 자신이 하나님과 분리되었음을 깨닫고, 하나님과 연합되며 그분의 은총을 향유하는 데 자신의 구원이 있음을 알게 됩니다. 하나님의 공의를 만족시키고 완전한 의를 얻는 길이 자신뿐만 아니라 다른 어떤 피조물에게도 없다는 사실을 깨닫습니다. 예수 그리스도께서 보증이 되신다는 증언을 듣고서 간절히 그분을 얻고자 하며, 그리스도의 본성과 직분 및 낮아지심과 높아지심을 알아 가기 시작합니다.

둘째, 그는 그리스도가 제시되었다는 사실을 일반적인 의미뿐만 아니라 특별한 의미로도 알게 됩니다. 곧 그리스도의 복음이 자신에게 제시되었다는 사실을 압니다. 모든 이에게 그리스도가 제시되었다는 복음을 듣고서 그분께로 나아오고자 하는 사람은 누구든지 나아올 수 있으며, 나아온 자는 결코 쫓겨나지 않으리라는 약속을 받았기 때문입니다. 그는 이 모든 것을 틀림없는 진리로 믿습니다. 또한 하나님께서 그와 같은 구원의 길을 계획하셨고 그것이 자신에게 알려졌다는 사실로 말미암아 기뻐합니다. 온 마음으로 이러한 구원의 길을 인정하고, 다른 길이 아닌 바로 이 길을 따라 구원받기를 소망합니다. 구원을 위한 다른 길은 없기 때문입니다. 그는 베드로처럼 말합니다.

"주여 영생의 말씀이 주께 있사오니 우리가 누구에게로 가오리이까? 우리가 주는 하나님의 거룩하신 자이신 줄 믿고 알았사옵나이다"(요 6:68,69).

셋째, 그는 굶주리고 목말라합니다. 그리스도와 그분의 모든 은택에 참여하고, 그분을 통해 하나님과 화목하게 됩니다. 또한 평안과 사랑, 온유와 순종함으로 그리스도와 동행하기를 소원합니다. 그는 그리스도를 소유하고, 하나님과 화목하게 되어 성령과 생명을 소유하기를 열망합니다. 그리하여 그리스도가 그에게 보배로운 존재가 됩니다(벧전 2:7 참고). 그는 "의에 주리고 목마른 자는 복이 있나니 그들이 배부를 것임이요"(마 5:6)라는 말씀으로 힘을 얻습니다.

넷째, 그는 세리가 그러했듯이, 설령 그리스도에게서 멀리 떨어져 있다 하더라도(눅 18:13 참고) 그분께로 돌이켜 그분을 자신의 피난처로 삼습니다. 때때로 흑암 가운데서 감히 나아가지 못하고 자신의 죄로 인해 낙심하기도 하지만, 그는 다시금 자신의 마음을 고요히 그분께 집중시킵니다. 어떤 때에는 단 한 마디도 하지 못하지만, 또 다른 때에는 "내가 주님을 얻기를 간절히 원합니다"라고 말합니다. 자신이 어디로 돌이켜야 할지를 알지 못하는 상태에 있더라도, 빛과 은혜, 성령과 능력을 갈망하고 기다립니다. 종종 눈물을 흘리며 그와 같이 잠잠히 행합니다.

"오직 나는 여호와를 우러러보며 나를 구원하시는 하나님을 바라보나니"(미 7:7).

"비록 더딜지라도 기다리라"(합 2:3).

"땅의 모든 끝이여, 내게로 돌이켜 구원을 받으라"(사 45:22).

"하나님이여 주의 인자하심이 어찌 그리 보배로우신지요 사람들이 주의 날개 그늘 아래에 피하나이다"(시 36:7).

다섯째, 그는 이렇게 씨름하면서 믿음으로 그리스도를 영접할 자유를 얻습니다. 자신의 궁핍함을 깨닫는 한편, 예수님을 합당하고도 충족하신 분이요 자발적이고도 진실하게 자신을 내주신 분으로 깨닫습니다. 또한 그분께서 자신에게로 나아오는 자를 내쫓지 않으리라고 약속하셨음을 인식합니다. 그는 주님을 영접하고 그분이 제시하시는 복음과 초대를 받아들이며, 전심으로 자신의 손과 마음을 비롯해 모든 것을 드립니다. 때로는 자신이 주님을 소유하고 싶어하는 만큼 주 예수님께서 자신을 받으실지를 깊이 생각하기도 합니다. 그러할 때에 확실히 구원을 받을 것이기 때문입니다. 그는 계속해서 이렇게 말합니다. "그렇다. 내가 주님을 원하는 것보다 주님께서 나를 더욱 원하신다. 그분께서 먼저 자신을 내게 나타내고 초대하셨으며, 나를 이끄셨기 때문이다." 그는 그렇게 씨름하는 가운데 비로소 항복합니다.

"영접하는 자 곧 그 이름을 믿는 자들에게는 하나님의 자녀가 되는 권세를 주셨으니"(요 1:12).

"그러므로 너희가 그리스도 예수를 주로 받았으니 그 안에서 행하되"(골 2:6).

"여호와께 돌아와"(대하 30:8).

여섯째, 그는 몸과 영혼과 자신의 구원을 그리스도께 의탁합니다. 그리스도를 의지하여 그분께 자신의 짐을 맡기고 기대며 의뢰합니다. 아직 평안과 확신이 없는 까닭에 두려움 속에서 뒤척이며 갈등하더라도, 그리스도께로 힘써 나아갑니다. 그리스도를 의지하고 신뢰함으로써, 그리스도께 자신을 의탁합니다.

"그것을 믿는 이는 다급하게 되지 아니하리로다"(사 28:16).

"이스라엘의 남은 자와……이스라엘의 거룩하신 이 여호와를 진실하게 의지하리니"(사 10:20).

"거룩한 성 출신이라고 스스로 부르며 이스라엘의 하나님을 의지한다 하며"(사 48:2).

"너희 중에 여호와를 경외하며 그의 종의 목소리를 청종하는 자가 누구냐……여호와의 이름을 의뢰하며 자기 하나님께 의지할지어다"(사 50:10).

"여호와께 피하는 모든 사람은 다 복이 있도다"(시 2:12).

일곱째, 그는 그리스도를 의지함으로써 그리스도가 자신의 구주 되심을 담대히 확신합니다. 그는 믿음을 행사하며 기도하고 씨름하면서 자신의 영적 상태에 대해 결론 내립니다. 자신의 영혼이 지각하기 시작한 믿음의 행위를 숙고한 다음, 예수님의 충만하심을 숙고합니다. 그러고는 다시금 약속과 그 약속의 확실성을 생각함으로써 확신에 이릅니다. 그는 이를 근거로 "내 사랑하는 자는 내게 속하였고, 나는 그에게 속하였도다"(아 2:16)라고 결론짓습니다. 때로는 성령께서 매우 강력하게 이러한 사실을 보증하십니다(엡 4:30 참고). 그에 따라 평온함과 평화, 기쁨과 희락을 얻습니다. 이에 관해서는 믿음의 열매를 숙고할 때 덧붙여 논하겠습니다. 그러나 그 심령이 언제나 확신이나 평화 같은 열매를 경험하지는 않습니다. 믿음이 연약하거나 갈등하는 탓에 종종 그것을 경험하지 못하기도 합니다.

여덟째, 믿음은 거룩함을 낳습니다.

"믿음으로 그들의 마음을 깨끗이 하사"(행 15:9).

"사랑으로써 역사하는 믿음뿐이니라"(갈 5:6).

야고보서 2장 17절도 숙고해 보십시오.

"이와 같이 행함이 없는 믿음은 그 자체가 죽은 것이라."

지금까지 우리는 믿음의 행위와 관련된 일련의 순서를 살펴보았습니다. 이는 믿음의 행위가 언제나 그러한 방식으로 나타나며 언제나 그것을 식별할 수 있다는 의미가 아닙니다. 이 모든 행위는 섞여 있으며, 그러하기에 때로는 영혼의 어느 측면이 활발해지고, 그 이후에는 또 다른 측면이 활발해집니다. 이것들을 동시에 다룰 수는 없으므로, 각각의 것들을 분명하게 설명하고 이해시키고자 개별적으로 다루어야 합니다.

믿음의 원인

이제 우리는 믿음의 원인이라는 주제에 이르렀습니다. 사람에게는 자신이 반드시 믿어야 할 문제의 본질을 이해하는 눈이 없습니다. 그는 악한 심령을 지닌 탓에 그러한 것들에 관심을 기울이지 않습니다. 진실하신 하나님을 알지 못하므로 믿지 않는 마음을 가집니다. 사람이 믿음을 가지려면, 믿음이 그에게 주어져야 합니다.

"그리스도를 위하여 너희에게 은혜를 주신 것은 다만 그를 믿을 뿐 아니라 또한 그를 위하여 고난도 받게 하려 하심이라"(빌 1:29).

"너희는 그 은혜에 의하여 믿음으로 말미암아 구원을 받았으니 이것은 너희에게서 난 것이 아니요 하나님의 선물이라"(엡 2:8).

역사적 믿음, 곧 하나님의 말씀이 진리이며 그리스도께서 구주이시라는 확신도 성령께서 주십니다.

"증언하는 이는 성령이시니 성령은 진리니라"(요일 5:6).

"또 성령으로 아니하고는 누구든지 예수를 주시라 할 수 없느니라"(고전 12:3).

그러하기에 성령은 믿음의 영이라 불리십니다(고후 4:13 참고). 믿음이 생겨나고 지속되는 일은 모두 주님께 속한 것입니다.

"내가 너를 위하여 네 믿음이 떨어지지 않기를 기도하였노니"(눅 22:32).

"예비하신 구원을 얻기 위하여 믿음으로 말미암아 하나님의 능력으로 보호하심을 받았느니라"(벧전 1:5).

믿음이 자라는 것도 주님이 행하시는 일입니다. 그러하기에 제자들은 "우리에게 믿음을 더하소서"(눅 17:5)라고 기도했습니다. 이것은 모두 전능하신 하나님께서 자신의 능력으로 역사하신 것입니다.

"믿는 우리에게 베푸신 능력의 지극히 크심이 어떠한 것을 너희로 알게 하시기를 구하노라"(엡 1:19).

이처럼 하나님은 복음의 비밀을 계시하실 뿐만 아니라, 사람으로 하여금 믿도록 격려하고 그러한 마음을 일으키십니다. 또한 친히 사람의 심령을 빚고 직접 역사하시되, 그의 의지를 거슬러 강요하지 않고 그 마음이 움직이도록 역사하여 자발적으로 행하게끔 하십니다(빌 2:13 참고).

하나님은 자신의 전능하심으로 누군가에게 믿음을 주실 때 아무런 방편도 필요 없으며, 단지 자신의 지혜로 그와 같이 행하십니다. 하나님께서 방편을 통해 모든 역사를 이루신다는 사실은 우리가 이해할 수 있는 범위를 넘어서는 비밀에 속합니다. 하나님께서 말씀을 통해 믿음의 역사를 일으키시는 것은 그분의 선하심입니다. 그 말씀은 기록되고 인쇄된 형태, 하나님께서 보내신 목회자의 설교, 개인들의 증언, 개인의 성경 읽기 등을 통해 주어집니다. 믿음은 계시된 내용을 아는 지식을 반드시 요구하므로(물론 동의하고 진리로 여기는 행위도 필수적입니다), 꼭 알아야 할 내용과 계시된 내용에 대한 동의가 필수적입니다. 더 나아가 지식을 얻고 그것에 동의함으로써 그리스도를 의지하고 신뢰하며 그분께 의탁하게 되었다면, 약속을 소유한 신자로서 칭의와 성화와 위로를 적극적으로 구해야 합니다. 이와 관련하여 이전에 설명한 대로, 하나님께서 지나가는 말로 하지 않고 우리를 위하여 그분의 계시를 기록하셨다는 사실은, 우리를 향한 하나님의 선하심이 얼마나 크신지를 눈에 보이게 드러내신 것임을 알아야 합니다. 이 계시의 말씀은 마치 하나님께서 우리를 향해 계속 말씀하시는 것처럼 영구적인 성질을 띱니다. 그러므로 이 말씀은 하나님께서 믿음을 일으키고 강하게 하시는 방편입니다.

"이 복음은 모든 믿는 자에게 구원을 주시는 하나님의 능력이 됨이라"(롬 1:16).

"그런즉 그들이 믿지 아니하는 이를 어찌 부르리요 듣지도 못한 이를 어찌 믿으리요 전파하는 자가 없이 어찌 들으리요……그러므로 믿음은 들음에서 나며 들음은 그리스도의 말씀으로 말미암았느니라"(롬 10:14,17).

믿음의 목적

이제 믿음의 목적에 관해 숙고해 봅시다.

믿음을 행사하는 가운데, 우리는 예수 그리스도의 얼굴에서 빛나는 하나님의 완전하심으로 하나님을 영화롭게 합니다.

"우리가 다 수건을 벗은 얼굴로 거울을 보는 것같이 주의 영광을 보매"(고후 3:18).

"하나님께서 예수 그리스도의 얼굴에 있는 하나님의 영광을 아는 빛을 우리 마음에 비추셨느니라"(고후 4:6).

믿음을 행사하는 사람은 다음과 같은 것들을 찬미합니다.

① 너무나 순전하여 모든 죄를 벌하셔야만 하는 하나님의 공의

"곧 이때에 자기의 의로우심을 나타내사"(롬 3:26).

② 인류를 향한 하나님의 사랑

"하나님이 세상을 이처럼 사랑하사 독생자를 주셨으니 이는 그를 믿는 자마다 멸망하지 않고 영생을 얻게 하려 하심이라"(요 3:16).

③ 하나님의 은혜로우심

"이는 그가 사랑하시는 자 안에서 우리에게 거저 주시는 바 그의 은혜의 영광을 찬송하게 하려는 것이라"(엡 1:6).

④ 하나님의 공의를 만족시키는 동시에 사람을 구원하는 방식을 계획하신 하나

님의 지혜

"우리는 십자가에 못 박힌 그리스도를 전하니……그리스도는 하나님의 능력이요 하나님의 지혜니라"(고전 1:23,24).

"하나님의 각종 지혜"(엡 3:10).

⑤ 하나님의 전능하심

"믿음이 없어 하나님의 약속을 의심하지 않고 믿음으로 견고하여져서 하나님께 영광을 돌리며"(롬 4:20,21).

⑥ 하나님의 참되심

"그의 증언을 받는 자는 하나님이 참되시다는 것을 인 쳤느니라"(요 3:33).

요한일서 5장 9-11절도 함께 읽어 보십시오.

⑦ 하나님의 신실하심

"그러므로 상속자가 되는 그것이 은혜에 속하기 위하여 믿음으로 되나니"(롬 4:16).

⑧ 하나님의 모든 충만하심

"아버지께서는 모든 충만으로 예수 안에 거하게 하시고"(골 1:19).

"우리가 다 그의 충만한 데서 받으니 은혜 위에 은혜러라"(요 1:16; 히 7:25 참고).

이처럼 신자들은 그리스도를 믿음으로 하나님을 영화롭게 합니다. 따라서 하나님께 존귀와 영광을 돌려 드리고자 한다면, 그분의 아들을 믿어야 합니다.

사람 편에서 볼 때, 믿음의 목적은 칭의, 화평, 양자 됨, 성화(이것들에 관해서는 믿음의 열매를 숙고할 때에 더 다루겠습니다), 그리고 최종적으로 영원한 복락입니다.

"믿음의 결국 곧 영혼의 구원을 받음이라"(벧전 1:9).

이 모든 것을 소원하는 사람은 자신의 믿음을 행사해야 합니다.

믿음의 부가적인 특징들

믿음의 특징은 다양하며, 그 정도도 다릅니다. 이 특징들은 신자들마다 다르게 나타납니다. 어떤 사람은 그리스도 안에서 어린아이 같고, 어떤 사람은 젊은이나 장성한 어른 같습니다. 또한 동일한 사람이라 하더라도 시기에 따라 다르게 나타나기도 합니다. 왜냐하면 믿음이 어떤 시기에는 강하고 활발했다가도 어떤 시기에는 약해지기 때문입니다.

믿음의 특징들은 다음과 같습니다.

① 거룩함

"사랑하는 자들아 너희는 너희의 지극히 거룩한 믿음 위에 자신을 세우며"(유 1:20).

② 진실함

"네 속에 거짓이 없는 믿음이 있음을 생각함이라"(딤후 1:5).

③ 행함

"사랑으로써 역사하는 믿음뿐이니라"(갈 5:6).

④ 견고함

"너희는 말세에 나타내기로 예비하신 구원을 얻기 위하여 믿음으로 말미암아 하나님의 능력으로 보호하심을 받았느니라"(벧전 1:5).

⑤ 구원을 얻게 함

"내가 복음을 부끄러워하지 아니하노니 이 복음은 모든 믿는 자에게 구원을 주시는 하나님의 능력이 됨이라"(롬 1:16).

믿음의 효력 또는 열매

구원 얻는 참된 믿음의 효력 또는 열매는 매우 영광스럽고도 합당합니다. 그것은 다음과 같습니다.

① 죄책과 형벌뿐만 아니라 영원한 생명에 대한 권세를 포함하는 칭의

"이제는 율법 외에 하나님의 한 의가 나타났으니 율법과 선지자들에게 증거를 받은 것이라. 곧 예수 그리스도를 믿음으로 말미암아 모든 믿는 자에게 미치는 하나님의 의니 차별이 없느니라……그러므로 사람이 의롭다하심을 얻는 것은 율법의 행위에 있지 않고 믿음으로 되는 줄 우리가 인정하노라"(롬 3:21,22,28).

② 하나님과 화평케 됨

"그러므로 우리가 믿음으로 의롭다하심을 받았으니 우리 주 예수 그리스도로 말미암아 하나님과 화평을 누리자"(롬 5:1).

③ 하나님께로 나아갈 수 있는 담대함

"우리가 그 안에서 그를 믿음으로 말미암아 담대함과 확신을 가지고 하나님께 나아감을 얻느니라"(엡 3:12).

④ 그리스도와의 연합 및 그분을 통한 하나님과의 연합

"주와 합하는 자는 한 영이니라"(고전 6:17).

"믿음으로 말미암아 그리스도께서 너희 마음에 계시게 하시옵고"(엡 3:17).

"그들도 다 하나가 되어 우리 안에 있게 하사"(요 17:21).

⑤ 양자 됨

"영접하는 자 곧 그 이름을 믿는 자들에게는 하나님의 자녀가 되는 권세를 주셨으니"(요 1:12).

"너희가 다 믿음으로 말미암아 그리스도 예수 안에서 하나님의 아들이 되었으니"(갈 3:26).

⑥ 정결한 마음

"믿음으로 그들의 마음을 깨끗이 하사"(행 15:9).

⑦ 마귀에 대한 승리

"너희는 믿음을 굳건하게 하여 그를 대적하라"(벧전 5:9).

⑧ 세상에 대한 승리

"무릇 하나님께로부터 난 자마다 세상을 이기느니라. 세상을 이기는 승리는 이것이니 우리의 믿음이니라"(요일 5:4).

⑨ 사랑

"사랑으로써 역사하는 믿음뿐이니라"(갈 5:6).

⑩ 온갖 선한 행실

"행함이 없는 네 믿음을 내게 보이라. 나는 행함으로 내 믿음을 네게 보이리라 하리라"(약

2:18).

한마디로 말해, 믿음은 영혼을 살게 하고, 모든 일(세속적이거나 영적인 일 모두)에 합당합니다. 자신에게 주어진 경주를 기쁨 가운데 온전히 달려가고자 한다면, 반드시 믿음을 행사해야 합니다.

구원 얻는 믿음과 일시적 믿음의 비교

이제 구원 얻는 믿음과 일시적 믿음의 유사점과 차이점을 숙고해 봅시다.

역사적 믿음과 일시적 믿음은 어느 정도 비슷한 면이 있습니다. 두 믿음은 모두 하나님의 말씀을 대상으로 합니다. 그리고 두 믿음 모두 신적 진리에 대한 지식을 필요로 하며, 말씀이 진실하다는 것에 대한 동의가 핵심이 됩니다.

한편 구원 얻는 믿음과 일시적 믿음은 모두 역사적 믿음을 포함하지만, 둘 사이에는 큰 차이가 있습니다.

첫째, 지성과 관련해 차이가 있습니다. 일시적 믿음은 진리를 그저 문자로서, 말하자면 거짓된 빛으로 살피고 알 뿐입니다. 그러나 진리의 본질적 특성을 깨닫지는 못합니다. 반면 참된 신자들은 그리스도 예수 안에 있는 진리를, 그 지각의 눈이 밝아지며(엡 1:18 참고), 그리스도의 마음을 가지고(고전 2:16 참고) 그분에 대해 배웁니다.

둘째, 일시적 믿음을 가진 신자에게는 선한 마음이 없으며, 바위처럼 열매 맺기에 적합하지 않은 마음이 남아 있습니다(눅 8:13 참고). 그러한 마음은 착하고 충성된 마음과 대조됩니다(눅 8:15 참고). 사람은 본성상 돌과 같은 마음을 가지고 있습니다. 거듭날 때 하나님께서 이 돌같이 굳은 마음을 제거하고 그 자리에 살같이 부드러운 마음을 주십니다(겔 36:26 참고). 일시적인 신자에게 남아 있는 돌 같은 마음은 바뀌지 않습니다. 회심하기 이전에 그들이 누구였고 무엇을 했든 그것은 육적인 것에 불과하며, 그들의 마음은 진리를 순종함으로써 정결하게 되지 않습니다(벧전 1:22 참고). 반면 참된 신자는 새로운 마음, 살과 같이 부드러운 마음, 믿음으로 정결하게 된 마음을 가집니다(행 15:9 참고). 일시적인 신자는 사실상 죽은 자이며, 참된 신자는 살아 있는 자입니다.

셋째, 일시적 믿음을 가진 자들은 믿음으로 말미암은 그리스도와의 연합을 알지 못합니다. 그들은 그리스도를 믿지 않고, 그분께 마음을 두지 않으며, 의로움과 거룩함을 얻고자 예수님께 자기 영혼을 의탁하지 않습니다. 이에 대해 당혹스러워하지도 않을뿐더러, 그것을 구하거나 가지려고 생각하지도 않습니다. 자신들이 구원받으리라고 막연하게 생각하는 것만으로도 충분하다고 여깁니다. 분투하거나 마음을 살피지도 않으며, 그러한 것을 사랑하지도 않고, 구원과 관련된 요소라고 생각하지도 않으면서 말입니다. 그들은 자신이 정말로 천국에 이를 것이라고 계속 스스로를 확신시킵니다. 그러므로 그들은 등불도 준비하지 않은 채 늦게 와서는 들어가기를 구하는 어리석은 처녀들과 같습니다(마 25장 참고). 자신의 망상에 속았다는 사실을 알고 나면, 그들은 자신이 반드시 천국에 들어가리라 믿었다는 사실을 드러내면서 이렇게 말할 것입니다.

"우리는 주 앞에서 먹고 마셨으며"(눅 13:26).

"우리가 주의 이름으로 선지자 노릇 하며 주의 이름으로 귀신을 쫓아내며 주의 이름으로 많은 권능을 행하지 아니하였나이까?"(마 7:22).

그러나 참된 신자는 초월적인 빛으로 언약의 은택들을 살피고, 참되신 하나님의 말씀을 틀림없는 진리로 받아들입니다. 또한 이러한 은택에 참여하고자 하는 마음에 압도되며, 주 예수 그리스도를 통하지 않고서는 어느 누구도 이러한 것에 참여할 수 없음을 압니다. 이를 통해, 그리스도께서 자신들을 부르고 초청하시며 이를 위해 스스로를 자신들에게 내주셨다는 사실을 확신합니다. 그리하여 그들은 그리스도를 영접하고(요 1:12 참고), 그리스도께 자신을 드리며(고후 8:5 참고), 그분을 신뢰하고(시 2:12 참고) 의지하며 기대고 의탁합니다(시 9:11, 71:6; 렘 17:7 참고).

넷째, 일시적 믿음을 소유한 자들은 뿌리 없는 기쁨을 가지고 있습니다.

"들을 때에 기쁨으로 받으나 뿌리가 없어"(눅 8:13).

육신의 눈이 빛을 보면서 기뻐하는 것처럼, 지성은 지식을 획득하면서 기뻐합니다. 주제가 심오하고 훌륭할수록, 지성은 더욱 크게 기뻐합니다. 따라서 일시적 믿음을 가진 자들도 복음의 비밀을 듣고 이해할 때에는, 그것들을 아름답게 여기며 깊이 사유하고 싶어합니다. 죄 사함을 받고 하나님과 사귀며 그분의 호의를 누리는 것, 그리스도를 구주로 모시는 것, 경건한 이들과 교회를 이루는 것, 궁극적으로 천국에 들어가는 것 등은 그들에게 가장 탁월한 주제입니다. 또한 그들은 하나님의 말씀을 깨달아 그것에 관해 능숙하게 말할 수 있게 되기를, 그리하여 그것을 통해 귀하게 여겨지고 경건한 자들에게서 사랑받게 되기를 가장 원하며, 그 속에서 큰 기쁨을 찾습니다. 그들은 자신이 그러한 일들에 참여하게 되었다고 여기면서 기뻐합니다. 그러나 그들에게는 뿌리가 없습니다. 왜냐하면 그들의 마음이 여전히 본성적으로 돌과 같기 때문입니다. 그러하기에 하나님의 말씀이 그들의 마음 깊이 뚫고 들어가 뿌리내릴 수가 없습니다. 결국 그들이 하는 모든 활동은 단지 피상적인 것에 불과합니다.

반면, 참된 신자들에게는 지구의 심연 같은 깊음이 있습니다. 그들의 마음은 수많은 근심과 슬픔과 분투로 기경되어 말씀을 받기에 적합한 상태가 됩니다. 그리하여 말씀이 살같이 부드럽고 유순한 마음에 떨어집니다. 결국 그 말씀은 그리스도께 뿌리내려(골 2:7 참고) 그리스도 안에서 자라 갑니다. 이것은 곧 주님 안에 있는 기쁨과 그분을 즐거워하는 마음을 다양한 정도로 일으킵니다. 그리고 그 결과로 순종하려는 부드러운 마음을 낳습니다.

다섯째, 일시적 믿음을 가진 자와 참된 믿음을 가진 자는 열매 맺는 모습도 다릅니다.

"좋은 땅에 뿌려졌다는 것은 말씀을 듣고 깨닫는 자니 결실하여 어떤 것은 백 배, 어떤 것은 육십 배, 어떤 것은 삼십 배가 되느니라 하시더라"(마 13:23).

일시적 믿음은 뿌리가 없어서 말라 버리기에 열매를 맺지 못합니다. 열매처럼 보이는 것들은 모두 본질적으로 악한 나무가 맺는 악한 열매에 불과합니다.

이러한 차이(distinction)를 바르게 이해하는 일은, 회심하지 않은 자들이 죄에 대해 확신하고 회심한 자들이 위로를 얻는 데에 매우 중요합니다. 다음 장에서 이러한 구분에 관해 더욱 포괄적으로 다루겠습니다.

참된 믿음에 반하는 불신앙

마지막으로, 참된 믿음에 완전히 반하는 사람을 숙고해 봅시다. 그러한 사람들은 교회의 안팎에 존재합니다. 교회 밖에서 참된 믿음에 반하는 믿음을 가진 자들이란 믿음에 대한 참된 가르침을 부인하는 모든 자들입니다. 이슬람교도, 유대교도, 소시니안주의자, 그리고 재세례파와 같은 다양한 이교도들입니다. 교황주의자, 루터교도, 알미니안주의자 중에는 (비록 그들이 여러 교리적인 쟁점에서 심각한 오류를 범했을지라도) 일시적 믿음을 가진 자들이 있으며, 심지어 참된 신자들도 찾아볼 수 있습니다. 온전하지는 않더라도 그리스도가 전파되기 때문입니다.

한편, 교회 안에도 불신자들이 있습니다. 그들은 그리스도에 관해 완전히 무지하거나, 안다고 해도 이름만 언급할 뿐, 그분의 본질과 지위, 낮아지심과 높아지심, 절대적 필요성을 알지는 못합니다. 또한 그들은 예수 그리스도가 베푸신 것들을 무엇을 위해 어떻게 사용해야 할지를 알지 못합니다. 그들은 천국이나 지옥에 거의 신경 쓰지 않으며, 부주의하게 자신들의 길로 행합니다. 이러한 부분에 관해 말하면서 어떻게 구원받을 것인지를 물으면, 그들은 즉각 "하나님은 자비로우시지"라고 대답해 버립니다. 그들은 주님의 은혜를 바라며 기도하고 온 힘을 다해 행하면서, 자신들의 구원에 대해 추호도 의심하지 않습니다. 그러나 이것은 비통한 일입니다. 이처럼 수많은 사람들이 지옥을 향해 가고 있습니다. 그들이 무지함에서 오는 평안 가운데 그렇게 행하도록 버려둔 채 성찬에 참여하기를 허용하는 목회자와 장로들은, 그들이 받을 정죄에 대해 책임을 지게 될 것입니다.

믿음에 관한 권면

지금까지 우리는 다양한 관점으로 믿음을 다루어 보았습니다. 그 모든 내용을 종합하여 우리는 믿음에 관해 다음과 같이 정의할 수 있습니다. 믿음은 의롭게 되고 거룩하게 되며 영화롭게 되기 위하여, 그리스도께서 자원하여 자신을 내주셨다는 것과 주님을 영접하고 의뢰하는 모든 자에게 이 모든 일을 행하시겠다는 그분의 약속을 의지하여, 진실한 중심으로 그리스도를 신뢰하는 것입니다.

자신에 대한 자각

그러므로 누구든지 잠시 멈추고 나아오십시오. 여러분이 믿음을 가지도록 여러분을 설득할 수 있기를 바랍니다. 저는 이 책을 읽는 다양한 사람들을 동시에 만나고 있습니다. 그러므로 먼저 자신에 대해 일깨운 다음, 그들을 그리스도께로 인도할 수 있기를 구합니다.

① 어떤 사람들은 자신이나 그리스도, 영적 생명, 천국과 지옥에 관해 아무것도 알지 못합니다. 하나님과 영원에 관해 본성적으로 가지고 있는 흔적을 생각하지 않으므로 그들은 죽어 있는 자들입니다. 그래서 영적인 것들에 관한 한 마치 이성 없는 동물처럼 살아갑니다. 그들은 설교에 귀 기울이지 않으며, 설교 내내 다른 생각을 하면서 시간을 보냅니다. 설교를 듣더라도 이해하지 못하며, 설령 이해한다 하더라도, 명백한 죄에 대해 책망하거나 상식적으로 통용되는 덕행을 권할 때나 이해할 뿐입니다. 그리스도 안에 있는 믿음이나 믿음의 삶은 그들에게 여전히 가려져 있습니다. 이처럼 그들은 자신의 무지 속에서 멸망합니다.

"백성이 지각이 없으므로 그들을 지으신 이가 불쌍히 여기지 아니하시며 그들을 조성하신 이가 은혜를 베풀지 아니하시리라"(사 27:11).

여러분에게 믿을 능력이 없다는 사실을 분명히 아십시오. 믿음이 아니고서는 구원받을 수 없으며, 영원한 저주를 받아야만 합니다.

"듣지도 못한 이를 어찌 믿으리요"(롬 10:14).

그러므로 이제부터 여러분은 지식을 얻고 믿으라는 권면을 여러분의 것으로 만들고자 애쓰십시오.

② 어떤 사람들은 문자적인 지식을 가지고 있는데도 동일하게 무지한 상태에 있

는 탓에, 세상에 속한 것들(부, 명예, 육신의 정욕)에 빠져 영적인 것들에 집중하지 못합니다. 그들은 영적인 것들을 거부하며, "그런 것을 원하지 않는다"라고 말합니다. 그러고는 자발적이고도 고의적으로 그리스도에게서 돌이켜, 그분을 떠나 자신의 정욕으로 향합니다. 요한복음 5장 40절이 그들에게 해당하는 말씀입니다.

"그러나 너희가 영생을 얻기 위하여 내게 오기를 원하지 아니하는도다."

다음 말씀을 거듭 숙고해 보십시오.

"내가 불렀으나 너희가 듣기 싫어하였고……그때에 너희가 나를 부르리라 그래도 내가 대답하지 아니하겠고 부지런히 나를 찾으리라 그래도 나를 만나지 못하리니 대저 너희가 지식을 미워하며 여호와 경외하기를 즐거워하지 아니하며"(잠 1:24,28,29).

어떤 이는 "그것을 잘 알고 있다. 그러나 나는 그리스도와 연합하기 위해 내 길을 떠나고 싶지 않다. 만일 다른 길이 없다면, 어쩔 수 없는 노릇이다"라고 말할 것입니다. 그러나 이 말이 무슨 의미인지를 여러분이 참으로 안다면, 그렇게 말할 수 없을 것입니다! 그러므로 주님에 대한 두려움이 믿음에 이르게 하기를 구합니다.

③ 어떤 사람들은 수고로움과 고난과 슬픔에 짓눌린 채 이른 아침부터 늦은 저녁까지 힘써 일해야 합니다. 남편은 생활비를 벌고 아내는 자녀들을 돌보아야 해서 영적인 것들을 숙고할 시간이 없습니다. 이따금 무언가를 깨닫는다 하더라도, 그들의 생업이 그들 내면에서 일어나는 선한 움직임을 소멸시켜 버립니다. 이는 참으로 유감스러운 일입니다. 그러나 여러분의 마음이 진정으로 영적인 것들을 주목하고 있다면, 여러분은 분명히 시간을 낼 수 있을 것입니다. 그러므로 시간이 없다는 것은 여러분이 영원한 것들보다 땅의 것들을 더 귀하게 여긴다는 사실을 암시합니다. 하나님께서 여러분의 평계를 받으실 것이라고 확신하지 마십시오. 믿음이 없이는 구원받을 수 없기에, 여러분 역시 하나님을 믿도록 스스로를 설득해야 합니다.

④ 어떤 사람들은 믿음을 분명히 인식하고 있다는 점을 근거로 자신이 이미 신자라고 여깁니다. 그들은 세례를 받고, 주의 만찬에 참여하며, 부지런히 교회에 출석하고, 하나님의 말씀을 읽으며, 기도하고, 자선을 행하며, 흠잡을 데 없이 살고,

죄를 범하면 슬퍼합니다. 그러나 불쌍한 자여, (앞에서 분명히 살핀 대로) 그것은 믿음이 아닙니다. 여러분은 그 길 위에서 가장 확실하게 멸망당할 수도 있습니다. 여러분은 "당신이나 그렇게 고통당하지 않기를 바랍니다. 내 일은 내가 알아서 하겠습니다"라고 말할지도 모릅니다. 그러나 나는 여러분에게 스스로를 기만하지 않도록 주의해야 한다고 말하는 바입니다. 하나님의 말씀에 저항하여 여러분의 마음을 강퍅하게 하지 마십시오. 오히려 여러분이 믿도록 스스로를 설득하십시오. 지금 여러분이 가는 그 길은 여러분을 멸망으로 인도합니다.

⑤ 어떤 사람들은 하나님의 나라에서 멀지 않은 곳에 있으면서도 들어가려 하지 않고, 그저 그곳에 머물려고 합니다. 여러 해가 지나도 바뀌는 것이 없습니다. 자신의 비참함을 어느 정도 인식하며 가끔은 영원한 것에 마음이 사로잡히기도 합니다. 그들은 그리스도를 알고, 그분을 얻고자 소원하며, 다른 모습으로 살기를 원합니다. 그러나 아무 일도 일어나지 않습니다. 그래서 그들은 불신앙으로 자기 자신에게 집중합니다. 이러한 사람은 너무나 큰 죄인입니다. 그리스도는 그러한 사람을 원하지 않으십니다. 그들은 자신을 판단하여도 충분히 깨지지 않고, 상한 심령을 가지지도 않습니다. 자신이 진정으로 그것을 원하는지 그렇지 않은지를 알지 못합니다. 또한 죄 때문에 모든 것을 망쳐 버립니다. 진짜 원인은 무관심입니다. 그들은 게으르고 마음이 나뉘었으며, 견고하지 못합니다. 부디 믿음에 여러분의 관심을 기울이고, 믿음을 가지기 위해 자신을 설득하십시오! 중간에서 머뭇거리지 마십시오. 그리하지 않으면 여러분은 멸망하고 말 것입니다.

⑥ 어떤 사람들은 믿음에 대해 듣고 말하는 일과 영적인 것들에 익숙해진 나머지, 그것으로 인한 모든 감동을 완전히 잃어버립니다. 이것은 그저 의무감으로 영적 문제들을 다루는 학자들이 왜 회심하는 경우가 그토록 드문지를 잘 보여 줍니다. 이들이 마치 대장장이가 철을 다루듯이 영적 문제들을 다루기 때문입니다.

여러분에게도 동일하게 말합니다. 여러분 자신을 시험해 보고, 어린아이처럼 되십시오. 이것을 간과하지 마십시오. 다른 사람들에게 주장하는 것들이 진정으로 여러분 자신에게서 발견되는지, 그리고 그러한 것들에 자신의 마음이 사로잡혀 있는지, 여러분의 마음을 살피고 자신을 시험해 보십시오. 다른 사람들을 구원으로 인도하면서, 정작 여러분 자신은 잃어버린 바 되지 않을까 근심하며 깊이 생각하십시오.

여기에 언급되었든 언급되지 않았든, 모두 오십시오. 살인자, 간음한 자, 불의를 행한 자, 도적질한 자, 술 취한 자, 죄악에 빠진 자, 도박꾼, 춤추는 자, 자신에게 몰두하는 범법자, 거짓말하는 자, 험담하는 자, 위증한 자들도 모두 나아오십시오. 누구든지, 어떤 상황에 처해 있든지 오십시오. 예수님께로 나아오십시오. 그분을 믿고 구원을 받으십시오.

구원의 길을 너무 넓게 만든다고 반대하는 사람이 있다면, 지금 제가 그들 모두가 구원을 받았거나 받으리라고 주장하는 것이 아님을 밝힙니다. 그러나 그리스도께서 그러한 사람들을 부르고 계시며, 그러한 자들 중 그리스도께 참여할 자가 있다는 것은 분명한 사실입니다(고전 6:11 참고). 그리스도 안에 이처럼 충만한 은혜가 있으므로, 어느 누구도 용기를 잃어서는 안 됩니다. 다만 그러한 사람들은 먼저 죄로 인해 상하고, 이전에 범한 죄악들로 인해 애통해하며, 하나님과 화목을 이루고 거룩한 삶을 살기를 온 마음으로 소원해야 합니다. 마음 상태가 그와 같지 않은 사람은 그리스도께로 나아오려 하지 않을 것입니다.

믿음에 이르는 동기

그러므로 모든 이들이여, 나아오십시오. 믿기 위해 자신을 설득하며, 그리해야 할 다음의 이유들을 숙고해 보십시오.

첫째, 여러분의 영적 상태는 여러분이 상상할 수 없을 만큼 비참합니다. 사실상 어느 누가 생각하는 것보다도 훨씬 비참한 상태입니다. 하나님 없이 사는 것, 진노하는 심판자이신 하나님을 대면하는 것, 천국 밖에서 영원히 거하는 것, 이 땅에서 매력을 느끼고 추구했던 모든 것이 여러분을 대적하는 것, 이후에 불 못에서 영원토록 저주를 받는 것보다 더 두려운 일이 있겠습니까? 설령 이것이 여러분의 마음을 움직이지 못하더라도, 여러분은 그러한 자이며, 이러한 재앙이 여러분에게 영원히 임할 것입니다. 여러분이 여전히 냉담한 채로 그러한 길을 고집한다면, 여러분에게는 영원한 정죄를 피할 만한 어떠한 소망도 없을 것이며, 우리는 여러분이 지옥으로 나아가는 것을 슬프게 바라보아야 할 것입니다. 그러나 지옥의 끄트머리에 있는 여러분, 기억하십시오. 만일 여러분이 깨어나 자신의 위험을 잠잠히 숙고한다면, "너희 저주받은 자들아, 내게서 떠날지어다"라는 최후 선고를 두려워하게 된다면, 그리하여 여러분이 구원과 화목케 됨과 성령과 거룩한 삶을 열망하기 시작한다면, 여러분에게 여전히 소망이 있으며 구원받을 수 있습니다. 아직 길이 있습니다. 다만 그 길은 단 하나뿐입니다. 바로 주 예수 그리스도이십니다. 하나님께서 측량할 수 없는 선하심으로 그 길을 우리에게 예비하셨습니다. 그 길에 관해 듣고 그분께로 나아올 수 있는 여러분은 얼마나 복됩니까! 그러므로 주님을 찾을 만한 때에 그분을 구하십시오. 열심으로 주 예수님을 알고자 하며, 구속과 구원을 위해 보증이 되신 그분을 진정으로 소원하며 찾으십시오. 겸손히 그분을 믿고 의지하며, 그분께 순복하고, 여러분 자신을 의탁하십시오. 그리하면 여러분은 구원을 받을 것입니다.

그리스도 밖에는 쉼이 없으며, 오직 적대감만 있을 뿐입니다. 그러하기에 그 영혼은 맹렬한 폭풍 가운데 있는 배처럼 이리저리 흔들리고 시달립니다. 그 어디에서도 안식과 도움을 찾을 수 없습니다. 사방에 물이 있어서 방주에서 나온 비둘기가 발 붙일 곳을 찾지 못한 것과 같습니다(창 8:9 참고). 이것이 바로 그리스도 밖에 있는 영혼의 상태입니다. 부나 친구, 자신의 지혜와 힘이 영혼에 안식을 가져다주지 못합니다. 이것들은 모두 상한 갈대와 같아서 도움을 주지 못할뿐더러, 그것을 의지하는 자로 하여금 넘어지고 다치게 할 뿐입니다. 그러므로 더는 그런 곳에서 피난처를 구하지 말고, 그 모든 것을 버리십시오.

둘째, 그리스도 안에는 여러분의 모든 필요를 채우고, 모든 소원을 만족시킬 충만함이 있습니다.

"아버지께서는 모든 충만으로 예수 안에 거하게 하시고"(골 1:19).

그분 안에 완전한 충만이 있습니다.

① 우리의 모든 죄를 제하십니다.

"그 아들 예수의 피가 우리를 모든 죄에서 깨끗하게 하실 것이요"(요일 1:7).

② 우리를 하나님과 화목하게 하십니다.

"곧 우리가 원수 되었을 때에 그의 아들의 죽으심으로 말미암아 하나님과 화목하게 되었은즉"(롬 5:10).

"오직 자기의 피로 영원한 속죄를 이루사"(히 9:12).

③ 하나님의 영원한 진노와 정죄로부터 우리를 건지십니다.

"이는 장래의 노하심에서 우리를 건지시는 예수시니라"(살전 1:10).

"그러므로 이제 그리스도 예수 안에 있는 자에게는 결코 정죄함이 없나니"(롬 8:1).

④ 주님 안에는 성령이 충만히 거하십니다.

"이는 하나님이 성령을 한량없이 주심이니라"(요 3:34).

⑤ 충만한 빛이 되십니다.

"이방을 비추는 빛이요"(눅 2:32).

⑥ 생명이 충만합니다.

"우리 생명이신 그리스도께서 나타나실 그때에"(골 3:4).

⑦ 화평이 충만합니다.

"그는 우리의 화평이신지라"(엡 2:14).

⑧ 완전한 구원이 있습니다.

"내가 그들에게 영생을 주노니"(요 10:28).

"하나님은 우리에게 구원의 하나님이시라"(시 68:20).

⑨ 이 모든 것들이 오직 주님 안에서만 발견되며, 그분 밖에서는 찾을 수도 없고 구할 수도 없습니다.

"나로 말미암지 않고는 아버지께로 올 자가 없느니라"(요 14:6).

"다른 이로써는 구원을 받을 수 없나니"(행 4:12).

⑩ 여러분이 생각하고 바라는 것은 무엇이든 그리스도 안에서 전부 발견됩니다. 여러분 안에서는 오로지 부패함만 발견할 뿐인데, 어찌하여 여러분은 자신에게 계

속 주목합니까? 어찌하여 구원을 찾아볼 수도 없고 재난의 날에 여러분을 버리고 말 사람들과 이 땅에 속한 것들에 주목합니까? 간청하건대, 그 모든 것들로부터 돌이켜 구주께로 향하고, 그분의 충만하심에서 나오는 은혜 위에 은혜를 받으십시오.

⑪ 더 나아가, 그리스도는 여러분을 이 모든 은택에 참여하게 하실 수 있는 전능하신 분입니다. 가장 강퍅한 심령을 부드럽게 만들고, 가장 악한 심령을 움직이며, 가장 죄악된 마음을 거룩하게 만들고, 가장 견고한 불신의 마음을 믿도록 하며, 자신에게로 나아오는 자들의 믿음을 보존하실 권세가 그분께 주어졌습니다. 어떤 피조물도 그분의 뜻이 없이는 움직이거나 활동할 수 없습니다. 귀신들도 그분의 허락 없이는 돼지 떼에 들어갈 수 없었습니다. 에서는 그가 죽이려고 했던 자에게 입을 맞추어야만 했습니다. 라반은 분노했는데도 다정한 말만 할 수 있었습니다. 까마귀들이 엘리야에게 떡과 고기를 가져왔습니다. 가난한 과부의 가루와 기름이 떨어지거나 없어지지 않았으며, 실제로 그녀가 쓰기에 충분할 때까지 기름이 늘어났습니다. 죽은 자들이 다시 살아났고, 눈먼 자가 시력을 되찾았으며, 듣지 못했던 자가 듣게 되었습니다. 말 못 했던 자가 말하였고, 저는 자가 걷게 되었습니다. 한마디로 말해, 이런 일들은 그리스도께 전혀 놀라운 일이 아닙니다. 이 진리를 굳게 믿고, 전능하신 주님을 믿으십시오.

⑫ 주 예수님의 선하심은 말로 다 표현할 수 없습니다. 그분은 영원 가운데 거하시는 높고 귀한 분이지만, 자신에게로 나아오는 자를 주목하고 그 가련한 자들에게 긍휼을 베푸십니다. 그분은 자신을 찾는 자들을 선히 대하시며, 그들을 긍휼히 여기기를 즐거워하십니다. 또한 그분은 애통해하는 자를 위로하고, 어찌할 바를 모르는 자들에게 모사가 되어 주며, 무지한 자를 가르쳐 인도하고, 약한 자를 강하게 하여 강한 자들의 폭력에서 건지고, 잃어버린 자들을 되찾기를 기뻐하십니다. 이 모든 일들을 변함없는 호의와 오래 참음으로 행하십니다. 그분의 전능하심과 선하심을 함께 생각하는 것은 두려움 없이 신뢰할 수 있는 완전한 기초가 됩니다.

⑬ 주 예수님은 신실하시므로, 자신의 손에 맡겨진 역사를 그만두지 않으십니다. 그분은 사람 안에서 시작하신 선한 일을 포기하지 않으십니다. 또한 실족한 자

들을 버리지 않고, 그들의 손을 강하게 하십니다. 길 잃은 무리를 내버려 두지 않고 다시금 돌이키십니다. 그분은 선한 목자요 신실한 대제사장이십니다. 그러므로 우리는 "주님께서 나를 위해 이 모든 것을 이루셨다"라고 고백하며, 안전한 피난처이신 그분께 자신을 의탁하여 평안히 거할 수 있습니다.

셋째, 그리스도는 여러분에게 구원을 위하여 완전한 충만함을 베푸십니다. 그러하기에 그분을 아무리 경배해도 부족할 뿐입니다. 그러나 주님은 이 일을 모든 사람에게 행하지는 않으십니다. 이러한 특권은 매우 적은 나라들에게만 주어졌을 뿐, 대부분의 세상에는 감추어져 있습니다. 그런데 이것이 여러분에게 계시되었습니다. 여러분이 복음의 사역 아래에서 살아가고, 하나님 말씀에 관한 설교를 들으며, 그 말씀을 읽을 수 있다면 더욱 그러합니다. 저는 그리스도께서 보내신 종으로서 이것을 읽고 듣는 자들에게 선포합니다.

"오소서 모든 것이 준비되었나이다"(눅 14:17).

"목마른 자도 올 것이요 또 원하는 자는 값없이 생명수를 받으라"(계 22:17).

"우리가 그리스도를 대신하여 사신이 되어 하나님이 우리를 통하여 너희를 권면하시는 것같이 그리스도를 대신하여 간청하노니 너희는 하나님과 화목하라"(고후 5:20).

그러므로 여러분이 죄인 중 괴수이든 지금까지 어떠한 죄를 저질러 왔든 누구이든, 나아오십시오. "그리스도께서 나 같은 자도 부르시는가? 그리스도께서 나 같은 자도 받아 주고 구원해 주시는가?"라고 묻는다면, 저는 예수 그리스도의 이름으로 여러분에게 대답하겠습니다. "그렇습니다. 그분이 여러분을 부르십니다. 그분께로 나아와 그분을 믿으면, 그분이 여러분을 구원하실 것입니다." 더욱 큰 확신을 얻고자 한다면, 우리가 30장에서 다룬 내용을 읽어 보십시오.

이제 여러분은 주 예수님이 은혜와 구원을 베풀고 여러분을 부르신다는 사실을 확신하게 되었습니다(참으로 그래야만 합니다). 이것은 회심하지 않은 자들, 불경건한 자들, 세상적인 마음으로 가득한 자들에게도 그리스도가 구주가 되어 구원을 베푸시리라는 말이 아닙니다. 오히려 그와는 반대로, 자신의 길로 나아가다가 죽는 자들을 하나님께서 영원히 정죄하시리라는 사실을 선포합니다. 그리고 주님께서 가장 적절한 방식으로 여러분을 초청하고 계시며, 따라서 여러분이 자신에게 주어진 이 위대한 특권을 기뻐해야 한다는 사실을 선포합니다. 그러므로 주님께서 여러분을 회심시키고 하나님과 화목하게 하며 성령으로 거룩하게 하여 마침내 여러분을 구원하시도록, 더욱 열심을 다해 자기 자신에게서 벗어나 경건하지 않은 삶을 벗어 버리고, 주 예수님께로 돌이켜 믿음으로 그분을 영접하며, 그분과 화목하게 되고, 그분께 여러분 자신을 의탁하십시오. 그리하면 주님께서 여러분을 받으시고, 영혼의 소원을 이루실 것입니다. 그러므로 여러분의 마음이 조금이라도 움직인다면, 지체하거나 미루지 말고 탕자처럼 주님께로 가십시오. 세상으로 되돌아간 롯의 아내처럼 되지 마십시오.

넷째, 그리스도께서 여러분 모두(그가 누구이든)를 부르시는 것은, 자신에게로 나아오는 자를 돌려보내거나 은혜 주기를 거절하지 않고 모두 받아 주겠다고 약속하신 바에 따른 것입니다. 그분의 명백한 증언을 듣고 믿으십시오.

"내게 오는 자는 내가 결코 내쫓지 아니하리라"(요 6:37).

"아들을 믿는 자에게는 영생이 있고"(요 3:36).

성경 전체를 주의하여 살펴보십시오. 주님께서 은혜 베풀기를 거절하신 적이 있습니까? 또한 진심으로 화목케 되고 거룩해지며 구원을 얻고자 나아온 자를 돌려보내신 적이 있습니까? 이처럼 주님은 여러분도 거절하지 않으실 것입니다. 그러므로 나아오십시오!

다섯째, 그분은 여러분을 구원의 약속으로 부르고 초대하실 뿐만 아니라 명령하십니다. 여러분에게 명령할 권세를 가진 분께서 "그의 말을 들으라"(마 17:5)라고 말씀하십니다. 그리스도께서 여러분에게 "회개하고 복음을 믿으라"(막 1:15)라고 말씀하십니다. 이런 방식으로 사도 요한은 "그의 계명은 이것이니 곧 그 아들 예수 그리스도의 이름을 믿고"(요일 3:23)라고 말합니다. 따라서 이것은 선택의 문제가 아니라 의무입니다. 나아와 믿는다면 순종하는 것이요, 믿지 않는다면 아들에게 순종하지 않는 것입니다. 그리스도의 음성에 순종하지 않는 자에게는 화가 있을 것입니다!

여섯째, 그리스도께로 나아와 그분을 믿지 않는 것은, 성령을 훼방하는 죄와 하나님을 망령되게 일컫는 죄를 제외하면 가장 가증스러운 죄악입니다. 그 이유는 다음과 같습니다.

① 참되신 하나님을 거짓말하는 자로 간주하는 것이기 때문입니다.

"하나님의 아들을 믿는 자는 자기 안에 증거가 있고 하나님을 믿지 아니하는 자는 하나님을 거짓말하는 자로 만드나니"(요일 5:10).

어느 누구도 자신의 행복과 행복한 삶을 원하지 않을 만큼 어리석지 않습니다. 사람이라면 비록 세상에 속한 행복이라 할지라도 그것을 추구할 것입니다. 그러나 하나님은 생명과 구원이 그분의 아들 안에 있다고 말씀하십니다. 그러므로 여러분이 하나님의 아들을 여러분의 유익으로 삼지 않고 다른 데서 안식과 기쁨과 즐거움을 구한다면, "생명이 성자이신 그리스도 안에 없고, 안목의 정욕과 육신의 정욕과 이생의 자랑 가운데 있다"라고 말하는 것과 같습니다. 이것은 하나님을 대놓고 거짓말하는 자로 고소하는 것임을 유념하십시오.

② 사랑으로 초대하여 구원에 속한 모든 것을 주고자 하시는 그리스도를 멸시하는 것이기 때문입니다. 우리를 도우려는 이를 멸시하는 것은 비인간적인 태도입니다. 누군가가 선하다는 이유로 악을 행하는 것은 전적으로 무례한 행위입니다. 특히 그리스도가 가장 친밀한 방식으로 우리를 도우러 오셨다는 사실을 고려한다면, 그분이 죄인들에게서 멸시받으시는 것이 얼마나 참을 수 없는 일인지를 생각해 보십시오.

③ 참되고도 신령한 하늘의 은택들과 지금부터 영원토록 주어질 구원에 속한 모든 것들을 멸시하는 것이기 때문입니다. 그 은택들은 부요하고 참되며, 영광스럽고 기쁘며, 충만하고 영원합니다. 이러한 은택들을 발로 차 버리는 것은 가장 악독한 행위로, 감각을 상실한 탓에 일어나는 일입니다.

이제 여러분은 그리스도께로 나아와 그분을 믿어야 한다는 것 말고는 아무것도 확신할 수 없습니다. 만일 여러분이 이를 거절한다면 가장 가증스러운 죄를 범하는 것임을 반드시 기억하십시오.

여러분이 가장 극한 형벌을 받고, 가장 끔찍한 지옥의 고통을 겪게 되리라는 것을 아십시오. 회개하고 믿지 않은 자들에게 주어질 선고를 들으십시오.

"아들을 믿는 자에게는 영생이 있고 아들에게 순종하지 아니하는 자는 영생을 보지 못하고 도리어 하나님의 진노가 그 위에 머물러 있느니라"(요 3:36).

"하나님을 모르는 자들과 우리 주 예수의 복음에 복종하지 않는 자들에게 형벌을 내리시리니"(살후 1:8).

일곱째, 주 예수님을 불쌍한 자를 영접하고 대적들에게 핍박받는 자를 안전하게 보호하며, 자신을 피난처로 삼게 하고, 주린 자를 만족케 하며 약한 자의 짐을 지시는 분으로 알고 신뢰하는 것이야말로 그분을 가장 영예롭게 하는 일입니다. 아브라함이 바로 그와 같이 행하였습니다. 그는 믿음으로 견고하여져서 하나님께 영광을 돌렸습니다(롬 4:20 참고).

믿음의 장애물

이러한 모든 동기들을 주의 깊게 생각하고 사유하며, 이러한 동기들로부터 오는 힘이 여러분의 마음에 영향을 미치도록 하십시오. 주님께서 기뻐하심으로 여러분을 사탄과 어둠의 권세로부터 그분의 나라로 옮기시고, 그분 자신에게로 이끌어 지금부터 영원토록 그분과 교제하면서 살게 하시기를 구합니다. 사람을 설득하기 위해 다른 어떤 이유를 제시할 수 있겠습니까? 지금 그리스도께로 나아가고자 일어나는 여러분의 마음을 방해하는 것은 무엇입니까?

무지함이 방해합니까? 그렇다면 그분을 알고자 부지런히 힘쓰십시오. 여러분이 활용할 수 있는 방편들을 사용하십시오.

원치 않는 마음이 장애물입니까? 그러할지라도 전진하십시오. 여러분이 멸망당한다면, 그것은 여러분의 책임입니다. 다음의 성경 본문을 깊이 숙고하여 자신에게 적용하십시오. 제가 여러분에게 더 말씀드릴 것이 없습니다.

"그가 저주하기를 좋아하더니 그것이 자기에게 임하고 축복하기를 기뻐하지 아니하더니 복이 그를 멀리 떠났으며, 또 저주하기를 옷 입듯 하더니 저주가 물같이 그의 몸속으로 들어가며 기름같이 그의 뼈 속으로 들어갔나이다"(시 109:17,18).

두려움이 장애물입니까? 감히 그렇게 하지 못합니까? 정말 그러한지, "내가 감히 어떻게"라는 말이 실상 "나는 하지 않을 거야"라는 게으름은 아닌지 스스로를 살피십시오. 이것은 마치 자신이 물에 빠져 가라앉고 있는데 구조해 주려고 손을 뻗친 이가 너무 높은 신분이라면서 감히 그 손을 잡지 않는 것과도 같습니다. 나아가십시오. 자신이 무엇을 두려워하는지를 살펴보십시오.

여러분의 죄가 너무나 큽니까? 너무나 불결하여 깨끗해질 수 없습니까? 하나님께서 사람을 구원하심으로써 천사와 사람이 영원토록 기이하게 여길 그 방식으로 그분의 은혜를 나타내기를 의도하셨다는 사실을 깨달으십시오. 또한 그것을 경배하는 것이 그 구원의 일부임을 아십시오. 낙담 가운데 그리스도께로 나아와 깨끗하게 해 주시기를 바라면서 그분께 순복하고 그분을 의지하여 자신을 의탁하는 죄인의 죄 됨이 크면 클수록, 그는 하나님의 무한한 은혜와 그리스도의 완전한 공로를 더욱 영화롭게 할 것입니다. 그러므로 여러분이 하나님을 찬미하는 것으로 기뻐하십시오. 죄인을 구원하시려는 하나님의 목적에 감화되어 구원을 사모하게 되기를 구합니다. 다음 구절들을 주의 깊게 숙고하십시오.

"이는 그가 사랑하시는 자 안에서 우리에게 거저 주시는 바 그의 은혜의 영광을 찬송하게 하려는 것이라"(엡 1:6).

"하나님이 모든 사람을 순종하지 아니하는 가운데 가두어 두심은 모든 사람에게 긍휼을 베풀려 하심이로다"(롬 11:32).

"그러나 죄가 더한 곳에 은혜가 더욱 넘쳤나니"(롬 5:20).

이제 자신의 죄가 크고 많다는 것을 핑계 삼아 주님으로부터 멀리 떨어져 있어서는 안 된다는 사실을 알겠습니까?

"미쁘다 모든 사람이 받을 만한 이 말이여, 그리스도 예수께서 죄인을 구원하시려고 세상에 임하셨다 하였도다. 죄인 중에 내가 괴수니라"(딤전 1:15).

여러분의 마음이 충분히 깨지지 않아서 나아가지 못합니까? 여러분이 그리스도께로 나아가기 위해서는 반드시 어느 정도 겸비해야 하고, 그래서 마음이 상해야 하며, 죄에 대해 민감하게 깨닫고 그리스도를 분명히 알며, 배고프고 목말라해야 한다고 생각합니까?

그렇다면 이와 같이 답하겠습니다. "그러한 공상을 떨쳐 버리십시오. 왜냐하면 그것은 하나님의 말씀을 따르는 것이 아니기 때문입니다." 깨진 마음, 지식에 대한 열망, 배고픔과 목마름은 그리스도께로 나아가는 것을 결정하는 필수 조건이 아닙니다. 다만 그러한 것들이 없이는 나오려고 하지도 않고, 나올 수도 없기에 그것이 필연적일 뿐입니다. 여러분이 의롭다함을 받고 거룩하게 되며 구원받기 위해 기꺼이 순복할 정도로 마음이 감화되었다면, 담대히 주님께로 나아와 그분을 영접하고 그분께 순복하십시오. 여러분이 만일 죽음을 앞두고서 심각한 상황을 생생히 느낀다면, "내가 그분께 나아가도 될까요?"라고 묻는 것이 아니라 그분께로 나아가 "내게는 주님이 계셔야만 합니다. 그렇지 않으면 나는 멸망할 수밖에 없습니다"라고 말해야 할 것입니다.

> ▶ 질문
> 죄인임을 깨닫고 그리스도를 갈망하는 즉시 그리스도께 나아가도 되는가?

대답: 그렇습니다. 그분께 즉시 나아갈 수 있습니다. 그리스도를 떠나서는 여러분이 더 나아지지도 않고 주님을 믿기에 합당하게 되지도 않을 것이며, 오히려 여러분의 그러한 확신이 사라질 위험에 처할 수 있기 때문입니다.

참된 신자들을 향한 권면

자신 안에 믿음의 뿌리를 가진 참된 신자들이여, 여러분에게 한두 마디 권면의 말을 전합니다. 저는 여러분의 믿음이 거의 진보하지 않고 그리스도를 매우 약하게 신뢰하고 있다는 사실에 슬픔을 느낍니다. 또한 여러분이 약속들을 믿음으로 붙들지 않고, 그리스도 안에 있는 하나님의 온전하신 성품들을 좀처럼 묵상하지 않는다는 사실도 슬픕니다.

많은 사람들이 더디 믿고, 믿음을 행사하는 일에도 태만합니다. 믿음은 죽지 않으므로 완전히 없어지지 않지만, 믿음에 공백 기간이 너무나 자주, 그리고 길게 생깁니다. 때때로 경건한 자들이 육신의 정욕과 게으름, 소망의 결핍에 압도되고 휩쓸리기도 합니다. 때로는 낙심하거나 사탄의 맹렬한 공격 앞에서, 자신이 그리스도께 참여하지 않은 자로 드러날까 봐 두려워합니다. 이는 믿음의 본질에 무지하기 때문일 수도 있습니다. 이러한 자들은 믿음의 특성이 하나님의 자녀 됨을 확신하고 하나님의 자비하심을 민감하게 누리는 데 있다고 여깁니다. 그들은 온전한 자리로 나아오려 할 때에도 계속 자신의 영적 상태를 곱씹고 자신에게 은혜가 없다는 증거를 찾으려고 몰두하면서 투정합니다. 그들은 마치 은혜와 그리스도에게서 자신들을 제외시키는 것이 큰 승리를 거두는 것인 양 여깁니다. 그러나 그리함으로써 기쁨과 거룩함으로 믿음의 경주를 하는 일을 스스로가 방해하고 있으며, 심각한 죄를 범하고 있다는 사실을 분명히 알아야 합니다. 이것은 여러분이 자초한 우울함에서 비롯된 것입니다. 그것이야말로 여러분이 여전히 감각적인 것들에 얽매여 자기 자신이나 다른 이들 앞에서 하나님을 영화롭게 하지 못하는 이유입니다.

신자인 여러분, 이와 같이 여러분이 너무나 오랫동안 실족해 있었으며 믿음의 길에서 전혀 진보하지 못하는 것이 해롭다는 점에 관해 배웠습니다.

① 믿음에서 부지런히 자라 가십시오. 이를 위해 믿음의 본질에 관해 진술한 모든 내용들을 읽고, 또 읽으십시오. 그리하여 믿음의 개념을 분명히 이해하십시오. 믿음은 여러분의 마음을 그리스도께로 정하는 것이고, 여러분 자신과 구원을 예수님의 손에 맡기는 것이며, 그분께 자신을 의탁하고 기대는 것입니다. 또한 믿음은 그분으로 하여금 여러분의 짐을 지시게 하는 것이며, 여러분의 영혼이 의롭다함을 받고 거룩하게 되며 구원을 얻는 모든 일에서 여러분을 돌보시도록 하는 것입니다. 그분은 전능하고 신실하며 진실하고 지혜로우시기 때문입니다. 이보다 합당하고 안전하며 그리스도를 영화롭게 하는 일이 있겠습니까? 앞서 언급한 바 믿음의 목적에 관한 진술들을 숙고하십시오. 그리하면 여러분은 하나님과 그리스도께서 어떻게 영광을 받으시는지, 한 사람이 믿음을 통해 하나님의 의, 인류를 향한 사랑,

은혜, 지혜, 전능하심, 진실하심, 신실하심, 유효한 속죄, 모든 충만하심에 대하여 어떻게 그분께 영광 돌릴 수 있는지를 알게 될 것입니다.

앞서 믿음의 열매에 관해 진술한 내용들도 숙고해 보십시오. 곧 믿음을 행사할 때, 어떻게 그 일이 영혼에 평화와 기쁨을 가져다주며, 하나님께 담대히 나아가 그분과 지속적으로 연합하여 살아가게 하는지를 생각해 보십시오. 또한 어떻게 영적 자녀라는 신분으로 옮기고 그 신분을 보존하며, 마음을 정결케 하고 세상과 마귀를 이기게 하며, 각양의 선행과 감사를 낳게 하는지에 관해 숙고해 보십시오.

이러한 내용들을 주의 깊게 숙고할 때, 영혼 안에 믿음이 뿌리내린 자는 그리스도의 날개 그늘만을 유일한 피난처로 삼고 거기에 의탁하기만을 구할 것입니다. 그러므로 그분께로 나아가 모든 것을 내어 맡기십시오. 이제부터 장래의 일이나 특정한 결과를 염려하거나 두려워하지 마십시오. 주님께서 여러분을 보살피며 모든 것을 형통하게 하실 것입니다. 또한 그 모든 것이 전능하고 신실하며 선하고 지혜로우신 예수님의 손 안에 있습니다. 한 사람이 그리스도를 신뢰하고 그분께 모든 것을 내어 맡겨 안식하는 것이야말로 주님을 기쁘시게 하는 것입니다.

② 그리스도를 믿으면서 여러분이 상속받은 약속들, 곧 그리스도 안에서 예와 아멘이 되는 약속들을 활용하십시오. 여러분의 몸과 영혼이 어떠한 상황에 처해 있든지 그 상황에 합당한 약속들을 구하고, 그 약속들을 확실한 진리로 믿으십시오. 그런 다음에 그 약속을 여러분에게 이루어진 것으로 적용함으로써 마음을 격려하고 그 안에서 기뻐하며, 약속이 성취될 것을 확신하면서 기다리십시오. 그리하면 여러분은 하나님을 영화롭게 하고 모든 환난을 담대히 견딜 수 있을 것입니다.

그분과 교제하고 그분의 성품을 계속 묵상하면서 살아갈 수 있도록, 믿음으로 하나님께로 나아가십시오. 그러한 관점이 영원한 복락을 이룹니다. 그러나 믿음으로 그리스도께 참여한 자가 되었다고 하여, 이제 그분이 필요 없고 주님과 교제할 필요도 없는 것으로 여겨서는 안 됩니다. 또한 이것을 이제부터 하나님과 직접적으로 친교를 맺어야 하고 스스로 성화의 역사를 이루어 가야 하는 것으로 이해해서도 안 되며, 그리스도인의 한층 더 높은 상태로 생각해서도 안 됩니다. 결코 그렇지 않습니다. 물론 영혼의 모든 일이 언제나 그리스도를 대하는 것에서부터 시작될 필요는 없습니다. 그러나 신자는 계속해서 그리스도의 덕에 기대야만 합니다. 죄를 범했을 때에도 그리스도가 필요할 뿐만 아니라, 그분을 통해 다시금 평화를 얻고 화목을 이루기 위해 그분께 기대야 합니다. 또한 하나님의 속성을 묵상할 때에도 우리에게는 그리스도가 필요합니다. 이것이 영적 성장입니다. 장성한 분량에 이르는 것은, 그리스도와 그분이 죄인에게 행하신 구속 역사를 통해 하나님의 속성을 더욱 풍성히 바라보는 데 있습니다. 사도는 다음의 말씀에서 바로 이것을 가르칩니다.

"우리가 다 수건을 벗은 얼굴로 거울을 보는 것같이 주의 영광을 보매 그와 같은 형상으로 변화하여 영광에서 영광에 이르니 곧 주의 영으로 말미암음이니라"(고후 3:18).

"예수 그리스도의 얼굴에 있는 하나님의 영광을 아는 빛을 우리 마음에 비추셨느니라"(고후 4:6).

그러하기에 믿으며, 믿음으로 살아가는 사람은 영광에 이르기까지 능력 위에 능력으로 전진할 것입니다. 영광에 들어간 이후에는 더 이상 믿음으로 살지 않을 것입니다. 왜냐하면 그분을 바라보는 일에 여념이 없을 것이기 때문입니다. 그곳에서 믿음과 소망은 끝이 나고, 완전한 사랑만이 영원토록 지속될 것입니다. 아멘.

33

구원 얻는 믿음의 표지들

믿음은 기독교의 영혼입니다. 누구든지 믿음에 대해 오류를 범한다면, 영원한 저주에 이를 것입니다. 수많은 사람들이 믿음에 관해 잘못된 개념을 가진 채 거짓 평안과 함께 멸망합니다. 또 어떤 이들은 참된 믿음을 소유하지 못했다는 두려움과 슬픔 속에서 자신들의 날들을 허비합니다. 반면 참된 신자들은 자신들의 길을 기쁘게 걸어갈 이유를 가지고 있습니다. 따라서 참된 믿음과 일시적 믿음을 가능한 한 가장 분명하게 구별해야만 합니다. 주님께서 저에게 이것을 분별할 수 있는 은혜와 능력을 베푸시기를 구합니다.

앞 장에서 우리는 믿음의 본질을 필요한 만큼 간략하게 살펴보았습니다. 그러나 자신을 검증하기 위해서는 더 상세한 설명과 적용이 필요합니다. 그래서 이번 장에서는 앞서 약속한 대로 이 주제를 더 광범위하게 다루겠습니다.

참된 믿음과 일시적인 믿음이 서로 너무나 흡사하여 거의 구별할 수 없으며 그저 정도와 기간이라는 측면에서만 다르다고 생각해서는 안 됩니다. 이 둘은 본질적으로 다릅니다. 이 둘의 차이는 죽음과 생명, 빛과 어둠의 차이에 비견될 만합니다. 다만 사람 자체와 이 믿음을 적용하는 과정에 나타나는 분별하는 방식 때문에 둘의 차이를 구별하기가 어렵습니다. 참된 신자는 다양한 사안들을 분별하도록 조명을 받습니다. 그래서 참된 믿음을 소유했다는 사실을 일시적인 신자보다 쉽게 확신할 수 있습니다. 일시적인 신자도 하나님의 말씀에 근거를 둘 뿐만 아니라, 하나님의 자녀들이 증언하고 기록한 것을 듣고 읽음으로써 믿음에 대해 강론할 수 있습니다. 그러나 그들은 구원 얻는 믿음의 참된 정수와 본질을 알지 못합니다.

이에 관해 좀 더 살펴보면서, 다음의 내용들을 논증해 보겠습니다.

- 자기 점검의 필요성
- 자기 점검과 관련하여 고려해야 할 여러 유형의 사람들
- 사람들의 마음을 편안하게 만들지만 결국 영원한 멸망으로 이끄는 잘못된 기초들
- 기원, 본질, 열매와 관련된 참된 믿음의 근본적인 성질(표지)

자기 점검의 필요성

이 글을 읽거나 듣는 여러분, 여러분은 자신이 어떤 신자라고 말합니까? 여러분은 참된 신자입니까, 아닙니까? 모든 것을 아시는 하나님께 답해 보십시오. 나아와 자신을 면밀히 살피고 검증해 보십시오.

첫째, 바로 이 시점에서 여러분은 하나님의 자녀 아니면 사탄의 자녀입니다. 동시에 둘 다일 수도, 중립적인 위치에 있을 수도 없습니다. 제3의 길은 없습니다. 여러분이 유력한 자이든 멸시받는 자이든, 복된 자이든 비참한 자이든 관계없이, 이 사실을 여러분의 마음에 새기십시오. 자신이 진정 누구인지를 검증하는 일은 노력할 만한 가치가 있지 않습니까? 이처럼 엄중한 사안에 대해 부주의해서야 되겠습니까? 이는 어리석은 처녀들의 행실과 같습니다. 우리는 그들의 마지막을 숙고해 보아야만 합니다.

둘째, 세례를 받고 교회에 출석하며 주의 만찬에 참여한다고 해서 모두 참된 신자는 아닙니다. 실제로 영원한 복락을 향한 여정 가운데 있는 참된 신자들은 극소

수의 사람들, 정말로 매우 적은 무리들에 불과합니다. 사람들이 개미들처럼 뒤섞여 있는 시장통이나 사람들로 꽉 찬 교회에서 여러분이 보는 무리들을 생각해 보십시오. 그들을 생각하면서 세례를 받았던 마술사 시몬(행 8:13 참고)과 예복을 준비하지 않고서 잔칫상에 앉은 손님(마 22:11 참고), 등에 기름을 채우지 않은 어리석은 처녀들(마 25:2 참고)을 숙고해 보십시오. 택함을 받은 사람은 많지 않습니다(마 20:16 참고). 오직 적은 무리만이 좁은 길을 찾고 좁은 문으로 들어갑니다. 반면, 많은 이들은 넓은 문을 통해 들어가 넓은 길로 들어서 영벌로 달려갑니다(마 7:13,14 참고). 이제 여러분 자신에게 주목해 봅시다. 여러분이 어떤 소망을 품고 있는지 자문해 보아야 하지 않겠습니까?

"주여 나는 아니지요"(마 26:22).

"랍비여 나는 아니지요"(마 26:25).

셋째, 자기를 점검하고 자신의 마음을 살피는 일에 태만한 것은 가장 해롭습니다. 그런 태만함은 사람을 태만의 늪에 빠뜨려 시간을 낭비하게 만듭니다. 은혜의 방편들을 쓸모없고도 무능한 것들로 만들어 버립니다. 또한 하나님의 모든 경고와 심판에 대해 마음을 강퍅하게 하고, 세상과 죄의 포로로 만듭니다. 이러한 태만은 참으로 천국의 문을 닫고 지옥의 문을 여는 열쇠입니다.

넷째, 자기를 점검하는 일은 매우 유익합니다. 이를 통해 사람은 마음속에 있는 악함을 지각합니다. 하나님의 보수하시는 공의를 깨닫습니다. 신자는 자기 점검을 통해 염려하고 두려워하며 당혹스러워합니다. 그리고 칭의와 성화를 위해 예수님께로 피하며, 마음이 진지해집니다. 그가 은혜와 빛과 생명과 믿음을 인식하게 된다면, 그 심령에 말로 다할 수 없는 기쁨과 강력한 효력을 일으킬 것입니다. 그러한 사람은 계속 새롭게 격려받습니다. 또한 기도할 자유를 더 얻게 되며, 영혼을 다루시는 하나님의 방식에 익숙해집니다. 자기를 점검하는 일은 그 사람의 심령을 기쁘게 하고, 그의 모든 행사에 성결한 영향을 끼칩니다.

"주를 향하여 이 소망을 가진 자마다 그의 깨끗하심과 같이 자기를 깨끗하게 하느니라"(요일 3:3).

다섯째, 게으르고 낙심하며 절망하여 자기 점검을 태만히 하면, 그 사람의 모든 위로와 기쁨을 빼앗기고 성장이 저해되며 하나님의 존영을 부인하게 됩니다. 그러므로 자주 자신을 점검하여 "시몬아 네가 나를 사랑하느냐?"(요 21:17)라는 질문에 답하십시오.

또한 자기 점검은 하나님의 분명한 명령입니다.

"우리가 스스로 우리의 행위들을 조사하고 여호와께로 돌아가자"(애 3:40).

"수치를 모르는 백성아 모일지어다 모일지어다"(습 2:1).[1)]

"너희는 믿음 안에 있는가 너희 자신을 시험하고 너희 자신을 확증하라. 예수 그리스도께서 너희 안에 계신 줄을 너희가 스스로 알지 못하느냐? 그렇지 않으면 너희는 버림받은 자니라"(고후 13:5).

하나님의 뜻과 명령에 순복하십시오. 그리하면 여러분이 형통할 것입니다.

여섯째, 자신의 영적 상태(하나님과 맺은 은혜언약 안에 있는지, 자신이 신자인지 여부)를 알 수 있습니다. 이러한 것을 알 수 없다고 여기면, 영적인 문제에 대한 진지한 관심이 줄어들 것입니다. 그러나 자신의 영적 상태를 알 수 있습니다. 신부는 예수님이 자신에게 속했음을 알았습니다.

"내 사랑하는 자는 내게 속하였고 나는 그에게 속하였도다"(아 2:16).

"내가 알기에는 나의 대속자가 살아 계시니"(욥 19:25).

"여호와는 네 구원자, 네 구속자, 야곱의 전능자인 줄 알리라"(사 60:16).

"내가 확신하노니"(롬 8:38).

"우리가 세상의 영을 받지 아니하고 오직 하나님으로부터 온 영을 받았으니 이는 우리로 하여금 하나님께서 우리에게 은혜로 주신 것들을 알게 하심이라"(고전 2:12).

"내가 그리스도와 함께 십자가에 못 박혔나니……사는 것이라"(갈 2:20).

이처럼 확신할 수 있다는 사실에 주목해야 합니다. 그러므로 확신을 얻고자 힘쓰십시오. 한편, 본성적인 사람이 자신이 거듭나지 않은 상태임을 확신할 수도 있

---

1) 영역주 - 스타턴퍼탈링의 번역을 문자적으로 직역하면 다음과 같다. "소원함이 없는 나라여, 가까이하여, 진실로 가까이하여 너 자신을 살필지어다(Search yourself closely, yea closely, O nation void of desire)."

습니다.

일곱째, 비록 성령의 은혜로 확신할 수 있다 하더라도, 모두가 그런 확신을 가지지는 않습니다. 자신이 천국에 들어가리라고 여기는 수많은 사람들이 지옥에 갈 것입니다. 반면, 자신이 천국에 이르지 못할까 봐 염려하던 많은 사람들이 천국에 들어갈 것입니다. 때로는 굳건한 사람들조차 쉽게 연약해져 흑암에 처할 수 있습니다.

"내가 형통할 때에 말하기를 영원히 흔들리지 아니하리라 하였도다. 여호와여 주의 은혜로 나를 산같이 굳게 세우셨더니 주의 얼굴을 가리시매 내가 근심하였나이다"(시 30:6,7).

은혜언약에 참여한 이들도 여전히 어둠이 많이 남아 있어서 충만한 빛과 생명을 이루는 것에 대해 분명히 인식하지 못할 수 있습니다. 그들은 자신과 분리하여 생각할 때는 그것이 무엇인지를 알고 다른 이들에게 분명히 설명할 수도 있지만, 자신 안에 있는 그러한 은혜를 살필 만큼 충만한 빛은 없습니다. 게다가 그들 안에 여전히 옛사람이 많이 남아 있어서(옛사람이 은혜와 공존할 수 있는지 의문스러워할 정도로 이 사실에 집중합니다) 소망과 두려움 사이를 오가면서 살아갑니다. 그리하여 그들은 이미 선함을 많이 가지고 있는데도 메말라 버리고 맙니다.

반면 어떤 이들은 자신에 대해 좋게 여기지만, 사실상 비참하게도 자신을 기만하는 것입니다.

"스스로 깨끗한 자로 여기면서도 자기의 더러운 것을 씻지 아니하는 무리가 있느니라"(잠 30:12).

그러므로 우리의 심령을 면밀히 살피고, 자신이 누구이며 어떤 상태인지를 스스로 점검해 보아야 한다는 사실을 숙고하십시오.

자기 점검과 관련하여 고려할 여러 유형의 사람들

이 주제를 다루는 데 도움이 되는 몇 가지 영적 체계를 설명하겠습니다. 이를 통해 여러분 자신이 어떠한 부류에 속하는지를 점검해 보십시오.

첫째, 어떤 사람들은 아무것도 알지 못하고 바라지도 않으며, 하나님, 천국과 지옥, 영혼, 언약, 중보자, 믿음이나 회심에 관해 묵상하거나 논하지 않습니다. 그들의 생각은 이 땅을 뛰어넘지 못합니다. 그들은 눈에 보이는 것 너머를 꿰뚫지 못하며, 눈에 보이지 않는 것에 관해서는 단 한 마디도 할 줄 모릅니다. 그들은 영혼이 영원한지, 천국과 지옥이 있는지를 죽은 후에야 알게 될 것입니다. 그러는 동안에 그들은 하나님께서 자신을 어디로 보내실지 그저 기다릴 뿐입니다. 자신들이 그 문제를 밝혀야 하는 것이 아니므로 하나님께 떠넘깁니다. 천국에 들어갈 특권을 가진 사람들은 부유해질 것입니다. 그러나 그렇지 않은 이들이 필연적으로 자기 자신에 대해 선한 소망을 품는 것은 얼마나 어리석은 모습인지요!

둘째, 어떤 이들은 자신이 경건하지 않고 세속적이며 거듭나지 않았다는 사실을 잘 압니다. 그들은 계속 그런 식으로 살다가는 구원받지 못하리라는 사실을 쉽게 인정합니다. 그러나 그들에게서는 격정적인 마음이나 슬픔의 흔적을 찾아볼 수 없을뿐더러, 자신들의 죄악된 생활을 청산하고 회심하고자 하는 진지한 결단도 볼 수 없습니다. 그들은 사탄에게 현혹되어 그의 소유가 된 자들입니다. 그들은 자신의 마음과 영적 상태에 주의를 기울이려고 하지 않습니다. 이미 그 결과를 너무나 뻔히 알기 때문입니다. 그들은 괜히 자기 영혼의 상태에 관심을 기울이다가 심란해하거나 근심하기를 원하지 않습니다. 그들은 슬픔에 관해 듣고 싶어하지 않습니다. 또한 강단에서나 개인적인 자리에서 자신들의 죄를 드러내는 목회자들의 '알아들을 수 없는 잔소리'도 듣고자 하지 않습니다. 이사야 30장 9-11절에서처럼 자신들을 훈계하는 사람들을 싫어합니다.

"대저 이는 패역한 백성이요 거짓말하는 자식들이요 여호와의 법을 듣기 싫어하는 자식들이라. 그들이 선견자들에게 이르기를 선견하지 말라. 선지자들에게 이르기를 우리에게 바른 것을 보이지 말라, 우리에게 부드러운 말을 하라, 거짓된 것을 보이라, 너희는 바른 길을 버리며 첩경에서 돌이키라, 이스라엘의 거룩하신 이를 우리 앞에서 떠나시게 하라 하는도다."

이러한 자들은 이미 스스로 정죄하였으며, 자신들의 마음과 입에서 낸 그것으로 심판을 받을 것입니다.

셋째, 어떤 사람들은 불경건하지는 않습니다. 좋은 성품을 지녔고, 온유하며, 겉으로 보면 신앙적입니다. 그러나 그들에게는 영적 생명이 없고, 성령이 내주하시지 않으며, 하나님과의 교제나 믿음이 없습니다. 그들은 그저 눈에 보이는 것을 위해 살아갈 뿐입니다. 그들은 자신에게 은혜가 없다는 것을 온전히 알지만, 그것을 별 문제 삼지 않습니다. 그들은 진지하게 염려하거나 근심하지 않습니다. 이따금 참되게 회개하려는 마음에 이끌리다가도 마음에 품은 죄로 인해 막힙니다. 그래서 말씀에 기록된 바 한숨을 지으며 세상의 것을 택하여 돌아간 젊은 관원처럼, 그러한 마음에서 떠납니다.

"근심하며 가니라"(마 19:22).

넷째, 어떤 사람들은 주 예수님을 알고서 세상의 오염에서 벗어나 한 걸음 더 가까이 나아갑니다(벧후 2:20 참고). 이들은 마가복음 6장 20절에 나오는 헤롯처럼, 경건한 자들과 친교하고 많은 일들을 활발히 행합니다. 그러나 자신의 영적 상태에 관한 궁극적인 결론에 도달하지 못합니다. 자신의 상태가 어떠한지를 알지 못한 채, 해결하지 않고 그대로 남겨 둡니다. 그들은 하나님을 경외하는 자에게 자신의 영적인 궁핍함에 관한 불평을 잔뜩 늘어놓으며, 자신이 거듭나지 않았을까 봐 매우 두렵다고 말하곤 합니다. 그러나 그들이 그렇게 하는 데는, 경건한 자들에게서 존경과 사랑과 동정을 얻으려는 목적이 숨겨져 있습니다. 누군가가 그들을 신실하게 대하여 그들이 거듭나지 않았고 여전히 본성적인 상태에 있는 것 같다고 과감하게 말하면, 그들은 마음이 상해 자신을 변호하고자 말하는 방식을 바꿉니다. 그리하여 그들은 다른 이들을 속이고, 자기 자신을 진정으로 살피는 일을 스스로 막습니다. 한편 이러한 자들 가운데는 일평생 죄에 대한 깨달음으로 근심하면서 염려하고 두려워하며 살아가는 이들도 있습니다. 그러나 그들도 여전히 성령과 생명이 없는 자로 머무릅니다.

다섯째, 어떤 사람들은 자신의 마음 상태에 관심을 아주 많이 기울입니다. 그들은 하나님과의 관계 안에 머무르는 한 모든 것이 괜찮다는 사실을 '알고' 있습니다.

그들은 대부분 틀림없이 구원받을 것입니다. 이에 관해 그들은 추호도 의심하지 않습니다. 모든 목회자들이 연합하더라도, 그들에게서 믿음과 확신을 빼앗아 가지 못할 것입니다.

그런데 이들이 가지고 있는 기초는 무엇입니까? 어떤 이는 기초가 전혀 없습니다. 또 다른 이들은 거짓된 기초를 의지합니다. 어떤 이들은 참된 기초를 의지하는 것처럼 보이지만, 부당하게도 그것을 자신의 것으로 삼습니다. 그리하여 자신을 기만합니다. 우리는 바로 이런 자들을 식별하고자 합니다. 또한 그리하여 그들이 은혜언약에 참여한 자들과는 다르다는 사실을 언약의 참된 참여자들에게 설명하려고 합니다.

여섯째, 어떤 사람들은 아무런 기초도 없이 자신에게 확신이 있다고 주장합니다. 그들은 대개 하나님, 중보자, 성령, 영적 생명에 무지합니다. 그들은 단지 지옥이 무서운 곳이며 자신이 그곳에 가기를 원하지 않는다는 사실을 알 뿐입니다. 그들은 그러한 실재를 못마땅해합니다. 그저 그러한 실재가 자신을 너무나 우울하게 만들기에 그곳에 갈 필요가 없다고 여깁니다. 죽고 나면 자신이 상상하는 대로 이른바 천국이라는 곳에 이르게 되리라고 생각합니다. 그렇게 확신하며 이 땅에서 계속 살아갑니다. 그러한 자들은 지옥의 가장자리에서 잠자는 것이며, 너무 늦게 깨어난 탓에 대개 지옥에서 눈을 뜨는 경우가 많습니다(눅 16:23 참고).

경건하지만 제한된 지식을 가진 많은 사람들은 실제로 하나님의 성령으로 인해 그들의 마음에 확신을 가지고 있지만, 그 근거를 설명하지 못합니다. 비록 다른 이들에게 자신의 확신을 설명하지는 못하더라도, 그들의 확신에는 근거가 있습니다. 그들은 자신의 확신을 누리며, 그리스도 안에서 하나님과 나누는 사귐을 알고 있습니다. 그래서 다른 이들이 표현하는 것을 깨닫고 경험할 수 있습니다. 이러한 사람들에 관해서는 이번 장의 결론 부분에서 더욱 상세히 다루겠습니다.

일곱째, 어떤 사람들은 거짓된 기초 위에서 스스로 확신하며, 본성적인 상태 가운데서 눈에 보이는 것을 위해 살아갑니다. 그들은 자신의 양심을 잠재우거나 스스로 정의하고 만들어 낸 은혜의 표지들을 들먹이면서 불안한 마음을 차단합니다.

그러한 표지들 중 주된 내용은 다음과 같습니다.

① "하나님은 은혜롭고 자비로우신 분이다. 그런데 그러한 분이 어떻게 자신의 피조물을 그토록 잔인하게 벌하실 수 있단 말인가? 더욱이 그들이 하나님께 자비를 간청하는데 말이다. 기도하는 자에게 주어지고, 두드리는 자에게 열릴 것이다."

이에 저는 이렇게 대답합니다. 다음의 사실을 기억하십시오.

"하나님이 참으로 이스라엘 중 마음이 정결한 자에게 선을 행하시나"(시 73:1).

"여호와의 얼굴은 악을 행하는 자를 향하사 그들의 자취를 땅에서 끊으려 하시는도다"(시 34:16).

하나님은 악인의 기도를 가증스러워하십니다. 또한 요한복음 9장 31절은 "하나님이 죄인의 말을 듣지 아니하시고"라고 기록합니다.

"너희가 많이 기도할지라도 내가 듣지 아니하리니"(사 1:15).

마태복음 25장에서는, 어리석은 처녀들이 문을 두드리며 불렀지만 들어가는 것을 허락받지 못했습니다. 잠언 1장 28절은 "그때에 너희가 나를 부르리라 그래도 내가 대답하지 아니하겠고"라고 진술합니다. 하나님의 은혜는 죄에 대한 형벌을 면제하는 데에 있지 않고, 대속의 보증을 선물로 주고 사람으로 하여금 믿음과 회개에 이르도록 하는 데에 있습니다.

② "그리스도는 우리 모두를 위해 죽으셨다. 우리에게 죄가 있다 하더라도 그분과 또다시 화목을 이룰 것이다."

이에 저는 이렇게 대답합니다. 그렇지 않습니다. 그리스도는 그분의 양에게 영생을 주십니다. 그러나 그분의 양이 아닌 자들도 있습니다(요 10:26,27 참고).

"순종하는 모든 자에게 영원한 구원의 근원이 되시고"(히 5:9).

만일 위에서 말한 전제가 사실이라면, 말씀에 기록된 바 주님의 왼편에 있는 염소들은 어떻게 정죄를 받을 수 있겠습니까?

③ "나는 그 정도로 불경건하게 살지 않는다. 세례를 받았으며, 주의 만찬에 참여하고 있다. 교회에 부지런히 출석하고, 올바르게 교제한다. 누구를 저주하거나 당을 짓지 않으며, 자랑하지 않는다. 하나님의 말씀을 읽고 기도한다. 이런 내게 더

이상 무엇을 요구한단 말인가? 이렇게 해도 구원받을 수 없다면, 도대체 누가 구원받을 수 있겠는가? 그렇다면 많은 사람들이 천국 밖에 머물 것이다."

이에 저는 이렇게 대답합니다. 왜 일주일에 두 번 금식하는 것, 자기 모든 소유의 십일조를 드리는 것, 다른 사람들과 같지 않음으로 인해 하나님께 감사하는 것 등은 덧붙이지 않습니까?(눅 18:11,12 참고) 이러한 수천의 사람들이 지옥에 있으며, 수천의 사람들이 지옥에 이르게 될 것입니다. 저는 여러분에게 분명히 말합니다. 이와 같은 기초 위에 선다면, 여러분도 지옥에 내려가고 말 것입니다. 그러므로 너무 늦기 전에 회개하십시오.

"내가 너희에게 이르노니 너희 의가 서기관과 바리새인보다 더 낫지 못하면 결코 천국에 들어가지 못하리라"(마 5:20).

"누구든지 온 율법을 지키다가 그 하나를 범하면 모두 범한 자가 되나니"(약 2:10).

"누구든지 율법 책에 기록된 대로 모든 일을 항상 행하지 아니하는 자는 저주 아래에 있는 자라 하였음이라"(갈 3:10).

④ "하나님은 내게 풍성한 복을 주셨다. 이것이 그분께서 나를 사랑하신다는 증거라고 생각한다."

이에 저는 이렇게 대답합니다.

"어찌하여 악인이 생존하고 장수하며 세력이 강하냐?"(욥 21:7)

"주께서 참으로 그들을 미끄러운 곳에 두시며"(시 73:18).

"미련한 자의 안일은 자기를 멸망시키려니와"(잠 1:32).

부자가 이생에서 좋은 것들을 받지 않았습니까? 그러나 그의 마지막은 지옥이었습니다(눅 16:25 참고).

⑤ "하나님은 나를 징계하시고, 나의 삶에는 수많은 슬픔과 고난이 있다. 나는 하나님이 사랑하는 자를 징계하신다고 믿는다. 나는 이후의 삶에서 고난받지 않기 위해 이 땅에서 고난을 많이 당해야 한다."

이에 저는 이렇게 대답합니다. 하나님은 자녀들이 그분의 거룩함에 참여할 수 있도록 그들을 징계하십니다. 반면 불경건한 자들을 진노 가운데 벌하십니다.

"내 하나님의 말씀에 악인에게는 평강이 없다 하셨느니라"(사 57:21).

경건하지 않은 자들의 비참함이 종종 영원한 형벌의 시작이기도 합니다. 그러하기에 외적인 환난으로부터 하나님의 사랑을 추론하는 것은 우리가 의도한 바와는 거리가 멉니다.

따라서 우리가 알 수 있는 대로, 이러한 것들은 모두 자신의 영적 상태에 대해 결론 내리거나 구원받았다고 스스로 생각할 만한 근거가 되지 않습니다. 만일 여러분이 이러한 기초들을 의지해 왔다면, 스스로를 기만해 온 셈입니다. 그러므로 잠자는 자들이여, 깨어나십시오. 죽은 자들 가운데서 일어나십시오.

여덟째, 어떤 사람들은 비록 합당하고 올바른 은혜의 표지를 붙들기는 하지만, 자신들 안에서 그런 내용들을 발견하지 못합니다. 그런데도 그들은 그것들을 합당하지 않게 자기 것으로 취하면서 스스로를 기만합니다. 그들이 일반적으로 가정하는 은혜의 표지들은 죄에 대한 슬픔과 거듭나기 위한 해산의 고통, 주 예수 그리스도를 믿는 믿음과 거기서 나오는 신령한 기쁨, 회개, 거룩한 삶 등입니다.

우선 그러한 자들에 대해 다음과 같이 말할 수 있습니다.

① 그들은 자신을 진지하게 점검하지 않습니다. 스스로를 기만하고 있지는 않은지 염려하며 기도한 다윗과는 달리, 진실하고자 힘쓰지도 않고 하나님의 임재로 나아오지도 않습니다.

"하나님이여 나를 살피사 내 마음을 아시며 나를 시험하사 내 뜻을 아옵소서. 내게 무슨 악한 행위가 있나 보시고 나를 영원한 길로 인도하소서"(시 139:23,24).

결코 자신을 의심할 엄두도 내지 못하면서, 자신의 영적 상태를 검증하려는 마음은 재빨리 지워 버립니다. 반면, 자신에게서 선해 보이는 것들이 어렴풋이나마 감지되면 스스로를 괜찮게 여깁니다. 또한 거리낌 없이 자신의 심령 상태를 실제보다 뛰어나게 말합니다. 그들은 자신의 상태와는 분리시킨 채로 문제들에 집중하고, 자신의 심령을 전혀 숙고하지 않은 채로 그러한 주제들을 열정적으로 논의하는 것에 익숙합니다. 그러나 마음이 정직한 사람들은 일반적으로 내적 근심을 수없이 겪습니다.

② 그들이 세우려는 기초, 곧 자신의 영적 상태를 검증하는 방식에 걸맞은 기초는 그저 피상적이고 거짓됩니다. 그들의 슬픔과 믿음, 성화는 마음이 아니라 일반적인 지적인 개념에서 비롯됩니다. 또한 자신을 겉으로 드러내는 것이며, 본성적인 기질의 열매일 뿐입니다. 이와 마찬가지로 그들의 근심과 애통함과 소원 역시 표면적입니다. 그들은 믿음, 소망, 사랑 및 그 밖의 본질적인 특성들에 관해 생각하고 말하면서 자신을 내세웁니다. 또한 다른 사람의 실패나 영적인 결핍들에 대해 불평하고, 교회의 상태를 논합니다. 일반적으로 외적인 것들과 관련된 이런 문제들을 통해 그 무엇보다도 자기 자신을 강하게 드러내고자 합니다. 그들은 영적 주제들에 관해 심각하게 이야기하기를 즐깁니다.

반면 참된 신자들은 이러한 주제들을 그들의 마음속으로 분별하고 경험하는 것을 목적으로 삼습니다. 그들은 하나님께 소원을 두고, 눈과 마음을 그분께 집중시킵니다. 영적인 문제야말로 그들을 하나님께로 이끄는 주제가 됩니다. 참된 신자들은 이런 영적인 문제가 아닌 데서는 아무런 기쁨도 얻지 못합니다. 그들은 그들을 하나님께로 이끌지 못하는 것으로는 만족할 수 없기 때문입니다.

③ 일시적인 신자들은 자기 자신을 진지하게 검증하지 않습니다. 또한 다른 사람들에게 드러나는 것도 원하지 않습니다. 그리고 강단에서 제시되는 은혜의 말씀들을 자신에게 적용하지 않습니다. 그들은 그것들에 주의하지 않으며, 설령 주의를 기울이더라도 그저 다른 이들에게 그 내용을 제시하려고 배울 뿐입니다. 그리하여 다른 이들에게서 지혜와 영성과 연륜에 대한 존경을 얻으려는 것입니다. 그들은 다른 사람들을 염두에 둘 때에라야 비로소 주목합니다. 그러한 주제들을 다른 사람들에게 적용하며, 그들이 이것을 마음에 새겨야 한다고 생각합니다. 이를 통해 자신의 생각의 틀을 점점 더 견고히 하고, 그 자신에게는 더욱 주의를 기울이지 않게 됩니다. 그런데 누군가가 이런 일시적인 신자들을 개인적으로 진지하게 다루어 그들이 더는 자신을 감출 수 없도록 들추어내면, 그들은 언짢아하며 할 수 있는 한 맹렬히 자신을 변호하려 듭니다. 그리고 정직한 자들이 누리는 사랑과 영예를 폄하하려 애씁니다. 이러한 사람들은 넓은 길로 걸으면서도 경건하다는 명성

을 유지한 채 지혜롭다는 인상을 선명하게 심어 줄 수 있겠지만, 결국 다른 사람들의 사랑과 존경을 얻으려는 목적에 이끌렸던 다른 사람들과 마찬가지로 옳은 길을 너무나 쉽게 떠나고 말 것입니다.

반면 하나님을 참되게 경외하는 사람들은 자신들의 상태가 드러나기를 갈망합니다. 자신의 실패와 영혼의 죄악된 상태가 밝히 드러나는 것이 그들에게 가장 가치 있는 일입니다. 그들은 그렇게 드러나는 일이 때때로 처음에 육신적인 저항을 받기도 한다는 것을 압니다. 그런데도 그로 인해 기뻐합니다.

"의인이 나를 칠지라도 은혜로 여기며 책망할지라도 머리의 기름같이 여겨서"(시 141:5).

이처럼 자신의 실패와 영혼의 죄악된 상태가 드러남으로써 하나님께서 그들 안에 두신 그분의 은혜로 말미암아 영광 받으신다는 사실을 알게 되면, 그들은 이를 기뻐할 뿐만 아니라 가장 달콤한 방식으로 하나님께 이끌릴 것입니다. 그들은 자신 안에 믿음과 사랑이 다시 살아나며 더욱 경건하게 살고자 결심하게 된다는 사실을 인식합니다.

"주를 향하여 이 소망을 가진 자마다 그의 깨끗하심과 같이 자기를 깨끗하게 하느니라"(요일 3:3).

지금까지 일반적인 서론을 진술하였습니다. 이제 각각의 영적 기초에 초점을 맞추어 봅시다. 이를 통해 일시적인 신자와 참된 신자를 더욱 분명히 분별할 수 있을 것입니다.

참된 믿음의 올바른 영적 표지

죄에 대한 슬픔

첫 번째는 죄에 대한 슬픔입니다. 일시적인 신자는 이렇게 생각합니다. "성경은 '애통하는 자는 복이 있나니'(마 5:4)라고 말한다. 하나님은 통회하고 마음이 겸손한 자에게 거하시며, 통회하는 자의 마음을 소생시키신다(사 57:15 참고). 나는 죄를 범하면 슬프고 마음이 불안하다. 나는 이러한 갈등과 번민을 많이 경험했다. 따라서 나는 나 자신이 하나님의 자녀요 은혜언약에 포함된 신자라고 생각한다."

이에 대해 저는 다음과 같이 대답합니다. 사람이 경험하는 모든 슬픔이 영적인 빛과 생명에서 비롯되는 것은 아니며, 따라서 모든 종류의 슬픔이 올바른 것, 곧 구원과 위로의 약속으로 이어지는 것은 아닙니다. 바울은 경건한 슬픔과 세상적인 슬픔에 관해 말합니다.

"하나님의 뜻대로 하는 근심은 후회할 것이 없는 구원에 이르게 하는 회개를 이루는 것이요 세상 근심은 사망을 이루는 것이니라"(고후 7:10).

또한 사울의 사례를 숙고해 보십시오.

"사울이 이르되 내 아들 다윗아 이것이 네 목소리냐 하고 소리를 높여 울며, 다윗에게 이르되 나는 너를 학대하되 너는 나를 선대하니 너는 나보다 의롭도다……여호와께서 네게 선으로 갚으시기를 원하노라"(삼상 24:16,17,19).

"사울이 이르되 내가 범죄하였도다. 내 아들 다윗아 돌아오라. 네가 오늘 내 생명을 귀하게 여겼은즉 내가 다시는 너를 해하려 하지 아니하리라"(삼상 26:21).

사울은 스스로를 고소하면서 자신의 범죄를 고백하고 울며, 자신을 책망하는 사람에게 하나님의 복을 빕니다. 그러나 여전히 사울의 모습이 그대로 남아 있다는 사실에 주의하십시오. 마찬가지로 아합을 생각해 보십시오.

"아합이 이 모든 말씀을 들을 때에 그의 옷을 찢고 굵은 베로 몸을 동이고 금식하고 굵은 베에 누우며 또 풀이 죽어 다니더라"(왕상 21:27).

아합이 얼마나 크게 슬퍼하며, 슬픔에 압도되어 금식하였는지를 보십시오. 에서는 장자의 복을 잃어버리고 나서 슬퍼하며 회개할 기회를 구하지 않았습니까? 그는, 야곱에게 행한 축복을 취소하고 대신 자신을 축복해 달라고 눈물로 아버지를 설득하려고 애썼습니다(히 12:17 참고). 유다도 후회하지 않았습니까?(마 27:3 참고) 여러분은 이러한 것들이 외적이고 모양만 있는 것이라고 생각합니까? 저는 그들이 대부분 분명 진심으로 행동했으리라고 생각합니다.

혹시 여러분은 단 한 번 울면서 기도했다고 하여 영혼에 위로와 평화를 얻을 수 있으리라 생각합니까? 사울도 울었습니다. 복음을 전하는 목회자의 지도를 받으면서 살아가는 본성적이고도 경건하지 않은 사람도 양심에 당혹감과 근심이 닥치면 울면서 기도하기도 합니다. 울다 보면 고통이 어느 정도 완화되는 것을 느끼는데, 이는 육체적으로 울음 자체가 내면의 근심을 덜어 주기 때문입니다. 교황주의자들도 고해성사를 한 후에 놀라운 평화를 경험하는데, 이는 그들이 완전히 죄 사함을 받았다고 믿기 때문입니다. 슬픔 가운데 겸비하여 자신의 죄를 고백하는 사람도 그러합니다. 그는 하나님께서 자신의 눈물을 보고 기도를 들으셨다고 여기며, 따라서 자기 죄를 용서받았다고 믿습니다. 또는 평안을 더 많이 얻고자 또 다른 겉치레들로 자기 자신을 달래며, 이제 모든 일이 형통하게 되기를 바랍니다.

그러므로 앞서 진술한 바를 보건대, 슬픔과 울음이 여러분의 영적 상태를 진단하는 토대가 될 수 없음을 분명히 알아야 합니다. 결정적으로 중요한 것은, 슬픔의 원인과 이러한 슬픔을 경험하는 방식, 그리고 슬픔과 관련된 영혼의 영적 구조 같은 것입니다.

거듭나지 않은 사람들이 슬퍼하는 이유는 다음과 같습니다. 어떤 이들은 선천적으로 우울한 성향을 타고났으며, 우울증 때문에 슬퍼합니다. 이러한 사람들은 우울함의 원인과는 관계없이 구원이나 죄와 같은 영적인 문제들을 다룰 때에 슬퍼하며 의기소침해합니다. 그들은 슬퍼하는 이유를 대지 못하며, 그러한 슬픔에서 빠져나오려고 애쓰지도 않습니다. 이를 통해 그들을 분별할 수 있습니다. 그들은 자신의 우울한 상태가 일시적으로라도 풀리지 않으면 그 상태에 계속 머물러 있습니다. 그러다가 아무런 이유도 없이 흥분하여 말을 지나치게 많이 하거나 뚜렷한 이유도 없이 즐거워하는 등 또 다른 극단으로 오락가락합니다. 대부분의 삶을 두려움 속에서 지내다가도 이러한 극단적인 모습에서 자신의 구원을 확신하려 합니다.

어떤 사람들은 영벌을 두려워하여 슬퍼합니다. 그러한 자들은 양심이 활발해져서 죄악된 생활, 하나님의 공의, 공포스러운 영벌에 주목합니다. 그것으로 근심하여 잠을 이루지 못한 채 고통을 호소하며 울부짖습니다. 그러한 때에는 그들이 확신을 갖지 못합니다. 그런데 어떤 이들은 그 일이 지난 후에, 그 경험을 거듭나기 위한 해산의 고통이라 여기고, 회심하여 싸움에서 이겼으며 그로 인해 평화를 얻게 되었다는 증거로 삼으려 할 것입니다. 그러나 그것이 참된 회개와 믿음에서 비롯된 결과가 아니라면, 여러분이 겪는 두려움과 떨림은 벨릭스가 두려워 떨었던 것과 다르지 않습니다(행 24:25 참고). 그것은 귀신들이 떠는 것과도 같습니다(약 2:19 참고). 따라서 그러한 두려움을 여러분의 영적 상태를 진단하는 토대로 삼는 것은, 스스로를 기만하는 것과 같습니다.

어떤 사람들은 그저 목회자의 극적인 동작이나 권고하는 방식에 영향을 받으며, 그로 인해 다른 이들이 고무되는 것을 보고서 감동을 받아 웁니다. 또한 마음이 무거워져서 울기도 합니다. 느헤미야의 때에 바로 그러했습니다.

"백성이 율법의 말씀을 듣고 다 우는지라"(느 8:9).

어떤 사람들은 죄를 범하여 사람들에게서 망신거리가 되거나, 상실을 경험하여 궁핍과 고난에 처하게 되거나, 하나님의 보응하심을 두려워하여 슬퍼합니다. 이런 것은 내적으로 많은 번민을 일으키며, 구원에 대한 상념을 불러오기도 합니다.

어떤 사람들은 죄의 강도와 관련하여 죄를 비추어 보면서 슬퍼합니다. 그것은 민감한 양심을 무시하고, 훌륭하게 양육을 받은 바에 반하여, 본성의 빛을 거슬러 저지른 죄들로, 곧 자신을 괴롭히는 모든 죄들입니다. 만일 다른 사람이 연루되었다면, 그들은 남을 고통스럽게 한 것 때문에 슬퍼할 것입니다. 자기 아버지를 살해한 사람이 항상 죄책감을 느끼는 것도 바로 그런 경우입니다. 이는 성격상 더 가벼운 죄에서도 경험될 수 있습니다.

그러므로 이러한 슬픔을 근거로 하여 자신이 은혜의 상태에 있다고 결론 내리는 것은 잘못입니다. 왜냐하면 이교도들조차 그들의 양심에 슬픔과 가책을 경험하기 때문입니다(롬 2:14,15 참고).

얼마나 당혹스러워하고 슬퍼하는지를 기준으로 자신의 영적 상태를 판단하는 사람은, 자신의 경험이 앞에서 설명한 바와 일치하는지를 깊이 생각해 보아야 합니다. 저는 여러분이 깨어나기를 촉구합니다. 지금까지 증명한 바와 같이, 여러분이 스스로를 기만하고 있기 때문입니다.

여러분이 더욱 잘 깨달을 수 있도록, 시온에서 애통하는 자들에게 그들이 소유한 은혜를 전하는 동시에, 오직 하나님의 자녀들에게서만 발견되는 슬픔의 원인과 특징을 살펴보겠습니다. 앞에서 슬픔에 관해 언급한 내용들이 하나님을 참으로 경외하는 자들에게서도 발견된다는 점을 미리 밝힙니다.

첫째, 참된 슬픔은 죄 자체와 관련됩니다. 즉, 경건한 자들은 죄악된 행위를 넘어서 죄 자체를 본다는 말입니다. 그들은 하나님의 임재로 나아가 하나님의 면전에서 애통합니다. 그들은 피조물과 창조주의 관계를 거스름으로써 하나님의 선하심과 거룩하심에 반하여 죄를 지었다는 사실을 자각합니다. 그리고 하나님께 마땅히 드려야 할 경외와 사랑과 순종을 거슬러 행동하였다는 것도 깨닫습니다. 비록 그들이 슬픔 가운데서 이러한 문제들을 분명히 구별할 수 없다 하더라도, 그들의 마음 안에 그와 같은 실재가 발견됩니다. 이것이 그들을 몹시 슬프게 하고, 그들의 마음을 부드럽게 만듭니다. 때로는 자신이 하나님의 자녀로 받아들여졌다는 것을 확신하거나 믿을 수 없다 하더라도, 그들은 하나님을 은밀하게 사모합니다. 그들은 하나님을 대적하여 범죄하였다는 사실로 말미암아 괴로워합니다. 자신을 벌하는 것이 하나님께서 기뻐하시는 뜻이라고 해도, 그분의 공의로우심에 묵묵히 동의합니다. 그들의 마음은 그 형벌을 무거운 징계로 경험합니다.

"내가 주께만 범죄하여 주의 목전에 악을 행하였사오니 주께서 말씀하실 때에 의로우시다 하고 주께서 심판하실 때에 순전하시다 하리이다"(시 51:4).

둘째, 참된 슬픔은 죄악된 행위와 심각한 죄뿐만 아니라 사소한 죄, 의무에 태만한 것, 거룩한 동기 없는 의무 수행, 자신의 의지에 반하는 음탕하고도 헛되며 죄악된 생각들과 관련됩니다. 참된 슬픔은 참으로 우리의 죄악된 본성, 사악함, 우유부단함, 앞으로도 전혀 진보할 수 없는 무능함과 관련됩니다. 죄를 범했을 때에 자신의 안팎이 전적으로 죄악되다고 여기며, 그로 인해 당혹스러워하고 슬퍼하면서 절규합니다.

"내가 죄악 중에서 출생하였음이여 어머니가 죄 중에서 나를 잉태하였나이다"(시 51:5).

"내 속 곧 내 육신에 선한 것이 거하지 아니하는 줄을 아노니……오호라 나는 곤고한 사람이로다"(롬 7:18, 24).

셋째, 참된 슬픔은 하나님과의 교제가 없는 것과 이 교제를 향한 열망과 관련됩니다. 신자의 슬픔은 참으로 죄로 말미암지만, 이 죄를 뛰어넘기도 합니다. 영혼은 종종 특정한 죄를 지각하지 못하더라도 슬퍼하곤 합니다. 여러분이 만일 "여자여 어찌하여 우는가"(요 20:15 참고)라고 영혼에게 묻는다면, 그 마음은 이렇게 답할 것입니다. "주님이 계시지 않기 때문입니다. 주님과 너무나 멀어져 버렸고, 주님께서 내게서 자신을 감추셨기 때문입니다. 나는 이런 상태로는 살 수 없습니다. 내 안에 너무나 깊은 어둠과 죄가 가득합니다. 오, 내가 이전의 날들과 같았더라면! 어찌하여 주님이 내게서 그 얼굴을 감추셔서 나를 슬프게 만드실까요? 오, 내 마음이 더욱 한결같이 그분을 향하고 더욱 힘써 인내하고 기도하며 더욱 그분을 친밀하게 경외하였더라면!"

"주께서 어느 때나 내게 임하시겠나이까?"(시 101:2)

"이로 말미암아 내가 우니 내 눈에 눈물이 물같이 흘러내림이여 나를 위로하여 내 생명을 회복시켜 줄 자가 멀리 떠났음이로다"(애 1:16).

"내 영혼이 하나님 곧 살아 계시는 하나님을 갈망하나니"(시 42:2).

넷째, 참된 슬픔은 본질상 더욱 강렬해지고 영적인 경향을 띱니다. 일시적인 신자의 슬픔은 쉽게 사라질 것입니다. 왜냐하면 그러한 슬픔이 단지 여러 행위나 염려하게 된 특정한 순간과만 관련되기 때문입니다. 일시적인 신자는 주의를 다른 데로 돌리거나, 그 상황에 적합한 성경 말씀을 들이대거나, 시간이 흘러 슬픔이 약해지는 식으로 슬픔을 회피하려 합니다. 반면, 참된 신자들은 자신의 마음이 완악하고 무감각한 것을 한탄하며 애통해합니다. 그들은 진정으로 통회하고 죄와 자신을 향한 하나님의 진노를 깨닫기를, 그리하여 재 가운데서 참으로 겸비할 수 있기를 바랍니다. 그들은 자신 안에서 그러한 것들을 감지하지 못하면 슬퍼하며 고통을 토로합니다.

"여호와여 어찌하여 우리로 주의 길에서 떠나게 하시며 우리의 마음을 완고하게 하사 주를 경외하지 않게 하시나이까?"(사 63:17)

그러나 그들은 그저 슬퍼하는 데에 만족하지 않고, 슬픔을 넘어서 영적으로 진보하기를 갈망합니다. 그로써 하나님 앞에서 자신들이 더러운 의복을 입었음을 발견하기 원합니다(슥 3:3 참고). 그들은 주님의 얼굴 앞에서 수치로 가득 채워지기를 바라면서, 감히 눈을 들거나 가까이 나아가려 하지 않습니다. 누가복음 18장 13절에 나오는 세리처럼, 멀리 서서 다음과 같이 고백할 뿐입니다.

"나의 하나님이여 내가 부끄럽고 낯이 뜨거워서 감히 나의 하나님을 향하여 얼굴을 들지 못하오니 이는 우리 죄악이 많아 정수리에 넘치고 우리 허물이 커서 하늘에 미침이니이다"(스 9:6).

그들은 탕자처럼 주님의 얼굴 앞에서 자격 없는 자로 주저앉기를 원합니다(눅 15:19 참고). 복음적인 슬픔을 열망합니다. 곧 사랑의 눈물로 녹아내리며, 그 사랑으로 말미암아 죄를 슬퍼하기를 원합니다. 그들은 하나님의 의롭게 하심을 바라고 징계하시는 주님의 손에 잠잠히 복종하며 이렇게 말합니다.

"내가 여호와께 범죄하였으니 그의 진노를 당하려니와"(미 7:9).

그들은 노예가 아닌 자녀로서 애통하며 하나님의 은혜를 의지하고자 소원합니다. 그들은 하나님과 화목하게 되리라는 소망과 그리스도 안에 있는 양심의 평화를 깨닫기 전에는 이러한 애통을 멈출 수 없으며, 멈추지도 않을 것입니다.

다섯째, 참된 슬픔은 회개를 일으킵니다.

"하나님의 뜻대로 하는 근심은 후회할 것이 없는 구원에 이르게 하는 회개를 이루는 것이요"(고후 7:10).

참된 신자들이 즉시 죄에 대해 승리하고 다시는 동일한 죄에 빠지지 않는다는 말이 아닙니다. 이 슬픔 때문에 죄를 더욱 미워하게 된다는 뜻입니다. 그들은 하나님의 임재 앞에서 죄와 싸우겠노라고 신실하게 결단하고는, 지속적으로 죄와 싸웁니다. 그리하여 영혼에 거룩한 성향을 얻게 됩니다.

이러한 사실들이 여러분 안에서 발견되지 않는다면 여러분의 슬픔이 올바르지 않다고 확신해도 좋습니다. 여러분은 결코 거듭나기 위해 해산의 고통을 경험한 것이 아닙니다. 거짓된 슬픔을 여러분이 새로워졌다는 증거로 취하지 마십시오. 오히려 이를 통해 여러분 자신이 여전히 본성적인 상태에 있다는 사실을 확증하십시오.

만일 앞서 말한 것들이 여러분에게서 진정으로 발견된다면, 이 은혜를 거부하거나 가볍게 여기지 마십시오. 비록 그것들을 여러분이 이전에 경험했거나 다른 이들이 경험한 만큼, 또는 여러분이 원하는 만큼 지금 당장 소유하지는 못한다 하더라도, 하나님께서 여러분에게 생명을 허락하셨다고 확신할 수는 있습니다. 그러나 참된 슬픔이 발견되는 곳에서는 이어지는 두 가지 은혜의 표지들이 나타날 것입니다.

믿음의 행사

일시적인 신자요 언약에 주제넘게 참여한 자들과는 달리, 참된 신자요 은혜언약에 참여한 자의 두 번째 표지는 믿음 자체에 기인합니다. 믿음이야말로 언약의 참된 참여자요 구원을 상속받은 자의 분명한 표지입니다. 그러나 믿음을 소유하였다고 생각하는 모든 사람이 구원 얻는 참된 믿음을 소유한 것은 아닙니다. 이와 관련하여 모든 사람들을 검증하기 위해서는, 무엇보다 일시적인 신자의 영적 체계를 진술한 후에 참된 신자의 영적 체계를 살펴보아야 합니다.

먼저, 자신에게 참된 믿음이 있다고 확신하면서 전혀 의심하거나 염려하지 않는 사람들에게 말하겠습니다. 여러분에게 정말로 믿음이 있습니까? 혹시 스스로를 기만하고 있지는 않습니까? 애석하게도 사람들이 이러한 문제와 관련해 자신을 기만할 수 있다는 점에 대해 심각한 마음으로 생각해 보십시오. 명목상의 믿음이 다 참된 믿음은 아니기 때문입니다. 우리는 아그립바가 선지자를 믿었다고 하면서도 여전히 이교도였다는 사실을 봅니다(행 26:27 참고). 귀신들도 믿습니다(약 2:19 참고). 마술사 시몬도 믿는다고 했지만, 구원 문제와 관련하여 아무런 분깃도 가지지 못했습니다(행 8:13,21,23 참고). 돌밭에 심긴 자들도 신자라고 불렸지만, 그들의 믿음은 일시적인 것에 불과했습니다(눅 8:13 참고). 이처럼 우리는 이름뿐인 믿음을 가진 것으로 자신을 달래는 일이 얼마나 위험한지를 깨닫습니다. 그러하기에 우리는 자신이 참된 믿음을 소유했는지, 거짓되고도 가식적인 믿음을 소유했는지를 면밀히 점검해야 합니다.

첫째, 역사적 믿음이나 일시적 믿음을 소유한 주제넘은 자들도 하나님과 그리스도, 성경과 영적인 문제들에 관해 어느 정도 알고 있습니다. 그러나 그들은 마음이 가진 지식과는 분리하여, 자신이 가진 약간의 지식을 가지고 이러한 주제들을 형식적으로 숙고합니다. 그러한 내용들은 결코 그들의 마음에 실재가 되지 못하며, 어떠한 인상도 주지 못합니다. 그들의 마음에서 성경의 진리는 진리가 아닙니다. 그들의 마음의 묵상은 그들의 생각과 염려, 소원과 활동 등에 영향력을 행사하지 않습니다. 그들은 주의 형상을 따라 변화되고 싶어하지 않습니다(고후 3:18 참고). 그들은 이러한 주제들을 호화로운 궁전이나 왕자의 정원 같은 것으로 생각할 것입니다. 자신의 모습을 잊어버린 채 이러한 생각을 즐기지만, 그것을 소유하려는 생각도, 관심도, 소원도 없으며, 그 일에 힘을 쏟으려 하지도 않습니다. 그들은 자신이 그것을 소유했는지 여부에 관심을 두지 않으며, 그것을 중요하게 생각하지도 않습니다.

둘째, 자신들에게 믿음이 있다고 가정하는 사람들은 하나님이 존재하며 그리스도가 구주이고, 그리스도 안에서 구원을 얻으며 그리스도 밖에는 정죄가 뒤따르리라는 사실을 (크고 작은 차이는 있지만) 확신하고, 이러한 진리들을 자각하면서 믿습니다. 어떤 이들은 단지 이러한 진리들과 유사한 것들을 어느 정도 확신할 뿐이면서도 이를 떠벌리거나 방자하게 말합니다. 어떤 사람들은 이러한 진리의 실재를 지나치게 확신한 나머지, 그것을 위해 죽으려고까지 합니다. 스스로가 믿음의 주제들에 관해 자주 숙고하고 논의한다는 이유로 자신이 구원에 참여하였다고 단정 짓습니다. 자신이 이러한 내용을 굳건하게 믿고 확신한다는 것입니다. 그러나 그들은 또다시 자신의 마음을 간과합니다. 믿음으로 그리스도를 영접하고 그분이 마음에 내주하시기를 구하며 전적으로 진실하게 순복하고자 하나님과 진지하고도 솔직한 관계를 맺으려 하지는 않습니다. 그들의 마음은 여전히 돌과 같습니다(마 13:20 참고). 그러나 그들은 외면적으로 이 진리들을 믿고 확신하므로 그것들이 자신에게 내적 실재요, 따라서 자신이 참된 신자라고 결론 내리며, 또 그렇게 생각합니다.

셋째, 일시적인 신자들은 자신이 신자이며 기쁨과 즐거움을 소유하였다는 것을 마음속으로 분명히 확증합니다. 그러나 자신의 믿음을 증명하는 것은 자신의 영이거나 악한 영에 불과합니다. 그는 자신이 만들어 낸 것을 기쁘게 여기거나, 자신이 묵상한 영적인 내용의 탁월함으로 인해 기뻐할 뿐입니다.

일시적인 신자는 겉으로 보이는 것에만 관심을 둘 뿐, 자신에 관해 거의 숙고하지 않습니다. 진리를 지각하고 믿음으로 자신에 관해 숙고한다 하더라도, 자신에 관해 의심하거나 스스로를 점검하려 들지는 않습니다. 자신의 영적 상태를 의심하는 것을 죄로 여깁니다. 모든 일이 형통하다는 이유로 스스로를 참된 신자로 인식합니다. 그는 이러한 것들과 그것들의 가치(preciousness)를 숙고하며, 믿습니다. 그러니 그가 그것들을 기꺼이 선택하려 하지 않겠습니까? 그는 그렇게 생각합니다. 그는 약속들에 관해 생각합니다. 그러나 그 약속이 주어진 자들의 자격을 고려하지는 못합니다. 그래서 그 자신의 영이 스스로를 하나님의 자녀로 증언하는 것입니다.

때때로 사탄은 매우 기만적으로 일합니다! 일시적인 신자의 상상을 자극하여, 그가 하늘의 신령한 기쁨을 경험했다고 착각하게 만듭니다. 그러나 그것은 그 실체나 하나님과의 교제가 없는 감각적인 자극에 불과합니다. 그 마음에 겸손함과 하나님을 향한 사랑이 없습니다. 기껏해야 영적인 신비와 하나님의 자녀가 누리는 부요함을 관념적으로 조금 알 뿐입니다. 이는 마치 스바의 여왕이 솔로몬의 지혜와 부를 보고 거의 정신을 잃을 뻔했지만 정작 그 부요함에 참여하지는 않은 것과 같습니다.

일시적인 신자도 용감하게 여정을 지속합니다. 그러나 믿음이 흔들리지 않도록 분투하거나 씨름하지는 않습니다. 확신을 가지고는 있습니다. 그런데도 때때로 진리 앞에 마주선 양심의 소리를 들으려 하지 않으며, 결국 그 소리를 잠잠하게 만듭니다.

이처럼 일시적인 신자들이 가진 믿음이란 그저 백일몽이나 상상에 불과합니다. 그런 믿음은 단지 진리와 영적 보화들을 바라보기만 하고, 자신에게 주어지지 않은 약속들을 기뻐할 뿐입니다. 그러한 믿음은 자신의 마음을 살피지 않으며, 하나님이나 그리스도와 진실되고도 간절한 교통을 나누지 않습니다. 일시적인 믿음은 지적인 변덕이요 망상이 일구어 낸 허구이며, 본질상 피상적이고도 주제넘은 것입니다. 그 마음은 올곧지 않으며, 진리에 뿌리내리지 않습니다. 그렇다고 하여 일시적인 신자들이 보고 생각하며 행하는 모든 것들이 본질적으로 위선적이며 더 나은 지식에 대항하여 행해진다는 말은 아닙니다. 실제로 그들은 자신 안에 진리가 있으며 자신의 영적 상태가 틀림없이 괜찮다고 생각합니다. 그들은 스스로를 기만하고 있습니다. 그들은 꿈을 꾸고 있으면서도 스스로 깨어 있다고 여깁니다. 그러나 사실 그들은 깨어날 수 없는 상태에 있습니다. 일시적인 신자들의 상태를 다음의 말씀이 잘 보여 줍니다.

"돌밭에 뿌려졌다는 것은 말씀을 듣고 즉시 기쁨으로 받되, 그 속에 뿌리가 없어 잠시 견디다가 말씀으로 말미암아 환난이나 박해가 일어날 때에는 곧 넘어지는 자요"(마 13:20,21).

"한 번 빛을 받고 하늘의 은사를 맛보고 성령에 참여한 바 되고, 하나님의 선한 말씀과 내세의 능력을 맛보고도 타락한 자들은 다시 새롭게 하여 회개하게 할 수 없나니, 이는 그들이 하나님의 아들을 다시 십자가에 못 박아 드러내 놓고 욕되게 함이라"(히 6:4-6).

다음으로, 참된 신자와 일시적인 신자를 온전히 분별하기 위해, 앞서 말한 바들을 참된 신자들의 영적 체계와 대조해 보겠습니다. 하나는 참된 구원의 은혜와 관련되며, 다른 하나는 상상으로 얻어 낸 것과 관련됩니다. 참된 신자들에게서는 다음과 같은 것들이 나타납니다.

첫째, 참된 신자는 믿음을 통해 마음으로 주 예수님을 모십니다. 이들은 교리적인 사안이나 구원의 은택에 관한 상념에 빠져 있기보다는, 믿음으로 예수님을 받아들입니다. 샘으로 나아와 하나님과 그리스도와 관계를 맺습니다. 그분께로 돌이키며, 그분을 갈망하고 사모하며, 그분을 영접하고 의지하며, 그분께 순복하고 그분과 연합하기를 바랍니다. 이 모든 것을 믿음으로 행합니다. 이들은 앞 장에서 설명한 믿음의 행위를 실천하기를 원하며, 그리스도와의 연합 가운데 거하기를 의식적으로 구합니다. 그들의 영적 활동이 약해지거나 강해지기도 하지만, 하나님과 그리스도를 언제나 그들의 영적 활동의 중심에 둡니다. 성경도 이것을 증언합니다.

"영접하는 자"(요 1:12).

"하나님을 믿으니 또 나를 믿으라"(요 14:1).

그들은 마음에 주 예수님을 영접합니다. 그들의 활동은 외적이거나 지적인 성격을 띠지 않으며, 마음에서 비롯됩니다. 그들은 마음으로 애통하고 사모하며 믿고 순복합니다. 또한 그 마음에 결핍된 것을 깨달아 압니다. 자신의 마음 상태를 점검하며, 그러한 마음의 체계 가운데 주 예수님을 모시기를 힘써 구합니다. 마음으로부터 나오지 않는 것은 무엇이든 아무런 가치가 없는 것으로 여깁니다. 그들은 그러한 것 때문에 슬퍼하며, 그러한 것에서는 아무 기쁨도 찾지 못합니다.

"사람이 마음으로 믿어 의에 이르고"(롬 10:10).

"믿음으로 말미암아 그리스도께서 너희 마음에 계시게 하시옵고"(엡 3:17).

그들은 천 번까지는 아니더라도 몇 번이고 믿음으로 주 예수님을 모십니다. 그들은 마땅한 만큼 주저함 없이 충분한 이해와 진실함으로 주님을 영접하지 못했다고 생각합니다. 게다가 언제나 전심으로 그렇게 하지 못했다고 여깁니다. 이처럼 그들은 주님을 모셔 들이는 것을 날마다 양식으로 삼으며, 그 결과 계속 반복하여 주님을 모십니다. 이는 은혜언약에 포함되기 위함이 아니라 그리스도와 더욱 친밀하게 연합하기 위함입니다. 그들은 날마다 그렇게 행하는 데에 실패하는 탓에, 그리스도가 없이는 하나님께로 나아갈 수 없음을 깨닫습니다. 안식과 내적 평화에 대한 갈망이 그들을 유일한 평화이신 그리스도께로 지속적으로 이끕니다. 그러나 이 모든 것은 사랑으로 대치되며, 이 사랑이 또한 그들을 그리스도께로 이끕니다.

그들도 어둠과 영적인 황폐함, 갈등, 믿음의 무기력함 등을 겪습니다. 그럴 때면 그들은 그리스도 밖에서는 어떠한 회복도 없기에, 믿음을 거듭 새롭게 행사하여 몇 번이고 그리스도께로 돌이켜 그분께 꼭 들러붙습니다. 사람이 숨을 쉬지 못하면 죽듯이, 신자의 영적 생명은 그리스도(그의 생명이 되시는)를 계속해서 모시는 데 달려 있습니다. 그러므로 신자는 믿음으로 마음을 그리스도께 드리고 그분을 자기 마음에 모시지 못하면 죽고 맙니다. 특히 시편과 아가서는 이처럼 그리스도를 믿고 모시는 것에 대해 반복하여 이야기합니다.

일시적인 신자와 참된 신자의 극명한 차이를 주의하여 보십시오. 어떤 사람은 자기 마음의 영역 밖에서만 신자로서 활동하며, 이런 내용들에 관해서는 단지 사색하는 데 머뭅니다. 그는 외적인 열정으로 행하며, 그저 상상으로만 변화를 경험할 뿐입니다. 반면 참된 신자는 마음으로 행합니다. 그는 예수님과 교제하며 그분을 지속적으로 모시는 데서 힘과 생명을 얻습니다.

둘째, 참된 신자는 그리스도가 자신에게 매우 귀한 존재임을 알고 인정합니다. 그들은 그리스도를 통해 받는 탁월한 은택(모든 악에서 건짐을 받고 진정한 의미에서 구원에 참여한 자가 되는 것)뿐만 아니라 시온의 딸들의 존귀함과 예수님께 참여한 자들이 받는 복된 분깃을 아는 까닭에 이렇게 고백합니다.

"여호와를 자기 하나님으로 삼은 나라 곧 하나님의 기업으로 선택된 백성은 복이 있도다"(시 33:12).

일시적인 신자들도 이를 인식할 수 있지만, 참된 신자들과는 다르게 판단합니다. 그러나 참된 신자들에게 그리스도는 존귀한 분이며, 따라서 그들은 그분을 경험하여 즐거워하기를 원합니다.

"그러므로 믿는 너희에게는 보배이나"(벧전 2:7).

그들은 반드시 개인적인 관계를 통해 그리스도를 자신의 보증이요 중보자로 소유하여야 합니다. 그들은 하나님이 그리스도 안에서 자신을 구원하신다는 사실에 담긴 지혜와 선하심과 공의와 진리를 매우 많이 지각합니다. 다른 길을 원하지 않으며, 이 길만을 온 맘으로 받아들입니다. 그리스도는 그들에게 너무나 고귀하고 영화로우며 사모할 만한 분이십니다. 또한 그리스도를 즐거워하는 것이 너무나 달콤하고 보배로운 나머지, 다른 모든 것은 그리스도와 비교할 때 가치를 잃습니다. 비록 자신이 그리스도께 참여했는지를 알지 못한다 하더라도, 주님은 여전히 그들에게 놀랍도록 보배로우신 분입니다! 그리스도께서 자신이 그들의 분깃이 되시고 그들이 그리스도를 소유하는 것을 기뻐하신다면, 그 영혼은 얼마나 활력을 얻겠습니까! 예수님의 존귀함이 시선과 마음과 손을 그분께로 이끕니다. 일단 그분을 즐거워하게 되면, 그들은 이내 그들이 발견한 보배가 얼마나 귀한지를 깨닫습니다. 그분을 잃어버리거나 놓치지 않도록 그분께 붙어 있는 것이 그들의 주된 관심사입니다. 그들은 예수님의 위엄과 존귀함을 주제로 대화하며, 그분을 존귀히 여기는 사람을 전심으로 보배롭게 여길 것입니다. 그들 자신이 예수님을 존귀하신 분으로 여기기 때문입니다.

셋째, 참된 신자는 예수님을 온 맘 다해 믿음으로 영접하기를 주저하지 않습니다. 또한 그리스도로 말미암아 하나님께로 나아가기 위하여 그분의 기쁘신 뜻대로 조건 없이 주님께 순복합니다.

일시적인 신자들은 예수님과 더불어 참되고도 진실한 마음으로 관계를 맺는 데에 이방인이며, 따라서 충만하고도 완전하신 예수님을 소원하지 않습니다. 그들도 예수님을 하나님과 화목하게 하는 대제사장으로 소유하고자 하며, 그래서 예수님이 자신을 위해 기도하고 구원하시기를 원합니다. 그러나 예수님께서 자신의 선지자가 되시는 것을 원하지는 않습니다. 그분에게서 가르침을 얻고, 자기 마음의 부패함이 드러나 겸손해지며, 이 세상에 속한 모든 것과 눈에 좋아 보이는 것들을 경멸하는 법을 배우려 하지 않습니다. 비록 겉으로는 성경 지식, 그 지식 자체를 원한다고 하지만, 하나님께 더 가까이 나아가 자기 영혼이 하나님의 형상으로 변화되는 것을 배우려 하지는 않습니다. 그들이 지식에 매료되는 것은 자신이 식견을 갖춘 유식한 사람으로 존중받기 위함입니다. 일시적인 신자들은 자기 사랑으로 가득 채워져 있는 까닭에 자기 자신을 추구합니다.

그들은 예수님을 왕으로 모시려 하지 않으며, 자신의 생각과 동기와 행동이 그분의 뜻에 따라 다스려지기를 원하지 않습니다. 자신을 다스려 달라고 넌지시 기도하기는 하지만, 공허한 문구에 불과합니다. 그들의 마음은 영향을 받지 않은 채 머물러 있습니다. 다만 자신이 참여한 무리에게는 그분이 왕이 되시기를 원합니다. 주님께서 자신들과 함께 거하며 자신들을 보호하고 존귀하게 하신다는 사실을 알고 싶어합니다. 이는 자신들을 그리스도의 교회의 영광에 참여한 자로 드러내 보이기 위함입니다. 이와 같이 그들은 진심으로 그리스도께 순복하지 않습니다.

반면 참된 신자는 전심으로 그리스도를 자신의 선지자요 제사장이요 왕으로 영접합니다. 주님의 어느 직분을 가장 원하는지를 정할 수 없습니다. 비록 그들이 처한 특정한 상황 때문에 어떤 때에는 이 직분이, 다른 때에는 다른 직분이 부각되겠지만, 그들은 이 직분들을 나눠서 생각하지 못합니다. 세 직분 모두가 자신의 구원에 필수적임을 아는 까닭에 이 직분들을 서로 분리할 수 없는 것입니다. 그들은 "나를……교훈하소서"(시 25:5), "내 눈을 열어서"(시 119:18)라고 기도합니다. 또한 그들은 "그 안에서 발견되려 함이니 내가 가진 의는 율법에서 난 것이 아니요 오직 그리스도를 믿음으로 말미암은 것이니"(빌 3:9)라고 소원합니다. 그들은 예수 그리스도의 피가 자신을 모든 죄에서 깨끗하게 하고(요일 1:7 참고), 주님께서 자신을 위해 중보하시기를(롬 8:34 참고) 소원합니다. 그들은 예수님께서 자신의 마음에 왕이 되어 그분을 대적하는 모든 것들을 굴복시키고 제거하고 그분 앞에 복종시키시기를 소원합니다. 그들은, 하나님께로부터 나와서 "지혜와 의로움과 거룩함과 구원함"(고전 1:30)이 되신 주님을 믿음으로 영접합니다.

참된 신자는 오직 그리스도만을 그들에게 유일한 분이요 모든 것을 만족하게 하시는 분깃으로 영접합니다. 그리고 이것을 막는 모든 것을 자원하여 기꺼이 무조건 내버립니다. 그들에게 그리스도는 모든 것 가운데 모든 것이 되셔야만 합니다. 비록 지금은 이것을 온전히 경험하지 못한다 하더라도, 오직 그분만이 그들에게 충족한 분이 되신다는 사실을 압니다. 그들은 그리스도가 아닌 다른 것을 의지하는 것을 슬퍼하며, 그것으로부터 건짐 받고자 예수님께로 피합니다. 자신의 진실한 마음의 성향을 아삽과 같이 고백하기도 합니다.

"하늘에서는 주 외에 누가 내게 있으리요 땅에서는 주밖에 내가 사모할 이 없나이다"(시 73:25).

또한 빌립보서 3장 8절에 나오는 바울의 고백에 함께합니다.

"또한 모든 것을 해로 여김은 내 주 그리스도 예수를 아는 지식이 가장 고상하기 때문이라. 내가 그를 위하여 모든 것을 잃어버리고 배설물로 여김은 그리스도를 얻고."

그들은 주님의 뜻을 이루기 위해 기쁠 때나 슬플 때나 즐거울 때나 밝을 때나 어두울 때나 그분과 함께 견디며 망설이지 않고 그분께 순복합니다. 그러므로 주님께서 그들을 인도하고 능하게 하며 강하게 하실 것입니다. 그들은 주님의 인도하심에 온전히 복종하여 다볼산뿐만 아니라 골고다에도 나아갈 것입니다. 주님께서 그들에게서 멀리 떨어지시지만 않는다면, 그들은 그분이 세상에 속한 것들에서 기쁨을 찾는 모든 이유들을 없애시고 모든 괴로움을 허락하시는 것마저도 바랄 것입니다. 그리하여 고독함과 고요함 가운데 주님께 더 가까이 나아가기를 원할 것입니다. 그런데 만일 주님께서 그들로부터 그분의 분명한 임재를 거두어 가시기를 기뻐하시고 그것이 그분의 영예에 합당하다면, 그들은 눈물을 머금고 여기에도 순복할 것입니다. 설령 주님께서 그들을 지나치시고, 참으로 그들을 지옥을 통과시켜 천국으로 이끄신다 하더라도, 그들은 순복할 것입니다. 이와 같이 참된 신자는 예수님을 영접하며, 그리하여 주님께 다시금 온전히 순복합니다.

넷째, 참된 신자는 단지 그러한 목적을 위해 믿음으로 주 예수님을 영접하는 것에 만족하지 않습니다. 그들의 마음은 예수님께 고정되어 있어서, 실제로 그리스도 안에서 하나님께 참여하여 그분과 사귐을 누리지 않으면 어떠한 행복도 맛보지 못합니다. 그들의 기쁨과 슬픔은 주님과 얼마나 멀고 가까운지에 달려 있습니다.

일시적인 신자는 교리 자체에만 관심을 기울입니다. 그들은 교리에 관해 사유하고 논쟁함으로써 경건한 자들 가운데서 존경과 존중을 받고 왕성하게 교제하게 되는 것으로 기뻐합니다. 그럴 때에 자신이 탁월한 자로 여겨지고 존경받기 때문입니다.

반면 참된 신자들은 하나님께 초점을 맞춥니다. 주님께서 그들에게 보배가 되시므로, 그들의 마음은 늘 거기에 있습니다. 그들은 주님께서 가까이 계시는지 멀리 계시는지를 즉각 알아차립니다. 주님께서 그분의 얼굴을 가리실 때에 그 영혼은 기쁨을 잃어버립니다. 성도들이 그러하듯이, 그 영혼은 애통해하고 괴로워하며 만족하지 못하고 근심하며 억눌립니다.

"내 사랑하는 자가 문틈으로 손을 들이밀매 내 마음이 움직여서"(아 5:4).

"내 영혼아 네가 어찌하여 낙심하며 어찌하여 내 속에서 불안해하는가?"(시 42:5)

"주께서 영원히 버리실까, 다시는 은혜를 베풀지 아니하실까, 그의 인자하심은 영원히 끝났는가, 그의 약속하심도 영구히 폐하였는가, 하나님이 그가 베푸실 은혜를 잊으셨는가, 노하심으로 그가 베푸실 긍휼을 그치셨는가 하였나이다"(시 77:7-9).

"나의 괴로운 날에 주의 얼굴을 내게서 숨기지 마소서……내 마음이 풀같이 시들고 말라 버렸사오며……나는 광야의 올빼미 같고 황폐한 곳의 부엉이같이 되었사오며 내가 밤을 새우니 지붕 위의 외로운 참새 같으니이다……나는 재를 양식같이 먹으며 나는 눈물 섞인 물을 마셨나이다"(시 102:2,4,6,7,9).

또한 그들은 여호와께서 함께하지 않겠다고 말씀하시자 만족하지 못했던 모세와 같은 자들입니다. 하나님께서 모세에게 "내가 친히 가리라. 내가 너를 쉬게 하리라"(출 33:14,15)라고 말씀하시자, 모세는 "주께서 친히 가지 아니하시려거든 우리를 이곳에서 올려 보내지 마옵소서"(출 33:15)라고 응답하였습니다.

주님께서 멀리 떠나 계실 때, 참된 신자는 그분의 임재를 갈망합니다. 그들은 주님과 분리될 때에 무기력해지고 쇠약해집니다.

"내게 입맞추기를 원하니"(아 1:2).

"나의 영혼이 주의 구원을 사모하기에 피곤하오나 나는 주의 말씀을 바라나이다. 나의 말이 주께서 언제나 나를 안위하실까 하면서 내 눈이 주의 말씀을 바라기에 피곤하니이다"(시 119:81,82).

그러나 주님께서 멀리 계실지라도, 그들은 인내하며 결코 포기하지 않습니다. 비록 이따금 낙심하더라도, 그들은 계속 싸워 나갑니다. 히스기야처럼 그저 하늘을 향해 눈을 들 수밖에 없다 하더라도, 그들은 계속 하나님을 구합니다.

"나는 제비같이, 학같이 지저귀며 비둘기같이 슬피 울며 내 눈이 쇠하도록 앙망하나이다. 여호와여 내가 압제를 받사오니 나의 중보가 되옵소서"(사 38:14).

그들은 선지자와 동일하게 고백합니다.

"하늘에 계시는 주여 내가 눈을 들어 주께 향하나이다"(시 123:1).

신부가 바로 이와 같이 말합니다.

"내가 밤에 침상에서 마음으로 사랑하는 자를 찾았노라 찾아도 찾아내지 못하였노라.

이에 내가 일어나서……마음에 사랑하는 자를 거리에서나 큰길에서나 찾으리라 하고 찾으나 만나지 못하였노라"(아 3:1,2).

주님께서 참된 신자들로 하여금 그분을 발견하도록 기꺼이 허락하실 때, 먹구름을 흩으실 때, 자신의 사랑을 그들에게 보이며 인자하심으로 그 마음에 말씀하실 때, 그들의 이름을 부르실 때, 이 모든 슬픔이 사라집니다. 그러나 이후에 그들은 자신들의 불신앙과 낙심과 반항해 왔던 모습으로 인해 괴로워합니다. 그런 다음 신부처럼 즐거워합니다.

"남자들 중에 나의 사랑하는 자는 수풀 가운데 사과나무 같구나. 내가 그 그늘에 앉아서 심히 기뻐하였고 그 열매는 내 입에 달았도다. 그가 나를 인도하여 잔칫집에 들어갔으니 그 사랑은 내 위에 깃발이로구나"(아 2:3,4).

그때 그들은 만족하여 이렇게 고백하며 잠잠히 달콤하게 안식할 수 있습니다.

"내 심령에 이르기를 여호와는 나의 기업이시니 그러므로 내가 그를 바라리라 하도다"(애 3:24).

"하나님께 가까이함이 내게 복이라 내가 주 여호와를 나의 피난처로 삼아 주의 모든 행적을 전파하리이다"(시 73:28).

주님께서 장래에 자신을 인도하실 것에 온전히 만족해하며 고요한 확신 속에서 "주의 교훈으로 나를 인도하시고 후에는 영광으로 나를 영접하시리니"(시 73:24)라고 말하며 주님께 순복합니다. 그러므로 그들은 주님을 즐거워하고 기뻐함으로써 힘을 얻습니다(느 8:10 참고). 설령 주님과의 교제를 감각적으로 경험하여 누리지 못한다 하더라도, 그들의 믿음은 견고하여 즐거워할 수 있습니다.

"예수를 너희가 보지 못하였으나 사랑하는도다. 이제도 보지 못하나 믿고 말할 수 없는 영광스러운 즐거움으로 기뻐하니"(벧전 1:8).

이러한 기쁨은 앞서 언급한 바 일시적인 신자들이 경험하는 어렴풋한 기쁨과는 매우 다릅니다. 참된 기쁨은 다음과 같습니다.

① 하나님과 그분과의 연합, 그 영혼이 하나님과 화목하게 되어 주님의 임재 안에 거하는 것을 기뻐합니다.

"내 마음이 하나님 내 구주를 기뻐하였음은"(눅 1:47).

"주 안에서 항상 기뻐하라"(빌 4:4).

② 주님의 임재 가운데 영혼이 겸비해지는 것을 기뻐합니다. 마리아는 자신의 기쁨을 표현하면서 이렇게 말했습니다.

"그의 여종의 비천함을 돌보셨음이라"(눅 1:48).

③ 영혼이 사랑 안에서 하나님과 더욱 친밀하게 연합되는 것을 기뻐합니다. 다윗은 기뻐하면서 이렇게 말했습니다.

"여호와는 나의 반석이시요 나의 요새시요 나를 건지시는 이시요 나의 하나님이시요 내가 그 안에 피할 나의 바위시요"(시 18:2).

"나의 힘이신 여호와여 내가 주를 사랑하나이다"(시 18:1).

"여호와께서 내 음성과 내 간구를 들으시므로 내가 그를 사랑하는도다"(시 116:1).

④ 영혼이 하나님이 아닌 모든 것에서 멀어지고, 하나님의 뜻을 자발적으로 활기차게 행하면서 거룩함 가운데 자라 가는 것을 기뻐합니다.

"주께서 내 마음을 넓히시면 내가 주의 계명들의 길로 달려가리이다"(시 119:32).

특히 거룩함은 은혜의 세 번째 표지로서, 이에 관해 더 숙고해 보겠습니다.

거룩한 삶

거룩함이 없는 믿음은 존재하지 않습니다. 믿음은 마음을 정결하게 하고 선한 일을 행하게 만들기 때문입니다. 그러므로 거룩함을 드러내지 않는 자는 참된 신자가 아닙니다. 여전히 본성적인 상태에 머물러 있는 모든 사람들, 곧 오만과 교만, 방탕함, 술 취함, 음란, 불의, 거짓과 기만, 미움과 시기 가운데 경건하지 않게 살아가는 이들은 진정한 믿음을 소유했다고 할 수 없습니다. 그들은 원하는 대로 반박하겠지만, 우리는 그들에게 이렇게 선언합니다.

"너희가 육신대로 살면 반드시 죽을 것이로되"(롬 8:13).

바울은 그러한 자들에게 다음과 같이 말합니다.

"내가 여러 번 너희에게 말하였거니와 이제도 눈물을 흘리며 말하노니 여러 사람들이 그리스도의 십자가의 원수로 행하느니라. 그들의 마침은 멸망이요 그들의 신은 배요 그 영광은 그들의 부끄러움에 있고 땅의 일을 생각하는 자라"(빌 3:18,19).

그들에게 더는 해 줄 말이 없습니다.

그런데 일시적인 신자들은 이처럼 과도한 죄를 짓지 않도록 스스로를 억누르며 거룩함의 영역에서 자기 자신을 기만합니다. 그들은 자신이 거듭났으며 거룩해졌다고 여기며, 이를 바탕으로 자신의 영적 상태에 관해 결론 내립니다. 그러나 그들의 거룩함은 본질상 참되지 않습니다. 반면, 참으로 거룩해진 자들은 자기 죄를 지각하면서 자신이 참된 신자요 은혜언약에 참여한 자인지를 심히 근심합니다. 자신이 거룩해지지 않았을까 봐 두려워하기 때문입니다.

이를 분별하기 위해 먼저 유사한 거룩함을 살펴본 다음, 참된 거룩함을 숙고해 보겠습니다.

첫째, 일시적인 신자들은 비난받지 않도록 처신할 수 있습니다. 공공연히 불경건하게 사는 자들을 멀리할 수도 있고, 세속적인 사람들이 탐닉하는 죄들을 피할 수도 있습니다. 그들과 세상 사이에는 매우 분명하고도 주목할 만한 차이가 있습니다. 그래서 어떤 사람은 "그러한 사람은 세속적이지 않다"라고 말하기도 합니다.

"만일 그들이 우리 주 되신 구주 예수 그리스도를 앎으로 세상의 더러움을 피한 후에 다시 그중에 얽매이고 지면 그 나중 형편이 처음보다 더 심하리니"(벧후 2:20).

실제로 이교도였던 아비멜렉은 다윗이 넘어진 죄에 빠지지 않고 견고히 서 있었습니다(창 20:3; 삼하 11:10 참고).

둘째, 그들은 악에서 자신을 지킬 뿐만 아니라, 여러 가지 덕을 뛰어나게 행합니다. 종교적인 영역에서 부지런하고 헌신적이며, 안식일을 철저히 지키고, 영적인 주제로 자주 열심히 논하며, 자신의 열정이나 약함으로 눈물을 흘리면서 기도하고, 특히 성도들과 함께 기도할 때 더욱 그리합니다. 아나니아와 삽비라와 가룟 유다처럼, 이들은 경건한 자들과 함께합니다. 헤롯이나 마술사 시몬처럼, 이들은 능력 있는 설교자를 좋아합니다. 수수하게 차려입고 다른 이들을 기꺼이 섬기려 합니다. 역경 속에서 인내하고, 부당하게 대우받을 때에도 견디며, 관대하게 도움을 베풀고, 적당하게 먹고 마시며, 덕스러운 사람들을 향해 사랑을 드러냅니다. 한마디로 말해, 그들은 경건한 사람들이 삼가는 모든 죄를 피하고, 경건한 자들의 모든 미덕을 행할 수 있습니다. 바리새인들이 바로 그러했습니다.

"열심으로는……율법의 의로는 흠이 없는 자라"(빌 3:6).

퀘이커교도들은 말할 것도 없고 이교도들이 사는 모습에서도 그런 점이 분명히 드러납니다.

셋째, 일시적인 신자들은 겉으로는 거룩하게 행할 수 있습니다. 뿐만 아니라 자신이 잘못되지 않았으며 덕스럽고도 진실된 자라는 사실을 신경 쓰면서 영혼의 생각과 활동을 평가할 수도 있습니다. 따라서 그들의 행동은 위선적인 것이 아니라 마음에서 비롯된 것이기는 합니다. 다만 그 마음이란 그들이 겉으로 행동하는 방식과 일치하는 내적인 마음입니다. 바울은 (회심하기 이전에) 조상 때부터 섬기던 하나님을 자신이 어떻게 깨끗한 양심으로 섬겼는지를 진술합니다(딤후 1:3 참고). 퀘이커교도들도 이에 대한 증거를 제시하며, 이교도들 역시 그들의 저술들을 통해 이를 증언합니다. 날마다 '오늘 하루 바로잡은 악은 무엇인가? 어떠한 죄에 대항하였는가? 오늘은 이전보다 얼마나 더 나아졌는가?' 하고 잠잠히 생각하며 하루를 돌아보는 이교도도 있습니다.

어떤 세속 작가는 "자신의 마음에 일어나는 생각들에 주의하지 않는 자는 성공하지 못할 것이다"라고 말합니다. 또 어떤 사람은 "덕스러운 사람은 남들에게 보이기 위해서가 아니라 그것이 선하기 때문에 행한다는 사실을 모르는가? 그의 행동이 그에게 무슨 유익을 가져다주는가? 덕스러운 사람에게 자신의 행동이 덕스럽고 정직하다는 것 외에 더 나은 유익을 생각할 수 있겠는가?"라고 말합니다. 어떤 사람은 "하나님께서 네게 가까이 계시며 너와 함께 네 안에 계신다. 따라서 '성령께서 우리 안에 계시며, 우리가 선하거나 악한 날에 예의 주시하고 계신다. 그분은 우리가 그를 대하는 것과 동일하게 우리를 대하신다.' 하나님께서 자신을 바라보고 계시는 것처럼 사람 앞에서 살라"라고 말합니다.

일시적인 신자들은 덕을 사랑하는 마음과 하나님을 섬기려는 소원이 동기가 되어 이 모든 것을 행할 수 있습니다. 어느 옛 시에서는 "미덕의 사람들은 덕을 사랑하여 죄를 미워하나, 악한 사람들은 형벌을 두려워하여 죄를 미워한다"(*Oderunt peccare*, etc.)라고 읊습니다. 바울은 사도행전 26장 9절에서 회심하기 이전의 자신에 대해 "나도 나사렛 예수의 이름을 대적하여 많은 일을 행하여야 될 줄 스스로 생각하고"라고 말했습니다.

"때가 이르면 무릇 너희를 죽이는 자가 생각하기를 이것이 하나님을 섬기는 일이라 하리라"(요 16:2).

이것이야말로 모든 우상숭배자들이 자신의 종교 활동을 두고 생각하는 바가 아닙니까?

이 모든 것을 볼 때, 우리는 본성적인 사람도 죄를 삼가고 덕을 행하는 데 많은 진보를 이룰 수 있다는 사실을 알 수 있습니다. 앞서 진술한 내용을 토대로 할 때, 그가 자신을 신자요 은혜언약에 참여하였으며 거듭났다고 스스로 확신할 수는 없습니다.

그러나 우리는 사람이 본성적인 상태에서 외적 조명을 통해 이러한 진보를 이룰 수 있다 하더라도, 실제로 그 정도까지 진보하는 사람은 거의 없다는 사실을 분명히 알아야 합니다. 설령 그러한 사람이 단 한 명이라도 있다 하더라도, 아니 그런 사람은 없지만 그럴 가능성만이라도 있다 하더라도, 그것은 사람이 자신을 회심한 자로 간주할 만한 증거가 되지 못합니다. 일시적인 신자는 대개 자신의 명예를 바라거나 사람들에게 드러나고자 하는 소원, 순수하지 않은 다른 동기들에 따라 행동합니다. 우리는 일시적인 신자들이 일반적으로 이 정도까지 나아가지는 않는다고 확신합니다. 하나님은 그들 자신이 알고 있는 진리에 불순종한 것으로 인해 그들을 심판하실 것입니다. 그들은 야심에 차 명예와 존경, 사랑과 동정을 구합니다. 어떤 사람은 관대함으로, 또 다른 사람은 겸손함으로, 곧 자신이 더 손쉽게 여기는 방법으로 그러한 것들을 얻고자 할 것입니다. 처음에는 양심이 그 행위가 적절하지 않다고 경고합니다. 그러나 그들은 자신의 의도가 올바르다고 스스로를 납득시킵니다. 또는 오랫동안 자신의 행동이 올바르다고 생각하고 그렇게 간주해 왔습니다. 따라서 그들은 자신의 양심을 침묵시키고 처음 품었던 동기와 목적을 고려하지 않은 채, "여호와를 위한 나의 열심을 보라"(왕하 10:16)라고 말합니다. 또한 일시적인 신자들은 대부분 생명의 좁은 길을 불편해합니다. 만일 자신이 목적하는 바를 더 자유롭게 성취할 수만 있다면, 그들은 돌이켜 내적인 거룩함의 길에서 떠날 것입니다. 특히 영광과 명예뿐만 아니라 쾌락을 더 많이 주는 동시에 근심을 덜어 준다면, 더욱 그리할 것입니다. 참으로 경건함이 수치스러운 것으로 취급되고 경건한 자들이 멸시와 박해를 받는다면, 일시적인 신자들은 그들의 길에서 벗어나 쉽사리 가장 잔혹한 핍박자로 돌변할 것입니다. 네덜란드에는 "모든 변절자는 이전에 맺었던 친밀한 관계를 증오한다"라는 속담이 있습니다. 주님은 마태복음 13장 21절에서 다음과 같이 증언하십니다.

"그 속에 뿌리가 없어 잠시 견디다가 말씀으로 말미암아 환난이나 박해가 일어날 때에는 곧 넘어지는 자요"

여기에서 독자들은 다음과 같이 물을 수도 있습니다. "이교도나 퀘이커교도나 일시적인 신자의 행함에도 버림받는다면, 도대체 누가 구원을 받을 수 있다는 말인가? 한 사람에게 더 이상 무엇을 기대할 수 있다는 말인가? 참된 신자는 이 모든 것들을 뛰어넘는 무언가를 소유한다는 말인가?"

이에 대해 저는 다음과 같이 대답합니다. 만일 여러분이 겉으로 드러나는 것만을 고려한다면, 그들이 경건한 자들보다 여러 면에서 뛰어날 수도 있습니다. 그러나 경건한 자들은 일시적인 신자들에게 있는 가장 인상적인 것조차도 비교되지 않는 탁월한 무언가를 가집니다. 그것은 바로 '성령과 생명'입니다. 살아 있는 개가 죽은 사자보다 낫지 않습니까? 비록 불구자라 하더라도 살아 있는 사람이 금으로 정교하게 주조된 조형물보다 좋지 않습니까? 생명의 가장 사소한 움직임마저도 시계가 작동하면서 내는 소리나 울림보다 좋지 않습니까? 분명 "그렇다"라고 대답할 것입니다. 그와 마찬가지입니다. 일시적인 신자들에게는 성령과 생명이 없으나, 참된 신자들에게는 그것들이 있습니다. 그러하기에 일시적인 신자의 모든 행위는 과녁을 벗어난 것입니다. 반면 참된 신자의 행위는 그렇지 않습니다. 성령과 생명이 반드시 있어야만 합니다. 그렇지 않으면 모든 것이 헛됩니다.

"너희가 육신대로 살면 반드시 죽을 것이로되 영으로써 몸의 행실을 죽이면 살리니"(롬 8:13).

"만일 우리가 성령으로 살면 또한 성령으로 행할지니"(갈 5:25).

그 차이는 다음과 같습니다. 일시적인 신자는 이성의 판단, 정직함, 종교적인 바람직함, 자신의 성향, 성장 배경, 두려운 형벌, 사람들에게 보이고자 하는 욕구 등을 동기로 삼습니다. 또한 공개적으로나 은밀하게 명예와 사랑, 존경과 칭찬, 재물 등을 얻으려는 마음으로 행합니다. 그들은 성령과 영적 생명의 원리에 따라 행동하지 않습니다. 반면, 경건한 자들은 성령과 영적 생명의 내적 원리에서 동기를 부여받습니다.

이것을 명확히 이해하기 위해 다음의 내용들을 숙고해 봅시다.

첫째, 참된 신자의 거룩함(성화)은 믿음에서 비롯됩니다.

"믿음이 없이는 하나님을 기쁘시게 하지 못하나니"(히 11:6).

① 믿음은 예수님을 영접하여 칭의와 성화에 이르게 합니다. 영혼은 믿음으로 주 예수님과 연합되어 그분과 한 영이 됩니다(고전 6:17 참고). 예수님은 믿는 심령 가운데 거하십니다(엡 3:17 참고). 예수님과 영혼이 연합하면 머리 되신 그리스도로부터 그분의 지체들에게로 영적 생명이 흘러 나갑니다. 이러한 연합과 생명의 영향을 받아, 영혼은 생명의 근원이신 그리스도께 합당하게 활동합니다. 바울은 이것을 다음과 같이 증언합니다.

"내가 그리스도와 함께 십자가에 못 박혔나니 그런즉 이제는 내가 사는 것이 아니요 오직 내 안에 그리스도께서 사시는 것이라. 이제 내가 육체 가운데 사는 것은 나를 사랑하사 나를 위하여 자기 자신을 버리신 하나님의 아들을 믿는 믿음 안에서 사는 것이라"(갈 2:20).

영혼이 이러한 연합과 생명의 영향력을 항상 지각하지는 못합니다. 그러나 신자는 어떤 일을 할 때에 자신의 마음을 고양해 생명의 영향을 갈망하며, 날마다 영적인 힘을 얻기를 자주 소원할 것입니다. 바로 이런 모습이, 그의 행위가 그를 능하게 하시는 그리스도에게서 비롯되었다는 사실을 확증합니다. 그러나 만일 이러한 영적 체계를 습관적으로나 실제적으로 이해하지 못한다면, 신자는 비록 다른 모든 면에서 만족할지라도 자신의 행위를 기뻐할 수 없을 것입니다.

② 참된 신자는 믿음으로 하나님과 화목하게 됨과 하나님의 양자 됨을 믿고 즐거워하며 소망합니다. 그는 하나님을 그리스도 안에서 화목하게 된 아버지로 여기며, 그와 같이 온전히 소유하기를 구합니다. 그러하기에 그는 하나님의 자녀요 은혜언약에 참여한 자로서 행하거나 그렇게 행하고자 애씁니다. 비록 다른 면에서 자신의 행위가 부족함을 알지만, 그는 어린아이와 같은 마음으로 할 수 있는 분량만큼 즐거워할 수 있습니다.

"그러므로 사랑을 받는 자녀같이 너희는 하나님을 본받는 자가 되고"(엡 5:1).

"너희가 순종하는 자식처럼 전에 알지 못할 때에 따르던 너희 사욕을 본받지 말고, 오직 너희를 부르신 거룩한 이처럼 너희도 모든 행실에 거룩한 자가 되라"(벧전 1:14,15).

③ 참된 신자는 믿음으로 하나님 안에서, 그리고 하나님과의 교제 안에서 거룩함과 영광과 소망을 발견하며, 하나님 밖에 있는 모든 것을 무가치하게 여깁니다. 죄를 더럽고 혐오스러우며 증오할 것으로 여깁니다. 그는 믿음으로 구원 얻기를 바라며, 이 구원으로부터 나오는 삶을 살기를 소원합니다. 경멸할 것을 경멸하고, 가증스러운 것을 가증히 여기며, 믿음으로 세상을 이깁니다(요일 5:4 참고). 이러한 방식으로 그 심령은 믿음으로 깨끗해집니다(행 15:9 참고).

참된 신자에게는 위에서 언급한 세 가지가 나타날 것입니다. 그 정도는 다양하며, 어느 때에는 다른 때보다 두드러지기도 합니다. 이것이 영적 생명의 원리이며, 이러한 샘 근원에서 죄에 대해 죽고 덕을 행하는 데 필요한 힘이 나옵니다. 자신의 행위가 이러한 영적 체계를 토대로 하는지를 점검해 보십시오. 만일 그렇지 않다면, 즉 그러한 영적 체계들에 관해 말할 수 없고 여러분 안에서 그것들이 발견되지 않는다면, 설령 여러분이 위대한 성인으로 존경받는다고 하더라도 여러분의 삶 전체는 과녁을 벗어나 있습니다. 그러나 여러분이 이러한 영적 체계를 토대로 죄를 삼가고 이기거나 덕을 행한다면, 그 정도가 작을지라도 거기에는 생명이 있습니다. 여러분의 행위에 결점이 있고 그에 따르는 부패함의 강도가 크다 할지라도, 그것은 생명의 원리에서 비롯된 것입니다.

둘째, 실제로 참된 성화의 행위(practice)는 자신이 일반적인 의미의 하나님이 아니라 그리스도 안에 계신 우리 하나님의 임재 가운데 있음을 아는 심령에서 일어납니다. 이것은 자신이 하나님과 그러한 관계를 맺고 있음을 믿고 소망하며, 그러한 관계를 위해 애쓰는 사람들에게 해당됩니다. 그들은 영혼의 그러한 활동 가운데 하나님 앞에서 행하고 절제합니다. 창세기 17장 1절에서 하나님은 "내 앞에서 행하라"라고 요구하셨습니다. 창세기 5장 24절은 에녹에 대해 다음과 같이 기록합니다.

"에녹이 하나님과 동행하더니."

느헤미야는 왕에게 말하는 동안에도 하나님께 기도하였습니다(느 2:4,5 참고). 시편 16편 8절은 "내가 여호와를 항상 내 앞에 모심이여"라고 기록합니다.

셋째, 참된 성화는 하나님을 향한 사랑에서 비롯됩니다. 참된 신자가 언제나 이러한 사랑을 분명히 느끼는 것은 아닙니다(단 한 번도 경험하지 못하는 사람도 있습니다). 그러나 이 사랑은 그의 마음 깊은 데서 발견되며, 그가 하나님께서 임재하시지 않는 것을 슬퍼하거나 그분의 임재를 갈망하는 데서 나타납니다. 또한 이 사랑은 하나님이 자신의 모든 행위의 목적이 되기를 소망하면서 그분을 구하고 높이려는 데서 드러납니다. 우리가 하나님을 인정하고 높이며 경외하며 섬길 뿐만 아니라 그분을 영화롭게 하고자 할 때, 기뻐하는 가운데 이 사랑이 나타납니다. 이 모든 것에서 죄를 피하려는 동기가 일어나는데, 이는 죄가 하나님의 주권과 위엄 등에 대적하여 스스로를 높이기 때문입니다. 이러한 동기로부터 덕을 행하고자 하는 마음이 일어납니다. 제게 답해 보십시오. 여러분은 자신의 그런 행함으로 만족할 수 있습니까? 분명 그렇지 않을 것입니다. 여러분의 마음이 하나님께로 이끌리지 않은 채로 행할 때에 여러분에게 생기가 있습니까? 결코 그렇지 않을 것입니다! 하나님께서 섬김 받으시기에 합당한 분이기에 하나님을 위해 살기를 소원하며 구하는 마음으로 행하고 있습니까? 비록 하나님과의 연합을 즉각 경험하지는 못한다 할지라도, 하나님과의 감미로운 연합을 추구하는 마음과 하나님께로 이끌리기를 원하는 마음으로 행하려 합니까? 그러한 영적 체계가 여러분의 행위에 기쁨을 일으킵니까? 그것이 바로 사랑입니다. 또한 경건한 자들은 그러한 마음으로 자신의 모든 행위를 규정합니다.

"사람이 나를 사랑하면 내 말을 지키리니"(요 14:23).

"하나님을 사랑하는 것은 이것이니 우리가 그의 계명들을 지키는 것이라"(요일 5:3).

사랑에서 비롯되지 않은 행위는 모두 과녁을 벗어난 것입니다(고전 13:1,2 참고).

넷째, 참된 성화는 하나님을 경외하는 데서 비롯됩니다. 참된 신자는 믿음으로 그리스도 안에서 하나님과 연합하므로 하나님의 임재 가운데서 행동하며 하나님을 사랑하기 시작합니다. 또한 하나님의 위엄과 거룩함을 경외하게 됩니다. 그는 하나님께서 행하라고 명하신 것을 행하는 데에 태만하지 않으며, 하나님께서 금하신 것을 감히 행하려 들지 않습니다. 참된 신자들은 기회가 주어질 때마다 어린아이처럼 순전하게 경외하는 모습을 보일 것입니다. 하나님을 경외하는 것은 그들에게 범했을 일을 행하지 않고, 태만히 했을 일들을 행하도록 하는 동기가 됩니다. 주어진 의무들을 행할 때, 하나님을 경외하는 사람들은 그와 같은 일에 주의하여 행하면서 기뻐할 것입니다. 반면에 마음으로 하나님을 경외하지 않는다면, 비록 자신의 의무를 잘 수행했다 하더라도 슬퍼할 것입니다. 하나님을 향한 경외심이 그분의 자녀들을 주관하므로, 그들은 하나님을 경외하는 자들로 묘사됩니다.

"예루살렘에 시므온이라 하는 사람이 있으니 이 사람은 의롭고 경건하여(네덜란드 성경에는 '하나님을 경외하는'으로 되어 있다)"(눅 2:25).

요셉은 하나님을 경외한 까닭에 죄에 빠지지 않을 수 있었습니다(창 39:9 참고). 그는 형들로 하여금 자신의 신실함을 믿게 하려고, "나는 하나님을 경외하노니"(창 42:18)라고 말했습니다. 청지기였던 오바댜는 하나님을 경외하여 여호와의 선지자를 숨겨 주었습니다(왕상 18:3,4 참고). 욥은 언제나 하나님을 경외하였습니다.

"나는 하나님의 재앙을 심히 두려워하고 그의 위엄으로 말미암아 그런 일을 할 수 없느니라"(욥 31:23).

다섯째, 참된 성화는 하나님께 순종할 때 이루어집니다. 참된 신자들에게 하나님의 뜻은 법도이자 행동을 이끌어 내는 동기입니다. 하나님의 뜻이 곧 그들의 소원입니다. 그들에게 하나님의 뜻은 무언가를 삼가거나 행하는 이유입니다. 그들은 기쁨으로 하나님의 위엄을 바라보며, 그분을 가장 높입니다. 자신을 하나님의 위엄 아래에 두며 순복할 뿐만 아니라, 하나님 앞에서 자신에게 주어진 의무를 기쁨으로 받아들입니다. 이에 더하여 그들에게는 은혜언약에서 비롯된 사랑의 결속이 있습니다. 그래서 그들은 하나님을 낯선 분이 아니라 그들의 하나님으로 여깁니다. 따라서 성경에 나타나듯, 죄와 싸우고 덕을 행하도록 이끌립니다.

"나의 하나님이여 내가 주의 뜻 행하기를 즐기오니 주의 법이 나의 심중에 있나이다"(시 40:8).

"내 속사람으로는 하나님의 법을 즐거워하되"(롬 7:22).

이상의 다섯 가지 개념을 종합해 볼 때, 우리는 이것들이 서로 분리될 수 없다는 사실을 분명히 깨달아야 합니다. 첫 번째 개념이 나머지 네 가지 개념의 뿌리가 됩니다. 이 첫 번째 것이 분명히 있다면 다른 것들도 나타날 것입니다. 이것은 일시적인 신자들과 참된 신자들, 참된 거룩함과 거짓된 거룩함의 근본적인 차이점을 입증합니다.

이를 통해 여러분 자신을 점검해 보십시오. 여러분의 마음에서 이러한 영적 체계와 활동과 사고가 발견되지 않는다면, 또한 악을 피하고 선을 행하려는 마음이 앞에서 설명한 동기에서 비롯되지 않는다면, 여러분은 거듭나지 않았습니다. 여러분의 성화는 참된 것이 아닌 모조품에 불과합니다. 하나님께서 여러분으로 하여금 진정으로 이것을 깨닫고 회심하게 하셔서, 여러분이 더는 자신의 선행을 확신의 근거로 삼지 않기를 구합니다! 그러나 정도가 미미할지라도 이들 다섯 가지가 여러분 안에 있음을 알 수 있다면, 그리고 자신의 행실에 이러한 것들이 나타나는지에 따라 그 영혼이 기뻐하거나 슬퍼한다면, 또한 이러한 것들을 마음에 두어 그 토대 위에서 행하고자 한다면, 그는 자신의 선행을 근거로 하여 자신의 부르심과 택하심을 분명히 알고 기뻐할 수 있습니다. 여러분은 최선을 다한 행위에 대해서도 부끄럽게 여기고 겸비해져야 할 이유들을 끊임없이 발견할 것입니다. 그렇다고 해서 여러분에게 주어진 하나님의 은혜를 부인하지는 마십시오. 이 영적 생명의 원리가 결코 죽지 않고 자라날 것이기 때문입니다.

지금까지 일시적인 신자와 참된 신자의 성향을 은혜로운 주님께서 허락하신 만큼 분명하게 설명하고자 노력하였습니다. 그러나 이 문제를 할 수 있는 한 분명하게 제시한다 하더라도 성령께서 특별히 역사하지 않으면 일시적인 신자나 참된 신자나 모두 이에 관해 내적으로 확신할 수 없습니다. 일시적인 신자들은 눈멀고 악하며 편견에 사로잡힌 탓에, 참된 신자들은 영적으로 내키지 않는 마음과 속박과 두려움 탓에 그러할 것입니다. 그러나 주님은 한 사람을 깨워 회심시키기 위해, 또한 위로하고 성화로 이끌기 위해 그 마음에 이것을 능력으로 적용하며 설득하십니다.

스스로를 일시적인 신자로 여겨 두려워하는 참된 신자들을 위한 격려

거듭나지 않은 사람과 일시적인 신자도 이러한 은혜의 특징들에 관해 읽고 그것을 인정할 수 있습니다. 또한 자신의 마음을 주의 깊게 살피지도 않고서, 참된 신자에 관한 진술이 자신의 상태와 일치한다고 여길 수도 있습니다. 어떤 일시적인 신자는 이러한 은혜의 표지에 관해 읽으면서 자신이 의지했던 모든 버팀목들이 사라지는 것을 깨달을 수도 있습니다. 그래서 불안해하고 분노하며 역겨워하면서 이 책을 집어던질 수도 있습니다. 어떤 사람들은 자신의 비참한 상태가 드러나는 순간 근심하면서 오직 하나님의 은혜만을 힘입어 그리스도께로 나아갈 수도 있습니다. 부디 주님께서 기뻐하심으로 그와 같이 행하시기를 구합니다!

참된 신자는 은혜의 표지에 관해 읽고서, 자신 안에서 그러한 것을 발견하지 못하여 더 혼란스러워할 수도 있습니다. 이것은 그가 은혜 자체를, 자신이 은혜에 참여한 자라고 믿기 전에 반드시 필요하다고 생각한 은혜의 더 큰 분량과 구별하지 못하기 때문일 수 있습니다. 아니면 단지 자신과 일시적인 신자를 비교할 때 자신에게서 여전히 나타나는 옛 아담의 성향과 행위가 일시적인 신자와 너무나 비슷하다는 것을 알았기 때문일 수도 있습니다. 이는 신자로 하여금 그들보다 더 많은 것을 소유하였든 그렇지 않든, 자신에게 참된 신자의 성향이 있다는 점을 생각하지 못하도록 가로막습니다. 어쩌면 그가 당혹감과 불신앙, 절망, 의기소침, 또는 좋지 않은 성향으로 특징지어진 상태에 있기 때문일 수도 있습니다. 마음 상태가 그러하면 스스로를 점검할 수 없습니다. 그는 주님께서 자신에게 허락하신 것들을 헤아릴 수 있도록 내적 평안과 빛과 성령을 더 주시기를 기다리며, 오직 믿음으로 예수님을 영접하는 일에 집중해야 합니다. 그러나 저는 다른 이들이 자신에게 주어진 은혜를 깨닫고 믿음 안에서 강해지며, 하나님의 선하심을 즐거워하고, 성화의 길에서 다시금 살아날 수 있기를 바랍니다.

어떤 이들은 자신 안에 은혜가 있음을 알지만 자기를 속이는 것일까 봐 두려워하여 자신의 영적 상태를 온전히 자유롭게 결정하지 못한 채 약간의 소망만을 품고 있습니다. 그들은 다음과 같이 근심합니다.

첫째, "참된 신자가 된다는 것은 매우 큰 문제이다. 나에게 그처럼 큰 사건이 있었다고 도무지 상상할 수 없다. 감히 부인할 수 없는 증거들을 토대로 나의 영적 상태를 진단하려 하지만 그것이 실제와 다르다면, 이는 얼마나 끔찍하게 자신을 기만하는 것인가."

이에 대해 저는 이렇게 대답합니다.

① 참된 은혜의 표지를 가지는 일은 여러분에게 매우 큰 문제일 수 있습니다. 그러나 그것을 주시는 하나님께는 그리 대단한 일이 아닙니다. 다른 신자들에게도 그것은 매우 대단한 것이지만, 그들은 그것을 받았습니다. 하나님은 자신의 무한한 선을 나타내고 계시하시기를 원합니다. 그러하기에 그분은 길 잃은 자들을 찾으며, 멸시당하는 자들을 받아 주십니다.

② 자신을 점검할 때 스스로를 속이는지를 알아차릴 수 있는 매우 분명한 은혜의 표지가 있습니다. 만일 자신을 점검하여 영적 상태를 진단한 사람이 여전히 자기 자신에게 집중하여 마음의 평화를 찾고 부주의하며, 그런 가상의 은혜를 의지한 채 이 세상에 속한 것들을 추구하며 살아간다면, 그것이야말로 스스로를 기만

하고 있다는 증거입니다. 반면, 사람이 자신에게 허락된 은혜를 깨달아 그것으로 자신의 영적 상태를 진단하고, 결과적으로 믿음을 행사하는 일과 하나님께로 나아가는 일과 사랑과 경건한 경외심과 순종하는 일에 더욱 활기가 넘친다면, 그것은 스스로를 기만하고 있지 않다는 증거입니다. 왜냐하면 자신의 영적 상태를 검증함으로써 은혜가 드러나기 때문입니다. 이것이 바로 참된 소망의 열매입니다.

"주를 향하여 이 소망을 가진 자마다 그의 깨끗하심과 같이 자기를 깨끗하게 하느니라"(요일 3:3).

여러분의 두려움에 관해 이야기해 봅시다. 이러한 은혜를 여러분이 부당하게 전용함으로써 참된 믿음과 회개에 이르렀다고 가정해 봅시다. 여러분은 행복한 실수를 저지른 것이 아닙니까? 모든 헛된 종교는 우리가 의롭다함을 받고 거룩해지기 위해 그리스도께로 나아가는 것을 막습니다. 그러므로 이러한 소망이 여러분으로 하여금 영적 생명 가운데 더욱 생기를 얻게 만든다면, 근거 없는 두려움 때문에 동요하지 마십시오.

둘째, "내가 이러한 것들을 지적으로만 아는 것은 아닌지, 영적인 문제들과 체계들에 관해 내가 가진 지식을 통해서만 진리로 여기는 것은 아닌지 두렵다."

이에 대해 저는 이렇게 대답합니다.

① 사람은 이성적인 피조물이며, 그 안에서 하나님은 인간의 본성에 부합하는 방식으로 역사하십니다. 하나님은 사람의 지성을 통해 슬픔과 기쁨이 일어나도록 허락하십니다. 그러므로 이러한 것들이 여러분 안에서 분명하게 드러난다면 염려할 필요가 없습니다. 그러나 그것이 여러분의 의지에 영향을 미치지 못한 채 생각(mind)에만 머물러 있다면 두려워하십시오.

② 여러분의 의지가 영향을 받았는지를 잘 살펴보십시오. 애통하며 울고 기도하고 소원하며 갈망하고 믿음을 행사하며 순복하고 있습니까? 여러분이 이러한 것들을 행하고 있습니까? 그리고 반드시 그러한 것들이 지성에만 머물지 않고 여러분의 마음을 감동시키는지를 알아야 합니다. 만일 여러분이 진정으로 그와 같이 행한다는 사실을 알 수 있다면, 염려하면서 불안해할 필요가 없습니다.

셋째, "나에게는 진지한 마음이 부족하다. 나는 반신반의하고, 내가 느끼는 영적인 슬픔은 너무나 미약해 감지할 수 없을 정도이다. 나의 믿음이란 물건을 끌어당길 능력도 없이 그저 물건에 올려 둔 불구자의 손과 같다. 나의 성화는 너무나 더디고, 나에게는 열심도 없다. 게다가 나는 스스로 아무것도 확신하지 못하고, 내가 경험한 것을 기뻐하지도 않는다."

이에 대해 저는 이렇게 대답합니다.

① 어떤 그리스도인들은 자신의 충동적인 감정이나 정서에 지나치게 집착합니다. 그러한 모습은 바람직하므로 묵살해서는 안 되지만, 영적 생명의 강함과 약함을 정서의 강함과 약함으로 측정해서는 안 된다는 사실을 알아야 합니다. 어떤 사람은 타고난 기질 덕분에 감정에 영향을 덜 받고, 기쁨과 슬픔을 절제할 줄 압니다. 따라서 그들은 생각과 의지 및 영적인 문제들과 관련해 덜 활동적입니다. 주님께서 누군가를 그러한 방식으로 인도하기를 기뻐하신다면, 그는 자신의 영적 생명을 열등하게 여겨서는 안 되며, 오히려 마음을 다하여 신중하게 여호와 하나님의 능력으로 나아가야 합니다. 그의 오류는 자신의 판단에 있지, 영적인 문제 자체에 있지 않습니다. 많은 사람들이 이를 생각하고 받아들인다면, 더욱 많이 성장할 것입니다.

② 여러분이 진정으로 열의가 없고 황폐한 상태에 있다면, 저는 여러분을 긍휼히 여겨 다음과 같이 말하겠습니다. 여러분이 그런 상태에 머물러 있다면, 많은 위로를 기대할 수 없습니다.

③ 그러나 여러분의 영적 상태 때문에 정죄감을 더해서도 안 되며, 자신의 영적 상태를 의심하도록 내버려 두어서도 안 됩니다. 여러분은 영적 생명이 있음을 알고 있으면서도 그것의 정도에 대해 불평하고 있습니다. 믿음은 확신과 위로가 없어도 존재할 수 있습니다. 확신이나 위로는 강한 믿음의 열매일 뿐, 믿음의 본질이 아닙니다. 그런 상태에서 벗어나도록 씨름하십시오. 부지런히 행하고, 게으름에 빠지지 마십시오. 바로 그것 때문에 많은 사람들이 열의 없는 상태에 머물러 있습니다. 주님은 그분을 찾는 자들에게 자신을 나타내기를 원하십니다. 주님의 뜻에

반하는 방식으로 인도받기를 구하지 마십시오. 저항하거나 반항하지 말고, 주님의 손에 들린 진흙처럼 유순하십시오. 순일함과 올곧은 마음으로 다른 이들을 위로하고 권면하십시오. 주님의 성령께서 여러분을 되살리시기를 구합니다.

넷째, "나는 성화가 부족하여 매우 혼란스럽다. 나는 나에게 죄악된 육신이 있음을 안다. 그 육신은 큰 죄에 빠지며, 매우 불안정하다. 나는 힘을 얻고자 전심으로 기도하며, 기도하는 동안에는 매우 강해지는 것처럼 보인다. 그러나 돌아서자마자 내 행위를 개선할 기회조차 얻지 못한 채 또다시 죄에 빠져 버린다. 어떻게 이런 상태가 은혜와 공존할 수 있겠는가? 나는 내게 진정으로 은혜가 없다는 사실 때문에 자주 두려워지곤 한다."

저는 이렇게 대답합니다.

① 그리스도 안에는 아이도 있고, 젊은이도 있고, 어른도 있습니다. 주님께서 은혜롭게 방문하시는 때도 있고, 영적으로 황무지와 같은 때도 있습니다. 그러므로 은혜의 정도가 아니라 은혜의 진정성을 기준으로 판단해야 합니다.

② 하나님은 자기 자녀들이 겸비해지도록, 또한 그들이 어떠한 공로도 없이 그리스도를 통해, 마땅히 받아야 하는 것이 아니라 은혜로 구원받았다는 사실을 깨닫도록 특별한 섭리를 베푸십니다. 어떤 이들에게는 죄와 더불어 더욱 싸우게 하십니다. 그들로 하여금 특별한 방식으로 하나님의 은혜를 찬미하게 하려 하심입니다. 그러므로 그런 때에는 죄를 미워하고 죄와 더불어 싸우는 동시에 거룩함을 향한 열망을 고취시키며 만족하는 것이 지혜롭습니다.

③ 사람 안에 진리가 있다면, 그는 죄를 혐오하고 불쾌하게 여기며 불편한 마음을 가질 것입니다. 뿐만 아니라 경건하고자 하는 열망이 언제까지나 마음 깊은 데만 머무르지 않고, 자신의 상태를 묵상할 때에 겉으로 드러날 것입니다. 그러할 때, 주님 앞에 이러한 영적 체계들을 드러내고픈 동기를 부여받을 것이며, 이러한 문제와 관련해 하나님께서 여러분의 마음에 소원을 주시기를 구하게 될 것입니다. 주님께서 그렇게 행하기를 기뻐하신다면, 여러분은 죄에서 건짐 받고 영적 생명이 자라며, 더욱 거룩해질 것입니다. 그리하면 여러분은 마음의 중심으로 더욱 냉철하

고도 진실하게 죄에 대항하고자 결단하게 될 것입니다. 또한 단지 죄악된 행실뿐만 아니라 여러분 안에 가장 깊이 자리하는 생각과도 싸우게 될 것입니다. 주님께서 여러분에게 죄를 이길 능력을 지속적으로 주시는 것을 자주 경험할 것입니다. 그러므로 특별히 영적으로 황폐한 때가 아니라면 언제까지나 죄에 패배하지 않을 것입니다. 비록 여러분이 날마다 여러 가지 죄를 범한다 할지라도, 이 모든 것들을 통해 여러분의 마음이 진실함을 분별할 수 있을 것입니다. 그러므로 성화와 관련하여 앞서 진술한 영적 체계들을 여러분 안에서 분별할 수 있다면, 자신의 성화가 불완전하다는 이유로 자신의 행복에 대한 기쁨을 잃어버리거나 빼앗기지 마십시오.

34

칭의

지금까지 부르심과 거듭남과 믿음에 관해 논의했습니다. 이제 기독교의 영혼이요 모든 참된 위로와 성화의 근원인 칭의라는 주제로 나아가겠습니다. 이 가르침에서 오류를 범한다면, 영원한 멸망에 이를 것입니다. 그러하기에 마귀는 쉬지 않고 이번 장에서 다룰 칭의라는 진리를 부인하고 왜곡하며 모호하게 만들고자 애씁니다. 그 목적을 이루지 못하면, 이 진리를 적용하지 못하도록 방해합니다. 새롭게 등장하는 오류들은 처음에는 칭의와 전혀 관련 없는 것 같지만, 시간이 지나 정점에 다다르면 결국 칭의 교리에 영향을 미칩니다. 그러므로 칭의 교리를 바르게 이해하고 변호하며 묵상하기 위해 더욱 열심을 내야 합니다.

칭의 교리를 숙고하기 전에 용어에 관해 언급하겠습니다. 곧 '의,' '의로운,' '칭의' 등으로 표현된 말의 의미를 살펴봅시다.[1] 그리고 나서 칭의에 대한 묘사, 칭의의 성질, 칭의의 원인(곧 칭의가 발생하거나 발생하지 않는 원인), 칭의의 이차 원인, 칭의가 일어나는 시점을 숙고함으로써 첫 번째 쟁점인 칭의의 내용 자체를 제시하

---

[1] 영역주 - 네덜란드어에서 이 세 단어는 언어적으로 서로 뜻이 통한다. '칭의'를 뜻하는 네덜란드어 'rechtvaardigmaking'는 문자적으로 '의롭게 만들다(make righteous)'라는 의미이다.

고자 합니다.

'의,' '의로운,' '칭의'에 대한 정의

먼저, '의'라는 단어가 법에 대한 복종을 나타낸다는 사실에 유념해야 합니다. 법에 시민법(civil law)과 신법(divine law)이 있듯이, 사회적 의(civil righteousness, '사람들에게 받아들여질 만한 법'으로, 여기서는 논하지 않겠습니다)와 신적 의(divine righteousness)가 있습니다. 우리가 논의하려는 바는 후자로서, '율법적 의' 또는 '복음적 의'라고 할 수 있습니다.

율법적 의는 하나님께서 제정하신 법에 사람이 기질과 행실, 목적, 태도에 이르기까지 완전히 순종하는 것을 의미합니다.

"모세가 기록하되 율법으로 말미암는 의를 행하는 사람은 그 의로 살리라 하였거니와"(롬 10:5).

복음적 의는 율법에 대한 완전한 순종이 의롭고도 신적인 전가로 말미암아 사람의 소유가 된 것을 의미합니다. 보증이신 예수 그리스도께서 신자를 대신하여 율법의 형벌을 담당하고 율법을 성취하심으로써 이 의를 이루셨습니다. 복음은 이 의를 우리에게 제시하며, 우리는 믿음으로 이 의를 받을 수 있습니다. 복음적 의는 하나님께서 공의로 심판하실 때에 율법적 의와 더불어 효력을 나타낼 것입니다.

"이제는 율법 외에 하나님의 한 의가 나타났으니 율법과 선지자들에게 증거를 받은 것이라. 곧 예수 그리스도를 믿음으로 말미암아 모든 믿는 자에게 미치는 하나님의 의니 차별이 없느니라"(롬 3:21,22).

이 의는 제공된 것에 반응하여 받은 의로서, 일반적으로 "믿음으로 된 의"(롬 4:11, 10:6 참고)라고 불립니다. 율법적 의와 복음적 의는 모두 율법에 대한 완전한 순종이라는 공통점을 가집니다. 그러나 율법적 의는 그 완전함을 사람에게 요구하나, 복음적 의는 보증이 되시는 그리스도의 공로가 전가와 수납이라는 방식을 통해 사람의 소유가 된다는 점에서 서로 다릅니다. 빌립보서 3장 9절은 이 둘을 모두 언급합니다.

"내가 가진 의는 율법에서 난 것이 아니요 오직 그리스도를 믿음으로 말미암은 것이니 곧 믿음으로 하나님께로부터 난 의라."

또한 율법에 완전히 순종한 사람은 의롭다고 여겨집니다. 이는 사람이나 보증이신 그리스도나 마찬가지입니다. 그런데 타락 이후로 어느 누구도 율법의 의를 따라서는 하나님 앞에서 의로울 수 없습니다.

"이는 모든 입을 막고 온 세상으로 하나님의 심판 아래에 있게 하려 함이라. 그러므로 율법의 행위로 그의 앞에 의롭다하심을 얻을 육체가 없나니……모든 사람이 죄를 범하였으매 하나님의 영광에 이르지 못하더니"(롬 3:19,20,23).

비록 어느 누구도 하나님 앞에서는 의로울 수 없지만, 사람이 고소한 문제에 대해서는 흠이 없을 수 있습니다. 그런 경우 다음과 같이 말할 수 있습니다.

"여호와여 나의 의와 나의 성실함을 따라 나를 심판하소서"(시 7:8).

하나님 앞에서는 반드시 복음적 의를 통해서만 의롭게 될 수 있습니다. 이것은 모든 신자에게 해당됩니다.

"우리로 하여금 그 안에서 하나님의 의가 되게 하려 하심이라"(고후 5:21).

다음으로, '의롭게 하다' 또는 '의롭게 만들다'라는 용어를 숙고해 봅시다. 이 단어들의 의미는 원문에서 끌어내야 합니다. 우리말로 '의롭게 하다' 또는 '의롭게 만들다'로 번역된 단어는 히브리어로는 הַצְדִּיק(히쯔디크), 헬라어로는 δικαιοῦν(디카이오운), 라틴어로는 *justificare*(유스티피카레)입니다. 라틴어와 네덜란드어에서는 이 단어가 '누군가를 변화시키다,' 곧 죄 된 사람을 미덕의 사람으로 변화시킨다는 의미로 이해될 수 있습니다. 이러한 점은 '거룩하게 하다' 또는 '거룩하게 만들다'[2]라는 의미의 *sanctificare*(상티피카레)와도 유사합니다. 또한 '영화롭게 하다' 또는 '영화롭게 만들다'[3]라는 의미의 *glorificare*(글로리피카레)도 마찬가지입니다. 그러나 원문(히브리어와 헬라어)에 나오는 단어들은 결코 의의 주입, 곧 경건하지 않

---

[2] 영역주 - 이것은 네덜란드어 'heiligmaken'의 문자적인 뜻이다.

[3] 영역주 - 네덜란드어로는 'heerlijkmaken'이다.

은 누군가를 덕스러운 상태로 변화시키는 것을 의미하지 않습니다. 대신에 그 의미는 법정적인 성격을 지니므로, 종종 '의롭다 하다(justify)'[4]로 번역됩니다. 이 단어가 나오는 곳마다 이렇게 번역되었더라면 좋았을 것입니다. 그랬더라면 원문의 의미를 더 잘 드러내고, 모호함을 피할 수 있었을 것입니다.

의롭다 하는 행위는 사람에게서 기인할 때도 있고 하나님에게서 비롯될 때도 있습니다. 사람이 의롭다 하는 경우는 다음과 같습니다.

① 하나님을 하나님으로 알고 인정하며 그분께 합당한 찬양과 영광을 돌림으로써, 하나님을 의롭다 합니다.

"주께서 말씀하실 때에 의로우시다 하고"(시 51:4).

"모든 백성과……하나님을 의롭다 하되"(눅 7:29).

② 자신을 의롭게 여기고 그렇게 선언함으로써, 자신을 의롭다 합니다. 그는 다른 이들과 비교되지 않고 자신이 의로운 사람으로 여겨지고 인정받기를 원합니다.

"너희는 사람 앞에서 스스로 옳다 하는 자들이나"(눅 16:15).

또는 실제로는 경건하지 않은데도, 자신보다 훨씬 경건하지 않은 자와 비교하여 자신을 덕스럽고도 의로운 자로 나타냅니다.

"여호와께서 내게 이르시되 배역한 이스라엘은 반역한 유다보다 자신이 더 의로움이 나타났나니"(렘 3:11).

③ 다른 이들을 그리스도께로 인도하는 방편으로 사용됨으로써, 그들을 의롭다 합니다.

"지혜 있는 자는[5] 궁창의 빛과 같이 빛날 것이요 많은 사람을 옳은 데로 돌아오게 한 자는 별과 같이 영원토록 빛나리라"(단 12:3).

---

4) 영역주 - 아 브라켈은 여기에서 'rechtvaardigen'라는 단어를 사용하는데, 이는 영어의 'justify(의롭다 하다)'와 동일한 의미를 가진다.

5) 영역주 - 스타턴베이벌에서 'leeraars'로 번역된 이 단어는 네덜란드어 성경에서 종종 목회자를 가리키는 데 사용되었다.

칭의: 거룩함의 주입이 아니라 신적이고도 법정적인 행위

칭의는 하나님의 행위입니다. 하나님은 재판장으로서, 사람에게 무죄나 유죄를 선고하십니다. 이것은 다음과 같은 질문을 이끌어 냅니다.

> ▶ 질문
> '의롭다 하다'라는 말이 하나님의 행위와 관련될 때, '회개하다,' '거룩하게 하다,' 또는 '거룩함을 주입하다'를 의미하기도 하는가?

　　대답: 교황주의자들은 이 질문에 긍정적으로 답하겠지만, 우리는 그렇지 않습니다. 그들도 '의롭다 하다'가 때때로 '무죄를 선고하다'라는 뜻을 가지며, '정죄하다'의 반대 의미임을 인정할 것입니다. 그러나 그들은 이것이 칭의 교리에 적용된다는 점을 부인합니다. 그들은 '의롭다 하다'가 사람을 경건하지 않은 상태에서 덕스러운 상태로 변화시키는 행위이며, 따라서 의의 주입을 가리킨다고 주장합니다. 그들은 첫 번째 칭의와 두 번째 칭의를 구분합니다. 그들이 말하는 첫 번째 칭의는 사람이 아담 안의 타락한 상태에서 거듭난 상태로 변화될 때 발생하며, 두 번째 칭의는 경건의 진보, 즉 성화와 관련됩니다. 그러나 성경 어디에서도 '의롭다 하다(justify)'라는 동사는 이러한 의미로 쓰이지 않습니다. 오히려 그것은 언제나 재판관의 행위와 관련하여 '정죄하다'의 반대말로 사용되었습니다. 따라서 '의롭다 하다'는 '무죄를 선고하다' 또는 '의롭다고 선언하다'를 의미합니다.

① 이것은 그 단어의 본질적인 의미인 '무죄를 선고하다'와 그 반대말인 '정죄하다'의 의미에서 분명하게 나타납니다. 다음 본문들에서 그 예를 볼 수 있습니다.

"사람들 사이에 시비가 생겨 재판을 청하면 재판장은 그들을 재판하여 의인은 의롭다 하고 악인은 정죄할 것이며"(신 25:1).

"악인을 의롭다 하고 의인을 악하다 하는 이 두 사람은 다 여호와께 미움을 받느니라"(잠 17:15).

이를 통해 '의롭다 하다'가 '정죄하다'의 반대말로서 재판장의 행위와 관련되며,

경건하게 변화시키거나 그렇게 만드는 것을 의미하지 않는다는 사실을 분명하게 알 수 있습니다. '의롭다 하다'라는 단어가 하늘과 땅의 재판장이신 하나님과 관련해 사용될 때에는 이러한 대비가 뚜렷이 나타납니다.

"누가 능히 하나님께서 택하신 자들을 고발하리요 의롭다 하신 이는 하나님이시니 누가 정죄하리요"(롬 8:33,34).

정죄는 성화가 아니라 무죄 선고와 관련됩니다. '정죄하다'는 '변화시키다'가 아니라 '무죄를 선고하다'의 반대말입니다.

② 더 나아가 로마서 3장 19-28절과 4장 전체를 숙고해 보십시오. 사도는 사람이 율법으로든 믿음으로든 회심하게 되어 거룩함을 주입받는다고 말하지 않습니다. 오히려 사람이 의로운 재판장이신 하나님 앞에 어떻게 설 수 있는지, 어떻게 죄 사함을 받을 수 있는지, 어떻게 영생의 자격을 얻을 수 있는지를 설명합니다. 그는 사람이 죄책과 정죄 아래 놓여 있다고 말하며(롬 3:19 참고), "일을 아니할지라도……믿는 자"(롬 4:5)에 대해 말합니다. 또한 사람이 율법을 통해서는 정죄함에서 건짐 받을 수 없으며(롬 3:20 참고), 반면에 믿음으로 그리스도를 영접하고 그분 안에서 속량하심으로 말미암아 의롭다함을 얻게 된다고 설명합니다(롬 3:24,25,28 참고). 그리스도께서 보증으로서 대가를 완전히 치르셨으므로 전가라는 방식을 통해 그 의가 사람에게 주어지는 것입니다(롬 4:6-8 참고). 그러므로 누군가가 죄를 용서받고 영생의 권리를 얻는 것은, 성화가 아니라 의롭다 하는 선언으로 말미암은 죄의 사면과 의의 전가를 통해 이루어집니다. 이처럼 칭의는 거룩하게 하는 것이 아니라 의롭다 하는 선언, 곧 죄가 사해졌다는 선언입니다.

허물의 사함을 받고 죄가 가려진 것(시 32:1,2 참고), 죄를 기억하지 않으시는 것(사 43:25 참고), 죄를 용서받는 것(렘 31:34 참고)을 말하는 본문들은 얼마든지 더 있습니다. 이러한 표현은 성경에서 일반적으로 발견되며, 결코 거룩함의 주입을 뜻하지 않고 언제나 죄책과 형벌의 면제를 나타냅니다.

③ 이러한 점은 칭의와 성화를 명백하게 구별하는 모든 본문에서 분명하게 드러납니다. 고린도전서 6장 11절을 보십시오.

"주 예수 그리스도의 이름과 우리 하나님의 성령 안에서 씻음과 거룩함과 의롭다하심을 받았느니라."

여기에 첫 번째 칭의와 두 번째 칭의라는 구분은 들어설 자리가 없습니다. 이러한 구분이 지어낸 것이며 하나님의 말씀에 반한다는 사실 외에도, 사도는 세 가지를 구별하여 언급합니다. 곧 씻음과 의롭다함과 거룩함입니다. 그러므로 칭의는 씻음과 거룩함과는 별개의 것입니다. 다음과 같은 말씀도 있습니다.

"너희는 하나님으로부터 나서 그리스도 예수 안에 있고 예수는 하나님으로부터 나와서 우리에게 지혜와 의로움과 거룩함과 구원함이 되셨으니"(고전 1:30).

④ 칭의가 거룩함을 주입하는 것이라면, 모든 사람들이 완전해져야 할 것입니다. 그러나 성경은 그와 반대로 말합니다.

⑤ 죄가 전가되지 않는 것이 의의 주입과 동일한 것이라면, 죄의 전가는 죄의 주입과 동일한 것이 되어야 할 것입니다.

반론 1

이사야 53장 11절은 칭의가 성화 곧 의의 주입을 의미할 수 있음을 증명한다.

"나의 의로운 종이 자기 지식으로 많은 사람을 의롭게 하며 또 그들의 죄악을 친히 담당하리로다."

이 말씀은 그리스도를 아는 지식을 성화에 이르는 방편으로 제시한다. 따라서 칭의는 거룩함의 주입을 뜻한다.

답변

(1) 그리스도를 아는 지식은 성화뿐만 아니라 믿음을 통한 칭의의 수단이기도 합니다(롬 10:14-17 참고). 이러한 이유에서 지식과 믿음은 서로 결속되어 있습니다.

"아들을 보고 믿는 자마다 영생을 얻는 이것이니"(요 6:40).

믿음은 그 지식으로 예수님을 영접합니다. 따라서 사람은 믿음으로 하나님께로 나아가 의롭다함을 얻고 그리스도 안에서 의롭게 됩니다.

"그러므로 우리가 믿음으로 의롭다하심을 받았으니 우리 주 예수 그리스도로 말미암아 하나님과 화평을 누리자"(롬 5:1).

만일 누군가가 반론이 제시한 본문으로부터 실체 없는 증거를 도출하려 한다면, 결국 지식이 성화의 방편일 뿐 칭의의 방편은 아니라고 결론 내려야 할 것입니다.

(2) 이사야서 53장 11절은 그리스도가 고난과 죽음을 통해 대속을 이루셨다고 증언합니다. 이 구절뿐만 아니라 이사야서 53장 전체가 이를 확증합니다. 여기에서 선지자는 그리스도가 그들의 죄악을 친히 담당하리라고 진술함으로써, 그리스도가 그분을 아는 지식을 통해 많은 이들을 의롭게 하신다는 근거를 제시합니다. 그리스도는 택함 받은 자들의 죄악을 담당하심으로써 그들을 죄책과 형벌에서 건지시며, 그러한 방식으로 그들을 의롭게 만드십니다(고전 1:30 참고). 여기서 그리스도는 재판장으로서 전면에 등장하시지 않습니다(그러할지라도 주님은 재판장이십니다). 오히려 그분은 우리가 의롭다함을 얻게 되는 우리의 의로서, 칭의의 공로적 원인자가 되십니다. 원문이 의미하는 바를 가장 일반적이고도 자연스럽게 옮긴다면, "그가 많은 자들을 의롭다 할 것이다"가 됩니다. 곧 그분이 많은 사람들에게 자신의 의를 적용하심으로써 많은 이들의 의가 되시리라고 말하는 것입니다. 이로써 그들은 의롭다함을 받습니다. 이 모든 것을 볼 때, 본문의 '의롭게 하다'는 '거룩하게 하다'를 의미하지 않음이 분명합니다.

반론 2

"많은 사람을 옳은 데로 돌아오게 한 자는 별과 같이 영원토록 빛나리라"(단 12:3).

목회자들은 재판관이 아니므로 분명 죄를 사하는 권위를 부여받지 않았다. 오히려 그들은 사람들을 성화로 이끄는 방편이다.

답변

(1) 그렇다면 교황주의자들은 사제가 행하는 사죄의 선언을 뭐라고 설명합니까?

(2) 본문은 논의의 쟁점과는 아무런 관련이 없습니다. 왜냐하면 우리가 논의하고 있는 앞의 '질문'은 정죄 받아 마땅한 죄인들을 다루시는 하나님의 일을 가리키는 말에 관한 것이기 때문입니다. 그러나 위 반론의 구절에서는 한 사람이 다른 사람

에게 행한 일에 관해 말합니다.

(3) "옳은 데로 돌아오게"라는 말은 거룩함을 주입한다는 의미가 아닙니다. 사람에게는 누군가를 의롭다 할 만큼 거룩하게 만들 능력이 없습니다. 다만 사람은 다른 이에게 그리스도를 알게 하여 그가 믿음으로 그분을 영접하도록 열심히 권면하는 식으로, 성화의 방편 또는 칭의의 방편으로 사용될 수 있습니다. 그러므로 위의 반론은 근본적으로 성립되지 않습니다. 따라서 다른 증거가 있어야 하겠으나, 부족할 뿐입니다. 위의 본문은 누군가를 그리스도를 믿도록 이끌어 의롭다함을 얻게 하는 방편으로 사용되는 것에 관해 말합니다. 그 결과를 이차적인 원인에 돌리는 것입니다. 이러한 방식으로 목회자들이 다른 이들을 구원한다고 말하는 것입니다.

"네가 네 자신과 가르침을 살펴 이 일을 계속하라. 이것을 행함으로 네 자신과 네게 듣는 자를 구원하리라"(딤전 4:16).

반론 3

"불의를 행하는 자는 그대로 불의를 행하고 더러운 자는 그대로 더럽고 의로운 자는 그대로 의를 행하고[6] 거룩한 자는 그대로 거룩하게 하라"(계 22:11).

이 본문에서 '의롭게 되는 것(to be righteous)'은 '죄를 사면하는 것'이 아니라, 오히려 '거룩함을 주입하는 것'을 가리킨다. 그 근거는 다음과 같다.

- 칭의는 단 한 번 일어나는 사건인데, 여기서는 반복되며 증가하는 것으로 진술되기 때문이다.
- 의로움이 불의와 대조되고 있기 때문이다.

답변

먼저, 우리는 '의로운'이라는 단어가 거룩함의 주입을 뜻한다는 주장을 거부합니다. 이런 주장은 두 가지 이유에서 타당하지 않습니다.

(1) 칭의의 행위는 날마다 일어납니다. 이에 관해서는 뒤에서 논증하겠습니다.

---

[6] 역자주 - 우리말 개역개정은 "그대로 의를 행하고"로 번역하여 행위를 강조하지만, 영역본 KJV는 '그대로 의로운 상태로 있고(to be righteous still)'로 번역하여 의로운 상태에 초점을 둔다.

(2) 의로움이 불의함과, 곧 δίκαιος(디카이오스)가 스스로 정죄된 상태인 ἀδικῶν(아디콘)과 대조됩니다. 본문에 나타난다고 인정할 만한 대조는 δικαιωθήτω(디카이오쎄토)와 ἀδικησάτω(아디케사토)의 대조입니다. 이 대조는 동일한 단어와 관련되므로, 동일한 단어를 번역에 사용할 수 있습니다. 즉, "불의한 자는 그대로 불의한 자로 두고, 의로운 자는 그대로 의로운 자가 되게 하라"입니다. 이는 누구든지 스스로를 정죄해야만 하며, 불의한 행실 때문에 누군가로부터 정죄 받으면 스스로를 더욱 더 정죄할 뿐 아니라 다른 사람들에게서 더욱 정죄 받아야 한다는 것을 의미합니다. 그는 그보다 더 정죄 받을 만한 사람이 될 것이기 때문입니다. 믿음으로 말미암아 의롭다함을 받은 사람은 그것을 자신의 거룩한 행실로 나타내며, 다른 이들에게서 그러한 자로 인정받고 드러납니다. 그가 다른 사람들에게서뿐만 아니라 자기 양심으로도 의롭다함을 얻도록 애쓰게 하십시오.

다음으로, 여기에서 '의롭게 되다'라는 단어가 거룩함의 주입, 곧 거룩하게 되는 행위를 가리키지 않는다는 사실은, 마지막에 덧붙여진 "거룩한 자는 그대로 거룩하게 하라"라는 말에서도 분명히 나타납니다. 본문 끝부분에 덧붙여진 말씀은, '의롭게 되다'가 '거룩하게 되다'와는 다르며, 따라서 '의롭다 하다'와 '거룩하게 하다'도 동일하지 않다는 점을 분명히 보여 줍니다. 또한 칭의는 죄책과 형벌을 면제하는 행위이며, 성화는 삶이 변하고 부패를 제거하는 행위임을 표현합니다.

칭의의 본질

칭의 행위에 대한 묘사

지금까지 우리는 칭의라는 단어의 의미를 살펴보았습니다. 이제 칭의의 내용 자체를 숙고해 봅시다. 이 주제를 대략적으로 인식하기 위해, 먼저 칭의에 관해 간략하게 서술하겠습니다.

'칭의는 하나님의 은혜로우신 역사입니다. 하나님은 의로운 재판장으로서, 칭의를 통해 그분이 택하신 자들의 죄책과 형벌에 무죄를 선고하시고, 그들을 영원한 생명의 상속자로 선언하십니다. 이는 보증 되시는 그리스도의 의와, 하나님께서 그리스도의 의를 전가하시는 것과, 믿음으로 그 의를 받는 것으로 말미암습니다.'

칭의가 은혜의 역사라는 말은 사람과 관련 있습니다. 하나님께서 택함 받은 자들을 선택하신 것, 보증 되시는 성자의 중보에 동의하신 것, 성자로 하여금 보증이 되도록 정하고 그분을 내주신 것, 그들을 예수님께로 부르신 것, 그들에게 믿음을 주신 것, 그들의 공로와 관계없이 그들을 용서하고 구원에 이르는 권세를 허락하신 것 등, 모두가 오직 순전하고도 주권적인 은혜로 말미암습니다. 따라서 칭의는 순전하고도 주권적인 은혜입니다. 그러나 행위 자체와 관련하여, 칭의는 온전한 의미에서 전적으로 공의와 일치합니다. 하나님은 자비로운 아버지로서 죄를 눈감아 줌으로써 의롭다 하시지 않습니다. 오히려 의로운 재판장으로서, 그들을 위해 모든 것을 지불하고 보증이 되신 그리스도 안에서 그들을 모든 죄책과 형벌에서 자유롭게 하심으로써 구원의 자격을 얻게 하십니다. 따라서 하나님께서 그들을 의롭다 선언하신 것은 의로운 행위입니다.

칭의의 성질

칭의를 구성하는 바 칭의의 본질 또는 성질에 관해 숙고해 봅시다. 칭의는 죄책과 형벌을 면제할 뿐만 아니라, 영생의 권리를 부여하는 행위이기도 합니다. 그것은 죄책과 형벌로부터 자유를 선고받고, 영원한 복락의 상속자가 되는 것입니다. 칭의의 행위에는 이 두 가지 요소가 모두 포함됩니다. 아담은 완전하게 창조되었으나, 영원한 복락의 권리를 곧바로 소유하지는 못했습니다. 그는 먼저 행위언약의 조건을 만족시켜야만 했습니다. 그러나 죄를 범함으로써 사람은 죄책과 형벌을 자초하였고, 자신의 복락을 빼앗겼습니다. 따라서 사람이 단지 죄책과 형벌에서만 건짐 받는다면 아담의 처음 상태와 동일해질 것입니다. 다시 말해, 그에게 죄책은 없을지라도 여전히 영원한 생명의 권세를 소유하지는 못하는 것입니다. 그런데 바로 주 예수님께서 이 모든 것을 성취하셨습니다. 친히 고난당함으로써 죄의 빚을 지불하셨고, 자신을 율법 아래 둠으로써 그들을 위한 영생의 권리를 획득하셨습니다. 앞서 우리는 영생의 권리를 얻으려면 율법을 성취해야 한다는 사실을 다루었습니다. 또한 그리스도께서 적극적으로 순종하심으로써 자기 백성들에게 영생의 권리를 줄 수 있는 의를 획득하셨다는 사실도 증명하였습니다. 따라서 칭의는 명백하게 죄의 사면뿐만 아니라 영생의 권세를 부여하는 것도 포함합니다. 왜냐하면 그리스도의 모든 공로가 칭의의 근거요 이유가 되기 때문입니다.

성경의 많은 본문들이 칭의에 이 두 요소가 모두 포함된다는 사실을 확증합니다.

"죄 사함과 나를 믿어 거룩하게 된 무리 가운데서 기업을 얻게 하리라 하더이다"(행 26:18).

"우리를 사랑하사 그의 피로 우리 죄에서 우리를 해방하시고 그의 아버지 하나님을 위하여 우리를 나라와 제사장으로 삼으신 그에게"(계 1:5,6).

"그러므로 우리가 믿음으로 의롭다하심을 받았으니 우리 주 예수 그리스도로 말미암아 하나님과 화평을 누리자……하나님의 영광을 바라고 즐거워하느니라"(롬 5:1,2).

칭의가 죄책과 형벌로부터 사면되는 것임을 주장할 때, 우리는 이 둘을 분리할 수 없는 하나로 결합시킵니다. 그리하여 교황주의자들과 몇몇 사람들이 주장하는 바 죄책과 영원한 형벌에서는 면제되지만 현세적인 형벌에 대하여는 스스로 만족시켜야 한다는 오류에 반박하고자 합니다. 그들은 우리가 자신의 능력으로 성취한 것을 그리스도께서 우리의 공로로 인정해 주신다고 주장합니다. 또한 그리스도의 공로로 얻게 된 죄의 용서를 실제로 적용하려면 우리의 공로가 필요하다고 가르칩니다. 이에 관해서는 적당한 시점에 철저하게 반박하겠습니다.

칭의의 원인

칭의의 원인을 숙고해 봅시다. 칭의의 원인은 하나님 자신으로, 언약의 경륜 안에서 저마다 고유한 역할을 가지시는 성부, 성자, 성령 하나님입니다. 칭의는 하나님께서 행하시는 일입니다. 왜냐하면 오직 하나님만이 유일한 입법자요(약 4:12 참고) 온 세상을 심판하는 유일한 재판장이자(창 18:25 참고) 의로운 재판장이시기 때문입니다(시 7:11 참고). 의로우신 하나님은 죄 있는 자를 결코 깨끗하다 하실 수 없으며(출 34:7 참고), 진리에 따라 판결하십니다(롬 2:5 참고). 그리고 그분의 심판은 의롭습니다(롬 2:5 참고). 그분은 자신의 공의로 경건하지 않은 자를 정죄하시고, 동일한 공의로 믿는 자들을 의롭다 하십니다. 앞서 진술한 대로, 이것은 하나님께서 행하시는 일입니다.

"의롭다 하신 이는 하나님이시니"(롬 8:33).

"나 곧 나는 나를 위하여 네 허물을 도말하는 자니"(사 43:25).

칭의는 성부 하나님께서 행하시는 일입니다.

"곧 하나님께서 그리스도 안에 계시사 세상을 자기와 화목하게 하시며 그들의 죄를 그들에게 돌리지 아니하시고"(고후 5:19).

또한 칭의는 성자 하나님께서 행하시는 일입니다.

"그러나 인자가 세상에서 죄를 사하는 권능이 있는 줄을 너희로 알게 하려 하노라 하시고"(마 9:6).

성령은 택함 받은 자들에게 하나님이 허락하신 것을 그들에게 알리시고(고후 2:12 참고), "우리의 영과 더불어 우리가 하나님의 자녀인 것을 증언"(롬 8:16)하심으로 칭의를 행하십니다. 따라서 교황이 죄를 사하는 권세를 부여받았다는 주장은 모든 가증한 일들 중에서도 가장 가증스럽습니다. 하나님은 그분의 종들에게 목회적인 권세를 부여하심으로써, 참으로 회개한 신자들에게 예수 그리스도의 이름으로 그들이 죄를 용서받았음을 선포하게 하셨습니다(마 16:19, 18:18; 요 20:23 참고). 그러나 교황주의자들은 그 사실 뒤에 숨어서 자신들의 오류를 감추고 있습니다. 교황이 선언한 죄 사함에 기대어 안심했던 사람들은 가련하게도 자신들이 속았다는 끔찍한 사실을 발견할 것입니다.

칭의의 동인

칭의의 기초 또는 근간, 다시 말해 칭의의 동인에 관해 숙고해 봅시다. 하나님은 의롭다 하시는 재판장이시며, 또한 의로운 재판장이십니다. 그러므로 사람이 하나님께 의롭다함을 받기 위해서는 반드시 완전한 의를 소유해야 합니다. 사람은 악하고 육신적인 탓에 가장 선한 자들에게도 '아무런 선한 것이 없습니다.' 가장 탁월한 자일지라도 "내 마음은 정하며 허물이 없다"라고 말할 수 없습니다. 사람은 날마다 여러 가지 죄를 범하므로 천 가지나 되는 심문에 단 하나도 답할 수 없으며, 그러하기에 다음과 같이 기도할 수밖에 없습니다.

"주의 종에게 심판을 행하지 마소서. 주의 눈앞에는 의로운 인생이 하나도 없나이다"(시 143:2).

따라서 사람의 의는 칭의의 근거가 될 수 없으며, 사람이 의롭다함을 받으려면 반드시 예수 그리스도의 의에 참여해야만 합니다. 그리스도는 보증으로서 택함 받은 자들의 죗값을 모두 지불하셨습니다. 또한 스스로 율법 아래에 들어가 친히 그것에 복종하심으로써 택함 받은 자들에게 주실 영원한 복락을 얻으셨습니다. 이것은 하나님께서 그리스도의 보증 됨을 통해 택함 받은 자들에게 전가하시는 의입니다. 그리고 그들은 복음 안에 제시된 하나님의 의를 믿음으로써 그 의에 참여합니다. 따라서 그리스도의 의가 그들의 의가 되고, 그들은 이 의로 옷 입고 하나님께로 나아가며, 완전한 의로 의롭다함을 받습니다. 바울은 이와 동일한 내용을 기록합니다.

"모든 사람이 죄를 범하였으매 하나님의 영광에 이르지 못하더니, 그리스도 예수 안에 있는 속량으로 말미암아 하나님의 은혜로 값없이 의롭다하심을 얻은 자 되었느니라"(롬 3:23,24).

진리와 경건에서 멀리 있는 사람들은 이러한 의의 전가를 상상이나 꾸며 낸 것으로 여깁니다. 그들은 어떻게 누군가의 의가 다른 이의 죄를 제거할 수 있는지, 또한 어떻게 다른 사람의 의가 전가됨으로써 자신이 지은 모든 죄의 대가가 지불되고 거룩한 율법의 모든 의가 성취되었다고 여겨질 수 있는지 이해하지 못합니다.

이것을 분명하게 이해하려면 전가가 두 가지 측면으로 이루어질 수 있다는 사실에 유의해야 합니다. 전가는 어떤 사람이 스스로 행함으로써 이루어지거나 누군가가 그를 대신하여 성취함으로써 이루어질 수 있습니다.

① 자기 행위가 자신에게로 전가될 때, 그러한 전가는 그가 행한 일이 선한지 아

니면 악한지를 선언합니다. 그러하기에 비느하스의 열심 있는 행동이 '그의 의로 인정'되었습니다(시 106:31 참고). 그에게도 책망받을 만한 외적인 이유들이 있었지만, 하나님은 그가 의를 행했고 의로운 자였으며 합당하게 행했다고 선언하셨습니다. 같은 원리로, 경건하지 않은 자들의 죄도 그들 자신에게로 전가되어, 하나님께서 그들을 유죄로 선포하십니다.

"피 흘린 자로 여길 것이라 그가 피를 흘렸은즉"(레 17:4).

그러므로 '전가하지 않는다'는 것은 '용서하다, 좋게 여기다, 기억하지 않다, 벌하지 않는다'는 의미입니다.

"내게 죄를 돌리지 마옵소서"(삼하 19:19).

② 다른 이가 성취한 것이 누군가에게로 전가될 때, 이것은 비록 그 사람이 행하지 않았더라도 그가 행한 것으로 인정되었음을 승인하고 선포하는 것입니다. 이것은 정당한 것일 수 있는데, 다른 이가 대신 행한 것을 통해 그 일이 이루어졌기 때문입니다. 우리아는 실제로 암몬 자손들의 손에 죽었지만, 그의 죽음은 다윗의 탓으로 돌려졌습니다. 왜냐하면 다윗이 우리아가 위험에 처하도록 그를 속여 암몬 자손들의 손에 내주었기 때문입니다. 누군가가 다른 사람의 보증이 되어 값을 지불하는 경우도 그와 같습니다.

"그가 만일 네게 불의를 하였거나 네게 빚진 것이 있으면 그것을 내 앞으로 계산하라……내가 갚으려니와"(몬 1:18,19).

이 모든 것을 전가라는 주제에 곧바로 적용해 보십시오. 무엇보다 전가가 대속물을 통해 죄인을 다루시는 하나님의 신적 공의에 부합한다는 사실에 유념하십시오(16장 은혜언약 참고). 또한 그리스도는 택함 받은 자들의 보증이시며, 그들을 대신하여 스스로 고난당하고 죽으심으로써 그들의 죄를 대속하셨고, 보증으로서 그들을 대신하여 모든 율법을 성취하셨습니다(22장 참고).

③ 이 의는 택함 받은 자들에게 전가됩니다. 보증이신 그리스도가 그들을 대신해 이것을 이루셨으므로, 하나님은 그들이 스스로 그 의를 이룬 것처럼 여기십니다. 이미 앞에서 동일한 내용을 다룬 바 있습니다. 로마서 4장 6절을 보면, '여기다

(전가하다)'라는 말이 그와 같이 사용되는 것을 알 수 있습니다.

"일한 것이 없이 하나님께 의로 여기심을 받는 사람의 복에 대하여 다윗이 말한 바."

그러므로 우리는 신자들에게 전가된 그리스도의 공로가 하나님께서 죄를 사하고 영생의 상속자로 선언하시는 근거요 토대와 이유가 된다고 주장합니다.

먼저, 로마서 5장 19절이 이를 분명하게 확증합니다.

"한 사람이 순종하지 아니함으로 많은 사람이 죄인 된 것같이 한 사람이 순종하심으로 많은 사람이 의인이 되리라."

이 본문은 아담과 그리스도를 대조합니다. 한 사람의 불순종과 그리스도의 순종, 그리고 그 결과로 '죄인이 되는 것'과 '의인이 되는 것'에 관해 말합니다. 그러나 여기서 '되다(be made)'는 다른 어떤 사람의 행위를 가리키지 않으며, 전가를 통해서만 그들의 행위로 여겨진다는 것을 알 수 있습니다. 아담의 죄악된 행위는 전가라는 방식을 통해 그의 후손들의 것으로 셈하여졌습니다. 왜냐하면 아담의 후손들이 실제로 선악을 알게 하는 나무의 열매를 따 먹지는 않았기 때문입니다. 바로 이러한 방식으로 그리스도의 의는 그분의 택자들의 것으로 셈하여졌습니다. 이러한 전가의 방식을 통해서만 그들이 의롭다함을 받으며, 하나님 편에서 그들을 의롭다 하실 수 있습니다. 그리스도가 성부의 허락하심을 따라 그들을 대신하여 모든 것을 성취하셨기 때문에, 이러한 전가는 순전한 의를 근거로 일어납니다.

회피주장 그리스도는 많은 사람이 의롭다함을 얻는 것, 곧 회심하고 거룩하게 되는 것의 원인이 되신다. 이처럼 그분의 순종은 이러한 복들을 얻고 그분을 따르고자 하는 자들에게 본이 된다는 점에서 신자들에게 유익하다. 그러나 마치 그리스도의 의가 전가라는 방식을 통해 믿는 자들의 것으로 간주되어 그들이 죄책과 형벌에서 건짐을 받으며 생명의 상속자로 선언되기라도 하는 것처럼, 그리스도가 칭의의 형식적이고도 본질적 원인은 아니다.

| 답변 |

❶ 이러한 진술은 증명될 수 없기에 즉각 거부되어야 합니다.

❷ 로마서 5장 19절은 거룩함의 주입이나 따라야 할 본에 대해 전혀 언급하지 않습니다. 오히려 아담과 그리스도를 대조한다는 점에서, 본문이 전가에 관한 내용을 다룬다는 점을 분명히 알 수 있습니다. 아담의 행위는 전가를 통해 그 후손들의 행위가 됨으로써, 마치 그들이 직접 그것을 행한 것인 양 여겨집니다. 마찬가지로 그리스도의 의는 전가를 통해 하나님의 백성들의 의가 됨으로써, 마치 그들이 그것을 획득한 것처럼 간주됩니다. 로마서 5장 전체는 하나님의 백성들에게 전가된 그리스도의 의에 관해 말합니다.

"그러므로 우리가 믿음으로 의롭다하심을 받았으니 우리 주 예수 그리스도로 말미암아 하나님과 화평을 누리자"(롬 5:1).

그리스도의 죽으심으로 말미암아 속죄가 하나님이 택하신 백성들에게 효력을 가집니다(롬 5:10,11 참고). 이 일은 전가 외에 다른 방식으로는 결코 일어날 수 없습니다. 한 사람의 범죄로 인해 다른 사람들이 죄인이 되어 정죄 받는 것과 마찬가지로, 한 사람의 의로 말미암아 다른 사람들에게 은혜가 임하여 그들이 생명의 칭의에 이르게 됩니다(롬 5:18 참고). 그러므로 그리스도의 의는 전가의 방식으로 택함 받은 자들의 의가 됩니다. 의가 전가됨으로써 그들은 의롭다함을 받고 하나님과 화평을 누리며, 원수였으나 화목하게 되었고, 죄악된 자이나 그리스도 안에서 의롭게 되었습니다.

고린도후서 5장 21절도 이러한 사실을 언급합니다.

"하나님이 죄를 알지도 못하신 이를 우리를 대신하여 죄로 삼으신 것은 우리로 하여금 그 안에서 하나님의 의가 되게 하심이라."

그러므로 신자들은 자신을 위해 죄가 되신 그분 안에서 동일한 방식으로 의롭다함을 받습니다. 여기에는 서로 간에 이루어지는 교환이 있습니다. 죄로 삼은 바 되신 분이 자신 안에서 그들을 의롭게 하십니다. 그러나 그리스도께서 죄가 되신 것은 그분에게 죄가 있어서가 아니라, 보증이신 그분께 택자들의 죄가 전가된 결과입니다. 이와 마찬가지로, 택자들도 그들 내면의 거룩함이 아니라 전가로 말미암아 하나님의 의가 됩니다. 스스로 의로운 것이 아니라 그분 안에서 의롭게 된 것입니다.

골로새서 2장 10절도 이것이 사실임을 밝힙니다.

"너희도 그 안에서 충만하여졌으니."

그러나 어떤 사람이 성화의 과정에서 많이 진보했다 하더라도, 그는 여전히 불완전하며 날마다 많은 죄를 범하며 살아갑니다. 그러한 자들은 "내 마음이 깨끗하며 허물이 없다"라고 말할 수 없을 것입니다. 그러나 그들은 그들 자신이 아니라 그리스도 안에서 완전합니다. 전가를 배제하고서는 이러한 완전함을 기대할 수 없습니다. 그리스도의 중보적 사역의 효력으로 말미암아 하나님께서 그분의 공로를 그들의 것으로 셈하십니다. 그 결과 그들은 제시된 복음과 약속의 효력으로 말미암아 믿음으로 그리스도의 중보적 사역을 받아들임으로써 완전해집니다.

이제 앞서 언급한 세 구절을 함께 숙고해 보십시오. 그리하면 여러분은 다음과 같이 부인할 수 없는 결론에 이를 것입니다. 그리스도의 순종하심이 근거가 되어 신자가 의롭게 되고, 그리스도의 죄 되심으로 인해 신자가 그분 안에서 하나님의 의가 되고 완전해진다면(이러한 일은 전가가 아니고서는 일어날 수 없습니다), 그리스도의 의는 그들의 것입니다. 따라서 그들이 의로우신 재판장에게 의롭다함을 받을 때, 그들은 자신의 의가 아니라 그리스도의 의로써 의롭다함을 받습니다.

다음 본문들도 이 사실을 확증합니다.

"그의 이름은 여호와 우리의 공의라 일컬음을 받으리라"(렘 23:6).

"너희는 하나님으로부터 나서 그리스도 예수 안에 있고 예수는 하나님으로부터 나와서 우리에게 지혜와 의로움과 거룩함과 구원함이 되셨으니"(고전 1:30).

여기서 말하는 의는 사람이 아니라 그리스도 안에서 발견되거나 그분에게서 비롯된 의입니다. 이것은 신자들에게 속합니다. 다만 전가라는 방식이 아니고서는 그들의 분깃이 될 수 없습니다. 사도는 바로 이러한 방식으로 전가라는 단어를 사용합니다.

"일한 것이 없이 하나님께 의로 여기심을 받는 사람의 복에 대하여 다윗이 말한 바"(롬

4:6).

그러므로 사람이 의롭다함을 받는 원인은 바로 그리스도의 의입니다.

【증명 1】 이는 다음과 같은 본문들에 분명히 나타납니다. 여기서는 그리스도의 만족케 하심으로 인해 사람이 행함 없이 의롭다함을 받는다고 말합니다.

"그리스도 예수 안에 있는 속량으로 말미암아 하나님의 은혜로 값없이 의롭다하심을 얻은 자 되었느니라"(롬 3:24).

"그러므로 사람이 의롭다하심을 얻는 것은 율법의 행위에 있지 않고 믿음으로 되는 줄 우리가 인정하노라"(롬 3:28).

의롭다 하는 행위는 거룩함을 주입하거나 그 거룩함이 증가되는 것을 말하지 않습니다. 오히려 의롭다는 선언을 받고, 죄책과 형벌로부터 사함을 얻으며, 영생의 권리를 받는 것을 말합니다. 이 모든 것은 앞에서 포괄적으로 논증했습니다. 또한 사람의 공로가 칭의의 근거나 이유가 되지 않으며, 오히려 믿음으로 얻는 그리스도의 구속하심이 칭의의 근거가 된다는 사실을 밝혔습니다. 다른 이의 의로움으로 인해 의롭다함을 받는 일은 오직 전가를 통해서만 일어날 수 있습니다.

【증명 2】 아브라함의 칭의에서도 이러한 점이 확증됩니다.

"만일 아브라함이 행위로써 의롭다하심을 받았으면 자랑할 것이 있으려니와 하나님 앞에서는 없느니라. 성경이 무엇을 말하느냐? 아브라함이 하나님을 믿으매 그것이 그에게 의로 여겨진 바 되었느니라. 일하는 자에게는 그 삯이 은혜로 여겨지지 아니하고 보수로 여겨지거니와, 일을 아니할지라도 경건하지 아니한 자를 의롭다 하시는 이를 믿는 자에게는 그의 믿음을 의로 여기시나니"(롬 4:2-5,18-24 참고).

아브라함은 의롭다하심을 받았습니다. 그러나 자신의 행위로 의롭다함을 받지는 않았습니다. 그의 모든 행위가 배제되었기 때문입니다. 그에게는 자신의 칭의에 대해 어떠한 명예나 영광도 없습니다. 왜 그렇습니까? 그가 다른 이의 의로움으로 말미암아 의롭다함을 받았기 때문입니다. 그는 믿음으로 의롭다함을 받았으며, 따라서 믿음으로 된 의로 불립니다(롬 4:11,13 참고). 하나님은 아브라함이 여러 민족의 아버지가 될 것과 이삭을 통해 그에게서 구주가 나게 될 것을 약속하셨습니다. 아브라함은 이삭을 바치는 순간에도 이 약속을 믿었습니다. 믿음으로 이 약속을 받은 것입니다. 그리하여 그는 약속의 말씀을 받았을 뿐만 아니라, 그 약속의 실체인 약속된 구주를 영접하였습니다.

"영접하는 자 곧 그 이름을 믿는 자들에게는"(요 1:12).

아브라함은 믿음을 통해 약속의 실체이신 구주와 연합되었고, 따라서 하나님은 보증이신 그리스도가 얻은 의를 그에게 전가시키셨습니다. 믿음은 그리스도의 의를 받는 방편이자 그리스도와 연합되는 방편입니다. 믿음으로 그리스도께로 옮겨지며, 이 믿음이 그에게 의로 여겨졌습니다. 이것은 믿음의 행위가 아니며, 믿음으로 참여하게 된 그리스도의 의입니다. 로마서 4장에서 빈번하게 사용되는 '여기다(전가하다)'라는 단어는, 누군가의 의와 공로를 다른 이의 것으로 셈함으로써 그 사람을 의롭게 한다는 의미를 내포합니다. 아브라함도 이러한 방식으로 의롭다함을 받았으며, 모든 신자들도 동일한 방식으로 의롭다함을 받습니다(롬 4:11 참고).

반론 1

하나님은 의롭지 않은 자를 의롭다 하실 수 없다. 어느 누구도 다른 이의 의로움으로 인해 의로워질 수 없다. 따라서 그리스도의 의는 사람이 하나님께 의롭다함을 받는 이유나 근거가 될 수 없다.

답변

(1) 어느 누구도 다른 사람의 의로 인해 의롭게 될 수 없다는 주장은 사실이 아닙니다.

(2) 보증인이 다른 사람의 빚을 떠안아 그 빚을 지불하고 모든 요구 조건을 충족시키면, 채무자는 더 이상 아무 빚도 가지지 않으며 자유로워집니다.

(3) 우리는 앞에서 다음과 같은 내용을 증명했습니다. 즉, 사람은 그리스도가 행하신 순종에 근거하여(곧 그리스도 안에 있는 하나님의 의로 인해) 의롭다함을 받고 그분 안에서 완전해지며, 그리스도는 '여호와 우리의 의'가 되시고 보증이 되십니다. 따라서 다른 이(보증인)의 의로 말미암아 의롭게 될 수 있으며, 이는 전가라는 방식

을 통해 이루어집니다(롬 4:3-11,22 참고).

(4) 하나님은 의로운 재판장이시므로 의롭지 않은 자를 의롭다 하실 수 없습니다. 따라서 사람은 자신의 의로 의롭다함을 받을 수 없습니다. 왜냐하면 사람이 행하는 일은 모두 불완전하며 죄악되기 때문입니다. 그러나 사람은 그리스도 안에서 의롭다함을 받습니다.

반론 2

신자들은 자신이 소유한 내적인 의로 말미암아 의롭게 된다. 요한일서 3장 7절을 숙고해 보라.

"의를 행하는 자는 그의 의로우심과 같이 의롭고."

그러므로 사람은 그리스도의 의를 전가 받음으로써 의로워지는 것이 아니며, 결국 의가 전가되는 방식을 통해 하나님 앞에서 의롭다함을 얻는 것이 아니라고 결론 내릴 수 있다.

답변

(1) 의가 거룩함을 내포하며 의를 행하는 자가 거룩하다는 것은 사실입니다. 그러나 이 땅에 사는 사람들 중 완전히 거룩하고 의로운 이는 아무도 없습니다. 사도는 요한일서 1장 8절에서 다음과 같이 말합니다.

"만일 우리가 죄가 없다고 말하면 스스로 속이고 또 진리가 우리 속에 있지 아니할 것이요."

이처럼 사람은 자신의 의로 하나님 앞에 의롭다함을 받을 수 없으므로, 하나님의 의로우신 판단 가운데서도 드러날 수 있는 또 다른 의가 반드시 있어야만 합니다.

(2) 요한일서 3장 7절에서 사도가 말하는 바는 (우리의 논점인) 칭의가 아니라, 언제나 칭의와 결합되어 있는 성화입니다. 그러나 칭의와 성화는 같은 것이 아닙니다. 따라서 본문을 이 논점에 적용할 수는 없습니다.

반론 3

사람은 아담 안에서 상실한 모든 것을 그리스도 안에서 다시금 얻게 된다. 그런데 우리는 아담 안에서 전가된 의를 상실하지 않았다. 그러므로 그리스도 안에서 그것을 다시 받는 것이 아니다.

답변

(1) 우리는 아담 안에서 완전한 의를 상실하였고, 그리스도 안에서 이 완전한 의를 다시 받습니다. 연합과 전가는 단지 이 의를 받는 방법일 뿐, 완전한 의 자체를 뜻하지 않습니다. 그리스도의 의의 전가는 율법에 배치되지 않습니다. 오히려 율법과 선지자들이 이를 증언합니다(롬 3:21 참고).

(2) 우리는 아담 안에서 상실한 모든 것을 그리스도 안에서 받게 된다는 주장을 부인합니다. 우리는 아담 안에서 상실한 것보다 더욱 많은 것을 그리스도 안에서 받습니다. 즉, 죄의 용서, 변치 않는 지위, 하나님의 은혜와 자비 가운데서 하나님을 영화롭게 할 특권들을 받습니다.

반론 4

만일 우리가 그리스도의 의로 말미암아 의로워진다면, 우리는 그리스도만큼 의롭게 되는 것이다. 즉, 그분의 신적인 거룩함을 포함한 모든 거룩함이 우리의 거룩함이 되는 것이다. 그런데 이것은 불합리한 일이다. 따라서 우리는 전가된 그리스도의 의로 의롭게 될 수 없다.

답변

우리는 이러한 주장을 거부합니다. 왜냐하면 사람에게 전가된 의는 그리스도가 보증이 되시어 얻은 충분한 의이기 때문입니다. 하나님의 거룩함은 그 속성상 다른 존재가 공유할 수 없기에 사람에게 전가될 수도 없고, 사람이 참여할 수도 없습니다. 게다가 사람이 반드시 하나님의 거룩함을 가져야 하지도 않습니다.

반론 5

우리는 은혜로 의롭다함을 받는다.

"그리스도 예수 안에 있는 속량으로 말미암아 하나님의 은혜로 값없이 의롭다하심을 얻은 자 되었느니라"(롬 3:24).

따라서 우리는 그리스도의 전가된 의로 말미암아 의롭다함을 받지 않는다.

답변

(1) 값없이 의롭다함을 받았다는 것은, 인간의 모든 의가 배제된다는 말입니다.

(2) 은혜로 의롭다함을 받았다는 것은, 사람에게 어떠한 의무도 없는 하나님께서 주권적인 선하심과 자비하심으로 사람에게 그리스도를 보증으로 허락하고 그분의 의를 전가하심으로써 사람을 의롭다 하셨다는 말입니다. 따라서 은혜는 칭의의 근거라기보다는 보증으로 말미암아 칭의가 흘러나오는 샘인 것입니다. 그러하기에 칭의를 가능케 하는 동인으로서 '은혜'라는 말은 "그리스도 예수 안에 있는 속량으로 말미암아"라는 말에 뒤이어 나옵니다. 그렇다고 마치 은혜로운 평가와 용인이 필요한 것처럼 그리스도의 충족하심으로는 부족하다는 의미는 아닙니다. 왜냐하면 그리스도께서 "한 번의 제사로 영원히 온전하게"(히 10:14) 하셨기 때문입니다. 또한 은혜와 사람의 행위가 서로 우호적인 수납을 통해 결속되어 있다는 것도 아닙니다. 왜냐하면 은혜와 행위는 하나가 다른 하나를 배제하는 대조적인 관계이기 때문입니다. 은혜는 하나님의 선하심을 나타냅니다. 하나님은 선하시므로 보증이신 그리스도를 허락하실 수 있었고, 보증을 주셨으며, 이 보증으로 말미암아 어떤 사람들을 (다른 사람들에게서 구별하여) 구원하셨습니다. 이처럼 오직 그리스도의 의만이 우리가 칭의를 받을 수 있게 하는 동인이라는 사실은 여전히 확실합니다.

칭의에 이르는 방편: 믿음

사람이 의롭다함을 받는 방편인 믿음을 숙고해 봅시다.

"그러므로 사람이 의롭다하심을 얻는 것은 율법의 행위에 있지 않고 믿음으로 되는 줄 우리가 인정하노라"(롬 3:28).

　우리의 의가 되시는 그리스도가 하나님의 공의를 만족시키셨으며, 율법의 모든 요구를 성취하셨습니다. 그러므로 하나님은 택하신 자들을 공의로운 방식으로 구원에 참여하게 하실 수 있었습니다. 이때 사람의 모든 행위는 완전히 배제됩니다. 신자들은 그리스도 안에서 모든 것을 가지며, 그들의 믿음은 그들의 칭의에 아무 것도 기여하지 않습니다. 만일 하나님의 공의가 허락하였더라면, 하나님은 믿음과 회개 없이도 사람을 기꺼이 구원하실 수 있었을 것입니다. 그러나 지혜롭고도 선하신 하나님은 그리스도가 모든 것을 성취하심으로써, 다른 어떤 길이 아니라 믿음과 회개라는 방식으로 그리스도가 주고자 하시는 은택을 사람이 소유하게끔 하셨습니다.

　믿음의 본질은 제시된 복음과 약속에 근거하여 의롭다 하고 거룩하게 하며 영화롭게 하시는 그리스도께 자신을 맡기는 데 있습니다. 믿음으로 예수님을 영접하고 그분께 자신을 맡기는 사람은 칭의와 성화에 이르게 하는 약속들을 계속 적극적으로 붙듭니다.

　칭의와 관련해 믿음은 다음과 같이 작용합니다. 먼저, 믿음은 보증 되시는 예수 그리스도의 의를 받아들입니다. 칭의는 죄인들에게 주어지는 그리스도의 의에 근거하여 일어납니다. 또한 그 의를 받아들이고 담대히 활용하라는 많은 권면이 함께 주어집니다. 신자들은 그리스도 안에서 완전한 의를 받고 그분으로 옷 입으며(갈 3:26,27 참고), 구원과 의의 예복으로 옷 입습니다(사 61:10 참고). 그들은 받아 소유하게 된 의를 가지고 하나님 앞에 나아가 그 의를 내보입니다. 그들은 그분이 의롭다고 판단해 주시기를 소망합니다. 그래서 신자들은 그리스도의 고난당하심으로 자신의 죗값이 지불되었는지, 그분의 순종하심으로 자신이 영생의 권리를 소유하게 되었는지를 예수 그리스도의 부활에 근거하여 선한 양심을 가지고 하나님께 여쭙니다(벧전 3:2 참고). 그러고는 곧바로 그리스도와 그분의 의를 영접한 자들에게 주어지는 약속, 곧 죄 사함과 영원한 생명을 포함한 약속을 의지합니다.

　"그에 대하여 모든 선지자도 증언하되 그를 믿는 사람들이 다 그의 이름을 힘입어 죄 사함을 받는다 하였느니라"(행 10:43).

"아들을 믿는 자에게는 영생이 있고"(요 3:36).

신자는 이러한 약속들 및 다른 동일한 약속들을 가지고 하나님께로 나아갑니다. 그리고 약속들을 행사하고 이와 같이 간구하면서, 이 약속들을 하나님께서 자신에게 들려주시는 음성으로 여깁니다(그 약속이 하나님의 말씀이기 때문입니다). 그들은 이 약속들, 곧 죄책과 형벌을 면제하고 영생의 상속자로 선언하는 것을 자신에게 주어진 것으로 받아들입니다. 이때 성령께서 믿음의 역사를(믿음이 활동하는 동안) 일으켜, 이와 같은 진리들을 그 영혼에 적용하십니다. 그리고 영혼은 그 진리를 믿으며, 하나님께 의롭다함을 받았다는 말씀을 듣습니다. 때로는 성령께서 그 영혼을 인 치시고, 의롭다함을 받은 것뿐만 아니라 의롭다함에 포함된 복락을 맛보게 하여 그 영혼에 평화와 기쁨을 허락하십니다.

칭의가 일어나는 시점

하나님께서 사람을 의롭다 칭하시는 시점에 관해 숙고해 봅시다. 하나님은 영원 전에 그리스도의 공로를 통해 그분이 택하신 자들을 구원하기로 목적하셨습니다. 그러나 이것은 성경이 말하는 칭의가 아닙니다. 그리스도는 때가 이르자 모든 죄를 실제로 대속하여 택함 받은 자들을 위한 구원을 이루셨으며, 이로 말미암아 성령으로 의롭다하심을 얻으셨습니다. 이처럼 하나님은 그리스도 안에서 자기 자녀들을 바라보십니다. 그러나 이것도 아직 칭의는 아닙니다. 하나님은 믿음으로 사람을 의롭다 하시며, 따라서 칭의는 사람에 대한 하나님의 법정적인 선언입니다. 이러한 선언은 첫 믿음의 행위에 대해 단회적으로만이 아니라, 칭의와 관련해 그리스도를 믿는 믿음을 행사할 때마다 몇 번이고 이루어집니다. 이는 단번에 의롭다함을 받았다는 것에 대한 확신을 말하는 것이 아닙니다. 실제로 날마다 죄를 용서받는다는 것을 말합니다.

칭의의 진리 됨에 대한 변호

지금까지 첫 번째 쟁점인 칭의의 본질을 정의해 보았습니다. 이제 더 나아가 두 번째 쟁점인 칭의의 진리 됨에 반대하는 주장에 맞서 이를 변호하고자 합니다. 이때 쟁점이 되는 사안들을 제시하고 다룸으로써 이를 변호하겠습니다.

칭의에 반대하는 자들은 머리가 각각 떨어져 있지만 꼬리가 한데 묶여 있던 삼손의 여우들과 같습니다. 그들은 저마다 다양한 의견(sentiments)을 가지고 다르게 주장하면서 칭의에 반대합니다. 그러나 칭의 교리에 대항해 싸우는 일에는 유사한 방식으로 협력합니다. 헤롯과 빌라도가 그리스도를 대적하는 일에 연합했듯이 말입니다.

소시니안주의자들은 그리스도의 의를 근거로 하는 사람의 칭의를 인정하지 않을 뿐만 아니라 그리스도의 공로 자체를 부인합니다. 그들은 사람이 자신의 의로 의롭다함을 받는다고 주장합니다. 그들에게 칭의는, 마치 그들이 의롭다함을 받는 것이 합당하기라도 한 것처럼 그들의 행위들에 내재된 의로 말미암은 것이 아닙니다. 오히려 칭의는 자신들의 행위를 은혜롭게 평가한 데서 말미암습니다. 다시 말해, 부분을 전체와 같은 것으로 받아들인 데서 말미암은 것입니다. 그들은, 사람은 죽을 때까지 의롭다함을 받지 못하며, 죽고 나서야 모든 악에서 건짐 받고 영생을 얻는다고 주장합니다. 이러한 오류에 관해서는 17, 18장(1권)에서 포괄적으로 다루었습니다.

한편 교황주의자들은 칭의를 그런 식으로 이해하지는 않습니다. 그들은 칭의를 거룩함의 주입과 성화의 진보로 봅니다. 이에 대해서는 앞에서 반박하였습니다. 그들은 행위와 관련된 공로뿐만 아니라 죄 사함에 관해서도 말합니다. 그로 인해 이 땅에서 받아야 할 형벌로부터 건짐을 받고 구원에 참여한 자가 된다고 주장합니다.

칭의의 원인: 그리스도의 의

> ▶ 질문
> 의로운 재판장인 하나님께서 공의롭게 심판하실 때 사람을 의롭다 하실 수 있는가? 다시 말해, 사람이 자신의 고유한 의와 고난과 선한 행실로 죄책과 형벌을 면제받고 영생의 상속자로 선언될 수 있는가?

대답: 교황주의자들은 이 질문에 그렇다고 답하겠지만, 우리는 아니라고 답합니다. 그들은 의롭다함을 죄 사함과 생명의 갱신이라고 정의합니다.

① 죄 사함에 관하여, 교황주의자들은 그리스도께서 모든 사람을 위해 충분한 만족을 이루셨으며, 이는 세례 받기 이전에 범한 모든 죄와 그에 따른 형벌(현세의 형벌과 내세의 형벌 모두)에 효력을 미친다고 주장합니다. 그리고 이 모든 것이 세례를 통해 완전히 제거된다고 주장합니다. 한편 죄책과 영원한 형벌에 관해서는 그리스도께서 효과적으로 속죄를 이루셨지만, 참회한 자들이 이 땅에서 범하는 실제적인 죄들과 계속 짓는 범죄로 인한 현세의 형벌에 대해서는 그렇지 않다고 주장합니다. 그러하기에 세례를 받은 이후에 범하는 죄에 뒤따르는 현세적 형벌을 스스로 만족시켜야 한다는 것입니다. 그들은 마음을 깨뜨리고 죄를 고백하며 보속을 행함으로써 그리하여야만 합니다. 만일 그들이 이 땅에서 이를 충족시키지 못한다면, 죽은 뒤에 연옥에서 죄책과 형벌을 만족시켜야만 합니다. 이때 그들은 다른 성도들에게 남은 선한 행실의 도움을 받을 수 있습니다. 이와 같이 그들은 스스로 현세적 형벌을 만족시켜야 하고, 선행으로 천국을 얻어야 하며, 공로로 의롭다함을 받아야 합니다.

② 교황주의자들은 자기 힘과 자유의지와 회개함으로 협력하는 모든 자들에게 그리스도가 생명의 갱신을 허락하신다고 주장합니다. 그들은 사람이 오직 그리스도의 의로만 의롭다함을 받는다고 주장하는 자들에게 파문(anathema)을 선언합니다. 칭의와 관련해, 그들은 율법적 칭의와 복음적 칭의를 구분합니다. 그들은 자신

들이 주장하는 칭의가 복음적이라고 말합니다. 그들도 그리스도를 죄 사함, 생명의 갱신, 성화의 원인으로 여기기 때문입니다. 그들은 그리스도가 스스로 공로를 쌓을 수 있는 능력까지 주셨다고 주장하면서, 자신들의 공로를 칭의의 공동 원인으로 보고 그리스도의 공로에 덧붙입니다.

이러한 주장에 대해 우리는 다음과 같이 답합니다.

첫째, 그리스도는 모든 사람이 아니라 택함 받은 이들만을 위해 만족을 이루셨습니다. 이러한 충족하심은 세례 이전에 범한 죄뿐만 아니라 인생의 마지막에 이르기까지 범하는 모든 죄에 적용됩니다. 더욱이 그리스도는 죄책과 모든 형벌, 곧 영원한 형벌뿐만 아니라 현세적인 형벌 모두를 위해 만족을 이루셨습니다. 이처럼 죄책이 완전히 만족되었다면, 형벌은 더 이상 남아 있지 않습니다. 또한 사람의 고난이나 선행은 아무런 공로도 될 수 없으며, 연옥이나 잉여의 공로 같은 것은 존재하지도 않고, 어떤 사람의 덕행을 다른 이의 것으로 셈할 수도 없습니다.

둘째, 의롭다함을 받은 자는 성화를 이루게 됩니다. 사람이 단지 그리스도의 의와 공로만을 의지하면 되고 성화에는 신경 쓸 필요가 없으며 자기 마음대로 살아도 구원을 받으리라고 말하는 것이 아닙니다. 그것은 개혁교회의 가르침이 아닙니다. 개혁교회는 그런 말과 행실을 경멸하며, 그렇게 처신하면서 죽을 때까지 그런 삶을 고수하는 자들이 결코 구원받지 못하리라고 선언합니다. 그러한 믿음은 결코 올바르지 않으며, 그들은 절대 그리스도의 의에 참여할 수 없습니다.

"이 말이 미쁘도다 원하건대 너는 이 여러 것에 대하여 굳세게 말하라. 이는 하나님을 믿는 자들로 하여금 조심하여 선한 일을 힘쓰게 하려 함이라. 이것은 아름다우며 사람들에게 유익하니라"(딛 3:8).

셋째, 선행에 대해서는 다음과 같이 주장합니다. 선행은 하나님을 영화롭게 하고 이웃에게 덕을 세우며, 개인이 믿음의 진정성을 확신하면서 복음의 아름다움을 드러내는 데에 반드시 필요하고 유익합니다. 그러나 칭의에는 아무런 영향도 끼치지 못합니다. 선행은 (부분으로든 전체로든) 칭의의 원인이 아닙니다. 오직 하나님께서 택하신 자들에게 전가하고 그들이 믿음으로 받는 그리스도의 의만이 칭의의 원인이 됩니다. 사람이 행위로 의롭다함을 받지 못한다는 사실은 다음의 근거에서 분명히 드러납니다.

【근거 1】 칭의에서 인간의 모든 행위는 명백히 배제됩니다.

"그러므로 율법의 행위로 그의 앞에 의롭다하심을 얻을 육체가 없나니……그러므로 사람이 의롭다하심을 얻는 것은 율법의 행위에 있지 않고 믿음으로 되는 줄 우리가 인정하노라"(롬 3:20,28).

"일한 것이 없이 하나님께 의로 여기심을 받는 사람의 복에 대하여 다윗이 말한 바"(롬 4:6).

"사람이 의롭게 되는 것은 율법의 행위로 말미암음이 아니요 오직 예수 그리스도를 믿음으로 말미암는 줄 알므로 우리도 그리스도 예수를 믿나니, 이는 우리가 율법의 행위로써가 아니고 그리스도를 믿음으로써 의롭다함을 얻으려 함이라. 율법의 행위로써는 의롭다함을 얻을 육체가 없느니라"(갈 2:16).

"또 하나님 앞에서 아무도 율법으로 말미암아 의롭게 되지 못할 것이 분명하니"(갈 3:11).

사도는 이러한 본문들을 통해, 칭의에서 행위가 배제된다는 사실을 가장 분명하고도 확실하게 진술합니다.

또한 다음의 말씀들은 칭의에서 사람이 (마치 자신의 공로가 무언가 기여할 수 있다는 것처럼) 자랑하는 모든 것을 배제합니다.

"그런즉 자랑할 데가 어디냐? 있을 수가 없느니라. 무슨 법으로냐? 행위로냐? 아니라 오직 믿음의 법으로니라"(롬 3:27).

"만일 아브라함이 행위로써 의롭다하심을 받았으면 자랑할 것이 있으려니와 하나님 앞에서는 없느니라"(롬 4:2).

회피주장 1 인용된 본문들은 도덕법(이 법에 속한 행위는 제외되지 않는다)이 아니라 의식법에 관한 것이다. 따라서 의식법에 관한 행위만 제외된다.

| 답변 |

❶ 이 본문들은 어떠한 구분도 없이 모든 행위를 가리킵니다. 사도는 이 본문들뿐만 아니라 다른 데서도 행위를 구분하지 않습니다. 따라서 회피주장이 제시하는 구분은 당연히 무의미합니다.

❷ 한편 사도는 도덕법을 분명하게 언급합니다. 그는 로마서 3장에서 다음과 같이 도덕법에 관해 진술합니다.

"기록된 바 의인은 없나니 하나도 없으며……하나님을 찾는 자도 없고 다 치우쳐……그들의 목구멍은 열린 무덤이요……그 입에는 저주와 악독이 가득하고 그 발은 피 흘리는 데 빠른지라……그들의 눈앞에 하나님을 두려워함이 없느니라 함과 같으니라……이는 모든 입을 막고 온 세상으로 하나님의 심판 아래에 있게 하려 함이라"(롬 3:10-19).

여기에 언급되는 행위들은 모두 의식법이 아니라 도덕법과 관련됩니다. 이처럼 사도는 도덕법에 해당하는 모든 행위를 칭의에서 배제합니다. 사도가 "율법을 행하는 자는 그 가운데서 살리라"(갈 3:12)라고 말할 때에도 도덕법에 관해 언급하는 것입니다. 이것을 의식법 또는 그와 관련된 것이라고 말할 수는 없습니다. 이 본문을 보면, 이 구절이 복음과 믿음에 대비되는 도덕법에 관해 말한다는 사실이 분명히 드러납니다. 의식들은 복음과 믿음의 대척점에 있지 않고 오히려 거기에 속합니다. 그리스도는 의식법에서 발견되셨고, 우리는 의식을 행하면서 믿음으로 주님께 참여합니다. 사도는 갈라디아서 3장 10절에서도 도덕법을 말합니다.

"무릇 율법 행위에 속한 자들은 저주 아래에 있나니 기록된 바 누구든지 율법 책에 기록된 대로 모든 일을 항상 행하지 아니하는 자는 저주 아래에 있는 자라 하였음이라."

사도는 여기서 신명기 27장 26절을 인용하는데, 이 말씀은 우상숭배자, 부모를 경홀히 여기는 자, 이웃의 경계표를 옮기는 자, 맹인에게 길을 잃게 하는 자, 송사를 억울하게 하는 자, 근친상간하는 자, 이웃을 암살하는 자, 뇌물을 받는 자 등을 언급합니다(신 27:15-25 참고). 이러한 죄들은 모두 의식법이 아니라 도덕법과 관련 있습니다. 따라서 사도는 도덕법에 따른 행위를 칭의에서 배제합니다.

회피주장 2 인용된 본문들에서는 세례와 회심과 믿음 이전에 행한 모든 행위들이 배제되고 있다. 반면 그리스도를 믿으면서 행한 모든 행위는 배제되지 않는다.

| 답변 |

❶ 사도 자신이 그러한 방식으로 표현하지 않으므로, 이러한 주장은 단순히 추측에 불과합니다.

❷ 사도는 행위와 믿음을 서로 대조하며, 모든 행위를 배제합니다.

❸ 사도는, 그리스도를 믿는다고 말하면서 행위만으로든 믿음과 결합된 행위로든 결국 행위로 의롭다함을 받고자 하는 유대인들에게 말하고 있습니다. 그들은 의식법과 도덕법을 하나이자 동일한 것으로 여겼으며, 도덕법을 행하는 것과 동일한 방식으로 의식들을 행하고자 했고, 행함으로 의롭다함을 받고자 하였습니다. 사도는 이러한 행위를 배제한 것입니다.

❹ 아브라함, 다윗, 바울은 회심하고 믿었습니다. 그러나 그들의 행위는 칭의에서 배제되었습니다(아브라함과 다윗에 대해서는 로마서 4장 6절, 바울에 대해서는 고린도전서 4장 4절 참고). 그러므로 믿음으로 행했다 할지라도, 행위는 칭의에서 제외됩니다.

❺ 세리(눅 18:13 참고), 삭개오(눅 19:2 참고), 십자가에 달린 강도(눅 23장 참고)는 모두 자신의 행위와 관련 없이 의롭다함을 받았습니다. 그러므로 우리의 증언을 깎아내리려고 아무리 노력하여도 여전히 우리를 지지하는 증거가 나타납니다. 그것이 어떤 행위이든 상관없이, 모든 행위는 칭의에서 배제됩니다. 따라서 사람은 행위로 의롭다함을 받지 못합니다.

【근거 2】 칭의는 전적으로 오직 그리스도의 의로 말미암습니다. 이 의는 하나님의 전가하심으로, 그리고 사람의 그 어떤 행위도 더하지 않고 믿음을 통해 받습니다. 이에 대해서는 다음 질문을 다룰 때에 논의하겠습니다.

이와 같이 사람은 자신의 공로로 온전히 의롭다함을 받을 수 없습니다. 만일 그렇다면, 그리스도는 전혀 필요하지 않을 것입니다. 뿐만 아니라 부분적으로 의롭다함을 받을 수도 없습니다. 만일 그렇다면, 그리스도의 의는 불충분한 것이 되고 말 것입니다.

【근거 3】 사람이 은혜로 말미암아 값없이 의롭다함을 받는 것은 행위와 대척점에 놓여 있습니다.

"그리스도 예수 안에 있는 속량으로 말미암아 하나님의 은혜로 값없이 의롭다하심을 얻은 자 되었느니라"(롬 3:24).

사도는 로마서 3장 20절에서 모든 공로를 배제합니다. 그리고 21,22절에서는 율법의 의와는 다르게 믿음으로 수납되는, 그리스도의 의로 말미암은 칭의를 보여 줍니다. 그는 23절에서 사람이 범죄하여 정죄를 받았으며 자신의 행위로는 의롭다함을 받을 수 없다고 선언합니다. 더 나아가 24절에서는 칭의가 값없이(헬라어로는 '선물로'), 곧 결코 공로가 아니라 오직 하나님의 은혜로 주어졌음을 드러냅니다. 은혜는 사람 안에서 무언가가 발견되거나 사람 안에 어떤 것을 은혜롭게 두신 것을 의미하지 않습니다. 하나님의 은혜는 하나님의 선하심을 뜻합니다. 하나님은 자신의 선하심으로 말미암아 사람의 공로와는 다른 대속물을 허락하여, 그리스도의 공로를 근거로 사람을 의롭다 하시며 "그리스도 예수 안에 있는 속량으로 말미암아" 그를 의롭다 하십니다. '값없이,' '은혜로'라는 말은 모든 행위와 공로를 배제합니다.

"만일 은혜로 된 것이면 행위로 말미암지 않음이니 그렇지 않으면 은혜가 은혜 되지 못하느니라"(롬 11:6).

【근거 4】 사람은 다음의 이유로 자신의 행위로는 결코 의롭다함을 받을 수 없습니다.

① 비록 거듭났다 하더라도 사람은 전적으로 불완전하며, 날마다 생각과 말과 행실로 많은 죄들을 짓기 때문입니다(왕상 8:46; 잠 20:9; 약 3:2 참고). 그러므로 사람은 스스로 의롭다함을 받을 수 없습니다.

"누구든지 온 율법을 지키다가 그 하나를 범하면 모두 범한 자가 되나니"(약 2:10).

"진실로 내가 이 일이 그런 줄을 알거니와 인생이 어찌 하나님 앞에 의로우랴. 사람이 하나님께 변론하기를 좋아할지라도 천 마디에 한 마디도 대답하지 못하리라"(욥 9:2,3).

그러므로 모든 사람은 "주의 종에게 심판을 행하지 마소서. 주의 눈앞에는 의로운 인생이 하나도 없나이다"(시 143:2)라고 기도해야만 합니다.

② 무슨 행위든 가장 선한 행위조차도 불완전한 마음에서 비롯되어 모든 면에서 불충분하기 때문입니다. 믿음과 경외함과 사랑의 측면에서 불충분하며, 그 목적도 불완전합니다. "우리의 의는 다 더러운 옷"(사 64:6)과 같습니다. 그것이 바로 사람의 의입니다. 그러나 하나님은 진리를 따라 행하시는 의로운 재판장이므로 죄 있는 자를 죄 없다 하지 않으십니다. 그러하기에 사람은 자신의 행위로 의롭다함을 받을 수 없습니다.

그런데도 사람은 이러한 가르침에 대항하여 자신의 선행을 공로로 만들며 율법의 행위로 칭의를 얻고자 온 힘을 다해 싸웁니다. 그러면서 다음과 같은 반론들을 제기합니다.

반론 1 행위로 말미암는 칭의와 믿음으로 말미암는 칭의

성경은 아브라함이 자신의 행위로 의롭다함을 받았다고 분명하게 진술한다. 따라서 사람은 행위로 말미암아 의롭다함을 받을 수 있다.

"내 형제들아 만일 사람이 믿음이 있노라 하고 행함이 없으면 무슨 유익이 있으리요. 그 믿음이 능히 자기를 구원하겠느냐……우리 조상 아브라함이 그 아들 이삭을 제단에 바칠 때에 행함으로 의롭다하심을 받은 것이 아니냐? 네가 보거니와 믿음이 그의 행함과 함께 일하고 행함으로 믿음이 온전하게 되었느니라……이로 보건대 사람이 행함으로 의롭다 하심을 받고 믿음으로만은 아니니라. 또 이와 같이 기생 라합이 사자들을 접대하여 다른 길로 나가게 할 때에 행함으로 의롭다하심을 받은 것이 아니냐?"(약 2:14,21,22,24,25)

답변

야고보는 아브라함이 행함으로 의롭다함을 받았다고 진술하지만, 바울은 로마서 4장 2-5절에서 아브라함이 행위가 아니라 믿음으로 의롭다함을 받았다고 단호하게 말합니다. 바울과 야고보에게 말씀하신 분은 동일한 진리의 성령이십니다. 그러므로 그들이 서로 반대되는 주장을 펼치는 것이 아니라, 오히려 동일한 것을 말하고 있음이 분명합니다. 그러나 사람이 무지한 탓에 이 둘의 일관성을 깨닫지 못하는 것입니다.

(1) 교황주의자들은 이 두 본문을 자신들의 이중 칭의와 조화시키려 합니다. 그러나 앞에서 논박한 대로, 그들이 제시하는 칭의 구분은 하나님의 말씀을 따르는 것이 아닙니다. 그들은 첫 번째 칭의를 은혜의 주입과 생명의 갱신으로 이해하며, 이것이 행위와는 별개로 하나님으로부터 비롯된다고 여깁니다. 바울이 바로 그것을 지칭한다는 것입니다. 또한 두 번째 칭의를 은혜와 성화에서 자라나는 것으로 이해하고, 야고보가 그에 관해 말한다고 주장합니다. 그러나 우리가 앞에서 살펴본 대로, 이러한 구분은 인간이 만들어 낸 것에 불과합니다. 따라서 두 본문을 이런 식으로 연결하는 것은 당연히 성립할 수 없으며, 이를 뒷받침하는 근거도 없습니다.

(2) 칭의를 구분하여 이러한 본문을 조화시키려는 주장, 즉 바울이 경건하지 않은 자의 칭의를 말하고 야고보가 거듭난 사람의 칭의(곧 칭의가 자신들의 선행으로 말미암으며 이를 통해 영생의 권리를 얻는다는 것)를 말한다는 주장은 교황주의자들이 힘써 주장하는 바와 본질적으로 다르지 않습니다. 이에 대해 좀 더 논박하겠습니다.

(3) 야고보가 행함으로 의롭다하심을 얻는다고 말할 때, 그것이 공로가 아니라 하나님의 진실함과 공의로부터 발생함을 의미한다는 주장 역시 위험합니다. 하나님께서 경건한 자들의 미덕이 덕스러운 것이며 그들을 신실하고도 하나님을 경외하는 자들로, 그리고 그분이 신자들 가운데서 행하신 일을 그분 자신의 역사로 선언하실 수밖에 없다는 주장은 위험합니다. 이것은 성경의 가르침에 반합니다. 성경은 결코 칭의를 그런 식으로 언급하지 않습니다. 그런 주장은 야고보서의 본문과도 일치하지 않는데, 야고보의 목적에 부합하지 않기 때문입니다. 야고보가 의도한 바는 다음과 같습니다. 곧 참된 믿음은 그 자체로 살아 있어서 선한 행실로 나타나며, 이를 통해 부주의하게 살아가는 자들의 믿음이 구원 얻는 믿음이 아님을 확증하게 한다는 것입니다. 비느하스의 행위를 의로 여기셨을 때(시 106:30 참고), 이것은 그 개인에 대한 칭의가 아니라, 단지 그의 행위가 의로움을 말하는 것이었습니다. 여기서 다양한 관점에서 비롯된 잘못된 해석이 나타날 수 있습니다. 또한 야고보가 말하는 바 행위로 말미암은 칭의는, 성령께서 특별하게 열심을 불어넣으심으

로써 발생한 것에 대한 선언입니다(이에 관해서는 이후에 마태복음 12장 37절을 통해 다루겠습니다). 요한일서 3장 7절에서도 사도는 칭의를 언급하는 것이 아닙니다. 오히려 이러한 일을 행하는 자들이 의롭고 거룩하다는 사실을 진술하고 있습니다.

(4) 바울이 하나님 앞에서의 칭의를, 야고보가 사람 앞에서의 칭의를 언급한다는 주장도 본문을 바르게 보는 것이 아닙니다. 본문은 믿음으로 말미암는 칭의가 행함으로 증명된다는 점을 확증합니다.

(5) 이 두 본문을 바르게 살펴보면, 두 사도가 동일하게 '사람이 믿음으로 말미암아 의롭다함을 받는다'는 진리를 전함을 알 수 있습니다. 그런데 문제는 이 두 사도가 서로 다른 대적자들을 대하고 있었다는 사실입니다. 바울은 기독교로 개종한 유대인들을 다루어야 했습니다. 그들은 율법을 통해, 또는 율법과 믿음을 결합하여 의롭다함을 얻고자 하였습니다. 그들을 향해, 바울은 행위가 아니라 오직 믿음으로 말미암아 의롭다함을 얻는다는 사실, 곧 의인은 믿음으로 말미암아 산다는 것을 분명히 알아야 한다고 가르친 것입니다(롬 1:17 참고). 반면, 야고보는 사람이 행함이 아니라 오직 믿음으로 의롭다함을 받는다는 진리에 동의하면서도 흐트러진 모습으로 살아가는 무리들을 상대해야 했습니다. 그들은 이 진리를 악용하여, 반드시 경건하게 살면서 선한 일을 행할 필요는 없다고 주장하였습니다. 그래서 야고보는 그들에게 율법을 행함으로써가 아니라 믿음으로 의롭다함을 얻는다는 사실을 이해시킬 필요가 없었습니다. 그들은 여기에 당연히 동의하였기 때문입니다. 이에 관해 야고보는 분명하게 진술합니다.

"이에 성경에 이른 바 아브라함이 하나님을 믿으니 이것을 의로 여기셨다는 말씀이 이루어졌고"(약 2:23).

이처럼 우리는 바울과 야고보가 동일한 단어를 사용하며, 따라서 서로 같은 주장을 펼친다는 사실을 알 수 있습니다.

단지 그들은 전혀 다른 대적자들을 다루느라 이 진리의 다른 측면을 강조해야 했을 뿐입니다. 바울은, 의롭다함을 받으려면 행위를 바라보지 말아야 한다(행위를 멈추라는 것이 아니라)고 대적자들을 설득하였습니다. 사람은 행위가 아니라 오직 믿음으로만 의롭다함을 받을 수 있기 때문입니다. 반면 야고보는, 믿음을 소유했으니 의롭다함과 구원을 받으리라고 자랑하는 동시에 선을 행할 필요가 없다면서 행함을 등한시하는 대적자들에게 선을 행하라고 촉구하였습니다. 그러한 자들에게 야고보는 그들이 참된 믿음을 소유하지 않았으며 그 본질도 이해하지 못했음을 밝힌 것입니다. 야고보의 대적자들이 자랑하는 믿음은 단순히 역사적인 믿음으로, 그들이 주장하는 바에 참여하게 하지 못합니다. 그들의 믿음은 생명과 열매가 없기 때문에 죽은 믿음에 불과합니다. 더 나아가 야고보는, 참된 믿음은 살아 있고 사랑으로 역사하며 하나님께 순종하게 하고 선한 행실로 이어진다는 것을 대적자들에게 보여 줍니다. 또한 믿음이 아닌 것은 무엇이든 영원한 복락으로 인도하지 못한다는 것을 보여 줍니다. 그러므로 우리는 행실을 통해 자신의 믿음을 판단하고, 그것이 참된 믿음인지를 생각해 보아야 합니다.

　야고보는 아브라함의 사례를 들어 그것을 증명합니다. 아브라함의 믿음은 하나님의 약속이 참되고도 확실하다고 동의할 뿐만 아니라 그 내용들이 이미 이루어졌다고 여기는 것이었습니다. 이러한 그의 믿음은 하나님께 순종함으로 나타났고, 심지어 아들 이삭을 번제물로 드리기까지 드러났습니다. 아브라함은 이삭으로부터 메시아가 나오리라는 약속을 믿었습니다. 그러므로 사도는 "네가 보거니와 믿음이 그의 행함과 함께 일하고 행함으로 믿음이 온전하게 되었느니라"(약 2:22)라고 말합니다. 그는 아브라함의 행위가 믿음과 결속하여 작용했다고 말하지 않습니다. 만일 사도가 그의 행위에 어떠한 공로를 돌릴 만하다거나 사람이 자기 행위의 공로로 의롭다함을 받는다고 증명하려 했다면, 그렇게 말했을 것입니다. 그런데 사도는 오히려 믿음이 행함으로 역사한다고 말합니다. 아브라함은 이삭을 통해 그리스도께서 나실 것을 믿을 정도로 믿음이 강했습니다. 심지어 그는 이삭을 번제물로 드리더라도 다시 살아나리라 믿었습니다. 그 믿음으로 인해 아브라함은 하나님께 순종하였으며, 이 믿음을 행사하여 이삭을 번제물로 바치려 했던 것입니다. 이 믿음은 ἐτελειώθη(에텔레이오쎄), 곧 완성되고 실행되고 이루어지고 매듭지어졌으며, 그가 행한 희생 제사의 순종으로 온전해졌습니다.

이로써 참된 믿음이 경건의 모습으로 드러난다는 점이 명확해집니다. 이 믿음은 사람이 의롭다함을 받는 유일한 방편이지만, 홀로 작용하지 않고 행함을 그 결과로 수반합니다. 야고보서 2장 24절은 이에 대해 다음과 같이 말합니다.

"이로 보건대 사람이 행함으로 의롭다하심을 받고 믿음으로만은 아니니라."

여기에서 사도는 믿음과 행함을 결합시키면서 사람이 믿음으로 의롭다함을 받는다고 선언합니다. 그러나 그것은 홀로 있는 믿음이 아니라 행함과 함께하는 믿음입니다. 따라서 그것을 '살아 있는 믿음'이라 할 수 있습니다. 믿음과 행함이 결합된다는 말은 이 둘이 나란히, 즉 협력하여 기능한다는 의미가 아닙니다. 다시 말해, 믿음과 행함이 동일한 임무를 수행한다거나, 칭의의 어느 부분에 각각 기여한다거나, 그 각각이 칭의의 원인인 양 대등한 방식으로 작동한다는 뜻이 아닙니다. 믿음 역시 칭의의 원인이 아닙니다. 다만 칭의의 방편으로서 그리스도의 의를 받아들이는 역할을 합니다. 앞서 우리는 네 가지 근거들을 통해 믿음이 칭의의 원인이 아님을 확증했습니다(561-565쪽 참고).

바울은 아브라함과 관련해 행함이 칭의의 원인이라는 주장을 단호하게 배격합니다. 야고보도 이를 의도하지 않았습니다. 그는 사람이 의롭다함을 받는 믿음이 살아 있고 역사하는 믿음임을 전하고자 했습니다. 따라서 야고보서 2장 24절의 목적은 믿음과 행함이 원인과 결과로 결속되어 있음을 드러내고, 믿음이 행함의 참된 원인임을 논증하는 것입니다.

그러므로 야고보가 아브라함과 라합을 비롯해 사람이 행함으로 의롭다함을 받는다고 언급할 때에는, 행함을 단독으로 언급하는 것이 아니라 행함을 그 원인인 믿음과 결부시켜 말하는 것입니다. 야고보는 참된 믿음의 증거를 견고히 세우고자 칭의를 믿음과 함께(약 2:23 참고) 믿음의 열매인 행함으로 돌립니다. 즉, 야고보는 믿음의 결과인 행함을 언급함으로써 행함의 원인이 되는 믿음을 암시합니다. 이것은 사람이 열매 맺는 살아 있는 믿음으로 의롭다함을 받는다고 말하는 것과 같습니다.

반론 2 칭의와 선행의 관계

"네 말로 의롭다함을 받고 네 말로 정죄함을 받으리라"(마 12:37).

답변

(1) 본문은 반론을 제기하는 자들의 주장에 반대됩니다. 여기에는 칭의가 본질상 법정적이라는 사실이 분명히 나타납니다. 칭의는 정죄와 완전히 반대되는 개념으로, 죄의 사면을 의미합니다.

(2) 본문은 하나님께서 사람에게 행하시는 일이 아니라 사람이 다른 사람들에게 행하는 활동을 언급합니다. 마음에 가득한 것이 입으로 나옵니다. 즉, 말은 마음에 있는 것을 반영합니다. 선한 사람은 그 마음의 보화로부터 선한 것을 내고, 악한 자는 악한 것을 냅니다. 이를 통해 사람이 다른 사람을 판단하여 그가 선한지 악한지를 선언합니다. 즉, 의롭다 하거나 정죄하는 것입니다. 따라서 본문은 반대자들의 견해를 지지하지 않습니다.

반론 3

"오직 선을 행함과 서로 나누어 주기를 잊지 말라. 하나님은 이 같은 제사를 기뻐하시느니라"(히 13:16).

답변

εὐαρεστεῖται(유아레스테이타이)라는 단어는 일반적으로 라틴어 역본에서 프로메레리(*promereri*), 즉 '얻다(earn)'로 번역됩니다. 그래서 이 본문이 선행의 공로적 성격을 지지하는 데 사용되는 것입니다. 그러나 로마교회의 언어학자들도 이것이 명백한 오류임을 알고 있는 까닭에 현재 난감해하고 있습니다. 따라서 이에 대해 답변할 필요가 없습니다. 이 단어는 '기쁨을 얻다(pleasure in)'라는 뜻입니다. 우리는 하나님께서 선한 행실을 기뻐하신다는 생각을 전적으로 받아들이지만, 하나님께서 그것을 공로로 여기신다는 생각은 거부합니다. 따라서 이 본문은 반대자들의 주장을 뒷받침하지 못합니다.

반론 4

신자는 영생을 받을 만하기 때문에 그것을 받는다. 즉, 그들은 행함으로 의롭다 함을 받는다.

"흰옷을 입고 나와 함께 다니리니 그들은 합당한 자인 연고라"(계 3:4).

답변

한 사람의 합당함과 행위의 합당함은 별개입니다. 앞서 살펴본 대로, 사람의 행위는 아무리 가장 훌륭하더라도 불완전하므로 합당하지 않습니다. 그러므로 그들은 무익한 종일 따름입니다. 다만 신자는 흰옷을 입고 그리스도와 함께 다니기에 합당한 자입니다. 그들이 자신들을 위해 영원한 생명의 권리를 얻으신 그리스도 안에서 의롭게 되었기 때문입니다. 그들은 "어린양의 피"로 "희게"(계 7:14) 만든 흰옷을 입고 다닐 것입니다.

"이 세마포 옷은 성도들의 옳은 행실이로다"(계 19:8).

그들의 의의 근거는 그들의 행위가 아니라 그리스도의 피에 있습니다.

반론 5

상은 행위에 따라 받는다. 따라서 사람은 행함으로 의롭다함을 받는다(고후 5:10; 계 2:23, 20:12 참고).

"그때에 각 사람이 행한 대로 갚으리라"(마 16:27).

"하나님께서 각 사람에게 그 행한 대로 보응하시되"(롬 2:6).

답변

이러한 본문들은 선이나 악으로 보응을 받게 될 각 사람들의 자질 및 그들 간의 차이를 구별합니다. 그러나 왜 어떤 사람은 선으로, 어떤 사람은 악으로 보응받는지는 언급하지 않습니다. 선하고 경건하게 산 자들은 구원을 받겠지만, 경건하지 않게 산 자들은 정죄를 받을 것입니다. 그러하기에 모든 사람이 자신의 행위 때문이 아니라 자신이 행한 대로 보응을 받으리라고 말합니다. 물론 경건하지 않은 자들은 그들의 행위로 인해 멸망당합니다.

추가반론 불경건한 자들이 자신의 행위로 인해 정죄를 받는다면, 그들의 행위는 정죄 받을 만하다 할 것이다. 마찬가지로 선한 행실이 천국을 얻는다는 것도 참되다.

| 답변 |

이 추론은 논리적이지 않습니다. 왜냐하면 여기서 서로 대비되는 것이 불완전하기 때문입니다. 경건하지 않은 자들의 행위는 전적으로 악한데, 경건한 자들의 행위도 온전하지는 않습니다. 또한 형벌과 상에도 차이가 있습니다. 어떤 것이 죽음을 가져온다고 해서 그 반대되는 것이 반드시 선을 가져오리라는 식의 결론은 성립되지 않습니다. 살인자가 사형에 합당하다고 해서, 살인하지 않은 사람이 반드시 살아야 한다고 결론지을 수는 없습니다. 불경건과 정죄는 상응하는 관계입니다. 그러나 선행과 구원의 관계는 그렇지 않습니다. 따라서 불경건한 행위로 인해 정죄 받는다는 사실을 근거로 하여 선한 행실로 인해 천국을 얻는다고 결론짓는 것은 논리적인 추론이 아닙니다.

반론 6

상은 선행에 대하여 주어진다. 이는 칭의에도 마찬가지로 적용된다.

"창세로부터 너희를 위하여 예비된 나라를 상속받으라. (for) 내가 주릴 때에 너희가 먹을 것을 주었고"(마 25:34,35).

"이러므로 내가 네게 말하노니 그의 많은 죄가 사하여졌도다. 이는(for) 그의 사랑함이 많음이라"(눅 7:47).

| 답변 |

먼저, 마태복음 25장 34,35절에 관해 답하겠습니다.

(1) 본문은 선한 행실이 공로적인 원인이 되어 천국을 상속받는다고 진술하지 않습니다.

(2) 'for'[7]라는 단어는 이것을 온전히 설명해 주지 않습니다. 왜냐하면 그 단어는 원인뿐만 아니라 증거, 표시, 증명이라는 의미와도 관련되어 사용되기 때문입니

다. 이는 다음과 같은 본문들에서 확인됩니다.

"저녁에 하늘이 붉으면 날이 좋겠다 하고(It will be fair weather: for the sky is red)"(마 16:2).

"그러나 그들의 다수를 하나님이 기뻐하지 아니하셨으므로 그들이 광야에서 멸망을 받았느니라(But with many of them God was not well pleased: for they were overthrown in the wilderness)"(고전 10:5).

(3) 본문에서 'for'는 원인이 아니라 앞의 일에 대한 증명이나 증거라는 의미와 관련된 것이 분명합니다. "상속받으라"라는 말은 천국이 공로에 따른 상급이 아니라 기업으로 주어진다는 것을 명확하게 보여 줍니다. 천국은 복된 자들, 곧 택함 받은 자들에게 주어지며(엡 1:3 참고), 이들을 위해 영원 전부터 준비되었습니다. 이러한 기업은 그들이 태어나기도 전에, 세상의 기초가 놓이기도 전에 예비되었습니다. 누군가에게 복으로 주어지며 그가 존재하기 수천 년 전부터 준비된 기업에는 어떠한 공로도 배제됩니다. 그러므로 마태복음 25장 35절에서 주 예수님은 누가 복된 상속자들이며 그것이 어떻게 확실한지를 말씀하십니다. 천국은 그리스도를 믿고 사랑하기에 그 믿음을 발휘하여 다른 신자들을 적극적으로 사랑한 사람들에게 주어집니다(마 25:40 참고).

다음으로, 누가복음 7장 47절을 생각해 봅시다.

여기서는 여인이 선한 행위 때문에 죄를 용서받았다고 진술하지 않습니다. 여기에서도 'for'는 원인이 아니라 증거라는 의미로 사용되었습니다. 죄 사함은 사랑이 아니라 믿음에서 비롯됩니다.

"네 믿음이 너를 구원하였으니"(눅 7:50).

여기서 사랑은 믿음의 증거이며, 믿음은 그 본성상 사랑으로써 역사합니다(갈 5:6 참고). 이는 주 예수님께서 하신 말씀의 목적을 생각하면 분명해집니다. 주님은 많이 용서받은 자와 적게 용서받은 자 중에 누가 더욱 사랑할 것인가를 밝히고자

---

7) 역자주 - 우리말 개역개정 성경에는 전치사 'for'에 해당하는 의미가 분명하게 나오지 않지만, KJV를 보면 35절이 'For'라는 단어로 시작된다.

하셨습니다. 이에 대해 시몬이 "많이 탕감함을 받은 자니이다"(눅 7:43)라고 대답하자, 주 예수님은 그 대답이 옳다고 인정하셨습니다. 이것은 죄 사함이 이미 전제되었으며, 사랑이 죄 사함의 원인으로 앞선다기보다는 죄 사함으로부터 나온다는 점을 보여 줍니다. 결과적으로, 사랑의 크기를 통해 용서받은 죄의 많고 적음을 짐작할 수 있습니다. 주 예수님께서 이것을 여인에게 적용하신 것입니다. 그녀가 주님을 많이 사랑한 것을 통해 주님으로부터 죄를 많이 용서받았다는 결론에 이를 수 있다는 것입니다. 이와 같이 예수님을 초대한 바리새인이 속으로 생각한 질문에 대한 답이 주어졌습니다. 그리스도는 참으로 선지자이십니다.

또한 시몬은 예수님께서 이 큰 죄인이 예수님께 손을 대도록 허락하셨다고 놀랄 필요가 전혀 없었습니다. 왜냐하면 그녀의 많은 죄가 용서받았기 때문입니다. 따라서 그녀가 손을 댄 것은 영적인 사랑에서 비롯된 감사의 표현이었습니다.

반론 7

사람은 선행에 대해 상을 받으며, 이 상은 하나님의 의를 따라 주어진다. 따라서 사람은 자신의 행위로 의롭다함을 받는다. 다음의 말씀들에서 이 사실이 분명하게 드러난다.

"나는 네 방패요 너의 지극히 큰 상급이니라"(창 15:1).

"너희 행위에는 상급이 있음이라"(대하 15:7).

"하늘에서 너희의 상이 큼이라"(마 5:12).

"만일 누구든지 그 위에 세운 공적이 그대로 있으면 상을 받고"(고전 3:14).

답변

하나님께서 선한 행실에 상을 주신다는 것은 분명한 사실입니다. 우리는 이러한 상을 바라보며 그것을 선한 일을 행하려는 동기로 삼아야 합니다. 하나님께서 그러한 상을 약속하신 말씀에서뿐만 아니라 그리스도께서 보이신 모범에서도 그 사실이 드러납니다. 그리스도는 앞에 있는 즐거움을 위해 십자가를 참으셨습니다(히 12:2 참고). 마찬가지로 모세도 상 주심을 바라보았습니다(히 11:26 참고). 그러나 우리는 선한 일을 행함으로써 상을 받을 만한 공로를 가진다는 주장을 거부합니다. 그런 말은 성경 어디에서도 찾아볼 수 없습니다. 그런 주장은, 우리가 행할 바를 모두 행하여도 무익한 종이며 우리의 행함이 불완전하고 상은 선물일 뿐이라는 사실과 모순됩니다. '상'이라는 말은 공로를 의미하지 않습니다. 공로나 빚과 관련된 보상도 있지만, 은혜와 선함으로 주어지는 보상도 있습니다. 이 상은 선물이며, 어떠한 행위와도 관계없습니다(시 127:3 참고). 에스겔 29장 18-20절에서도 이것이 확인됩니다. 본문에서 하나님은 두로를 멸망시키면서, 바벨론 왕 느부갓네살에게 애굽을 상으로 주겠다고 약속하십니다. 믿음도 없고 경건하지도 않은 느부갓네살 같은 사람이 두로에게 행한 불의한 행위로 인해 하나님께 상을 받은 것은 분명 아닙니다. 그가 하나님을 섬기려고 그 일을 행한 것이 아니기 때문입니다. 그에게 주어진 상은 순전히 하나님의 선하심으로 말미암은 것입니다.

"일하는 자에게는 그 삯이 은혜로 여겨지지 아니하고 보수로 여겨지거니와"(롬 4:4).

그러므로 또한 상은 은혜입니다.

"나중 온 자로부터 시작하여 먼저 온 자까지 삯을 주라 하니"(마 20:8).

한 시간 일한 사람도 온종일 일한 사람들과 품삯을 동일하게 받았습니다. 이들의 품삯은 자신들의 공로에 따라 주어지지 않았습니다. 그래서 사람들은 이를 알고 불평합니다. 그들에게 품삯은 틀림없이 호의의 표시로 주어졌습니다. 15절에서도 이 점이 확인됩니다.

"내 것을 가지고 내 뜻대로 할 것이 아니냐? 내가 선하므로 네가 악하게 보느냐?"

제시된 모든 본문들은 공로적인 상이 아니라 은혜로운 상에 대해 이야기합니다. 왜냐하면 행위는 공로가 되지 않기 때문입니다.

추가반론 이 상은 하나님의 공의를 따라 주어진다. 따라서 이것은 공로적인 상이다. 다음 구절들을 숙고해 보라.

"너희로 환난을 받게 하는 자들에게는 환난으로 갚으시고, 환난을 받는 너희에게는 우리와 함께 안식으로 갚으시는 것이 하나님의 공의시니"(살후 1:6,7).

"주 곧 의로우신 재판장이 그날에 내게 주실 것이며"(딤후 4:8).

"하나님은 불의하지 아니하사 너희 행위와 그의 이름을 위하여 나타낸 사랑으로 이미 성도를 섬긴 것과 이제도 섬기고 있는 것을 잊어버리지 아니하시느니라"(히 6:10).

| 답변 |

❶ 실제로 신자들은 하나님의 공의를 따라 구원의 면류관을 받습니다. 그러나 이는 그들의 행함이 아니라, 그들을 위해 보증이 되고 구원의 면류관을 얻으신 분으로 말미암습니다.

❷ 하나님은 자신의 상속자들에게 그들의 선행 때문(because of)이 아니라 그들의 선행에 대하여(upon) 상을 베푸십니다. 이러한 보상은 공의로운 일입니다. 이것이 하나님의 약속이며, 그분이 그 약속을 지키시는 것은 정당합니다.

반론 8

"이것은 아름다우며 사람들에게 유익하니라"(딛 3:8).

답변

하나의 내용에서 여러 가지 목적들을 볼 수 있듯이, 한 가지를 다양한 관점에서 볼 수도 있습니다. 이처럼 선한 행실도 하나님의 영광과 이웃을 세우는 일에, 그리고 양심의 평안과 믿음의 진실성을 확신하는 일에 유익합니다. 따라서 선행은 (하나님께서 정하신 이러한 방법으로) 천국에 들어가는 일과 관련해 부차적인 것입니다. 그러므로 선한 행실의 유익으로부터 자신들의 공로를 이끌어 내거나 그것으로 칭의를 받았다고 결론지을 수는 없습니다.

반론 9

다윗은 여러 번에 걸쳐 자신의 의를 따라 판단받기를 원했다.

"나의 의와 나의 성실함을 따라 나를 심판하소서"(시 7:8).

"의의 호소를 들으소서"(시 17:1).

"여호와께서 내 의를 따라 상 주시며"(시 18:20).

> 답변

(1) 다윗은 '때문에(for)'가 아니라 자신의 의를 '따라(according to)'라고 말합니다.

(2) 한 사람의 기질이나 행위의 온전함과 거룩함에서 비롯된 개인적인 의로움이 있습니다. 그러한 것으로는 어느 누구도 하나님께 의롭다함을 받지 못합니다(시 143:2 참고). 또한 소송과 관련된 의도 있습니다. 이 경우 고소당한 사람이 완전히 결백할 수도 있습니다. 반론이 제시한 본문들은 전자가 아니라 소송과 관련된 종류의 의를 가리킵니다.

지금까지 우리는 기독교 교리의 중추적인 문제를 확증하였습니다. 모든 반론들이 부인되었으므로, 이 진리가 분명한 사실임이 더 확실해졌습니다.

칭의의 원인과 관련하여 이중적 칭의의 불가능성

이 주제와 관련해 또 다른 쟁점이 제기됩니다. 이것은 다소 달라 보이지만, 근본적으로는 거의 같은 사안입니다. 그 문제는 다음과 같습니다.

> ▶ 질문
> 이중적인 칭의, 곧 경건하지 않지만 택함 받은 자들에 대한 칭의와 경건한 자로서 택함 받은 자들에 대한 칭의가 가능하지 않은가?

대답: 어떤 사람은 다음과 같이 주장합니다. 곧 경건하지 않은 자는 그리스도의 고난으로 말미암은 죄 사함을 믿음으로 그리스도에게 참여함으로써 칭의를 얻는 한편, 경건한 사람은 율법이나 의식법이 아니라 그리스도의 법과 계명을 따라 행함으로써 칭의를 이루어 영생의 권리를 획득하고 상속자로 선언된다고 주장합니다. 우리는 이러한 주장을 단호히 배격하며, 그것이 잘못되었음을 다음과 같이 증명하는 바입니다.

첫째, 앞서 말한 바 교황주의자들의 주장에 대한 답변들과 칭의가 행위로 말미암지 않는다는 증언을 다시금 확언합니다.

둘째, 그리스도는 스스로 율법 아래에서 보증이 되어 율법을 온전히 성취하심으로써, 그분이 택하신 자들을 위한 영원한 생명의 권리를 온전히 획득하셨습니다. 이에 대해서는 이미 증명하였습니다. 따라서 사람은 자신의 공로로 영생에 이르는 권리를 얻는 것이 아닙니다. 만일 사람이 자신의 공로로 영생을 얻을 수 있다면, 그리스도는 완전한 구원자가 되실 수 없습니다. 그렇다면 사람은 그리스도께서 죄책과 형벌을 면제해 주신 것에 대해서는 감사하더라도 구원에 대해서는 감사하지 않을 것입니다. 자기 자신이 구원을 이룬 것이기 때문입니다.

회피주장 사람의 내재적 의와 선한 행위는 그리스도에게서 비롯되며 그리스도의 권세를 통해 발휘된다. 그러므로 그리스도께 모든 영광을 돌려야 하며, 우리의 구원과 관련해서도 그러하다.

| 답변 |

❶ 그리스도께서 우리에게 공로를 쌓을 만한 능력을 주셨다는 것은 순전히 교황주의자들의 주장에 지나지 않습니다. 그리스도는 우리로 하여금 성화를 이루게 하신다는 사실뿐만 아니라, 죄책과 형벌에서 우리를 건지시며 우리를 위한 영생의 권리를 획득하셨다는 사실로 말미암아 모든 영광을 받기에 합당하신 분입니다. 이것은 사람이 자신에게 내재된 의를 통해 의롭다함을 받는다는 의미가 아닙니다. 이것은 우리를 거룩하게 하시는 하나님의 목적도, 경건한 자들의 목적도, 수많은 죄로 더럽혀진 행위의 목적도 아닙니다.

❷ 영생의 권리가 선한 행실에 따라 주어진다면 모든 것이 사람에게 돌려질 것이며, 따라서 그는 선을 행한 자신에게 감사해야 할 것입니다. 이는 성경과 개혁교회의 고백에 반합니다.

셋째, 칭의는 의로운 재판장이신 하나님의 법정적인 행위로서, 다음의 두 가지 내용으로 이루어집니다.

① 이중적인 칭의가 가능하다면, 그리스도의 의는 사람이 의롭다함을 받는 유일한 원인이 되지 못할 것입니다. 오히려 칭의는 그리스도의 고난과 인간의 행위가 결합된 결과물이 되고 말 것입니다. 결국 그리스도가 완전한 구주일 수 없는 것입니다.

② 사람의 행위는 칭의를 얻는 데 아무런 역할도 할 수 없습니다. 칭의를 위해서는 모든 것이 의에 부합하고 완전해야만 하는데, 사람의 행위는 불완전하기 때문입니다.

회피주장 1 하나님은 사람의 행위를 충분한 것으로 여겨 받아 주신다.

| 답변 |

그것은 사실이 아니며, 의의 기준에 합치하지도 않습니다. 그러므로 의로운 하나님께서 그와 같이 행하시는 것은 전적으로 불가능한 일입니다.

회피주장 2 그리스도는 인간의 불완전함을 덮어 주신다.

| 답변 |

그리스도께서 그 일을 어떤 방식으로 행하십니까? 죄책과 형벌에서 구원하는 그리스도의 고난을 통해서는 아니지 않습니까? 그리스도가 자신의 거룩하심으로 인간의 불완전함을 덮어 주시려면, 여기에 그리스도의 적극적인 순종이 덧붙여져야 합니다. 그렇다면 어떻게 그 일이 일어날 수 있습니까? 그러한 일이 사람의 부족함을 보충하면서 부분적으로 일어난단 말입니까? 그렇다면 주님은 완전한 구주가 아닐뿐더러 칭의의 유일한 원인도 아닙니다. 설령 그렇다고 할지라도, 인간이 덧붙이는 행위는 언제나 불완전하기에 그것으로는 칭의에 이르지 못하며, 어떠한 역할도 하지 못할 것입니다.

넷째, 칭의는 오직 믿음을 통해서만 일어납니다. 죄인은 믿음이라는 방편을 통해 그리스도의 능동적 의와 수동적 의를 자신의 것으로 받습니다(롬 3:20,28 참고). 믿음은 모든 행위를 배제하며, 행위와 대치됩니다(롬 2:6; 빌 3:9 참고).

회피주장 도덕법 및 의식법과 관련된 행위는 제외되는 것이 맞다. 그러나 복음적인 행위는 그렇지 않다.

| 답변 |

성경에 복음적인 계명이라는 것은 없습니다. 십계명은 사랑의 법으로서, 신자들이 그리스도와 연합하여 마땅히 행해야 할 삶의 규범으로 주어진 완전한 법입니다.

이미 앞에서 논박한 대로, 이렇게 잘못된 견해는 그것을 지지하는 근거를 전혀 찾을 수 없습니다.

반론 1

로마서 3,4장은 십계명이 아니라 의식법에 대해 말한다.

> 답변

그 반대가 참임을 이미 논증하였습니다.

반론 2

야고보서 2장 14,22,25절을 숙고해 보라.

> 답변

앞에서 언급한 내용들을 참고하십시오.

반론 3,4

마태복음 12장 37절과 시편 106편 30,31절을 숙고해 보라.

> 답변

앞에서 언급한 내용들을 참고하십시오.

지금까지 칭의의 주된 근거를 살펴보았습니다. 이제는 칭의가 일어나는 방편인 믿음이라는 주제를 고찰해 봅시다.

칭의의 방편: 믿음

> ▶ **질문**
> 칭의에서 믿음은 어떤 역할을 하는가? 믿음을 행위로 여겨 칭의를 가능하게 하는 원인으로 보아야 하는가? 믿음을 하나님께서 사람을 의롭다 하시는 근거와 이유로 간주해야 하는가? 아니면 믿음은 그리스도의 의를 받는 방편인가?

대답: 교황주의자, 소시니안주의자, 알미니안주의자들은(일반적으로 재세례파들도 마찬가지입니다) 첫 번째 주장을 고수합니다. 그들은 모두 믿음에 관해 잘못된 견해를 가지고 있습니다. 그들은 믿음을 그리스도의 공로를 수납하는 것으로 생각하지 않고, 계명을 사랑하고 순종하는 것으로 여깁니다. 우리는 32장에서 이것을 포괄적으로 다루었습니다.

교황주의자들은 믿음이 사랑에 있으며, 사람으로 하여금 의를 행하게끔 하고, 사람에게서 기원하므로, 공로적인 것이라고 주장합니다. 사람이 이러한 방식을 통해 믿음으로 의롭다함을 받는다는 것입니다.

소시니안주의자들은(이들은 그리스도의 완전한 속죄를 부인합니다) 믿음의 행위가 그리스도의 의를 수납하는 것이 아니며, 오히려 칭의의 근거와 원인이 된다고 주장합니다. 즉, 믿음이 그 고유한 가치의 덕으로 말미암아 영생에 이르는 데 유효하게 되는 것이 아니라, 부분적인 것을 온전한 것으로 받아 주시는 은혜로운 받아들여짐을 통하여 유효해진다는 것입니다.

알미니안주의자들은 구원에 관하여 다음과 같이 주장합니다. 곧 그리스도께서 고난받고 죽음으로써 인류 전체를 위한 하나님의 공의를 만족시켰으며, 하나님으로 하여금 자신의 기쁘신 뜻을 따라 사람을 대하시도록 하셨다는 것입니다. 그러하기에 하나님은 율법에 대한 완전한 순종 대신 믿음을 요구하시는데, 이 믿음이 그리스도의 의를 받는 수단은 아닙니다. 그들에 따르면, 오히려 사람이 의롭다함을 받고 영생을 얻는 것은 순종의 행위로 말미암습니다.

그러나 우리는 이 모든 주장들을 부인하며, 믿음이 칭의를 얻게 하는 행위로서 작용하지 않고, 그리스도의 완전한 의 곧 능동적인 의와 수동적인 의를 수납하고 전유하는 방편으로서 작용한다고 주장하는 바입니다. 다음의 근거에서 이것은 분명한 사실입니다.

첫째, 만일 사람이 믿음이라는 행위로 말미암아 의롭다함을 받는다면, 다음과 같은 결과들이 초래됩니다.

① 결국 사람은 행함으로 의롭다함을 받게 됩니다. 그러나 우리는 그들이 예외로 두고자 하는 복음적 행위를 포함하여 모든 행위를 철저하게 부인합니다.

② 하나님의 심판이 진리와 의에 따라 이루어지지 않게 됩니다. 왜냐하면 이 믿음이 불완전하기 때문입니다.

③ 그리스도의 의가 사람이 칭의를 얻는 데 유일한 원인일 수 없게 됩니다. 따라서 행위가 된 믿음을 원인으로 여길 수 없습니다.

④ 자랑이 완전히 배제되지 않습니다. 사람이 믿음으로 의롭다함을 받게 되면, "그런즉 자랑할 데가 어디냐? 있을 수가 없느니라. 무슨 법으로냐? 행위로냐? 아니라 오직 믿음의 법으로니라"(롬 3:27)라고 고백하게 될 것입니다. 그런데 만일 그들의 주장대로, 사람이 자신의 자유의지와 능력에서 비롯된 행위로서의 믿음으로 의롭다함을 받는다면, 자랑이 모두 배제되지는 않을 것입니다. 그렇다면 결국 사람이 자기 선함에서 나오는 무언가를 가지는 셈입니다. 그 행위의 성격이 어떠하든 간에 이것은 모든 행위와 더불어 분명하게 배제됩니다.

⑤ 믿음을 행위로 본다면, 행위와 믿음은 명백히 대조되지 않을 것입니다. 그렇다면 결국 행위와 행위가 대조되는 셈입니다. 그러나 로마서와 갈라디아서는 믿음을 행위와 계속 대조합니다. 따라서 칭의에서 믿음을 행위로 여겨서는 안 됩니다.

⑥ 사람이 믿음 때문에 의롭다함을 받는다고 말할 수 있게 됩니다. 그러나 성경은 어디에서도 사람이 믿음 때문에 의롭다함을 받는다고 진술하지 않습니다. 오히려 믿음으로 말미암아, 또는 믿음을 통해 의롭다함을 받는다고 말합니다. 이 모든 것은 믿음을 행위로 여겨서는 안 된다는 점을 명백히 드러냅니다. 믿음은 방편으로서의

역할을 하며, 따라서 칭의의 공로적인 원인이나 근거나 이유가 되지 않습니다.

둘째, 성경은, 믿음이 방편으로서 작용하며 사람이 믿음으로 그리스도의 의를 수납함으로써 의롭다함을 받는다고 분명히 진술합니다.

"그러므로 사람이 의롭다하심을 얻는 것은 율법의 행위에 있지 않고 믿음으로 되는 줄 우리가 인정하노라"(롬 3:28).

"너희는 그 은혜에 의하여 믿음으로 말미암아 구원을 받았으니"(엡 2:8).

"이는 우리가 율법의 행위로써가 아니고 그리스도를 믿음으로써 의롭다함을 얻으려 함이라. 율법의 행위로써는 의롭다함을 얻을 육체가 없느니라"(갈 2:16).

사람이 의롭다함을 받을 수 있는 길은 오직 두 가지입니다. 하나는 행위언약을 통해 자신의 행위로 얻는 길이며, 다른 하나는 은혜언약을 통해 믿음으로 얻는 길입니다. 하나는 자신 안에 있는 완전한 의를 요구하며, 다른 하나는 믿음으로 수납하고 전유할 수 있는 보증을 요구합니다. 따라서 하나가 다른 하나를 배제하므로 이 둘은 함께할 수 없습니다(롬 10:5,6 참고). 바울이 믿음과 율법의 행위를 반복하여 대조한다는 사실은 논박할 여지가 없습니다.

회피주장 그렇다면 복음적 행위란 어떠한가?

| 답변 |

복음적 행위라는 것은 없습니다. 만약 그런 것이 존재한다면, 필연적으로 복음적인 율법도 존재해야 할 것입니다. 설령 그런 것이 존재한다 하더라도, 믿음과 행위는 서로 대조를 이룰 것입니다. 사도는 이러한 대조를 주장하면서, 행위로 말미암는 칭의를 배격하고 믿음으로 말미암는 칭의를 확증합니다. 따라서 믿음을 행위로 여길 수는 없으며, 오히려 방편으로 보아야 합니다.

셋째, 믿음의 본질은 칭의에 이르도록 그리스도를 받아들이고, 칭의와 성화와 영화에 이르기까지 그분께 피하고 의탁하며, 마찬가지로 주님을 신뢰하며 자신을 내맡기는 것입니다. 이에 관해서는 32장에서 이미 폭넓게 다루었습니다. 믿음은 (행위가 아니라) 방편으로 여겨져야 하며, 이 믿음을 통해 신자는 그리스도의 의를 자신의 의로 받아들입니다.

반론

이에 반하는 가장 중요한 논증을 로마서 4장 3절이 제시한다.

"아브라함이 하나님을 믿으매 그것이 그에게 의로 여겨진 바 되었느니라."

이처럼 믿음은 그 자체로 사람의 의이며, 따라서 칭의에서 믿음은 그리스도의 의를 받는 방편이라기보다 행위로서 작용한다.

답변

(1) 본문 자체가 그러한 주장을 반박합니다. 본문에서는 모든 자랑을 배제하며, 따라서 모든 행위도 배제하기 때문입니다.

(2) 바울은 아브라함이 행위가 아니라 믿음을 통해 의롭다함을 받았다고 말합니다. 그러므로 여기에서 믿음은 행위로 간주될 수 없습니다. 실제로 믿음은 거룩함을 산출하는 활동적인 원리이며 활동 자체입니다. 그러나 여기서 쟁점은 그것이 아니라, '칭의에서 믿음이 덕행이나 행위로서 작용하며, 따라서 사람이 의롭다함을 받는 근거나 토대나 이유가 되는가' 하는 것입니다. 성경은 모든 사람뿐만 아니라 아브라함에 대해서도 이를 부인합니다.

(3) 전가는 스스로 성취하지 않은 무언가를 그 사람의 것으로 셈하여 돌리는 것으로, 자신의 모든 행위와는 대조를 이룹니다. 바로 믿음으로 받는 그리스도의 의가 여기에 해당합니다(롬 4:4-6, 5:19; 고후 5:21 참고).

추가반론 본문은 명료하고 단순하다. 즉, 믿음 자체가 아브라함에게 전가된다. 그러므로 이 믿음을 행위나 다른 사람의 공로를 언급하는 것으로 이해할 수 없으며, 또한 다른 사람의 의를 받는 방편으로 여길 수도 없다.

| 답변 |

효과(일어난 역사)에 대해 말하면서 이를 통해 방편을 시사하는 것은 하나님 말

씀의 표현 방식과 어울립니다. 성경은 이러한 방식으로 복음을 가리켜, 구원을 이루는 하나님의 권세(롬 1:16 참고), 영생에 이르는 지식(요 17:3 참고), 그분이 명령하신 영생(요 12:50 참고)이라고 부릅니다. 마찬가지로 로마서 4장 3절도 방편을 언급하며, 그것이 곧 그가 받은 바를 가리킨다고 이해해야 합니다. 하나님은 아브라함에게 구주를 약속하면서, 그 메시아가 이삭에게서 나오리라고 말씀하셨습니다. 아브라함은 이 약속을 믿고 그 내용을 사실로 받았을 뿐만 아니라, 그 믿음으로 약속의 실체인 구주를 이해하게 되었습니다. 아브라함이 믿음으로 약속의 실체인 구주와 연합하게 되었을 때, 하나님은 이렇게 얻게 된 의를 그에게 전가시키셨습니다. 믿음의 행위는 자신이 받은 바와 연합된 것으로 이해할 수밖에 없습니다. 왜냐하면 믿음의 참된 본질은 받는 데 있기 때문입니다. 그러므로 믿음이 아브라함에게 전가되었을 때, 그 믿음은 그것이 받아들인 바 칭의의 효력을 발생시키는 주 예수 그리스도의 의와 연합된 것으로 여겨집니다.

칭의의 발생 시점에 관한 서론적 고찰

칭의의 방편을 살펴보았으니, 이제 칭의가 발생하는 시점에 관해 숙고해 봅시다. 이와 관련된 질문은 다음과 같습니다.

'칭의는 단번에 발생하는가, 영원 전에 발생하는가, 그리스도께서 죽으실 때 발생하는가, 사람이 그리스도께서 구주시라는 결론에 이르렀을 때 발생하는가?'

이 질문들에 답하기 전에 먼저 여러 주장들을 통해 우리의 견해를 명료하게 밝히고자 합니다. 덧붙여 유대인이라 불리는 자들의 생각을 살펴보겠습니다.

첫째, 우리는 칭의와 관련해 하나님을 의롭다 하시는 분으로, 그리고 사람을 의롭다함을 받는 존재로 보아야 한다고 주장합니다. 그러므로 칭의는 사람에 대한 판결의 선언일 뿐만 아니라 사람에게 내려진 선언이기도 합니다. 따라서 칭의의 행위는, 하나님의 관점에서 하나님께서 행하시는 행위인 한편, 사람의 관점에서 자신이 의롭다함을 받는 방식이라고 볼 수 있습니다. 칭의는, 하나님의 관점에서는 능동적 칭의(justification *activa*)라고 불리며, 사람의 관점에서는 수동적 칭의

(justification *passiva*)라고 불립니다. 이 둘은 그것이 이루어지는 방식과 그것을 받는 방법이 다를 뿐, 동일한 하나의 행위입니다. 따라서 이 둘은 서로 분리될 수 없습니다. 능동적 칭의가 있는 곳에는 수동적 칭의가 있으며, 반대로 수동적 칭의가 있는 곳에는 능동적 칭의가 있습니다.

둘째, 창세전에, 그리고 택함 받은 자들이 존재하기 전에, 하나님은 택함 받은 자들이 사는 동안 믿음으로 받는 그리스도의 공로를 통해 의롭다함을 받도록 뜻하셨습니다.

"하나님이 우리를 구원하사……우리의 행위대로 하심이 아니요 오직 자기의 뜻과 영원 전부터 그리스도 예수 안에서 우리에게 주신 은혜대로 하심이라"(딤후 1:9).

"그 기쁘신 뜻대로 우리를 예정하사 예수 그리스도로 말미암아 자기의 아들들이 되게 하셨으니"(엡 1:5).

그러나 이러한 작정과 칭의는 동등한 것이 아닙니다. 작정과 그 실행은 다르기 때문입니다. 이에 관해서는 곧 증명하겠습니다.

셋째, 사람이 죄를 지었으므로 구속언약으로 말미암아 주 예수님께서 자신을 모든 것을 친히 담당하는 보증으로 내주셨습니다. 그리고 보증으로서 그분은 정하신 때에 속죄를 이루기 위해 그들의 개인적인 죄책을 자신의 것으로 취하셨습니다. 그분은 죄책을 완전히 만족시키셨으며, 그리하여 그들을 위한 영생의 권리를 획득하셨습니다. 주님은 이 일을 완전히 성취하셨기에 "영으로 의롭다하심을 받으셨습니다"(딤전 3:16 참고). 다시 말해, 주님께서 이 모든 것을 완전히 이루셨으므로 더는 택자들의 칭의를 성취하기 위해 고난받거나 순종하실 필요가 없다는 사실을 선포하신 것입니다. 따라서 그들은 성부와 보증이신 주님 사이에 이루어진 거래 덕택에 죄를 대속 받고 영생의 권리를 얻게 되었습니다. 그리스도께서 의롭다하심을 받으심으로 말미암아, 즉 그리스도께서 얻으신 칭의의 공로와 효력으로 말미암아 그분의 택자들이 모두 사실상(*virtualiter*) 의롭다하심을 받으며 진정으로 화목하게 됩니다. 그러나 아직 실제로(*actualiter*) 칭의가 일어난 것은 아닙니다. 왜냐하면 그들은 아직 태어나 존재하지 않기 때문입니다. 성경이 말하는 칭의는 첫 번째로 언급한 사실상의 칭의(justification *virtualiter*)가 아니라, 오히려 후자 곧 실제적 칭의(justification *actualiter*)입니다. 이처럼 성경이 말하는 칭의는 죄를 범한 사람이 존재하고 그가 그리스도를 믿기 전에는 일어나지 않습니다.

넷째, 사람이 실제로 사는 동안 죄에 대해 괴로워하여 어찌할 바를 모르며, 복음을 통해 그리스도를 믿고 이로써 그분과 연합되어 그분의 의에 참여하게 될 때, 하나님은 그를 실제로 의롭다 하시며 자신의 음성인 말씀을 통해 무죄 평결을 선언하십니다. 신자가 이러한 선언의 결과로 주어지는 양심의 평안을 알지 못한다 하더라도, 그가 칭의를 받았다는 사실에는 변함이 없습니다. 왜냐하면 이러한 확신의 부족은 하나님의 음성에 대해 알지 못하거나 마음에서 반감이 일어나거나 자신의 믿음이 진실한지를 의심하는 데서 비롯될 수 있기 때문입니다. 그러나 말씀의 선언을 들으면, 믿음으로 이것을 믿고 평화를 얻을 수 있습니다. 또한 성령의 특별한 역사로 인침을 받아, 죄 사함과 하나님과의 화목과 영생의 상속자가 되는 것과 그 모든 열매를 즐거워하는 것이 무슨 의미인지를 맛보고 즉각 깨닫게 되기도 합니다.

다섯째, 칭의는 죄책과 형벌에 대한 실제적이고도 절대적이며 완전한 사면이자 영원한 생명에 대한 권리를 부여하는 것입니다. 칭의는 조건적인 어떤 상황에 따라 그 선고가 바뀌지 않으며, (다른 이들에게 영향을 미치지 않는) 특정한 죄와 관련된 것도 아닙니다. 그것은 현존하는 사람의 모든 죄와 관련됩니다. 칭의는 시대와 장소와 사람에 관계없이 모든 신자에게 동일합니다. 다른 사람과 다르게, 또는 그들보다 더 온전한 방식으로 의롭다함을 받는 일은 없습니다. 모든 사람이 그리스도께서 충족시키신 것에 근거하여 믿음으로 의롭다함을 받습니다.

"할례자도 믿음으로 말미암아, 또한 무할례자도 믿음으로 말미암아 의롭다 하실 하나님은 한 분이시니라"(롬 3:30).

"그에 대하여 모든 선지자도 증언하되 그를 믿는 사람들이 다 그의 이름을 힘입어 죄 사함을 받는다 하였느니라"(행 10:43).

칭의는 모든 이에게 동일하며, 따라서 완전합니다. 그러므로 성화와는 달리, 칭의를 많이 받거나 적게 받았다고 말할 수는 없습니다. 하나님은 사람을 의롭다 하고 모든 죄를 용서하며, 언약의 은택에 대한 완전한 권리를 그에게 주십니다. 여기에 부족함이란 없습니다. 반면, 방편으로서 믿음은 강하거나 약할 수 있습니다. 그래서 칭의에 대한 확신은 변할 수 있습니다. 그러나 이것은 의롭다 하시는 하나님의 행위에 영향을 끼칠 수 없습니다. 칭의는 완전하고 흠이 없습니다. 이것은 신자들의 영적 신분 곧 영원한 생명의 상속자요 화목하게 된 하나님의 자녀라는 사실뿐만 아니라, 반복적으로 범하는 죄와 관련해서도 사실입니다. 후자는 지속적으로 제거됩니다. 용서받은 죄들이 또다시 하나님의 진노를 일으켜 형벌을 초래하는 일은 결코 일어나지 않습니다. 다만 하나님은 용서받은 모든 죄와 관련해 그 자녀들을 징계하십니다. 다윗은 죄를 용서받았지만 그가 저지른 죄악들 탓에 그의 집에서 칼이 떠나지 않았습니다. 욥은 젊었을 때에 지은 죄에 대한 몫을 받았습니다.

여섯째, 화평의 선언 이후에 신자들은 또다시 어리석은 일로 돌이키고, 날마다 많은 잘못을 저지릅니다. 자신의 본성으로 인해 저지르는 이러한 죄악들은 현세와 내세에 영원한 형벌을 받게 하기에 합당합니다. 그러나 대제사장이요 대언자이신 주 예수님께서 은혜의 보좌 앞에 서서, 신자들이 계속 범하는 죄들에 대한 속죄가 충족되었음을 효력 있게 나타내십니다. 따라서 신자들은 그분의 생명으로 말미암아 진노에서 건짐을 받습니다(롬 3:9,10 참고). 죄는 칭의가 효력이 없다는 듯 신자들을 은혜의 신분 밖으로 내몰 수 없습니다. 하나님께서 그리스도 안에서 그들과 화목하시며, 여전히 그러한 상태로 거하십니다. 그리고 그들을 자신의 자녀요 사랑하는 자이자 후사로 여기십니다.

칭의는 처음으로 믿을 때에 일어나며, 이후에도 반복해서 일어나는데, 그때마다 죄 사함을 포함합니다. 칭의는 속죄의 공로와 효력에 관한 한 이후에 범하게 될 죄들을 포함하며, 이러한 죄들이 매번 실제로 용서받을 것임을 선언합니다. 다만 실제로 죄를 짓기 전까지는 실제적인 의미의 용서를 받을 수 없습니다. 아직 존재하지 않는 것에 관해 말할 수는 없기 때문입니다. 저지르지 않은 죄를 어떻게 용서받을 수 있겠습니까! 경건한 자들은 자신이 믿음으로 의롭다함을 받았음을 깨달을 때에 이 진리를 이해하게 됩니다. 그들은 그리스도 안에서, 하나님께서 자신들의 모든 죄를 용서하고 자신들을 자녀요 상속자로 받아 주셨음을 믿습니다. 또한 그들은 장래에도 하나님과 화목한 상태로 남아 있을 것이며 여전히 상속자이리라 확신합니다. 그러하기에 그들이 잘못을 저지를 때, 하나님은 몇 번이고 계속 용서하실 것입니다.

이제 '유대인들'의 오류에 답하면서, 이를 조금 더 포괄적으로 논의해 보겠습니다.

칭의의 시점에 관한 '유대인들'의 오류

요즈음 유대인임을 자처하는 분파가 나타나기 시작했습니다. 이 분파는 히브리어 철자를 알고 읽으며 이해하는 사람이 하나둘 생기면서 형성되었습니다. 그 결과 그들은 어느 누구보다도 자신이 언어를 잘 알며, 각각의 단어들을 어떻게 번역해야 할지를 식별할 수 있다고 생각합니다. 그들은 단지 루스덴(D. Leusden)의 사전이나 트롬미우스(D. Trommius)의 용어 색인에 나오는 것을 아는 정도일 뿐인데도 대가인 양 행동합니다. 그들 중 어떤 이들은 무질서하고 품행이 불량하여, 간음 같은 불경건한 죄를 범하면서 하나님의 은혜를 남용하고, 그리스도인의 자유를 오용하여 육체의 일을 탐닉하는 구실로 삼습니다. 또 어떤 여인들은 '발언권을 얻어' 자기 방식대로 설교합니다. 그들이 (오래전에 출교당했어야 하는) 교회의 찌꺼기들을 교회로부터 모두 데리고 가 버린 덕분에, 이들이 교회에 큰 해를 끼치지는 않습니다. 그들은 거짓된 평화를 말하며, 영혼들을 지옥으로 인도합니다. 어떤 때는 이렇게 말했다가 다른 때에는 다르게 말하는 등 정함이 없습니다. 그들이 이미 너무나 멀리 가 버려서, 정직한 시민은 모두 그들을 경멸합니다. 그들의 주된 가르침은 다음과 같은 원리를 따릅니다.

① 그들은 그리스도가 자신을 위해 죽으셨다고 믿는 사람들이 모두 무제한적으로 선택되었다고 주장합니다. 또는 하나님께서 영원 전에 그리스도 안에서 보시고는 의롭다 하신 자들의 수를 일정하게 제한하여 택하셨다고 주장합니다. 따라서 처음부터 하나님은 그들에게 아무것도 하실 것이 없습니다. 그들이 태어날 때에 아담의 죄를 전가받지 않고 이미 의롭다함을 받았으므로 그들의 부패한 본성이 전

혀 죄가 되지 않기 때문입니다.

② 그들은 그리스도가 자신을 구주로 믿는 모든 이들을 위해 무제한적으로 속죄를 이루셨다고 주장합니다. 또는 택함 받은 모든 자들을 위해 제한적으로 속죄를 이루셨다고 주장합니다. 그들은 자신들의 과거, 현재, 미래의 모든 죗값이 지불되었다고 말합니다. 뿐만 아니라 하나님께서 그때부터 그들을 완전히 의롭다 여기셨고, 처음부터 그리스도 외에 다른 것으로는 그들을 바라보실 수 없다고 주장합니다. 따라서 죄라고 불리는 모든 행동마저도 그들에게는 전혀 죄가 되지 않습니다.

③ 그들은 자신의 죄를 슬퍼하는 증거가 없어도 단지 그리스도가 자신의 구주요 자신을 위해 죽으신 분이라고 결론 내리는 데서 믿음을 찾을 수 있다고 주장합니다. 그들은 오히려 죄를 비웃습니다. 그들에게 회심이란 단지 그리스도가 자신들을 위해 죽으셨음을 믿는 것에 불과합니다. 그리고 성화란 그리스도의 의를 자신의 개인적 의로 고수하는 것입니다. 따라서 자신들이 율법을 성취했다고 이해해야 하며 율법이 더 이상 아무것도 요구하지 않는다고 생각합니다. 단지 그리스도가 자신을 위해 죽으셨다는 것을 믿는 것만으로 충분합니다. 그로 인해 자신들이 모든 율법으로부터 자유로워졌고, 무엇을 행하든 그들에게 죄가 되지 않기 때문입니다. 그러한 사람은 죄에 대해 슬퍼하지 않아도 됩니다. 죄를 고백하고 그리스도를 찾을 필요도 없습니다. 화목하기 위해 주님께 피할 필요도 없으며, 그분을 속전으로 받아들일 필요도 없습니다. 용서를 위해 기도할 필요도 없습니다. 용서를 위해 간구하는 것은 하나님을 모욕하는 것이라고 여깁니다. 영원 전에, 그리스도께서 죽고 부활하신 때에, 자신을 위해 죽으신 그리스도를 믿게 되었을 때에 이미 자신들이 용서받았기 때문입니다. 이제 그들은 감사하기만 하면 됩니다. 그들은 믿음에 대해 다음과 같이 권면합니다. "당신은 그리스도가 당신을 위하여 죽으셨다는 사실을 믿지 않는 것이 얼마나 배은망덕한 모습인지를 아는가? 그러므로 이 사실을 믿으라. 그리하면 모든 것에서 건짐을 받을 것이다."

④ 그들은, 어느 누구에게도 공적인 예배에 참여해야 할 의무가 없고 목사를 위한 신적인 위임도 없으며, 따라서 모든 사람이 목사가 되어야 한다고 주장합니다.

성례를 행하지 않으며, 성례를 행한다 하더라도 자신의 구원을 의심하는 자들은 행하지 말아야 한다고 주장합니다.

이처럼 가증스럽고도 육신적인 그들의 주장들은 칭의 교리를 남용하며 오해하는 데서 근거합니다. 그들은 앞에서 제기된 질문에 대해 칭의가 몇 번이고 날마다 일어나는 것이 아니라 단 한 번 일어난다는 말로 답합니다.

이 점에 관해서는 서론에서 언급하였으므로, 이제 다음의 진리를 증명해 보겠습니다.

"칭의는 영원 전에, 그리스도께서 죽으실 때에, 첫 믿음의 행위가 있을 때에 일어나지 않는다. 다시 말해 칭의는 날마다 범하는 죄에 대해 날마다 일어나는 칭의를 배제하지 않는다."

칭의의 시점: 영원 전이 아님

첫 번째로 우리는 칭의가 영원 전에 일어난 것이 아님을 주장합니다. 물론 진실로 하나님은 택하신 자를 의롭다 하실 것을 영원 전에 작정하셨습니다. 그러나 이러한 작정과 의도 자체는 칭의가 아닙니다. 이는 다음과 같은 이유에서 분명한 사실입니다.

① 그러한 의도가 결코 칭의라는 행위로 언급된 적이 없습니다. 어떤 일을 의도하고 작정하는 것과 의도하고 작정한 바를 시행하는 것은 별개의 문제입니다.

② 택함 받은 자들은 거듭나기 전에 "다른 이들과 같이 본질상 진노의 자녀"(엡 2:3)요 하나님과 원수 된 자들이었습니다. 만일 그들이 이미 실제로 의롭다함을 받았다면, 그들은 하나님과 원수 된 자들일 수 없으며 그렇게 불릴 수도 없을 것입니다.

③ 칭의는 부르심을 받은 이후에 일어납니다.

"부르신 그들을 또한 의롭다 하시고"(롬 8:30).

칭의는 믿음이라는 행위를 방편으로 하여 일어납니다.

"우리가 믿음으로 의롭다하심을 받았으니"(롬 5:1).

"그러므로 사람이 의롭다하심을 얻는 것은 율법의 행위에 있지 않고 믿음으로 되는 줄 우리가 인정하노라"(롬 3:28).

실제로 믿음은 살아 있는 사람의 행위이므로 칭의가 영원 전부터 일어난 것이 아니라는 결론이 뒤따릅니다.

④ 성경은 죄 사함을 미래 시제로 말합니다. 즉, 하나님께서 의롭다 하시고 용서하실 것이라고 말합니다.

"할례자도 믿음으로 말미암아 또한 무할례자도 믿음으로 말미암아 의롭다 하실 하나님은 한 분이시니라"(롬 3:30).

"그에 대하여 모든 선지자도 증언하되 그를 믿는 사람들이 다 그의 이름을 힘입어 죄 사함을 받는다 하였느니라"(행 10:43).

"내가 하늘에서 듣고 그들의 죄를 사하고"(대하 7:14).

따라서 칭의는 영원 전에 일어난 것이 아닙니다.

⑤ 하나님은 실제로 살아 있는 신자들이 자신의 죄를 고백할 때에 그들을 의롭다 하십니다.

"내가 이르기를 내 허물을 여호와께 자복하리라 하고 주께 내 죄를 아뢰고 내 죄악을 숨기지 아니하였더니 곧 주께서 내 죄악을 사하셨나이다(셀라)"(시 32:5).

"이 사람이 의롭다하심을 받고 그의 집으로 내려갔느니라"(눅 18:14).

"만일 우리가 우리 죄를 자백하면 그는 미쁘시고 의로우사 우리 죄를 사하시며 우리를 모든 불의에서 깨끗하게 하실 것이요"(요일 1:9).

이러한 내용들을 볼 때, 칭의가 영원 전에 일어나는 것이 아니라는 점에는 반박할 여지가 없습니다. 이렇게 가장 근본적인 증거로부터 두 번째 주장이 뒤따릅니다. 곧 그리스도께서 죽고 부활하심으로써 사람의 죗값을 모두 지불하여 하나님의 공의를 만족시키셨다 하더라도, 그리스도께서 죽고 부활하신 그때에 사람이 실제로 의롭다함을 입은 것이 아닙니다.

칭의의 시점: 날마다 일어나는 칭의[8]

> ▶ 질문
> 칭의는 믿는 순간 단번에 최종적으로 일어나는가, 아니면 죄에 빠진 후 새롭게 믿음을 행사할 때마다 일어나는가?

대답: 이러한 논쟁은 주로 이 둘의 차이를 잘못 생각하는 데서 생깁니다. 그러하기에 앞에서 다룬 질문과 관련해 이야기해 온 것들에 덧붙여 서론적으로 몇 가지 사안들을 진술할 필요가 있습니다. 유대인이 아니더라도 칭의가 최종적으로 단 한 번만 일어난다고 주장하는 개혁파들도 있습니다.

첫째, 칭의라는 행위는 사람이 스스로 행하는 것이 아닙니다. 사람은 그리스도를 믿고 영접하여 믿음으로 그분의 의를 자신의 것으로 받아들임으로써 의로운 신분으로 들어갑니다. 그리하면 그는 칭의의 대상이 될 수 있습니다. 그러나 그가 그리스도의 의를 얼마나 효과적으로 소유하고 있든지 상관없이, 그는 결코 스스로

---

[8] 역자주 - 아 브라켈의 칭의에 대한 견해는 동시대 개혁파 정통주의 신학자들의 견해와 근본적으로 다르지 않다. 다른 이들과 마찬가지로, 아 브라켈은 칭의를 하나님의 법정적 선언으로 본다. 또한 칭의가 죄책 및 형벌의 사면과 더불어 영생의 수여로 이루어지며, 그 원인이 인간에게 있지 않고 오직 삼위일체 하나님께 있음을 분명히 한다. 특히 그리스도께서 순종을 통해 얻으신 의가 신자에게 전가된다는 사상도 다른 개혁파 정통주의자들과 전혀 다르지 않다. 이와 같이 칭의의 핵심적인 부분에 대해서는 정확하게 개혁파의 견해에 서 있다. 다만 브라켈은 칭의를 단 한 번 이루어지고 그 결과가 영속되는 어떤 상태, 곧 '의롭게 된 상태'로 여기기보다는, 말 그대로 '의롭다고 칭하는' 행위로 보았다. 즉, 처음 믿음을 행사할 때 단 한 번 일어나는 하나님의 선언이 아니라 사람이 믿음을 행사할 때마다 반복되는 하나님의 법정적 선언으로 보았다. 그러나 이것은 하나님께서 의롭다고 선언하신 것이 취소되고 다시 죄인이 된 후에 의로움을 얻게 된다는 의미는 아니다. 왜냐하면 그는 칭의와 화목을 구별하면서, 설령 이미 칭의를 받은 신자가 죄를 범하더라도 하나님과 화목된 상태는 변함이 없고, 다만 그러한 순간에는 신자가 믿음을 행사할 수 없으므로 하나님께서 그를 의롭다 선언하시지 못하며, 그가 자신의 믿음을 행사할 때 하나님께서 그 믿음을 보시고 의롭다 선언하신다고 주장한다. 사실 칭의의 지속에 관한 문제는 17세기 개혁파 정통주의자들에게 생겨난 것은 아니었다. 토마스 굿윈은 칭의의 '갱신(renewal)'이라는 개념을 사용하였고, 존 오웬도 믿음으로 말미암는 '칭의의 지속'에 관해 언급하였다. 이는 칭의를, 단순히 처음 믿음을 행사할 때 주어지는 단회적 선언이며 그 상태가 변함없이 지속되는 것으로 본 결과, 그것을 과거의 것으로 여기고 칭의 이후로는 믿음의 역할의 중요성이 축소되어, 결국 칭의가 신자의 거룩한 삶으로 연결되지 못했던 잘못된 현실을 타개하고자 했던 하나의 노력으로 볼 수 있을 듯하다. 다시 말하면, 칭의를 믿음의 행사에 따르는 하나님의 반복적인 선언으로 보아, 믿음이 과거의 사건이 아니라 현재적으로 역사한다는 사실을 강조할 뿐만 아니라, 이에 대한 하나님의 선언이 신자에게 확신을 더하여 거룩한 삶, 곧 성화를 촉진하도록 한다는 것이다. 결론적으로 아 브라켈의 "날마다 일어나는 칭의" 개념은 생소한 개념이긴 하나, 개혁파 칭의론과 본질적으로 다른 것은 아니며, 믿음과 선언적 행위로서의 칭의의 관계를 강조하는 것이라고 할 수 있다.

의롭게 할 수 없습니다. 오히려 믿음으로 말미암아 그리스도의 의를 받아 그리스도 안에서 의롭게 된 자를 의롭다 하시는 분은 재판장이신 하나님이십니다.

둘째, 칭의에 대한 하나님의 작정과 칭의라는 행위를 구별해야 합니다. 하나님은 택자들을 의롭다 하기로 영원 전에 작정하셨지만, 실제로 영원 전에 그들을 의롭다 하시지 않았습니다. 앞서 증명한 대로, 의롭다함을 받으려면 택함 받은 자들이 실제로 살아 있고 하나님 앞에 의로운 자의 신분으로 있어야 합니다.

셋째, 화목하게 되는 것과 칭의를 구별해야 합니다. 그리스도 안에서 하나님의 공의가 만족되었습니다. 원수였던 택자들이 성자의 죽음으로써 하나님과 화목하게 되었습니다. 하나님 편에서 그분의 공의가 이미 충족되었습니다. 하나님은 택자들이 태어나기 전, 회심에 앞서 거듭나기 전에 이미 그들과 화목하게 되셨습니다. 신자들이 저지를 수 있는 가장 심각한 죄에 빠진 뒤에도, 하나님은 그분 편에서 여전히 화목한 가운데 계십니다. 새롭게 화목하게 되거나 다시금 만족시킬 필요가 없습니다. 겸손하고도 순전한 많은 신자들이 죄에 빠진 이후에 하나님과의 화목이 깨졌다고 생각하는 오류를 범합니다. 그리스도께 참여하지 못하고 그분을 통해 화목하지 못하게 될까 봐 두려워하는 한편, 하나님께서 계속 자신과 화목하시지 않는다고 보는 것입니다. 그러나 그들의 신분에 관한 한 화목하게 됨은 하나님 편에서나 신자 편에서 여전히 실재합니다. 그들이 죄에 빠졌을 때나 심각한 어둠 속에 있을 때나 반목과 불신과 침체에 빠져 있을 때에도 그러합니다.

반면 하나님은 아직 존재하지 않거나 여전히 회심하지 않은 상태의 사람을 의롭다 하시지는 않습니다. 왜냐하면 그리스도 밖에 있는 사람은 여전히 칭의에 합당한 대상이 될 수 없기 때문입니다. 또한 참되게 회심하여 믿게 된 사람이 죄에 빠졌을 때, 하나님은 그러한 상태에 있는 자들을 의롭다 하시지는 않습니다. 그들이 죄를 지을 때는 자신을 의롭다 할 믿음을 행사하지 않으므로 칭의에 합당하지 않기 때문입니다.

이처럼 영적 신분에 관한 한 그들의 화목하게 됨은 하나님 편에서뿐만 아니라 그들 편에서도 여전히 실재하며 지속되는 반면, 칭의는 판결을 선언하는 것입니다.

넷째, 의롭다 하거나 의롭다 하지 않는 행위가 하나님께서 변하신다는 의미는 아닙니다. 하나님께서 의롭다 하지 않으실 때에는 못마땅해하며 진노하시는 때이고, 다시 의롭다 하실 때에는 사랑이 넘치고 만족해하시는 때라고 생각해서는 안 됩니다. 하나님은 변함도 없으시고 회전하는 그림자도 없으신 분이므로, 이것은 결코 사실이 아닙니다. 변하는 것은 그 대상입니다. 아직 존재하지 않거나 살아 있지만 회심하지 않았거나 본질적으로는 회심하였지만 죄에 빠져 있는 사람은 하나님의 칭의에 적합한 대상이 아닙니다. 그러나 그가 믿음을 행사할 때에는 적합한 대상이 됩니다.

다섯째, 칭의는 의도가 아니라 실제적인 행위입니다. 또한 그것은 화목하게 되는 것도 아니며, 하나님께서 변하시는 것을 의미하지도 않습니다. 칭의는 믿음으로 그리스도와 그리스도의 의를 받은 사람을 향해 죄를 사면한다고 선언하는 것입니다. 거듭 말하지만, 그것은 신자들을 향한 선언입니다. "너는 죄를 속함 받았고, 나의 공의를 만족시키게 되었다. 너는 나와 화목을 이루게 되었다. 너의 죄를 용서한다. 내가 그 죄들을 멸하겠다. 그 죄를 너의 것으로 셈하지 않겠다. 그리고 너는 영원한 생명의 상속자이다."

하나님은 신자들이 그분의 말씀을 듣고 읽고 묵상할 때마다 그러한 판결을 선언하십니다. 성령께서 신자들의 마음에 특정한 성경 구절들을 말씀하면서 깊은 인상을 주시거나 그들을 일반적인 의미로 복음 앞에 세워 그 복음을 적용하실 때, 그와 같이 선언하십니다.

이 선언이 모든 신자에게 동일한 정도로 이루어지지는 않습니다. 어떤 이들은 이러한 선언을 분명하고도 확실하게 들으며, 자신이 의롭다함을 받았다는 사실을 믿습니다. 또한 그 양심에 평안을 경험하고 은혜의 보좌 앞에 자유롭게 나아가 "아빠, 아버지!"라고 외칩니다. 어떤 이들은 이러한 선언을 분명하게 듣지 못합니다. 그래서 그들은 분명하지 않은 만큼 이 선언의 열매를 누리지 못합니다. 또 어떤 이들은 그렇게 선언하는 말씀이나 자신에게 주어진 위로와 평화의 감정에 주의를 기울이지 못하여, 죄 사함과 자신의 영적 상태에 대한 두려움으로 가득 차 있기도 합니다. 그러나 양심이라는 법정의 소리를 듣는 데 뛰어난 사람이든 그 소리를 잘 듣지 못하는 사람이든 똑같이 무죄를 선고받습니다. 마찬가지로, 믿음이 강한 사람이든 약한 사람이든 모두 무죄를 선고받습니다.

여섯째, 칭의는 actio permanens, sed transient(악티오 페르마넨스 세드 트란시엔스), 곧 영속적인 행위가 아닙니다. 다시 말해, 신자가 거듭날 때부터 죽을 때까지 효력을 발휘하는 행위가 아닙니다. 이것은 오히려 단회적으로(transitory) 선언하는 행위이며, 따라서 칭의는 매번 다시금 반복됩니다. 자신에 대한 처음 선언은 과거가 되고, 동일한 본질의 동일한 선언이 매번 새롭게 이루어지는 것입니다. 이것은 칭의의 처음 행위가 반복된다는 의미가 아닙니다. 또한 한 사람에게 회심과 믿음이 시작되고 하나님께서 그를 의롭다 하실 때에 죄를 용서받기 위해 기도하는 신자로 하여금 믿음을 처음 행사할 수 있도록 인도하신다는 말도 아닙니다. 첫 번째 칭의 행위가 날마다 일어난다는 의미도 아닙니다. 이 최초의 행위가 그리 강력하지 않았을 수도 있고, 분명하게 경험되지 않았을 수도 있습니다. 또는 그 사람의 기억에서 지워졌을 수도 있습니다. 그러므로 동일한 성격의 선언이 날마다 새롭게 이루어져야 합니다.

일곱째, 논쟁의 요점은 단순히 성찰의 문제가 아니라 생명의 활동(practice) 자체와 관련됩니다. 그것은 신자가 날마다 기도하면서 맞닥뜨리는 문제입니다. 만일 영혼이 그것을 분명히 이해하지 못한다면, 영혼은 어떤 이해와 영적인 자유로 기도해야 할지를 알지 못해 혼란스러워 할 것입니다. 그러므로 다음의 내용들을 반드시 알아야 합니다.

① 하나님과 날마다 반복해서 화목하게 되기 위해 기도해서는 안 됩니다. 화목이 그리스도의 희생으로 말미암아 단번에 일어나기 때문입니다.

② 신자는 우리를 향한 하나님의 목적이 변하기를 기도해서는 안 됩니다. 하나님의 목적은 영원불변합니다. 은밀한 것은 여호와께 속해 있습니다. 기도하는 가운데 신자는 자신의 신분(state)과 하나님의 말씀이 이끄는 것을 따라야 합니다.

③ 신자는 우리를 향한 하나님의 마음이 바뀌기를 기도해서는 안 됩니다. 하나

님께 우리에게 진노하지 말고 호의를 베풀어 달라고 기도하는 것은 무지한 행위입니다. 하나님은 택하신 자들이 거듭나고 믿기 이전부터 이미 그들에게 호의적이고도 인애로운 마음을 가지고 계셨기 때문입니다.

④ 기도란 하나님 편에서는 그분의 선하심이 나타나는 것과 관련되며, 우리 편에서는 하나님의 선하심이 적용되는 것과 관련됩니다. 마찬가지로, 칭의란 믿음이 처음 행사될 때, 그리고 그 이후에 믿음이 행사될 때마다 그에 대해 주어지는 반응으로서, 사람이 칭의를 받기에 적합한 대상이 될 때에 그에게 적용됩니다. 이때 칭의는 평안한 느낌이 아니라 우리에게 이미 주어진 선언을 적용하는 것입니다.

여덟째, 회심하지 않은 사람이 칭의를 얻기 위해 기도해야 함은 논쟁할 여지가 없이 분명한 사실입니다. 왜냐하면 칭의는 (비록 칭의의 본질에 관한 한 우리가 믿음의 첫 행사와 반복적인 행사를 구분하지는 않지만) 믿음을 처음 행사할 때에 일어나기 때문입니다. 따라서 실제로는 자신이 거듭났을 수 있다 하더라도 자신의 거듭남과 믿음을 확신하지 못한다면, 자신의 영적 상태에 대해 인식하는 대로 행동해야 합니다. 그러므로 그들은 마치 이전에 결코 경험한 적이 없는 것처럼 죄를 용서받고 칭의를 얻기 위해 기도해야 합니다. 그것 말고는 다른 방법이 없습니다. 그러나 대다수의 신자들이 자신의 영적 상태를 분명히 알거나 확신하지 못한 채 인생을 살아가며, 이전에 일어났던 일을 의심합니다. 따라서 여기서 다루는 질문의 요점은 대다수의 신자들과 관련이 없으며 현재 자신의 믿음에 대해 확신하는 소수의 사람과 관련됩니다.

아홉째, 신자는 거듭남과 양자 됨과 칭의를 구분해야 합니다. 이러한 은택들은 칭의에 적합한 대상이 되었을 때에 동시에 즉각 주어지지만, 서로 다릅니다. 영혼은 그것들을 서로 구별함으로써 각각 다르게 이해해야 합니다. 자신의 영적 신분을 확신하는 영혼은 거듭남이나 양자 됨을 위해 기도하지 않습니다. 그는 이미 그 사실을 알며, 자신이 이전에 범한 죄와 관련하여 하나님께서 이미 자신을 의롭게 하셨다는 사실도 압니다. 대신에 그는 새롭게 범한 죄에 대해 새로운 사죄의 선언을 위해 기도합니다. 즉, 자신이 최근에 범한 죄로 말미암은 죄책과 형벌이 그리스도의 공로를 힘입어 제거되기를 기도합니다. 그리고 이처럼 새로운 죄악이 제거되는 갱신으로 말미암아 하나님께서 기꺼이 자신에 관해, 그리고 자신을 향해 무죄라고 선언하시기를 기도합니다.

열째, 칭의와 이에 대한 확신, 곧 위로와 평화와 기쁨의 감정을 구별해야 합니다. 칭의에 대한 확신은 칭의의 열매입니다. 무엇보다 칭의가 반드시 확신을 동반하지는 않으며, 위로와 평화와 기쁨의 감정이 없더라도 존재할 수 있습니다. 신자는 기도하면서 처음으로 믿음을 행사할 때나 그 직후에 그가 바라는 칭의의 선언 이상의 것을 얻습니다. 그의 행동은 이것이 끝이 아닙니다. 왜냐하면 죄를 용서받은 데 대한 위로의 감정과 평화와 기쁨을 소유하게 되기 때문입니다. 실제로 죄 사함을 얻지 못한 채 평화를 누릴 수는 없습니다. 그러나 누군가에게 기쁨과 평화가 없다고 해서 그가 죄를 용서받지 못했다거나 칭의를 받지 못했다고 결론 내려서는 안 됩니다. 또한 위로를 느끼는 사람만이 죄를 용서받은 것이라고 결론지어서도 안 됩니다. 가장 약한 믿음을 가진 사람이라도 반드시 하나님의 말씀에 근거하여 믿으면, 그리스도에게서 눈을 떼지 않는 그의 기도에 따라 하나님께서 그의 죄를 용서해 주십니다. 왜냐하면 그분이 그렇게 행하겠다고 약속하셨기 때문입니다. 그러므로 칭의의 본질은 판결을 적용함으로써 얻는 위로나 위로의 감정에 있지 않습니다. 칭의의 선언은 믿음을 처음 행사할 때에 이루어질 뿐만 아니라, 신자가 그 위로의 열매를 누리든 누리지 못하든 날마다 일어납니다.

지금까지 서론을 통해 이에 관해 진술했으므로, 이제 그 증거를 살펴보겠습니다.

【증거 1】 만일 우리가 우리 죄를 자백하면 그는 미쁘시고 의로우사 우리 죄를 사하시며 우리를 모든 불의에서 깨끗하게 하실 것이요"(요일 1:9).

죄를 용서한다는 것은 의롭다 하는 것이며, 다음과 같이 판결을 선언하는 것입니다. "너의 죄가 사하여졌고, 나의 공의가 만족되었다. 나는 이제 동일한 것으로 너를 벌하지 않을 것이다. 너에게 죄가 없음을 선언하노라." '용서하는 것'은 죄 사함을 받는 것과 동시에 영원한 생명의 상속자로 선언되는 것을 포함합니다. 용서에는 반드시 용서받기 합당한 대상이 있어야 합니다. 그 대상은 바로 자신의 눈을 예수님께 고정한 채로 자신의 죄를 민감하게 느끼고 수치스러워하며 그 죄를 고백하는 신자입니다. 본문에서 사도는 첫 번째 회심에 관해 말하는 것이 아니라, 죄에 빠진 신자들에 관해 말하고 있습니다. 요한일서 2장 1절에 나오는 "우리"라는 대명사를 통해 이를 분명히 알 수 있습니다. 그러므로 우리는 하나님께서 날마다 신자들에게 의롭다는 판결을 선언하신다는 사실을 분명히 알 수 있습니다. 다시 말해, 하나님은 날마다 칭의를 행하십니다.

회피주장 1 용서한다는 말은 양심에 평화를 주는 것은 물론이요, 위로를 적용한다는 말과도 같다.

| 답변 |

❶ 이 주장은 짐작에 불과합니다. 저는 용서가 양심에 위로를 적용하고 평화를 준다는 주장에 반대합니다. 이 주장에 대한 증거를 하나라도 대 보십시오.

❷ 이 주장은 본문에 명백하게 반합니다. 만일 용서가 위로의 적용을 의미한다면, 진리를 참되게 고백하는 모든 이들에게는 하나님의 신실하심과 의로우심에 따라 양심으로 지각할 만한 위로와 평화가 있어야 합니다. 그러나 진리를 고백하는 이들이 모두 그런 것들을 소유하지는 못합니다. 우리의 경험이 이 사실을 얼마든지 증언하지 않습니까? 따라서 용서가 위로의 적용을 의미한다고 할 수는 없습니다.

❸ 만일 용서가 위로의 적용과 같은 말이라면, 이 위로의 효과를 놓치는 사람은 모두 죄에 대한 용서를 잃어버리게 될 것입니다. 이것은 주님께서 슬프게 하지 않은 자들을 슬퍼하게 만드는 것으로, 하나님의 자녀들을 실족하게 할 수 있습니다. 따라서 용서란 결코 위로를 적용하는 것이 될 수 없습니다. 오히려 용서는 양심에 있는 평화의 원인이 됩니다. 그러므로 용서는 그와 같이 분명한 효과가 없어도 참될 수 있습니다.

❹ 만일 용서가 위로의 적용이라면, 믿음을 처음으로 행사할 때에 일어나는 칭의의 첫 행위를 적용하는 것이어야 합니다. 아니면 그들을 위한 그리스도의 공로

를 새롭게 적용하는 것이어야 합니다. 그러나 용서는 처음 칭의를 적용하는 것이 아닙니다. 신자들이 대부분 자신이 받은 첫 칭의에 대한 지식이나 증거를 가지고 있지 않으며 위로의 효과를 경험할 때 칭의를 생각하지 않기 때문입니다. 또한 만일 용서가 그리스도의 공로를 새롭게 적용하는 것이라면, 그것은 칭의의 행위이거나 우리가 계속 언급하는 바 거듭 일어나는 동일한 칭의를 새롭게 반복하는 것입니다. 용서가 효과가 있다는 사실을 부인하지는 않습니다. 용서가 반복될수록, 그것은 사실입니다. 그러한 점에서 칭의와 용서는 동등하고 같은 것입니다. 그러나 용서가 특별히 위로의 적용과 동의어라고 볼 수는 없습니다. 위로는 용서의 결과입니다. 위로는 다양한 때에 다양한 분량과 정도로 경험할 수 있습니다.

회피주장 2 만일 죄를 고백해야만 용서받는다면, 그에게는 고백하지 못해서 용서받지 못한 죄가 있을 수 있다. 왜냐하면 모르고 저지르거나 잊어버리는 죄들도 매우 많기 때문이다.

| 답변 |

❶ 화목하게 되는 것은 용서, 곧 칭의나 판결의 선언으로서의 용서와는 반드시 구분되어야 합니다. 하나님과 화목하게 되는 것은 실재이며, 언제나 유지됩니다. 큰 죄악에 빠진 상태에서도 마찬가지입니다. 그러나 용서의 선언은 합당한 대상, 곧 신앙을 참되게 고백하는 이에게 일어납니다.

❷ 신자가 죄에 빠진 후 고백할 때, 그 고백에는 자신의 모든 죄가 포함됩니다. 즉, 자신의 죄악된 본성뿐만 아니라 그 본성에서 비롯된 모든 것(아는 것이든 모르는 것이든)이 포함됩니다. 따라서 그는 모든 죄를 고백하는 셈입니다.

❸ 용서하실 때, 하나님은 모든 죄를 용서하시고 그 사람을 현재의 모습 그대로 의롭다 하십니다.

회피주장 3 신자들은 죄 사함을 위해 기도할 때, 자신의 죄가 용서받았음을 자각하고, 그 결과 양심의 평화나 용서받은 것을 깨닫게 되기를 원한다. 따라서 용서는 용서에 대한 자각과 그로 인한 위로로 이루어진다고 보아야 한다.

| 답변 |

신자들이 그것을 갈망하고 구하는 것은 사실입니다. 또한 그들은 마땅히 그리해야 합니다. 그러나 신자들은 기도할 때에 용서와 위로를 구별합니다. 먼저, 그들은 절대적인 의미에서 기도합니다. 왜냐하면 하나님께서 그들을 용서하겠다고 약속하셨기 때문입니다. 또한, 그들은 주님의 기뻐하시는 뜻을 따라 조건적이고도 순종적인 자세로 기도합니다. 왜냐하면 그들은 위로에 관한 절대적인 약속을 받지는 않았기 때문입니다. 주님은 때로는 위로를 주시지만, 때로는 그것을 허락하지 않으십니다.

【증거 2】 우리는 신자가 죄를 용서받기 위해 날마다 기도하고 하나님께서 그에게 날마다 용서를 베푸신다는 구절에서 두 번째 증거를 얻습니다. 다음 말씀들을 숙고해 보십시오.

"우리가 우리에게 죄 지은 자를 사하여 준 것같이 우리 죄를 사하여 주옵시고"(마 6:12).

"너희가 사람의 잘못을 용서하면 너희 하늘 아버지께서도 너희 잘못을 용서하시려니와"(마 6:14).

그리고 다윗이 밧세바와 동침한 후 선지자 나단이 그에게 왔을 때 고백한 것을 보십시오.

"나의 죄악을 말갛게 씻으시며 나의 죄를 깨끗이 제하소서……우슬초로 나를 정결하게 하소서……하나님이여 피 흘린 죄에서 나를 건지소서"(시 51:2,7,14).

"다윗이 나단에게 이르되 내가 여호와께 죄를 범하였노라……여호와께서도 당신의 죄를 사하셨나니"(삼하 12:13).

또한 시편 32편 5절을 보십시오.

"내가 이르기를 내 허물을 여호와께 자복하리라……주께서 내 죄악을 사하셨나이다."

지금까지 용서란 위로나 때때로 용서의 결과로 뒤따르는 위로의 감정이라기보다는 의롭다 하는 판결의 선언이라는 사실을 살펴보았습니다. 이는 앞서 언급한 구절들에서 분명히 나타납니다. 마태복음 6장 14절은 우리가 우리에게 죄지은 자를 용서하면 하나님도 우리를 용서하실 것이라고 진술합니다. 그러나 우리가 이웃을 용서하는 행위가 그 이웃의 양심을 위로하는 효과를 가져오지는 않습니다. 다만 용서는 우리가 그의 죄 없음을 선언하는 것이고, 원수를 갚지 않겠으며 마치 죄를 범하지 않은 것처럼 대하겠다는 것을 의미합니다. 하나님께서 우리를 용서하실 때에도 마찬가지입니다. 사무엘하 12장 13절에서 나단은 다윗에게 하나님께서 그의 죄를 사하셨다고 말하지, 하나님께서 그의 양심에 위로와 평화를 주신다고 선언하지는 않습니다. 신자는 날마다 용서를 위해 기도하고, 하나님은 날마다 그들을 용서하십니다. 따라서 칭의는 단 한 번 일어나는 것이 아니라 몇 번이고 일어나는 일이라고 결론지을 수 있습니다.

【증거 3】 "나의 자녀들아 내가 이것을 너희에게 씀은 너희로 죄를 범하지 않게 하려 함이라. 만일 누가 죄를 범하여도 아버지 앞에서 우리에게 대언자가 있으니 곧 의로우신 예수 그리스도시라"(요일 2:1).

또한 대제사장이신 그리스도의 중보에 관해 말하는 구절이 있습니다(히 8:1, 7:25; 롬 8:34 참고). 만일 칭의가 믿음을 처음 행사할 때에 단 한 번 일어나는 것이라면, 신자들을 위한 두 번째 대제사장적 사역은 필요하지 않으며, 따라서 대언자나 중보자가 필요 없어질 것입니다. 그러나 신자는 죄를 범하는 순간마다 이런 주님을 필요로 합니다. 이처럼 신자들의 죄를 사하여 달라는 중보 기도는 그들이 반복해서 범하는 죄와 관련됩니다. 그러므로 용서는 단 한 번만 주어지지 않고 날마다 주어집니다.

회피주장 그리스도의 중보는 적용, 곧 위로의 감정에 관한 것이다.

| 답변 |

우리는 이미 이런 주장에 답변하였습니다. 날마다 일어나는 중보의 효과는 날마다 주어지는 칭의로서, 곧 의롭다 하는 판결을 매일 선언하거나 매일 용서하는 것입니다. 칭의의 첫 행위와 그 뒤에 따르는 칭의의 행위는 본질상 적용적인 것입니다. 칭의라는 동일한 행위가 몇 번이고 반복되며, 그 판결이 계속 선언됩니다. 그렇다고 해서 뒤에 일어나는 칭의 행위가 앞에 일어난 칭의 행위를 무효화한다는 의

미는 아닙니다. 다만 신자의 영적 상태가 칭의가 반복해 새롭게 선언되는 것을 지속적으로 요청합니다. 하나님은 사람의 본성과 상태에 따라 자신을 맞추어 사람을 대하십니다. 이러한 관점에서 사람은 사람답게 행해야 합니다. 따라서 사람은 하나님께서 하나님으로서 일하시는 방식으로 행동해서는 안 되며, 사람에게 합당한 방식으로 행해야 합니다. 누군가는 날마다 주어지는 칭의의 적용이 다름 아닌 위로임을 증명하고자 할 것입니다. 그러나 그것을 증명할 수는 없을 것이므로, 그와 같은 주장은 헛됩니다.

【증거 4】 우리는 칭의가 믿음의 행사에 뒤따른다고 선언하는 구절들을 근거로 하여 이것을 더욱 명확하게 증명하고자 합니다.

"그러므로 우리가 믿음으로 의롭다하심을 받았으니 우리 주 예수 그리스도로 말미암아 하나님과 화평을 누리자"(롬 5:1).

"그러므로 사람이 의롭다하심을 얻는 것은……믿음으로 되는 줄 우리가 인정하노라"(롬 3:28).

믿음은 단 한 번만 행사되어서는 안 됩니다. 날마다 믿음을 행사하는 것은 신자에게 주어진 의무요 과업입니다. 날마다 믿음으로 예수님을 자신의 죄를 위한 대속물로 받아들이고 칭의에 이르는 것도 신자의 본분입니다. 믿음이 처음 행사될 때에만 효과가 있고 이후에는 효과가 없습니까? 그렇지 않습니다. 믿음은 언제나 동일한 효력을 지닙니다. 왜냐하면 칭의는 믿음을 처음 행사할 때에 맺힌 열매이자, 믿음이 새롭게 행사된 결과 얻어진 열매이기 때문입니다. 아브라함에게서 이것을 볼 수 있습니다. 아브라함은 이미 신자였으며 오래전에 의롭다하심을 받았습니다. 이 일은 창세기 15장 5절에서 "네 자손(씨)이 이와 같으리라"라는 약속이 주어지기 전에 일어났습니다. 그런데도 창세기 15장 6절은 "아브람이 여호와를 믿으니 여호와께서 이를 그의 의로 여기시고"라고 증언합니다. 바울은 로마서 4장에서 이것을 염두에 두었습니다. 사도는 사람이 율법의 행위로 의롭게 되는 것이 아니라 믿음으로 의롭게 된다는 것을 증명하고자 하였습니다. 그는 아브라함을 예로 드는 장면에서 창세기 15장 6절을 인용하여 이 사실을 증명합니다. 아브라함이 행위로 의롭게 된 것이 아니라 믿음으로 의롭게 되었음을 보여 준 것입니다.

"성경이 무엇을 말하느냐? 아브라함이 하나님을 믿으매 그것이 그에게 의로 여겨진 바 되었느니라"(롬 4:3).

아브라함은 이 일 이전에 이미 의롭게 되었습니다. 그런데 뒤이어 그가 다시금 믿었을 때, 그는 또다시 의롭게 되었습니다. 바울은 이 칭의를 예시하여, 사람이 율법이 아니라 믿음으로 의롭게 됨을 증명하였습니다. 이처럼 신자는 믿음을 사용할 때마다 그와 같이 의롭게 됩니다.

【증거 5】 "의로운 자는 그대로 의를 행하고 거룩한 자는 그대로 거룩하게 하라"(계 22:11).

의롭게 된 사람이 처음 행한 의로운 행위에 초점을 맞춘 채로 머물러야만 하는 것은 아니므로, 오히려 지속적으로 의롭게 되기 위해 노력해야만 합니다. 칭의는 한 번 일어나는 것이 아니라, 때마다 일어나는 것입니다.

회피주장 1 "그대로 의를 행하고"라는 말씀은 어떤 사람이 자신의 열매를 통해 그가 받은 칭의를 더욱 분명히 나타내는 것을 의미한다.

| 답변 |

"의를 행하고"라는 말과 "의롭게 되다"라는 말에는 결코 그러한 의미가 없습니다. 또한 야고보서 2장 21절도 그것을 말하지 않습니다. 앞서 말한 본문들에 대해 해설한 내용을 숙고해 보십시오. 설령 어느 본문이 그러한 의미를 가지고 있다 하더라도(물론 우리는 인정하지 않지만), 여기에서는 그러한 의미를 가질 수 없습니다. 왜냐하면 의롭게 된다는 것은 거룩하게 됨에 참여하는 것이며, 거룩하게 된다는 것은 그 자체로 미덕을 실천할 때에 나타나기 때문입니다.

회피주장 2 이 구절은 능동적 칭의라기보다 수동적 칭의이다. 능동적 칭의는 사람을 향한 하나님의 행위이며, 그것으로 하나님은 사람을 무죄라고 선언하신다. 그러나 수동적 칭의는 의롭게 되었음을 확신하는 것이며, 이로써 위로를 느끼는 것이다.

| 답변 |

이러한 구분은 하나님의 말씀에서 발견되지 않는 허구에 불과합니다. 어디든지 수동적 칭의가 있는 곳에는 능동적 칭의도 있습니다. 누군가가 아무것도 받을 수 없다면, 그에게 아무것도 주어지지 않은 것입니다. 어떤 사람이 무언가를 받으려면, 반드시 그에게 주어지는 행위가 있어야 합니다. 만일 누군가가 이렇게 구분하고자 한다면, 그것은 동일한 행위와 관련된 일입니다. 행위자의 행위를 고려하면 그것은 능동적이고, 그 효력을 받아들이는 대상의 관점에서 보면 그것은 수동적입니다. 그러나 우리는 수동적 칭의가 누군가의 칭의에 대한 확신이자 이에 대해 안심하는 느낌을 의미한다는 주장을 전적으로 거부합니다. 성경 어디에도 이에 대한 증거가 없습니다. 그런 위로의 느낌을 한 번도 가져 보지 못한 채 세상을 떠나는 경건한 사람들도 많습니다. 회피주장대로라면, 그들은 의롭게 되지 않았다는 말이 되고 맙니다.

【증거 6】 우리는 칭의가 단 한 번 일어났다고 보는 견해로부터 논리적으로 도출될 수밖에 없는 어이없는 결과들을 통해 이 증거를 얻습니다.

① 죄를 짓지 않으면 용서가 일어날 수 없다는 점을 생각할 때, 그런 견해는 하나님께서 신자들이 범하지 않은 죄들까지 용서하신다는 말이 됩니다. 그러나 미래에 죄를 범하리라는 이유로는 처벌받지 못하는 것처럼, 한 사람이 장차 범할 죄에 대해 의롭게 되지는 못합니다. 물론 보증으로서 그리스도는 경건한 자들이 아직 범하지 않았으나 앞으로 범할 죄들을 위해 형벌을 받으셨습니다. 그러나 이것은 전혀 다른 상황입니다. 왜냐하면 그분은 하나님으로서 모든 것을 현재 존재하는 것으로 보시는 하나님과 거래하셨기 때문입니다. 또한 그리스도는 보증으로서 오직 한 번 고난당하실 수 있었습니다. 왜냐하면 그 속죄가 완전한 속죄였기 때문입니다.

② 칭의가 단 한 번 일어난다고 할 때, 신자는 결코 칭의나 용서를 위해 기도할 수 없습니다. 왜냐하면 하나님께서 그들의 시선을 따라 단 한 번만 이 죄를 보시며,

동시에 모든 죄들을 용서하시기 때문입니다.

③ 또한 아직 범하지 않은 죄들과 관련하여 안심하는 느낌을 가질 수 있습니다. 그러나 범한 죄에 대해 애통해하며 심히 슬퍼해야 합니다.

지금까지 우리는 칭의가 날마다 일어난다는 사실을 분명하게 논증하였습니다.

반론

칭의는 완전하다. 하나님께서 사람을 의롭게 하셨다는 사실은 과거, 현재, 미래의 모든 죄들을 용서하셨다는 것을 포함한다. 이는 조금씩 일어나는 성화와는 구별된다. 만일 칭의가 날마다 일어난다면, 신자들은 죄 때문에 반복해서 하나님과 화목하지 않은 상태에 처하게 될 것이다. 왜냐하면 신자는 반복해서 새로운 용서가 필요한 상태에 놓이기 때문이다.

답변

(1) 우리는 칭의가 완전하다는 사실을 인정합니다. 하나님은 죄를 일부만 용서하시지 않습니다. 그러므로 용서받지 못한 죄(가령 성화 가운데 일어나는 죄)를 생각하지 않으십니다. 하나님은 용서받지 못할 어떤 죄 외에 신자들의 다른 죄들을 용서받지 못할 죄로 여기지 않으시고 마치 바로 그 순간에 계신 것처럼 모든 죄들을 완전히 용서하여 그 사람을 의롭다 하십니다. 이 칭의의 효과에는 그 후에도 실질적으로 하나님께서 미래에 범할 죄들을 용서하시리라는 사실이 포함됩니다. 그러므로 죄는 그들의 구원을 빼앗을 수 없습니다. 그러나 칭의의 완전성이라는 말에 신자가 믿음을 처음 행사할 때에 하나님께서 그들이 미래에 범할 죄들까지도 모두 실제로 용서하셨다는 의미가 들어 있다는 주장에는 근거가 없습니다. 따라서 우리는 그러한 결론을 거부합니다. 믿는 죄인이 단번에 의롭게 된다는 주장은 타당합니다. 그러나 그것은 하나님께서 반복해서 그를 의롭다 하시며, 그때마다 그 시점의 그와 관련된 칭의가 완전하기 때문입니다. 따라서 위의 반론과 같은 논리에서 나온 결론은 옳지 않습니다.

(2) '미래의 죄들이 칭의의 첫 행위에 포함되지 않는다면 신자들이 죄를 지을 때

마다 다시 화목하지 않은 상태로 돌아가 결국 진노와 정죄의 대상이 될 것이다'라고 결론짓는 것은 적절하지 않습니다. 그것은 화목하게 되는 것과 구원의 공로를 칭의와 뒤섞는 주장입니다. 마치 그것들이 동일한 것처럼, 또한 사람이 칭의를 통해 하나님과 화목하게 되는 것처럼 말입니다. 이것은 분명 잘못된 생각입니다. 하나님과의 화목은 그리스도의 공로로 말미암아 이루어집니다. 이는 단번에 일어난 일이며, 시행되고 있고, 언제나 그와 같이 유지될 것입니다. 믿고 회심한 사람은 화목하게 된 상태에 있으며, 언제나 그 안에 머물러 있습니다. 그 상태에서 범한 죄들이 이러한 화목을 무효로 만들 수는 없습니다. 주 예수님께서 이루신 대속이 완전하므로 신자들이 결코 불화한 상태로 되돌아갈 수 없고 진노와 정죄의 대상이 될 수 없기 때문입니다(그들의 죄의 본질을 고려할 때 아무리 그 죄가 중하고 심판받기에 마땅하다 해도 말입니다). 칭의는 화목하게 됨을 전제로 합니다. 사람이 의롭다함을 받기 위해서는 반드시 먼저 그리스도 안에서 의롭게 되어야만 합니다. 그러한 상태가 되었을 때, 그는 의롭다함을 받을 것입니다. 다시 말해, 그러할 때 하나님께서 그를 무죄로 선언하십니다. 이처럼 칭의와 화목하게 됨을 구별해 보면, 위의 주장이 무가치하고 공허하다는 것이 드러납니다. 따라서 칭의가 때마다 반복된다 하더라도 그것이 완전하다는 것은 여전히 사실입니다.

이렇게 반론에 대한 답변들을 숙고해 보았으며, 칭의 교리는 그 자체로 더욱 견고해졌습니다.

칭의의 결과: 확신

칭의가 일어난 시점을 살펴보았으니, 이제 칭의의 부차적인 요소 또는 결과인 확신에 대해 숙고해야 하겠습니다.

> ▶ 질문
> 신자는 자신의 칭의를 확신할 수 있으며, 따라서 자신의 구원도 확신할 수 있는가?

대답: 교황주의자들과 알미니안주의자들은 이에 대해 아니라고 대답합니다. 그러나 우리는 그렇다고 대답합니다.

교황주의자들은 온 힘을 다해 이에 반대합니다. 그들은 이 질문의 내용이 그들이 세운 교회론 전체를 넘어뜨린다고 여기기 때문입니다. 그래서 면죄부 판매, 영혼을 위한 미사, 사죄 선언, 그들이 꾸며 낸 연옥과 관련된 성도들의 공로에 대해 어느 누구도 더는 문제를 제기하지 않습니다. 그 전에 확신이 칭의의 결과라는 진리가 확립되었더라면, 그들의 금고는 텅 비고 그들의 부엌은 연기만 내뿜게 되었을 것입니다. 그들은 사람들이 계속 두려워하고 떨면서 많은 돈을 가지고 자신들에게로 달려와 피신하게끔 만듭니다. 교황주의자들은 사람이 자신이 참으로 거듭났는지, 참된 믿음을 소유했는지, 그리고 진정으로 성화되었는지를 온전히 알 수 없다고 주장합니다. 또한 그가 견인될지 다시 배교할지도 알 수 없다고 합니다. 결과적으로 사람들은 자신의 구원에 관해 결코 알 수 없는데, 이를 확신하기 위해 반드시 분투해야 하는 것도 아닙니다. 물론 그들은 이러한 사안에 대해 추측할 수 있으며, 추측해도 된다고 말합니다. 그리고 하나님께서 이를 계시하실 수 있으며, 실제로 어떤 이들에게는 비범한 방식으로 이것을 계시하셨다는 사실도 인정합니다. 그러나 이와는 별개로 그들에게 확신이란 추측이나 짐작에 불과합니다.

알미니안주의자들은 은혜의 본질뿐만 아니라 그것을 소유한 자들에 대해서도 제대로 이해하지 못합니다. 은혜를 소유한 자들은 확신의 결과로 성화에 대해 더욱 강한 동기를 품게 됩니다(고후 7:1; 롬 12:1; 요 3:3 참고). 그런데 알미니안주의자들은 확신이 부주의한 사람들을 낳는다고 여기며, 오히려 두려움과 공포라는 방편들을 통해 사람들이 선한 일에 열심을 내기를 바랍니다. 또한 그들은 성도도 배교할 수 있다고 믿기에 확신을 부인합니다.

우리는 하나님의 말씀 안에서 선택, 부르심, 믿음, 칭의, 그리고 영화라는 끊을 수 없는 사슬을 발견합니다. 또한 하나님의 말씀과 경험을 통해 확신이 경솔한 사람들을 낳지 않는다는 사실을 압니다. 오히려 확신은 사람 안에서 사랑을 불러일으키고, 참된 경건을 향한 강한 동기를 부여합니다. 그러므로 우리는 사람이 자신의 칭의와 구원을 끊임없이 확신할 수 있다고 주장합니다. 따라서 확신을 위해 지속적으로 분투해야만 합니다. 그런데 모든 신자들이 이처럼 온전한 확신에 이르는 것은 아닙니다. 지금 확신하고 있는 사람이 이후에 믿음이 연약해져서 어둠과 죄, 반목의 결과인 의심과 두려움과 염려의 상태로 돌아갈 수도 있습니다.

다음의 근거들이 사람이 확신할 수 있다는 사실을 확증해 줍니다.

첫째, 자신이 믿음 안에 있는지, 또한 자신 안에 그리스도가 거하시는지를 스스로 점검하라고 명하는 모든 본문들이 이를 분명히 보여 줍니다.

"사람이 자기를 살피고 그 후에야 이 떡을 먹고 이 잔을 마실지니"(고전 11:28).

"너희는 믿음 안에 있는가 너희 자신을 시험하고 너희 자신을 확증하라. 예수 그리스도께서 너희 안에 계신 줄을 너희가 스스로 알지 못하느냐? 그렇지 않으면 너희는 버림받은 자니라"(고후 13:5).

사람은 자신을 점검하는 동시에 자신이 믿음을 소유했는지를 반드시 알아야 합니다. 그리하여 자신이 믿음 안에 있으며 그리스도께서 자신 안에 거하신다는 확신을 얻을 수 있습니다. 이와 같이 사람은 자신의 칭의를 확신하며, 더 나아가 자신의 구원도 확신할 수 있습니다. 사람은 자신이 무엇을 하고 있는지를 알 뿐만 아니라 의식적으로 그것을 알고자 하는 성정을 가진 존재로 창조되었습니다. 본성적 영역에서 그러하다면, 영적 영역에서는 더욱 그러합니다. 왜냐하면 사람의 본성은 영적 영역에서 더욱 진보되었고 빛의 비추임을 받았으며 거룩하게 되었기 때문입니다. 그는 하나님을 자신과 화목을 이루신 아버지로, 자신의 분깃이요 기쁨이자 안식처로 소유하기를 선택하고 소원한다는 사실을 자각합니다. 그는 이 모든 것을 소유할 때에 자신의 영혼이 기뻐하리라는 것과 이 모든 것을 잃어버리면 자신이 애통해하리라는 것을 압니다. 또한 그는 주 예수님을 자신의 보증으로 소유하기를 사모하며 그분을 열망한다는 사실을 알고 있습니다. 그리하여 자주 그분을 향해 눈물 흘리며 기도합니다. 그런 사람은 자신을 그분께 드림으로써 순복합니다. 많은 죄가 그분을 비통하고 슬프게 만든다는 사실도 압니다. 그는 성화를 이루려는 마음에 사로잡혀 이를 위해 기도하며 그리스도께로 달려갑니다. 신자는 이 모든 것들이 그분 안에서 발견된다는 사실을 알며, 이러한 지식을 인식합니다. 만일 자신이 아는 바 자기 안에 있는 것이 무엇이든 그것이 참된 은혜요 성령의 활동(예를 들어, 거듭남, 믿음, 성화와 같은)임을 분명히 깨닫는다면, 그는 그로부터 확신을 얻으리라 결론 내릴 것입니다. 사실상 신자는 이에 미치지 못하며, 감히 스스로 확신하지는 못합니다. 다만 그는 이러한 영적 체계와 활동이 자신 안에서 발견된다는 사실을 깨달았으므로, 성령의 역사하심을 통해 성경으로부터 다른 것을 배울 것입니다. 그리고 그가 이 두 가지를 모두 명확하게 인식하고 나면, 확신을 가질 수밖에 없을 것입니다. 믿음이 있든 없든 자기 자신을 반드시 점검한다면, 그는 자신이 이러한 것을 소유했다는 확신에 이를 것입니다. 이러한 지식을 다음의 본문들에서 살펴볼 수 있습니다.

"우리가 주는 하나님의 거룩하신 자이신 줄 믿고 알았사옵나이다"(요 6:69).

"내가 믿는 자를 내가 알고 또한 내가 의탁한 것을 그날까지 그가 능히 지키실 줄을 확신함이라"(딤후 1:12).

"우리가 그의 계명을 지키면 이로써 우리가 그를 아는 줄로 알 것이요"(요일 2:3).

둘째, 신자는 확신의 열매를 얻기 위해 반드시 기도해야 합니다. 그리하여 확신 자체가 없어서 그 열매를 누리지 못하는 일이 없어야 합니다.

"내게 즐겁고 기쁜 소리를 들려 주시사"(시 51:8).

"주의 구원의 즐거움을 내게 회복시켜 주시고"(시 51:12).

"내 영혼에게 나는 네 구원이라 이르소서"(시 35:3).

셋째, 다음의 본문들은 신자의 참된 확신을 분명히 진술합니다.

"내가 알기에는 나의 대속자가 살아 계시니, 마침내 그가 땅 위에 서실 것이라. 내 가죽이 벗김을 당한 뒤에도 내가 육체 밖에서 하나님을 보리라. 내가 그를 보리니 내 눈으로 그를 보기를 낯선 사람처럼 하지 않을 것이라"(욥 19:25-27).

"약속하신 그것을 또한 능히 이루실 줄을 확신하였으니"(롬 4:21).

"내가 확신하노니, 사망이나 생명이나 천사들이나 권세자들이나 현재 일이나 장래 일이나 능력이나 높음이나 깊음이나 다른 어떤 피조물이라도 우리를 우리 주 그리스도 예수 안에 있는 하나님의 사랑에서 끊을 수 없으리라"(롬 8:38,39).

"내가 믿는 자를 내가 알고 또한 내가 의탁한 것을 그날까지 그가 능히 지키실 줄을 확신함이라"(딤후 1:12).

다음 구절들도 보십시오.

"성령이 친히 우리의 영과 더불어 우리가 하나님의 자녀인 것을 증언하시나니, 자녀이면 또한 상속자 곧 하나님의 상속자요 그리스도와 함께한 상속자니 우리가 그와 함께 영광을 받기 위하여 고난도 함께 받아야 할 것이니라"(롬 8:16,17).

"우리는 형제를 사랑함으로 사망에서 옮겨 생명으로 들어간 줄을 알거니와 사랑하지 아니하는 자는 사망에 머물러 있느니라"(요일 3:14).

"그의 성령을 우리에게 주시므로 우리가 그 안에 거하고 그가 우리 안에 거하시는 줄을 아느니라"(요일 4:13).

회피주장 욥, 다윗, 바울은 성령께서 특별히 계시하셨기 때문에 확신을 가질 수 있었다. 그러므로 신자는 다른 이들의 확신을 근거로 자신에 관해 어떤 결론을 도출해 낼 수 없다.

| 답변 |

❶ 이 주장은 증명될 수 없습니다.

❷ 모든 신자들은 "하나님께서 우리에게 은혜로 주신 것들"(고전 2:12)을 알기 위해 동일한 성령을 받습니다.

❸ 로마서 8장에서 바울은 다른 사람들을 배제한 채 자신에 관해서만 말하고 있지 않습니다. 그는 그리스도의 영을 지닌 사람들(롬 5:9 참고), 하나님의 영으로 인도받는 사람(롬 8:14 참고), 성령에 의해 입양되어 하나님을 아빠 아버지라고 부르는 자녀들(롬 8:15 참고) 모두를 포함합니다. 바울은 그들에 관해 진술하면서 자신까지도 포함시킵니다(롬 8:16 참고). 그리고 성령께서 그들의 영과 더불어 그들이 하나님의 자녀이자 상속자라는 사실을 증언하신다고 말합니다. 따라서 위의 주장은 헛됩니다.

❹ 인용된 구절에서 요한 역시 자신에 관해 말하고 있지 않습니다. 그는 편지를 받는 자들에게 '그들이 거듭났고 하나님 안에 있으며 하나님께서 그들 안에 거하신다는 것을 스스로 안다'고 분명히 밝힙니다. 그러므로 신자가 참으로 확신을 가진다는 것은 여전히 분명한 사실입니다.

넷째, 이것은 신자가 확신의 열매를 가진다고 분명히 밝히는 여러 본문들에서도 확인됩니다. 따라서 확신 그 자체는 분명한 사실입니다. 확신이 없다면 신자들은 다음과 같은 열매들을 누릴 수 없습니다.

① 화평함

"그러므로 우리가 믿음으로 의롭다하심을 받았으니……하나님과 화평을 누리자"(롬 5:1).

② "하나님의 영광을 바라고"(롬 5:2) 즐거워함

소망을 가진다는 것은 장래에 받기로 약속된 바를 분명히 기대하는 것입니다. 그 안에서 즐거워하고 기쁨으로 모든 시련을 견디는 것은 이러한 약속에 참여한 자에게 확신이 있다는 사실을 시사합니다.

③ 의롭다함을 받은 결과로 말미암은 기쁨과 행복

"내가 여호와로 말미암아 크게 기뻐하며 내 영혼이 나의 하나님으로 말미암아 즐거워하리니 이는 그가 구원의 옷을 내게 입히시며 공의의 겉옷을 내게 더하심이"(사 61:10).

④ 하나님을 '아버지'라고 부름

"양자의 영을 받았으므로 우리가 아빠 아버지라고 부르짖느니라"(롬 8:15).

⑤ 구원에 참여하며 그리스도께로 옮겨진 것을 감사함

"우리로 하여금 빛 가운데서 성도의 기업의 부분을 얻기에 합당하게 하신 아버지께 감사하게 하시기를 원하노라. 그가 우리를 흑암의 권세에서 건져 내사 그의 사랑의 아들의 나라로 옮기셨으니, 그 아들 안에서 우리가 속량 곧 죄 사함을 얻었도다"(골 1:12-14).

어느 누가 감히 이러한 상태에 있는 사람들과 자신 안에서 이루어지는 그러한 활동들을 인식하는 사람들에게 그 칭의와 구원을 참되고도 강력하게 확신할 수 없다고 말하겠습니까? 따라서 이에 반대하는 주장은 설 자리가 없으며, 단지 그러리라는 상상이나 추측일 뿐입니다.

다섯째, 택함 받은 자들 안에서 일어나는 성령의 사역을 볼 때에도 이것은 분명한 사실입니다. 그들로 하여금 확신하게 하는 것이 성령의 목적입니다.

"우리가 세상의 영을 받지 아니하고 오직 하나님으로부터 온 영을 받았으니, 이는 우리로 하여금 하나님께서 우리에게 은혜로 주신 것들을 알게 하려 하심이라"(고전 2:12).

성령은 그들이 하나님 안에 있으며 하나님께서 그들 안에 거하신다는 사실을 그들에게 확증하십니다(요일 4:13 참고). 성령은 그들에게 확신을 주어 이러한 내용을 확실히 소유하도록 하는 것 외에는 다른 목적을 두지 않으실 정도로 이 일을 성실히 행하십니다.

"이는 우리 기업의 보증이 되사 그 얻으신 것을 속량하시고 그의 영광을 찬송하게 하려 하심이라"(엡 1:14).

성령은 그들을 인 치십니다.

"그 안에서 너희도 진리의 말씀 곧 너희의 구원의 복음을 듣고 그 안에서 또한 믿어 약속의 성령으로 인치심을 받았으니"(엡 1:13).

"하나님의 성령을 근심하게 하지 말라. 그 안에서 너희가 구원의 날까지 인치심을 받았느니라"(엡 4:30).

인치심의 목적은 신자가 그 인 치신 내용에 참여한 자임을 확증하고 보증하기 위함입니다. 더 나아가 하나님은 우리가 그분의 택하심을 더욱 확신할 수 있도록 맹세하셨습니다.

"하나님은 약속을 기업으로 받는 자들에게 그 뜻이 변하지 아니함을 충분히 나타내시려고 그 일을 맹세로 보증하셨나니, 이는 하나님이 거짓말을 하실 수 없는 이 두 가지 변하지 못할 사실로 말미암아 앞에 있는 소망을 얻으려고 피난처를 찾은 우리에게 큰 안위를 받게 하려 하심이라"(히 6:17,18).

이처럼 신자가 확신할 수 있음은 분명한 사실입니다.

회피주장 그러나 이러한 확신이 성령의 역사인지 자신의 영에서 비롯된 것인지 알 수 없다. 사람은 이러한 사안에 대해 스스로를 속일 수 있다. 따라서 이것으로부터 확신을 이끌어 낼 수 없다.

| 답변 |

❶ 만일 성령께서 누군가에게 확신을 주려는 목적으로 역사하신다면, 그 사람은 이러한 내용을 가장 분명하게 확신하게 될 것입니다. 반대로 성령의 역사가 그러한 목적에 도움이 되지 않는다면 그분이 자신의 목적을 성취하실 수 없다는 말이 됩니다. 그러한 주장은 하나님의 하나님 되심과 명백하게 대치됩니다.

❷ 흙 속의 벌레 같은 회심하지 않은 사람은 눈이 가려져 영적인 것들을 이해할 수 없습니다. 오히려 그는 그러한 것들을 어리석게 여깁니다(고전 2:14 참고). 그는 성령을 알거나 보지 못하며(요 14:17 참고), 따라서 성령의 역사를 판단할 수 없습니다. 그는 어느 것이 성령의 역사에서 기인하고 어느 것이 우리의 부패한 본성에서 기인하는지, 또는 그것을 어떻게 알 수 있는지를 판단할 수 없습니다. 어리석은 자들은 자신의 어리석음이 드러나지 않도록 침묵하는 것이 바람직합니다.

반면 경건한 자들은 그에 관해 알고 있습니다. 또한 그들은 그것이 성령의 역사에서 비롯되었는지 자신의 부패한 본성에서 비롯되었는지가 아니라, 오히려 그것이 성령의 직접적인 역사에서 비롯되었는지 자신의 영적이고도 거듭난 새로운 본성에서 비롯되었는지에 관심을 둡니다. 그러나 신자는 거기에 관심을 기울일 필요가 없습니다. 왜냐하면 성령으로부터든 영적인 빛과 생명으로부터든 관계없이, 그것 모두가 성령으로부터 비롯되었기 때문입니다. 다만 불과 빛이 비치듯 성령께서 자신을 매우 분명하게 드러내실 수 있으며, 그리하면 그들은 바로 성령께서 확신하게 하고 인 쳐 주시는 분임을 실제로 알게 됩니다. 이것은 자신과 친밀한 벗의 음성을 아는 것과도 같습니다.

❸ 성령은 말씀과 조화롭게 역사하십니다. 이 말씀은 신자를 위한 무오한 규범입니다. 신자는 말씀에서 애통하며 기도하고 믿음 안에서 분투하면 성령께서 확신을 주신다는 사실을 발견합니다. 이 확신은 영혼을 하나님께로 가까이 이끌고, 영

혼은 하나님과 기쁘게 교제하는 가운데 확신을 얻습니다. 그들은 이러한 확신이 그들의 영혼 안에서 하나님과의 화평을 누리게 할 뿐만 아니라 사랑과 순종과 성화를 일으킨다는 사실을 깨닫습니다. 이것은 세상과 그 모든 영광을 사소하게 여기고, 보이지 않는 세계 가운데 사는 데 자신의 모든 소원과 기쁨을 두도록 만듭니다. 만일 신자가 확신의 기쁨 속에서 자신이 그러하다는 것을 발견한다면, 이는 자신을 기만하는 것이 아닙니다. 그는 오히려 확신케 하고 인 치시는 성령께서 그 일을 행하셨음을 알게 될 것입니다.

이 진리를 무너뜨리기 위해 몇몇 반론들이 제기됩니다.

반론 1

용서에 관한 약속들은 불확실하며 의심스럽다. 이 사실은 하나님의 말씀에도 드러나며, 특히 '혹시'라는 단어의 문맥 안에서 발견된다.

"그리하시면 왕의 평안함이 혹시 장구하리이다 하니라"(단 4:27).

"그러므로 너의 이 악함을 회개하고 주께 기도하라. 혹 마음에 품은 것을 사하여 주시리라"(행 8:22).

답변

(1) 믿음과 회개를 조건으로 하는 죄 사함에 대한 약속은 절대적인 확실성과 함께 주어집니다. 따라서 누구든지 자신 안에서 회개와 믿음을 발견하는 자는 죄 사함을 확신할 수 있습니다.

"하나님의 약속은 얼마든지 그리스도 안에서 예가 되니"(고후 1:20).

(2) "만일 그럴 수 있다면"이나 "혹시"라는 말이 불확실성과 의심이라는 두 악한 개념과 더불어 사용될 경우, 이는 믿음과 회개에 따르는 죄 사함이 불확실하다는 것이 아니라 그들의 회개가 불확실하다는 것이며, 그래서 용서가 불확실해진다는 것을 시사합니다.

"하나님이 원 가지들도 아끼지 아니하셨은즉 너도 아끼지 아니하시리라"(롬 11:21).

반론 2

신자는 두려움과 떨림으로 부름받았다. 따라서 자신의 칭의와 구원을 확신할 수 없다.

"두렵고 떨림으로 너희 구원을 이루라"(빌 2:12).

"그러므로 우리는 두려워할지니 그의 안식에 들어갈 약속이 남아 있을지라도 너희 중에는 혹 이르지 못할 자가 있을까 함이라"(히 4:1).

답변

두려움과 떨림이 언제나 구원받지 못할 것에 대한 두려움과 무서움을 뜻하지는 않습니다. 많은 경우, 두려움과 떨림은 하나님을 공경하고 그분 앞에 겸비하면서 순복하는 것을 가리킵니다.

"주를 경외함으로 성전을 향하여 예배하리이다"(시 5:7).

또한 두려움과 떨림은 죄를 짓지 않기 위해 애쓰며 주의하는 것을 가리키기도 합니다.

"여호와를 경외하는 것은 생명의 샘이니 사망의 그물에서 벗어나게 하느니라"(잠 14:27).

한편 노예적인 두려움이 있는데, 성경은 그러한 두려움에 굴복하지 말라고 촉구합니다.

"두려워하지 말라"(출 20:20).

"지키던 자들이 그를 무서워하여 떨며 죽은 사람과 같이 되었더라. 천사가 여자들에게 말하여 이르되 너희는 무서워하지 말라"(마 28:4,5).

또한 자녀들이 가지는 두려움도 있는데, 이는 공경하고 근신하는 조심스러운 모습으로 나타납니다. 끊임없이 두려워하는 사람은 복됩니다. 어떤 사람은 형벌을 두려워하고, 또 어떤 사람은 하나님을 사랑하는 마음으로 두려워합니다. 반론이 인용하는 구절들은 노예적인 두려움이나 의심을 낳는 두려움이 아니라, 자식으로서 품는 두려움을 가리킵니다.

반론 3

모든 확신은 사람의 마음에서 온다. 그런데 사람의 마음은 거짓되다. "만물보다 거짓되고 심히 부패한 것은 마음이라. 누가 능히 이를 알리요마는"(렘 17:9). 따라서 사람은 자신이 참으로 회심하고 믿는지를 알 수 없다. 결론적으로 사람은 자신이 칭의를 받았는지를 알 수 없으며, 자신이 구원을 받을지도 알 수 없다.

답변

(1) 이러한 주장에 따르면, 사람은 어떤 사안과 관련해서도 자신의 행동을 파악할 수 없으며, 모든 것을 의심할 수밖에 없습니다. 그러나 사람은 자신이 행동하고 목적하는 바를 인식합니다. 사람은 스스로 살아 있다는 것과 말하는 것, 자신의 마음으로 이것 또는 저것을 실제로 믿는다는 사실을 분명히 압니다. 마찬가지로, 참된 신자도 자신이 영적으로 살아 있다는 것과 믿는다는 것과 기도한다는 것 등을 확실히 안다고 결론 내릴 수 있습니다.

(2) 반론이 인용한 본문은 다른 사람을 속이는 경건하지 않은 사람의 마음의 작용을 가리킵니다. 게다가 이 본문은 마음이 그 작용과 목적하는 바를 지각하지 못한다고 말하지 않습니다.

(3) 실제로 확신은 자신의 영적인 경향성과 행위를 판단하는 가운데 마음으로부터 나옵니다. 그러나 마음은 자신의 기준에 따라 행하지 않으며, 우리의 영과 더불어 증언하시는 성령의 역사가 수반된 하나님의 말씀의 무오한 규칙을 따라 행합니다(롬 8:16 참고). 그러므로 신자는 자신 안에 있는 것을 참으로 알 수 있으며, 이러한 방식으로 자신의 칭의와 구원을 확신할 수 있습니다. 왜냐하면 하나님의 말씀이 이러한 경향성에 따라 행하는 자들에게 확신을 약속하기 때문입니다.

반론 4

이 견해에 따르면, 확신은 하나님께서 주신 절대적이고도 확실한 약속들에 근거한다. 따라서 신자는 조금도 의심하거나 염려해서는 안 되며, 언제나 절대적이고도 틀림없이 확신해야 한다. 그러나 또한 신자들이 언제나 절대적으로 확신하는 것은 아니며, 두려움과 염려가 없는 것도 아니다. 따라서 그 약속은 절대적인 개념으로 주어진 것이 아니며, 그러하기에 사람은 결코 절대적인 확신을 가질 수 없다.

> 답변

신자는 언제나 분명하게 확신할 수 있는 이유와 근거를 모두 가지고 있습니다. 또한 하나님의 틀림없는 약속이 신자에게 적용될 수 있으므로, 신자는 그와 같이 확신해야 합니다. 그런데도 신자가 언제나 확신하지 못하는 것은, 신자가 연약하기 때문이지 약속의 진실성을 의심하기 때문이 아닙니다. 그것은 신자가 자신이 소유한 은혜를 인식하는 것만큼이나 자주 어둠 속에 있기 때문입니다. 시험들, 내적 부패성, 자신을 대적하는 다른 증거 때문에, 신자는 약속을 받은 사람이 가지는 경향성이 자신에게 없을까 봐 두려워합니다. 따라서 신자의 의심이 곧 약속이 절대적이지 않으며 신자가 확신할 수 없다는 증거가 될 수는 없습니다. 신자의 의심은 자신의 영적 어둠과 연약함을 증명할 뿐입니다.

반론 5

사람이 현재에 관해서는 확신할 수 있을지라도 장래에 관해서는 확신할 수 없다. 따라서 자신의 구원에 관해 확신할 수 없다. 사람은 자신이 끝까지 믿음을 지킬지 배교할지를 알지 못한다.

> 답변

성령은 한 번 거하기 시작한 사람 안에 영원히 거하십니다(요 14:16 참고). 또한 성령은 약속된 복락이 주어지기까지 그 사람 안에 보증으로서 거하십니다(엡 1:14 참고).

"하나님의 은사와 부르심에는 후회하심이 없느니라"(롬 11:29).

그리스도는 자신의 양에게 영원한 생명을 주시며, 그 양들은 영원히 멸망하지 않을 것입니다(요 10:28 참고). 그리고 그 양들은 "구원을 얻기 위하여 믿음으로 말미암아 하나님의 능력으로 보호하심을"(벧전 1:5) 받습니다. 그러므로 배교에 대한 두려움은 근거가 없으며, 신자들이 확신을 가지는 일을 방해할 수 없습니다(성도의 견인에 관해서는 4권 99장에서 포괄적으로 다루겠습니다).

지금까지 우리는 기독교 신앙의 엄중한 교리인 칭의의 진실성에 관해 설명하고 확증하였으며, 이에 반대하는 자들에 맞서 이 진리를 변호해 보았습니다. 이 일의 목적은 단지 이 진리를 아는 것이 아니라, 이 진리를 실천하는 것입니다. 즉, 우리는 칭의를 얻기 위해 수고하며, 그 상태에 머물기 위해 노력하고, 그 상태에서 칭의의 삶을 살고자 힘쓰며, 칭의를 즐거워하고, 의롭다 하시는 하나님을 찬양하기 위해 애쓰며, 이로써 성화에 이르는 동기를 얻고자 힘을 기울여야 합니다. 사람들은 이러한 점에 매우 부주의합니다. 심지어 신자들조차도 이 일을 위해 지속적으로 열심히 노력하지 않으며, 모든 상황에서 이를 활용하기 위해 열심을 내지 않습니다. 그러므로 우리는 사람들에게 이것을 행사하도록 촉구해야 합니다.

칭의를 위해 분투하라는 권면

> ▶ 질문
>
> 칭의는 사람의 관여함 없이 하나님께서 하시는 일이다. 그러므로 사람은 단지 칭의의 대상일 뿐, 칭의를 위해 할 수 있는 일이 전혀 없지 않은가? 칭의는 순전히 사람의 어떠한 공로도 없이 일어나며, 사람의 선함이나 의지나 행위와는 아무런 상관이 없지 않은가? 그리스도께서 직접 자신의 의를 전가하셨으므로 하나님께서 사람을 의롭게 여기시는 것이 아닌가? 하나님께서 영원 가운데 의롭게 여길 자와 의롭게 여기지 않을 자를 작정하셨으므로, 사람은 그 작정을 바꿀 수 없지 않은가? 그러므로 이 작정의 역사를 잠잠히 기다리는 것이 가장 좋지 않은가? 다시 말해, 하나님께서 나를 의롭게 여길지 아닐지를 기다리면 되는 것이 아닌가? 그렇다면 칭의를 위해 분투하라고 촉구하는 권고들은 모두 헛되지 않은가?

대답: 칭의는 사람과 관련되어 있을 뿐만 아니라, 하나님께서 사람을 향해 그 영혼이 무죄하다고 선언하시는, 하나님의 사역입니다. 사람이 자신의 양심 가운데 의롭다함이나 자신을 향해 선언되는 사죄의 판결을 듣지 못하면, 영원한 목적과 그리스도의 의의 전가 그 자체는 사람에게 위로가 될 수 없으며 감사나 성화를 낳지도 못합니다. 우리는 하나님의 작정을 더욱 확고히 하거나 목적을 바꾸시도록 그분께 강권하려고 애쓸 필요가 없습니다. 오히려 우리는 하나님께서 목적하셨고 실제로 선언하심으로써 이루어지는 그리스도의 의의 전가를 알고자 노력해야 합니다. 사람은 자신의 행위로 말미암아 의롭게 되기 위해 분투하거나 수고해서는 안 되며, 오히려 믿음으로 그리스도의 의를 받고자 애쓰고 이처럼 의롭다 함을 받은 상태에 있도록 힘써야 합니다. 그는 신자들에게 주어진 약속들을 믿음으로 받기 위해 노력해야 하며, 그 약속들과 함께 실제로 의롭다 하시는 하나님의 선언을 듣기 위해 성령과 말씀을 통하여 하나님께로 나아가야 합니다. 이것이 생명과 기쁨이요 영혼의 위로입니다. 이것이 사람으로 하여금 감사하게 하며, 하나님을 영화롭게 하고 성화된 삶을 살아가는 데에 준비되도록 만듭니다. 이어지는 권면들이 바로 이러한 것을 일으키기를 바랍니다. 이 글을 읽거나 듣는 여러분, 이를 확신하며 실천할 수 있도록 자신을 내드리십시오. 그리고 고요하고 민감한 영혼으로 다음의 이유들을 숙고해 보십시오.

　　첫째, 이 땅에서의 삶 가운데 하나님은 영원토록 살게 될 사람들을 의롭게 하십니다. 어떤 사람은 이미 의롭다함을 받은 생명과 그의 모든 죄가 용서받았다는 것과 영원한 생명을 상속받았다는 것을 확신할 수 있습니다. 이 모든 것에 관해서는 앞에서 이미 논증하였습니다. 그러므로 누구든지 자신의 죄인 됨이 아무리 끔찍하고 오래되었다 하더라도 낙망할 필요가 없습니다. 하나님께서 그에게 이것을 명하고 베풀어 주셨기 때문에 그는 이 엄청난 은택을 구할 수 있으며, 또한 구해야만 합니다. 그런 것을 찾을 때, 그는 반드시 그러한 은택을 얻을 것입니다. 왜냐하면 하나님께서 그것을 찾는 자에게 그것을 주겠노라고 약속하셨기 때문입니다. 그런데 다음의 이유들로 그것을 구하는 데에 실패하곤 합니다.

① 완전히 악하여 하나님과 그분의 은혜와 자신의 구원을 멸시하기 때문입니다.

② 세상을 따르는 어리석음 때문입니다. 그로 인해 그 사람은 보이는 것들을 사랑하게 되어 거기에 마음을 빼앗기고, 하나님의 은혜를 활용할 수 없게 됩니다. 육신의 정욕에 항복하는 것을 더 편하게 여겨 창조주보다 피조물들을 택하는 것입니다.

③ 혐오스러운 게으름 때문입니다. 이러한 일에 아무 노력도 기울이려 하지 않습니다.

사람은 의롭다함을 받는 것이 얼마나 복되고도 바람직한 일인지를 실제로 인식하는 동시에, 그러한 역사하심 자체에 맞서기도 합니다. 그는 칭의가 이 모든 어려움들을 이겨 낼 만큼 가치 있다고 여기지 않습니다. 만일 의롭다함을 아무런 노력 없이 쉽게 얻을 수 있다면, 그는 실제로 그것을 얻고자 할 것입니다. 그러나 그렇게 기도하고 씨름하며 온갖 유혹들을 극복하기 위해 많이 노력하라는 요구를 받게 되면, 그는 포기하고 말 것입니다.

그러므로 은혜를 무시하고 세상을 따르는 나태한 여러분, 대답해 보십시오. 여러분은 정죄 받아 마땅한 자들이지 않습니까? 임종을 맞이하며 심판을 받는 그날에 여러분은 다음과 같이 말해야 하지 않겠습니까? "나는 스스로 원하지 않았다. 그것은 온전히 나의 잘못이다. 그러므로 화가 나에게 미치리로다. 나는 너무나 어리석었으며 태만하고 부주의했다. 그래서 이제 영원히 잃어버린 바 되었고, 영원한 형벌을 받게 되었다!"

결론적으로 너무나 위대한 은혜와 위로와 기쁨이 여러분에게 주어졌으며, 여러분은 이것들을 사용할 수 있도록 허락을 받았습니다. 그러므로 그 무엇도 여러분을 방해하게 해서는 안 됩니다. 다만 의롭다함을 받기 위해 노력하기로 결심하십시오. 또한 여러분이 이곳에서 행복하게 살 뿐만 아니라, 다가올 영원한 복락의 상태에서 살아가게 될 것을 확신하십시오.

둘째, 의롭다함을 입지 못한 사람의 통탄할 만한 상태를 잠시 묵상해 보십시오. 그리고 만일 여러분이 여전히 그런 상태에 있다면, 여러분 자신에 대해 숙고해 보십시오. 여러분은 여전히 자신의 죄 가운데 있으며, 여러분의 머리 위에는 견딜 수 없는 하나님의 영원한 진노가 드리워 있습니다. 만일 여러분이 이 땅에서 살 때 의롭다함을 받지 못한다면, 여러분은 자신의 죄 가운데서 죽어 영원한 형벌을 받을 것입니다. 여러분은 죽을 때에 사망을 선고받을 것입니다.

"한 번 죽는 것은 사람에게 정해진 것이요 그 후에는 심판이 있으리니"(히 9:27).

"너는 네 집에 유언하라. 네가 죽고 살지 못하리라"(사 38:1).

특정한 때를 지정할 수 없습니다. 오늘이 바로 그날이 될 수도 있습니다.

"오늘 밤에 네 영혼을 도로 찾으리니"(눅 12:20).

갑자기 죽거나 의식을 잃을 수도 있습니다. 또는 육신의 고통과 걱정 때문에 고난에 처할 수도 있습니다. 영원한 형벌을 바라보고서 그 양심이 너무나 두려워한 나머지 죄를 냉정하게 분별하지 못할 수도 있고, 예수님의 의를 받기 위해 그분을 피난처로 삼지 못하거나 그 약속으로 돌이키지 못할 수도 있습니다. 또한 은혜의 때가 이미 지나 버리고 영원을 향해 떠나는 여행길에서, 여러분은 자신의 완고한 생각에 빠져 있을 수도 있습니다. 이 땅에 사는 동안 의롭다함을 받지 못한 자는 이 땅 이후의 삶에서도 의롭다함을 받지 못할 것입니다. 그렇다면 여러분은 어떻게 대처하겠습니까? 그렇게 죽는다면 얼마나 두렵겠습니까? 여러분은 어디에도 가지 못한 채 영원한 심판에 떨어질 것입니다. 주님이 주시는 두려움에 설득되어 믿고, 죽기 전에 의롭다함을 받지 않겠습니까?

어떤 사람이 의롭다함을 얻고 이 땅에서 사는 동안 죄 사함과 영원한 기업에 대한 확신을 소유하게 된다면, 그는 죽을 때에도 얼마나 즐거워하면서 죽을 수 있을까요! 이 땅의 삶을 떠나면서 얼마나 큰 기쁨으로 바울처럼 고백할 수 있을까요!

"내가 확신하노니 사망이나……우리를 우리 주 그리스도 예수 안에 있는 하나님의 사랑에서 끊을 수 없으리라"(롬 8:38,39).

"나는 선한 싸움을 싸우고 나의 달려갈 길을 마치고 믿음을 지켰으니, 이제 후로는 나를 위하여 의의 면류관이 예비되었으므로"(딤후 4:7,8).

다윗은 이 복으로 말미암아 다음과 같이 고백하였습니다.

"내가 사망의 음침한 골짜기로 다닐지라도 해를 두려워하지 않을 것은 주께서 나와 함께 하심이라"(시 23:4).

그리하면 죽음은 더 이상 두려운 대상이 아닙니다. 시므온처럼 죽음을 사모할 수도 있습니다.

"주재여 이제는 말씀하신 대로 종을 평안히 놓아 주시는도다. 내 눈이 주의 구원을 보았사오니"(눅 2:29,30).

그러므로 죽음과 영원이 얼마나 다를지를 살펴보십시오. 죽음의 날이 왔을 때, 영원한 복락으로 들어갈 수만 있다면 무슨 일인들 마다하겠습니까! 그런데 사나 죽으나 영혼을 위로할 수 있는 것은 오로지 칭의뿐입니다. 그러하기에 여러분은 온 힘을 다해 의롭다함을 얻고자 노력해야 합니다!

셋째, 만일 여러분이 여전히 화목하게 되지 않았다면, 다음과 같은 상태일 것입니다.

① 여러분은 여러분의 날들을 수많은 두려움 속에서 보낼 수밖에 없습니다. 여러분의 양심에 있는 벌레가 지속적으로 영혼을 갉아먹고 있다는 사실을 차치하더라도, 때때로 무시무시한 생각과 공포가 여러분의 영혼을 (잠을 잘 때는 꿈속에서, 깨어 있을 때는 어둠이나 고독 속에서) 엄습합니다. 심지어 나뭇잎이 바스락거리는 소리나 평소에는 듣지 못했던 소리 때문에 두려워합니다. 또한 다른 사람들에게 임하는 엄청난 심판을 듣거나 볼 때, 너무 두려운 나머지 머리카락이 곤두서기도 합니다. 여러분은 하나님의 진노가 여러분에게 나타날까 봐 끊임없이 두려워하면서 살아갈 것입니다. 갑자기 특별한 고통을 느끼거나 잠시 어지러울 때, 또는 익사할 위험에 처하거나 칼이 당신을 겨눌 때, 그 밖에 어떤 방식으로든 죽음의 위험이 덮칠 때, 여러분의 모든 지체들이 두려워 떨 것입니다. 벨사살처럼 말입니다. 엘리바스는 욥기 15장 20-24절에서 다음과 같이 말합니다.

"악인은 그의 일평생에 고통을 당하며 포악자의 햇수는 정해졌으므로, 그의 귀에는 무서운 소리가 들리고 그가 평안할 때에 멸망시키는 자가 그에게 이르리니, 그가 어두운 데서 나오기를 바라지 못하고 칼날이 숨어서 기다리느니라. 그는 헤매며 음식을 구하여 이르기를 어디 있느냐 하며 흑암의 날이 가까운 줄을 스스로 아느니라. 환난과 역경이 그를 두렵게 하며 싸움을 준비한 왕처럼 그를 쳐서 이기리라."

화목하게 되지 못한 사람은 자신의 날들을 이와 같이 보냅니다. 잠시 동안 양심이 잠자거나 눈에 보이는 것들을 통해 기분을 전환할 만한 무언가를 찾을 수도 있습니다. 그러할지라도 그는 슬플 것입니다. 심지어 그가 웃을 때조차 말입니다. 죄가 문 앞에 누워 자는 개와 같이 더욱 맹렬하게 공격해 오고, 공포의 왕이 그를 사로잡아 마침내 슬피 울며 이를 가는 영원한 재앙으로 보낼 것입니다.

② 게다가 여러분은 하나님이 오래 참으시는 동안 여러분의 몸을 위하여 취한 것에서 기쁨을 찾지 못할 것입니다. 그러한 것으로는 마음의 평안을 누릴 수 없습니다. 그 모든 것이 덫이자 죄가 되어 하나님의 진노로 하여금 여러분을 더 무겁게 내리누르도록 만들 것입니다. 여러분이 화목하게 되지 않는 한, 여러분이 가장 즐거워하는 것에도 그 진노가 숨어 있을 것입니다. 그 모든 것이 여러분을 향해 대항하듯 탄식할 것입니다(롬 8:22 참고). 모든 것이 저주로 바뀌고 맙니다.

"내가 너희에게 저주를 내려 너희의 복을 저주하리라. 내가 이미 저주하였나니 이는 너희가 그것을 마음에 두지 아니하였음이라"(말 2:2).

"네가 성읍에서도 저주를 받으며 들에서도 저주를 받을 것이요, 또 네 광주리와 떡 반죽 그릇이 저주를 받을 것이요……네가 들어와도 저주를 받고 나가도 저주를 받으리라"(신 28:16,17,19).

여러분이 먹고 마시는 것들에도 이 저주가 깃들어 있습니다. 여러분이 노름할 때나 춤출 때나 헛된 무리들과 있을 때에도 이 저주가 함께합니다. 여러분의 의복과 왕관과 보석에도 이 저주가 있습니다. 한마디로 여러분은 모든 것들을 통해 저주를 받습니다. 보는 것, 듣는 것, 말하는 것, 직업과 사업 가운데서도 저주를 받습니다. 비록 자신들을 재물로 둘러싼다 하더라도 화목하게 되지 못한 자들의 상태는 이와 같습니다.

"내가 해 아래에서 큰 폐단 되는 일이 있는 것을 보았나니, 곧 소유주가 재물을 자기에게 해가 되도록 소유하는 것이라"(전 5:13).

"미련한 자의 안일은 자기를 멸망시키려니와"(잠 1:32).

여러분이 화목하게 되지 못했다면, 자신이 그와 같이 될 것에 대해 숙고하십시오. 여러분의 모든 소유와 행위들을 이러한 관점에서 바라보십시오. 만일 이것이 여러분으로 하여금 화목하게 됨과 칭의를 구하도록 감화시키지 못한다면, 저는 더 이상 여러분에게 아무런 조언도 할 수 없습니다.

화목하지 못한 자들과 의로운 자들이 육신으로 누리게 될 모습을 잠시라도 비교해 보십시오. 그들이 가진 것들은 모두 아버지의 사랑과 그리스도의 공로에서 비롯되었습니다. 크든 작든 현세적인 복락들 역시 하나님께서 그들을 사랑하신다는 증거입니다. 그들이 받은 바 먹고 마시고 입고 신는 것들이 모두 그러합니다. 해가 뜨고 달과 별이 빛을 내는 것도 그들을 위한 것입니다. 그들을 위해 하늘의 경관은 고요한 밤에도 그토록 아름답습니다. 그들을 위해 땅은 파릇파릇한 갖가지 싹들과 나무와 풀과 꽃을 자라게 합니다. 잎들이 가지런히 정돈된 나무들로 둘러싸인 산책길뿐만 아니라 온갖 나무가 심긴 상쾌한 정원까지, 모두가 그것들을 보고 듣고 냄새 맡고 맛보는 사람을 기쁘게 하기 위해 존재합니다.

"만물이 다 너희 것임이라"(고전 3:21).

"의인이 땅을 차지함이여"(시 37:29).

마른 떡 한 조각도 예수 그리스도께서 보혈로 사신 바 된 까닭에 그들이 그에 대한 권리를 가지게 되었음을 깨닫는다면, 얼마나 기운이 솟겠습니까! 그것에 대한 사랑과 기쁨으로 말미암아 눈물을 흘릴 것입니다. 불행과 역병과 전쟁, 그 밖에 어떤 두려운 일이 닥친다 해도, 그들은 요동하지 않고 주님을 신뢰할 것입니다. 심지어 죽음의 한복판에서조차 주님을 신뢰할 것입니다. 이처럼 의롭다함을 받은 사람은 그의 길을 갈 때에 기쁨으로 달음박질합니다. 그들이 이렇게 자주 행하지 못하는 것은 그렇게 행할 자격이나 근거가 없기 때문이 아니라, 자신이 받은 칭의를 자주 행사하지 않기 때문입니다.

불의한 자들과 의로운 자들의 삶을 생각해 보면, 또한 이 둘을 대조하여 의롭다함을 받지 못한 자들에게서 나오는 것과 의롭다함을 받은 자들에게서 나오는 것을 살펴보면, 그 차이가 모든 사람이 의롭다함을 얻기 위해 간절하게 애쓰도록 설득해야 할 충분한 이유가 됩니다.

넷째, 칭의 그 자체만을 숙고해 보십시오. 칭의에서 영혼을 위한 감미로움과 기쁨과 영광이 얼마나 발견되는지를 주목해 보십시오.

① 칭의 안에는 모든 형벌과 죄에 대한 사면이 있습니다. 이것은 마치 어떤 사람이 한 번도 죄를 범하지 않은 것처럼 여기는 완전한 것입니다.

"그 아들 예수의 피가 우리를 모든 죄에서 깨끗하게 하실 것이요"(요일 1:7).

"우리를 사랑하사 그의 피로 우리 죄에서 우리를 해방하시고"(계 1:5).

죄를 무거운 짐으로 느끼고 죄의 씁쓸함을 맛본 사람만이 여기에 함축된 의미를 압니다. 이 용서는 영원합니다. 하나님은 또다시 죄를 가져와 그들에게 진노를 발하지 않으십니다. 한 번 의롭다하심을 받은 자들은 결코 이전의 무가치하고 비참한 상태로 되돌아가지 않으며, 그들의 죄는 영원히 용서받은 상태에 머무를 것입니다.

"내가 그들의 악행을 사하고 다시는 그 죄를 기억하지 아니하리라"(렘 31:34).

② 그들은 자신의 모든 부패함으로부터 정결하게 되었을 뿐만 아니라, 더 나아가 그리스도의 완전한 의로써 특별하게 단장되었습니다.

"네 화려함으로 말미암아 네 명성이 이방인 중에 퍼졌음은 내가 네게 입힌 영화로 네 화려함이 온전함이라. 나 주 여호와의 말이니라"(겔 16:14).

"너희도 그 안에서 충만하여졌으니"(골 2:10).

"내 사랑 너는 어여쁘고도 어여쁘다"(아 4:1).

이처럼 의롭다함을 받은 자들은 그리스도의 의로 말미암은 자신의 아름다움을 보면서 기뻐할 것입니다.

"내가 여호와로 말미암아 크게 기뻐하며 내 영혼이 나의 하나님으로 말미암아 즐거워하리니, 이는 그가 구원의 옷을 내게 입히시며 공의의 겉옷을 내게 더하심이 신랑이 사모를 쓰며 신부가 자기 보석으로 단장함 같게 하셨음이라"(사 61:10).

③ 또한 그들은 칭의 안에서 하나님의 자녀로 입양되었으며, 영원한 생명을 상속받기로 선택되었습니다. 하나님께서 그들을 보시며, 사랑하는 자녀로 여겨 빛과 위로와 사랑과 보살핌 가운데 만나 주십니다. 그러므로 그들은 반복해서 하나님께

로 돌이키며, "아빠, 아버지!"라고 부르짖습니다. 그들은 자신의 모든 필요를 이야기하고, 자신이 바라는 모든 것을 그분께 요청합니다. 자녀 된 자들은 그분으로 인해 즐거워하며, 다른 모든 것들로부터 돌아섭니다. 그분과 함께하는 것만이 즐겁기 때문입니다.

④ 칭의는 그들 안에 감미로운 평화와 영광스럽고도 이루 말할 수 없는 즐거움을 낳습니다. 그들은 서로 간의 감미로운 사랑 안에 함께 거합니다.

"그러므로 우리가 믿음으로 의롭다하심을 받았으니 우리 주 예수 그리스도로 말미암아 하나님과 화평을 누리자"(롬 5:1).

"주께서 내 영혼을 사랑하사 멸망의 구덩이에서 건지셨고"(사 38:17).

"내 사랑하는 자는 내게 속하였고 나는 그에게 속하였도다"(아 2:16).

이제 이 모든 것을 함께 숙고해 보십시오. 의롭다함을 받은 사람은 모든 죄와 진노와 저주와 형벌로부터 잃어버린 바 되지 않고 영원히 건짐을 받습니다. 의롭다함을 받은 자는 그리스도의 의를 전가 받아 하나님과 천사들과 신자들과 자신 앞에서 완전히 아름다워집니다. 의롭다함을 받은 사람은 하나님의 자녀요 영원한 생명의 상속자입니다. 그는 그를 위하여 하늘에 준비되어 빼앗길 수 없는 기업을 받았습니다. 의롭다함을 받은 자의 영혼은 하나님께 속한 감미로움과 안식, 평화, 기쁨과 즐거움을 풍성히 누립니다. 육에 속한 사람은 이것을 다 이해할 수 없으며, 의롭다함을 입은 사람 자신도 이를 다 표현할 수 없습니다. 이러한 것이 칭의를 얻기 위해 애쓰도록 한 영혼을 자극할 수 없다면, 그 어떤 것으로도 그에게 동기를 부여할 수 없을 것입니다. 그러나 그것은 여전히 하나님께서 행하시는 일입니다.

칭의의 열매들

① 칭의는 마음을 기쁘게 합니다.

"주께서 내 영혼을 사랑하사 멸망의 구덩이에서 건지셨고 내 모든 죄를 주의 등 뒤에 던지셨나이다"(사 38:17).

② 칭의는 신자가 죄에 빠졌을 때에 거기에 머무르지 않고 다시금 일어나 힘을 내고 인내하도록 동기를 부여합니다.

"그 거주민은 내가 병들었노라 하지 아니할 것이라. 거기에 사는 백성이 사죄함을 받으리라"(사 33:24).

③ 칭의는 언제나 은혜의 보좌로 나아갈 수 있는 자유를 부여합니다.

"우리가 마음에 뿌림을 받아 악한 양심으로부터 벗어나고 몸은 맑은 물로 씻음을 받았으니 참마음과 온전한 믿음으로 하나님께 나아가자"(히 10:22).

④ 칭의는 마음과 입술을 하나님에 대한 찬양으로 가득 채웁니다.

"내 영혼아 여호와를 송축하며 그의 모든 은택을 잊지 말지어다. 그가 네 모든 죄악을 사하시며"(시 103:2,3).

⑤ 칭의는 성화의 원천입니다. 성화는 신자들에게 그 무엇보다도 귀합니다. 왜냐하면 하나님과 함께 겸손히 행하며, 거룩한 경외심으로 하나님을 영화롭게 하며, 우리의 삶 속에서 그분을 기뻐하고 두려워하며 사랑하는 것들이 모두 성화를 이루기 때문입니다. 이처럼 그들은 하나님의 형상을 소유하고 하나님의 영광을 위해 교회를 아름답게 하며, 성화를 나타내 회심하지 않은 자들에게 찔림이 되고 회심한 자들에게 자극이 됩니다. 의로운 자들은 그러한 삶에 온통 마음이 빼앗기며 온 마음으로 그러한 삶을 추구합니다. 성화가 하나님을 가까이하는 방편이요 하나님께서 크게 복을 베푸시는 실천일 뿐만 아니라, 그들의 생명이자 복락의 시작이므로 그럴 수밖에 없습니다. 신자는 성화를 너무 갈망한 나머지, 자신의 부족함 때문에 슬퍼하고 때때로 절망하면서 다음과 같이 생각하기도 합니다. '살아가는 동안 평생 나는 절대로 그런 상태에 도달할 수 없다. 주님의 율례를 지키기 위해 어떻게 행할지 지도를 받아야 할 텐데! 나는 무엇을 해야 하는가? 이것을 얻기 위해 어디로 가야 하는가?'

이에 대해 저는 칭의가 바로 성화에 이르는 방편이라고 답변합니다. 성화의 원천인 칭의가 성화의 참된 외양과 본질을 규정합니다. 그러기에 신자는 온 힘을 다해 칭의를 얻고 이를 확신하도록 노력해야 합니다.

다른 기초 위에서 성화를 이루고자 노력하는 사람은 길을 잃고 결코 성화에 도달하지 못하며, 성화를 이루는 데 진보하지 못할 것입니다. 자기 부인과 하나님을 향한 순수한 사랑을(하나님은 이러한 사랑을 받기에 합당하십니다) 가장 먼저 요구하는 것은 한 사람을 영원한 죽음으로 인도할 수도 있는 잘못된 가르침입니다. 또 어떤 사람들은 칭의로 모든 결론을 내려 버리고는, 모든 것이 완성된 것처럼 내버려 두기도 합니다. 그 후에 그들은 한동안 죄에 굴복하다가, 시간이 지나고 나서야 성화를 위해 분투하려 합니다. 이들 역시 정반대에 있는 자들만큼이나 잘못된 오류를 범하고 있습니다. 그들도 칭의나 성화의 특성을 전혀 알지 못하는 것입니다.

신자는 칭의와 성화를 동시에 구해야 합니다. 이때 어느 것을 먼저 구해야 할지는 시간의 문제가 아니라, 오히려 순서의 문제입니다. 그 영혼은 칭의를 지속적으로 행사하면서 성화됩니다.

"그러나 사유하심이 주께 있음은 주를 경외하게 하심이니이다"(시 130:4).

"믿음으로 그들의 마음을 깨끗이 하사"(행 15:9).

"그리스도의 피가 어찌 너희 양심을 죽은 행실에서 깨끗하게 하고 살아 계신 하나님을 섬기게 하지 못하겠느냐"(히 9:14).

"이로써 그 보배롭고 지극히 큰 약속을 우리에게 주사 이 약속으로 말미암아 너희가 ……신성한 성품에 참여하는 자가 되게 하려 하셨느니라"(벧후 1:4).

"주를 향하여 이 소망을 가진 자마다……자기를 깨끗하게 하느니라"(요일 3:3).

칭의는 성화의 원천으로서, 성화에 참된 근거를 제공합니다. 거룩함이 없이는 아무도 주를 보지 못하기 때문에(히 12:14 참고), 성화는 반드시 필요합니다. 그러므로 구원받기를 원하는 사람은 반드시 먼저 성화되어야 합니다. 그리고 성화되는 것은 반드시 칭의에서 비롯됩니다. 그러므로 여러분은 성화의 당위성과 필수성을 모두 고려해야만 합니다. 이 두 가지가 모두 여러분으로 하여금 칭의와 칭의에서 비롯되는 확신을 행사하도록 여러분에게 동기를 부여해야 합니다.

칭의를 구하는 것에 관한 지침 및 자신을 검증하는 표지들

이제 칭의를 열망하는 자들을 칭의를 구하는 데로 인도하는 일이 남아 있습니다. 이를 위해 그러한 목적을 이루는 데 사용되는 방편들을 제안하고자 합니다. 이 방편들은 어떤 사람이 의롭다함을 받았음을 드러내는 증거이자 동시에 표지로서 제시될 것입니다.

첫째, 양심에서 의롭다함을 얻기를 갈망하는 사람은 자신의 죄악된 마음을 보고자 노력해야 합니다. 곧 생각과 말과 행위와 활동들 가운데 자신의 마음이 죄악되게 드러나는 모습과 그 마음이 드러나는 방식을 보고자 노력해야 합니다. 그는 심판받아 마땅한 자신의 상태를 보려고 애쓰며, 더불어 그러한 자신의 상태와 죄를 슬퍼해야 합니다. 여기서 슬퍼해야 한다는 것은 먼저 일정한 정도로 참회하거나 두려워하거나 절망해야 한다는 말이 아닙니다. 주님의 방식을 모르는 많은 사람들은 자신이 의롭다함을 받았다고 감히 생각하기 전에 먼저 그러한 경험을 하고 싶어합니다. 그러고는 그런 경험이 자신이 생각하는 기준에 미치지 못한 까닭에 모든 것을 거부하며, 불안정하고도 불안한 상태로 계속 살아갑니다. 그러나 이러한 슬픔은 자신에 대한 혐오와 절대적으로 궁핍한 자신의 상태, 죄에 대한 분노, 공허함에 대한 인식, 심판받아 마땅함으로 인한 낙담, 비통함, 번민, 그러한 자신의 상태에 관한 이해와 인식, 그리고 "맞다, 내가 바로 그런 자이다"라는 확증 같은 것으로 이루어집니다. 또한 이제 막 그러한 것을 구하기 시작한 회심하지 않은 사람과 이미 그리스도를 믿고 회심한 사람의 차이를 (그가 이 사실을 알든 의심하든 관계없이) 구별해야 합니다. 많은 이들의 영혼이 처음에는 두려움에 사로잡히고 노예적인 두려움과 공포에 압도당하여 그리스도께로 이끌립니다. 비록 모두가 동일한 방식과 분량으로 행하지는 않더라도, 그들이 행하는 데에는 율법적인 의미가 더욱 큽니다. 한편 회심한 자들은 수치스러워하며, 자신을 혐오하고 겸손해지며, 좀 더 복음에 부합한 방식으로 스스로에 대해 분노와 복수심을 가득 품습니다. 물론 여기에도 편차가 매우 큽니다. 분명한 것은 삭개오처럼 기쁨으로 그리스도께로 나아가는 사람들이 매우 드물다는 것입니다. 극소수의 사람만이 진리를 알고 인정함으로써 그리스도의 소유가 되는 지식에 이릅니다. 오히려 대개의 경우에는 혼동과 슬픔, 두려움을 거쳐 회심에 이릅니다. 이는 사람이 나아오기 전에 이러한 것들을 조건적으로 우선해야 한다는 말이 아닙니다. 이것은 그러한 것이 없이는 자원하여 나아갈 수 없는 하나의 특성입니다. 그러므로 칭의를 바라는 자들은 모두 먼저 자신의 불행을 보고 분별할 수 있기를 구해야 합니다. 오순절 때 믿었던 자들에게서 이러한 점을 보십시오.

"그들이 이 말을 듣고 마음에 찔려"(행 2:37).

또한 간수는 두려워 떨었습니다.

"간수가 등불을 달라고 하며 뛰어 들어가 무서워 떨며 바울과 실라 앞에 엎드리고"(행 16:29).

다음 말씀도 보십시오.

"세리는 멀리 서서 감히 눈을 들어 하늘을 쳐다보지도 못하고 다만 가슴을 치며 이르되 하나님이여 불쌍히 여기소서 나는 죄인이로소이다"(눅 18:13).

위에서 언급하는 틀에 대해 조금도 알지 못하는 자들, 그리스도를 믿는 믿음으로 나아와 의롭다함을 받기 전까지는 결코 진지하고도 신중한 태도를 가져 보지 않은 자들, 그런데도 스스로 의롭다함을 받았다고 여기는 자들은 모두 자신을 기만하는 자들입니다. 위와 같이 칭의를 구하지 않는다면, 결코 칭의에 이르지 못할 것입니다. 실제로 믿음과 칭의에 이른 사람들은, 그들이 비록 사랑과 진리에 삼켜진 바 되었을지라도 이러한 특징을 가지고 있었습니다. 그들이 복음적인 방식으로 이르렀든 진리에 대한 지식과 인식을 통해 이르렀든 상관없습니다. 다만 이것은 시간이 흐른 뒤에야 지각할 수 있는 방식으로 그들에게 드러날 것입니다. 그러므로 여러분이 칭의에 이르기를 소망한다면, 여러분 자신 안에서 근심하는 데서 시작하고, 그것을 배우십시오. 또한 예수 그리스도 안에 있는 구속하심으로 말미암아 값없이 의롭다함을 받기 위해, 여러분의 궁핍하고도 죄악되며 정죄 받아 마땅한 모습으로 나아오십시오.

둘째, 그리스도 안에 있는 믿음은 칭의에 이르는 방편입니다. 방금 진술한 방식으로 죄를 깨달은 사람은 자신이 의로우신 재판장으로부터 정죄 받을 수밖에 없다는 사실을 알게 됩니다. 그러하기에 그는 자신을 대신하여 하나님의 공의를 만족시키신 보증을 구하며, 이처럼 예수 그리스도를 발견하게 됩니다. 그분의 고난과 죽음이 하나님의 공의를 완전히 만족시켰으며, 그리스도의 거룩하심이 구원에 이르게 한다는 사실을 인정하게 됩니다. 죄가 아무리 많을지라도 자신에게 의가 제시되었음을 깨닫고 인정하게 됩니다. 이제 그는 소망 가운데 그리스도를 자신의 의로 받아들이며 그분을 피난처로 삼고, 하나님께 인정된 이 의와 함께 나아옵니다. 그는 주님께 자신을 드리되, 비참하고 정죄 받아 마땅한 자로서 자신을 드립니다. 하나님께 그리스도의 의를 드러내며, 자신에게 제시된 이 의를 받아들이고 자신의 것으로 삼아 사용하였다는 사실을 보입니다. 그는 그러한 사람들에게 주어진 하나님의 약속들을 주님 앞에서 견고히 붙잡습니다. 이처럼 기도하며 씨름하고 믿는 마음으로 신속하게 그 약속들을 사용하면서, 일반적으로 성경의 본문이나 복음의 약속들이 그의 마음에 적용될 때 자신이 의롭다함을 받았다는 사실을 깨닫습니다. 이때 이러한 과정에 인 치시는 성령의 능력이 수반되는데, 이를 통해 그는 기쁨과 평화를 얻습니다. 이러한 믿음을 행사하지 않으면서도 스스로 의롭다함을 받았다고 착각하는 사람은 자신을 기만하는 것입니다. 믿음의 행사를 통해 칭의를 구하지 않는 사람은 결코 그것을 찾을 수 없습니다. 그러므로 여러분이 칭의를 받고자 갈망한다면, 믿음으로 그것을 구하십시오.

"그러므로 사람이 의롭다하심을 얻는 것은……믿음으로 되는 줄 우리가 인정하노라"(롬 3:28).

셋째, 칭의를 바라는 자는 칭의를 구하면서 성화 역시 갈망해야 합니다. 이 두 가지는 그것을 소유하는 일에서나 추구하는 일에서나 나뉠 수 없습니다. 칭의를 바라면서도 거룩함에 이르기를 바라지 않는다면, 그 마음이 주님 앞에 바르지 않음을 증명할 뿐입니다. 만일 스스로 의롭다함을 입었다고 여기면서도 여전히 성화가 이루어지지 않는다면, 그는 자기 자신을 기만하고 있는 것입니다. 성화 없는 칭의를 구하는 사람은 결코 칭의에 이를 수 없습니다. 물론 때로는 칭의를, 다른 때에는 성화를 더 열정적이고도 집중적으로 열망할 수도 있습니다. 그러나 이 둘은 언제나 서로 밀접하게 관련되어 있습니다. 많은 신자들이 자신의 성화를 깨닫지 못한 까닭에 칭의를 의심합니다. 그러나 그러한 사람들에게는 성화가 무엇인지를 알 수 있는 빛이 부족합니다. 그들은 스스로에게 거룩함에 대한 특정한 기준을 요구하며, 자신이 그 기준에 미치지 못하면 모든 신자들에게서 발견되는 내용마저도 부인합니다. 그러한 사람은 성화 자체가 다음과 같은 모습으로 나타난다는 사실을 알아야 합니다.

① 신자는 하나님과 친밀히 살아가며 자신의 칭의를 확신할수록 마음이 더욱 순수해지기를 바라고, 하나님의 형상이 발현되고 겸손해지며, 더욱 지혜롭고 친절해지기를 갈망하며, 연약한 걸음이 더욱 강해지고 활기가 넘치게 됩니다. 그는 하나님과 화목하게 된 관계로부터 흘러나오는 바 하나님을 경외하고 그분을 사랑하는 데서 비롯된 거룩함 말고는 다른 어떤 거룩함도 알지 못하며, 알려고 하지도 않습니다.

② 성화는 그리스도의 보혈로 씻음 받아 새로워지기까지 죄악된 마음을 혐오하고 불쾌해하며, 범죄로 인해 근심하고 두려워하며 슬퍼하고 마음의 안식을 얻지 못하는 데서 나타납니다.

③ 성화는 반복적인 회복과 죄를 삼가려는 태도에서 나타납니다. 그러한 사람은 능력을 얻고자 기도하며, 성령의 인도하심에 철저히 의존하고자 애쓸 것입니다.

④ 성화는 세속적인 무리들로부터 거절당하는 모습으로 나타납니다. 신자는 그러한 무리들과 마음으로 연합할 수 없습니다. 그의 마음은 그가 지극히 존경하며 영화로운 자로 여기고 사랑하는 경건한 자들을 향합니다.

⑤ 성화는 일반적인 의미에서도 드러납니다. 그러한 자는 어떠한 죄든 다른 죄보다 더 여지를 주는 것이 없습니다. 그에게 죄는 죄일 뿐, 크고 작은 죄가 있을 수 없습니다. 그는 죄의 특성을 축소하려 하지 않습니다. 모든 죄는 본질상 동일하며, 단 하나의 죄에 빠졌다 하더라도 그것은 하나님의 뜻에 반하는 것입니다.

⑥ 성화는 더욱 거룩해지고자 하는 열망 속에서 나타납니다. 그러한 사람은 자신이 의에 대해 조금 굶주리거나 목마른 것으로 만족하지 못합니다.

⑦ 성화는 과거에 지은 많은 죄를 실제로 이겨 내고 승리하여, 심지어 그 죄가 일어날 낌새가 보이는 즉시 그것을 거부할 수 있을 정도에 이르는 것으로 드러납니다. 참으로 그는 많은 죄들 때문에 더는 동요하지 않습니다. 더 강해진 죄악들에게 순순히 길을 내주지 않으며, 죄에 맞서 싸울 뿐입니다. 동일한 죄를 범하더라도, (더 빠르거나 더 더디게) 다시금 일어나 싸우기 시작할 것입니다. 이 모든 것을 통해, 은혜 가운데 있는 신자는 비록 스스로 요구하는 만큼 성화에 이르지 못하더라도 자신이 칭의 받았음을 부인할 필요가 없음을 깨달을 것입니다. 그는 갈망하고 간구하고 행동하면서 칭의와 성화를 연결시킴으로써(실제로는 그가 칭의를 받았기에 성화되는 것이지만), 이러한 일들을 통해 자신이 정직함을 알 수 있습니다. 그러나 성화 없는 칭의를 구하거나 칭의 없는 성화를 구하는 자들은 올바른 길 위에 서 있지 않습니다. 그렇게 나아가는 자들은 둘 중 아무것도 얻지 못할 것입니다.

넷째, 칭의를 구하고 칭의에 대한 확신을 얻고자 한다면, 반드시 하나님의 말씀으로 판단을 받아야 합니다. 많은 사람들이 스스로 판단하고 자신의 감정을 확신의 기초로 삼는 탓에, 실제로 의롭다함을 받았는데도 확신하지 못하거나 그 확신을 쉽게 잃어버립니다. 언제나 이러한 확신을 소유할 수 있다면, 이는 복된 일일 것입니다. 그러나 하나님께서 언제나 자기 자녀들에게 확인시켜 주시며 확신하게 하시지는 않습니다. 주님은 더욱 확고하고도 지속적이며 일관된, 또 다른 기초를 확립하셨습니다. 그것은 바로 하나님의 말씀입니다. 누군가가 이처럼 중요한 문제를 다루면서 자신의 마음을 의심해 보고 스스로 속지 않기를 바란다면, 그것은 바람직한 일입니다. 그런데 어떻게 하면 그와 같이 확고하고도 변치 않는 확신을 소유할 수 있습니까? 그런 확신을 원한다면, 다윗이 그러했듯 자주 주님 앞에 나아가 다음과 같이 간구해야 합니다.

"하나님이여 나를 살피사 내 마음을 아시며 나를 시험하사 내 뜻을 아옵소서. 내게 무슨 악한 행위가 있나 보시고 나를 영원한 길로 인도하소서"(시 139:23,24).

그러고 나서 하나님의 말씀으로 돌아가 거기에 무슨 약속들이 주어졌으며, 그러한 약속들이 누구에게 주어졌는지를 살펴보아야 합니다. 자신의 영혼을 고양시켜, 참되신 하나님께서 선언하신 이러한 약속들이 확실하다는 사실을 의심하지 말아야 합니다. 따라서 그 약속들이 자신에게 주어졌는지 여부가 중요합니다. 만일 그 약속이 주어진 자들에게서 나타나는 특징들을 자신에게서 발견한다면, 이를 알게 될 것입니다. 그런 후에 무엇보다 하나님의 말씀을 살펴보고, 모든 것을 아시는 하나님 앞에 자신의 마음을 밝히 드러내며, 그 특성들을 하나하나 살펴보십시오. 자신의 마음을 점검하여(적당히 해서는 안 됩니다), 공의롭게 판단해야 합니다. 양심이 자신에게 없다고 증언하는 것을 자신의 것으로 돌려서는 안 됩니다. 또한 양심이 자신에게 있다고 증언하는 것을 부인해서도 안 됩니다. 이를 통해 그는 그러한 것이 자신의 본성에서 나온 것이 아니라 자신 안에서 하나님의 영이 역사하신 결과임을 인정해야 합니다. 만일 성경에서 언급하는 그 특징들에 동의하고 진리 안에서 자신 안에 그러한 내용들이 있음을 발견한다면, 하나님과 자신의 양심이 그 진실성을 증언하는 한, 이 약속들이 자신에게 이루어졌으며, 따라서 하나님께서 자신을 의롭게 여기신다고 결론 내려야 합니다. 그러한 사람은 이러한 말씀을 하나님의 음성으로 받아들이며(그것은 실제로 참됩니다), 하나님께서 내리시는 무죄의 선언을 듣습니다. 자신에게 빛과 느낌과 기쁨과 평화가 많든 적든 진리는 여전히 진리이며, 따라서 그 사실은 변하지 않습니다. 그러한 특징들은 실재이며, 재판장이신 하나님의 선언도 실재입니다. 따라서 그는 믿음이 목적하는 바 영혼의 구원을 얻기까지 하나님의 진리로 말미암아 그분께 영광을 돌리며, 자신의 칭의를 확증하고, 그것으로 인해 기뻐하며, 하나님께 감사하고, 사랑과 경외와 순종으로 즐거이 주님의 길을 걸어가야 합니다.

저는 칭의에 이르는 방편을 소개하는 것이 동시에 한 사람이 의롭다함을 받았는지를 확증한다고 말했습니다. 그러므로 죄를 슬퍼하고 그리스도를 믿으며 판단자인 말씀이 지시하는 대로 칭의와 성화를 찾고 갈망하는 가운데 자신이 칭의를 얻었음을 깨닫는다면, 누구든지 자신에게 주어진 하나님의 약속이 진실하며 그 은혜가 참되다는 사실을 알게 될 것입니다. 반면 그러한 길에 들어서지 않았는데도 스스로 의롭다함을 받았다고 여기면서 자신이 죄를 용서받고 영원한 복락을 상속받게 되었다고 착각하는 사람은, 스스로를 가장 끔찍하게 기만하는 자입니다. 회개하지 않는다면, 그는 영원한 멸망에 이를 것입니다.

첫째, 그러므로 "자기를 의롭다고 믿던" 있었던 바리새인들처럼 하나님께서 의롭다 하시지 않는 자는 스스로 의롭다 하지 마십시오(눅 18:9 참고).

① 자기 칭의(Self-justification)는 하나님 앞에서 아무런 효력이 없습니다. 그를 심판할 재판장은 사람이 아니라 하나님입니다. 그러므로 사람의 구원은 오로지 하나님의 판결에 달려 있지, 사람의 판결에 달려 있지 않습니다.

"옳다 인정함을 받는 자는 자기를 칭찬하는 자가 아니요 오직 주께서 칭찬하시는 자니라"(고후 10:18).

가엾은 자여! 하나님께서 당신을 정죄하신다면 스스로 내린 무죄 선고가 무슨 유익이 있겠습니까?

② 거짓된 기초에 근거하거나 아무 근거도 없이 선한 기초를 가졌다고 교만하게 주장하면서 자신을 의롭다고 하는 사람은 참된 칭의를 구할 수 없을 것입니다. 그리스도는 "의인을 부르러 온 것이 아니요 죄인을"(마 9:13) 불러 회개시키려고 오셨습니다. 그러한 잘못된 근거들은 그들을 평온하게 지옥으로 이끌 것입니다. 그러므로 여러분 자신을 속이지 마십시오. 그러한 행위는 여러분을 영원한 멸망으로 이끕니다. 그때에 이렇게 말해도 아무 소용이 없을 것입니다.

"우리는 주 앞에서 먹고 마셨으며 주는 또한 우리를 길거리에서 가르치셨나이다"(눅 13:26).

"우리가 주의 이름으로 선지자 노릇 하며 주의 이름으로 귀신을 쫓아내며 주의 이름으로 많은 권능을 행하지 아니하였나이까?"(마 7:22)

그때에 주님께서 이렇게 말씀하실 것이기 때문입니다.

"그들에게 밝히 말하되 내가 너희를 도무지 알지 못하니 불법을 행하는 자들아 내게서 떠나가라"(마 7:23).

둘째, 하나님께서 여러분을 의롭다 하신다면 스스로를 정죄하지 마십시오. 경건하지 않은 자를 의롭다 하거나 의로운 자들을 정죄하는 것은 하나님께서 가증히 여기는 일입니다(잠 17:15 참고). 회심하지 않은 사람들이 스스로를 의롭다 하는 것이 첫 번째 경우입니다. 반면 의롭게 된 자들이 자신을 정죄하는 것이 두 번째 경우에 해당됩니다. 우리는, 누군가가 억지로 자신이 의롭다함을 받았다고 생각하기를 원하지 않습니다. 우리는, 앞에서 언급한 칭의의 체계들과 그 행사에 참여하였다는 사실을 확신하는 누군가가 하나님의 임재 가운데서(성령께서 또한 증인이 되시는) 자신이 의롭다함을 받았다는 사실을 믿음으로 인정하기를 원합니다. 혹시 자신 안에서 일정한 분량의 빛을 찾아볼 수 없다 하더라도 스스로를 정죄하지 마십시오. 여기서 일정한 분량이란, 일정한 정도의 감정이나 평화나 만족뿐만 아니라 모든 반론들에 하나하나 답변할 수 있을 정도의 분량을 말합니다. 그가 스스로를 정죄해서는 안 되는 것은, 언제가 되었든 자신이 의롭다함을 받았다는 진리를 알거나 알 수 있기 때문입니다.

① 그러한 행위는 성령을 면전에서 거스르며, 성령의 역사를 부인하는 것이 될 수 있습니다.

② 그것은 그리스도의 공로를 멸시하는 것이 될 수 있습니다. 주님께서 여러분을 위해 그토록 심한 고난을 당하셨는데도 여러분은 그것을 인정하지 않으렵니까? 진정 그분의 공로를 부인하겠습니까?

③ 그것은, 주님께서 여러분으로 하여금 고뇌하게 하지 않으셨는데도 여러분 스스로 번민에 빠지는 일입니다. 여러분이 스스로를 불신앙에 내주는 원인이 되어, 오랜 세월을 한숨으로 지내며 슬픔으로 인생을 소진할 수 있습니다. 주님은 평화를 말씀하시나, 여러분은 주님께서 먼저 여러분에게 이러이러하게 해 주시지 않으면 그 평화를 받지 않으리라 합니다. 그러나 "그를 거슬러 스스로 완악하게 행하고도 형통할 자가 누구"(욥 9:4)입니까? 어찌하여 여러분은 스스로를 비통하고도 슬프게 만드는 폭군이 되려 합니까? 하나님의 말씀을 믿으십시오. 여러분에게 일어

난 은혜의 역사를 인정하십시오. 그리하면 여러분은 견고하게 되어 자신의 길을 기쁨으로 달려가게 될 것입니다.

셋째, 의롭다함을 받은 영혼은 이미 자신을 위해 만족을 이루신 그리스도를 힘입어 죄에 굴복하지 않을 것입니다.

① 죄에 굴복하는 것은 의롭다함을 받은 영혼과 칭의의 본질에 반합니다(시 130:4; 요일 3:3 참고).

② 죄에 굴복하는 것은 가증스러운 것이며, "하나님의 은혜를 도리어 방탕한 것으로"(유 1:4) 바꾸는 것입니다.

③ 그것은 비방자들에게 기회를 주고, 대적자들에게 우리의 교리를 중상하도록 부추길 수 있습니다. 그들은 우리가 마치 "선을 이루기 위하여 악을 행하자"(롬 3:8)라고 가르치는 것처럼, 사람을 부주의하고 불경건하게 만든다고 비방합니다.

④ 그것은 칭의와 성화를 서로 나눌 수 없는 관계로 묶으신 하나님의 말씀에 반합니다(고전 6:11 참고). 그러므로 하나님을 믿는 사람들은 '조심하여 선한 일에 힘써야' 합니다. '이것은 아름다우며 사람들에게 유익'합니다(딛 3:8 참고).

넷째, 의롭다함을 받은 영혼은 날마다 새롭게 의롭다함을 받고자 애써야 합니다. 의롭다함을 받은 상태 이전으로 떨어질 수 있다는 말이 아닙니다. 오히려 성령을 통해 말씀으로 그 마음에 무죄를 선언하시는 하나님의 음성이 감미롭기 때문이며, 사람이 틈틈이 반복해서 죄를 범하므로 칭의가 필요하기 때문입니다. 의롭다함을 받은 영혼은 언제나 죄를 죄로 인정해야 합니다. 하나님을 대적하여 저지른 죄는 언제까지나 죄로 남을 것이며, 죄인들은 죄책과 영원한 형벌의 대상이 되고 맙니다. 그리스도께서 죄인을 위해 만족을 이루셨고 대언자로서 이루신 만족을 하나님께 직접 나타내시며, 말씀 또한 죄에 넘어지고 일어나기를 반복하는 죄인을 의롭다 하지만, 그럴지라도 저는 죄가 본질상 여전히 죄라고 주장하는 바입니다. 의롭다함을 받은 영혼은 자신의 죄를 그와 같이 보고 느껴야 하며, 따라서 자신이 정죄 받아 마땅한 자임을 인정해야 합니다. 그래서 그는 자신의 죄를 고백하고, 믿음으로 칭의에 이르게 하는 그리스도의 공로를 영접하며, 이에 따라 이미 알고 있는 죄에 대하여 의롭다함을 받아야 합니다. 이것이 바로 성도가 일상적으로 행하는 바요, 그렇게 행하도록 받은 명령입니다. 또한 이것 위에 죄 사함의 약속이 주어졌습니다. 이 모든 것에 대해서는 이미 앞에서 살펴보았습니다.

그러므로 여러분의 행동을 삼가십시오. 선한 일을 더럽히는 것에 경계를 늦추지 말고, 사악한 죄악에 주의하십시오. 그리하면 영혼이 겸비해지고 은혜를 더욱 높이며 예수님의 공로를 더욱 존귀히 여기고 더욱 신중히 행하게 될 것입니다. 그와 같이 의롭다함을 받고자 계속 갈망하는 영혼은 하나님과 영속적인 평화를 더욱 누리면서 살아갈 것입니다. 반면에 이를 무시하는 사람들은 더 많이 불안해하고 염려하면서 하나님으로부터 더욱 멀어지고, 자신의 삶의 행보에서 더욱 부주의해질 것입니다.

"지혜 있는 자들은 이러한 일들을 지켜보고 여호와의 인자하심을 깨달으리로다"(시 107:43).

"누가 지혜가 있어 이런 일을 깨달으며 누가 총명이 있어 이런 일을 알겠느냐? 여호와의 도는 정직하니 의인은 그 길로 다니거니와 그러나 죄인은 그 길에 걸려 넘어지리라"(호 14:9).

"여호와의 도가 정직한 자에게는 산성이요 행악하는 자에게는 멸망이니라"(잠 10:29).

35

양자 삼으심

이전 장에서 우리가 밝힌 대로, 칭의에는 죄와 형벌이 면제되는 것뿐만 아니라 영생에 대한 권리를 수여받고 영원한 구원을 상속받는 하나님의 자녀로 선포되는 것이 포함됩니다. 이를 위하여 그리스도께서 율법 아래에 놓이셨습니다.

"율법 아래에 나게 하신 것은, 율법 아래에 있는 자들을 속량하시고 우리로 아들의 명분을 얻게 하려 하심이라"(갈 4:4,5).

이에 대해 사도는 로마서 8장 15-17절에서 다음과 같이 말합니다.

"너희는 다시 무서워하는 종의 영을 받지 아니하고 양자의 영을 받았으므로 우리가 아빠 아버지라고 부르짖느니라. 성령이 친히 우리의 영과 더불어 우리가 하나님의 자녀인 것을 증언하시나니, 자녀이면 또한 상속자 곧 하나님의 상속자요 그리스도와 함께한 상속자니 우리가 그와 함께 영광을 받기 위하여 고난도 함께 받아야 할 것이니라."

이처럼 칭의는 영적 양자 됨[1]을 포함합니다. 지금부터 이 영적 양자 됨에 관해 논의해 봅시다.

---

1) 역자주 - 에베소서 1장 5절을 참고하라.

영적 양자 됨

첫째, 다양한 측면에서 하나님의 아들이라는 호칭이 사용됩니다.

① 그리스도는 신적 본질로 말미암아 하나님의 영원한 아들이 되십니다.

"너는 내 아들이라 오늘 내가 너를 낳았도다"(시 2:7).

② 천사와 아담, 그리고 (창조에 근거하여) 아담 안에 있는 모든 인류도 이에 해당됩니다.

"그때에 새벽 별들이 기뻐 노래하며 하나님의 아들들이 다 기뻐 소리를 질렀느니라"(욥 38:7).

"그 위는 아담이요 그 위는 하나님이시니라"(눅 3:38).

"우리는 한 아버지를 가지지 아니하였느냐? 한 하나님께서 지으신 바가 아니냐?"(말 2:10)

③ 하나님의 다스림을 반영하는 통치자들도 그러합니다.

"내가 말하기를 너희는 신들이며 다 지존자의 아들들이라 하였으나"(시 82:6).

④ 양자 된 신자들이 그러합니다(롬 8:15-17; 갈 4:4,5 참고).

"너희에게 아버지가 되고 너희는 내게 자녀가 되리라"(고후 6:18).

지금 우리는 바로 이들에 관해 논하고자 합니다.

신자는 '양자 됨'을 통해 하나님의 자녀가 됩니다. 때때로 이것은 이생의 삶 이후에 영화롭게 된 하나님의 자녀들을 지칭하기도 합니다.

"속으로 탄식하여 양자 될 것 곧 우리 몸의 속량을 기다리느니라"(롬 8:23).

요한일서 3장 2절에서 요한은 이에 대해 다음과 같이 말합니다.

"사랑하는 자들아 우리가 지금은 하나님의 자녀라. 장래에 어떻게 될지는 아직 나타나지 아니하였으나 그가 나타나시면 우리가 그와 같을 줄을 아는 것은 그의 참모습 그대로 볼 것이기 때문이니."

이때 '지금'이라는 단어는 구약과 대비되는 의미가 아닙니다. 왜냐하면 구약 시대의 신자들도 신약 시대의 신자들과 마찬가지로 하나님의 자녀들이었기 때문입니다. 오히려 '지금'이라는 단어는, 그리스도가 마지막 심판하는 날에 나타나실 때 신자들이 참여하게 될 장래의 영광을 시사합니다.

그러나 여기서 우리는 그런 의미가 아니라 이생에서의 양자 됨에 관해 살피고 있습니다. 구약을 봅시다.

"그들은 이스라엘 사람이라 그들에게는 양자 됨과"(롬 9:4).

이 양자 됨은 외적 언약(external covenant)에 그 근거를 두고 있지 않습니다. 그런 언약이 존재하지 않기 때문입니다. 오히려 이것은 아브라함 및 그의 자손들과 더불어 맺어진 은혜언약으로 말미암아 주어집니다. 그러므로 아브라함과 맺은 이 언약에 신실하지 않은 자들은 신약의 신실하지 않았던 많은 사람들처럼 개인적으로 책임을 져야 했습니다.

신약에서도 이것은 참된 사실입니다. 지금은 이방인들이 이 양자 됨에 참여하고 있습니다.

"우리로 아들의 명분을 얻게 하려 하심이라"(갈 4:5).

여기서 '우리'는 이방인입니다. 사도의 목적은 그리스도의 오심과 맹세하심으로 이방인이 얻게 된 유익을 보여 주는 것입니다. 언약에 대하여 이방인이요 하나님을 알지도 못한 채 우상을 섬겼던 자들이 유대인들처럼 하나님의 양자 됨에 참여하게 된 것입니다. 유대인들은 하나님의 자애로운 보호와 가르침 아래 제사 의식을 통해 그리스도께로 인도되었습니다. 이 의식들은 오실 구주(당시에는 약속으로만 주어졌던)께서 당할 모든 고난과 그 고난의 효력을 선포하는 가장 유력한 방식이었습니다. 이처럼 이방인들도 구주를 믿을 뿐만 아니라, 양자 됨에 참여하게 되었습니다. 하나님의 자녀가 되어 하나님을 자애로운 아버지로 부르게 되었으며, 그분에게서 멀리 떨어져 있을 필요 없이 그 은혜의 보좌 앞으로 나아가게 되었습니다. 더 나아가 단지 천국에 대한 증표이자 모형이었던 가나안에 만족하지 않고, 구원 자체를 기업으로 물려받은 자로서 즐거워할 수 있게 되었습니다.

그렇다면 이 양자 됨에 관한 세 가지 사안, 곧 양자 됨의 탁월함, 양자 됨에 참여한 자들, 양자 된 자들의 의무를 숙고해 보겠습니다.

양자 됨의 탁월함

하나님 자녀들이 지니는 탁월함은 위대하여 모든 지각을 뛰어넘습니다. 자녀 된 자들의 혈통과 신분, 하나님의 자녀가 되는 방식, 하나님의 자녀들이 누리는 특권 등을 숙고해 봄으로써, 하나님의 자녀가 가지는 탁월함을 어느 정도 헤아려 볼 수 있습니다.

영적 양자 됨의 혈통적 탁월함

① '하나님의 자녀로서의 혈통과 신분'은 그 무엇보다도 탁월합니다. 이 세상에서 왕의 자녀가 된다는 것은 대단한 일입니다. 많은 이들이 이 세상의 왕이나 유력한 인물의 자손이라는 사실을 뽐냅니다. 어떤 이교도들은 자신들이 신의 자손이라고 자랑합니다. 그렇다면 모든 영광을 지니고 찬송을 받으시며 만물을 지으신 하나님의 아들이 된다는 것은 어떠하겠습니까? 모든 것이 그분의 소유입니다. 온 만물과 지상의 모든 왕들이 그분께 절하고 그분을 섬겨야 할 뿐만 아니라, 지극히 미미한 것들까지도 이 왕께 순종해야 합니다. 하나님은 사랑과 선하심 가운데 그분의 모든 뜻과 자녀들을 향한 모든 일들을 이루십니다. 그들은 하나님의 자손들입니다.

그러니 왕과 왕의 자녀들이 자신의 혈통으로 으스대도록 내버려 두십시오. 귀족이었던 조상의 뒤를 이어 자신들의 세대에서 높은 지위에 오르는 자들을 내버려 두십시오. 가난하고 지위가 낮은 가문들이 한때 자신들의 조상이 고귀했다는 사실을 위로로 삼도록 내버려 두십시오. 이 모든 것들은 기껏해야 세상의 명예에 지나지 않습니다. 그러나 여러분, 다음과 같은 사실을 기억하십시오. 하나님의 자녀인 여러분의 계보는 하나님에게서 나왔습니다. 창조주이신 하나님(창조주 하나님은 모든 사람들이 공유하는 바입니다. 또한 사람이 부패한 탓에 권능의 하나님에게서 분리되고 하나님의 형벌을 받기에 합당한 원수가 되었다는 점을 고려할 때, 하나님의 창조주 되심은 그저 우리를 두렵게 만들 뿐입니다)의 자녀로 입양되어, 아버지이신 그분의 선하심을 누리는 대상이 되었습니다!

　게다가 하나님의 자녀가 된다는 것은 그들의 본성이 고상하고 영광스럽게 된다는 것을 의미합니다. 다시 말해, 신성한 성품에 참여하는 것입니다. 귀족인 부모를 둔 자녀들은 쉽게 쇠락하며, 부질없이 부모의 대단한 업적이나 지위를 자랑할 뿐입니다. 반면에 하나님의 자녀들은 "신성한 성품에 참여하는 자"(벧후 1:4)의 모습을 그대로 유지합니다. 그들은 이 세상에 속한 부와 명예와 지위 및 그 밖의 어떤 것보다도 탁월한 것을 가집니다. 그들은 탁월하고 고귀하며 자원하는 심령을 소유합니다(시 51:12 참고). 하늘에 속한 신령한 것이 그들 안에 있기에 세상에 속한 것들을 하찮게 여기며, 더는 그것들을 높이거나 주목하지도 않고 갈망하거나 숭배하지도 않습니다. 그들은 하늘에 속한 높고도 고상한 것을 마음에 품습니다. 그러한 것을 말하고 찾으며, 하늘의 지혜로 자신의 행동을 자제합니다. 세속적인 생각에 사로잡힌 사람들은 그러한 것을 한낱 상상과 꿈에 불과한 것으로 치부하며, 세상에 속한 것만을 참되고도 본질적이며 영광스러운 것으로 여깁니다. 이러한 사실이야말로 그들이 이생의 분깃만을 소유한 세상의 자녀라는 사실을 드러냅니다. 하나님의 자녀들은 그들을 그러한 자들로 알며, 그러한 자들을 어리석고 가증한 자들로 여깁니다. 하나님의 자녀들은 보이는 것이 일시적인 것에 불과하며, 세상이 중요하게 여기는 것들이 실상 아무것도 아님을 압니다. 그래서 이것들로는 어떠한 만족도 얻지 못하며, 도리어 보이지 않는 것이 본질적이고 만족을 주며 영원히 지속된다는 것을 압니다. 그러하기에 성경은 하나님의 자녀들에 대해 이렇게 일컫습니다.

　"땅에 있는 성도들은 존귀한 자들이니"(시 16:3).
　"지극히 높으신 이의 성도들"(단 7:18).
　② 하나님의 자녀들의 탁월한 신분은 하나님의 자녀가 아닌 자들과 대조해 보면 분명히 드러납니다. 만일 모든 사람이 하나님의 자녀라는 탁월한 신분에 참여한다면, 그 보편성 때문에 하나님의 자녀라는 신분에 대한 사모함과 즐거움이 다소 줄어들 것입니다. 그러나 하나님은 모든 사람을 그러한 신분으로 옮기지 않으십니

다. 많은 사람들이 자신의 죄악된 본성 때문에 오염되고 가증한 상태에 있는 반면, 영광스러운 상태로 높임 받은 자들은 많지 않습니다. 그러므로 하나님의 자녀들은 영광스럽고도 부요하며 위대한 그 어떤 왕이나 귀족들보다도 탁월하며 영예롭습니다. 경건한 거지가 세상에 존재한 위대한 군주들보다 천 배는 더 고귀하고 영광스럽습니다. 세상의 훌륭한 사람들은, 미천할지라도 경건한 하인의 됨됨이를 알고 그가 자신들보다 탁월하다는 것을 인식하면 그를 존중합니다. 그들이 먼저 자신을 대적하거나 자신을 향한 존경을 버리지 않는 한, 그들에게 악하게 대하지 못할 것입니다. 다만 그저 하찮게만 여겼던 사람이 자신보다 뛰어나고 자신을 지배하는 것을 용납할 수 없어서 그들을 억압할지도 모릅니다.

"의인은 그 이웃의 인도자가 되나"(잠 12:26).

③ 하나님의 자녀 됨의 탁월함은 하나님의 자녀가 되기 이전 모습과 비교해 보면 더욱 두드러집니다. 이전에는 그들의 모습도 다른 사람들과 똑같았습니다.

"너희 아비 마귀에게서 났으니"(요 8:44).

"행악의 종자요 행위가 부패한 자식"(사 1:4).

"불순종의 아들들……다른 이들과 같이 본질상 진노의 자녀"(엡 2:2,3).

"저주의 자식"(벧후 2:14).

혹시나 진노의 자녀들이 완전히 멸절되어 영원한 고통에서 건짐 받을 수 있다면! 하나님과 분리된 사람은 그렇게 약간의 평안과 기분 전환을 누리는 것만으로도, 마치 개가 어떤 이에게서 빵 한 조각을 받은 것처럼 엄청난 행복을 느낄 것입니다. 그러나 하나님의 자녀가 된다는 것은 모든 지각을 뛰어넘는 것입니다. 낮은 지위에 있던 다윗이 왕의 사위로 격상되는 것과 같습니다.

"왕의 사위 되는 것을 너희는 작은 일로 보느냐? 나는 가난하고 천한 사람이라"(삼상 18:23).

하나님의 자녀가 되기 이전의 본성적인 상태가 비천할수록, 하나님의 자녀 됨의 신분이 더욱 고귀해지며, 비참함에서 건짐을 받아 그러한 영광의 자리로 높임 받는 일이 훨씬 영광스러워집니다. 마귀의 자식이 하나님의 자녀가 된 것입니다. 진노의 자녀가 하나님의 사랑을 받는 대상이 된 것입니다. 정죄의 자식이 모든 약속들을 상속받고 복락을 소유하는 자가 된 것입니다. 이 일은 모든 지각과 흠모할 만한 모든 것들을 능가합니다.

죄인이 영적 양자로 옮겨지는 방식의 탁월함

하나님의 자녀가 되는 일의 탁월함은 그들이 자녀의 신분으로 옮겨지는 방식에 분명히 드러납니다. 그들이 하나님의 자녀가 된 것은 자연적인 출생을 통한 것도 아니며, 자신들의 지혜와 용기로 얻은 것도 아닙니다. 돈으로 그 자격을 사거나 선한 의지와 덕성으로 얻어 낸 것도 아닙니다. 그저 아들의 신분으로 옮겨진 것입니다. 그 방식은 다음과 같습니다.

① 하나님께서 성령으로 그들을 거듭나게 하셨습니다. 인간의 영역에서 볼 때, 사람은 자신의 근원이 되는 존재, 곧 출산을 통해 자신을 낳은 누군가의 자녀입니다. 마찬가지로, 신자는 영적 생명이 하나님에게서 비롯된다는 사실로 말미암아 하나님의 자녀가 됩니다.

"자기의 뜻을 따라 진리의 말씀으로 우리를 낳으셨느니라"(약 1:18).

"영접하는 자······하나님의 자녀가 되는 권세를 주셨으니, 이는 혈통으로나 육정으로나 사람의 뜻으로 나지 아니하고 오직 하나님께로부터 난 자들이니라"(요 1:12,13).

이처럼 영적인 존재와 생명은 하나님에게서 비롯된 것으로, 이들은 거듭남을 통해 하나님의 자녀가 됩니다.

② 양자 됨을 통해 자녀가 됩니다. 하나님께서 영원 전에 그들을 양자로 삼아 자녀요 영생의 상속자가 되게 하셨습니다.

"우리를 예정하사 예수 그리스도로 말미암아 자기의 아들들이 되게 하셨으니"(엡 1:5).

하나님은 그분의 작정에 따라 택함 받은 각 사람을 그들의 때를 따라 양자로 삼으십니다.

"너희는······양자의 영을 받았으므로"(롬 8:15).

"우리로 아들들의 명분을 얻게 하심이라"(갈 4:5).

그들은 자기 영혼의 혐오스러움으로 인해 피투성이가 된 채로 버려졌습니다. 어느 누구도 그들을 불쌍히 여기지 않았습니다. 그런데 하나님께서 피투성이인 그들을 긍휼히 여기시고, "너는 피투성이라도 살아 있으라. 다시 이르기를 너는 피투성이라도 살아 있으라"(겔 16:6)라고 말씀하십니다. 값으로 매길 수 없는 은혜가 값없이 주어진 것입니다.

③ 하나님께서 영적 혼인을 통해 그들을 그분의 아들과 혼인시키셨습니다. 그리하여 하나님의 자녀들은 한 성령 안에서 하나님과 연합하게 됩니다.

"내가 네게 장가들어 영원히 살되 공의와 정의와 은총과 긍휼히 여김으로 네게 장가들며"(호 2:19).

주 예수님께서 이들을 종종 그분의 신부로 부르십니다.

"내 누이, 내 신부야"(아 4:9-12).

"내 사랑하는 자요 나의 친구로다"(아 5:16).

주님과 하나님의 자녀들은 이 혼인을 통해 서로에게 속하게 됩니다.

"내 사랑하는 자는 내게 속하였고 나는 그에게 속하였도다"(아 2:16).

결혼을 통해 둘이 하나가 되듯, 이들도 그리스도와 하나가 됩니다.

"주와 합하는 자는 한 영이니라"(고전 6:17).

결혼을 통해 신랑의 아버지가 신부의 아버지가 되는 것과 마찬가지로, 주 예수 그리스도의 아버지가 신자들의 아버지가 되십니다.

"딸이여 듣고……왕의 딸은 궁중에서 모든 영화를 누리니"(시 45:10,13).

또한 주님은 그들의 형제가 되십니다. 주님은 아가서에서 이들을 누이라고 부르십니다.

"네가……오라비 같았더라면"(아 8:1).

이처럼 그들은 한 아버지를 가졌습니다. 그래서 주 예수님은 막달라 마리아에게 이렇게 말씀하십니다.

"너는 내 형제들에게 가서 이르되 내가 내 아버지 곧 너희 아버지, 내 하나님 곧 너희 하나님께로 올라간다 하라"(요 20:17).

④ 한 몸의 지체로서 하나님의 아들과 연합됨으로써 하나님의 자녀가 됩니다(엡 1:23 참고). 하나님의 아들이 머리가 되셨으므로 그분을 머리로 하여 한 몸을 이룬 지체들이라는 것은 참된 사실입니다.

이상의 네 가지 요소를 합당하게 숙고해 볼 때, 신자들은 경탄하고 기뻐하면서 다음과 같이 고백할 것입니다. "다른 이들처럼 자신의 죄 가운데 있었던 나를, 하나님의 진노의 대상이었던 나를, 경멸스럽고도 가증하여 참을 수 없었던 나를, 하나님께서 영원 전부터 아셨도다! 하나님께서 작정하심 가운데 나를 자녀로 삼으셨도다! 나를 지옥에서 끄집어내셨도다! 하나님의 자녀로 입양하여 그분의 위대한 자녀로 삼으셨도다! 비천하고 쓸모없는 나를 하나님 아버지의 허락하심과 하나님의 아들의 헤아릴 수 없는 사랑으로 그 아들과 혼인하게 하셨도다! 죄와 허물 가운데 죽었던 나를 성령의 권능으로 살리셨도다! 하나님으로부터 났도다! 흠모할 만한 모든 것을 뛰어넘는 이해할 수 없는 일이 내게 일어났도다! 주님께서 내 눈에 기이한 이 일을 행하셨도다. 그러하기에 나는 이 모든 영예와 영광, 그분의 사랑과 자비를 즐거워하리라. 영원토록 그분을 사랑하며, 그 이름을 찬미하리라!"

영적 자녀가 누리는 특권의 탁월함

하나님의 자녀가 되는 일의 탁월함은 그들이 소유한 특권에서 분명히 드러납니다. 이 특권은 다 열거할 수 없을 정도로 다양하며, 각각의 특권들은 다 표현할 수 없을 정도로 영광스럽고 기쁜 것들입니다. 그러므로 이 특권들 중 몇 가지만 숙고해 보겠습니다.

① 하나님은 아버지의 사랑으로 자기 자녀들을 돌보십니다. 이 얼마나 놀라운 사랑인지요! 사랑이신 하나님은 가증스럽고도 책망 받아 마땅한 사람들을 무한한 사랑으로 사랑하며 돌보십니다. 이것은 사랑을 받는 대상이 올바른 데서 기인하는 사랑이 아닙니다. 각 사람을 사랑하고자 하시는 사랑의 하나님 안에서 기인하는 사랑입니다. 다음의 구절들이 이러한 사랑에 관해 언급합니다.

"내가 영원한 사랑으로 너를 사랑하기에 인자함으로 너를 이끌었다 하였노라"(렘 31:3).

"긍휼이 풍성하신 하나님이 우리를 사랑하신 그 큰 사랑을 인하여"(엡 2:4).

이것은 너무나 위대하고 열정적이며 이해할 수 없는 사랑입니다. 주 예수님조차도 놀라워하며 이렇게 외치셨습니다.

"하나님이 세상을 이처럼 사랑하사 독생자를 주셨으니"(요 3:16).

바로 이 사랑이 영원한 택하심의 원천입니다. 이 사랑 때문에 예수님께서 세상에 보내심을 받았고, 자녀들의 보증이 되셨습니다. 바로 이 사랑 때문에 그 자녀들을 세상으로부터 주님과 자신의 사랑의 나라로 이끄셨습니다. 이 사랑이 하나님의 자녀들을 보존하며, 영광의 자리로 인도합니다. 이 사랑이 그분을 사랑함으로써 주님과 온전히 연합되게 합니다. 하나님께서 친히 말씀하시지 않는다면, 우리는 그 사실을 믿을 수 없을 것입니다. 그러나 하나님께서 그렇게 말씀하시므로, 우리는 그것을 믿고 인정하며 그 사실로 말미암아 즐거워하고 경배합니다. 하나님께 영광을 올려 드리며, 그분의 사랑으로 말미암아 불이 붙어 다시금 그분께 사랑을 돌려드리고자 합니다.

"우리가 사랑함은 그가 먼저 우리를 사랑하셨음이라"(요일 4:19).

② 하나님은 아버지로서 자녀들을 바라보시며, 어떠한 악도 그들을 거꾸러뜨리지 못하도록 지키십니다.

"여호와께서 너를 실족하지 아니하게 하시며 너를 지키시는 이가 졸지 아니하시리로다. 이스라엘을 지키시는 이는 졸지도 아니하시고 주무시지도 아니하시리로다. 여호와는 너를 지키시는 이시라. 여호와께서 네 오른쪽에서 네 그늘이 되시나니 낮의 해가 너를 상하게 하지 아니하며 밤의 달도 너를 해치지 아니하리로다. 여호와께서 너를 지켜 모든 환난을 면하게 하시며 또 네 영혼을 지키시리로다. 여호와께서 너의 출입을 지금부터 영원까지 지키시리로다"(시 121:3-8).

하나님의 자녀는 이처럼 그분의 날개 그늘 아래에서 그분을 신뢰하며 안전하게 안식할 수 있습니다! 주님께서 보살피시므로 두려워하거나 염려할 필요가 없습니다(벧전 5:7 참고).

"나 여호와는 포도원지기가 됨이여 때때로 물을 주며 밤낮으로 간수하여 아무든지 이를 해치지 못하게 하리로다"(사 27:3).

"너희에게는 머리털까지 다 세신 바 되었나니"(마 10:30).

하나님의 자녀를 건드리는 사람은 하나님의 눈동자를 건드리는 셈입니다. 참으로 하나님은 자녀들을 위해 왕도 꾸짖으십니다. 아, 하나님의 자녀 된 자, 아버지의 사랑을 받는 자, 곧 주님께 보호받는 자들은 얼마나 복된지요!

③ 하나님은 자기 자녀들이 무엇을 먹을까 마실까 입을까 염려하지 않도록, 그들의 육신과 영혼에 필요한 모든 것들을 지키고 돌보십니다. 하늘 아버지께서 그들에게 필요한 모든 것을 아시기 때문입니다. 그분은 공중의 나는 새를 먹이고 들에 핀 백합화를 솔로몬보다 더한 영광으로 입히십니다. 그러한 분께서 어찌 사랑하는 자녀들에게 음식과 의복을 주시지 않겠습니까? 이것을 명심하도록, 주 예수님께서 마태복음 6장 25절에서 분명하게 말씀하십니다.

"그러므로 내가 너희에게 이르노니 목숨을 위하여 무엇을 먹을까 무엇을 마실까 몸을 위하여 무엇을 입을까 염려하지 말라. 목숨이 음식보다 중하지 아니하며 몸이 의복보다 중하지 아니하냐?"

사도도 이를 분명하게 말합니다.

"돈을 사랑하지 말고 있는 바를 족한 줄로 알라. 그가 친히 말씀하시기를 내가 결코 너희를 버리지 아니하고 너희를 떠나지 아니하리라 하셨느니라"(히 13:5).

하나님은 까마귀로 하여금 먹을 것을 물어다 주게 만들어서라도 그들을 약속된 양식으로 먹이실 것입니다. 그러므로 그분의 자녀들은 의심하거나 염려할 필요가 없습니다. 오히려 다윗처럼 기꺼이 고백하면 됩니다.

"여호와는 나의 목자시니 내게 부족함이 없으리로다……주께서 내 원수의 목전에서 내게 상을 차려 주시고 기름을 내 머리에 부으셨으니 내 잔이 넘치나이다. 내 평생에 선하심과 인자하심이 반드시 나를 따르리니 내가 여호와의 집에 영원히 살리로다"(시 23:1,5,6).

④ 하나님은 영혼과 육신에 질병을 앓는 자기 자녀들을 불쌍히 여기십니다. 하나님은 자녀들이 역경과 고난을 통해 스스로 죄를 깨닫고 느끼며 겸손해지고, 이생에서 경계함을 받으며, 기도하도록 고무되고, 하나님을 신뢰하려는 마음을 품으

며, 하나님의 도우심과 앞서 행하시는 은혜를 주의 깊게 받아들이고, 모든 일을 하나님의 손에 맡기며, 하나님의 다스리심에 만족하게 하여 그들을 하늘로 이끌기를 기뻐하십니다.

"주께서는 보셨나이다. 주는 재앙과 원한을 감찰하시고 주의 손으로 갚으려 하시오니 외로운 자가 주를 의지하나이다. 주는 벌써부터 고아를 도우시는 이시니이다"(시 10:14).

주님은 홍수 속에 떠 있던 방주의 노아를 기억하셨고(창 8:1 참고), 애굽의 압제에 시달리던 이스라엘을 주시하셨습니다. 그와 동일하게 주님은 모든 시험과 압제 속에 사는 자녀들을 긍휼히 여기십니다.

"아버지가 자식을 긍휼히 여김같이 여호와께서는 자기를 경외하는 자를 긍휼히 여기시나니"(시 103:13).

"에브라임은 나의 사랑하는 아들 기뻐하는 자식이 아니냐? 내가 그를 책망하여 말할 때마다 깊이 생각하노라. 그러므로 그를 위하여 내 창자가 들끓으니 내가 반드시 그를 불쌍히 여기리라. 여호와의 말씀이니라"(렘 31:20).

그러므로 하나님은 스스로를 일컬어 "너를 긍휼히 여기시는 여호와"(사 54:10)라고 말씀하십니다. 궁핍한 사람을 향한 진심 어린 연민은, 비록 도움이 되지는 못할지라도 마치 십자가의 일부를 져 주는 것과도 같이 그에게 생기를 되살려 줍니다. 하물며 하나님의 자녀들이 하나님께서 그들을 진실로 긍휼히 여겨 사랑으로 행하시며 오직 그분만이 하실 수 있는 열심으로 도우신다는 사실을 믿음으로 바라본다면, 더 큰 생기를 얻을 것입니다.

한편 고난 가운데 수고하는 것이 그들에게 유익이 되지 않을 때, 하나님은 그들을 시련에서 보존하실 뿐만 아니라 즉시 건져 내실 것입니다. 설령 즉시 도우시지 않는다 하더라도, 하나님은 그 시련조차도 자녀의 유익과 구원에 부합하도록 사용하실 것입니다.

"우리가 알거니와 하나님을 사랑하는 자 곧 그의 뜻대로 부르심을 입은 자들에게는 모든 것이 합력하여 선을 이루느니라"(롬 8:28).

⑤ 하나님은 사랑하는 아버지로서 자녀들의 소리를 듣고 응답하십니다. 자녀가

곤경에 처하면 아버지에게로 피하듯이, 그들은 동일한 관계 안에서 하나님을 "아빠 아버지!"라고 부릅니다. 하나님의 자녀들은 하나님과 친밀한 가운데 자신의 필요를 구하고, 눈물을 글썽이면서 자신의 슬픔을 아룁니다. 그들은 이렇게 부르짖습니다. "나의 아버지, 이 십자가가 너무 무겁고 고통스럽습니다. 이 기간이 너무 길어서 끝이 보이지 않습니다. 그러나 하나님께서 저를 도와주겠노라 약속하셨고, 진실로 불쌍히 여기시기에 저를 도와주실 것입니다. 그러니 아버지, 저를 도우시고, 돌보아 주시고, 건져 주옵소서!"

주님은 이러한 자녀들을 사랑으로 바라보십니다. 또한 어린아이처럼 호소하면서 하나님을 안식처로 삼으려는 그들을 기뻐하십니다. 하나님은 그분의 때와 방법으로 분명히 응답하고 그들을 건지실 것입니다.

"너희가 악할지라도 좋은 것을 자식에게 줄 줄 알거든 하물며 너희 하늘 아버지께서 구하는 자에게 성령을 주시지 않겠느냐 하시니라"(눅 11:13).

"하물며 하늘에 계신 너희 아버지께서 구하는 자에게 좋은 것으로 주시지 않겠느냐"(마 7:11).

⑥ 하나님의 자녀들은 자유롭습니다.

"아들들은 세를 면하리라"(마 17:26).

"그런즉 형제들아 우리는 여종의 자녀가 아니요 자유 있는 여자의 자녀니라"(갈 4:31).

- 하나님의 자녀는 행위언약에서 자유롭습니다.

"그 남편이 죽으면 남편의 법에서 벗어나느니라"(롬 7:2).

이처럼 신자는 첫 번째 남편인 율법에서 자유롭습니다.

"이제는 우리가 얽매였던 것에 대하여 죽었으므로 율법에서 벗어났으니"(롬 7:6).

- 그들은 옛 의식의 체제(old ceremonial administration)에서 자유롭습니다.

"형제들아 너희가 자유를 위하여 부르심을 입었으나"(갈 5:13).

- 그들은 사탄의 권세에서 자유롭습니다. 사탄은 하나님의 자녀들이 회심하기 이전처럼 권세와 지배권을 가지지 못합니다(딤후 2:26 참고).

- 그들은 죄의 지배에서 자유롭습니다.

"죄가 너희를 주장하지 못하리니 이는 너희가 법 아래에 있지 아니하고 은혜 아래에 있음이라……그러나 이제는 너희가 죄로부터 해방되고"(롬 6:14,22).

- 영원한 정죄에서 자유롭습니다.

"그러므로 이제 그리스도 예수 안에 있는 자에게는 결코 정죄함이 없나니"(롬 8:1).

진리가 그들을 자유하게 하며(요 8:32 참고), 아들께서 그들을 자유하게 하십니다.

"그러므로 아들이 너희를 자유롭게 하면 너희가 참으로 자유로우리라"(요 8:36).

성령께서 그들의 심령에 자유로운 마음을 주어, 자신이 모든 것에서 자유롭게 되었음을 깨닫게 하시고, 그 자유로움 가운데 자유롭게 행하게 하십니다.

"주는 영이시니 주의 영이 계신 곳에는 자유가 있느니라"(고후 3:17).

"그리스도께서 우리를 자유롭게 하려고 자유를 주셨으니 그러므로 굳건하게 서서"(갈 5:1).

"형제들아 너희가 자유를 위하여 부르심을 입었으나, 그러나 그 자유로 육체의 기회를 삼지 말고"(갈 5:13).

종의 비참함을 맛본 사람은 이러한 특권이 얼마나 영광스러운지를 잘 압니다. 사도는 이것의 영광스러운 실재를 다음과 같이 설명합니다.

"그 바라는 것은 피조물도 썩어짐의 종노릇한 데서 해방되어 하나님의 자녀들의 영광의 자유에 이르는 것이니라"(롬 8:21).

⑦ 그들은 자녀이므로 하나님의 상속자입니다. 은혜언약 안에 있는 현세적이고도 영적이며 영원한 은택이 모두 그들의 것입니다.

"자녀이면 또한 상속자 곧 하나님의 상속자요 그리스도와 함께한 상속자니"(롬 8:17).

이 얼마나 형언할 수 없는 유산입니까! 그러하기에 하나님의 자녀는 이렇게 외칠 수 있습니다.

"여호와는 나의 산업과 나의 잔의 소득이시니 나의 분깃을 지키시나이다. 내게 줄로 재어 준 구역은 아름다운 곳에 있음이여 나의 기업이 실로 아름답도다"(시 16:5,6).

"주를 두려워하는 자를 위하여 쌓아 두신 은혜 곧 주께 피하는 자를 위하여 인생 앞에 베푸신 은혜가 어찌 그리 큰지요"(시 31:19).

또한 그들은 땅에 속한 모든 것의 상속자입니다. 하나님께서 사람의 첫 조상인 아담을 창조하셨을 때, 그로 하여금 모든 것의 주(主)가 되도록 하셨습니다.

"생육하고 번성하여 땅에 충만하라, 땅을 정복하라, 바다의 물고기와 하늘의 새와 땅에 움직이는 모든 생물을 다스리라 하시니라"(창 1:28).

비록 인간이 범죄하여 이러한 지배권을 상실하였지만, 하나님은 그리스도 안에 있는 택자들을 새롭게 하여 다시금 이 모든 것에 참여하도록 회복시키셨습니다.

"어찌 그 아들과 함께 모든 것을 우리에게 주시지 아니하겠느냐?"(롬 8:32)

"만물이 다 너희 것임이라. 바울이나 아볼로나 게바나 세계나 생명이나 사망이나 지금 것이나 장래 것이나 다 너희의 것이요"(고전 3:21,22).

반론

경건한 자들은 대개 이 땅에서 가장 작은 분깃을 가진다. 그런데 어떻게 땅의 모든 것이 그들의 소유가 될 수 있단 말인가? 또한 무슨 수단으로 그 모든 것을 다스릴 수 있단 말인가?

답변

왕은 주방 기구들을 직접 사용하거나 다루지 않더라도 그것들의 소유주입니다. 왕의 아들은 아직 왕국을 소유하지 않더라도 머리에 쓰고 있는 왕관을 통해 바로 그가 통치자임을 알립니다. 지주는 땅을 직접 경작하지 않더라도 그 땅의 소유주입니다. 하나님의 자녀가 땅의 모든 것을 분깃으로 받았다는 것은 바로 이런 경우와 같습니다.

(1) 하나님의 자녀는 만물을 소유합니다. 만물이 모두 그들의 것입니다. 그들이 다른 이들의 것을 침해한 것이 아닙니다. 자기 음식을 먹는 것이지, 다른 이의 옷을 빌려 입거나 다른 이의 집에서 살거나 다른 이의 가축을 가져다 쓰는 것이 아닙니다. 그들이 보는 태양과 그들이 호흡하는 공기가 바로 그들의 것입니다. 하나님 아버지께서 그 모든 것을 그들에게 주셨으므로 모두 다 그들의 차지입니다. 세상이 이러한 하나님의 자녀의 소유권을 그저 공상에 불과한 것으로 치부할지라도, 이것

은 사실입니다. 다른 이들이 훨씬 막대한 재산을 소유할 수도 있습니다. 그러나 그들이 그 재산을 가지는 것은 마치 종이 주인의 자녀들을 위해 주인의 재산을 맡거나 용병이 자신들의 고용주를 보호하는 것과 같습니다. 경건하지 않은 자들은 자신의 삶과 그 삶을 위해 주어지는 작은 부스러기에 대해 신자들에게 감사해야 합니다. 경건한 자들이 존재하지 않는다면 그들이 모두 지옥에 있을 것이기 때문입니다. 다시 말해, 그들은 신자들의 것을 사용하여 살아갑니다. 하나님께서 보편적인 선하심 가운데 그들이 그러한 것을 사용하도록 허용하셨으며, 경건한 자들도 그들만큼 누리고 있습니다.

(2) 경건한 자들은 하나님 아버지의 은총 안에서 모든 것을 소유하고 사용할 수 있습니다. 경건하지 않은 자들을 위해 강제로 사용되는 만물들은 탄식합니다(롬 8:20,22 참고). 반면에 경건한 자에게 사용되는 만물은 그것이 만들어진 목적에 부합되게 쓰입니다.

(3) 존재하는 것들은 모두 하나님의 자녀들을 위해 존재합니다. 해와 달과 별은 그들을 비추며 그들에게 즐거움을 주기 위해 존재합니다. 땅과 거기에 충만한 모든 것들은 그들에게 음식과 의복과 기쁨을 제공하기 위해 주어졌습니다. 공중의 새와 땅 위의 동물과 물속에 있는 물고기는 모두 그들을 위해 존재합니다. 지옥의 마귀조차도 그의 의도와는 달리 하나님의 자녀들의 성화를 이루는 데 사용됩니다(고후 12:7 참고). 경건하지 않은 자의 행위와 모든 수고는 궁극적으로 경건한 자들의 영혼과 육신에 기여합니다. 천사들조차 "섬기는 영으로서 구원받을 상속자들을 위하여 섬기라고 보내심"(히 1:14)을 받았습니다(얼마나 기이한 일인지요!). 이처럼 하나님의 자녀는 언제나 "아무것도 없는 자 같으나 모든 것을 가진 자"(고후 6:10)입니다. 주 예수님께서 가난하게 되심은 하나님의 자녀들을 부요하게 하시기 위함입니다 (고후 8:9 참고).

그러므로 하나님의 자녀들은 스스로를 부요하고 신분이 높은 존재로 여기는 동시에, 이것들이 단지 부여받은 은총이며, 장차 소유할 신령한 것들에 비하면 아무것도 아니라는 사실을 분명히 알아야 합니다.

① 만물의 주인이 된 후에는 왕의 자녀 된 영(princely spirit)으로서 만물이 자신에게 속했음을 알아야 합니다. 그 어떤 권세라 할지라도(돈, 음식, 사람, 명예 또는 그밖에 어떤 것이라도) 여러분 자신을 그 아래 두지 마십시오. 그러한 것에 여러분이 지배받거나 마음을 빼앗기거나 종속되어서는 안 됩니다.

② 세상의 주인이요 소유자가 된 후에는 앞날의 필요를 염려하며 걱정하고 근심하지 않아도 됩니다. 이 모든 것(여러분이 모으거나 모으지 않은 모든 것)이 여러분의 것인데, 돈과 음식을 쌓는 일에 왜 그토록 분주합니까?

③ 만물의 주인이 된 후에는 소유주로서 그 모든 것들을 사용해야 합니다. 소유주로서 하늘과 땅에 있는 모든 것들을 활용하고 바라보아야 합니다. 보고 듣고 냄새 맡고 맛보는 모든 것들을 누리십시오. 그러나 주님께서 허락하신 것(가축이나 종, 그 밖에 여러분 아래서 수고하는 모든 것)을 억압하지 않고 선량한 주인이 되어 대하도록 주의해야 합니다.

④ 만물의 주인이 된 후에는 자신의 소유를 얻기 위해 불법한 수단을 사용하지 않도록 특별히 주의하십시오. 오히려 하나님의 손에서 그 모든 것을 받으십시오. 하나님은 많든 적든 여러분의 용도에 알맞게 주기를 즐거워하십니다. 하나님께서 정하신 분깃은 여러분의 필요를 충분히 채울 것입니다. 독자는 부모의 집에 있는 모든 기물을 상속받습니다. 그러나 그가 부모의 뜻을 거슬러 상속받은 재산의 일부를 낭비한다면, 부모를 노엽게 만들 것입니다. 바로 그와 같습니다. 여러분은 이 세상이라는 정원에 있는 나무의 모든 실과를 자유롭게 먹을 수 있지만, 죄라고 불리는 나무의 열매를 경계해야 합니다. 하나님께서 여러분에게 허락하신 것으로 만족하십시오. 하나님께서 어떠한 상황에서도 만족할 만한 것을 여러분에게 주실 것입니다. 만일 하나님께서 허락하신 것이 여러분의 어그러진 욕망에 미치지 못한다면, 그것은 여러분의 유익을 위함입니다. 따라서 여러분은 기꺼이 믿음으로 "여호와는 나의 목자시니 내게 부족함이 없으리로다"(시 23:1)라고 고백할 수 있습니다.

⑤ 만물의 주인이 된 후에도 여러분 자신의 비천한 근원을 잊지 마십시오. '아무

것도 아닌 것이 무언가가 될 때, 그 무언가는 더 이상 자신을 알지 못한다"[2]라는 속 담에 해당되지 않도록 조심하십시오. 여러분이 무언가를 받기에 합당하지 않은 죄 인이라는 사실을 기억하십시오. 주님께서 그분의 순전한 선하심으로 이 모든 것을 여러분에게 후히 주어 누리게 하셨다는 사실을 아십시오(딤전 6:17 참고). 여러분이 받은 이 모든 것이 받은 것이 아니라 여러분 자신에게서 기인한 것인 양 자랑하지 마십시오. 그것은 부여받은 은총입니다.

또한, 하나님의 자녀들은 하늘과 땅의 모든 피조물보다 훨씬 더 탁월한 소유를 상속받았습니다. 그들은 본 서 16장에 열거된 은혜언약의 모든 은총을 상속받았습니다. 이것을 두고 사도는 "하나님이 자기를 사랑하는 자들을 위하여 예비하신 모든 것은 눈으로 보지 못하고 귀로 듣지 못하고 사람의 마음으로 생각하지도 못하였다"(고전 2:9)라고 증언합니다. 이 유업은 완전한 지혜(잠 2:7 참고), 장구한 재물과 공의(잠 8:18 참고), 그리고 주 예수님께서 맡기신 나라(눅 22:29 참고)입니다. 또한 "썩지 않고 더럽지 않고 쇠하지 아니하는 유업"(벧전 1:4)이요, "성도 안에서 그 기업의 영광의 풍성함"(엡 1:18)이 있는 영광스러운 유업이며, "부르심을 입은 자로 하여금 영원한 기업의 약속을 얻게"(히 9:15) 하는 영원한 유업입니다. 하나님 자신이 그들의 분깃이십니다.

"여호와는 나의 기업이시니"(애 3:24).

하나님이 기업이 되신다는 것은 다 헤아리거나 형언할 수 없는 일입니다. 그 영혼이 직접 감각적으로 심령의 만족을 충만히 누리면서 하나님을 즐거워해 보지 못하는 한, 어느 누구도 그것을 이해할 수 없습니다. 우리는 그저 "오, 놀랍도다!"라고 감탄할 뿐입니다.

이 모든 것들을 함께 숙고하되, 한편으로는 정죄 받아 가증스럽고도 끔찍한 여러분의 상태에, 다른 한편으로는 자녀 된 신분에 주목하십시오. 만왕의 왕이신 하나님께 그 기원을 두고 오직 소수만이 거룩한 신성에 참여하는, 이 양자 됨의 탁월

---

[2] 영역주 - "Als niet komt tot iet, dan kent iet zich zelve niet"라는 네덜란드 속담이다.

함에 주목하십시오. 양자 됨으로써, 그리스도와 혼인함으로써, 거듭남으로써 여러분이 하나님의 자녀가 되었다는 사실을 숙고하고 주의 깊게 사유하십시오. 여러분이 소유한 이 영광스러운 특권, 곧 하나님의 사랑하심과 보존하심, 만물을 돌보심, 고난 가운데 긍휼히 여기심, 기도를 들으심, 그리고 그분의 상속자가 되는 특권을 숙고하십시오. 그러나 이 모든 것의 광대함을 깨닫기에는 우리의 이해력이 너무나 보잘것없습니다. 이를 가늠하기란 불가능합니다. 그러므로 신자는 찬양하면서 선포해야 합니다.

"여호와를 자기 하나님으로 삼은 나라, 곧 하나님의 기업으로 선택된 백성은 복이 있도다"(시 33:12).

"이스라엘이여 너는 행복한 사람이로다. 여호와의 구원을 너같이 얻은 백성이 누구냐?"(신 33:29)

양자 됨의 표지

신자라면, 비록 연약하거나 믿은 지 얼마 되지 않았다 하더라도 자신이 하나님의 자녀 되었음을 기꺼이 받아들일 것입니다. 그리하여 하나님의 자녀와 관련된 것들을 동경하게 될 것입니다. 한편으로, 자신이 하나님의 자녀가 아니며 결코 양자 됨에 참여하지 못할까 봐 두려워하면서 얼마간 억눌릴지도 모릅니다. 따라서 하나님의 자녀 됨의 본성, 요컨대 새로운 경향성과 정서 또는 감정에 관해 설명해야 합니다. 이러한 진술을 통해, 자신을 하나님의 자녀라고 쉽게 단정 짓는 자들이 실제로는 그렇지 않을 수 있음을 알게 되는 반면, 믿음이 연약하여 자신이 하나님의 자녀가 아닐 수도 있다고 두려워하는 이들이 실제로는 자신이 하나님 자녀임을 깨닫게 될 것입니다.

이전 장에서 우리는 신자가 죄를 용서받고 복된 유업을 받을 권리인 칭의를 확신할 수 있음을 숙고하였습니다. 또한 신자가 이를 확신하기 위해 노력해야 하며, 두려움에서 벗어나 어린아이 같은 사랑과 기쁨으로 하나님을 섬기고 예배해야 함을 살펴보았습니다. 이를 위해, 다음의 표지들에 스스로를 비추어 보고 견주어 봄으로써 여러분의 상태를 판단해 보십시오.

첫째, 신자는 믿음으로 양자 됨을 얻습니다.

"영접하는 자 곧 그 이름을 믿는 자들에게는 하나님의 자녀가 되는 권세를 주셨으니"(요 1:12).

"너희가 다 믿음으로 말미암아 그리스도 예수 안에서 하나님의 아들이 되었으니"(갈 3:26).

그런데 여러분은 자신이 죄악되고 정죄 받은 상태임을 자각하면서 예수 그리스도를 피난처로 삼고, 많이 기도하고 간구하여 지속적으로 그분께 피해야 한다는 사실을 알고 있습니까? 하나님과의 화목, 자녀 된 신분, 하나님과 누리는 교제, 양심의 평안, 하나님을 향한 사랑과 경외함, 성화의 실천과 성화된 성품의 획득, 죄와의 지속적인 싸움, 믿음을 지킴, 영원한 복락을 즐거워함 같은 것들 가운데 살기를 진심으로 열망하여 예수님을 피난처로 삼고 있느냐는 것입니다. 요컨대, 여러분은 주님이 우리의 구원을 위한 자격을 온전히 성취하신 완전한 보증이시라는 사실과 복음이라는 방편을 통해 우리를 부르고 초대하신다는 사실, 그리고 이러한 충만함을 우리에게 주기 위해 참되고도 전능하신 분으로서 자신을 우리에게 내주셨다는 사실을 알고 있습니까? 다시 말합니다. 여러분은 주님을 피난처로 삼았습니까? 그분을 영접하였습니까? 그분께 항복하였습니까? 그리고 이 모든 행위(주의를 기울이기만 한다면 충분히 자각할 수 있는 행위)를 인식하고 있습니까? 그렇다면 여러분은 다음과 같이 결론 내릴 수 있습니다. '나는 믿는다. 나의 이 믿음은 하나님의 아들인 예수님과 연합하여 혼인 관계를 맺게 한다. 그리고 이 믿음 안에서 하나님의 자녀가 되는 권세를 주신다는 약속을 받았다. 따라서 나는 믿음으로 말미암아 하나님의 자녀가 되었음을 안다.' 하나님의 말씀에 기초하여 이렇게 결론짓고 (말씀을 통해 그 소원을 확증함으로) 이 사실이 자신의 마음과 일치함을 인식하는 사람은, 아직 자녀 된 신분의 영광과 아름다움을 맛보지 못하고 성령의 보증하시는 역사를 인식하지 못했을지라도, 지혜롭게 행하여 모든 의심과 두려움을 물리칠 것입니다.

믿음이 강한 사람, 곧 이에 관한 진리를 소유하고 깨닫는 자들조차 여전히 그들의 마음에 생겨나는 이러한 의심과 두려움을 물리치고 무시해야만 합니다.

둘째, 영적 양자 됨은 그에게서 나타나는 하나님의 형상을 통해 알 수 있습니다. 아버지는 자신의 형상을 닮은 아들을 낳습니다. 사람은 사람을 낳으며, 자녀는 그 부모와 같은 인간의 본성을 소유합니다. 마찬가지로, 하나님은 그분의 형상에 따라 자녀들을 낳으십니다(골 3:10; 엡 4:24 참고). 자녀들을 신성한 성품에 참여시키시며(벧후 1:4 참고), "사랑을 받는 자녀같이 하나님을 본받는 자"(엡 5:1 참고)가 되게 하십니다. 하나님의 형상을 지니고 있는 신자는 이러한 모습을 보입니다. 그는 한때 어둠 가운데 있었으나, 지금은 주님의 빛 가운데 거하며 지각의 눈이 밝아져 주 예수님과 성령을 압니다(비록 이 빛이 심령의 죄 됨과 수치를 드러낼지라도 말입니다). 또한 하나님과 함께하는 영적인 삶을 사랑하고(심령이 그러한 욕구로 활발해지고), 본성적인 인간에게 영광을 돌리거나 가치를 두는 헛되고도 비루한 모든 일을 경멸하며, 그 마음이 하나님의 뜻에 합하고 생각과 말과 행실을 통해 사랑과 경외함과 순종으로 하나님의 뜻을 기쁘게 행하기를 바랍니다. 그리고 그 마음이 하나님과 지속적으로 교제하며 주 안에서 기뻐하고 즐거워하기 위해 하나님께로 나아가기를 소원하며, 죄에서 건짐 받고자 갈망합니다. 만일 진리 안에서 자신 안에 이러한 것들이 있음을 발견한다면, 그는 성경이 진술하는 바 하나님의 형상을 지니고 있는 자입니다.

그러나 우리가 영원의 이쪽에 있는 동안에는 사람 안에 있는 하나님의 형상이 불완전할 것입니다. 가장 경건한 하나님의 자녀들에게도 하나님의 형상은 작은 시작에 불과합니다. 여전히 옛사람이 많이 남아 있기 때문입니다. 그러하기에 성령과 육신, 그리고 정욕 사이에서 싸움이 일어나며(갈 5:17 참고), 죄에 대항하여 성결하게 되기 위하여 기도가 필요합니다. 이러한 분투는 그 사람이 하나님의 형상을 지녔다는 증거입니다. 그가 만일 육신적일 뿐이라면 아무런 반대도 없을 것이며, 따라서 분쟁도 없을 것이기 때문입니다. 오히려 세속적인 기쁨을 즐기고 누리는 평안만이 있을 것입니다. 따라서 여러분이 진리 안에서 하나님의 형상을 나타내는 원리를 알고 있다면, 여러분은 하나님의 자녀요 영원한 생명의 상속자라는 결론에 이를 수 있고, 또 그래야만 합니다. 여기에서는 그에 관한 정도가 아니라 진실성을 말하고 있습니다.

셋째, 하나님의 자녀에게만 속한 내면의 감정도 하나님의 자녀임을 인정하게 하는 표지입니다. 그러한 감정들이 무엇인지를 보여 주기 위해 하나님의 자녀와 육신에 속한 자를, 특별히 부모와 형제자매를 향한 사랑의 측면에서 비교해 보겠습니다.

하나님은 자녀들을 무한하고도 영원히, 변함없이 사랑하십니다. 그리고 이 사랑은 하나님의 사랑에 영향을 받은 자녀들 안에서 호혜적인 사랑을 불러일으킵니다.

"우리가 사랑함은 그가 먼저 우리를 사랑하셨음이라"(요일 4:19).

이 사랑은 하나님의 자녀가 되었다는 참되고도 무오한 표지입니다.

"또 누구든지 하나님을 사랑하면 그 사람은 하나님도 알아 주시느니라"(고전 8:3).

이 사랑이 시편 전체를 통해 다윗에게서 지속적으로 나타났습니다.

"나의 힘이신 여호와여 내가 주를 사랑하나이다"(시 18:1).

"여호와께서 내 음성과 내 간구를 들으시므로 내가 그를 사랑하는도다"(시 116:1).

바울은 하나님의 사랑으로 강력한 동기를 부여받았습니다.

"그리스도의 사랑이 우리를 강권하시는도다"(고후 5:14).

참된 믿음을 가진 사람은 누구든지 이 사랑을 나타냅니다.

"사랑으로써 역사하는 믿음"(갈 5:6).

본성적 자녀 됨과 영적 자녀 됨의 유비

헬라인들은 부모와 자녀의 사랑을 στοργή(스토르게)라고 부릅니다. 이 단어는 설명을 통해서만 번역할 수 있습니다. 그것은 선천적인 사랑이자, 마음으로부터 자연스레 흘러나오는 내면의 성향입니다. 그 사랑은 오직 부모와 자녀 사이에만 존재할 수 있으며, 다른 사람들 사이에는 나타날 수 없습니다. 계모도 의붓자식들을 깊이 사랑할 수 있지만, 그녀는 "나는 그들에게 '어머니의 마음'(스토르게)을 줄 수는 없습니다"라고 말합니다. 이 사랑은 부모와 자녀의 관계에 나타나듯이 그들을 소속감과 친근함, 보살핌과 자비의 감정으로 연합시킵니다.

자녀들은 본성적으로 부모와 함께하기를 기뻐합니다. 어린아이는, 엄마가 떠나면 엄마를 찾으면서 웁니다. 엄마를 놓치면 엄마를 찾아 주위를 두리번거립니다. 그리고 엄마를 찾지 못하면 울며 슬퍼합니다. 그러다가 엄마를 다시 보면, 아이는 행복하게 웃으면서 엄마에게로 달려가 엄마의 무릎에 뛰어듭니다. 아이는 무언가에 놀라면 엄마에게로 달려가 엄마의 무릎을 붙들고서 두려움 없이 있습니다. 아이는 무엇을 먹고 입을지를 걱정하지 않으며, 부모가 그런 것들을 주리라고 기대합니다. 비록 집에서 하는 식사가 변변하지 않더라도, 아이는 엄마 없이 낯선 사람들 틈에서 온갖 산해진미를 즐기느니 집에서 마른 빵을 먹고 싶어할 것입니다. 엄마가 심부름을 시키면 아이는 즐겁고도 기쁘게 그 일을 수행합니다. 엄마가 기뻐하면 아이도 즐거워합니다. 아이는 자식으로서 부모님을 두려워하며, 부모가 화가 나는 것을 원하지 않습니다. 말을 듣지 않아서 부모가 거리를 두면, 아이는 견디기 힘들어합니다. 아이는 부모에게로 달려가기를 멈추지 않을 것이며, 예전의 친근함을 새롭게 느낄 때까지 간곡히 빌면서 용서를 구할 것입니다. 만일 아이들이 더 성숙하여 누군가에게서 자신의 부모를 모욕하는 말을 듣는다면, 참지 못할 것입니다. 그들은 마음으로 몹시 슬퍼하면서 온 힘을 다해 방어할 것입니다. 한 아이의 사랑은 형제자매들을 향해서도 나타납니다. 아이는 형제자매와 마음을 같이하며 함께하기를 기뻐하는 반면, 낯선 사람들을 멀리합니다. 누구나 이 모든 것이 아이들에게 해당되는 사실임을 알 것입니다.

지금까지 말한 모든 것을 숙고해 보고, 영적인 것에 적용해 보십시오. 여러분은 하나님의 자녀들도 동일한 특징을 가진다는 사실을 발견할 것입니다. 만일 자신 안에서 그러한 것을 느끼지 못한다면, 그는 자신이 하나님의 자녀가 아니라고 확신해야 합니다. 반면 영적인 의미에서 진정으로 자신 안에 이러한 특성이 있다는 것을 발견한다면, 그는 자신이 하나님의 자녀라고 결론 내릴 수 있습니다. 어린아이의 이러한 성향을 하나님의 자녀에게 적용해 보십시오. 그리하면 여러분은 성경이 하나님의 자녀들에 관해 동일하게 진술하고 있음을 발견할 것입니다.

① 하나님의 자녀는 그분의 사랑을 갈망할 뿐만 아니라, 하나님이 계속 임재하시기를 갈망합니다.

"하나님께 가까이함이 내게 복이라"(시 73:28).

만일 주님께서 자기 자신을 숨기시면, 그 영혼은 고통받을 것입니다.

"그는 벌써 물러갔네. 그가 말할 때에 내 혼이 나갔구나"(아 5:6).

"주의 얼굴을 가리시매 내가 근심하였나이다"(시 30:7).

만일 주님께서 떠나시면, 그 영혼은 주님을 향해 울부짖을 것입니다.

"이스라엘 온 족속이 여호와를 사모하니라"(삼상 7:2).

그 영혼은 주님을 따르며 주님께 붙어 있고자 합니다.

"나의 영혼이 주를 가까이 따르니"(시 63:8).

만일 주님의 임재를 놓친다면, 그 영혼은 "지붕 위의 외로운 참새같이"(시 102:7 참고) 홀로 앉아 애통할 것입니다.

"이로 말미암아 내가 우니 내 눈에 눈물이 물같이 흘러내림이여. 나를 위로하여 내 생명을 회복시켜 줄 자가 멀리 떠났음이로다"(애 1:16).

그 영혼은 그렇게 외롭게 있는 동안 지난날들을 떠올리며, 그로 말미암아 마음이 부드럽게 되어 이전에 나누던 교제를 강하게 갈망하게 됩니다.

"나는 지난 세월과 하나님이 나를 보호하시던 때가 다시 오기를 원하노라. 그때에는 그의 등불이 내 머리에 비치었고 내가 그의 빛을 힘입어 암흑에서도 걸어 다녔느니라. 내가 원기 왕성하던 날과 같이 지내기를 원하노라. 그때에는 하나님이 내 장막에 기름을 발라 주셨도다. 그때에는 전능자가 아직도 나와 함께 계셨으며"(욥 29:2-5).

"주여……그 전의 인자하심이 어디 있나이까?"(시 89:49)

영혼은 다윗처럼 부르짖을 것입니다.

"내 영혼이 하나님 곧 살아 계시는 하나님을 갈망하나니 내가 어느 때에 나아가서 하나님의 얼굴을 뵈올까?"(시 42:2)

만일 주님께서 새롭게 모습을 나타내시면, 그 영혼은 기쁨으로 외칠 것입니다.

"여호와여 주께서 전에는 내게 노하셨사오나 이제는 주의 진노가 돌아섰고 또 주께서 나를 안위하시오니 내가 주께 감사하겠나이다 할 것이니라. 보라 하나님은 나의 구원이시라. 내가 신뢰하고 두려움이 없으리니 주 여호와는 나의 힘이시며 나의 노래시며 나의 구원이심이라"(사 12:1,2).

설령 주님께서 그 영혼을 감미롭게 위로하기를 기뻐하지 않으신다 해도, 그는 굶어 죽기를 각오하고서 주님을 갈망하며 기다리고 부르짖으며 주님을 가까이하고자 소망할 것입니다. 그 영혼은 주님에게서 떠나 세상의 산해진미에서 즐거움을 찾지 않고, 오히려 이렇게 말할 것입니다.

"하늘에서는 주 외에 누가 내게 있으리요. 땅에서는 주밖에 내가 사모할 이 없나이다. 내 육체와 마음은 쇠약하나 하나님은 내 마음의 반석이시요 영원한 분깃이시라"(시 73:25,26).

② 하나님의 자녀의 영혼은 아버지의 얼굴 앞에서 자신을 어린아이처럼 주목할 만한 가치가 없는 자요 벌레와 같이 인식하면서 겸비합니다. 이러한 태도로 주님 앞에 절하며, 젖 뗀 아이처럼 순복합니다.

"여호와여 내 마음이 교만하지 아니하고 내 눈이 오만하지 아니하오며 내가 큰일과 감당하지 못할 놀라운 일을 하려고 힘쓰지 아니하나이다. 실로 내가 내 영혼으로 고요하고 평온하게 하기를 젖 뗀 아이가 그의 어머니 품에 있음 같게 하였나니 내 영혼이 젖 뗀 아이와 같도다"(시 131:1,2).

③ 하나님의 자녀의 영혼은 기꺼이 주님의 뜻에 순종하고자 합니다. 그것이 그 영혼에게 기쁨이요 즐거움입니다.

"주의 권능의 날에 주의 백성이 거룩한 옷을 입고 즐거이 헌신하니"(시 110:3).

"내 속사람으로는 하나님의 법을 즐거워하되"(롬 7:22).

"그런즉 우리는 몸으로 있든지 떠나든지 주를 기쁘시게 하는 자가 되기를 힘쓰노라"(고후 5:9).

만일 죄에게 패배한다면, 그 영혼은 가장 깊은 곳에서 슬퍼할 것입니다. 그리고 그리스도의 보혈로 새롭고도 정결하게 되어 하나님과의 평화를 다시 찾을 때까지 만족하지 못할 것입니다.

"내가 입을 열지 아니할 때에 종일 신음하므로 내 뼈가 쇠하였도다. 주의 손이 주야로 나를 누르시오니 내 진액이 빠져서 여름 가뭄에 마름같이 되었나이다(셀라). 내가 이르기를 내 허물을 여호와께 자복하리라 하고"(시 32:3-5).

"나의 죄악을 말갛게 씻으시며 나의 죄를 깨끗이 제하소서. 무릇 나는 내 죄과를 아오니 내 죄가 항상 내 앞에 있나이다"(시 51:2,3).

주님께서 죄를 범한 영혼을 다시 받아들여 그분의 은혜와 위로를 경험하게 해 주시면, 그 영혼은 하나님을 향한 사랑으로 더 격렬하게 불타오를 것입니다.

"여호와께서 내 음성과 내 간구를 들으시므로 내가 그를 사랑하는도다"(시 116:1).

④ 이 모든 본문들을 통해 하나님을 향한 그분의 자녀들의 사랑을 확인할 수 있습니다. 그리고 그들은 하나님을 사랑하는 것처럼 하나님의 자녀들을 사랑하게 됩니다.

"또한 낳으신 이를 사랑하는 자마다 그에게서 난 자를 사랑하느니라"(요일 5:1).

이것이 하나님의 자녀라는 증거입니다.

"우리는 형제를 사랑함으로 사망에서 옮겨 생명으로 들어간 줄을 알거니와"(요일 3:14).

경건한 자들은 하나님의 자녀와 세상에 속한 자녀의 차이점을 알고 있습니다. 세상에 속한 자녀들은 하나님의 자녀들을 멸시하지만, 경건한 자들은 하나님의 자녀들을 존대합니다(시 15:4 참고). 그들이 서로 사랑하는 것은 하나님의 자녀들이 마음에 드는 성품을 가지고 있거나 겸손한 기질을 가지고 있거나 신실하기 때문이 아닙니다. 또한 속임 당할까 봐 두려워할 필요가 없거나 종교적이고 예의 바르기 때문도 아닙니다. 그들은, 하나님의 자녀들이 예수님을 사랑하고 예수님이 그들을 사랑하신다는 것을 인정합니다. 바로 이러한 이유로 그들의 마음이 하나님의 자녀에게로 향하며 그들과 하나가 됩니다. 이는 예수님과 그분의 목표를 함께 증언하기 위함입니다. 다음의 고백에 그러한 열망이 잘 드러납니다.

"땅에 있는 성도들은 존귀한 자들이니 나의 모든 즐거움이 그들에게 있도다"(시 16:3).

"나는 주를 경외하는 모든 자들과 주의 법도를 지키는 자들의 친구라"(시 119:63).

그들은 하나님의 자녀들과 더불어 겸손해질 뿐만 아니라 존귀하게 되기를 갈망합니다. 그리고 동일한 상황을 함께 견뎌 내고자 합니다.

"도리어 하나님의 백성과 함께 고난받기를 잠시 죄악의 낙을 누리는 것보다 더 좋아하고, 그리스도를 위하여 받는 수모를 애굽의 모든 보화보다 더 큰 재물로 여겼으니"(히 11:25,26).

하나님의 자녀 됨을 점검해야 할 필요성

지금까지 우리는 하나님의 자녀 됨의 특성을 간략하게 살펴보았습니다. 이는 회심한 자와 회심하지 않은 자 모두에게 영적 상태를 확인할 수 있는 적절한 거울을 제공합니다. 이제 앞에서 말한 세 가지 표지들을 함께 생각해 봅시다. 그리고 여러분이 하나님의 자녀인지 아닌지를 알고자 한다면, 여러분의 모든 것을 아시는 하나님의 임재 앞으로 나아와 여러분 자신을 이 표지들에 견주어 보십시오. 그리고 여러분의 양심이 뭐라고 말하는지를 들어 보십시오.

만일 어떤 사람에게 믿음도 없고 하나님의 형상도 드러나지 않으며, 하나님의 자녀 된 특성이 아니라 오히려 그 반대의 특성이 나타난다면, 그는 자신이 하나님의 자녀가 아니라고 확신해야 합니다. 일정 기간 이러한 깨달음을 되새기면서, 하나님이 자신의 아버지가 아니며 주 예수님이 자신의 구주가 아니라는 사실을 더 깊이 숙고해야만 합니다. 그리고 자신이 성경에 기록된 약속들을 받을 자도 아니며, 영원한 구원을 받을 자도 아니라는 사실을 숙고해야 합니다. 주님께서 그러한 상태를 그의 마음속 깊이 보여 주시기를 구합니다! 게다가 자신이 마귀의 자녀이며(이 얼마나 끔찍한 일인지요!) 진노의 자식 곧 하나님의 진노의 대상이라는 사실을 깊이 생각해야 합니다. 그는 하나님의 말씀에 기록된 모든 위협과 저주가 자신에게 적용되며, 그러한 상태로 죽을 경우에 자신에게는 오직 영원한 정죄만이 있으리라는 사실을 생각해야 합니다. 만일 그가 어떤 역사적인 믿음을 가지고 있다면, 다시 말해 본성적인 양심에 어느 정도 주의를 기울이고 있다면, 자신이 그러한 상태에 처해 있다고 확신하면서 그로 인해 고통스러워하고 두려워 떨며 그로부터 건짐 받을 수 있는 방편이 아직 있는지를 물어보아야만 합니다. 여러분이 그 일을 신실하게 행한다면, 마귀의 자녀에서 하나님의 자녀로 변할 수 있는 소망이 여전히 남아 있습니다. 즉, 진노의 상속자로부터 영원한 구원의 상속자로 변화하는 것입니다. 이 소망은 주 예수님을 피난처로 삼는 것과 믿음으로 그분을 받아들이는 데에 달려 있습니다. 왜냐하면 그런 사람들에게 하나님의 자녀가 되는 권세가 주어지기 때문입니다(요 1:12 참고). 그들이 구원받으리라는 약속을 받습니다(행 16:31 참고).

다른 한편, 만일 앞에 언급된 표지들이 자신의 마음에 나타나고 그와 같이 작용한다고 확신한다면, 자신이 하나님의 자녀라고 결론 내리는 일에 소홀해서는 안 됩니다. 다음의 결론을 마음 깊이 자각하는 일에 게을러서는 안 됩니다.

"우리가 지금은 하나님의 자녀라"(요일 3:2).

그는 자신의 복된 상태를 부지런히 기뻐해야 합니다. 만일 그와 같이 기뻐하지 않는다면, 그것은 하나님의 위대하신 사랑을 인정하지 않는 죄를 짓는 것입니다.

"보라, 아버지께서 어떠한 사랑을 우리에게 베푸사 하나님의 자녀라 일컬음을 받게 하셨는가"(요일 3:1).

또한 자신이 누리는 바 말할 수 없는 특권들을 인정하지 않는 것입니다. 사람에게 다음과 같은 것들보다 더 영광스럽고도 복된 일이 있을 수 있겠습니까? 곧 영원 전부터 하나님의 자녀로 예정된 것, 시간 속에서 하나님의 자녀로 받아들여진 것, 그리스도와 혼인하게 된 것, 성령에 의해 거듭난 것, 하나님 아버지의 사랑을 받는 것, 아버지이신 하나님께서 보호해 주시는 것, 모든 일에서 하나님의 보살핌을 받는 것, 주님의 체휼하심과 긍휼히 여기심을 받는 것, 그리스도의 이름으로 구하는 모든 것을 그분이 들으시는 것, 하나님과 세상과 영원한 복락의 상속자가 되는 것들 말입니다. 참으로 이 모든 것들이 그토록 죄악되고도 비참한 사람 안에 있게 됩니다.

또한 여러분이 여기에 참여하는 몇 안 되는 사람들 중 하나가 된다는 사실을 생각해 보십시오. 어느 누가 이보다 고상한 무언가를 바라거나 생각할 수 있겠습니까? 그런데 왜 여러분의 마음은 이 모든 복된 현실 속에서도 기뻐하지 않습니까?

"성도들은 영광 중에 즐거워하며 그들의 침상에서 기쁨으로 노래할지어다"(시 149:5). 이것은 하나님께 기쁨이 되며, 그분께 드리는 감사의 모습입니다. 주님은 그런 자들에게 자신을 계속 드러내실 것입니다.

"또 여호와를 기뻐하라. 그가 네 마음의 소원을 이루어 주시리로다"(시 37:4).

① 여러분 안에서 인식되는 마음의 감정과 성향들(앞에 언급된 표지)을, 마치 여러분의 본성이 외적 깨달음을 통해 만들어 낼 수 있는 것인 양 여러분의 본성에 속하는 것으로 생각하지 마십시오. 그것은 교만이며, 오직 하나님께서 전능하신 능력으로 여러분 안에서 행하신 역사를 가로채는 일입니다.

② 여러분의 상태가 어떠하든지, 그 표지의 정도와 자신의 무가치함 때문에 자신이 하나님의 자녀라고 결론 내리기를 주저하지 마십시오. 특히 그와 관련된 뿌리가 자신 안에 있다고 여겨질 때에 주의해야 합니다. 그것은 교만입니다. 자신에게 그것을 받을 만한 가치가 없다면 그 어떤 것도 받아들이지 않겠다는 것은 곧 자신의 가치에 대한 보상이 주어져야 한다고 여기는 태도이기 때문입니다. 하나님의 자녀들에게는 아무런 자격이 없는데도, 하나님께서 그들에게 모든 것을 차고 넘치게 주신다는 사실을 기억하십시오. 그들 중 가장 뛰어난 자조차도 가장 부족한 자만큼이나 자격이 없기는 매한가지입니다. 그 모든 것은 "그의 은혜의 영광을 찬송하게 하려는 것"(엡 1:6)입니다. 그러므로 하나님께서 여러분을 자녀로 삼아 주신다면, 깊이 겸손하되 기뻐하며 그 모든 것을 받아들이십시오.

③ 여러분 안에 여전히 남아 있는 부패함 때문에 진리를 부인하지 마십시오. 우리는 하나님께서 이 땅에 있는 자녀들에게 모든 것들을 부분적으로 주신다는 사실을 알기 때문입니다. 하나님은 가장 탁월한 자녀에게도 부패함이 여전히 많이 남아 있도록 허락하십니다. 우리는 부패함이 있는지, 그리고 그것이 얼마나 많고 적은지를 분별하는 대신, 진리와 영과 생명이 그 안에 있는지를 분별해야 합니다. 만일 여러분 안에 영과 진리와 생명이 있다면, 바울과 함께 여러분의 영적 자아와 육에 속한 자아를 구별하십시오. 그리고 깨지기 쉬운 새사람이 확실히 살아남을 것이며, 옛 아담이 결코 새사람을 죽이지 못할 것임을 확신하십시오. 절대 여러분이

가진 죄성이나 영성을 척도로 삼아 결론 내려서는 안 됩니다. 오직 진리에 근거해야만 합니다. 그리하여 모든 장애물들을 뛰어넘고 자신의 모든 실패를 떠나며, 고개를 들어 더없는 행복을 깨닫고 그 안에서 즐거워하기를 바랍니다.

"주 안에서 항상 기뻐하라. 내가 다시 말하노니 기뻐하라"(빌 4:4).

영적 자녀 됨의 의무들

자신이 하나님의 자녀임을 확신하는 사람은 하나님의 자녀답게 행동해야 할 의무를 집니다. 저는 여러분의 기쁨을 감소시키는 무거운 짐을 지우려 하지 않습니다. 결코 그렇지 않습니다.

"정의를 행하는 것이 의인에게는 즐거움이요"(잠 21:15).

하나님의 자녀는 본성적으로 자녀로서 해야 할 모든 일을 자연스럽게 행합니다. 그는 그렇게 하기를 원합니다. 또한 그렇게 행하는 것이 그에게 기쁨이요 생명입니다. 게다가 더욱 거룩하고도 영적인 방식으로 하늘 아버지를 섬기지 못하는 것보다 더 슬픈 일은 그에게 없습니다.

첫째, 두려워하거나 염려하지 말고, 몸과 영혼에 관한 것을 모두 여러분의 하늘 아버지께 맡기십시오.

"그러므로 염려하여 이르기를 무엇을 먹을까 무엇을 마실까 무엇을 입을까 하지 말라……너희 하늘 아버지께서 이 모든 것이 너희에게 있어야 할 줄을 아시느니라"(마 6:31,32).

두려워하며 걱정하는 것은 곧 자신이 하나님의 자녀라는 사실을 의심하는 것입니다(심지어 자신이 하나님의 자녀임을 마음으로 확실히 알고, 하나님의 말씀에 비추어 그것이 진실임을 알 수 있는데도 말입니다). 또한 하나님의 능력과 여러분을 향한 그분의 세심한 보살핌과 선하심을 불신하는 것입니다. 이런 모습은 하나님의 말씀에 명백히 어긋납니다. 또한 이것은 자신의 지나친 욕망을 부인하지 못한 결과일 수 있습니다. 곧 특정한 때에 특정한 정도로 무언가를 받고자 하는 욕망입니다. 하나님의 자녀는 아버지의 뜻과 지혜에 복종해야 하며, 그러한 죄를 지어서는 안 됩니다. 그러므로 의심과 욕망에 대항하여 싸우십시오. 그 문제를 주님께 맡기십시오.

"주께서는 보셨나이다. 주는 재앙과 원한을 감찰하시고 주의 손으로 갚으려 하시오니 외로운 자가 주를 의지하나이다. 주는 벌써부터 고아를 도우시는 이시니이다"(시 10:14).

그러므로 그러한 문제들을 내려놓고, 주님께 그것을 보살펴 달라고 해야 합니다.

"네 길을 여호와께 맡기라. 그를 의지하면 그가 이루시고"(시 37:5).

"너희 염려를 다 주께 맡기라. 이는 그가 너희를 돌보심이라"(벧전 5:7).

하나님의 전능하심과 신실하심, 지혜와 선하심으로 말미암아 하나님께 영광을 돌리십시오. 그리하면 모든 것이 온전해지고, 여러분은 결국 평안을 누릴 것입니다.

둘째, 어린아이와 같은 심정으로 하늘 아버지를 두려워하며 존경하십시오. 그분의 자녀들이 하나님과 가장 친밀하고도 달콤한 관계를 누린다고 하여 하나님을 존경하는 마음이 감소되는 것은 결코 아닙니다. 오히려 그들은 하나님의 위엄이 얼마나 영광스러운지를 인정하고 지속적으로 묵상하며, 이를 기뻐합니다. 여러분은 언제나 겸손하기 위해 자신을 알아야 하며, 하나님을 향한 거룩한 경외감과 존경심을 품고 이를 그분 앞에 드러내야 합니다.

"아들은 그 아버지를, 종은 그 주인을 공경하나니 내가 아버지일진대 나를 공경함이 어디 있느냐? 내가 주인일진대 나를 두려워함이 어디 있느냐?"(말 1:6)

"외모로 보시지 않고 각 사람의 행위대로 심판하시는 이를 너희가 아버지라 부른즉 너희가 나그네로 있을 때를 두려움으로 지내라"(벧전 1:17).

셋째, 아버지의 자녀로서 여러분이 선하게 바라는 모든 것들을 주님께 구하십시오. 주님은 이 세상에서 자기 자녀들에게 넘치도록 공급하지 않고 큰 공허함을 허락하셨으며, 그들로 하여금 어린아이처럼 하나님께 소망하는 바를 아뢰고 간구하게끔 하십니다. 여러분의 모든 필요를 아버지께 고하십시오. 다시 말해, 여러분을 억누르고 위협하는 것이 무엇이든, 여러분이 가지고 싶은 것이 무엇이든 그리해야 합니다. 어린아이가 아버지에게 부탁하듯이 가능한 한 친밀하게 구하십시오. 두려워하며 멀리 떨어져 있지 마십시오. 오히려 하나님의 자녀로서 담대하게 "아빠 아버지"라고 부르짖으십시오. 어린아이처럼 달콤하게 하나님께 간청하며, 여러분의 소망을 이루기 위해 기도하십시오. 주님은 이렇게 말씀하십니다.

"바위틈 낭떠러지 은밀한 곳에 있는 나의 비둘기야 내가 네 얼굴을 보게 하라. 네 소리를 듣게 하라. 네 소리는 부드럽고 네 얼굴은 아름답구나"(아 2:14).

"환난 날에 나를 부르라"(시 50:15).

"네 입을 크게 열라"(시 81:10).

"그러므로 형제들아 우리가 예수의 피를 힘입어 성소에 들어갈 담력을 얻었나니……참 마음과 온전한 믿음으로 하나님께 나아가자"(히 10:19,22).

하나님께 나아갈 때, 어린아이의 마음을 계속 가지십시오. 부르짖을 때, 아버지 하나님께서 여러분의 기도에 응답하시며, 여러분에게 필요하고 도움이 되는 것들을 허락해 주시리라는 사실을 믿으십시오. 누가복음 11장 11-13절을 곰곰이 생각해 보십시오.

"너희 중에 아버지 된 자로서 누가 아들이 생선을 달라 하는데 생선 대신에 뱀을 주며 알을 달라 하는데 전갈을 주겠느냐? 너희가 악할지라도 좋은 것을 자식에게 줄 줄 알거든 하물며 너희 하늘 아버지께서 구하는 자에게 성령을[3] 주시지 않겠느냐?"

넷째, 어린아이가 아버지의 징계를 받는 것처럼 주님의 징계에 복종하십시오. 주님은 자기 자녀들을 사람의 방식으로 다루십니다. 그들이 버릇없이 굴고 주께서 제정하신 것들을 어기며 그분의 계명을 지키지 않으면, 주님은 그들의 죄에 대해서는 회초리를, 그들의 불의함에 대해서는 전염병을, 그들의 몸과 영혼에 대해서는 수없이 많은 고난으로 다스리십니다. 어떤 이들은 이에 대항하여 벌컥 화를 내고 마음이 상하여 불평하면서 곧장 이렇게 말해 버립니다.

"나는 하나님의 자녀가 아니며, 하나님은 나의 아버지가 아니다. 하나님은 나를 가혹하게 대하신다. 만일 그분이 나의 아버지였더라면 나에게 자비를 베푸시고, 이 극심한 죄와 특히 이토록 무거운 죄 된 십자가로부터 나를 구해 주셨을 것이다."

그러나 이렇게 말하는 것은 자녀로서 올바른 모습이 아닙니다. 자녀는 겸손히

---

3) 역자주 - 마태복음 7장 11절에는 "좋은 것으로"라고 되어 있다.

복종하면서 이렇게 말해야 합니다.

"내가 여호와께 범죄하였으니 그의 진노를 당하려니와"(미 7:9).

"내가 잠잠하고 입을 열지 아니함은 주께서 이를 행하신 까닭이니이다"(시 39:9).

여러분은 마땅히 매를 맞고 겸손해져야 하며, 자녀로서 받는 매와 징계에 순복해야 합니다. 여러분은 은혜를 간청하되, 낯선 사람으로서 구하는 것이 아니라 자녀로서의 믿음과 자신이 자녀라는 사실에 의지하여 구해야 합니다. 다음의 권면에 따라 은혜와 구원하심을 바라보십시오.

"그러므로 하나님의 능하신 손 아래에서 겸손하라. 때가 되면 너희를 높이시리라"(벧전 5:6).

그러므로 여러분이 무엇을 하든, 여러분을 연단하기 위해 오는 환난을 겪을 때에 이상한 일을 당하는 것처럼 여기며 이방인과 같이 행하지 마십시오(벧전 4:12 참고). 이것이 주님께서 자기 자녀들을 인도하시는 보편적인 방법이라는 사실을 기억하십시오. 히브리서 12장 6-9절을 통해 이 사실을 살펴보십시오.

"주께서 그 사랑하시는 자를 징계하시고 그가 받아들이시는 아들마다 채찍질하심이라 하였으니, 너희가 참음은 징계를 받기 위함이라. 하나님이 아들과 같이 너희를 대우하시나니 어찌 아버지가 징계하지 않는 아들이 있으리요? 징계는 다 받는 것이거늘 너희에게 없으면 사생자요 참아들이 아니니라……하물며 모든 영의 아버지께 더욱 복종하며 살려 하지 않겠느냐?"

다섯째, 여러분의 아버지이신 하나님을 공경하며 그분을 닮기 위해 노력하십시오. 여기서 우리는 참된 거룩함과 자연적인 거룩함의 차이를 볼 수 있습니다.

"너희가 순종하는 자식처럼 전에 알지 못할 때에 따르던 너희 사욕을 본받지 말고, 오직 너희를 부르신 거룩한 이처럼 너희도 모든 행실에 거룩한 자가 되라"(벧전 1:14,15).

"그러므로 사랑을 받는 자녀같이 너희는 하나님을 본받는 자가 되고"(엡 5:1).

하나님의 본성을 본받을 뿐만 아니라, 여러분 안에 있는 빛 됨과 새사람을 보이십시오. 이 세상의 재물이 여러분의 분깃이 아니며, 그보다 더 낫고 만족스러운 분깃이 있음을 드러내십시오. 하나님의 징계하시는 손 아래에서 겸손하게 순복하며,

하나님을 향한 순종과 두려움과 사랑, 절제와 온유와 겸손을 나타내십시오. 그리하여 여러분의 빛 된 모습을 본 사람들로 하여금 하나님께 영광 돌리게 하십시오.

"너희가 열매를 많이 맺으면 내 아버지께서 영광을 받으실 것이요 너희는 내 제자가 되리라"(요 15:8).

이처럼 아버지의 영광을 위하여 마음과 말과 행동으로 열심을 다해 분투하십시오. 그리할 때 주님께서 이 일을 기뻐하신다는 것을 여러분에게 나타내실 것이며, 여러분으로 하여금 아버지 되신 주님의 호의를 더욱 깊이 경험하게 하실 것입니다.

"이는 너희가 흠이 없고 순전하여 어그러지고 거스르는 세대 가운데서 하나님의 흠 없는 자녀로 세상에서 그들 가운데 빛들로 나타내며"(빌 2:15).

여섯째, 하나님의 자녀로서 서로 사랑하고 평화를 누리며 살아가십시오. 그리하여 사람들에게 그들 안에 있는 것과는 전혀 다른, 바로 여러분 안에 거하시는 성령을 보여 주십시오.

36

영적인 화평

신자는, 모든 죄를 용서할 뿐만 아니라 영생을 누릴 권리를 가져다주는 칭의로 말미암아 하나님과 화평을 누립니다.

"그러므로 우리가 믿음으로 의롭다하심을 받았으니 우리 주 예수 그리스도로 말미암아 하나님과 화평을 누리자"(롬 5:1).

성경이 말하는 '화평'

성경에서 '화평'이라는 말은 아주 다양하게 쓰입니다. 이 말은 일반적으로 온갖 종류의 복락과 번영을 가리키는데, 구체적으로 사회적 안정이나 영적 평안을 가리킵니다.

사회적 안정이란, 권세자들과 성읍들과 가정들과 개인들이 평온하게 공존하는 것을 말합니다. 신자들은 이런 안정을 저해하는 것을 막고 그것을 증진하기 위해 힘써야 합니다.

"할 수 있거든 너희로서는 모든 사람과 더불어 화목하라"(롬 12:18).

그러나 빛과 어둠, 불과 물, 생명과 사망, 그리스도와 벨리알, 하나님의 신실한 자녀들과 믿지 않는 마귀의 자녀들은 결코 서로 화목할 수 없습니다. 그러므로 신자들은 세상에서 외적인 화평을 많이 누리리라고 생각해서는 안 됩니다. 세상이 그들을 미워하기 때문입니다(요 15:18 참고). 세상은 신자들을 향한 증오를 불러일으킬 만한 것이라면 무엇이든 할 것입니다. 그러하기에 신자들은 세상에 사는 한 고난받기를 각오해야 합니다. 이와 관련해 주 예수님은 "내가 세상에 화평을 주러 온 줄로 생각하지 말라. 화평이 아니요 검을 주러 왔노라"(마 10:34)라고 말씀하십니다.

그러므로 본 장에서 우리는 이런 외적인 화평이 아니라 영적인 화평에 관해 살펴보려고 합니다. 신자가 누리는 영적인 화평은 신자들이 서로 누리는 화평과 양심이 하나님에 대해 누리는 화평으로 구분할 수 있습니다. 여기서는 특히 후자를 살펴보겠습니다.

영적인 화평

양심이 하나님과 누리는 화평은 사람의 이전 상태, 현재의 상태, 장래의 상태와 관련해 말할 수 있습니다.

이전의 상태와 관련해 이 화평은, 이전에 하나님과 인간 사이에 있던 적개심을 없애고 그치는 것을 가리킵니다. 죄로 말미암아 하나님과 인간 사이에는 적개심이 생겼습니다(롬 5:10 참고). 죄가 하나님과 사람 사이를 갈랐고, 이로 인해 하나님은 인간에게서 자신의 얼굴을 가리셨습니다(사 59:2 참고). 하나님은 죄인을 미워하고 혐오하십니다(시 5:5,6 참고). 여호와의 얼굴이 그를 대적합니다(시 34:16 참고). 그분의 진노가 죄인을 멸합니다(롬 2:5,6,9 참고). 인간 역시 하나님을 찾지 않고, 오히려 거부합니다(욥 21:14 참고). 하나님을 기뻐하지 않고(욥 34:9 참고), 그분을 미워합니다(롬 1:30 참고).

"육신의 생각은 하나님과 원수가 되나니"(롬 8:7).

또한 "목을 세우고 방패를 들고 하나님께 달려"(욥 15:26)듭니다.

영적인 화평은 하나님과 인간 사이에 존재했던 이런 적개심을 없앱니다. 아들의 피로 화목을 이루신 하나님께서 이 적개심을 물리치십니다. 성령으로 말미암아 새 마음을 받은 신자도 이 적개심을 거부합니다. 이와 관련해 사도 바울은 다음과 같이 말합니다.

"아버지께서는 모든 충만으로 예수 안에 거하게 하시고 그의 십자가의 피로 화평을 이루사 만물, 곧 땅에 있는 것들이나 하늘에 있는 것들이 그로 말미암아 자기와 화목하게 되기를 기뻐하심이라. 전에 악한 행실로 멀리 떠나 마음으로 원수가 되었던 너희를 이제는 그의 육체의 죽음으로 말미암아 화목하게 하사 너희를 거룩하고 흠 없고 책망할 것이 없는 자로 그 앞에 세우고자 하셨으니"(골 1:19-22).

현재와 장래의 상태와 관련해 이 화평은, 믿는 영혼이 하나님과 누리는 교제로 이루어집니다. 이 교제는 마음의 하나 됨과 친밀함과 다정함과 사랑을 특징으로 합니다.

여기에는 연합이 있습니다.

"그들도 다 하나가 되어 우리 안에 있게 하사"(요 17:21).

"내 사랑하는 자는 내게 속하였고 나는 그에게 속하였도다"(아 2:16).

친밀한 교제가 있습니다.

"내가 항상 주와 함께하니 주께서 내 오른손을 붙드셨나이다"(시 73:23).

"사람아 주께서 선한 것이 무엇임을 네게 보이셨나니……겸손하게 네 하나님과 함께 행하는 것이 아니냐"(미 6:8).

마음을 기쁘게 하는 우정이 있습니다.

"이제부터는 너희를 종이라 하지 아니하리니 종은 주인이 하는 것을 알지 못함이라. 너희를 친구라 하였노니 내가 내 아버지께 들은 것을 다 너희에게 알게 하였음이라"(요 15:15).

"그(아브라함)는 하나님의 벗이라 칭함을 받았나니"(약 2:23).

서로 사랑을 고백하는 교제가 있습니다.

"내가 나를 위하여 그를 이 땅에 심고 긍휼히 여김을 받지 못하였던 자를 긍휼히 여기며 내 백성 아니었던 자에게 향하여 이르기를 너는 내 백성이라 하리니, 그들은 이르기를 주는 내 하나님이시라 하리라"(호 2:23).

그리고 신자들을 향한 성부의 사랑이 있습니다.

"옛적에 여호와께서 나에게 나타나사 내가 영원한 사랑으로 너를 사랑하기에 인자함으로 너를 이끌었다 하였노라"(렘 31:3).

신자들도 이 사랑에 화답합니다.

"나의 힘이신 여호와여 내가 주를 사랑하나이다"(시 18:1).

여호와 하나님은 신자들을 사랑으로 대하십니다.

"주께서 내 영혼을 사랑하사 멸망의 구덩이에서 건지셨고"(사 38:17).

신자들 역시 이 사랑을 힘입어 주 예수님을 따릅니다.

"그의 사랑하는 자를 의지하고 거친 들에서 올라오는 여자가 누구인가?"(아 8:5)

영적인 화평의 근원이신 삼위일체 하나님과 그 방편

하나님께서 이 화평의 근원이십니다. 사람은 하나님께 화평을 요구할 수도 없을뿐더러, 죄로 말미암아 결코 하나님과 화평을 이룰 수도 없습니다. 그러나 너무나 놀랍게도 하나님께서 친히 먼저 이 화평의 관계를 시작하십니다.

① 하나님께서 영원 전부터 죄인들과의 화평을 생각하셨고, '평화의 의논' 가운데 성자를 이 화평을 이루기 위한 보증으로 세우셨습니다. 하나님은 화평한 마음을 가지고 계시며, 화평을 기뻐하십니다. 그러하기에 하나님을 평강의 하나님이라 부릅니다.

"평강의 하나님께서 속히 사탄을 너희 발 아래에서 상하게 하시리라"(롬 16:20).

② 성자께서 세상에 오실 때, 천사들은 기뻐하며 "땅에서는 하나님이 기뻐하신 사람들 중에 평화로다"(눅 2:14)라고 외쳤습니다. 그분은 자신의 죽음으로 택자들과 하나님 사이에 화목을 이루셨습니다.

"그가 징계를 받으므로 우리는 평화를 누리고"(사 53:5).

그래서 성자를 "평강의 왕"(사 9:6)이라고도 하고, 평강을 의미하는 "살렘 왕 멜기세덱"(히 7:1,2 참고)이라고도 하며, "우리의 화평"(엡 2:14)이라고도 부릅니다.

③ 성령께서 이 화평을 신자들의 마음에 주십니다.

"하나님의 나라는 먹는 것과 마시는 것이 아니요 오직 성령 안에 있는 의와 평강과 희락이라"(롬 14:17).

주님은 복음을 외적인 방편으로, 믿음을 내적인 방편으로 사용하여 신자들로 하여금 이 화평을 누리게 하십니다.

하나님은 택자들을 하나님과의 언약 안으로 이끌어 이 화평에 참여하게 하십니다. 이 언약을 일컬어 '화평의 언약'이라고 합니다.

"나의 화평의 언약은 흔들리지 아니하리라"(사 54:10).

하나님은 복음을 통해 사람들을 부르고 초청하여 그들이 이 언약에 들어가게 하십니다. 그래서 이 복음을 '평안의 복음'이라고 합니다.

"평안의 복음이 준비한 것으로 신을 신고"(엡 6:15).

하나님은 사람들을 통해 이 복음을 알리십니다. 그들의 입에 화평의 말을 두고, 그들을 자신의 사자로 보내십니다(고후 5:19,20 참고). 그들을 가리켜 '평화의 사신'이라고 부릅니다.

"평화의 사신들이 슬피 곡하며"(사 33:7).

"좋은 소식을 전하며 평화를 공포하며 복된 좋은 소식을 가져오며 구원을 공포하며 시온을 향하여 이르기를 네 하나님이 통치하신다 하는 자의 산을 넘는 발이 어찌 그리 아름다운가"(사 52:7).

"아름다운 소식을 시온에 전하는 자여"(사 40:9).

하나님은 이런 방편들을 통해 사람을 믿음에 이르게 하시고, 신자는 이 믿음을 발휘함으로써 양심에 화평을 누립니다.

"소망의 하나님이 모든 기쁨과 평강을 믿음 안에서 너희에게 충만하게 하사 성령의 능력으로 소망이 넘치게 하시기를 원하노라"(롬 15:13).

이 화평은 신자들만이 누리는 분깃입니다. 회심하지 않은 불경건한 자들은 아무것도 느끼지 못하는 죽은 양심으로 살아갑니다. 그들은 양심의 찔림도 없이 제멋대로, 하나님 앞에서 모든 것이 잘되고 있으며 하나님과 화평을 누린다고 생각합니다. 그러다가 결국 자신이 하나님과 결코 화목한 적이 없는 진노의 자녀임을 깨닫는다면, 얼마나 경악스럽겠습니까!

"그러나 악인은 평온함을 얻지 못하고 그 물이 진흙과 더러운 것을 늘 솟구쳐 내는 요동하는 바다와 같으니라. 내 하나님의 말씀에 악인에게는 평강이 없다 하셨느니라"(사 57:20,21).

이 화평은 택함 받은 자들만을 위해 감추어진 보화로, 하나님께서 자녀들이 맛보면 가장 좋겠다고 여기실 때마다 맛보게 하십니다.

"내가 그의 길을 보았은즉 그를 고쳐 줄 것이라. 그를 인도하며 그와 그를 슬퍼하는 자들에게 위로를 다시 얻게 하리라. 입술의 열매를 창조하는 자 여호와가 말하노라. 먼 데 있는 자에게든지 가까운 데 있는 자에게든지 평강이 있을지어다. 평강이 있을지어다. 내가 그를 고치리라 하셨느니라"(사 57:18,19).

"만일 평안을 받을 사람이 거기 있으면 너희의 평안이 그에게 머물 것이요 그렇지 않으면 너희에게로 돌아오리라"(눅 10:6).

모든 신자는 이 화평에 동등하게 참여합니다. 이는 하나님 앞에서 신자들의 상태와 그들이 누리는 화평의 진실함과 관련하여 동등하다는 말입니다. 그러나 이 화평을 적용하고 민감하게 누리는 정도는 신자마다 매우 다릅니다. 화평을 많이 누리는 신자들도 있고, 그렇지 못한 신자들도 있습니다. 오랫동안 화평한 상태를 누리는 신자들이 있는가 하면, 상대적으로 드물게 누리거나 그마저도 아주 짧은 시간에 그치는 신자들도 있습니다.

그렇다면 지금부터 화평이 드러나는 구체적인 양태들을 살펴보겠습니다. 이를 통해 연약한 신자들이 하나님께서 그 영혼에 화평을 말씀하셨음을 확신하고, 회심하지 않은 자들이 자기에게 평강이 없음을 깨달으며 화평을 누리는 상태에 있는 것이 얼마나 바람직한지를 알게 되기를 바랍니다. 또한 그리하여 누구나 이 화평을 즐거워하고, 이런 상태에 머물기를 추구하게 되도록 격려할 수 있기를 바랍니다.

화평이 드러나는 다양한 양태

신자는 하나님이 부르시는 소리를 알아듣지 못했던 사무엘과 같습니다. 하나님은 신자의 영혼에 자주 평강을 발하십니다. 그러나 신자는 그 평강이 자신이 이해하는 모습으로 드러나지 않으면, 많은 경우 그것을 하나님이 발하시는 평강으로 인식하지 못합니다. 그러므로 먼저 신자의 영혼이 어떤 방식과 단계에 따라 이 화평을 누리는지를 알아야 합니다.

첫째, 이 화평은 장차 그것을 얻고자 바라는 소망의 옷을 입고 찾아오기도 합니다. 때때로 영혼은 자신이 하나님과 화목하다는 사실을 분명하게 확신하지 못하지만, 애통하면서 기도하고 그리스도를 바라는 가운데 자기 안에 선한 일을 시작하신 하나님께서 그 일을 이루시리라는 사실로 위로를 얻습니다. 이 소망은 영혼의 닻이 되어 영혼이라는 배가 폭풍을 지날 때에 견고히 붙잡아 줍니다(히 6:19 참고).

둘째, 자신이 그리스도께 참여하였다고 확신할 만한 근거를 아직 발견하지 못했을지라도, 자신에게 있는 믿음을 반영하는 행위를 통해 이 화평이 영혼 안에서 잠잠히 모습을 드러내기도 합니다. 그 일이 어떻게 일어났는지는 당사자도 모르지만, 그 영혼은 어느새 하나님께서 주시는 달콤한 화평에 고요히 젖어 듭니다. 이 화평이 아직 하나님과 교제하면서 경험하는 것이 아니라 할지라도, 그것은 영혼이 하나님을 추구하면서 발견하는 화평입니다. 하나님의 약속들을 믿음으로 말미암아 마음에 두려움과 공포가 사라지고, 그 영혼이 잠잠하게 됩니다.

"나의 영혼이 잠잠히 하나님만 바람이여 나의 구원이 그에게서 나오는도다"(시 62:1).

셋째, 자기 자신과 자신의 구원은 물론, 하나님이 기뻐하시는 뜻대로 자신을 이끄시도록 주님의 손에 자신의 삶을 전적으로 의탁할 때에 만족과 기쁨 가운데 이 화평을 누립니다. 그 영혼은 하나님께서 모든 일이 합력하여 선을 이루게 하신다는 것을 믿습니다. 그래서 "여호와께서 나를 위하여 보상해 주시리이다"(시 138:8)라고 고백하면서, 하나님의 능력과 선하심과 미쁘심과 진실하심을 잠잠히, 그러나 담대히 의뢰합니다.

넷째, 자신이 하나님의 은혜 아래 있고 모든 죄가 사해졌음을 확신함으로써 화평을 누립니다. 물론 이런 화평을 누린다 하더라도 내면으로는 기쁨과 달콤한 감정을 많이 누리지 못할 수도 있습니다. 그러나 신자는 자신이 믿는 이가 누구인지를 알며, 그분께 자신을 의뢰합니다. 자신의 영혼이 복된 상태에 있음을 맛보면서 달콤한 즐거움을 누리지는 못하지만, 자신이 구원받을 것을 굳게 믿으며 요동하지 않고 그 위에 서 있습니다.

"도리어 긍휼을 입은 것은"(딤전 1:13).

"이로 말미암아 내가 또 이 고난을 받되 부끄러워하지 아니함은 내가 믿는 자를 내가 알고 또한 내가 의탁한 것을 그날까지 그가 능히 지키실 줄을 확신함이라"(딤후 1:12).

"주의 교훈으로 나를 인도하시고 후에는 영광으로 나를 영접하시리니"(시 73:24).

다섯째, 은혜의 보좌로 자유롭게 나아가면서 이 화평을 맛보기도 합니다. 신자의 영혼은 입양된 자녀로서 은혜의 보좌로 나아갑니다. 그래서 그 영혼은 자녀의 성정으로 찬양하며 기뻐하고 확신하면서 그리스도를 통해 하나님께로 나아가, 하나님을 아버지로 고백합니다. 뿐만 아니라 한껏 고양된 마음으로 "아빠, 아버지"라고 외칩니다(롬 8:15; 갈 4:6 참고).

여섯째, 하나님께서 자신의 모든 죄를 용서하고 자기와 화목하게 되셨으며, 은혜를 베풀어 자신을 구원 얻는 자들 중 하나로 삼으셨다는 사실을 즐거워하면서 이 화평을 누리기도 합니다. 그 영혼은 기뻐 뛰면서 이렇게 외칩니다.

"내가 여호와로 말미암아 크게 기뻐하며 내 영혼이 나의 하나님으로 말미암아 즐거워하리니, 이는 그가 구원의 옷을 내게 입히시며 공의의 겉옷을 내게 더하심이 신랑이 사모를 쓰며 신부가 자기 보석으로 단장함 같게 하셨음이라"(사 61:10).

일곱째, 이 화평은 그것의 핵심과 탁월함으로 나타나기도 합니다. 화평이신 하나님께서 신자의 영혼을 그분의 화평으로 채우실 뿐만 아니라 에워싸십니다. 그리하면 그 영혼은 하나님의 화평으로 빛납니다. 그러나 사람의 감정은 하나님과 누리는 화평을 담기에는 너무나 미미합니다. 사람의 어떤 지각과 말도 이 화평을 다 이해하거나 형용하지 못합니다.

"그리하면 모든 지각에 뛰어난 하나님의 평강이 그리스도 예수 안에서 너희 마음과 생각을 지키시리라"(빌 4:7).

보십시오. 이처럼 신자의 영혼이 하나님과 화평을 누리는 모습은 매우 다채롭습니다. 그러므로 하나님의 긍휼에 주목하고 자신이 이전에 경험한 것을 기억한다면, 어느 경건한 자가 감히 하나님과 이런 화평을 전혀 누린 적이 없다고 부인할 수 있단 말입니까? 만일 이들 중 하나라도 경험해 보았다면, 설령 지금은 그 당시의 느낌이 사라졌다 할지라도 그리스도로 말미암아 하나님과 자기 영혼 사이에 이루어진 화평이 결코 깨지지 않을 것임을 확신하십시오.

"평안을 너희에게 끼치노니 곧 나의 평안을 너희에게 주노라. 내가 너희에게 주는 것은 세상이 주는 것과 같지 아니하니라. 너희는 마음에 근심하지도 말고 두려워하지도 말라"(요 14:27).

영적인 화평의 탁월함

지금까지 살펴본 것만으로도 하나님과 누리는 이 화평이 얼마나 감미롭고도 탁월한 것인지를 능히 짐작할 수 있을 것입니다. 그런데 다음의 사실들은 이 화평의 탁월함을 더 분명하게 드러내 줍니다.

첫째, 이 화평은 하나님과 영혼 사이에 자리했던 적개심(이런 적개심은 하나님에 대한 두려움을 더할 뿐입니다)이 사라지는 것뿐만 아니라, 하나님과 자유롭고도 친밀히 교제하는 것까지도 의미합니다. 에녹이 그 증거를 보여 줍니다.

"에녹이 하나님과 동행하더니"(창 5:24).

아브라함도 이런 특권을 누렸습니다.

"너는 내 앞에서 행하여"(창 17:1).

이처럼 하나님과 화평한 가운데 동행하는 영혼은 눈에 보이는 모든 것들, 그중에서도 특히 이 땅에 속한 것들과 구별되게 살며, 자신을 충만하게 채우는 하나님의 완전하심으로 빛을 발합니다. 그 영혼은 하나님을 아버지로 모시고 살아갑니다. 하나님을 예배하는 가운데 잠잠히 그 앞에 엎드리거나 하나님과 즐겁고도 친밀히 교제할 것입니다. 하나님은 말씀으로 그의 마음을 격려하고 위로하며, 기쁘게 하고 강하게 하십니다. 그 영혼은 자신의 필요를 하나님께 말씀드리고, 슬픔과 갈망을 쏟아 놓습니다. 그는 하나님의 사랑으로 옷 입고, 결국 사랑으로 불타오릅니다. 그는 하나님의 완전하심을 목도하고서 그 사랑스러움에 벅찬 나머지 경탄하면서 이렇게 외칩니다.

"여호와는 위대하시니 크게 찬양할 것이라. 그의 위대하심을 측량하지 못하리로다"(시 145:3).

그 영혼은 하나님의 날개 그늘에서 쉼을 얻습니다. 그 마음은 장차 자신이 누릴 완전한 복락을 멀리서 고대하며 바라봅니다. 그리고 자신이 누리는 놀라운 은택에 감사합니다. 이처럼 하나님과 화평을 누리는 영혼은 하나님과 교제함으로 말미암아 찬란하게 빛을 발합니다.

둘째, 그 영혼은 여전히 죄악되어 날마다 하나님 앞에 수많은 죄를 범하지만, 영혼의 양심만큼은 끊임없이 그리스도의 피로써 화평을 얻습니다. 그는 마치 전혀 죄를 짓지 않은 사람처럼 평안을 누립니다(히 9:14 참고). 세상 모든 사람이 그의 무죄를 대변하고 위로와 도움의 손길을 내민다고 하더라도 양심이 속에서 그를 정죄하면, 그는 포로와 같이 쉼을 얻지 못합니다. 그러나 하나님과 화목한 양심은 이 땅과 지옥에 있는 모든 것의 공격을 받을지라도 잠잠히 쉼을 누립니다.

"주께서 사람에게 평강을 주실 때에 누가 감히 잘못하신다 하겠느냐"(욥 34:29, 개역한글).

셋째, 하나님과 화목하게 된 영혼은 이전에 하나님의 원수로 행할 때에 자신을 대적하던 천사들과도 화목하게 됩니다. 그룹들은 아담이 동산에 있는 생명나무에 접근하지 못하도록 그를 막았습니다(창 3:24 참고). 그러나 이제 하나님과 화목하게 된 신자는 거룩한 천사들과도 교통하고, "하늘의……천만 천사"에게도 이릅니다(히 12:22 참고). 그리고 오히려 천사들은 신자들이 생명나무의 길로 나아가도록 돕습니다. "모든 천사들은 섬기는 영으로서 구원받을 상속자들을 위하여 섬기라고 보내심"(히 1:14)을 받았기 때문입니다.

넷째, 하나님과 화목하게 된 자들은 동료 신자들과는 물론, 불신자들과도 화목합니다. 이제 신자들의 마음은 모든 사람들과 화평하기를 추구합니다. 그들은 불신자들도 동일한 하나님의 피조물이라 여기는 까닭에, 언제라도 도움이 필요한 자들을 돕습니다. 그래서 악한 불신자조차도 신자를 건드리지 못하며, 아무런 해도 끼치지 못합니다.

"너는 공의로 설 것이며 학대가 네게서 멀어질 것인즉 네가 두려워하지 아니할 것이며 공포도 네게 가까이하지 못할 것이라. 보라, 그들이 분쟁을 일으킬지라도 나로 말미암지 아니한 것이니 누구든지 너와 분쟁을 일으키는 자는 너로 말미암아 패망하리라. 보라, 숯불을 불어서 자기가 쓸 만한 연장을 제조하는 장인도 내가 창조하였고 파괴하며 진멸하는 자도 내가 창조하였은즉, 너를 치려고 제조된 모든 연장이 쓸모가 없을 것이라. 일어나 너를 대적하여 송사하는 모든 혀는 네게 정죄를 당하리니 이는 여호와의 종들의 기업이요 이는 그들이 내게서 얻은 공의니라. 여호와의 말씀이니라"(사 54:14-17).

다섯째, 하나님과 화목하게 되면 (마귀를 제외한) 모든 피조물들과도 화목해집니다. 해, 달, 별, 구름, 비, 우박, 불, 은, 금, 들짐승, 가축들과도 화목해집니다. 그렇습니다. 만물이 신자들에게 우호적입니다. 마치 만물이 그들에게 미소 지으면서 기꺼이 그들을 섬기고자 하는 것 같습니다.

"들에 있는 돌이 너와 언약을 맺겠고 들짐승이 너와 화목하게 살 것이니라"(욥 5:23).

여섯째, 하나님과 화목하게 되어 그것을 누리는 신자는 모든 어려움과 시련을 감내하고, 심지어 "환난 중에도 즐거워"(롬 5:3)합니다. 그는 자신이 바울과 같은 처지임을 깨닫습니다.

"그러므로 내가 그리스도를 위하여 약한 것들과 능욕과 궁핍과 박해와 곤고를 기뻐하노니, 이는 내가 약한 그때에 강함이라"(고후 12:10).

죽음조차도 신자들을 두렵게 하지 못하며, 그들은 평안히 죽음을 맞이합니다(눅 2:29 참고). 심지어 진리를 선포할 기회로 삼을 수만 있다면, 장렬한 죽음도 마다하지 않습니다. 순교자들은 고문당하고 화형에 처해지는 순간에도 하나님과 누리는 화평에 힘입어 오히려 즐거워하며 노래할 수 있었습니다.

안팎으로 여전히 죄가 많은 이 세상에서 누리는 하나님과의 화평도 이토록 달콤하고 생기가 넘치는데, 하물며 이 화평을 방해하고 거스르는 죄나 하나님과 소원하게 만드는 것이 더는 없이 기쁨과 사랑과 평강 가운데서 하나님과 영원히 연합하며 누리는 화평은 얼마나 황홀하겠습니까!

"그의 형통함과 그의 아름다움이 어찌 그리 큰지 곡식은 청년을, 새 포도주는 처녀를 강건하게 하리라"(슥 9:17).

진정한 영적 화평의 특징

앞에서 말한 탁월함들만으로도, 이 화평이 어떠한 것인지를 알고 그것을 어느 정도 맛본 신자들을 고무시켜 이 화평을 더해 가고 더욱 굳게 확신하면서 힘써 누리게 하기에 충분합니다.

그러나 이 화평이 너무 중대한 데 반해, 신자들은 그것을 너무나 쉽게 잃어버립니다. 하나님을 알지도 못하고 바르게 찾지도 않으면서 평안하고 안정되게 살아간다고 자랑하는 이들로 인하여, 또는 이 화평을 제대로 알지 못하여 모든 것을 제대로 분별하지 못하는 까닭에, 자신의 영혼이 누리는 달콤한 잠잠함과 화평을 의심하면서 하나님과 화목하게 된 것이 아닐 수도 있다는 두려움에 빠집니다. 그러하기에 무엇이 진정한 화평인지를 알 수 있는 분명한 표지들을 몇 가지 제시하고자 합니다. 이를 통해 정직한 영혼들은 하나님과 참으로 화목하게 되었음을 확신하고, 육신적인 안정을 진정한 화평으로 착각하는 자들은 실상 화평이 없음을 깨닫게 될 것입니다. 곧 자신이 하나님께서 주시는 진정한 화평을 누리는지, 아니면 육신적인 안일 가운데 있으면서 그저 착각하고 있는지를 분명히 알게 될 것입니다.

첫째, 진리 안에서 이 화평을 소유한 사람은 이 화평을 계속 적용하고 누립니다. 그는 이 화평 없이는 살아가지 못합니다. 이 화평을 맛보지 못하면 포로처럼 쉬지 못하고, 무거운 마음을 견디지 못합니다.

"주의 진노로 말미암아 내 살에 성한 곳이 없사오며 나의 죄로 말미암아 내 뼈에 평안함이 없나이다"(시 38:3).

"주께서 내 심령이 평강에서 멀리 떠나게 하시니 내가 복을 내어 버렸음이여"(애 3:17).

그는 계속 이 화평을 추구하며, 날마다 새롭게 화평을 누리지 못하면 그 무엇으로도 만족하지 못합니다.

"나의 환난 날에 내가 주를 찾았으며 밤에는 내 손을 들고 거두지 아니하였나니 내 영혼이 위로받기를 거절하였도다"(시 77:2).

그는 쉬지 않고 "내 영혼에게 나는 네 구원이라 이르소서"(시 35:3)라고 기도합니다. 그렇게 하나님과의 화평을 되찾으면, 가장 크게 기뻐하고 즐거워하면서 이렇게 말합니다.

"내가 그 그늘에 앉아서 심히 기뻐하였고 그 열매는 내 입에 달았도다"(아 2:3).

"내가 평안히 눕고 자기도 하리니 나를 안전히 살게 하시는 이는 오직 여호와이시니이다"(시 4:8).

둘째, 이러한 화평은 오직 예수 그리스도로 말미암아 하나님과 화목하게 된 데서 비롯됩니다. 죄가 남아 있는 한 결코 하나님과 화평을 누릴 수 없습니다. 그리고 그리스도의 보혈이 아니고서는 죄를 없앨 수 없습니다. 예수 그리스도의 구속이 이 화평의 근거라면, 믿음은 이 화평을 누리는 유일한 방편입니다. 오직 믿음으로만 이 화평을 누릴 수 있습니다. 바로 이러한 사실 때문에, 은혜 안에 있는 사람은 끊임없이 그리스도께로 나아갑니다. 그는 그리스도가 이루신 구속을 속전으로 받아 하나님께서 약속하신 바를 붙들고 겸손히 기도하면서 성부께로 나아가 평강을 받아 누립니다.

"내 안에서 평안을 누리게 하려 함이라"(요 16:33).

"그러므로 우리가 믿음으로 의롭다하심을 받았으니……그리스도로 말미암아 하나님과 화평을 누리자"(롬 5:1).

"소망의 하나님이 모든 기쁨과 평강을 믿음 안에서 너희에게 충만하게 하사"(롬 15:13).

"그리스도로 말미암아 화평의 복음을 전하사"(행 10:36).

셋째, 참된 화평에는 언제나 하나님의 목전에서 행하고 하나님과 교통하는 모습이 동반됩니다. 거기에는 내면의 불안함이 없습니다. 이전에는 하나님의 원수가 되어 그분에게서 떨어져 있었지만, 이제 그리스도의 구속으로 말미암아 하나님과 다시금 하나가 되었습니다. 이처럼 하나님과 교통하기 위해서는 그리스도의 구속으로 말미암는 화평이 반드시 필요합니다. 화목하게 된 영혼에 성부와 그리스도께서 임하여 거처를 삼으십니다(요 14:23 참고). 하나님과 화목하게 된 영혼은 다시금 이 교제를 누립니다.

"우리의 사귐은 아버지와 그의 아들 예수 그리스도와 더불어 누림이라"(요일 1:3).

이런 영혼은 하나님께 "아빠 아버지"(롬 8:15)라고 부르짖습니다. 그 영혼은 하나님께로 나아갈 자유를 얻어 마음껏 누립니다.

"사랑하는 자들아 만일 우리 마음이 우리를 책망할 것이 없으면 하나님 앞에서 담대함을 얻고"(요일 3:21).

"주 예수 그리스도로 말미암아 하나님과 화평을 누리자"(롬 5:1).

넷째, 참된 화평이 너무나 섬세하고 부드러워서 손상되기 쉬운 것처럼, 이 화평을 가진 사람도 그러합니다. 하나님은 자기 자녀를 늘 신랑과 함께 잔칫집으로 들이거나 제자들을 항상 변화산으로 데려가거나 바울을 매번 삼층천으로 올리고자 뜻하시지 않습니다.

① 때때로 하나님은 뒤로 물러나 자기 얼굴을 가리십니다.

"여호와여 어찌하여 멀리 서시며 어찌하여 환난 때에 숨으시나이까?"(시 10:1)

"여호와여 어느 때까지니이까? 나를 영원히 잊으시나이까? 주의 얼굴을 나에게서 어느 때까지 숨기시겠나이까?"(시 13:1)

하나님께서 신자들을 전혀 돌보지 않는 것처럼 잠잠히 계시기도 합니다.

"주여 하늘에서 굽어 살피시며 주의 거룩하고 영화로운 처소에서 보옵소서. 주의 열성과 주의 능하신 행동이 이제 어디 있나이까? 주께서 베푸시던 간곡한 자비와 사랑이 내게 그쳤나이다"(사 63:15).

마치 이렇게 부르짖는 자기 백성의 소리를 전혀 듣지 못하시는 것처럼, 그들이 오랫동안 주님을 찾고 주님과 교제하기를 눈물로 간구하며 부르짖도록 내버려 두십니다.

"내가 내 사랑하는 자를 위하여 문을 열었으나 그는 벌써 물러갔네. 그가 말할 때에 내 혼이 나갔구나. 내가 그를 찾아도 못 만났고 불러도 응답이 없었노라"(아 5:6).

"내 하나님이여, 내 하나님이여, 어찌 나를 버리셨나이까? 어찌 나를 멀리하여 돕지 아니하시오며 내 신음 소리를 듣지 아니하시나이까? 내 하나님이여, 내가 낮에도 부르짖고 밤에도 잠잠하지 아니하오나 응답하지 아니하시나이다"(시 22:1,2).

그들에게 화를 내며 거부하시는 것 같기도 합니다.

"여호와여 어찌하여 나의 영혼을 버리시며 어찌하여 주의 얼굴을 내게서 숨기시나이까? 내가 어릴 적부터 고난을 당하여 죽게 되었사오며 주께서 두렵게 하실 때에 당황하였나이다. 주의 진노가 내게 넘치고 주의 두려움이 나를 끊었나이다"(시 88:14-16).

"노하심으로 그가 베푸실 긍휼을 그치셨는가 하였나이다"(시 77:9).

② 하나님과 화평한 신자들이라 할지라도 그 속에는 여전히 옛 아담이 남아 있는데, 때때로 그 모습이 현저하게 드러납니다. 그로 인해 하나님께 가까이 나아가 그분과 교제하는 일을 소홀히 하게 됩니다. 그리고 하나님의 얼굴을 열심히 구하지 않고 게으르게 행합니다. 뿐만 아니라 자신의 양심과 성령의 경고를 거슬러 죄를 범하여 하나님의 성령을 슬퍼하게 만듭니다.

"하나님의 성령을 근심하게 하지 말라"(엡 4:30).

③ 게다가 마귀는 신자들을 은밀하게 공격하거나 그들에게 대놓고 불화살을 쏘아 댑니다. 그들을 세상에 속한 아름다움으로 미혹하고, 자신들의 사악함으로 겁박합니다. 시련과 온갖 고난으로 기진하게 만듭니다. 그리하여 밀 까부르듯 한 신자들의 믿음이 흔들리고, 그들이 누리던 평강에도 그림자가 드리웁니다. 신자들은 이런 어려움 때문에 몹시 슬퍼하고 아파합니다. 그들은 안식과 평안을 되찾기까지 쉬지 못합니다.

④ 이 화평이 수없이 다양한 방식과 단계로 나타난다는 사실은 이미 살펴보았습니다. 신자 안에 있는 화평이라 할지라도 사그라지는 때가 있습니다. 그런데 믿음

에 견고히 선 많은 사람들 안에서는 믿음이 계속 활동합니다. 그래서 그들은 비록 평강이 사그라지더라도 계속 하나님과 화평을 누리며 소망 가운데 거하고, 희락을 잃지 않습니다. 그들은 이 평화를 너무나 소중히 여기고 간절히 추구합니다. 그러하기에 자기 안에 있는 평화가 조금이라도 방해를 받으면 금세 알아차립니다.

"내 사랑하는 자가 문틈으로 손을 들이밀매 내 마음이 움직여서"(아 5:4).

이런 성정이야말로 그가 화평에 참여했음을 드러내는 분명한 표지입니다. 그렇습니다. 낙심하고, 불신과 무력함과 슬픔을 드러내거나 일시적으로 평강을 추구하지 않는(마치 더는 하나님과 화평을 누릴 소망이 없는 것처럼 포기하기도 합니다) 등 화평을 잃어버림으로 인해 신자는 소스라치게 놀라기도 합니다. 그런데 이런 모습은 오히려 그에게 이 화평에 대한 강한 열망과 굶주림과 목마름과 사랑과 지식이 있을 뿐만 아니라, 그가 이미 어느 정도 그것을 맛보았음을 방증합니다. 이처럼 화평을 상실했을 때 그것을 민감하게 인식하면서 크게 불안해하는 모습은, 그가 이미 하나님과 화평한 사람임을 분명히 입증합니다.

다섯째, 하나님과 진정한 화평을 누리는 사람은 하나님의 얼굴 앞에서 온유하며, 경건하게 살고자 부단히 애쓰고 죄를 멀리합니다. 이러한 화평의 감미로움을 이미 맛보았으며(물론 개인마다 그 정도가 다릅니다), 죄가 이런 화평을 순식간에 무너뜨린다는 사실을 알기 때문입니다. 그리고 주님을 기쁘시게 하는 삶을 살겠다고 다짐한 자들에게 그분께서 더 많은 평강을 주시리라는 것을 알기 때문입니다. 또한 하나님을 사랑하지 않고서는 하나님과 화평할 수 없다는 것을 알기 때문입니다. 그래서 그는 미련한 자처럼 행하지 않고 지혜롭게, 더욱 진지하고도 신중히 행합니다(엡 5:15 참고).

"내가 하나님 여호와께서 하실 말씀을 들으리니 무릇 그의 백성, 그의 성도들에게 화평을 말씀하실 것이라. 그들은 다시 어리석은 데로 돌아가지 말지로다"(시 85:8).

자기 영혼을 소중히 여기고 신실하기를 원하는 사람은 위로부터 오는 지혜 가운데 자신이 누리는 화평을 어떻게 분별하고 판단해야 할지를 잘 압니다. 다시 말해, 그것이 단순히 사변적인 추론과 부주의함에서 비롯된 육체적인 평안인지, 아니면 하나님에게서 온 참된 평안인지를 안다는 말입니다.

거짓된 화평에 대한 경고와 참된 화평을 위한 권면

여러분은 이 화평을 위해 애쓰지도 않고, 그것을 누리지 못해도 불안해하지 않으며, 이 화평을 누리고 보존하는 데에 관심도 없습니까? 자신이 지금 누리는 화평이 올바른 것인지 의심해 보지도 않고, 아무런 수고도 하지 않으며, 그저 그 화평을 당연하게 여깁니까? 예수님을 속전으로 영접하고 믿음으로 주님의 보혈을 마음에 발라 화목하게 되며, 오직 이를 통해 양심에서 사망의 일들을 없애는 믿음의 싸움을 하려 하지 않습니까? 하나님을 중심에 모시지도 않고, 하나님의 임재나 그분과의 교제와는 상관없는 화평을 누리며, 항상 (수치와 손해 또는 범죄로 힘들어하는 때를 제외하고는) 안일하고도 태평스럽게 살면서 이 화평을 너무나 쉽게 손상시키지는 않습니까? 이 평안이 사라지자마자 괴로워할 수밖에 없다는 사실에도 아랑곳하지 않고, 당장 마음이 편하다는 이유로 모든 죄에 대한 경계를 풀어 버린 채 하나님을 기쁘시게 하는 삶을 외면하지는 않습니까? 만일 여러분의 삶이 그러하다면, 여러분이 누리는 화평이란 육신적인 평안함에 불과합니다. 하나님의 감당할 수 없는 영원한 진노가 여러분의 머리 위에 드리워 있습니다. 여러분이 누린다고 생각하는 그 마음의 평화야말로 이전에 지은 죄악들을 향한 하나님의 두려운 심판입니다.

"대저 여호와께서 깊이 잠들게 하는 영을 너희에게 부어 주사 너희의 눈을 감기셨음이니 그가 선지자들과 너희의 지도자인 선견자들을 덮으셨음이라"(사 29:10).

여러분은 스스로 평안을 누리는 자들 가운데 들어갔습니다. 그런 자들에 대해 성경이 뭐라고 말하는지를 읽고 두려워하십시오.

"이 저주의 말을 듣고도 심중에 스스로 복을 빌어 이르기를 내가 내 마음이 완악하여 젖은 것과 마른 것이 멸망할지라도 내게는 평안이 있으리라 할까 함이라. 여호와는 이런 자를 사하지 않으실 뿐 아니라……여호와께서 그의 이름을 천하에서 지워 버리시되"(신 29:19,20).

아모스 6장 1절이 바로 여러분을 향한 선포입니다.

"화 있을진저 시온에서 교만한 자와 사마리아 산에서 마음이 든든한 자 곧 백성들의 머리인 지도자들이여 이스라엘 집이 그들을 따르는도다."

지금 정신을 차려 돌이키지 않고 살다가 지옥에서 눈을 뜬다면 얼마나 괴롭겠습니까? 그때는 너무 늦습니다!

"그러므로 이르시기를 잠자는 자여 깨어서 죽은 자들 가운데서 일어나라. 그리스도께서 너에게 비추이시리라 하셨느니라"(엡 5:14).

반대로, 여러분이 하나님과 화목함으로 말미암은 화평을 어느 정도 누리고 있으며, 이 화평의 다섯 가지 표지를 참으로 자기 안에서 발견할 수 있다면, 어떤 이유로도 지금 자신이 누리는 화평을 부인하지 않도록 주의하십시오. 자신의 양심을 거슬러 죄를 지을 수도 있고, 스스로 비탄에 빠질 수도 있으며, 평강과 경건 가운데 자라는 것을 방해할 수도 있습니다. 그러나 하나님 앞에서 여러분의 양심(앞서 말한 내면의 틀과 작용이 진실로 자신 안에 있음을 증명하는)이 드러내는 증거를 의지하십시오. 이 화평의 빛과 그것을 통해 지각할 수 있는 즐거움이 사라졌을지라도, 여러분 자신이 하나님과 화평함을 인정하십시오. 아무런 근거도 없이 '나는 스스로 속고 있다'라는 생각이 고개를 들 때, 즉시 그런 생각을 물리치십시오. 그리스도와 멀어지게 만들거나 하나님과 그리스도와의 교제를 열망하지 못하게 하거나 죄로부터 우리 마음을 지키지 못하게 만드는 것이 아니라면, 결코 우리를 속이는 것이 아닙니다. 그러므로 안심하십시오. 앞서 말한 다섯 가지 표지는 모두 우리를 속이는 것이 아니며 속일 수도 없습니다. 그것들이 우리를 구원의 길로 인도하기 때문입니다. 그러므로 당신이 누리는 자유를 저버리지 말고, 하나님과 화목하게 된 자로서 그분께 나아가십시오.

첫째, 여러분은 마음에 이 화평을 얻고 거기에서 비롯되는 즐거움을 더하기 위해 수고를 아끼지 말아야 합니다.

왜냐하면 이런 화평을 누리지 못하는 삶은 언제나 불안할 수밖에 없기 때문입니다. 더욱이 여러분이 회심하지 않은 채로 남아 있다면, 견딜 수 없을 만큼 영원토록 구더기 떼에게 갉아먹혀 영원히 쉼을 얻지 못할 것입니다.

또한 이 화평 가운데 하나님과 함께 사는 것이야말로 이루 말할 수 없이 달콤하며 사랑과 거룩함을 낳는 일이기 때문입니다. 앞에서 말한 것들이 이런 사실을 분명히 입증합니다.

이 일을 위해 다음과 같이 행하십시오.

① 가증하고 쓰라린 죄로 말미암아 이 화평이 사라졌음을 인정하고 느껴야 합니다. 그래서 그런 상태로 지내는 것을 더는 견디지 못할 정도로 간절히 하나님과 화평하고 싶어하는 마음을 불러일으켜야 합니다.

② 불안한 마음이 들더라도 그것을 회피하지 마십시오. 절망감에 사로잡히지 마십시오. 이런 절망감은 심각한 무감각으로 이어집니다. 이 화평을 구하는 대신 땅에 속한 좋은 것들이나 정욕을 추구해서는 안 됩니다. 그런 것들은 해로우며, 불행한 일들을 없애기는커녕 상황을 더욱 악화시킬 뿐입니다. 오히려 불안한 마음을 안고서, 평화의 왕이신 그리스도께로 달려가십시오. 그리스도를 영접하고, 그분이 주시는 모든 공로를 믿음으로 받으십시오. 그리스도를 마음에 모시고, 그분 안에서 화평을 누리십시오.

③ 너무 성급하게 행하지 말고 자주 멈추어 화목 및 화평을 이루는 방편과 그리스도의 죽음이 가져다주는 효력과 그분으로 말미암아 주어진 확실한 약속들과 사람이 아무런 공로나 대가 없이, 값없이 은혜를 받아 이 화평에 참여하게 되는 점을 주의 깊게 묵상하십시오. 이런 일들이 얼마나 소중하고도 가치 있는지를 생각하며, 하나님의 말씀이 마음속에서도 진리로 드러날 때까지 그것들을 계속 마음에 적용하십시오.

④ 한 걸음 더 나아가, 하나님의 성령께서 여러분의 영과 더불어 증언하고 여러분을 인 쳐 이 화평이 주는 능력과 달콤함을 경험하게 해 주시기를 자주 간구하십시오. 비록 더딜지라도 그 영혼이 이렇게 계속 가식 없이 진실하게 힘쓴다면, 지식만 많을 뿐 이 문제를 경솔하고도 성급하게 여기는 많은 사람들(회심한 신자라도 그럴 수 있습니다)보다 더 많은 평화를 누릴 것입니다.

둘째, 이 화평을 보존하기 위해 (그 정도와는 상관없이) 애써야 합니다. 앞에서 말한 대로, 이 화평은 너무나 섬세하고 부드러워서 다음과 같은 경우에 매우 쉽게 손상되기 때문입니다.

- 이 화평을 부지런히 보존하고 누리고 추구하지 않는 경우(아 5:3 참고)
- 마음을 조심하지 않고 죄악된 성향에 재갈을 물리지 않는 경우(시 37:3 참고)
- 극심한 죄에 빠진 경우(시 51:10 참고)
- 성령을 소멸하거나 그분의 권고에 순복하지 않고 다른 길로 행하는 경우(사 63:10 참고)
- 땅에 속한 것들에 필요 이상의 가치를 두고, 그것들을 추구하는 데 마음을 빼앗기며, 그것들을 잃었을 때에 쉽게 마음이 휘둘리는 경우(약 4:4 참고)

이럴 경우에는 다음과 같이 행해야 합니다.

① 믿음과 소망과 사랑이 끊임없이 역사하게 하십시오.

② 하나님의 은혜를 고백하고, 그분께서 화평 주심으로 말미암아 그 앞에서 즐거워하십시오.

③ 그것을 하나님이 값없이 주시는 둘도 없는 선물로 받고 감사하십시오.

④ 여러분이 받은 바 그리스도를 통해 끊임없이 하나님께로 나아가는 지위를 사용하십시오. 즐거움을 누리지 못할 때조차도 그렇게 하십시오.

⑤ 주의하여 행하십시오. 죄에 걸려 넘어지면 거기에 그대로 머물러 있지 말고 재빨리 일어나 그리스도의 피로 양심을 깨끗하게 하십시오. 이를 통해 마음이 평안하지 못한 상태가 굳어지지 않도록 하십시오.

셋째, 어떤 식으로든 영적으로 불안하다면(하나님이 진노하시는 것처럼 보인다면), 비참한 상태 그대로 머물러 있거나 낙담과 좌절감에 사로잡혀 그런 마음에 속수무책으로 굴복하지 말고, 용기를 내고 회복되기 위해 힘쓰십시오.

① 이를 위해 무엇보다 다음과 같은 사실을 알아야 합니다.

하나님은 결코 변하시지 않습니다. 모든 변화는 사람에게서 비롯됩니다. 그런 변화는 우리의 믿음이나 느낌에 영향을 줄지 몰라도, 하나님이 변치 않으신다는 사실 자체에는 아무런 영향을 주지 못합니다.

　아직 여러분 안에 남아 있는 생명의 불꽃이 다시 살아나 피어오를 것입니다. 이전에 하나님과 화평한 가운데 누렸던 감미로움과 달콤함을 그리워하며 슬퍼하는 것은 어쩔 수 없습니다. 이 화평을 갈망할 뿐만 아니라, 다시금 새롭게 되어 하나님과의 화평을 누리던 이전의 상태로 회복될 수만 있다면 얼마나 좋을까 끊임없이 생각할 것입니다. 이따금 성령의 도우심을 바라며 하늘을 향해 기도할 것이고, 또다시 세상으로 돌아갈 마음을 품지 않을 것입니다. 죄짓기를 두려워하고, 거룩함을 갈망할 것입니다. 그리고 이후로는 항상 그런 마음으로 살아갈 것입니다.

　하나님은 사랑하는 자녀들을 언제나 그렇게 인도하십니다. 이 땅을 지나는 신자라면 누구나 예외 없이 이 화평으로 말미암아 즐거워하기도 하고, 이 화평을 잃어버려 어쩔 줄 몰라 하기도 합니다.

　기억하십시오. 이 화평을 잃어버리기 전부터 여러분에게는 이미 어려운 시절이 있었으며, 그 곤경에서 건짐을 받고 어느 정도 새롭게 화평을 누리기도 했습니다. 그러므로 그렇게 낙담한 채 좌절해 있지 말고 오히려 힘을 내십시오. 소망마저 잃어버린다면, 은혜의 방편들을 사용할 수가 없습니다.

　② 앞에서 살펴본 대로, 여러분을 불안하게 만드는 원인이 무엇인지를 잠잠히 찾아보십시오. 그리하여 원인을 알아냈다면(설령 그것을 찾을 수 없다 할지라도), 겸비하고자 애쓰십시오. 다시 말해, 자신이 얼마나 죄악되고도 무능력한지를 절절히 느끼십시오. 이 일을 위해 하루 정도를 구별하여 금식하십시오. 동시에 무엇이든 하나님께서 여러분에게 바라시는 일을 하십시오. 만일 무기력하고 생명력 없으며 무감각한 상태가 오래 지속되었다면, 며칠이나 몇 주 후에 다시 하루를 잡아 금식하면서 자신의 모습 그대로 주님 앞으로 나아가십시오. 그리하여 할 수 있는 한 하나님과 화목한 데서 비롯되는 평강을 여러분이 얼마나 간절히 갈망하는지를 아뢰십시오. 여러분의 영혼이 무엇을 열망하는지, 왜 그렇게 하루를 구별해 금식하는지를 너무나 잘 아시는 하나님께서 마침내 여러분의 영혼에 평강을 말씀하실 것입니다.

③ 영혼의 눈을 들어 하나님의 언약과 이 언약의 중보자이신 예수님을 바라보십시오. 지난날 여러분이 어떻게 씨름하고 기도했는지, 어떻게 그분을 영접하고 자신을 그분께 드렸는지, 그리하여 얼마나 큰 활력을 얻고 새로워졌는지를 되돌아보십시오. 그리하면 믿음을 발휘하여 다시금 영혼을 추스르고, 예수님을 자신의 죄를 위한 구속과 평화의 왕으로 새롭게 모셔 들이기에 합당해집니다. 많은 경우, 이런 과정을 통해 영혼이 회복되고 오히려 더 큰 평강을 맛보게 됩니다.

④ 무엇보다 평강을 잃어버리기 전에 누리던 친밀함과 화평을 다시 받으리라 기대하지 마십시오. 그런 일은 거의 일어나지 않습니다. 오히려 일말의 소망이라도 다시 일어날 수 있도록, 주님 앞에 마음을 쏟으며 간절히 부르짖게 하시는 은혜의 부스러기에 감사하며 겸비하십시오. 그러므로 작은 자들에게 손을 내밀고 겸손한 자들을 위로하며 은혜 베푸시는 성령의 인도하심을 바라고, 잠잠히 그것을 따라가십시오.

⑤ 영적으로 훈련하는 시간을 철저히 지키십시오. 이 시간을 소홀히 하거나 단지 양심을 잠재우기 위해 후딱 해치우듯이 해서는 안 됩니다. 오히려 아무리 부족하고 메마르고 보잘것없는 상태에 있다 하더라도 한 줄기 빛이 비치기를 기대하며, 주님 앞에서 잠잠히 기다리십시오. 설령 바라는 대로 하나님의 비추임을 받지 못한다고 해도 낙담하지 마십시오. 젖 뗀 아이처럼 겸비한 영혼으로, 하나님께서 돌아오시기만을 계속 소망하십시오. 하나님을 떠나느니 차라리 하나님의 발아래에서 죽겠노라고 다짐하면서, 살아 있는 한 어떻게든 하나님을 찾으리라 결심하십시오. 자기를 찾는 영혼을 선대하시는 하나님께서 마침내 이렇게 말씀하실 것입니다.

"평강의 주께서 친히 때마다 일마다 너희에게 평강을 주시고 주께서 너희 모든 사람과 함께하시기를 원하노라"(살후 3:16).

37

신령한 기쁨

칭의는 또한 기쁨을 낳습니다.

"내가 여호와로 말미암아 크게 기뻐하며 내 영혼이 나의 하나님으로 말미암아 즐거워하리니, 이는 그가 구원의 옷을 내게 입히시며 공의의 겉옷을 내게 더하심이 신랑이 사모를 쓰며 신부가 자기 보석으로 단장함 같게 하셨음이라"(사 61:10).

"내 영혼아 여호와를 송축하라. 내 속에 있는 것들아……여호와를 송축하며 그의 모든 은택을 잊지 말지어다. 그가 네 모든 죄악을 사하시며 네 모든 병을 고치시며"(시 103:1-3).

"그 거주민은 내가 병들었노라 하지 아니할 것이라. 거기에 사는 백성이 사죄함을 받으리라"(사 33:24).

사람은 기쁨을 누리게끔 지어졌습니다. 그러하기에 기쁨을 누리는 것이 곧 생명이요 건강입니다. 슬픔은 하나님이 지으신 사람의 본성에 어긋납니다. 그러므로 죄를 범하지만 않는다면, 사람은 단 한 순간도 슬퍼할 일이 없을 것입니다. 이런 사실은 웃으면서 뛰노는 어린아이들에게서 발견되며, 사람이 행복하기 위해 모든 일을 하는 데서도 나타납니다. 슬픔이 사람의 마음을 쥐어짜고 짓누르며 압박하고 괴롭게 하는 반면, 기쁨은 마음을 넓히고 기뻐 뛰며 새 힘을 얻게 합니다. 이는 본성적인 영역은 물론, 영적인 영역에서도 마찬가지입니다.

기쁨은 즐겁고 흡족하며 환희에 찬 마음의 표현입니다. 또한 현재 누리는 복이나 장래에 누릴 복을 기대함으로 자유로워진 영혼의 표현입니다. 본성에 대해 가장 탁월하고도 무오하게 기록하는 성경은, '즐거워하다(rejoice)'라는 동사로 기쁨을 표현합니다.

"내 마음이 여호와로 말미암아 즐거워하며"(삼상 2:1).

'넓히다(enlarge)'라는 동사로도 표현합니다.

"주께서 내 마음을 넓히시면"(시 119:32).

'기뻐하다'라는 동사로 표현하기도 합니다.

"여호와를 기뻐하라(delight)"(시 37:4).

"네……마음에 기뻐하여(cheer)"(전 11:9).

사람은 자족할 수 있는 존재가 아니므로, 반드시 외부로부터 기쁨과 즐거움을 구할 수밖에 없습니다. 회심하지 않은 불신자도 자기 내면의 공허함을 깨달아 알지만, 자신을 위한 참되고도 완전한 즐거움을 어디에서 발견할 수 있는지는 모릅니다. 그러나 사람은 기쁨을 누려야 하며, 그렇지 않을 때에 오는 상심을 견디지 못합니다. 그래서 저마다 가장 끌리고 자기에게 맞는 피조물에게서 기쁨을 찾습니다. 어떤 사람은 돈을 기쁨으로 여기고 재물에서 기쁨을 찾습니다. 비싼 옷이나 집, 가구, 정원 또는 영향력 있는 신분과 지위에서 기쁨을 구하는 사람도 있습니다. 또 어떤 사람은 사랑과 지혜에서 즐거움을 찾습니다. 이처럼 사람은 저마다 자신의 유익과 목적을 위해 수고합니다. 그러나 사람은 그런 것들로는 만족을 얻지 못합니다. 심지어 그런 것들로 인해 웃을 때조차 그 마음은 울고 있습니다. 그런 웃음은 결국 영원한 슬픔과 통곡으로 귀결되고 맙니다.

한편 하나님은 그분이 사랑하는 자들로 하여금 이 모든 것들이 하나같이 헛되고 죄악되며 슬픔을 가져다줄 뿐이요, 모든 기쁨과 행복이 하나님과 교제하는 데 있음을 알게 하십니다. 바로 이것이 지금부터 우리가 논할 신령한 기쁨입니다. 우리는 이 신령한 기쁨의 성격, 이 기쁨과 반대되는 것, 이 기쁨과 유사한 것, 이 기쁨의 척도(parameters)에 관해 알아볼 것입니다.

신령한 기쁨의 성격

먼저, 신령한 기쁨의 성격에 관해 살펴봅시다. 신자가 누리는 신령한 기쁨은 성령께서 신자들의 마음에 불러일으키시는 바 기쁨에 찬 영혼의 움직임이라 할 수 있습니다. 이 기쁨을 통해 성령은, 신자들로 하여금 자신의 상태가 얼마나 복된지를 확신하고 은혜언약을 통한 은택을 누리며 장래의 복락을 확신하게 하십니다.

이 기쁨은 영혼, 또는 마음에 자리합니다.

"주께서 내 마음에 두신 기쁨은"(시 4:7).

"너희 마음이 기쁠 것이요"(요 16:22).

이 행복은 겉으로만 그렇게 보이는 것이 아니라, 실제로 그 안에 있는 기쁨이 드러나는 것입니다. 그것은 겉으로만 보이는 것이 아니라 진정으로 소유하고 있는 기쁨입니다. 이 기쁨은 외적인 감각만을 만족시키지 않고, 내면 깊이 스며듭니다. 다시 말해, 영혼과 지성과 의지와 감정의 가장 깊은 곳까지 적십니다.

그러나 모든 사람의 마음에 신령한 기쁨이 있지는 않습니다. 이 기쁨은 오직 신자의 마음에만 임합니다.

"보라 나의 종들은 마음이 즐거우므로 노래할 것이로되 너희는 마음이 슬프므로 울며 심령이 상하므로 통곡할 것이며"(사 65:14).

"너희 의인들아 여호와를 즐거워하라"(시 33:1).

"주를 찾는 모든 자들이 주로 말미암아 기뻐하고 즐거워하게 하시며"(시 70:4).

사람은 이런 신령한 기쁨을 스스로 만들어 누릴 수 없습니다. 이 기쁨은 성령 하나님께서 베푸시는, 이루 말할 수 없는 은혜의 역사로 누리는 것이기 때문입니다.

"소망의 하나님이 모든 기쁨과 평강을 믿음 안에서 너희에게 충만하게 하사 성령의 능력으로 소망이 넘치게 하시기를 원하노라"(롬 15:13).

"하나님의 나라는 먹는 것과 마시는 것이 아니요 오직 성령 안에 있는 의와 평강과 희락이라"(롬 14:17).

"내게 즐겁고 기쁜 소리를 들려주시사"(시 51:8).

그래서 다윗은 하나님을 "나의 큰 기쁨의 하나님"(시 43:4)이라고 부릅니다. 이 기쁨을 사모하는 사람은, 결코 자신이 이 기쁨을 만들어 낼 수 없을 뿐만 아니라 이런 기쁨을 받아 누리기에도 합당하지 않음을 절감해야 합니다. 그러하기에 그리스도를 통해 성부께로 나아가 그리스도의 이름으로 기도해야 합니다.

"우리를 괴롭게 하신 날수대로와 우리가 화를 당한 연수대로 우리를 기쁘게 하소서"(시 90:15).

"주여 내 영혼이 주를 우러러보오니 주여 내 영혼을 기쁘게 하소서"(시 86:4).

이 기쁨은 하나님과 화목하게 되는 일과 관련됩니다. 곧 하나님을 아버지와 기업과 기쁨과 안식과 보호자와 희락으로, 예수 그리스도를 구원자로 모시고, 하나님의 은혜와 선하심과 사랑과 은택을 받아 누리면서, 여호와 하나님을 기뻐하는 것이 겉으로 드러나는 것입니다.

"이스라엘은 자기를 지으신 이로 말미암아 즐거워하며 시온의 주민은 그들의 왕으로 말미암아 즐거워할지어다"(시 149:2).

"내가 주의 인자하심을 기뻐하며 즐거워할 것은"(시 31:7).

"여호와를 기뻐하며"(시 32:11).

"그날에 말하기를 이는 우리의 하나님이시라. 우리가 그를 기다렸으니 그가 우리를 구원하시리로다. 이는 여호와시라. 우리가 그를 기다렸으니 우리는 그의 구원을 기뻐하며 즐거워하리라 할 것이며"(사 25:9).

"내 마음이 하나님 내 구주를 기뻐하였음은"(눅 1:47).

이 기쁨은 하나님께서 은혜로 자기 백성에게 복 베푸신다는 것을 깨닫고 믿을 때에 생겨납니다. 또한 복음의 소중함과 은혜언약이 주는 은택과 때를 따라 베푸시는 구원과 복을 통해 이 기쁨을 누립니다. 이 모든 일들을 통해 하나님께서 자기 백성에게 은혜 베푸신다는 것을 깨닫기 때문입니다.

"주의 증거들로 내가 영원히 나의 기업을 삼았사오니 이는 내 마음의 즐거움이 됨이니이다"(시 119:111).

"내가 주의 말씀을 얻어 먹었사오니 주의 말씀은 내게 기쁨과 내 마음의 즐거움이오나"(렘 15:16).

"즐겁게 소리칠 줄 아는 백성은 복이 있나니 여호와여 그들이 주의 얼굴 빛 안에서 다니리로다. 그들은 종일 주의 이름 때문에 기뻐하며 주의 공의로 말미암아 높아지오니"(시 89:15,16).

신자들은 이 땅에서 누리는 은택과 더불어 천국에서 누릴 기쁨을 약속으로 받았습니다. 그리고 이 기쁨은 이 땅에서 누리는 기쁨보다 형언할 수 없을 만큼 훨씬 더 탁월합니다. 이 기쁨은 얼마나 놀라운 보화인지요! 하나님의 택하심을 입고 천국의 기쁨으로 인도하심을 받는 사람은 얼마나 복된지요! 그가 즐거워하는 것이 마땅하지 않겠습니까! 그러므로 소망 가운데 기뻐하십시오(롬 12:12 참고).

지금까지의 논의를 통해 참되고도 신령한 기쁨이 어떤 것인지를 분명히 보았습니다. 그런데 신령한 기쁨과 유사한 것은 물론 그와 반대되는 것을 살펴보면, 이 기쁨을 더욱 확연히 알게 될 것입니다.

신령한 기쁨과 반대되는 것: 슬픔

신령한 기쁨과 반대되는 것은 슬픔입니다. 이 슬픔은 슬피 울며 이를 가는 일만 남은 불신자들의 슬픔만을 의미하지 않습니다. 하나님의 자녀도 이 땅에 있는 동안 항상 기쁨만을 누리지는 못하기 때문입니다. 성경은 하나님의 자녀들도 곡하고 애통하고 근심하리라고 말합니다(요 16:20 참고). 신자들이 이 땅에서 누리는 기쁨에는 언제나 눈물이 섞여 있습니다(시 102:9 참고). 하나님으로부터 소원해진 탓일 수도 있고, 연약한 믿음 때문일 수도 있으며, 예수님을 따르는 것이 두려워서일 수도 있습니다. 또는 내면에 있는 부패함의 능력(신자의 내면에 남아 있는 부패함은 신자를 공격할 뿐만 아니라, 오랜 기간 그들을 포로로 잡아 종노릇하게 할 수 있습니다)이나 사탄의 공격이나 잠시 당하는 고통이나 시련 때문일 수도 있습니다. 그리하여 눈물이 주야로 신자들의 음식이 되고, 신자들은 눈물과 더불어 자기 영혼을 하나님 앞에 쏟아 놓습니다(시 42:3,4 참고). 이처럼 신자들은 슬픔으로 삶을 보내고, 그들의 연수를 탄식으로 채웁니다(시 31:10 참고). 그러나 하나님은 신자들이 그렇게 슬픔 속에서 쓰러지도록 내버려 두지 않습니다. 불과 물 가운데로 가야 할 때 그들과 함께 가십니다. 그래서 강물이 그들을 덮치지 못하며, 불도 그들을 삼키지 못합니다. 그분은 슬픔에 빠진 신자들을 새롭게 하시고, 어둠을 물리치십니다. 슬퍼하는 자들을 새롭게 하여 위로하시고, 그들의 눈물을 닦아 주십니다. 그들의 중심에 말씀하시고 그들에게 입 맞추시며, 그 영혼을 어루만지십니다. 그리고 이렇게 약속하십니다.

"지금은 너희가 근심하나 내가 다시 너희를 보리니 너희 마음이 기쁠 것이요 너희 기쁨을 빼앗을 자가 없으리라"(요 16:22).

이제 슬픔과 기쁨을 나란히 비교하여, 서로 얼마나 다른지를 살펴보십시오. 그리하면 오직 영원히 슬퍼하기에 합당한 백성들을 이토록 놀라운 기쁨으로 영원토록 채우실 하나님의 선하심이 얼마나 형언할 수 없는 것인지, 그리고 그 기쁨이 얼마나 탁월하고도 바랄 만한 것인지를 깊이 깨닫게 될 것입니다. 게다가 하나님의 자녀는 이 땅에서 많은 슬픔을 맞닥뜨리는데, 슬픔을 당한다고 해서 하나님의 자녀가 아닌 것처럼 낙담해서는 안 됩니다. 하나님의 자녀라면 누구든지 그러한 일을 경험하기 때문입니다. 물론 죄 때문에 슬퍼하고 부끄러워하고 겸비하게 되고, 하나님과 달콤한 교제를 누리지 못하여 슬퍼할 수는 있습니다. 그러나 신자는 이 슬픔이 기쁨으로 변할 것이고 여전히 자신이 하나님의 은혜 안에 있음을 알기에 기뻐합니다. 고난 때문에 슬퍼하기도 하지만, 신자는 기쁨을 잃지 않으려 믿음으로 애쓰고 지혜롭게 행합니다.

신령한 기쁨과 유사한 기쁨

이제 신령한 기쁨과 닮은 유사한 기쁨에 대해 알아봅시다. 이 땅에 속한 것들을 누리고 죄를 범함으로써 얻는 세상적인 기쁨은 신령한 기쁨과는 극단적으로 달라서 여기서 다 다루기가 어려울 정도입니다.

한편 일시적인 신자들에게서 나타나는 기쁨이 있습니다. 그것은 신령한 기쁨과는 본질적으로 다르지만, 신령한 기쁨과 아주 유사한 모습을 띱니다. 일시적인 신자들 역시 때때로 기뻐합니다.

"돌밭에 뿌려졌다는 것은 말씀을 듣고 즉시 기쁨으로 받되"(마 13:20; 눅 8:13 참고).

그들도 영적인 것들을 기뻐합니다. 그리스도를 구주로 얻고 천국에 들어가며 경건한 자들 중 하나로 여겨지고 경건한 신자들에게서 사랑과 칭송을 받는 것 등, 하나같이 복음과 관련된 것들을 기뻐합니다. 사도는 히브리서 6장 4,5절에서 일시적인 신자들이 기뻐하는 이유에 대해 다음과 같이 말합니다.

"한 번 빛을 받고 하늘의 은사를 맛보고."

곧 그들은 유대교와 이교라는 흑암에서 하나님의 진리를 아는 지식으로 나아온 자들입니다. 그들은 하늘에 속한 복음 진리의 매력과 영광을 깨닫고 그것을 기뻐합니다. 비록 그것을 소유하지는 못하더라도, 영광스런 대상을 목도하는 것만으로도 여간 즐거운 일이 아닙니다.

"성령에 참여한 바 되고."

이는 성령의 내주하심이라기보다는 성령의 일반적인 은사를 가리킵니다.

"하나님의 선한 말씀과 내세의 능력을 맛보고도."

그들은 하나님의 말씀에서 발견되는 사죄의 은총과 하나님의 은혜와 모든 영광스런 약속들을 받는 것이 얼마나 복된지를 생각했을 뿐인데도, 자신이 그런 은택과 약속에 참여했다고 상상하면서 즐거워합니다. 그리고 말씀에 대한 지식이 있기 때문에 영원한 복락을 생각하는데, 본성적인 방식으로 그것을 이해하면서 전혀 망설임 없이 마음대로, 자신이 그것을 누릴 구원의 후사라고 생각합니다.

바로 이런 것이 일시적인 신자들이 누리는 기쁨입니다. 이제 이 기쁨을 신자들이 누리는 신령한 기쁨과 비교해 봅시다. 우리가 보다시피 둘 다 기뻐하는 대상은 동일합니다. 그러나 상상과 사실이 다르듯, 본성적인 기쁨과 신령한 기쁨은 지극히 다릅니다.

유사한 기쁨을 가진 자들은 자신의 기쁨이 유사품에 불과하다는 것을 깨닫는 한편, 참된 기쁨을 가진 신자들은 그것을 확신하고 더욱 기뻐할 수 있도록, 그 둘의 차이를 아주 신중하게 정의해야 합니다.

첫째, 비록 정도의 차이는 있겠지만 모든 참된 기쁨은 성령께서 직접 역사하신 결과인 믿음에서 비롯됩니다. 따라서 그리스도를 영접하고 그분과 연합(이 연합을 통해 그리스도로 말미암은 모든 은택에 참여합니다)한 데서 나지 않은 기쁨은 모두 유사한 기쁨일 뿐입니다.

"예수를 너희가 보지 못하였으나 사랑하는도다. 이제도 보지 못하나 믿고 말할 수 없는 영광스러운 즐거움으로 기뻐하니"(벧전 1:8).

신자가 된 에디오피아 내시는 기쁨으로 길을 갔습니다(행 8:37,39 참고). 빌립보 감옥의 간수와 그 가족들은 하나님을 믿게 되어 크게 기뻐했습니다(행 16:34 참고). 이처럼 믿음을 통해 기쁨을 얻은 자는 그 기쁨의 가치를 인정하며 자유롭게 신자로서 자라 갑니다.

둘째, 모든 참된 기쁨은 화목하게 된 하나님의 임재 안에서 하나님과 교제하는 가운데 맛볼 수 있습니다.

"내 마음이 하나님 내 구주를 기뻐하였음은"(눅 1:47).

"주 안에서 항상 기뻐하라. 내가 다시 말하노니 기뻐하라"(빌 4:4).

"너희 의인들아 여호와를 기뻐하며 즐거워할지어다. 마음이 정직한 너희들아 다 즐거이 외칠지어다"(시 32:11).

"나의 기도를 기쁘게 여기시기를 바라나니 나는 여호와로 말미암아 즐거워하리로다"(시 104:34).

모든 유사한 기쁨은 기쁨을 누리는 본인이 기뻐하는 것들과 관련되어 있을 뿐, 하나님께로 귀결되지는 않습니다. 참된 신자들도 자신의 행복이나 소유나 기대를 이룰 때에 기뻐하지만, 그 일들 자체로 만족하지는 않습니다. 신자들은 그렇게 할 수 없습니다. 오히려 그런 일들을 즐거워하는 가운데, 자신이 하나님의 임재 앞에서 기뻐하고 있다는 것을 발견합니다.

셋째, 모든 참된 기쁨은 신자의 영혼을 더욱 거룩하게 만들며, 하나님 외에, 그리고 하나님을 기쁘시게 하지 않는 모든 것, 곧 죄로부터 멀어지게 합니다. 또한 신자의 마음을 넓히고, 사랑으로 겸손히 하나님의 뜻대로 행하기를 열망하게 만듭니다.

"여호와로 인하여 기뻐하는 것이 너희의 힘이니라"(느 8:10).

"주께서 내 마음을 넓히시면 내가 주의 계명들의 길로 달려가리이다"(시 119:32).

참된 기쁨이 있는 곳에는 사랑도 함께 있습니다. 하나님의 은택을 받아 누리는 사람은 당연히 하나님과 교제하기를 기뻐합니다. 게다가 그는 하나님을 기꺼이 섬김으로써 온 마음을 다해 감사를 표현합니다. 다윗은 기쁨으로 다음과 같이 외칩니다.

"나의 힘이신 여호와여 내가 주를 사랑하나이다. 여호와는 나의 반석이시요 나의 요새시요 나를 건지시는 이시요 나의 하나님이시요 내가 그 안에 피할 나의 바위시요 나의 방패시요 나의 구원의 뿔이시요 나의 산성이시로다"(시 18:1,2).

또한 다윗은 여호와가 자신의 기도를 들으시는 것을 깨닫고서 "내가 그를 사랑하는도다"(시 116:1)라고 고백합니다. 그리고 하나님께 한없는 은택을 받아 누리고 있음을 절감하자 이렇게 말합니다.

"내게 주신 모든 은혜를 내가 여호와께 무엇으로 보답할까……여호와의 모든 백성 앞에서 나는 나의 서원을 여호와께 갚으리로다"(시 116:12-14).

만일 누군가가 자신이 신령한 기쁨을 누린다고 여기면서도 하나님의 말씀에 민첩하게 반응하지 않고, 오히려 세속적으로 살며 정욕을 따라 행하고 매사에 잘못된 목적을 추구하며 자기만을 위한다면, 그가 가진 기쁨은 하나님을 즐거워하는 것과는 전혀 상관없는 '유사한 기쁨'입니다. 반면 그 기쁨이 믿음으로 말미암고, 하나님과 교제하는 가운데 누리며, 부드럽게 하고 자원하게 하며 실제로 죄와 싸우게 하고 경건을 실천하게 한다면, 그것이야말로 신령한 기쁨입니다. 이런 기쁨을 누리는 사람은 마땅히 즐거워해야 합니다. 그리고 계속 그 기쁨 가운데 살도록 힘써야 합니다.

신령한 기쁨의 척도: 하나님을 경외함

이제 무엇이 이 기쁨을 참되게 하는지를 생각해 봅시다. 그것은 바로 '하나님을 경외함'입니다. 신자 안에는 옛 아담이 여전히 남아 있고, 마귀는 우리를 죄로 넘어뜨리기 위해 궤계를 꾸미며 온갖 노력을 다합니다. 그러므로 신령한 기쁨을 소유한 신자는 그 기쁨을 누리는 동시에 그 어떤 것으로부터도 부패가 틈타지 못하도록 경계를 늦추지 말아야 합니다. 하나님을 기뻐할 때, 한편으로 신자는 자신의 무가치함과 죄악됨은 물론 자신이 얼마나 하나님을 경외하지 않는지를 늘 기억하면서, 오히려 하나님과 교제하는 가운데 그분을 경외하고 그 앞에서 겸비하도록 주의해야 합니다. 그리고 다른 한편으로는 죄에 대해 부주의하지 않고 항상 깨어 있도록 애써야 합니다. 기뻐할 때에는 자기 안에 있는 타락한 본성에 취약해지기 때문입니다. 즐거움에 취해 좌우로 치우치면 즉시 기쁨이 사라집니다. 그러므로 누구든지 이 기쁨 가운데 살고자 한다면, 온 힘을 다해 하나님을 경외해야 합니다. 하나님을 경외하고 끊임없이 죄를 경계해야 합니다.

"여호와를 경외함으로 섬기고 떨며 즐거워할지어다"(시 2:11).

신령한 기쁨을 추구하라

지금까지 우리가 살펴본 바에 따라 신령한 기쁨이 무엇인지를 확인할 수 있습니다. 그런데 이 기쁨을, 특별한 비추임을 받고 셋째 하늘로 들리는 것처럼, 간혹 몇몇 신자들이 겪는 비상하고도 황홀한 경험으로 이해해서는 안 됩니다. 전혀 그렇지 않습니다. 그렇게 비상한 일을 경험하는 신자는 그리 많지 않습니다. 뿐만 아니라 그런 경험은 오래 남아 있지 않고 금방 사라집니다. 그러하기에 연약한 신자는 더더욱 그렇게 생각해서는 안 됩니다. 그런 황홀한 기쁨을 경험하지 못했다는 이유로 전혀 기뻐하지 못하게 될뿐더러, 신령한 기쁨을 추구한답시고 그런 경험만을 추구하게 될 것이기 때문입니다. 따라서 신령한 기쁨은 오히려 하나님을 믿는 믿음에서 비롯되는 즐겁고도 명랑한 성향으로 이해되어야 합니다. 모든 신자는 이 기쁨을 추구하고, 하나님을 친근히 알아 가며 평생 하나님 안에서 즐거워해야 합니다. 그것이 하나님의 명령입니다.

"주 안에서 항상 기뻐하라. 내가 다시 말하노니 기뻐하라"(빌 4:4).

또한 그것은 약속입니다.

"즐겁게 소리칠 줄 아는 백성은 복이 있나니, 여호와여 그들이 주의 얼굴 빛 안에서 다니리로다. 그들은 종일 주의 이름 때문에 기뻐하며 주의 공의로 말미암아 높아지오니"(시 89:15,16).

그것은 바울이 열망할 뿐만 아니라 실제로 살아갔던 삶의 모습이었습니다.

"내가 달려갈 길과 주 예수께 받은 사명 곧 하나님의 은혜의 복음을 증언하는 일을 마치려 함에는 나의 생명조차 조금도 귀한 것으로 여기지 아니하노라"(행 20:24).

이런 복된 기쁨을 바라고 추구하며 누리는 사람이 복됩니다.

그런데도 신자들은 대개 이렇게 신령한 기쁨을 누리는 것을 자신과는 상관없는 너무나 고상한 일로 생각한 나머지, 그것을 거의 추구하지 않습니다. 그리하여 대부분의 시간을 슬퍼하면서 의기소침하게 지내기 일쑤입니다. 그러므로 그런 신자들을 일깨워 신령한 기쁨을 추구하도록 촉구하고자 합니다.

신자들이여, 지금 주저앉아 있는 데서 박차고 일어나십시오.

"기쁨으로 여호와를 섬기며 노래하면서 그의 앞에 나아갈지어다"(시 100:2).

지금까지 대부분의 시간을 그렇게 낙담한 채 의기소침하게 보낸 것으로도 모자라단 말입니까? 아무리 미약하더라도, 여러분 안에 있는 그 하나님의 은혜를 깨닫고 그것을 고백하십시오. 여러분과 다를 바 없는 하나님의 다른 자녀들의 성향이 어떠한지, 그리고 하나님께서 그들을 어떻게 다루시는지를 생각해 보십시오. 하나님께서 여러분에게 베푸시는 은혜의 분량에 만족하고 순복하십시오. 죄에 계속 머물러 있지 마십시오. 여러분은 물론 하나님도 죄가 얼마나 여러분을 무겁게 짓누르는지 잘 아십니다. 그러므로 죄의 짐을 가지고 여러분의 구속자에게로 나아가십시오. 여러분 안에 있는 은혜에 대한 불신과 태만에서 비롯된 무지, 또는 하나님이 주신 은혜의 분량에 순복하지 않고 더 큰 은혜를 바라는 탐심으로 말미암아 이제 더는 슬퍼하며 낙담하지 마십시오. 이 문제를 함께 다루어 갑시다. 지금부터 하는 말을 거부하지 말고 귀 기울여 마음에 새기십시오.

첫째, 그런 슬픔과 이중적인 마음은 은혜 안에 있는 여러분의 상태와 전혀 어울리지 않을뿐더러, 모든 부분에서 해롭습니다. 그 이유는 다음과 같습니다.

① 그 슬픔은 여러분의 아버지인 하나님을 모독합니다. 그런 생각과 마음은 믿음이 결여된 데서 비롯됩니다. 그것은 불신앙을 더욱 키울 뿐만 아니라, 하나님을 영화롭게 하고 하나님께 감사하는 일을 방해합니다. 그리고 주변의 사람들에게 하나님에 대한 잘못된 선입관을 심어 줍니다. 너무나 선하고 탁월한 은혜를 베푸는 하나님을, 마치 자기 백성들에게 가혹하고 잔인하며 인색한 분인 양 여기게 할 수 있습니다.

② 그 슬픔은 자연인들에게 경건에 대한 잘못된 인식을 심어 줄 수 있습니다. 사람은 본성적으로 슬픈 것을 좋아하지 않습니다. 그러하기에 경건과 구원이 슬픔으로 이루어질 수 있다고는 상상조차 못 합니다. 물론 실제로도 그렇습니다. 그러므로 우리의 잘못된 모습이 그들의 회심을 방해하는 요소로 작용할 수도 있습니다. 경건이 비방을 받게 하거나 다른 사람의 구원에 걸림돌이 되지 않도록 조심하십시오.

③ 적절한 때에 올바른 정도와 방법으로 죄에 대해 슬퍼하는 것은 필요합니다. 그렇게 한다고 해서 기쁨으로 사는 데 방해가 되는 것은 아닙니다. 그러나 마냥 슬퍼하느라 체력을 소진하면 병약해질 수도 있고, 그로 인해 일생을 고통 속에서 지내게 될 수도 있습니다. 그런 병약함은 또 다른 슬픔과 낙담과 성마름으로 이어지며, 그럴수록 질병은 더 악화됩니다.

"심령의 근심은 뼈를 마르게 하느니라"(잠 17:22).

"마음의 근심은 심령을 상하게 하느니라"(잠 15:13).

④ 그런 슬픔은 신령한 삶을 해치므로 아주 위험합니다. 경건이 자라는 것을 막을뿐더러, 경건한 삶을 소진시킵니다. 하나님께서 전능하신 능력으로 보존하지 않으신다면, 그런 슬픔 때문에 경건한 삶이 사라지고 말 것입니다. 계속 그렇게 의기

소침한 채 낙담에 빠져 있다면, 이내 슬퍼하면서 그 슬픔으로 자기 마음을 소진시킬 뿐 어떤 즐거움도 누리지 못할 것입니다. 그런 사람은 아무것도 하지 못합니다. 기도하지도, 믿지도, 죄와 싸워 이기지도, 경건을 실천하지도, 심지어 다른 사람을 돕지도 못합니다. 급기야 일상적인 은혜의 방편으로는 회복할 수도 없어집니다. 스스로 위로받기를 거부하기 때문입니다(시 77:2 참고).

"사람의 심령은 그의 병을 능히 이기려니와 심령이 상하면 그것을 누가 일으키겠느냐?"(잠 18:14)

그러므로 용감하게 행하십시오. 무기력한 사람이 쉽게 쓰러지는 것처럼, 그런 사람은 걸핏하면 우울하고도 슬픈 상태에 빠지며, 그로 인해 매우 위험한 결과를 맞게 됩니다. 마음을 가다듬고, 그런 상태에 빠지지 않도록 조심하십시오. 설령 그런 상태에 있다 하더라도, 거기서 벗어나기 위해 애쓰십시오.

둘째, 신자라면 누구나(아무리 미약한 신자라도) 기뻐할 이유가 있으며, 기뻐할 자격이 있습니다. 기쁨이 은혜언약에서 온 약속들 중 하나이기 때문입니다. 이 언약에 속하지 않은 사람들은 저마다 자신의 현재와 장래에 대한 염려로 두려워하고 괴로워할 수밖에 없습니다. 그것이 당연합니다. 그러나 여러분은 아닙니다. 여러분은 마귀와 지옥과 하나님의 진노에서 건짐 받고, 하나님과 화목하게 되고, 하나님을 기업으로 받고, 하나님의 자녀로 입양되고, 칭의와 성화와 영원한 영광에 참여하게 된 자가 아닙니까! 그런데 왜 슬퍼한단 말입니까? 여러분이 "그러나 위로받는 것뿐만 아니라 죄로부터 건짐 받는 것과 같은 약속된 은택들을 아직 실제로 누리는 것은 아니지 않은가!"라고 반박할지도 모릅니다. 그러나 저는 이렇게 답변하겠습니다. 하나님의 약속이 여러분에게는 아무것도 아니란 말입니까? 장래에 누리리라 약속된 은택들은 언젠가 영원하고도 불변하는 실체로 드러나겠지만 지금 당장 누리는 것이 아니니 소중하지 않다고 말하는 것입니까? 장래에 그렇게 약속된 것들을 누리지 못해도 괜찮다는 말입니까? 여러분에게 하나님은 진리의 하나님이 아닙니까? 하나님께서 약속하신 바를 이루지 못하시겠습니까? 장차 받을 복에 대해 약속하셨다고 해서, 지금 당장은 기도를 듣고 주린 자를 먹이리라는 약속들을 이루지 않으실 분 같습니까? 정하신 때에 만물을 온전하게 하시는, 유일하게 지혜로우신 하나님을 그렇게 생각하는 자신을 부끄러워하십시오.

유언자가 죽으면 엄청난 유산을 물려받을 사람이 있다고 합시다. 머지않아 그 유산을 받을 것을 확실히 아는 사람이, 아직 자기 손에 실제로 쥐어지지 않았다고 해서 그 유산을 대수롭지 않게 여기겠습니까? 보십시오. 자연인이 여러분에게 증언하지 않습니까! 그러므로 하나님이 약속하신 탁월한 은택들과, 유언자의 죽음으로 확증된 유언을 소중히 여기십시오. 아직은 그것을 누리지 못하더라도, 장차 틀림없이 유업을 이어받을 자신의 신분을 소중히 여기고 기뻐하십시오.

"의인을 위하여 빛을 뿌리고 마음이 정직한 자를 위하여 기쁨을 뿌리시는도다. 의인이여 너희는 여호와로 말미암아 기뻐하며 그의 거룩한 이름에 감사할지어다"(시 97:11,12).

이미 여러분을 위해 씨가 뿌려졌습니다. 그러므로 때가 되면 거둘 것입니다. 이 소망 가운데 기뻐하십시오.

"주께서 택하시고 가까이 오게 하사 주의 뜰에 살게 하신 사람은 복이 있나이다. 우리가 주의 집 곧 주의 성전의 아름다움으로 만족하리이다"(시 65:4).

셋째, 하나님은 자기 자녀들이 기뻐하기를 바라십니다. 하나님은 자기 자녀들이 맘껏 즐거워하고, 자신이 받은 은택을 소중히 여기며, 하나님의 말씀과 약속을 온전히 신뢰하고 기쁨으로 뛰며 환호하고, 그 입술로 하나님을 기쁘게 찬양하기를 원하십니다. 자녀들에게서 드러나는 명랑함과 기쁨은 그것을 주신 하나님을 기쁘시게 합니다.

"이스라엘의 찬송 중에 계시는 주여 주는 거룩하시니이다. 우리 조상들이 주께 의뢰하고 의뢰하였으므로 그들을 건지셨나이다"(시 22:3,4).

"주께서 기쁘게 공의를 행하는……자를 선대하시거늘"(사 64:5).

하나님을 기쁘시게 하고 싶습니까? 하나님을 친근히 알고, 하나님 앞에서 행하며, 하나님을 가까이하는 것이 여러분의 바람이자 기쁨입니까? 그렇다면 믿음으로 기뻐하는 삶을 사십시오.

넷째, 천국에 계신 하나님을 기뻐하십시오. 그곳에는 슬픔도, 눈물도 없습니다.

영원하며 말로 다할 수 없는 위대한 기쁨만이 있습니다. 천국의 시민들이 얼마나 큰 기쁨 속에 살면서 즐겁게 노래하는지를 듣고 알게 된다면, 여러분의 마음은 흥분과 기대로 넘칠 것입니다. 천국을 바라는 사람은 기뻐해야 합니다. 기쁨만이 가득하고 기뻐하는 사람들만이 있는 천국에서, 기뻐하는 일 외에 여러분이 무엇을 하겠습니까? 그러므로 영원한 복락은 곧 기쁨을 시사합니다.

"네 주인의 즐거움에 참여할지어다"(마 25:21).

소망 가운데 즐거워하는 이 기쁨이 어떠하겠습니까? 그러므로 천국에 대해 이야기하십시오. 그리고 지금 당장 천국의 일을 즐거워하기 시작하십시오. 기뻐하는 것이 그렇게 부담스럽고 싫습니까? 그래서 이렇게 많은 설득과 논증이 필요한 것입니까? 우리는 본성적으로 기쁨을 원합니다. 사람은 저마다 기쁨을 갈망합니다. 하물며 기뻐할 이유가 이토록 많은데도 계속 근심하고 슬퍼하면서 지내렵니까?

다섯째, 여러분에게는 이 기쁨이 반드시 있어야 합니다. 그 기쁨은 신자로서 마땅히 누려야 하는 것일 뿐만 아니라, 원수를 대적할 힘을 주기 때문입니다.

"여호와로 인하여 기뻐하는 것이 너희의 힘이니라"(느 8:10).

신자들이여, 여러분이 해야 할 일이 아직 많이 남아 있습니다. 세상과 싸워 이겨야 합니다. 마귀가 여전히 역사하고 있습니다. 여전히 여러분 안에서 육체의 본성이 역사합니다. 거룩함으로 계속 단장해야 합니다. 믿음, 소망, 사랑이 계속 더해지고 강해져야 합니다. 아직 주변에 회심해야 할 사람들이 많습니다. 여러분은 교회의 영광과 빛으로 드러나야 합니다. 여러분이 이 땅에서 살았음을 알도록 여러분의 발자국을 남겨야 합니다. 기뻐하지도, 즐거워하지도 못하면서 어떻게 이 모든 일들을 한단 말입니까?

사람의 우울하고도 어두운 마음은 온갖 죄악들이 자라는 온상입니다. 육체와 세상과 마귀는 그런 사람에게 손쉽게 힘을 써 자기 멋대로 이용합니다. 그는 자신이 받은 은혜를 소홀히 하기 십상이며, 마치 은혜를 받지 않은 사람처럼 부주의하게 행동합니다. 이처럼 우울하고도 어두운 사람은 그 어떤 것에도 저항할 수 없습니다. 반면 즐거워하는 사람에게는 힘이 있습니다. 그런 사람은 많은 공격을 미연에 방지할 수 있습니다. 설령 기뻐하는 사람은 공격을 받더라도, 어렵지 않게 그것들을 물리칩니다. 기뻐하는 사람은 이 세상에 속한 것들을 기꺼이 멸시합니다. 하나님의 섭리 가운데 어려운 일을 맞닥뜨릴지언정, 그것에 짓눌리지 않습니다. 그는 매우 즐거이 경건의 덕을 실천합니다. 그에게 있는 기쁨으로 인해 경건의 덕이 더욱 매력적이게 되며, 경건의 덕을 사랑하는 사람 역시 매력적으로 드러납니다. 이러한 사람은 다른 사람에게 도전을 주고, 슬퍼하는 사람을 위로하며, 방종하고도 나태한 사람을 일깨우기에 합당합니다. 그에게는 모든 일이 적합하고도 합당합니다. 그는 모든 일을 열심으로 행합니다. 그러므로 기뻐하며 즐거워하십시오.

"너희 의인들아 여호와를 기뻐하며 즐거워할지어다. 마음이 정직한 너희들아 다 즐거이 외칠지어다"(시 32:11).

반론 1

비관적이고도 우울해하는 사람들은 다음과 같이 반대할 것이다.

"나처럼 죄를 많이 짓는 사람이 어떻게 즐거워할 수 있겠는가? 그것은 불가능하다."

답변

여러분 자신이나 여러분의 덕스러움이 여러분이 누리는 기쁨의 토대와 이유가 되어서는 안 됩니다. 여러분 자신이 아니라 외부에서 기쁨의 토대와 이유를 발견해야 합니다. 바로 그리스도입니다. 주 안에서 기뻐하기 위해 자신이 죄를 짓지 않을 때까지 기다려야 한다면, 이 땅에서는 결코 기뻐할 수 없을 것입니다.

성숙한 성도는 아직 은혜에서 덜 성숙한 신자에 비해 자기 안에서 더 많은 죄를 봅니다. 성숙한 성도일수록 더 큰 빛을 받기 때문입니다. 심지어 자신의 덕스러운 행위에서조차 부족함이 밝히 보입니다. 자신의 죄악 때문에 매우 슬퍼하며, 그것이 버거울 때는 예수님께로 피해 그분의 속죄로 말미암아 용서받고, 의롭게 되고 거룩하게 되고자 자신을 예수님께 맡깁니다. 그 마음에는 주님이 기뻐하시는 삶을 살고자 하는 열망과 바람이 있습니다. 또한 그는 그런 성품과 삶을 위해 힘쓸 이유를 확신합니다. 바로 그런 사람에게는 기뻐할 이유가 있습니다. 그런데도 여전히 기뻐하지 못한다면, 그는 아직도 행위언약에 지나치게 사로잡혀 행위로 의롭게 되리라 여기는 것이 분명합니다. 그것은 하나님의 말씀과 약속에 따라 하나님을 믿는 자가 복되다고 선언하시는 하나님을 아직 그대로 믿지 못한다는 증거입니다. 실제로 이런 사람은 자신에게 어떻게 하셔야 할지를 하나님께 가르치려 하는 것과 같습니다. 그러하기에 하나님은 그로 하여금 하나님을 기뻐할 수 없게 하십니다. 그런 모든 죄는 하나님의 자녀에게 전혀 어울리지 않습니다. 그러므로 그런 식으로 행동하는 것을 심히 두려워해야 합니다. 설령 크게 기뻐하지 못한다 할지라도, 하나님의 자녀로서 자기에게 주어진 것과 구원의 약속을 믿음으로 기뻐하도록 배워야 합니다. 이것이야말로 신자인 여러분이 해야 할 바입니다.

반론 2

내가 그리스도께 참여하였다고 확신하지 못하는데 어떻게 기뻐할 수 있는가?

답변

여기에도 오해가 있습니다. 어쩌면 기뻐하라는 명령에 대한 반감을 이런 식으로 교묘하게 표현하는지도 모르겠습니다. 하나님께서 주시는 바 내면의 모든 반발을 없애면서 즉각 여러분의 영혼을 고양시켜 자신의 복된 상태를 기뻐하도록 만드는 비상한 느낌과 선언을 확신으로 여기는 것일 수도 있습니다. 그러나 아무리 기다려도 그런 일은 일어나지 않을 것입니다. 대부분의 경우 하나님은 그렇게 하시지 않습니다. 성마르고 신경질적인 사람에게는 더더욱 그러합니다. 일반적으로 신자는, 한편으로 하나님의 말씀에 주목하고 다른 한편으로 그 말씀에 자신을 비추어 봄으로써 결론에 이릅니다. 곧 말씀에 따라 기도하고 믿고 궁구하는 가운데 결론에 다다르는 것입니다. 바로 이것이 신자가 확신에 이르는 길입니다. 신자들이 확신을 가지도록 여러 경우들에 따라 다양한 방식으로 은혜의 표증을 제시하며 설득해 왔습니다.

반론 3

나는 참으로 확신하고(적어도 내가 생각하기에는 그러하다), 실제로 주님 안에서 즐거워한다. 그러나 그런 마음이 금세 사라지는 탓에 혹시 내가 스스로 속고 있는 것은 아닌지 의심하게 되기도 한다. 그래서 또 자신을 속일까 봐 다시 그렇게 할 엄두가 나지 않는다.

답변

이 문제는 앞에서 이미 진정한 기쁨의 근본적인 속성이 무엇인지를 밝히면서 다루었습니다.

반론 4

신자가 슬퍼하는 것은 당연하다. 하나님께서 그렇게 명하셨고, 그런 자와 함께하겠다고 약속하셨다.

답변

(1) 물론 하나님은 애통하는 자와 함께하십니다. 그러나 그들이 계속 슬픔에 머물러 있지 않고 기쁨에 이르도록 그들을 위로하십니다.

(2) 애통하는 것과 낙담하고 우울해하는 것은 매우 다릅니다. 하나님은 신자가 애통하면서 겸비하고 눈물로 은혜를 구하며 믿음으로 회복되는 것을 기뻐하십니다. 그러나 어두운 마음으로 우울해하는 것은 하나님과 사람들에게 전혀 기쁨이 되지 않습니다. 그러므로 슬퍼해야 할 때 슬퍼하되, 습관적으로 우울해하지 않도록 조심하여 마땅히 믿음 안에서 기뻐하도록 더욱 힘써야 합니다.

은혜의 방편을 사용하라

신령한 기쁨을 얻고 그것을 계속 누리려면 다음과 같이 해야 합니다.

첫째, 그리스도를 믿는 믿음을 지속적으로 행사하고, 그리스도의 대속과 사람을 구원으로 이끄는 하나님의 방편을 묵상하며, 예수님을 의지하고 그분께 자신을 의탁해야 합니다. 그리스도를 보지 못하고 느끼지 못하는데도 자신을 그분께 맡기는 것이야말로 신령한 기쁨에 이르는 길입니다(벧전 1:8 참고).

둘째, 계속 성경을 읽으면서 그것을 하나님의 말씀으로 인정하고 고백하십시오. 성경을 읽는 바로 지금, 하나님께서 여러분에게 말씀하고 계시다는 것을 믿으십시오. 하나님께서 주시는 약속의 말씀을 깊이 연구하고, 결코 깨질 수 없는 약속들로 여기십시오. 그렇게 이 약속들을 자신의 영혼에 적용할 때에 기쁨을 경험할 것입니다.

"이 말씀은 나의 고난 중의 위로라. 주의 말씀이 나를 살리셨기 때문이니이다"(시 119:50).

셋째, 힘써 기도하십시오. 기도과 교제와 간구로 주님을 알아 가십시오. 여러분의 부족함과 바람을 주님 앞에 펼쳐 놓으십시오. 특히 기쁨을 향한 열망을 말씀드리십시오.

"내게 즐겁고 기쁜 소리를 들려주시사"(시 51:8).

"아침에 주의 인자하심이 우리를 만족하게 하사 우리를 일생 동안 즐겁고 기쁘게 하소서"(시 90:14).

여러분이 그리스도의 이름으로 무엇을 구하든, 하나님께서 주신 약속을 붙잡고 진리를 향해 마음을 북돋우십시오. 하나님께서 여러분의 기도를 들어주실 것입니다. 그리고 그렇게 기도하는 가운데 영혼은 더욱 자주 기쁨을 맛볼 것입니다.

넷째, 거룩한 것을 많이 생각하고 묵상하십시오. 여러분이 누구이고 어떤 존재인지, 하나님께서 지금까지 여러분을 어떻게 인도하셨는지, 여러분이 이전에 어떤 슬픔을 겪었고, 무엇을 추구했으며, 어떤 눈물을 흘렸는지를 반추해 보십시오. 하나님께서 이제까지 여러분에게 베푸신 위로와 구원을 묵상하십시오. 은혜언약을 통해 누리는 은택들을 하나씩 묵상하십시오. 장래의 영광을, 그리고 그 영광 가운데 여러분의 영혼이 영원토록 누릴 모든 것들을 생각해 보십시오. 이 모든 것들이 영혼을 잠잠히 기뻐하게 하기에 충분하지 않습니까!

"나의 기도를 기쁘게 여기시기를 바라나니 나는 여호와로 말미암아 즐거워하리로다"(시

104:34).

　다섯째, 고질적으로 반복되는 죄악된 습관에 굴복하지 않도록, 경계를 늦추지 마십시오. 큰 죄로 떨어지지는 않을지라도, 습관적으로 죄악된 길로 나아가 부주의하게 지내면서 하나님과 멀어지다 보면 어느새 기쁨을 잃어버리고 맙니다. 오히려 모든 불의를 피하십시오. 설령 넘어지더라도 그때마다 즉시 일어나 의의 샘이신 그리스도께로 돌이키십시오. 그리하면 다시금 마음에 기쁨이 일어날 것입니다. 우리의 큰 기쁨이신 하나님께서 여러분을 기쁘게 하시기를 원합니다! 아멘.

38

성령의 인치심과 성례

하나님은 택하신 자들을 언제나 자비롭게 대하십니다. 이러한 사실은, 하나님께서 그들 중 가장 비참한 상태에 있는 자를 생명이 다한 후 가장 탁월한 복락으로 인도하실 뿐만 아니라, 그들이 이 땅을 지나는 동안 수많은 은택을 베풀어 주시는 데에서 드러납니다. 그들의 걸음걸음을 통해, 그들을 놀랍게 인도하시는 하나님의 측량할 수 없는 지혜와 선하심이 드러납니다. 하나님은 택함 받은 자녀들이 그분의 이러한 선하심과 지혜를 알고, 그분이 자신을 선대하고 계심을 확신하며 살기를 바라십니다. 이 일을 돕기 위해 성경은 은혜 가운데 있는 영혼들에게서 드러나는 많은 표지와 자질들을 제시하며, 이를 통해 주어지는 많은 약속들을 반복하여 증언합니다. 그렇습니다. 무엇보다도 하나님은 택하신 자들을 보증하고 인 치십니다. 또한 성령께서 친히 택하신 자들에게 주어진 영원한 기업을 확증하는 인이 되십니다. 이 인치심은 택하신 자들의 내면에 인간 본성에 가장 부합하는 방식, 이른바 성례라는 외적 표지를 통해 이루어집니다.

인침

인침은 어떤 것의 표면에 가문의 문양 같은 것을 도장처럼 찍는 것입니다. 이를 통해 다른 사람의 소유와 자신의 소유를 구별하거나, 어떤 것을 다른 것들로부터 감추거나, 무언가를 온전한 상태로 보존하거나, 누군가가 어디에 참여한 사람임을 확인합니다.

성령의 인치심

성령은 하나님의 말씀을 방편으로 하여 신자들의 마음에 인을 치십니다. 사도 바울은 성령께서 신자들을 인 치신다고 증언합니다.

"하나님의 성령을 근심하게 하지 말라. 그 안에서 너희가 구원의 날까지 인치심을 받았느니라"(엡 4:30).

성령의 인치심과 그 목적은 하나님의 자녀들에게만 적용됩니다.

① 성령 그분이 바로 약속된 기업의 인과 보증이십니다.

"그 안에서 너희도 진리의 말씀 곧 너희의 구원의 복음을 듣고 그 안에서 또한 믿어 약속의 성령으로 인치심을 받았으니, 이는 우리 기업의 보증이 되사 그 얻으신 것을 속량하시고 그의 영광을 찬송하게 하려 하심이라"(엡 1:13,14).

② 성령께서 하나님의 자녀들에게 하나님의 형상을 덧입히십니다.

"우리가 흙에 속한 자의 형상을 입은 것같이 또한 하늘에 속한 이의 형상을 입으리라"(고전 15:49).

"너희 속에 그리스도의 형상을 이루기까지 다시 너희를 위하여 해산하는 수고를 하노니"(갈 4:19).

하나님의 자녀들을 거듭나게 하고 거룩하게 함으로써 이 일을 이루십니다.

"우리가 다 수건을 벗은 얼굴로 거울을 보는 것같이 주의 영광을 보매 그와 같은 형상으로 변화하여 영광에서 영광에 이르니 곧 주의 영으로 말미암음이니라"(고후 3:18).

③ 인침을 통해 다른 사람들이 신자들을 알아볼 뿐만 아니라, 하나님께서 자기 백성을 아십니다.

"그러나 하나님의 견고한 터는 섰으니 인침이 있어 일렀으되, 주께서 자기 백성을 아신다 하며 또 주의 이름을 부르는 자마다 불의에서 떠날지어다 하였느니라"(딤후 2:19).

이를 통해 불신자들이 거듭난 자들을 알아봅니다. 거듭난 하나님의 자녀들이 자기들과는 다른 영과 생명으로 살아가는 것을 보기 때문입니다.

"그들이……이상히 여기며 또 전에 예수와 함께 있던 줄도 알고"(행 4:13).

"그들의 자손을 뭇 나라 가운데에, 그들의 후손을 만민 가운데 알리리니 무릇 이를 보는 자가 그들은 여호와께 복 받은 자손이라 인정하리라"(사 61:9).

"그의 성령을 우리에게 주시므로 우리가 그 안에 거하고 그가 우리 안에 거하시는 줄을 아느니라"(요일 4:13).

④ 인침으로 말미암아 신자들은 세상 사람들의 눈에 감추어집니다. 물론 세상 사람들은 신자들이 자신들과는 다른 영과 생명으로 살아간다는 것을 압니다. 그러나 정작 그들은 그렇게 살아가는 신자들이 누리는 영광과 지복을 전혀 알지 못합니다.

"보라 아버지께서 어떠한 사랑을 우리에게 베푸사 하나님의 자녀라 일컬음을 받게 하셨는가, 우리가 그러하도다. 그러므로 세상이 우리를 알지 못함은 그를 알지 못함이라"(요일 3:1).

"이는 너희가 죽었고 너희 생명이 그리스도와 함께 하나님 안에 감추어졌음이라. 우리 생명이신 그리스도께서 나타나실 그때에 너희도 그와 함께 영광 중에 나타나리라"(골 3:3,4).

⑤ 인침을 통해 신자들은 흠 없이 보존됩니다. 그래서 그들은 "봉한 샘"(아 4:12)이라고 일컬어집니다. 요한계시록 7장 3절도 이 사실을 증언합니다.

"이르되 우리가 우리 하나님의 종들의 이마에 인 치기까지 땅이나 바다나 나무들을 해하지 말라 하더라."

⑥ 성령의 인치심으로 말미암아, 하나님의 자녀들은 은혜언약과 그 언약에서 오

는 모든 약속에 참여하였음을 확신합니다.

"우리가 세상의 영을 받지 아니하고 오직 하나님으로부터 온 영을 받았으니, 이는 우리로 하여금 하나님께서 우리에게 은혜로 주신 것들을 알게 하려 하심이라"(고전 2:12).

성령은 신자들로 하여금 자신들에게 주어진 은혜들을 깨닫게 하십니다. 이런 상태에 있는 자들을 구원을 약속하는 성경 본문들로 인도하여 그 말씀의 뜻을 온전히 깨닫고, 자신이 은혜의 상태에 있다고 결론 내리게 하십니다. 이와 같이 신자들은 말씀에 따라 거룩하게 판단하여 자신들의 상태를 확신합니다. 그리고 성령께서 신자들의 마음에 즉각 역사하여 그들이 판단하는 데 함께하십니다. 성령은 신자들의 영과 더불어 증언하심으로써, 신자들이 자신에 대해 내린 판단이 옳음을 확증하십니다. 그러므로 성령은 신자들이 말씀에 따라 내린 판단을 증언하심으로써, 이 사실을 신자들에게 명확히 알리고 그들이 은혜언약의 약속에 참여하였다는 사실을 분명히 확신하게 하십니다.

"성령이 친히 우리의 영과 더불어 우리가 하나님의 자녀인 것을 증언하시나니"(롬 8:16).

성례를 통한 인침

이처럼 하나님은 신자들의 내면에 인 치실 뿐만 아니라, 성례를 통해서도 인 치십니다. 하나님은 사람을 각자의 성정에 가장 부합한 방식으로 대하십니다. 사람은 몸과 영혼으로 이루어집니다. 하나님은 은혜를 받은 사람이 그 은혜를 충분히 확신하기를 원하시며, 그 일을 위해 사람의 몸과 영혼 모두와 관련되는 방편을 사용하십니다. 하나님의 말씀은 영혼에 영향을 줍니다. 즉, 영혼에 빛을 비추고 믿음을 주며, 거듭나게 하고 강건하게 합니다. 반면에 성례는 신자의 외적인 감각에 영향을 주고, 이를 통해 영혼에 영향을 끼칩니다.

'성례'라는 말은 성경에서 직접 사용되지 않으며, 그 기원도 불분명합니다. 이는 신성한 목적을 위해 구별하고 거룩하게 하는 것을 뜻하는 *sacrare*(사크라레)에서 파생된 말일 가능성이 높습니다. 가장 보편적인 용례에 따라 이 말이 그대로 사용되어 왔을 수 있습니다. 헬라 저자들은 성례를 μυστήριον(뮈스테리온), 즉 신비라고 일컬었습니다. 그러나 이런 용례 역시 성경에서 직접 발견되지는 않습니다. 성례는 참으로 신비입니다. 그렇다고 해서 모든 신비가 성례인 것은 아닙니다. 성경은 성례를 표지와 인침으로 언급합니다.

"너희는 포피를 베어라. 이것이 나와 너희 사이의 언약의 표징이니라"(창 17:11).

"그 피가 너희가 사는 집에 있어서 너희를 위하여 표적이 될지라"(출 12:13).

"그가 할례의 표를 받은 것은 무할례시에 믿음으로 된 의를 인 친 것이니"(롬 4:11).

성례는, 고난받고 죽임 당한 그리스도를 신자들에게 나타내고 신자들이 그리스도와 그분의 모든 공로에 참여한 자임을 인 치기 위해 하나님께서 제정하신 은혜언약의 인침이요 눈에 보이는 표지입니다.

성례의 본질을 올바르게 이해하려면, 성례에 반드시 필요한 다섯 가지 요소에 주목해야 합니다. 그중 어느 하나라도 빠진 것은 성례라고 할 수 없습니다. 그 요소들은 성례를 제정하신 이, 외적인 표지, 외적인 표지가 가리키는 실체, 표지와 실체의 관계, 성례의 목적입니다.

성례를 제정하신 하나님

성례를 제정하신 분은 바로 하나님입니다. 그러나 하나님께서 제정하셨다고 말하는 것만으로는 충분하지 않습니다. 하나님께서 이것을 성례, 즉 은혜언약의 인침으로 제정하셨다고 말해야만 합니다. 그 이유는 다음과 같습니다.

① 다른 어느 누구도 아닌 하나님께서 이 언약을 세우십니다.

"그날에 여호와께서 아브람과 더불어 언약을 세워 이르시되"(창 15:18).

"내가 내 언약을 나와 너 및 네 대대 후손 사이에 세워서 영원한 언약을 삼고 너와 네 후손의 하나님이 되리라"(창 17:7).

② 하나님만이 이 언약을 통해 약속하시며, 또한 그렇게 약속하신 바를 주십니다.

"나 곧 나는 나를 위하여 네 허물을 도말하는 자니 네 죄를 기억하지 아니하리라"(사 43:25).

③ 성례는 하나님께서 명령하고 제정하신 의식입니다.

"사람의 계명으로 교훈을 삼아 가르치니 나를 헛되이 경배하는도다 하였느니라 하시고"(마 15:9).

④ 성경은 하나님께서 성례를 제정하셨다고 분명히 밝힙니다. 할례(창 17:10 참고), 유월절(출 12:3,27; 대하 35:6 참고), 세례(요 1:33; 마 28:19 참고), 성찬(마 26:26-28; 고전 11:25 참고) 모두 그러합니다.

성례를 만드신 이뿐만 아니라 성례를 집행하는 주체도 생각해 보아야 합니다. 이 주체는 하나님께서 보내신 자들로, 그분의 말씀을 선포하고 성례를 시행합니다(하나님께서 목사들을 부르고 보내시는 것에 대해서는 이미 앞에서 살펴보았습니다).

① 신구약성경 전반에 이런 사실이 분명히 드러납니다.

② 게다가 그리스도는 말씀 사역을 성례와 엮어서 언급하십니다.

"아버지와 아들과 성령의 이름으로 세례를 베풀고 내가 너희에게 분부한 모든 것을 가르쳐 지키게 하라"(마 28:19,20).

그리고 세례 요한은 광야에서 세례를 베풀고 회개를 선포했습니다(막 1:4 참고). "나를 보내어 물로 세례를 베풀라 하신 그이가"(요 1:33).

③ 목사는 그리스도를 대신해 신자에게 성례를 베풉니다. 그러하기에 그리스도에게서 보내심을 받아 성례를 베풀 권위를 가지지 않은 사람은 결코 성례를 집행할 수 없습니다. 뿐만 아니라 성례를 받을 때에도 보내심을 받은 하나님의 종인 그리스도의 목사와 하나님의 신비인 복음에 헌신된 자들에게서 성례를 받지 않으면, 그가 받은 성례는 효력이 없습니다(고전 4:1 참고). 그러므로 남자든 여자든 개인이 임의로 집행하는 세례는 어떤 경우라도 거부해야 합니다. 그런 식으로 세례를 받았던 사람이 이후에 믿음에 이르고 나서 다시금 세례를 받기도 합니다. 이것은 재세례가 아닙니다. 이전에 세례라 여기고 받은 것이 실상 세례가 아니기 때문입니다. 다음 장에서 세례를 다룰 때에 이 부분을 좀 더 자세히 살펴보겠습니다.

> ▶ 질문
> 성례를 집행하는 자의 의도가 성례의 본질에 속하는 문제인가?

대답: 교황주의자들은 성례를 집행하는 성직자의 의도가 성례의 핵심적인 본질이라고 주장합니다. 심지어 성례를 집행하는 성직자가 그리스도께서 성례를 제정하면서 의도하신 바와는 다른 목적과 의도로 성례를 집행하면, 그것은 더 이상 성례가 아니며, 피세례자가 받은 세례는 무효가 되고, 성찬에 참여한 것도 효력이 없어진다고 주장합니다. 더 나아가 그들은 세례에 합당한 목적과 의도를 가지지 않은 성직자를 통해 세례를 받은 사람이 나중에 사제가 되면, 그가 사제로서 베푼 성례들도 모두 의미가 없어진다고까지 주장합니다. 그들의 주장에 따르면, 이 사제는 세례 받은 적도 없고, 따라서 사제도 아니기 때문입니다.

물론 사역자는 당연히 거룩하게 성례를 집행해야 합니다. 또한 성례에 합당하지 않은 마음과 방식으로 그것을 행하는 것은 큰 죄입니다. 그러나 성례를 집행하는 목사의 의도가 선한지 아닌지에 따라 진정한 성례로서의 본질이 결정되는 것은 아닙니다. 그 이유는 다음과 같습니다.

첫째, 하나님의 말씀 어디에서도 집례자의 의도에 따라 성례의 효력이 달라진다고 말하지 않습니다.

둘째, 만일 그렇게 된다면, 성례의 효력이 하나님께서 성례를 제정하면서 주신 약속과 목적과 인치심이 아니라 하나님의 종에게 달린 셈이 됩니다. 그리고 이는 곧 사역자의 의도가 하나님의 약속보다 더 가치 있고, 심지어 하나님의 약속과 뜻과 인침마저 무효로 만들 수 있다는 말이 됩니다.

셋째, 만일 그것이 사실이라면, 세례를 받고 나서도 자신이 받은 세례가 과연 참된지를 항상 의심할 것입니다. 자기에게 세례를 베푼 사람이 참된 세례를 받은 합법적인 사제(교황주의자들의 경우 그렇다는 것입니다)인지 알 길이 없기 때문입니다. 설령 세례를 베푸는 이가 합법적으로 사제가 되었다 할지라도, 참된 의도를 가지고 자기에게 세례를 베풀었는지를 알 수 없습니다.

따라서 성례를 집행하는 사람의 의도를 강조하는 교황주의자들의 주장은 그들의 의식 체계 전체를 무너뜨리는 결과를 가져올 수밖에 없습니다.

성례의 외적인 표지

성례의 외적인 표지를 살펴봅시다. 표지는 외적 감각 기관에 전달되는데, 이를 통해 표지가 상징하는 다른 어떤 것을 마음에 전달합니다. 자연적인 표지들을 생각해 봅시다. 연기는 불이 가까이 있음을 나타내며, 아침놀은 머지않아 비가 올 것을 가리킵니다. 또한 지시적인 표지들도 있습니다. 예를 들어, 사람들은 여관에 걸린 화환이나 수로와 길을 따라 달린 리본들을 보고서 머물기에 좋은 여관이나 올바른 길을 알아봅니다. 성례와 같이 하나님께서 제정하신 의식적인 표지들도 동일한 기능을 합니다. 하나님께서 친히 제정하셨기 때문에 그분이 그것들의 참됨을 보증하신다는 사실이 다를 뿐, 기능은 같습니다.

성례들은 저마다 외적이며 보고 만져서 느낄 수 있는 요소를 포함합니다. 이것은 하나님의 말씀과는 구별되는 측면입니다. 이런 요소가 없다면, 성례는 존재할 수 없습니다. 교회는 언제나 성례를 구성하는 개별적 요소를 지켜 왔습니다. 또한 이것은 '말씀이 이런 요소와 결합할 때 성례가 존재한다'라는 진술의 근거가 됩니다. 성례의 요소와 결합된 말씀은 이중적입니다. 즉, 성례의 요소를 표지와 인침으로 제정(institutional formula)하는 말씀과, 성례에 믿음으로 참여하는 자들에게 은혜언약에 따르는 은택들을 주실 것을 분명히 약속(promise)하는 말씀이 있습니다. 이와 같이 각각의 성례에는 보고 만져서 느낄 수 있는 요소가 분명히 포함됩니다.

① 할례에서는 할례 받는 자의 포피를 제거하고, 유월절에는 유월절 양을 제물로 드립니다. 세례 받을 때에는 물로 세례를 받고, 성찬에서는 떡과 포도주를 먹고 마십니다.

② 성례의 본질이 이런 표지를 요구합니다. 보고 만져서 느낄 수 없는 것은 인 치는 표지가 될 수 없습니다. 이러한 사실을 강조하는 것은 중요한 일입니다. 교황주

의자들이 말씀 듣는 것을 성례라고 주장하면서 자신들의 일곱 성례를 정당화하려 하기 때문입니다. 그들의 주장에 따른다면, 말씀과 성례 사이에 아무런 차이가 없어질 것입니다. 그리고 말하는 소리가 성례를 구성하거나(그러나 이렇게 되면 표지는 그것이 가리키는 실체와 전혀 일치할 수 없습니다), 목소리로 전달하려는 내용이 성례를 구성하게 될 것입니다. 거기에는 더 이상 외적인 표지가 없습니다.

그러므로 성례마다 보고 만져서 느낄 수 있는 요소를 반드시 포함해야 합니다. 또한 목사가 물을 뿌리거나 떡을 떼고 포도주를 따르고 그 포도주와 떡을 나누는 행위 및 성례에 참여한 자가 그것을 받거나 취하여 먹고 마시는 행위가 성례의 요소들과 연관됩니다. 이런 행위들은 그 자체로 의미와 적용점을 가집니다.

성례가 가리키는 실체

이제 각각의 성례가 가리키는 실체, 곧 그리스도와 그분이 이루신 모든 공로들에 주목해 봅시다.

다음 말씀들은 성례의 외적 표지들이 그리스도를 가리킨다는 점을 분명히 증언합니다.

"무릇 그리스도 예수와 합하여 세례를 받은 우리는 그의 죽으심과 합하여 세례를 받은 줄을 알지 못하느냐?"(롬 6:3)

"누구든지 그리스도와 합하기 위하여 세례를 받은 자는 그리스도로 옷 입었느니라"(갈 3:27).

"축사하시고 떼어 이르시되 이것은 너희를 위하는 내 몸이니 이것을 행하여 나를 기념하라 하시고……이 잔은 내 피로 세운 새언약이니 이것을 행하여 마실 때마다 나를 기념하라 하셨으니"(고전 11:24,25).

또한 성례가 그리스도의 공로를 가리킨다는 사실도 분명합니다.

"주의 이름을 불러 세례를 받고 너의 죄를 씻으라 하더라"(행 22:16).

"너희를 위하는 내 몸이니"(고전 11:24).

"이것은 죄 사함을 얻게 하려고 많은 사람을 위하여 흘리는 바 나의 피 곧 언약의 피니라"(마 26:28).

성례의 외적인 표지와 그 표지가 가리키는 실체는 동일하지 않습니다. 이 둘은 분명히 구별되며, 본질적으로 서로 다릅니다.

① 표지들은 이 땅에 속하고, 실체는 하늘에 속합니다.
② 표지는 육신을 통해, 실체는 영을 통해 누립니다.
③ 표지는 육신에 속하고, 실체는 영에 속합니다.

표지와 실체의 관계

성례의 표지는 그것이 가리키는 실체와 긴밀한 관계를 맺습니다. 성례에서 사용되는 요소들을 단순히 물과 떡과 포도주로 여겨서는 안 되며, 그것이 가리키는 실체가 있다는 것을 알아야 합니다. 그 실체는 바로 구속을 이루기 위해 찢기고 흘려진 그리스도의 살과 피입니다. 이런 요소들은 본질상 순전히 상징적이기에, 실체를 가리킴으로써 실체와 긴밀하게 연결됩니다.

실체와 형식, 영혼과 육신 간에 존재하는 긴밀한 관계는 물리적인 연합이 아닙니다. 이 연합은 어떠한 두 물체가 합해지는 것처럼, 그리스도의 몸과 피가 물이나 떡 및 포도주와 물리적으로 연합하는 '공간적인 연합(local union)'도 아닙니다. 표지와 실체의 연합은 영적인 연합도 아닙니다. 성례를 시행할 때에 실제로 실체의 효력이 주입되거나 성례에 참여하는 자에게 죄 사함과 거듭남이 일어나는 것이 아니기 때문입니다. 오히려 표지와 실체는 상징적인 관계를 맺습니다. 표지를 그것이 가리키는 실체에 적용하고, 실체가 표지와 관계 있음을 생각하면서 믿음으로 참여하는 것입니다. 그런 관계는 단지 그렇게 생각하고 상상하기 때문이 아니라, 하나님께서 말씀을 통해 그렇게 정하셨기 때문에 성립됩니다.

이 상징적인 관계는 성례에 포함된 요소들의 본질에서 나오지 않으며, 믿음을 발휘하여 이 요소들을 믿는 데서 나오지도 않습니다. 또한 목사가 성례를 제정하는 말씀과 약속을 선포한 데서 나오지도 않습니다. 이런 관계는 하나님께서 성례를 그렇게 제정하셨기 때문에 존재합니다. 그러하기에 성례에 참여하는 자들은 믿음으로써 성례의 표지들(목사를 통해 주어진)을 하나님이 정하신 방식대로 사용합니다. 성례에 참여하는 자들은 그리스도가 제정하신 바와 약속하신 바를 믿음으로써, 비록 물리적(육신적)으로는 아니지만 그곳에 실재적으로 임재하시는 그리스도의 고난과 그 효력들로 말미암아 자신의 죄악이 용서받은 것을 확신합니다. 신부는 결혼반지를 볼 때마다, 신랑이 지금 출타 중이더라도 그의 사랑과 신실함을 떠올립니다. 그리하여 신랑을 향한 신부의 사랑이 더욱 강하게 타오릅니다. 마찬가지로, 신자들은 성례에 참여함으로써 동시에 성례의 표지와 그것이 가리키는 실체에 참여합니다. 할례(창 17:7,11 참고)와 유월절(출 12:14 참고), 세례(롬 6:4; 갈 3:27 참고)와 성찬이 모두 그러합니다.

"우리가 축복하는 바 축복의 잔은 그리스도의 피에 참여함이 아니며 우리가 떼는 떡은 그리스도의 몸에 참여함이 아니냐?"(고전 10:16)

교황주의자와 루터파는 이런 상징적인 관계로는 만족하지 못하고, 세례 때는 아니더라도 성찬 때는 그리스도가 물리적이고도 공간적으로 임재한다고 주장합니다. 그러나 그리스도의 물리적 임재에 대한 그들의 이해는 서로 엇갈립니다(이 둘의 차이에 대해서는 나중에 다루겠습니다). 그들은, 성례의 표지와 실체가 상징적인 관계에 있다는 우리의 주장에 대해, 우리가 표지와 그것이 가리키는 실체를 실제로 연합시키지 않고 존재하지 않는 어떤 것을 상상할 뿐이라고 여깁니다. 그러나 그들은 본질적으로 순전히 물리적인 것들 말고도 다른 참된 관계가 있다는 사실을 알아야 하며, 실제로 이미 알고 있습니다. 영적 관계는 물리적 관계만큼이나 참됩니다. 그리스도께서 신자들 안에 거하시지 않습니까?(갈 2:20 참고) 그분이 믿음으로 말미암아 신자들 마음에 거하시지 않습니까?(엡 3:17 참고) 또한 신자들이 서로 교제하지 않습니까? 신자들이 성부와 성자와 더불어 교제하지 않습니까?(요일 1:3 참고) 이 모든 사실마저 단지 상상에 불과하단 말입니까?

성경이 말하듯이, 이러한 영적 관계는 실재합니다. 뿐만 아니라 이 관계는 성례들을 제정하는 말씀과 약속에 기초합니다. 따라서 이런 영적 관계는 상상에 불과한 것이 아니라 참되고도 확실한 것입니다.

세례에 사용되는 물과 그 물이 상징하는 그리스도의 피는 모두 깨끗하고도 정결하게 한다는 공통점을 가집니다. 물이 몸을 깨끗이 만들듯이, 그리스도의 피는 죄로 말미암은 영적 부패를 모두 씻어 내고 우리의 영혼을 정결하게 만듭니다.

"예수 그리스도로 말미암아……그의 피로 우리 죄에서 우리를 해방시키고"(계 1:5).

성찬에서 사용하는 떡과 포도주와 그것들이 가리키는 그리스도의 살과 피는 각각 몸과 영혼을 살찌우고 강건하게 하며 새롭게 한다는 공통점을 가집니다. 떡이 몸에 영양을 공급하고 강건하게 하는 것처럼, 십자가에 달린 그리스도의 몸, 곧 그리스도께서 당하신 고난과 죽음의 공로를 시사하는 그분의 몸도 영혼을 살찌웁니다. 포도주가 사람의 마음을 즐겁게 만들듯이, 그리스도의 피는 믿음으로 잔을 받는 자의 영혼을 기쁘게 만듭니다.

"예수께서 이르시되 나는 생명의 떡이니 내게 오는 자는 결코 주리지 아니할 터이요 나를 믿는 자는 영원히 목마르지 아니하리라……내 살을 먹고 내 피를 마시는 자는 영생을 가졌고 마지막 날에 내가 그를 다시 살리리니 내 살은 참된 양식이요 내 피는 참된 음료로다. 내 살을 먹고 내 피를 마시는 자는 내 안에 거하고 나도 그의 안에 거하나니"(요 6:35,54-56).

이처럼 성례에서 사용되는 표지와 그 실체가 가지는 상징적인 관계와 연관성으로 말미암아 성례를 다양하게 표현합니다.

① 성례의 표지들은 저마다 가리키는 실체의 이름을 따라 불립니다.

할례의 경우 언약이라 불립니다.

"너희 중 남자는 다 할례를 받으라. 이것이 나와 너희와 너희 후손 사이에 지킬 내 언약이니라"(창 17:10).

어린양은 유월절이라 불립니다.

"이것이 여호와의 유월절이니라"(출 12:11).

떡은 그리스도의 몸이라고 일컬어집니다.

"이것은 내 몸이니라"(마 26:26).

포도주는 새언약이라 불립니다.

"이 잔은 내 피로 세운 새언약이니"(고전 11:25).

또한 물은 "중생의 씻음"(딛 3:5)이라고 불립니다.

② 표지가 가리키는 실체를 표지의 이름을 따라 부릅니다.

그리스도를 유월절 양이라고 일컫습니다.

"우리의 유월절 양 곧 그리스도께서 희생되셨느니라"(고전 5:7).

그리스도는 하나님의 어린양이라고도 불립니다.

"보라 하나님의 어린양이로다"(요 1:36).

또한 "하늘에서 내려온 떡"(요 6:51 참고)이라고도 하며, "반석"(고전 10:4)이라고도 합니다.

③ 표지가 가리키는 실체의 효력, 곧 죄의 제거가 표지에게로 돌려집니다.

"그를 위하여 속죄할 속죄의 숫양과 함께 돌릴 것이니라"(민 5:8).

"이제는 왜 주저하느냐? 일어나 주의 이름을 불러 세례를 받고 너의 죄를 씻으라 하더라"(행 22:16).

④ 표지와 관련된 의식에서 표지가 가리키는 실체가 언급되고 증언됩니다.

"새언약의 중보자이신 예수와 및 아벨의 피보다 더 나은 것을 말하는 뿌린 피니라"(히 12:24).

"곧 하나님 아버지의 미리 아심을 따라 성령이 거룩하게 하심으로 순종함과 예수 그리스도의 피 뿌림을 얻기 위하여 택하심을 받은 자들"(벧전 1:2).

성례의 목적

각각의 성례가 가지는 목적에 주목해야 합니다. 만물이 존재하는 가장 고상한 목적은 하나님의 영광입니다. 성례도 예외가 아닙니다.

"우리가 축복하는 바 축복의 잔은"(고전 10:16).

신자의 영혼은, 은혜언약이 약속하는 모든 은택이 바로 자신에게 인 쳐졌다는 사실과, 자신이 하나님을 고백하며 하나님의 선하심과 자비로 그분을 찬양한다는 사실로 인하여 즐거워하고, 하나님께 영광과 존귀를 돌립니다. 모든 것이 하나님으로부터 나오고, 그분으로 말미암습니다. 또한 모든 은택을 받아 누리지만 하나님께 갚을 길이 전혀 없습니다. 그러하기에 신자는 자기 마음과 입술과 행실로써 하나님께 감사를 표현합니다.

성례에 바르게 참여하는 신자들과 관련된 성례의 또 다른 목적이 있습니다. 곧 그들이 그리스도와 그분으로 말미암은 모든 은택을 영적으로 나타내고 그것을 표현하며, 중보자이신 그리스도가 당하신 고난과 죽음에 관한 모든 것을 생각하는 것입니다. 다윗은 장차 임할 실체의 그림자로서 이를 행하였습니다.

"내가 여호와께 바라는 한 가지 일 그것을 구하리니, 곧 내가 내 평생에 여호와의 집에 살면서 여호와의 아름다움을 바라보며 그의 성전에서 사모하는 그것이라"(시 27:4).

이렇듯 성례는 눈에 보이지 않는 실체를 눈에 보이게 드러내므로 표지라고 불립니다.

성례는 표지로서 실체를 가리킬 뿐만 아니라, 성례에 참여한 신자들이 복음의 약속과 은혜언약으로 말미암은 모든 은택과 그리스도 및 그분의 모든 충만에 참여한 자라고 인 치는 기능을 합니다. 이는 물론 참된 신자들에게만 적용됩니다. 참된 신자들에게 성례는 곧 인침입니다. 반면 회심하지 않은 불신자들은 자신의 죄와 불신앙 때문에 성례에서 아무런 유익도 얻지 못합니다. 그러므로 회심하지 않은 자들에게 성례는 인 치는 기능을 하는 것이 아니라, 심판을 더욱 가중시킵니다.

"주의 몸을 분별하지 못하고 먹고 마시는 자는……주의 몸과 피에 대하여 죄를 짓는 것이니라"(고전 11:29,27).

소시니안과 재세례파와 교황주의자는 이런 점에서 큰 오류를 범합니다. 그들은 모두 성례가 인침이라는 사실을 거부합니다. 그러나 성례의 목적에 관해서는 서로 생각이 엇갈립니다. 소시니안과 재세례파는 다음과 같이 주장합니다. 곧 그들은 성례가 믿음(이들은 믿음의 본질에 대해서도 잘못 이해합니다)을 불러일으키기 위한 외적인 표지이자, 그리스도의 고난과 죽음을 나타내는 은혜의 상징일 뿐이라고 생각합니다. 또한 그들은 성례가 서로 연합한다는 상징으로서, 신자들을 유대인 및 이방인과 구분한다고 생각합니다.

한편 교황주의자는 성례 자체에 은혜를 산출하는 효력이 있다고 믿기 때문에 성례의 인 치는 기능을 부인합니다.

그러나 교회는 하나님의 말씀에 따라 성례가 참된 신자들에게는 은혜언약을 인 친다고 주장합니다. 로마서 4장 11절은 이런 사실을 분명히 드러냅니다.

"그가 할례의 표를 받은 것은 무할례시에 믿음으로 된 의를 인 친 것이니."

성경은, 할례도 믿음으로 받는 인침이며, 이것을 통해 하나님께서 아브라함이 믿음으로 받은 그리스도의 의를 인 치셨다고 증언합니다.

회피주장 그러나 그것은 엄연히 할례에만 적용된다.

| 답변 |

❶ 물론 성례의 환경은 성례마다 각각 다릅니다. 그러나 본질적으로 모든 성례의 목적과 효력은 동일합니다. 한 개인에게 본질적으로 참되다면, 다른 개인에게도 마찬가지로 참됩니다. 이성을 가진다는 점이 요한과 베드로와 바울의 본질적인 특징이라면, 그것은 다른 모든 사람들에게도 마찬가지입니다. 어느 하나의 성례가 표지이면 다른 성례들도 마찬가지이며, 어느 한 성례가 인침이면 다른 성례들도 인침입니다.

❷ 유월절도 인 치는 효력이 있는 규례였습니다.

"너희는 그것을 이렇게 먹을지니 허리에 띠를 띠고 발에 신을 신고 손에 지팡이를 잡고 급히 먹으라. 이것이 여호와의 유월절이니라. 내가 그 밤에 애굽 땅에 두루 다니며 사람이나 짐승을 막론하고 애굽 땅에 있는 모든 처음 난 것을 다 치고 애굽의 모든 신을 내가 심판하리라. 나는 여호와라. 내가 애굽 땅을 칠 때에 그 피가 너희가 사는 집에 있어서 너희를 위하여 표적이 될지라. 내가 피를 볼 때에 너희를 넘어가리니 재앙이 너희에게 내려 멸하지 아니하리라"(출 12:11-13).

그뿐만이 아닙니다. 고린도전서 10장 3,4절을 보십시오.

"다 같은 신령한 음식을 먹으며 다 같은 신령한 음료를 마셨으니 이는 그들을 따르는 신령한 반석으로부터 마셨으매, 그 반석은 곧 그리스도시라."

세례 역시 인 치는 효력이 있습니다.

"무릇 그리스도 예수와 합하여 세례를 받은 우리는 그의 죽으심과 합하여 세례를 받은 줄을 알지 못하느냐? 그러므로 우리가 그의 죽으심과 합하여 세례를 받음으로 그와 함께 장사되었나니, 이는 아버지의 영광으로 말미암아 그리스도를 죽은 자 가운데서 살리심과 같이 우리로 또한 새 생명 가운데서 행하게 하려 함이라"(롬 6:3,4).

이 말씀에 따르면, 세례는 그리스도께 참여한 자가 되었다는 인침일 뿐만 아니라, 성화에 참여할 것에 대한 인침입니다.

성찬도 인 치는 효력이 있습니다.

"우리가 축복하는 바 축복의 잔은 그리스도의 피에 참여함이 아니며 우리가 떼는 떡은 그리스도의 몸에 참여함이 아니냐?"(고전 10:16)

성찬에 참여하는 사람이 그리스도의 고난과 죽음에 참여했다는 사실을 인 치기 위함이 아니면, 떡과 잔으로 성찬을 행할 이유가 무엇이겠습니까? 성찬에 관한 교황주의자의 주제넘은 반론에 대해서는 적당한 때에 다루겠습니다.

❸ 은혜언약의 성례가 아닌 하나님의 약속들에 대한 다른 상징들에도 인 치는 기능이 있습니다. 그러므로 성례에 인 치는 기능이 있다는 것은 더욱 분명한 사실입니다. 예컨대, 홍수 이후에 하나님께서 노아에게 주신 무지개를 생각해 보십시오.

"내가 내 언약을 너희와 너희 후손과 너희와 함께한 모든 생물 곧 너희와 함께한 새와 가축과 땅의 모든 생물에게 세우리니……내가 너희와 언약을 세우리니 다시는 모든 생물을 홍수로 멸하지 아니할 것이라. 땅을 멸할 홍수가 다시 있지 아니하리라……내가 나와 너희와 및 너희와 함께하는 모든 생물 사이에 대대로 영원히 세우는 언약의 증거는 이것이니라. 내가 내 무지개를 구름 속에 두었나니 이것이 나와 세상 사이의 언약의 증거니라"(창 9:9-13).

또한 기드온의 양털을 생각해 보십시오(삿 6:37-40 참고). 젖거나 마른 양털은 미디안의 패배를 인 치는 표지였습니다. 마찬가지로, 그리스도는 사도들의 발을 씻기심으로써 그들이 영적으로 깨끗하게 되었음을 상징적으로 말씀하셨습니다(요 13:6-10 참고).

성례가 인 치는 것은 여기서 그치지 않습니다. 성례는 은혜언약의 인침입니다. "너희는 포피를 베어라. 이것이 나와 너희 사이의 언약의 표징이니라"(창 17:11). 이 언약에 의해 인 쳐진 것이 아니면, 어느 것도 이 언약의 표지가 될 수 없습니다. 모든 성례는 외적인 표지이므로(앞에서 이를 증언했습니다), 이 사실만으로도 모든 반론들에 충분한 대답이 되었습니다. 따라서 모든 성례가 인침의 표지라는 것은 분명한 사실입니다.

반론 1

만일 성례가 그리스도의 은혜와 공로를 인 치는 것이라면, 이 은혜와 상관없는데도 성례에 참여한 회심하지 않은 자들과 위선자들도 은혜의 인침을 받는다는 말이 된다.

답변

교황주의자의 주장대로 만일 성례 자체에 본유적인 효력이 있다면, 이런 반론이 의미가 있을 것입니다. 그러나 믿음으로 성례에 참여하는 자라야 성례를 통해 인침을 받습니다. 따라서 이런 반론은 무의미합니다. 결혼반지는 신랑과 신부에게는 신실함을 인 치는 표지이지만, 이 반지를 훔치는 사람에게는 아무런 효력이 없습니다. 이 반지는 오직 신부와, 이 반지를 신부에게 신실하겠다고 서약한 표지로 삼은 신랑에게만 효력이 있습니다.

반론 2

만일 성례에 인 치는 기능이 있다면, 효력과 무오성의 측면에서 모든 것을 능가하고 모든 신자로 하여금 확신하게끔 하기에 충분한 하나님의 말씀보다 성례가 더 효력 있는 것이 될 것이다. 인 쳐진 계약은 그렇지 않은 계약보다 훨씬 더 효력이 있다.

답변

(1) 말씀과 성례 모두 동일하게 확실하며 무오합니다. 이 둘 모두가 참되신 하나

님으로부터 비롯되었기 때문입니다. 그러므로 우리는 어느 하나가 아니라 이 둘 모두를 믿습니다.

(2) 말씀과 성례는 서로 다른 방법으로 확신에 이르게 합니다. 약속의 말씀들만으로도 충분하지만, 하나님은 연약한 우리를 돕기 위해 영혼과 육신을 가진 우리의 성정에 가장 합당한 여러 방식으로 확신을 주십니다. 신자는 성례를 이러한 하나님의 헤아릴 수 없이 지혜롭고도 선하신 행위로 여겨야 합니다.

(3) 만일 반론과 같이 생각한다면, 하나님의 말씀만으로 충분하기 때문에 하나님이 주시는 확신이나 서약에 대해서도 동일한 반론을 제기할 수 있을 것입니다. 그러나 하나님은 히브리서를 통해 이런 사람들을 책망하심으로써 위와 같은 반론을 부정하십니다.

"하나님은 약속을 기업으로 받는 자들에게 그 뜻이 변하지 아니함을 충분히 나타내시려고 그 일을 맹세로 보증하셨나니, 이는 하나님이 거짓말을 하실 수 없는 이 두 가지 변하지 못할 사실로 말미암아 앞에 있는 소망을 얻으려고 피난처를 찾은 우리에게 큰 안위를 받게 하려 하심이라"(히 6:17,18).

교황주의자는 성례를 실효적으로 은혜를 주입하는 것으로 보며, 성례의 인 치는 기능을 부인합니다. 그러므로 이 문제를 좀 더 자세히 살펴보겠습니다.

> ▶ 질문
> 신약성경에서 말하는 성례의 표지들에 은혜가 물리적으로 내재해 있으며, 이 표지들이 '사효적으로(*ex opere operato*)' 기능하는가? 다시 말해, 이런 표지들을 통해 그것을 받는 자들에게 그런 은혜가 역사하며, 실제로 이런 표지들이 그런 은혜를 수여하고 나누어 주는가?

대답: 성례에 은혜가 내재하며 성례에 참여하는 자들에게 은혜가 나누어지는 방식에 대해서는 교황주의자들 안에서도 의견이 분분하지만, 그 내용에 기

본적으로 동의하기 때문에 그들은 이 질문에 당연히 그렇다고 대답합니다.

　루터파 중에도 교황주의자들의 이런 생각에 기본적으로 동의하면서, 성례가 그리스도의 죽음의 공로로 얻은 은혜를 성례에 참여한 자들에게 전달하고 나누어 주는 현장이자 통로이며 그릇 및 수단이라 말하는 자들이 있습니다.

　개혁파 교회는 이 질문에 아니라고 답하면서 성례가 도덕적인 의미로(moraliter) 기능한다고 답합니다. 다시 말해, 성례는 해당 성례에 관한 약속과 그것을 제정하는 말씀에 근거하여 성례에 참여하는 자를 그가 믿음으로 받는 표지의 실체와 연합시키는 기능을 한다고 주장합니다. 그들이 성례에 참여할 때, 성례의 표지들이 가리키는 실체가 그들의 영혼에 적용되고, 그들은 그리스도 및 그분으로 말미암은 모든 은택에 참여한 자로 인 쳐집니다.

　실제로 위의 질문은 세례와 관련됩니다. 또한 교황주의자들은 성찬 때에 그리스도가 직접 임재하고 이를 통해 성례가 효력을 발휘한다고 주장합니다. 그러기에 이어지는 장에서 이 문제를 좀 더 다루겠습니다.

신약과 구약의 성례 비교

　지금까지 성례에 요구되는 다섯 가지 사항들을 살펴보았습니다. 이제 신구약성경이 말하는 성례들의 공통점과 차이점, 말씀과 성례의 공통점과 차이점, 그리고 신약성경이 말하는 성례들을 살펴봅시다.

　하나님께서 아담에게 주신 처음 약속을 통해 최초로 계시된 은혜언약은, 현재는 물론 마지막 날이 이르기까지 변개되지 않고 남아 있을 것입니다. 그러나 이 언약이 시행되는 경륜에는 차이가 있습니다. 그리스도께서 오신 것을 기점으로 하여 이 언약의 시행 방식이 달라졌다는 말입니다. 이 언약은 구약 시대와 신약 시대 모두 성례를 방편으로 확증되지만, 언약의 경륜이 다르듯이 성례의 모양도 다릅니다.

　그리스도께서 오시기 전인 구약 시대 중에서 아담으로부터 아브라함의 때까지, 교회는 어떠한 구별도 없이 열방의 사람들로 이루어져 있었습니다. 그러나 이 시대에 관한 기록은 거의 없습니다. 이때 은혜언약은 희생 제사를 통해 인 쳐졌습니다. 이는 오실 메시아의 고난과 죽음으로 이루어질 구속을 신자들에게 인 치는 것이었습니다. 그 후에는 하나님께서 아브라함을 불러 그의 후손들을 교회로 세우셨으며, 희생 제사 말고도 독특한 표지인 할례를 이 언약의 인침으로 주셨습니다. 그리고 하나님께서 은혜언약으로 세우신 이 민족이 애굽에서 벗어나 가나안으로 들어갈 때, 그분은 교회가 처음부터 받은 희생 제사 말고도 그들을 위해 유월절을 성례로 제정하셨습니다.

그리스도께서 오신 이후에는, 오실 메시아의 그림자인 구약의 외적 규례들이 달라진 것처럼 성례들도 달라졌습니다. 그리하여 지금은 세례와 성찬만이 규례로 남아 있습니다.

구약의 성례와 신약의 성례 사이에는 공통점과 차이점이 있습니다.

공통점으로는 다음 네 가지를 들 수 있습니다.

① 하나님께서 신구약의 규례들을 제정하셨습니다.

② 이 성례들이 공통적으로 가리키는 실체는 그리스도입니다.

③ 사람이 이 성례들의 실체를 자신에게 적용하는 방편은 오직 믿음뿐입니다.

④ 이 성례들은 동일한 실체를 가리키며, 인 치는 것을 목적으로 합니다.

차이점으로는 다음 네 가지를 들 수 있습니다.

① 성례마다 실체는 같지만, 그 실체를 가리키는 표지가 다릅니다. 구약 시대에는 포피를 베는 할례와 희생 제사, 유월절 어린양이 표지로 사용되었으며, 지금은 물과 떡과 포도주가 표지로 사용됩니다.

② 구약에서는 오실 그리스도를 가리켰지만, 지금은 오신 그리스도를 가리킵니다.

③ 명확성에서 차이가 납니다. 구약 시대에는 다소 희미했지만, 지금은 더욱 분명합니다. 이런 차이가 나는 것은 두 시대의 성례들이 서로 달라서가 아니라, 장차 이루어질 일이 현재 이루어진 일보다 더 희미하게 보이기 마련이기 때문입니다.

④ 성례를 시행하기 수월한 정도도 서로 다릅니다. 구약의 할례는 고통스러웠습니다. 희생 제사들과 유월절 어린양을 잡는 일은 비용도 많이 들뿐더러, 육신적으

로도 더 수고스럽고 어려웠습니다. 그러나 지금 우리가 참여하는 성례들은 그렇게 수고스럽거나 비용이 많이 들지 않습니다.

교황주의자는 신약의 성례들을 드높이느라 구약의 성례들을 경시합니다. 그러면서 구약의 성례들에는 은혜가 본유적으로 내재하지 않은 반면, 신약의 성례들에는 은혜가 본유적으로 내재하며 이를 통해 실제로 은혜가 역사하고 주입된다고 주장합니다.

우리는 그들의 주장을 단호히 거부합니다. 그 이유는 다음과 같습니다.

첫째, 신약의 성례들에 은혜가 본유적으로 내재하는 것도 아니며, 그런 성례들이 실제로 은혜를 주입하지도 않습니다. 이 사실은 이미 앞에서 확증하였으며, 계속 확인할 수 있을 것입니다. 따라서 은혜가 본유적으로 내재하느냐 그렇지 않으냐 하는 것은 신구약 성례의 차이가 아닙니다.

둘째, 히브리서에서 볼 수 있듯이, 희생 제사들은 그리스도로 말미암은 죄 사함을 인 치는 것이었습니다. 할례는 은혜언약의 표지와 인침(창 17:10 참고)이었고, 믿음으로 말미암는 의에 대한 표지와 인침이었습니다(롬 4:11 참고). 유월절 어린양은 우리의 유월절 양이신 그리스도로 말미암은 영적 구원에 대한 표지와 인침이었습니다(고전 5:7; 출 12:11 참고). 그러므로 이런 성례들은 단지 은혜의 그림자에 불과한 것이 아니었습니다. 인침으로 말미암아 그 실체에 대한 권리를 얻고 은혜에 참여한 자라는 확신을 얻기 때문입니다.

셋째, 성경은 "다 같은 신령한 음식을 먹으며 다 같은 신령한 음료를 마셨으니 이는 그들을 따르는 신령한 반석으로부터 마셨으매 그 반석은 곧 그리스도시라"(고전 10:3,4)라고 말합니다. 각 성례들이 가지는 표지들 간에는 어떤 유사성도 없습니다. 그러나 이 표지들이 동일하게 가리키는 실체는 바로 그리스도입니다. 세례와 성찬도 마찬가지입니다. 따라서 신약과 구약의 성례에는 교황주의자가 주장하는 것과 같은 차이가 없습니다.

반론 1

구약성경의 성례들은 그림자에 불과할 뿐이므로 실체가 아니다.

답변

구약의 성례들은 신약의 성례들이나 신약 시대에 주어질 은혜를 예표하는 그림자가 아닙니다. 구약의 성례들은 그리스도와 그분으로 말미암은 모든 은택을 예표하는 그림자요 표지이자 인침입니다. 신약의 성례들도 마찬가지입니다.

반론 2

다음 말씀들은 구약 시대에 행해진 성례들의 효력과 가치를 부인한다.

"할례 받는 것도 아무것도 아니요 할례 받지 아니하는 것도 아무것도 아니로되"(고전 7:19).

"할례나 무할례가 아무것도 아니로되 오직 새로 지으심을 받는 것만이 중요하니라"(갈 6:15).

답변

(1) 사도 바울은 지금 구약의 모든 의식들(할례와 유월절)이 폐기된 신약 시대를 언급하고 있습니다. 그러하기에 구약의 의식들은 우리에게 아무런 유익이 없습니다. 맞습니다. 심지어 그 의식들은 우리에게 해롭기까지 합니다. 구약의 의식들은 그리스도가 아직 오시지 않았을 때에만 유효했기 때문입니다.

(2) 사도 바울은 외적인 의식들이 그것들이 가리키는 실체, 즉 모든 그림자의 본질 및 구약과 신약의 성례들과 구별된다고 말합니다. 모든 외적인 의식들과 특권들 자체는 아무런 가치가 없습니다. 오직 그리스도 안에 있는 모든 구원, 곧 칭의와 성화가 가치 있습니다.

반론 3

우리는 신약에서 더 나은 약속들과 언약을 받는다.

"그들의 잘못을 지적하여 말씀하시되……내가 이스라엘 집과 유다 집과 더불어 새언약을 맺으리라"(히 8:8).

"이와 같이 예수는 더 좋은 언약의 보증이 되셨느니라"(히 7:22).

> **답변**

"더 좋은"이라는 말은 약속된 은택들을 가리키지 않습니다. 위의 본문들을 근거로 그렇게 주장하려면, 먼저 이 말이 약속된 은택들을 가리킨다는 사실을 증명해야 합니다. 이 은택들은 신약 시대나 구약 시대나 다르지 않습니다. 하나님과 사람 사이에는 오직 하나의 언약만이 있으며, 그리스도는 어제나 오늘이나 동일하시기 때문입니다. 여기서 "더 좋은"이라는 말은 그리스도께서 그때에 아직 오시지 않았다는 사실을 시사합니다. 지금 그리스도는 실제로 이미 오셨습니다. 지금은 모든 것이 분명합니다. 하나님의 백성들에게 성령이 더 충만하게 주어졌습니다.

말씀과 성례 비교

말씀과 성례에도 공통점과 차이점이 있습니다.
하나님의 말씀과 성례는 다음과 같은 공통점을 가집니다.
① 하나님에게서 비롯되었습니다.
② 그리스도를 칭의와 성화로 나타내며, 영혼을 그리스도께로 인도합니다.
③ 참된 신자를 위로합니다.
또한 말씀과 성례 사이에는 여러 차이점이 있습니다.
① 말씀은 회개와 믿음에 이르는 방편입니다. 성례는 회심의 방편이 아니며, 도리어 먼저 회개와 믿음을 요구합니다.
② 말씀은 회심한 자들이나 그렇지 않은 자들 모두에게 말합니다. 성례는 오직 회심하여 믿는 자들에게만 말합니다.
③ 말씀은 성례가 없이도 역사합니다. 그러나 성례는 말씀 없이 역사하지 않습니다.
④ 말씀은 그것을 듣고 깨달을 능력이 있는 자들을 위한 것입니다. 세례라는 성

례는 그렇지 못한 어린아이들에게도 적용됩니다.

⑤ 말씀은 약속을 주고, 성례는 그것을 인 칩니다.

⑥ 말씀 없이는 구원도 없습니다. 그러나 성례 없이는 구원이 가능합니다.

⑦ 말씀은 들음으로써 역사합니다. 성례는 듣고 보고 냄새 맡고 맛보고 느끼는 것처럼 총체적인 감각을 통해 역사합니다.

신약성경이 말하는 성례

신약은 오직 세례와 성찬, 두 가지 성례만을 말합니다. 성례가 이 두 가지뿐이라는 사실은 너무나 분명합니다.

① 이 두 성례는 성례에 필요한 다섯 가지 요소를 다 포함합니다. 하나님께서 성례로 제정하셨고, 보고 느낄 수 있는 요소가 있으며, 그리스도를 실체로 하고, 표지와 실체가 긴밀히 연결되어 있으며, 신자들에게 은혜언약을 인 칩니다. 성례의 이 다섯 요소에 대해서는 이미 앞에서 살폈습니다.

② 성경은 이 둘을 한 가지로 말합니다.

"모세에게 속하여 다 구름과 바다에서 세례를 받고 다 같은 신령한 음식을 먹으며 다 같은 신령한 음료를 마셨으니, 이는 그들을 따르는 신령한 반석으로부터 마셨으매 그 반석은 곧 그리스도시라"(고전 10:2-4).

"우리가 유대인이나 헬라인이나 종이나 자유인이나 다 한 성령으로 세례를 받아 한 몸이 되었고, 또 다 한 성령을 마시게 하셨느니라"(고전 12:13).

모두가 이 두 예식을 성례로 인정하므로, 이에 대해서는 더 길게 설명할 필요가 없을 것입니다.

다만 교황주의자는 이 두 성례로 성이 차지 않았는지, 여기에 견진성사와 고해성사, 병자성사, 신품성사, 혼인성사 다섯 가지를 덧붙여 칠성례라고 부릅니다. 그러나 이 다섯 가지는 성경이 말하는 성례가 아닙니다. 그 어느 것도 성례로서 갖추어야 할 다섯 가지 요소를 포함하지 못하기 때문입니다. 그중 어떤 것은 말씀에 언급되기도 하지만, 말씀 어디에서도 그것을 성례로 제정하지는 않습니다. 하나님의 말씀이 성례로 제정하는 의식만이 성례입니다. 그러므로 우리는 이 다섯 가지를 인간이 자의적으로 고안해 낸 것으로 간주하여 거부합니다. 마태복음 15장 19절이 그것을 분명히 증언합니다.

"마음에서 나오는 것은 악한 생각과 살인과 간음과 음란과 도둑질과 거짓 증언과 비방이니."

39

세례

세례란

신약성경에 최초로 등장하는 성례는 세례입니다. '세례'라고 번역된 헬라어 $\beta\alpha\pi\tau\acute{\iota}\zeta\omega$(밥티조)는 "세례 주다"라는 뜻을 가집니다.

"각각 예수 그리스도의 이름으로 세례를 받고"(행 2:38).

또한 이 단어는 '밀어 넣다,' '물에 잠그다'라는 뜻을 가집니다.

"그 손가락 끝에 물을 찍어[1]"(눅 16:24).

사람을 물에 잠그는 것은 정결하게 하는 행위로, '씻다'라고 번역됩니다.

"또 시장에서 돌아와서도 물을 뿌리지 않고서는 먹지 아니하며"(막 7:4).

따라서 $\beta\alpha\pi\tau\iota\sigma\mu\acute{o}\varsigma$(밥티스모스)와 $\beta\acute{\alpha}\pi\tau\iota\sigma\mu\alpha$(밥티스마)는 '세례'를 뜻합니다.

"세례……에 관한 교훈"(히 6:2).

또한 밥티조는 '씻는 것'을 의미하기도 합니다.

---

[1] 영역주 - 스타턴퍼탈링은 여기에서 'dopen'의 가정법 동사인 'dope'라는 단어를 쓰는데, '세례 주다'와 같은 뜻이다.

"잔과 주발과 놋그릇을 씻음이러라"(막 7:4).

'세례'라는 단어는 여러 의미를 담고 있습니다.

첫째, 이 말은 교리를 가리킵니다.

"그가 일찍이 주의 도를 배워 열심으로 예수에 관한 것을 자세히 말하며 가르치나 요한의 세례만 알 따름이라"(행 18:25).

옛 사람들은 이 말이 빛의 세례(the baptism of light)를 가리킨다고 이해했습니다.

둘째, 이 말은 극심한 고통, 고통에 압도되는 것, 물에 잠기듯이 극심하게 고통당하는 것을 가리킬 때도 쓰입니다.

"나는 받을 세례가 있으니 그것이 이루어지기까지 나의 답답함이 어떠하겠느냐"(눅 12:50).

여기서 세례는 피로써 받을 세례를 가리킵니다.

셋째, 성령께서 충만히 부어지시는 것을 가리키기도 합니다. 이를 통해 영혼은 정결해지고, 영적인 열망으로 타오릅니다.

"그는 성령과 불로 너희에게 세례를 베푸실 것이요"(마 3:11).

여기서 세례는 불로써 받는 세례를 가리킵니다.

넷째, 깨끗해지기 위해 물로 적셔지고 물 뿌림을 받고 물에 잠기는 행위 등을 가리킵니다. 여기에는 다음과 같은 경우가 있습니다.

① 몸이나 다른 것을 물로 씻는 행위

② 구약의 결례

"여러 가지 씻는 것과"(히 9:10).

③ 신약성경에 등장하는 최초의 성례

"주도 한 분이시요 믿음도 하나요 세례도 하나요"(엡 4:5).

특히 우리는 세 번째 경우를 살펴볼 것입니다.

이 주제도 앞 장과 같은 순서로 다루고자 합니다. 즉, 우리는 세례와 관련하여 다음의 내용들을 살펴볼 것입니다.

- 세례의 주인

- 세례의 외적인 표지
- 표지가 가리키는 실체
- 표지와 실체의 관계
- 세례의 목적
- 세례의 대상

세례의 주인

세례의 주인은 하나님, 즉 교회의 신랑 되신 그리스도입니다. 다음 말씀에서 그 사실이 분명히 드러납니다.

"나를 보내어 물로 세례를 베풀라 하신 그이가"(요 1:33).

"요한의 세례가 어디로부터 왔느냐? 하늘로부터냐, 사람으로부터냐?"(마 21:25)

여기서 주 예수님은 요한의 세례가 하늘로부터 왔다고 하시고, 그들의 믿음을 따라 이 사실을 그들에게 확증하십니다. 그리고 그리스도는 승천하시기 전에 제자들에게 이렇게 명령하셨습니다.

"그러므로 너희는 가서 모든 민족을 제자로 삼아 아버지와 아들과 성령의 이름으로 세례를 베풀고"(마 28:19).

세례를 시행하는 도구적 원인은 하나님께서 세례를 베풀라고 보내신 사람들입니다. 요한은 그 첫 번째 사람이었습니다. 그래서 그를 세례 요한이라고 부르며, 그가 베푼 세례를 요한의 세례라고 일컫습니다(마 3:1, 21:25 참고). 그 후에는 그리스도의 제자들이 명령에 따라 세례를 베풉니다.

"예수께서 제자를 삼고 세례를 베푸시는 것이 요한보다 많다 하는 말을 바리새인들이 들은 줄을 주께서 아신지라(예수께서 친히 세례를 베푸신 것이 아니요 제자들이 베푼 것이라)"(요 4:1,2).

부활하신 예수님은 제자들에게 세상 끝 날까지 그들과 함께하겠다고 약속하시면서 세례를 베풀라고 명령하셨습니다(마 28:19,20 참고).

요한의 세례와 그리스도의 세례

> ▶ 질문
> 요한의 세례와 그리스도의 세례는 근본적으로 다른가? 아니면, 동일한가?

대답: 교황주의자들과 소시니안들과 재세례파는 저마다 다른 목적을 가지고 이 세례들이 근본적으로 서로 다르다고 주장합니다. 그러나 우리는 이 두 세례가 시행된 상황만 다를 뿐이라고 주장합니다.

① 요한은 그리스도의 길을 예비하는 자로서 세례를 베풀었습니다. 그 세례는, 이미 오셔서 자신의 구속 사역을 시작하셨으나 아직 모든 것을 성취하지는 않으신 그리스도로 말미암은 죄 용서를 인 치는 것이었습니다.

② 요한의 세례에는 비상한 은사들이 따르지 않았습니다.

③ 요한의 세례는 예수님의 세례보다 그 성격이 다소 명확하지 않습니다.

그러나 우리는 이 두 세례의 본질이 동일하다고 주장합니다. 그 이유는 다음과 같습니다.

첫째, 성례의 본질에 속한 것들이 모두 요한의 세례와 그리스도의 세례에 동일하게 적용되기 때문입니다.

① 두 세례의 주인이 동일합니다(요 1:33 참고).

② 물이라는 동일한 표지를 가졌습니다(마 3:11 참고).

③ 동일한 실체를 가리킵니다. 바로 죄 사함에 이르게 하는 그리스도의 피입니다(행 19:4 참고).

④ 표지와 실체의 관계가 동일합니다. 둘 다 더러움을 씻는 것으로, 하나는 몸을 씻고, 다른 하나는 영혼의 더러움을 씻습니다.

⑤ 동일한 목적을 가집니다. 바로 교회에 속하고, 죄 사함을 인침 받고(행 19:4 참고), 회심하게 하는(마 3:11 참고) 것입니다.

이 모든 사실이 본 장에서 살펴볼 그리스도의 세례에도 동일하게 적용됩니다.

따라서 이 두 세례는 동일합니다.

둘째, 그리스도가 받으신 세례와 신자들이 받는 세례는 하나입니다.

"세례도 하나요"(엡 4:5).

"몸은 하나인데 많은 지체가 있고 몸의 지체가 많으나 한 몸임과 같이 그리스도도 그러하니라. 우리가 유대인이나 헬라인이나 종이나 자유인이나 다 한 성령으로 세례를 받아 한 몸이 되었고, 또 다 한 성령을 마시게 하셨느니라"(고전 12:12,13).

그리스도는 다름 아닌 요한의 세례를 받으셨습니다. 그러므로 요한의 세례와 그리스도의 세례는 동일한 세례입니다.

셋째, 신약성경에는 하나의 세례만이 나옵니다. 요한의 세례는 신약성경의 세례입니다. 요한은 이미 오신 (그러나 아직 죽으시지는 않은) 그리스도를 가리켜 "세상 죄를 지고 가는 하나님의 어린양"으로 증언합니다. 또한 모든 선지자와 율법은 요한의 때까지였습니다. 따라서 그리스도의 세례와 요한의 세례는 동일합니다.

반론 1

마태복음 3장 11절은 이 두 세례를 분명히 구분하여, 요한은 물로 세례를 베풀고 그리스도는 성령과 불로 세례를 베푼다고 말한다.

답변

(1) 사도들은 물로 세례를 베풀었으며, 이는 오늘날까지 이어집니다. 위 반론대로라면, 지금 우리가 사도적 전통에 따라 시행하는 세례도 물로 베풀어지므로 그리스도의 세례라고 하면 안 될 것입니다. 그러므로 이런 반론은 어떤 식으로 보든지 의미가 없습니다.

(2) 이 말씀은 요한이 베푼 세례의 외적인 표지와 그것이 가리키는 바 그리스도만이 베푸실 수 있는 실체를 구별합니다.

반론 2

세례 요한은 거룩한 삼위 하나님의 이름으로 세례를 베풀지 않았지만, 사도들은 그리스도의 명령에 따라 삼위 하나님의 이름으로 세례를 베풀었다. 그러므로 이 두 세례는 서로 다르다.

> 답변

(1) 세례 요한 당시에는 삼위일체 교리가 요즘처럼 많이 공격받지는 않았습니다. 그래서 세례를 베풀 때마다 삼위 하나님의 이름을 구체적으로 언급할 필요가 없었습니다. 뿐만 아니라 요한의 말들이 성경에 전부 기록된 것도 아닙니다. 따라서 기록된 내용만을 근거로 하여 그것이 전부인 양 결론 내릴 수는 없습니다.

(2) 세례 요한은 삼위 하나님에게서 보내심을 받고, 자기를 보내신 분이 누구인지를 알았습니다. 그래서 요한은 자기를 보내신 분을 증언했으며, 그분의 이름으로 세례를 베풀었습니다.

(3) 삼위 하나님은 그리스도께서 세례를 받으실 때에 자신을 나타내셨습니다(마 3:16,17 참고). 성부는 세례를 받으시는 성자에게 하늘로부터 말씀하셨고, 하나님의 성령은 성자에게 강림하셨습니다.

(4) 성경은 어디에서도 요한의 세례를 부정하지 않습니다. 이는 요한이 삼위일체 하나님의 이름으로 세례를 베풀었다는 증거입니다.

(5) 만일 세례 요한이 삼위일체 하나님의 이름으로 세례를 베풀지 않았다면, 그리스도를 비롯하여 세례를 받기 위해 그에게 몰려든 사람들이 모두 올바른 방식으로 세례를 받지 않은 셈이 됩니다.

> 반론 3

사도행전 19장 4,5절에서 볼 수 있듯이, 요한에게서 세례를 받은 사람들은 나중에 다시 세례를 받았다.

"바울이 이르되 요한이 회개의 세례를 베풀며 백성에게 말하되 내 뒤에 오시는 이를 믿으라 하였으니 이는 곧 예수라 하거늘, 그들이 듣고 주 예수의 이름으로 세례를 받으니."

> 답변

(1) 4절을 바울의 말을 인용하는 것으로 생각하는 한편 5절을 이 일을 기록하는

누가의 말로 여기는 데서 이런 오해가 비롯됩니다. 곧 4절과 5절을 분리하여, 마치 누가가 바울이 4절과 같이 가르치자 5절의 일이 일어났다고 말하는 것처럼 읽는 데서 비롯됩니다. 그러나 만일 그렇다면 그것을 입증해야 합니다. 오히려 이 두 절을 사도 바울 한 사람의 말로 결합하여 생각하는 편이 자연스럽습니다. 바울은, 4절에서 제자들에게 요한이 세례를 베풀고 가르친 방식에 관해 말한 다음, 5절에서 요한의 선포를 들은 자들이 그것을 믿고 순종하여 그에게서 세례를 받았다고 진술합니다.

(2) 반론의 주장대로, 설령 요한의 세례를 받은 자들이 다시 세례를 받았다고 할지라도, 그것이 요한의 세례가 사도들의 세례와 다름을 의미하지는 않습니다. 본문뿐만 아니라 성경 어디에서도 요한의 세례가 사도들의 세례와 다르다고 말하지 않습니다. 그렇다면 요한의 제자들이 세례를 두 번 받았다는 주장만 남게 되는데, 어느 누구도 이런 주장을 인정하지 않습니다.

과연 세례를 두 번 받을 수 있느냐 하는 문제에 대해, 우리는 일반적으로 그리해서는 안 된다고 주장합니다. 세례는 단회적인 것이며, 거듭남의 성례요 교회의 몸이 되는 예식이므로 반복될 필요가 없습니다. 또한 성경 어디에도 그런 이유로 세례를 반복한 사례가 없습니다.

세례 자체에 세례 받는 자를 거듭나게 하는 본유적인 은혜가 있으며 그 효과적인 능력을 힘입어 세례가 거듭남을 일으킨다고 믿는다면, 세례는 반복될 필요가 없습니다. 누구든지 일단 거듭나면 계속 거듭난 상태로 남아 있기 때문입니다. 반면 세례가 단지 거듭남의 표지라면, 동일한 실체와 관련하여 인침을 두 번 받는다고 해서 문제가 되지는 않습니다. 또한 너무 어렸을 때 세례를 받아서 자신이 세례 받았는지도 잘 모르며, 그래서 세례 받기를 간절히 바라는 사람이 있다면, 그가 세례 받지 못하도록 막을 이유도 없습니다. 세례에 대한 이러한 우려는 세례의 효력에 관한 교황주의자들의 이해에서 비롯됩니다. 그러나 사도들과 교회는 오히려 교황주의자들의 이해와는 반대되게 세례를 베풀어 왔습니다.

요한의 제자들은 사도들에게서 다시금 세례 받기를 간절히 원했습니다. 당시 사도들의 세례에는 성령의 특별한 은사들이 많이 따랐기 때문입니다. 바울은 아주 신중하면서도 예식에 관한 한 아주 유연한 태도를 보였습니다. 그러하기에 바울은 요한의 제자들이 사도들에게서 다시 세례 받는 일에 대해서도 아주 유연한 태도를 취했을 것이 분명합니다. 그러나 바울이 몇몇 특별한 경우에 그러했다고 해서, 요한의 세례가 모든 사람에게 반복해 시행되었으리라고 생각할 필요는 없습니다. 이런 생각은 오순절에 일어난 일들과도 배치되며, 그 후에도 그런 일은 없었기 때문입니다. 따라서 요한의 세례가 사도들의 세례와 다르며, 그러하기에 사도들의 세례가 거부되었다는 주장은 더더욱 사실이 아닙니다.

세례를 베푸는 자의 자격

지금까지 우리는 요한의 세례와 그리스도의 세례가 본질적으로 하나요 동일하다는 사실을 살펴보았습니다. 이제 세례를 베풀도록 허락된 사람의 자격을 살펴봅시다.

첫째, 그는 설교와 세례를 위해 합법적으로 세워진 사람이어야 합니다. 그리스도의 때로부터 이는 지극히 명백한 사실입니다.

둘째, 그리스도께서 설교와 세례를 하나로 결합하셨고, 사도들을 보내 세례를 베풀도록 하셨습니다. 그리고 목사들도 그렇게 보내심 받았습니다.

"그러므로 너희는 가서 모든 민족을 제자로 삼아 아버지와 아들과 성령의 이름으로 세례를 베풀고"(마 28:19).

셋째, 세례는 그리스도의 이름으로 시행되어야 합니다. 즉, 그리스도께서 제정하고 명령하신 대로 행해져야 합니다.

"각각 예수 그리스도의 이름으로 세례를 받고"(행 2:38).

따라서 그리스도가 세례를 베풀도록 보내신 사람이 아니면 세례를 베풀 수 없습니다. 오직 그리스도의 종이요 하나님의 복음의 신비를 맡은 자만이 세례를 베풀 수 있습니다(고전 4:1 참고).

이런 점에서 우리는 교황주의자들과 다릅니다. 다음 질문을 생각해 봅시다.

> ▶ 질문
> 합법적으로 세례를 베풀도록 세워진 개인이 아니라 할지라도, 긴급한 상황에서는 예외적으로 세례를 베풀 수 있지 않은가? 이를테면, 아직 세례 받지 않은 사람(젊든 나이 들었든)이 죽음을 직면하였는데 당장 세례를 위해 세워진 목사를 찾을 수 없는 경우, 개인이라도(남자든 여자든) 임종을 맞은 사람에게 세례를 베풀 수 있지 않은가?

대답: 교황주의자들은 그럴 수 있다고 말할 것입니다. 그들은 세례가 구원받는 데 절대적으로 필요하며, 사람이 세례 받지 못하고 죽으면 구원에 이르지 못한다고 믿기 때문입니다.

그러나 우리는 이 질문에 그렇지 않다고 대답합니다. 합법적으로 목사로 세워지지 않은 사람은 어떤 경우에도 세례를 베풀 수 없습니다. 세례를 받아야 구원을 받는 것이 아닙니다. 신자는 세례 없이도 구원을 받습니다.

① 앞에서 말한 대로 복음을 설교하기 위해 보냄을 받아야 하는 것처럼, 세례를 시행하기 위해서도 보냄을 받아야 합니다. 그러나 목사가 아닌 개인은 이 일을 위해 보냄을 받지 않았으므로 세례를 베풀어서는 안 됩니다.

② 앞 장에서 이미 살펴보았고 본 장에서도 계속 다루겠지만, 세례를 받아야만 구원받는 것이 아니며, 세례 자체에 세례 받는 자를 거듭나게 하는 본유적인 능력이 있는 것도 아닙니다. 결국 질문에서 말하는 긴급한 상황이라는 것은 없습니다. 따라서 목사로 세워지지 않은 사람은 세례를 베풀어서는 안 됩니다. 긴급한 상황에는 그럴 수 있다고 말하는 사람조차도 여기에는 동의합니다.

③ 목사가 아닌 개인이 성찬을 시행할 수 없는 것과 마찬가지로, 개인은 세례를 베풀 수 없습니다. 성찬과 세례는 모두 본질이 동일한 성례이므로, 성례를 시행하는 사람에 대한 기준이 다를 수는 없습니다.

반론 1

영혼을 구원하는 일은 모든 그리스도인이 마땅히 힘써야 할 사랑의 의무이다. 긴급한 상황에서 세례를 베푸는 것은 곧 영혼을 구원하는 일이다. 따라서 그리스도인이라면 누구나 긴급한 상황에서 세례를 베풀어야 한다.

답변

이른바 긴급한 상황이라는 것은 없습니다. 세례는 영혼을 구원하지 않습니다. 이미 앞에서 이런 주장이 의미가 없음을 살펴보았습니다.

반론 2

신약성경을 보면, 개인도 세례를 베푸는 경우가 있다. 빌립이 에디오피아 내시에게(행 8:38 참고), 아나니아가 바울에게(행 22:16 참고) 세례를 베풀었고, 고넬료의 권속들 역시 개인에게서 세례를 받았다고 나온다(행 10:48 참고).

답변

(1) 그런 주장은 언제나 그렇게 주장하는 사람의 의도를 벗어날 것입니다. 이런 주장에 근거하여 긴급한 상황이라 여겨지지 않는 때에도 개개인이 세례를 베풀 것이기 때문입니다. 반론이 예시한 경우들을 보십시오. 긴급한 상황이라고 할 만한 경우가 하나도 없습니다.

(2) 또한 우리는 예로 든 개인들이 하나님의 보내심을 받지 않았다는 데 동의하지 않습니다. 빌립은 집사였습니다(행 6:5 참고). 개인이 세례를 베푸는 것에 반대하는 사람이든 찬성하는 사람이든 모두가 빌립을 단순한 개인이 아니라 보내심을 받은 사람으로 봅니다. 뿐만 아니라 그는 전도자였습니다(행 21:8 참고). 아나니아는 분명히 하나님에게서 명령을 받고 보내심을 받은 제자였습니다(행 9:10,11 참고). 고넬료의 권속들에게 세례를 베푼 사람은 누구인지 명시되어 있지 않지만, 베드로가 그 집에 있었다는 사실을 볼 때 전혀 긴급한 상황은 아니었음을 알 수 있습니다. 세례는 세례를 주라는 하나님의 명령에 순종하여 시행되므로, 성경에서 세례를 베푼 사람들은 하나같이 그렇게 보내심을 받은 자들이라 할 수 있습니다.

반론 3

십보라는 손수 자기 아들에게 할례를 시행했다(출 4:25 참고). 그러므로 여자들도 세례를 베풀 수 있다.

답변

(1) 이 반론에서 교황주의자들은 스스로 모순을 범하고 있습니다. 그들도 사제가 있으므로 여자에게 세례를 베풀도록 하지는 않을 것입니다. 여기서도 마찬가지입니다. 모세라는 레위 지파 사람이 있습니다.

(2) 이것은 십보라가 침착하지 못한 성품으로 인해 발끈해 행한 예외적인 일일 뿐, 이를 일반화할 수는 없습니다.

(3) 당시에 아직 레위 지파가 제사장 직분을 받지 않았습니다.

(4) 교황주의자들은 구약의 성례와 신약의 성례가 본질적으로 다르다고 주장합니다. 그러면서도 구약의 성례를 신약의 성례를 뒷받침하는 근거로 사용하는 것은 논리에 어긋납니다.

추가반론 십보라가 할례를 행하자마자 하나님의 진노가 가라앉은 것을 보면, 하나님께서 십보라의 행위를 인정하셨다고 할 수 있다.

| 답변 |

십보라의 행위 이후에 하나님의 진노가 가라앉은 것은 아이가 할례를 받았기 때문이지, 십보라가 그렇게 행했기 때문이 아닙니다. 게다가 십보라는 분노하면서 그 일을 했습니다. 마찬가지로, 하나님께서 애굽의 산파들에게 복을 주신 것은 그들이 히브리인들의 자녀가 죽지 않도록 했기 때문이지, 이를 위해 거짓말을 했기 때문이 아닙니다(출 1:20,21 참고).

▶ **질문**

이단들도 세례를 베푼다. 이단들에 의해 시행된 세례도 참된 세례인가?

대답: 첫째, 세례는 예수 그리스도의 참된 교회에서 시행되어야 합니다. 세례 받는 자가 자신이 세례를 받은 교회의 지체가 되기 때문입니다.

둘째, 합법적으로 세워진 목사가 시행하는 세례이어야 합니다. 그러므로 이단적인 교리를 가르치는 회중 가운데서 세례를 받은 사람은 진정한 신자가 될 때에 반드시 세례를 받아야 합니다. 그에게 세례를 베푼 사람이 합법적으로 세워진 사람이 아닐 것이기 때문입니다. 처음에 받은 세례는 세례가 아니므로, 이러한 경우는 재세례가 아닙니다.

오류가 많은 교회일지라도 근본적으로 순전한 교리 위에 있다면 참된 교회라 할 수 있습니다. 따라서 교리가 잘못되었다는 이유로 그곳에서 받은 세례를 부정해서는 안 됩니다. 목사가 개인적으로 회심하지 않았거나 이교적 견해를 지지하는 경우라도 마찬가지입니다. 세례의 효력은 세례를 시행하는 사람에게 달려 있지 않기 때문입니다.

세례의 외적인 표지

두 번째로, 세례의 외적인 표지를 살펴봅시다. 이와 관련하여 우리는 세례의 예식뿐만 아니라 이 예식의 요소, 즉 예식이 시행되는 방식을 살펴보아야 합니다.

세례의 요소는 물입니다. 여느 물과 다르지 않은 깨끗한 물이면 됩니다. 세례 요한도 세례를 베풀 때에 물을 사용했습니다.

"나는……물로 세례를 베풀거니와"(마 3:11).

"나를 보내어 물로 세례를 베풀라 하신 그"(요 1:33).

"거기 물이 많음이라"(요 3:23).

사도들 역시 그러했습니다.

"이에 베드로가 이르되……누가 능히 물로 세례 베풂을 금하리요 하고"(행 10:47).

"길 가다가 물 있는 곳에 이르러 그 내시가 말하되 보라 물이 있으니 내가 세례를 받음에 무슨 거리낌이 있느냐……이에 명하여 수레를 멈추고 빌립과 내시가 둘 다 물에 내려가 빌립이 세례를 베풀고"(행 8:36,38).

그래서 세례를 '물로 씻는다'(엡 5:26 참고)라고 일컫습니다.

세례 이외에 교황주의자들이 덧붙이는 축사, 성호 긋기, 교황의 침, 기름, 소금, 밀가루 같은 인위적이고도 자의적인 것들은 신성모독적이므로, 마땅히 혐오스럽게 여기고 거부해야 합니다.

세례의 방식: 침례 또는 물 뿌림

초기에, 특히 기후가 온난한 나라들에서는 일반적으로 침례가 행해졌습니다. 주 예수님은 침례를 받으셨습니다(마 3:16 참고). 에디오피아 내시도 그러했습니다(행 8:38 참고). 사도들 역시 침례를 언급합니다.

"그러므로 우리가 그의 죽으심과 합하여 세례를 받음으로 그와 함께 장사되었나니"(롬 6:4).

그런데 시간이 흐르면서 침례가 아니라 물을 뿌리는 예식을 행하기 시작했고, 지금은 물을 뿌리는 예식이 일반적입니다. 한편, 그리스 정교회나 러시아 정교회는 여전히 침례를 행합니다. 그러나 침례든 물 뿌림이든 어느 하나만을 고집할 필요는 없습니다. 그것이 예표하는 실체가 같고 그 예식을 통해 확신을 얻는 한, 두 방식은 서로 다르지 않기 때문입니다.

① '세례주다'라는 동사는 '물을 뿌리다'로도 번역됩니다.

"물을 뿌리지 않고서는 먹지 아니하며"(막 7:4).

손을 씻을 때에는 일반적으로 손에 물을 붓습니다.

"전에 엘리야의 손에 물을 붓던 사밧의 아들 엘리사가 여기 있나이다"(왕하 3:11).

② 물 뿌림을 통해 물이 가리키는 실체 곧, 영혼을 깨끗하게 하는 그리스도의 피가 표현됩니다.

"새언약의 중보자이신 예수 및 아벨의 피보다 더 나은 것을 말하는 뿌린 피니라"(히 12:24).

③ 표지와 그것이 가리키는 실체의 관계가 물 뿌림과 침례 모두를 통해 표현됩

니다. 둘 다 사람이 몸을 씻는 방법이기 때문입니다. 성경은 물 뿌림이나 물을 붓는 일에 관해 언급합니다.

"맑은 물을 너희에게 뿌려서 너희로 정결하게 하되 곧 너희 모든 더러운 것에서와 모든 우상숭배에서 너희를 정결하게 할 것이며"(겔 36:25).

④ 사도들도 오순절에 삼천 명에게 세례를 베풀 때나 빌립보 감옥의 간수에게 세례를 줄 때, 그리고 다른 여러 경우들에 물 뿌리는 방식을 사용했습니다.

한 번이든 세 번이든 물을 뿌리는 횟수는 상관없습니다. 삼위일체이신 하나님을 시사하면서 물을 한 번 뿌릴 수도 있고, 삼위 각각을 시사하면서 물을 세 번 뿌릴 수도 있습니다.

세례 예식이나 물 뿌리는 방식과 관련하여 우리가 생각해 볼 것이 또 있습니다. 세례를 베풀 때 선포하는 선언입니다. "내가 성부와 성자와 성령의 이름으로 네게 세례를 주노라"라는 선언도 세례의 요소입니다. 그 이유는 다음과 같습니다.

① 그리스도가 세례를 명령하면서 주신 말씀이기 때문입니다.

② 하나님 외에 다른 이가 없으므로 거룩하신 삼위 하나님의 이름으로 세례를 받는 것이 분명하고도 마땅하기 때문입니다.

③ 그렇게 세례를 받는 사람이 삼위 하나님의 소유로 선언되기 때문입니다.

④ 이 선언이 언제나 교회에서 사용되었기 때문입니다.

⑤ 삼위 하나님의 이름으로 세례를 받는 신자는 각각의 위격과 특별한 관계를 맺기 때문입니다. 이제 성부께서 그의 아버지이시고, 성자께서 그의 구속자이시며, 성령께서 그를 위로하고 거룩하게 하는 분이십니다.

⑥ 이를 통해 거룩한 삼위 하나님이 분명하게 고백되기 때문입니다.

따라서 세례를 베풀 때에 선포하는 이 선언을 반드시 보전해야 합니다.

그런데 만일 교회가 삼위일체 하나님을 인정하고 고백하며, 세례 받는 성인도 동일하게 삼위일체 하나님을 인정하고 고백한다면, 세례 시에 이 말을 명시적으로 선언하지 않았다고 해서 그 세례가 합법적이지 않거나 무효가 되는 것이 아닙니다. 이 선언은 세례의 핵심적인 본질과 관련되지도 않으며, 이 선언이 있느냐 없느

나에 따라 세례의 효력이 달라지지도 않기 때문입니다. 그런데 과연 이런 선언 없이 베풀어지는 세례가 있을지 모르겠습니다. 삼위일체를 언급하든 안하든, 이단들이 베푸는 세례는 애초에 세례가 아니기 때문입니다.

사도가 사람들에게 예수 그리스도의 이름으로 세례를 받으라고 촉구하는 사도행전 2장 38절이나, 사마리아 사람들이 주 예수의 이름으로 세례를 받는 사도행전 8장 16절은, "내가 예수 그리스도의 이름으로 세례를 주노니"라는 말과 더불어 세례를 베풀었다거나 성부, 성자, 성령 하나님의 이름으로 세례를 베풀었다는 증거로 사용하기가 어렵습니다. 오히려 이런 표현들은, 단지 그리스도가 제정하고 명령하신 바에 따라 세례를 베푼다는 사실을 가리킬 뿐입니다. 그리스도의 이름으로 베푸는 세례는 성부와 성령 하나님을 배제하는 것이 아니라, 오히려 성부와 성령 하나님을 포함합니다.

세례가 가리키는 실체 및 표지와 실체의 관계

세 번째로, 세례의 요소들이 가리키는 실체를 살펴봅시다. 다시 말해, 세례를 베풀 때 사용하는 물과 세례를 시행하는 방식이 무엇을 가리키느냐 하는 것입니다. 이는 영혼을 더럽히는 죄를 씻는 그리스도의 피입니다.

네 번째로, 세례의 표지와 그것이 가리키는 실체를 살펴봅시다. 세례는 물이 몸의 더러움을 깨끗하게 씻듯이, 그리스도의 피가 영혼을 죄로부터 깨끗하게 한다는 사실을 시사합니다. 물로 몸을 깨끗이 씻는다는 사실은 모두가 경험해서 압니다. 성경은 그리스도의 피가 영혼을 죄에서 깨끗하게 한다는 사실을 증언합니다.

"예수 그리스도……의 피로 우리 죄에서 우리를 해방하시고"(계 1:5).

세례에 사용되는 물은 영혼이 정결해졌음을 가리키고 인 칩니다. 다음 구절들이 그것을 분명히 말합니다.

"이는 곧 물로 씻어 말씀으로 깨끗하게 하사 거룩하게 하시고"(엡 5:26).

"물은 예수 그리스도께서 부활하심으로 말미암아 이제 너희를 구원하는 표니 곧 세례

라. 이는 육체의 더러운 것을 제하여 버림이 아니요 하나님을 향한 선한 양심의 간구니라"(벧전 3:21).

영혼의 더러운 것은 죄책과 죄로 인한 부패 모두를 말합니다. 세례는 영혼이 이 두 가지로부터 정결하게 되었음을 인 칩니다. 성경은 죄책을 없애는 것에 대해 "세례를 받고 너의 죄를 씻으라"(행 22:16)라고 말하며, 죄로 인한 영혼의 부패를 정결하게 하는 것에 대해 "우리를 구원하시되……오직 그의 긍휼하심을 따라 중생의 씻음과 성령의 새롭게 하심으로 하셨나니"(딛 3:5)라고 말합니다.

세례의 목적

다섯 번째로, 세례의 목적을 살펴봅시다. 세례의 목적은, 죄를 용서받고 거듭나며 교회와 한 몸 되었음을 인 치고 그에 대해 확신하게 하는 것입니다. 죄 사함과 관련해 성경은 이렇게 말합니다.

"그가 할례의 표를 받은 것은 무할례시에 믿음으로 된 의를 인 친 것이니"(롬 4:11).

구약의 성례들이 인 치는 기능을 했다면, 신약 시대에 할례를 대신하는 세례는 더욱 그러합니다.

"또 그 안에서 너희가 손으로 하지 아니한 할례를 받았으니 곧 육의 몸을 벗는 것이요 그리스도의 할례니라. 너희가 세례로 그리스도와 함께 장사되고 또 죽은 자들 가운데서 그를 일으키신 하나님의 역사를 믿음으로 말미암아 그 안에서 함께 일으키심을 받았느니라"(골 2:11,12).

디도서 3장 5절은 거듭남에 대해 말합니다.

"우리를 구원하시되……오직 그의 긍휼하심을 따라 중생의 씻음과 성령의 새롭게 하심으로 하셨나니."

교회와 한 몸 된 것에 대해서도 성경은 이렇게 말합니다.

"우리가 유대인이나 헬라인이나 종이나 자유인이나 다 한 성령으로 세례를 받아 한 몸이 되었고"(고전 12:13).

세례의 목적과 관련해 몇 가지 질문에 대답해 봅시다.

세례가 신약 시대에만 국한된다는 오류

> ▶ 질문
> 세례는 단지 유대인과 그리스도인, 신자와 불신자를 구분하기 위해 사도 시대에만 국한되어 사용된 표지였는가?

　　대답: 거룩한 삼위일체와 그리스도의 구속을 부인하는 소시니안은 그렇게 주장합니다. 그래서 그들은 성례의 인 치는 기능도 부정합니다. 물론 우리는 세례를 신자와 불신자를 구분하는 표지요, 세례 받는 자가 교회와 하나 되었음을 인 치는 것으로 여깁니다. 그러나 이런 기능은 신약성경이 처음 기록된 시대에만 국한되지 않습니다. 오히려 모든 세대에 그렇게 기능합니다. 게다가 우리는 세상 끝 날까지 언제나 세례가 죄 사함을 인 친다고 주장합니다. 이미 앞에서 이 사실을 확인하였습니다(롬 4:11; 행 2:38, 22:16; 엡 5:26 참고). 덧붙여 마태복음 28장 19,20절도 이렇게 말합니다.

"그러므로 너희는 가서 모든 민족을 제자로 삼아 아버지와 아들과 성령의 이름으로 세례를 베풀고 내가 너희에게 분부한 모든 것을 가르쳐 지키게 하라. 볼지어다 내가 세상 끝 날까지 너희와 항상 함께 있으리라 하시니라."

여기서 주목해야 할 점이 있습니다. 곧 본문은 세례를 베푸는 일과 가르치는 일을 명백히 구분하고 있습니다. 그런데 소시니안들은 세례를 베푸는 일과 가르치는 일이 같은 것인 양 해석하여 본문을 왜곡하고 있습니다. 또한 세례는 유대인 중에서 회심하지 않은 사람과 회심하여 기독교인이 된 사람을 구분하는 표지였을 뿐만 아니라, 열방의 이방인 중 믿는 모든 이들에게도 베풀어져야 했던 표지입니다. 뿐만 아니라 세례는 세상 끝 날까지 시행되어야 할 성례입니다. 사도들은 그리스도가 그들에게 명하신 모든 것을 지키도록 열방을 가르쳐야 했습니다. 여기에는 세례에 대한 명령도 포함됩니다.

그리스도는 또한 세상 끝 날까지 그들과 함께하겠노라 약속하십니다. 이 약속은 사도들에게만 국한되지 않습니다. 사도들이 그렇게 오래 살 수는 없기 때문입니다. 오히려 이 명령을, 오는 세대들 가운데서 목사들을 통해 세례가 계속 베풀어져야 한다는 의미로 이해하는 편이 옳습니다.

반론 1

목매달아 죽은 짐승의 고기를 먹지 않고, 발을 씻고, 아픈 자에게 기름을 바르는 것과 같이 초대 교회에만 일시적으로 적용되는 것들이 있었다.

답변

(1) 무슨 말을 하고 싶은 것입니까? 세례도 초대 교회만을 위한 일시적인 것이라고 주장하려는 것입니까? 그러나 세례에 대해 그렇게 결론짓는 것은, 마치 성경도 당시만을 위한 것이므로 지금은 설교가 필요 없다고 말하는 것만큼이나 불합리한 주장입니다.

(2) 목매단 짐승에 관한 규례는 초대 교회 당시만을 위한 것이 맞습니다. 그 일이 믿는 유대인들 가운데 믿음이 약한 자들에게 걸림이 되기 때문입니다. 발을 씻는 것은 거의 맨발로 여행하다시피 하는 고대 근동 나라들에서 행해지는, 교양 있고도 정중한 사랑의 수고였습니다. 환자에게 기름을 바르는 행위는 치료를 베푸는 데 따르는 의식이었습니다. 시대가 바뀌고 요구가 달라짐에 따라, 지금은 그런 일들도 그쳤습니다.

반론 2

어느 예식이나 그 끝이 있다. 이제 신앙은 본질적으로 영적인 문제이므로, 세례는 필요 없다.

답변

(1) 그리스도를 예표하는 예식들은 모두 그리스도의 오심과 동시에 그쳤습니다.

(2) 구약의 신앙 역시 본질적으로 영적이었습니다.

(3) 물리적인 내용을 통해 영적인 내용을 바라보도록 한다고 해서, 사람이 가진 신앙의 영적인 성격이 없어지지는 않습니다. 사람은 영혼과 육신을 모두 가지고 있기 때문입니다.

(4) 하나님께서 성례 제정하기를 기뻐하셨다면, 어리석은 존재인 사람은 잠잠해야 합니다.

반론 3

바울도 자신이 세례를 위해 보냄 받은 것이 아니라고 말한다(고전 1:17 참고). 그러므로 이제 세례는 필요 없다.

답변

(1) 바울이 세례를 베풀도록 보냄 받지 않았다고 하여 어느 누구도 세례를 베풀도록 보냄 받지 않았다고 말할 수 있습니까? 그렇다면 마태복음 28장 19절의 명령은 누구에게 주어진 것입니까?

(2) 바울에게 세례를 받은 사람들도 있었습니다. 그렇다면 바울이 하나님께서 자기에게 명하시지도 않은 일을 했다는 말입니까?(고전 1:14,16 참고)

(3) "세례를 베풀게 하려 하심이 아니요"(고전 1:17)라는 말은 절대적인 의미에서 그렇다는 것이 아니라, 다른 일들과 비교해 상대적으로 그렇다는 뜻입니다. 그의 주된 사명은 세례를 베푸는 것이 아니었습니다. 침례를 통해 세례를 베풀려면, 설교보다 더 많은 시간을 할애해야 했기 때문입니다. 이 구절 외에도 성경에서 이런 표현을 몇 군데 더 찾아볼 수 있습니다.

세례의 물에 구원의 효력이 있다는 오류

> ▶ 질문
> 세례를 베풀 때 사용하는 물에 죄를 없애고 사람을 사효적으로(*ex opere operato*,

> 물로 세례를 받는 외적 행위 자체를 통해) 거듭나게 하는 본유적인 효력이 있어서 세례 받는 자에게 앞서 말한 은혜들을 물리적으로(physically) 가져다주는가? 말씀을 듣는 것과 상관없이 세례 때 사용하는 물을 통해 어린아이들이 거듭날 수 있는가?

대답: 소시니안들과 마찬가지로 교황주의자도 세례의 인 치는 기능을 인정하지 않습니다. 소시니안들은 그리스도의 속죄를 부인하기 때문이며, 교황주의자들은 세례의 효력이 외적 표지에서 기인한다고 여기기 때문입니다. 그래서 이 질문에 그들은 모두 '그렇다'고 대답합니다. 그러나 우리는 여기에 결단코 '그렇지 않다'고 대답합니다.

첫째, 물리적인 객체는 영혼과 물리적이거나 본성적인 방식으로 상호 작용을 할 수 없습니다. 뿐만 아니라 물리적인 것에서는 영적인 것을 얻지 못합니다. 외적인 표지, 즉 세례에서 사용되는 물은 물리적인 것입니다. 따라서 첫 번째 질문의 경우, 물은 영혼을 깨끗하게 하지 못합니다. 그리고 두 번째 질문에 대해서는 성경과 우리의 경험이 증언할 뿐만 아니라, 대적자들도 인정하는 바입니다. 그들 역시 세례 때 사용되는 물은 여전히 물로 남아 있을 뿐, 결코 그리스도의 피로 변하지 않는다고 말하기 때문입니다. 그러므로 이 문제에 관한 우리의 결론은 분명하며, 여전히 효력이 있습니다.

누군가는, 물리적 객체가 영혼과 상호 작용을 하지는 못하더라도 하나님이 원하시면 능력을 더하실 수 있다고 말할지도 모릅니다.

그러나 그렇게 되려면, 먼저 하나님께서 세례에 사용되는 물에 그만큼 충분한 능력을 주셨음을 증명해야 합니다.

또한 세례에 사용되는 물에 그런 효력이 주어져서 그 물이 세례 받는 자의 영혼에 그런 신령한 은혜를 가져다주려면, 그 물은 영적인 성격을 가지고 있어야 합니다. 어떤 원인의 작용은 원인의 특질이나 성격과 직접적으로 관련되기 때문입니다. 이러한 사실은 그의 작용에 뒤따르는 효력에도 그대로 적용됩니다. 그러나 물리적인 객체가 영적인 성격을 가지고 있어서 이를 통해 영혼에 영적인 역사를 일으키는 것은 자연의 이치에 반하는 일입니다. 물리적인 객체인 동시에 물리적인 객체가 아니라고 하는 것은, 곧 '예'인 동시에 '아니오'라고 하는 것처럼 모순됩니다. 하나님은 친히 창조하신 피조물의 본성에 부합하게 피조물 안에서 역사하시는 진리의 하나님입니다.

둘째, 성경은 명백히 표지 자체가 은혜를 일으키는 효력을 가진다는 견해를 부인합니다.

"나는 너희로 회개하게 하기 위하여 물로 세례를 베풀거니와 내 뒤에 오시는 이는……성령과 불로 너희에게 세례를 베푸실 것이요"(마 3:11).

이 말씀은 사람들과 사람들이 이루는 일과 이런 일의 효력이 서로 구별된다는 것을 보여 줍니다. 세례 요한과 그리스도는 물로 세례를 주었고, 성령과 불로 주어지는 세례는 성령의 능력으로 효력이 생깁니다. 성경은 세례 요한이나 물이나 그가 물로 주는 세례에는 이런 능력과 효력이 없으며, 오직 그리스도가 베푸시는 세례에만 이런 능력과 효력이 있다고 말합니다. 그러므로 세례 받는 자들은 물이 가진 어떤 효력이 아니라, 성령으로 말미암아 세례를 베푸시는 그리스도로부터 구원의 은혜를 받습니다.

이 사실은 베드로전서 3장 20,21절에서도 분명히 드러납니다.

"그들은 전에 노아의 날……방주에서 물로 말미암아 구원을 얻은 자가 몇 명뿐이니 겨우 여덟 명이라. 물은 예수 그리스도께서 부활하심으로 말미암아 이제 너희를 구원하는 표니 곧 세례라. 이는 육체의 더러운 것을 제하여 버림이 아니요 하나님을 향한 선한 양심의 간구니라."

베드로는 세례를 노아의 홍수에 빗대어 말합니다. 노아는 방주를 떠오르게 한 물로 구원을 받았습니다. 본문에서 베드로는 이 홍수를 세례에 적용하면서 세례를 통해 구원받는다고 선언합니다. 그는 여기에 구원하는 세례의 방식이 있고 구원하지 않는 세례의 방식이 있다고 덧붙입니다. 곧 세례의 물은 '육체의 더러운 것을 제하여 버림이 아니라'고 하면서 세례의 물로 구원받는 것이 아니라고 말합니다. 그리고 고난당한 후 다시 살아난 그리스도의 부활하심으로 말미암아 사는 것이 구원이라고 밝힙니다. 이 구원은 믿음으로 받고 세례로 인 쳐집니다. 이를 통해, 믿는 영혼은 그리스도의 피로 깨끗해진 양심으로 하나님께 나아가 자신이 의롭게 된 자인지, 하나님과 화목하게 되었는지를 물을 자유를 얻습니다. 그리하여 그 영혼은 자신이 그렇게 된 것을 깨닫고, 그 피의 효력을 받아 누립니다.

셋째, 세례 때 물이 어떤 역할을 하든지 상관없이, 물 자체가 표지와 인침의 기능을 하는 것은 엄연한 사실입니다. 또한 표지가 다른 무언가를 가리키며, 인침이 무언가를 확증하고 확인하는 기능을 한다는 것도 분명한 사실입니다. 무지개 자체에는 홍수를 막을 만한 능력이 없습니다. 기드온의 양털이 원수를 무찌른 것이 아닙니다. 해의 그림자가 십 도나 물러간 일 때문에 히스기야가 건강을 되찾은 것이 아닙니다. 세례에 사용되는 물도 마찬가지입니다. 이미 로마서 4장 11절에서 본 것처럼 그 물은 표지요 인침이며 따라서 그것 자체가 어떤 은혜를 가져오는 것이 아닙니다.

넷째, 세례는 세례 받는 자의 믿음으로 말미암아 영적인 효력을 발휘합니다. 물 자체에는 아무런 효력이 없습니다. 믿음은 물이 아니라 세례 받는 자에게 있습니다. 세례의 영적 효력은 믿음과 관련됩니다. 성례를 제정하는 선포의 말씀과 관련된 약속이 없이는 성례 때 사용되는 요소들이 표지가 될 수 없다는 점만 보아도 이 사실을 분명히 알 수 있습니다. 말씀이 성례의 요소와 결합해야만 비로소 그 요소들이 표지와 인침으로 사용됩니다. 그리고 그것을 믿음으로 받을 때에라야 하나님의 말씀이 역사하며, 이를 통해 유익을 얻습니다(히 4:12 참고). 게다가 믿음이 없이는 어느 누구도 세례를 받을 수 없으며, 받으려고 하지도 않을 것입니다.

"믿고 세례를 받는 사람은 구원을 얻을 것이요 믿지 않는 사람은 정죄를 받으리라"(행 8:37; 막 16:16 참고).

그러므로 세례의 효력은 물과 상관없으며, 표지와 실체를 결합시키는 믿음으로만 나타납니다. 또한 세례 때 사용되는 요소들은 세례를 제정하는 선포와 약속의 말씀과 결합해야만 표지와 인침으로 사용될 수 있습니다.

다섯째, 만일 세례 때 사용되는 물에 본유적인 효력이 있어서 물리적으로, 즉 본성을 따라 세례를 받은 사람들 안에 은혜를 산출한다면, 누구든지 세례만 받으면 칭의와 성화의 은혜를 받게 될 것입니다. 본유적인 효력이 어떠하든 상관없이, 그 영역 안에 있는 사람이라면 누구나 그 효력의 영향을 받게 될 것입니다. 선한 사람뿐만 아니라 악한 사람도 불을 통해 온기를 얻습니다. 마찬가지로 유대인이든 무슬림이든 위선자이든 이교도이든 세례만 받으면 은혜를 받지 못할 이유가 없습니다. 다시 말해, 은혜를 사모하고 은혜에 참여하기를 열망하는가는 은혜를 받는 데 아무런 상관이 없어집니다. 누구든 세례만 받으면 죄가 없어지고 거듭나는 은혜를 받을 것입니다. 설령 세례를 받는 순간에 죽는다고 할지라도 그 사람은 구원을 받을 것이며, 결국 아무리 혐오스런 죄를 일삼은 사람이라도 천국에 아주 쉽사리 들어갈 것입니다.

이는 말도 안 되는 가르침입니다! 성경은 오히려 그와 정반대로 가르칩니다. 세례를 받았다고 하더라도 잃어버린 자일 수 있다고 증언합니다. 베드로는 세례를 받은 마술사 시몬에게 이렇게 말했습니다.

"하나님 앞에서 네 마음이 바르지 못하니 이 도에는 네가 관계도 없고 분깃 될 것도 없느니라"(행 8:21).

바울 또한 성찬에 합당하지 않게 참여하는 자들이 그리스도의 몸과 피에 대해 죄를 짓는 것이라고 말합니다(고전 11:27 참고).

이 모든 사실들을 볼 때, 세례에서 사용되는 물에는 은혜를 가져다 주는 본유적인 효력이 없음이 분명합니다.

반론 1-1

성경은 세례에 죄를 제거하고 거듭나게 하며 구원하는 효력이 있다고 말한다. 그러므로 세례에는 분명히 그런 효력이 있다. 다음 구절들을 보라.

"그는 성령과 불로 너희에게 세례를 베푸실 것이요"(마 3:11).

> 답변

이 본문은 오히려 그런 주장이 잘못되었음을 보여 줍니다. 세례의 물에 그런 효력이 없다고 말하기 때문입니다. 이 본문은 그 효력을 하나님께서 자기 자녀들에게 주시는 그리스도의 성령께로 돌립니다.

반론 1-2

"믿고 세례를 받는 사람은 구원을 얻을 것이요 믿지 않는 사람은 정죄를 받으리라"(막 16:16).

> 답변

(1) 구원이라는 결과는 하나이지만, 여기에는 믿음과 세례가 연결되어 있습니다. 그러나 효력과 필요라는 측면에서 이 둘을 절대 동등하게 취급할 수 없습니다. 믿음이 없이는 어느 누구도 구원받지 못합니다. 반면 세례를 받지 않더라도 구원은 받을 수 있습니다. 믿음 없이 받는 세례에는 아무런 유익이 없습니다. 다음의 말씀이 그것을 분명히 밝힙니다.

"믿고 세례를 받는 사람은 구원을 얻을 것이요 믿지 않는 사람은 정죄를 받으리라"(막 16:16).

(2) 세례는 구원의 약속들이 참됨을 인 치는 것으로, 믿음과 결부되어 믿음을 더욱 강하게 합니다.

반론 1-3

"예수께서 대답하시되 진실로 진실로 네게 이르노니 사람이 물과 성령으로 나지 아니하면 하나님의 나라에 들어갈 수 없느니라"(요 3:5).

> 답변

이 말씀은 세례를 전혀 언급하지 않습니다. 정결하게 하는 능력을 가진 성령만을 언급할 뿐입니다. 성령을 물과 불에 자주 빗대어 말하는 것은 성령께서 행하시는 능력의 역사 때문입니다(마 3:11 참고).

반론 1-4

"각각 예수 그리스도의 이름으로 세례를 받고 죄 사함을 받으라. 그리하면 성령의 선물을 받으리니"(행 2:38).

"왜 주저하느냐? 일어나 주의 이름을 불러 세례를 받고 너의 죄를 씻으라 하더라"(행 22:16).

> **답변**

(1) 이 말씀들은 세례 때 사용되는 물이나 물을 뿌리는 외적 행위가 죄를 없앤다고 말하지 않습니다. 이 말씀들을 그렇게 사용하려면, 그 사실을 증명해야 합니다.

(2) 여기서 말하는 바는 죄 사함을 위해 받는 세례입니다. 죄 사함이란 하나님께서 그리스도의 공로를 근거로 사람을 무죄로 선언하시는 것입니다. 사람은 마음으로 이 사실을 믿고 받음으로써 그것을 자기 것으로 삼으며, 이로 말미암아 하나님과 화목하게 됩니다(롬 5:1 참고). 이 믿음은 죄 사함에 관한 하나님의 약속들을 인 치는 세례를 통해 강해집니다. 이처럼 세례는 죄 사함이라는 사실로 말미암아 신자들에게 베풀어지고, 그 사실을 인 칩니다.

(3) 사도는 신자들에게 세례와 죄 사함에 대해 말합니다. 그런데 세례는 전혀 다른 방식으로 죄를 씻습니다. 그 일은 물리적이거나 자연적인 작용으로 말미암든지, 도덕적이거나 인 치는 효력으로 말미암든지 둘 중 하나입니다. 우리는 전자를 부인합니다. 본문은 결코 그렇게 말하지 않습니다. 오히려 그리스도의 피로 말미암아 깨끗하게 되는 죄 사함을 믿음으로 받고 세례로 인 친다고 말합니다.

> **반론 1-5**

"이는 곧 물로 씻어 말씀으로 깨끗하게 하사 거룩하게 하시고"(엡 5:26).

"우리를 구원하시되 우리가 행한 바 의로운 행위로 말미암지 아니하고 오직 그의 긍휼하심을 따라 중생의 씻음과 성령의 새롭게 하심으로 하셨나니"(딛 3:5).

> **답변**

거듭 말하지만, 본문은 세례 때 사용되는 물과 겉으로 드러나는 성례 의식 자체에 죄를 씻고 거듭나게 하는 효력이 있다고 말하지 않습니다. 또한 성례에 본유적인 효력이 있어서 이런 외적인 예식을 거치기만 하면 저절로 그렇게 된다는 식으로 말하지도 않습니다. 그렇게 주장하려면, 성경을 통해 그 사실을 증명해야 할 것입니다. 따라서 우리는 그런 주장을 거부합니다. 세례가 마음을 정결하게 한다는 데 대해서는 우리도 기꺼이 인정하고, 또 그렇게 주장합니다. 그러나 이것 역시 사도가 언급한 맥락에 부합하게 그리스도의 피로 죄가 씻어졌음을 인 치는 것으로, 그리고 믿음을 강화하고 부패에 맞서 더 힘있게 싸우도록 마음을 깨끗하게 하는 것으로 이해해야 합니다(행 15:9 참고). 또한 우리는 사람을 새롭게 하고 거듭나게 하시는 분이 성령이시라는 원리를 지키기를 원합니다. 성령께서 믿음을 통해 사람을 새롭게 하고 거듭나게 하십니다. 그리고 이 믿음은 거듭남을 인 치는 세례 곧 물로 씻음을 통해 더욱 강해지며, 위로와 성화를 가져옵니다. 앞에서 인용한 구절들은 모두 세례의 본유적인 효력이 아니라 세례의 인 치는 효력을 말합니다. 이 효력을 힘입어 죄인은 세례의 물을 뿌리는 행위를 통해 자연적 의미에서 칭의와 성화로 회복됩니다.

반론 2

어린아이들은 아직 기독교 믿음을 제대로 알지 못하고 자기 믿음을 고백하지 못하는데도 세례의 인침을 위해 세례를 받는다. 그러므로 이런 아이들이 받는 세례는 아무 효력도 없는 허탄한 것이든, 세례의 본유적인 효력으로 말미암아 자연적인 의미에서 은혜를 산출하든 둘 중 하나이다. 그러나 전자는 불합리하므로, 후자의 경우만이 남는다.

답변

(1) 구약 시대의 어린아이들은 할례를 받았습니다. 여기에 마음을 새롭게 하는 본유적 효력은 없었지만, 이 할례는 헛되지 않았습니다. 이처럼 어린 자녀가 받는 성례는 은혜를 가져다주는 본유적 효력은 없을지라도 유익이 있습니다.

(2) 세례에는 표지와 인침의 기능이 있으므로, 세례를 받는 자녀도 인침을 받습니다. 그래서 하나님과 회중과 부모는 세례를 받은 자녀가 인침을 받았다고 여깁니다. 이를 통해 부모는 위로를 얻습니다. 세례를 받은 자녀는 사리를 분별할 나이가 되면, 자신이 받은 세례에 인침의 기능이 있음을 깨달아 위로를 얻고 스스로를

구별합니다.

세례 자체에 은혜를 가져다주는 본유적인 효력이 있다는 주장에 성경적 근거가 없음이 드러났으므로, 그런 효력을 근거로 하는 세 가지 전제도 근거가 없습니다. 따라서 이제 우리는 그런 전제들에 반박할 수 있습니다.

▶ 질문 1
세례를 통해 과거와 현재의 모든 죄를 용서받는다는 말은, 과거와 현재의 모든 죄를 세례 받는 자의 것으로 돌리지 않을 뿐만 아니라 죄책과 부패를 완전히 없앤다는 말인가?

대답: 교황주의자들은 그렇다고 대답합니다. 그러나 우리는 아니라고 말합니다. 그 이유는 다음가 같습니다.

① 세례라는 물리적 의식에는 어떤 식으로든 죄를 없애는 본유적인 효력이 전혀 없기 때문입니다.

② 세례 의식을 통해 죄를 완전히 없앨 수 있다면, 사람은 이 땅에 사는 동안 타락하기 전의 아담처럼 될 것입니다. 그러나 성경은 이렇게 말합니다

"내가 내 마음을 정하게 하였다 내 죄를 깨끗하게 하였다 할 자가 누구냐?"(잠 20:9)

▶ 질문 2
세례가 구원에 반드시 필요한가?

대답: 교황주의자들은 그렇다고 대답합니다. 그러나 우리는 세례를 받아야 한다고 믿지만, 세례가 구원에 반드시 필요하다고 믿지는 않습니다. 세례를 받아야 함은, 주 예수님께서 제정하셨고, 그것을 멸시하는 자들은 정죄를 받기 때문입니다.

교황주의자들의 오류는 다음의 이유들에서 분명히 드러납니다.

① 세례에는 물리적으로 죄를 없애는 본유적인 효력이 있지 않으므로, 앞에서 살펴본대로 반드시 세례를 받아야 구원을 받는다고 할 수 없습니다.

② 주 예수님도 세례가 구원을 위해 반드시 필요하다고 말씀하시지 않았습니다. 믿음의 세례를 말씀하신 후에 세례 받지 않은 자들의 멸망이 아니라 믿지 않은 자들의 멸망을 경고하셨을 뿐입니다(막 16:16 참고).

③ 세례를 받기 전에도 회심하고 신자로 살아갈 수 있습니다. 특히 성인들은 세례 받기 전에 먼저 믿음을 고백해야 합니다. 이런 사람에게는 영생이 있습니다(요 3:36 참고). 따라서 세례를 받지 않아서 천국에 들어가지 못하는 일은 없습니다. 앞에서 살펴본 요한복음 3장 5절도 세례에 대해 언급하지 않습니다.

> ▶ 질문 3
> 세례 받지 않은 자녀들은 모두 정죄 아래에 있고 천국에 들어가지 못하는가?

대답: 교황주의자들은 그렇다고 대답합니다. 그러나 우리는 은혜를 정면으로 거스르는 이런 끔찍한 판단을 단호히 거부합니다.

① 앞에서 말한 대로, 세례에는 그런 본유적인 효력이 없습니다.

② 질문을 인정할 경우, 자신이 잘못해서 세례를 받지 못한 것이 아닌데도 타인의 부주의함이나 잔인함 때문에 정죄를 피하지 못할 사람이 생길 수밖에 없습니다. 이것은 에스겔 18장 20절과 정면으로 배치됩니다.

"범죄하는 그 영혼은 죽을지라. 아들은 아버지의 죄악을 담당하지 아니할 것이요 아버지는 아들의 죄악을 담당하지 아니하리니, 의인의 공의도 자기에게로 돌아가고 악인의 악도 자기에게로 돌아가리라."

지금까지 우리는 세례와 세례의 핵심적인 성격을 살펴보았습니다. 세례가 하나님께서 제정하신 바 은혜언약을 인치는 표지요 신약성경이 말하는 첫 번째 성례임은 분명합니다. 그것은 주 예수님께서 사도들에게, 그리고 사도들을 통해 모든 목사들에게 명하신 규례입니다. 세례는 성부와 성자와 성령의 이름으로 세례 받는 자를 깨끗한 물에 담그거나 그에게 물을 뿌리는 예식입니다. 이러한 세례는 신자들에게 그들이 그리스도의 피와 성령으로 죄의 부패와 죄책으로부터 깨끗하게 되었음을 증언하고 인 칩니다. 또한 그들이 믿음과 사랑과 거룩함으로 하나님을 영화롭게 하고, 교회의 장식이 되며, 회심하지 않은 자들에게 증거가 되고, 믿음을 통해 그리스도의 회중에 속함을 증언하고 인 칩니다.

세례를 받는 대상

앞에서 다룬 내용들과 더불어 세례 받는 대상에 관해 살펴봅시다. 다시 말해, 누가 세례를 받는가 하는 것입니다. 교황주의자들은 시계와 같은 물체들에까지 세례를 줌으로써 세례를 끔찍하게 훼손하고 있습니다. 오직 사람만이 세례를 받습니다. 그것도 신자들만이 세례를 받습니다. 참된 신자에게만 세례 받을 자격이 주어집니다. 자신의 죄인 됨과 그리스도에 대한 믿음을 고백하고, 예수님의 발자취를 따르며 그 고백에 부합하게 살기로 결심하는 사람이 선한 양심으로 세례를 받을 수 있습니다. 또한 목사가 그런 신자에게 세례를 베풀 때, 교회는 세례 받는 자에게 세례 받는 근거로 거듭남에 대한 확신을 요구할 수 없습니다. 세례 받는 자가 회심하지 않았거나 위선자일 경우, 그들이 받는 세례는 인치는 기능을 할 수 없습니다. 그 책임은 세례 받는 사람 자신에게 있습니다. 그런 사람은 언약에도 참여하지 않았으므로 그 은택을 받아 누리지 못합니다. 다음 구절에서 이러한 사실을 확인할 수 있습니다.

"자기들의 죄를 자복하고 요단강에서 그에게 세례를 받더니……그러므로 회개에 합당한 열매를 맺고"(마 3:6,8).

"너희가 회개하여 각각 예수 그리스도의 이름으로 세례를 받고 죄 사함을 받으라"(행 2:38).

또한 언약 안에 참으로 들어왔든 겉으로만 들어왔든, 언약 안으로 들어와 세례를 받은 사람이라면 누구든지 자신뿐만 아니라 자녀들까지도 언약을 통해 그리스도께로 이끌어 세례를 받게 할 책임을 가집니다. 자녀들에게도 이 언약이 적용되기 때문입니다. 이 사실을 분명히 보이기 전에, 유아세례를 좀 더 설명하기 위해서라도 몇 가지 내용들을 언급하고 지나가겠습니다.

자녀들에게 베푸는 세례

첫째, 세례를 받는 자녀들은 다음에 해당하지 않아야 합니다.
① 유대인, 무슬림, 이교도의 자녀이어서는 안 됩니다. 언약에 속한 부모가 입양했다 할지라도 마찬가지입니다. 입양된다고 하여 언약 안에서 태어나지 않았다는 사실이 달라지는 것은 아니기 때문입니다.
② 참된 교회가 없는 나라에서 버려진 자녀도 안 됩니다. 설령 그곳에 참된 교회가 존재한다 할지라도, 유대인이나 무슬림, 이교도, 소시니안들, 또는 다른 이단들이 득세하는 나라라면, 그 역시 마찬가지입니다. 이런 나라의 자녀들은 언약에 속한 자일 수도 있지만 그렇지 않을 수도 있기 때문입니다.
③ 출교된 부모의 자녀이어서도 안 됩니다. 즉, 부모가 출교된 후에 태어난 자녀이어서는 안 된다는 뜻입니다. 그런 부모들은 이교도들처럼 여겨져야 하기 때문입니다(마 18:17 참고).
④ 교황주의자들처럼 아직 출생하지 않았거나 유산된 태아에게 세례를 주어서도 안 됩니다.

세례 받는 자녀들은 다음과 같아야 합니다.
① 언약에 속한 부모의 자녀이어야 합니다. 다시 말해, 부모 중 한 명이라도 언약의 지체여야 합니다(고전 7:14 참고).
② 간음을 통해 태어났다 하더라도 언약의 부모에게서 난 자녀라면 세례를 받을 수 있습니다.

③ 치리 중에 있는 부모의 자녀도 세례를 받을 수 있습니다. 부모의 죄책 때문에 자녀가 벌을 받아서는 안 되기 때문입니다.

둘째, 자녀들이 어디서 세례를 받아야 하는가에 관해서는 성경이 명시하지 않습니다. 또한 이는 세례의 본질도 아닙니다. 그러나 교회가 공예배를 하는 자리에서 예배 중에 시행하는 것이 덕스럽습니다.

셋째, 행위언약이 파기된 후, 하나님은 사람들과 은혜언약을 세우셨습니다. 즉, 구약과 신약 그 어디에서도 하나님은 회심한 자나 회심하지 않은 자 모두를 차별 없이 포함하는, 외적인 순종에 따라 외적인 은택을 약속하는 외적인 언약(그 이름이 국가언약이든, 대표언약이든, 세상언약이든, 외적인 언약이든, 무엇이든 간에)을 세우시지 않았습니다. 그러므로 자녀들의 세례에 외적인 언약을 근거로 삼아서는 안 됩니다. 세례는 오직 은혜언약에 따른 것입니다.

넷째, 택함 받은 자녀들을 하나님의 관점에서 볼 수도 있고, 자녀들의 현재 모습 그대로를 볼 수도 있습니다. 하나님은 그들을 택함 받은 자요 영생의 후사이며, 그들을 위한 보증이신 예수 그리스도의 피로 값 주고 산 구속된 자들로 아십니다. 자녀들의 모습만 보면, 하나님의 형상을 잃어버린 채 마귀의 형상을 가지고 있으며, 믿음의 씨도 없고, 거듭나지도 않았으며, 최소한의 은혜로운 성향도 없고, 성령이 내주하시지 않아 미움이 가득하며, 정죄 받기에 합당한 여느 아이들과 다르지 않습니다. 그러하기에 자녀들이 세례를 받는 근거는 그들이 가진 은혜의 분량도 아니고, 우리에게 감추어진 하나님의 영원한 선택도 아닙니다.

다섯째, 하나님은 아직 영아인 자녀들을 부분적으로든 완전하게든 거룩하게 하실 수 있습니다. 아담이 죄를 짓고 타락하지 않았더라면, 모든 자녀들이 완전히 거룩한 상태로 태어났을 것입니다. 실제로 그리스도는 완전히 거룩하게 태어나셨습니다. 그리고 선택된 성인 신자가 죽음과 더불어 거룩해지는 것처럼, 선택된 자녀로서 죽는 영아 역시 거룩한 상태로 죽습니다. 그러나 하나님의 이런 역사가 일반적이지는 않습니다. 하나님께서 특별한 경우에 특정한 사람들에게 이렇게 역사하시기도 하지만, 이는 전례를 찾아보기가 어렵고, 분명한 증거도 없습니다. 다만 자녀들에게 있는 본유적인 자질에 근거하여 유아세례를 베푸는 것은 아니라고 분명히 말할 수 있습니다.

여섯째, 세례는 표지이자 인침이기 때문에 이면에 있는 실체를 가리키고 인 치는 기능을 할 뿐입니다. 그것은 본유적인 효력을 통해 은혜로 역사하지도 않을뿐더러, 하나님께서 외면적인 표지를 사용해 거듭나게 하시지도 않습니다. 이적을 통해 은혜를 눈에 보이게 드러내신 그리스도의 역사와는 비교할 수 없습니다. 손을 얹음으로써 성령의 특별한 은사가 전달되는 것과도 비교할 수 없습니다. 이처럼 성령의 은혜의 역사는 때나 세례에 따라 제한되지 않습니다. 유아세례를 받았다고 해서 자녀가 내적으로 변화되는 것은 아니며, 세례 전에 하나님께서 그 자녀를 향해 가지고 계셨던 사랑이 달라지는 것도 아닙니다. 오히려 세례의 효력과 기능은 은혜언약과 이 언약에 담긴 바 자녀를 향한 약속들을 인 치는 것입니다. 이것은 자녀가 세례와 더불어 그 약속들을 받는다는 뜻이 아닙니다. 오히려 그 약속들을 받아 누릴 자격을 가지며, 하나님께서 이 자녀 안에서 그 약속들을 이루실 것임을 뜻합니다. 따라서 유아세례는 장래의 약속들을 성인 신자들에게 인 치는 세례와 비슷한 역할을 합니다.

일곱째, 언약에 속한 자들(회심 여부와 상관없이)의 자녀로 숨을 거둔 영아들(세례 받기 전이든 이후든 상관없이)은 언약 안에 태어나고 언약의 자녀가 되게 하신 하나님의 언약으로 말미암아 구원받았다고 여겨야 합니다. 설령 부모가 회심하지 않고 언약에 신실하지 않다 할지라도, 이는 부모의 책임이지 자녀의 책임이 아닙니다. 따라서 부모의 죄로 인해 자녀가 죄책을 감당하는 일은 없습니다. 또한 세례 받은 자녀들이 자라서 언약에 신실하지 않음으로써 언약의 약속들과 상관없는 자임을 스스로 나타내기 전까지, 그들은 언약에 참여한 자로 여겨져야 합니다.[2] 이 경우 자녀들이 은혜에서 떨어지는 것이 아니며, 인침이 무익하게 되는 것도 아닙니다.

---

2) 영역주 - 문맥을 고려하지 않고서 이 부분만을 보면, 마치 아 브라켈이 후대의 카이퍼주의자들이 주장한 '가정적 중생(presumptive regeneration)'을 말하는 것처럼 생각될 수 있다. 그러나 문맥 전체를 읽어 보면, 전혀 그렇지 않음을 알 수 있다.

오히려 이것은 세례가 그 자녀들을 위한 인침이 아니며, 그들이 참으로 언약 안에 있지 않았다는 것을 증명합니다. 반면 죄악된 삶을 영위하다가 회심한 사람들에게 세례는 인침이 됩니다. 따라서 그들은 참으로 언약 안에 포함된 자들이었고, 이미 어렸을 때부터 언약에 참여하여 언약의 은택을 받아 누릴 자격을 가졌던 자들입니다. 심지어 자녀들이 세례를 받고 나서 회심하기 전까지 겉으로만 언약에 속한 지체들처럼 보였다고 할지라도, 자녀들 개개인의 영적 상태와 다른 사람들의 합당한 판단에 비추어 볼 때 그러합니다.

여덟째, 세례 예식 중에 부모와 증인들에게 이렇게 묻는 대목이 있습니다. "이 아이들이 그리스도 안에서 거룩하며, 따라서 그리스도의 교회의 지체로 세례를 받아야 함을 인정합니까?" 이 물음을 바르게 이해하려면, 다음에 주목해야 합니다.

① 이는 언약의 지체들과 그들의 자녀들에게 하는 말입니다.

② 거룩하게 된다는 말은 세례를 받는 바로 그 시간에 자녀들이 믿음과 거듭남과 성화의 원리를 실제로 소유하게 된다는 의미가 아닙니다. 또한 세례 받은 모든 자녀들, 특별히 내 자녀가 선택받았고 회심할 것이며 구원에 참여하게 될 것이라는 의미가 아닙니다. 그것은 언약에 속한 지체의 자녀들이 일반적인 의미에서 부모들과 더불어 참여한 언약을 힘입어, 그 언약이 약속하는 은택을 받아 누릴 자격을 가지며 그 언약에 참여한 자가 될 것임을 의미합니다. 바로 이것이 언약에 속하지 않은 까닭에 말씀의 약속과는 상관이 없는 사람들의 자녀들과 다른 점입니다.

영아 때 죽는 자녀들의 구원에 관해서는 어떤 식으로든 단정 지을 근거가 없습니다. 이 일이 하나님의 주권과 비밀스러운 뜻에 속하기 때문입니다. 언약에 속한 지체들의 자녀에게서 언약에 대한 태도가 분명히 드러나기 전까지는 그들을 어떤 식으로든 차별하지 말고, 마땅히 언약의 약속에 따라 하나님의 자녀로 여겨야 합니다. 따라서 그리스도 안에서 거룩하게 되었다는 말은 그리스도께 참여한 자가 되었음을 뜻합니다.[3]

---

[3] 영역주 - 이 문단의 전반부를 볼 때, 지금 아 브라켈은 은혜언약 안에서 개인적이고도 실제적으로 거룩해지는 실제적인 구원이 아니라 법정적인 거룩함과 법적으로 은혜언약에 속하는 것에 대해 말하고 있다. 이 부분에 대해서는 나중

③ 거룩하게 된다는 것은 외적인 언약에 속한다는 뜻이 아닙니다. 외적인 언약이란 존재하지 않기 때문입니다. 부모들은 자기 자녀가 구원받기를 바라고 염원하지만, 외적인 성격의 구원을 생각하지는 않습니다. 성례는 외적인 언약을 인 치는 것이 아니라 은혜언약에 대한 인침이요, 믿음으로 말미암는 의로움을 가리키는 표지이자 인침입니다. 또한 자녀가 그리스도 안에서 거룩해졌다고 고백하지만, 외적인 언약과 관련하여 그렇게 말할 수는 없습니다. 게다가 자녀는 세례 받기 전에 이미 거룩해졌다고 인정되며, 그래서 세례를 받습니다. 이처럼 세례 때문에 자녀가 언약의 지체가 되는 것이 아닙니다. 세례 받기 전에 이미 언약의 지체였기에 세례를 받는 것입니다. 자녀가 세례를 받기 전에도 오직 은혜 언약만 있을 뿐, 다른 언약은 없습니다.

④ 어떤 사람들은 세례의 의미(form)를 '그리스도 안에서 거룩하게 되어야 하는, 즉 그리스도 안에서 거룩하게 되고, 또 거룩하게 되어야 하는'이라고 바꾸고 싶어 합니다. 그러나 이는 무지와 오해에서 비롯된 생각입니다. 은혜언약 안에 있다는 의미(이것이 원래 의미하는 바입니다)가 아니라 다른 의미로 그런 식으로 말하는 것이라면, 도대체 그들이 자기 자녀들과 다른 자녀들에게 세례를 주려는 근거가 무엇인지 이해할 수가 없습니다. 세례를 통해 인 치는 은혜언약 말고는 세례를 위한 다른 근거가 없기 때문입니다.

지금까지 서론적으로 살펴본 바를 토대로 다음과 같은 질문들을 생각해 봅시다.

▶ 질문
언약에 속한 지체의 자녀들은 세례를 받을 수 있으며, 또 반드시 받아야 하는가?

대답: 재세례파, 소시니안, 브라운주의자들(Brownists)[4]은 그렇지 않다고

에서 더욱 구체적으로 다룰 것이다.
4) 역자주 – 16세기 말 영국 국교회가 참된 교회가 아니라고 여겨 이탈한 분리주의자들로서, 분리주의 운동의 필두인 로버트 브라운(Robert Brown)을 따른다. 1620년 메이플라워호를 타고 플리머스로 온 사람들 대부분이 이 브라운주의자들이었다.

대답합니다. 그러나 우리는 반드시 그래야 한다고 믿습니다. 그 이유는 다음과 같습니다.

첫째, 구약성경을 보면, 언약에 속한 지체의 자녀들은 할례를 받아야 했습니다. 따라서 신약 시대에도 마땅히 그렇게 해야 합니다. 구약 시대에 언약에 속한 지체의 자녀들이 할례를 받았다는 사실에는 이의를 제기할 여지가 없습니다. 그리고 이런 사실을 기초로 다음의 이유에 따라 우리의 주장을 펼치는 바입니다.

① 신구약을 통틀어 동일한 하나의 언약만이 존재합니다. 그리고 이 언약은 할례의 인침을 받아야 했던 구약 시대의 자녀들과 관련 있습니다. 신약 시대에도 마찬가지입니다. 따라서 언약에 속한 가정의 자녀들은 세례를 받아야 합니다.

② 세례는 구약의 할례를 대신합니다. 외적 표지가 바뀐 것입니다. 그러나 인침은 동일합니다.

"또 그 안에서 너희가 손으로 하지 아니한 할례를 받았으니……너희가 세례로 그리스도와 함께 장사되고"(골 2:11,12).

세례 받은 자들을 가리켜 할례를 받았다고 합니다. 할례와 세례는 본질적으로 동일한 성례이기 때문입니다.

③ 이 두 성례는 모두 동일한 실체를 가리키며, 그 목적도 같습니다. 그리스도의 성령과 피로 깨끗하게 하는 것입니다. 구약 시대의 자녀들이 할례를 받아야 했다면, 오늘날에도 세례를 받아야 합니다.

둘째, 구약 시대의 자녀들도 실제로 세례를 받았습니다.

"우리 조상들이 다 구름 아래에 있고 바다 가운데로 지나며 모세에게 속하여 다 구름과 바다에서 세례를 받고"(고전 10:1,2).

그들의 자녀들도 여기에 포함되었다는 데는 이론의 여지가 없습니다(출 10:24 참고). 물에 잠기는 세례 방식에 비견할 만하게, 그들은 모두 바다 가운데로 지나갔고, 언제나 그들 위에 있던 구름 가운데서 행했습니다. 이 세례는, 그들이 바로의 압제로부터 벗어날 때 바다를 통과하면서 받은 영적 구원을 인쳤습니다. 그들은 모두 구름 기둥 가운데로 행함으로써 광야의 뜨거운 햇빛으로부터 보호받았고, 주 예수님이 그 가운데서 일하셨습니다(출 14:24 참고). 그때의 자녀들이 언약의 지체로서 세례를 받았다면, 지금도 그러합니다. 지금의 자녀들도 그때와 마찬가지로 언약의 지체이기 때문입니다.

셋째, 언약에 속한 부모의 자녀들도 한 언약 아래 있으므로 언약의 인침을 받는 것이 당연합니다. 창세기 17장 7절이 이것을 분명히 말합니다.

"내가 내 언약을 나와 너 및 네 대대 후손 사이에 세워서 영원한 언약을 삼고 너와 네 후손의 하나님이 되리라."

이 말씀은 구약 시대뿐만 아니라 신약 시대인 지금도 진리입니다. 이방인 신자들 역시 아브라함의 씨이기 때문에 이 언약에 포함됩니다.

"이는 무할례자로서 믿는 모든 자의 조상이 되어 그들도 의로 여기심을 얻게 하려 하심이라"(롬 4:11).

베드로도 이 사실을 확증합니다.

"너희는 선지자들의 자손이요 또 하나님이 너희 조상과 더불어 세우신 언약의 자손이라. 아브라함에게 이르시기를 땅 위의 모든 족속이 너의 씨로 말미암아 복을 받으리라 하셨으니"(행 3:25).

덧붙여 고린도전서 7장 14절은 이렇게 말합니다.

"너희 자녀도 깨끗하지 못하니라. 그러나 이제 거룩하니라."

물론 앞에서 살펴본 것대로, 자녀들의 내면이 실제로 거룩한 것은 아닙니다. 자녀들이 거룩하다고 불리는 것은, 그들의 부모 중 어느 한 명이라도 신자이면 그들 역시 언약에 속하기 때문입니다. 따라서 그런 자녀들의 거룩함은 언약적인 거룩함입니다.[5]

외적인 언약은 존재하지 않습니다. 하나님과 신자들 사이에 맺어진 언약은 은혜언약 하나뿐입니다. 따라서 은혜언약에 속한 가정의 자녀들도 언약의 일원입니다. 그러하기에 하나님께서 그들도 자녀로 부르신 것입니다.

---

5) 영역주 - 이러한 사실을 염두에 두고서 본 장을 읽어야 한다. 각주 3)을 참고하라.

"또 네가 나를 위하여 낳은 네 자녀를 그들에게 데리고 가서 드려 제물로 삼아 불살랐느니라. 네가 네 음행을 작은 일로 여겨서, 나의 자녀들을 죽여 우상에게 넘겨 불 가운데로 지나가게 하였느냐?"(겔 16:20,21)

그리고 자녀들이 언약의 일원인 것이 맞다면, 당연히 언약의 인침을 받아야 합니다. 사도행전 2장 38,39절도 이런 사실을 분명히 드러냅니다.

"너희가 회개하여 각각 예수 그리스도의 이름으로 세례를 받고 죄 사함을 받으라……이 약속은 너희와 너희 자녀와……우리 하나님이 얼마든지 부르시는 자들에게 하신 것이라."

넷째, 자녀들도 언약의 은택과 그리스도의 공로와 약속들과 구원에 참여한 자들입니다.

"예수께서 이르시되 어린아이들을 용납하고 내게 오는 것을 금하지 말라. 천국이 이런 사람의 것이니라 하시고"(마 19:14).

여기서 어린아이는 영적인 의미로 겸손한 사람을 가리키는 유비가 아닙니다. 사람들이 하찮은 존재로 취급하여 막았는데도 예수님께로 나아온, 실제 어린아이들을 가리킵니다. 주 예수님은 이런 아이들을 가리켜, 그리스도가 아니면 이를 수 없는 곳인 천국에 참여한 자들이라고 말씀하십니다. 그러므로 영아 때 숨진 아이들을 어느 누가 감히 천국에서 배제할 수 있단 말입니까? 또한 복음의 약속이 "너희 자녀에게"도 주어졌다고 말하는 사도행전 2장 39절을 보십시오. 언약의 약속에 참여한 자들이라면, 당연히 언약의 인침 및 그로 말미암는 약속들과 상관이 있습니다.

반론 1

성경은 어디에서도 자녀들에게 세례를 주라고 명하지 않는다.

답변

(1) 성경은 언약 안에 있는 모든 사람들, 곧 남편과 아내와 자녀들 모두를 언약의 일원으로 여겨야 한다는 사실을 아는 이성적인 사람들에게 주어졌습니다.

(2) 성경은 세례를 남자 또는 여자에게 베풀라거나 성이나 이름을 부르면서 베풀라고 명시하지 않습니다.

(3) 창세기 17장 12절은 이렇게 말합니다.

"너희의 대대로 모든 남자는 집에서 난 자나 또는 너희 자손이 아니라 이방 사람에게서 돈으로 산 자를 막론하고 난 지 팔 일 만에 할례를 받을 것이라."

사도행전 2장 38,39절도 다음과 같이 말합니다.

"이 약속은 너희와 너희 자녀와 모든 먼 데 사람 곧 주 우리 하나님이 얼마든지 부르시는 자들에게 하신 것이라."

반론 2

어린 자녀들은 세례를 받아도 아무런 유익을 얻지 못한다. 세례가 무엇인지도 모르며, 심지어 세례 받을 때에 울기까지 한다.

답변

(1) 자녀에게도 세례를 베풀라고 하신 분은 하나님입니다. 어느 누구도 하나님보다 지혜로울 수는 없습니다.

(2) 이 반론을 제시하려면 할례에도 적용해야 합니다.

(3) 부모들은 자녀의 세례를 통해 위로를 얻습니다. 이를 통해 부모들에게는 자녀를 언약의 일원으로 여기면서 키울 의무가 주어지고, 그들은 그렇게 할 동기를 얻습니다. 그리고 자녀들은 사리를 분변할 나이가 되면, 성인이 되어 세례를 받는 사람들과 마찬가지로 자신이 받은 세례로부터 많은 유익을 얻을 수 있습니다.

반론 3

그리스도도 서른 살이 되어서야 세례를 받았다. 그렇다면 우리 역시 자녀들이 사리를 분변할 나이가 될 때까지 기다려야 한다.

답변

(1) 이 반론대로 한다면, 우리도 서른 살이 되기 전에는 세례를 받지 말아야 할 것입니다. 그러나 실제로 이런 반론을 제기하는 사람들도 그렇게 하지 않습니다.

(2) 예수님은 세례가 지금과 같은 성례로 제정되기 전에 세례 받으셨습니다.

(3) 그리스도도 어릴 때 할례를 받으셨습니다.

반론 4

누구나 자신의 구원에 대해 배워 알고 회개하고 믿게 된 다음에 세례를 받아야 한다(마 28:19; 행 2:38, 8:37,38 참고).

답변

(1) 성경이 "누구든지 일하기 싫어하거든 먹지도 말게 하라"(살후 3:10)라고 말하므로, 아직 어려서 일할 수 없는 자녀들에게는 음식도 주지 말아야 합니까? 이 두 경우 모두 어린 자녀가 아니라 성인에게 해당한다는 점을 모든 사람이 압니다.

(2) 언약에 속한 가정의 자녀들에게만 세례를 베풀어야 합니다. 따라서 먼저 부모 중 한 명이 언약의 일원이 되어야 하며, 가르침을 받고 회개하고 믿어야 합니다. 그러므로 반론이 참고하는 성경구절들은 언약의 일원인 가정의 자녀들이 세례 받는 것과 배치되지 않습니다.

고린도전서 15장 29절에 대한 다양한 해석들

"만일 죽은 자들이 도무지 다시 살아나지 못하면 죽은 자들을 위하여 세례를 받는 자들이 무엇을 하겠느냐? 어찌하여 그들을 위하여 세례를 받느냐?"

고린도전서 15장 29절은 추측이 난무하는 만큼 논란도 많습니다. "가지 많은 나무에 바람 잘 날 없다"는 말이 맞습니다. 이미 의견들이 많이 제기된 데에 또 하나가 더해진들 그것이 무슨 의미가 있겠습니까? 저마다 의견이 다른 것은 그 의견이 바르다고 믿기 때문만은 아닙니다. 그것이 자신이 아는 전부이기 때문이기도 합니다. 고린도교회에 보낸 편지를 주석하면서, 지금 우리가 마주하는 이 본문을 좀 더 자세히 살펴 본문의 뜻을 분명히 밝혀 보겠습니다. 이어서 세례와 관련하여 말한 내용을 세례 교리에 대한 부록으로 덧붙이고 나서 실제로 적용하고자 합니다.

다양한 오류들

먼저 본문에 관한 다양한 견해들을 제시한 뒤, 우리가 이런 견해들을 인정할 수 없는 이유를 밝히려 합니다. 결국 우리는 다른 해석을 찾을 수밖에 없습니다. 여러 견해들이 있지만, 그중 다음 몇 가지만을 살펴봅시다. 다른 견해들은 굳이 살펴보지 않아도 될 만큼 지나치게 자의적이고 억지스러울 뿐입니다.

이 억측은 교황주의자들에게서 비롯됩니다. 여기에 무슨 진리의 요소가 있어서 살펴보는 것이 아닙니다. 그들이 범하는 오류를 확증하기 위함입니다.

오류 1 사람은 죽으면 영혼이 천국에 들어가기 전에 깨끗하게 되고자 연옥이라는 곳에 모인다. 더 나아가 그 영혼들은 연옥에 있는 동안 공로와 기도와 미사 등을 통해 도움을 얻을 수 있다. 고린도전서 15장 29절이 이 생각을 지지하며, '죽은 자들을 위하여 받는 세례'가 곧 죽은 자가 은택을 입도록 받는 세례를 가리킨다.

| 답변 |

그러나 존재하지도 않는 것에 대해서는 아무것도 언급할 수 없습니다. 교황주의자들의 행동을 보면, 그들조차도 이런 해석을 중요시하거나 신뢰하지 않는다는 것을 알 수 있습니다. 그들이 본문에 대한 자신들의 해석과는 달리, 죽은 영혼들을 위해 날마다 세례를 베풀지도 않을뿐더러 날마다 행하는 미사에서 그들을 기념하지도 않기 때문입니다(3권 51장 참고).

오류 2 '죽은 자들을 위하여 세례를 받는다'는 말을 진리를 위해 목숨을 바친 순교자들을 가리키는 것으로 이해해야 하지 않겠는가? 성경에서 물은 극심한 고난이 계속되는 것을 나타낸다.

"주의 모든 파도와 물결이 나를 휩쓸었나이다"(시 42:7).

"우리가 불과 물을 통과하였더니"(시 66:12).

"물들이 내 영혼에까지 흘러 들어왔나이다. 나는 설 곳이 없는 깊은 수렁에 빠지며 깊은 물에 들어가니 큰 물이 내게 넘치나이다"(시 69:1,2).

게다가 세례는 비참하게 죽임 당해 피가 흘러 몸을 적시는 것을 가리킨다.

"나는 받을 세례가 있으니 그것이 이루어지기까지 나의 답답함이 어떠하겠느냐"(눅 12: 50).

"이르시되 너희가 과연 내 잔을 마시려니와"(마 20:23).

고린도전서 15장 29절이 말하는 세례를 순교를 가리키는 피의 세례로 이해해야 한다는 사실을 다음 말씀에서도 확인할 수 있다.

"또 어찌하여 우리가 언제나 위험을 무릅쓰리요……나는 날마다 죽노라"(고전 15:30,31).

정리하자면 다음과 같다. 곧 죽은 자들의 부활이 없다면 순교자로 죽을 이유가 어디 있겠는가? 그것이 가장 어리석고도 무의미한 죽음일 테니 말이다. 그러므로 이런 죽음이 어리석거나 무익하지 않다는 것은 곧 죽은 자들의 부활이 있음을 의미한다.

| 답변 |

이 해석을 좀 더 자세히 살펴봅시다.

❶ 비록 성경에서 물이 고난을 뜻한다 할지라도, 세례는 결코 고난을 예표하지 않습니다.

❷ 주 예수님께서 자신이 죽임 당하는 것을 세례 받는 것으로 말씀하시고, 세베대의 두 아들에 대해서도 그렇게 말씀하신 것은 맞습니다. 그러나 이 두 경우를 제외하면, 세례 받는 것이 죽임 당하는 것을 지칭하는 대목은 없습니다. 따라서 세례가 신자가 당하는 모든 고난과 순교자들의 죽음을 가리킨다는 주장은 받아들이기 어렵습니다. 그리스도가 자신의 죽음을 세례 받는 것으로 말씀하시므로 여기서 바울이 말하는 세례도 죽음을 뜻한다고 결론짓는 것은 잘못입니다. 그렇게 결론지으려면 먼저 그런 사실을 증명해야 하는데, 그것을 증명할 길이 없습니다.

❸ 고린도전서 15장 29절 다음에 이어지는 구절들은 바울의 고난에 대해 말합니다. 따라서 그 구절들을 위의 주장을 뒷받침하는 근거로 내세울 수는 없습니다. 그 구절들은 자체가 새로운 증언이므로, 본문과는 상관이 없습니다.

❹ 또한 본문을 죽음의 세례를 가리키는 것으로 이해할 수는 있어도, 죽은 자들

을 위해 받는 세례를 가리키는 것으로 보기는 어렵습니다.

❺ 게다가 위의 주장은 죽은 자들의 부활을 말하고자 하는 사도의 목적에도 부합하지 않습니다. 순교자로 죽는다는 것은, 그가 복음이 진리임을 양심으로 분명히 확신하고 부정하지 않을 뿐만 아니라 죽음을 통해서라도 그것을 확증하려 한다는 말입니다. 그러나 순교라는 죽음 자체가 사도가 말하려는 바 마지막 날에 이루어질 죽은 자들의 부활을 증언하지는 않습니다.

❻ 더욱이 이런 이해는 본문과도 부합하지 않습니다. 바울은 여기서 순교자들에 대해 말하지 않습니다. 그런 경우와 전혀 유사하지 않습니다. 오히려 바울은 지금 자신이 말하는 사람들을 가리켜 "우리"나 "너희" 또는 "회중들"이 아니라 "그들"[6]이라고 칭합니다. 바울이 12절에서 말하는 바 "너희 중에서 어떤 사람들"은 죽은 자들의 부활이 없다고 주장하는 자들입니다. 그들은 기독교 신앙을 위해 죽으려고 하지 않을 것입니다. 그들이 부활을 부인하므로, 죽음 앞에서 자신이 부활하리라 바라지도 못할 것이기 때문입니다. 그러므로 본문에 대한 위의 주장은 근거가 없습니다.

오류 3 '죽은 자들을 위해 세례를 받는다'는 말은 장사 지내기 전에 죽은 자의 몸을 씻는 것을 가리킨다. 장사를 위해 죽은 자들의 몸을 씻기는 것이 유대인의 풍습이었다. 사도행전 9장 37절에는 숨을 거둔 도르가의 몸을 씻는 장면이 나온다. 로마의 역사 기록에서도 죽은 자의 몸을 씻겼다는 사실을 찾아볼 수 있다. 이런 풍습은 정결하게 하는 것을 뜻하며, 부활할 때 몸과 영혼이 완전해지는 것을 가리킨다.

| 답변 |

❶ 장사를 위해 죽은 자의 몸을 씻기는 것이 유대인과 로마인의 풍습이었다 하더라도, 헬라인과 로마의 그리스도인들이 그 풍습을 따랐는지 여부는 알려진 바가 없습니다. 따라서 그렇게 주장하려면, 먼저 그것이 사실인지를 확인해야 합니다.

---

6) 역자주 - 개역개정에서 "죽은 자들을 위하여 세례 받는 자들"로 명시된 부분을 영역본 KJV에서는 '죽은 자들을 위하여 세례를 받는 그들'로 표현한다.

❷ 이교도뿐만 아니라 유대인들 가운데 사두개인들도 죽은 자의 부활을 부정했습니다. 그러므로 이런 사람들의 경우 죽은 자의 몸을 씻기는 행위로 죽은 자의 부활을 가리킨다고 하기 어렵습니다. 그들은 단지 사회의 풍습을 따랐을 뿐입니다. 구약 시대에 시체를 만진 후 몸을 씻는 것은, 죽은 자의 부활을 뜻하는 것이 아니라 정결예식으로서 하는 행위였습니다.

❸ 이것은 말 그대로 죽은 자를 씻기는 것일 뿐, 죽은 자를 위한 세례는 아니었습니다. 그러므로 위의 주장은 전혀 근거도 없고, 효력도 없습니다.

오류 4 '죽은 자들을 위하여 세례를 받는다'는 사도의 말은, 초대 교회가 순교자들과 죽은 그리스도인들의 묘지에서 그들이 부활하기를 소망하며 세례를 베풀었던 풍습을 가리키는 것이 아닌가?

| 답변 |

❶ 바울 당시에는 오늘날과 같은 형태의 교회당도 없었고, 교회 묘지나 교회당에서 따로 분리된 공동묘지 같은 것도 없었습니다. 그런데 어떻게 묘지에서 세례 베푸는 의식을 거행할 수 있었겠습니까? 타다 만 순교자들의 시신을 비밀리에 모아 은밀하게 그들을 장사하고 무덤에서 세례를 베풀었단 말입니까? 바울 당시의 그리스도인들이 그렇게 행했단 말입니까? 그럴 가능성은 전혀 없으며, 어떤 사료에서도 그런 예식을 찾아볼 수 없습니다. 그런 세례라면 아주 은밀히 행해져야 했을 것입니다. 그런데 적어도 사도 시대에는 그런 은밀한 예식이 행해지지 않았습니다. 순교자들의 무덤에서 그렇게 공개적으로 세례를 행했더라면, 분명 사람들 가운데 큰 소동이 벌어졌을 것입니다. 따라서 교회가 이런 예식을 행했을 가능성은 거의 없습니다.

❷ 만일 순교자의 무덤에서 그런 세례 의식이 행해졌다면(적어도 사도 시대에는 그런 예식이 없었던 것이 분명합니다), 그 일은 신자들에게 자신이 죽을 수밖에 없는 존재임을 재확인하게 할 뿐만 아니라, 기독교 믿음을 더욱 신실하게 증언하고 죽음으로써 이 진리를 확증하게 만드는 계기가 되었을 것입니다. 그러나 그것이 바울이 여기서 확증하려는 바 죽은 자들의 부활에 대한 증거가 될 수는 없습니다.

오류 5 사도 바울이 말하는 '죽은 자들을 위하여 받는 세례'는 죽어 가는 사람들을 위한 세례를 가리키지 않는가? 많은 사람들이, 세례 받은 이후에 범하는 죄가 세례 이전에 짓는 죄보다 훨씬 더 심각하다고 믿은 나머지, 죄가 더 무거워질까 봐 삶의 마지막 순간까지 세례를 미뤘다. 또한 어떤 이들은, 세례 받은 많은 사람들이 핍박 때문에 쉽게 배도하는 모습을 보고서 조심스러워한 나머지, 오랫동안 세례 받기를 유예하고 교육만 받기도 했다. 이런 사람들을 가리켜 입문자들(catechumeni), 교리문답자들이라 불렀다. 그러다가 병들어 죽음이 가까워지면 죽기 전에 세례 받기를 열망하게 되고, 임종의 침상에서 세례 받았는데, 그런 자들을 클리니키(clinici)라 불렀다. 즉, 그들은 죽음을 바로 앞두거나 죽은 것처럼 되었을 때에 세례를 받았다. 이처럼 죽은 자들을 위한 세례는 죽어 가는 자들이 받는 세례를 가리킨다.

| 답변 |

세례 받기를 인생의 마지막까지 오랫동안 미루는 것은 세례를 죄악되게 이용하는 것입니다. 사도들이라면 이런 행위를 용납하지 않고 강력하게 반대했을 것입니다. 그러므로 사도가 '죽은 자들을 위하여 받는 세례'라고 했을 때에는 그런 것을 전혀 염두에 두지 않았다고 보아야 합니다. 당시에는 그런 모습을 볼 수 없었을뿐더러, 상상조차 할 수 없었기 때문입니다. 또한 "죽은 자들을 위하여 세례를 받는 자들"이라는 표현은 임종 때에 세례를 받는 것과는 아무 상관이 없습니다. 만약 그런 세례를 가리키는 것이었다면, '휘페르(ὑπέρ)'나 죽은 자들을 뜻하는 헬라어 '톤 네크론(τῶν νεκρῶν)'을 쓰지 않았을 것입니다. 이 헬라어들은 그런 용례들과는 아무런 상관이 없습니다. 그러므로 그런 추측은 타당하지 않습니다.

지금까지 살펴보았듯이, 언급한 다섯 가지 주장들은 받아들일 만한 것이 못됩니다. 그러므로 본문을 면밀히 살핀 후에 더욱 근거가 타당하여 모두가 납득할 만한 다른 해석을 찾아야 합니다. 그런 해석을 찾을 수 있다면 말입니다.

고린도전서 15장 29절에 대한 교리적이고도 문맥적인 주석

이제 본문이 말하려는 바가 무엇인지를 논리적으로 살펴봅시다.

첫째, 물에 잠기는 의식을 통해 세례는 죽음과 장사됨과 부활을 선명하게 묘사합니다.

"그러므로 우리가 그의 죽으심과 합하여 세례를 받음으로 그와 함께 장사되었나니, 이는 아버지의 영광으로 말미암아 그리스도를 죽은 자 가운데서 살리심과 같이 우리로 또한 새 생명 가운데서 행하게 하려 함이라"(롬 6:4).

본문의 강조점은 장사가 아니라 부활에 있습니다.

둘째, 게다가 할례가 인 치는 표인 것처럼, 거룩한 세례는 죽음에서 부활함을 인 치는 표지입니다.

"또 그 안에서 너희가 손으로 하지 아니한 할례를 받았으니……너희가 세례로 그리스도와 함께 장사되고 또 죽은 자들 가운데서 그를 일으키신 하나님의 역사를 믿음으로 말미암아 그 안에서 함께 일으키심을 받았느니라"(골 2:11,12).

어느 누구도 세례가 부활을 인 치는 표지라는 사실을 부인하지 않을 것입니다.

이제 반론을 통해 이 사실을 좀 더 살펴보겠습니다.

반론

인용된 본문들에서 사도가 말하는 바는, 육신의 부활이라기보다 거듭남으로 말미암은 영적 부활이다. 그러므로 이런 본문들에는 사도가 육신의 부활에 대해 말한다고 확증할 만한 근거가 전혀 없다.

답변

(1) 사도가 지금 영적인 부활에 대해 말하는 것은 맞습니다. 그러나 인용된 본문들이 신자들의 육신적인 부활을 함의하는 것도 사실입니다. 육신의 부활은 영적인 부활의 필연적인 결과로서, 영적인 부활 없이는 일어날 수 없습니다.

또한 사도는 우리가 그리스도와 함께 장사되었고 그 안에서 다시 일어났다고 말합니다. 이처럼 세례는 그리스도와의 연합을 인 칩니다. 그리스도와 연합됨으로 말미암아, 신자는 죽음과 부활 모두를 그리스도와 동일하게 경험합니다. 사도 바울은 로마서 8장 11절에서 이 사실을 분명히 밝힙니다.

"예수를 죽은 자 가운데서 살리신 이의 영이 너희 안에 거하시면 그리스도 예수를 죽은 자 가운데서 살리신 이가 너희 안에 거하시는 그의 영으로 말미암아 너희 죽을 몸도 살리시리라."

그리스도의 부활이 죽은 자의 부활을 본유적으로 내포한다는 사실은 논란의 여지가 없습니다(고전 15:12,13 참고). 바울은 지금 이 두 부활을 하나로 이야기합니다. 그래서 둘 중 어느 하나를 인정하면 다른 하나도 인정하는 것이고, 어느 하나를 부인하면 다른 하나도 부인하는 것입니다. 그리스도께서 살아나셨으면 죽은 자도 부활합니다. 죽은 자의 부활이 없다면, 그리스도의 부활 역시 없다는 것입니다. 이처럼 세례는 신자들에게 육신의 부활을 예표하고 인 칩니다.

(2) 세례는 세례 받는 자에게 하나님께서 그의 하나님이시라는 사실을 인 칩니다. 세례 받는 자가 성부와 성자와 성령의 이름으로 세례를 받기 때문입니다. 주 예수님은 하나님께서 아브라함과 이삭과 야곱의 하나님이라는 사실(하나님은 죽은 자의 하나님이 아니라 산 자의 하나님이시라는 사실[마 22:31,32 참고])로부터 죽은 자의 부활을 확증하셨습니다. 이처럼 하나님이 세례 받는 자의 하나님이시라는 사실을 인 치는 세례는 죽은 자의 부활 또한 인 치는 것이 분명합니다.

(3) 세례가 은혜언약과 그것을 통해 주어지는 모든 약속을 인친다는 사실은 재론할 여지가 없습니다. 그런데 여기에는 죽은 자의 부활과 영생도 포함됩니다.

"내 아버지의 뜻은 아들을 보고 믿는 자마다 영생을 얻는 이것이니 마지막 날에 내가 이를 다시 살리리라 하시니라"(요 6:40).

이 세 가지 논증을 통해 세례가 죽은 자의 육신적 부활을 인 친다는 사실이 분명해졌습니다. 이 사실을 고린도전서 15장 29절에 적용하면, 사도의 주장은 다음과 같이 정리됩니다. 죽은 자의 부활이 없다면 세례 받는 것도 헛되고, 세례가 죽은 자의 부활을 인 치는 것도 아니게 됩니다. 그러나 세례 받는 사람의 세례가 헛되지 않은 것은 세례가 죽은 자의 부활을 인 치기 때문입니다. 따라서 죽은 자의 부활은 확실합니다.

본문에서 제기될 수 있는 두 가지 난제를 살펴보겠습니다.

고린도전서 15장 29절과 관련된 난제
【난제 1】"세례를 받는 자들"이라는 표현과 관련된 난제

여기서 사도는 몇몇 개인들과 그들의 행위를 언급합니다. 앞서 바울은 '우리'와 '너희'라는 말을 썼지만, 여기서는 "그들"이라고 말합니다.[7] 이로 인해 과연 사도가 여기서 세례의 성례를 언급하는 것인지 의문이 들 수 있습니다. 모두가 세례에 참여한 자들이기 때문입니다.

이에 관해 답하자면, 여기서 사도가 몇몇 개인들을 가리켜 말하는 것이 맞습니다. 이런 사실은 우리의 주장과 설명을 더 공고히 합니다. 그렇다면 여기서 "세례를 받는 자들"이 과연 누구를 가리키는가 하는 점을 살펴보아야 합니다. 그들은 고린도전서 15장 12절에서 바울이 언급한 바 죽은 자 가운데서 부활이 없다 하는 '어떤 사람들'을 가리킵니다. 그런데 그들도 세례를 받았으며, 여전히 교회에 속해 직접 세례를 베풀거나 다른 사람이 세례 받는 자리에 함께함으로써 세례를 인정했습니다. 다시 말해, 죽은 자의 부활에 대한 인침인 세례를 인정하는 것입니다. 그러므로 그들은 죽은 자의 부활을 부정할 수 없습니다. 그것을 부정하면 자신들의 행위 자체를 스스로 부정하는 셈이 되기 때문입니다. 그래서 사도는 고린도전서 15장에서 그들의 행위 자체가 그들의 주장에 배치된다는 점을 증거로 제시하여 그들의 주장을 논박합니다. 즉, 죽은 자의 부활이 없다고 말하면서 왜 부활의 인침인 세례를 받았느냐고 묻는 것입니다.

【난제 2】"죽은 자들을 위하여"라는 표현과 관련된 난제

두 번째 난제에 관해서는 의견이 분분한데, 그 내용은 다음과 같습니다. "본문은

---
7) 역자주 - 앞의 각주 6을 참고하라.

'죽은 자들을 위하여'라는 말을 특별히 강조하고 있지 않은가? 그렇지 않다면 사도는 아마도 '그렇다면 왜 그들은 세례를 받는가?'라고만 했을 것이다. 그러나 사도는 굳이 여기서 '죽은 자들을 위하여'라는 말을 덧붙인다. 분명 이 말을 통해 특별히 무언가를 말하고자 하는 것이다. 그것이 무엇인가?" 물론 이를 설명하기가 쉽지는 않을 것입니다.

"죽은 자들을 위하여"라는 말이 괜히 덧붙은 것은 분명히 아닙니다. 이 말이 특별히 강조하는 바가 있습니다. 그런데 이 말이 사도의 주장을 충실하게 따르는 사람들에게 죽은 자들의 부활에 대한 증거를 더욱 분명하고도 강력하게 제시하는 것도 사실입니다.

나는 이에 대한 무지와 오해가, '죽은 자들(τῶν νεκρῶν)'이라는 명사가 소유격 명사를 필요로 하는 전치사 '휘페르(ὑπέρ)'와 나란히 등장하는 데서 비롯된다고 판단합니다. 그러나 여기서 '죽은 자들'이라는 명사는, 이유를 나타내는 전치사 '휘페르'가 아니라 이 문장에 명시되지 않은 말의 지배를 받습니다. 따라서 이 문장을 읽을 때는 그 말이 있는 것으로 간주해야 합니다.

이런 수사법을 가리켜 '생략법'이라고 합니다. 무언가를 감추거나 생략하는 것입니다. 이 수사법은 모든 언어에 공통적으로 사용됩니다. 예를 들어, "곡물 값이 얼마입니까?"라는 질문에 어떤 사람이 "밀은 얼마고, 보리는 얼마고, 겨는 얼마입니다"라고 대답한다고 합시다. 곡물을 언급할 때마다 '값'이라는 말이 빠져 있다는 것을 누구나 압니다. 그러나 의사소통에는 아무런 지장이 없습니다. 마찬가지로, "엊그제 로테르담의 관원들이 헤이그로 갔다. 오늘은 하우다(Gouda)와 델프트(Delft)다"라고 말할 수도 있습니다. 여기서도 뒤 문장에는 '관원들'과 '갔다'라는 말이 생략되었습니다. 그러나 이 말을 이해하는 데 전혀 어려움이 없으며, 모호하지도 않습니다.

이런 수사법은 성경에서도 자주 발견됩니다. 언어들은 저마다 다른 언어로는 제대로 담아내기 어려운 고유한 특성을 가집니다. 그래서 우리의 번역자들은 이 헬라어 원문에는 생략되어 있는 말을 다른 활자체를 사용해 괄호 안에 기록하기도

합니다. 누가복음 3장에서 그런 식의 말들을 볼 수 있습니다. 원문에는 '아들'이라는 말이 자주 생략되었지만, 번역자들은 이 말을 그런 식으로 기록하였습니다(23-38절 참고).[8] 또한 에베소서 2장 1절은 "그는……너희를 살리셨도다"라고 끝나는데(에베소서 2장 5절에도 그렇게 말합니다), 원문에는 그 말이 생략되어 있습니다.[9] 우리말 번역에서는 생략된 이 부분이 없이는 이해하기가 힘들지만, 헬라어에서는 그렇지 않습니다.

또한 로마서 6장 5절을 생각해 보십시오.

"만일 우리가 그의 죽으심과 같은 모양으로 연합한 자가 되었으면 또한 그의 부활과 같은 모양으로 연합한 자도 되리라."

여기서는 두 번째로 등장하는 "같은 모양으로"라는 말이 원문에서 생략되었는데, 번역자들이 그 말을 괄호 안에 넣어 덧붙였습니다. 학자들은 이 부분을 생략법이라 언급하고 지나가면 그만이겠지만, 우리는 그들만큼 잘 배우지 못했기에 이 말씀을 이해하기 위해 더욱 상세한 설명이 필요합니다. 제대로 교육받지 못한 사람들이 이런 전문 용어를 이해하기란 쉽지 않습니다.

앞에서 우리는 고린도전서 15장 29절에서 "죽은 자들"이라는 말이 앞에 오는 전치사 '휘페르'의 지배를 받지 않으며, 생략되었지만 동일하게 소유격을 요구하는 어떤 말의 지배를 받는다는 점을 살펴보았습니다. 즉, 무언가를 생략하거나 감추는 생략법이 사용된 것입니다. 생략된 말이 무엇인지를 밝히려고 너무 깊이 들어갈 필요는 없습니다. 고린도전서 15장과 다음 구절들에서 사도 바울은 죽은 자의 부활에 관해 반복해 말하면서 '부활'이라는 말을 거듭 사용합니다(부활하는 것과 살아나는 것은 같은 의미입니다).

"만일 죽은 자의 부활이 없으면"(고전 15:13).

"만일 죽은 자가 다시 살아나는 일이 없으면"(고전 15:16).

---

8) 역자주 - 스타턴퍼탈링이나 KJV는 누가복음 3장 23-38절의 계보에서, 원어에서 생략된 바 '~의 아들'이라는 표현을 위에서 설명한 대로([the son]) 기록한다. 그러나 우리의 개역개정 성경은 이를 생략하고 있다.

9) 역자주 - KJV에서는 이에 해당하는 표현을 괄호에 넣어 [hath he quickened]라고 기록한다.

"만일 죽은 자들이 도무지 다시 살아나지 못하면"(고전 15:29).

마치 생략된 단어인 '부활'을 계속 우리 입에 넣어 주는 것 같습니다. 의식적으로 이 말을 넣어 읽으면 다음과 같습니다. "왜 그들이 죽은 자들의 부활로 인하여 세례를 받느냐?" 그들이 죽은 자들의 부활로 인하여 세례를 받는 이유는 무엇입니까? 헬라어로는 ὑπέρ [ἀναστάσεως] τῶν νεκρῶν(휘페르 [아나스타세오스] 톤 네크론)이라고 읽을 수 있습니다.

이처럼 소유격을 취하는 전치사 '휘페르'와 죽은 자들을 의미하는 '톤 네크론'은 여기서 생략된 소유격 명사인 '부활(ἀναστάσεως, 아나스타세오스])'의 지배를 받습니다. 이 구조에서 정관사 'the'가 아니라 'of the'를 사용한다고 해서 의미가 달라지지는 않습니다. 소유격 명사를 가리키기 위해 'of'나 'of the'를 사용한다는 것은 누구나 알고 있습니다. 그래서 우리는 '책 중의 책'을 'the book of books'라고 표현합니다. 그러므로 생략된 '부활'을 넣어 보면, 이 구절은 '죽은 자들을 위하여'가 아니라 '죽은 자들의 부활로 인하여'이라고 읽을 수 있습니다.[10] 헬라어에서는 아무것도 달라지는 것 없이, 이 대목을 소유격으로 읽을 수 있습니다. '휘페르 톤 네크론'을 쓰든 '휘페르 (아나스타세오스) 톤 네크론'을 쓰든, 두 경우 모두가 소유격을 사용합니다. 만일 이 본문을 헬라어에서처럼 '죽은 자들의 (어떤 것)으로 인한'으로 번역한다면, 누구나 이 구절을 읽으면서 '부활'을 생각할 것입니다. 그러므로 이 구절에 생략법이 사용된다는 사실을 알고 읽는다면 전혀 무리 없이 읽힐 뿐만 아니라, 사도가 의미하고 의도하는 바에도 부합하게 읽게 될 것입니다. 그리하면 이 구절에는 논란거리나 어려움이 전혀 없습니다. '죽은 자들로 인한,' 즉 '죽은 자들의 부활로 인한'이라는 구절은 사도의 주장을 다음과 같이 강조합니다. '죽은 자들의 부활로 인해 세례를 받은 자들이 어떻게 부활이 없다고 주장하는지 도무지 이해할

---

10) 영역주 - 이 문장을 네덜란드어로 표현하면, 다음과 같다. "Dus, de boeken der boeken; zoo opstanding, niet de dooden, maar der dooden." 여기서 아 브라켈은 네덜란드어 소유격 대명사인 'der'를 사용하여 헬라어 본문의 소유격 구조를 더욱 정확하게 표현할 수 있었을 것이라고 말한다. 네덜란드어 소유격 대명사 'der'를 대신할 만한 영어 단어가 없는 까닭에 생략된 말인 "부활"이 들어가 좀 더 길게 번역되었다. 그러나 의미 면에서는 이 문장 앞에서 아 브라켈이 이미 말한 바에 부합한다. 여기서 우리는 헬라어와 다른 문법 구조 때문에, 문장 구조를 문자 그대로 맞추기보다는 이 구절에 '부활'이라는 말이 함의되어 있다는 저자의 주장을 견지하고자 한다.

수가 없다. 그렇다면 어떻게 그들이 죽은 자들의 부활을 인해 세례를 받는단 말인가?' 세례는 부활을 인 치는 것인데, 사도는 죽은 자들의 부활로 인해 세례를 받는다고 덧붙임으로써 그 사실을 더 분명하게 표현합니다.

반론

물론 생략과 같은 수사법은 성경 밖에서도 많이 쓰인다. 그러나 이 구절에서 생략법이 사용되고 있으며, '부활'이라는 말이 생략되었다는 것을 어떻게 증명하겠는가?

답변

이런 생략을 생략법을 적용하지 않고 문자 자체와 교리적인 맥락에서 추론해야만 한다면, 이는 도무지 이해할 수 없고 혼란스러우며 모호한 본문이 될 것입니다. 반면 생략법을 적용해 보면, 명료하고도 분명하며 일관되게 화자나 작자의 의도를 드러낸다는 점을 보게 됩니다.

그러하기에 이 본문을 제대로 이해하려면 생략법에서 시작해야 합니다. 그러지 않으면 본문의 의미가 난해하고도 모호한 채로 남을 수밖에 없으며, 결국 아무 근거도 없고 해석자 자신은 물론 어느 누구도 만족시킬 수 없는 추론으로 흐르고 말 것입니다. 또한 저마다 서로 다른 해석을 주장하고 지지하게 될 것입니다. 그들이 더 나은 해석이 없으리라 생각하고서 가장 그럴듯해 보이는 해석을 선택할 뿐, 그것을 진리로 확신하지는 못하기 때문입니다.

반면에 본문에 생략법이 사용되었다는 점을 인정하면, 본문을 문맥과 본문의 의미와 본문을 통해 말하고자 하는 사도의 주장과 의도에 부합하게 해석할 수 있습니다. 한마디로, 어렵지 않게 모든 것이 잘 들어맞습니다.

본문에서 생략된 단어는 29절을 포함한 고린도전서 15장의 전체 논의 가운데서 반복적으로 드러납니다. 당면한 문제와 문맥과 사도가 의도하는 바를 통틀어 보면, 여기서 부활이라는 단어가 생략되었다는 것을 금방 알 수 있습니다. 바울은 부활이라는 말을 적어도 한 번 이상 사용할 뿐만 아니라, 부활 자체를 주제로 다루고 있습니다. 이 말이 이렇게 잘 들어맞는데도 부활이 아니라 다른 말이 생략되었다고 우기거나 그것을 입증하려 할 사람은 없으리라 믿습니다.

생략법이 사용되었다는 사실을 확인하기 위해 무슨 증거가 더 필요하단 말입니까! 지금까지 우리가 살펴본 내용으로도 충분합니다. 나 자신은 물론 다른 사람들도 충분히 공감하리라 믿습니다. 이제 이와 관련된 실천적인 적용으로 넘어가겠습니다.

실천적 적용

진정한 세례를 위한 권면

세례의 본질을 이해하는 것만으로는 충분하지 않습니다. 세례를 합당하게 사용하고 시행하는 데까지 나아가야 합니다. 다시 말해, 자신의 세례와 세례의 시행, 세례를 받아야 하거나 이미 받은 자녀들과 관련하여 세례를 합당하게 받고 누려야 합니다.

무엇보다도 합당하게 세례를 받아야 합니다.

세례 받지 않은 사람이라면 세례를 받기 위해 힘써야 합니다. 그리스도인이 아니거나 그리스도인이 아닌 부모 아래서 자라는 사람이라면, 에베소서 2장 12절이 자신에 대해 뭐라고 말하는지를 알아야 합니다.

"그때에 너희는 그리스도 밖에 있었고 이스라엘 나라 밖의 사람이라. 약속의 언약들에 대하여는 외인이요 세상에서 소망이 없고 하나님도 없는 자이더니."

그러므로 세례를 통해 죄로부터 깨끗해진 것과 살아 계신 하나님의 회중과 그리스도의 나라에 들어가게 된 것을 인침 받도록 전심으로 회개하며, 주 예수님을 믿고 세례 받기를 사모해야 합니다. 믿고 세례를 받는 것은 명령입니다.

"너희가 회개하여 각각 예수 그리스도의 이름으로 세례를 받고"(행 2:38).

세례를 멸시하고 거부한다면, 하나님의 진노를 초래할 것입니다.

"바리새인과 율법교사들은 그의 세례를 받지 아니함으로 그들 자신을 위한 하나님의 뜻을 저버리니라"(눅 7:30).

　세례 받은 신자라면, 자신이 받은 세례의 실체를 스스로 어떻게 누리고 있는지를 생각해 보십시오. 그가 불경건하고 본성적이며 부주의하고 세속적으로 살고 있다면, 자신이 받은 세례를 두렵고도 떨리는 마음으로 다시금 생각해 보아야 합니다. 여러분의 부모가 하나님의 백성들 앞에서 공적으로 여러분을 주 예수께 드렸습니다. 여러분은 하나님의 이름, 즉 성부와 성자와 성령의 이름으로 세례를 받아 언약의 일원으로 인침을 받았고, 같은 언약의 일원으로서 하나님의 백성들과 하나가 되었습니다. 그러하기에 여러분에게는 언약의 참된 일원으로서 경건하게 살고 그리스도처럼 행해야 할 의무가 있습니다. 그러나 보십시오. 지금 여러분은 원수들과 짝하는 배역자요 반역자입니다. 하나님을 떠났으며, 그리스도를 멸시합니다. 그리고 여러분이 받은 세례를 가볍게 여기고 부인합니다. 여러분이 언약의 참된 자녀로 인정되려면, 세례에 반하는 이런 모습이 없어야 합니다. 그러나 세례를 거스르는 지금, 저는 여러분의 모습에 대해 이렇게 말할 수밖에 없습니다. 여러분은 그리스도와 상관이 없고, 은혜언약의 모든 약속과도 아무런 관계가 없습니다. 여러분이 세례를 받지 않았더라면, 오히려 심판 날과 지옥에서 받을 형벌이 지금처럼 크지는 않을 것입니다. 여러분의 삶과 행실은 하나님의 회중과 진리를 비방거리로 만들고 그리스도를 욕되게 합니다. 사람들이 여러분을 그리스도와 교회의 일원으로 알고 있기 때문입니다. 여러분이 개인적으로 불경건하게 살아 자신이 받을 벌을 받는 것으로는 부족합니까? 하나님의 교회가 비웃음을 사고 그리스도께서 수치를 당하셔야 직성이 풀립니까? 둘 중 하나를 택하십시오. 경건하고도 복음에 합당하게 살든지 아니면 다시금 강단으로 나아가 회중 앞에서 여러분의 부모를 통해 세례 받은 것을 유감스럽게 생각한다고 선언하든지 하십시오. 그리고 그 길로 교회를 떠나 여러분이 원하는 대로 불경건하게 사십시오. 그리하면 교회를 비방거리로 만드는 일은 더 없을 것입니다. 그러나 여러분의 마지막은 어떠하겠습니까? 다음의 말씀과 같을 것입니다.

　"하물며 하나님의 아들을 짓밟고 자기를 거룩하게 한 언약의 피를 부정한 것으로 여기고 은혜의 성령을 욕되게 하는 자가 당연히 받을 형벌은 얼마나 더 무겁겠느냐? 너희는 생각하라"(히 10:29).

"심판 때에 두로와 시돈이 너희보다 견디기 쉬우리라"(눅 10:14).

신자들에게 주는 권면

첫째, 여러분이 영적 생명의 원리를 가진 신자라면, 여러분에게는 자신이 받은 세례를 올바로 누릴 의무가 있습니다.

① 여러분의 이름이 언급되는 것을 듣거나 말하거나 기록할 때마다 자신이 받은 세례를 기억하십시오. 다음의 말을 기억하고 묵상하십시오. "주님은 세례라는 이름으로 나를 그분의 소유로 삼으셨고, 처음으로 회중 앞에서 내 이름을 불러 내가 언약의 일원임을 선언하셨다. 육신의 아버지의 이름이 아니라 성부, 성자, 성령 하나님의 이름으로 선언하셨다. 이를 통해 내 이름이 교회의 세례 명부에 기록되었다."

부모를 통해 받은 세례를 온 맘으로 인정하고 즐거워하십시오. 세례를 기억하고 묵상함으로써 주님과 하나 된 관계를 공고히 지키십시오.

② 받은 세례를 기억하고 묵상함으로써 위로를 얻으십시오. 하나님의 자녀들은 이 일을 너무나 소홀히 합니다. 어떤 의미에서 이것은 죄라고 할 수 있습니다. 많은 사람들이 세례를 아무런 유익도 없이 그저 헛되게 시행되는 외적인 의식 정도로 여깁니다. 이런 사람들은 이따금 자신이 받은 세례를 떠올리지만, 그저 순간일 뿐이며 별 애착도 없어서, 세례를 통해 누리는 효력을 아는 데까지 이르지 못합니다. 이제 세례에 대한 이런 피상적인 태도를 버리고, 세례와 더불어 여러분에게 선언된 바를 더는 거부하지 마십시오.

베드로는 세례를 일컬어 "예수 그리스도께서 부활하심으로 말미암아 이제 너희를 구원하는 표"(벧전 3:21)라고 합니다. 그렇다면 여러분이 받은 세례에 대해서도 끊임없이 이렇게 기도하십시오. "그리스도께서 저를 위해 죽으시지 않았습니까? 저의 죄를 씻고 하나님과 화목하게 하시고자 그리스도께서 피 흘리시지 않았습니까? 하나님은 저의 아버지이시고, 저는 하나님의 자녀가 아닙니까? 세례는 저를 위한 인침이 아닙니까? 이 인침이 파기될 수도 있습니까? 물론 그럴 수 없습니다. 그러므로 저의 모든 죄가 사해진 것과 하나님과 화해를 이룬 것과 은혜언약의 모든 은택은 제가 누릴 기업입니다. 이 모든 사실을 견고히 붙들고, 담대하고도 기쁘게 제 앞에 주어진 길을 가겠습니다."

이렇게 힘쓰고 애쓸 때에 강건해질 것입니다. 여러분이 갓난아이여서 몰랐을 뿐, 여러분은 그때 이미 인침을 받았습니다. "내가 정말 거듭났는가? 내가 신자가 맞는가? 내가 받은 세례가 정말 나를 인 치는가?"라고 의심하면서, 이리저리 흔들리는 불신앙에 자신을 방치하지 마십시오. 그런 불신앙으로 말미암아 큰 해를 입고 세례의 효력마저 상실할까봐 두렵습니다! 여러분은 설령 마음의 죄라 할지라도 죄가 얼마나 쓰라린 슬픔이며 무거운 짐인지를 압니다. 여러분은 자신이 얼마나 진심으로 하나님과 화해를 이루고 싶어하는지, 그리고 이것을 가능하게 하는 그리스도의 피를 바라며 끊임없이 하나님 앞에서 경외함으로 행하기를 얼마나 열망하는지를 잘 압니다. 바로 그런 연유로 여러분은 성령으로 말미암아 모든 것이 합력하여 선을 이루도록 계속 그리스도를 택하고 그분을 영접하며, 그분께 자신을 드립니다. 여러분은 죄를 짓지 않고 하나님을 기쁘시게 하며 살기를 열망합니다. 여러분은 자기 안에 있는 이런 열망이 참되다는 것을 잘 압니다. 이것이 바로 여러분 안에 은혜가 있다는 증거가 아닙니까! 이로써 당신이 언약의 인침으로 세례를 받았다는 것을 알 수 있습니다. 그러므로 세례를 자신에게 적용하고 그것을 누리십시오.

③ 세례 받은 것을 기억하고 누림으로써 더욱 성화를 이루십시오. 세례는 거듭남(딛 3:5 참고)과 회개(마 3:11 참고)를 인 칩니다. 로마서 6장 1-7절에서 사도는 세례와 성화의 관계를 매우 강하게 역설합니다! 특히 4절에서 그것이 가장 강조됩니다.

"그러므로 우리가 그의 죽으심과 합하여 세례를 받음으로 그와 함께 장사되었나니 이는 아버지의 영광으로 말미암아 그리스도를 죽은 자 가운데서 살리심과 같이 우리로 또한 새 생명 가운데서 행하게 하려 함이라."

그러므로 끊임없이 자신에게 이렇게 변론하십시오. "세례를 통해 나는 그리스도와 장사되지 않았는가? 그리스도께서 죽으신 것처럼, 나도 그분과 더불어 장사되지 않았는가? 그분의 피로 깨끗하게 되지 않았는가? 그리스도께 접붙여지고, 그분의 회중에 들지 않았는가? 그런데도 내가 계속 죄에 거하겠는가? 결코 그럴 수 없다! 그렇다면 나는 죄의 자리를 박차고 일어나, 내가 그리스도와 함께 살아났으며 깨끗하게 된 것을 스스로에게 증명하겠다. 교회를 단장하는 거룩한 장식이 되고, 그리스도를 영화롭게 하겠다."

자신의 죄를 목도하고 죄에 대해 속수무책인 자신을 절실히 느낄 때마다, 세례를 새롭게 기억하여 강건해지고 마음을 고양시키십시오. 세례를, 주께서 돌 같은 마음을 제거하고 살 같은 마음을 주어 그분의 도를 행하게 하시겠다는 언약의 인침으로 여기십시오(겔 36:26 참고). 세례의 인침과 더불어 이와 비슷한 약속들을 받고 주께로 나아와 이렇게 말하십시오. "주님, 여기 주께서 친히 주신 약속들이 있습니다. 그리고 이 약속들을 내 안에서 이루겠노라고 인 치셨습니다. 이제 이 약속들을 이루어 주시기를 간구하고 고대합니다. 그리스도의 피로 깨끗해진 제가 이제 온전히 순전하고도 거룩하게 행하게 되기를 원합니다. 저는 주님의 진실하심을 믿습니다. 언약의 약속들을 이루어 주시리라 고대하며, 주님을 의지합니다."

둘째, 교회에서 세례가 시행될 때마다 다른 신자들과 함께 그것을 지켜보아야 합니다. 다른 신자에게 세례가 베풀어질 때, 그 세례가 자신과는 아무런 상관이 없다는 듯 예배당을 떠나거나 다른 사람들과 이야기하거나 다른 행동이나 생각을 해서는 안됩니다. 오히려 세례가 시행되는 모든 과정을 진지하게 주목해야 합니다.

① 하늘의 하나님께서 비천한 인간과 언약을 세우십니다. 여기서 여러분은 다른 사람들을 간과하고 우리와 우리의 자녀들을 택하여 언약을 세우시는 하나님의 경이로운 선하심을 목도해야 합니다. 그리고 지금 하나님께서 이 언약을 세례로 인 치십니다.

② 이것이 얼마나 중요한 일인지를 생각해 보십시오. 너무나 귀하고도 위대한 진리가 세례로 인 쳐집니다. 그리고 지금 언약의 일원이 이 인침에 참여합니다. 어린아이가 세례를 받을 때, 하나님께서 그 아이를 이 땅의 왕보다 더 높고도 존귀하

게 만드십니다. 이처럼 세례는 왕의 대관식보다 더 귀합니다.

③ 세례가 시행되는 동안, 그것을 지켜보는 사람들은 모두 자신이 받은 세례를 떠올리며 이렇게 생각해야 합니다. '나도 주님 앞에서 이처럼 엄숙한 세례를 받고, 나를 그분께 드렸으며, 언약을 인침 받았다.'

④ 자기 자신은 물론, 세례 받은 자녀들을 생각해야 합니다. 주님께서 자녀들 역시 세례를 통해 인 치셨고, 여러분은 이러저러한 방식으로 자녀를 양육하겠노라 약속했습니다. 세례를 지켜보며 여러분과 자녀를 생각할 때, 여러분에게 찔림과 더불어 자녀를 그렇게 양육하고자 하는 열망이 다시금 일어날 것입니다.

⑤ 세례가 시행되는 동안, 여러분은 하나님께서 세례 받는 아이들을 그 인 쳐진 언약에 실제로 참여하게 해 주시기를 기도합니다.

⑥ 이제 주 예수님과 회중과 여러분이 참여한 것과 동일하게 언약의 일원이 된 세례 받은 아이들을 사랑하는 마음을 가집니다.

셋째, 세례를 받아야 하거나 이미 받은 자녀들과 관련하여 부모들은 특별한 의무를 집니다. 세례 자체를 통해 구원이 전달되기라도 하는 것처럼, 자녀들이 의례적으로, 또는 교황주의자들처럼 세례를 받게 해서는 안 됩니다. 오히려 세례의 신비에 대해 아는 바 대로 하나님의 명령에 순종하여, 자녀들에게 인쳐진 언약의 특권을 열망하는 마음으로 그들을 세례의 자리로 내보내야 합니다. 신실한 마음으로, 자녀들을 그들의 유일한 주권자께 드려야 합니다. 주께서 자녀를 받으시고 세례가 가리키는 실체에 참여시켜 주시기를 간절히 기도하며 간구해야 합니다.

아이들은, "네"라고 대답할 수 있거나 그럴 의지를 가진 사람들처럼 세례의 자리에 나아갈 수 없을 것입니다. 그래서 자녀가 세례 받는 것을 목도하는 증인들은 아이가 자라는 동안 세례의 신비를 가르치고, 그가 받은 세례와 그에게 주어진 약속에 합당한 경건을 추구하도록 촉구하고자 하는 마음을 품어야 합니다. 부모는 자녀를 자랑하지 말고(이는 자녀를 세상과 마귀에게 제물로 바치는 행위나 마찬가지입니다), 겸손하고도 진중하게 세례에 임해야 합니다. 자녀의 이름을 지을 때도 조심해야 합니다. 임마누엘, 미가엘, 가브리엘 등과 같이 그리스도의 이름을 따거나 천사

중 하나의 이름으로 불러서는 안 됩니다. 가족의 이름(가족 중에 존경하는 이가 있는 경우)이나 성경에 나오는 이름, 특별한 의미와 바람을 담은 이름을 붙여 주는 것이 바람직합니다. 그리하여 자녀가 그 의미와 바람을 따라 언약의 일원으로 자라 가기를 바라며, 그가 의무를 다하도록 격려해야 합니다.

부모는 세례를 통해 주님께 드린 자녀를 다시금 주님으로부터 받은 하나님의 자녀로 여기고,[11] 그의 하늘 아버지께서 주신 원리에 따라 보모와 같이 잘 양육해야 합니다.

"또 아비들아 너희 자녀를 노엽게 하지 말고 오직 주의 교훈과 훈계로 양육하라"(엡 6:4).

자녀를 인쳐 언약의 약속과 의무 아래로 들어가게 한 세례의 중요성을 그에게 가르쳐야 합니다. 이런 사람은 복됩니다. 이런 가정은 복됩니다. 하나님은 이런 가정에 복을 베푸실 뿐만 아니라 영원한 생명을 주십니다. 이런 가정은 흔히 결혼 예식이나 피로연에서 불리곤 하는, 시편 128편에서 노래하는 복을 경험할 것입니다. 아멘.

---

11) 영역주 - 그 자녀가 법정적인 의미에서 하나님의 자녀라는 말이다. 하나님께서 친히 이스라엘의 어린 자녀들을 "나의 자녀들"이라고 칭하신다(겔 16:21; 세례 예식서 참고).

40

성찬

본래 사람은 이 땅에 태어나는 순간부터 양식을 먹어야 자라고 힘을 얻습니다. 영적인 영역에서도 마찬가지입니다. 먼저 거듭나야 하며, 거듭나고 나면 계속 양식을 먹어야 살고 자랄 수 있습니다. 하나님의 말씀은 영혼이 거듭나고 자라는 방편입니다. 또한 하나님은 말씀에 더하여 표지와 인침을 주셨습니다. 세례는 거듭남과 죄 씻음을 인 치며 그리스도와 그분의 교회와 연합한 것을 인 치는 첫 번째 성례입니다. 이에 관해서는 이미 앞에서 살펴보았습니다. 그리고 두 번째 성례는 성찬입니다. 거듭남으로 얻은 신령한 생명은 성찬을 통해 자라고 강건해집니다. 지금부터 이 성찬을 살펴봅시다.

성경에서 성찬을 일컫는 이름들

성경은 이 성례를 가리켜 '주의 만찬'이라고 합니다.

"그런즉 너희가 함께 모여서 주의 만찬을 먹을 수 없으니"(고전 11:20).

이 성례가 저녁 식사를 할 때에 제정되었기 때문에 만찬이라고 일컫습니다. 유월절 양은 밝을 때와 어두울 때 사이에 잡아야 했습니다. 이는 하루가 끝나고 다음 날이 시작하기 전까지의 시간을 가리킵니다. 유대인의 날짜 계산에 따르면, 하루는 해가 지면서 시작됩니다. 이렇게 유월절 양을 준비한 뒤 먹을 무렵에는 늦은 저녁에 접어듭니다.

주 예수님은 제자들과 함께 유월절 식사(구약의 예식)를 하면서, 주의 만찬을 제정하셨습니다. 유월절 식사를 하기 전에 주의 만찬이 제정되지는 않았을 것입니다. 주의 만찬은 유월절을 대체하는 것이었습니다. 그렇지 않다면, 동일한 성격을 띠는 이 두 예식을 동시에 지킬 수 없었을 것입니다. 또한 주의 만찬이 유월절 식사 이후에 제정될 수도 없었습니다. 그날 밤 주 예수님께서 잡히셨고, 다음 날 죽음에 넘겨지셨기 때문입니다. 그러므로 시간에 따라 상황이 어떠한지는 성찬의 본질과 상관이 없습니다. 대개 초대 교회는 일상적인 저녁 식사를 하는 중에 주의 만찬을 기념했습니다(마 25:12,13 등; 행 2:15; 살전 5:7 참고). 게다가 나중에는 핍박 때문에 어두워진 후에 모여야만 했고, 그렇게 모일 때 저마다의 '애찬(ἀγάπαι, 아가파이])'을 가져와 주의 만찬을 기념했습니다(고전 11장 참고). 그러다가 회중의 규모가 커지고 주의 만찬을 오용하는 사례가 늘면서, 이런 애찬은 중단되고 성례로서의 성찬만이 남게 되었습니다.

또한 사도 바울은 이 성례를 음식을 차려 놓는 탁자라는 의미로 '주의 식탁'이라 부릅니다(고전 10:21 참고). 주의 만찬을 기념하는 것을 '떡을 뗀다'고 일컬으며(행 2:46 참고), 잔을 '축복의 잔'이라고 부릅니다(고전 10:16 참고). 이런 명칭은 신자가 신령한 생명으로 먹고 마시면서 다른 신자와, 그리고 그리스도와 더불어 누리는 사랑스럽고도 친밀한 교제를 가리킵니다. '잔치'라는 말도 그리스도와 영혼이 누리는 내면의 친교를 가리킵니다(계 3:20; 눅 14:24; 계 19:9 참고).

한편 교황주의자들은 성경의 표현으로는 만족하지 못하고, 자신들의 비성경적인 개념인 '미사'라는 말을 사용합니다. 그들은 이 말의 기원을 두고서 자기들끼리 언쟁합니다. 그러나 우리는 성경이 성찬에 관해 뭐라고 말하는지에 마음을 두어야 합니다. 앞 장에서 세례에 관해 살폈던 것처럼, 성찬에 관해서도 같은 순서로 살펴보겠습니다.

주 예수 그리스도께서 제정하신 성찬

가장 먼저 누가 이 성례를 제정하였는지를 살펴봅시다. 바로 주 예수 그리스도이십니다(마 26장, 막 14장, 눅 22장에서 모두 그렇게 기록합니다). 사도 바울도 고린도전서 11장 23-27절에서 이를 반복해서 언급합니다. 우리는 성례의 제정과 관련하여 그리스도께서 행하신 바와 말씀하신 바에 주목해야 합니다.

성례와 관련하여 그리스도께서 하신 행위는 네 가지로 구분할 수 있습니다.

① 떡을 떼시고, 그 후에 잔을 가지셨습니다.

② 기도로 모든 음식을 구별해야 하는 것처럼, 떡을 떼어 축사하셨습니다(딤전 4:5 참고). 음식을 가지고 축사하신 후 나누어 주신 것처럼(마 14:19 참고), 떡과 잔에 대해 감사하는 기도를 하면서 떡과 포도주를 가지고 축사하시고, 이를 통해 성찬을 제정하신 대로 그 효력이 성찬에 참여하는 자들에게 미치도록 하셨습니다. 이렇게 하심으로 말미암아 성찬의 떡과 잔이 일반의 떡이나 잔과 구별됩니다.

③ 우리는 보통 떡을 자르지만, 주님은 떡을 떼셨습니다. 그러나 그때와 마찬가지로 지금도 많은 나라에서는 여전히 손으로 떡을 떼어 먹습니다. 주님 역시 성찬을 제정하면서 떡을 떼어 제자들에게 나누어 주셨습니다.

④ 제자들에게 나누어 주셨습니다. 이것은 일일이 제자들의 입에 떡을 넣어 주셨다는 말이 아닙니다. 여느 식사 때와 같이 떡을 그들의 손에 나누어 주셨습니다.

그리스도께서 하신 말씀은 본질상 명령인 동시에 해설입니다. 명령적인 말씀은 다음 세 가지입니다.

① "받으라." 즉, 손을 내밀어 그것을 받아 먹으라는 것입니다.

② "먹으라." 떡을 가지고만 있으라고 떼어 주시는 것이 아닙니다. 유월절 식사의 다른 음식들을 배불리 먹었으니 그저 받아 놓기만 하라는 말이 아닙니다. 각자 받은 대로 먹으라는 것입니다.

③ "이것을 행하여 나를 기념하라." 즉, 성찬에 인격적으로 참여하여 주님을 기념하라는 말입니다. 주님이 분부하신 모든 것을 가르치고 삼위 하나님의 이름으로 세례를 베풀라고 말씀하신 것처럼, 주님의 교회가 이 성례를 통해 주님의 고난과 죽으심을 각 사람의 눈앞에 펼쳐 보임으로써 교회를 위한 주님의 공로와 사랑을 끊임없이 기억하게 해야 한다고 말씀하십니다. 그러므로 마땅히 성례에 힘써 참여해야 합니다.

여기서 핵심적인 말씀(동시에 성례에 힘쓸 동기를 제공하는 말씀)은 "이것은……내 몸이니"(고전 11:24)와 "이 잔은 내 피로 세운 새언약이니"(고전 11:25)입니다. 이는 주님의 고난과 죽음을 상징하는 동시에, 주님께서 우리를 위해 몸이 찢기고 우리의 죄 사함을 위해 피 흘리신 사실을 인 칩니다.

'이것은 내 몸이니'라는 말이 이 성례의 핵심을 나타내지는 않습니다. 오히려 이 말씀은 이 성례의 제정과 관련된 전체 역사를 담고 있습니다. 이 말씀이 떡을 그리스도의 몸으로 변화시키거나 거룩하게 하는 영향을 끼치는 것이 아닙니다(이에 관해서는 잠시 후에 계속 논의하겠습니다). 떡과 포도주는 감사와 축사를 통해 거룩하게 구별됩니다. 그리스도께서 자신의 고난과 죽음으로 이루신 구속의 역사를 하나님께 감사하는 것입니다. 떡과 포도주에 대한 축사는, 하나님께서 이 표지들을 통해 신자들의 마음에 인 치심으로써 그들이 위로를 얻고 강건해지기를 간구하는 형태로 이루어집니다. 떡과 포도주는 감사와 축사의 기도로써 표지와 인침을 위해 거룩하게 구별됩니다. 그런데 감사와 축사는 그리스도께서 '이것은 내 몸이니'라고 하시기 전에 이미 선언되었습니다. 그리스도께서 떡을 떼어 나누어 주시고 나서 이 말씀을 하시기 때문입니다. 또한 이 말씀은 기도도, 축도도 아닙니다. 명령하거나 제정하는 말씀도 아닙니다. 이는 본질적으로 설명하고 서술하는 말입니다. 이 말은 성례를 위해 구별된 떡과 포도주를 어떻게 바라보고 사용해야 할지를 가르칩니다. 즉, 구별된 떡과 포도주가 신자들을 위한 그리스도의 고난받으심과 죽으심에 대한 표지요 인침임을 가르치는 말입니다.

본문 자체도 교황주의자들이 사용하는 표현과 반대됩니다. 교황주의자들이 덧붙이는 것과는 달리, 본문에는 '이것은 내 몸이니'라는 말 앞에 이유를 나타내는 접속사가 없습니다. 만약 '이것은 내 몸이니'라는 그리스도의 말씀이 교황주의자들이 지지하는 바를 의미하였다면, 제자들이 그 떡을 먹은 이유가 그것이 그리스도의 몸이기 때문이며, 결국 그 말씀을 하시기 전부터 상 위의 떡이 이미 그리스도의 몸이었다는 말이 되고 맙니다.

게다가 '이것은 내 몸이니'라는 말에 떡을 그리스도의 몸으로 변화시키는 능력이 있다면, 교황주의자들은 여기에 이유를 나타내는 접속사를 덧붙일 것이 아니라 그리스도께서 말씀하신 그대로 두어야 할 것입니다. 복음서 저자들은 잔에 관해 하신 말씀 역시 다양하게 표현했습니다. 마태는 "이것은……나의 피……니라"(마 26:28)라고 했고, 마가는 이유를 나타내는 접속사를 쓰지 않았으며(막 14:24 참고), 누가는 "이 잔은 내 피로 세우는 새언약이니"(눅 22:20)라고 기록했습니다. 그러므로 이런 말 자체에 떡이나 잔에 변화를 일으키는 어떤 본유적인 능력이 있지 않음은 분명합니다. 그런 말씀은 성경 어디에도 없습니다.

이처럼 그리스도께서 성찬을 제정하시는 말씀을 보면, 오늘날 말씀을 맡은 목사들이 어떻게 성찬을 집례하고 떡과 잔을 구별해야 할지가 분명해집니다. 무당들처럼 쉿 하는 소리를 내면서 혼잣말로 주절거리거나 "이것은 나의 몸이기 때문에"라는 식으로 선언해서는 안 됩니다.

"어떤 사람이 너희에게 말하기를 주절거리며 속살거리는 신접한 자와 마술사에게 물으라 하거든"(사 8:19).

그런데 교황주의자들이 바로 이와 같이 행합니다. 반면 우리는 축도와 축사를 함으로써 떡과 포도주를 거룩하게 사용하도록 구별합니다. 이는 크신 선하심으로 그리스도를 보내신 하나님께서 이 표지들에 복 주어 참된 믿음을 인 치고 강건하게 하시기를 간구함으로 이루어집니다. 목사는 이렇게 떡과 포도주를 구별한 후에 떡을 떼어 회중들에게 나누어 주고, 잔도 그렇게 합니다.

성찬의 외적 표지들

성찬의 외적 표지들을 살펴봅시다. 성례에서 사용되는 표지들은 우리가 육신에 영양을 공급하고 원기를 돋우기 위해 식사 때마다 사용하는 떡과 포도주입니다. 이와 관련하여 우리는 미신적이거나 특별한 종류의 떡과 포도주를 떠올릴 필요가 없습니다. 그리스도는 보통 식사 때 먹는 평범한 떡과 포도주를 사용하셨습니다. 물론 유월절 식사였으니 무교병을 사용하셨을 것입니다. 그렇다고 반드시 무교병만을 사용해야 한다고 말할 수는 없습니다. 당시 예루살렘에서는 발효된 떡을 먹는 것을 허락하지 않았습니다. 따라서 성찬을 제정할 당시에 무교병을 사용했다는 이유만으로 어디서나 반드시 무교병만을 사용해야 한다고 일반화할 수는 없습니다. 여기서 떡은 영혼을 먹이는 것을 가리키므로, 여느 때나 양식으로 사용하는 떡이면 상관없습니다. 교황주의자들과 루터파가 사용하는 전병은 떡이라기보다는 스펀지에 가까워서 육신에 영양을 공급하고 강건하게 하는 양식과는 거리가 멉니다. 이는 처음에 성찬이 제정되었던 모습과도 배치됩니다. 그리스도는 전병이 아니라 떡을 취하셨고, 그것을 떼어 제자들에게 나누어 주셨습니다. 예수님은 전병을 나누어 주신 적이 없습니다.

떡과 관련해 미신적이어서는 안 되는 것처럼, 잔과 관련해서도 그러해야 합니다. 포도주가 원액이든 물로 희석된 것이든 상관없습니다. 더운 지방에서는 포도주의 농도가 지나치게 높아지기 쉬워서 종종 물로 희석해 마시곤 합니다. 어쨌든 "포도나무에서 난 것"(마 26:29)이면 됩니다. 컵으로 마시든 유리잔에 따라 마시든 상관없습니다. 이처럼 성찬의 외적 표지로 사용되는 떡과 포도주는 미신적이지 않고, 우리가 일상에서 사용하는 것이어야 합니다.

성찬의 표지와 관련된 의식은 그것이 가리키는 의미가 분명하므로 그리스도께서 성찬을 제정하실 때에 보여 주신 모범을 따라 그대로 행해져야 합니다. 그리스도는 떡을 떼심으로써 자신의 죽음을 가리키셨습니다. 사도는 떡을 떼는 의식을 회중들에게 전해 주었습니다. 사도는 이를 가리켜 '떡을 떼다'라고 표현합니다. 사도적 전통 위에 세워진 교회도 그렇게 했습니다.

"우리가 떼는 떡"(고전 10:16).

"떡을 떼며"(행 2:46).

"그 주간의 첫날에 우리가 떡을 떼려 하여 모였더니"(행 20:7).

그러므로 이 시대의 목사들도 성찬에 참여하는 신자들에게 떡을 떼어 나누어 주어야 합니다. 교황주의자들과 루터파는 회중에게 전병을 나누어 주는데, 이는 떡을 떼는 것과는 전혀 다릅니다. 잔을 나누는 것에 관해서는 더 말할 것도 없습니다. 떡을 떼고 잔을 나누는 일은 보통 식사 시간에 섬기는 사람들을 통해 이루어집니다. 그래서 많은 지역 교회들에서는 성찬식을 위해 대개 집사들이 잔을 따릅니다. 그러나 잔을 나누는 일은 목사들이 해야 합니다.

> ▶ 질문
> 잔도 떡과 마찬가지로 성찬에 참여하는 신자들에게 돌아가야 하는가?

대답: 맹목적으로 미신을 추종하는 교황주의자들은 포도주가 잔에서 쏟아지거나 회중들의 입술이나 떡에 포도주의 일부가 남을까 봐 잔을 회중에게 나누지 않습니다. 왜냐하면 그들이 포도주를 실제 그리스도의 피로 여기기 때문입니다. 그래서 1415년 이래로 줄곧 회중에게 잔을 돌리지 않음으로써 교회적인 절도를 자행하고 있습니다. 그들도 이것이 그리스도께서 교회를 위해 선물로 제정하신 바에 정면으로 배치된다는 것을 알고 인정합니다. 그런데도 1415년의 콘스탄스 회의 열세 번째 회기에서, 회중들에게 잔을 돌리지 않기로 결정하고는 대담하게도 이렇게 천명했습니다. "우리가 모두 알다시피 그리스도께서 떡과 포도주라는 두 가지 방편으로써 주의 만찬이라는 존귀한 성례를 제정하셨지만, 본 회의는 이 성례는……과 같이 한다고 결정하고, 선언하고, 명령한다." 이어서 다음과 같이 말합니다. "초대 교회에서 신자들은 성례에서 이 두 가지 표지를 받았지만……."

그러나 그들과는 반대로, 우리는 떡은 물론 잔도 신자들에게 나누어야 한다고 주장합니다.

첫째, 교황주의자들도 고백하듯이 성찬을 처음 제정하신 그리스도께서 사도들에게 떡과 잔을 나누셨기 때문입니다.

"너희가 다 이것을 마시라"(마 26:27).

"그들에게 주시니 다 이를 마시매"(막 14:23).

이에 대해 교황주의자들은, 그리스도가 사도들에게는 잔을 주셨지만 다른 사람들에게는 주시지 않았으므로 회중들이 아니라 사제가 잔을 가져야 한다고 말합니다.

그러나 그들의 주장대로 한다면, 떡도 사제들만 취해야 할 것이고, 결국 성례 전체를 회중으로부터 박탈해야 할 것입니다. 그리스도께서 떡 역시 사도들에게만 주신 것이 되기 때문입니다. 그러나 사실상 그리스도께서 성찬을 제정하실 때에 사도들은 그 자리에 사도로서 있었던 것이 아니라, 성찬에 참여하는 신자로 있었습니다.

둘째, 그리스도의 명령을 받은 사도는 고린도교인들에게 떡과 포도주를 먹고 마시라고 명합니다.

"너희가 이 떡을 먹으며 이 잔을 마실 때마다 주의 죽으심을 그가 오실 때까지 전하는 것이니라. 그러므로 누구든지 주의 떡이나 잔을 합당하지 않게 먹고 마시는 자는 주의 몸과 피에 대하여 죄를 짓는 것이니라. 사람이 자기를 살피고 그 후에야 이 떡을 먹고 이 잔을 마실지니"(고전 11:26-28).

사도는 지극히 평범한 사람들로 이루어진 고린도교인들 전체에게 잔을 마시라고 말합니다. 따라서 감독뿐만 아니라 신자라면 누구나 잔을 받아 마실 수 있습니다.

셋째, 사도는 성도들이 떡과 잔을 받아 먹고 마심으로써 그리스도와 교제할 뿐만 아니라 서로 교제한다고 말하며, 실제로 그렇게 하라고 명령합니다.

"우리가 축복하는 바 축복의 잔은 그리스도의 피에 참여함이 아니며 우리가 떼는 떡은 그리스도의 몸에 참여함이 아니냐"(고전 10:16).

"우리가 유대인이나 헬라인이나 종이나 자유인이나 다 한 성령으로 세례를 받아 한 몸이 되었고, 또 다 한 성령을 마시게 하셨느니라"(고전 12:13).

따라서 그리스도와 교통하는 사람이라면 누구나 마땅히 한 세례에 참여하고 떡을 받아 먹는 것처럼 잔에도 참여해야 합니다.

반론 1

교회는 많은 일들과 관련하여 법을 제정하고 변화를 시도할 권한을 가진다. 가까운 예로, 세례를 줄 때 몸을 물에 잠그는 방식에서 물을 뿌리는 방식으로 바꾼 것을 들 수 있다. 교회는 성찬에 대해서도 회중들에게 떡과 잔이 아니라 떡만 받도록 할 권한을 가진다.

답변

(1) 세례를 베풀 때 물을 뿌리는 것은 하나님의 말씀에도 나옵니다.

(2) 세례를 베풀 때 물을 뿌리거나 물에 몸을 잠그는 것에 대해 성경은 아무런 제한도 하지 않습니다.

(3) 물에 몸을 잠그거나 물을 뿌리는 것과 같이 어떤 방식으로 세례를 받느냐 하는 것은 세례의 본질이 아닙니다.

(4) 교회에는 하나님의 말씀을 가감할 어떤 권한도 없습니다. 신앙의 외적 측면(시간, 장소, 환경 등)에 대해 성경이 말하지 않는 경우에는, 그것을 제한하지 않아도 됩니다. 그러나 외적 부분이라 할지라도 성경이 분명히 제한하거나 금하거나 명령하는 것이라면, 교회가 어떤 식으로든 그것을 변개해서는 안 됩니다.

(5) 회중들이 잔에 참여하는 것은 지엽적인 문제가 아니라 성찬의 본질에 속한 문제입니다. 그리스도가 그렇게 제정하고 명령하셨기 때문입니다. 그렇다면 모든 것이 분명합니다. 누구든지 이 명령을 따르지 않는 것은, "너희가 다 이것을 마시라"(마 26:27)라고 하시고 "이것을 행하여 마실 때마다"(고전 11:25)라고 하시는 그리스도를 거스르는 것입니다.

반론 2

종종 떡에만 참여함으로써 성찬을 기념하기도 한다. 그러므로 회중들에게 반드시 잔을 나누어 주어야 하는 것은 아니다.

"그들과 함께 음식 잡수실 때에 떡을 가지사 축사하시고 떼어 그들에게 주시니"(눅 24: 30).

다음 말씀에서도 잔이 언급되지 않는다.

"사람이 이 떡을 먹으면 영생하리라. 내가 줄 떡은 곧 세상의 생명을 위한 내 살이니라" (요 6:51).

다음의 구절들에서도 오직 떡만이 언급된다.

"그들이 사도의 가르침을 받아 서로 교제하고 떡을 떼며 오로지 기도하기를 힘쓰니라" (행 2:42).

"날마다 마음을 같이하여……집에서 떡을 떼며"(행 2:46).

"그 주간의 첫날에 우리가 떡을 떼려 하여 모였더니"(행 20:7).

답변

(1) 교황주의자들은 위의 구절들을 근거로 제시하며, 마치 자신들이 말씀에 따라 회중에게 잔을 나누지 않는 것인 양 주장하지만, 정작 떡은 떼지 않고 전병을 나눕니다. 그러므로 그들이 근거라고 옹호하는 위의 구절들이 오히려 교황주의자들을 책망합니다.

(2) 누가복음 24장 30절은 성찬을 가리키지 않습니다. 여기서 제자들은 예수님을 알아보지 못하고 있습니다. 그렇다면 그들이 낯선 사람에게서 떡을 받아 먹으면서 그것을 주의 성찬으로 받았을 리가 없습니다. 여기서 제자들은 성찬의 떡을 받아 먹은 것이 아니라, 자신들과 함께한 낯선 사람과 식사를 나누었을 뿐입니다.

(3) 요한복음 6장의 떡도 성찬의 떡이 아닙니다. 당시에는 아직 성찬이 제정되지 않았기 때문입니다. 게다가 요한복음 6장 51절 이후에 이어지는 구절에서는 그리스도의 몸을 먹는 것뿐만 아니라 그리스도의 피를 마시는 것에 대해서도 말합니다.

(4) 사도행전 2장과 20장은 유사한 방식으로 말합니다. 여기서 떡은 여러 음식들을 가리킵니다. 따라서 누군가와 떡을 나눈다는 것은 먹는 것과 마시는 것을 포함합니다.

"안식일에 예수께서 한 바리새인 지도자의 집에 떡 잡수시러 들어가시니"(눅 14:1).

"오늘 우리에게 일용할 양식을 주시옵고"(마 6:11; 살후 3:8,12; 창 43:25 참고).

반론 3

몸은 언제나 피를 포함한다. 그리스도의 몸도 마찬가지이다. 그러므로 떡, 다시 말해 그리스도의 몸을 먹는 것은 곧 그리스도의 피에 참여하는 것을 포함한다.

답변

(1) 떡은 그리스도의 몸이 아니며, 성찬 이후에도 떡은 여전히 떡으로 남습니다.

(2) 친히 성찬을 제정하고 잔에도 참여하라고 명령하신 주 예수님보다 스스로를 더 지혜롭게 여겨서는 안 됩니다

(3) 몸이 피를 포함한다 할지라도 그것을 마시는 것과는 다릅니다. 여기서 그리스도는 잔을 마시라고 명하십니다.

(4) 떡은 그리스도의 피가 아니라 그리스도의 몸을 가리킵니다. 잔은 그리스도의 몸이 아니라 피를 가리킵니다. 그러므로 성찬에 참여하는 사람은 누구나 떡과 잔에 각각 참여해야 합니다.

(5) 그렇지 않다면, 왜 사제들은 떡으로 만족하지 않습니까? 누가 그들에게 회중에게는 금하는 잔을 마실 특권을 주었단 말입니까?

성찬이 가리키는 실체

우리는 주의 성찬이 가리키는 실체를 묵상해야 합니다. 성찬에 사용되는 표지인 떡과 포도주에 참여하는 것만으로는 성찬을 제정하신 하나님의 뜻을 이룰 수 없습니다. 하나님은 영이시기에 영적인 방식으로 섬김을 받으십니다. 성찬의 외적 표지들이 가리키는 영적 실체가 있습니다. 그리스도께서 자기 몸의 상징과 표지로 떡을 제정하시고, 고난받고 죽임 당할 예표로 떡을 떼셨습니다.

"이것은 너희를 위하여 주는 내 몸이라"(눅 22:19).

"이것은 너희를 위하는 내 몸이니"(고전 11:24).

포도주는 그리스도께서 잔혹하게 죽임 당하며 흘리신 피를 가리킵니다.

"이 잔은 내 피로 세우는 새언약이니 곧 너희를 위하여 붓는 것이라"(눅 22:20).

성찬에 참여하는 신자들은 이런 예표들을 대면하는 데서 멈추지 말고, 그것들이 가리키는 실체인 그리스도의 몸과 피, 곧 하나님의 의로우신 요구를 충족시키기 위해 찢기신 몸과 흘리신 피를 생각하는 데까지 나아가야 합니다. 그리하여 표지와 그것들이 가리키는 실체가 연합되어야 합니다. 이때 자의적으로 상상해서는 안 됩니다. 그렇게 하다가는 그리스도의 고난과 죽음을 물리적으로 흉내 내는 데까지 이르게 될 것이기 때문입니다. 그러나 실체와 표지의 연합은 인간의 상상으로 이루어지는 것이 아닙니다. 그것은 참으로 말 그대로 연합입니다. 다만 지역적이거나 물리적인 연합이 아니라, 그리스도께서 제정하신 사실에 기초하는 가치에서 비롯된 연합입니다. 그러므로 이 연합은 성찬의 현장에 있는 떡과 포도주라는 재료와 관계된 것이 아닙니다. 다시 말해, 이 연합의 효력은 성례에서 사용되는 표지들 때문에 나타나는 것이 아니라, 그리스도께서 제정하신 대로 표지와 실체의 관계를 믿음으로 주목하는 데서 발생합니다. 그 예로, 땅의 경계를 나타내는 지계석을 들 수 있습니다. 똑같은 돌이지만 그 돌을 어떻게 보느냐에 따라 돌의 의미가 완전히 달라집니다.

표지와 실체의 조화

힘과 새로움을 얻게 하는 것으로서의 표지와 실체의 조화를 살펴봅시다. 하나님은 신자들에게 두 가지 생명을 주셨습니다. 하나는 여느 인간과 다르지 않은 자연적 생명이고, 또 하나는 그 영혼이 하나님과 연합함으로써 누리는 신령한 생명입니다. 생명이 두 가지인 것처럼, 하나님께서 신자를 먹이시는 방식도 두 가지입니다. 먼저, 하나님은 자연적 생명을 보전하도록 양식과 음료를 주십니다. 그중 가장 대표적인 것이 떡과 포도주입니다. 또한 하나님은 신령한 생명을 보전할 양식과 음료를 주십니다. 바로 그리스도입니다. 주님은 자연적인 양식과 음료, 즉 떡과 포도주를 통해 신령한 양식인 그리스도의 몸과 피를 나타냅니다. 떡과 포도주가 그것을 취하는 몸에 영양소와 생명력을 공급하듯이, 그리스도의 살과 피(그분의 고난과 죽음)는 믿음으로 그것을 받는 자들의 신령한 생명을 강건하게 하고 소성시킵니다.

"나의 친구들아 먹으라. 나의 사랑하는 사람들아 많이 마시라"(아 5:1).

성찬의 표지인 떡과 포도주는 상징일 뿐만 아니라 인 치는 예표입니다. 그래서 신자들은 언약의 약속들을 토대로 하여 이 표지들을 인침으로 받으며, 자기를 위해 그리스도가 몸을 찢기고 피 흘리신 것을 믿고 마음에 새깁니다. 그리고 이를 통해 자기 죄가 사해졌고, 자신이 그리스도와 그분의 죽음으로 인 쳐진 언약에서 오는 모든 은택에 참여한 자임을 믿습니다.

이처럼 신자들은 성찬의 표지에 참여하여 표지와 실체를 연합시키는 가운데 그리스도를 받습니다. 이 표지를 자신을 향한 그리스도의 사랑과 공로의 증거요, 자신을 언약의 영원한 후사로 삼으신 증거로 여깁니다. 이러한 신령한 양식과 음료를 통해 신자의 영적 생명이 날마다 새로워지고 자라납니다.

성찬을 제정하신 목적

성찬을 제정하신 목적을 살펴봅시다. 이것을 다음 세 가지로 말할 수 있습니다.

첫째, 성례는 기억하기 위한 것입니다. 즉, 그리스도와 그분의 고난과 죽으심과 더불어 그분이 고난과 죽음의 공로로 얻으신 바를 선언하고 고백하는 것입니다.

"이를 행하여 나를 기념하라"(눅 22:19).

"너희가 이 떡을 먹으며 이 잔을 마실 때마다 주의 죽으심을 그가 오실 때까지 전하는 것이니라"(고전 11:26).

어떤 사람들은, 성찬에 참여하는 목적이 그리스도 안에서 모든 모형들이 성취되었음을 기억하고 그리스도인들을 이방인 및 그들의 우상숭배와 구별하기 위한 것이라고 주장합니다. 그러나 그 주장은 잘못되었습니다. 그들의 주장과는 달리, 성찬은 초대 교회에만 적용할 일이 아닙니다. 오히려 성찬은 시간과 시대를 초월하여, 교회가 이 땅에 존재하는 한, 세상 끝 날까지(세상의 마지막 일들에 대해서는 앞에서 이미 살폈습니다) 행하라고 그리스도께서 자기 교회에 주시고 사도를 통해 전하게 하신 성례입니다.

둘째, 인침을 위한 것입니다. 앞에서 우리는 성례가 본질적으로 인침을 위한 것임을 확인하였습니다. 그러므로 떡과 포도주를 통해, 그리스도와 그분이 고난과 죽음을 통해 얻으신 모든 공로에 참여한 자가 되었다는 사실이 신자들에게 인 쳐집니다. 재세례파와 소시니안이 이해하는 바와는 달리, 떡과 포도주는 신자들이 서로 교제하는 것만을 가리키지 않습니다. 다음 구절들에서 그런 사실을 확인할 수 있습니다.

"우리가 축복하는 바 축복의 잔은 그리스도의 피에 참여함이 아니며 우리가 떼는 떡은 그리스도의 몸에 참여함이 아니냐"(고전 10:16).

"이것은 내 몸이니라"(마 26:26).

"이것은……나의 피 곧 언약의 피니라"(마 26:28).

하나님은 신자들에게 죄 사함을 약속하고, 누구를 통해 어떻게 죄 사함을 받게 되는지를 말씀하셨습니다. 그런데 한 걸음 더 나아가 하나님은 자신의 선하심을 따라 신자들에게 보증과 인침을 주심으로써, 그들로 하여금 하나님이 그리스도 안에서 참으로 영원토록 그들과 화목하게 된 하나님이요 아버지로 계실 것임을 믿으며 위로와 기쁨 가운데 살도록 하셨습니다. 주 예수님께서 이 성례를 인침으로 제정하셨으므로, 신자들도 이 성례를 그와 같이 사용해야 합니다. 이 성례를 받으면서 스스로 하나님께 인 쳐진 자로 여기며, 이 땅에서뿐만 아니라 영원토록 누릴 복으로 즐거워해야 합니다.

셋째, 신자들 간에 교제하기 위한 것입니다.

"떡이 하나요 많은 우리가 한 몸이니 이는 우리가 다 한 떡에 참여함이라"(고전 10:17).

성찬에 임하는 사람들이 모두 교제에 참여하는 것은 아닙니다. 신자들이 회심하지 않은 자들과 나누는 교제는 기껏해야 입술의 고백을 넘지 못하기 때문입니다. 교제는 오직 신자끼리만 누릴 뿐입니다. 자신이 아는 신자뿐만 아니라 알지 못하는 신자와도 교제합니다. 한자리에 있는 신자는 물론 그렇지 않은 신자들과도 교제합니다. 같은 지역 교회에 속한 신자들뿐만 아니라 세계 각지에 흩어진 교회의 신자들과도 교제합니다. 신자들은 모두 그리스도와 연합했고, 그리스도 안에서 그분의 몸 된 교회와 교제하기 때문입니다. 이런 식으로 신자의 사랑은 그리스도 안에서 연합된 모든 신자들을 향합니다. 모든 신자는 그리스도와 그분의 진리를 고백하는 일에서 일치를 이룹니다.

성찬 교리

성찬과 미사

성찬 교리는 주후 800년까지 순전하게 남아 있었습니다. 그리고 성찬의 용도, 표지와 실체의 관계, 성찬의 인 치는 효력에 관한 것들은 모두 구두로 표현되어 있었습니다. 그러나 그때를 기점으로 성찬이 진리에서 점점 멀어지기 시작하고, 가장 끔찍한 우상숭배를 위한 토대가 마련되었습니다.

교황주의자들은 성찬의 인 치는 기능을 완전히 부인합니다. 그들은 미사 때 사용되는 떡과 포도주를 그리스도의 몸과 피, 즉 그리스도로 여기기 때문입니다. 교황주의자들은 여기서 그치지 않고, 미사에 참여하는 모든 사람들이 전병을 받아먹음으로써 전체 그리스도의 몸(마리아에게서 태어나 골고다 십자가에 못 박힌 하나님이자 사람으로서의 그리스도)에 참여하며 그 몸을 먹는다고 주장합니다.

교황주의자들은 자신들의 이런 주장을 뒷받침하기 위해, 미사를 집전하는 사제가 "이것은 나의 몸이니라"라고 주문처럼 읊으면 떡과 포도주의 본질이 그리스도의 육신적 몸과 피(그의 영혼과 신성을 포함한)로 바뀐다고 합니다. 다시 말해, 사제가 그렇게 하면 떡 조각이 하나님이 된다는 것입니다. 그 주장대로라면, 그렇게 중얼거리면서 나누어 주는 전병의 숫자만큼 그리스도가 존재하게 되는 셈입니다.

그런데 교황주의자들은 여기서 만족하지 않고 성찬을 제사로 탈바꿈시킵니다. 성찬을 찬양과 감사의 예식이 아니라 말 그대로 속죄 제사로 여기는 것입니다. 이는 곧 날마다 그리스도의 몸을 찢어서 희생 제사를 드리지 않고서는 그리스도의 희생으로 죄를 사할 수 없다는 말과 같습니다. 물론 그들도 감히 그리스도가 날마다 피를 흘려야 구원을 받는다고 말하지는 않습니다. 그러나 날마다 그리스도의 몸을 찢는다는 것은, 곧 날마다 그리스도의 피를 흘린다는 소리와 다르지 않습니다. 교황주의자들은 자신들이 그리스도로 여기는 전병을 떼면서도 그리스도를 떼는 것은 아니라고 합니다. 그러나 전병이 그리스도라면, 전병을 떼는 것이 그리스도를 떼는 것이 아니고 무엇이란 말입니까?

교황주의자들은 이 제사 의식을 미사(mass)라고 부릅니다. 미사 집행 사제라고 불리는 사제는 은과 금과 다른 현란한 형상들과 십자가 문양들과 촛불들(심지어 한낮에도 촛불을 켜 둡니다) 같은 것들로 장식된 탁자(교황주의자들은 이 탁자를 제단이라고 부릅니다) 앞에 서서 책을 이곳에서 저곳으로 옮기고, 무릎을 꿇고, 반복해서 돌들을 뒤집고, 종을 울리고, 등으로부터 걸어 올린 의복 뒤에서 뭐라고 계속 중얼거리는 등, 온갖 터무니없고도 우스꽝스러운 행동을 합니다. 급기야 자신이 들고 있는 전병으로부터 그리스도, 곧 하나님을 만들어 내, 그 자리에 미사로 모인 사람들이 볼 수 있게끔 그것을 머리 위로 치켜듭니다. 사제가 이런 우스꽝스런 행위를 계속하는 동안, 회중들은 무릎을 꿇고서 극진하고도 공손한 태도로 자기 가슴을 칩니다. 이렇게 떡으로 된 신을 예배한 후, 사제는 경외함과 두려움으로 떠는 것처럼 일부러 손을 떨면서 전병을 조각내 그것을 먹습니다. 그러고 나서 포도주를 자신이 하나님이라고 하는 존재의 피로 만든 후 잔을 들어 한 방울도 남기지 않고 마십니다. 이런 미사에서는 산 자들뿐만 아니라 연옥에 있는 영혼들의 사죄를 위한 제사가 진행됩니다. 굶주린 사람이 꿈에서 음식을 먹고서 강건해진다고 착각하는 것처럼, 그들은 연옥에 있는 영혼들이 그런 제사를 통해 강건해진다고 생각합니다. 이렇게 미사를 마치면서 사제는 "이 모든 것이 여러분이 바친 제물에 대한 보답입니다(*Ita missa est*)"라고 선언합니다.

사제들은 언제나 떡으로 된 신들을 지니고 다닙니다. 그것들을 유리 상자에 보관하는데, 때로는 보란 듯이 그것을 들고 거리로 나가기도 합니다. 그러면 사람들은 그 앞에 무릎을 꿇고 절을 해야 합니다. 병자를 찾아갈 때도 사람들이 볼 수 있게끔 이런 신들을 유리 상자에 담아 가지고 가서, 그것을 이생에서 마지막으로 하는 식사로 병자에게 주었습니다. 만약 병자에게 그것을 삼킬 기력이 없으면, 그것을 대야에 토하게 하여 그들의 신으로 보관하도록 했습니다.

미사의 전병을 하나님으로 믿지 않고 그 앞에 절하지 않거나 어떤 식으로든 경의를 표하지 않는 자들을 향해, 교황주의자들은 저주를 발합니다. 이는 전병을 하나님으로 생각하고 두려워하는 것만큼이나 사람들이 듣기 두려워하는 말입니다. 게다가 그들은 사람들을 저주하는 것으로도 모자라 온갖 방법으로 고문하고 죽이기를 서슴지 않습니다. 이처럼 살을 먹고 피를 마시는 바벨론이라고 하는 이 거대한 음녀는 거룩한 순교자들의 피로 취해 있습니다.

이것이야말로 적그리스도의 끔찍한 모습입니다. 진리의 사랑을 받지 아니하여 구원을 받지 못함으로 하나님께서 "미혹의 역사를……보내사 거짓 것을 믿게"(살후 2:11) 하시는 것입니다. 그들처럼 영원한 멸망으로 떨어지기를 바라지 않는다면, 그들이 자행하는 끔찍한 우상숭배를 멀리해야 합니다. 그들을 비롯한 모든 우상숭배자들을 위해 예비된 영원한 불못에 던져지지 않으려면, 그리스도를 부인하면서 그들의 끔찍한 우상숭배에 참여하느니 차라리 천 번이라도 죽기를 바라야 할 것입니다.

"우상숭배자들과 거짓말하는 모든 자들은 불과 유황으로 타는 못에 던져지리니, 이것이 둘째 사망이라"(계 21:8).

화체설의 오류

미사라는 우상숭배가 얼마나 끔찍하고도 혐오스러운지를 알기 위해 몇 가지를 살펴봅시다. 화체설이라는 오류는 실체변화(transubstantiation, 본질변화)를 토대로 합니다. 따라서 이런 변화가 잘못되었다는 사실만 밝히면, 그것을 기초로 하는 모든 오류들 역시 무너져 내릴 수밖에 없습니다.

> ▶ 질문
> "이것은 내 몸이니"라는 선언이 떡과 포도주에 본질적인 변화를 일으켜 (그리스도의 영과 신성을 포함하는) 그리스도의 몸과 피, 즉 그리스도 자신이 되게 하는가?

대답: 교황주의자들은 단호히 그렇다고 대답합니다. 이런 변화가 어떻게 일어나는지를 설명하는 두 주장이 있습니다. 그런데 이 주장들이 서로 완전히 반대될뿐더러, 서로가 상대의 주장을 논박하는 것을 보면 오히려 그들이 공고히 하려는 화체설의 허구가 낱낱이 드러납니다. 한편에서는 미사에서 떡이 파괴되고 사라지는 동시에, 그리스도의 몸과 피가 하늘로부터 내려와 떡과 포도주를 대체한다고 주장합니다. 그리고 다른 한편에서는 떡과 포도주의 본질로부터 그리스도의 몸과 피가 생겨난다고 주장합니다. 어떤 사람들은 이 변화를 보존하는 변화라고 일컫는 반면, 또 다른 이들은 그것을 창조적 변화라고 부릅니다. 통일적 변화라고 일컫는 사람들이 있는가 하면, 그것을 다른 말로 부르는 사람들도 있습니다. 이 거짓을 덮고 그것이 거짓으로 더욱 명백히 드러나지 않으려면, 교황주의자들의 주장이 서로 일치를 이루어야 할 것입니다. 그러나 거짓말은 결코 옳을 수가 없기 때문에, 그들의 주장이 이처럼 상반되고 서로 맹렬히 공격하는 것은 전혀 새삼스러운 일이 아닙니다.

그들은 변화가 일어나는 방식뿐만 아니라 그 시점에 관해서도 의견이 다릅니다. 사제가 '이것(*hoc*)'이라고 말하는 동시에 변화가 일어난다고 하는 사람들이 있는가 하면, '-이다(*est*)'라고 말할 때에 변화가 일어난다고 하는 사람들도 있습니다. 또는 '내(*meum*)'라고 할 때에 변화가 일어난다고 하기도 합니다. 그러나 어느 누구도 '때문에(*enim*)'라는 대목에서 변화가 일어난다고 하지는 않습니다. 교황주의자들도 이 말이 성경에 기록되지 않았으며 자신들이 임의로 더한 것임을 알기 때문입니다. 그러므로 이런 사실로부터 우리는, 실체변화의 효력을 일으키는 모든 단어들을 성경에서 발견할 수 없다면 화체설이 전혀 성경적이지 않다고 쉽게 결론 내릴 수 있습니다(만약 이 중에서 어느 한 단어라도 누락되면 이런 변화는 일어나지 않을 것입니다).

우리는 다음과 같은 사실들을 분명히 인정합니다.

① 성찬식에서 사용되는 떡과 포도주는 상대적인 의미에서 여느 떡과 포도주와는 다르며, 그리스도의 몸을 가리키는 표지로서 구별됩니다.

② 성찬식의 떡과 포도주는 신자들로 하여금 그리스도께서 자신들을 위해 몸이 찢기셨고 자신들의 죄 사함을 위해 피를 흘리셨음을 확신하도록 하는 인침으로 제정되었습니다.

③ 성찬식의 떡과 포도주를 믿음으로 먹고 마시는 가운데, 신자들은 그리스도가 제정하신 바를 따라 표지와 그 실체를 자기 안에서 연합시킵니다.

이를 통해 신자들은 그리스도를 영적으로 받고, 그리스도와 연합하며, 그리스도께 참여하고, 또 진리 가운데 실제로 그렇게 살아갑니다. 그러나 우리는 이런 변화가 본질적인 변화라고 말하지 않습니다. 이 사실을 다음과 같이 증명할 수 있습니다.

【증거 1】 화체설(transubstantiation, 실체변화)처럼 그 옳고 그름에 따라 사람이 우상숭배자가 될 수도 있는 매우 중요한 문제에 관해서는, 신자들의 교리와 행실의 유일한 규칙인 성경에 명시되어 있어야 합니다. 그러나 하나님의 말씀인 성경은 이에 관해 단 한 마디, 단 한 글자로도 언급하지 않습니다. 사제가 문제 되는 다섯 마디 말을 읊을 때 떡과 포도주가 그리스도의 몸과 피가 된다고, 즉 그리스도의 영과 신성으로 변화된다고 언급하는 곳이 성경에 있으면 좀 보여 주십시오. 교황주의자들은 떡이 그리스도의 몸이 된다고 말하는 것으로는 만족하지 못합니다. 그들도 만일 그리스도의 영이 없으면 하나님이 받으실 만한 제사도 있을 수 없음을 알기 때문입니다. 또한 떡이 하나님으로 변하지 않으면 그런 떡을 예배하는 자신들이 가장 혐오스럽고도 끔찍한 우상숭배자가 되리라는 것을 잘 알기 때문입니다. 거듭 말하지만, 그런 변화를 언급하는 말씀이 단 한 구절이라도 있으면 좀 말해 보

라고 하십시오. 그러나 그들은 지금까지 한 마디도 말하지 못하고 있지 않습니까? 무한정 시간을 준다고 해도 마찬가지일 것입니다. 성경을 아무리 찾아보아도 그런 변화에 대한 언급은 단 한 마디, 한 글자도 없기 때문입니다. 그렇다면 그들이 뭐라고 말하든 그런 변화는 인간이 꾸며 낸 것에 불과하며, 따라서 마땅히 혐오하고 미워하며 거부해야 합니다.

【증거 2】떡과 포도주가 그리스도의 몸과 피로 변화한다는 주장은, 마태복음 26장과 마가복음 14장, 누가복음 22장, 고린도전서 11장에 기록된 바 그리스도께서 성례를 제정하신 것에 정면으로 배치됩니다. 화체나 실체의 변화, 변질이라는 말은 이 말씀들에서 전혀 찾아볼 수 없을뿐더러, 그리스도가 제정하신 내용에도 어긋납니다. 성찬을 제정하면서 하신 말씀은 누구나 즉시 이해할 수 있을 정도로 자명합니다. 성경은 그리스도께서 떡을 떼고 그 뗀 떡에 축사하셨다고 (음식을 드실 때마다 그렇게 하신 것처럼) 기록합니다. 그리스도는 그렇게 축사하신 후에 그 떡을 제자들에게 나누어 주면서 먹으라고 하셨습니다. 본문을 보면, 이 모든 일이 있은 후, 그리스도는 "이것은 내 몸이니"라고 말씀하셨습니다(그것도 교황주의자들의 말처럼 다섯 마디가 아니라 네 마디뿐입니다). 그러므로 이렇게 선언한다 하더라도 떡에 어떤 본질적인 변화가 있었을 리 만무합니다. 만일 그런 변화가 있었다면, 제자들이 떡을 받아먹을 때에 변화가 일어나야 했을 것입니다. 그러므로 교황주의자들이 주장하는 바 떡과 포도주의 실체변화는 그 자체로 옳지 않습니다.

'이것'과 '내 몸'이라는 말을 생각해 보면 다음과 같은 점을 알 수 있습니다. 학식이 없는 사람이라도 여기서 '이것'이 그리스도가 제자들에게 나누어 주고자 떼신 떡을 가리킨다는 사실을 금방 알 수 있습니다. 바울은 이 사실을 분명히 밝힙니다.

"우리가 축복하는 바 축복의 잔은 그리스도의 피에 참여함이 아니며 우리가 떼는 떡은 그리스도의 몸에 참여함이 아니냐"(고전 10:16).

"주 예수께서……떡을 가지사 축사하시고 떼어 이르시되 이것은 너희를 위하는 내 몸이니……사람이 자기를 살피고 그 후에야 이 떡을 먹고 이 잔을 마실지니"(고전 11:23-28).

눈이 멀지 않은 한, 그리스도가 제자들에게 주어 먹게 하고자 떼신 것이 그리스도의 몸이 아니라 떡이라는 것을 분명히 볼 수 있습니다. 게다가 잔을 주면서 "이 잔은"(눅 22:20)이라고 하십니다. '이 떡'이라는 말도 마찬가지입니다. 교황주의자들의 주장대로 정말로 떡과 포도주가 각각 변화하였다면, 그 자리에는 변해야 하는 것과 그것이 변하여 된 것이 있어야 합니다. 그러나 이 말씀을 보면, 변화가 일어나지 않았든지, 아니면 그리스도께서 떡을 가리켜 말씀하셨든지 둘 중 하나입니다. 만약 '이것'이라는 지시대명사가 그리스도의 몸을 가리킨다면, "이 몸은 내 몸이니라"라고 말하는 것이 되므로 말이 안 됩니다.

그리스도는 "이것은 내 몸이니"라고 말씀하셨습니다. 본문을 읽는 사람은 누구나 이 말씀이 그것이 다른 무언가로 변한다는 의미가 아니라 '그리스도의 찢긴 몸,' 즉 그분의 고난과 죽음을 의미한다는 점을 알 수 있습니다. 이렇게 말하는 방식은 일반적인 대화나 성경에서 쉽게 발견되며, 성례와 상관없는 말뿐 아니라 성례에서도 흔히 볼 수 있습니다. 예컨대, 어떤 그림을 가리켜 사람들이 이렇게 말할 수 있습니다. "이것은 영국 왕이고, 저것은 프랑스 왕이다." 또는 신부가 자신의 결혼반지를 보면서 "이것은 내 정절이다"라고 말할 수 있습니다. 전자의 말은 왕의 그림이나 형상을 가리키며, 후자의 말은 신랑이 자신의 정절과 신실한 언약을 확증하며 준 표지와 인침을 가리킨다는 사실을 누구나 압니다. 하나님의 말씀에서도 이와 동일한 표현 방식이 사용된 예가 있습니다.

"일곱 좋은 암소는 일곱 해요 일곱 좋은 이삭도 일곱 해니 그 꿈은 하나라"(창 41:26).

"밭은 세상이요 좋은 씨는 천국의 아들들이요 가라지는 악한 자의 아들들이요, 가라지를 뿌린 원수는 마귀요 추수 때는 세상 끝이요 추수꾼은 천사들이니"(마 13:38,39).

"네가 본 것은 내 오른손의 일곱 별의 비밀과 또 일곱 금 촛대라. 일곱 별은 일곱 교회의 사자요 일곱 촛대는 일곱 교회니라"(계 1:20).

"지혜 있는 뜻이 여기 있으니 그 일곱 머리는 여자가 앉은 일곱 산이요……또 네가 본 그 여자는 땅의 왕들을 다스리는 큰 성이라 하더라"(계 17:9,18).

그리스도에 대해서도 그런 방식으로 표현한 예들이 있습니다.

"내가 문이니"(요 10:9).

"나는 참포도나무요 내 아버지는 농부라"(요 15:1).

"그 반석은 곧 그리스도시라"(고전 10:4).

이런 말씀들을 문자 그대로 받아들이는 것은 매우 어리석은 일입니다. 이 말들이 상징적으로 쓰였다는 점은 본문을 읽는 사람이라면 누구나 알 수 있을 정도로 자명하기 때문입니다.

심지어 이런 표현 방식은 성찬이 아닌 다른 성례에도 적용됩니다. 유월절이 그러합니다.

"이것이 여호와의 유월절이니라"(출 12:11).

유월절(passover)은 지나간다는 뜻입니다. 애굽 땅의 모든 장자들을 치러 온 천사가 그냥 지나간 일을 가리킵니다. 그 천사는 애굽 땅의 모든 장자들을 쳤지만, 문설주에 양의 피를 바른 이스라엘의 집들은 장자를 치지 않은 채 지나갔습니다. 그리고 이스라엘의 자녀들은 애굽에서 나갈 채비를 하는 동안 신을 신고 허리에 띠를 띠고 지팡이를 짚은 채 도살한 양을 먹어야 했습니다. 이 유월절 양이 바로 여호와의 유월절입니다. 그러나 이 양이 유월절 자체라고 주장할 만큼 어리석은 사람은 없습니다. 누구나 이 양이 유월절을 '가리킨다'는 것을 압니다. 이러한 사실은 구약성경에도 자주 등장하는 바, 유월절 어린양을 먹는 것을 가리키는 '유월절을 먹다(eat the Passover)'라는 표현에서도 확인됩니다. 그러므로 여기서 이 말은 이중적인 의미를 가지는 상징적인 표현입니다. 즉, 유월절은 곧 유월절 어린양을 일컫는 표현이며, 이 어린양은 그리스도를 가리킵니다.

"우리의 유월절 양 곧 그리스도께서 희생되셨느니라"(고전 5:7).

할례와 관련해서도 같은 표현 방식이 사용됩니다.

"이것이……내 언약이니라"(창 17:10).

여기서 '이것'이라는 말이 할례를 가리킨다는 데에는 의문의 여지가 없습니다. 물론 할례가 언약이라는 말은 아닙니다. 오히려 '이것(할례)이 언약의 표지'라는 말입니다. 즉, 언약을 가리키는 표지라는 말입니다. "이것은 내 언약이니"나 "이것은 내 몸이니"라는 것도 같은 표현 방식입니다.

"중생의 씻음"(딛 3:5)이라 불리는 세례도 마찬가지입니다. 세례는 씻는 것도 아니며, 씻는 것으로 변하지도 않습니다. 또한 세례는 거듭남도 아닙니다. 다만 세례(침례를 통한 세례이든 물 뿌림을 통한 세례이든)는 거듭남의 표지요 인침입니다.

마지막으로, "내 몸이니"라는 말을 살펴봅시다. 여기서 중요한 것은 '내 몸'이라는 말을 어떻게 이해하느냐 하는 것입니다. "이 떡은 내 몸이니"라고 할 때, '내 몸'은 마리아에게서 태어나고 골고다에서 못 박힌 육신적인 몸을 가리키지 않습니다. 그것을 그분의 영과 신성과 연합된 그리스도의 몸, 즉 신성과 위격적 연합을 이룬 그분의 몸을 가리키는 것으로 이해해서는 안 됩니다. 그것을 찢기고 십자가에 못 박히는 몸, 즉 그리스도의 고난으로 이해해야 합니다.

① 주 예수님께서 친히 그렇게 말씀하십니다.

"또 떡을 가져 감사 기도 하시고 떼어 그들에게 주시며 이르시되 이것은 너희를 위하여 주는 내 몸이라 너희가 이를 행하여 나를 기념하라 하시고"(눅 22:19).

"이것은 너희를 위하는 내 몸이니"(고전 11:24).

포도주에 대해서도 이렇게 말씀하십니다.

"이것은 죄 사함을 얻게 하려고 많은 사람을 위하여 흘리는 바 나의 피 곧 언약의 피니라"(마 26:28).

② 성찬에서 그리스도의 몸과 피를 가리키는 떡과 포도주가 각각 구별되어 회중에게 돌아가고, 또 회중이 그것을 따로 취하는 모습에서 이 사실을 확인할 수 있습니다. 그리고 성찬을 통해 기념되고 선포되어야 하는 그리스도의 죽음이 이 모든 것들을 통해 자연스럽게 표현됩니다(고전 11:26 참고).

③ 또한 이런 표지들은 죄 사함에 대한 인침이며(마 26:28 참고), 이 죄 사함은 그리스도의 죽음을 통해 얻으므로(롬 5:10 참고), 성찬의 떡은 영화롭게 된 몸이 아니라 십자가에 못 박힌 그리스도의 몸을 가리킵니다. 다시 말해, 성찬의 떡은 지금 하나님 보좌 우편에 앉으신 그리스도가 아니라 그리스도의 죽음을 가리킵니다.

이러한 사실로부터 우리는 떡이 그리스도의 몸으로 변화하지도 않을뿐더러, 포도주 역시 그리스도의 피로 변하지 않는다는 결론에 이릅니다. 그 이유는 다음과 같습니다.

① 성찬을 제정하시는 장면뿐만 아니라 성경 어디에서도 실체변화를 언급하지 않습니다. 즉, 떡과 포도주가 그리스도의 자연적인 몸과 피로 바뀌는 본질적인 변화를 언급하지 않습니다.

② 그리스도는 성찬을 제정하면서 떡을 취하고, 축사하고, 떼어 나누어 주면서 먹으라고 하셨습니다(이 모든 일은 잔에 대한 말씀은 물론 "이것은 내 몸이니"라고 하시기 전에 이루어졌습니다). 또한 예수님께서 축사하신 후, 그리고 "이것은 내 몸이니"라고 하신 후에도 떡은 그대로 떡으로 남아 있었고, 제자들은 그 떡을 먹었습니다(고전 11장 참고).

③ '이것'이라는 대명사는 떡을 가리키며, 이 말이 그것이 가리키는 실체를 뜻하고, 몸이라는 단어 역시 찢기고 십자가에 달린 그리스도의 몸을 가리킵니다.

언급한 이유들이 참이므로, 지금까지 증명한 대로 우리의 결론 또한 참입니다.

【증거 3】 주의 성찬은 성례입니다. 여기에는 이론의 여지가 없습니다. 그러나 만일 성찬 때에 떡과 포도주가 실제 그리스도의 몸과 피로 바뀌는 본질의 변화가 일어난다면 성찬은 더 이상 성례가 아닐 것입니다. 모든 성례는 반드시 다음 다섯 가지를 포함합니다.

- 성례로 제정됨
- 외적이고도 물리적인 표지
- 그리스도를 가리키는 영적인 일들의 중요성
- 표지와 그것이 가리키는 실체의 관계
- 실체를 가리키고 인 치는 성례의 목적

우리는 이미 이 모든 것들에 관해 살펴보았습니다. 그런데 교황주의자들이 말하는 바 성찬에서의 본질적인 변화는 다음의 것들을 무효로 만듭니다.

① 외적이고도 물리적인 표지를 제거해 버립니다. 그런 변화는 회중이 성찬에서 떡과 포도주를 먹음과 동시에 그것이 사라지고 더는 존재하지 않게 되는 것을 의미하기 때문입니다.

② 표지가 가리키는 실체도 사라집니다. 표지가 존재하지 않게 되면, 그것이 가리키는 실체 역시 더는 존재할 수 없기 때문입니다. 떡이 그리스도의 실제 몸이라면 떡은 그 무엇도 가리키지 않습니다. 한 걸음 더 나아가, 이는 그리스도의 몸을 파괴하는 일이 될 것입니다. 이는 그리스도의 몸에서 그 장엄함과 가견성과 확실성과 일치성을 빼앗아 가는 일이기 때문입니다.

③ 표지와 그것이 가리키는 실체의 관계도 사라집니다. 표지가 사라지면 그것이 가리키는 실체도 사라지기 때문입니다.

④ 성찬이라고 불리는 성례의 목적도 사라집니다. 표지가 없으면 인침도 없고, 그렇게 되면 신자들에게 그리스도의 고난과 죽음을 인 칠 수도 없기 때문입니다. 떡과 포도주가 실제 그리스도의 몸과 피가 된다면, 그 자리에 그리스도의 몸과 피가 있는 것이 되고, 따라서 그것을 기념할 일이 없어집니다. 무언가를 기념하는 일은 그것이 없을 때에라야 가능하기 때문입니다.

그렇다면 성찬의 표지인 떡과 포도주에 교황주의자들이 주장하는 것과 같은 본질적인 변화가 일어나지 않는다는 말이 됩니다.

【증거 4】 어떤 성례에서도 교황주의자들이 말하는 본질적인 변화는 일어나지 않습니다. 아무도 그렇게 주장하지 않습니다. 다른 성례와 관련해서도 앞에서처럼 유비적인 표현이 쓰입니다. 그 예로 "이것은 유월절이니," "이것은 내 언약이요 세례요 중생의 씻음이니" 같은 표현들을 들 수 있습니다. 유월절의 양은 그대로 양으로 남을 뿐, 그리스도가 되지 않습니다. 할례 역시 포피를 자르는 것일 뿐입니다. 세례의 물도 그냥 물입니다.

모든 성례는 동일한 성격을 띠며, 하나같이 앞에서 말한 다섯 가지를 필요로 합니다. 구약성경에서 말하는 성례들과 신약성경의 세례에 그런 변화가 일어나지 않는다면, 성찬도 마찬가지입니다. 성례들은 본질상 동일합니다.

【증거 5】 교황주의자들이 주장하는 화체설은 그들이 말하는 몇 가지 신앙고백을 스스로 무너뜨리는 결과를 가져옵니다.

① 그리스도의 인성에 관한 진리를 파기합니다. 그리스도는 자신의 인성으로 말

미암아 모든 일에서 우리와 같이 되셨습니다. 인간의 몸이 몸으로서의 실제적 차원을 잃어버리고 떡 조각으로 표현된다면, 더는 인간의 몸이 아닙니다. 수많은 장소로 분산된 것은 더는 하나가 아니며 본질상 여럿일 수밖에 없으므로 마리아의 몸에서 난 하나의 몸이라고 할 수 없습니다. 눈에 보이지 않고 손으로 만질 수 없다면, 그것은 참된 인간의 몸이 아닙니다. 따라서 교황주의자들이 말하는 그런 본질적인 변화가 실제로 일어난다면, 그리스도는 우리와 같은 참된 인간이 아닐 것입니다.

② 그리스도가 자신의 죽음과 더불어 단번에 드린 희생을 무효로 만들어 버립니다. 그런 변화는 그리스도께서 하루에도 수없이 죽으실 뿐만 아니라, 수없이 몸이 찢기고 피 흘리신다는 것을 시사합니다.

③ 그리스도의 몸이 실제로 하늘로 올려지셨고 마지막 날까지 거기에 계실 것임을 가르치는 그리스도의 승천 교리에 어긋납니다.

"예수께서 만일 땅에 계셨더라면 제사장이 되지 아니하셨을 것이니"(히 8:4).

그러나 화체설은 그리스도의 몸이 계속 이 땅에 있으며, 교회가 마련한 특별한 용기에 보존되어 있다고 말합니다.

④ 세상을 심판하러 하늘로부터 오실 그리스도의 재림과도 어긋납니다. 만일 그리스도가 계속 이 땅에 몸으로 있다면, 하늘로부터 다시 오실 수 없으며, 그분의 재림을 기다리는 것이 헛된 일이 되고 맙니다.

이러한 사실들을 볼 때, 화체설은 그 자체로 잘못된 것입니다.

【증거 6】 성경의 증거들에 더하여, 자연 영역에서 발견되는 한두 가지 증거를 제시할 수 있습니다. 먼저, 진리이신 하나님은 사람에게 진리를 알고 확고하게 진리 안에서 살아갈 수 있는 총명을 주셨습니다. 다만 하나님은 객체가 저마다 하나의 특정한 자리를 차지하도록 정하셨습니다. 어느 한 객체가 차지하는 자리를 다른 하나의, 또는 많은 객체들이 동시에 차지할 수 없습니다. 각각의 객체는 자신만의 크기와 범위가 있습니다. 그러므로 작은 날파리들과는 달리 수천 마리의 코끼리 떼는 동시에 같은 위치에 있을 수 없습니다. 한 객체는 특정한 지역에 존재하는

동시에 수천 번 동일하게 창조되거나 생산될 수 없습니다. 또한 객체나 실체는 고유한 특질과 본질적 속성 없이는 존재하지 못합니다. 특정한 지역에 존재하는 육신이 동시에 다른 지역에서 죽거나 죽은 상태로 있을 수 없습니다.

사건과 관련하여 말해 봅시다. 어떤 사건도 실체와 상관없이 독립적으로 발생할 수는 없습니다. 만일 그러하다면, 사건은 더 이상 사건이 아니라 실체라는 말이 됩니다. 또한 특정한 사건은 그것이 속한 특정한 실체 이외에 다른 실체와 관련하여 일어날 수 없습니다. 이런 사실들은 자연 영역에서 공통적으로 적용되며, 누구나 분명하게 인정하는 사실입니다.

따라서 교황주의자들이 가르치는 화체설은 자연과도 전혀 맞지 않고, 독립적인 실체들에 관한 자연법에도 부합하지 않습니다. 화체설은 다음과 같이 주장합니다.

① 그리스도의 동일한 몸이 수많은 곳에 동시에 존재한다고 가르칩니다. 교황주의자들은 날마다 행해지는 미사를 위해 구별된 전병들이 있는 곳마다 그리스도의 몸이 현존하며, 모두가 동일한 그리스도의 몸이라고 주장합니다.

② 십자가에 달렸던 크기 그대로의 그리스도의 몸 전체가 모든 팔다리를 가진 상태로 작은 떡 부스러기 크기로 존재한다고 가르칩니다. 즉, 십자가에 달렸던 그대로 키와 형태를 유지하는 동시에 손발, 머리와 팔다리가 같은 공간에 자리한다고 말합니다.

③ 그리스도께서 하늘에 계시면서도 미사를 위해 전병을 구별할 때마다 수천수만 번씩 그 자리에 동일한 몸으로 자리한다고 가르칩니다.

④ 그리스도의 몸이 하늘의 영광 가운데 거하는 동시에 이 땅에서 찢기고 인간의 발에 밟히고 쥐 같은 짐승에게 먹힌다고 가르칩니다.

⑤ 그리스도께서 가리키신 몸(눅 24:39 참고)은 눈에 보이고 손으로 만질 수 있는 동시에 보이지 않고 만질 수 없다고 가르칩니다.

⑥ 구별된 떡과 포도주는 더 이상 떡과 포도주가 아닌데도 떡과 포도주의 특징인 냄새와 맛이 남아 있으며, 여전히 사람이 먹고 마실 수 있다고 가르칩니다.

이처럼 화체설은 거짓일 뿐만 아니라, 어리석기 짝이 없는 가르침입니다. 어떻게 그런 말도 안 되는 가르침을 따를 수 있는지 이해되지 않을 정도입니다. 그러나 하나님은 진리를 사랑하지 않는 그들이 미혹의 영에게 속아 거짓을 믿도록 내버려 두셨습니다.

교황주의자들은 그 어리석은 가르침만큼이나 어리석게도 자신들의 교리를 변호하고 반론을 회피하고자 몇 가지 주장을 제기합니다.

회피주장 1 성례를 위해서는 믿음이 필요하다. 그리고 믿음이 역사하는 곳에서 이성은 자리를 비켜 주어야 한다.

| 답변 |

❶ 성례를 위해 필요한 믿음은, 그리스도께서 떡과 포도주를 죄 사함에 이르게 하는 십자가에 못 박힌 그리스도의 몸과 피에 대한 표지와 인침으로 제정하셨다는 사실을 믿는 것입니다. 여기서 믿음은 떡과 포도주의 본질과는 아무런 상관이 없습니다. 세례와 물의 본질이 아무런 상관이 없는 것과 마찬가지입니다. 떡이 무엇이고 포도주가 무엇인지를 모르는 사람은 없기 때문입니다.

❷ 하나님은 본질상 결코 거짓을 믿으라고 명령하지 않으실뿐더러, 친히 세우신 자연의 진리를 무너뜨리지도 않으십니다. 그런데 화체설이 바로 이 모두에 해당됩니다. 물론 하나님은 이성을 뛰어넘는 일을 믿으라고 명령하십니다. 그러나 진리에 배치되고 이성을 거스르는 일을 믿으라고 명하시지는 않습니다. 다시 말해, 하나님께서 믿으라고 명하시는 대상에 관한 진리를 올바르게 이해한다면, 결코 진리에 어긋나거나 이성을 거스를 수 없다는 말입니다.

❸ 때때로 믿음은 물리적인 객체와 관련된 보이지 않는 대상을 향해 발휘되는데, 모든 성례들에 대한 우리의 믿음이 그러합니다. 여기서 믿음은 보이지 않고 이성을 초월하는 실체를 향하는데, 그렇다고 해서 그 실체를 가리키는 물리적 객체의 본질을 거부하거나 부정하지 않습니다. 믿음은 볼 수 있는 것을 바라는 것이 아닙니다(롬 8:24 참고).

회피주장 2 하나님은 전능하며, 모든 것을 기뻐하는 대로 이루신다.

그러므로 하나님은 앞에서 언급된 모든 일들을 하실 수 있다.

| 답변 |

❶ 하나님은 전능하시지만, 거짓말을 하시지는 않습니다(딛 1:2 참고). 앞에서 지적한 모순된 일들을 하는 것은 곧 거짓말을 하는 것과 같습니다. 그것들이 이런 객체들에 부여하신 하나님의 진리를 정면으로 거스르기 때문입니다. 그러므로 하나님은 그런 일을 하실 수 없습니다. 이것은 하나님의 전능하심과 관련된 문제가 아니라, 진리와 관련된 문제입니다.

❷ 하나님은 진리와 어긋나는 일을 하실 수 없습니다. 설령 그렇게 하실 수 있다 할지라도, 하나님께서 필연적으로 그렇게 하고자 하신다거나 실제로 그렇게 하신다는 것을 의미하지는 않습니다.

【증거 7】 성례를 위해 구별된 후에도 떡과 포도주에서 본질적인 변화가 전혀 일어나지 않는다는 것은, 시대를 막론하고 모든 사람들이 후각과 미각과 촉각 등의 외적 감각을 통해 확인하는 사실입니다(물론 이것은 주어진 상황에서 안팎의 모든 감각이 정상적으로 기능한다는 것을 전제합니다). 성례 이전에 그것이 떡과 포도주로 존재한 것과 마찬가지로, 성례 이후에도 사람의 몸과 피가 아니라 동일한 떡과 포도주로 남아 있습니다. 아무도 이 사실을 부인할 수 없습니다. 따라서 화체설이 말하는 실체변화 같은 것은 결코 일어날 수 없습니다. 사제의 다섯 마디 선언으로 떡과 포도주가 그리스도의 몸과 피로 변한다는 주장은, 극히 어리석을 뿐만 아니라 정직하지도 못합니다.

회피주장 이와 관련해서는 오직 다음 두 가지만을 말할 수 있다. 곧 앞의 회피주장 2에 대한 답변에서 말한 두 가지 사실을 믿어야 한다. 또한 사람은 자신의 감각에 속을 수 있다.

| 답변 |

❶ 그럴 수 있다는 것이 반드시 그래야만 한다는 것을 뜻하지는 않습니다.

❷ 건강한 사람이라면 누구나 자신의 모든 감각을 통해 언제나 동일하게 경험하는 바를 속는 것이라고 말할 수는 없습니다. 모두가 확인하는 사실을 거부하고 부정한다면, 올바른 정신을 가졌다고 볼 수 없습니다.

이 모든 사실로부터 성찬식의 떡과 포도주가 그리스도의 몸과 피로 변하지 않는다고 분명히 확신할 수 있습니다.

이제 그들의 반론에 대답해 보겠습니다.

반론 1

"이것은 내 몸이니"라는 그리스도의 말씀을 문자적으로 이해해야 한다. 따라서 '이것'이라는 지시대명사는 떡을 가리키지 않는다. 이 지시대명사의 성(gender)은 떡이라는 단어의 성과 분명히 다르며, 오히려 '몸'이라는 단어의 성과 일치한다. '몸'이라는 말은 문자 그대로 마리아에게서 태어나고 골고다에서 못 박힌 그리스도의 몸을 가리킨다. 그러므로 여기서 '-이니'라는 서술부는 '당연히 참으로 그렇다'라는 의미로 해석되어야 한다.

답변

(1) 이는 논점에서 벗어난 반론입니다. 논점은 "이것은 내 몸이니"라는 선언에 따라 떡과 포도주가 그리스도의 몸과 피로 변하느냐 하는 것입니다. 그러나 이 선언은 단 한 글자도 실체변화를 가리키지 않으며, 그것을 암시하지도 않습니다. 따라서 이 선언을 근거로 화체설을 주장하는 것은 논점에서 벗어납니다. 그러나 이참에 이 반론에 대해 차근차근 대답해 보겠습니다.

(2) '이것'이라는 말은 그리스도께서 취하고 떼어 나누어 주신 떡을 가리킵니다. 이 사실은 이미 앞에서 증명했습니다. 따라서 반론이 말하는 바 '이것'이라는 지시대명사의 성과 '몸'이라는 단어의 성이 일치하므로 '이것'이 떡이 아니라 그리스도의 몸을 가리킨다는 주장은 아무런 설득력이 없습니다.

① 여기서 '이것'이라는 말을 형용사가 아니라 명사로 보아야 합니다. 만약 이 단어가 형용사라면 '이 내 몸이 있다'가 되어 그저 몸이 존재한다는 사실을 서술하는 의미가 될 것입니다. 그러나 그것은 말이 안 됩니다. 제자들이 그리스도께서 자신들 앞에 계신 것을 보는데, '몸'이라는 말을 되풀이하는 것은 비논리적이기 때문입니다. 만일 그렇게 이해한다면, '이 내 몸은 내 몸이다'로 읽어야 할 것입니다.

② '이것'이 그리스도의 몸을 가리킨다고 말하는 사람은 자신이 주장하는 실체 변화를 스스로 뒤엎는 셈입니다. 그렇게 말할 경우 아무런 변화도 일어날 필요가 없기 때문입니다. 변화를 말하려면, 변하는 것과 변하여 되는 것이 모두 있어야 합니다. 이 경우에 변하여 되는 것은 몸입니다. 그런데 '이것'이 떡이 아니라 몸을 가리킨다면, 결국 애초에 그리스도의 몸으로 바뀔 것이 아무것도 없는 셈입니다. 교황주의자들 중에도 이런 사실을 인식한 자들이 있어서 그들끼리도 논란이 분분합니다.

(3) 교황주의자들은 '내 몸'이라는 말이 그리스도의 육신적 몸을 가리킨다고 주장합니다. 그러나 많은 사람들이 이 주장에 반박할 뿐만 아니라, 본문 자체도 이 주장에 반박합니다. 그리스도께서 이미 몸으로 그 자리에 함께하셨고, 자기 손으로 자기 몸이 아니라 떡을 취하셨습니다. 떡을 취하여 떼면서 "이것은 너희를 위하여 부수는 내 몸이니"라고 하셨습니다. 그리스도께서 아직 아무런 해도 입지 않은 채 제자들 앞에 계셨지만, 자신의 몸이 부서지고 십자가에 못 박혀 죽음에 이르게 되리라 선언하신 것입니다. 그러므로 만일 제자들과 함께 계시던 그 순간에 그리스도의 몸이 부서져 죄 사함을 위한 희생 제물로 드려진 것이라면, 이미 모든 것을 다 이루신 것이 됩니다. 그리고 그분이 단번의 희생으로 모든 것을 다 이루셨다는 사실을 고려할 때, 그리스도께서 다시금 고난당하고 죽으실 필요가 없는 셈입니다(히 10:14 참고).

(4) 교황주의자들은 '-이니'라는 말이 떡을 그리스도의 육신적 몸으로 선언한다고 이해하려 합니다. 그러나 이미 앞에서 살펴본 대로, 떡은 그리스도의 육신적 몸이 아니며, '-이니'라는 말은 그런 의미를 전혀 담고 있지 않습니다. 거듭 말하지만,

"이것은 내 몸이니"라는 말은 그리스도가 여기서 이렇게 말씀하신 목적에 맞게 이해되어야 합니다. 지금 그리스도는 이성적으로 생각할 수 있는 사람들에게 가장 명확하고도 분명하며, 누구나 이해할 수 있는 평범한 방식으로 자신의 의도를 나타내십니다. 그런데 만약 '-이니'라는 말이 '자연적인 의미에서 본질'만을 가리킨다면, 제자들은 물론 이성적으로 생각하는 그 어떤 사람도 이해하지 못했을 것입니다. 이는 불합리할뿐더러 자연의 질서를 완전히 거스르는 말이기 때문입니다. 반면 '-이니'가 무언가를 가리키는 것이라고 이해한다면, 이것은 매우 분명하고도 명확하여 누구나 이해할 수 있는 문장이 됩니다. '-이다'라는 서술어는 자연적이고도 본질적인 의미에서의 존재를 뜻할 뿐만 아니라, 무언가를 가리키기도 합니다. 그러하기에 이 말은 문맥과 상황에 맞게 이해되어야 합니다. 어느 그림을 가리키면서 "이분은 내 아버지고, 이분은 내 할아버지이다"라고 하는 경우, 신부가 결혼반지를 가리키면서 "이것은 내 정절이다"라고 하는 경우, 그리고 유비를 사용해 "단은 길의 뱀이요, 납달리는 놓인 암사슴이요, 잇사갈은 건장한 나귀요, 요셉은 무성한 가지요"(창 49장 참고)라고 하고, "앗수르는 막대기요, 헤롯은 여우요, 불경건한 자들은 더러운 얼룩이요 비를 내리지 않는 구름이요 죽은 나무요 요동하는 바다"라고 하는 경우를 생각해 봅시다. 만일 누군가가 여기서 쓰인 '-이다'라는 서술어를 본질이라는 의미로 해석하여 "단은 뱀이요 납달리는 암사슴이요 잇사갈은 나귀라고 성경이 기록하므로, 단과 납달리와 잇사갈과 헤롯은 짐승이다"라고 말한다면, 그를 어리석다 하지 않겠습니까? 그러나 누구나 이 말을 문자 그대로 받아들이지 말아야 한다는 것을 압니다. 심지어 어린아이조차도 이 사실을 압니다. 또한 다음 말들을 생각해 보십시오. "일곱 암소는 칠 년이요, 일곱 머리는 일곱 산이요, 이 여인은 위대한 성읍이다." 여기서 쓰인 '-이다'는 지금까지 말한 대로 무언가를 가리키는 기능을 합니다. 그리스도에 관한 말씀들에서 이런 표현 방식이 두드러지게 사용됩니다. 성경은 "나는 양의 문이요, 나는 포도나무니"라고 하며, "그리스도는 우리의 유월절이라," "반석은 그리스도니"라고 말합니다.

이런 모든 사실을 보면, '-이다'라는 서술어를 본질적인 존재를 의미하는 것이 아니라 무언가를 가리키는 기능으로 이해해야 한다는 점이 분명해집니다.

회피주장 1 성례가 아닌 상황에서는 그 말이 맞다. 그러나 지금 우리는 성례를 다루고 있다. 그러므로 다른 상황에 적용된다고 해서 그것을 성례에까지 적용해서는 안 된다.

| 답변 |

❶ 앞에서 우리는 '-이다'라는 서술어가 무엇을 뜻하는지를 살펴보았습니다. 만약 이 말이 앞에서 살펴본 바와 같이 사용된다면, 다른 경우에도 같은 뜻으로 해석되어야 합니다. 단지 '-이다'라는 말이 쓰였다는 사실만으로 떡이 곧 그리스도의 육신적인 몸을 의미한다고 결론 내릴 수는 없습니다. 오히려 이 말이 사용된 문맥을 통해 그것을 증명해야 할 것입니다. 그러나 그렇게 주장할 근거가 없습니다. 오히려 우리가 앞에서 전체 문맥을 통해 본 대로, 그리스도께서 문자 그대로의 의미로 이 말을 하신 것이 아닙니다.

❷ 유월절에 관하여 기록하는 말씀을 살펴봄으로써 회피주장을 펼치는 자들에게, 이것이 성례와 관련해서도 공통되게 적용된다는 사실을 보이겠습니다.

"이것이 여호와의 유월절이니라"(출 12:11).

유월절의 행위를 통해 유월절 양에게 어떤 변화가 일어난 것이 아닙니다. 할례와 관련해서도 "이것이……내 언약이니라"(창 17:10)라고 하고, 세례와 관련해서도 "물은 예수 그리스도께서 부활하심으로 말미암아 이제 너희를 구원하는 표니……하나님을 향한 선한 양심의 간구니라"(벧전 3:21)라고 말합니다.

더 이상 무슨 말을 하겠습니까? 아마 다음과 같이 회피하는 주장이 제기될 수도 있습니다.

회피주장 2 믿음이나 유언과 관련해서는 모호하거나 은유적인 표현이 아니라 분명한 표현을 사용해야 한다.

| 답변 |

❶ 인간에게 말을 주신 분께 어떻게 말해야 할지를 훈계한단 말입니까?

❷ 그리스도는 믿음에 관해 말씀하실 때에 대개 비유와 유비를 사용하셨습니다.

❸ 창세기 49장에 나오는 야곱의 유언은 은유적인 표현으로 가득합니다.

❹ 은유적인 표현과 모호한 표현은 구분되어야 합니다. 모호한 표현은 막연함을 더하는 반면에, 은유적인 표현은 선명하며 문제를 더 밝히 드러내고 문제의 본질을 강력하게 전달합니다. 게다가 은유적인 표현이 그와 관련된 문제만큼이나 잘 알려져 있는 경우라면 더욱 그러합니다.

❺ 위의 주장을 제기하는 자들은 그리스도께서 성찬을 제정하실 때에 은유적인 표현을 사용하셨음을 깨달아야 합니다.

"이 잔은……새언약이니 곧 너희를 위하여 붓는 것이라"(눅 22:20).

먼저, 여기서 가리키는 것은 잔 자체가 아니라 잔에 담긴 내용물입니다. 또한, 이 잔은 물론이요 잔에 담긴 내용물 역시 새언약이 아닙니다. 오히려 이 잔은 그리스도께서 피 흘려 성취하고 신자들을 위해 이루신 새언약을 인칩니다. 한편 미사에서 모든 피 흘림을 거부하는 교황주의자들은 '붓는'이라는 말을 문자적으로 받아들이지 않습니다. 그들이 살에서 피를 분리할 수 없으며, 붓는다는 것이 십자가에서 피 흘리는 것을 가리킨다고 생각하기 때문입니다. 그들은 그리스도께서 이제 곧 피 흘리실 것을 마지막 만찬에서 보이셨다고 말합니다.

또한 그들은 "이것은 내 몸이니"라는 말도 은유적인 표현임을 인정해야 합니다. 그들은 이 말씀이, 떡과 잔의 모양으로 그 자리에 존재하지만 그렇게 선언하기 전까지는 떡과 포도주로 있는 개별체나 이름도 없고 규정되지도 않은 어떤 것(*invidiuum vagum*)을 가리킨다고 제멋대로 해석합니다. 그러나 이에 관해서는 그들 사이에서도 큰 논란이 있습니다. '-이다'를 문자적으로 해석하지 않고, '-로 인식되는, 앞으로 -가 될, 변화된, 성체가 된' 등 다양하게 해석합니다. 또한 그들은 '몸'이라는 말에 대해 일정한 크기가 없다고 생각하거나, 크기가 있더라도 물리적 차원이 아니라고 생각하거나, 일정한 크기와 물리적 차원을 생각하더라도 구체적인 공간에 존재하지 않는다고 생각하는 등 문자 그대로 받아들이지 않습니다. 여기에 관해서는 교황주의자들 사이에도 의견이 분분합니다. 그러나 실제 몸은 보고 만질 수 있을 뿐만 아니라, 일정한 공간에 일정한 크기를 가진 실체로 존재합니다. 따라서 이를 부인하는 교황주의자들은 모든 것을 은유적으로 이해할 수밖에 없습니다. 그렇다면 과연 여기서 '몸'이라는 말이 영혼과 신성을 가리키겠습니까?

반론 2

"저녁 먹은 후에 잔도 그와 같이 하여 이르시되 이 잔은 내 피로 세우는 새언약이니 곧 너희를 위하여 붓는 것이라"(눅 22:20).

여기서 '붓다'라는 말은 원인적으로(*in causa*) 피가 아닌 잔과 일치하므로, "너희를 위하여 붓는 것"은 피가 아니라 잔을 가리키며, 궁극적으로는 잔에 담긴 그리스도의 피를 가리킨다. 결국 이 말씀이 뜻하는 바는 "너희를 위해 붓는 나의 이 피는 내 피로 맺는 새언약이니"라는 것이다. 이로써 포도주가 그리스도의 피로 변했다는 결론을 이끌어 낼 수 있다.

답변

(1) 그러한 주장은 스스로 자신들의 주장을 부정할 수밖에 없습니다. 위의 주장에 따르면, 그리스도의 피는 분명히 그리스도의 몸과 분리되며, 피 흘리는 것 또한 있음이 분명하기 때문입니다. 그러나 그들은 자신들의 미사를 피 없는 희생 제사라고 부르면서 이 두 가지를 인정하려 하지 않습니다.

(2) 여기서 '잔'이라는 말은 분명히 그 안에 담긴 내용물을 가리킵니다. 그러나 잔에 담긴 것은 피가 아니라 포도주입니다. 그리스도도 잔에 담긴 것을 "포도나무에서 난 것"(마 26:29)이라고 부르십니다.

(3) '붓다'라는 말을 잔과 연관시키는 것은 자연스럽지만, 그것이 가리키는 의미는 모호하지 않습니다. 이 잔, 즉 이 잔에 담겨 있고 곧 부어질 포도주는 새언약입니다. 이 잔은 그리스도의 피로 인 쳐진 새언약을 그리스도인에게 인 치는데, 포도주가 이 피에 대한 표지이자 인장입니다.

(4) 다른 단어와 '원인적으로' 일치하는 단어들은 화자가 주목하는 말과도 일치합니다. 이 사실은 신약성경뿐만 아니라 다른 저자들의 글에서도 쉽게 찾아볼 수 있습

니다. 그 예로 마태복음 28장 19절과 요한계시록 1장 5절을 들 수 있습니다.

반론 3

"내 살을 먹고 내 피를 마시는 자는 내 안에 거하고 나도 그의 안에 거하나니"(요 6:56).

답변

(1) 이 본문은 성찬을 가리키지 않습니다. 당시는 아직 성찬이 제정되지도 않았을뿐더러, 성찬과 관련된 말이나 예언을 전혀 찾아볼 수 없기 때문입니다. 이 말씀은 만나를 가리킵니다. 그러므로 교황주의자들의 주장대로라면, 그리스도께서 만나로 변하셨다는 말이 될 것입니다. 여기서 그리스도께서 "나는 생명의 떡이니"(요 6:35)라고 말씀하시기 때문입니다.

(2) 그러나 지금 그리스도는 물리적으로 먹고 마시는 것이 아니라 믿음으로 말미암아 그리스도께 영적으로 참여하는 것을 말씀하십니다. 그리고 이 일은 성찬 때뿐만 아니라 언제나 일어납니다. 요한복음 6장 63절에서 분명히 이렇게 말씀하시기 때문입니다.

"살리는 것은 영이니 육은 무익하니라. 내가 너희에게 이른 말은 영이요 생명이라."

반론 4

"그러므로 누구든지 주의 떡이나 잔을 합당하지 않게 먹고 마시는 자는 주의 몸과 피에 대하여 죄를 짓는 것이니라"(고전 11:27).

답변

(1) 본문은 이 문제에 대해 분명하게 말합니다. 즉, 바울은 지금 성찬에서 먹고 마시는 것이 떡과 포도주라고 말할 뿐만 아니라, 잔 역시 성찬에 참여하는 신자 모두에게 돌아가야 한다고 말합니다. 따라서 신자들이 성찬에서 먹고 마시는 것은 그리스도의 몸과 피가 아닙니다.

(2) 성찬에 합당하게 참여하지 않으면, 그리스도의 몸과 피에 대해 죄를 짓게 됩니다. 주의 떡이나 잔을 합당하지 않게 먹고 마시는 것은, 그리스도의 고난과 죽음

을 모욕하고 경멸하는 행동이기 때문입니다. 이는 분노에 사로잡힌 사람이 왕의 인장이나 초상을 훼손함으로써 드러내 놓고 왕을 멸시하고 조롱하는 행위와 같습니다.

그러므로 성찬의 떡과 포도주가 그리스도의 실제 몸과 피가 아니라 그리스도께서 죄 사함을 위해 받으신 고난에 대한 예표이자 인침이라는 것은, 여전히 확고한 진리입니다.

공재설의 오류

> ▶ 질문
> 성찬 때 그리스도의 몸이 떡과 더불어 존재하는가?

대답: 루터파는 떡과 포도주가 어떤 변화도 없이 그대로 남아 있다고 주장합니다. 대신에 그들은 "이것은 내 몸이니"라는 말씀에서 '이것'이 떡과 그리스도의 몸을 모두 가리킨다고 주장하면서, 그리스도의 몸과 피가 떡과 포도주와 더불어, 그 안에, 그 아래 있다고 말합니다. 이를 공재설(consubstantiation)이라고 일컫습니다. 그러나 우리는 공재설 역시 화체설을 부정했던 것과 동일한 논리로 부정합니다.

첫째, 성찬이 제정된 역사를 보면 공재설을 부정해야 할 이유는 분명합니다.

① 성찬이 제정될 때, 그리스도는 눈에 보이는 모습으로 그 자리에 함께 계셨습니다. 그때는 상하거나 찢기거나 죽지 않고 온전한 모습으로 살아 계셨습니다. 그리스도께서 떡을 떼어 제자들에게 나누어 주면서 받아먹으라고 하셨습니다. 그 떡을 가리켜 "이것은 내 몸이니"라고 하셨는데, 이때 '이것'이라는 말은 분명 떡만을 가리킵니다.

② 바울 역시 성찬을 그렇게 이해했습니다.

"우리가 축복하는 바 축복의 잔은 그리스도의 피에 참여함이 아니며 우리가 떼는 떡은 그리스도의 몸에 참여함이 아니냐"(고전 10:16).

그리스도의 몸에 참여한다는 것은 바로 그리스도의 몸을 가리키는 동시에 그것을 인 치는 떡을 떼는 것을 의미합니다.

③ 이것은 다른 표지와 관련해서도 마찬가지입니다. 그리스도는 잔에 대해서도 '이 잔은 새언약이니'라고 말씀하십니다. 여기서 '이'라는 지시대명사는 분명히 잔을 가리키며, 잔이라는 말은 분명히 그 안에 담긴 포도주를 가리킵니다. 그러므로 '이것'은 오직 떡을 가리킬 뿐, 그리스도의 몸을 동시에 가리키지 않습니다. 만약 떡과 그리스도의 몸을 동시에 가리킨다면, 그리스도께서 그 자리에서 두 몸, 즉 살아서 제자들과 떡과 잔을 나누는 몸과 찢겨서 제자들에게 나누어진 보이지 않는 다른 몸을 가지셨다는 말이 되기 때문입니다. 또는 보이는 동시에 보이지 않고, 온전한 동시에 찢긴 하나의 몸이라는 말이기 때문입니다. 이것은 그 자체로 말이 안 됩니다.

④ 루터파는 "이것은 너희를 위하는 내 몸이니"라는 말씀을 문자 그대로 받아들여야 한다고 하면서 은유적으로 해석할 여지를 조금도 남겨 두지 않습니다. 그러나 이 말씀 자체를 볼 때, 루터파의 주장은 다음 둘 중 하나에 해당합니다. 교황주의자들처럼 떡 자체를 그리스도의 몸으로 보는 것이거나, 아무런 근거나 증거도 없이 이 말씀을 토대로 그리스도의 몸이 떡과 더불어, 떡 안에, 떡 아래에 함께한다고 주장하는 것입니다. 또한 "너희를 위하는(위하여 찢는)"이라는 말씀은 어떤 식으로든 은유적으로 해석할 수밖에 없습니다. 이렇게 말씀하실 당시에 그리스도께서 아직 몸이 찢기지 않은 온전한 상태였고, 피도 전혀 흘리지 않으셨기 때문입니다. 오히려 그들의 주장대로라면, 이 말은 "너희를 위하여 곧 찢길 나의 몸"이라고 하시는 것이나 마찬가지입니다.

둘째, 성찬은 성례입니다. 그러나 성례는 그 자체로 실체가 아니라 실체를 가리키는 표지요 인침입니다. 만약 그리스도의 몸이 떡과 더불어, 떡 안에, 떡 아래 있었다면, 떡은 더 이상 표지가 아니라 실체가 되며 성찬은 더 이상 성례가 아니게 됩니다.

셋째, 다른 모든 성례에서 이러한 육신적 공재를 찾아볼 수 없으므로 성찬에서도 그렇다고 보는 것이 맞습니다. 다른 성례에서도 성찬에서처럼 "유월절을 준비하여," "이것은 내 언약이니," "중생의 씻음," "선한 양심의 간구" 같은 표현을 씁니다. 그러므로 다른 성례들에서 동일한 표현이 사용되면서 그리스도의 공재가 아니라 표지와 인침을 가리킨다면, 성찬에서만 예외적으로 그리스도의 공재를 가리킨다고 볼 이유가 없습니다.

넷째, 그리스도께서 성찬에 실제 육신으로 존재한다는 것은 그리스도의 성육신과도 배치됩니다. 이 이론에 따르면, 그리스도께서 모든 일에 우리와 같이 되신 것을 부인해야 하고, 따라서 그분의 참사람 되심을 부정해야 하기 때문입니다. 그리스도께서 더는 이 땅에 육신으로 계시지 않음을 말하는 그리스도의 높아지심과 하나님의 보좌 우편에 앉으심과도 어긋납니다. 그리스도께서 여전히 이 땅에 육신으로 남아 계신다면, 그분은 우리의 대제사장일 수 없습니다.

다섯째, 그리스도의 육신적 공재가 사실이라면 그리스도의 몸은 파괴되고 말 것입니다. 인간의 몸은 한 공간으로 제한될 수밖에 없고, 다른 물체를 꿰뚫고 들어갈 수 없으며, 다른 몸이 존재하는 장소에 공존할 수도 없습니다. 몸은 눈으로 볼 수 있고, 손으로 만질 수 있습니다. 그러므로 성찬에 그리스도께서 육신으로 존재한다는 주장은, 성경은 물론이요 자연과도 배치되는 온갖 불합리함으로 가득합니다.

회피주장 하나님은 전능하시기 때문에 그렇게 하실 수 있다.

| 답변 |

하나님은 진리의 하나님이십니다. 그리고 하나님께서 주신 진리는 그분의 피조물이 가진 본질의 핵심입니다. 진정한 몸이 보이지도 않고 만져지지도 않으며 다른 물체를 관통한다는 것은 모순입니다. 게다가 어떤 것의 존재를 하나님의 능력에 근거하여 결정지어서는 안 되며, 특정한 환경 아래에 있는 어떤 것의 존재는 계시된 하나님의 뜻인 그분의 말씀을 통해 증명되어야 합니다. 말씀은 그리스도의 몸이 떡과 더불어, 그 안과 아래에 있다는 것에 대해 전혀 언급하지 않으며, 오히려 그렇지

않다고 증언합니다. 성경이야말로 모든 논란을 종식시키는 최종 권위입니다.

영적 임재설

떡과 포도주가 그리스도의 몸과 피로 변하지 않으며, 그리스도의 몸과 피가 물리적으로 떡과 포도주와 더불어, 그 안과 아래에 존재하지 않음이 확실해졌습니다. 그렇다면 필연적으로 그리스도의 몸과 피가 성찬의 떡과 포도주에 물리적으로 존재하지 않으며, 사람의 입이 그리스도의 몸과 피를 물리적으로 먹고 마시지 않는다는 결론이 나옵니다.

그리스도의 고난과 죽음과 관련하여 우리는 그리스도께서 떡과 포도주라는 예표를 통해 영적으로 함께하신다고 주장합니다. 그리스도께서 제정하셨으므로, 또한 그것을 토대로 우리는 이 두 표지에 참여합니다. 그렇게 그리스도께 참여함으로써, 신자들은 성찬의 표지들이 가리키는 실체인 그분의 고난과 죽음에 참여하고, 떡과 포도주를 죄 사함의 인침으로서 취합니다. 게다가 우리는 믿음으로 그리스도께 참여하는 것이 우리 마음에 즉시 적용되고, 성령의 역사로 말미암아 그리스도와 영적으로 교제하게 된다고 주장합니다. 그리스도께서 이렇게 성찬의 자리에 함께하시며, 신자들은 참으로 그리스도와 교제합니다. 그러나 이 모든 일은 영적으로 일어날 뿐, 결코 물리적으로 일어나지 않습니다. 물론 영적인 일도 물리적인 일만큼이나 실제적이지만, 우리는 그리스도께서 그 자리에 물리적으로 임재하시고 신자들이 실제로 그리스도의 살과 피를 먹고 마신다는 끔찍한 가르침을 거절합니다.

첫째, 화체설과 공재설의 오류를 논박한 모든 주장들을 통해 이런 사실을 분명히 알 수 있습니다. 이 두 가지 오류의 토대가 무너졌으므로 거기에 기초한 주장들 (앞에서 이미 다 다루었습니다) 역시 무너질 수밖에 없습니다.

둘째, 이런 사실은 그리스도의 승천을 볼 때 분명해집니다. 그리스도는 하늘로 들려 땅을 떠나셨고, 그 몸은 하늘에만 있습니다. 만일 그리스도께서 지금도 이 땅에 계시다면(히 8:4 참고), 그분은 대제사장이실 수 없습니다. 그리고 그리스도를 마지막 날 구름 타고 오실 때에야 대면할 수 있으므로, 그분은 성찬의 자리에 육신으로 계시지 않을 뿐만 아니라, 아무도 그분을 물리적으로 취할 수 없습니다. 만약 이 모든 것이 사실이 아니라면, 이에 관한 본문들 전부가 눈에 보이지 않는 그리스도의 임재가 아니라 눈에 보이는 임재에 관한 것이라고 주장해야 할 것입니다. 그러나 그런 주장은 부질없습니다. 그리스도의 몸이 어디서든 눈에 보이지 않게 존재할 수는 없기 때문입니다. 또한 그런 주장은 그리스도께서 승천과 재림에 관해 친히 말씀하신 모든 내용들과도 배치됩니다.

셋째, 이런 사실은 무엇보다도 성찬이라는 성례의 본질과 목적을 생각할 때 더욱 분명해집니다. 성찬은 먹고 마시는 행위를 통해 이루어지는 성례입니다. 그러나 이 행위는 육신이 아니라 영혼을 위한 것입니다. 음식의 본질은 육신에 영양을 공급하기에 적합합니다. 그리스도의 육신적 몸과 피는 물리적입니다. 실제로 입으로 그리스도의 몸과 피를 먹고 마신다는 것은 실제 몸을 먹는다는 말이며, 이는 영혼을 살찌우는 것이 아닙니다. 그러나 성찬의 목적은 영혼을 살찌우고 강건하게 하기 위함(영혼의 요소가 아니라 적어도 믿음과 위로와 관련해)입니다.

요한복음 6장에서 주 예수님은 영혼이 신령한 음식을 먹는 것에 관해 말씀하십니다. 그런데 52절에서 유대인들은 이 말씀을 육신적으로 이해하고 반응합니다.

"어찌 능히 자기 살을 우리에게 주어 먹게 하겠느냐?"

그러자 예수님은 자신이 육신적인 몸이 아니라 영혼에 필요한 신령한 음식에 관해 말한 것이라고 하면서, 유대인들의 반발을 일축하십니다.

"살리는 것은 영이니 육은 무익하니라. 내가 너희에게 이른 말은 영이요 생명이라"(요 6:63).

35절을 보면, 예수님의 말씀이 물리적인 몸을 실제로 먹는 것이 아니라 영혼이 믿음으로 취하는 것에 관한 것임이 분명히 드러납니다.

"예수께서 이르시되 나는 생명의 떡이니 내게 오는 자는 결코 주리지 아니할 터이요 나를 믿는 자는 영원히 목마르지 아니하리라."

이처럼 요한복음 6장 전체가 말하는 바는 아직 제정되지도 않은 성찬이 아니라,

영적 생명을 강건하게 하기 위해 그리스도와 믿음으로 나누는 신령한 교제입니다.

넷째, 그리스도의 육신적 임재를 주장하는 자들은, 성찬이 믿음으로 말미암아 그리스도의 살과 피를 영적으로 먹는 것과는 전혀 상관이 없으며 오직 물리적으로 먹는 행위라고 말합니다. 그러나 이런 주장은 자가당착으로, 아무런 유익이 없을뿐 더러 위험하고 파멸적이기까지 합니다. 그리스도의 몸을 실제로 먹는 것은 영혼과 아무런 상관이 없습니다. 오직 믿음으로 말미암아 그리스도의 살과 피를 영적으로 취하는 것만이 영혼을 살찌우고 강건하게 합니다.

다섯째, 실제 몸과 피를 먹고 마시는 것은 가장 야만적인 행위이고, 영적이지 않으며, 혐오스런 우상숭배입니다. 하나님과 신자들, 또는 신자가 아니더라도 일부러 눈을 감지 않는 사람이라면 누구나 그런 일을 미워하고 끔찍하게 여겨 거부할 것입니다. 하나님이자 사람이신 사랑하는 예수 그리스도의 거룩하고도 영광스러운 몸을 죄인의 더러운 입으로 취하다니요! 그 몸을 먹고 마셔 온갖 더러운 것들로 뒤섞인 위장으로 받아들이고 소화시켜 뒤로 내보내다니요! 생각만 해도 혐오스럽고 끔찍하기 이를 데 없습니다. 불경건한 자들은 그리스도의 몸을 갈기갈기 찢어 개나 쥐들이 먹도록 할 것입니다. 예수님을 사랑하는 자들은 그것이 얼마나 끔찍하고도 혐오스런 주장인지를 알아야 합니다.

여섯째, 그런 주장은 물리적 몸이 일정한 크기와 공간을 가지며 공간의 제한을 받는다는 사실을 부정함으로써 육신의 본성 자체를 뒤엎습니다. 게다가 그것은 보이지 않고 느낄 수 없으며 다른 몸을 관통하거나 다른 몸에 관통되는 육신이 존재한다고 주장하는 것입니다. 그렇습니다. 보이는 동시에 보이지 않고, 유한한 동시에 무한하며, 찢기고 먹히는 동시에 영광스런 상태에 있는 몸이 존재한다고 주장하는 것입니다. 성찬에 그리스도께서 육신으로 임재한다는 것과 그분의 물리적인 몸을 먹고 마신다는 것을 인정하는 자들은, 이 모든 것을 인정해야만 합니다. 그러나 이는 올바른 이성을 가지고 있다면 이교도들조차 거부할 수밖에 없는 오류입니다. 하물며 합리적이며 성경을 믿는 사람들은 더 말할 필요도 없습니다!

어떤 이는 계시된 하나님의 뜻인 성경에서 명시하지 않는다는 이유로, 하나님은 전능하시므로 그분이 원하신다면 거짓에서 진리를 만드실 수도 있다고 주장하려 들 것입니다.

회피주장 그리스도는 아무런 어려움 없이 문이 닫힌 집에 문을 통과하여 들어가셨다(요 20:19 참고).

| 답변 |

성경에서는 제자들이 두려워 문을 닫고 있을 때에 그리스도께서 그곳에 들어가시고, 또 예기치 않게 나타나신 것을 언급합니다. 그러나 예수님이 육신으로 문을 통과하여 들어가셨는지는 명확히 언급하지 않습니다. 예수님께서 들어가고자 하신다면 무엇이든 그 앞에서 물러나고 그 뜻을 받드는 것이 마땅합니다. 그러하기에 예수님은 친히 정하신 자연의 질서를 우회하실 필요도 없으며, '예'와 '아니오'를 동시에 참으로 만드실 필요도 없습니다. 무덤에서 일어나실 때에도 무덤을 가로막은 돌을 통과하실 필요가 없었습니다. 주님을 위해 천사들이 돌을 옮겨 놓았습니다. 승천하실 때에도(히 4:14 참고) 공기가 예수님의 육신을 떠받쳐 올렸습니다. 이는 사물이 이곳에서 저곳으로 이동할 때면 일어나는 일이 아닙니까? 그리스도께서 그들에게 보이지 않게 되셨다고 하는 것도(눅 24:31 참고), 예수님께서 갑자기 사라지거나 보이지 않게 된 것이 아니라 갑작스레 그들과 함께 계시지 않게 된 것을 말합니다.

전병 숭배: 혐오스러운 이단 행위

화체설이 오류임이 분명히 드러났으므로, "이것은 내 몸이니"라는 다섯 마디 말로 전병을 참 하나님으로 숭배하고 예배하는 교황주의자들의 우상숭배가 얼마나 끔찍하고 무가치한지도 자명해졌습니다. 교황주의자들은 $δουλεία$(둘레이아)와 $λατρεία$(라트레이아)를 구분합니다. 그들에 따르면, 둘레이아는 천사들과 죽은 자들을 숭배하는 것이고, 라트레이아는 한 분이신 참되고도 영원한 하나님께만 드리는 예배입니다. 그러면서도 그들은 성찬의 전병을 참되고도 유일하신 한 분 하나님께 드리는 라트레이아로 예배합니다. 이는 당연합니다. 그들은 성찬의 선언과 더불어 전병이 더는 전병이 아니라 신성과 연합한 그리스도의 몸이 되고, 따라서 하나님 자신이 된다고 믿기 때문입니다. 무지한 사람들은 교황주의자들이 이렇게 불경건한 이들로 여겨지는 것이 부당하다고 생각할 수도 있습니다. 그러나 교황주의자들은 이미 그와 같이 행동하는 사람들로 알려져 있으며, 그들 자신도 그렇게 알려지기를 원합니다. 뿐만 아니라 그들은 그렇게 고백하면서 온 힘을 다해 그것을 변호합니다. 그렇습니다. 그들은 전병을 속으로만 예배하는 것으로는 충분하지 않다고 주장합니다. 무릎을 꿇고 두 손을 모으고 모자를 벗는 등 깊은 겸손과 경외함을 겉으로 드러내는 행위를 통해 그것을 예배해야 한다고 주장합니다. 미사를 집전하는 사제가 전병을 머리 위로 높이 들어올릴 때뿐만 아니라, 병자에게 가기 위해 작은 유리 상자에 전병을 담아 들고 거리를 지나갈 때에도 그렇게 해야 한다고 합니다. 특히 전병을 들고 거리를 행진하거나, 축일로 정하여 전병을 공적으로 전시할 때에는 더욱더 그렇게 행합니다.

우리는 다음과 같이 주장합니다. 한 분이요 영원하고도 참된 하나님이신 그리스도는 예배를 받으셔야 합니다. 성찬이 진행될 때에 신자들은 예표인 떡과 포도주를 먹고 마시는 가운데 하늘에 계신 그리스도에게까지 마음을 고양시키고, 믿음으로 그리스도와 연합하며, 그리스도를 섬기고 자신을 그리스도께 맡겨 의탁하는 동시에, 그분께 존귀와 영광과 감사와 예배를 드려야 합니다. 한걸음 더 나아가, 성찬의 떡과 포도주를 십자가에 못 박힌 그리스도의 몸과 그분이 흘리신 피를 가리키는 외적인 표지로 고백하며 귀하게 여기고 누리는 동시에, 언제나 그것들이 가리키는 실체와는 구별해야 합니다. 우리는 성찬의 전병을 예배하는 일을 경멸합니다. 누구든지 그런 끔찍한 우상숭배를 피하고, 자신의 구원을 소중히 여겨야 합니다. 그 이유는 다음과 같습니다.

첫째, 전병은 하나님도 아니고, 그리스도의 몸도 아닙니다. 그저 하나의 떡 조각이요 밀가루 반죽에 불과합니다. 이미 앞에서 이런 사실에 관하여 살펴보았고, 여러 반론들에도 답변했습니다. 따라서 전병은 하나님이 아니므로 그것을 예배해서는 안 됩니다.

"이에 예수께서 말씀하시되 사탄아 물러가라 기록되었으되 주 너의 하나님께 경배하고 다만 그를 섬기라 하였느니라"(마 4:10).

둘째, 성경 어디를 보더라도, 성찬에서 떡을 예배하라는 명령은 물론 그렇게 하는 모습이나 그와 비슷한 행위도 찾을 수 없습니다. 누구나 전병을 예배하는 것이 인간의 구원이 달린 매우 심각한 문제임을 인정합니다. 우상숭배자들은 하나님 나라를 유업으로 받지 못하기 때문입니다(고전 6:10 참고). 전병을 예배하는 것은 로마 가톨릭의 핵심이기 때문에, 누구나 이 문제를 엄중하게 생각해야 합니다. 전체 신앙과 날마다 이어지는 삶의 토대가 되는 일이라면, 하나님의 말씀에 분명히 명시될 수밖에 없습니다. 그러므로 하나님의 말씀이 분명하게 명령하지 않은 일에는 참여하지 말아야 합니다. 그런데 성경은 어디에서도 전병을 예배하라고 명령하지 않으며 그에 대한 모범이나 그와 비슷한 흔적조차 제시하지 않습니다. 교황주의자들도 이 사실을 너무나 잘 알 뿐만 아니라, 지금까지도 그것의 근거가 되는 성경 구절을 전혀 제시하지 못하고 있습니다. 사도 시대 이래로 수백 년에 이르기까지 교회가 전병을 예배하는 것은 아주 생소한 데다가 상상조차 할 수 없는 일이었습니다. 그러하기에 전병을 예배하는 일을 저주받은 우상숭배로 여겨(실제로 그렇습니다) 거부하고, 구원의 토대로 삼지 말아야 합니다.

셋째, 그런 잘못된 가르침 때문에 그들은 항상 우상숭배의 죄를 지으면서 하나님을 예배하지 않을 위험에 처해 있습니다. 그들은 세례 받지 않은 신부가 미사를 집전하면 그 미사가 아무런 효력이 없고, 떡도 그리스도의 몸으로 바뀌지 않으며, 그런 미사에서 사용되는 전병은 하나님이 아니라고 주장합니다. 게다가 그들의 잘못된 생각은, 미사를 집전하는 사제가 세례 받지 않은 사람으로부터 세례를 받은 경우 그는 세례를 받지 않은 것이라는 식으로 꼬리를 물고 이어집니다. 그들에 따르면, 물로 세례를 받았다 할지라도 그에게 세례를 준 당사자나 그와 관련된 세례 계보에서 바르지 않은 의도로 세례를 베푼 사람이 한 명이라도 있으면 그 세례는 무효이며, 이는 전병을 구별하는 일에서도 마찬가지입니다. 또한 미사를 집전하는 사제가 "이것은 내 몸이니"라고 선언할 때에 떡을 그리스도의 몸으로 변화시킬 목적을 분명히 가지고 있지 않으면, 그 성별은 무효가 되고 떡이 그리스도의 몸으로 바뀌지 않습니다. 심지어 설령 그런 목적으로 선언한다 할지라도, 한 마디라도 빠뜨리면 떡이 그리스도의 몸으로 변하지 않는다고 말합니다. 그 외에도 수많은 조건들이 있습니다.

그러나 과연 어느 누가 그 많은 조건들이 충족되었다고 확신할 수 있단 말입니까? 아무리 전병을 최고로 경외하며 예배한다 할지라도, 이것은 무지의 소치일 뿐입니다. 게다가 전병을 그리스도의 몸으로 바꾸는 수많은 조건들이 충족되지 않으면 결국 전병을 예배하는 셈이 되므로, 이는 가장 노골적인 우상숭배로 드러날 수밖에 없습니다. "당신이 하나님이라면 내가 당신을 예배합니다"라고 말하는 것으로 무마될 일이 아닙니다. 어떤 것에 대해 '만일 하나님이라면'이라는 조건을 걸고서 그것을 하나님으로 예배하는 것은 가증한 일입니다. 사람은 자신이 예배하는 대상이 누구인지를 알아야 합니다. 그들의 말대로라면, "당신이 하나님이라면 내가 당신을 예배합니다"라고 하면서 세상의 모든 나무와 짐승을 숭배하며 살다가 심판날에 자신이 우상숭배자로 드러날지 아닐지를 지켜보는 것 말고는 다른 길이 없습니다. 그러므로 구원받기를 원하는 사람은 전병을 예배하지 말아야 합니다. 전병은 하나님이 아니기 때문입니다. 더구나 그들의 전제대로라면, 그것이 하나님인지 아닌지는 어느 누구도 제대로 알지 못합니다.

넷째, 이제까지 전병을 하나님으로 예배하고, 사람들이 볼 수 있도록 하나님을 작은 유리 상자에 담아 두었다가 모든 것이 끝나면 개나 쥐 같은 짐승들이 먹지 못하도록 다시 제자리에 조심스럽게 보관하는 것과 같이 극악무도하고도 야만적으로 행하는 종교는 없었습니다. 심지어 자신들의 하나님을 그토록 오래 보관하고 예배하다가 결국 그것을 먹습니다. 교황주의자들은 자신들이 그렇게 행한다고 모두 인정하면서도 무엇이 우상숭배인지도 모를 만큼 어리석습니다. 물론 교황주의자들 중에서도 지혜로운 자들은, 전병이 하나님이 아니라면 자신들이 세상에서 가장 끔찍한 우상숭배자로 드러날 수밖에 없다는 것을 잘 압니다. 그들 중 많은 사람들은 화체설을 믿지 않으며, 그 모든 것이 그저 의식에 불과하다고 여깁니다. 그러나 그들은 책잡히거나 어려운 일을 당할까 봐 그것을 따릅니다. 그러나 구원을 위해서는 그런 끔찍한 우상숭배를 멀리해야 합니다.

교황주의자들은 자신들의 우상숭배를 정당화할 근거를 단 하나도 제시하지 못합니다. 그들은 성경에서 자신들의 행위를 지지하는 구절을 단 하나도 발견하지 못할뿐더러, 사도들이나 초대 교회로부터 선례를 찾지도 못합니다. 그런데도 뻔뻔하게 다음과 같은 반론들을 제기합니다.

반론 1

성경이 분명히 "이것은 내 몸이니"라고 말한다.

답변

(1) 설령 그 말이 그리스도의 육신적인 몸을 가리킨다 할지라도, '그것을 예배하라'고 하지는 않으셨습니다. 바로 이것이 문제입니다. 십자가에 못 박힌 그리스도의 몸을 예배해서는 안 됩니다. 그리스도의 살과 피는 하나님이 아니기 때문입니다.

(2) 게다가 전병은 결코 그리스도의 몸이 아닙니다. 따라서 전병을 예배하는 것은 완전히 잘못된 일입니다.

반론 2

어디에 계시든 누구나 하나님을 예배해야 한다. 성찬식의 떡이나 전병이라고 예외일 수는 없다.

답변

(1) 사람은 누구나 편재하시는 하나님을 예배해야 합니다. 그러나 모든 피조물에 하나님이 임재하는 양 피조물을 예배해서는 안 됩니다. 그렇지 않으면 세상 모든 나무 앞에 무릎을 꿇고, 그 앞에서 하나님을 예배해야 할 것입니다.

(2) 모든 것에 하나님이 있다고 생각하는 교황주의자들은, 전병 안에 하나님이 있다고 여기면서 하나님을 예배하는 것으로는 성에 차지 않는지 전병 자체를 하나

님으로 알고 예배합니다. 이처럼 그들의 주장은 오류와 모순투성이입니다. 더구나 전병은 하나님이 아닙니다.

(3) 또한 교황주의자들은 하나님이 발견되는 것은 무엇이든 예배를 받아야 한다고 주장합니다. 그러나 우리는 그러한 주장을 거부합니다. 그들도 마찬가지로 이런 생각을 거부해야 합니다. 모든 나무에 하나님의 역사가 깃들어 있으며, 하나님은 성전으로 삼으신 신자 안에 거하십니다. 그렇다고 해서 모든 나무와 모든 신자를 예배해야 합니까? 주 예수님이 무덤에 계셨으니 무덤을 예배해야 합니까? 지금은 하늘에 계시니 하늘도 예배해야 합니까? 따라서 설령 그리스도가 전병에 있다고 할지라도, 그것을 이유로 전병을 예배해서는 안 됩니다. 그것은 명백한 우상숭배입니다.

가톨릭의 미사는 그리스도의 희생 제사가 아님

화체설의 오류가 분명해졌으므로, 미사가 희생 제사라는 교황주의자들의 주장도 전혀 타당하지 않음이 밝혀졌습니다. 다음 질문을 다룰 때에 그 사실이 더욱 명확히 드러날 것입니다.

> ▶ **질문**
> 성찬은 문자 그대로 그리스도의 몸과 피를 하나님께 드리는 새롭고도 참된 외적 희생 제사인가? 다시 말해, 산 자와 죽은 자들의 죄를 사하기 위해 하나님이자 사람이신 그리스도를 하나님께 희생 제물로 드리는 제사인가?

대답: 교황주의자들은 상징적이고도 적용적인 제사를 말할 뿐 아니라, 속죄하는 희생 제사를 주장합니다. 그들은 십자가에서 이루어진 그리스도 예수의 희생만으로는 산 자와 죽은 자들의 죄 사함을 이룰 수 없으므로 미사를 통해 날마다 그리스도를 희생 제물로 드려야 한다고 주장합니다.

성찬과는 별도로 기도와 감사는 마땅히 우리가 날마다 하나님께 드려야 할 것입니다. 그래서 사도는 이것을 가리켜 찬송의 제사라고 합니다.

"그러므로 우리는 예수로 말미암아 항상 찬송의 제사를 하나님께 드리자. 이는 그 이름을 증언하는 입술의 열매니라"(히 13:15).

그러나 우리는 교황주의자들이 주장하는 바 산 자와 죽은 자들의 죄를 사하기 위해 하나님께 그리스도를 희생 제물로 드리는 제사에 대해서는 심히 분개하며 거부합니다. 하나님께서 전체 신앙의 범주가 어떠해야 하는지를 말씀에 기록하셨고, 특별히 믿음의 가장 중요한 부분에 관해서는 더더욱 그리하셨기 때문입니다. 그러므로 우리는 오직 하나님께서 계시하신 뜻을 따라 하나님을 섬겨야 합니다. 하나님께서 명하시지 않은 모든 종교 행위를 사람이 인위적으로 만들어 낸 것으로 여겨 거부해야 합니다.

"사람의 계명으로 교훈을 삼아 가르치니 나를 헛되이 경배하는도다 하였느니라 하시고"(마 15:9).

성경은 그 어디에서도 그리스도께서 십자가에서 단번에 자신을 드리신 후에 계속 새롭게 그리스도를 희생 제물로 드리라고 말하지 않습니다. 성경의 다른 부분이나 성찬을 제정하는 말씀이나 마찬가지입니다(마 26:26; 막 14:22; 눅 22:19; 고전 11:23, 10:16 참고). 오히려 그렇게 해서는 안 된다고 분명히 말합니다. 성찬을 제정하실 때, 그리스도는 그곳에서 눈에 보이게 함께하셨습니다. 떡을 들어 축사하고 그것을 떼어 하나님이 아니라 제자들에게 나누어 주셨습니다. 그 후에 잔도 그렇게 하시고는 자기를 기념하여 그것들을 먹고 마시라고 명령하셨습니다. 여기에 제사와 하나님께 드리는 희생이라는 말이 어디 있습니까? 게다가 만일 그 일이 그리스도께서 자신을 희생 제사로 하나님께 드리는 것이었다면, 그날 저녁에 이미 죄 사함을 위한 구속이 이루어졌을 것입니다. 그리고 다음 날 그리스도께서 자신을 희생 제물로 드릴 필요가 없었을 것입니다.

회피주장 가톨릭의 미사는 그리스도의 희생 제사를 상징하고 적용하는 것이다.

| 답변 |

관계와 모형이라는 측면에서, 그리스도의 희생 제사와 매우 현저하게 차이 나는 다른 희생 제사로는 그리스도의 희생 제사를 상징할 수 없습니다. 그런데도 교황주의자들은 상징과 적용이라는 관계만으로 만족하지 못하고, 미사가 희생 제사일 수밖에 없다고 주장합니다. 그렇습니다. 그들은 제사 방식만 다를 뿐, 미사가 십자가에서 드려진 희생 제사와 근본적으로 동일하다고 주장합니다. 그리스도께서 성찬을 제정하고 제자들에게 떡과 포도주를 나누어 주신 그날 저녁에 이미 본질적으로 죗값이 치러졌다는 것입니다. 그러나 분명 그리스도는 성찬이 제정되던 순간, 자신을 희생 제물로 드린다고 전혀 언급하지 않으셨을 뿐만 아니라(심지어 그와 유사하게 여겨질 만한 언급도 전혀 없습니다), 세상 마지막 날까지 날마다 희생 제사를 드려야 한다고 명하지도 않으십니다. 오히려 그 반대의 증거들이 명확히 드러납니다.

【증거 1】그리스도는 자신을 단번에 희생으로 드리셨습니다. 단번에 드린 이 제사는 모든 죄를 없앨 만큼 완전했습니다. 따라서 죄 때문에 날마다 희생 제사를 드릴 수 없습니다.

"이것들을 사하셨은즉 다시 죄를 위하여 제사 드릴 것이 없느니라"(히 10:18).

다음의 말씀들을 보면, 그리스도께서 단번에 드린 제사가 모든 죄를 없애는, 본질상 완전한 제사였다는 점이 논란의 여지 없이 명백해집니다.

"그는 저 대제사장들이 먼저 자기 죄를 위하고 다음에 백성의 죄를 위하여 날마다 제사 드리는 것과 같이 할 필요가 없으니 이는 그가 단번에 자기를 드려 이루셨음이라"(히 7:27).

"대제사장이 해마다 다른 것의 피로써 성소에 들어가는 것같이 자주 자기를 드리려고 아니하실지니, 그리하면 그가 세상을 창조한 때부터 자주 고난을 받았어야 할 것이로되 이제 자기를 단번에 제물로 드려 죄를 없이 하시려고 세상 끝에 나타나셨느니라. 한 번 죽는 것은 사람에게 정해진 것이요 그 후에는 심판이 있으리니, 이와 같이 그리스도도 많은 사람의 죄를 담당하시려고 단번에 드리신 바 되었고 구원에 이르게 하기 위하여 죄와 상관없이 자기를 바라는 자들에게 두 번째 나타나시리라"(히 9:25-28).

"이 뜻을 따라 예수 그리스도의 몸을 단번에 드리심으로 말미암아 우리가 거룩함을 얻었노라……오직 그리스도는 죄를 위하여 한 영원한 제사를 드리시고 하나님 우편에 앉으사……그가 거룩하게 된 자들을 한 번의 제사로 영원히 온전하게 하셨느니라"(히 10:10, 12,14).

보십시오. 영원토록 온전하게 하는 것은, 그리스도께서 단번에 드리신 희생뿐입니다.

회피주장 1 이 본문들은 그리스도의 대속의 희생을 가리킬 뿐, 날마다 미사를 통해 피 없이 행해지는 상징적이고도 적용적인 제사를 가리키지 않는다.

| 답변 |

❶ 미사가 단지 상징적이고 적용적이며 피 흘리지 않는 제사라면, 그것은 그리스도께서 십자가에서 이루신 희생 제사와는 분명히 다릅니다.

❷ 성경은 그리스도께서 십자가에서 드린 희생 말고는 그분의 다른 희생을 알지 못합니다. 따라서 피 흘림이 없는 상징적이고도 적용적인 제사란, 하나님의 말씀과는 전혀 상관없는 말장난에 불과합니다. 그런 주장은 희생 제사의 실체와도 어긋납니다. 희생 제사는 하나님께 드려지나, 사람에게 적용되기 때문입니다.

❸ 교황주의자들은 상징적이고도 적용적인 제사만으로는 만족하지 못하여 미사를 속죄 제사라고까지 주장합니다. 그런데 앞에서 언급한 성경 본문들은 그리스도를 통해 완전한 희생 제사가 단번에 드려졌다고 증언합니다. 반면 미사의 의미대로 그리스도께서 계속 제물로 바쳐지는 것이라면, 그리스도께서 계속 고난당하셔야 한다는 말입니다. 즉, 이 본문들은 한결같이 미사를 통한 제사를 부정합니다.

❹ 미사에서 행해진다는 상징적이고도 적용적인 희생 제사가 진짜 제사입니까? 아니면 단지 그리스도의 희생을 묘사하는 상징일 뿐입니까? 교황주의자들은 미사가 참된 제사라고 주장합니다. 그것이 참된 제사라면, 그리스도가 십자가에서 이루신 희생 제사와 동일하다는 말입니다. 그렇지 않다면, 그것은 그리스도의 희생 제사와는 다른 제사이거나 그것을 되풀이하는 것에 불과합니다. 어느 측면에서 보든,

미사가 대속을 위한 그리스도의 제사와 문자적으로 동일한 참된 제사라는 주장은, 그리스도께서 단번에 드린 완전한 제사를 부정하는 것이요, 그리스도가 지금도 날마다 미사를 통해 고난당하신다고 말하는 것입니다(히 9:27 참고).

회피주장 2 미사와 십자가에서 드린 그리스도의 제사는 단지 제사 방식이 다를 뿐 본질적으로 동일하다. 따라서 앞에서 인용한 성경 구절들은 미사 자체를 말할 뿐, 그러한 제사에 반대하는 것이 아니다. 그러므로 미사는 바로 십자가에서 드려진 그 제사이다.

| 답변 |

❶ 만일 미사가 십자가에서 단번에 드려진 그리스도의 완전한 제사와 같다면, 미사를 통해 제사가 계속되므로 그리스도는 날마다 십자가에서처럼 여전히 고난받고 죽는다는 말이 됩니다. 이것은 있을 수 없는 일입니다. 게다가 반복해서 일어나는 고난과 죽음은 그 전에 일어난 것과 동일할 수 없습니다.

❷ 미사가 십자가에서 드려진 희생 제사와 동일하다면, 십자가에서 드려진 그리스도의 제사는 완전하지도, 끝나지도 않은 셈입니다. 그들의 말대로라면 그리스도의 제사가 여전히 지금도 계속되고 있으며, 앞으로도 날마다 계속되어야 하기 때문입니다.

❸ 설령 미사가 계속된다 할지라도(물론 이것은 잘못입니다), 십자가에서의 제사와 같을 수는 없습니다. 이 둘은 모든 면에서 다르기 때문입니다.

• 제사장이 다릅니다. 십자가에서는 그리스도가 제사장으로서 자신을 드리셨습니다. 그러나 미사에서는 제사장을 자처하는 사람이 다른 사람을 위해 그리스도를 희생으로 바칩니다. 그러므로 이 희생은 죗값을 만족시킬 수 없습니다. 왜냐하면 희생 제사의 효력은 그리스도의 대제사장 직분으로부터 나오기 때문입니다. 그리스도는 대제사장으로서 자기 자신을 희생 제물로 드리신 것입니다.

• 제단이 다릅니다. 희생 제물은 제단에 드려집니다(마 23:19 참고). 그리스도는 스스로 제단이시며, 그분의 영원한 성령으로 말미암아 자신을 흠 없는 제물로 하나님께 드립니다(히 9:14, 13:10 참고). 반면 미사는 나무나 돌로 된 탁자를 제단으로

사용합니다. 게다가 그들은 십자가가 그리스도를 드리는 제단이었다고 말하는데, 성경은 그렇게 말하지 않습니다.

- 희생 제물과 제사를 드리는 방식이 다릅니다. 그리스도는 극심한 슬픔 가운데 십자가에서 살이 찢기고 피를 흘리셨습니다. 이것이야말로 죄를 대속하는 희생 제물의 핵심입니다. 반면 미사에는 그리스도가 친히 자신의 위격으로 임재한다고 하면서도 슬픔이나 몸을 찢고 피를 흘리는 것이 없습니다. 이는 교황주의자들도 인정하는 바입니다. 이처럼 그리스도의 희생과 미사는 그 방식뿐만 아니라 본질도 완전히 다릅니다. 지금 우리는 그들의 주장대로 미사에 그리스도가 몸으로 임하신다고 가정하고서 이야기하고 있지만, 실제로 그리스도의 몸은 미사에 임하지 않습니다.

- 제사를 드리는 자리가 다릅니다. 그리스도의 희생은 골고다에서만 일어났습니다. 결코 여러 곳에서 동시에 일어나지 않았습니다. 다시 말해, 골고다 말고 다른 곳에서는 일어나지 않았습니다. 그러나 미사는 골고다가 아닌 수많은 장소에서 동시에 행해집니다.

- 그리스도께서 드린 희생과 미사는 연대적으로도 다릅니다. 그리스도께서 친히 다 이루었다고 하신 희생은 수백 년 전에 이미 이루어졌습니다. 그러나 미사는 여전히 날마다 계속됩니다.

- 제사의 효력도 다릅니다. 그리스도의 희생은 본질상 대속의 희생입니다. 신약 시대의 죄악들뿐만 아니라 창세 이래로 구약 시대에 자행된 것들까지 모든 죄를 위한 대속의 희생이었습니다. 그러나 미사에는 대속의 효력이 전혀 없습니다. 미사에는 사람의 죄를 용서하는 효력이 없습니다. 어느 부자는 연옥에 있는 영혼을 돕기 위해 살아 있는 동안 미사를 수천수만 번 행하기도 합니다.

이 모든 차이들을 볼 때, 이성이 있는 사람이라면(아무리 우둔하다 할지라도) 누구나 그리스도가 십자가에서 드린 희생과 사람이 고안한 미사가 전혀 같지 않음을 분명히 알 수 있습니다. 이처럼 앞에서 인용한 본문들은 미사가 대속의 희생 제사가 아니라는 사실을 온전하고도 강력하게 증언합니다.

【증거 2】 미사에는 희생 제사가 갖추어야 할 요소가 모두 결여되어 있습니다. 희생 제사에는 제사장, 제단, 눈으로 보고 만질 수 있는 제물들, 제물을 도살하고 각을 뜨는 일 등이 있어야 합니다. 이는 누구나 인정하는 사실입니다. 그러나 미사에서는 이것들 중 어떤 것도 찾아볼 수 없습니다.

첫째, 미사에는 제사장이 없습니다(벧전 2:5,9; 계 1:6, 5:10 참고). 모든 신자가 제사장인 것은 맞지만, 이 사실은 미사와는 아무런 상관이 없습니다. 신자들은 대속의 희생 제물을 바칠 수 있는 문자적인 의미의 제사장이 아닙니다. 희생 제사를 위해서는 문자적인 의미의 제사장이 함께해야 합니다. 그러나 신약성경이 말하는 바 신자가 제사장이라는 것은 문자 그대로 구약에서와 같은 제사를 드릴 수 있다는 말이 아닙니다. 하나님의 말씀 어디에서도 그렇게 말하지 않습니다.

① 교황주의자들도 이런 사실을 압니다. 그들은 신약의 제사장이 문자 그대로 희생 제사를 드리는 직분이라고 말하는 성경 구절을 하나도 제시하지 못합니다. 베드로나 바울이나 사도들 중에 제사장으로 불린 사람이 있습니까? 사도들 중에 스스로를 제사장으로 일컬은 사람이 있습니까?

② 사도들이 열거하는 신약 교회의 직분들 중에 제사장 직분은 없습니다.

"그가 어떤 사람은 사도로, 어떤 사람은 선지자로, 어떤 사람은 복음 전하는 자로, 어떤 사람은 목사와 교사로 삼으셨으니, 이는 성도를 온전하게 하여 봉사의 일을 하게 하며 그리스도의 몸을 세우려 하심이라"(엡 4:11,12).

만약 제사장 직분이 신약 교회의 직분 중 하나라면, 사도들이 그것을 가장 먼저 언급하지 않았겠습니까?

③ 사제들이 제사장이라면, 아론의 반차를 따르든지 멜기세덱의 반차를 따르든지 해야 할 것입니다. 그러나 그들은 유대인의 후손도 아니고 레위 지파도 아니기 때문에 아론의 반차를 따르지 않습니다. 그렇다고 그들이 멜기세덱의 반차를 따르는 것도 아닙니다. 멜기세덱의 반차를 따른 제사장은 오직 그리스도뿐이기 때문입니다.

"너는 멜기세덱의 서열을 따라 영원한 제사장이라 하셨도다"(시 110:4).

그리스도는 자신의 뒤를 이어 제사장 직분을 행할 후계자를 두시지 않았습니다. 그분께서 영원히 사심으로써 언제나 제사장으로 계실 것이기 때문입니다.

"제사장 된 그들의 수효가 많은 것은 죽음으로 말미암아 항상 있지 못함이로되, 예수는 영원히 계시므로 그 제사장 직분도 갈리지(헬라어로는 '계승되지') 아니하느니라"(히 7:23,24).

따라서 그들은 멜기세덱의 반차를 따르지도 않습니다. 그런데도 자신들이 멜기세덱의 반차를 따른 제사장이라고 고집한다면, 그 증거를 보여야 할 것입니다. 그러나 이는 불가능합니다. 그런데도 계속 자신들이 제사장이라고 우긴다면, 아론의 반차도 아니요 멜기세덱의 반차도 아닌 그들은 바알의 제사장이거나 제우스의 제사장일 것입니다(행 14:13 참고). 그러나 그들은 그렇지 않다고 주장합니다.

④ 설령 사제들이 제사장이라 할지라도, 그들은 결코 그리스도를 희생 제물로 드릴 수 없습니다. 구약의 어느 제사장도 감히 그렇게 하려고 생각하지 않았습니다. 제사장들은 그리스도를 예표하는 것을 제물로 바쳤을 뿐, 그리스도 그분을 바치지는 않았습니다. 오직 그리스도만이 친히 자신을 제물로 드릴 수 있습니다.

둘째, 신약성경에 문자적 의미의 물리적 제단 같은 것은 등장하지 않습니다. 주 예수님은 제단이 제물보다 더 중요하다고 하십니다. 제단이 제물을 거룩하게 구별하기 때문입니다(마 23:18,19 참고). 그러나 교황주의자들 중 어느 누구도 자신들의 제단이 그리스도보다 더 우월하며 그로써 그리스도를 하나님 앞에 거룩하게 구별한다고 감히 말하지 못할 것입니다. 그러므로 그들의 주장과는 달리, 미사에는 제단 같은 것이 없습니다.

회피주장 "우리에게 제단이 있는데"(히 13:10).[1]

| 답변 |

❶ 히브리서는 고유한 한 제단을 말합니다. 그러나 교황주의자들은 수많은 제단

---

1) 역자주 - 한글 개역개정에는 '제단'이라고만 기록되어 있으나, 헬라어 원문에 등장하는 단어인 θυσιαστήριον(뒤시아스테리온)은 단수로 사용되었다.

을 말합니다.

❷ 이 한 제단은 그리스도 자신으로서, 우리는 그 위에서 "찬송의 제사"(히 13:15)를 드립니다. 요한계시록 6장 9절도 그렇게 말합니다.

"하나님의 말씀과 그들이 가진 증거로 말미암아 죽임을 당한 영혼들이 제단 아래에 있어."

이 제단은 죽임 당한 영혼들의 제단이요, 그들을 위한 대속의 희생 제물이신 그리스도를 가리킵니다. 곧 그들을 덮고 새롭게 하시는 그리스도입니다.

셋째, 교황주의자들은 실제로 희생 제물을 드리지 않습니다. 떡과 포도주가 더는 그 자리에 있지 않기 때문입니다. 포도주와 떡은 이미 사라져 없고, (그들의 주장대로) 그 자리에 그리스도의 몸이 있는 것도 아니기 때문입니다. 설령 그리스도께서 그 자리에 계신다 할지라도 보이게 임하시는 것이 아닙니다. 그들도 이것을 인정합니다. 그러므로 미사에는 눈에 보이게 겉으로 드러나는 제물이 없습니다. 떡만 보일 뿐, 희생 제물은 보이지 않습니다. 눈으로 볼 수 없는 것을 제물이라 할 수는 없습니다.

넷째, 그리스도의 몸이 찢기는 것도 아닙니다. 교황주의자들에 따르면, 전병을 떼는 것이 곧 그리스도의 몸을 떼는 것은 아닙니다. 전병 조각들마다 그리스도가 온전히 있기 때문입니다. 사제가 그리스도의 피를 부어 마신다고 주장하지만, 그 자리에서 그리스도가 피를 흘린 것으로 믿지는 않습니다. 그래서 그들은 미사를 피 흘림이 없는 제사라고 일컫습니다. 이처럼 그들의 주장은 뒤죽박죽이며, 서로 모순됩니다. 그러나 죄의 삯은 사망이기 때문에 희생 제물이 찢기지 않고 슬픔과 죽음이 수반되지 않는 제사로는 죗값이 치러질 수 없습니다. 그러하기에 피 흘림이 없이는 죄 사함도 없습니다.

"피 흘림이 없은즉 사함이 없느니라"(히 9:22).

지금까지 살펴본 대로, 미사에는 분명 제사장도, 제단도, 눈에 보이는 희생 제물도, 제물을 찢는 것도, 피 흘림도 없습니다. 따라서 미사는 제사가 아닙니다.

반론 1

멜기세덱은 그리스도의 모형이었고, 그 역시 포도주와 떡을 바쳤다.

"살렘 왕 멜기세덱이 떡과 포도주를 가지고 나왔으니 그는 지극히 높으신 하나님의 제사장이었더라"(창 14:18).

답변

(1) 위의 말씀이 사제가 제사장으로서 죄 사함을 위해 그리스도를 희생으로 바친다는 주장과 무슨 관련이 있습니까? 멜기세덱이 그리스도를 예표하는 제사장이었던 것은 맞습니다. 그래서 어쨌다는 말입니까? 전혀 상관없는 사실을 근거로 내세우면서 사제가 제사장이라고 주장하는 것은 아무런 가치가 없습니다. 멜기세덱이 떡과 포도주를 바친 일도 마찬가지입니다. 그 사실이 사제가 제사장이라는 주장과 무슨 관련이 있습니까? 그러하기에 사제들 역시 떡과 포도주를 바칠 수 있다는 말입니까? 멜기세덱이 떡과 포도주를 바쳤다는 사실을 근거로 교황주의자들이 이런 주장을 내세운다면, 그것이야말로 그들의 주장이 아무런 근거가 없음을 더 분명히 드러낼 뿐입니다. 그러면서도 그들은 그리스도를 희생으로 드린다고 주장하는 까닭에 떡과 포도주를 드리는 것을 거부합니다. 따라서 교황주의자들의 주장은 일관성이나 타당성이 전혀 없습니다.

(2) 살렘 왕 멜기세덱은 실제로 제사장이었고, 아브라함과 그의 백성들이 원기를 회복하도록 떡과 포도주를 바쳤습니다. 그러나 다른 제사들처럼 떡과 포도주를 하나님께 제물로 바치지는 않았습니다. 멜기세덱이 그리스도를 예표하는 모형인 것은 맞지만, 이는 그가 떡과 포도주를 바쳤기 때문이 아닙니다. 히브리서 저자는 멜기세덱을 그리스도의 모형으로, 그리스도를 멜기세덱이 가리키는 원형으로 묘사하면서도(히 7:17 참고), 그가 떡과 포도주를 바친 일에 관해서는 말하지 않습니다. 다른 문제들과 관련해서만 이 관계를 언급할 뿐입니다. 또한 멜기세덱이 제사장으로서 떡과 포도주를 바친 것이 아닙니다.

반론 2

유월절은 우리의 유월절 양이라 불리는 그리스도를 가리키는 모형이었다(고전 5:7 참고). 유월절 양은 희생 제물이었기 때문에 우리의 유월절 양이신 그리스도 역시 희생 제물로 드려져야만 했다.

답변

(1) 유월절 양이 희생 제물로 드려진 것은 맞습니다. 그러나 그리스도께서 문자적인 의미에서 희생 제물로 드려진 것은 아닙니다. 오히려 유월절 양은 그리스도를 가리키는 모형이었습니다.

(2) 구약의 희생 제사들이 그리스도를 가리키는 모형이었기 때문에 원형이신 그리스도 역시 제사를 통해 드려져야 한다고 결론 내릴 수는 없습니다. 오히려 그 반대입니다. 구약의 희생 제사들이 그리스도를 예표했다면, 이제 더는 그리스도께서 제사를 통해 예표되실 필요가 없습니다. 모든 예표와 그림자가 그리스도 안에서 성취되고 완료되었기 때문입니다.

(3) 유월절의 희생 제사와 미사의 희생 제사는 서로 아무런 관련이 없습니다. 유월절에는 눈으로 볼 수 있는 제물이 있었습니다. 그러나 미사의 제물은 그렇지 않습니다. 또한 유월절 제사에서는 그리스도가 제물로 드려지지 않았습니다. 반면, 미사에서는 그리스도가 드려진다고 말합니다. 유월절의 희생 제물은 뼈를 부러뜨려서는 안 됩니다. 반면, 미사는 그리스도의 몸이라고 하는 전병을 부러뜨립니다. 이처럼 분명하게 차이가 나는데도 이 둘을 연결 짓는 것은 부적절한 일입니다.

반론 3

성경에는 신약 시대에도 여전히 제사장과 제단과 희생 제물이 있으리라는 예언이 많다.

"여호와께서 자기를 애굽에 알게 하시리니 그날에 애굽이 여호와를 알고 제물과 예물을 그에게 드리고 경배할 것이요 여호와께 서원하고 그대로 행하리라"(사 19:21).

"나는 그 가운데에서 택하여 제사장과 레위인을 삼으리라 여호와의 말이니라"(사 66:21).

"만군의 여호와가 이르노라. 해 뜨는 곳에서부터 해 지는 곳까지의 이방 민족 중에서 내 이름이 크게 될 것이라. 각처에서 내 이름을 위하여 분향하며 깨끗한 제물을 드리니 이는 내 이름이 이방 민족 중에서 크게 될 것임이니라"(말 1:11).

> 답변

(1) 성경은 많은 경우 구약 시대의 신앙 용어를 사용하여 신약 시대의 영적인 신앙을 표현합니다. 다음 구절들을 단적인 예로 들 수 있습니다.

"너희 몸을 하나님이 기뻐하시는 거룩한 산 제물로 드리라. 이는 너희가 드릴 영적 예배니라"(롬 12:1).

"그러므로 형제들아 우리가 예수의 피를 힘입어 성소에 들어갈 담력을 얻었나니"(히 10:19).

신약성경에서 신자는 하나님의 성전(고전 3:16 참고)이나 신령한 제사를 드리는 거룩한 제사장(벧전 2:5 참고)이라고 불립니다. 요한계시록에서도 계속 이런 구절이 발견됩니다.

(2) 앞에서 인용한 구절도 미사가 희생 제사라는 주장을 뒷받침하지 않습니다. 이 구절들은 제물, 레위인, 향 등에 대해 언급합니다. 따라서 그들이 말하고자 하는 바는 신약의 영적 예배에 관한 것입니다.

반론 4

"너희가 이를 행하여 나를 기념하라"(눅 22:19).

그리스도는 이렇게 말씀하면서 사도들을 제사장들로 세우셨고, 자신이 하신 것처럼 그리스도, 곧 자신의 몸을 제물로 바치라고 명령하셨다.

> 답변

(1) 이 말씀은 제사장과 희생 제사와 그리스도의 몸을 희생 제물로 드리는 것과는 아무런 상관이 없습니다.

(2) 이 말씀을 하실 때, 그리스도는 자신을 희생으로 드리지도 않았고, 제자들에게 그렇게 하라고 명령하시지도 않았습니다.

(3) 그리스도는 자신을 기념하여 떡과 포도주를 먹고, 교회도 그리스도를 기념하여 떡과 포도주를 먹도록 이 성례를 교회에 전하라고 하셨습니다.

반론 5

"주를 섬겨 금식할 때에"(행 13:2).

헬라어 본문은 미사를 행하는 것을 뜻하는 단어인 λειτουργεῖν(레이트루게인)을 쓴다.

답변

이 단어는 보통 '섬기다'라는 의미로 사용되며, 섬기는 영으로서의 천사(히 1:14 참고)나 하나님의 종으로서의 세속 정부(롬 13:6 참고)를 가리킬 때도 사용됩니다. 또한 연보 바치는 것을 뜻하기도 합니다(고후 9:12; 롬 15:27 참고). 그러므로 이 단어는 역겨운 미사(de misselijke mis)[2]와는 아무런 관계가 없습니다.

지금까지 미사가 얼마나 적그리스도적이며 끔찍한 우상숭배인지를 살펴보았습니다. 믿음의 조상들은 주님의 명령에 따라 참으로 합당하게 행했습니다. 음녀들의 어미인 거대한 바벨론을 떠나 그녀의 죄에 참여하지도 않았을뿐더러, 그들로부터 아무런 역병도 전해 받지 않았습니다! 교황주의자들은 온갖 더러운 영들이 모이는 귀신의 처소요 모든 부정하고도 가증한 새들이 모이는 곳이 되었습니다!(계 18:2-4 참고)

성찬을 위한 환경

지금까지 성찬의 본질을 살펴보았습니다. 이제 성찬에 참여하는 사람, 성찬을 행하는 장소 및 시간, 성찬을 행하는 방식 등 성찬을 위한 환경을 살펴봅시다.

---

2) 영역주 - 네덜란드어 유희를 사용하여 익살스럽게 미사의 성격을 묘사하는 것으로 보인다.

① 성찬은 죽은 자들을 위한 것이 아닙니다. 죽은 자들은 이미 그들의 영원한 종착지에 도달했기 때문입니다. 천국에 있는 신자들이라면, 이미 모든 것을 충만히 받아 누리고 있기 때문에 인침 같은 것이 필요 없습니다. 지옥에 있는 영혼이라면, 아무런 약속도 없기 때문에 어떠한 인침도 주어지지 않습니다. 연옥이란 돈을 거두어들이려고 만들어 낸 것에 불과합니다. 미사에서 행하는 이른바 죽은 자들을 위한 제사는 죽은 자들에게 아무런 위로도 되지 못합니다.

② 죽어 가는 사람이나 죽음의 고통 속에 있는 사람에게 성찬을 시행해서는 안 됩니다. 이런 사람에게는 믿음으로 표지를 실체와 연결 짓고 그것을 자신에게 인침으로 적용할 능력이 없기 때문입니다. 성찬을 시행하여 그들에게 그리스도를 주입시키고, 그들이 그리스도 안에서 그리스도와 함께 죽고 분명히 구원을 받게 하리라 생각하는 것은 환상에 불과하며, 연옥설만큼이나 거짓됩니다.

③ 어린아이에게 성찬을 시행해서도 안 됩니다. 아이에게는 자신을 살펴 성례를 믿음으로 자신에게 적용할 능력이 없기 때문입니다.

④ 세례 받지 않은 사람에게 성찬을 시행해서도 안 됩니다. 이는 태어나지 않은 생명이 먹을 수 없는 것과 같습니다. 먼저 믿음으로 교회에 속하여 교회의 지체로 받아들여지고 인 쳐진 사람들이라야 성찬에 참여할 수 있습니다.

⑤ 참된 교리에 무지한 사람, 불신자, 교회에 속하지 않은 자, 곧 교회에 속한 적이 없거나 출교를 당한 자에게 성찬을 시행해서는 안 됩니다. 그들이 그러한 상태에 있는 한 이 규칙을 반드시 지켜야 합니다. 왜냐하면 그들은 언약의 약속과 그리스도와 성도의 교제에 참여한 자들이 아니기 때문입니다.

성찬은 오직 참된 신자들에게만 시행되어야 합니다. 참된 신자들만이 성찬의 약속과 그리스도와 성도의 교제와 언약의 표지에 참여할 권리를 가지기 때문입니다. 다만 교회는 사람의 영혼이 어떤 상태인지를 판단하지 않습니다. 따라서 교회가 성찬에 참여시킬 사람을 결정하는 기준은 그 사람이 참으로 거듭났느냐 하는 것이 아닙니다. 교회는 의식적으로 복음의 참된 교리를 고백하고 자신의 고백에 부합되게 살아가는 사람을 신자로 인정하고 성찬에 참여시킵니다.

성찬이 시행되는 장소는 성찬의 본질과 상관없으므로 크게 중요하지 않습니다. '교회'라 불리며 공적으로 함께 모이는 곳일 수도 있고, 개인의 가정이나, 산과 골짜기, 토굴일 수도 있습니다. 교회가 자유로운 상태이든 핍박 아래 있든 교회의 상황에 따라 성찬에 참여해야 합니다. 다만 분명한 것은 그 수가 많든 적든 회중이 모였을 때에 시행되어야 한다는 점입니다. 환자에게 성찬을 시행하는 것은 미신에 가깝습니다. 회중 가운데 몇몇 사람만이 개인의 가정에 모여 성찬을 행하는 것은 분리하는 행위입니다.

성찬을 시행하는 모양이나 방식은, 성경에 기록된 대로 사도들과 사도적 교회들이 성찬을 시행한 방식은 물론, 그리스도께서 최초로 성찬을 제정하실 때에 행하신 방식과 최대한 가까워야 합니다. 당시에는 탁자에 앉아서 성찬을 나누었습니다. 성찬은 다름 아닌 식사이므로, 특별한 음식이든 보통의 음식이든 일반적으로 음식을 먹을 때처럼 행하는 것이 맞습니다. 교황주의자들이 행하는 대로, 제단이라고 부르는 곳으로 한 사람씩 나아가 미사를 집전하는 사제 앞에 무릎을 꿇고 사제가 입에 넣어 주는 떡을 먹는 것은 미신적일 뿐더러, 미신으로 흐를 빌미를 제공합니다. 탁자 앞으로 나와 서서 떡을 받아 먹는 것 역시 무릎을 꿇지 않는다는 점만 다를 뿐, 동일하게 미신적입니다. 또한 목사가 한 사람씩 떡과 포도주를 나눠 주거나, 목사가 떡을 떼어 접시에 놓고 그것을 사람들에게 돌려 차례로 떼어 먹도록 하고 잔도 그렇게 전달하는 것은 처음 식탁에 앉아 성찬을 기념했던 방식에는 온전히 부합하지 않습니다.

성찬의 때와 횟수도 본질적인 문제는 아닙니다. 회중이 다 함께 모이는 안식일에 성찬을 시행하는 것이 가장 바람직합니다. 물론 식사 때처럼 배가 고플 때 행하면, 떡과 포도주로 표상되는 신령한 음식에 참여한다는 의미를 가장 잘 담아 낼 수 있을 것입니다. 그리스도는 저녁 식사 때에 성찬을 제정하셨습니다. 마지막 유월절 식사는 반드시 저녁에 먹어야 했기 때문에 더 일찍 하실 수가 없었습니다. 또한 그날 밤에 십자가를 향한 고난이 시작되어야 했으므로 그보다 더 늦게 하실 수도 없었을 것입니다.

지금까지 우리는 성찬의 본질 및 그와 관련된 환경에 대해 알아보았습니다. 다음 장에서는 성찬의 시행을 살펴보겠습니다.

41

성찬의 시행: 준비와 시행, 되새김

마귀와 그의 무리는 하나님의 자녀들에게 가장 큰 유익을 주는 것이라면 무엇이든지 맹렬하게 공격합니다. 성찬도 예외가 아닙니다. 수많은 이단이 지옥의 무저갱으로부터 올라와 거대한 먹구름처럼 성찬의 거룩한 본질을 가리어, 성찬이 사람들에게 희미하고도 모호하게 다가가게 만듭니다(앞 장에서 우리는 진리의 빛으로 이 먹구름을 몰아냈습니다). 더 이상 진리를 흐리지 못하게 되면, 마귀는 이 진리를 아예 시행하지 못하게 하거나 시행 방식을 오염시키고 부패하게 만듭니다. 교회에 온갖 허탄한 의식들을 들여오는 것으로도 모자라, 그것들이 성찬상에까지 기어오르게 합니다. 그리하면 이 성례의 복을 심각하게 저해할 수 있음을 알기 때문입니다(렘 5:25,26 참고). 성찬을 위해 몸과 마음을 준비해야 할 기간에 가장 맹렬하게 신자들을 공격하여 죄에 빠지게 하고, 그 결과 불신앙에 떨어지게 합니다. 또한 신자들의 관심을 분산시켜, 성찬을 준비하는 데 시간을 쓰지 못하게 합니다.

그러하기에 신자들은 저마다 성찬을 준비하기 위해 각별히 경계를 늦추지 말고, 성찬이 약속하는 유익을 누릴 수 있도록 분투해야 합니다. 성찬이 약속하는 유익을 누리기 위해서는 성찬을 잘 준비하고, 바르게 기념하며, 그것을 되새기고 묵상해야 합니다.

성찬을 위한 준비

성찬을 준비해야 하는 이유

성찬에 참여하고자 하는 사람은 그에 걸맞게 자신을 준비해야 합니다. 그 이유는 다음과 같습니다.

① 신자라 할지라도 여전히 그 속에 세상과 영합하려는 성향뿐만 아니라 옛 아담이 도사리고 있기 때문입니다. 이런 것들이 시계추처럼 종종 우리를 이 땅에 속한 것들로 끌어당기고, 그리하여 신자들은 무언가 특별한 일을 행해야 할 때마다 스스로 합당하지 않게 여기기가 일쑤입니다. 그러하기에 신자들은 이런 때일수록 더욱 힘을 내 스스로를 격려하고 영적인 마음을 고쳐시켜, 신령한 의무들을 영적인 방식으로 행할 수 있어야 합니다.

② 성찬에 참여하는 자들은 모두 자신이 과연 혼인 예복을 입었는지, 즉 합당한 마음으로 성찬에 나아왔는지를 면밀히 점검받게 될 것입니다.

"임금이 손님들을 보러 들어올새 거기서 예복을 입지 않은 한 사람을 보고, 이르되 친구여 어찌하여 예복을 입지 않고 여기 들어왔느냐 하니 그가 아무 말도 못하거늘"(마 22:11, 12).

그러므로 성찬상에 합당하게 초청받은 자로 나아갈 수 있도록, 먼저 자신이 혼인 예복을 입었는지를 살펴야 합니다.

③ 무엇보다 이는 특별한 의무입니다. 그것이 아주 특별한 방식으로, 다시 말해 아주 친밀하게 하나님 앞으로 나아가는 예식이기 때문입니다. 신자는 다른 신자들과 더불어 동일한 언약에 참여하는 사람으로서 주님의 얼굴 빛 가운데 그분의 성찬상에 함께 앉아, 십자가에 못 박힌 그리스도의 살과 피를 가리키는 예표와 인침에 참여합니다.

또한 하나님께서 그분께로 나아오는 자들 안에서 거룩히 여김 받기를 원하시므로, 우리는 반드시 다음의 말씀을 깊이 숙고해야 합니다.

"내가 무엇을 가지고 여호와 앞에 나아가며 높으신 하나님께 경배할까? 내가 번제물로 일 년 된 송아지를 가지고 그 앞에 나아갈까?"(미 6:6).

그러므로 이 특별한 의무에 참여하기 위해서는 마땅히 거기에 걸맞은 특별한 방식으로 자신을 준비해야 합니다.

④ 하나님은 그리스도 안에서 특별하게 그분께로 나아가는 신자에게 합당하게 준비하라고 명령하십니다. 여호와 하나님은 시내산에서 이스라엘 백성들을 찾아가려고 하실 때, 모세에게 이렇게 명령하셨습니다.

"여호와께서 모세에게 이르시되 너는 백성에게로 가서 오늘과 내일 그들을 성결하게 하며 그들에게 옷을 빨게 하고 준비하게 하여 셋째 날을 기다리게 하라. 이는 셋째 날에 나 여호와가 온 백성의 목전에서 시내산에 강림할 것임이니"(출 19:10,11).

하나님은 이스라엘 백성에게 놀라운 기적을 베풀어 요단강 바닥을 마른땅처럼 건너게 하실 때에도 이렇게 명령하셨습니다.

"여호수아가 또 백성에게 이르되 너희는 자신을 성결하게 하라. 여호와께서 내일 너희 가운데에 기이한 일들을 행하시리라"(수 3:5).

모세가 하나님의 특별한 임재를 나타내는 불붙은 떨기나무로 가까이 갈 때, 하나님은 이렇게 말씀하셨습니다.

"하나님이 이르시되 이리로 가까이 오지 말라. 네가 선 곳은 거룩한 땅이니 네 발에서 신을 벗으라"(출 3:5).

사무엘은 이새와 그 아들들을 제사로 청하면서 다음과 같이 말합니다.

"내가 여호와께 제사하러 왔으니 스스로 성결하게 하고 와서 나와 함께 제사하자"(삼상 16:5).

제사장들은 제단으로 나아갈 때마다 먼저 자신을 정결하게 했습니다. 우리 또한 거룩한 성찬으로 나아갈 때에 마땅히 자신을 준비해야 합니다.

⑤ 보통 스스로를 준비하여 성찬에 참여한 사람이 복을 경험하곤 합니다. 다시금 말하지만, 매번 그런 것이 아니라 보통 그러합니다. 경건한 신자라 해도 마지막

순간까지 스스로를 준비하지 못하여 결국 하나님의 특별한 성찬에 합당하게 참여하지 못할 수도 있기 때문입니다. 이런 신자들은 이내 자신이 얼마나 혐오스럽고도 부족하며 죄악된지를 절감하고서, 값없이 주시는 하나님의 은혜를 고백하는 가운데 즐거워하며 주 예수님을 맞이합니다. 또한 온 맘으로 자신의 죄악된 상태를 딛고 일어나 믿음으로 그것을 취하고 많은 위로를 얻으며, 그로 인해 놀라워하며 이렇게 외칩니다.

"내가 어떻게 여기서 나를 살피시는 하나님을 뵈었는고"(창 16:13).

반면, 성찬을 준비하는 기간과 성찬에 참여할 때 스스로 많이 준비했는데도 어둠 가운데 있는 탓에 성찬에 참여하는 것을 힘겨워하고 믿음이 약한 채로 남아 있는 신자도 있습니다. 성찬을 위해 자신을 준비하는 동안에는 많은 빛을 받아 누리다가도 성찬에 참여하는 순간 갑자기 어둠과 무감각함이 엄습하는 바람에 슬퍼하면서 제자리로 돌아가기도 합니다. 그러나 그렇다 할지라도, 그것이 성찬을 위한 준비를 게을리할 이유는 못 됩니다. 성찬을 준비하는 것이 신자의 의무이기 때문입니다. 신자는 하나님의 방식을 따라야 합니다. 대개 하나님은 진실하게 성찬을 준비하는 자들에게 복을 주십니다. 그러하기에 성찬을 고대하는 사람들이 성찬을 통해 가장 큰 유익을 얻습니다. 이런 신자에게는 다음과 같은 약속이 이루어질 것입니다.

"너희가 온 마음으로 나를 구하면 나를 찾을 것이요 나를 만나리라"(렘 29:13).

이런 신자는 자신의 게으름을 자책할 일이 없고, 신실하게 힘쓰고 애쓰는 가운데 평강을 누릴 것입니다. 여기서 우리는 성찬을 준비해야 할 필요를 깊이 깨닫습니다.

성찬을 준비해야 할 필요성을 느끼는데도 방해를 자초하고 합당하게 준비하지 못하는 경우가 있습니다.

① 성찬을 위해 준비하기를 미루면서 스스로 이렇게 말합니다. "그렇다. 준비해야 한다. 준비할 것이다. 그러나 먼저 이 일을 마치고 나서 할 것이다. 필요한 것도 알고 반드시 준비하겠지만, 어쨌든 지금은 아니다." 그러나 너무나 많은 경우, 우리

가 준비할 수 있으리라 기대하는 그때가 실제로는 오지 않습니다. 가능하리라 기대하는 시간은 미끄러지듯 빠져나가고, 자신을 준비하기도 전에 다른 일에 사로잡히곤 합니다. 그러면 남아 있는 시간을 합당하게 사용하지 못하게 되고, 결국 그렇게 준비되지 않은 채로 성찬에 나아가는 것입니다.

② 마귀는 신자로 하여금 성찬을 준비할 시간이 없을 만큼 많은 활동들로 분주하게 만듭니다. 또는 마음에 정욕을 불러일으켜, 죄에 빠져 바람에 나는 겨와 같이 이리저리 흔들리게 합니다. 이런 식으로 마귀는 우리 마음을 사로잡아, 차분히 생각을 정리하고 준비할 여력을 없앱니다.

③ 때때로 성찬에 참여해도 되는지 의심이 들기도 할 것입니다. 이런저런 방해물 때문에 이렇게 말할 수도 있습니다. "나는 지금 전혀 기쁘지 않고, 불신앙적이며, 너무나 혼란스럽다. 이런 내가 성찬에 참여해도 되는가?" 성찬에 참여할지 말지를 마치 자신이 결정하는 것처럼 안절부절못하느라 시간만 보내다가 성찬을 향한 열망이 점점 사그라듭니다. 그러나 "성찬에 참여해야 한다. 반드시 그리할 것이다"라고 결심한다면, 용기를 얻어 더욱 열심히 성찬을 준비하게 될 것입니다.

④ 성찬을 준비하기 시작했지만, 그 일이 너무나 힘들게 여겨진 나머지 자신이 그 일에 전혀 맞지 않다고 생각합니다. "성찬을 준비하기 위해 나 자신을 세심하게 살피고 죄를 슬퍼하며 눈물로 기도하고 금식하는 등의 일들은, 내가 하기에 너무나 버겁고 힘들다." 그래서 준비하기를 그만두거나 차일피일 미룹니다. 또는 망설이더라도 복음적인 방법으로, 즉 잠잠히 성령을 기다리며 자신이 할 수 있는 한 성령이 일하시는 바를 잠잠히 따릅니다. 물론 이 일은 우리 자신의 힘이나 능력으로는 할 수 없으며, 반드시 성령께서 역사해 주셔야 합니다.

⑤ 성찬을 준비하면 할수록 자신이 생각했던 것보다 훨씬 더 부족하게 느껴질 수도 있습니다. 그렇습니다. 오히려 전보다 더 영적이지 못하고, 혼란스럽고, 더 깊은 어둠 속에 머물게 될 수도 있습니다. 개인의 영적 상태나 진리와 관련해 생명력 있는 마음은 죽은 것처럼 생기 없는 마음에, 신앙은 불신앙에 쉽게 영향을 받습니다. 이로 인해 사람은 쉽게 낙망하고, 성찬 준비를 단념하려 하곤 합니다. 그러나

이런 마음 상태가 오히려 하나님께서 자신을 특별하게 다루며 더 많은 은혜를 주고자 하심을 나타낸다고 여기며 거기에 주목해야 합니다. 그러므로 이 일을 단념한 채 물러나지 마십시오. 용기를 내 주님을 섬기십시오. 주님께서 당신의 마음을 강하게 하실 것입니다.

성찬을 준비하는 일과 관련해, 우리는 다음 세 가지 측면에 더욱 힘써야 합니다.
- 성찬에 대한 갈망을 불러일으키는 것
- 자신을 살피는 것
- 영적으로 단장하는 것

성찬을 위한 준비 1. 성찬에 대한 갈망을 불러일으킴

첫째, 하나님의 백성들 중에 있고, 거룩한 날을 기억하여 지키는 많은 무리와 함께 주님 앞에 나타나며, 하나님께서 택하신 자들의 선함을 보고, 하나님의 백성들과 함께 즐거워하며, 하나님을 기업으로 누리고자 하는 강한 열망을 불러일으키십시오. 다윗은 이 일을 몹시 열망했습니다!

"내가 여호와께 바라는 한 가지 일 그것을 구하리니 곧 내가 내 평생에 여호와의 집에 살면서 여호와의 아름다움을 바라보며 그의 성전에서 사모하는 그것이라"(시 27:4).

"내 영혼이 하나님 곧 살아 계시는 하나님을 갈망하나니 내가 어느 때에 나아가서 하나님의 얼굴을 뵈올까"(시 42:2).

하나님 앞에 거하지 못하게 되었을 때 그가 얼마나 아파했습니까!

"내가 전에 성일을 지키는 무리와 동행하여 기쁨과 감사의 소리를 내며 그들을 하나님의 집으로 인도하였더니 이제 이 일을 기억하고 내 마음이 상하는도다"(시 42:4).

"메섹에 머물며 게달의 장막 중에 머무는 것이 내게 화로다"(시 120:5).

반면 하나님의 백성들과 더불어 성전에 있게 되었을 때 얼마나 좋아했습니까!

"사람이 내게 말하기를 여호와의 집에 올라가자 할 때에 내가 기뻐하였도다 예루살렘아 우리 발이 네 성문 안에 섰도다"(시 122:1,2).

하나님을 향한 여러분의 열망도 이처럼 타올라야 합니다. 여러분의 마음에 이런 열망을 촉구하고 불러일으키기를 바랍니다.

하나님의 백성들이 모여 성찬을 행하는 자리는 바로 천국으로 향하는 통로입니다. 그러므로 야곱과 더불어 이렇게 말할 수 있습니다.

"야곱이 잠이 깨어 이르되 여호와께서 과연 여기 계시거늘 내가 알지 못하였도다. 이에 두려워하여 이르되, 두렵도다 이곳이여 이것은 다름 아닌 하나님의 집이요 이는 하늘의 문이로다 하고"(창 28:16,17).

하나님의 임재로 채워지는 그 자리에 천국이 열리고, 하나님의 영광이 빛나며, 은혜가 임합니다. 성부께서 자비로우심으로 자기 백성에게 오시고, 사랑하는 자들에게 친밀히 자신을 계시하면서 그들을 '암미 루하마,' 곧 "내 긍휼을 받을 내 백성"이라고 부르십니다! "내가 너를 영원한 사랑으로 사랑하였고 자비로 이끌어 냈다"라고 말씀하십니다. "너희가 나의 즐거움과 사랑을 알고 누리도록, 내가 너희를 만나러 여기 왔다"라고 하십니다. 신랑이신 주 예수님께서 그들과 함께하는 만찬에 오셔서 함께 즐거움을 누리십니다. 자신을 에워싼 자기 백성들을 사랑과 기쁨으로 바라보십니다. 그곳이 바로 성령께서 역사하시는 자리입니다. 그분은 빛과 은혜와 위로로 영혼을 충만하게 하십니다.

수많은 천사들도 하나님께서 은혜로 자기 백성 가운데 오신 것을 기뻐하면서 그 자리에 함께합니다. 신자들 각각에게서 이루어지는 신령한 모습들을 주목하여 바라봅니다. 주님을 갈망한 나머지 쇠약해지는 자가 있는가 하면, 주님의 사랑에 압도당하는 자가 있습니다. 예수님께서 계시지 않은 까닭에 힘을 잃은 자도 있고, 슬픔에 못 이겨 엎드린 자도 있습니다. 마음이 너무 눌리고 어려워서 두렵고 염려스런 나머지, 천국을 향해 탄식조차 하지 못하는 자들도 있습니다. 그들은 자기 영혼을 위로하실 보혜사가 너무나 멀리 계시는 것만 같아 하염없이 눈물만 흘릴 뿐입니다. 한편 강한 믿음으로 하나님의 약속과 진리를 반석처럼 믿고 서 있는 사람이 있습니다. 힘써 주를 따르는 자도 있습니다. 자신을 사랑하시는 자의 품에 기대어 있는 이도 있습니다. 죄의 짐에 눌린 자도 있고, 무거운 짐을 지고 예수님께로 나아와 그 짐을 맡겨 드리는 자도 있습니다. 은혜 가운데 천진난만하게 나아오는 어린아이도 있습니다. 은혜와 위로의 강물을 충만히 받아 누리는 자도 있습니다. 갈망과 바람과 탄식과 눈물과 사랑이 모두 예수님을 향하고, 하나님에게까지 이릅니다. 영혼이 보고 경험하는 이 모든 것들이 한곳에서 만납니다. 천사들은 이 모든 모습들을 놀라움과 기쁨으로 바라보고, 사람의 자녀들을 향한 하나님의 선하심과 은혜로 말미암아 그분께 영광을 돌립니다.

그들은 하나님의 권속들입니다. 비록 잠시일지라도 신령한 벗들이 함께 모여 하늘 아버지 앞과 사랑하는 신랑이신 예수님 안에서 서로를 기뻐합니다. 이 놀라운 사랑과 기쁨의 표현을 목도한 영혼들 중 어느 누가 자기도 거기에 참여하여 그 일원으로서 주님을 즐거워하고 싶은 열망이 마음속에 일어나지 않겠습니까? 아무리 무기력한 영혼이라도 이렇게 말할 것입니다. "그곳에서라면 나도 복을 받을 수 있을 것이다. 나도 그곳에 가련다."

둘째, 하나님의 백성들이 성찬으로 모이는 모습을 바라볼 때, 왕의 침궁으로 이끌리고(아 1:4 참고) 왕궁으로 들어가는 것(시 45:15 참고)으로 생각하십시오. 그곳은 눈으로도 보지 못하고 귀로도 듣지 못하며 어느 인생도 생각하지 못하는 자리, 곧 하나님께서 자기를 사랑하는 자들을 위해 마련하신 많은 놀라운 일들을 경건한 사람들에게 나타내시는 자리입니다. 주님이 그 자리에서 자기 백성에게 얼마나 영광스러운 일들을 보여 주실까요! 얼마나 큰 감미로움을 만끽하게 하실까요!

거기서 하나님은 자기 자녀들에게 심오한 통찰력을 주어 영원한 선택이 얼마나 주권적인 것인지, 그리고 얼마나 영원토록 즐거운 일인지를 깨닫게 하십니다. 곧 하나님께서 영원 전부터 그들을 알고 사랑하셨을 뿐 아니라, 모든 이해를 뛰어넘는 구원을 받아 누리도록 예정하셨다는 사실을 깨닫게 하십니다. 거기서 주님은 자녀들에게 여호와 하나님과 의의 가지(Branch)로 불리는 인자가 맺으신 평화의 언약인 구속언약을 계시하십니다. 또한 이 언약에 따르는 모든 약속들과, 성자께서 자발적으로 택자들을 위한 구원의 보증(Surety)이 되신 것과, 이 언약이 그들에게 확증과 구원이 되는 방식을 계시하십니다. 뿐만 아니라 하나님은 성찬을 위해 모인 자들에게, 우선 자녀들을 죄 아래 가두어 하나님과 완전히 단절된 상태에 두셨다가 그 후에 다시금 놀라운 긍휼로 그들을 건지시는 경이로운 구원의 방식을 알게 하여 측량할 수 없는 하나님의 지혜를 보이십니다. 이처럼 하나님은 성찬을 통해 구원의 역사를 나타내십니다.

이를 통해 하나님의 자녀들은 육신으로 오신 예수님을 목도하고, 구유에서부터 십자가에 이르기까지 그분을 따라갑니다. 다시 말해, 그분께서 전하신 설교와 행하신 착한 일과 걸어가신 고난과 죽음의 발자취를 따릅니다. 성찬 자리에 모인 하나님의 자녀들은 그 일들의 본질과 그들에게 계시된 하나님의 모든 완전하심을 숙고하면서 그것을 진리로 묵상할 뿐만 아니라, 생명력 있고도 친숙하게 그 진리를 따라 행합니다. 그 모든 것 하나하나에 주의를 집중하고 관심을 가집니다. 하나님은 성찬으로 모인 자들에게, 하나님께서 그들을 얼마나 놀라운 방식으로 자기에게로 이끌고 지금까지 인도하셨는지를 계시하십니다. 그리고 장차 누릴 영광을 알리시고, 때때로 놀라운 황홀경에 이르게 하십니다. 하나님의 영원한 사랑과 그들의 확실한 상태를 확증하시고 인 치셔서, 하나님의 사랑의 입맞춤과 더불어 그 자리를 뜨도록 하십니다.

셋째, 주 예수님의 달콤하고도 다정한 부르심을 잠시 생각해 보십시오. 그분께 여러분이 꼭 필요한 것은 아닙니다. 여러분 대신 다른 사람들을 부르실 수도 있었습니다. 그런데도 주께서 지금 "모든 것이 예비되었으니 나에게로 오라!"라고 말씀하십니다. 이렇게 감미롭고도 달콤한 부르심에 응답해야 할 이유가 많이 있습니다. 그렇습니다. 주님께서 그분의 이름을 걸고 지금 여러분을 부르고 계십니다. 뿐만 아니라 여러분과 더불어 먹고 거하기 위해 친히 문 앞에 서서 두드리고 계십니다(계 3:20 참고). 신부도 이 사실을 인정합니다.

"내가 잘지라도 마음은 깨었는데 나의 사랑하는 자의 소리가 들리는구나. 문을 두드려 이르기를 나의 누이, 나의 사랑, 나의 비둘기, 나의 완전한 자야 문을 열어 다오. 내 머리에는 이슬이, 내 머리털에는 밤이슬이 가득하였다 하는구나"(아 5:2).

주께서 이토록 다정하게 교제하자고 여러분을 부르시는데, 그것을 마다하고 떠나 혼자 머무르겠습니까? 그러지 말고 그분과 더불어 모이는 교제를 사모하십시오, 이 교제를 통해 영혼이 하늘로 날아오르도록 말입니다.

넷째, 성찬식을 통해 주 예수님을 공개적으로 고백하십시오. 성찬을 시행하여 예수님을 기념하는 교회는 그분을 온 세상 앞에서 공개적으로 고백하고, 유일하고도 온전하신 구주요 자신들의 머리요 하나님으로 선언합니다. 성찬을 통해 교회는 그리스도의 고난과 죽음을 유일한 대속의 제사로 기념하고, 주님의 죽으심을 화평과 위로와 생명의 유일한 토대로 선언합니다. 주 예수님을 고백함으로써 사람을 돌이켜 교회로 모이게 하는 것이 하나님의 방식입니다. 그 일을 통해 하나님은 고난당하신 주 예수님을 영화롭게 하십니다. 참된 신자는 주 예수님을 사랑합니다. 참된 사랑이 있는 신자라면 누구나 자기가 사랑하는 분을 가리켜, "이는 내 사랑하는 자요 나의 친구로다"(아 5:16)라고 말하기를 열망합니다. 주 예수님은, 그분을 부끄러워하지 않고 교회와 더불어 기쁘게 그분을 주로 고백하면서 그분께 존귀와 영광을 돌리는 자들에게 주목하십니다. 주님 역시 성부와 천사들과 온 세상 앞에서 그들을 부끄러워하지 않겠노라고 약속하십니다. 이처럼 성찬에 참여하는 일이 주 예수님을 공개적으로 고백하는 것이라면, 어느 누가 예수님을 왕이라 선언하고 고백하는 사람들과 함께하고 싶지 않겠습니까? 특히 핍박을 당할 때, 심지어 이로 말미암아 죽임을 당한다 해도 이 고백을 가볍게 여겨서는 안 됩니다.

다섯째, 성찬에 참여함으로써 그리스도와 교제를 나눕니다. 이것이 바로 당신이 바라는 전부가 아닙니까? 당신이 가진 신령한 생명의 본질이 아닙니까? 그리스도와 교제하지 않는다면, 당신의 영혼이 괴로워하지 않겠습니까? 이 교제를 통해 신자는 그리스도의 사랑뿐만 아니라 그리스도께 참여한 자라는 확신을 얻습니다. 성령의 역사는 성찬의 자리에서 더욱 두드러집니다. 성령께서 한편으로는 성찬에 참여하는 자들에게 주어지는 언약의 약속들 및 언약의 후사들이 가지는 표지를 나타내시고, 다른 한편으로는 그들에게서 발견되어야 할 은혜들을 나타내십니다. 이처럼 그분은 신자들이 하나님의 말씀을 기초로 다음과 같은 결론에 이르게 하십니다. 주님은 성찬이라는 특별한 자리에 있는 자들에게 이런 특별한 일들을 약속하십니다. 그런데 저는 하나님의 임재 가운데 이런 영적인 마음이 제 안에 자리함을 깨닫습니다. 따라서 이런 특별한 약속들은 저에게도 적용됩니다. 또한 참되신 주님은 저에게 주신 이 약속을 반드시 이루실 것입니다. 게다가 신자들은 성찬의 표지들을, 자신이 그리스도께 속했고 그분이 자신의 분깃이라는 사실을 확신하게 하는 인침이자 약속으로 여깁니다. 그 순간 성령께서 말씀과 인침으로 그들의 마음에 강력하게 역사하여, 주 예수님께서 그들을 사랑하신다는 것을 깨닫도록 하시며, 이를 통해 신자의 영과 더불어 그들이 하나님의 자녀인 것을 증언하십니다. 이에 대한 화답으로 신자 안에 예수 그리스도를 향한 사랑이 다시금 일어나고, 신자는 그리스도와 친밀히 교제합니다.

"우리가 축복하는 바 축복의 잔은 그리스도의 피에 참여함이 아니며 우리가 떼는 떡은 그리스도의 몸에 참여함이 아니냐"(고전 10:16).

이 모든 역사를 통해 성찬에 기쁘게 참여하고자 하는 열망이 신자 안에 강하게 일어납니다.

여섯째, 성찬을 통해 신자는 그리스도와의 교제를 인침 받는 것은 물론이요, 때때로 황홀경에 빠지는 비상한 은혜를 누리기도 합니다. 제자들이 그러했듯이, 때때로 거룩한 산으로 이끌려 영광 중에 계시는 그리스도를 뵙기도 합니다. 성찬을 통해, 신자는 때때로 연회장으로 이끌려 가 그리스도의 사랑의 품에 안깁니다. 그리스도와 성부가 오셔서 신자들과 더불어 거하십니다. 주께서 신자로 하여금 구원의 샘에서 기쁨으로 물을 들이켜게 하십니다. 때때로 젊은 남녀의 입술이 떡과 포도주로 말미암아 화답합니다. 성찬을 통해 주님은 친히 그분의 입술로 그들에게 입 맞추시고, 그들은 그분의 궁정, 바로 그분의 거룩한 성전의 선함으로 흡족해하면서 입술로 기쁨의 찬양을 발하게 됩니다. 그래서 주께서 이렇게 말씀하십니다.

"목마른 자도 올 것이요, 또 원하는 자는 값없이 생명수를 받으라"(계 22:17).

일곱째, 한 걸음 더 나아가 성찬에 함께 모인 복된 무리를 생각해 보십시오. 하나님의 자녀들은 하늘 아버지와 그들이 사랑하는 예수님의 얼굴 앞에 모여 기뻐하며 서로를 향한 사랑을 나타냅니다. 성찬을 통해 자신들을 세상과 온전히 구별하며, 세상적인 사랑을 멸시합니다. 그리스도 안에서 서로가 누리는 사랑으로 만족하기 때문입니다. 성찬의 자리에서 신자들은 잘 아는 사람들뿐만 아니라 전혀 알지 못하는 신자들과도 사랑을 나눕니다. 그 자리에 함께한 모든 경건한 신자들과 연합할 뿐만 아니라, 하늘에서 온전하게 된 영혼들과 천사들과도 연합합니다.

"그러나 너희가 이른 곳은 시온 산과 살아 계신 하나님의 도성인 하늘의 예루살렘과 천만 천사와 하늘에 기록된 장자들의 모임과 교회와 만민의 심판자이신 하나님과 및 온전하게 된 의인의 영들과 새언약의 중보자이신 예수와 및 아벨의 피보다 더 나은 것을 말하는 뿌린 피니라"(히 12:22-24).

신자들은 원수인 세상이 그들을 미워하고 멸시하고 핍박하고 억압한다 할지라도 염려하지 않으며, 세상의 사랑을 아쉬워하지 않습니다. 그들이 더 나은 무리와 함께하고, 그들과 감미롭게 누리는 사랑으로 새로워지기 때문입니다. 신자들은 동일한 떡을 떼고 동일한 잔을 마시는 주의 성찬에서 이러한 하나 됨을 고백합니다.

"떡이 하나요 많은 우리가 한 몸이니 이는 우리가 다 한 떡에 참여함이라"(고전 10:17). 이처럼 하나님의 자녀들은 성찬을 통해 하늘의 혼인 잔치를 미리 맛보고 즐거워합니다.

여덟째, 신자는 성찬을 통해 성화되고 죄를 죽이며, 주께서 기뻐하시는 삶을 살 힘을 얻습니다. 성찬의 떡과 포도주로 말미암아 영혼이 강건하고 새로워집니다. 믿음이 굳건해집니다. 더욱 굳건한 사랑이 일어납니다. 영혼의 생명인 예수님과 연합을 누리고 기꺼이 주님을 섬길 마음을 얻습니다. 성찬은 신자에게 어린아이와 같은 순종을 요구합니다. 이런 순종을 통해 신자는 하나님과 계속 교제합니다(이 교제는 죄 때문에 방해를 받으나 경건으로 말미암아 더욱 깊어집니다). 그리하여 신자의 영혼은 모세의 얼굴이 빛났던 것처럼 잠잠히 빛을 발하기 시작합니다. 눈이 비둘기 같이 순진무구해져 다른 데 현혹되지 않고 지극히 사랑스러운 신랑만을 바라봅니다. 신자의 영혼은 오로지 신랑을 기쁘게 하기만을 갈망합니다. 그래서 신랑의 뜻을 기쁘게 따릅니다.

그러므로 신자는 중심에 신랑을 향한 감동이 일어나면(자신이 아무리 굼뜨고, 아무리 많은 어려움과 반대에 부딪힌다 할지라도), 성찬에 참여하려는 열망을 가지고 모세처럼 "내가 돌이켜 가서 이 큰 광경을 보리라"(출 3:3)라고 말해야 합니다.

성찬을 위한 준비 2. 자기를 살핌

성찬 준비를 위해 두 번째로 필요한 것은 자기를 살피는 것입니다. 자신이 성찬에 나아가 영적으로 떡과 포도주를 먹고 마시기에 합당한지를 살피고 결정하는 것입니다. 이를 위해 우리는 다음의 사실들을 고려해야 합니다.

① 자기 자신을 살펴야 합니다.
② 회심하지 않은 자는 성찬에 참여해서는 안 됩니다.
③ 회심한 자는 성찬을 회피하지 않아야 합니다.
④ 연약한 신자는 스스로 용기를 내야 합니다.

성찬에 참여하기 전에 자신을 돌아보는 시간을 가지는 것은 아주 중요한 일입니다. 그 이유는 다음과 같습니다.

첫째, 성경이 분명히 그렇게 하라고 명령하기 때문입니다.

"사람이 자기를 살피고 그 후에야 이 떡을 먹고 이 잔을 마실지니"(고전 11:28).

둘째, 이 식사에는 아무나 참여할 수 없기 때문입니다. 유월절 식사도 이방인이나 할례 받지 않은 사람이나 부정한 사람에게는 허락되지 않았습니다(출 12장 참고).

"악인에게는 하나님이 이르시되 네가 어찌하여 내 율례를 전하며 내 언약을 네 입에 두느냐"(시 50:16).

그리스도는 자신의 친구들(아 5:1 참고)과 주리고 목마른 자들(사 55:1 참고)을 초청하십니다.

셋째, 성찬의 떡과 포도주를 합당하지 않게 먹고 마시는 것은 두려운 죄악이기 때문입니다.

"그러므로 누구든지 주의 떡이나 잔을 합당하지 않게 먹고 마시는 자는 주의 몸과 피에 대하여 죄를 짓는 것이니라"(고전 11:27).

그런 자들의 머리에는 끔찍한 심판이 드리워 있습니다.

"주의 몸을 분별하지 못하고 먹고 마시는 자는 자기의 죄를 먹고 마시는 것이니라"(고전 11:29).

넷째, 많은 사람들이 자신에 관해 잘못 판단하기 때문입니다. 스스로를 기준 삼아 자의적으로 자신을 판단합니다. 이웃과 별 다툼 없이 지내고, 세례도 받은 데다가, 하나님의 말씀을 부지런히 듣고, 사람들에게 책잡힐 일도 하지 않으며, 그리스도를 구주로 믿으니 자신은 성찬에 합당하다고 생각합니다. 그래서 그리스도가 자신의 구주이며 자신이 구원받았음을 의심하지 않고, 따라서 아무 문제가 없다고 생각합니다. 곧 그리스도께서 우리를 초청하시고 성찬을 통해 자기를 기념하라고 명령하시기 때문에, 자신은 그 명령에 순종하기를 원한다는 것입니다. 어떤 사람들은 여기에 덧붙여 성찬 전에 자신의 고질적인 죄악들을 탐닉하지 않고, 경건한 책들을 읽으며, 더 자주 기도하는 것 같은 일들도 성찬을 위한 준비로 여깁니다. 그렇게 경건한 모양으로 자신을 치장한 후 안심하고 성찬에 참여함으로써 오히려 스스로에 대한 심판을 먹고 마십니다.

다섯째, 너무나 많은 사람들이 자기를 살필 줄 모르기 때문입니다. 그들은 성찬에 참여하는 사람이 가져야 할 표지들이 무엇인지를 제대로 알지 못합니다. 자기 자신에 대해서도 잘 알지 못할뿐더러, 자기를 돌아보아야 한다는 사실조차 알지 못합니다. 그래서 이런 사람들은 자기를 돌아보지도 않고 부주의하게 성찬에 참여함으로써 하나님의 진노를 불러옵니다.

여섯째, 많은 사람들이 자기를 돌아보기를 싫어하기 때문입니다. 그들은 자신이 결코 좋은 모습으로 드러나지 않으리라는 점을 잘 알기 때문에 자신을 돌아보지 않습니다. 그러면서 자신의 구원을 의심하고 염려합니다. 그들은 할 수만 있다면 성찬에 나아가지 않으려고 할 것입니다. 그러면서도 성찬에 참여하지 않으면 사람들이 뭐라고 할지 우려합니다. 그래서 더는 나빠지지 않기만을 바라며 안일하게 죄 가운데 머물면서 떡과 포도주에 합당하지 않게 참여함으로써 이 모든 상황을 더욱 악화시킵니다. 그러므로 저마다 자신이 어떤 상태에 있는지를 아는 일은 매우 중요합니다.

일곱째, 하나님의 말씀을 시금석으로 삼아 자기를 돌아보는 의무를 준행한다면,

진지한 관심과 열심이 생겨날 것이기 때문입니다. 자신이 회심하지 않은 자로 드러나거나 자신의 회심에 의심이 생긴다면, 그런 자신을 슬퍼하며 회심을 구하고 기도하면서 예수님께로 피하고자 할 것입니다. 그리하여 참된 은혜를 발견하면, 기쁨과 자유를 누리며 믿음으로 성찬에 참여할 것입니다. 이 모든 사실을 볼 때, 자기를 살피고 돌아보는 일은 참으로 필요하고 유익합니다.

회심하지 않은 사람은 성찬에 참여하지 말아야 합니다. 유대인이라도 할례 받지 않았거나 이방인이거나 부정한 사람은 유월절 식사에 참여하지 못했습니다. 마찬가지로, 회심하지 않았다면 성찬의 떡과 포도주에 참여하지 말아야 합니다. 회심하지 않은 자에게는 단 하나의 약속도 주어지지 않으므로, 성찬이 그들에게 아무것도 인 치지 않습니다. 회심하지 않은 자는 죄와 허물로 죽어 있습니다. 죽은 자는 먹을 수가 없습니다. 믿음은 영혼의 손이자 입입니다. 회심하지 않은 자에게는 믿음이 없으므로, 신자들만을 위해 마련된 떡도 먹을 수 없습니다. 그런데도 그 떡을 먹는 것은 그리스도를 조롱하는 일이며, 그리스도의 살과 피로 죄를 짓는 것이고, 유대인들과 더불어 그리스도를 다시금 못 박는 일입니다.

> ▶ 질문
> 회심하지 않은 자란 어떤 사람을 가리키는가?

대답: ① 회심하지 않은 자란 그리스도의 인격과 본성, 보증 되심, 낮아지심과 높아지심은 물론 그분의 대속과 죽음의 효력과 필요조차 알지 못하는 사람입니다. 믿음의 핵심, 거듭남, 신령한 생명, 하나님의 의, 죄인들의 정죄 받은 상태를 알지 못하는 사람입니다. 그는 성찬의 본질은 물론이요, 성찬의 표지와 실체가 하나 되는 방식과 성찬의 인 치는 기능에 대해 무지합니다.

② 자신의 죄를 보고도 겸비하지 않고 그리스도 안에서 하나님과 화목하게 되기를 구하지도 않은 채 안일하게 살아가는 사람입니다. 그는 자신의 죄가 용서받았는지에 관심도 없고, 위로와 구원의 확신과 성화와 하나님 앞에서 살기를 바라지도

않습니다. 이런 일들에 전혀 개의치 않고서 부주의하고도 안일하게 살아갑니다.

③ 믿음으로 살지도 않으며, 그리스도를 자신의 구속자로 택하고 그분을 열망하며 사모하고 기도와 간구로 그분께 피하는 일도 등한시하며, 칭의와 성화를 위해 그분을 영접하고 자기를 드리며 그리스도를 마음의 갈망으로 삼고 그분과 연합하여 살아가는 일도 소홀히 하는 사람입니다.

④ 이 세상과 그 속에 있는 것들이 전부인 양 살아가는 사람입니다. 그는 자기 자신에 관한 것들을 사랑과 기쁨으로 열렬히 추구하고 바라며, 이 땅의 것들을 염려하면서 살아갑니다. 다시 말해, 육신의 정욕과 안목의 정욕과 이생의 자랑으로 살아갑니다. 겉으로는 도덕적이고 교양 있게 보이며 종교적으로 살아갈 수도 있지만, 또한 은밀하게든 공개적으로든 노골적으로 죄에 빠져 살아갈 수도 있지만, 어쨌든 이 세상을 전부로 여기면서 살아갑니다.

이렇게 회심하지 않은 채 살아가는 사람들은 다음과 같은 사실을 알아야 합니다. 그런 상태로 무모하게 성찬에 참여해서는 안 됩니다. 그리스도와 그분의 은택은 그런 자들과 아무런 상관이 없습니다. 성찬은 그들을 위한 것이 아닙니다. 그런데도 성찬에 참여한다면, 그 사람에게는 하나님의 진노가 선언될 수밖에 없습니다.

반면 회심한 신자는 (건강하고 성찬에 참여할 기회가 주어진다면) 성찬에 참여하기를 꺼려 하지 말아야 합니다. 그 이유는 다음과 같습니다.

① 그것은 그리스도의 자애로운 초청에 맞서는 행위이기 때문입니다.
② 그리하면 위로를 받아 누리지 못할 것이기 때문입니다.
③ 자라 가지 못하기 때문입니다.
④ 그것이 그리스도를 믿는 믿음과도 어긋나기 때문입니다.
⑤ 앞에서 살펴본 모든 선한 일들을 거슬러 성도의 교제를 방해하기 때문입니다.

신자들이 법을 어기고 다투고 미워하며, 성찬이 있는 줄 알면서도 자신의 고질적인 죄를 탐닉하여 합당하지 않은 모습으로 성찬에 참여한다면, 죄를 갑절로 더 하는 것입니다. 그런 사람은 주님 앞에서 스스로 깊이 돌이켜야 합니다. 예배당을 떠나지 말고, 신자들이 성찬에 참여하는 것을 멀리서나마 지켜보아야 합니다. 그리고 '나는 지금 그들과 함께할 수 없다'라고 생각하면서 자신의 상태를 깊이 슬퍼해야 합니다.

> ▶ **질문**
> 자신의 상태에 관해 알지 못할뿐더러 자신이 회심했는지조차 모르는 사람은 어떻게 해야 하는가? 이런 사람은 성찬에 참여하지 말아야 하는가?

대답: 이런 사람은 차라리 성찬에 참여하지 못하게 되어 잘됐다고 생각해서는 안 됩니다. 성찬으로 나아가지 못하게 된 것을 크게 슬퍼해야 합니다. 양심을 잠재우고자 일부러 성찬에 참여하지 않을 빌미를 찾는 것은 완전히 잘못된 일입니다. 성찬에 참여하기 위해, 자신이 은혜의 상태에 있는지 여부를 우려하지 않아도 될 정도로 완전하고도 굳건하게 적극적으로 확신(스스로 은혜 아래 있는 사람으로 생각하도록 하는 확신)해야 하는 것은 아닙니다. 스스로 '나는 회심한 신자이다'라는 확신에 찬 결론에 이르지는 못하더라도, 믿음과 회개라는 외적 증거가 있는 것으로도 충분합니다.

① 참된 신자는, 그리스도의 피로 의롭다함을 받고 율법을 성취하신 그리스도를 힘입어 그분의 거룩함을 덧입으며, 성령으로 말미암아 새로워지고 거룩해지기 위해 전심으로 주 예수님을 갈망한다는 것을 스스로 압니다. 물론 갈망하는 정도가 언제나 똑같지는 않더라도, 자신이 그리스도를 사모하고 열망하며 그분께 간구하고 피하며 자신을 드리고 그분을 섬긴다는 것을 깨달을 것입니다. 그는, 자신이 예수님을 중심에 모시고 그분을 믿으며 그분과 그분이 주시는 은택에 참여한 자임을 확신하기 위해 불신앙과 싸웁니다.

② 참된 신자는 은혜를 확신하는 것으로 자신이 만족할 수 없다는 것을 깨닫습니다. 언약의 은택을 얻고, 그것을 누리고 즐거워하기를 온 마음으로 갈망합니다. 진실로 하나님과 연합하고 주님의 임재 가운데 양심의 화평을 누리며 주님을 사랑하고 경외하는 것이 얼마나 좋은지를 압니다. 그러하기에 이런 것들을 누리지 못

하면 괴로워합니다. 이것들을 잃어버리면 다시금 새롭게 회복하기까지 쉬지 못합니다. 그의 생명과 즐거움과 지복이 여기에 달려 있기 때문입니다.

③ 참된 신자는 자신이 죄를 미워하고 싫어하며, 죄를 지으면 그로 인해 슬퍼하면서도, 그때마다 다시금 일어나 하나님과 화목하게 하는 예수 그리스도의 보혈로 피하고, 하나님께서 기뻐하시는 삶을 즐거워하며 바라고 있음을 발견할 것입니다. 자기 안에서 육과 영이 계속 싸우고 있음을 알 것입니다. 신자는 자신의 거듭난 영이 자신 안에서 생동하며 끊임없이 자신을 죄로부터 하나님께로 이끌어 가지만, 동시에 세상의 정욕도 그렇게 자신을 하나님으로부터 세상으로 이끌어 가려고 하는 것을 압니다. 또한 이 싸움에서 영이 승리하여 즐거워하고 기뻐할 때가 있는 반면, 슬프게도 육체에게 패하여 끌려갈 때가 있다는 것도 잘 압니다.

자기 안에서 이러한 마음과 활동이 끊임없이 일어나는 것을 자각하는 사람은 분명한 확신이 없다 할지라도 성찬에 나아올 수 있습니다. 신자라 할지라도 말씀에 무지하거나 역사적 믿음이 연약하거나 스스로 속을까 봐 두려워하거나 은혜와 더불어 많은 죄가 공존하는 까닭에 이런 확신을 잃어버리는 경우가 많습니다. 이런 신자들은 성찬에 참여하기를 꺼리지 말고, 오히려 다른 많은 신자들과 더불어 성찬으로 나아가 성찬의 표지들과 약속들(지금까지 언급한 상태에 있는 신자들에게 주어진 약속)을 통해 인침을 받아야 합니다.

성찬을 위한 준비 3. 영적 단장(Spiritual Adornment)

성찬 준비를 위해 세 번째로 필요한 것은 영적 단장입니다. 혼인 잔치에 참석하는 사람은 가장 깨끗하고 단정한 옷을 차려입습니다. 신부는 할 수 있는 한 가장 아름답게 치장하여 신랑을 향한 존경과 사랑을 나타내고, 신랑의 눈에 가장 사랑스러운 모습을 보여 줍니다. 우리 왕의 기쁨을 위해 신자는 더더욱 자신을 그렇게 단장해야 합니다. 혼인 예복도 없이 혼인 잔치에 참석한 손님은 이내 그 자리에서 쫓겨날 뿐입니다(마 22:12,13 참고). 마태복음에 나오는 이 말씀은 경고일 뿐만 아니라 혼인 예복을 입으라는 촉구이기도 합니다.

첫째, 이런 신령한 단장은 하나님의 구속사에서 뚜렷하게 드러나는 하나님의 선하심, 지혜, 의로우심, 능력, 진실하심을 인정하고 기뻐하는 것이며, 아울러 전체 구속의 역사를 잠잠히 묵상하고 상고함으로써 역사적 믿음이 살아서 활동하게 하는 것입니다.

① 여러분의 생각을 이 모든 것들의 원천인 영원한 선택에까지 고양시키십시오. 하나님께서 영원 전부터 신자들이 하나님으로 말미암아 기쁨과 감사를 누리고 하나님을 사모하며 드높이고 지복을 누리도록 그분의 의로우심과 긍휼을 계시하기를 기뻐하셨다는 것을 생각하십시오. 더 나아가 이를 위해 하나님께서 일부 천사들과 인간들을 그들의 죄로 말미암아 심판하시고, 다른 천사들과 인간들을 하나님의 은혜와 기뻐하시는 뜻에 따라 영원히 복락을 받아 누리도록 정하셨다는 것을 생각하십시오.

② 여기서 더 나아가, 구속언약 또는 화평의 언약을 묵상하십시오. 탐심 때문에 하나님으로부터 멀어져 스스로 이 땅과 영원한 저주 아래로 들어간 택자들을 위해 성자께서 구원의 보증이 되셨습니다. 성자께서 자신의 신성과 연합된 인성을 입으시고, 구원의 보증으로서 택자들의 죄를 자신의 것으로 담당하시고, 고난과 죽음을 당하여 하나님의 정의를 만족시키시고, 택자들을 영원한 복락으로 들이는 데 필요한 것들을 이루시는 모든 일들이 어떻게 정해졌는지를 생각하십시오.

③ 하나님께서 인간을 창조하신 것과 인간이 행위언약을 깨뜨린 것을 기억하고, 그리하여 어떻게 신자들이 중보자에 대한 하나님의 약속이 성취되기를 열망했는지를 주목하십시오. 그와 함께 중보자를 주시겠다는 약속들과, 약속된 구원자가 어떻게 하나님의 백성들을 건지고 구원할지를 보여 주는 희생 제사들과 많은 표지들을 생각하십시오.

④ 한 걸음 더 나아가, 약 사천 년 후에 약속된 메시아가 동정녀 마리아의 몸을 통해 구원의 보증이 될 수 있는 상태로 이 땅에 오셨다는 사실을 생각하십시오. 어떻게 주 예수님께서 태어나신 때부터 자원하여 사랑으로 택함 받은 자들에게 드리운 저주를 담당하여 즉시 모든 것들에게서 적대되셨는지를 생각하십시오. 가난한

자로 이 땅에 태어나신 것으로도 모자라 받아 주는 곳이 없어서 마구간의 구유에 누이셨습니다. 헤롯의 박해를 피해 달아났고, 땀 흘려 부지런히 일하여 생계를 이어 가셨습니다. 공생애를 시작하자마자 광야에서 마귀에게 맹렬한 시험을 받으셨습니다. 온 이스라엘 땅에 다니면서 큰 권세로 사람들을 회개와 구원으로 돌이키는 설교를 하셨습니다. 깊은 긍휼을 베풀어 각종 병과 비참함에 신음하는 자들을 고치셨습니다. 눈먼 자, 귀먹은 자, 말 못 하는 자, 발 저는 자들을 고치셨습니다. 마귀를 내쫓고 죽은 자들을 일으키셨을 뿐만 아니라, 슬픔에 빠진 자들을 위로하셨습니다. 그런데 이것이 전부가 아닙니다. 이런 선한 일들을 하시는 것과 더불어, 그분을 멸시하고 마침내 죽이고자 모의했던 바리새인과 서기관들에게서 비방과 증오를 받으셔야 했습니다.

⑤ 공생애를 마치실 때, 그분은 자신이 담당하신 택자들의 죄로 말미암아 하나님의 진노를 뒤집어쓰고, 질고를 겪은 사람으로서 죽으셔야 했습니다. 그분은 고난과 죽음을 앞두고 땀이 핏방울이 되도록 눈물로 하나님께 절규하다가 제자들에게로 가셨지만, 아무도 그분의 고통을 알지 못했습니다. 다른 사람이 아니라 제자인 유다에게 배반당하시고, 살인자가 비참하게 잡혀가듯이 원수들에게 잡혀 공회로 끌려가 신성을 모독한 자로 억울하게 정죄당하셨습니다. 또한 예수님은 조롱당하고 얼굴에 침을 맞고 주먹에 맞고 이방 총독 빌라도와 헤롯에게 넘겨지고 조롱과 수치의 옷을 두른 채 거리를 끌려다니셨습니다. 대제사장들이 선동하자, 사람들은 흥분하여 예수님을 십자가에 못 박으라고 요구했습니다. 병사들은 그분을 조롱하여 가시로 만든 면류관을 씌우고, 막대기로 그분의 머리를 때렸습니다. 사형을 언도받으신 후, 십자가를 짊어지고 골고다로 끌려가셨고, 그곳에서 십자가에 달리셨습니다. 머리부터 발끝까지 피로 뒤범벅된 채 하늘과 땅 사이에 매달려, 이루 말할 수 없는 극심한 고통과 상상할 수 없을 만큼 큰 수치를 당하셨습니다. 그뿐 아니라 온갖 비방은 물론, 원수들이 손가락질하면서 고개를 흔들어 조롱하고 비아냥거리는 것을 견디셔야 했습니다.

하나님은 모든 빛을 거두어 가시고, 성자를 향한 사랑 대신에 진노를 부으셨습니다. 예수님은 영혼의 비통함과 격통 속에서 "나의 하나님! 나의 하나님! 어찌하여 나를 버리셨나이까?"라고 부르짖으셨습니다. 사람들은 극심한 갈증으로 괴로워하는 예수님께 쓸개를 탄 포도주를 마시게 했습니다. 해도 빛을 잃었습니다. 결국 예수님은 숨 막힐 듯한 어둠으로 인해 더욱 괴로운 가운데 숨을 거두셨습니다. 이 모든 것은 예수님께서 죄인을 위한 대속자로서 하신 일입니다. 이 글을 읽는 신자들이여, 이 모든 일들이 당신을 위한 속전으로 지불되었습니다.

⑥ 예수님은 장사된 지 삼 일 만에 죽은 자 가운데서 다시 살아나셨습니다. 그로부터 사십 일 뒤에 하늘로 올려지셨고, 영광과 존귀 가운데 성부의 보좌 우편에 앉으셨습니다. 그리고 때가 되면, 사람들을 심판하러 구름을 타고 오실 것입니다.

성찬을 전후하여 신자는 이런 사실들을 잠잠히 묵상해야 합니다. 예수님의 이러한 죽음을 보여 주는 성찬을 통해, 신자는 예수님을 기억합니다. 신자는 이런 사실들을 묵상함으로써, 하나님의 의로우심과 대속의 필요성과 그리스도의 사랑과 그가 당하신 극심한 고난과 그렇게 치러진 대속의 효력을 분명히 깨닫습니다.

신자는 성찬을 통해 하나님께서 어떻게 택자들을 구주와 교제하게 하시는지를 묵상합니다. 하나님은 세상 곳곳에 목사들을 보내 복음을 선포하시고, 말씀으로 자기 백성을 부르십니다. 많은 경우에서 볼 수 있듯이, 외적으로뿐만 아니라 내적으로도 그리하십니다. 그들에게 빛을 비추시고, 죄를 일깨우시고, 주 예수님을 따르려는 열망을 주시고, 자기에게로 그들을 이끄시고, 그리스도를 영접하고 칭의와 성화와 구원을 위해 그리스도께 자신을 맡기도록 믿음을 주십니다. 이처럼 하나님은 자기에게 속한 자들을 거듭나게 하며 새로운 피조물로 만들고 각 사람을 말씀의 경륜으로 이끌어, 마침내 그리스도의 공로로 말미암은 영광으로 불러들이십니다. 바로 그때 주님께서 어떻게 여러분을 여기까지 이끌어 오셨는지를 묵상하십시오. 그리하면 놀라운 일들을 목도할 것입니다. 진리 가운데 강건함을 얻고 기쁨으로 진리를 받으며 잠잠히 진리를 따름으로써, 영광으로 인도될 것입니다.

둘째, 영적인 단장이란 우리가 영적으로 하나님께서 값없이 주시는 은혜를 받아 누릴 수 있는 상태가 되도록 힘쓰는 것입니다. 이는 자신의 무가치함과 죄악됨을 절감하고 겸비할 때 일어납니다. 이런 상태에 있는 자라야 하나님의 은혜를 합당하게 받아 누립니다.

"하나님은……겸손한 자들에게는 은혜를 주시느니라"(벧전 5:5).

"지극히 존귀하며 영원히 거하시며 거룩하다 이름하는 이가 이같이 말씀하시되, 내가 높고 거룩한 곳에 있으며 또한 통회하고 마음이 겸손한 자와 함께 있나니 이는 겸손한 자의 영을 소생시키며 통회하는 자의 마음을 소생시키려 함이라"(사 57:15).

"너희는 가서 내가 긍휼을 원하고 제사를 원하지 아니하노라 하신 뜻이 무엇인지 배우라. 나는 의인을 부르러 온 것이 아니요 죄인을 부르러 왔노라 하시니라"(마 9:13).

그러므로 이렇게 생각하십시오. '내가 무엇이기에 주님께서 벌레 같은 나를 기억하신단 말인가! 나는 흙에서 왔고 부정한 벌레와 같은 육체 가운데 살아가는 질그릇이다. 이런 자가 하나님과의 언약을 누리고, 만유의 주이신 하나님의 자녀로서 이토록 영광스럽고도 충만하신 하나님과 교제하다니! 게다가 나는 하나님의 형상을 잃어버리고 끔찍한 마귀의 형상을 띤 죄인일 뿐만 아니라, 그 자체로 죄 덩어리가 아닌가! 회심하기 전은 물론이거니와 회심한 후에도 내 마음은 얼마나 혐오스러운가! 혼자 있을 때는 물론, 특정한 장소에서 특정한 사람들과 함께 있을 때 내가 생각과 말과 행실로 짓는 죄가 얼마나 끔찍한가! 하나님의 말씀을 읽고 듣고, 찬양하고 기도하는 내 신앙 행위에는 신령한 갈망과 경건이 결여되어 있으며 너무나 죄악되다. 은혜를 받았는데도 나는 얼마나 신실하지 못하며, 또 얼마나 성령을 슬프시게 하는가! 정말로 나는 하나님이 보시기에 무가치하며, 은혜를 받기에도 전혀 합당하지 않을 것이다.' 이런 사실을 올바로 인식하고 자신의 죄악됨으로 인해 겸비해지기까지 잠시 그와 같이 생각하십시오. 믿음을 잃어버리고 지금 그리스도 안에 있는 자신의 상태를 부인하라는 말이 아닙니다. 마치 그것만이 겸비해지는 유일한 길이라도 되는 것처럼 율법과 영원한 정죄에 대한 두려움으로 좌절하라는 말도 아닙니다. 결코 그렇지 않습니다. 이런 두려움은 대개 처음 회심할 때에 경험합니다. 그러나 중심에 믿음이 있는 사람이 품는 두려움은 그와는 다릅니다. 지금 우리가 말하는 겸비함은 다음과 같은 마음으로 이루어집니다.

① 마음의 겸손

"주께서 주의 종에게 베푸신 모든 은총과 모든 진실하심을 조금도 감당할 수 없사오나"(창 32:10).

"다윗 왕이 여호와 앞에 들어가 앉아서 이르되 주 여호와여 나는 누구이오며 내 집은 무엇이기에 나를 여기까지 이르게 하셨나이까?"(삼하 7:18).

"아버지, 내가 하늘과 아버지께 죄를 지었사오니 지금부터는 아버지의 아들이라 일컬음을 감당하지 못하겠나이다"(눅 15:21).

② 믿음에서 오는 바 복음으로 말미암은 수치

"말하기를 나의 하나님이여 내가 부끄러워 낯이 뜨거워서 감히 나의 하나님을 향하여 얼굴을 들지 못하오니, 이는 우리 죄악이 많아 정수리에 넘치고 우리 허물이 커서 하늘에 미침이니이다"(스 9:6).

③ 죄의 악함으로 인한 슬픔

"무릇 나는 내 죄과를 아오니 내 죄가 항상 내 앞에 있나이다. 내가 주께만 범죄하여 주의 목전에 악을 행하였사오니 주께서 말씀하실 때에 의로우시다 하고 주께서 심판하실 때에 순전하시다 하리이다"(시 51:3,4).

④ 자아를 향한 겸비한 혐오

"다윗이 백성을 조사한 후에 그의 마음에 자책하고 다윗이 여호와께 아뢰되 내가 이 일을 행함으로 큰 죄를 범하였나이다. 여호와여 이제 간구하옵나니 종의 죄를 사하여 주옵소서 내가 심히 미련하게 행하였나이다 하니라"(삼하 24:10).

⑤ 하나님의 징계를 두려워함

"여호와여 주의 분노로 나를 책망하지 마시오며 주의 진노로 나를 징계하지 마옵소서"(시 6:1).

⑥ 죄를 증오하고 정죄하는 동시에 자신의 죄를 고백함

"내가 이르기를 내 허물을 여호와께 자복하리라 하고 주께 내 죄를 아뢰고 내 죄악을 숨기지 아니하였더니 곧 주께서 내 죄악을 사하셨나이다"(시 32:5).

⑦ 사죄와 양심의 화평을 위한 간구

"하나님이여 주의 인자를 따라 내게 은혜를 베푸시며 주의 많은 긍휼을 따라 내 죄악을 지워 주소서. 나의 죄악을 말갛게 씻으시며 나의 죄를 깨끗이 제하소서……주의 얼굴을 내 죄에서 돌이키시고 내 모든 죄악을 지워 주소서"(시 51:1,2,9).

⑧ 죄를 자백하는 이들에게 주시는 약속들을 믿음으로써 마음을 고양시킴

"만일 우리가 우리 죄를 자백하면 그는 미쁘시고 의로우사 우리 죄를 사하시며 우리를 모든 불의에서 깨끗하게 하실 것이요"(요일 1:9).

이처럼 하나님은 겸비한 마음에 값없이 은혜를 베푸시고, 주 예수님은 이런 마음으로 신령하게 단장하는 것을 기뻐하십니다. 이런 마음을 얻도록 기도하십시오. 그리고 이미 그런 마음을 가지고 있다면, 그것을 소중히 간직하십시오.

셋째, 영적으로 단장하는 것은 은혜언약으로 말미암아 회복되고, 이 은혜언약을 새롭게 갱신하는 것을 의미합니다. 이스라엘도 그렇게 했습니다.

"또 마음을 다하고 성품을 다하여 조상들의 하나님 여호와를 찾기로 언약하고……무리가 큰 소리로 외치며 피리와 나팔을 불어 여호와께 맹세하매 온 유다가 이 맹세를 기뻐한지라. 무리가 마음을 다하여 맹세하고 뜻을 다하여 여호와를 찾았으므로 여호와께서도 그들을 만나 주시고 그들의 사방에 평안을 주셨더라"(대하 15:12,14,15).

한번 맺어진 은혜언약은 영원토록 분명히 남아 있습니다.

"산들이 떠나며 언덕들은 옮겨질지라도 나의 자비는 네게서 떠나지 아니하며 나의 화평의 언약은 흔들리지 아니하리라. 너를 긍휼히 여기시는 여호와께서 말씀하셨느니라"(사 54:10).

"내가 그들에게 복을 주기 위하여 그들을 떠나지 아니하리라 하는 영영한 언약을 그들에게 세우고 나를 경외함을 그들의 마음에 두어 나를 떠나지 않게 하고"(렘 32:40).

그러나 어떤 이들은 빈번하게 어둠에 빠지는 탓에, 자신이 이 언약에 올바로 참여했는지를 의심하며, 그리스도께 참여한 것이 맞는지를 염려합니다. 또한 하나님과 맺은 언약 안에 머무는 즐거움과 생기 넘치는 삶을 잃어버린 사람들도 있습니다. 그러하기에 하나님과 맺은 은혜언약을 새롭게 되새기는 일은 필요할 뿐만 아니라 유익합니다. 따라서 은혜언약에 속하지 않은 사람들의 비참하고도 죄악되며

가증한 상태를 숙고하십시오. 여러분도 이전에 그들 중 하나였음을 기억하십시오. 또한 이제 여러분이 은혜언약 안에 있고 이 언약이 주는 탁월한 은택에 참여하게 된 것이 얼마나 복된 일인지를 생각하십시오. 주 예수님께서 죽으심으로써 이 언약이 얼마나 든든하게 섰는지를 생각하십시오. 여러분의 이러한 상태를 귀하게 여기십시오. 그러므로 주 예수님께서 진실하고도 간절하며 긴급하게 부르시며 초대하시는 소리에 언제나 귀 기울이십시오. 그분의 거룩한 말씀을 들으십시오. 달콤한 음성을 들으십시오. 그리하여 다시금 마음을 고양시켜, "나는 사나 죽으나 이 언약으로 말미암아 온 맘으로 이 일을 한다"라고 고백하십시오. 그리고 은혜언약을 통해 마치 지금이 처음인 것처럼 여러분을 진실하게 주님께 드리십시오.

넷째, 이런 영적 단장은 더욱 거룩하게 살려는 참된 결심을 통해 이루어집니다.

"이러므로 우리가 명절을 지키되 묵은 누룩으로도 말고 악하고 악의에 찬 누룩으로도 말고 누룩이 없이 오직 순전함과 진실함의 떡으로 하자"(고전 5:8).

"너는 와서 내 식물을 먹으며 내 혼합한 포도주를 마시고 어리석음을 버리고 생명을 얻으라 명철의 길을 행하라 하느니라"(잠 9:5,6).

여러분, 일반적인 결심 말고도, 특정한 덕뿐만 아니라 특정한 죄에 대해서도 결심해야 합니다. 거룩하고자 열망해야 합니다.

"내 길을 굳게 정하사 주의 율례를 지키게 하소서"(시 119:5).

중심으로 그것을 원해야 합니다.

"내가 주의 율례들을 영원히 행하려고 내 마음을 기울였나이다"(시 119:112).

그러나 이 결심을 이루기에는 자신이 너무나 무능함을 절감하고, 하나님의 도우심을 구하면서 간절히 기도해야 합니다.

"나의 발걸음을 주의 말씀에 굳게 세우시고 어떤 죄악도 나를 주관하지 못하게 하소서"(시 119:133).

"주는 나의 하나님이시니 나를 가르쳐 주의 뜻을 행하게 하소서. 주의 영은 선하시니 나를 공평한 땅에 인도하소서"(시 143:10).

자신이 진정으로 거룩함을 추구하고 있음을 자각하는 영혼은 하나님께로 담대히 나아갈 것입니다.

"사랑하는 자들아, 만일 우리 마음이 우리를 책망할 것이 없으면 하나님 앞에서 담대함을 얻고"(요일 3:21).

다섯째, 영적 단장은 교회를 존귀히 여김으로써 이루어집니다.

"예루살렘아 내가 너를 잊을진대 내 오른손이 그 재주를 잊을지로다. 내가 예루살렘을 기억하지 아니하거나 내가 가장 즐거워하는 것보다 더 즐거워하지 아니할진대 내 혀가 내 입천장에 붙을지로다"(시 137:5,6).

교회는 하나님의 사랑을 입은 백성들의 모임이요, 주 예수 그리스도의 몸이자 그리스도의 나라요, 산 위의 동네이자 세상의 빛입니다. 이 땅의 왕들과 불신자들이 교회를 보고 두려워하였습니다. 이는 교회에 물리적인 힘이 있어서가 아니라, 교회를 통해 드러나는 경건함 때문이었습니다. 또한 교회는 경건한 신자들의 즐거움이요, 온 땅을 아름답게 하는 장식이며, 하나님의 손에 들린 아름다운 화관이요, 그리스도의 영광입니다! 하나님은 교회에 선과 자비를 베푸십니다.

"노래하는 자와 뛰어노는 자들이 말하기를 나의 모든 근원이 네게 있다 하리로다"(시 87:7).

교회는 하나님께서 보호하고 다스리시므로 신자들의 안전한 피난처가 됩니다.

"나 여호와는 포도원지기가 됨이여, 때때로 물을 주며 밤낮으로 간수하여 아무든지 이를 해치지 못하게 하리로다"(사 27:3).

성도들과 영광스런 사람들 가운데, 또한 그들과 더불어 거하며, 하나님 앞에 서고, 예수님을 고백하며, 하나님을 영화롭게 하고, 하나님께서 그리스도 안에서 주시는 복을 받아 누리는 것은 얼마나 복된 일입니까! 이런 사람들과 함께 거하고, 그들과 함께 희로애락은 물론 번영과 역경을 지나가고자 하지 않을 사람이 어디 있겠습니까? 모세가 그러하지 않았습니까?

"믿음으로 모세는 장성하여 바로의 공주의 아들이라 칭함 받기를 거절하고 도리어 하나님의 백성과 함께 고난받기를 잠시 죄악의 낙을 누리는 것보다 더 좋아하고 그리스도를 위하여 받는 수모를 애굽의 모든 보화보다 더 큰 재물로 여겼으니, 이는 상 주심을 바라봄이라"(히 11:24-26).

여섯째, 영적 단장은 개인적으로 알든 모르든 상관없이 하나님의 모든 자녀들을 향한 사랑으로 행하는 것을 의미합니다. 그렇습니다. 모든 사람을 향한 사랑이 넘쳐 나는 마음입니다.

"경건에 형제 우애를, 형제 우애에 사랑을 더하라"(벧후 1:7).

성찬을 통해 모든 신자들과 교제를 나눕니다. 이 교제는 그 자체로 확연히 드러나는 마음 중심의 사랑으로만 이루어질 수 있습니다. 마음에 혹시 미움과 시기와 원한이 조금이라도 있는지 자신을 잘 살펴야 합니다. 그런 것이 조금이라도 발견되면, 즉시 모든 수고와 노력을 동원하여 그것들이 더는 남아 있지 않도록 없애야 합니다. 또한 자신과 이웃 사이에 서로 다르거나 하나 되지 못하는 것이 있는지 잘 살피고, 말이나 행위나 표정으로 이웃을 화나게 하거나, 당신이 함부로 하는 듯 그가 오해하지 않게끔 행해야 합니다. 또한 이웃이 당신에게 잘못할 수도 있으며, 당신이 이웃에게 잘못된 방식으로 자신을 변호했을 수도 있습니다. 자신을 잘 살펴 혹시 그런 일이 발견된다면 그냥 지나쳐서는 안 됩니다. 자기애로 눈을 가리지 마십시오. 자신이 스스로 옳다고 판단하여 끝까지 자기의 권리만을 주장하지 마십시오. 오히려 진리가 허락하는 범위 안에서 이웃과 화목하게 지내야 합니다. 설령 이웃이 잘못 행했고, 더 어리고, 지위가 더 낮다고 하더라도, 그에게 면박을 주거나 그를 이기려고 해서는 안 됩니다. 오히려 이웃이 그런 것을 이용하려고 든다면, 그에게 사랑으로 말하면서 온유함과 화평함으로 설득하십시오.

만일 여러분이 이웃에게 잘못한 것이 있으면, 가서 죄를 고백하고 용서를 구하십시오. 이웃에게 가서 용서 구하기를 부끄러워하지 마십시오. 이웃을 향해 잘못을 저지르면서도 전혀 부끄러워하지 않았습니까? 그저 속으로 '마음으로 그를 용서했다'거나 '하나님께 회개했으니 이제 마음이 편하다'는 식으로 생각하면서 끝내 버려서는 안 됩니다. 이웃과 화평하기 위해 온 힘을 다해 노력하지 않으면서 하나님께 복 받기를 기대하지 마십시오. 만일 이웃이 화해하기를 거부한다면, 당신은 할 일을 다 한 것입니다. 이와 관련하여 다음 말씀을 생각해 보십시오.

"그러므로 예물을 제단에 드리려다가 거기서 네 형제에게 원망 들을 만한 일이 있는 것이 생각나거든 예물을 제단 앞에 두고 먼저 가서 형제와 화목하고 그 후에 와서 예물을 드리라"(마 5:23,24).

"서로 친절하게 하며 불쌍히 여기며 서로 용서하기를 하나님이 그리스도 안에서 너희를 용서하심과 같이 하라"(엡 4:32).

지금까지 우리는 성찬을 위해 자신을 준비해야 한다는 점을 살펴보았습니다.

성찬 준비에 관한 권면

이제 성찬과 관련된 경고 및 권고를 하나씩 더 살펴봅시다.

① 성찬을 위해 준비하는 시간과 관련된 것은 물론, 성찬을 행하는 방식과 관련해서도 스스로 제한을 두지 마십시오. 이런 것들에 제한을 두면, 마땅히 해야 할 만큼 주의 깊게 성찬을 행하지 못할 경우 혼란을 겪거나 고민에 빠지게 됩니다. 또한 성령께서 주권적으로 역사하신다고 해서 게으르거나 나태하게 성찬을 행해서는 안 됩니다.

② 감정적으로 어느 정도까지는 도달해야 한다는 식으로, 특정한 마음 상태를 스스로에게 강요하지 마십시오. 이는 곧 자신의 능력과 의지로 그런 마음을 얻을 수 있는 것처럼 착각하는 것입니다. 자신에게 모든 것이 결핍되어 있음을 알고 기대하면서 잠잠하게 할 바를 하는 것이 성찬을 가장 바람직하게 준비하는 모습입니다. 성령보다 앞서가지 마십시오. 오히려 그분의 뒤를 따르십시오. 그것이 최선의 준비입니다. 그리할 때 자신을 준비하면서도 자신이 준비한 것을 의지하지 않을 수 있습니다.

성찬을 가장 유익하게 준비하기 위해, 성찬 전에 하루를 정해 금식할 것을 권합니다. 한 날을 정해 일하는 것과 먹는 것을 그치거나, 조금씩 일하면서 최소한의 음식만을 먹는 것입니다. 저마다 자신이 처한 상황에 맞게 하면 됩니다. 누군가를 위해 일하는 자리에 있든 자유로운 위치에 있든, 부요하든 가난하든, 믿는 가정에 있든 안 믿는 가정에 있든, 자신의 위치와 처지에 맞게 하면 됩니다. 성찬을 준비하고

자 하루를 구별해야 하는 것은 맞지만, 자신을 어느 정도로 제한하면서 그 일을 할지는 각자에게 맡겨진 영역입니다. 그렇게 자신을 구별하는 것은 그 자체로 유익합니다. 성찬을 준비하는 하루 내내 계속 집중해서 성찬을 묵상한다면, 큰 유익을 얻을 뿐만 아니라, 그로 인해 더 겸비하고 유순해질 것입니다. 성찬 전날 하루 종일 성찬을 기대하지도 못한 채 죽은 것처럼 보내고서 생각이 복잡했다면, 저녁에라도 시간을 구별하여 준비할 수 있습니다. 그러나 그것조차 하지 못한다면 그러한 열망이 있다는 데서만 어느 정도 위안을 얻을 뿐, 다른 죄악들을 기억하고 겸비해져야 했는데도 그런 시간을 가지지 못하고 하루를 그토록 무익하게 보낸 것을 부끄러워할 것입니다.

지금까지 성찬을 준비하는 것에 관해 살펴보았습니다.

성찬 시행

앞서 말한 대로 자신을 준비한 사람은 성찬 당일 아침에 너무 늦게 일어나서는 안 됩니다. 그러다가는 허둥대며 분주한 마음으로 성찬에 나아가기가 십상입니다. 또한 너무 일찍 일어나서도 안 됩니다. 자칫하면 설교를 듣고 성찬에 참여하면서도 계속 둔하고 졸린 상태로 지쳐 있을 수 있기 때문입니다. 몸이 지치면 영혼의 움직임도 굼뜰 수밖에 없습니다. 단정하고 깨끗한 옷차림으로 제시간에 교회당에 도착해야 합니다. 부주의하거나 교만해서는 안 됩니다. 너무 가난해서 평소에 입는 옷 말고는 성찬에 합당한 옷이 없다면, 그 옷을 입고서라도 성찬에 참여하는 것이 바람직합니다. 주님은 외모보다 마음을 더 중요하게 보시기 때문입니다. 경건한 신자들은 그런 사람을 멸시하지 않습니다. 또한 다른 사람들이 자신을 어떻게 생각하는지는 그리 중요하지 않습니다. 하나님을 저버리고 개돼지처럼 살아가는 자들은 스스로 알아서 거룩한 것에 함부로 참여하지 않도록 해야 합니다.

집을 떠나 교회당까지 가는 길에는, 아브라함이 우르를 떠날 때와 롯이 소돔에서 나올 때처럼, 그리고 이스라엘이 애굽에서 나올 때처럼, 마음이 세상으로 이끌리지 않도록 조심해야 합니다. 세상적인 모든 생각과 욕망과 염려를 가지고 가서는 안 됩니다. 그것들을 전부 내버리고 교회당으로 가야 합니다. 본향인 천국을 향해 길을 나선 순례자처럼 교회로 발걸음을 재촉하면서, 주님을 열망하고 사모하는 마음으로 기도해야 합니다.

교회당에 들어설 때에는 하나님과 천사들과 하나님의 자녀들이 그곳에 있음을 생각하며, 하나님을 경외하는 거룩함으로 영혼을 일깨우십시오. 교회당에 들어서면서 이렇게 기도하십시오.

"주의 빛과 주의 진리를 보내시어 나를 인도하시고 주의 거룩한 산과 주께서 계시는 곳에 이르게 하소서. 그런즉 내가 하나님의 제단에 나아가 나의 큰 기쁨의 하나님께 이르리이다. 하나님이여, 나의 하나님이여, 내가 수금으로 주를 찬양하리이다"(시 43:3,4).

조용히 자리를 잡고, 표정과 몸가짐에서 단정함과 경외함과 존귀함이 배어나도록 하십시오. 괜히 주위를 두리번거린다든지, 요란스런 몸짓으로 고상한 척 눈을 들어 위를 쳐다보거나 슬픈 척 고개를 떨구고 얼굴을 찌푸리거나 다른 사람이 들을 정도로 한숨을 몰아쉬거나 가만히 앉아 있지 못하고 이리저리 기대는 등의 행동을 하지 말아야 합니다. 성찬에 나아오면서 그런 가식적인 행위를 일삼다니, 이 얼마나 끔찍한 모습입니까! 경건한 신자나 불신자 모두에게 너무나 가증하게 보일 뿐입니다. 그런 모습 때문에 경건이 의심을 받고 멸시를 당합니다. 설령 거짓으로 그렇게 하는 것이 아니라 할지라도, 그런 모습이 위선으로 인식될 수 있다는 것을 알아야 합니다.

"지혜는 명철한 자 앞에 있거늘 미련한 자는 눈을 땅 끝에 두느니라"(잠 17:24).

말씀을 읽고 찬양하고 기도하고 설교를 들을 때는 마음을 다해 회중과 함께해야 합니다. 이 시간은 성찬을 위해 특별히 마음을 준비하는 때가 아닙니다. 그렇게 하다가는 이도 저도 다 놓치고 맙니다.

"그러므로 너희가 어떻게 들을까 스스로 삼가라. 누구든지 있는 자는 받겠고 없는 자는 그 있는 줄로 아는 것까지도 빼앗기리라 하시니라"(눅 8:18).

성찬으로 나아갈 때에는, 신랑이신 예수님이 부르시는 소리를 듣고 혼인 예식을 위해 일어나는 신부와 같은 마음으로 일어나십시오.

"나의 사랑하는 자가 내게 말하여 이르기를 나의 사랑, 내 어여쁜 자야 일어나서 함께 가자"(아 2:10).

"오호라 너희 모든 목마른 자들아 물로 나아오라. 돈 없는 자도 오라. 너희는 와서 사 먹되 돈 없이, 값없이 와서 포도주와 젖을 사라"(사 55:1).

여러분의 신랑이신 예수님께로 가까이 가려는 열망으로 일어나십시오.

"이에 모세가 이르되 내가 돌이켜 가서 이 큰 광경을 보리라"(출 3:3).

마지못해 그 자리에 나온 것처럼 몸을 떠는 것 같은 행동은 합당하지 않습니다. 사랑과 간절한 열망이 더 합당합니다.

성찬상으로 나아가면서, 시간이 된다면 그리스도께서 걸어가신 고난의 길과 거기에 내포된 다양한 측면들을 생각하십시오. 또는 주께서 그때 느끼게 하시는 것들을 속으로 잠잠히 생각하면서 그 생각과 감정을 따르십시오. 즉, 성령이 이끄시는 대로 묵상하면서 그분이 주시는 소망을 따라 그 자리에서 속으로 이렇게 기도하십시오.

"주는 나의 하나님이시니 나를 가르쳐 주의 뜻을 행하게 하소서. 주의 영은 선하시니 나를 공평한 땅에 인도하소서"(시 143:10).

또한 어떻게 주 예수님께서 거룩한 천사들과 더불어 여러분의 손을 잡아 성찬상으로 이끄시는지를 생각하십시오.

"수놓은 옷을 입은 그는 왕께로 인도함을 받으며 시종하는 친구 처녀들도 왕께로 이끌려 갈 것이라. 그들은 기쁨과 즐거움으로 인도함을 받고 왕궁에 들어가리로다"(시 45:14,15).

"그들이 주리거나 목마르지 아니할 것이며 더위와 볕이 그들을 상하지 아니하리니, 이는 그들을 긍휼히 여기는 이가 그들을 이끌되 샘물 근원으로 인도할 것임이라"(사 49:10).

성찬상에 앉아서는, 자신이 열린 하늘로부터 성찬상과 그 자리에 함께한 모든 회중들 위로 비치는 빛 가운데 있다고 생각하십시오. 여러분이 신랑 되신 그리스도와 하늘 아버지 앞에 있다고 생각하십시오.

"야곱이 잠이 깨어 이르되 여호와께서 과연 여기 계시거늘 내가 알지 못하였도다······두렵도다 이곳이여, 이것은 다름 아닌 하나님의 집이요 이는 하늘의 문이로다"(창 28:16,17).

이렇게 고백하면서 자신이 얼마나 보잘것없는지를 절감하고, 어린아이와 같은 놀라움과 경외감을 마음에 품으십시오. 성찬이 거행되는 모습을 두려워하지 말고 잘 지켜보십시오. 하나님께서 그리스도 안에서 여러분에게 많은 은혜를 주기로 작정하셨기 때문입니다. 끝까지 견고하게 믿음을 지키고, 하나님의 은혜와 그리스도 안에서 그분이 주시는 완전한 구속으로 말미암아 하나님께 영광을 돌리십시오.

떡과 포도주를 먹고 마실 때는 믿음을 가지고 의식적으로 이렇게 행하십시오.

① "나의 사랑하는 사람들아 많이 마시라"(아 5:1)라고 하시는 신랑에게 초청받은 신부로 참여하십시오.

② 외적인 표지에만 몰두하지 마십시오. 그것들은 영혼을 먹일 수 없습니다. 또한 직접, 다시 말해 믿음만으로 예수님을 즉각 맞이한다고 하면서 성찬의 표지들을 무시해서도 안 됩니다. 그것은 성찬의 자리가 아니라 일상에서 신자로 살아가면서 하는 것입니다. 오히려 의식적으로 민감하게 성찬의 표지와 그것들이 가리키는 실체를 하나로 받으며, 그것들을 통해 몸이 찢기고 피 흘리신 그리스도를 보십시오. 뿐만 아니라 죄 사함에 이르게 하는 그리스도의 사랑과 고난의 효력을 목도하십시오. 이런 표지들을 주 예수님께서 그분의 구속이 바로 여러분을 위한 것이며 그분이 여러분을 사랑하신다는 것을 확신하게 하고자 여러분에게 주시는 바, 영원토록 진실하게 남을 인침이자 보증으로 생각하십시오.

③ 여기서 기적이나 비상한 빛을 받아 고양되거나 황홀경에 이르기를 기대해서는 안 됩니다. 그런데 만약 주님께서 그런 경험을 허락하신다면, 여러분의 분깃으로 누리십시오. 그러나 성찬에서 여러분이 떡과 포도주를 먹고 마시는 것이 분명한 만큼, 성찬의 표지가 그리스도께서 여러분을 사랑하시며 여러분을 위해 죽으셨음을 확신하고 믿음을 발휘하게 하는 가장 분명하고도 보편적인 방식이라는 사실을 알아야 합니다. 그러므로 믿음으로 양심에 화평을 얻도록 힘쓰십시오.

④ 믿음을 발휘하여 영혼으로 계속 견고하고 진중하며 갈망하게 하십시오. 자신의 마음과 그 마음이 바라는 바가 진실하다고 여긴다면, 두려워하거나 흔들리지

마십시오. 불현듯 일어나는 생각, 자신에 대한 심판을 먹고 마신다는 두려움, 갑자기 드리운 어둠 탓에 마음을 가다듬고 생각을 정리하지 못하게 되어 두려워하며 흔들릴 수도 있습니다. 이런 마음으로는 성찬을 통해 유익을 얻기가 어렵습니다.

⑤ 떡을 떼고 포도주를 마시는 가운데 자신에게 그리스도를 적용하고, 진리 안에서 견고함과 사랑으로 그리스도와 연합하십시오. "내 사랑하는 자는 내게 속하였고, 나는 그에게 속하였도다"(아 2:16)라고 고백하면서, 지금 막 여러분에게 인 쳐진 언약의 불변함에까지 마음을 고양시키십시오.

성찬을 마치고 나면 다음의 사항을 주의하십시오.

① 마음으로 이렇게 말하십시오. "나의 예수님은 거짓말하지 않는 신실하신 분이다. 그러므로 나는 불안하지 않다. 그분이 나를 떠나거나 버리지 않으실 것이며, 나를 위해 모든 일을 이루실 것이다. 나를 보존하고, 항상 지켜보며, 그분의 경륜으로 나를 인도하고, 마침내 영광으로 이끄실 것이다. 나는 그분의 능력과 지혜를 믿는다."

② 예수님을 가까이하려는 열망을 계속 불러일으키십시오. 이것은 불가능한 일이 아닙니다. 예수님께 마음을 두고 그분께 맡기십시오.

③ 심판 날 주님이 다시 오실 것을 기억하고 위로를 얻으십시오. 그날을 크게 기대하며 바라십시오. 그날 이후로는 몸과 영혼이 그분과 영원토록 함께 있을 것입니다.

④ 세상에 예수님의 죽으심과 충만한 구원을 보이고, 주님께서 맡기신 일을 마치도록 예수님이 보내시는 자로서 그 자리를 나서십시오.

합당한 마음으로 성찬에 나아가도록 격려하고자, 성찬을 준비하는 데 필요한 점들을 하나하나 짚어 보았습니다. 그러나 여기서 언급한 점들을 지키지 못할까 봐 불안해할 필요는 없습니다. 믿음으로 성찬에 참여하는 영혼이 자유를 누리도록 성령께서 다양한 방식으로 역사하시기 때문입니다. 오히려 지금까지 우리가 살펴본 내용들을 읽고 또 읽음으로써, 여러분은 영혼에 이러한 경향성이 자연스럽게 배고 더욱 합당하게 성찬에 참여할 수 있도록 준비할 수 있을 것입니다.

"이러한 백성은 복이 있나니 여호와를 자기 하나님으로 삼는 백성은 복이 있도다"(시 144:15).

"주께서 택하시고 가까이 오게 하사 주의 뜰에 살게 하신 사람은 복이 있나이다. 우리가 주의 집 곧 주의 성전의 아름다움으로 만족하리이다"(시 65:4).

복음의 깊은 곳으로 인도하심을 받고 이렇게 말할 수 있는 사람들은 복됩니다.

"내가 주의 권능과 영광을 보기 위하여 이와 같이 성소에서 주를 바라보았나이다. 주의 인자하심이 생명보다 나으므로 내 입술이 주를 찬양할 것이라"(시 63:2,3).

성찬을 되새기는 삶

성찬에 참여한 후에 마치 여러분을 근심하게 하던 무거운 부담을 덜어 낸 것처럼 행동하거나, 자신에 대한 심판을 먹거나 마시지 않은 것으로 만족하면서 이전에 살던 방식이나 마음 상태로 돌아가서는 안 됩니다. 성찬이 끝난 후 그렇게 행동하지 않도록 조심하십시오. 여러분이 성찬을 준비하고 시행하는 동안 여러분을 미혹하지 못한 사탄이 성찬이 끝난 후에라도 기어이 여러분을 넘어뜨리려 할 것이기 때문입니다. 주 예수님은 세례를 받으신 후에 마귀에게 시험을 당하셨습니다. 예수님과 성찬을 함께한 제자들은 바로 그날 밤 예수님을 버리고 흩어졌으며, 베드로는 밀 까부르듯 하는 시험을 당했습니다. 바울은 셋째 하늘로 이끌린 후 사탄의 사자로부터 공격을 받았습니다. 이는 신자들도 마찬가지입니다. 신자들은 위로를 얻은 후에 원수의 공격에 대비하여 미혹을 받지 않도록 해야 합니다. 원수에 대한 경계를 늦추지 않는 동시에, 은혜 베푸시는 하나님께 합당하게 행하도록 특별히 주의해야 합니다. 가나안에서 풍족하게 될 때를 대비하여 하나님께서 경계하신 말씀은 우리에게도 그대로 적용되어야 합니다.

"네가 먹어서 배부르고 네 하나님 여호와께서 옥토를 네게 주셨음으로 말미암아 그를 찬송하리라. 내가 오늘날 네게 명하는 여호와의 명령과 법도와 규례를 지키지 아니하고 네 하나님 여호와를 잊어버리지 않도록 삼갈지어다"(신 8:10,11).

먼저, 성찬을 되새기는 삶은 자신이 성찬에 어떻게 참여했는지를 잠잠히 돌아보는 것으로 시작합니다. 그리고 자신의 삶과 하나님께서 우리를 위해 하신 일을 돌아보는 데까지 나아가는 것입니다.

"네 하나님 여호와께서 이 사십 년 동안에 네게 광야 길을 걷게 하신 것을 기억하라. 이는 너를 낮추시며 너를 시험하사 네 마음이 어떠한지 그 명령을 지키는지 지키지 않는지 알려 하심이라"(신 8:2).

자신의 삶을 돌아보십시오.

① 성찬을 적극적으로 준비했습니까? 이를 위해 시간을 마련했습니까? 아니면 계속 미루다가 결국 준비하지 못하고 마지못해 한두 번 기도한 것이 전부입니까? 자신의 죄가 무엇인지를 생각하고 그리스도를 영접하고자 애썼습니까? 적극적으로 죄를 회개하려는 마음이 있었습니까? 아니면 어둠과 무기력함과 낙심 가운데 머물렀습니까?

② 성찬에 참여하는 동안 당신의 마음은 어떠했습니까? 슬퍼했습니까? 즐거워했습니까? 부드러운 마음이었습니까? 아니면 완고하고도 무딘 마음이었습니까? 혹시 그러했다면, 그로 인해 슬퍼하는 마음이 있었습니까? 어둠 가운데 있었습니까? 아니면 빛 가운데 있었습니까? 마음에 감동이 있었습니까? 아니면 차분히 성찬에 임했습니까? 믿음으로 성찬을 받았습니까? 아니면 두려움으로 받았습니까? 간절한 마음이었습니까? 아니면 메마른 마음이었습니까?

성찬을 통해 주님께서 그분 자신을 당신에게 어떻게 나타내 주셨는지를 생각하십시오.

① 성찬으로 나아갈 때뿐만 아니라 성찬을 마치고 교회당을 나설 때까지 주님이 함께하심을 느끼지 못하여 슬펐습니까?

② 화평과 고요함과 소망과 확신과 기쁨을 받아 누렸습니까? 사랑하는 마음으로 주님께 나아갔습니까? 많은 눈물로 나아갔지만 위로를 얻지 못했습니까? 아니면 이 모든 것을 주님께 맡기고, 사랑하는 주님 품에 사랑하는 마음으로 기대어 있었습니까? 주님께서 특별한 방식으로 그분 자신을 보여 주셨습니까? 분명하고도

강력한 확신을 주셨습니까?

언급한 것들뿐만 아니라 그와 비슷한 것들도 생각해 보십시오. 여러분이 받은 것을 부인하지 마십시오. 아무리 작은 것이라도 소중하게 여기십시오. 영혼이 성찬에 대해 이처럼 잠잠히 묵상할 수 있다면, 성찬은 너무나 감미로운 기억으로 남을 것입니다. 자신이 실패한 것들을 깨닫고 값없이 받은 하나님의 은혜와 선하심과 은택을 고백할 것입니다. 그리스도와 더욱 돈독한 우정을 나누게 될 것입니다. 성찬은 혼인 잔치가 되며, 거기서 자신이 가장 즐거워하는 진미가 그리스도라고 고백할 것입니다.

"북풍아 일어나라, 남풍아 오라. 나의 동산에 불어서 향기를 날리라. 나의 사랑하는 자가 그 동산에 들어가서 그 아름다운 열매 먹기를 원하노라"(아 4:16).

그렇습니다. 성찬을 마친 후에 그것을 돌아봄으로써 성찬에 참여할 때 놓쳤던 복락을 새롭게 발견하게 될 것입니다.

둘째, 성찬을 되새기는 삶은 즐겁게 감사하는 데서 드러납니다.

"내 영혼아 여호와를 송축하며 그의 모든 은택을 잊지 말지어다"(시 103:2).

"그날에 너희가 또 말하기를 여호와께 감사하라 그의 이름을 부르며 그의 행하심을 만국 중에 선포하며 그의 이름이 높다 하라. 여호와를 찬송할 것은 극히 아름다운 일을 하셨음이니 이를 온 땅에 알게 할지어다. 시온의 주민아 소리 높여 부르라 이스라엘의 거룩하신 이가 너희 중에서 크심이니라 할 것이니라"(사 12:4-6).

감사는 다음과 같은 모습으로 드러납니다.

① 자신이 받아 누리는 하나님의 선하심을 깨닫고 목도하고 감사해합니다. 성찬 때 주께서 보여 주신 것들과 선하고도 신령한 마음이, 그리고 주 예수 그리스도께서 이루신 전체 구속의 역사와 은혜언약을 통해 약속된 모든 은택이 바로 그분의 선하심을 드러냅니다.

"하나님이여 주의 생각이 내게 어찌 그리 보배로우신지요, 그 수가 어찌 그리 많은지요. 내가 세려고 할지라도 그 수가 모래보다 많도소이다. 내가 깰 때에도 여전히 주와 함께 있나이다"(시 139:17,18).

자기가 무엇을 받았는지도 모르는 사람은 감사할 수 없습니다.

② 자신이 바로 이런 은택에 참여한 자임을 인정하고 고백합니다.

"나를 사랑하사 나를 위하여 자기 자신을 버리신 하나님의 아들"(갈 2:20).

그렇게 함으로써 신자는 감사하며 즐거워합니다.

③ 하나님의 주권적인 선하심이 이 모든 은택을 길어 올리는 유일한 원천이라고 고백합니다.

"여호와가 우리 하나님이신 줄 너희는 알지어다. 그는 우리를 지으신 이요 우리는 그의 것이니 그의 백성이요 그의 기르시는 양이로다"(시 100:3).

하나님의 선하심은 그분께서 베푸시는 선물의 가치를 더욱 증대시킵니다.

④ 크든 작든 자신이 받은 모든 것에 대해 하나님 앞에서 기쁨을 나타냅니다.

"여호와여 주께서 행하신 일로 나를 기쁘게 하셨으니 주의 손이 행하신 일로 말미암아 내가 높이 외치리이다"(시 92:4).

기쁨으로 선물을 주는 사람은 당연히 받는 사람이 그것을 기쁨으로 받기를 바랍니다.

⑤ 받은 바에 감사하며 어떤 식으로든 그것에 보답하고 싶어합니다.

"내게 주신 모든 은혜를 내가 여호와께 무엇으로 보답할까? 내가 구원의 잔을 들고 여호와의 이름을 부르며"(시 116:12,13).

설령 받은 대로 보답할 능력이 전혀 없다 할지라도, 언제나 그렇게 하고자 하는 마음을 가져야 합니다.

⑥ 하나님을 송축하는 가운데 자신이 받은 은택을 통해 드러난 하나님의 선하심과 은혜와 자비를 자랑하고 드높입니다.

"그러나 너희는 택하신 족속이요 왕 같은 제사장들이요 거룩한 나라요 그의 소유가 된 백성이니, 이는 너희를 어두운 데서 불러내어 그의 기이한 빛에 들어가게 하신 이의 아름다운 덕을 선포하게 하려 하심이라"(벧전 2:9).

⑦ 성찬을 통해 하나님으로부터 받은 은혜를 지체들과 함께 나눕니다. 그리하여 나누는 자와 받는 자 모두가 큰 유익을 얻습니다. 이런 나눔을 통해 어떤 이는 자

신의 마음 상태를 깨닫는가 하면, 어떤 이는 위로를 받고, 또 어떤 이는 자신이 들은 바 은혜를 구할 용기를 얻습니다. 이러하든 저러하든 이로 말미암아 모두가 시와 찬미와 기도로 하나님께 감사를 표합니다.

"하나님을 두려워하는 너희들아 다 와서 들으라. 하나님이 나의 영혼을 위하여 행하신 일을 내가 선포하리로다"(시 66:16).

셋째, 성찬을 누린 신자는 계속 하나님과 친밀하게 교제하기를 고대합니다.

"너는 내 앞에서 행하여 완전하라"(창 17:1).

"에녹이 하나님과 동행하더니"(창 5:24).

이를 위해서는 하나님께서 그리스도 안에서 화목하게 하는 아버지이심을 알아야 합니다. 죄에 빠지고 싸움이 계속되는 탓에 신령한 빛이 희미해지는 때일지라도, 신자는 변치 않는 이 언약을 굳게 붙잡아야 합니다. 이 언약의 굳건함이나 견고함은 여러분의 느낌이나 서고 넘어짐에 달린 것이 아닙니다. 하나님의 불변하심이 바로 이 언약의 토대입니다.

"산들이 떠나며 언덕들은 옮겨질지라도 나의 자비는 네게서 떠나지 아니하며 나의 화평의 언약은 흔들리지 아니하리라. 너를 긍휼히 여기시는 여호와께서 말씀하셨느니라"(사 54:10).

"나 여호와는 변하지 아니하나니 그러므로 야곱의 자손들아 너희가 소멸되지 아니하느니라"(말 3:6).

그러므로 지나치게 빨리 굴복하거나 압도되어서는 안 됩니다. 당신이 가진 것을 굳게 붙들고, 믿음에 견고하게 서서 담대하게 행하십시오. 자신의 상태를 확신할 만큼 감정이 따라오지 않을 때에는 감정이 아니라 사리를 분별하며 판단하십시오. 다음 말씀을 숙고하십시오.

"이와 같이 너희도 너희 자신을 죄에 대하여는 죽은 자요 그리스도 예수 안에서 하나님께 대하여는 살아 있는 자로 여길지어다"(롬 6:11).

"그리스도의 사랑이 우리를 강권하시는도다. 우리가 생각하건대 한 사람이 모든 사람을 대신하여 죽었은즉 모든 사람이 죽은 것이라"(고후 5:14).

그러므로 언제나 주 예수님을 앞에 모시고 그분과 끊임없이 교제하십시오. 기도로 지혜를 구하며, 여러분이 얼마나 그분을 의지하는지를 고백하고, 그분을 예배하십시오. 그분 안에서 안심하고, 그분께 감사하며, 그분을 섬기는 일에 자신을 드리십시오. 그리스도를 친밀히 아십시오.

영혼은 하나님과 교제하는 가운데 구원과 위로와 기쁨과 거룩함과 지복을 누립니다. 이런 영혼은 하나님의 의를 영화롭고도 순전한 유일한 빛으로 압니다. 하나님의 의를 사랑하고 그 안에서 즐거워하며, 갈수록 더 사랑하고 즐거워합니다. 하나님의 의가 더는 자신을 대적하고 정죄하지 않음을 알기 때문입니다. 구속자가 이 의를 얻어서 자기에게 주셨음을 알기 때문입니다. 하나님의 선하심과 충분하심과 그 효력을 알고 즐거워하는 까닭에, 어떤 피조물에게서도 하나님과 상관없는 즐거움이나 바랄 만한 무언가를 발견하지 못합니다. 또한 신자의 영혼은 하나님의 거룩하심을 깨닫습니다. 영혼은 하나님의 거룩하심이 뿜어내는 광채를 감당할 수 없으므로 그 앞에서 얼굴을 가릴 수밖에 없습니다. 그 앞에 밝히 드러난 자신의 죄악됨을 부끄러워하고는 움츠러들어 아무것도 아닌 것처럼 됩니다.

또한 신자의 영혼은 하나님의 사랑을 깨닫고 이 사랑의 비추임을 받아 몹시 즐거워합니다. 뿐만 아니라 그 영혼은 이런 사랑을 주신 하나님을 사랑하려는 열망으로 타오릅니다. 또한 신자는 하나님의 뜻이 만물 위에 주권적으로 드리운 것을 보기 때문에, 아무리 힘겨운 고난을 당하고 버거운 의무를 짊어진다 하더라도 자신이 원하는 바를 구하지 않습니다. 그것이 주님의 뜻임을 알기 때문입니다. 또한 신자의 영혼은 모든 피조물의 장엄함과 영광이 빛을 잃게 만드는 하나님의 위엄과 영광을 목도합니다. 엄위하신 하나님 앞에 머리를 조아리고 깊은 경외심으로 하나님을 예배하며 그분께 존귀와 영광을 돌립니다. 온 피조물에 역사하는 하나님의 전능하심을 깨닫습니다. 그 앞에서 다른 모든 피조물의 능력은 무색해집니다. 신자는 하나님의 역사(자연과 은혜의 역사 모두에서 드러나는)에 나타나는 지혜를 봅니다. 모든 피조물의 지혜는 그 앞에서 자취를 감추고, 신자는 하나님의 지혜로운 통치만으로 흡족해하며 잠잠합니다. 또한 신자는 하나님의 참되심과 미쁘심을 봅니다다. 하나님이 주신 약속들을 잘 알 뿐만 아니라, 그 약속들이 이루어질 것을 믿되 이미 이루어진 것처럼 확실하게 그 약속들을 붙듭니다.

이 모든 깨달음과 경험을 통해, 신자는 영적으로 사려 깊고도 견고한 상태가 되어 어떤 상황을 맞닥뜨리든 잠잠히 주님께 순복하고, 담대히 자신의 의무를 행하며, 즐거이 주님을 위해 행하고, 모든 결과를 주님께 맡깁니다. 이런 삶이야말로 진정 희락이 넘치는 삶이요, 순전한 거룩함이 나오는 삶입니다. 아무리 덕스러운 일이라 할지라도, 그리스도 안에서 하나님을 바라보면서 행하지 않은 것은 악으로 여겨집니다. 하나님과 나누는 이런 교제는 그 자체로 천국입니다.

"그리하여 우리가 항상 주와 함께 있으리라. 그러므로 이러한 말로 서로 위로하라"(살전 4:17,18).

그런 삶에 대해 다윗은 이렇게 말합니다.

"주께서 생명의 길을 내게 보이시리니……주의 오른쪽에는 영원한 즐거움이 있나이다"(시 16:11).

"나는 의로운 중에 주의 얼굴을 뵈오리니 깰 때에 주의 형상으로 만족하리이다"(시 17:15).

여기서 말하는 '천국'은 우리의 모든 헤아림을 뛰어넘습니다. 이런 교제를 통해 하나님을 친밀히 아는 신자의 영혼은 거리낌 없이 자신의 필요를 하늘 아버지인 하나님 앞에 내놓고, 그것이 이루어지기를 구하며, 기도로 자신의 열망을 아룁니다. 그리하면 하나님께서 그것을 듣고 응답해 주십니다.

"너는 내게 부르짖으라. 내가 네게 응답하겠고 네가 알지 못하는 크고 은밀한 일을 네게 보이리라"(렘 33:3).

하나님과 교제할 때 누리는 탁월한 복락이 어떠한지를 잘 보십시오. 하나님과 겸손히 동행하면서 이런 교제를 누리는 삶은 하나님과의 언약 안에서 여러분에게 주어진 특권입니다. 그러므로 하나님을 친밀히 알고, 하나님과 화평을 누리며, 하나님의 거룩하심이 여러분의 삶을 통해 빛을 발하도록 하십시오.

넷째, 성찬을 되새기는 삶은 세상과 세상에 속한 것들을 멸시하고 버리는 것으로 드러납니다.

"이 세상이나 세상에 있는 것들을 사랑하지 말라. 누구든지 세상을 사랑하면 아버지의 사랑이 그 안에 있지 아니하니, 이는 세상에 있는 모든 것이 육신의 정욕과 안목의 정욕과 이생의 자랑이니 다 아버지께로부터 온 것이 아니요 세상으로부터 온 것이라"(요일 2:15,16).

신자는 세상을 멸시하고 세상에 속한 것들을 버려야 합니다.

① 이는 신자가 참여하며 그에게 인 쳐진 언약이 본디 가지는 속성입니다. 하나님만이 여러분의 갈망과 안식처와 기쁨과 즐거움이 되고, 여러분이 두려워하는 분이 되어야 한다는 말입니다. 그러므로 여러분에게 세상은 더 이상 중요하지 않습니다. 세상은 여러분이 본향으로 가는 여정에 사용하는 도구에 불과합니다.

② 세상은 그 자체로 부패했고 악한 상태로 남아 있습니다. 그러나 여러분은 그리스도의 피와 성령으로 깨끗하게 되었습니다. 그런 여러분이 어떻게 또다시 자신을 더럽힌단 말입니까? 아브라함을 우르에서, 이스라엘을 애굽에서 부르신 것처럼, 하나님께서 여러분을 이 끔찍하고도 악한 세상에서 불러내 건지셨습니다. 그런데 어떻게 세상으로 되돌아간단 말입니까?

③ 하나님과 세상은 서로를 대적합니다. 누구든지 하나를 사랑하면, 다른 하나를 미워합니다. 어느 누구도 두 주인을 동시에 섬기지 못합니다.

"간음한 여인들아 세상과 벗 된 것이 하나님과 원수 됨을 알지 못하느냐? 그런즉 누구든지 세상과 벗이 되고자 하는 자는 스스로 하나님과 원수 되는 것이니라"(약 4:4).

④ 세상을 사랑하는 것은 간음입니다. 그러하기에 여러분이 혼인한 신랑이신 예수님께서 매우 질투하실 것입니다. 또한 세상을 사랑하는 것은 마치 영혼이 예수님만으로는 도무지 만족하지 못하여 다른 것으로 만족을 추구하는 것과 같으므로 예수님께 치욕을 안기는 것입니다. 즉, 신랑이신 예수님이 신부를 새롭게 하고 기쁘게 할 만큼 충분히 선하지도, 다정하지도 않은 것처럼 행동하는 것입니다.

⑤ 하나님은 세상을 부인하는 신자를 더욱 풍성하게 위로하십니다. 하나님을 사랑하여 세상의 모든 것을 등진 사람에게 하나님께서 반드시 상을 베푸실 것입니다.

⑥ 세상은 헛됩니다. 예수님과 상관없는 세상과 그 속에 있는 것이 다 무엇이란

말입니까?

⑦ 사랑하는 자들이여, 모든 혼란과 슬픔과 근심과 어려움이 전부 어디에서 비롯됩니까? 아부하거나 겁을 주어 여러분을 상하게 하는 원수인 세상 아닙니까? 그렇다면 여러분은 스스로 자신의 슬픔을 추구하겠다는 말입니까? 그렇게 하겠습니까? 세상이 주는 것들이 쓰디쓰다는 사실을 이제 그만큼 맛보았으면 충분히 알 수 있지 않습니까? 그러므로 세상으로부터 돌이켜 천국을 향해 발걸음을 내디디십시오.

다섯째, 성찬을 되새기는 삶은 자신이 그리스도인이요 언약에 참여한 자라는 사실을 공개적으로 증언함으로써 드러납니다. 그러므로 지금부터 그리스도로 옷 입고 그리스도와 더불어 살아가십시오(요일 2:6 참고). 그리하여 모든 사람에게 여러분이 예수님과 그분의 뜻에 충성하는 제자임을 알리십시오(행 4:13 참고).

이런 증거는 다음과 같은 모습으로 드러납니다.

① 사랑으로 드러납니다.

"너희가 서로 사랑하면 이로써 모든 사람이 너희가 내 제자인 줄 알리라"(요 13:35).

하나님을 사랑하십시오. 여러분이 사랑하는 예수님의 사랑으로 끊임없이 흡족해 하십시오. 또한 모든 신자들에게 여러분의 사랑을 나타내십시오. 예수님께서 그들을 사랑하시고, 그들 역시 예수님을 존귀히 여깁니다. 동료 신자들의 불완전함과 연약함 때문에 그들을 사랑하는 데 방해받지 마십시오. 신자가 누리는 이 사랑의 근거는 따로 있습니다. 모든 사람이 여러분의 사랑하는 마음을 알게 하십시오. 빛이 선한 자나 악한 자 모두를 비추고, 불이 둘 모두에게 온기를 전하듯이 말입니다.

② 겸손함과 온유함으로 드러납니다.

"나는 마음이 온유하고 겸손하니 나의 멍에를 메고 내게 배우라. 그리하면 너희 마음이 쉼을 얻으리니"(마 11:29).

여러분은 예수님을 택하여 이미 영예와 사랑과 안전하게 보존됨을 얻었습니다. 그런데도 사람들에게서 인정과 사랑을 받지 못한다고 염려하겠습니까? 도대체 무슨 이유로 이 세상에 속한 것들에 관심을 가진단 말입니까? 그러므로 신자인 여러분이 세상의 야망과 재물에 대한 욕심을 버린다면, 겸손함과 온유함이 빛을 발할 것입니다. 또한 여러분이 가진 모든 것은 여러분이 사랑해 마지않는 예수님께서 주신 것입니다. 따라서 여러분은 작은 자로 남아 있을 수밖에 없습니다. 이런 사실은 여러분의 다정한 대화를 통해 드러납니다. 몸가짐을 단정히 하고(이렇게 하여 과시하는 것을 피하십시오) 가정에서나 어디에서나 그 자리에 합당하게 겸손히 행하십시오. 누군가가 자신을 나쁘게 대하거나 화나게 만드는 상황이라 할지라도, 분을 내거나 앙심을 품지 않도록 조심해야 합니다. 여러분의 온유함을 나타내십시오. 여러분이 그것들을 능히 견딜 수 있으며, 원수를 사랑하고 원수의 복을 비는 자임을 보여 주십시오.

③ 그리스도의 형상을 입은 자의 선행과 자비로 나타납니다. 주 예수님께서 얼마나 자비롭고 선하셨습니까! 그리스도를 마주한 사람들 중 위로를 얻지 못한 채 돌아서는 이가 있었습니까? 여러분도 예수님처럼 행해야 합니다. 슬픈 자들을 위로하십시오. 아픈 자들을 돌보십시오. 가난한 자들을 후하게 대하십시오. 줄 것이 없다면, 그들을 다정하게 대하고 깊은 긍휼을 보여 주십시오. 그리하여 사람들 가운데 빛으로 드러나고, 여러분의 선행으로 믿음을 나타내십시오.

여섯째, 성찬의 유익은 주 예수님을 공개적으로 고백하는 것으로 드러납니다. 성찬은 주 예수님께서 다시 오실 때까지 그분의 죽으심을 나타내 보여 줍니다. 그리스도와 그분의 가르침을, 그분의 교회와 자녀들과 그분의 목적을 부끄러워하지 마십시오. 자신이 예수님의 제자임을 말과 행위와 친구들을 통해 분명히 드러내십시오. 그리스도께서 여러분에게 얼마나 영광스럽고도 소중하며 구원으로 충만한 분이신지가 나타날 때마다 즐거워하십시오. 그리스도 때문에 멸시받는 것을 즐거워하십시오. 그리스도의 이름 때문에 핍박당한다고 움츠러들지 마십시오. 핍박과 죽음으로 하나님께 영광을 돌리도록 여러분을 부르셨다면, 그 면류관을 거부하지 말고 기쁨으로 받으십시오.

성찬을 준비하고, 그렇게 준비된 마음으로 성찬에 참여하고, 그 후에도 성찬을 기억하고, 또 앞에서 말한 대로 자신이 참여한 성찬에 걸맞게 살아가는 자들은 복됩니다. 이러한 모습과 유사하게 행하는 자들도 복을 받을 것입니다. 그들 역시 야곱처럼 절뚝거리더라도 가나안에 다다를 것입니다. 마음의 진실함을 기뻐하시는 주께서 믿음을 발휘하도록 도와주실 것입니다.

많은 사람들이 이런 신령한 마음 상태를 바라는데도 자신이 그렇지 못하다는 사실을 못마땅해합니다. 그런 자신이 불만스러운 것은 당연합니다. 그러나 이 모든 불만의 원인이 어디에 있습니까? 바로 자기 자신입니다. 그런 마음 상태를 바란다고 하면서도 그다지 열심히 추구하지는 않습니다. 그들은 영적으로 어둡고 둔감한 탓에 그렇게 열심히 추구하기를 너무나 어려워합니다. 일하지 않는 자는 먹지도 말아야 하는 것처럼, 기도하지 않는 자들은 받지 못하며, 구하지 않는 자들은 찾지 못할 것입니다. 하나님은 자연의 영역에 허락하신 방편을 부지런히 사용하는 자들에게 이 땅에서의 복을 허락하시듯이, 영적인 영역에서도 동일하게 행하십니다.

그러므로 앞에서 말한 마음 상태를 바란다면, 그것들을 적극적으로 구하십시오. 죄악되고 게으르고 무기력하고 무지한 지금의 모습 그대로 주님 앞으로 자주 나아가십시오. 미약하지만 여러분에게 있는 영적 생명을 보여 드리십시오. 옛 아담의 훼방을 넘어설 힘이 없다고 말씀드리십시오. 그렇습니다. 여러분은 스스로 옛 아담과 싸우는 일을 시작할 수조차 없습니다. 그러므로 하나님께서 주신 약속들을 그분 앞에 펼쳐 놓고 은혜와 성령을 구하십시오. 이런 영적인 것들을 추구할 의지와 능력을 구하십시오. 주께서 듣고 은혜를 주실 것입니다. 주님은 이 일에 더 적극적으로 힘쓰고 분발하고자 성령을 구하고 간구하는 모습을 기뻐하십니다. 아무리 무력하게 찾는다 해도 계속 그렇게 찾고 구하는 가운데 때때로 영혼이 생기를 얻을 것이며, 이를 통해 여러분의 영혼은 평온해지고 더 많은 빛과 위로를 얻을 것입니다. 선하신 하나님께서 여러분으로 하여금 구하고 찾게 하시기를 바랍니다!

42

믿음의 삶

본 장은 몇 년 전 뉴 네덜란드의 한 경건한 상인에게 보낸 편지의 중심 내용을 증보한 것으로, 몇 차례 재판을 거듭한 후에 본 저작에 추가되었습니다.

사람은 오직 하나님과 교제함으로써 지극한 복락과 온전한 만족과 영원한 기쁨을 누릴 수 있습니다. 타락하기 전에 아담이 그러했습니다. 아담이 타락한 후 인간은 총명이 어두워졌고, 하나님의 생명에 대하여 외인이 되었습니다. 인간에게 있던 하나님의 영광도 사라졌습니다. 그리하여 멸망으로 인도하는 넓은 길을 걷는 여정이 시작되었습니다.

선하신 하나님은 멸망 받아 마땅한 죄인이 하나님과 화목하게 되고, 인간의 지복과 만족이자 기쁨인 하나님과 교제할 수 있는 길을 열어 보이셨습니다. 이 땅에서는 하나님과 원리적으로만 교제할 뿐이지만, 죽음과 그 후에 이루어질 모든 죽은 자들의 부활 이후에는 하나님의 낙원인 셋째 하늘에서 완전한 교제를 나누게 될 것입니다.

이 길은 바로 한 분이요 영원히 살아 계시고 홀로 지혜로우신 하나님이자, 영원한 성부의 영원한 성자이신 주 예수 그리스도이십니다. 그리스도는 우리와 같은 인간의 몸을 입고 동정녀 마리아에게서 나심으로써, 한 인격 안에서 인성과 온전히 연합하셨습니다. 그러므로 예수 그리스도는 참되고도 영원한 하나님이신 동시에 완전하고도 거룩한 사람이십니다. 그분은 성부와 맺은 영원한 화평의 언약(또는 영원한 구속의 언약)을 통해 보증이자 구주로 세워지셨습니다. 그 보증께서 자기를 내주시고 택함 받은 모든 사람의 모든 죄를 친히 담당하심으로써 그 죄들을 모두 없애셨습니다. 그분은 고난과 죽음으로 하나님의 정의를 만족시킴으로써 하나님과 택자들이 화목을 이루도록 하셨습니다. 뿐만 아니라 완전히 순종하여 율법을 성취하심으로써 택자들을 위해 완전한 의를 획득하셨습니다. 예수 그리스도는 "길이요 진리요 생명"(요 14:6)이십니다. 따라서 그리스도로 말미암지 않고는 어느 누구도 아버지께로 나올 수 없습니다. 다른 이로써는 구원받을 수 없으며, 오직 예수 그리스도만이 자기로 말미암아 하나님께로 나오는 모든 자들을 능히 구원하실 수 있습니다.

하나님은 복음, 곧 좋은 소식이라는 방편을 통해 구원에 이르는 유일한 길이신 이 구주와 보증을 세상 곳곳에 선포하십니다. 사람들에게 복음을 알리고 그들을 부르십니다. 각 사람에게 구원을 갈망하라고 촉구하십니다. 또한 구원을 얻기 위하여 이 구주를 자신의 보증으로 영접하고, 그로 말미암아 구원으로 이끌리기 위하여 그분께 순복하라고 하십니다. 그런데도 죄악된 상태에 머물러 있겠다고 고집하는 사람은 악한 자가 아닙니까? 이 구원과 영원한 복락과 하나님과의 교제 안에 있는 희락을 멸시하는 자, 하나님을 멸시하고 구속자를 거부하고 모든 다정한 초청을 교만하게 거부하고 항상 잃어버린 자로 살아가는 자는 얼마나 사악한 자입니까? 그러나 예수 그리스도와 온전한 구원과 이 구속자에게로 나아오도록 초청하는 다정한 부름이 자신에게 필요함을 아는 사람은 매우 복된 자가 아닙니까? 이 구원을 즐거워하고, 이 구원에 이르는 길을 열망하며, 이 길에 참여하는 자는 얼마나 복됩니까?

회심하지 않은 자들을 향한 엄중한 권고

이러한 사실을 여러분 자신에게 적용해 보십시오. 만일 아직 회심하지 않았다면, 여러분은 여전히 그리스도도 없고 하나님도 없으며 구원에 이르는 약속도, 소망도 없는 자입니다. 죽을 때까지 계속 그 상태로 남아 있을 수도 있습니다. 여러분이 단 한 번이라도 지혜롭게 행동하기를, 그리고 하나님께서 여러분으로 하여금 회심하게 하시고 여러분에게 믿음을 주어 구원에 이르게 하시기를 바랍니다.

① 자신이 얼마나 눈먼 자인지를 차분히 생각해 보십시오. 그러나 눈이 먼 채로 태어나 그 상태로 살아온 탓에 본다는 것이 무엇인지를 모른다면, 자신이 눈먼 것을 어떻게 깨닫겠습니까? 여러분은 하나님이 계시다는 것을 본성적으로 압니다. 그러나 그분을 알고 있습니까? 그분이 어디에나 계시며 전능하고 전지하며 거룩하고 의로우며 존귀하신 하나님이라고 끊임없이 생각합니까? 의로움 가운데 하나님의 얼굴을 바라보는 것이 무엇을 뜻하는지 압니까? 이 보증을 통해 하나님과 화목하게 되는 것이 얼마나 소중한지를 압니까? 하나님께서 그 영혼에게 그분 자신을 깨닫게 하시고, 그 영혼을 사랑으로 채우시며, 주 예수님께서 영혼에 입 맞추어 주실 때 누리는 즐거움을 압니까? 하나님과 연합하고 그분을 즐거워할 때 영혼이 경험하는 만족과 기쁨을 압니까? 하나님의 사랑으로 비추어진 영혼이 어떻게 하나님을 향한 사랑으로 타오르고 뜨거워지는지를 압니까? 하나님을 그리스도 안에서 화목하게 된 아버지로 알고 누리는 복된 교제에서 비롯되는 상태, 영혼의 순전하고도 거룩하며 자유롭고도 즐거우며 만족스런 상태를 압니까?

당신이 이렇게 대답할 수도 있습니다. "무슨 말을 하는지도 알고, 본성적인 의미에서 그런 것들이 무엇을 뜻하는지도 안다. 그러나 영혼이 이런 것들을 누린다는 것과 하나님께서 영혼에게 나타내신다는 것이 무엇인지는 사실 생소하다. 나는 그런 것들을 보지 못한다. 그래서 그것들을 열망하지 못한다. 그런 만족과 기쁨을 누리고 싶어도 나는 단지 세상에 속한 것들만 알 뿐이다. 나에게 하나님도 없고 하나님을 나의 분깃으로 누리고자 하는 열망도 없다는 사실이 슬프다. 나는 하나님을 알지 못한다."

② 안팎으로 여전히 죄 가운데 있지는 않습니까? 본성이 죄라고 가르치는 온갖 죄악된 방식을 따라 살고 있지는 않습니까? 여전히 육신의 정욕과 안목의 정욕과 이생의 자랑에 이끌리고 그것들을 즐거워합니까? 이런 것들 가운데 살고 있지는 않습니까? 그것들을 행하고 즐기며, 거기에서 만족을 얻기 위해 몸과 영혼의 모든 기관들이 분주하지는 않습니까? 그러느라 하나님은 안중에도 없는 것이 아닙니까? 계속 그렇게 살다가는 위험이나 수치를 당할까 봐 두려워서 정욕을 재갈 먹이는 것이 아닙니까? 이 모든 물음에 당신은 뭐라고 대답합니까?

어떻게 생각합니까? 거룩하신 하나님께서 당신처럼 악하고 가증한 죄인을 기뻐하시겠습니까? 온 땅의 의로운 재판장이신 하나님께서 의를 행하시지 않겠습니까? 진리를 따라 심판하시는 하나님께서 이렇게 말씀하시지 않습니까?

"무릇 율법 행위에 속한 자들은 저주 아래에 있나니, 기록된 바 누구든지 율법 책에 기록된 대로 모든 일을 항상 행하지 아니하는 자는 저주 아래에 있는 자라"(갈 3:10).

오, 당신이 저주 아래 있다는 말과 그 말이 당신에게 무엇을 뜻하는지를 알 수만 있다면 얼마나 좋겠습니까! 이는 하나님께서 경멸하고 거부하신다는 뜻입니다. 어떤 은혜나 도움도, 위로나 소망도 얻지 못한다는 뜻입니다. 피하거나 쉴 만한 곳이 전혀 없다는 뜻입니다. 이것은 어느 누구도 견딜 수 없는 끔찍한 두려움입니다. 하나님의 진노가 드리운 데서 비롯되는 떨림이요 불안입니다. 조금도 누그러지거나 그치지 않고 이런 상태가 계속되는 것입니다. 하나님에게서 영원히 쫓겨나 멸망당하는 것입니다. 지독한 고통의 연기가 영원토록 올라오고 슬피 울며 이를 가는 것 말고는 다른 방도가 없는 영원한 지옥 불 가운데 있는 것입니다. 장래에 대한 모든 소망이 완전히 사라진 자리에서 겪는 이 모든 고통에는 가장 극심하고도 끔찍한 절망만이 드리워져 있을 것입니다. 보십시오. 이것이 바로 당신이 처한 상태입니다. 우리가 당신에게 소개한 보증께로 얼른 피하지 않는다면, 이 모든 것이 이내 당신의 영원한 현실이 될 것입니다.

① '하나님은 은혜롭고 자비로우므로 아직 소망이 있다'고 생각하면서 스스로를

속이지 마십시오. 마귀와 당신의 어두워진 총명으로 인해 빠져든 깊은 사망의 잠에서 깨어나십시오! 지옥으로 떨어지는 사람들이 있지 않습니까? 대부분의 사람들이 버려진 자로 생을 마감하지 않습니까?(마 7장 참고) 여러분이 믿는다는 하나님의 자비는 어디에 있습니까? 의로운 재판장이신 하나님께서 죄를 온전히 심판하지 않고 용서하신다면, 그것은 하나님의 자비를 드러내는 행위가 아닙니다. 세상의 재판관들조차 그런 자비를 멸시합니다. 하나님의 자비는 보증을 선물로 주어 그로 하여금 신자들의 모든 죄를 담당하게 하시고, 죄인에게 이 보증을 믿는 믿음을 주어 영원한 지복에 이르도록 그를 거듭나게 하시고, 거룩하게 하여 영원한 지복에 이르는 길로 인도하시는 것입니다. 이제 여러분이 하나님의 자비라고 일컫는 것과 그것에 소망을 두는 것이 얼마나 잘못된 일인지를 알겠습니까? 왜 여러분의 소망이 전혀 근거가 없으며 스스로를 기만하는지를 알겠습니까?

② '그리스도가 나를 위해 죽은 것을 믿고, 경건한 삶을 위해 최선을 다해 노력하고 회개하며, 나에게 은혜를 베풀어 달라고 기도한다면 하나님이 나를 구원하시리라 소망할 수 있다'고 생각하면서 스스로를 기만하지 마십시오. 이런 잘못된 생각 때문에 많은 사람이 멸망의 길에서 떠나지 않습니다. 그리스도는 모든 사람을 위해 죽으신 것이 아닙니다. 그분이 택하신 자들만을 위해 죽으셨고, 그들에게만 참된 믿음, 곧 우리가 이제 살펴볼 내용인 새로운 본성을 주십니다. 눈멀고 죄 가운데 죽은 여러분이 할 수 있는 최선이라는 것이 도대체 무엇이란 말입니까? 여러분이 신령한 생명의 원리가 없는데 어떻게 회개를 한단 말입니까? 여러분이 말하는 회심과 경건은 기껏해야 현저하게 악한 것만을 피하고 예의 바르게 살아가는 것이 전부인, 자연적 본성에서 비롯된 것일 뿐입니다. 그것은 회심도, 경건도 아닙니다. 참된 회심과 경건은 그리스도 안에서 영혼이 하나님과 연합하는 데서 비롯되는 신령한 생명의 원리로, 하나님께서 전능하신 능력으로 영혼에 새기신 바 신령한 행위를 통해 드러납니다.

③ 또한 슬픔과 두려움 같은 특정한 감정을 경험하고, 그리스도를 구주로 믿으며, 죄를 용서받기 위해 기도했다고 해서 스스로 회심하였다고 여기지 마십시오.

이 또한 자기기만입니다. 지옥에 있는 많은 사람들이 그러했습니다. 회심하지 않은 자들은 본성적인 것에만 관심을 기울일 뿐이기에 진정한 슬픔과 참된 믿음과 기도를 모릅니다. 육체 가운데 있는 자들은 하나님을 기쁘시게 하지 못합니다.

여러분은 완전히 궁핍한 상태입니다. 여러분은 눈멀고, 죄 가운데 죽었으며, 정죄 받은 자입니다. 여러분이 가졌다고 여기는 소망의 근거는 한낱 자기기만에 불과합니다.

그렇다면 어떻게 해야 합니까? 지금부터 우리가 살펴볼 방식대로 구원받기를 갈망하는 한, 아직은 소망이 있습니다. 자신의 악한 상태를 알지 못한 채 지옥이나 천국에 관해 들으려 하지 않으며 열망하지도, 두려워하지도 않는 사람에게는 아무 말도 해 줄 수 없습니다. 가련한 자여, 깨어나십시오! 지금 당신이 지옥의 낭떠러지 끝자락에 위태롭게 서 있다는 것을 모른단 말입니까? 보십시오. 지금 당신은 지옥으로 곤두박질치고 있습니다. 너무 늦기 전에 깨어나십시오. 일어나십시오! 그러지 않으면, 영원한 멸망으로 빠져드는 수밖에 없습니다.

자신의 상태를 우려하는 영혼들을 향한 호소

그러나 자신의 상태를 염려하며 지옥에서 건짐 받아 영원한 구원을 누리기를 바란다면, 하나님께서 주시는 방편에 귀 기울이고 그것을 따르십시오. 의롭고도 선하신 하나님께서 하나님이자 사람이신 자기 아들 예수 그리스도를 보증으로 주셨습니다. 예수님은 고난과 죽음으로 영원한 화해와 구속을 이루시고, 거룩한 순종으로 완전한 의를 획득하셨습니다. 그리스도의 종으로서 저는 지금 이 글을 읽는 여러분에게 그분의 이름으로 이 구속자를 소개합니다. 하늘의 하나님께서 이 구속자를 여러분의 속전과 의로 받으라고 부르십니다. 선하고도 참되신 이 예수님은 여러분을 내쫓지 않으십니다. 뿐만 아니라 여러분을 취하여 영원한 복락으로 들이겠노라 분명히 말씀하시며, 자기를 영접하라고 더없이 다정하게 여러분을 부르십니다. 여러분을 그분께 드리라고 하십니다.

이토록 다정한 하나님의 부르심에, 예수님의 초청에 귀 기울여야 하지 않겠습니까? 이러한 초청에 마땅히 여러분의 마음이 움직여야 하지 않겠습니까? 이 초청이 전혀 매력적으로 들리지 않는단 말입니까? 영원한 복락을 얻고 지옥으로부터 건짐 받는 데 전혀 관심이 없단 말입니까? 하나님께서 여러분의 총명을 밝히시고 여러분의 의지와 온 맘을 움직이셔서, 여러분이 이 구속자를 영접하고 위대한 은혜언약으로 들어가 구원받기를 간절히 바랍니다. 하나님께서 여러분에게 믿음을 주시고 여러분을 거듭나게 하시며, 그리스도와 연합된 생명을 주시고 이 생명이 더욱 자라 가며 풍성하게 하시기를 간절히 바랍니다. 여러분의 의지와 행실에 역사하시는 분은 하나님이시기 때문입니다.

① 이를 위해서는 자신에게서 끊임없이 드러나는 부패를 비롯해 이전의 죄악들과 자신의 악한 마음과 소망 없는 상태를 잘 알아야 합니다. 그러나 낙심하고 절망할 필요는 없습니다. 행위언약이 아닌 은혜언약을 통해 이 생명에 이르기 때문입니다. 그리스도의 구속을 유일한 토대로 하는 은혜언약 안에서 이미 모든 것이 하나님의 영광스런 은혜를 찬송하도록 값없이 주어졌습니다.

② 그러나 회심하기 전에 더욱 상한 마음이 될수록 하나님께 더 받아들여질 만하고, 그것이 그리스도께 나아가는 조건이자 그리스도를 자유롭게 영접하는 근거라도 되는 것인 양, 자신의 비참함에 더 깊이 함몰되고 더 상한 마음이 되기 위해 지나치게 오랫동안 자신의 부패함에만 머물러 있어서는 안 됩니다. 상한 마음은 자기 자신에게 집착하지 않고 예수님께로 피하기 위해 필요한 것입니다. 자신의 죄된 상태가 슬퍼서 그리스도께로 피한다면 그 슬픔이 얼마나 크고 마음이 얼마나 상했는지는 상관없습니다. 상한 마음은 회심에 이르기 전에 예수님께로 나아가는 방편이 되므로 필요한 것입니다.

③ 믿음으로 그리스도를 자신의 죄를 위한 속전과 의로 영접하는 일이 이따금씩 일어납니다. 회개하는 죄인은 그 정도가 크든 작든 자신이 죄악되고 소망 없다는 사실을 깨닫습니다. 자신의 행위를 통해 그렇게 느끼지는 못한다 할지라도, 이따금 희미하나마 하나님의 의로우심을 지각합니다. 그 의로우심이 그의 앞을 가로막

고 있기에 그는 거의 낙담합니다. 예수님을 구속자요 화해와 구원을 얻는 유일한 길로 압니다. 무엇이 자신을 괴롭게 하고 몰아가는지를 압니다. 현재는 물론 앞으로도 계속 큰 죄인으로 남아 있을 것이기에, 때때로 깊은 어둠에 사로잡힌 채 구원의 길을 발견하지 못하다가, 결국 주께서 자신의 호소에 귀 기울이고 그리스도를 허락해 주시기를 바라며 구원의 길로 돌이킵니다. 이따금 더 많은 빛을 받아 그리스도의 초청과 부르심을 받아들이고 이를 통해 자유를 맛봅니다. 여기에는 여러 영적인 움직임들이 뒤섞여 있습니다. 예수님을 한 마디도 건넬 수 없을 만큼 멀리 계시는 분으로 알면서 그분께로 돌이키는 때가 있는가 하면, 어찌할 바를 모른 채 그저 눈물 흘리며 서 있기만 하는 때도 있습니다. 또는 열망에 가득 차 "그분을 발견하고 영접할 수만 있다면!"이라고 말하는 때도 있습니다.

그러다가 이내 자신에게 빛과 내면의 열망과 자유와 가까이 나아갈 수 있는 능력을 주시기를 기다립니다. 이런 영혼은 예수님을 자신의 분깃으로 얻기 위해 기도와 눈물과 간구로 끝까지 인내할 수 있습니다. 그러면서 자신을 예수님께 드릴 수 있는 자유를 얻곤 합니다. 여전히 주 예수님께서 기꺼이 자신을 받아 주실지 우려를 떨치지 못하지만, 자신의 열망과 그 열망이 합당하다고 예수님께 아뢰며, 자신의 마음을 예수님께 드립니다. 값없이 주시는 은혜를 더욱 분명히 믿고 그리스도의 모든 충만함과 더불어 그리스도를 모셔 들이기도 합니다. 여전히 내면이 빛과 어둠, 소망과 절망, 믿음과 불신, 시험과 거룩함 사이에서 흔들리지만, 그 가운데에서 영혼은 예수님을 더욱 알아 갑니다. 이제 이런 영혼에게 예수님은 더 이상 외인이 아닙니다. 근거가 분명한 소망이 그 속에 자리하고, 때때로 많은 확신을 맛보기까지 합니다. 물론 그런 확신이 그리 오래가지는 않습니다. 그러나 그렇게 씨름하면서 영혼은 예수님을 더욱 의지하고 자기 영혼을 그분께 맡기는 법을 배웁니다.

④ 하나님은 이런 시련과 믿음의 훈련을 통해 마음을 거듭나게 하고 변화시키며 신령한 생명을 주십니다. 이렇게 거듭난 생명은 이전의 죄악된 생활을 혐오하며, 거룩함을 열망하고 바라며 사랑하게 됩니다. 신령한 생명이 있다 할지라도 아직은 허약하고 무를 뿐만 아니라 여전히 부패가 강하게 역사합니다. 그러나 신령한 생

명은 죽지 않습니다. 오히려 계속 생명을 나타내고, 끊임없는 육신과 영혼의 싸움을 통해 더욱 강건해져 갑니다.

인간의 무능력함

신자는 자신의 능력만으로는 진보를 이루지 못함

회심한 뒤, 신자는 이 생명을 더해 가기를 갈망합니다. 그때 자기 자신의 능력에 대한 어떤 생각이든 부지런히 경계하면서, 언제나 자신의 무능함을 자각하는 데 힘써야 합니다. 그리하면 범사에 주님을 더욱 의지할 것입니다. 또한 자신의 모든 선한 생각이 하나님으로부터 온 것임을 알고 감사하며, 죄에 깊이 빠지지 않고 많은 시험을 피하면서 담대하게 주님의 길을 가게 될 것입니다.

이를 위해 하나님께서 이런 부분과 관련하여 인간에게 뭐라고 말씀하셨는지에 관심을 기울여야 합니다. 하나님은 이렇게 말씀합니다.

① 사람이 죄 가운데 죽었다고 하십니다. 죽은 사람이 자신이 거듭나는 데 무엇을 기여할 수 있단 말입니까?

② 성경은 사람이 눈이 멀어서 "하나님의 성령의 일들을 받지 아니하나니 이는 그것들이 그에게는 어리석게 보임이요, 또 그는 그것들을 알 수도 없나니 그러한 일은 영적으로 분별되기 때문이라"(고전 2:14)라고 말합니다. 그 일이 무엇인지도 모르고 어떻게 하는지도 모르는데, 어떻게 그런 일을 한단 말입니까?

③ 사람은 너무나 악해서 그리스도께 나아가려고 하지도 않고, 그리스도께서 자기를 불러들이시는 것을 원하지도 않으며, 주님의 길이 무엇인지를 알려고 하지도 않습니다. 사람이 마음으로 하는 모든 생각은 그저 악할 뿐입니다. 이런 사람에게서 악한 것 말고 무엇을 기대할 수 있단 말입니까? 이런 사람이 어떻게 조금이라도 선한 일을 할 수 있단 말입니까?

④ 사람은 무엇을 하든 신령한 일을 하는 데 전적으로 무능합니다.

"육신의 생각은 하나님과 원수가 되나니 이는 하나님의 법에 굴복하지 아니할 뿐 아니라 할 수도 없음이라"(롬 8:7).

사람이 선을 행하기란 표범이 그 반점을 없애는 것만큼이나 불가능한 일입니다. 하나님은 인간 자신이 아니라 하나님께서 사람을 변화시켜 그리스도의 양이 되게 하신다고 말씀하십니다.

⑤ 오직 하나님만이 돌 같은 마음을 제거하고 어린아이의 살 같은 마음을 주심으로써 주님의 율례를 행하고 그분의 계명을 지키게 하십니다. 이처럼 회심하지 않은 사람은 그 어떤 영적인 일도 하지 못합니다. 신령한 생명을 받은 사람은 자기 스스로가 아니라 하나님을 힘입어 선한 일을 하는 것입니다.

그렇습니다. 하나님의 은혜로 회심한 사람이라 할지라도, 여전히 성령께서 그보다 앞서가고 도우며 일을 이루어 주셔야만 합니다. 주 예수님도 제자들(당시에 이미 거듭난)에게 친히 말씀하셨습니다.

"나를 떠나서는 너희가 아무것도 할 수 없음이라"(요 15:5).

바울은 신자들에게 이렇게 말합니다.

"너희 안에서 행하시는 이는 하나님이시니 자기의 기쁘신 뜻을 위하여 너희에게 소원을 두고 행하게 하시나니"(빌 2:13).

이 말씀과 관련된 본문들을 자주 묵상하십시오. 마음을 하나님께로 올려 드리면서 이 구절들을 진리의 하나님을 선포하고 선언하는 말씀으로 묵상하십시오. 그리고 스스로 말하십시오. "하나님께서 나에 대해 이렇게 말씀하신다. 맞다. 나는 이런 존재이다." 이런 마음이 넘쳐 나야 합니다. 그리고 모든 일을 이런 마음으로 해야 합니다. 그러면서 하나님을 의지하고 당신 안에 있는 모든 선한 경향성에 대해 하나님께 감사하십시오.

더 나아가 자신의 마음과 행위를 예의 주시하면서 다음 사실들을 잘 살펴십시오.

① 자신의 생명이요 능력이신 그리스도와 연합한 가운데, 믿음으로 어떤 일을 올바르게 하는 데 자신이 얼마나 무능한지를 보십시오. 하나님의 뜻인 율법을 준행하는 데 얼마나 무능한지를 보십시오. 하나님을 영화롭게 하기 위해 순전한 사랑으로 율법을 지키고 자신을 추구하지 않는 데 자신이 얼마나 무능한지를 보십시오.

② 자신의 마음이 영적인 일을 얼마나 싫어하는지를 보십시오. 거듭나지 않은 옛 본성이 계속 하나님과 교제하며 사는 것을 얼마나 힘겨워하고 부담스러워하는지를, 그에 반해 세상을 향해서는 얼마나 속히 이끌리는지를 보십시오. 옛 본성에는 자연적으로 이런 생각을 편하게 느끼고 즐거워하는 성향이 있는 것 같습니다. 이것을 통해 옛 본성은 이 땅에 속해 있고, 신령한 생명은 옛 본성이 아니라 전능한 능력을 통해 초자연적으로 새겨졌다는 사실을 알 수 있습니다.

③ 마음속에 수많은 대상을 향해 수많은 방식으로 끊임없이 일어나는 수많은 죄(본능적으로든 외부로부터 촉발되든)가 있음을 주목하십시오. 사람이 하나의 죄를 거부하려 할 때 얼마나 많은 죄악들이 그 본색을 드러내는지, 또 우리의 본성이 그런 노력을 얼마나 못마땅해하고 분개하는지를 보십시오! 그렇습니다. 죄를 대적할 때마저도 중심에서 죄가 촉발되고 더 활발해집니다. 게다가 죄가 계명을 틈타 온갖 탐심과 정욕을 불러일으킵니다.

④ 얼마나 강하게 죄로 이끌리는지를 보십시오! 죄는 이성적인 생각을 거슬러 사람의 판단과 목표와 의도를 지배하고, 하나님의 선하심과 징계마저 외면하게 만듭니다. 그러한데도 여러분은 이런 죄를 죽이고자 열망하며 또 그렇게 할 수 있다고 자부합니까?

⑤ 오랫동안 극심한 시련을 많이 겪었는데도 겸손하게 하나님의 주권과 정의를 고백하는 사람을 찾아보기가 얼마나 어려운지요? 모든 것이 하나님의 손에서 비롯된다고 하는 믿음은 어디에 있습니까? 하나님의 섭리를 고백하고, 하나님께서 사랑으로 당신의 유익을 위해 때와 정도를 정하셨으며, 하나님께서 이 모든 일을 통해 당신을 유익하게 하시리라는 믿음은 어디에 있습니까? 아버지의 손길에 기꺼이 자기를 낮추고 모든 것을 받아들이는 마음을 어디서 찾아볼 수 있습니까? 자신의 처지를 못마땅해하며, 슬퍼하고, 비관하며, 거부하고, 낙심을 이기지 못하는 경우가 얼마나 많습니까! 이 모든 사실은 무엇을 가르쳐 줍니까? 바로 우리가 전적으로 무능하다는 사실을 보여 주지 않습니까?

⑥ 한 걸음 더 나아가 여러분이 번영할 때 그것을 제대로 누릴 능력이 여러분에

게 없지 않습니까? 여러분을 옥죄고 위태롭게 하는 시련에서 건짐 받고 계속 복을 받아 누리면서 이 모든 것이 참으로 하나님에게서 온 것임을 기꺼이 고백합니까? 기쁨으로 하나님께 감사합니까? 아니면 하나님께서 이 모든 일을 하신다는 사실을 조금이라도 믿기 위해 많이 노력해야 합니까? 이런 사실이 여러분의 영혼을 겸손하게 합니까? 이 모든 은택을 누리는 데 자신이 얼마나 합당하지 않은지를 알고 있습니까? 아니면 이 모든 일이 그저 우연이라고 여깁니까? 하나님이 아니라 하나님께서 사용하시는 방편들에 그 원인을 돌리고 있지는 않습니까?

일이 잘 풀릴 때 스스로 우쭐해지는 경우가 얼마나 많습니까! 재물을 의지하고 그것들을 능력으로 삼을 때가 얼마나 많습니까! 은근히 자신이 가진 것에 기대어 사는 경우가 얼마나 많습니까! 소유를 지키고 늘리기 위해 얼마나 노심초사합니까! 그것이 사라지면 낙담과 충격이 얼마나 크겠습니까! 이 모든 사실을 보고도 여러분 스스로 죄를 죽이고 마땅히 행해야 할 덕을 실천하며 곤경과 번영을 각각 합당하게 감당할 능력이 전혀 없음을 깨닫지 못한단 말입니까?

자신의 능력을 의지하려는 본성적 성향

회심하지 않은 사람은 자신이 죄 아래 있고 하나님의 진노를 받는 대상이며 정죄 받고 있는 자신의 상태를 자각하고서, 그런 상태를 벗어나고자 스스로 모든 노력을 다합니다. 회개하며 죄악을 버리고 덕스럽게 살면서, 하나님이 자신을 자비롭게 대하시리라 기대하고 죄를 용서받기 위해 기도합니다. 이 얼마나 가련한 인생입니까! 그는 회개가 무엇인지도 모릅니다. 그저 악을 멀리하고 선을 행하는 것이 회개는 아니기 때문입니다. 회개는 마음과 삶을 완전히 돌이키는 것입니다. 다시 말해, 흑암에서 빛으로, 사망에서 생명으로, 세상을 향하는 마음에서 천국을 향하는 마음으로, 육신적인 마음에서 영적인 마음으로, 죄악된 상태에서 경건한 상태로 완전히 돌이키는 것입니다. 그리고 이 모든 돌이킴은 믿음으로 말미암아 신자의 마음에 거하고 영혼에 생명을 불어넣으시는 그리스도와의 연합에서 비롯됩니다. 그러하기에 돌이키지 않는 사람은 두려움이 사라진 뒤 다시 원래의 본성이 활동하여 이전과 전혀 다르지 않은 의도와 바람을 가지고 살아갑니다. 설령 그 이후로 삶이 달라졌다 할지라도, 그 본성은 전혀 변하지 않은 채 본성적인 덕스러움의 정도가 조금 달라졌을 뿐입니다. 그가 아무리 최고의 덕성을 발휘한다 하더라도, 그것은 본성적인 마음이 드러나는 것일 뿐 신령한 마음에서 비롯된 영적 행위가 아닙니다. 하나님의 성령으로 거듭나지 않으면 아무리 덕스러운 사람이라 할지라도 멸망에 이를 수밖에 없습니다.

사람이 하나님께 신령한 생명을 받으면, 옛 본성은 여전히 강력한 반면에 이 생명은 아직 연약하므로 하나님의 역사와 자신의 일을 혼합합니다. 그리스도의 피를 힘입어 죄 사함과 하나님과의 화목을 구합니다. 뿐만 아니라 성화를 위해 기도하고, 이를 통해 자신이 여전히 무능하며 하나님의 도우심이 필요함을 고백합니다. 그러면서도 그는 자신이 적극적이어야 한다고 스스로 생각합니다. 그래서 이렇게 생각합니다. '하나님께서 일을 시작하고 내 안에서 모든 일을 이루시기까지 기다리기만 한다면, 아무것도 이루지 못할 것이다.' 그래서 굳은 결심으로 선행에 힘쓰기 시작합니다. 죄가 얼마나 끔찍한지를 분명히 보고 거룩함을 사랑합니다. 죄로 되돌아가는 것이 도무지 불가능하다고 여겨질 만큼 열렬하고도 단호하게 거룩한 삶을 추구합니다.

이런 용기의 토대가 무엇입니까? 하나님의 도우심을 확신하는 것입니까? 아닙니다. 자신이 결심한 대로 하려는 분명한 의지입니다. 자신이 결심한 대로 행할 능력이 자기 안에 있다고 여기는 것입니다. 그러나 점점 그 마음에서 이런 열심이 사라지고, 결심이 누그러지며, 죄의 끔찍함과 영적인 삶이 얼마나 바람직한지에 대한 이해가 흐릿해지고(너무나 쉽사리 이런 상태가 됩니다), 부패한 본성이 다시금 득세하여 죄에 빠지고 죄의 포로가 되면, 모든 것들이 무너져 내립니다. 이를 통해 자신의 죄악됨과 자원하지 않는 마음과 무능력함을 직시하기보다는, 더 잘할 수 있었는데 그러지 못했다는 식으로 심한 자책감에 빠집니다. 그러나 이런 반응은 자신의 죄책을 덜어 내기보다 더욱 무겁게 하고, 심지어 더 깊은 자책감에 빠져들게 합니다. 다시금 일어나 똑같이 시도해 보지만 똑같은 모습으로 드러날 뿐, 이로 말미암아 더욱 낙심하고 급기야 자신의 영적 상태 자체를 부인하기 시작합니다. 이는 자신의 능력을 의지하여 이 모든 것을 했다는 극명한 표지입니다. 사람이 마치 자기에게 이런 일들을 할 능력이 있는 것처럼 착각하여 자신의 무능력을 절감하지 않는다면, 성화를 이루려는 그의 노력은 전혀 순전하지 못할뿐더러 진보도 이루지 못하는 것입니다.

은혜의 방편들을 사용하는 데 힘써야 할 의무

▶ 질문

그렇다면 하나님께서 우리 안에 모든 일을 하시도록 우리는 가만히 앉아서 기다려야 하는가? 인간이라는 존재는 외적인 방편에 따라 움직이기만 할 뿐 스스로는 아무것도 할 수 없는 짐짝이나 나무토막에 불과한가?

대답: 첫째, 회심하지 않은 사람은 아무것도 할 수 없으며, 하려고 하지도 않을 것입니다. 회심한 사람이라 하더라도 그리스도 없이는 아무것도 하지 못합니다. 앞에서 말한 대로 선한 일을 바라고 행하도록 하나님께서 그 안에서 역사하셔야 하기 때문입니다. 그러나 회심 여부와 상관없이 모든 사람은 선한 일을 행해야 할 의무를 집니다. 그리고 회심한 자나 회심하지 않은 자 모두 이 의무를 분명히 압니다. 회심하지 않은 사람은 자신이 부패했다 하더라도 원하는 시기에 회개하지 못할 정도는 아니라고 착각합니다. 그들은 원하는 때에 스스로 회개할 수 있다고 여깁니다.

둘째, 하나님은 이런 사람을 돌이키실 때, 먼저 그의 이성적인 본성에 부합하게 역사하십니다. 그의 지각을 밝히시는 동시에 그의 의지에 역사하여 하나님을 향하게 하시고, 열심을 내도록 감화하십니다. 게다가 회심한 사람은 신령한 생명을 가졌을 뿐만 아니라, 새로운 피조물, 새사람, 마음에 있는 속사람입니다. 이 생명은 강한 정도는 다르지만 거기에 걸맞은 움직임과 적극적인 성향을 가지고 있습니다.

그리고 본성적인 생명과 몇 가지 유사한 점이 있습니다. 본성적 영역에서 사람은 전적으로 하나님께 의존하므로 하나님의 역사가 없으면 숨쉬거나 움직이지도 못할 것입니다. 그러나 실제로 인간이 하는 모든 행위의 공식적인 원인은 자기 자신입니다. 사람은 걷거나 여러 활동에 참여할 능력과 힘이 있습니다. 그런데 모든 사람이 동일한 능력을 가진 것은 아닙니다. 성인 한 사람이 어린아이 하나를 감당하는 것은 일도 아닙니다. 반면 어린아이는 백 명이 있어도 성인 한 사람을 당하지 못합니다. 이는 영적인 영역에서도 마찬가지입니다. 회심한 사람에게는 영적 생명이 있습니다. 이 생명은 하나님의 성령을 의존하지만, 스스로 움직이면서 그 생명을 나타내기 위해 노력할 것입니다.

한 번 받은 영적 생명은 언제나 있습니다. 영적인 행위가 그친다고 해서 사라지지 않습니다. 이는 역동적으로 영적 행위에 참여하고, 기도하고, 믿음과 소망과 사랑을 발휘할 때마다 영적 생명이 새롭게 주어지기 때문이 아닙니다. 오히려 하나님께서 특별하거나 일상적인 방식으로 역사하심으로써 신자의 영적 생명에서 이런 행위들이 계속 나옵니다. 사람이 영적으로 자란다는 것은, 그의 행위뿐만 아니라 내면에서 영적 생명의 습관적인 틀이 자라는 것도 포함합니다. 영적인 삶이 사그라들고 감퇴할 때 영적 생명이 가진 내면의 성향 또한 약해집니다. 한 번의 죄악된 행위를 가리켜 하는 말이 아닙니다. 사람은 한 번 넘어지더라도 여전히 영적 능력을 가지고 있습니다. 오히려 이것은 죄를 더해 가는 죄악된 생활을 되풀이하는 것과 관련됩니다. 이 생명이 가진 경향성의 세기와 크기에 따라 실제 삶에서 그 사람이 얼마나 죄를 대적하는지, 얼마나 순전하게 덕스러운 삶을 사는지가 결정됩니다. 신자가 가진 은혜가 작으면 어린아이의 일밖에 하지 못합니다. 큰 일은 젊은이와 아비의 몫입니다. 자신의 약점과 강점을 알고 자신의 능력에 맞게 행동하는 것, 자신의 분량에 맞게 행하되 항상 자라 가기 위해 분투하는 것 역시 신령한 지혜를 가졌다는 증거입니다.

그리스도인은 일관되게 신령한 삶을 살아가야 합니다. 부주의하고 무기력하여 신령한 삶이 쇠약해져서는 안 됩니다. 오히려 신령한 삶이 계속 자라 가도록 부지런히 힘써야 합니다. 하나님의 일반적인 역사를 통해 신령한 생명을 자주 더 많이 발휘할 수 있도록 해야 합니다. 하나님은 우리를 계속 소성케 하기 위해 다음과 같이 권면하십니다.

"오직 우리 주 곧 구주 예수 그리스도의 은혜와 그를 아는 지식에서 자라 가라. 영광이 이제와 영원한 날까지 그에게 있을지어다"(벧후 3:18).

"그러므로 나의 사랑하는 자들아 너희가 나 있을 때뿐 아니라 더욱 지금 나 없을 때에도 항상 복종하여 두렵고 떨림으로 너희 구원을 이루라. 너희 안에서 행하시는 이는 하나님이시니 자기의 기쁘신 뜻을 위하여 너희에게 소원을 두고 행하게 하시나니"(빌 2:12,13).

다시 말해, 여러분 자신의 능력으로 무언가를 하려고 들지 마십시오. 여러분보다 앞서 행하시며 여러분을 부르고 일으켜 붙잡아 주심으로써 여러분의 수고가 헛되지 않도록 하시는 하나님의 도우심을 계속 의지하십시오.

"그러므로 너희가 그리스도와 함께 다시 살리심을 받았으면 위의 것을 찾으라. 거기는 그리스도께서 하나님 우편에 앉아 계시느니라"(골 3:1).

이를 위해서는 칭의에 이르는 믿음을 발휘하고, 또한 믿음으로 언약의 약속들을 따라 살아야 합니다.

참된 거룩함: 믿음으로 칭의를 살아가는 열매

믿음으로 의롭다함을 받는 칭의를 활용할 때 비로소 모든 참되고도 순전한 거룩함이 나타납니다. 따라서 다른 무엇보다 칭의를 활용하는 데 부지런히 힘써야 합니다.

일반적으로 믿음의 토대는 하나님의 말씀입니다. 주 예수 그리스도를 제시하고 그리스도께로 초대하는 부르심은 더더욱 하나님의 말씀에 기초합니다. 우리는 먼저 이 사실이 참되고도 변함없으며 미쁘신 하나님께서 약속하고 제공하고 계시하신 바 분명하고도 확실하며 틀림없는 사실이라고 고백해야 합니다. 그것 자체를 구원에 이르는 믿음이라고 하지는 않지만, 반드시 이 토대 위에서라야 건축물을 지을 수 있습니다.

하나님은 인간이 본질상 진노의 자녀이며 안팎으로 죄로 가득하기에 가증하고도 불쾌하기 짝이 없으며 도무지 견딜 수 없는 정죄를 받기에 합당하다고 선언하십니다. 하나님은 스스로를 온 땅의 심판자, 즉 죄인을 반드시 진리에 따라 심판하고 각 사람을 그 행위에 따라 보응하는 의로운 재판장으로 선언하십니다. 그러므로 사람이 구원을 받으려면, 죄인이 마땅히 받아야 할 심판을 받고 하나님의 율법을 완전하게 성취함으로써 하나님의 정의를 만족시켜야 합니다. 사람은 이 율법에 부합하게 창조되었고, 순종에는 영원한 복락이 약속되었습니다. 하나님께서 말씀을 통해 이 두 가지 일을 이루시고, 이를 통해 죄인들이 영원한 복락에 참여하게 하는 놀라운 길을 계시하십니다.

하나님은 그분의 측량할 수 없는 지혜를 따라 전적으로 값없이 주시는 은혜와 가증한 죄인을 향한 사랑으로 말미암아 영원한 독생자를 택자들을 위한 구속의 보증으로 주셨습니다. 그 독생자는 성부, 성령과 동일본질(coessential)이시요 하나님이십니다. 그 성자 하나님께서 인간의 본성을 입고 택자들의 죄를 친히 담당하여 형벌을 당하고, 율법을 성취하셨습니다. 이를 통해 택자들과 하나님 사이에 화목을 이루고 영생을 얻는 권리를 획득하셨습니다. 이처럼 택자들을 위한 속전과 의로움이 되신 구속자 예수 그리스도께서 복음을 통해 당신에게 평화를 선포하십니다. 그리스도께서 자신에게로 나아오는 자들을 결코 내쫓지 않겠노라고 분명히 약속하시며, 그와 더불어 남자든 여자든, 흉악한 죄인이든 아니든 누구나 자기로 말미암아 의롭다함을 받고 거룩하게 되고 영화롭게 되라고 각 사람을 부르고 초청하며, 여러 가지 말씀으로 설득하십니다. 이 말씀을 믿어야 합니다. 진리이신 그리스도께서 하시는 말씀이기 때문입니다. 이런 증언의 말씀을 자신이 받아야 할 틀림없는 진리의 말씀으로 받고 인정하지 않는 자는 가장 끔찍한 방식으로 하나님을 모독하면서 그분을 거짓말쟁이로 여기는 것입니다(요일 5:10 참고). 그러므로 이 복음의 진리들을 인정하고 믿으십시오. 예수님께서 계시며, 바로 그분이 여러분을 구원하기 위해 부르시는 것을 기뻐하십시오.

이런 하나님의 계시는 구원 얻는 믿음이 자리하는 토대입니다. 모든 충만함이 예수님께 있고, 선하신 그분께서 이 충만함을 여러분에게 주십니다. 그렇다면 이 예수님을 여러분의 주님으로 모셔 기꺼이 자신을 드리고, 온 영으로 그분을 의지하여 그분으로 말미암아 언약의 모든 은택에 참여하십시오. 택하고 영접하고 자기를 드리고 의지하는 행위는 구원 얻는 믿음을 구성합니다. 언약의 약속들은 바로 이처럼 언약에 참여한 자들에게 주어집니다.

"영접하는 자 곧 그 이름을 믿는 자들에게는 하나님의 자녀가 되는 권세를 주셨으니"(요 1:12).

"아들을 믿는 자에게는 영생이 있고"(요 3:36).

"여호와께 피하는 모든 사람은 다 복이 있도다"(시 2:12).

그리스도 안에서 은혜를 베푸시는 하나님: 믿음을 발휘하는 토대

많은 사람들이 믿음을 발휘하는 것에 무지하며 혼란스럽게 행동합니다. 스스로를 출발점으로 삼아 예수님께로 돌이켜 그분의 피를 힘입고 은혜를 구합니다. 예수님께로 피합니다. 그분을 붙듭니다. 그리스도께서 이런 자신의 모습에 감동하여 여전히 자신을 맞아 주시고 은혜를 베풀어 주시리라 소망합니다. 그러나 여기에는 올바른 태도가 빠져 있습니다. 예수님께서 기꺼이 그들을 부르시고 "누구든지 목마른 자는 오라"라고 하시며 자신을 주실 것을 알고 믿어야 하는데도, 오히려 예수님을 감동시키려고 애씁니다. 이러한 예수님의 초청이 기꺼이 예수님을 영접하고 그분이 자신을 받아 주시리라 확신하는 토대가 되어야 합니다. 다시 말해, 예수님의 초청을 힘입어 그분을 영접하는 자들이야말로 참으로 죄 사함을 받아 은혜언약의 모든 은택에 참여한 자들입니다.

예수님의 이런 초청이 아니라 다른 것에 근거하여 예수님께로 피하는 자들은 성령의 특별한 역사가 없는 한 자신의 상태를 쉽사리 확신할 수 없습니다. 이런 확신은 은혜를 달콤하게 의식하는 동안에만 유효할 뿐, 이내 다시금 두려워하면서 이전에 자신이 가졌던 확신과 위로의 진정성을 의심하게 됩니다. 자신이 너무나 큰 죄인이어서 계속 모든 것을 망칠 뿐이기에 예수 그리스도께서 자신을 받지 않으시리라 여깁니다. 자신이 정말 예수님을 영접할 수 있는지를 의심합니다. 회개, 굶주림, 열망 등이 예수님께로 나아가는 조건이라도 되는 것처 자신의 회개가 참된지, 진정 자신이 참된 회개를 바라기나 하는지 등에 대한 의심을 떨치지 못합니다. 오히려 불안함과 굶주림이야말로 예수님을 추구하고자 하는 마음을 불러일으키는 유일한 마음 상태입니다. 그러므로 여러분 자신에게서 돌이켜 예수님께로 나아갈 마음을 품게 되었다면, 값없이 주시는 은혜를 믿고 그분께로 나아가십시오. 앞에서 말한 부정적인 생각들이 방해하더라도 아랑곳하지 말고 나아가십시오. 그리하면 더욱 확고한 마음으로 예수께로 나아가게 될 것입니다.

믿음의 본질은 예수님을 영접하는 데서 그치지 않고, 칭의와 사랑과 믿음으로 말미암는 거룩한 삶으로 나아가기를 지속하는 것입니다.

칭의는 사람이 아니라 의로운 재판장이신 하나님께서 행하시는 일입니다. 사람은 정의의 재판정 앞으로 나아가지만 혼자 나아가지는 않습니다. 혼자 나아간다면 정죄 받는 일만이 있을 것이기 때문입니다. 그러하기에 재판장께서 신자들에게 전가해 주신, 기꺼이 신자들의 죄를 담당하고 구속의 보증이 되신 예수 그리스도의 의를 가지고 나아갑니다. 그분은 신자들의 자리에서 그들을 대신해 모든 것을 만족시키고 획득하셨습니다. 신자는 그리스도의 초청을 토대로 하여 그리스도의 속전과 의를 받습니다. 이처럼 신자는 하나님의 심판에도 아무런 영향을 받지 않을 만큼 완전한 의를 가집니다. 따라서 신자는 하나님의 정의로운 심판 앞에서 형벌을 받아야 하는 죄책이 없을뿐더러 이생과 내생 모두에서 은혜언약의 모든 은택을 받아 누리기에 합당한 권리를 가진 자로 드러납니다.

하나님께서 말씀을 통해 신자들에게 주신 바 모든 약속들을 통해 칭의가 선언되었습니다. 자신이 예수 그리스도를 믿는다는 것과 하나님께서 죄를 용서받고, 정죄와 저주에서 벗어나고, 하나님의 자녀가 되고, 영원한 영광을 예수 그리스도와 함께 누릴 후사가 되고, 하나님을 화목하게 된 아버지로 모시는 것과 같은 은혜언약의 모든 은택을 받아 누릴 자로 선언하는 약속들을 자신에게 주셨음을 깨달은 신자들은 이 약속들을 추구합니다. 신자는 그리스도를 더 굳건히 믿게 되고, 자신에게 주어진 이 약속들을 더 분명히 깨닫고 그것을 생생하게 믿음으로 받아 자기 영혼에 적용할수록 의로운 재판장께서 의롭다 하시는 선언을 더욱 분명히 듣고 더 많은 평강과 희락을 맛보아 누릴 것입니다. 다만 그 영혼은 성령께서 그가 받은 은혜를 분별하게 하시고 언약의 약속들을 마음에 적용하게 하시며 영혼에 "내가 너의 구원이다. 너는 내 것이요, 내가 너를 영원한 사랑으로 사랑하였다"라고 말씀하실 때에라야 칭의의 효력을 가장 사랑스럽고 감미롭게 누릴 것입니다.

날마다 이루어지는 칭의

믿는 영혼은 믿음을 통해 예수님을 단 한 번 영접한 것으로 만족하지 않고 계속 영접합니다. 죄에 빠져 평강을 회복하기 위해 애쓸 때는 물론이요, 그렇지 않을 때도 마찬가지입니다. 끊임없이 그리스도와 연합하는 가운데 살려고 합니다. 그리스도의 위대한 구속 역사를 계속 놀라워하며, 그것을 즐거워하며 살려고 합니다. 그 영혼은 영원한 선택에까지 고양되었다가 타락으로, 그리고 장차 오실 메시아에 대한 약속으로 나아갑니다. 메시아에 관한 모형들을 숙고하고 주 예수님의 성육신을 계속 묵상합니다. 구유에서 십자가에 이르는 그리스도의 고난과 죽음을 묵상합니다. 영원한 영광은 물론, 그리스도께서 부활과 승천과 영광으로 면류관을 쓰신 것과, 그분께서 중보하고 계심과 심판을 위해 다시 오실 것을 묵상합니다. 이 모든 묵상을 통해 영혼은 하나님의 영광과 의로움과 선함과 지혜와 참됨과 전능함과 다른 완전함이 얼마나 밝게 빛나는지를 바라보고, 이로 말미암아 하나님을 찬양하고 그분께 영광을 돌립니다.

이처럼 그리스도 안에 뿌리내리고 그 위에 세워져 가는 믿는 영혼은 예수 그리스도의 얼굴에서 빛나는 하나님의 영광을 바라보며 그리스도와 더불어 행합니다. 모세의 얼굴이 하나님과 교제함으로 빛난 것처럼, 믿는 영혼 역시 그리스도와의 교제를 힘입어 자신의 마음 상태가 더욱 영적으로 변해 가고, 세상과 거기에 속한 모든 것들을 더욱 멸시하며, 자기를 부인하고, 온전한 마음으로 주님의 뜻대로 (하나님과 이웃을 향하여) 행할 줄 알게 되었음을 발견할 것입니다. 그런 마음 상태와 그로 말미암은 결과는 하나님과 화목하게 되었다고 착각하고서 하나님의 위엄과 자신을 비롯한 피조물의 미미함에 대한 사변적인 생각으로 가득할 때 드러나는 모습과는 전적으로 다릅니다. 미약할지라도 전자가 참으로 영적인 상태인 반면, 후자는 본성이 역사하는 상태일 뿐입니다. 이처럼 참된 거룩함은 믿음과 칭의에서 흘러나옵니다.

성화를 위한 시련과 하나님의 약속

앞에서 하나님의 약속을 믿고 행할수록 영적 생명이 자라 간다고 언급했습니다. 홀로 지혜로우신 하나님은 택함 받고 거듭난 자들을 여러 시험과 슬픔을 통해 그들을 위해 정하셨고 그리스도께서 획득하신 지복으로 인도해 가기를 기뻐하십니다. 때로는 육신의 시련으로 때로는 영적인 시련으로, 그리고 어떤 때는 이 두 가지 시련 모두를 통해 인도해 가십니다. 육신의 시련은 보통 영혼을 괴롭게 하고, 내면의 부패(앙금처럼 바닥에 가라앉아 있는)를 드러내며, 말끔히 치워져 잠잠하게 있는 성향을 건드립니다. 번영할 때 그것을 떠받치고 견고히 서기 위해 튼튼한 두 다리가 있어야 하듯이, 어려움과 곤경을 당할 때 그것에 압도되지 않으려면 큰 은혜가 있어야 합니다. 곤경은 영혼을 짓누르고, 즐거워하고 기뻐하는 성향을 앗아 가며, 마음을 어렵게 하고, 몸에까지 나쁜 영향을 미칩니다. 이때를 틈타 많은 죄에 빠질 수 있습니다. 슬픔은 눈에 띄지 않지만 우리가 생각하는 것보다 훨씬 더 사람의 생명력을 앗아 갑니다.

곤경에 처하면 이내 낙담과 좌절에 빠지며, 자주 이렇게 말하곤 합니다. "이제 다 끝났다. 여기서 벗어날 수 없다. 이제 아무것도 바랄 수 없다." 만일 이런 사람이 스스로 기운을 차려 더욱 적극적으로 행하려고 한다면, 마차를 끄는 망아지처럼 앞으로 뛰어오르다가 길을 따라 걷다가 뒷걸음질치다가, 또 가만히 서 있을 것입니다. 그러나 멍에는 여전히 그대로 남아 있습니다. 몸이나 영혼이 고난에 익숙해진 탓에 어찌할 바를 모릅니다. 이리저리 벗어나 보려고 하지만, 길을 찾지 못합니다. 여러 가지 궁리를 해 보지만, 그럴수록 더욱 혼란스러워질 뿐입니다. 그는 이내 슬픔에 빠져 전에 받아 누린 모든 은혜와 경험들을 의심하면서, 하나님께서 화가 나서 보복할 때를 벼르고 계신다고 생각합니다. 그래서 하나님을 피난처로 삼을 엄두조차 내지 못합니다. 하나님은 그분 자신을 가리실 뿐입니다. 그는 발 디딜 곳을 찾지 못한 사람처럼 항상 흔들거리며 계속 죄를 짓습니다. 시련은 버겁기만 합니다. 시련을 털어 버릴 요량으로 다른 길을 찾아보지만, 오히려 더욱 짓눌릴 뿐입니다. 화살이 박힌 채 사냥꾼을 피해 도망치는 사슴과 같습니다. 쳇바퀴를 도는 사람처럼 온종일 걷지만 조금도 앞으로 나아가지 못합니다.

시련과 약속

시련이 성화로 열매 맺으려면 어떻게 행해야 할지를 알아야 합니다. 이것이 바로 하나님께서 시련과 더불어 자녀들에게 찾아오시는 이유입니다. 징계는 우리의 유익을 위한 것입니다. 우리로 하여금 하나님의 거룩하심에 참여하도록 하기 위함입니다. 시련을 잘 감당할 때 신자들은 실제로 하나님의 거룩하심에 참여합니다. 당장은 시련이 달갑기는커녕 버겁고 슬프기만 할지라도, 그것을 잘 감당하면 평강으로 가득한 의의 열매를 맺습니다. 하나님께서 주시는 시련은 피할 길이 없으며, 벗어 버리지도 못합니다. 그렇다면 신자는 시련을 회피하려 하지 말고, 그것을 기꺼이 감당하면서 그리스도를 따라가야 합니다. 그리하면 비록 눈물이 흐를지라도 그 시련이 달콤하고도 가볍게 여겨질 것입니다. 그리고 시련이 지나가기를 잠잠히 인내하며 기다릴 수 있습니다. 또한 시련으로 말미암아 죄악된 정욕을 이길 수 있습니다. 하나님의 도우심과 위로를 맛보고 많은 유익을 얻을 것입니다. 시련을 통해 신자를 인도하시는 하나님께 감사하게 될 것입니다. 그렇다면 어떻게 시련을 감당해야 성화로 열매 맺을 수 있습니까? 바로 약속을 믿는 믿음으로 감당해야 합니다.

하나님의 자녀들이 육신과 영혼에 닥치는 수많은 시련에 굴복하지 않고 이를 통해 거룩한 열매를 맺도록, 하나님은 신자들을 위로하고 강건하게 하는 많은 약속을 주셨습니다. 다윗은 이런 약속들을 통해 큰 힘을 얻었습니다.

"주의 종에게 하신 말씀을 기억하소서. 주께서 내게 소망을 가지게 하셨나이다. 이 말씀은 나의 고난 중의 위로라. 주의 말씀이 나를 살리셨기 때문이니이다"(시 119:49,50).

신자라면 누구나 하나님의 약속을 믿고 의지함으로써 그 영혼이 다시금 살아납니다. 신자들은 손에 눈을 가졌습니다. 즉, 자신이 보는 것을 믿습니다. 자신이 가진 것에 기뻐하고, 시련이 그 이빨을 드러내면 금세 하나님이 건져 주시리라 믿으며 위로를 얻습니다. 하나님의 선하심을 믿습니다. 그러나 깊은 시련으로 이끌리고 점점 그 시간이 길어지면 시련에서 벗어날 길은 없고 사방이 꽉 막힌 것처럼 보입니다. 성숙한 신자는 이럴 때 믿음에 견고하게 서서 담대하게 힘써 시련을 감당합니다(바로 영원한 영광에 대한 소망과 인내로 주님의 뜻을 감당합니다). 하나님의 자녀는 시련을 이렇게 감당할 수 있도록 분투해야 합니다. 많은 노력과 훈련을 통해 신자는 이런 성향을 가지게 됩니다.

천국에 이르고자 하는 사람은 사방에서 시련이 올 것을 각오해야 합니다. 이 모든 시련과 수고를 기꺼이 받아들일 만큼 천국이 소중하게 여겨지지 않는다면, 이 모든 수고를 당장 멈추고 안목의 정욕과 육신의 정욕과 이생의 자랑을 따라 사십시오. 세상을 사랑하고 세상이 당신 몫이라고 주는 것을 챙기십시오.[1] 단, 그에 따르는 영원한 결과, 즉 영원한 멸망을 자신이 감당해야 한다는 점을 분명히 아십시오. 그렇지 않고, 하나님을 사랑합니까? 하나님과 화목하고 계속 하나님과 교제하기를 바랍니까? 하나님을 즐거워하기를 바랍니까? 그리스도로 말미암은 모든 지각을 뛰어넘는 평강을 누리기를 바랍니까? 겸손하고 온유하며 순종하는 삶을 살고자 합니까? 하나님을 당신의 유일하고도 부족함 없는 기업으로 삼고 하나님을 즐거워하기로 했습니까? 영생을 목표로 삼고 그것을 향해 온 힘을 다해 나아갑니까? 그렇다면 시련과 시험과 어두운 섭리와 많은 곤경의 길을 마다하지 마십시오.

---

1) 영역주 - 네덜란드어 관용 표현인 "neemt er uw deel en deeg af"을 의역한 것이다.

그것이 바로 하나님께서 자녀들을 영광으로 인도하시는 길이기 때문입니다. 그리스도께서 가신 길을 가야 합니다. 당신의 몫으로 주신 시련을 어찌해서라도 피해 보려고 안달하지 마십시오. 오히려 어떻게 하면 담대하게 그것을 감당하고 그것을 통해 위로를 얻을지를 생각하십시오. 맞습니다. 그것을 기쁘게 감당하십시오. 약속을 믿음으로 그렇게 할 수 있습니다. 물론 그렇게 한다고 해서 시련이 사라지지는 않습니다. 그러나 그 속에서 맛보는 하나님의 위로를 더 소중히 여기게 될 것입니다.

약속을 누림

시련 가운데서도 하나님이 주신 약속들을 누리려면, 다음 네 가지를 생각해야 합니다.

- 약속의 주체
- 약속의 대상
- 특별한 약속들과 그 성격
- 성령께서 친히 이 약속들을 영혼에 적용해 주시지 않으면 어떤 위로나 능력도 누릴 수 없다는 사실

첫째, 누가 약속을 주었는지가 아주 중요합니다. 능력 밖의 약속이나 약속한 주체의 상태에 따라 언제라도 변할 가능성이 있는 약속은 가치가 없습니다. 사람이 하는 약속이 그러합니다. 그러나 하나님의 약속은 확실하고도 틀림없는 약속으로 여겨도 될 뿐만 아니라, 반드시 그렇게 여겨야 합니다. 하나님의 약속을 신뢰하지 않는 것은 하나님을 크게 모독하는 것입니다. 하나님을 거짓말하는 자로 여기는 것이나 마찬가지이기 때문입니다. 약속에서 하나님은 주권적입니다. 약속을 하고 안 하고는 하나님의 주권에 달린 문제입니다. 하나님은 어떤 사람에게는 이런 약속을, 또 다른 사람에게는 다른 약속을 하실 수 있습니다. 하나님의 선하심은 매우 놀라우며, 하나님은 자기 자녀들에게 위대한 일들을 약속하십니다. 그분은 전능하십니다. 그래서 어떤 방해나 어려움 없이 모든 일들을 행하실 수 있습니다. 하나님

은 진실하고도 미쁘십니다. 약속하신 것을 바꾸실 수 없으며, 그렇게 하시지도 않을 것입니다. 반드시 약속하신 대로 행하실 것입니다. 천지가 없어질지언정 하나님의 선하신 약속의 말씀은 결코 실패하지 않습니다. 이러한 하나님의 약속을 붙들 때에는 하나님이 진실하고도 미쁘신 분임을 기억하고 담대하게 확신해야 합니다. 그러지 않으면 아무리 하나님의 약속이라 해도 그것으로 말미암아 위로를 얻거나 열심을 내지 못할 것입니다. 그러나 그렇게 확신한다면 하나님의 약속에 더 주목할 수 있습니다. 그러므로 마음을 다잡고 약속을 주신 하나님이 어떤 분이신지를 계속 기억하십시오.

둘째, 하나님의 약속을 생각할 때는 약속의 대상이 누구인지를 주의 깊게 살펴야 합니다. 누구에게 주신 약속인지도 자세히 살피지 않은 채 그 약속을 붙드는 것은 매우 어리석고 자신을 기만하는 모습입니다. 그러다가는 멸망을 피하지 못할 것입니다. 따라서 하나님의 약속을 생각할 때는 그 약속이 주어진 배경을 생각해야 합니다. 각각의 약속들은 저마다 그 약속의 대상을 밝히고 있기 때문입니다. 그 후에 자신이 과연 그 대상에 해당하는지를 살펴야 합니다. 그래서 자신이 그 대상에 해당하는 것으로 드러나면 다음과 같이 분명하게 결론 내릴 수 있습니다.

"이 약속은 위대하고 전능하며 선하고 변함없으신 하나님께서 나에게 주신 것이다. 그렇다면 이 약속은 나에게 반드시 이루어진다. 이미 약속하신 것을 받은 자처럼 분명하게 확신하면서 이 약속에 따라 살아가야겠다." 이런 방식으로 신자는 확신에 이르고 하나님을 참된 분으로 여기며 그분께 영광을 돌리게 될 것입니다.

셋째, 천국에 들어가기까지 신자들은 많은 시련과 환난을 거쳐야 합니다. 그러하기에 만약 하나님께서 그 선하심으로 신자들에게 그런 상황을 위한 수많은 영광스런 약속들을 주지 않으셨다면, 신자들은 천국으로 향하는 여정을 중도에 포기하고 말 것입니다. 이런 사실은 일반적인 의미뿐만 아니라 모든 다양한 상황과 어려움에도 그대로 적용되므로 신자들은 어떤 난관을 맞닥뜨려도 더욱 용기를 내 그 길을 갑니다. 성경을 읽으면서 시험과 관련된 많은 약속들을 암송하면 매우 유익합니다. 성령은 보통 신자가 일하거나 잠잘 때 그의 마음에 분명하고도 선명하게 새겨 주신 성경 말씀을 통해 내면에 위로를 주십니다. 여러분이 거의 관심을 두지 않았던, 심지어 성경에 있는지조차 몰랐던 구절들을 새롭게 발견하게 하심으로써 위로를 주실 수도 있습니다. 성경 구절을 통해 얻는 이런 내면의 위로는 더욱 효과적으로 마음 깊이 새겨집니다. 그러므로 성경을 자주 읽고, 각각의 상황을 위한 약속이나 모범을 발견하십시오. 그리하면 무슨 일이 있어도 슬퍼하거나 믿음이 흔들리거나 낙담하지 않을 것입니다.

넷째, 하나님께서 자녀들에게 믿음으로 적용하고 위로를 얻도록 이처럼 영광스런 약속들을 주셨다 하더라도 안팎에서 오는 강력한 시험과 어려움 때문에 크게 유익을 얻지 못하는 경우가 있습니다. 마치 성경에 약속이 전혀 없는 것처럼 말입니다. 성경에서 약속을 발견하더라도 그것이 자신에게 해당하는지를 분별하지 못합니다. 심지어 자신을 위한 약속임을 뻔히 알면서도 아무런 유익도 얻지 못합니다. 약속이 그들을 위해 성취되지 않았거나, 주변 상황과 환경에 압도된 나머지 약속에 주목할 만큼 마음을 가다듬지 못하기 때문입니다. 또한 기다리지 못하고 안달하거나, 슬픔에 빠져 지내거나, 부정적인 성향을 가졌거나, 무기력하거나, 낙담해서 죽은 자처럼 둔감해진 나머지 그렇게 되기도 합니다.

"사람의 심령은 그의 병을 능히 이기려니와 심령이 상하면 그것을 누가 일으키겠느냐?" (잠 18:14)

그러므로 하나님의 약속을 힘입으려면 성령께서 이 약속들을 깨닫게 하시고 이 약속들이 자기를 위해 주어졌다는 사실을 알게 하셔야 합니다. 게다가 성령께서 신자들로 하여금 이 약속들이 얼마나 영광스럽고도 확실한지를 보게 하심으로써 위로해 주셔야 합니다.

어느 경건한 과부가 힘겨운 때를 지나고 있었습니다. 낙심한 그녀는 성경을 펼쳐 마태복음 6장을 읽었습니다. 이 말씀을 읽으면서 그녀는 그 십자가를 기쁨으로 부여잡게 되었습니다. 그녀는 크게 감화를 입은 대목을 접어 표시한 다음 이렇게 생각했습니다. '위로를 누릴 충분한 이유가 있다. 앞으로 어떤 어려움을 만나더라도 어디에서 힘을 얻어야 할지를 이제는 안다.' 이윽고 다른 어려움이 찾아오자 그녀는 또다시 마태복음 6장을 펼쳤습니다. 그런데 이전에 얻은 위로를 얻지 못했습니다. 왜 그렇습니까? 이전과 달리 성령께서 그녀를 위로하기 위해 그 말씀을 적용하지 않으셨기 때문입니다. 주께서 보혜사 성령을 여러분에게 보내시기를 바랍니다. 그리하여 때를 따라 하나님의 약속을 생각나게 하시고 여러분이 바로 그 약속의 대상임을 밝히 보여 주시기를 바랍니다. 성령께서 여러분을 감화하여 그 약속들이 얼마나 확실하고도 영광스러운지를 분명히 깨닫게 하심으로써 그 빛을 통해 위로를 얻고 섭리 가운데 주신 어두운 때를 잘 지나가게 하시기를 바랍니다.

논의를 열면서 지금까지 말한 내용에 덧붙여, 여러분이 하나님의 약속들에서 유익을 얻기 위해 그 약속들을 어떻게 대해야 할지를 살펴보겠습니다.

첫째, 지금 여러분이 처한 상황에 적용할 수 있는 약속을 찾아보십시오. 진리의 하나님께서 그 약속을 자기 자녀들에게 주셨으며, 반드시 이루실 것임을 생각하십시오. 하나님은 자녀들의 행실(그것이 무엇이든)에 따라 자신의 약속을 변개하거나 파기하시는 분이 아님을 생각하십시오. 이 약속은 은혜언약의 모든 약속들이 참된 것처럼 절대적이기 때문입니다. 세상에서 누리는 일시적인 것들에 대한 약속도 있긴 합니다(사 1:19,20 참고). 그러나 하나님이 주신 약속의 성취 여부는 인간 편에서의 조건이나 상태에 따라 결정되는 것이 아닙니다.

둘째, 약속의 대상이 어떤 특징으로 묘사되는지를 주의 깊게 보십시오. 그 특징들은 대부분이 약속이 언급된 문맥에서 바로 묘사되거나 약속의 조건으로 주어집니다. 주님 앞에서 그것을 여러분의 상태와 비교해 보십시오. 그리고 자신이 과연 여기에 해당하는지를 주님과 여러분의 양심이 판단하도록 하십시오.

셋째, 즉시 주 예수님을 바라보십시오. 이는 믿음을 발휘하여 예수님과 친밀하게 연합한 상태에 있어야 하거나, 크든 작든 믿음의 행위를 새롭게 해야 하기 때문입니다. 그러므로 그리스도 안에서 모든 약속은 예와 아멘이 된다는 사실을 주목하십시오. 예수님께서 약속들에 대한 권리를 획득하셨고, 신자(약하든 강하든)는 그 모든 약속은 물론 특정한 약속들의 상속자입니다.

넷째, 자신과 약속을 보고 그 약속들이 여러분을 위해 주어졌다고 생각하십시오. 그렇습니다. 이것이 핵심입니다. 불변하시는 하나님께서 여러분에게 주셨고 반드시 이루실 약속입니다. 그러나 이 약속을 믿음으로 붙드는 사람을 발견하기가 쉽지 않습니다.

다섯째, 그러므로 그 약속을 의지하고, 자신의 상황을 이 약속에 맞추고, 약속된 것을 이미 받은 것처럼 다음과 같이 말하십시오. "내 하나님께서 나에게 가장 유익이 되는 때에 그것을 이루실 것이다. 나는 하나님의 지혜를 믿는다." 약속이 십자가를 지는 것과 관련 있다면, 이런 사실에 위로를 얻으십시오. 조명과 신령한 계시와 성화를 위한 능력과 관련된 약속일 때는, 약속에 대한 믿음을 발휘하십시오. 언제나 이 약속을 주목하고 그것을 주 앞에 펼쳐 보이십시오. 끊임없이 이 약속을 붙드십시오. 그러면서 주님의 능력을 의지하고 믿음으로 그것을 위해 기도하십시오. 잠잠히 확신하는 가운데 하나님이 주신 약속을 의지하면서, 약속하신 것을 얻기 위해 주께서 정하신 모든 방편을 힘써 사용하십시오. 하나님은 약속하신 것을 위한 방편도 주시고, 약속이 이룰 때가 되면 기꺼이 사람들로 하여금 그것을 사용하도록 하십시오. 방편이 약속의 성취를 결정하는 것이 아니라, 약속의 성취가 방편을 결정하는 것입니다.

여섯째, 그러므로 인내하면서 약속이 이루어지기를 기다리고, 안달하거나 비탄에 빠지지 마십시오. 그런 마음은 진리의 하나님께서 하신 약속을 믿지 못하고 하나님의 지혜에 순복하지 못한 데서 비롯되는데, 이는 하나님을 모독하는 일입니다. 신자가 하나님의 약속을 믿고 잠잠하면서도 적극적으로 기다리는 것은 곧 하나님의 진실하심과 자애로우심에 영광을 돌리는 행위입니다.

"비록 더딜지라도 기다리라. 지체되지 않고 반드시 응하리라"(합 2:3).

이런 방식으로 신자는 하나님의 약속을 붙듭니다.

특별한 상황을 위한 특별한 약속

이해를 돕기 위해 몇 가지 경우를 제시한 뒤, 각 경우마다 한두 가지 약속을 적용해 보겠습니다.

첫째, 현세적인 일과 관련된 시련으로 말미암아 염려하고 짓눌리고 위협을 느끼고 영혼이 괴로워한다면(현세적인 어려움 역시 영혼에 심대한 영향을 미칠 수 있습니다. 신령한 생명의 활동을 방해할뿐더러 생명 자체를 약화시킵니다) 다음과 같은 약속들에 주목하십시오.

"의인은 고난이 많으나 여호와께서 그의 모든 고난에서 건지시는도다. 그의 모든 뼈를 보호하심이여 그중에서 하나도 꺾이지 아니하도다"(시 34:19,20).

"돈을 사랑하지 말고 있는 바를 족한 줄로 알라. 그가 친히 말씀하시기를 내가 결코 너희를 버리지 아니하고 너희를 떠나지 아니하리라 하셨느니라"(히 13:5).

"사람이 감당할 시험밖에는 너희가 당한 것이 없나니, 오직 하나님은 미쁘사 너희가 감당하지 못할 시험당함을 허락하지 아니하시고 시험당할 즈음에 또한 피할 길을 내사 너희로 능히 감당하게 하시느니라"(고전 10:13).

둘째, 짓누르는 죄의 무게 때문에 고통스럽습니까? 죄의 비참함을 느끼고 있습니까? 죄 때문에 양심이 괴롭습니까? 죄로 말미암은 사망과 정죄는 물론, 그 결과로 임할 하나님의 진노가 두렵습니까? 예수님께로 피하십시오. 그분을 여러분을 위한 속전과 의로 영접하십시오. 하나님께서 어떻게 죄인을 의롭게 하시는지를 숙고하십시오. 하나님은 그리스도 예수 안에 있는 구속으로 말미암아 값없이 주시는 은혜로 죄인을 의롭다 하십니다. 그리고 이러한 틀 안에서 하나님의 약속들을 보십시오.

"내가 그들의 악행을 사하고 다시는 그 죄를 기억하지 아니하리라. 여호와의 말씀이니라……위에 있는 하늘을 측량할 수 있으며 밑에 있는 땅의 기초를 탐지할 수 있다면 내가 이스라엘 자손이 행한 모든 일로 말미암아 그들을 다 버리리라. 여호와의 말씀이니라"(렘 31:34,37).

"내가 그들을 내게 범한 그 모든 죄악에서 정하게 하며 그들이 내게 범하며 행한 모든 죄악을 사할 것이라"(렘 33:8).

"주는 선하사 사죄하기를 즐거워하시며 주께 부르짖는 자에게 인자함이 후하심이니이다"(시 86:5).

"주와 같은 신이 어디 있으리이까? 주께서는 죄악과 그 기업에 남은 자의 허물을 사유하시며 인애를 기뻐하시므로 진노를 오래 품지 아니하시나이다"(미 7:18).

그리고 이렇게 말하십시오. "하나님께서 나에게 주신 이런 약속들을 다 성취하실 것이고, 모든 것이 다 선을 이룰 것이다."

셋째, 믿음이 흔들립니까? 주 예수님을 영접할 힘이 없습니까? 예수님과의 관계가 막연하고 희미해서 빛과 평강과 확신이 생기지 않습니까? 다음과 같은 생각이 자주 듭니까? '어떻게 구원을 얻는단 말인가? 내가 과연 진실로 예수님을 믿을 수 있긴 할까? 예수님께서 나를 그분에게로 이끄시지 않는 것 아닌가? 그렇다면 내가 어떻게 화목함을 얻는단 말인가? 어찌해야 할지 모르겠다. 오, 그분이 먼저 이 모든 일을 시작하신다면 얼마나 좋을까! 그러면 내가 그분을 찾을 수 있을 텐데!' 성경의 다음 약속들을 생각해 보십시오.

"상한 갈대를 꺾지 아니하며 꺼져 가는 심지를 끄지 아니하기를 심판하여 이길 때까지 하리니"(마 12:20).

"그는 목자같이 양 떼를 먹이시며 어린양을 그 팔로 모아 품에 안으시며 젖 먹이는 암컷들을 온순히 인도하시리로다……피곤한 자에게는 능력을 주시며 무능한 자에게는 힘을 더하시나니"(사 40:11,29).

여러분이 바로 이런 상태가 아닙니까? 그렇다면 이 약속이야말로 당신을 위한 것이지 않습니까? 이 약속을 붙잡으십시오.

넷째, 자신에게 드리운 어둠을 한탄할 수도 있습니다. "예수님의 얼굴에 있는 하나님의 영광을 보고, 달콤하고 광대하며 아름다운 은혜언약의 모든 은택을 누리고, 시작부터 완성에 이르기까지 구속의 위대한 역사를 계속 사모하여 숙고하고, 주 예수님의 깊은 겸비함과 그 안에서 발견되는 모든 복락을 묵상하고, 예수님께서 영광과 존귀로 관 쓰신 것을 보게 하는 이 빛은 얼마나 즐거운가! 이 땅에서 누리는 천국이 아닌가! 나도 이런 복된 것들을 약간 보기는 했으나 당시에는 그것을 인정하지 못했다. 더 분명한 빛을 향한 갈망이 너무 컸기 때문이다. 지금 다시 그 빛을 볼 수 있다면 얼마나 즐거울까! 그러나 해는 이미 저물었다. 나는 예수님께서 사랑스런 분이심을 알지만, 그것을 전혀 맛보지는 못한다. 예수님을 보아도 그런 사랑이 일어나지 않는다. 내가 완전히 어둠 속에 있기 때문이다. 하나님도, 그리스도도 보이지 않고, 은혜도 내 안에서 찾아볼 수 없다. 복음의 소중함도 모르겠다. 기도해도 하나님은 낯설기만 하다. 예수님께 가고 싶어도 나를 피해 숨어 버리시니 그분을 볼 수가 없다. 기도해도 응답되리라고 확신할 수 없다. 사실 기도를 하긴 하나 하나님의 응답을 바라지 않는 것처럼 마음이 열정적으로 일어나지는 않는다. 나는 지금 나와 의의 태양 사이에 잠시 드리운 먹구름이 아니라 칠흑 같은 흑암 가운데 있다. 영광스런 새벽 별이 나에게 다시금 떠오르고 이전과 같이 광명의 날들이 다시금 나에게 찾아온다면 얼마나 좋을까! 지금도 그렇지만 앞으로도 나는 '주의 빛과 주의 진리를 보내 나를 인도하시고 주의 거룩한 산과 주께서 계시는 곳에 이르게 하소서'(시 43:3)라고 기도할 수밖에 없다. 여전히 내 상황은 아무것도 변하지 않았다."

하나님은 때때로 특정한 사람들에게 직접적이고도 특별한 방식으로 빛을 비추십니다. 빛이 없기 때문에 괴로워하고 빛을 갈망하는 것은 좋은 일입니다. 다만 이런 갈망조차도 순복함으로 추구해야 합니다. 빛을 비추는 것은 전적으로 하나님께 속한 일일 뿐 아니라 실제로 하나님을 대면하는 일은 영원 안에서나 가능하기 때문입니다. 하나님의 말씀은 지금 우리가 걸어가야 할 빛입니다. 게다가 판단하는 지식뿐만 아니라 영적인 지식과 관련해 신자도 어둠 가운데 있을 수 있습니다. 다시 말해, 계시된 진리의 영적 본질을 주목하고 그것들을 사랑하는 일에 어두울 수 있다는 말입니다. 만약 이것이 문제라면 앞에서 말한 대로 언약의 약속들을 붙잡고 그것들에 대한 믿음을 발휘하십시오.

그와 유사한 다음과 같은 약속들도 주목하여 보십시오.

① "그가……의인을 위하여 빛을 뿌리고"(시 97:10,11).

그러므로 하나님께서 정하신 때가 되면 다시 빛이 비추일 것입니다.

② "즐겁게 소리칠 줄 아는 백성은 복이 있나니"(시 89:15).

이 말씀은 복음을 통해 말씀하시는 주 예수님의 음성을 가리킬 뿐만 아니라, 그

음성을 듣고 받고 주목하기를 즐거워하는 사람들을 가리킵니다. 다음의 약속들도 붙드십시오.

③ "여호와여 그들이 주의 얼굴 빛 안에서 다니리로다"(시 89:15).

④ "정직한 자들에게는 흑암 중에 빛이 일어나나니"(시 112:3,4).

⑤ "내 이름을 경외하는 너희에게는 공의로운 해가 떠올라서 치료하는 광선을 비추리니"(말 4:2).

⑥ "나의 계명을 지키는 자라야 나를 사랑하는 자니, 나를 사랑하는 자는 내 아버지께 사랑을 받을 것이요 나도 그를 사랑하여 그에게 나를 나타내리라"(요 14:21).

⑦ "내가 맹인들을 그들이 알지 못하는 길로 이끌며 그들이 알지 못하는 지름길로 인도하며"(사 42:16).

다섯째, 메마르고 생기 없는 상태로 지냅니까? 모든 감각과 생명력이 사라진 것 같습니까? 다음과 같이 말하며 살고 있습니까? "이제 아무런 방법도, 소망도 없다. 모든 감각이 사라졌다. 죄를 지어도 더 이상 힘들지 않고 죄에 대한 위협도 아무렇지 않다. 이런 약속들에도 전혀 마음이 움직이지 않는다. 지옥도 무섭지 않고 천국에 가고 싶지도 않다. 말씀을 읽어도 아무런 유익이 없고, 생각은 산만하기 그지없다. 기도도 안 된다. 산만한 생각으로 기도할 때 죄를 더 많이 짓는 것 같다. 기도만 하면 몹시 졸리다. 뭘 기도해야 할지도 모르겠다. 도무지 기대하는 마음이 없다. 때때로 '내게 영혼이 있는가? 영혼이 불멸함을 믿는가?'라는 의문이 든다. 차마 입에도 담기 어려운 혼란스런 생각이 일어난다. 나는 영원에 이르게 하는 은혜가 없기 때문에 이제는 이런 것들에 괴로워하지도 않는다. 이제 마음을 접었다. 이런 상태가 아주 오래 지속되었다. 모든 소망이 다 끊어졌다. 이제 다 끝났다. 하나님도 나를 떠났고, 나도 하나님을 떠났다."

가련하고 잃어버린 양이여! 당신의 상태는 참으로 비참하기 그지없습니다. 그러나 여러분의 상태가 아니라 여러분의 말이 자포자기한 것처럼 들립니다. 다음 물음에 대답해 보십시오.

그 상태로 살아가는 것이 좋은 것입니까? 아니면 영혼이 지친 것입니까? 사람들과 함께 있을 때는 활발하게 대화하고 자신에 관해 잊고 있다가도 하나님만 생각하면 그렇게 비참해지고 짓눌립니까? 여러분이 바라는 것을 가지고 있습니까? 그래서 만족합니까? 아마도 여러분은 "아니다, 무엇을 가진들 내가 만족할 수 있겠는가?"라고 대답할 것입니다. 여러분이 바라는 대로 모든 것을 다 얻는다고 해서 세상과 유혹하는 많은 것들이 당신을 만족시켜 줄 것 같습니까? "아니다"라고 대답할 것입니다. 그렇다면 어째서 모든 것이 다 끝나기라도 한 것처럼 자신의 무딘 마음에 그렇게 짓눌린단 말입니까? 예수님께서 떠나가셨습니까? 여러분의 영혼을 위로하실 보혜사가 떠나가셨습니까? 하나님과의 교제가 없습니까? 하나님께로 나아갈 길이 없습니까? 여러분에게 생명이나 구하는 것이나 찾는 것이 전혀 없습니까? 아마도 "아직은 나에게 그런 것이 있다고 믿지만, 전혀 그렇게 느낄 수 없다"라고 대답할 것입니다.

그렇다면 묻겠습니다. 하나님께서 여러분의 영혼에 찾아오셔서 여러분의 하나님으로 나타내 주시기를 바랍니까? 주 예수님께서 친히 그분 자신을 여러분을 위한 속전과 여러분의 의로움으로 알려 주시기를 바랍니까? 하나님께서 여러분에게 '내가 너의 구원이고, 너는 내 것이다. 내가 너의 죄를 용서했으며, 네가 비록 지금과 같은 상태에 있지만 너를 구원할 것이다'라고 말씀해 주시기를 바랍니까? 하나님께서 여러분의 믿음과 소망과 사랑을 회복시키시고, 다시금 기도하고 감사할 수 있게 하시고, 죄와 싸우고 성화에 힘쓰게 하시기를 바랍니까? 그러면 다시 즐거워할 수 있겠습니까? 만약 여러분이 "그렇다. 그러나 지금 내게 그런 것이 없는데 그게 다 무슨 소용인가? 아무리 노력해도 내 힘으로는 그렇게 될 수 없다. 그래서 이렇게 한숨만 나오는 것이다"라고 대답한다면, 또 묻겠습니다. 자연인에게서 그런 마음이 나올 수 있으리라고 생각합니까? 성령께서 그렇게 일하고 계시는 것이 보이지 않습니까? 누가 그런 마음으로 씨름하고 있으면 그 사람에게 가서 다음과 같이 말하지 않겠습니까? "용기를 내십시오. 여러분이 그렇게 느끼지 못하는 것은 여러분이 낙담하고 있을 뿐만 아니라 너무나 오랫동안 그런 상태로 괴로움을 당했기 때문입니다. 하나님께서 여러분을 다시 찾아와 주실 것입니다." 저 역시 여러분에게 그렇게 말할 수밖에 없습니다. 그리고 그것이 사실입니다.

"하늘에서는 주 외에 누가 내게 있으리요 땅에서는 주밖에 내가 사모할 이 없나이다"(시 73:25).

거듭 말합니다. 지금도 성령과 그분의 역사를 알고 있습니까? 믿고 분투하며, 기도하고 자기를 구별하며, 울고 소망하며, 하나님 앞에서 전심으로 의롭게 살아가는 영혼의 상태가 어떤 것인지 여전히 알고 있습니까? 반면 의롭다함을 얻게 하는 주 예수님과의 연합이 아니라 본성에서 비롯되는 지식과 종교적 활동과 예절과 언어를 그런 상태와 비교해 보십시오. 그 둘의 차이를 압니까? 하나님 앞에서 살아가는 순전하고도 진실한 영혼의 상태가 얼마나 소중한지를 알고 사모합니까? 묻겠습니다. 인정하든 거부하든, 사랑하든 미워하든, 본성에 속한 사람이 과연 이 둘을 구별할 수 있겠습니까? 이 둘을 구별하는 능력 자체가 영적인 빛과 생명을 가졌다는 증거가 아니겠습니까? 다음 말씀들을 주의하여 보십시오.

"그가 또 다른 보혜사를 너희에게 주사……그는 진리의 영이라 세상은 능히 그를 받지 못하나니 이는 그를 보지도 못하고 알지도 못함이라. 그러나 너희는 그를 아나니 그는 너희와 함께 거하심이요 또 너희 속에 계시겠음이라"(요 14:16,17).

"자기 양을 다 내놓은 후에 앞서 가면 양들이 그의 음성을 아는 고로 따라오되, 타인의 음성은 알지 못하는 고로 타인을 따르지 아니하고 도리어 도망하느니라"(요 10:4,5).

게다가 여러분은 예수님과 그분의 뜻과 세상과 그것이 말하는 유사한 덕이나 악 가운데서 선택할 수 있지 않습니까? 여러분의 마음은 어디를 향합니까? 여러분의 마음은 예수님을 사랑하고 그분의 사랑을 누리며 사는 신자들을 향합니까, 아니면 매력적인 세상 사람들을 향합니까? 여러분은 어디에 속하고 싶습니까? 마땅히 "이 둘은 매우 다르다. 내 마음은 그리스도와 그분의 뜻과 그분의 자녀들을 향한다"라고 대답해야 하지 않습니까? "초록은 동색"이라는 속담은 더 이상 의미가 없습니까? 요한일서 3장 14절을 주목하십시오.

"우리는 형제를 사랑함으로 사망에서 옮겨 생명으로 들어간 줄을 알거니와."

마지막으로, 마음이 언제나 그런 것은 아니지 않습니까? 때로는 마음이 부드러위져서 기도하고, 자신의 상태 때문에 울고, 은혜와 성령을 바라며 하늘을 바라보기도 하지 않습니까? 때로는 그리스도를 믿음으로 위로와 산 소망을 누리지 않습니까? 그렇다면 이것이 여러분 안에 생명이 있다는 증거가 아닙니까? 그러니 용기를 내십시오. 연약한 무릎이지만 다시 한번 꿇고 축 늘어져 있는 두 손을 높이 드십시오. 이를 위해 앞에서 말한 것과 유사한 다음 약속을 생각하고, 우리가 살펴본 대로 그것들을 믿음으로 붙드십시오.

"지극히 존귀하며 영원히 거하시며 거룩하다 이름하는 이가 이와 같이 말씀하시되, 내가 높고 거룩한 곳에 있으며 또한 통회하고 마음이 겸손한 자와 함께 있나니 이는 겸손한 자의 영을 소생시키며 통회하는 자의 마음을 소생시키려 함이라"(사 57:15).

바로 그 뒤에 하나님께서 마음이 굳어지고 완전히 어지러워진 영혼에게 주신 약속을 어떻게 다루시는지에 대한 말씀이 이어집니다.

"내가 영원히 다투지 아니하며 내가 끊임없이 노하지 아니할 것은 내가 지은 그의 영과 혼이 내 앞에서 피곤할까 함이라. 그의 탐심의 죄악으로 말미암아 내가 노하여 그를 쳤으며 또 내 얼굴을 가리고 노하였으나"(사 57:16,17).

그래서 회개하고 회복에 이르렀습니까? 아닙니다. 마음이 더욱 굳어졌습니다.

"그가 아직도 패역하여 자기 마음의 길로 걸어가도다"(사 57:17).

그래서 어떻게 되었습니까? 하나님께서 그들의 행위대로 완전히 거부하고 버리셨습니까? 아닙니다. 오히려 그 반대입니다.

"내가 그의 길을 보았은즉 그를 고쳐 줄 것이라. 그를 인도하며 그와 그를 슬퍼하는 자들에게 위로를 다시 얻게 하리라. 입술의 열매를 창조하는 자 여호와가 말하노라. 먼 데 있는 자에게든지 가까운 데 있는 자에게든지 평강이 있을지어다. 평강이 있을지어다. 내가 그를 고치리라 하셨느니라"(사 57:18,19).

도무지 다 헤아릴 수 없는 선하심이 아닙니까! 그뿐만이 아닙니다.

"여호와께서 너를 부르시되 마치 버림을 받아 마음에 근심하는 아내 곧 어릴 때에 아내가 되었다가 버림을 받은 자에게 함과 같이 하실 것임이라. 네 하나님께서 말씀하셨느니라. 내가 잠시 너를 버렸으나 큰 긍휼로 너를 모을 것이요"(사 54:6,7).

"너 곤고하며 광풍에 요동하여 안위를 받지 못한 자여. 보라, 내가 화려한 채색으로 네 돌 사이에 더하며 청옥으로 네 기초를 쌓으며"(사 54:11).

하나같이 무조건적이고도 분명하며 영광스러운 약속들입니다.

"하나님의 위로와 은밀하게 하시는 말씀이 네게 작은 것이냐?"(욥 15:11)

여섯째, 때를 따라 닥치는 시련과 어려운 환경에 몸과 영혼이 동시에 압도되어 탄식하고 슬퍼합니까? 앞에서 말한 것과 같은 무감각함으로 말미암아 기진해 있으며, 진심으로 슬퍼하고 통탄하는 마음으로 슬퍼하는 것이 아니라 염려와 두려움과 떨림에 사로잡힌 탓에 슬퍼합니까? 하나님께서 멀리 계신 것처럼 느껴집니까? 하나님께서 자신을 감추고 잠잠히 계시는 것 같습니까? 기도로도 꿰뚫을 수 없는 두터운 구름 뒤에 숨어 계시는 것 같습니까? 여러분의 부르짖음에 응답하지 않으십니까? 여러분의 영혼을 거절하시고 진노로 말미암아 자비 베풀기를 그치신 것 같습니까? 영혼이 안식하지 못하고 화평이 떠난 것 같습니까? 예수님이 계시지 않습니까? 당신이 사랑하는 자가 떠난 까닭에 영혼이 괴롭습니까? 이전에 주님은 여러분에게 입 맞추어 주시며 왼팔로 머리를 받치고 오른팔로 안아 주셨습니다. 그리고 여러분은 그분을 사랑으로 그리워하며 그분의 사랑의 그림자 아래서 즐거움을 찾고, 여러분이 사랑하는 자가 원하기 전까지는 아무도 그분을 방해하거나 깨우지 못하게 하였습니다. 여러분은 그분께 기도하고, 슬퍼하며 그분을 기다리고 바라고 갈망하고 주님과 사랑을 주고받으며 기쁨으로 그분의 품에 기대어 살았습니다. 그때를 생각하면 회한과 그리움에 마음이 저미고 영혼이 녹아내립니까? 여러분이 누렸던 이 모든 것이 그립습니까? 지금은 그 자리를 죄악되고 슬픈 고통과 괴로움이 채우고 있습니까? 슬픔과 탄식으로 점철된 삶을 살고 있습니까? 오십시오. 와서 하나님께서 주시는 약속들에 귀 기울여 보십시오.

"이는 내가 그 피곤한 심령을 상쾌하게 하며 모든 연약한 심령을 만족하게 하였음이라 하시기로"(렘 31:25).

"주 여호와의 영이 내게 내리셨으니 이는 여호와께서 내게 기름을 부으사 가난한 자에게 아름다운 소식을 전하게 하려 하심이라. 나를 보내사 마음이 상한 자를 고치며 포로 된 자에게 자유를, 갇힌 자에게 놓임을 선포하며 여호와의 은혜의 해와 우리 하나님의 보복의 날을 선포하여 모든 슬픈 자를 위로하되, 무릇 시온에서 슬퍼하는 자에게 화관을 주어 그 재를 대신하며 기쁨의 기름으로 그 슬픔을 대신하며 찬송의 옷으로 그 근심을 대신하시고 그들이 의의 나무 곧 여호와께서 심으신 그 영광을 나타낼 자라 일컬음을 받게 하려 하심이라"(사 61:1-3).

"애통하는 자는 복이 있나니 그들이 위로를 받을 것임이요"(마 5:4).

일곱째, 하나님께서 사탄으로 하여금 당신과 싸우고 당신을 괴롭히며 불화살을 쏘고 교묘한 암시와 두려운 생각으로 고통스럽게 하면서, 당신의 삶을 뒤흔들도록 허락하셨습니까? 마음에 신앙적이지 않은 생각이 듭니까? 하나님의 진노와 죽음에 대한 두려움과 장차 다가올 일들에 대한 두려움으로 어찌할 바를 모릅니까? 그렇다면 각각의 경우에 따라 다음 약속들을 힘써 숙고하고 붙들어 영혼을 잠잠하게 하십시오.

① 사탄의 공격

"평강의 하나님께서 속히 사탄을 너희 발아래에서 상하게 하시리라. 우리 주 예수의 은혜가 너희에게 있을지어다"(롬 16:20).

"여호와께서 사탄에게 이르시되 사탄아 여호와께서 너를 책망하노라. 예루살렘을 택한 여호와께서 너를 책망하노라. 이는 불에서 꺼낸 그슬린 나무가 아니냐 하실 때에"(슥 3:2).

② 하나님의 진노

"내가 넘치는 진노로 내 얼굴을 네게서 잠시 가렸으나 영원한 자비로 너를 긍휼히 여기리라. 네 구속자 여호와께서 말씀하셨느니라. 이는 내게 노아의 홍수와 같도다. 내가 다시는 노아의 홍수로 땅 위에 범람하지 못하게 하리라 맹세한 것같이 내가 네게 노하지 아니하며 너를 책망하지 아니하기로 맹세하였노니"(사 54:8,9).

③ 죽음에 대한 두려움

"또 죽기를 무서워하므로 한평생 매여 종노릇하는 모든 자들을 놓아주려 하심이니"(히 2:15).

"이 썩을 것이 썩지 아니함을 입고 이 죽을 것이 죽지 아니함을 입을 때에는 사망을 삼키고 이기리라고 기록된 말씀이 이루어지리라. 사망아 너의 승리가 어디 있느냐? 사망아 네가 쏘는 것이 어디 있느냐? 사망이 쏘는 것은 죄요, 죄의 권능은 율법이라. 우리 주 예수 그리스도로 말미암아 우리에게 승리를 주시는 하나님께 감사하노니"(고전 15:54-57).

아직 일어나지도 않은 일에 대한 두려움은 머리 위로 날아가는 새와 같이 여겨야 합니다. 선지자처럼 행세하지 마십시오. 장차 무슨 일이 어떻게 일어날지를 모르지 않습니까? 오직 하나님의 말씀을 따라 살아가십시오. 한 날의 괴로움은 그날로 족합니다.

여덟째, 모든 것을 잃어버렸습니까? 영적으로 선한 것이 하나도 없습니까? 이런 궁핍함 때문에 슬퍼합니까? 사람은 즐거워할 것을 찾지 못하면 살아갈 수 없습니다. 영혼이 자신 안에서 기쁨을 찾지 못하여 궁핍함을 채우지도 못하고 채울 기대도 없이 눈물 흘리는 삶은 이미 지옥에서 사는 것과 마찬가지로, 사람은 그것을 도무지 감당할 수 없습니다. 세상과 세상에 속한 것으로는 이런 영혼을 만족시키지 못합니다. 그렇습니다. 세상에 속한 것들을 향한 뒤틀린 욕망은 오히려 경건한 사람의 영혼을 슬프게 만들 뿐입니다. 경건한 사람의 영혼은 예수님을 속전과 의로움으로 알고, 하나님을 아버지로 모시며 그분과 달콤한 교제를 나누고, 성령께서 조명하고 위로하며 거룩하게 하시는 은혜를 누려야 합니다. 다시 말해, 은혜언약이 주는 모든 은택을 받아 누려야 합니다. 궁핍한 영혼은 이런 은택을 갈망합니다. 그것을 누리지 못하는 것처럼 큰 고통도 없습니다. 극심한 굶주림과 목마름이 있는 영혼은 굶주림으로 사그라져 갑니다. 기력이 쇠하고 소진됩니다. 신령한 떡과 다시 살리는 생수를 찾아 부르짖습니다. 이런 굶주림과 갈망으로 거의 죽을 지경에 이르지만, 그토록 애타게 찾는 것을 얻지는 못합니다. 구하지만 찾지 못합니다. 기도하지만 받지 못합니다. 이 얼마나 궁핍하고 굶주린 영혼입니까! 그 영혼을 향해 하나님께서 어떤 약속을 주시는지 들어 보십시오. 그리고 영혼이 채워질 때까지 이 약속을 붙들고 자신을 강건하게 하십시오. 영혼이 만족하는 날이 반드시 올 것입니다.

"의에 주리고 목마른 자는 복이 있나니 그들이 배부를 것임이요"(마 5:6).

"오호라 너희 모든 목마른 자들아 물로 나아오라. 돈 없는 자도 오라. 너희는 와서 사 먹되 돈 없이, 값없이 와서 포도주와 젖을 사라"(사 55:1).

"또 내게 말씀하시되, 이루었도다. 나는 알파와 오메가요 처음과 마지막이라. 내가 생명수 샘물을 목마른 자에게 값없이 주리니"(계 21:6).

"명절 끝 날 곧 큰 날에 예수께서 서서 외쳐 이르시되 누구든지 목마르거든 내게로 와서 마시라"(요 7:37).

아홉째, 여러분 안에 있는 부패의 강력함을 절감합니까? 육체의 정욕이 영혼과 싸웁니까? 이 싸움에서 패하고 있습니까? 허탄한 망상과 죄악된 생각이 마음을 차지하고 있습니까? 여러분을 괴롭히는 고질적인 죄가 강하게 역사하고 활개 칩니까? 그래서 낙담하고 있습니까? 아무리 시간이 흘러도 이 죄를 이기지 못할 것 같습니까? 죄 때문에 하나님 앞에서 자유를 누리지 못합니까? 죄가 당신의 모든 열망과 영적 생명을 앗아 갔습니까? 어떻게 이 모든 것을 견뎌야 하겠습니까? 하나님께서 주시는 이런 약속들을 생각해 보십시오.

"또 새 영을 너희 속에 두고 새 마음을 너희에게 주되 너희 육신에서 굳은 마음을 제거하고 부드러운 마음을 줄 것이며, 또 내 영을 너희 속에 두어 너희로 내 율례를 행하게 하리니 너희가 내 규례를 지켜 행할지라"(겔 36:26,27).

"내가 나의 법을 그들의 속에 두며 그들의 마음에 기록하여 나는 그들의 하나님이 되고 그들은 내 백성이 될 것이라"(렘 31:33).

"오직 여호와를 앙망하는 자는 새 힘을 얻으리니 독수리가 날개 치며 올라감 같을 것이요 달음박질하여도 곤비하지 아니하겠고 걸어가도 피곤하지 아니하리로다"(사 40:31).

"약한 자도 이르기를 나는 강하다 할지어다"(욜 3:10).

"만군의 여호와가 그 무리 곧 유다 족속을 돌보아 그들을 전쟁의 준마와 같게 하리니"(슥 10:3).

"싸울 때에 용사같이 거리의 진흙 중에 원수를 밟을 것이라. 여호와가 그들과 함께한즉 그들이 싸워 말 탄 자들을 부끄럽게 하리라"(슥 10:5).

약속의 효용과 유익

이런 약속들의 효용에는 두 가지 측면이 있습니다. 이 약속들이 주는 위로가 너무나 크기에, 신자들은 용기를 내어 어떤 고난도 기꺼이 감당하고, 그것을 통해 누릴 유익과 영광스런 결과들을 확신합니다. 또한 이 약속들에 힘입어 그렇게 고난을 감당함으로써 거룩해집니다. 신자가 이런 약속에 힘입을 때 믿음으로 계속 하나님 앞에서 살아가며, 하나님을 전능하고도 참되고 선하신 분이요, 그리스도 예수 안에서 자신과 화목하게 되신 분으로 고백하기 때문입니다. 이런 신자는 눈에 보이지 않는 하나님을 보면서 잠잠히 그분을 신뢰하고 모든 고난이 지나가기까지 그 자리에 견고하게 서 있습니다. 이것이 바로 순전한 거룩함의 원천입니다. 이로써 우리는 약속으로 말미암아 하나님의 본성에 참여하게 됩니다. 그러므로 어떤 상황에서도 그 약속을 붙들고, 그것을 진리의 하나님께서 자기에게 주신 것으로 받고, 하나님 앞에 그것을 가지고 나아가 그리스도 예수 안에서 겸손하고도 담대하게 그 약속을 이루어 달라고 구합니다. 그리고 이 약속들이 어떻게 이루어지는지를 주목하며 그 약속을 믿는 자로서 살아갑니다. 이 약속들을 의지하여 힘 있게 싸우십시오. 하나님께서 약속들을 반드시 이루실 것이기 때문입니다.

하나님은 특정한 일을 열망하기 시작한 때부터 그 일이 이루어지기까지 오랜 시간이 걸리도록 정하셨을 수도 있습니다. 아브라함은 사라를 통해 후손을 얻으리라는 약속을 받았지만, 그 약속에 대한 기대가 사라질 만큼 오래 기다려야 했습니다. 다윗이 약속대로 나라를 받기까지 얼마나 오랜 시간이 걸렸습니까! 사가랴는 젊어서부터 아들을 달라고 기도했지만, 늘그막에야 그 기도가 이루어졌습니다. 그러므로 약속을 떠올리고 그것을 믿는다 할지라도 그 약속이 언제나 즉시 이루어지리라 여기지 말아야 합니다. 뿐만 아니라 더디 이루어지더라도 낙심해서는 안 됩니다. 오히려 인내로 기다려야 합니다.

약속된 것을 즉시 받기보다 약속이 더디 이루어지는 것을 인내하며 기다리는 편이 훨씬 더 유익합니다. 이를 통해 영혼이 거룩해지고 많은 덕을 훈련할 수 있기 때문입니다. 그중 다음 몇 가지 유익을 들 수 있습니다.

① 약속된 것이 언제나 즉시 이루어지지는 않습니다. 하나님은 오히려 약속을 더디 이루심으로써 그 영혼이 약속된 것을 합당하게 받아 누리도록 준비시키십니다. 마찬가지로, 약속이 이루어지기를 기다리는 영혼 역시 약속의 잔을 채우기 전에 그 잔을 깨끗하게 비우고 준비해야 합니다. 이는 그 잔이 채워질 때 금이 가서 내용물이 새거나 남아 있는 찌꺼기 때문에 약속의 맛이 변질되지 않도록 하기 위함입니다. 이런 준비 자체가 거룩하게 되는 과정입니다.

② 약속이 더디 이루어짐으로써 신자는 보지 않고도 믿는 것을 배웁니다. 아직 약속을 이루어 주시지 않았더라도 하나님을 진실하신 분으로 고백하는 것을 배웁니다. 이는 참으로 거룩한 마음입니다. 약속된 것이 이루어지기를 기다릴 때 약속된 일 자체보다 더 큰 유익을 얻습니다. 그렇습니다. 때로는 약속이 여러분이 기대한 것과 다른 방식으로 이루어지기도 합니다.

③ 약속이 더디 이루어짐으로써 신자는 하나님께서 그분의 주권과 지혜로 만물을 그분의 때에 아름답게 하신다고 고백하는 것을 배웁니다. 그리하여 신자는 하나님을 영화롭게 하고 거룩함을 연습합니다.

④ 약속이 더디 이루어짐으로써 신자는 자신이 가치 없는 존재이며 하나님께서 신자 때문에 약속을 이루어 주시는 것이 아님을 깨닫고 겸손을 배웁니다. 그래서 이렇게 고백합니다. "나는 하나님의 가장 적은 자비를 얻기에도 합당하지 않다. 벌레 같은 나에게 하나님은 지극히 작은 약속도 하실 필요가 없다. 그러나 하나님께서 이토록 위대한 약속을 주시니 내가 어찌 그것을 기뻐하지 않을 수 있으며, 그것이 이루어질 때 겸손하게 갈망하지 않을 수 있겠는가?"

⑤ 약속이 더디 이루어질 때 신자는 하나님을 더더욱 바랍니다. 잠잠히 기다리며 현재 상황에 만족해합니다. 하나님께서 약속한 바를 이루어 영광을 받으시는 신실하신 분임을 알고, 약속된 것을 이미 받은 것처럼 약속 가운데 즐거워합니다. 이처럼 영적인 마음 상태가 바로 거룩함이 아닙니까? 약속을 즉시 이루어 주시기보다 이렇게 거룩한 마음을 얻도록 약속의 성취를 잠깐 미루어 주시기를 더 바라지 않겠습니까?

⑥ 약속이 더디 이루어짐으로 말미암아 신자의 영혼은 고대하던 약속이 이루어질 때 더욱 감사하게 됩니다. 약속이 성취되어 받은 바를 더욱 소중히 여기고 간직합니다. 그러하기에 슬퍼하거나 낙담하지도 않습니다. 하나님의 약속이 더디 이루어진다고 해서 모든 것을 없애 버리지 마십시오. 오히려 이를 통해 앞에서 말한 대로 영적인 마음 상태가 되고자 애쓰고, 이로 말미암아 더욱 거룩해지십시오. 약속을 붙들고 약속의 성취를 기다리면서 영혼은 세상에 속한 것들을 점점 멀리하고 하나님과 맺은 언약에 더욱 몰두합니다. 이를 통해 영혼은 더욱 영적인 마음 상태를 가집니다. 이러한 영혼이 여러모로 덕스럽게 사는 것은 그리 어렵지 않습니다. 하나님 안에서 안식하며 기뻐하고 감사하며 인정하고, 그리스도 예수 안에 있는 하나님의 모든 완전하심으로 말미암아 하나님께 영광을 돌립니다. 하나님은 하나님을 영화롭게 하는 자를 영화롭게 하십니다.

"또 여호와를 기뻐하라. 그가 네 마음의 소원을 네게 이루어 주시리로다. 네 길을 여호와께 맡기라. 그를 의지하면 그가 이루시고"(시 37:4,5).

"너는 여호와를 기다릴지어다. 강하고 담대하며 여호와를 기다릴지어다"(시 27:14).

약속이 성취되는 때와 방식

약속에만 집중하면서, 그것을 그리스도 안에서 자신의 것으로 받고, 약속이 성취되기를 기다리는 것만으로는 충분하지 않습니다. 오히려 약속이 언제, 어떻게 이루어질지를 주의 깊게 살피고 이전에 약속들이 어떻게 이루어졌는지를 기억하는 일은 필요할 뿐만 아니라, 유익하기까지 합니다. 그렇습니다. 각각의 약속이 어떻게 이루어졌는지를 그 약속이 이루어진 구체적인 상황과 더불어 기록해 두어야 합니다. 그리고 그 기록을 자주 읽어 보아야 합니다. "그의 모든 은택을 잊지 말지어다"(시 103:2)라고 말한 다윗이 좋은 모범입니다. 히스기야 역시 하나님의 약속이 어떻게 이루어졌는지를 기억했습니다.

"주께서 내게 말씀하시고 또 친히 이루셨사오니 내가 무슨 말씀을 하오리이까?"(사 38:15)

모세는 하나님의 약속이 이루어진 순간을 정확히 기록했습니다.

"사백삼십 년이 끝나는 그날에 여호와의 군대가 다 애굽 땅에서 나왔은즉"(출 12:41).

여호수아는 이스라엘 백성에게 이 사실을 상기시켰습니다.

"여호와께서 그들의 주위에 안식을 주셨으되 그 조상들에게 맹세하신 대로 하셨으므로 그들의 모든 원수들 중에 그들과 맞선 자가 하나도 없었으니, 이는 여호와께서 그들의 모든 원수들을 그들의 손에 넘겨주셨음이니라. 여호와께서 이스라엘 족속에게 말씀하신 선한 말씀이 하나도 남음이 없이 다 응하였더라"(수 21:44,45).

성경 인물들의 이런 모습은 우리의 게으름을 깨닫게 하기에 충분합니다.

절박한 필요에 직면하거나 다른 어려움 때문에 강한 열망이 있을 때, 신자는 하나님께 전심으로 기도하며 간구합니다. 하나님께서 주신 일반적인 약속뿐만 아니라 구체적인 약속들을 하나님 앞에 펼쳐 놓고 담대하게 구합니다. 그런데 하나님께서 약속하신 대로 이루어 주시면 감사하는 것도 잠시일 뿐, 이내 하나님께서 약속을 이루어 주신 것에 관심을 두지 않고 금세 잊어버립니다. 우리의 기대가 응답되었음을 인정하는 것과 하나님께서 약속을 성취하심에 주목하는 것은 별개의 일입니다. 전자는 하나님의 선하심을 인정하는 것이고, 후자는 하나님의 진실하심을 고백하는 것입니다.

기도의 응답(이 내용은 제3권에서 자세히 다루겠습니다)과 관련해 말하자면, 기도의 응답뿐만 아니라 약속의 성취에도 주목해야 합니다. 일례로 다음의 두 약속을 보겠습니다.

"환난 날에 나를 부르라. 내가 너를 건지리니 네가 나를 영화롭게 하리로다"(시 50:15).

"너희가 내 이름으로 무엇을 구하든지 내가 행하리니"(요 14:13).

이런 약속들(현재의 필요와 바람과 관련된)을 힘입어 하나님을 붙드는 신자는, 믿음으로 기도함으로써 다시금 활력을 얻고 이 약속들이 하나님의 뜻대로 이루어지리라 확신합니다. 하나님께서 우리의 바람들을 이루어 주셔야만, 약속이 이루어질 뿐만 아니라 기도도 응답되는 것입니다. 따라서 신자는 이 두 가지를 모두 기억하고 주목해야 합니다. 만일 약속이 이루어질 때마다 그것을 주목하여 기록(고난, 강한 열망, 간절히 드린 기도들, 자신이 붙든 하나님의 약속들, 이런 약속들을 하나님께서 이루어 주신 것 등)해 간다면 그것을 보고 자주 놀라게 될 것이며, 그리하여 하나님께 약속하신 은택을 허락해 주시기를 더 간구하게 될 것입니다. 하나님께서 주신 일반적인 약속이나 특별한 약속이 성취되리라 분명히 확신하며 하나님을 의지하는 데 큰 힘을 얻을 것입니다.

약속들에 대한 잘못된 적용

▶ 질문
회심하지 않은 사람이 하나님의 약속을 자신에게 잘못 적용할 수도 있지 않은가?

대답: 성경에는 회심하지 않은 자들을 위하여 주어진 약속이 없습니다. 어떤 약속을 자신에게 어떻게 적용하든, 이런 사람은 스스로를 속이는 것입니다. 그에게는 약속들이 이루어지지 않을 것입니다. 회심하지 않은 자는 "그리스도 밖에" 있으며 "약속의 언약들에 대하여는 외인이요 세상에서 소망이 없고 하나님도 없는 자"(엡 2:12)이기 때문입니다. 오직 신자들만이 "약속을 기업으로 받는 자들"(히 6:17)입니다. 은혜언약을 통해 베풀어지는 모든 은택들은 이들을 위한 것이며, 오직 그들에게만 주어질 것입니다. 자신에게 주어진 이런 영적 기업을 간절히 사모하는 신자들은 온 맘을 다해 그것을 하나님께 간구합니다. 뿐만 아니라 자신이 구하는 영적 기업을 이미 받은 것으로 여깁니다. 이 기업과 관련하여 신자라면 누구에게나 주어진 일반적인 약속을 생각해 볼 때, 이 또한 바람직합니다. 이 약속이 이루어지는 때와 분량과 방식을 하나님께 맡기고 순복하는 가운데, 자신이 받은 이 약속을 겸손히 하나님께 아뢰며 그것을 이루어 주시기를 간절히 구하고, 이 약속이 반드시 이루어지리라 확신합니다. 신자가 이와 같이 기도할 때 스스로 속이는 일은 결코 일어나지 않습니다.

육신적인 일과 관련된 욕구에 관해서는 이와 다소 다르게 생각해야 합니다. 경건한 신자들은 영적인 일에 대한 약속뿐 아니라 이 땅의 삶과 관련된 약속도 받았습니다. 하나님은 신자들이 그들의 십자가를 지도록 도우시며 그 십자가가 유익이 되게 하겠노라고 약속하십니다. 또한 하나님은 먹을 것과 입을 것을 주십니다. 신자들은 하나님의 뜻에 순종하는 가운데, 이런 약속들과 그것이 성취될 것을 기대하고 스스로를 강건하게 할 수 있으며, 또 그렇게 해야 합니다. 구원에 유익이 된다면 말입니다. 이는 하나님께서 택하신 자들을 많은 고난을 통해 영광으로 들이기로 뜻하셨기 때문입니다.

　신자도 이 땅에 살면서 필요하지 않은 특정한 무언가를 지나치게 열망할 수 있습니다. 그것이 무엇이든 간에 처음에는 그 생각이 예기치 않게 마음에 일어납니다. 그러다가 그가 특정한 상황에 처하게 되면, 그 생각이 점점 신자 안에 자리 잡습니다. 하나님께서 약속하신 것이 아니라 스스로 약속한 것인데도 그것을 지나치게 욕망합니다. 그래서 순종하는 데 방해가 되는데도, 자신이 몹시 열망하는 까닭에 그것을 곧 얻게 되리라 생각합니다. 잠자거나 깨어 있는 중에 마음에 갑자기 떠오르는 특정한 성경 구절을 하나님께서 주신 약속이나 계시처럼 여기기도 합니다. 그 말씀이 저마다 특수한 상황에 놓였던 아브라함이나 다윗, 또는 다른 성경 인물들에게 주어진 약속들을 포함하는 특수한 구절인 줄 알면서도, 그것을 지나치게 열망한 나머지 하나님께서 자기에게도 주신 약속인 양 자신에게 특별하게 적용합니다. 자신이 하나님을 강하게 열망하고, 그분의 선하심을 사랑하며, 그것을 적극적으로 인정하고 고백한다는 사실을 근거로 이런 생각에 힘을 싣습니다.

　그는 자신이 바라는 것을 얻는지 여부와 상관없이 하나님과 친밀한 교제를 누리고, 그리스도 안에서 기도하고 믿음을 발휘하면서 자기에게 경건한 마음이 있음을 확인합니다. 그렇습니다. 그는 하나님의 뜻에 부합하지 않는다면, 자신이 바라던 것을 내려놓고 잠잠히 순복합니다. 그러나 그 문제가 다시금 수면 위로 떠오르면서, 그것을 마치 하나님께서 새롭게 확신시켜 주시는 것이라 여기고서 하나님의 전능하심을 칭송합니다. 그리하여 그는 수년 동안 이 문제에서 벗어나지 못하고 그리스도인으로서 자유롭게 살아가지 못합니다. 결국 자신이 그토록 바라던 것을 얻지 못합니다. 이를 통해 신자는 그 일을 지나치게 열망한 탓에 하나님의 약속을 잘못 적용했다는 사실을 깨달아야 합니다.

> ▶ 질문
> 그렇게 잘못 이해하고 있는데도 어떻게 하나님과의 교제 안에 있는 사랑과 소망과 믿음이 생기는지를 묻지 않을 수 없다. 그 또한 단지 상상에서 나온 것인가?

대답: 아닙니다. 영적인 마음을 가진 신자에게서 나오는 것은 개인의 상상이 아니라 진리에서 비롯됩니다. 신자는 하나님의 말씀에 따라 그리스도로 말미암아 하나님께로 향합니다. 비록 그것을 적용한 상황이 잘못되었을 수 있지만, 그것은 그릇된 개념에서 비롯된 것이 아니라, 하나님의 선하심과 진실하심과 전능하심을 믿는 살아 있는 믿음을 통해 소성케 된 영혼이 가진 신령한 생명에서 비롯된 것입니다. 선하신 하나님께서 때로는 그런 오류를 허락하시는데, 이는 오류 자체를 인정해서가 아니라 신자의 유익을 위함입니다.

"우리가 알거니와 하나님을 사랑하는 자 곧 그의 뜻대로 부르심을 입은 자들에게는 모든 것이 합력하여 선을 이루느니라"(롬 8:28).

약속이 이루어질 것을 확신하기 위해 항상 특별한 약속이 필요한 것은 아닙니다. 그러나 하나님께서 어떤 일을 위해 간절히 기도하게 하시고 그 약속들과 씨름하게 하실 때에 신자들은 하나님께서 모든 신자들에게 주신 일반적인 약속을 붙들고 그것을 이루어 주시기를 간절히 구해야 합니다.

"그러므로 하나님의 능하신 손 아래에서 겸손하라. 때가 되면 너희를 높이시리라"(벧전 5:6).

"그는 자기를 경외하는 자들의 소원을 이루시며 또 그들의 부르짖음을 들으사 구원하시리로다"(시 145:19).

"네 입을 크게 열라 내가 채우리라"(시 81:10).

이런 말씀들을 생생하게 마음에 새기고 구체적인 필요와 상황에 적용함으로써 하나님께서 약속을 이루실 것을 강하게 확신하고 이런 약속들을 더욱 견고히 붙들 수 있습니다. 그렇게 할 때 하나님은 우리가 바라는 바를 즉시, 또는 어느 정도 시간이 지난 후에 허락하시거나 다른 해결책을 주실 것입니다. 설령 다른 해결책이라 할지라도, 그것은 우리가 열망하며 하나님의 약속을 붙들고 씨름한 것과 관련 있기 때문에 하나님의 약속이 성취되었다고 여겨야 합니다.

그런데 때때로 하나님의 약속이 이루어지는 것과 관련하여 지나치게 멀리 나아갈 때가 있습니다. 약속이 성취되는 때와 정도와 방식을 하나님의 지혜로운 통치에 맡기고 순복하지 못할 정도로 지나치게 감정에 휘둘릴 수 있습니다. 특별히 그리스도인이 된 지 얼마 안 된 사람들은 자신이 원하는 때에 자신이 원하는 정도와 방식대로 하나님의 약속이 이루어지기를 바라기도 합니다. 그러나 이는 어리석은 태도입니다. 농부가 씨를 뿌려 놓고 열매 맺기도 전에 서둘러 추수하려는 것이나 마찬가지입니다. 지혜롭고 성숙한 그리스도인은 자신이 바라는 대로 이루어지는 것보다 지혜롭고 주권적인 하나님의 뜻이 이루어지는 데 더 마음을 둡니다. 그런 마음으로 기도하면서 약속을 믿고 순종하는 가운데 약속이 이루어질 때를 기다립니다.

순종은 하나님이 주신 약속을 부정하고, 하찮게 여기며, 저버리는 것이 아닙니다. 오히려 하나님의 약속을 더욱 확고히 하는 것입니다. 하나님의 약속은 우리가 정욕을 따라 원하는 것보다 더 낫고 유익하게 이루어질 것이기 때문입니다. 광야에서 자신들이 바라던 대로 메추라기를 먹게 된 이스라엘처럼, 우리도 바라는 대로 일이 이루어졌는데도 오히려 당혹스러울 때가 얼마나 많은지 모릅니다! 자신의 바람대로 이루어지는 것이 아무런 유익이 되지 않음을 깨닫고 오히려 바라던 대로 되지 않은 것 때문에 하나님께 감사하는 경우가 얼마나 많습니까! 그러므로 하나님의 약속을 믿으십시오. 그리고 그것이 이루어지기를 기대하되, 그 시기와 정도와 방식은 기쁨으로 하나님께 맡겨 드리십시오. 그리하면 여러분은 하나님의 자녀로 그분을 의지하며 더욱 견고히 설 것입니다. 다음 말씀을 마음 깊이 새기십시오.

"지혜 있는 자들은 이러한 일들을 지켜보고 여호와의 인자하심을 깨달으리로다"(시 107:43).

신자가 세상에서 경건하게 살아야 할 의무

세상과 단절되어 혼자 경건하게 사는 것으로는 충분하지 않습니다. 그리스도인은 세상 사람들과 교회 안에서 경건한 사람으로 드러나야 합니다. 그래야 하나님을 영화롭게 하고 교회를 아름답게 하며 이웃을 유익하게 할 수 있습니다.

본질적으로 사람은 사귐을 지향합니다. 그런데 사람들과 바르게 사귀기 위해서는 은혜가 필요합니다. 어떤 신자들은 사람들과 거의 교류하지 않은 채 지내거나, 자기 자신이나 가정의 일에만 몰두하며 살아가거나, 영적 생명이 희미한 나머지 모든 생명력을 상실한 채 무미건조하게 살아갑니다. 그들은 사람들 사이에서 마땅히 행해야 할 바를 하지 않으므로 불편한 양심을 가진 채 집으로 돌아가곤 합니다. 또는 하나님의 영예와 교회의 영광과 영혼들의 구원은 아랑곳하지 않고서 자신만을 위해 살아가기가 일쑤입니다. 이런 사람들은 대부분 은혜가 희미해진 상태로 어둠과 죄에 빠져 지냅니다. 이런 사람들은 그 속에 있는 참된 영적 생명이 어두워져 있거나 그 안에 영적 생명이 전혀 없기 때문에 대개 본성적인 신앙생활(스스로는 그것을 더욱 영적이라고 여기겠지만)로 흘러갑니다.

반면, 또 어떤 사람들은 자신의 일을 소홀히 한 채 이 사람 저 사람을 만나고 다니면서 너무나 많은 시간을 허비합니다. 게으르게 아무것도 하지 않으면서 험담만을 일삼습니다. 덕을 끼치고 스스로 덕스러워져야 하는데도 전혀 그렇게 하지 않고, 교회와 자기 자신에게 수치를 불러옵니다.

하나님은 신자들에게 사람들과 함께 살아가라고 명하십니다.

"이같이 너희 빛이 사람 앞에 비치게 하여"(마 5:16).

"너희가 이방인 중에서 행실을 선하게 가져"(벧전 2:12).

예수님을 고백하고 삶으로 예수님의 생명을 드러내는 것은 그리스도인의 의무입니다. 하나님께서 주신 재능들로 이익을 남기고, 자신의 유익뿐만 아니라 사람들의 회심을 위해 사용하는 것 또한 우리가 그리스도인으로서 지는 의무입니다. 우리는 또한 "보라 나와 및 여호와께서 내게 주신 자녀들"(사 8:18)이라고 말할 수 있어야 합니다. 그리스도인인 우리는 목욕을 하고 나온, 새끼 없는 것은 하나도 없고 각각 쌍태를 가진 암양 떼 같아야 합니다(아 6:6 참고). 사람들 사이에서 그렇게 살지 않는데 어떻게 사람들이 교회에 더해지겠습니까? 사람들 사이에서 그리스도인으로 살지 않는데 어떻게 교회의 빛 됨과 거룩함과 탁월함을 증명하겠습니까? 이 일을 위해서는 사람들 가운데서 우리가 믿는 기독교 신앙에 부합하게 살아가도록 특별히 주의를 기울여야 합니다.

첫째, 이를 위해서는 영혼이 지속적으로 순전하고 더럽혀지지 않으며, 하나님께 온전히 헌신되어야 하며, 하나님과 교제하고 있어야 합니다. 그럴 때 느헤미야처럼 사람들과 이야기하면서 동시에 하나님께 기도할 수 있을 것입니다(느 2:4,5 참고). 이런 마음을 가지고 집을 나서야 합니다. 그 마음을 계속 지키려면 집을 나설 때마다 먼저 그것을 위해 기도해야 합니다. 혼자 있을 때 하나님을 인정하는 온전한 마음으로 모든 일을 행하면서 끊임없이 하나님께로 돌아서는 연습을 하지 않는다면, 주 예수님과의 연합을 믿는다고 하면서 허영을 추구하고 세상을 닮아 가며 죄악된 정욕에 집착하고 끊임없이 허탄한 생각이 일어나도록 내버려 둔 채 마음을 깨끗하게 하지 않는다면, 영적인 마음을 지속적으로 훈련하지 않는다면, 다른 사람들과 만나서 대화할 때 그나마 남아 있던 선한 성향마저 금방 잃어버리고 말 것입니다. 선한 마음 상태는 이내 사라져 버리고, 이웃과 자신에게 유익이 되는 많은 영적인 일들을 일궈 내지 못하는 것입니다. 회심을 위해 영적인 말들을 자주 할 수는 있으나, 그 마음에 뜨거움이 없기 때문에 다른 사람들의 마음을 뜨겁게 하지 못합니다. 심지어 세속적인 대화를 즐기기까지 합니다. 그렇게 시간을 보낸 사람이 집으로 돌아올 때 영적인 마음을 가지고 있을 리 만무합니다. 그의 양심 또한 화평을 누리지 못합니다.

그러므로 순전한 마음을 지키기 위해 특별히 애써야 합니다. 그리스도 안에서 아직 어리든 성숙하든 상관없습니다. 신자라면 누구나 자신이 받은 은혜의 분량을 따라 그렇게 해야 합니다. 자신이 아직 어리고 큰 은사를 받지 못했다고 평계하면서 영적인 일들에 대해 입을 닫고 있어서는 안 됩니다. 오히려 어린아이의 말이 더 사랑스럽고 호소력 있게 다가올 때가 얼마나 많습니까! 또한 그리스도 안에 있다면 그 어디에서도 자신이 받은 분량을 따라 이익을 남겨야 합니다.

둘째, 사람들을 너무 사랑하거나 두려워하지 않도록 힘써야 합니다. 사람들을 사랑하거나 두려워하게 되면 그들의 수준에 맞추어 그들이 듣고 싶어하는 말만 하거나, 그리스도를 따르는 자로서 말하거나 잠잠하지 못하게 됩니다. 특별히 하나님과 은밀하게 교제하기를 추구하는 영혼의 성향을 유지하기 위해 힘써야 합니다. 우리의 마음은 사람에 대한 사랑과 두려움에 매우 미묘하게 영향을 받습니다. 우리는 잠잠히 하나님과 교제하고 그분을 묵상해야 합니다. 이를 통해 사람에게 종노릇하지 말고, 인생이 참으로 미미한 존재이며 사람은 하나님께서 이미 정해 놓으신 경륜을 벗어나 말하거나 행동할 수 없음을 깨달아 알아야 합니다. 우리는 이미 경험을 통해 사람을 신뢰해서는 안 된다는 사실을 잘 압니다. 그런데도 자기애와 사람에 대한 두려움이 너무나 쉽게 우리 마음을 파고듭니다. 왜 그렇습니까? 바로 자기를 사랑하기 때문입니다. 사람들에게 인정받고 존경받으려는 욕구 때문입니다. 그래서 사람들 앞에서 제대로 행동하지 못하고 사람들이 자기를 좋아하지 않을까 봐 두려워하게 됩니다. 이런 우상 때문에 많은 선한 것들이 무가치해지고 많은 덕스러운 일들이 방해를 받습니다!

셋째, 우리는 저마다 받은 은혜의 분량(아무리 미미하다 할지라도)에 따라 다른 사람에게 덕을 끼치거나 스스로 덕스럽게 되는 것을 유일한 목표로 삼아야 합니다. 그러려면 특정한 개인들(우리의 은사를 가장 필요로 하는)을 정하여 그들을 가르치고 그리스도께로 이끌며, 권면하고 격려해야 합니다. 또는 자신이 자라는 데 가장 도움을 줄 만한 사람을 정하여 스스로 성장하고자 힘써야 합니다. 다른 사람들과 약속에 의해서나 예기치 않게 함께할 때, 또는 특정한 개인과 단둘이 있을 때 각 사람의 행실을 잘 살펴 잘못된 행실은 본받지 말고 그들이 가진 유쾌하고 매력적인 면모를 배워야 합니다. 지혜롭고 경건한 사람과 함께하게 된다면, 그들이 말할 때 조용히 잘 들어 보십시오. 그들이 아무 말도 하지 않고 잠잠히 있다면 말할 기회를 주어야 합니다. 무지한 사람과 함께 있을 경우에는 가르침을 나누어 주십시오. 약한 사람과 함께 있다면 강하게 하고, 죄 가운데 살아가는 사람이라면 권계해야 합니다. 슬픔에 잠긴 사람이 있다면 위로해 주십시오. 이처럼 여러분의 말을 통해 어느 누구보다 여러분 자신이 유익을 얻을 것입니다. 여러분을 즐겁게 하고 서로 잘 알며 마음이 맞는 사람과 함께 있다면 영적인 일들을 이야기하여 서로를 세워 주고 강건하게 하십시오(롬 1:11,12 참고).

넷째, 회심하지 않은 사람이나 잘못된 신앙을 좇는 사람들과 함께 있다면 당신이 말하는 방식과 내용을 통해 (허세를 부리거나 교만하지 않게) 의롭게 된 모든 신자는 그의 이웃들보다 더 탁월하다는 것을 드러내야 합니다. 다시 말해, 의롭게 된 자들은 영적으로 더욱 탁월하며, 이 둘의 간극은 빛과 어둠, 생명과 죽음, 하나님의 자녀와 세상 자녀의 간극만큼이나 크다는 사실입니다. 이런 성향과 더불어 겸손함과 자기 부인과 사랑과 절제와 감사가 드러나야 합니다. 그럴 때 비로소 회심하지 않았거나 잘못된 신앙에 빠진 자들의 마음에 어떤 식으로든 죄에 대한 깨달음을 남길 것입니다. 항상 영적인 일들에 관해서만 말하라는 것이 아닙니다. 지혜로운 사람은 언제 어떤 말을 해야 할지를 압니다. 그리스도인 역시 세상과 사회에 속한 일들에 관해 말합니다. 그럴 때는 허탄한 말이 되지 않도록 경계를 늦추지 말고 도덕적이고도 품위 있게, 절제하며 대화해야 합니다.

다섯째, 여러분이 어디에서든, 그리고 무슨 일이든 합당하게 하고 있는지를 살피십시오. 즉, 다툼이나 허영이 없이 친절하고, 판단하기 위해 다른 사람의 말을 듣지 않도록 하십시오. 이야기하기를 좋아하되, 장황하게 말을 늘어놓거나 험담을 일삼지 마십시오. 주 예수님을 본받아 모든 일을 겸손하고도 지혜로우며 품위 있게 하십시오.

하나님께서 이 거룩하고도 감미로운 길을 가도록 당신을 인도하여 진보를 이루게 하시기를 바랍니다. 그리하여 마침내 영원한 영광으로 들여 영원토록 하나님과 완전하게 연합하고 그 안에서 순전함과 희락으로 흡족하게 하시기를 바랍니다. 그곳에는 더 이상 분투나 믿음이나 소망이 필요 없고 오직 사랑만이 남아 있습니다. 아멘.

43

경건주의자와 정적주의자, 그리고 본성적 신앙으로 어긋난 자들을 향한 경고의 권면

하나님은 이 땅에서 자기 백성들(자신의 교회 또는 회중)을 다른 사람들과 구별하여 영광 받으시기를 기뻐하십니다. 더 나아가 그들이 서로 영적으로 연합하여 하나 되게 하고, 자신의 거룩한 말씀을 주며, 어둔 세상에서 빛을 비추게 하기를 기뻐하십니다. 심지어 하나님은 은혜롭고도 복되게 임재하여 그들 가운데 거하시면서 예수 그리스도의 얼굴 안에서 자신의 완전함을 나타내시고, 그들이 모든 악과 마귀와 세상의 맹렬한 공격과 궤계를 능히 견딤으로써 마침내 그분의 영원한 영광에 들어가도록 하기를 기뻐하십니다.

수많은 원수들이 하나님께서 교회에 맡기신 진리의 말씀을 대적합니다. 이 원수들은 물리적인 폭력으로 이 땅에서 교회를 없애거나, 수많은 잘못된 가르침들로 진리를 가리고 훼방하는 데 혈안이 되어 있습니다. 그들은 믿음과 신앙고백의 내용이나 그 실천에 관하여 거짓된 가르침을 퍼뜨립니다. 진리를 믿는 것과 진리를 행하는 것을 분리시킵니다. 그러나 그들의 이런 가르침은 모두 하나님의 진리에 어긋납니다. 거짓된 가르침은 그릇된 행실로 드러나고, 그릇된 행실은 언제나 거짓된 가르침과 얽혀 있습니다. 가르침이나 실천에 오류가 있는 사람을 잘 보면, 이 두 가지 모두가 잘못되어 있음을 발견할 수 있습니다. 따라서 우리는 가르침과 실천을 모두 세심하게 살펴 이 두 가지가 모두 잘못되지 않도록 계속 경계해야 합니다.

하나님은 이교도에게 복음을 전파하시고, 그들 가운데 자신의 교회를 세우셨습니다. 그런데 이제는 교회가 이전의 이교들로 신속히 돌이키는 것처럼 보입니다. 교회에 무지가 만연합니다. 사람들은 이제 자연과학 지식과 웅변을 가리켜 지혜라고 부릅니다. 어떤 이들은 쾌락주의자들과 마찬가지로 세속적 즐거움을 자신들의 천국과 지복으로 삼습니다. 늙으면 즐길 수 없으니, 할 수 있을 때 먹고 마시고 죽도록 즐기자는 것이 그들의 좌우명입니다. 또 어떤 이들은 금욕주의자들처럼 감정을 초월해 사는 것을 행복이라 여깁니다. 다시 말해, 자신들이 운명(또는 이치)이라 여기는 것을 인위적으로 거스르지 못하므로 체념하고 만족해하는 것입니다. 종교심이 돈독한 이교도들의 모범을 따라 그리스도와 상관없이 악한 일에서 떠나 선을 행해 보려고 발버둥 치는 사람들도 있습니다. 또한 하나님에 대한 사변적인 명상과 종교 의식에 몰두하면서 거기서 즐거움을 찾는 이교도들도 있습니다.

기독교인이라고 하면서도 이렇게 행하는 사람들이 얼마나 많은지 모릅니다. 하나님을 알고 그분과 교제하는 것을 인간의 지복이라 여기면서, 정작 하나님에 관해서는 본성적으로만 이해하고 있기 때문입니다. 이런 사람들은 그리스도 안에서 하나님과 참된 교제를 누리고, 진리 안에서 하나님을 목도하는 것이 무엇인지 모릅니다. 그러하기에 하나님을 알고 그분과 교제하는 것을 너무나 어렵고도 불가능하며 요원한 영적인 일로 여기고 본성적인 사변으로 흐르고 맙니다.

본성적 영성의 다양한 모습들

눈먼 교황주의(이는 이교와 다를 바가 없습니다)를 따르는 자들 중에는 언제나 피조물 섬기기를 거부하고 자신의 본성적 지성이 허락하는 한 내면의 신앙심을 최고로 고조시키는 글을 쓰는 자들이 있어 왔습니다. 이런 자들을 신비주의 작가들이라고 부릅니다. 왜냐하면 이들의 성찰이 일반 대중들은 도무지 다다를 수 없는 경지에까지 이르기 때문입니다. 오늘날 많은 사람들은 '신비적'이라는 단어를 좋아합니다. 마치 이 단어가 더 높은 수준의 영성을 의미하기라도 하는 것처럼 말입니다.

우리는 요하네스 타울러(Johannes Tauler)를 이런 작가들 중 하나라고 보지 않습니다. 그가 영적이고 영혼을 감동시키는 글을 많이 썼지만, 그의 글에는 광신주의와 현저한 오류들이 뒤섞여 있습니다. 우리는 세 권으로 된 『그리스도를 본받아』(The Imitation of Christ)라는 탁월한 글을 쓴 토마스 아 켐피스(Thomas à Kempis) 역시 그런 범주에 속하는 작가라고 여기지 않습니다. 네 번째 책은 그가 쓴 것이 아니라 다른 사람이 우상숭배적인 내용을 덧붙인 것입니다. 그러나 타울러와 아 켐피스는 모두 주 예수님에 관해 죄인들을 위한 의와 속전으로는 거의 이야기하지 않습니다. 어떻게 참된 믿음을 통해 예수님 안에서 의롭게 되는지, 어떻게 하나님께로 나아가고, 어떻게 그분의 얼굴 안에서 하나님의 영광을 보는지에 관해 거의 말하지 않습니다. 그분 안에서, 그리고 그분과의 연합에서 비롯되는 참된 거룩함을 연습하면서 어떻게 예수님을 누려야 하는지에 관해서는 거의 언급하지 않습니다. 이 두 사람의 글은 이런 사실을 염두에 두고서 읽어야 유익을 얻을 수 있습니다.

종교개혁 이후 많은 사람들이 진리에서 오히려 자신들이 떠나온 교황주의보다 더 멀어졌습니다. 많은 이단들이 다시금 득세했습니다. 그 이단들은 새로운 모습으로 나타나 저마다 많은 추종자들을 거느리게 되었습니다. 신앙을 실천하는 영역에서도 이는 마찬가지였습니다. 헛된 망상과 본성적인 사변과 사탄의 속임과 꿈과 열광주의가 신비주의라는 이름으로 등장했습니다. 이들은 저마다 다른 것을 주장할뿐더러, 그 주장들도 하나같이 참된 경건의 실천(교황주의 안팎으로)과는 너무나 거리가 멉니다. 그러하기에 이런 것들에 관해 글을 쓰거나 읽는 것 자체만으로도 슬픔을 금할 길이 없습니다. 독일에서는 많은 사람들이 야콥 뵈메(Jacob Boehme)를 따릅니다. 영국에서는 퀘이커교도들이 일어났습니다. 퀘이커라는 이름은 사람이 한껏 고양된 상태에서 하나님과 신적인 일들을 생각할 때 몸이 떨리는 데서(때때로 진실로 경건한 사람들도 하나님에 대한 두려움으로 몸을 떨 때가 있습니다) 유래하였습니다. 퀘이커교도들은 그러한 떨림을 성령께서 임한 증거라고 여깁니다. 그들이 행하는 많은 열광적 행위는 이미 잘 알려져 있습니다.

  몇 년 전에 스페인 사람 미구엘 드 몰리노스(Miguel de Molinos)가 『영적 지침』(*De Geestelijke Leidsman*)이라는 책을 출판했습니다. 여기서 그는 외적인 종교 행위들을 모두 거부하면서 하나님의 조명을 받으려면 내면이 하나님을 향해 고요한 상태이어야 한다고 주장했습니다. 그러면서 묵상의 수준을 세 가지로 구분합니다. 첫 번째 수준은 달콤한 감정을 낳거나 감정적인 것을 추구하는 묵상입니다. 그는 이것을 거부합니다. 두 번째 수준은 이성적 숙고, 즉 지성을 통해 진리를 알고 인정하며 실천하기를 구하면서 하나님을 숙고하는 묵상입니다. 이러한 묵상 또한 그에게는 여전히 저급하고도 미숙할 뿐입니다. 세 번째 수준은 지적 행위와 영적으로 고양되는 것을 포함한 모든 외적 행위가 배제됩니다. 자아를 벗어나 모든 것을 초월하여 하나님과 온전히 연합하고, 하나님 안에서 자아를 완전히 잃어버리는 피동적인 숙고와 순전한 사랑으로 하나님을 예배하는 것을 말합니다. 이런 주장을 통해 우리는 자연인(하나님도 모르고 성령과도 상관없는)의 망상과 허탄한 사변이 어디까지 이를 수 있는지를 볼 수 있습니다. 교황주의자들과 다양한 분파들 가운데 많은 이들이 몰리노스를 추종합니다. 그가 외적인 활동과 영적인 활동을 모두 배제하고 두 영역 모두에서 철저히 고요함을 추구하는 까닭에, 그를 따르는 사람들을 정적주의자(Quietests), 다시 말해 조용하고 움직이지 않는 것을 추구하는 자들이라고 부릅니다.

  몰리노스에 이어 몇 년 후에 캄브레의 대주교인 프랑수아 드 살리냑 드 라모뜨 펜넬롱(François de Salignac de La Mothe-Fénelon)은 『성인들 또는 내적인(영적인) 삶의 근본 원리에 대한 선언』(*De Verklaring van de Grondstellingen der Heiligen, of het Inwendige [Geestelijk] Leven*)이라는 책을 출판했습니다. 그러나 이 책은 결코 영적인 책이 아닙니다. 그는 영적인 일로 탈바꿈한 거짓된 일들을 본성을 따라 한껏 고양시켰을 뿐입니다. 그 역시 앞에서 말한 몰리노스나 교황주의자들 가운데 있는 여러 신비주의 작가들과 다르지 않습니다. 이들은 사랑(또는 사랑 없음), 하나님을 보는 것, 하나님과 연합하는 것이 어떤 비본질적인 상상 속에 있다고 가르치는데, 이러한 가르침들은 하나님의 말씀과 상반됩니다. 하나님의 말씀은 구속의 역사를 통해 하나님께서 스스로를 계시하신 대로 그리스도의 얼굴에서 하나님을 보라고 가르칩니다. 참으로 거듭난 신자들만이 이런 하나님을 알고 믿을 수 있습니다. 그리하여 신자들은 하나님으로 말미암은 즐거움과 사랑이 넘쳐 나며 하나님을 영화롭게 합니다.

신비주의자들과 경건한 신자들은 모두 자기 부인, 사랑, 하나님을 보는 것에 관해 이야기하지만, 그것은 용어만 같을 뿐 실제로는 다른 내용입니다. 신비주의자들은 성령과 상관없이 본성적인 지성과 생각과 상상을 따라 모든 것을 이해하고, 말하며, 행합니다. 그들은 주 예수 그리스도(속전과 칭의와 화평에 이르는 의로움이신)를 하나님께로 나아가고 참된 성화에 이르는 유일한 길로 누리지 않습니다. 이런 길과 특권은 신비주의자들에게 감추어져 있습니다. 반면 진실로 거듭난 경건한 신자들은 참된 믿음을 가지고 눈에 보이는 것이 아니라 믿음으로 살며 범사에 주 예수님을 누립니다. 예수님을 통해 성부께 나아갑니다. 예수 그리스도의 얼굴을 통해 하나님을 봅니다. 하나님 앞에서 모든 일을 행합니다. 겸손하게 경외하며 사랑하고 순종하면서 하나님의 얼굴 앞에서 행합니다. 이것이 바로 옛길입니다. 이런 사실을 통해 우리는 신비주의자와 참된 그리스도인들이 상상과 진리의 차이만큼이나 다르다는 점을 확연히 알 수 있습니다. 이들은 성령의 인도하심에 따라 사는 것과 본성을 따라 사는 것, 세상에 속한 것과 하늘에 속한 것, 자신이 알지도 못하는 하나님을 섬기는 것과 참된 하나님을 섬기는 것, 성경과 상관없이(눈에 보이지 않는 것을 무시하며) 살아가는 것과 하나님의 말씀을 따라 살아가는 것만큼이나 다릅니다. 진실로 경건한 신자는 겸손하게 성령과 진리 안에서 하나님을 섬기며 살기 때문에 고상하게 꾸며 낸 망상을 즐기려는 미혹을 떨쳐 버릴 수 있습니다.

경건주의

몇 년 전 독일 루터교도들 사이에서 깊은 신앙의 체험을 추구하는 운동이 꽤 크게 일어났습니다. 우리는 그중 진리를 따라 그런 체험을 추구하는 사람도 있었겠지만, 대부분은 잘못된 생각을 따라 그렇게 했다고 믿습니다. 이런 유사 신앙 체험 운동은 몇몇 지역에서 개혁파 신앙을 추구하는 사람들에게까지 영향을 미쳤습니다. 세상 사람들은 이들 중 많은 사람들이 경건한 생활 방식으로 돌이킨 것을 보고서 그들을 경건한 체하는 자들(Pietists)이라 부르며 비아냥댔습니다. 그러나 이것은 사실상 경건하지 않게 살아가는 자신들을 정죄하고 오히려 진실로 경건하게 살아가는 자들에게 면류관을 씌워 주는 셈이 되었습니다. 경건주의자라고 불리는 것이 곧 그가 경건하게 살아간다는 의미가 되었기 때문입니다.

지금부터 경건주의자에 대한 경각심을 불러일으키고 이와 관련해 몇 가지 지침을 제공하겠습니다. 다만 이는 결코 그들 가운데 있는 경건한 참된 신자를 두고 하는 말이 아닙니다. 하나님께서 오히려 그들이 루터교도의 오류를 보고서 거기에서 돌아서도록 그들에게 복을 베풀고 더 많은 빛을 비추어 주시기를 바랍니다. 지금부터 말하는 내용은 여러 인위적인 개념과 오류를 부추기는 신비주의자들, 정적주의자들, 이단들, 열광주의자들, 데이비드 조리스를 따르는 자들(David-Jorists), 보헤미안주의자들, 퀘이커교도들, 그리고 오늘날 경건주의자라고 알려진 모든 개개인을 가리켜 하는 말입니다.

이단이라 할지라도 저마다 신자들을 책망하고 신자들이 소홀히 하는 것을 깨닫게 하는 가르침을 가지고 있습니다. 신자라 할지라도 불안정한 상태에 있다면 이단의 그럴듯한 말에 쉽사리 미혹되고 맙니다. 특히 하나님을 명상하고 그 명상을 지속시키는 방법, 자기 부인, 사랑의 즐거움에 관한 이야기를 들을 때만큼 귀가 솔깃할 때가 없습니다. 이런 달콤한 말들을 통해 이단들은 본성이 종교적인 사람들뿐만 아니라 경건한 신자들의 마음마저 파고듭니다. 이단 또한 하나님을 알고, 하나님의 얼굴 빛 가운데 행하고 하나님과 연합되는 것이 지복임을 압니다. 여전히 자신의 마음에 자기애가 깊이 뿌리박혀 있으며, 이로 인해 큰 슬픔과 비탄이 초래된다는 것도 압니다. 그들은 이 모든 것에서 벗어나기만을 바랍니다. 사랑이야말로 가장 순전하고도 달콤하며 절실히 필요하고 가장 거룩한 은혜라는 것도 압니다. 그러하기에 이단들이 이 모든 것들을 탁월한 언변으로 그럴듯하게 설파하면 듣는 자들은 이내 마음이 달아오르면서, 그들이 과연 그런 것들을 누리고 있으리라 믿게 되는 것입니다. 그리하여 사람들은 이단들과 함께할지에 대해 심각하게 고려하는 지경에까지 이릅니다. 그러나 그들의 화려한 언변에는 가시가 숨겨져 있습니다. 신자들은 성령을 따라 모든 것을 아는 반면, 그들은 기껏해야 본성을 따라 모든 것을 알고 말할 뿐입니다. 다시 말해, 그들이 하는 말은 성령의 사역과는 전혀 상관없습니다. 그들은 본성적인 지식과 말로써 영적인 지식과 영적인 일들을 누리고 행하고자 하는 열망에서 멀어지게 합니다. 신자들을 영적이지 않은 본성적인 이해와 행위로 이끌 뿐만 아니라, 처음에는 감추어 놓았던 다른 오류들로 이끌리게 합니다.

그들이 가르침과 행위를 통해 범하는 모든 오류들을 일일이 나열하고 하나하나 논박하기란 거의 불가능합니다. 사람마다 생각하는 바가 다 다르기 때문입니다. 한 사람이 말하면, 다른 사람은 그것을 부정합니다. 그러하기에 진리를 붙드는 신자들이 이단의 여러 미혹으로부터 보호받도록 차라리 그들의 오류들을 분명히 드러내는 명제들을 몇 가지 제시하고, 그 명제들을 변호하고자 합니다.

명제 1. 그리스도인은 반드시 진리를 사랑합니다. 진리에 대한 사랑이 결여되어 있다면, 제 아무리 그럴듯하고 더할 나위 없이 뛰어나다 할지라도 전부 속이는 것에 불과합니다.

첫째, 진리는 하나님께서 말씀으로 계시하신 구원의 길입니다. 하나님께서 그분 자신과 주 예수 그리스도와 거듭남과 구원 얻는 믿음과 참된 거룩함과 어떻게 하나님을 섬길지에 관해 계시하신 모든 것이 진리입니다.

"아버지의 말씀은 진리니이다"(요 17:17).

"진리의 말씀 곧 너희의 구원의 복음을 듣고"(엡 1:13).

구원에 이르는 다른 길은 없습니다. 이 길을 통하지 않는다면 잃어버린 자로 드러날 것입니다. 아무리 종교심이 깊다 하더라도 이 진리가 아니고서는 구원에 이르지 못합니다. 이 진리에 반하는 것은 전부 거짓이요 마귀로부터 온 것입니다. 마귀는 "처음부터 살인한 자"입니다.

"진리가 그 속에 없으므로 진리에 서지 못하고 거짓을 말할 때마다 제 것으로 말하나니 이는 그가 거짓말쟁이요 거짓의 아비가 되었음이라"(요 8:44).

둘째, 하나님께서 이 진리를 오직 자신의 교회에만 주셔서 그것을 보존하고 선포하며 고백하도록 하셨습니다.

"이 집은 살아 계신 하나님의 교회요 진리의 기둥과 터니라"(딤전 3:15).

"우선은 그들이 하나님의 말씀을 맡았음이니라"(롬 3:2).

셋째, 이 진리는 거듭남의 씨앗입니다. 다시 말해, 이 진리를 통해 사람이 흑암에서 경이로운 빛으로 들어갑니다.

"그가 그 피조물 중에 우리로 한 첫 열매가 되게 하시려고 자기의 뜻을 따라 진리의 말씀으로 우리를 낳으셨느니라"(약 1:18).

"너희가 거듭난 것은 썩어질 씨로 된 것이 아니요 썩지 아니할 씨로 된 것이니 살아 있고 항상 있는 하나님의 말씀으로 되었느니라"(벧전 1:23).

그러므로 이 진리를 알지도, 가지지도 못한 사람은 거듭날 수 없습니다. 거듭나지 못한 사람이 영적인 일들에 관해 말하는 것은 하나같이 본성의 일에 불과하며, 그 속에는 전혀 진리가 없습니다.

넷째, 이 진리를 통해서만 구원 얻는 참된 믿음을 얻습니다. 구원 얻는 믿음은, 죄와 심판으로 어찌할 바를 몰라 하며 하나님과 화해하고 교제하며 거룩하기를 갈망하는 영혼의 외부에서 옵니다. 하나님의 의요 속전이신 주 예수님께 나아가는 것입니다. 그렇게 그리스도를 영접하고, 그분께 순복하며 자신을 맡기는 것이요, 그분 안에서 살고 자라는 것입니다. 이런 믿음은 진리에 토대를 둡니다. 이 진리가 없으면 믿음도 없습니다.

"그런즉 그들이 믿지 아니하는 이를 어찌 부르리요, 듣지도 못한 이를 어찌 믿으리요, 전파하는 자가 없이 어찌 들으리요……그러므로 믿음은 들음에서 나며 들음은 그리스도의 말씀으로 말미암았느니라……곧 우리가 전파하는 믿음의 말씀이라"(롬 10:14,17,8).

다섯째, 이 진리는 거룩함을 이루는 원천이요 원리이자 방편입니다. 이 진리를 통해서만 거룩함을 정의할 수 있습니다. 거룩함은 진리를 사랑하여 그것을 준행하는 것입니다.

"이는 우리가 이제부터 어린아이가 되지 아니하여 사람의 속임수와 간사한 유혹에 빠져 온갖 교훈의 풍조에 밀려 요동하지 않게 하려 함이라. 오직 사랑 안에서 참된 것을 하여 범사에 그에게까지 자랄지라. 그는 머리니 곧 그리스도라"(엡 4:14,15).

주 예수님은 제자들의 거룩함을 위해 기도하면서, 그들이 진리를 통해 거룩해지기를 구하셨습니다.

"그들을 진리로 거룩하게 하옵소서. 아버지의 말씀은 진리니이다"(요 17:17).

오직 진리를 통해서만 마음을 순전하게 할 수 있습니다.

"너희가 진리를 순종함으로 너희 영혼을 깨끗하게 하여 거짓이 없이 형제를 사랑하기에 이르렀으니 마음으로 뜨겁게 서로 사랑하라"(벧전 1:22).

죄 가운데 사는 사람은 죄의 종이요 노예입니다. 사람은 진리를 통해 죄로부터 자유롭게 됩니다. 진리를 잘 알고 이해할 때 이 일이 일어납니다.

"진리를 알지니 진리가 너희를 자유롭게 하리라"(요 8:32).

거룩하게 산다는 것은 진리 가운데 행하는 것입니다.

"네가 진리 안에서 행한다 하니……내가 내 자녀들이 진리 안에서 행한다 함을 듣는 것보다 더 기쁜 일이 없도다"(요삼 1:3,4).

진리를 알지도, 가지지도 못하는 사람은 거룩할 수 없습니다. 그는 회심하지 않은 사람이 행하는 본성의 일을 드러낼 뿐입니다. 진리에서 벗어나는 걸음들은 모두 거룩한 길을 더럽히는 부정한 발걸음일 뿐입니다.

여섯째, 하나님은 조금이라도 진리가 모호해지거나 사라지지 않도록 신자들이 진리를 수호하고 진리를 위해 온 힘을 다해 싸우기를 요구하십니다. 영적 군사는 진리로 무장해야 합니다.

"그런즉 서서 진리로 너희 허리띠를 띠고 의의 호심경을 붙이고"(엡 6:14).

이렇게 진리로 무장한 신자는 계속 진리를 주목하고, 어느 누구도 절대 이 진리를 침해하지 못하게 해야 합니다.

"사랑하는 자들아……성도에게 단번에 주신 믿음의 도를 위하여 힘써 싸우라는 편지로 너희를 권하여야 할 필요를 느꼈노니"(유 1:3).

"믿음의 선한 싸움을 싸우라"(딤전 6:12).

또한 다음과 같이 말한 사도 바울의 모범을 따라야 합니다.

"우리는 진리를 거슬러 아무것도 할 수 없고 오직 진리를 위할 뿐이니"(고후 13:8).

우리는 이 진리를 약화시키려는 그 어떤 시도도 즉시 막아 낼 준비가 되어 있어야 합니다.

"그들에게 우리가 한시도 복종하지 아니하였으니 이는 복음의 진리가 항상 너희 가운데 있게 하려 함이라"(갈 2:5).

우리가 진리를 사랑한다면 진리를 거스르는 모든 것을 미워할 것입니다. 그것이 아무리 미미한 시도라 할지라도 말입니다. 하나의 오류는 그것만 따로 있지 않고 그 이면에 상상할 수 없을 만큼 수많은 오류들이 자리하기 때문입니다.

"우리를 위하여 여우 곧 포도원을 허는 작은 여우를 잡으라"(아 2:15).

"내가……모든 거짓 행위를 미워하나이다"(시 119:104).

일곱째, 진리를 가볍게 여겨서는 안 됩니다. 하나님께서 진리를 참으로 소중한 선물로 주셨을 뿐 아니라 우리가 이 선물을 어떻게 받는지를 언제나 주목하시기 때문입니다. 우리가 온 마음으로 이 진리를 사랑한다면, 하나님은 우리에게 더 많은 빛을 비추실 것입니다. 그러나 진리에 냉담하고 이를 무기력하고 무정하며 부주의하게 행한다면, 하나님의 진노와 심판을 면치 못할 것입니다. 데살로니가후서 2장 10-12절을 마음 깊이 새기십시오.

"불의의 모든 속임으로 멸망하는 자들에게 있으리니 이는 그들이 진리의 사랑을 받지 아니하여 구원함을 받지 못함이라. 이러므로 하나님이 미혹의 역사를 그들에게 보내사 거짓 것을 믿게 하심은 진리를 믿지 않고 불의를 좋아하는 모든 자들로 하여금 심판을 받게 하려 하심이라."

그러므로 지금부터라도 힘써 진리를 위해 사십시오.

여덟째, 오류와 벗하는 것은 하나님의 뜻에 반할뿐더러, 오히려 그 오류를 인정하는 것입니다. 교회는 닫힌 동산입니다(아 4:12 참고). 다른 모든 사람들이 어떤 종교를 어떻게 믿든지 간에 교회는 그들 모두와 구별됩니다. 교회 안에는 이단을 용납할 여지가 전혀 없습니다.

"오직 네게 이것이 있으니 네가 니골라 당의 행위를 미워하는도다. 나도 이것을 미워하노라……그러나 네게 책망할 일이 있노라 자칭 선지자라 하는 여자 이세벨을 네가 용납함이니 그가 내 종들을 가르쳐 꾀어 행음하게 하고 우상의 제물을 먹게 하는도다"(계 2:6,20).

이처럼 교회 안에 거짓 교리를 가르치는 자들이 섞이지 않도록 교회의 모든 지체들이 경계를 늦추지 말아야 합니다. 하나님께서 다음과 같이 명령하십니다.

"너희는 믿지 않는 자와 멍에를 함께 메지 말라. 의와 불법이 어찌 함께하며 빛과 어둠이 어찌 사귀며, 그리스도와 벨리알이 어찌 조화되며 믿는 자와 믿지 않는 자가 어찌 상관하며……그러므로 너희는 그들 중에서 나와서 따로 있고 부정한 것을 만지지 말라. 내가 너희를 영접하여"(고후 6:14,15,17).

하나님의 위엄 앞에 두려움으로 서 있다면, 하나님의 말씀 앞에 두려워 떤다면, 이 진리가 소중하다면, 아무리 그럴듯하고 대단해 보이더라도 거짓 가르침과 거짓 교사들에게서 돌아서십시오. 사도 요한의 촉구를 잘 들어 보십시오.

"누구든지 이 교훈을 가지지 않고 너희에게 나아가거든 그를 집에 들이지도 말고 인사도 하지 말라"(요이 1:10).

다시 말해, 그런 사람들과는 어울리지 말고 피해야 합니다. 그리하면 적어도 거짓된 가르침에 미혹되거나 이끌릴 일은 없습니다.

"형제들아 내가 너희를 권하노니 너희가 배운 교훈을 거슬러 분쟁을 일으키거나 거치게 하는 자들을 살피고 그들에게서 떠나라. 이 같은 자들은 우리 주 그리스도를 섬기지 아니하고 다만 자기들의 배만 섬기나니, 교활한 말과 아첨하는 말로 순진한 자들의 마음을 미혹하느니라"(롬 16:17,18).

이 명제에 얼마나 세심하게 주의를 기울여야 하는지 모릅니다! 이 명제에 자신을 비추어 보십시오. 진리를 이처럼 사랑합니까? 진리를 소중히 여깁니까? 진리로 말미암아 기뻐하며 하나님께 감사합니까? 진리를 따라 삽니까? 진리를 위해 싸웁니까? 모든 오류와 그것들을 떠받드는 자들을 끔찍하게 여깁니까? 그들과 교류하는 것을 두려워하고, 또 그렇게 될까 봐 쉼 없이 경계합니까? 만일 그렇다면 당신은 경건주의자들의 그럴듯한 고상한 말에 미혹되지 않을 것입니다. 그들의 말이 진리에서 나왔는지 오류에서 비롯되었는지, 또 진리를 사랑하는 자들의 말인지를 금방 분별할 것이기 때문입니다.

여러분이 그들의 고상하고도 유창한 언변을 물리치고 믿음의 근본 진리를 말해 보면 이런 사실이 분명해집니다. 그들은 자신들이 믿음의 근본 진리에 무지하며 이러저러한 오류를 따르고 있다는 것을 알고 있으므로 그런 이야기를 피하려고 합니다. 따라서 여러분은 진리를 향한 사랑으로 말미암아 그들을 떠날 근거를 충분히 가지게 됩니다. 또한 그들이 구사하는 고상하고도 유창한 언변이 성령으로부터 비롯된 것이 아니라, 본성적인 지성에서 온 것임을 금세 알게 될 것입니다. 그들의 행실을 잘 주목해 보면, 그들이 진리를 사랑하지 않는다는 것을 알 수 있습니다. 그들은 교황주의자나 소시니안이나 재세례파 등은 물론이요 다양한 다른 종교의 사람들과도 거리낌 없이 어울리기 때문입니다. 이처럼 그들은 거짓을 진리와, 어둠을 빛과 뒤섞습니다. 비록 그렇게 말하지는 않더라도 그들은 행실을 통해 다른 이들의 주장에 관용을 베풀어야 하며, 그 주장을 서로 판단하거나 변호하지 말고 도리어 더욱 많이 사랑해야 한다고 주장합니다. 그러나 이는 실제로 하나님의 진리를 사랑하지 않으며 그것을 거부하고 멸시하면서 진리를 사랑하라는 하나님의 계명을 정면으로 거스르는 것이 아닙니까? 개인적으로 잘 알지 못하더라도 그와 어울리는 사람들을 보면 대략 그가 어떤 사람인지를 짐작할 수 있습니다. 그러므로 고상한 언변을 일삼으나 본성을 따라 사는 사람들에게서 떠나십시오. 그들은 영적인 걸음을 첫발도 채 떼지 못했습니다. 영적인 마음을 가진 여러분은, 그들이 실상은 진리를 거부하면서도 성령과 상관없이 영적인 일들에 관해 말하는 데 휘둘릴 필요가 없습니다.

여러분의 믿음이 작다면(거듭났으면서도 아직 진리를 아는 지식이 깊지 않다면 마땅히 책망받아야 합니다) 더더욱 경계를 늦추지 말아야 합니다. 여러분 앞에 큰 위험이 도사리고 있기 때문입니다. 여러분은 더욱 경건해지고, 하나님을 알며, 그분과 교제하고, 사랑 가운데 행하기를 열망합니다. 그러나 자신의 모습이 여전히 그 열망과는 거리가 멀다는 사실에 가슴 아파합니다. 여러분은 이런 영적 원리를 품고 있기 때문에, 고상한 어투로 영적인 일들에 관해 말하는 사람들에게 쉽게 이끌립니다. 그들을 따라야 할지 고민합니다. 그 이면에 숨겨진 가시와 그 행위의 끝을 보지 못하기 때문입니다. 하나님과 그분과의 교제에 관해 그들이 하는 모든 말들이 기껏해야 본성적 사변에 불과하다는 것을 모르기 때문입니다. 그런 사람을 따르는 것은 성경에 반하는 일입니다. 뿐만 아니라 하나님은 자기 자녀를 그런 방식으로 인도하지 않으십니다. 하나님의 말씀에 신실하게 머무르십시오. 순전한 마음으로 그리스도 안에서 하나님을 찾으십시오. 하나님께서 여러분에게 주신 은혜의 분량에 만족하십시오. 그들의 행실은 여러분을 진정으로 영적인 것에서 본성의 영역으로 이끌어 갈 것입니다.

"사랑하는 자들아, 영을 다 믿지 말고 오직 영들이 하나님께 속하였나 분별하라. 많은 거짓 선지자가 세상에 나왔음이라"(요일 4:1).

명제 2. 그리스도인은 반드시 교회를 사랑하고 소중히 여깁니다.

신자라면 누구나 교회를 생각할 때 사랑하는 마음이 일어날 수밖에 없습니다. 교회의 영광과 순전함과 탁월함은 이 땅 위에 있는 다른 어떤 것들과도 비교할 수 없습니다. 교회가 없었다면 이 땅은 소돔으로 전락했을 것입니다. 그렇습니다. 교회가 없었다면 세상은 존재하지도 않았을 것입니다. 교회는 온 세계가 즐거워하고 세상에서 찬송을 받는 것입니다(시 48:2; 사 62:7 참고). 교회는 하나님의 자녀들이 이 땅에서 누리는 가장 큰 즐거움입니다. 그렇습니다. 하나님의 자녀들은 교회에서 다른 모든 기쁨들을 넘어서는 즐거움을 얻습니다.

"예루살렘아 내가 너를 잊을진대 내 오른손이 그의 재주를 잊을지로다. 내가 예루살렘을 기억하지 아니하거나 내가 가장 즐거워하는 것보다 더 즐거워하지 아니할진대 내 혀가 내 입천장에 붙을지로다"(시 137:5,6).

다윗의 모든 사랑과 기쁨과 관심과 갈망은 교회를 향하였습니다. 교회에서 쫓겨 났을 때, 다윗은 이렇게 말합니다.

"내 눈물이 주야로 내 음식이 되었도다"(시 42:3).

"메섹에 머물며 게달의 장막 중에 머무는 것이 내게 화로다"(시 120:5).

다윗은 이 땅에서 교회와 함께 있기만을 바랐습니다.

"내가 여호와께 바라는 한 가지 일 그것을 구하리니 곧 내가 내 평생에 여호와의 집에 살면서 여호와의 아름다움을 바라보며 그의 성전에서 사모하는 그것이라"(시 27:4).

교회가 그의 분깃이 되었을 때, 다윗은 몹시 즐거워했습니다.

"사람이 내게 말하기를 여호와의 집에 올라가자 할 때에 내가 기뻐하였도다. 예루살렘아 우리 발이 네 성문 안에 섰도다"(시 122:1,2).

우리에게도 이러한 마음의 성향과 교회를 향한 열망이 있기를 바랍니다. 교회는 살아 계신 하나님의 백성이라 불리는 자들의 모임이기 때문입니다(롬 9:26 참고). 세상은 많은 나라로 나뉘었고, 각 나라마다 왕이 있습니다. 그중에는 다른 왕들보다 강하고도 영광스러운 왕이 있기 마련입니다. 교회 역시 이 세상에 있는 나라입니다. 그러나 교회는 세상이 아니라 하늘에 속한 나라입니다. 하나님께서 친히 왕으로 다스리시는 나라입니다.

"대저 여호와는 우리 재판장이시요 여호와는 우리에게 율법을 세우신 이요 여호와는 우리의 왕이시니 그가 우리를 구원하실 것임이라"(사 33:22).

영광의 주, 왕의 왕, 주의 주이신 주 예수님께서 그들의 왕이십니다.

"내가 나의 왕을 내 거룩한 산 시온에 세웠다 하시리로다"(시 2:6).

하나님께서 친히 열국 중에서 교회를 택하셨습니다. 이는 하나님께서 교회를 세상과 구별하여 자기 소유로 삼으시기 위한 것입니다.

"너는 여호와 네 하나님의 성민이라. 네 하나님 여호와께서 지상 만민 중에서 너를 자기 기업의 백성으로 택하셨나니"(신 7:6).

하나님께서 친히 자기 백성을 모으십니다.

"이 백성은 내가 나를 위하여 지었나니 나를 찬송하게 하려 함이니라"(사 43:21).

"하나님을 찬미하며 또 온 백성에게 칭송을 받으니 주께서 구원받는 사람을 날마다 더하게 하시니라"(행 2:47).

하나님께서 친히 그들을 살피고 돌보십니다.

"나 여호와는 포도원지기가 됨이여. 때때로 물을 주며 밤낮으로 간수하여 아무든지 이를 해치지 못하게 하리로다"(사 27:3).

"여호와의 말씀에 내가 불로 둘러싼 성곽이 되며 그 가운데서 영광이 되리라"(슥 2:5).

원수에게 교회를 대적하는 궤계를 세우고 맘껏 공격해 보라고 하십시오. "음부의 권세가 이기지"(마 16:18) 못할 것입니다. 하나님의 교회를 대적하는 자들은 화를 면하지 못합니다. 이는 다름 아닌 "그의 눈동자를 범하는 것"(슥 2:8)이기 때문입니다.

하나님과 주 예수님을 왕으로 모신 교회를 어느 누가 감히 존귀히 여기지 않을 수 있겠습니까? 하나님을 두려워하고 사랑하며 그분의 자녀인 교회를 사랑한다고 하면서, 어떻게 교회를 존귀히 여기지 않을 수 있단 말입니까?

"예수께서 그리스도이심을 믿는 자마다 하나님께로부터 난 자니, 또한 낳으신 이를 사랑하는 자마다 그에게서 난 자를 사랑하느니라"(요일 5:1).

교회에서 보게 되는 사람들이 누구인지를 잘 생각해 보십시오. 그리하면 교회를 사랑하게 될 것입니다. 그들은 지존하신 이의 성도들입니다.

"지극히 높으신 이의 성도들이 나라를 얻으리니"(단 7:18).

그들은 "땅에 있는……존귀한 자들"(시 16:3)입니다. 하나님께서 택하시고 예수 그리스도의 피로 값 주고 사신 자들입니다.

"하나님이 자기 피로 사신 교회"(행 20:28).

성경은 이들을 일컬어 "일찍이 죽임을 당하사 각 족속과 방언과 백성과 나라 가운데에서 사람들을 피로 사서 하나님께"(계 5:9) 드려진 자들이라고 합니다. 의롭게 되고 거룩하게 되었으며 중심이 영화롭게 된 하나님의 자녀요, 영생의 후사요, 하나님과 주 예수님께서 사랑하시는 자요, 참된 신자들입니다. 사도는 그들을 이렇게 일컫습니다.

"너희 중에 이와 같은 자들이 있더니 주 예수 그리스도의 이름과 우리 하나님의 성령 안에서 씻음과 거룩함과 의롭다하심을 받았느니라"(고전 6:11).

하나님께서 교회를 헵시바(חפצי־בה), 곧 "여호와께서……기뻐하실" 자들이라고 부르십니다(사 62:4 참고). 교회의 성벽은 구원이요 성문은 찬송이라 말하십니다(사 60:18 참고). 여러분이 온 맘으로 사랑하고 소중히 여겨야 할 것은 바로 교회입니다. 형제들을 사랑하지 않는 사람은, 그가 어떻게 말하든, 분명히 하나님도 사랑하지 않는 것입니다.

모든 영화로운 것이 교회에 있습니다. 하나님께서 특별한 방식으로 교회 가운데 거하십니다.

"하나님이 그 성 중에 계시매"(시 46:5).

그래서 교회를 '여호와 삼마(יהוה שמה)'라고 합니다.

"그 성읍의 이름을 여호와 삼마라 하리라"(겔 48:35).

주 예수님은 자신의 교회 가운데 행하시며, 교회를 가리켜 이렇게 말씀하십니다.

"에베소교회의 사자에게 편지하라. 오른손에 있는 일곱 별을 붙잡고 일곱 금 촛대 사이를 거니시는 이가 이르시되"(계 2:1).

주님은 교회의 안팎을 빛나는 영광으로 옷 입히십니다.

"왕의 딸은 궁중에서 모든 영화를 누리니 그의 옷은 금으로 수놓았도다"(시 45:13).

"네 화려함으로 말미암아 네 명성이 이방인 중에 퍼졌음은 내가 네게 입힌 영화로 네 화려함이 온전함이라. 나 주 여호와의 말이니라"(겔 16:14).

야곱이 벧엘에서 맞닥뜨린 하나님의 임재 앞에서 얼마나 크게 두려워했습니까! (창 28:16,17 참고) 또한 불붙은 떨기나무 앞에 선 모세는 어떠했습니까!(출 3:4,6 참고) 그렇다면 주님께서 거하시는 교회 앞에 어느 누가 두려움 없이 설 수 있단 말입니까? 회심하지 않은 자들조차도 교회를 향해 큰 존경을 나타냈습니다.

"그 나머지는 감히 그들과 상종하는 사람이 없으나 백성이 칭송하더라"(행 5:13).

하물며 신자는 어떠해야 하겠습니까!

하나님께서 교회에 베푸시는 복과 은택을 주목해 보십시오. 교회를 사랑하게 될 것입니다. 사람은 결코 교회가 누리는 복과 은택을 헤아릴 수 없습니다.

"하나님이 참으로 이스라엘 중 마음이 정결한 자에게 선을 행하시나"(시 73:1).

바울은 교회가 누리는 복과 은택을 다음과 같이 "모든 신령한"이라는 말로 표현합니다.

"찬송하리로다, 하나님 곧 우리 주 예수 그리스도의 아버지께서 그리스도 안에서 하늘에 속한 모든 신령한 복을 우리에게 주시되"(엡 1:3).

① 의의 태양이 교회에 치료하는 광선을 비춥니다(말 4:2 참고). 교회는 기쁨을 불러일으키고, 마음을 따뜻하게 하며, 풍성히 열매 맺게 하고, 길을 인도하는 하늘의 빛으로 빛납니다.

"일어나라 빛을 발하라. 이는 네 빛이 이르렀고 여호와의 영광이 네 위에 임하였음이니라. 보라, 어둠이 땅을 덮을 것이며 캄캄함이 만민을 가리려니와 오직 여호와께서 네 위에 임하실 것이며 그의 영광이 네 위에 나타나리니"(사 60:1,2).

이 빛이 교회를 너무나 분명하고도 효과적으로 인도하므로 우매한 자라 하더라도 길을 잃지 않을 것입니다(사 35:8 참고).

"마음이 혼미하던 자들도 총명하게 되며 원망하던 자들도 교훈을 받으리라 하셨느니라"(사 29:24).

② 주 예수님께서 그들의 의와 거룩함이 되십니다.

"그날에 죄와 더러움을 씻는 샘이 다윗의 족속과 예루살렘 주민을 위하여 열리리라"(슥 13:1).

"그 거주민은 내가 병들었노라 하지 아니할 것이라. 거기에 사는 백성이 사죄함을 받으리라"(사 33:24).

③ 교회에 거하는 자들에게 성령을 부어 주십니다.

"내가 다시는 내 얼굴을 그들에게 가리우지 아니하리니 이는 내가 내 영을 이스라엘 족속에게 쏟았음이니라. 주 여호와의 말씀이니라"(겔 39:29).

성령께서 그들을 모든 진리 가운데로 인도하십니다(요 16:13 참고).

"무릇 하나님의 영으로 인도함을 받는 사람은 곧 하나님의 아들이라"(롬 8:14).

④ 그들을 인도할 목자들을 보내십니다.

"내가 또 내 마음에 합한 목자들을 너희에게 주리니 그들이 지식과 명철로 너희를 양육하리라"(렘 3:15).

이 목자들은 그들 개개인의 행실을 잘 살피고, 바른 길에서 떠나는 사람이 있으면 즉시 그들을 찾아가 바른 길로 돌아오라고 부릅니다.

"너희가 오른쪽으로 치우치든지 왼쪽으로 치우치든지 네 뒤에서 말소리가 네 귀에 들려 이르기를 이것이 바른 길이니 너희는 이리로 가라 할 것이며"(사 30:21).

⑤ 교회에서 하나님은 그분께 속한 자들을 새롭게 하고 기쁘게 하십니다.

"한 시내가 있어 나뉘어 흘러 하나님의 성 곧 지존하신 이의 성소를 기쁘게 하도다"(시 46:4).

"나의 모든 근원이 네게 있다"(시 87:7).

그러므로 교회는 어찌할 바를 몰라 낙심한 자들의 피난처입니다.

"그 나라 사신들에게 어떻게 대답하겠느냐? 여호와께서 시온을 세우셨으니 그의 백성의 곤고한 자들이 그 안에서 피난하리라 할 것이니라"(사 14:32).

이 부분에 관해 좀 더 자세히 다루어 봅시다.

"헐몬의 이슬이 시온의 산들에 내림 같도다. 거기서 여호와께서 복을 명령하셨나니 곧 영생이로다"(시 133:3).

이뿐만 아니라 교회에는 즐겁고 유익한 일들이 계속됩니다.

① 하나님을 찬양합니다.

"여호와의 소리가 암사슴을 낙태하게 하시고 삼림을 말갛게 벗기시니 그의 성전에서 그의 모든 것들이 말하기를 영광이라 하도다"(시 29:9).

기쁨으로 여호와를 섬기고 노래하며 그 앞으로 나아갑니다(시 100:2 참고).

② 거룩한 두려움으로 겸손하게 하나님을 예배합니다. 하나님의 거룩한 성전을 향해 경배하며 간구합니다(시 5:7; 습 3:10 참고).

"아름답고 거룩한 것으로 여호와께 예배할지어다. 온 땅이여 그 앞에서 떨지어다"(시 96:9).

③ 여호와를 자기의 하나님으로 고백하고 선포합니다.

"그날에 말하기를 이는 우리의 하나님이시라. 우리가 그를 기다렸으니 그가 우리를 구원하시리로다. 이는 여호와시라. 우리가 그를 기다렸으니 우리는 그의 구원을 기뻐하며 즐거워하리라 할 것이며"(사 25:9).

찬송의 제사를 드립니다.

"그러므로 우리는 예수로 말미암아 항상 찬송의 제사를 하나님께 드리자. 이는 그 이름을 증언하는 입술의 열매니라"(히 13:15).

예수님의 이름 앞에 모든 사람이 무릎을 꿇고 모든 입술이 "예수 그리스도를 주라 시인"(빌 2:11)합니다. 교회에 대해 사도 베드로는 이렇게 증언합니다.

"그러나 너희는 택하신 족속이요 왕 같은 제사장들이요 거룩한 나라요 그의 소유가 된 백성이니, 이는 너희를 어두운 데서 불러내어 그의 기이한 빛에 들어가게 하신 이의 아름다운 덕을 선포하게 하려 하심이라"(벧전 2:9).

④ 교회는 진리와 거룩함과 주 예수님에 대한 고백과 그분을 전파하기 위한 노력으로 빛나는 곳으로서, 하나님을 섬기는 모든 사람을 위한 피난처입니다.

"많은 백성이 가며 이르기를 오라 우리가 여호와의 산에 오르며 야곱의 하나님의 전에 이르자. 그가 그의 길을 우리에게 가르치실 것이라. 우리가 그 길로 행하리라 하리니 이는 율법이 시온에서부터 나올 것이요 여호와의 말씀이 예루살렘에서부터 나올 것임이니라"(사 2:3).

⑤ 하나님은 많은 영혼을 회심시키기 위해 교회를 도구로 사용하십니다. 영혼의 어머니인 교회를 통하지 않고서 어느 누가 회심할 수 있겠습니까?

"오직 위에 있는 예루살렘은 자유자니 곧 우리 어머니라"(갈 4:26).

그러하기에 성경은 교회에 관해 이렇게 증언합니다.

"시온에 대하여 말하기를 이 사람, 저 사람이 거기서 났다고 말하리니 지존자가 친히 시온을 세우리라 하는도다"(시 87:5).

⑥ 하나님과 이웃을 향한 사랑이 역사합니다. 데살로니가교회는 이 사랑을 행하는 데 탁월했습니다. 그래서 사도 바울은 이렇게 말합니다.

"형제 사랑에 관하여는 너희에게 쓸 것이 없음은 너희들 자신이 하나님의 가르치심을 받아 서로 사랑함이라"(살전 4:9).

⑦ 약한 자들이 힘을 얻고, 애통해하는 자들이 위로를 얻고, 무지한 자들이 가르침을 받고, 곁길로 가던 자들이 돌아오고, 굼뜨고 게으른 자들이 일으킴을 받습니다. 영적 싸움을 하면서 서로를 격려하고 붙잡아 주며 서로에게 거룩한 모범이 됩니다.

이처럼 교회는 거룩함으로 빛납니다. 바로 이 거룩함이 여호와의 집을 단장합니다. 성경은 성도들을 이렇게 표현합니다.

"주의 권능의 날에 주의 백성이 거룩한 옷을 입고 즐거이 헌신하니 새벽이슬 같은 주의 청년들이 주께 나오는도다"(시 110:3).

그래서 성경은 교회의 모습이 "아침 빛같이 뚜렷하고, 달같이 아름답고, 해같이 맑고, 깃발을 세운 군대같이 당당"(아 6:10)하다고 증언합니다. 교회는 모든 일에 연약하지만 진리 안에서 모든 것을 가지며, 그 특징은 한결같습니다. 은에 검댕이 묻었다고 해서 그 가치가 사라지는 것이 아닙니다. 아무리 그을음이 묻었다고 해도 여전히 은은 반짝이는 양철보다 훨씬 귀합니다. 타작 마당에서 겨와 섞여 있다 하더라도 영양을 공급하는 밀의 핵심 가치와 성격은 변하지 않습니다.

영적인 눈과 마음으로 교회를 모든 측면에서 주목하면서 이 모든 사실들을 생각해 보십시오. 그리하면 회중을 향한 사랑이 불 일듯 일어날 것입니다. 뿐만 아니라 아무리 작은 일이라 할지라도 감히 교회에 해를 끼치는 자들을 향한 거룩한 분노가 일어날 것입니다. 이 모든 사실을 볼 때, 경건주의자들의 속임수를 끊임없이 경계해야 할 이유가 충분하지 않습니까! 그들은 교회를 무너뜨리는 데(그것이 가능하다면 말입니다) 혈안이 된 자들입니다. 교회와 교회의 질서와 목사들을 세우신 하나님의 명령과 말씀 사역과 성례와 천국의 열쇠를 거부하는 자들입니다. 그러므로 경건주의자들은 하나님의 회중을 멸시했다는 끔찍한 죄책을 면하지 못할 것입니다.

"너희가 하나님의 교회를 업신여기고"(고전 11:22).

하나님의 교회를 업신여기는 태도는 다름 아닌 하나님과 하나님의 풍성한 선하심을 업신여기는 것이므로, 하나님의 심판을 면치 못할 죄악입니다. 경건주의자들은 저마다 다른 이단과 오류들을 지지하지만, 하나같이 자신의 생각을 따르고, 하나님과 관련하여 그들이 아무것도 아님을 스스로 드러내며, 자신들이 꾸며 낸 거짓 하나님을 생각한다는 점에서 전부 똑같습니다. 어둠 속에 있는 사람에게는 본성적인 감각과 이해를 최대한 고양시키는 그들의 모습이 놀라운 영적인 빛으로 보입니다. 그래서 이런 일들에 관해 말하는 사람에게로 모여 그의 이야기를 듣기도 합니다.

게다가 그들은 온갖 분파의 사람들(심지어 경제적 차이까지도 포함합니다)에 대한 차별 없는 사랑을 보입니다. 교회를 사랑하지 않는 자는 하나님을 사랑하지 않습니다. 교회와 다투는 자는 하나님과 다투는 자이므로 하나님의 심판을 면치 못할 것입니다. 그러므로 당신의 소중한 구원을 위해서라도 이런 사람들을 멀리하여 교회와 다투는 자로 드러나지 않도록 하십시오. 이적을 행하고 이로써 얻은 명성을 이용하여 다른 신을 섬기도록 부추기는 선지자들에 대해 경고하는 신명기 13장 1-3절을 읽어 보십시오. 이 말씀은 하나님께서 그들의 마음이 하나님 앞에서 온전한지를 시험해 보신다고 말합니다. 이 말씀은 지금 우리가 이야기하는 문제에도 적용됩니다. 경건주의자들은 영적인 것처럼 보이므로 의로운 자들의 환심을 삽니다. 그러고는 의로운 자들을 교회와 참된 신앙으로부터 돌아서게 합니다. 그러하기에 무엇보다 먼저 그들의 목적이 무엇인지를 기억하고 그들의 유창하고도 현란한 말을 분별해야 합니다. 그들의 그럴듯한 달변에 현혹되지 않아야 할 뿐만 아니라 교회를 떠나 교회를 대적하는 끔찍한 죄를 범하게 하는 유혹을 받지 않아야 합니다.

"나와 함께 아니하는 자는 나를 반대하는 자요 나와 함께 모으지 아니하는 자는 헤치는 자니라"(마 12:30).

명제 3. 성경은 교리와 삶을 위한 유일한 규범입니다.

첫 번째 명제에서 진리가 얼마나 소중하고 사랑스러운지, 그리고 이 진리를 사랑하는 사람은 진리에서 떠나는 모든 자들을 미워하면서 그들과 사귀기를 피한다는 사실을 보았습니다. 따라서 이런 사람은 당연히 경건주의자들 또한 멀리합니다. 두 번째 명제에서 우리는 교회를 사랑하는 모든 자들이 하나님의 백성들과 교회를 존경하고 사랑하지만, 경건주의자들은 그렇지 않다는 사실을 보았습니다. 이제 구원을 얻게 하는 모든 진리가 담겨 있고 교회가 토대로 삼고 있는 하나님의 말씀이 얼마나 사랑스럽고도 소중한지를 살펴봅시다.

하나님은 말씀을 교회에 주심으로써 그것을 보존하고 전파하게 하셨습니다. 경건주의자들은 이런 하나님의 말씀 또한 거부하거나 경시합니다.

하나님은 자기 백성들이 교리와 삶을 위한 견고한 규범을 가지고 사탄에게 미혹되지 않도록 구원의 길(구원의 길은 하나뿐이며, 자연인에게는 감추어져 있습니다)을 기록하게 하셨습니다. 사탄은 지옥으로부터 피어오르는 많은 연기와 안개로 신자들의 시야를 가려 진리를 감추며 자신을 광명의 천사로 가장합니다. 다시 말해, 성령과 그리스도가 없는 본성적인 방식으로 가장 신령한 본성을 흉내 냅니다. 게다가 하나님은 교활한 방식으로 사람을 실족시키는 술수에 능한 자들의 속임으로부터 교회를 보호하시기 위해 말씀을 기록하게 하셨습니다. 또한 이는 모든 이단과 오류의 씨를 담고 있는 각자의 마음으로부터 교회를 보호하시기 위함입니다. 또한 그렇게 기록된 구원의 길을 교회에 맡겨 어디서나 그것을 전파하여 사람들을 회심에 이르게 하고, 회심한 자들을 교회로 이끌며, 교회 지체들의 믿음과 삶을 주장하도록 교회로 하여금 그것을 순전하게 보존하고 대대에 전하도록 하셨습니다.

하나님의 말씀은 교회가 세워진 터입니다(엡 2:19,20 참고). 말씀은 참된 교회의 표지요, 교회의 양식이며, 교회의 믿음과 삶의 유일한 규범이자, 오류에 빠뜨리고 진리를 대적하는 원수들과 싸우는 검입니다. 한마디로, 말씀은 교회의 모든 것입니다. 말씀이 없이는 교회도 없고, 교회가 없이는 말씀도 없습니다.

우리가 말씀을 존귀히 여기고 말씀이 우리 안에 역사하는 것은, 말씀이 하나님으로부터 온 것임을 인정하느냐 여부에 따라 달라집니다. "하나님의 말씀을 받을 때에 사람의 말로 받지 아니하고 하나님의 말씀으로"(살전 2:13) 받아야 한다는 말입니다. 성경은 과연 하나님께서 주신 진리의 말씀입니다.

"모든 성경은 하나님의 감동으로 된 것으로 교훈과 책망과 바르게 함과 의로 교육하기에 유익하니"(딤후 3:16).

"예언은 언제든지 사람의 뜻으로 낸 것이 아니요 오직 성령의 감동하심을 받은 사람들이 하나님께 받아 말한 것임이라"(벧후 1:21).

말씀을 영감하고, 신자들로 하여금 이 말씀을 받아 누리며 그 안에 담긴 내용들을 경험하게 하시고, 하나님의 말씀이 하나님으로부터 온 것임을 확신하게 하시는 분은 성령입니다. 그분은 말씀이 본디 가지는 신성의 증거를 통해서뿐만 아니라, 그들의 마음에 직접 역사하십니다.

"이는 물과 피로 임하신 이시니 곧 예수 그리스도시라. 물로만 아니요 물과 피로 임하셨고 증언하는 이는 성령이시니 성령은 진리니라"(요일 5:6).

그렇다면 하나님의 말씀을 읽고 들을 때 어떤 경외함을 품어야 하겠습니까! 이사야 선지자는 이렇게 예언을 시작합니다.

"하늘이여 들으라 땅이여 귀를 기울이라. 여호와께서 말씀하시기를 내가 자식을 양육하였거늘 그들이 나를 거역하였도다"(사 1:2).

하나님의 말씀을 읽고 들을 때 "주께서 당신에게 명하신 모든 것을 듣고자 하여 다 하나님 앞에 있나이다"(행 10:33)라고 하면서 순종하는 마음을 품어야 하지 않겠습니까!

성경은 거짓말하지 않으시는 진리의 하나님과, 모든 진리로 이끄시는 성령께서 영감하신 말씀입니다. 그러하기에 성경에 기록된 말씀은 모두 진리입니다. 성경의 모든 내용은 확실하고도 분명하며, 거짓이 없습니다. 우리는 전혀 주저하거나 망설이지 않고 말씀을 의지할 수 있고, 믿음으로 온전히 확신하며 그것을 따라갈 수 있습니다.

"진리의 말씀이……주의 모든 계명들은 신실하니이다……주의 율법은 진리로소이다"(시 119:43,86,142).

주 예수님께서 "아버지의 말씀은 진리니이다"(요 17:17)라고 증언하십니다. 사도 바울은 말씀을 가리켜 "복음 진리의 말씀"(골 1:5)이라고 합니다. 말씀을 거부하고 믿지 않는 자는 하나님을 거부하고 하나님을 믿지 않을뿐더러 하나님을 거짓말하는 자로 여기는 것(이는 너무나 끔찍한 죄입니다)입니다.

"하나님의 아들을 믿는 자는 자기 안에 증거가 있고 하나님을 믿지 아니하는 자는 하나님을 거짓말하는 자로 만드나니, 이는 하나님께서 그 아들에 대하여 증언하신 증거를 믿지 아니하였음이라"(요일 5:10).

하나님의 말씀을 하나님이 하신 말씀(참되고 거짓이 없는 말씀)으로 받지 않는 교만한 사람은 말씀에서 전혀 유익을 얻지 못합니다.

"이 복음은 모든 믿는 자에게 구원을 주시는 하나님의 능력이 됨이라"(롬 1:16).

"들은 바 그 말씀이 그들에게 유익하지 못한 것은 듣는 자가 믿음과 결부시키지 아니함이라"(히 4:2).

하나님은 말씀을 통해 교회에 하늘의 신비를 계시하십니다. 다시 말해, 중보자이신 주 예수 그리스도로 말미암은 전체 구속 역사와, 사람이 어떻게 이 구속으로 이끌리며 이 중보자를 통해 하나님께로 이끌리는지를 계시하십니다. 또한 하나님은 성경을 통해 말씀을 주신 목적을 비롯해, 어떻게 성령께서 조명과 위로와 성화와 영원한 복락을 위해 회심한 자들의 마음에서 역사하시는지를 계시하십니다. 그래서 말씀을 일컬어 성경은 이렇게 말합니다.

"너희의 구원의 복음"(엡 1:13).

"구원을 주시는 하나님의 능력"(롬 1:16).

"그리스도 예수 안에 있는 믿음으로 말미암아 구원에 이르는 지혜가 있게"(딤후 3:15).

"영혼을 능히 구원할 바 마음에 심어진 말씀"(약 1:21).

본성은 이런 구원의 길을 알지 못합니다. 천사나 사람이 전혀 궁리해 낼 수 없었던 길입니다. 하나님께서 계시해 주셔야만 알 수 있는 신비입니다. 말씀으로 영혼에 역사하시는 성령을 통해서만 이 말씀의 능력과 역사를 알 수 있습니다. 이와 관련하여 예수님은 이렇게 말씀하십니다.

"대답하여 이르시되 천국의 비밀을 아는 것이 너희에게는 허락되었으나 그들에게는 아니되었나니"(마 13:11).

바울도 말합니다.

"나의 복음과 예수 그리스도를 전파함은 영세 전부터 감추어졌다가 이제는 나타내신 바 되었으며, 영원하신 하나님의 명을 따라 선지자들의 글로 말미암아 모든 민족이 믿어 순종하게 하시려고 알게 하신 바 그 신비의 계시를 따라 된 것이니, 이 복음으로 너희를 능히 견고하게 하실"(롬 16:25,26).

자연인 역시 하나님 말씀의 신비를 읽고 들을 수는 있습니다. 그러나 성령께서 그의 영혼에 직접 계시하여 깨닫게 하시지 않으면 읽고 듣는 바를 이해하지 못합니다. 본성적인 일들에 지혜롭고 현명한 사람들은 자신의 명석한 두뇌를 자랑스러워합니다. 자신이야말로 신비로운 일들을 깨달을 자라고 생각합니다. 자연적인 일들에 관해서는 그럴 수도 있을 것입니다. 그러나 그들은 영적인 일들에 관해서는 박쥐만큼이나 눈이 어둡습니다. 이런 자들에 대해 사도 바울은 다음과 같이 말합니다.

"육에 속한 사람은 하나님의 성령의 일들을 받지 아니하나니 이는 그것들이 그에게는 어리석게 보임이요, 또 그는 그것들을 알 수도 없나니 그러한 일은 영적으로 분별되기 때문이라"(고전 2:14).

유다(가룟 유다가 아닙니다)는 성령이 없는 자연인에 관해 이렇게 말합니다.

"이 사람들은 무엇이든지 그 알지 못하는 것을 비방하는도다. 또 그들은 이성 없는 짐승 같이 본능으로 아는 그것으로 멸망하느니라"(유 1:10).

그들은 영적 신비를 깨닫지 못하고 외적인 감각기관을 통해 자연적으로만 볼 따름입니다. 따라서 이러한 영적 신비를 전혀 가치 없는 망상에 불과하다고 여깁니다. 자연인의 지성은 이런 진리를 깨닫지 못하므로 진리를 거부하고 스스로를 천국에서 배제시킵니다. 경건주의자들 역시 이런 영적인 빛이 없습니다. 그저 본성의 빛으로 하나님의 위엄과 피조물의 미미함을 알 따름입니다. 그들도 사람의 지복이 하나님을 목도하는 데 있다는 것을 압니다. 또한 실제로 성경을 통해 그들에게 있는 본성의 빛이 점점 더 선명해지기도 합니다. 그러나 이런 자들은 영적 신비를 깨닫지 못하므로 하나님을 목도하는 것에 관해서도 그저 본성을 따라 생각할 수 있을 뿐입니다. 그러면서 자신의 본성적 지각이 놀랍도록 영적이라고, 심지어 하나님의 말씀과 진리로 조명을 받은 신자들보다 훨씬 뛰어나다고 여깁니다. 그러나 그들은 망상과 거짓에 불과한 그런 생각과 인식 때문에 오히려 구원에서 배제될 뿐입니다.

성경은 신비를 담고 있을 뿐만 아니라, 하나님께서 자기 자녀들에게 알리고자 하시는 모든 신비를 담고 있습니다. 그 모든 신비가 현세에 하나님의 자녀로서 신령한 삶을 살아가는 것은 물론, 내세의 지복을 누리기 위해서도 반드시 필요합니다. 그러므로 하나님의 말씀이 말하지 않고 말씀을 통해 계시되지 않은 영적인 일들이나 경건한 활동들에 대한 가르침은 거짓입니다. 사도는 이렇게 말합니다.

"그러나 우리나 혹은 하늘로부터 온 천사라도 우리가 너희에게 전한 복음 외에 다른 복음을 전하면 저주를 받을지어다"(갈 1:8).

하나님의 말씀은 모자라거나 지나치거나, 너무 낮거나 높지 않고 완전합니다. "여호와의 율법은 완전하여"(시 19:7).

말씀에서 무언가를 가감하는 자는 그 말씀이 약속하는 바에 참여하지 못할뿐더러, 거기에 기록된 모든 저주를 받을 것입니다(신 4:2; 계 22:18,19 참고). 그러므로 떨며 두려워하십시오. 말씀에 착념하십시오. 말씀을 이해하고 그것이 가진 영적인 의미대로 살아가십시오. 하나님의 말씀인 "성경은 능히……구원에 이르는 지혜가 있게" 하며, "교훈과 책망과 바르게 함과 의로 교육하기에 유익하니……하나님의 사람으로 온전하게 하며 모든 선한 일을 행할 능력을 갖추게" 합니다(딤후 3:15-17 참고). 이보다 더한 것을 바라서는 안 되거니와, 그럴 수도 없습니다. 말씀에 무언가를 덧붙이는 것은 하나님의 말씀으로 충분하지 않다고 하나님을 비난하는 행위입니다. 하나님은 말씀이 말하는 것이 아니면, 그 무엇도 요구하지 않으십니다. 성경과 상관없이 무언가를 요구하고 찾고 행하는 사람의 자의적인 예배로는 하나님을 기쁘시게 하지 못합니다.

"오직 이것을 기록함은 너희로 예수께서 하나님의 아들 그리스도이심을 믿게 하려 함이요, 또 너희로 믿고 그 이름을 힘입어 생명을 얻게 하려 함이니라"(요 20:31).

성경은 교리와 삶을 위한 유일한 규범입니다. 경건하게 살고 구원을 얻고자 하는 자는 자신의 지각과 의지와 감정과 말과 행실과 모든 신앙을 이 말씀에 따라 조절되어야 합니다.

"마땅히 율법과 증거의 말씀을 따를지니 그들이 말하는 바가 이 말씀에 맞지 아니하면 그들이 정녕 아침 빛을 보지 못하고"(사 8:20).

"내가 주의 모든 계명에 주의할 때에는 부끄럽지 아니하리이다……청년이 무엇으로 그의 행실을 깨끗하게 하리이까? 주의 말씀만 지킬 따름이니이다"(시 119:6,9).

"만일 누가 말하려면 하나님의 말씀을 하는 것같이 하고"(벧전 4:11).

그러므로 경건과 구원을 사모하고 하나님을 경외하고 사랑하는 자라면, 누구든지 하나님의 선하심을 따라 구원에 이르도록 하나님께서 우리에게 계시하여 주신 뜻을 존귀하고도 소중하게 여겨야 합니다. 다윗이 자신에 관해 증언하는 바와 같이, 이 말씀을 자신의 믿음과 삶의 유일한 규범으로 삼고 행하십시오.

"내가 성실한 길을 택하고 주의 규례를 내 앞에 두었나이다"(시 119:30).

"내가 주의 법을 어찌 그리 사랑하는지요. 내가 그것을 종일 작은 소리로 읊조리나이다"(시 119:97).

"주의 증거들로 내가 영원히 나의 기업을 삼았사오니 이는 내 마음의 즐거움이 됨이니이다"(시 119:111).

"내가 주의 율례들을 영원히 행하려고 내 마음을 기울였나이다"(시 119:112).

그러므로 하나님의 계명을 준행하고, 성도들의 모범을 따르십시오. 그리하면 당신도 분명히 그들과 같은 길을 가게 될 것입니다.

"무릇 이 규례를 행하는 자에게와 하나님의 이스라엘에게 평강과 긍휼이 있을지어다"(갈 6:16).

하나님의 말씀이 여러분에게 그토록 소중하다면, 그리고 여러분이 하나님의 말씀을 믿음과 삶의 유일한 규범으로 삼을 만큼 사랑한다면, 결코 경건주의자들에게 미혹되지 않을 것입니다. 그들의 현란한 말을 듣고 마음이 흔들린다면 하나님의 말씀으로 돌아가십시오. 그리하면 곧바로 그들의 말이 하나님의 말씀을 따른 것이 아니고, 하나님의 말씀이 그렇게 말하지 않으며, 하나님께서 자기 자녀들을 그런 방식으로 인도하시지 않는다는 사실을 깨달을 것입니다. 하나님의 말씀이 여러분의 방패가 될 것입니다.

그런 자들을 만나면 먼저 그들이 하나님의 말씀을 어떻게 알며, 말씀을 어떻게 생각하고 행하는지를 묻고 살펴야 합니다. 그러면 어떤 자들은 이내 말씀을 완전히 거부하거나 무시하거나, 여러분의 물음에 대답하지 않으려 들 것입니다. 또 어떤 자들은 말씀을 이제 갓 신앙을 가졌거나 어린 자들에게나 어울리는 초보적인 것으로 여기고는 말씀을 넘어 고상한 명상과 묵상으로 들어가야 한다고 할 것입니다. 그러나 어떻게 말하든지 그들은 한결같이 하나님의 말씀은 하나님께서 영감하신 말씀이요 신자의 믿음과 삶의 유일하고도 영원한 규범이라는 사실에 대해서는 부인하거나 침묵으로 일관할 것입니다. 이 또한 말씀의 권위를 거부하는 모습입니다. 본성의 눈으로만 볼 뿐 하나님의 말씀의 신령한 것을 분변하지 못하는 자들은, 성경을 가치 있게 여기지 않고 생명력 없는 죽은 문자 정도로 여길 것입니다. 그들은 하나님의 말씀에만 몰두한다면 신령하게 될 수 없다고 주장합니다. 또 어떤 이들은 하나님의 말씀을 배제하지 않는다는 인상을 주고자 대화 가운데 성경을 자주 언급하거나 성경 구절을 직접 인용하기도 합니다. 그러나 그마저도 빛(light), 보는 것(beholding), 영성(spirituality) 같은 말들에 관해 언급하는 구절들에 한정되기가 일쑤입니다. 여기서 그치지 말고, 정말로 성경을 완전히 하나님께서 영감하신 말씀이라 믿는지, 하나님의 말씀을 믿음과 삶의 유일한 규범으로 인정하는지를 물어보십시오. 그러면 이내 그들이 그렇지 않다는 것을 알게 될 것입니다. 만약 성경 구절을 인용한다면, 과연 그 구절들의 참된 의미와 성경의 진리가 신령함을 알고 있는지를 알아보십시오. 그리하면 그들이 여전히 영적으로 눈먼 자들임이 드러날 것입니다. 이런 자들은 자기 앞에 있는 사람이 성경을 제대로 모른다는 사실을 알게 되면, 이런 문제들을 회피하려고 하고 기꺼이 자신의 정체를 가리고자 할 것입니다. 이 또한 그들이 눈먼 자들임을 나타내는 증거입니다.

다음 말씀에 비추어 볼 때, 이처럼 그 모든 행위가 본성적인(실제로 그러합니다) 경건주의자들을 거부할 이유가 충분합니다.

"지혜롭다 하는 자들은 부끄러움을 당하며 두려워 떨다가 잡히리라. 보라, 그들이 여호와의 말을 버렸으니 그들에게 무슨 지혜가 있으랴"(렘 8:9).

그러나 정작 여러분이 하나님의 말씀을 사랑하고 존중하지 않는다면, 지금까지 우리가 말한 모든 경고는 여러분에게 아무런 소용이 없을 것입니다. 그러면 여러분은 스스로를 영적이라고 가장한 모든 속임수에 노출될 것이며, 모든 거짓 교리의 풍조에 이리저리 휘둘릴 수밖에 없습니다. 여러분에게는 어떠한 조언도 도움이 되지 않을 것입니다. 그렇다면 어떻게 여러분이 구원을 받겠습니까? 모든 경고를 무시한 채 계속 오류 가운데 머물기를 고집한다면, 그리해 보십시오. 그러나 자신이 이미 경고를 받았다는 사실을 아십시오.

명제 4. 신령한 생명과 그로 말미암은 모든 신령한 생각과 행실은 거듭남에서 비롯됩니다.

모든 만물은 그것의 본성과 기원적인 원인에 부합하게 기능합니다. 사람 또한 자신이 가진 내면의 원리(자연적인 본성의 상태에 있든지 성령을 따라 살든지 둘 중 하나입니다)를 따라 움직입니다. 본성에 속한 사람은 자연적인 일이나 영적인 일들과 관련하여 본성적으로 행하며, 영적인 사람은 자연적인 일이나 영적인 일들과 관련하여 영적으로 행합니다. 자연인은 영적인 것을 이해하지 못하기에 이런 구분을 깨닫지 못합니다. 그러나 이 사실은 성경이 가르치는 진리입니다.

"선한 사람은 마음에 쌓은 선에서 선을 내고 악한 자는 그 쌓은 악에서 악을 내나니, 이는 마음에 가득한 것을 입으로 말함이니라"(눅 6:45).

"육신을 따르는 자는 육신의 일을, 영을 따르는 자는 영의 일을 생각하나니"(롬 8:5).

본성적인 사람들이 모두 불경건한 삶을 탐닉하며 살 것이라고 단정 지어서는 안 됩니다. 그렇지 않습니다. 많은 사람들이 겉으로는 나무랄 데 없이 살아갑니다. 그들은 자기 마음에 주의를 기울이며, 밤이 되면 하루를 어떻게 보냈는지를 돌아봅니다. 자신이 어떤 죄를 지었는지, 자신이 어떠한 덕을 행했고 무엇을 간과했는지 등을 생각하며 스스로를 성찰합니다. 자신이 하나님을 대하듯이 하나님도 자신을 대하리라 생각하면서 하나님을 눈앞에 두고 성령과 그의 행하심에 주의합니다. 자신의 모든 행복과 복락이 하나님과 나누는 교제에서 발견된다는 것을 알고 끊임없이 하나님을 생각하려고 합니다. 이교도 작가들의 글을 보면 이런 사실을 분명히 알 수 있습니다. 그렇게 함으로써 영혼이 황홀경을 맛보고 더욱 하나님과 가까워지며 경건해지리라 믿습니다. 그러나 이 모든 행위는 하나님을 기쁘시게 할 수도 없고, 진정한 신자들을 기쁘게 하지도 못하며, 그렇게 행하는 자들에게 구원을 가져다줄 수 없는 본성의 일에 불과합니다. 겉으로는 영적으로 보이지만 영적으로 불릴 가치가 없는 일들입니다. 경건한 신자가 볼 때, 이런 일들은 신령하게 하나님을 보고 하나님 앞에서 참된 생명을 얻고 살아가는 데 비하면 흑암과 부패함에 불과합니다. 이와 관련해 여러분은 이렇게 질문할 수도 있겠습니다. "나에게 무엇이 결여되었단 말인가? 만약 내가 그처럼 하나님을 보고, 내 마음에 주의를 기울이고, 날마다 스스로를 돌아보고, 덕스럽게 자라 간다면 나 역시 경건하게 살고 있다고 여길 것이다. 도대체 무엇이 부족하단 말인가?" 그러나 이들에게는 성령이 없고 생명이 없습니다. 결국 모든 것이 없는 것입니다. 자연인 또한 종교적일 수 있습니다.

"너희를 보니 범사에 종교심이 많도다. 내가 두루 다니며 너희가 위하는 것들을 보다가 알지 못하는 신에게라고 새긴 단도 보았으니, 그런즉 너희가 알지도 못하고 위하는 그것을 내가 너희에게 알게 하리라"(행 17:22,23).

하나님의 말씀을 모르는 이교도들이 이처럼 종교적이었다면, 외적으로만 말씀의 비추임을 받았을 뿐 회심하지 않은 자들은 훨씬 더 종교적입니다. 그러므로 겉으로 영적으로 보인다고 해서 섣불리 그렇게 단정 지어서는 안 됩니다. 신령한 경건이 있는가 하면 본성적인 경건도 있기 때문입니다.

본성적으로 태어나 그런 환경 속에서 자라는 사람들은 모두 영적으로 눈멀고 죽은 자입니다. 이는 그들의 모든 행위에도 적용됩니다.

"그때에 너희는 그리스도 밖에 있었고 이스라엘 나라 밖의 사람이라. 약속의 언약들에 대하여는 외인이요 세상에서 소망이 없고 하나님도 없는 자이더니"(엡 2:12).

이것이 바로 거듭나지 않은 이들의 상태입니다. 저마다 가장 좋은 상태에 있을 때에라도 그것은 마찬가지입니다.

"그는 허물과 죄로 죽었던 너희를 살리셨도다"(엡 2:1).

"그들의 총명이 어두워지고 그들 가운데 있는 무지함과 그들의 마음이 굳어짐으로 말미암아 하나님의 생명에서 떠나 있도다"(엡 4:18).

외적으로 조명을 받는다고 해도 자연인 안에 있는 이런 무지는 너무나 큽니다. 진실로 회심한 신자들보다 자신이 훨씬 더 많은 빛을 받았다고 여긴다 할지라도, 그들은 여전히 영적인 일들을 올바르게 이해하지도, 그 일들의 본질을 인식하지도 못합니다.

"육에 속한 사람은 하나님의 성령의 일들을 받지 아니하나니 이는 그것들이 그에게는 어리석게 보임이요, 또 그는 그것들을 알 수도 없나니 그러한 일은 영적으로 분별되기 때문이라"(고전 2:14).

그러므로 겉으로 드러나는 행실이나 말하는 모습만으로 성령과 생명을 가졌는지 여부를 판단해서는 안 됩니다. 겉으로 드러나는 행실만으로 그 사람의 영적 상태를 결론지을 수는 없습니다. 오히려 그 행동이 거듭난 본성과 상태에서 비롯되었는지를 살펴보아야 합니다. 회심하지 않았다 하더라도 회심한 신자와 동일하게 말하고 행동할 수 있습니다. 그러나 한 사람은 살아 있는 생명의 원리에서, 다른 한 사람은 본성적인 원리에서 그렇게 하는 것입니다. 여기에는 꿈이나 망상과 실체, 초상화와 실제 인물만큼이나 큰 차이가 있습니다.

그러므로 앞에서 말한 것과 같은 행실과 모습을 자연적인 원리를 따라 나타내 보인다 하더라도 영적인 일에 눈멀고 죽은 자라면 반드시 거듭나야 합니다. 그래야만 성향과 행실이 영적이게 되고, 영적으로 살아갈 수 있습니다. 이는 예외가 없는 절대적인 진리입니다.

"예수께서 대답하여 이르시되 진실로 진실로 네게 이르노니 사람이 거듭나지 아니하면 하나님의 나라를 볼 수 없느니라……진실로 진실로 네게 이르노니 사람이 물과 성령으로 나지 아니하면 하나님의 나라에 들어갈 수 없느니라"(요 3:3,5).

사람이 먼저 거듭나고 변화되지 않으면 하늘나라에 들어갈 수 없다는 사실은 지극히 분명하며 모두에게 해당하는 진리입니다.

"너희는 너희가 범한 모든 죄악을 버리고 마음과 영을 새롭게 할지어다. 이스라엘 족속아 너희가 어찌하여 죽고자 하느냐?"(겔 18:31)

이 진리를 가슴 깊이 새기지 않고 거듭나기를 구하지 않는 사람은 구원받지 못할 것입니다. 하나님은 그분의 말씀을 거부하는 사람을 거부하실 것입니다. 한두 번 권면해도 여전히 듣기를 거부하는 사람이 있다면 이방인으로 여기고 상종하지 말아야 합니다.

그러나 중요한 것은 거듭남이 무엇이고 거듭남을 통해 사람에게 어떤 변화가 일어나냐 하는 것입니다. 회심하지 않은 자들도 회심한 자가 행하거나 삼가는 모든 행위를 참된 것으로 여길 수 있습니다. 다윗이 넘어진 곳에서 아비멜렉은 서 있었습니다. 많은 이교도들이 탁월하게 자신들의 부패함을 극복하고 덕을 실천함으로써 많은 거듭난 자들을 부끄럽게 합니다. 키케로, 세네카, 마르쿠스 안토니우스, 에픽투스와 같은 이교도 작가들의 저작을 읽는 사람은 감탄을 금치 못할 것입니다.

거듭남은 자신을 잊어버리는 것이 아닙니다. 번영과 구원을 좇지 않거나 자신의 기쁨과 즐거움을 추구하지 않는 것도 아닙니다. 거듭남은 하나님만을 바라보느라 자신을 까맣게 잊어버리는 것도 아닙니다. 하나님을 보고, 하나님 안에 가라앉아 사라지고, 끊임없이 자신을 하나님 앞으로 데리고 나아가는 것이 거듭남은 아닙니다. 이런 일들은 모두 본성으로 하는 일입니다. 이교도들, 우상을 숭배하는 교황주의자들, 오류를 주장하고 추종하는 많은 이들도 그와 유사하게 행할 수 있습니다.

거듭남은 빛이 어둠을, 덕스러움이 죄를 능가하는 식으로 본성의 빛과 덕스러움이 더해 가는 것을 뜻하지 않습니다. 그 이유는 다음과 같습니다.

① 아무리 빛과 덕스러움이 더해 갈지라도 본성이 변하지 않는 한, 그것들은 여전히 자연적 본성에 속하기 때문입니다.

② 아무리 비추임을 받고, 덕스러움과 겸손함이 탁월하고, 하나님을 보는 일에 높이 고양된다 할지라도 자연인은 여전히 하나님도 없고, 소망도 없고(엡 2:12 참

고), 눈멀고(엡 4:18; 고전 2:14 참고), 어리석은 자로 남아 있을 뿐이기 때문입니다(롬 1:22 참고). 이처럼 단순히 빛과 덕스러움이 자라 가는 것을 거듭남이라 하지 않습니다.

③ 만일 거듭남이 단순히 자연적 본성에서 난 것이 자라 가는 것을 의미한다면, 굳이 거듭날 필요도 없을 것입니다. 이전에 없었던 생명의 원리를 받는 것을 자라는 것이라고 말하지 않습니다. 자란다는 것은 이미 존재하는 원리가 계속된다는 뜻입니다. 그러나 거듭남은 이전에는 없었던 생명의 원리가 생기거나 이전의 상태에서 다른 상태로 옮겨지는 것, 즉 사망에서 생명으로 옮겨지는 일을 말합니다.

④ 거듭남은 성령께서 말씀을 통해 하시는 일입니다. 거듭남으로 말미암아 사람은 예수 그리스도의 얼굴에서 하나님을 보고, 그리스도와 연합하여 경건한 삶을 살고, 지복에 이릅니다. 자연적 본성의 빛과 덕스러움을 통해서는 그렇게 될 수 없습니다. 자연적 본성과 거듭난 본성은 질적으로 다릅니다.

거듭남은 성령께서 말씀을 통해 사람을 전혀 다른 존재로 변화시키시는 것입니다. 이 변화는 내적으로뿐만 아니라 외적으로도 일어납니다. 사망에서 생명으로, 자연적 본성에서 신령한 본성으로, 이 땅에 끌리는 성향에서 하늘을 향하는 성향으로, 자기 자신과 모든 피조물을 향하던 삶이 그리스도를 향하는 삶으로, 궁극적으로는 그리스도로 말미암아 하나님을 향하는 삶으로 변하는 것입니다. 거듭남은 영혼의 가장 깊은 데서부터 시작됩니다.

"또 새 영을 너희 속에 두고 새 마음을 너희에게 주되 너희 육신에서 굳은 마음을 제거하고 부드러운 마음을 줄 것이며"(겔 36:26).

마음은 지성과 의지와 정서를 포함합니다.

① 거듭나기 전에 흑암으로 뒤덮였던 지성이 비추임을 받고 마음의 눈이 밝아집니다(엡 1:18 참고). 고린도후서 4장 6절은 이렇게 말합니다.

"어두운 데에 빛이 비치라 말씀하셨던 그 하나님께서 예수 그리스도의 얼굴에 있는 하나님의 영광을 아는 빛을 우리 마음에 비추셨느니라."

그렇게 비추임을 받은 사람은 이제 모든 것을 이전과는 전혀 다르게 봅니다. 이

전에 깨끗하게 보이던 것들이, 이제는 부패한 것으로 드러납니다. 빛처럼 보이던 것이 흑암으로 드러납니다. 그렇게 비추임을 받은 사람은 이제 하나님께서 구속의 역사를 통해 그리스도 안에서 그분 자신을 계시하시지 않으면 하나님을 볼 자가 없다는 것을 압니다. 그리고 그렇게 하나님을 봄으로써 사람이 거룩해지고, 즐거움을 누리며, 구원에 이른다는 것을 압니다.

② 전에는 의지가 눈멀어 있던 지성을 따르고 가증한 것을 즐겁게 여기고 거기에서 기쁨을 찾았습니다. 그러나 이제는 의지가 이전에 즐거워하던 것을 미워하고 이전에 미워하던 것을 즐거워합니다. 거듭난 의지는 이제 그리스도 안에서 하나님을 향해 달음박질합니다. 하나님의 말씀에 계시된 하나님의 뜻을 사랑합니다.

"내가 주를 사랑하나이다"(시 18:1).

"내가 주의 법을 어찌 그리 사랑하는지요"(시 119:97).

③ 이제는 정서 또한 이전과는 전혀 다른 것들을 향해, 전혀 다른 방식으로 이끌립니다. 마음의 경향성이 신령한 것으로 기울기 때문에 그 성향과 욕망 역시 신령한 것을 향합니다. 신령한 것들로 만족하고 그것들로 채워지기를 열망합니다.

"오직 마음을 새롭게 함으로 변화를 받아"(롬 12:2).

마음이 이렇게 변화되면서 그 마음에서 나오는 것들도 달라집니다. 이제 거듭난 영혼은 변화된 마음에서 나오지 않은 것이라면 무엇이든지 미워합니다. 중심에서 죄를 미워하고 피하며, 전심으로 하나님을 구합니다. 하나님의 임재 안에 머물고 그분을 섬기는 것을 너무나 기뻐하는 까닭에 하나님의 임재가 없는 것을 매우 슬퍼합니다. 온 맘으로 그렇게 합니다.

"마음으로 하나님의 뜻을 행하고"(엡 6:6).

"내가 주를 사랑하나이다"(시 18:1).

이렇게 변화된 마음에서 나오는 생각 역시 완전히 달라집니다. 무엇을 하든지 거기에는 거룩한 목적이 있습니다. 죄와 세상을 피하고 선을 행합니다. 죽을 육신을 통해 예수님의 생명이 나타나기를 바라고 범사에 그리스도를 본받습니다. 한마디로 말해, 거듭난 사람은 이전과는 완전히 다른 사람입니다.

"그런즉 누구든지 그리스도 안에 있으면 새로운 피조물이라. 이전 것은 지나갔으니 보라 새 것이 되었도다"(고후 5:17).

그러나 일반적으로 거듭남은 그리 쉽게 일어나지 않습니다. 많은 두려움과 슬픔이 있습니다. 또한 하나님과 화목해지고 그리스도를 자신을 위한 속전과 의로 믿으며 새 마음과 새 생명을 얻기 위해 씨름합니다. 사도 바울에 따르면, 이 땅에서 이루어진 거듭남은 언제나 불완전할 수밖에 없으므로 육체와 영이 쉬지 않고 계속해서 싸웁니다.

"육체의 소욕은 성령을 거스르고 성령은 육체를 거스르나니 이 둘이 서로 대적함으로 너희가 원하는 것을 하지 못하게 하려 함이니라"(갈 5:17).

자신의 죄를 깨닫고 하나님을 갈망하기 시작하면, 처음에는 대단한 일들을 이루려고 발버둥 치는 위험에 빠집니다. 자연적인 종교는 본성을 따르므로(참된 거듭남은 인간의 본성에 배치됩니다) 더욱 쉽고, 그래서 쉽사리 경건주의로 이끌립니다. 경건주의는 다름 아닌 자연적인 종교입니다. 그런 식으로 본성적인 상태와 멸망의 상태에 머무는 위험한 상황을 초래합니다. 그러므로 구원을 얻으려는 열망이 있다면 앞에서 살펴본 방식으로 거듭나기 위해 힘써야 합니다. 자신의 죄악되고 정죄받은 상태와 거듭난 사람의 복된 상태를 생각하십시오. 자신이 얼마나 무능한지를 잊지 말고 계속 그리스도를 바라보십시오. 하나님의 말씀을 묵상하고 참된 신자들과 지속적으로 교제하십시오. 그리하면 성령께서 그런 방편들을 통해 여러분을 거듭나게 하실 것입니다. 변화가 나타나면 겸손하게 이 변화가 더욱 확연히 드러나도록 계속 힘쓰십시오. 그렇게 함으로써 분명하고도 견고하게 살아갈 수 있으며 경건주의자들의 기만에 빠지지 않을 것입니다.

경건주의자들과 함께할 때(그들이 아니라 교회의 신자들과 함께하기를 권합니다), 초신자들에게 아주 매혹적일 수밖에 없는 고상하고도 영적으로 보이는 일들에 현혹되지 말아야 합니다. 그러나 그들에게 거듭남에 관해 물어보면, 그들이 이 일에 얼마나 무지하고 오류투성이인지를 금방 알아차릴 것입니다. 그들의 모든 행위들이 기껏해야 본성적인 것일 뿐 참된 거룩함과 하나님과의 교제에서 멀어지게 하고 결과적으로 구원에서도 멀어지게 한다는 점을 아는 것으로 충분합니다. 경건주의 자들 중에도 이전에 거듭남의 원리에 참여했기 때문에 거듭남에 관해 올바로 이야기할 수 있는 자들이 있을 것입니다. 그렇다고 해서 먼저 속은 자의 말에 똑같이 현혹되어서는 안 됩니다. 그가 가진 생명의 원리는 참되며 구원을 받을 것입니다. 그러나 그가 지은 집은 지푸라기와 건초와 같아서 불타 없어질 것입니다. 거듭남은 불완전합니다. 따라서 거듭난 자가 하는 행동이라고 해서 전부 따라 할 필요는 없습니다. 그들도 여전히 죄를 짓습니다. 영적인 원리를 가졌는데도 아직 자기 안에 남아 있는 본성에 굴복하며, 자기를 부인하고 하나님을 보는 일도 본성적인 의미로만 할 뿐입니다. 그러하기에 진정으로 성장하지 못하여 어린아이와 같은 그리스도인으로 남아 있습니다. 그러므로 주의해야 합니다.

명제 5. 그리스도인은 끊임없이 믿음을 발휘합니다.

타락하기 전에 아담이 하나님의 거룩한 성품을 가장 가깝게 닮고 하나님과 가장 친밀하게 교제하며 살았던 만큼, 타락으로 말미암아 인간은 하나님의 성품과 현저히 멀어지고 말았습니다. 그의 무지와 완고한 마음 때문에 하나님의 생명에서 분리되고 소외되었습니다. 하나님은 빛이고 인간은 어둠입니다. 하나님은 거룩하시지만, 인간은 안팎이 죄로 가득합니다. 온갖 가증하고도 기괴한 것들과 온갖 종류의 허탄하고 부정하며 교만하고 증오하며 시기하는 마음으로 가득한 것이 사람의 마음입니다. 누구나 하늘의 빛으로 자신의 마음을 볼 수 있다면 자신이 그런 마음을 가진 것에 소스라치게 놀랄 것입니다. 자신의 악한 마음에서 모든 악하고도 부패한 말들이 나옴을 보기 때문입니다. 심지어 사람들 중 가장 낫다는 이들조차도 자신이 비롯된 곳의 악취와 더러운 성향을 가지고 있습니다. 마음뿐만이 아닙니다. 그의 모든 행위 역시 뒤틀리고 왜곡되었으며, 하나님의 율법에서 완전히 멀어져 버렸습니다. 그의 모든 행위와 태도와 동기와 목적이 하나님의 율법을 정면으로 거스릅니다. 어떤 사람은 본성을 따라 다른 사람보다 절제를 잘하며, 올바르게 보이는 일을 겉으로 더 잘할 수는 있습니다. 그러나 이런 행위는, 로마서 3장 11-19

절이 사람에 관해 묘사하는 대로, 그 자체로 가증하고도 더러울 뿐입니다. 이 모든 사실이 우리에게 이 모든 가증한 일에서 떠나라고 경고합니다! 이런 사실로부터 모든 사람이, 자연적인 본성 가운데 있는 사람은 거룩한 하나님과 교제하며 살거나 하나님을 바라보는 즐거움을 누릴 수 없다고 결론 내릴 수 있습니다.

그렇습니다. 더 나아가 그런 사람은 안팎으로 가증할 뿐이므로 하나님께서 대적하시는 것이 당연합니다. 하나님의 거룩함이 자연인을 대적합니다. 자연적인 본성 가운데 있는 해충과 같은 인간을 쫓아내실 수밖에 없습니다. 하나님의 위엄이 이런 인간을 산산이 부수어 버립니다. 하나님의 사랑이 이런 인간을 미워합니다. 하나님의 선하심이 이런 인간을 파멸시킵니다. 하나님의 정의가 이런 인간을 정죄합니다. 하나님의 전능하심이 인간의 이런 기괴함을 무너뜨립니다. 하나님의 마음과 하나님의 얼굴과 하나님의 손, 다시 말해 하나님의 모든 것이 인간을 대적합니다. 인간의 영혼은 죽지 않으며 육신은 죽은 후에 다시 살아날 것이므로, 인간은 영원토록 하나님의 진노를 감당해야 합니다. 살아 계신 하나님의 손에 떨어지는 것은 얼마나 끔찍한 일인지요! 하나님이 인간을 대적하시므로, 하늘과 땅에 있는 모든 것 역시 인간을 대적합니다. 천사들, 해, 달, 별들, 폭풍, 물, 불, 사람, 짐승 등 참으로 모든 것이 인간을 대적합니다. 그 어디에도 인간이 숨을 곳은 없습니다. 도움이나 피할 곳을 찾을 수 없습니다. 이렇듯 해충과 같은 인간이 하나님과 교제를 나누고 하나님을 바라보는 즐거움을 누리기 위해 하늘에 있는 그분의 보좌까지 기어오를 용기가 있을 것 같습니까? 죄인이 하나님과 교제할 수 있겠습니까? 하나님께서 그런 인간을 기뻐하시고 그에게 자기를 나타내시겠습니까?

인간은 하나님께서 항상 똑같이 은혜롭고 선하시다고 생각하기를 좋아합니다. 그래서 언제든 자기가 원할 때에 하나님께로 나아갈 수 있으리라 여깁니다. 언제라도 세상과 죄에서 돌이키기만 하면 바로 하나님을 영적으로 묵상하는 일에 전념할 수 있고, 언제라도 원하기만 하면 온몸과 진실함으로 하나님께로 돌이켜 선하게 살 수 있으리라 생각합니다. 이렇게 생각하는 것은 하나님과 화목하거나 원수 된 상태가 무엇인지를 모르기 때문입니다. 죄에 대한 대가가 지불되지 않고 형벌이 내려지지 않으면 하늘과 땅의 재판장이신 하나님께서 죄를 용서하실 수 없는 분임을 모르기 때문입니다. 죄를 속하지 않고 하나님께로 나아가는 길은 없습니다. 본성에 따른 신앙 행위는 망상이요 본성의 일일 따름입니다. 이런 망상이나 본성의 일로는 하나님을 기쁘시게 하지 못합니다. 자기 눈에는 그럴듯하게 보일지 몰라도, 실상은 영원한 멸망에 이르는 사망의 길입니다.

누구든지 하나님께로 나아가기 위해서는 죄인으로서 마땅히 하나님의 정의가 요구하는 형벌을 받아야 합니다. 게다가 완전히 거룩하지 않으면 하나님의 의로운 심판을 면할 수 없으며, 의롭게 될 수도 없습니다. 하나님의 심판은 진리를 따라 이루어지기 때문입니다. 천지의 재판장께서 의롭게 심판하시지 않겠습니까? 하나님은 결코 죄인을 죄 없다 하지 않으십니다. 하나님은 자기 원수들에게 합당한 진노로 보응하시는 분입니다(나 1:2 참고).

하나님은 "그것을 먹는 날에는 정녕 죽으리라"라고 경고하셨습니다. 하나님의 법은 바뀔 수 없습니다.

"누구든지 율법 책에 기록된 대로 모든 일을 항상 행하지 아니하는 자는 저주 아래에 있는 자라"(갈 3:10).

율법 아래 있는 자들은 저주 아래 있습니다. 악을 행하는 자는 누구나 하나님의 진노와 저주, 두려움과 고통을 면할 수 없습니다. 그러므로 마지막 날 왼편에 있는 자들에게는 다음과 같은 선고가 내려질 것입니다.

"저주를 받은 자들아, 나를 떠나 마귀와 그 사자들을 위하여 예비된 영원한 불에 들어가라"(마 25:41).

이 사실을 마음에 새기고, 지금까지 하나님과 화목하게 되지도 않은 채 감히 그분 앞에 어리석고도 부주의하게 나아가던 때를 생각해 보십시오. 그러므로 앞에서 말한 대로, 먼저 하나님과 화목하십시오. 그러지 않으면, 여러분의 모든 영적인 추구와 묵상과 겸손과 같은 것들이 허사가 되어 여러분을 지옥에서 건지지 못할 것입니다. 그렇다면 어떻게 하나님과 화목해질 수 있습니까? 이미 앞에서 말한 대로, 스스로 하나님의 은혜 안에 있다고 여겨서 되는 일이 아닙니다. 기도나 간구, 고난이나 회개로 되는 일도 아니며, 선을 행하고 악을 멀리한다고 되는 일도 아닙니다. 그 일은 오직 여러분의 형벌과 심판을 온전히 담당하고 여러분을 대신해 율법을 온전히 이루신 구속주를 통해서만 일어납니다. 그래야만 여러분이 하나님과 화목하게 되고 하나님 앞에서 의롭다함을 얻습니다. 이 대목에서는 어떤 피조물도 잠잠할 수밖에 없습니다. 그 어떤 피조물도 당신을 도울 수 없기 때문입니다. 참 하나님이요 참 사람이신 그분께서 친히 택자들의 죄를 담당하여 그들이 당할 심판을 당하시고, 자신을 율법 아래 두심으로써 본질상 하나님의 원수였던 그들을 하나님께로 데려와 화평함과 구원을 얻도록 하셨습니다. 다른 이로서는 이런 구원을 얻을 수 없습니다. 예수 그리스도만이 길이요 진리요 생명입니다. 그분을 통하지 않고서는 어느 누구도 아버지께로 나아갈 수 없습니다. 하나님께서 모든 충만으로 그리스도 안에 거하기를 기뻐하십니다. 그리스도는 자기를 통해 하나님께 나아가는 자라면 누구나 구원하실 수 있습니다. 이것이 바로 구원의 길입니다.

그렇다면 사람이 어떻게 이 구원자를 자신의 구주로 취할 수 있습니까? 이 구주를 아는 지식이 없이는 어느 누구도 할 수 없는 일입니다. 설령 그런 지식이 있다 할지라도, 어떤 근거로 그분이 과연 기꺼이 자신의 구주가 되어 주시리라 생각할 수 있단 말입니까? 어떻게 해야, 무엇을 가지고 그분이 기꺼이 나의 구주가 되시도록 설득한단 말입니까? 하나님의 놀라운 선하심을 보십시오. 하나님께서 이 구주를 여러분에게 주십니다. 누구든지 그 구주에게로 나아가 그분을 영접한다면 내쫓지 않겠노라 약속하십니다. 게다가 우리가 그렇게 하겠다고 마음먹을 수 있도록 많은 좋은 것들을 약속하지 않으십니까! 하나님께서 값없이 이 구주를 주십니다. 아무런 조건도 없습니다. 아무것도 요구하시지 않습니다. 그러하기에 누구나 값없이 그리스도께로 나아갈 수 있습니다. 그러나 많은 사람이 그리스도를 모르고 그분을 알려고 애쓰지 않습니다. 그분을 아는 지식이 있는 자들조차도 그분과 그분에게서 비롯되는 은택을 바라지도 않습니다. 이들은 그분보다 세상과 자신들의 정욕을 선택합니다. 다른 이들은 실제로 감동을 받아 어떠한 열망을 가집니다. 그러나 이들은 예수님을 자신의 분깃으로 삼을 줄을 모릅니다. 그러면서도 예수님을 감동시킬 요량으로 그분께 기도하고 그분을 찾습니다. 회개하는 거룩한 마음, 열망하는 마음으로 기도하면 기도를 더 잘 받으실 줄로 생각합니다. 그렇게 언제나 불안하고 불확실한 상태로 살아갑니다. 이런 사람들은 오히려 불변하고 진실하며 선하신 하나님께서 주시는 선물에서부터 시작해야 합니다. 그러나 많은 사람들은 '하나님께서 나에게 예수님을 주시는지 잘 모르겠다'고 생각하는 탓에 어려움에 빠집니다. 여러분은 인간이 아닙니까? 하나님께서 성경을 통해 하시는 말씀을 듣지 못한단 말입니까? 하나님께서 "누구든지 오게 하겠다"라고 하시지 않습니까? 주 예수님을 거부하고 주님의 우정 어린 초청을 멸시하는 것이 곧 불신앙이 아닙니까? 하나님을 거짓말하는 자로 여기는 것이 아닙니까? 이것이 죄가 아니고 무엇입니까? 불신자들이 큰 심판을 받지 않겠습니까? 따라서 주님께서 여러분에게 자신을 선물로 주신다는 것이 맞습니다.

이런 구주께 참여하려면, 먼저 하나님께서 선물로 주시는 그리스도께로 나아가 그분을 영접하고 그분께 여러분 자신을 의탁해야 합니다. 이 믿음의 행위 때문에 예수님께 참여하게 되는 것이 아닙니다. 믿음의 행위는 단지 예수님께 참여하기 위한 방편에 지나지 않습니다. 그러므로 믿음이 강한지 약한지, 분명한 믿음인지 아닌지, 믿는 것이 어려운지 쉬운지가 핵심이 아닙니다. 중요한 것은 진리 안에서 중심으로 그렇게 믿느냐 하는 것입니다.

말하기는 쉽지만, 실제로 그렇게 되기란 그리 간단하지 않습니다. 하나님께서 어떤 사람을 돌이키실 때는 먼저 그로 하여금 자신의 죄와 하나님이 없는 자신의 상태와 하나님의 진노와 정죄를 깨닫게 하십니다. 이는 매우 고통스러운 일입니다. 그러하기에 자신의 상태에 진저리 치며 그 상태에서 벗어나기만을 간절히 바랍니다. 그와 같이 죄악된 상태에 머무는 것을 더는 견디지 못합니다. 그렇게 죄악된 상태에 머물지 말고 거룩하고, 사랑으로 하나님께 순종하며 겸손과 두려움으로 하나님을 섬겨야 합니다. 그러나 그러기 위해 무엇을 어떻게 해야 할지, 어디서 도움을 구해야 할지를 알지 못합니다. 이런 상태가 얼마나 오래 지속되는지는 사람마다 다릅니다. 하나님의 정의가 이런 죄인들을 내리누를 때, 사람들은 하나님이 자기와 같은 죄인은 돌아보지 않으신다고 여기고서 자신의 죄와 비천함에 낙담합니다.

이런 자들에게 하나님은 구속자요 중보자로서 고난과 죽음과 그 밖의 다른 모든 일을 당하신 예수 그리스도를 나타내시고, 하나님의 선물과 부르심과 애정 어린 초청을 알리십니다. 그리하여 그들은 하나님과 화목해지고 그 안에서 하나님의 정의로운 심판대로 나아가기를 바라기에 온 맘으로 그것을 받습니다. 예수님께서 자신들을 받아들여 그분의 소유로 삼으셨음을 담대히 의지합니다. 하나님의 초청에 담력을 얻어 그리스도께 자신을 의탁하고, 그분을 바라며 열망합니다. 주 예수님과 대화하고 교제합니다. 기도하고 울며 씨름하고, 더 많은 자유를 받아 누리며, 그분을 모시고 전적으로 자신을 의탁합니다. 그리스도의 초청과 그분의 선하심과 미쁘심이 그들의 영혼을 붙잡아 주는 덕분에, 전적으로 자신을 그분께 의지하며 칭의와 성화와 견인과 영화를 위해 자신의 영혼을 주님께 맡깁니다. 이런 방식으로 주 예수님이 그들의 것이 되고 그들은 그분의 소유가 됩니다. 큰 믿음과 확신에 차서 이런 사실을 누리고 잠잠히 바라는 때도 있으며, 어둠과 의심으로 혼란스러워하면서 같은 일을 다시 시작해야 하는 때도 있습니다. 많은 사람들이 마음의 동요로 인해 평생 이런 방식으로 계속 씨름하지만, 많은 씨름 끝에 확신에 이르러 하나님의 자녀로서 신령하게 살아가는 사람들도 있습니다.

믿음이 이제는 완료된 일인 양 한 번 또는 몇 번 믿은 것으로 만족해서는 안 됩니다. 오히려 이 땅에 사는 한 계속 믿음을 발휘해야 합니다. 이는 자신의 상태를 반복해서 의심하는 사람이나 이미 확신하는 사람 모두가 마찬가지입니다. 자신의 상태를 의심하는 사람은 믿음을 발휘함으로써 자신의 상태를 계속 확인할 수 있고, 이미 확신 가운데 있는 사람은 믿음을 발휘함으로써 예수님과 교제하며 살아갈 수 있기 때문입니다. 믿음이 없이는 그렇게 하지 못합니다. 어떠한 상태에 있든지 모두가 많은 시험을 통과해야 하고, 그때마다 견고히 서기 위해서는 믿음이 필요합니다. 시련과 어려움을 이기게 하는 믿음을 발휘해야만 이런 시험에서 벗어날 수 있습니다.

신자들은 아직 완전하지 않습니다. 여전히 자주 죄를 짓고 죄 때문에 넘어집니다. 믿음이 어린 자들은 외부적인 죄뿐만 아니라 아직 제대로 인식하지 못하는 내면의 움직임 때문에 그 영혼이 상하고 안식을 잃어버리곤 합니다. 빛이 더할수록 미세한 먼지까지도 눈에 거슬리게 드러나 보입니다. 부패한 마음의 본성과 본성의 욕구와 육신의 정욕과 허탄한 생각들이 여전히 남아 역사합니다. 이런 것들은 신자의 상태를 흔들어 영향을 주지는(물론 이런 일은 견고한 믿음을 가진 자들에게도 일어납니다) 않더라도, 영혼을 상하게 하고 비탄에 빠뜨리기에는 충분합니다. 수치를 느끼고 자신을 혐오하며 화평을 이루지 못합니다. 그러므로 그리스도의 피를 믿는 믿음으로 계속 보혈의 샘에 나아가 깨끗해져야 합니다. 우리는 믿음으로 의롭다함을 받았기에 다시금 화평함을 얻고 자유로운 가운데 하나님을 "아빠, 아버지"라고 부를 수 있을 때까지 그렇게 해야 합니다.

하나님의 얼굴을 바라보는 것이 그들의 생명이므로 하나님은 자신의 얼굴을 가리고 신자들을 시험하십니다. 해처럼 빛나던 하나님의 얼굴을 잃어버린 신자들은 내면에 어둠과 죽음의 그림자가 드리우고 사방에서 원수들이 일어나 공격하는 탓에, 소스라치게 놀라 마음이 화평함에서 멀어집니다. 이때가 바로 믿음을 발휘해야 하는 상황입니다. 이렇게 신자들은 믿음으로 자신들의 구주인 예수님께로 피하여 그분을 붙잡습니다. 그분의 변하지 않는 미쁘심을 의지하며 믿음의 방패를 들고 악한 자들이 쏘아 대는 모든 불화살을 막아 냅니다. 이리저리 휘둘리지만, 그 와중에도 소망과 도움과 위로가 되시는 예수님을 부여잡습니다. 눈으로 보지는 못하지만 하나님께서 계시다는 사실과 그리스도께서 이루신 영원한 화평으로 말미암아 하나님께서 여전히 자신들의 하나님으로 남아 계심을 믿습니다. 좋은 닻을 구비하고 닻을 내릴 좋은 반석 위에 자리한 배라 할지라도 풍랑이 일면 흔들리기는 마찬가지이나, 그 자리를 잃어버리고 떠내려가지는 않습니다. 주 예수님은 모든 시련의 바다에 드리울 영혼의 닻입니다. 그렇게 신자들은 어둠이 물러가고 다시금 감미로운 잠잠함으로 회복될 때까지 믿음으로 풍랑을 견딥니다.

믿음이 공격받을 정도로 특별히 어려운 일들을 맞닥뜨리지 않는다 할지라도 신자들은 계속 믿음을 발휘하고, 그리스도는 믿음을 통해 그들의 마음에 거하십니다. 그렇게 신자들은 그리스도와 계속 교제를 이어 갑니다. 이 교제를 통해 신자의 영혼은 예수님의 품에 기대어 그분에게서 발견한 기쁨과 즐거움에 대해 말씀드립니다. 아무것도 두려워하거나 염려하지 않고 모든 것을 그리스도께 맡긴다고 말씀드립니다. 그분은 바로 신자의 예수님이고 신자는 예수님의 미쁘신 사랑을 받는 예수님의 소유이며, 예수님께서 그분의 경륜과 지혜로 그의 영혼을 이끌어 영광으로 들이실 것이기 때문입니다. 이처럼 신자의 영혼은 예수님께로 피하고 그분의 날개 그늘 아래에서 쉽니다. 물론 항상 달콤한 교제를 누리는 것은 아니지만, 신자의 영혼은 자신이 그분께 참여하였음을 믿고 분명하게 확신하며 그분을 의지합니다. 믿는 영혼은 언제나 자신의 예수님을 힘입어 성부께로 나아갑니다. 이 땅에 있는 한 신자는 하나님의 직접적인 임재 안에 있을 수 없으며, 자신은 아무것도 아니요 하나님을 모든 것으로 바라보는 데 사로잡힐 수도 없습니다. 그것은 너무나 고상한 일이요 이 땅에서 감당할 수 없는 일입니다. 이런 사실은 신자의 영혼이 믿음으로 예수님을 하나님과 자신을 화평케 하신 자로 분명히 받고 언제나 하나님을 향해 간다는 것을 의미하지는 않습니다. 오히려 신자는 믿음의 경향성 안에서 하나님께로 가까이 갑니다. 매 순간 하나님과 신자 사이에 그리스도께서 자리하시고, 신자는 예수 그리스도의 얼굴을 통해 하나님을 봅니다.

 믿음은 신자가 하는 모든 일의 시작점입니다. 믿음은 신자가 하는 행위의 중심이며, 신자는 믿음으로 모든 일을 합니다. 믿음으로 신자는 그리스도의 능력을 붙들고 이를 힘입어 그분의 능력을 자신의 힘처럼 가지고 활동합니다. 믿음으로 신자는 세상을 이기고 그리스도의 충만에 하나가 되고, 그분의 모든 은택에 참여합니다. 이를 힘입어 신자는 세상에서 당하는 가난과 시련을 너끈히 이기고, 세상이 자랑하는 모든 아름다움을 비루하게 여깁니다. 세상 사람들의 모든 위협과 잔인한 태도에도 아랑곳하지 않고 웃을 수 있습니다. 신자는 마귀의 머리를 깨뜨리신 이와 연합되었기 때문에 믿음으로 마귀를 대적합니다. 믿음으로 신자의 마음은 정결하게 됩니다. 믿음으로 신자가 그리스도와 사랑 안에서 연합하기 때문입니다. 이 사랑을 통해 신자는 자신의 뜻을 그리스도의 뜻에 맞추고, 그분이 기뻐하시는 뜻을 행하고, 그분이 거룩하신 것처럼 자신도 거룩하기를 열망합니다.

이런 사실들을 통해 그리스도인은 모든 상황에서 그리스도를 믿는 믿음을 발휘한다는 것을 볼 수 있습니다. 만일 그렇지 않다면, 여러분은 아직 그리스도인이 아니며, 비참함 속에 있는 것입니다. 믿음을 위해 기도하십시오. 믿음은 하나님의 선물입니다. 하나님께서 믿음을 얻도록 주신 방편을 사용하십시오. 즉, 하나님의 말씀을 읽고 신자들과 교제하십시오. 하나님께서 당신을 불쌍히 여겨 주시기를 바랍니다.

앞에서 말한 대로, 믿음을 발휘하며 사는 신자라면 계속 그렇게 살도록 힘쓰십시오. 절대 이 길에서 떠나지 마십시오. 오직 이 길을 통해서만 믿음의 여정의 끝자락인 영혼의 구원에 다다를 수 있기 때문입니다. 이를 통해서만 라바디주의자와 경건주의자를 비롯해 경건의 실천에 관하여 잘못된 주장을 일삼으며 살아가는 모든 자들의 오류에 빠지지 않을 것입니다.

어떤 이들은 죄를 깨닫고 믿으려 애써 보지만, 믿음에 이르지 못합니다. 이런 사람들은 오류를 믿고 살아가는 사람들과 어울리면서 죄에서 비롯된 모든 어려움과 두려움에서 쉽사리 벗어납니다. 금세 믿고 믿음으로 강해집니다(적어도 자신들은 그렇게 생각합니다). 그러나 실상은 믿음의 길에서 어긋나 본성에 속한 자연적인 신앙으로 돌아간 것에 불과합니다. 이런 사람들을 조심하십시오.

어떤 이들은 믿음이 작용하는 방식을 나름대로 이해하면서 그것을 긍정하고 신자의 복된 상태를 살펴보는 가운데 자기 역시 믿고 있다고 착각합니다.

어떤 이들은 예수님을 자신의 구원자로 받아들이고 이제 모든 것이 완료된 것처럼 생각합니다. 예수님을 영접했으니 이제 자신은 완전해지고 더욱 고상한 것들을 추구하며 살게 되리라고 여깁니다. 그들은 그리스도 없이도 자라 갈 수 있으리라고, 믿음으로 계속 그리스도를 바라보고 그분과 연합하지 않아도 살 수 있으리라고, 그리스도에게서 수액과 양분을 끊임없이 공급받지 않아도 저절로 열매 맺으리라고 착각하는 불쌍한 사람들입니다! 이런 자들은 자신의 생각이 얼마나 잘못되었는지를 깨닫고, 칭의와 성화를 위해 그리스도를 계속 사용하도록 즉시 그리스도께로 돌이켜야 합니다. 그리하면 구원에 이를 것입니다. 여러분 주변에 이런 사람이 있다면 불쌍히 여기고 그가 오류를 바로잡을 수 있도록 할 수 있는 한 도와주어야 합니다. 여러분의 권면을 들으려 하지 않는다면, 그 사람을 떠나 가까이하지 마십시오. 만약 바른 믿음을 가졌으면서도 미미한 은혜 가운데 살아가는 사람이 있다면, 지금까지 우리가 살펴본 것들을 표지로 삼게끔 도와주십시오. 이런 믿음의 길로 들어서지 않고 경건한 것처럼 보이지만 정작 예수님을 바라보지 않고 의지하지 않는 모든 자들에게서 떠나십시오.

명제 6. 금생과 내생에서 사람이 누리는 모든 지복은 하나님을 바라보고 그분과 교제하는 것입니다.

하나님은 사람을 이성적이고 하나님을 알아볼 수 있는 피조물로 지으셨습니다. 처음부터 하나님의 형상을 따라 사람을 지으셨습니다. 다시 말해, 그가 하나님을 바라보고 교제하며 살도록 순전하고도 신성한 빛과 의로움과 거룩함으로 지으셨습니다. 계속 자신을 나타내시는 하나님의 계시를 통해 하나님을 알아 가도록 지으신 것입니다.

그러나 타락으로 말미암아 하나님은 사람을 떠나셨고, 그분의 영광스럽고도 즐거우며 흡족하게 하는 완전함을 감추시며 사람과 교제하고 연합하기를 거부하셨습니다. 그렇습니다. 이처럼 하나님과 분리되어 하나님을 미워하는 인간은 이제 하나님의 의로운 진노의 대상입니다.

"육신의 생각은 하나님과 원수가 되나니"(롬 8:7).

지성, 의지, 정서와 같이 영혼이 가진 모든 탁월한 기능은 물론이요 그 속에 있는 모든 것이 완전히 가증하게 뒤틀리고 왜곡되어 버렸습니다. 하나님을 주목하기보다는 하나님을 미워하고 눈에 보이는 것들로 자신의 공허한 영혼을 채우려고 합니다. 그래서 성경은 사람을 "하나님이 없는 자(ἄθεος, 아데오스)"라고 합니다.

"그들의 총명이 어두워지고 그들 가운데 있는 무지함과 그들의 마음이 굳어짐으로 말미암아 하나님의 생명에서 떠나 있도다"(엡 4:18).

그러나 무한히 선하신 하나님은 소수의 사람들을 불쌍히 여겨 자기 아들 예수 그리스도를 구속자로 주심으로써 그분의 고난과 죽음을 통해 그들이 하나님과 화목해지고 그분이 십자가에서 흘린 피로 화평케 되도록 하셨습니다. 의로우신 이가 불의한 자들을 위해 고난을 받으심으로써 불의한 자들을 하나님께로 데리고 오셨습니다. 그들을 거듭나게 하시고, 믿음을 주시며, 그리스도로 말미암아 믿음으로 이 은혜에 나아가도록 하십니다. 이제 그들은 "예수의 피를 힘입어 성소에 들어갈 담력을"(히 10:19) 얻었습니다.

이제 우리는 하나님께서 세상(회심하지 않은 자연인)이 아니라, 하나님을 믿고 그분과 화목하게 된 자녀들에게 그분 자신을 계시하신다는 사실을 특별히 주목해야 합니다.

다시 말해, 하나님은 회심하여 실제로 자기를 믿어 화목하게 된 백성들에게 자기를 계시하십니다. 사랑 안에서 그분과 연합하는 것을 허락하십니다.

"여호와의 친밀하심이 그를 경외하는 자들에게 있음이여"(시 25:14).

"이는 아버지를 본 자가 있다는 것이 아니니라. 오직 하나님에게서 온 자만 아버지를 보았느니라"(요 6:46).

"아버지 외에는 아들을 아는 자가 없고 아들과 또 아들의 소원대로 계시를 받는 자 외에는 아버지를 아는 자가 없느니라"(마 11:27).

하나님께서 그들에게 구원을 주셨고 모든 복락이 하나님을 바라보고 그분과 교제하는 데서 이루어지므로, 하나님은 이를 위해 스스로를 계시하십니다.

"천지의 주재이신 아버지여, 이것을 지혜롭고 슬기 있는 자들에게는 숨기시고 어린아이들에게는 나타내심을 감사하나이다"(마 11:25).

가장 탁월한 약속이 여기 있습니다.

"나도 그를 사랑하여 그에게 나를 나타내리라"(요 14:21).

"우리가 그에게 가서 거처를 그와 함께하리라"(요 14:23).

하나님의 백성들은 하나님께서 자기를 계시한 그대로 하나님을 봅니다.

"하나님의 아들이 이르러 우리에게 지각을 주사 우리로 참된 자를 알게 하신 것과"(요일 5:20).

"우리가 다 수건을 벗은 얼굴로 거울을 보는 것같이 주의 영광을 보매"(고후 3:18).

"어두운 데에 빛이 비치라 말씀하셨던 그 하나님께서 예수 그리스도의 얼굴에 있는 하나님의 영광을 아는 빛을 우리 마음에 비추셨느니라"(고후 4:6).

경건한 신자들은 이렇게 행합니다.

"내가 여호와를 항상 내 앞에 모심이여"(시 16:8).

"즐겁게 소리칠 줄 아는 백성은 복이 있나니 여호와여 그들이 주의 얼굴 빛 안에서 다니리로다"(시 89:15).

"나의 기도를 기쁘게 여기시기를 바라나니 나는 여호와로 말미암아 즐거워하리로다"(시 104:34).

"하나님이여 주의 생각이 내게 어찌 그리 보배로우신지요……내가 깰 때에도 여전히 주와 함께 있나이다"(시 139:17,18).

따라서 하나님을 바라보는 것은 오직 하나님의 자녀들만을 위한 일이라고 충분히 결론 내릴 수 있습니다. 이 숨겨진 만나, 보배로운 흰 돌, 새로운 이름은 그것을 받은 사람만이 알 수 있습니다. 하나님은 자신을 세상 사람들에게는 계시하지 않으십니다. 곧 회심하지 않은 자들, 자연인, 성령이 없는 자들에게는 자신을 계시하지 않으십니다. 요한복음 14장 22,17절이 그것을 분명히 밝힙니다.

"주여 어찌하여 자기를 우리에게는 나타내시고 세상에는 아니하려 하시나이까……그는 진리의 영이라. 세상은 능히 그를 받지 못하나니 이는 그를 보지도 못하고 알지도 못함이라"(요 14:22,17).

그리스도로 말미암지 않고는 어느 누구도 아버지께로 올 수 없습니다(요 14:6 참고). 회심하지 않은 자들은 그리스도가 없으므로 아버지께로 올 수 없습니다. 게다가 하나님과 자연인은 너무나 상반되고 다르기 때문에 하나님께서 자연인과 연합하여 자신을 친밀하게 나타내신다는 것은 도저히 말이 될 수 없습니다. 죄와 허물 가운데 죽고, 눈멀고, 총명이 어두워지고, 그 속에 있는 무지로 말미암아 하나님의 생명에서 멀어지고, 무능력한 사람이 어떻게 그리스도께로 나아갈 수 있으며, 어떻게 그리스도로 말미암아 하나님께로 나아간다는 말입니까? 하나님께서 회심하지 않은 자들에게 자신을 나타내지 않으시므로, 그들은 하나님께로 나아가지 못하고 그분과 무한히 분리된 상태로 남아 있을 뿐입니다. 그러므로 하나님을 묵상하고 바라보는 일이나 하나님과 연합하는 일에 관해 자연인이 쓰고 말하는 것은 무엇이든 그 자신과 전혀 상관없는 망상이자 허상에 불과합니다.

자연인은 하나님에 관한 바른 지식에 도달할 수도, 하나님을 볼 수도 없지만, 하나님께서 그들에게 자신을 나타내지 않으신 것은 아닙니다. 그러하기에 그들도 본성적으로는 하나님이 계시다는 것과 인간의 복락이 하나님과 나누는 교제에 있다는 것 정도는 압니다. 이런 본성적 지식은 하나님의 말씀을 본성적으로 아는 지식을 통해 더욱 강화되고, 그 결과 많은 사람들이 하나님을 보는 일에 힘씁니다. 그러므로 하나님을 보는 것과 그것에 대해 이야기하는 것 자체가 거듭난 경건에 속했다는 증거는 아닙니다.

다시금 말하지만, 회심하지 않은 사람들 중에도 많은 이들이 본성적인 빛과 하나님의 말씀에 관한 본성적인 지식을 가지고 하나님을 봅니다.

① 많은 이교도들이 이와 관련해 글을 썼다는 사실이 이를 증명합니다. 심지어 그들은 그리스도인조차 놀랄 정도로 고상한 표현들을 사용합니다.

② 많은 교황주의 신비주의자와 사상가들이 그렇게 합니다. 두말할 것도 없이 이들은 우상숭배자들입니다. 떡 조각을 자신들의 하나님으로 섬기기 때문입니다. 그들은 천사와 죽은 사람에게 기도하며, 형상을 섬깁니다. 가증한 미사를 비롯해 여러 다른 방식으로 주 예수님의 구속을 파괴합니다. 자신들의 공로로 의롭게 되고 천국에 이르기를 바랍니다. 적그리스도가 자신들의 머리임을 인정하고 참된 신자들을 미워합니다. 그들은 주 예수님의 교회를 핍박하는 자들입니다. 그리스도의 교회를 핍박하는 일에 참여하기를 기뻐하는 그들은 순교자의 피를 흘린 죄책 아래 있을 뿐만 아니라, 자연적인 영역에서만 그 일을 행하는 이교도나 다른 사람들보다 훨씬 더 가증합니다. 그들은 경건한 묵상에 관해 사람이 할 수 있는 가장 고상

한 표현을 사용하여 많은 말을 하고 글을 씁니다. 맞습니다. 그들이 쓰는 말들은 우리의 상상을 초월합니다. 만약 그들이 그런 말들을 이해하지 못하더라도 다른 사람들은 이해할 수도 있습니다. 그러나 그들은 자신들이 도무지 이해할 수 없는 그런 표현들에 대해 크게 놀라워합니다.

③ 신적인 일들을 숙고하고 묵상하는 다른 많은 사람들(교황주의자들 말고도)을 통해서도 이런 사실이 분명히 드러납니다. 그들은 분명 진리를 모르고 사랑하지 않는 사람들입니다. 하나님의 말씀을 사랑하지도 않고 자신들의 교리와 생각과 삶을 위한 유일한 규칙으로 삼지도 않습니다. 자신들이 떠난 교회에 대한 사랑도 없고, 경건한 신자들을 사랑하거나 그들과 사귀지도 않습니다. 온갖 종류의 종교적인 사람들과 사귈지언정 하늘의 신령한 빛을 따라 자신들의 행실을 책망하는 신자들과는 사귀지 않습니다. 진정한 회심의 본질에 관해 완전히 무지한 자들입니다. 마찬가지로 구원하는 믿음에도 완전히 무지합니다. 구원 얻는 믿음을 어떻게 발휘하는지에 대해서도 철저히 문외한입니다(그렇다고 이런 무지에 대해 그들이 죄책이 없다는 말은 당연히 아닙니다). 위대한 일들에 대해 거만하게 이야기합니다. 자신을 초월해 모든 피조물 위에 높이 고양되는 것은 물론, 심지어(말하기조차 두렵지만) 하나님보다 더 높이 고양되는 것에 관해 말합니다. 그들은 발람처럼 말합니다.

"눈을 감았던 자가 말하며 하나님의 말씀을 듣는 자, 전능자의 환상을 보는 자, 엎드려서 눈을 뜬 자가 말하기를"(민 24:3,4).

지금까지 말한 내용들을 통해 회심하지 않은 자연인들 역시 하나님을 보는 일을 한다는 사실이 분명해집니다. 그러므로 영적인 일들에 관해 고상하게 이야기(비범하게 비추임 받는 것에 관해 그럴듯하게 말합니다)한다고 해서 참된 은혜를 받은 자나 경건한 신자라고 생각해서는 안 됩니다. 눈먼 자라고 해서 빛에 관해 이야기하지 못한다는 법은 없습니다. 영적이지 않다고 해서 영적인 일들에 관해 말하지 못하는 것은 아닙니다. 하나님과 분리된 자들이라도 하나님과 누리는 교제에 관해 말할 수 있습니다. 사랑이 없는 자라도 사랑을 말합니다. 그것도 속이는 것이 아니라 자신이 진실을 말하고 있다고 여기면서 말입니다. 따라서 그들이 하나님을 본다는 것이 과연 참으로 경건하고 영적인 것인지를 잘 살펴야 합니다. 사도 요한의 권면을 새겨들으십시오.

"사랑하는 자들아, 영을 다 믿지 말고 오직 영들이 하나님께 속하였나 분별하라. 많은 거짓 선지자가 세상에 나왔음이라"(요일 4:1).

사람들의 말이나 태도에 경솔하게 이끌리지 않기 위해 지금까지 말한 내용들을 곰곰이 생각해 보십시오. 하나님을 보는 것도 두 가지로 나뉩니다. 바로 본성적으로 보는 것과 영적으로 보는 것입니다.

① 회심하지 않은 자연인들은 본성적으로 하나님을 봅니다. 영적으로 하나님을 보는 자들은, 진실로 은혜를 받아 거듭난 참된 신자들입니다.

② 본성적으로 하나님을 보는 자들은 본성의 빛과 말씀의 외적인 조명과 논리적인 결론을 따라 하나님을 봅니다. 반면, 영적으로 하나님을 보는 자들은 신자들을 흑암에서 경이로운 빛의 나라로 불러들이는 성령의 조명을 따라 하나님을 봅니다.

③ 자연인들이 본성적으로 하나님을 볼 때 그분은 본성을 따라 자신을 계시하신 대로 고상하고도 신령하며 영광스런 존재로 드러납니다. 신자들이 영적으로 보는 하나님은 예수 그리스도의 얼굴에서 보이는 하나님입니다. 다시 말해, 구속의 역사를 통해 드러난 지극히 완전하신 하나님입니다. 영적으로 하나님을 볼 때 하나님은 이루 말할 수 없는 빛과 영광과 달콤함과 즐거움과 함께 직접적인 의미에서 자신을 신자들과 화목하게 된 하나님이자 아버지로 나타내시곤 합니다. 또한 "나는 너의 하나님이라, 내가 너의 구원이라, 내가 무궁한 사랑으로 너를 사랑하노라, 너는 내것이라" 같은 표현과 더불어 자신을 나타내시기도 합니다.

④ 본성적으로 하나님을 보는 사람은 여전히 하나님과 분리된 상태로 남아 있습니다. 하나님과 연합되었다는 생각은 상상에 불과합니다. 참된 연합은 오직 믿음(자연인에게는 없는)으로만 이루어지기 때문입니다. 영적으로 하나님을 보는 사람은 하나님과 더욱 가까워집니다. 그렇습니다. 그는 하나님께 속한 자로서 하나님과 연합합니다.

"그들도 다 하나가 되어 우리 안에 있게 하사"(요 17:21).

이 얼마나 복된 연합입니까! 이 얼마나 복된 귀속입니까!

⑤ 본성적으로 하나님을 보는 것으로는 사람이 변하지 않습니다. 다시 말해, 자연적 상태에 그대로 머물러 있습니다. 설령 하나님에 관한 본성적인 지식 덕분에 세상의 현저한 부패는 피한다 하더라도, 그 이상은 불가능합니다. 반면, 영적으로 하나님을 보는 사람은 신의 성품에 참여하는 일에 점점 진보해 가므로 하나님이 거룩하신 것처럼 그 또한 거룩해집니다. 하나님을 봄으로 말미암아 하나님의 성령 안에서 자신이 바라보는 대상에 부합하게 영광에서 영광으로 변해 갑니다. 하나님을 보는 일이 모두 본질상 영적인 행위인 것은 아니라는 사실을 기억하고 섣불리 판단하지 말아야 합니다.

하나님을 본다는 사람들이 숙고하는 내용을 보면, 그들의 행위(실체보다는 고상한 말들로 이루어져 있습니다)가 자연적인 조명과 상상의 결과라는 사실이 분명해집니다. 하나님을 바라보는 그들의 행위는 저마다의 체질과 성향과 상상력에 따라 천차만별입니다. 지금부터 자연인들의 이러한 행위들에서 공통적으로 발견되는 방식들을 살펴보겠습니다. 만일 지금부터 우리가 이야기하는 것과는 다른 방식으로 하나님을 바라보는 사람이 있다면, 다음의 내용들이 그런 사람을 염두에 둔 것이 아님을 기억하십시오.

① 어떤 사람들은 묵상할 때, 하나님에 관해 자신이 본성적인 의미로 아는 바나 읽고 들은 내용을 반추합니다. 그러나 그 순간에 이들은 그것이 자신들이 읽거나 들어서 아는 것에 불과하다는 사실을 의식하지 못합니다. 그렇게 마음과 상상력이 하나님에 대해 제시하는 바에 따른 개념을 가지고 이 생각 저 생각으로 옮겨 다닙니다. 그러고 나서 자신의 상상과 그 상상에서 비롯된 모든 것에 관해 생각합니다. 그러고는 하나님께서 틀림없이 자기 영혼에 그런 형태로 자신을 계시하셨다고 여깁니다. 그들에게 하나님에 관한 그런 생각이 합당한지, 성경에 부합하는지는 중요하지 않습니다. 그것이 참되고도 영적인 계시라고 확신하는 정도만으로 충분하다고 여기기 때문입니다.

② 어떤 사람들은 다른 모든 피조물은 물론 자기 자신과 하나님조차 잊어버리려

고 합니다. 이들은 끊임없이 반복해서 떠오르는 대상들을 잊어버리는 데만 전념할 뿐입니다. 그래서 아무것도 존재하지 않는 것처럼 말 그대로 무념무상의 깊은 어둠으로 들어가고자 발버둥 칩니다. 그렇게 칠흑 같은 흑암에 잠긴 생각에 한 줄기 빛이 비추기라도 하면 발견된 것이 전혀 없는데도 그것을 성령의 빛으로 여기고는, 계속 그 빛을 따라갑니다. 그리고 그 빛이 더할수록 하나님께서 그분 자신을 이런저런 모양으로 나타내 주셨다고 여깁니다. 그것을 받아들이는 자로서 수동적으로 바라보면서 그 빛 아래에서 잠잠히 있습니다. 그리하여 영혼이 사랑으로 불붙고, 다시 일상으로 돌아와 그 상태에서 잠시 떠나게 되기까지 그런 활동과 흥분된 상태를 이어 갑니다.

③ 어떤 사람들은 하나님께로 가까이 나아가 하나님을 보기를 바라면서 모든 이성과 기억과 감정뿐만 아니라 처음에 하나님을 묵상하고자 마음먹게 한 생각들마저 그 목적을 다한 것으로 여기고 제거하려 합니다. 그렇게 모든 것을 비운 후에 그 영혼은 하나님을 자기의 하나님으로 여기며 하나님을 향합니다. 그리고 끊임없이 이렇게 생각합니다. '하나님, 당신은 나의 하나님이고 나는 당신의 것입니다.' 그러면서 이제 하나님이 계속 자신에게 계시해 주는 것을 듣습니다. 바로 그 자리에 하나님이 계신 양, 홀린 듯이 하나님께 몰입합니다. 평소 자신이 보고 예배하고 즐거워하고 복종하고 사랑하는 것보다 그런 것들을 더 차분히 누립니다. 문제는 여기에 성령과 신령한 생명이 없다는 것입니다. 이 일은 믿음을 발휘하여 이루어지는 것이 아닙니다. 그리스도를 통해 하나님께로 나아가는 것도 아니요, 그리스도의 얼굴을 통해 하나님을 보는 것도 아닙니다. 그리스도를 통하지 않는다면, 그가 맛보고 행하는 것들은 모두 주관적인 상상이자 인위적인 행위의 산물에 불과합니다. 그것들은 아무런 영적 가치도 없는 본성적 행위일 뿐입니다.

④ 어떤 사람들은 아무것도 하지 않고 잠잠히 하나님을 바라면서 성령을 기다립니다. 마음에 아무것도 떠오르지 않으면 마음에 무언가가 떠오를 때까지 계속합니다. 그러다가 마음에 무언가가 떠오르면 그것을 성령으로부터 온 것으로 여깁니다. 심지어 하나님의 말씀보다 더 확실하고 틀림없는 것으로 여깁니다. 이런 사람

들은 하나님의 말씀을 자신들에게 아무런 유익도 가져다주지 못하는 죽은 문자, 초신자들을 위한 입문서 정도로 치부합니다. 무엇을 하거나 하지 말아야겠다는 생각이 떠오르면 그것을 성령의 이끄심으로 여기고는 그것에 관심을 기울입니다. 그런 생각이 떠오르지 않으면 말이나 행동은 물론, 기도도 하지 않습니다. 그런 식으로 조용하고 즐겁게 살아갑니다. 마음에 어떤 생각이 떠오르면 그것만을 의지합니다. 그것이 하나님의 말씀에 부합한지는 상관하지 않으므로 그 생각과 관련하여 하나님의 말씀을 연구하지도 않습니다. 그래서 때로는 자연인들조차 꺼리는 가증한 일까지도 서슴지 않습니다. 하나님의 선하심으로 말미암아 이런 행실과 오류에서 돌이킨 사람들이 실제로 그러하다고 증언합니다. 어떤 사람들은 여기서 더 나아가 선지자 노릇을 합니다. 자신의 공허한 마음에 장래의 일들에 대한 생각이 떠오르면 그 생각을 그 일이 일어날지 여부에 대한 계시로 여깁니다. 이들은 불쌍하게도 잘못된 길을 가고 있습니다! 하나님을 찾고 하나님이 기뻐하시는 일을 하고자 하나, 정작 그와는 반대되는 길을 갑니다. 그들의 모든 생각과 대담한 열정과 상관없이, 그들은 결국 멸망 받은 자로 드러날 것입니다.

모든 그리스도인들은 마땅히 자신이 하나님 앞에서 그분이 기뻐하시는 선한 뜻을 따라 살고 있는지 돌아보아야 합니다. 하나님의 말씀을 계시된 하나님의 뜻이요 무오한 규칙으로 여기고 성령의 인도하심에 끊임없이 주의를 기울여야 합니다. 저마다 진리로 잘 조명된 양심의 소리에 귀 기울이고 그것을 거슬러 행하지 않아야 합니다. 그러나 자신의 주관적인 생각과 마음을 성령으로부터 온 것인 양 따른다면, 멸망을 자초할 뿐입니다.

이런 광신주의에서 비롯되는 잘못된 영향을 피하려면, 다음 몇 가지를 염두에 두어야 합니다.

① 사람은 영을 가졌습니다. 미혹하는 영들이 많습니다. 악한 영이 광명의 천사로 가장하기도 합니다. 속이고자 의도하는 사람은 기본적으로는 옳은 생각들을 제시하지만 그 생각들을 잘못된 방식으로 사용하도록 부추깁니다. 그러므로 누군가가 자신에게 말할 때는 경계를 늦추지 말고, 그가 미혹하는 영으로 말하고 있지 않

은지를 잘 분별해야 합니다.

② 성령은 사람으로 하여금 죄를 깨닫고 죄 때문에 슬퍼하며 어쩔 줄 몰라 하며 자신의 죄 때문에 여러모로 불안하고 괴로워하게 하십니다.

③ 성령의 지배를 받는 사람은 거듭나서 흑암에서 빛으로, 사망에서 생명으로 옮겨지며, 땅의 것을 생각하는 마음에서 위의 것을 바라는 마음 상태로 바뀝니다.

④ 성령은 하나님의 자녀를 그리스도에게로 인도하여 참된 믿음으로 그리스도를 자신의 속전과 의로움으로 받아들이게 하는 믿음의 영입니다.

⑤ 성령은 하나님의 자녀들이 서로 연합하고 교회와 연합하게 합니다. 하나님의 자녀는 모두 한 성령으로 세례를 받아 한 몸이 되었기 때문입니다(고전 12:13 참고).

⑥ 성령은 모든 상황에서 신자들을 하나님의 말씀에 부합하게 인도하십니다. 신자들을 모든 진리로 인도하시는 것입니다. 하나님의 말씀은 진리요 우리가 그릇된 길로 가지 않도록 하는 유일한 규칙입니다. 바로 이 말씀을 통해 하나님은 신자를 거듭나게 하고 거룩하게 하며 인도하고 위로하십니다.

그렇다면 이런 사실들이 외면되고 성령과 상관없는 곳이 어디인지를 분명히 알아야 합니다. 영적으로 보이더라도 위의 사실들과 조화되지 못한다면, 그것이야말로 속이는 것이요 그렇게 주장하는 사람의 영이 속이는 영임을 분명히 기억하십시오. 자신의 영성을 자랑할 만큼 대단한 사람이라 할지라도 이를 배우고 경계를 받아들여야 합니다. 오직 하나님의 자녀들만이 성령을 받으며, 성령으로 인도받는 자만이 진실로 그리스도의 영을 가진 자임을 아십시오. 그러나 자연인에게는 성령이 없습니다(유 1:19 참고). 세상은 성령을 받을 수도, 볼 수도, 알 수도 없습니다.

참된 신자라면 하나님을 바라보는 것과 관련된 이런 방법들이 본성적인 일에 불과하다는 사실을 분명히 압니다. 특히 자신이 존재하지 않는 것처럼 자신을 완전히 망각하고 잊어버리는 것을 위대한 영성의 기준으로 삼는 모습에서 이런 사실이 분명히 드러납니다. 이는 자신의 죄를 부끄럽게 여기는 모습이 아닙니다. 자신을 하나님과 견주려고 한 결과이거나, 맹목적이거나 단순히 그래야 한다는 생각에서 비롯된 모습입니다. 그러나 이런 행위는 본성에서 비롯된 어리석은 영성일 뿐입니다! 무엇 때문에 자신을 완전히 의식하지 않고 스스로에 대한 생각을 잃어버리는 데 그토록 열중한단 말입니까? 오히려 자기 자신에게 몰입하기 때문이 아닙니까? 그렇게 하는 것을 구원으로 여기기 때문이 아닙니까? 그렇지 않고서야 그토록 그 일에 몰두하는 이유가 없지 않습니까? 그렇게 할 필요도 없을뿐더러, 할 수도 없습니다. 그것은 하나님의 뜻이 아닙니다. 하나님을 전혀 기쁘시게 할 수 없습니다. 그렇다면 그 행위들은 자신을 위한 것이 아닙니까? 자신이 존재하지 않는다는 생각을 스스로 즐기는 것이 아닙니까? 결국, 자신을 잊어버리고 망각한다고 말하면서 스스로 그렇게 생각하는 것은 실상 그 무엇보다 자신을 추구하는 것입니다. 만약 이처럼 자신을 잊어버리고 망각하는 것이 본질적으로 영적인 일이라면(실상은 본성적이고 죄악된 일입니다), 자신을 추구하는 것을 죄가 아니라 오히려 거룩한 자기 추구라고 일컬어야 할 것입니다.

자기 추구가 죄악되거나 거룩할 수 있습니다. 죄악된 자기 추구는 말 그대로 자신의 명예와 이익과 사람들의 존경과 사랑을 추구하는 것입니다. 반면에 그 정도나 크기와는 상관없이 하나님을 섬기기에 합당하도록 육신의 건강을 증진하는 데 애쓰는 것은 거룩한 자기 추구라 할 수 있을 것입니다. 하나님을 추구하는 가운데 영혼이 건강해지고, 빛과 생명과 사랑과 기쁨과 즐거움과 구원을 바라는 것을 죄악된 자기 추구라 할 수 없습니다. 오히려 이는 영적으로 바른 길을 가는 증거요 거룩한 자기 추구라 할 수 있습니다. 그 이유는 다음과 같습니다.

첫째, 이런 신령한 자기 추구는 하나님께서 사람 안에 두신 올바른 욕구이기 때문입니다. 아담이 "네가 먹는 날에는 반드시 죽으리라"라고 경고를 들었다면 하나님이 금하신 열매를 먹지 않도록 주의해야 마땅하지 않겠습니까? 자신의 복된 상태를 잃을까 봐 두려워해야 마땅하지 않겠습니까? 하나님과 교제를 누리는 지복을 추구해야 마땅하지 않겠습니까?

둘째, 하나님께서 자녀들에게 두려움과 떨림으로 구원을 이루라고 명령하십니다(빌 2:12 참고). 그러므로 하나님의 자녀들은 마땅히 이 일을 위해 힘써야 합니다.

셋째, 하나님께서 두려움으로 구원을 이루도록 인간에게 끊임없이 경고하십니다(유 1:23 참고). 누가복음 13장 3절을 보십시오.

"너희도 만일 회개하지 아니하면 다 이와 같이 망하리라."

넷째, 하나님께서 사람들이 자신의 구원을 추구하도록 권유하십니다.

"다 내게로 오라. 내가 너희를 쉬게 하리라……나의 멍에를 메고 내게 배우라……내 멍에는 쉽고 내 짐은 가벼움이라"(마 11:28-30).

다섯째, 만일 사람이 자신의 안녕을 추구하지 않는다면 몸과 영혼이 어떻게 되든 상관하지 않을 것입니다. 그럴 경우, 더는 바라거나 간구할 것이 없기 때문에 기도를 완전히 그칩니다. 그러나 하나님은 "모든 일에 기도와 간구로, 너희 구할 것을 감사함으로 하나님께 아뢰라"(빌 4:6)라고 말씀하십니다. 또한 자신이 받아 누리는 것에 대한 모든 감사도 그칠 것입니다. 그러나 하나님은 범사에 감사하라고 말씀하십니다(살전 5:18 참고).

"우리로 하여금 빛 가운데서 성도의 기업의 부분을 얻기에 합당하게 하신 아버지께 감사하게 하시기를 원하노라"(골 1:12).

이 모든 사실을 통해, 영성이란 자신의 안녕을 무시하거나 자신을 비하하거나 자신의 구원마저 도외시하고 모든 일에서 자신을 배제하는 것을 의미하지 않음을 알 수 있습니다. 그것은 오히려 육신과 자신의 만족감을 부추길 뿐, 실상은 하나님의 계명을 거스르는 거짓 신앙입니다.

반론 1

하나님만이 우리의 관심의 중심이 되고 모든 것이 하나님께로 귀결되어야 하지 않은가? 그러나 자기를 추구하는 사람은 자신이 중심이자 목적이 된다.

답변

경건한 신자가 신령한 일들을 할 때 자신에게 집중하는 것은 계명과 하나님의 뜻을 거스르지 않기 위함입니다. 이런 사람이 자기 자신을 목적으로 삼고 자신의 복락을 추구하는 데만 몰입하며 살 리가 없습니다. 이는 결코 신자가 추구하는 가장 높은 수준의 복락이 아니기 때문입니다. 그러나 하나님께 은혜를 받아 그분의 선하심을 누리는 신자는 자신의 구원이 나오는 원천이신 하나님께로 계속 돌이킵니다. 하나님 안에서 안식하고 감사하며 그분께 존귀와 영광과 찬송을 돌려드립니다. 하나님이야말로 이 모든 것을 받기에 합당하신 분이기 때문입니다. 더욱 순전하게 하나님을 드높이고 그분께 영광을 돌릴수록 신자는 더 큰 복락을 누립니다. 그리고 더 큰 복락을 누릴수록 하나님께로 더욱 이끌립니다. 그러나 그 일을 통해 신자가 하나님께 무언가를 더한다는 말은 아닙니다. 오히려 신자야말로 그렇게 행함으로써 은택을 받아 누립니다. 이처럼 복락을 누리는 것과 하나님을 목적으로 삼는 것은 반드시 함께해야 합니다. 경건한 신자는 둘 중 어느 하나만을 추구하며 살지 못합니다. 모든 경건한 신자가 하나님 안에서 모든 은택을 받아 누리는 것과 마찬가지로, 신자는 무슨 일을 하든지 하나님의 영광을 바랍니다.

반론 2

그리스도인은 마땅히 자기를 부인하며(마 16:24 참고), 자기의 유익을 구하지 않으며(고전 10:24 참고), 스스로를 아무것도 아닌 자로 여기고(갈 6:3 참고), 겸손한 마음을 품어야 한다(마 11:29 참고). 그러므로 모든 것을 벗어나 어떤 일에서도 자기를 추구하거나 자기를 의식해서는 안 된다.

답변

인간의 자아는 삼중적입니다.

(1) 죄악된 자아입니다. 죄악된 자아는 교만, 악독, 앙심, 시기, 인색함, 부도덕, 그 밖에 마음에서 일어나는 모든 죄악된 정욕들과 이런 정욕을 충족시키려는 모든 행위들을 추구합니다. 그리스도인이라면 마땅히 이런 것들을 추구하지 말아야 합니다. 영의 소욕을 거스르는 이런 육신의 정욕들을 멀리해야 합니다. 그것들을 십자가에 못 박아 죽여야 합니다.

(2) 본성적 자아입니다. 본성적인 자아는 음식, 잠, 의복, 거처, 물건, 사람들과 맺는 좋은 관계와 같이 육체의 안녕을 위해 사람의 존재와 관련되는 모든 것들을 추구하고 바랍니다. 물론 사람이라면 누구나 이것들을 추구할 수 있고, 또 당연히 추

구해야 합니다. 자기 몸을 미워하는 사람은 아무도 없습니다. 사람은 누구나 자기 몸이 소중하다는 것을 알기에 잘 돌봅니다. 그러나 그리스도인은 이런 것들에 마음을 두어서는 안 됩니다. 오히려 이런 것들을 통해 하나님을 섬기는 것을 목적으로 삼아야 합니다. 신자는 하나님의 섭리에 모든 것을 맡긴 사람입니다. 많든 적든 있는 것으로 만족해야 합니다. 세상의 소유가 신자의 기업이 아니기 때문입니다. 그러나 이런 것들이 주 예수님과, 그분의 뜻과 진리와, 경건과 맞선다면 신자는 무엇이 되었든지 그것을 내려놓습니다. 기꺼이 자기를 부인하고 모든 것을 기쁨으로 포기합니다. 심지어 자기 목숨조차 중하게 여기지 않습니다. 이것이 바로 그리스도께서 요구하시는 자기 부인입니다.

(3) 영적인 자아가 있습니다. 영적인 자아는 그리스도의 보혈로써 이룬 하나님과의 화목과, 하나님과의 연합과, 하나님과 누리는 교제와, 하나님의 사랑과, 빛과 거룩함과 같은 영원한 영광으로 이루어진 구원과, 영혼의 안녕을 갈망합니다. 그리스도인은 이런 영적인 일들을 부인해서는 안 됩니다. 언제나 온 힘을 다해 이것들을 구하고 힘써야 합니다. 그렇게 하는 것이 영혼의 생명이며 하나님의 뜻이요 명령입니다. 하나님을 기쁘시게 하는 일입니다. 이 열망을 추구하지 않는 것은 죄입니다. 하나님을 바라보고 하나님과 교제한다는 것은 자기 자신을 완전히 없는 것처럼 여기고 잊어버리는 것을 뜻하지 않습니다. 그럴 수 없습니다. 오히려 신령한 즐거움과 기쁨과 사랑과 거룩함을 위해 힘쓰고 그 안에서 즐거움을 찾기 위해 애써야 합니다.

마태복음 16장 24절은 본성적 자아를 가리킵니다. 고린도전서 10장 24절은 죄악된 자아를 말합니다. 갈라디아서 6장 3절은 스스로를 대단하게 여기면서 다른 사람을 멸시하는 사람을 말합니다. 즉, 은혜도 없고, 있더라도 미미한 은혜 가운데 살아가는 사람입니다.

마태복음 11장 29절을 보십시오. 겸손은 자아를 배제하지 않습니다. 오히려 겸손은 자신이 누구이고, 어떤 은혜와 은택을 누리는지를 알고 인정하는 것이기 때문에 자아와 관련이 있습니다. 그러나 그 은혜와 은택을 자랑하지는 않습니다. 이 모든 것들이 자기 자신에게서 비롯된 것이 아니라 하나님의 선하심으로 말미암아 선물로 받은 것임을 인정하기 때문입니다. 자신이 얼마나 죄악된 존재인지를 알기 때문에 당연히 무엇을 받고 누려야 한다고 여기지 않습니다. 자신에게는 없지만 다른 사람들이 가진 덕스러움과 능력을 보며 그들을 자신보다 더 낫게 여깁니다. 주 예수님을 모범으로 삼기 때문에, 이와 같은 그리스도인의 겸손하고도 존귀한 성품이 하나님을 기쁘시게 하는 줄 압니다. 그래서 젖 뗀 아이와 같이 그에 합당한 성품으로, 즉 복종하고 다른 사람을 존중하며 하나님과 겸손히 동행하기를 구합니다. 그러므로 하나님을 본다고 하면서 자아를 배제하는 행위는 순전히 자연적 본성과 인위적인 선택에서 말미암으며, 존귀하고도 거룩한 하나님께 죄악을 저지르는 것일 뿐입니다.

겸손한 그리스도인을 괴롭히는 문제들

경건한 신자들을 괴롭히는 문제가 세 가지 있습니다.

① 그렇게 고상한 묵상을 말하는 사람들이 또한 자신들이 하나님과 연합했으며 하나님께 속했다고 말합니다. 그리고 그런 묵상을 통해 하나님을 자기 하나님으로 여깁니다.

② 이런 사람들은 하나님을 향한 사랑을 아주 탁월하게 표현합니다. 하나님을 향한 사랑에 압도된다고 말합니다.

③ 주 예수님의 영광과 아름다움에 관해 아주 특별하게 이야기합니다.

신자들은 이 세 가지야말로 영적이고 특별한 은혜를 받은 증거라고 여깁니다. 어느 누가 이런 일들에 관한 이야기를 듣고서 매혹되지 않겠습니까? 어느 누가 이런 이야기를 항상 듣고 싶어하지 않겠습니까? 진실로 은혜 안에 있는 사람이라면 누구나 하나님을 보는 것과, 하나님께 속하고 그분을 사랑하는 것과, 주 예수님의 영광과 아름다움에 관한 이야기를 들을 때 마음에 그런 사랑과 열망이 일어납니다. 이는 신자라면 누구나 신령한 본성으로 그런 일들을 알기 때문입니다. 그래서 그런 이야기를 들을 때 신자들은 그런 반응을 보입니다. 만약 진실로 거듭난 영적 본성을 가졌고 경험을 통해 잘 아는 사람이 그런 말을 한다면, 경고하고 말리는 대신 오히려 그 말을 사랑으로 받아야 합니다. 그러나 우리가 알다시피 이 세 가지는 본성의 비추임에서 비롯되었기에, 참된 은혜가 없거나 진리와 말씀과 주 예수님의 교회와 회심을 향한 사랑이나 구원하는 참된 믿음을 발휘하지 않는 사람들도 말할 수 있는 것입니다. 따라서 회심하지 않은 사람들도 어떻게 이런 세 가지 일들에 몰입하고 이끌릴 수 있는지를 살펴보아야 합니다.

첫 번째 문제와 관련해 말하자면, 일시적인 신자들(본성의 상태에 있으면서 외적으로 경건하게 드러나는 사람들, 이교도들도 여기에 포함됩니다)도 하나님을 자기 하나님으로 생각하고 그렇게 부른다는 것은 잘 알려진 사실입니다. 그렇다면 하나님에 대한 사색에 몰두하는 사람들도 그렇게 할 수 있지 않겠습니까? 그러기에 단지 스스로 하나님을 자기 하나님이라 여긴다고 해서 실제로 그러한 것은 아닙니다. 하나님은 그리스도의 속전과 의로움을 자신의 것으로 받고 오직 그리스도로 말미암아 화목을 위해 하나님께로 나아오는 참된 신자들의 하나님입니다.

따라서 이런 믿음의 길에 대해 외인이요 이 길을 통해 하나님께로 나아가지 않는 사람은 어느 누구도 하나님을 자신의 분깃으로 가지지 못합니다. 하나님은 이런 자들의 하나님이 아닙니다. 이런 자들이 하나님을 자기 하나님으로 여기는 것은 아무런 근거도 없는 허탄한 것입니다. 이들은 죄로 말미암은 바 하나님과 자신들의 분리와 단절, 죄인을 향한 하나님의 진노, 그리고 죄인의 죄책을 결코 사하지 않는 재판장이신 하나님의 의로움을 알지 못하며, 단 한 번도 경험하지 못한 자들입니다. 이들은 믿음으로 그리스도를 영접하는 것이 무엇인지 전혀 모릅니다. 그런데 어떻게 하나님이 이런 자들의 분깃이 되겠습니까? 또는 이런 자들은 하나님을 모든 사람의 하나님으로 알며, 그리스도로 말미암은 유일한 구원의 길에 있지 않더라도 누구나 하나님께로 가고 하나님을 찾을 수 있다고 믿는 자들일 것입니다. 아니면 전혀 타당한 이유도 없이 그저 그렇게 생각하는 자들일 것입니다. 이런 착각 속에서 살아가는 까닭에, 이런 하나님이 자기를 위하는 자신의 하나님이라는 생각에 놀라고 즐거워하며 기뻐합니다.

이는 참으로 중대한 문제입니다. 그러나 이렇게 하나님을 묵상하는 많은 사람들이 자신들과 관련된 모든 영적 활동을 없애고, 자아로부터 분리되고, 자신에 대해 생각하거나 성찰하지 않으려고 애씁니다. 그저 하나님에 대해서만 생각하고, 하나님의 조명을 받아 고양되고 영광과 영원에 이르기만을 바랍니다. 그렇습니다. 말하기조차 불경하고 끔찍하지만, 이런 사람들은 할 수만 있으면 묵상을 통해 하나님마저도 능가하려 듭니다. 그렇다면 이런 사람들이 하나님을 가리켜 자신의 기업이요 자신의 하나님이라고 주장할 때, 누가 가장 괴롭겠습니까?

두 번째 문제와 관련하여 말하자면, 이런 사람들이 하나님을 사랑하는 방식은 그들이 하나님을 자신의 기업으로 삼는 방식과 다르지 않습니다. 사람에게는 사랑하려는 본성이 있습니다. 사랑할 만한 대상을 발견하거나 상상하면 그 대상을 향해 사랑이 흘러갑니다. 여기서 사람의 상상력은 놀라운 힘을 발휘합니다. 사람의 허탄한 생각이 한 번도 본 적 없는 사물이나 사람까지도 상상해 내기 때문입니다. 일단 그렇게 상상하고 나면 계속 그 생각에 몰입하고, 마치 그것이 사실인 양 사랑하고 대화하는 상상을 하면서 즐거워하고 기뻐합니다. 자연인이 하나님에 대한 생각에 몰입하면 본성적인 성향으로서 하나님을 향한 사랑이 일어날 수 있습니다. 게다가 (본성의 빛과 말씀의 외적인 조명을 통해) 하나님의 완전하심을 묵상할 때 본성적인 사랑이 생겨납니다. 이 사랑은 그들이 가진 지식과 일치하며, 바로 이교도들이 하나님을 기뻐하는 방식입니다. 우상을 숭배하고 구원을 얻게 하는 진리에서 멀어진 자들은 이런 방식으로 하나님의 사랑과 그 사랑의 놀라운 역사와 잠에서 깰 때의 사랑의 입맞춤에 대해 말합니다. 이처럼 다른 사람을 향해 나타낼 수 있는 모든 본성적 사랑의 행위들을 통해 하나님께로 고양됩니다. 사랑의 본질은 그대로인 채 대상만 달라지는 것입니다. 이런 방식으로 그들은 이른바 하나님을 향한 사랑이라는 것을 가지고 하나님의 명예를 손상시킵니다.

반론

모든 자연인은 하나님을 미워하는 자가 아닌가?

"주를 미워하는 자들은 주 앞에서 도망하리이다"(시 68:1).

"하나님께서 미워하시는 자요"(롬 1:30).

"육신의 생각은 하나님과 원수가 되나니 이는 하나님의 법에 굴복하지 아니할 뿐 아니라 할 수도 없음이라"(롬 8:7).

하나님에 대해 묵상하는 많은 이들이 묵상을 통해 하나님을 기뻐한다. 이것은 그들이 영적으로 조명 받았고 참되게 거듭났음을 입증하지 않는가?

"우리가 사랑함은 그가 먼저 우리를 사랑하셨음이라"(요일 4:19).

"또 누구든지 하나님을 사랑하면 그 사람은 하나님도 알아 주시느니라"(고전 8:3).

답변

사랑으로 불린다고 해서 다 사랑인 것은 아닙니다. 본성적 사랑이 있고, 거룩한 사랑이 있습니다. 자연적 본성에 속한 사람들(이교도들을 비롯해 회심하지 않은 모든 자들)은 본성적인 사랑을 합니다. 그리고 그들의 사랑은 그것이 비롯되는 본성을 넘어서지 않습니다. 그러나 성경은 이렇게 진술합니다.

"육신에 있는 자들은 하나님을 기쁘시게 할 수 없느니라"(롬 8:8).

이런 본성적인 사랑을 통해, 우리는 그들이 거듭나지 않았으며 영적이지 않은 본성적인 상태에 있다고 결론 내릴 수밖에 없습니다. 본성적인 사람도 하나님께서 자연을 통해 그분의 위엄과 영광과 능력과 선하심을 계시하신 대로 하나님의 완전하심을 볼 수 있습니다. 그러하기에 본성적인 방식으로 하나님을 사랑할 수 있다는 데에는 전혀 이의가 없습니다. 이교도들과 회심하지 않은 사람들이 이런 방식으로 하나님을 사랑합니다. 이런 모습으로 하나님을 사랑하는 사람들은 다른 측면에서는 하나님을 미워할 수 있습니다. 그런 미움은 하나님의 말씀을 거부하거나 하나님의 아들을 영접하지 않거나 하나님의 자녀들을 미워하고 핍박하는 형태로 드러납니다.

그러므로 하나님을 본성적인 의미에서 묵상하는 사람들은 온갖 부류의 사람들과 별 문제 없이 사귈 수는 있지만, 하나님의 형상을 참되게 나타내는 하나님의 자녀들만큼은 싫어합니다. 이런 사람들은 빛을 싫어합니다. 참된 신자들을 통해 드러나는 빛이 자신들의 그런 실상을 밝히 드러내 책망하기 때문입니다. 하나님의 율법을 따라 살기를 싫어하면서 자신의 생각대로 살려는 모습 또한 그들이 하나님을 미워한다는 사실을 고스란히 드러냅니다. 하나님의 책망을 달게 받지 않고 미워합니다. 하나님을 즐거워하지 않는다는 사실이 그들의 삶 전반에 드러납니다.

만일 이런 본성적 사랑을 그리스도 안에 있는 순전하고도 영적인 하나님의 사랑 (이에 관해서는 계속 살펴보겠습니다)과 비교해 본다면, 하나님을 묵상하는 체하는 본성적 사랑이 제아무리 현란한 말로 스스로를 치장한다 하더라도 순전하고도 영적인 사랑의 가장 작은 불꽃이나 빛에 결코 비할 수 없음을 알 것입니다. 이는 단지 정도의 차이가 아니라 본질의 차이입니다. 하늘로부터 온 불인 신성한 사랑의 불꽃은 차갑게 식어 버린 숯과 같은 본성적 사랑보다 얼마나 탁월한지요!

세 번째 문제는, 그들이 주 예수님의 영광과 아름다움에 관해 말하는 방식과 관련됩니다. 성경을 가지고 있고, 주 예수님의 영광과 아름다움을 묘사하는 경건 서적들을 읽고, 게다가 유창한 말솜씨를 가진 사람이 예수님에 대해 가장 탁월한 방식으로 말하는 것이 그리 놀랄 일입니까? 그런다고 그가 예수님을 아는 것입니까? 그것이 그가 실제로 주 예수님을 경험하여 보고 즐거워한다는 증거입니까? 현란하게 말하는 것만으로 그렇게 결론짓는 사람은 순진할뿐더러 기독교 신앙의 중요한 문제들에 관해 제대로 모르는 것입니다.

시간을 두고 그 사람의 태도와 그가 사귀는 사람들과 교회의 경건한 신자들을 향한 사랑이 어떠한지를 잘 살펴보십시오. 그리고 본 장에서 말한 처음 다섯 가지 명제와 관련해서도 잘 살펴보십시오. 그리하면 이런 사람을 어떻게 판단해야 할지 알게 될 것입니다. 그의 영혼이 구속자이신 예수께로 어떻게 이끌렸는지, 어떻게 이 영혼이 주 예수님을 자신의 속전과 의로움으로 영접했는지, 영적 싸움을 어떻게 하고 있는지에 특별히 주목하십시오. 그리하면 그가 고상한 말들을 동원하여 주 예수님을 왕이나 자신이 본받을 모범으로서는 이야기하지만, 스스로를 속죄 제물로 드려 하나님과의 화목과 평화를 이루신 대제사장으로서는 이야기하지 않음을 알게 될 것입니다. 설령 그렇게 이야기하더라도 끊임없이 믿음을 발휘함으로써 그렇게 하지는 않음을 발견할 것입니다. 그러나 이것이야말로 참된 기독교 신앙의 정수요 핵심입니다.

믿음이 어린 탓에 온갖 가르침에 쉽게 휩쓸리는 사람은 누군가가 고상한 묵상에 관해 현란하게 말하면 그 속에 가시가 있는 것도 모르고 그런 상태를 좋아합니다. 이는 믿음이 어린 신자들도 신령한 생명과 빛을 가지고 있기 때문입니다. 또한 경건주의자들을 따라 하나님을 묵상하는 일에 동참하기도 합니다. 그런데 본성적인 방식으로 그렇게 할지라도, 그 결과는 다릅니다.

① 묵상을 시작할 때, 어떤 사람들은 여전히 온 마음으로 하나님을 묵상하기를 바라지만, 내면에 갈등을 느끼면서 그런 방식을 혐오하게 됩니다. 이들은 그런 반발과 혐오감이 부패한 본성에서 비롯된다고 여기면서 하나님을 묵상하는 일에 그런 태도를 보이는 자신을 정죄합니다. 게으르고 신앙이 부족한 탓에 그렇다고 생각합니다. 그래서 다시금 더욱 열렬하게 그 일에 힘쓰고자 합니다. 그러나 그럴수록 내면에 반감과 혐오감이 더해 갑니다. 그렇게 어느 정도 씨름하고 나서, 자신이 바라고 목적하는 바 하나님을 바라보는 일이 선하고 영적이지만 그 목적을 추구하는 방식이 본성적이라는 것을 깨달으며, 그러하기에 그 방식에 반감을 느끼고 거부하는 것이 죄악이 아니라 오히려 거듭난 본성의 행위임을 알아 가기 시작합니다. 그래서 결국 그런 올무에서 벗어나고 본성적인 방식을 따라 하나님을 추구하는 일을 그만둡니다.

② 그러나 어떤 이들은 신령한 생명의 원리를 가졌더라도 계속 그런 방식을 이어 가고 오히려 더 공고히 합니다. 특별한 사람이 되고자 열망하면서 잘못된 길로 빠집니다. 하나님을 보는 것과 관련된 고상한 묵상을 영적인 것으로 여기고 부주의하게도 이런 방식을 추구합니다. 하나님께서 그들을 내버려 두시면 계속 그런 망상과 본성적인 상상을 추구하면서 잘못된 길로 나아갑니다. 그러면서 자신들이

가진 신앙의 바른 토대 위에 불타 사그라질 수밖에 없는 나무와 마른풀과 짚단으로 집을 짓습니다. 그들도 구원을 받을 것입니다. 하나님께서 은혜의 선물을 베푸시는 데 후회하지 않으시기 때문입니다. 그러나 이들은 계속 그 길을 추구하며 다른 사람들을 넘어뜨리고 정죄에 이르게 하면서 죄를 짓습니다. 은혜가 없는 사람들 중에 어떤 자들은 그들의 잘못된 모범을 따라 본성의 일을 추구하다가 정죄 받은 채로 삶을 마감합니다. 이런 사람들이 다시금 순전하게 행하며 그리스도 안에 있는 단순함으로 회복되기란 매우 어렵습니다. 그런 고상한 묵상을 누리는 체하는 사람들에게서 자연스럽게 드러나는 교만이 그들의 마음을 지배하기 때문입니다. 진실로 회심한 자들도 크게 넘어지고 오류에 빠질 수 있습니다. 그러므로 우리는 경건한 신자들의 행위도 주의 깊게 판단해야 합니다. 경건한 신자라고 해서 다 올바르게 행하는 것은 아니기 때문입니다. 경건한 신자라는 이유만으로 그들을 본받아서는 안 됩니다. 오히려 하나님의 말씀대로 그리스도를 따르는 사람들을 본받아야 합니다.

"내가 주의 모든 계명에 주의할 때에는 부끄럽지 아니하리이다"(시 119:6).

영적으로 하나님을 본다는 것

참으로 영적인 사람은 묵상과 하나님을 보는 것을 구별하지 않습니다. 그러나 거룩한 일을 묵상하는 영혼의 행위와 그렇게 묵상하는 영혼에게 하나님께서 주시는 특별한 계시는 구별합니다. 그런 계시를 받는 영혼만이 그것을 느끼고 맛보며 인정합니다. 아무리 자신을 겸손하게 낮출지라도, 신자 자신이 기다리고 바라고 노력하고 마음을 고양시킨 정도에 비례하여 하나님을 보게 되는 것은 아닙니다. 신자는 마땅히 말씀과 믿음과 경험을 통해 자신이 가진 바 하나님을 아는 지식에 통찰을 더해 가도록 묵상해야 합니다. 이는 하나님 앞에 경외함으로 절하고 예배하는 가운데 더욱 하나님을 즐거워하고 숭앙하기 위함입니다. 신자는 하나님을 더욱 친근히 알아 가고, 하나님과 교제를 누리는 가운데 더욱 거룩해지고, 하나님이 기뻐하시는 방식으로 그분을 섬기고자 더욱 노력해야 합니다.

반론

그런 모습들은 모두 자기애일 뿐이다. 그러므로 그런 것들을 거부해야 한다.

답변

그런 종류의 자기애는 하나님이 명령하신 바 거룩하고 하나님을 기쁘시게 하는 그 묵상이 영적임을 증명합니다. 경건한 자기애를 나타내는 신자들은 죄악된 자기애를 미워하고 멸시하며 피합니다. 죄악된 자기애는 사람들의 존경과 사랑과 인정과 섬김을 추구하는 데서 그 실체가 드러나고, 모든 것들을 통해 자신을 목적으로 추구하게 합니다. 영적인 묵상을 통해 자신의 영적인 안녕을 도모하는 신자는 자신을 목적으로 삼지 않으며, 오히려 모든 것이 하나님으로부터 오고 하나님으로 말미암는다는 것을 인정합니다. 사랑과 기쁨으로 이 모든 것들을 다시금 하나님께로 돌리는 가운데 하나님께 영광과 존귀를 돌립니다.

때때로 하나님은 약속을 따라(요 14:21,23 참고) 스스로를 더욱 직접적으로, 또는 특별하게 나타냄으로써 묵상하는 신자를 만나 주시고, 그가 하나님을 더욱 가까이 보고 그리스도 예수 안에서 하나님이 어떤 분인지를 맛보게 해 주십니다. 그러나 그 일은 모든 사람이 아니라 몇몇 사람에게만, 그것도 아주 잠시 동안만 일어날 뿐입니다. 이런 계시를 주목하고 바라보고 사모하면서 이처럼 복되신 하나님을 향한 사랑으로 새로워지는 것을, 어떤 의미에서는 하나님을 보고 영원을 미리 맛보는 것이라고 말할 수 있습니다. 영원 안에서는 더 이상 믿음으로 살 필요가 없습니다. 하나님을 눈으로 볼 것이기 때문입니다. 하나님은 회심하지 않은 자들과 세상을 향해서는 자신을 계시하지 않으시며, 이런 사람들은 자신의 노력으로 하나님을 볼 수 없습니다. 따라서 하나님을 본다는 사람들의 말은 진리가 아니라 망상에 불과하며, 스스로 만들어 낸 생각을 반추하는 것일 따름입니다.

신적인 일들을 묵상하고 하나님과 교제하기를 추구하는 신자는 모든 일을 뒤로 하고, 하나님과 자신만 있다고 생각합니다. 스스로를 가리켜 불멸하는 영혼을 가졌으며 아담의 형상으로 만들어진, 거룩함과 영광이 탁월하신 하나님의 피조물로 고백합니다. 또한 안팎이 죄로 가득하여 모든 일에서 하나같이 비참하게 왜곡되고 뒤틀리고 가증하게 되어 버린 존재임을 인정합니다. 때로는 자신을 더 깊이 통찰하고, 이를 통해 자신이 하나님의 돌보심과 은택과 은혜를 받기에 조금도 합당하지 않은 존재임을 자각하기 위해 자신의 죄악된 상태에 집중합니다. 하나님과 교제하지 않고서는 빛과 생명과 화평과 안식과 만족과 복락을 전혀 누릴 수 없으며, 자신이 이처럼 위엄이 넘치고 거룩하신 하나님께로 나아가는 데 합당하지 않고 그럴 자격도 없는 존재임을 인정합니다.

이렇게 겸비한 마음을 유지하면서 눈을 들어 중보자를 바라봅니다. 그리고 그분으로 말미암아 하나님께로 나아가도록 허락된 거룩한 길을 전심으로 받습니다. 때로는 은혜를 처음 맛본 자가 아니라 예수님께 새롭게 관심을 두는 자처럼 중보자를 대하기도 합니다. 물론 어떤 사람들은 믿음이 적은 까닭에 자신이 아직 진실로 그리스도를 영접하지 않았거나 참으로 그리스도께 참여하지 않았을 수도 있다고 여겨 두려워하면서 중보자이신 그리스도를 처음 대면하는 것처럼 대하기도 합니다. 그러나 많은 경우 자신의 믿음을 힘입어 예수님을 자신의 예수님으로 보고 새롭게 하나님께로 나아가게 하는 유일한 길로 대합니다.

그런 상태로 하나님께 돌이키는 가운데, 신자들은 하나님께로 나아가는 모습이 여러 가지임을 깨닫습니다. 때로는 하나님과 관련된 것을 전혀 보지 못하고 도망칠 수밖에 없는 유혹들을 맞닥뜨릴 만큼 어둠이 짙게 드리우기도 합니다. 때로는 하나님께서 신자를 시험하며 더 위대한 일을 위해 준비시키기도 하십니다. 자기의 분량보다 더 높은 것을 과도하게 추구하느라 지나치게 높이 기대하며 불경하게 행할 때도 있습니다.

그렇게까지 어둡지는 않더라도, 하나님께서 일부러 멀리 계시면서 친근하게 다가오기를 거부하시고, 마치 신자를 전혀 모른다는 듯이 침묵하실 때가 있습니다. 하나님께 가까이 나아가기를 바라는 신자는 이런 상태를 견디지 못하고 발버둥 칩니다. 기도하고 간구하면서 예수 그리스도를 자신의 속전과 의로 삼아 계속 겸손히 하나님께로 나아갑니다. 또한 하나님 앞에서 자신의 자녀 됨과 자녀를 향한 하나님의 영원한 사랑과 은혜언약과 그 언약의 약속들을 주장합니다. 이와 같이 씨름함으로써 신자는 마음이 부드러워지고 눈물을 흘립니다. 낙심하다가도 이내 마음을 가다듬습니다. 자신이 헛되이 추구했다고 생각하면서 이런 상태에서 다시 떠날 수도 있습니다. 그의 믿음이 공격당할 수도 있습니다. 그러나 비록 은밀하지만 하나님께서 그를 받으셨으므로 기뻐하고 감사할 이유를 더 많이 가집니다. 자신의 마음을 하나님께 쏟아 놓을 수 있었다는 사실로 말미암아 자주 용기를 얻고, 또 그런 시간을 누리고 싶어합니다.

예수님의 보혈을 힘입어 담대하게 은혜의 보좌로 나아가려 하기도 합니다. 그러나 처음에는 하나님께서 분노하여 자신을 내치거나 거부하신다고 여긴 탓에 하나님께로 나아가지 못하고 어쩔 줄 몰라 합니다. 은혜의 보좌로 나아가지도 못하고, 그곳을 떠나지도 못합니다. 하나님이 자기를 향해 진노하시고 자신을 거부하신다는 생각에 매우 고통스러워합니다. 이런 그가 어떻게 해야 하겠습니까? 자신의 마음이 하나님께로 나아가기에 합당한지를 살핍니다. 하나님께서 왜 그토록 자기에게 모질게 대하시는지, 혹여나 자신이 잘못한 것은 없는지 이전의 행실을 살핍니다. 그래서 자신의 죄와 부주의한 행실을 발견하면 하나님께서 그리하시는 것이 당연하다고 여깁니다. 스스로 겸비하고 죄를 고백하며 예수님의 보혈로 씻겨지고 하나님께로 나아가고자 애씁니다. 그런데도 하나님께서 거부하시면, 버릇없던 아이가 자신의 잘못을 깨달은 것처럼 슬퍼하며 잘못된 길에서 떠납니다. 그리고 잠잠히 자신을 굴복시키며 다음과 같이 고백합니다.

"내가 여호와께 범죄하였으니 그의 진노를 당하려니와"(미 7:9).

이런 영혼이 하나님께서 화를 거두고 가까이 나아오도록 하시면, 이전과 동일하게 친밀하고 친근하지 않더라도 얼마나 기뻐하겠습니까! 떨림과 겸손으로 하나님과 그분의 선하심으로 나아갑니다. 더욱 겸비해질수록 마음이 더욱 어린아이와 같아지고, 이따금 빛과 위로를 누립니다.

하나님은 자기에게 나아오는 자들을 친근하게 맞이하기도 하십니다. 그들은 달려 나와 맞아들이시는 하나님의 선하심에 어쩔 줄 몰라 하면서 스스로에게 이렇게 묻습니다. "도대체 이게 무슨 일인가? 하나님께서 벌레 같은 죄인에게 이렇게까지 하시다니. 하나님께서 내가 부르기도 전에 내게 응답하시고, 아직 말도 꺼내기 전에 '내가 여기 있다'고 하실 이유가 어디 있단 말인가?" 그렇습니다. 심지어 하나님은 한 걸음 더 나아가 다음과 같이 말씀하십니다. "네 입을 크게 열라. 내가 채우리라. 내가 무엇을 해 주면 좋겠느냐? 너와 네 가족과 다른 사람들을 위해 내가 무엇을 해 주면 좋을지 말해 보아라." 이처럼 신자로 하여금 어린아이처럼 겸손하게 자신의 마음을 표현하게 하시는 동시에 수많은 거룩한 열망을 주시는 까닭에, 때때로 기운이 달려 그것들 전부를 일일이 하나님께 아뢸 수 없을 정도입니다. 하나님께서 주신 이런 약속들을 믿고 붙듭니다. 그리고 이내 그런 열망에 대한 응답으로 약속이 이루어진 것을 깨닫습니다.

이처럼 처음에 하나님과 만나기만을 바랐던 사람도 일단 하나님께로 나아가기 시작하면 하나님께서 놀랍게 역사하시는 까닭에 아무것도 하지 못하고 그 자리에 그저 머물러 있기가 일쑤입니다. 그런 상황에서는 처음에 묵상하려던 것조차 제대로 묵상하지 못합니다. 그런 상태에 사로잡힌 사람은 얼마나 복되고, 또 얼마나 큰 유익을 얻겠습니까!

하나님께서 신령한 일들을 묵상하는 사람들에게 자신을 언제나 동일하게 나타내시지 않는 것과 마찬가지로, 신자들 역시 언제나 동일한 상태로 하나님께 나아가지 않습니다. 대개 하나님을 대면할 때 다루기를 바랐던 일을 택하기보다는 성령의 인도하심에 맡기고 그분이 인도하시는 대로 나아갑니다. 만약 이런 특별한 인도하심이 없을 경우에는 대부분 자신의 상태 그대로 하나님께로 나아가 마음에 가장 와 닿는 것을 묵상합니다.

하나님께로 나아가는 영혼의 상태

그 영혼이 영문도 모른 채 침울하고 불안한 상태로 무언가에 매여 있거나 하나님과의 교제를 잃어버리고 공허하게 살아갈 수 있습니다. 영혼이 있다는 것, 하나님만이 자신의 만족과 안식이요 화평과 기쁨임을 아는 것, 하나님을 가까이하는 것이 선함을 맛보는 것, 버려졌다는 것, 그리고 하나님을 간절히 찾는 마음이 없다는 것 같은 일들이 모두 영혼을 슬프게 합니다. 뿐만 아니라 이런 슬픔이 영혼 깊이 뿌리내려 침울하고 불안하며 낙담하게 만들고, 무엇으로도 영혼이 다시금 기쁨을 누리지 못할 것처럼 보이게 합니다. 영혼은 이런 마음 상태로 하나님께 나아가 그 모습 그대로 그분 앞에 섭니다. 기도도 제대로 하지 못하고 하나님과 많은 변론을 주고받지도 못합니다. 자신의 마음을 하나님께 올려 드리는 가운데, 빈궁한 자들을 채우시고 우는 자들을 위로하시며 연약한 자들을 강하게 하시는, 평소에 하나님께서 하시는 일들을 기억하면서 잠잠히 하나님을 기다립니다. 그리고 이렇게 말합니다. "하나님께서 원하신다면 능히 저에게도 그리하실 수 있습니다. 오, 저에게 그렇게 하셔서 제 영을 소생시켜 주십시오!" 그렇게 하나님 앞에 잠잠히 기다리면서 자신의 상황에 적용할 수 있는 하나님의 성품이 무엇인지를 찾습니다. 자신의 상황에 적용할 수 있는 하나님의 성품이 생각나면 그 완전한 성품에 집중하고, 자신에게 어떻게 효과적으로 적용하여 위로를 얻을지를 살핍니다. 또한 자신에게 적용될 하나님의 약속이 있는지를 찾기 위해 하나님의 말씀으로 돌아갑니다. 약속의 말씀을 찾으면 자신의 상황에 적용할 수 있는 하나님의 완전한 성품을 계속 깊이 묵상하는 가운데 그 말씀을 가지고 하나님께로 나아가 하나님의 선하심과 진실하심에 간절히 호소합니다. 그리하면 어둠 가운데 빛이 비치기도 하고, 이를 통해 영혼이 힘을 얻기도 합니다. 그러나 어떤 때에는 아무 일도 일어나지 않기도 합니다. 그럴 때는 하나님께서 여전히 자신의 아버지이시고 정하신 때가 되면 자신을 다시 소성케 하시리라 믿으면서 슬픔과 탄식 가운데 조용히 눈물을 훔치며 자리에서 일어납니다.

어떤 이들은 세상의 여러 일들로 방해를 받습니다. 불신자들과 일하는 어려운 직업이나 많은 자녀들을 돌보느라 혼자만의 시간을 가지기가 어려운 가사처럼, 그 일들을 피할 수 없습니다. 심지어 어렵게 시간을 내도 이런 염려 때문에 그 영혼은 어떻게 그 시간을 보내야 할지를 모르며, 하나님과 너무 멀어져 있었던 탓에 도무지 고요함과 잠잠함을 누리지 못합니다. 하나님 앞에 나아가는 일을 지속해서 행하지 않고, 홀로 있는 시간을 충분히 가지지 않고(실제로 그가 찾을 수 있었던), 영적으로 게으른 것 때문에 양심이 괴로워하기도 합니다. 이런 상황에서도 영혼은 하나님을 바라며 하나님 앞으로 나아갑니다. 자신의 이런 삶 때문에 감히 놀랍도록 환하게 빛을 비추시고 특별하게 나타내 보여 주시는 것을 기대하지는 못하고, 그저 눈물 흘리며 하나님을 향한 갈망과 분주함과 게으름에 대한 자책 사이에서 어찌할 바를 몰라 비통해할 때가 많습니다. 하나님을 찾지도 않았을 때 자신들을 찾아오시고, 부르기 전에 응답하시고, 기도할 때 "내가 여기 있노라"라고 말씀하시는 선하신 하나님을 떠올립니다. 때때로 그분을 찾는 데 많은 인내와 시간을 들이지도 않아도 기꺼이 자기를 드러내 주시는 주권적인 하나님을 생각합니다. 이따금 하나님께서 예기치 않게 자신을 신속하게 나타내 주신 것을 떠올립니다. 또한 하나님께서 자신을 어떻게 대하셨는지를 회상하면서 그분의 완전하심에 대해 깊이 생각합니다. 영혼은 하나님의 임재를 전혀 느끼지 못하더라도 그분을 바라보는 것을 하나님을 자신과 관련하여 바라보는 것보다 더 즐거워하고, 이를 통해 큰 위로를 얻습니다. 당장 자기에게 닥친 여러 일들에 대해 생각하느라 마음을 빼앗긴 탓에 기도의 골방에서 잠시 빛과 위로를 누리지 못하기도 하지만, 자신이 주님을 찾았다는 사실에 기뻐합니다. 그 영혼은 은혜의 작은 부스러기에도 큰 위로를 누립니다.

극심한 육신의 고난에 영혼이 압도되고 짓눌릴 수 있습니다. 그리고 그때 다른 길을 통해 건짐 받지 못하면 영혼은 낙담하거나 슬픔에 잠기거나 하나님과 자신의 상태에 대한 혼란에 사로잡힙니다. 죄를 범하지 않고서 이러한 시간을 지나갈 수 있다면 그것은 시련이 아닐 것입니다. 그러나 죄악된 말과 행동뿐만 아니라 죄악된 마음의 활동이 이런 시련에 무게를 더하는 가시로 작용합니다. 그러나 신자의 영혼은 그리스도를 믿는 믿음과 신령한 생명과 하나님과 나누는 교제를 자신이 누리는 모든 복락으로 여기기 때문에, 하나님께서 임하시는 가운데 경건한 묵상에 힘씁니다. 그러나 하나님께로 나아가는 데, 자신이 당하는 시련이 가져다주는 위협과 짓누름에서 비롯되는 염려를 없애기란 여간 어려운 일이 아닙니다. 그러나 신자의 영혼은 그 모습 그대로 주님 앞으로 나아가, 시련을 합당하게 감당하지 못하는 죄로 인해 겸비하고, 그리스도의 보혈을 통한 화목을 구하고, 하나님의 섭리를 믿으며 마음을 부여잡습니다. 하나님께서 아버지의 손길로 신자의 유익을 위하여 시련을 허락하신 것이라 생각하며, 신자의 영혼은 하나님의 전능하신 팔 아래 스스로 겸비하고, 하나님의 백성과 자기를 자상하게 돌보시는 데서 드러나는 하나님의 은혜로운 성품과 기도를 들으시겠다는 하나님의 약속과 그분의 편재하심을 묵상합니다. 이런 식으로 신자의 영혼은 내면의 염려에서 벗어나 평강과 안정을 되찾습니다. 시련이 작고 가벼워집니다. 그것을 부드러운 깃털처럼 받고, 주님의 충분하심을 주목합니다. 주님을 자신의 유일하고도 흡족한 분깃으로 택하고 그 안에서 쉼을 얻으며, 또 시련이 찾아와도 그것을 넉넉히 맞이합니다.

또한 신자의 영혼이 죄악된 상태일 수 있습니다. 부패한 마음이 드러날 수 있습니다. 허탄한 생각에 빠져들기도 합니다. 육신의 정욕이 이상하리만큼 강하게 일어나 영혼을 사로잡을 수도 있습니다. 영혼의 성향, 육신의 형편, 또는 영혼이 바라거나 피할 수 없는 상황 때문에 고질적인 죄악들이 다시금 득세하고, 그것에 맞서 싸울 힘이 거의 남아 있지 않습니다. 이렇게 되면 결국 죄가 버겁게 느껴지고 혼란에 빠진 영혼은 그 죄에 굴복하고 맙니다. 화평이 없습니다. 하나님과의 교제도 방해받기가 일쑤입니다. 하나님께서 스스로를 숨기시며 믿음이 공격을 받습니다. 그러면 어떻게 되겠습니까? 아무리 스스로 노력해도 소용이 없습니다. 하나님을 멀리하여 거듭 뒤로 물러납니다. 자신이 너무나 죄악된 상태이기에 감히 하나님께 가까이 나아갈 생각조차 하지 못합니다. 이런 상태로 남아 있는 것은, 그 속에 생명과 믿음이 있는데도 계속 죽어 가는 것과 다르지 않습니다. 자기 마음이 진실함을 확신한 신자의 영혼은 죄책과 심판뿐만 아니라 중심의 부패와 거기서 비롯되는 모든 죄에서 건짐 받기 위해 하나님께로 나아가기로 결심합니다. 이런 영혼은 죄악되고 비참한 모습 그대로, 그러한 자신의 상태를 슬퍼하며 그 상태에서 구원받고

자 하는 열망을 가지고 하나님께로 나아갑니다. 값없이 주시는 하나님의 은혜를 묵상합니다. 하나님께서 어느 누구의 덕스러움(하나님 앞에 본질상 덕스러운 사람은 아무도 없습니다)이나 죄악됨을 염두에 두지 않으시고 은혜 베풀 자에게 은혜를, 긍휼을 베풀 자에게 긍휼을 베푸시는 분임을 숙고합니다. 그러는 가운데 신자의 영혼은 하나님께서 값없이 주시는 은혜의 깊이에 주목하고 매료되어 그것을 흠모합니다. 영원하고도 주권적인 선택과, 영원한 사랑으로 나아갑니다. 또한 자신을 생각하고 죄악된 자신을 있는 그대로 보시는 하나님의 은혜에 놀라워하며 그 은혜를 동경하고 사모하면서 어쩔 줄 몰라 합니다. "나같이 죄악된 자를 사랑하시다니요! 내가 하나님과 같은 분의 사랑을 받다니요! 나 같은 자의 구원을 영원 전부터 작정하셨단 말입니까! 죄악된 인생들에게 값없는 은혜와 측량할 수 없는 사랑을 베푸시는 주님만이 영광 받으셔야 합니다."

이제 그 영혼은 중보자이신 예수 그리스도께로 나아갑니다. 예수 그리스도를 묵상할 때 신자는 사랑, 의로움, 지혜, 전능함, 긍휼 등과 같은 하나님의 모든 완전하심으로 말미암아 묵상의 시작과 끝을 알지 못합니다. 이 거룩한 길만이 죄인이 하나님과 화목해지고 하나님께로 자유롭게 나아가는 유일한 길이라고 고백합니다. 이 길만을 인정합니다. 이 길을 사모하고 자신을 위한 유일한 길로 택합니다. 이 길에 충만한 만족이 있음을 깨닫고 이 길의 신비로움에 매료됩니다. 하나님 앞에서 모든 길을 어그러뜨리기를 계속하지만, 택자들을 향한 목적과 사랑을 잃지 않으시는 하나님의 신실하심을 숙고합니다. 그렇습니다. 은혜언약은 결코 깨질 수 없습니다. 하나님은 미쁘시고 언제나 자기 백성을 회복하십니다. 마음 상태가 좋지 않은 신자의 영혼은 하나님에 대해 이와 같이 묵상함으로써 놀랍게 변화합니다. 예수님의 피로 말미암아 양심은 하나님과 화평해졌음을 깨닫고, 소원해진 마음은 친밀하게 변하며, 깨끗하게 씻긴 영혼은 기뻐합니다.

경건한 신자의 영혼이 거룩함을 특별히 갈망할 때가 있습니다. 사람들의 존경, 칭찬, 사랑, 위로, 이 땅의 기쁨, 세상에 속한 것들, 부요함 등과 관련해 기꺼이 자기를 부인합니다. 자기 자신이나 영혼의 안녕이 아니라 주님을 위해, 주님께서 자신에게 원하시는 상황과 정도에 부합하게 자기를 부인합니다. 하나님께 순종하고 하나님을 경외하고 사랑하며 그분과 겸손히 동행하는 것은 물론, 끊임없이 하나님 앞에 머물기를 좋아합니다. 지혜와 사랑과 관용과 다정한 기품은 물론이요, 마음의 겸손과 온유함을 간절히 사모합니다. 그뿐만이 아닙니다. 예수님의 형상을 사모하고 자신의 삶에서 예수님의 생명이 나타나기를 열망합니다. 회심하지 않은 자들처럼 생명력 없이 본성을 따르는 이 땅의 방식이 아니라, 오히려 믿음으로 성령의 능력 안에서 주 예수님과 연합하여 참으로 신령하고도 생명력 넘치는 방식으로 열망합니다. 그리고 이를 통해 하나님의 영광과 교회의 영예와 다른 사람들을 구원과 생명으로 불러일으키기를 바랍니다. 이런 열망을 품고 주님 앞으로 나아가고, 그분의 거룩하심을 계속 주목합니다. 끊임없이 그리스도를 붙잡지만 하나님의 거룩하심을 생각할 때 너무나 죄악되고 하찮은 자신의 모습에 몸 둘 바를 몰라 합니다. 그래서 욥처럼 말합니다.

"내가 주께 대하여 귀로 듣기만 하였사오나 이제는 눈으로 주를 뵈옵나이다. 그러므로 내가 스스로 거두어들이고 티끌과 재 가운데에서 회개하나이다"(욥 42:5,6).

이사야 선지자와 더불어 이렇게 외칩니다.

"화로다 나여, 망하게 되었도다. 나는 입술이 부정한 사람이요"(사 6:5).

그러나 그 영혼은 계속 그리스도 안에서 이와 같은 하나님의 순전하심을 바라보고, 그분의 거룩하심으로 소성케 되고 비추임을 받습니다. 이런 방식으로 더욱 거룩해집니다. 이것은 사도의 증언에도 부합합니다.

"우리가 다 수건을 벗은 얼굴로 거울을 보는 것같이 주의 영광을 보매, 그와 같은 형상으로 변화하여 영광에서 영광에 이르니 곧 주의 영으로 말미암음이니라"(고후 3:18).

이처럼 하나님의 거룩하심을 사모하는 신자의 영혼은 주님을 친근히 알고, 보이지 않는 분을 보이는 분처럼 붙들며, "내가 거룩하니 너희도 거룩할지어다"라는 권고에 계속 귀 기울입니다.

만약 특별히 주님께로 가져갈 문제가 없고, 주님도 특별한 문제로 그를 인도하시지 않으면 신자의 영혼은 스스로 선택합니다. 그리고 구속의 역사를 통해 주님을 바라보고 하나님께서 예수 그리스도의 얼굴에서 친히 나타내신 완전하심을 묵상합니다. 영원한 선택과 구속언약에서 시작하여 타락을 거쳐 처음 복음이 선포된 것과 그리스도를 예표하는 의식들과 예언과 약속들로 이어집니다. 그리스도의 성육신과 그리스도의 삶과 가르침과 이적과 고난과 죽음에 이르는 여정의 모든 순간들을 자기 자신에게 계속 적용합니다.

때때로 신자의 영혼은 창조의 역사에서 하나님의 완전하심을 바라보면서 그것들을 세심하고도 질서 정연하게 묵상합니다. 하나님의 섭리를 묵상하는 데 몰두하고, 이를 통해 하나님의 주권, 지혜, 의로움, 선하심을 올바르게 알아 갑니다. 그 결과, 피조물의 모든 권세와 선과 악은 그 앞에서 사라져 버립니다. 기뻐하시는 뜻과 목적대로 만물을 주장하고 역사하시는 하나님을 봅니다. 그렇게 세심하게 하나님을 묵상한 신자의 영혼은 다른 것들을 계속 묵상합니다. 이를 통해 그 영혼은 하나님을 더욱 확고하게 신뢰하게 되고, 그분을 사랑하고 경외하며 섬기게 됩니다. 더 나아가 하나님과 계속 교제하는 까닭에 그 영혼은 시내산에서 사십 일 동안 하나님과 교제한 모세의 얼굴처럼 빛을 발합니다.

또한 주님은 자기를 열망하는 영혼이 자신을 더욱 가깝게 대면하게 하십니다. 이때 신자의 영혼은 주님 앞에 자신의 상황을 가져가지 않으며, 하나님께서 행하시는 일(자연에서 행하시는 일이든 은혜로 행하시는 일이든)에 집중하지 않습니다. 오히려 그 영혼은 곧바로 하나님께 나아갑니다. 이는 일반적인 의미뿐만 아니라 하나님께 있는 각각의 완전하신 성품에 대해 그렇게 한다는 말입니다. 이 일은 생명력 없고 무기력하게 그저 성품들을 바라보고 인정하는 식으로 이루어지지 않습니다. 오히려 주님께서 신자의 영혼이 구원과 그 효력을 맛보아 알게 하시거나, 천국에서 하나님을 바라보는 일을 미리 맛보게 하시기도 합니다. 하나님을 영적이고도 생명력 있게 바라보는 사람은 언제나 그리스도를 붙듭니다. 그리고 이런 마음 상태에서 신자의 영혼은 이 하나님께서 바로 자신의 하나님이요 그분이 자신의 모든 것 되신다는 사실을 기억하면서 하나님의 충분하심, 선하심, 사랑, 거룩하심, 주권, 위엄, 영광, 전능하심을 바라봅니다. 이를 통해 신자는 사모함과 기쁨과 사랑과 찬양을 돌려드립니다. 이렇게 하나님을 보는 가운데, 신자의 영혼은 겸손하고 잠잠하며 세상적인 염려 없이 만족하는 마음 상태를 지켜 갑니다. 또한 신자는 하나님의 경륜을 의지하고 사모하며 친밀하게 교제하면서 하나님의 능력과 은택을 자신의 것으로 누리는 믿음과 묵상과 사랑의 삶을 삽니다. 3장과 26장에서 우리는 하나님을 바라보는 것이 무엇인지를 폭넓게 살펴보았습니다. 거기서 살펴본 내용들을 지금 다루는 내용들과 연관 지어 읽는 것이 중요합니다. 하나님을 바라보는 것과 관련해 핵심 요소를 논하기 때문입니다. 또 하나님을 영화롭게 하는 것에 관해 논하는 56장, 하나님을 향한 사랑을 다루는 57장, 그리스도를 향한 사랑을 다루는 58장, 이웃 사랑을 다루는 82장, 겸손을 다루는 83장을 덧붙일 수 있습니다. 방금 언급한 장들이 이런 주제들을 각기 다루지 않았다면, 본 장에서 전부 다루어야 했을 것입니다. 같은 책에서 같은 주제를 되풀이하는 것은 바람직하지 않으므로 앞서 언급한 주제들과 관련된 장들을 다시금 살피기를 권합니다. 거룩한 묵상의 모범을 원하는 독자들은 작고한 저의 아버지(Theodorus à Brakel)의 저서 『영적 생명의 단계』(*De Trappen des Geestelijken*)를 읽어 보기를 바랍니다. 좀 더 단순한 묵상을 원한다면 지금은 세상을 떠난 저의 아내(Sara Nevius)가 쓴 『중심 어린 제자』(*De Aandachtige Leerling*)를 읽어 보십시오.

경건주의자들에 대한 경고의 마지막 권면

경건주의자들에 대한 경고로서, 지금까지 우리가 살펴본 것들을 이렇게 결론지을 수 있습니다. 본성적인 신앙과 영적인 신앙이 있고, 본성적인 자기 부인과 영적인 자기 부인이 있습니다. 본성적으로 하나님을 창조하고 보존하시는 분이라고 아는 것과 영적으로 하나님을 그리스도 안에서 화목을 이룬 아버지로 참되게 아는 것이 있습니다. 하나님과 이웃을 향한 본성적 사랑과 영적인 사랑이 있고, 하나님을 묵상하고 바라보기를 본성적으로 행하는 것과 영적으로 행하는 것이 있습니다. 이것이 바로 문제의 핵심입니다. 여기서 모든 것이 갈립니다. 이에 따라 구원과 정죄가 판가름 납니다. 지금까지 우리는 본성적인 신앙과 영적인 신앙을 분명하게 구분했습니다. 구원을 소중히 여기는 사람이라면 어떠한 일이 영적으로 보인다고 냉큼 받아들이지 말고, 이 두 가지 신앙을 구별하여 본성적인 신앙을 거부하고 영적인 신앙을 실천할 수 있기를 바랍니다.

반론

신앙, 자기 부인, 하나님께 속하는 것, 하나님과 사람을 향한 사랑, 하나님을 보는 것 등은 진실로 선한 것들이다. 따라서 이런 일에 힘쓰는 사람을 마땅히 사랑해야 한다. 본성적인 신앙과 영적인 신앙의 차이에 대해 금세공인이 무게를 재는 것처럼 그렇게 주의 깊게 구분해야만 하는가? 우리는 이 문제로 서로를 판단하지 말고 관용으로 대해야 한다. 신앙의 방식처럼 사람마다 다를 수밖에 없는 부수적인 차이는 너그럽게 봐주어야 한다.

답변

당연히 이웃을 진심으로 사랑해야 하는 것이 아닙니까? 화평과 일치를 깨뜨리지 않기 위해 이웃이 지옥의 멸망으로 치닫는 것을 내버려 두어야 한단 말입니까? 오히려 그 사람의 손을 잡아 구원으로 이끌고 지옥으로 난 길에 대해 경고해야 하지 않습니까? 물론 그렇게 하면 상대가 불편해하며 자신을 무정하게 대한다고 생각할 수도 있습니다. 심지어 이래라저래라 하며 자기를 부리려 한다고 여길 수도 있습니다. 그러나 이웃을 멸망의 길에서 떠나게 하는 것이 참된 사랑이 아닙니까? 본 장에서 제가 지금까지 말한 내용들은 영혼을 멸망에서 구하고 구원에 이르는 거룩한 길로 가게 하려는 사랑에서 말미암은 것입니다. 이런 말을 듣지 않고 멸망으로 가려는 당신의 마음에 슬픔을 금할 길이 없습니다.

당신은 지금 분파마다 행하는 것이 그다지 다르지 않다고 말합니다. 행하는 방식은 별로 중요하지 않으므로 저마다 자기 생각을 따라 행한다고 해서 문제 삼을 필요가 없다고 합니다. 그러나 어떻게 행하는지에 따라 모든 것이 달라지고, 그것이 본성적 신앙과 영적 신앙을 판가름하는 기준이 되어 저마다 멸망이나 구원에 이르게 한다면, 이는 결코 가볍게 여기고 지나갈 일이 아닙니다. 이웃을 사랑한다면, 이 사실을 알리고 경고하여 서로 보호하고 바로잡아 주어야 합니다. 예를 들어 봅시다. 본성적인 사람들도 자신의 반지에 박힌 보석이 진짜 다이아몬드인지 모조품인 유리 조각에 불과한지를 확인하려고 하지 않습니까? 모조품 다이아몬드라도 반짝이기는 마찬가지입니다. 동전이든 금화이든 당신이 가진 돈이 위폐인지 아닌지 확인해야 하지 않겠습니까? 어느 누가 색깔과 새겨진 모양이 같다고 위폐로 만족한단 말입니까? 어떻게 해서라도 제대로 확인하기 위해 심혈을 기울이지 않습니까? 그렇다면 모든 것이 달린 영적인 영역에 대해서도 마땅히 그리해야 하지 않습니까?

두 부자가 있다고 칩시다. 그중 한 사람은 정당하게 일하여 부자가 되었고, 다른 한 사람은 온갖 부정한 방법으로 부자가 되었습니다. 과정이 어찌되었든 "부자는 다 똑같은 부자이다. 일단 부자가 되었으니 어떻게 부자가 되었는지는 중요하지 않다"라고 하면서 이 두 사람을 똑같이 대하겠습니까? 자신의 모든 것이 자신의 영적 상태에 달렸다고 한다면 영적인 영역에서 일어나는 일들이 '어떻게' 진행되는지에 관심을 기울여야 하지 않겠습니까? 두 마리 말이 있다고 합시다. 한 마리는 깨끗하고 용맹하고 민첩한 반면, 다른 한 마리는 악취 나고 오물투성이인 데다가 완고하고 길들여지지도 않아 제멋대로 멈추곤 합니다. 그런데도 "말이면 다 같은 말이고, 생명이면 다 같은 생명이다. 어쨌든 앞으로 가기만 하면 된다"라고 하며 아무 말이나 타겠습니까? 물리적인 영역에서도 이런 차이가 있고 그 차이에 따라 다르게 대하게 됩니다. 하물며 모든 것이 달린 영적 영역에서는 어떻게 해야 하겠습니까?

구더기가 우글거리는 죽은 말과 생명력이 넘치는 살아 있는 말 중 어느 쪽이 낫습니까? 먼 길을 떠난 자신의 아버지나 자녀나 남편이나 아내를 그림으로만 만족할 사람이 어디 있겠습니까? 어느 누가 "그림이 너무 똑같지 않느냐?"라고 자랑하면서 그것으로 만족해할 수 있겠습니까? 영적인 영역에서도 마찬가지입니다. 똑같은 시간이라도 시계의 종소리로 아는 것과 사람이 시간을 말해 주어 아는 것이 다르지 않습니까? 두 사람이 똑같은 성읍으로 가려는데 한 사람은 그 성읍으로 난 바른 길을 따라가는 반면, 다른 한 사람은 그곳으로 간다고 하면서 원수의 성읍으로 난 길로 간다고 해 봅시다. 그렇다면 두 사람 모두 같은 의도를 가지고 길을 가니까 서로 다르지 않다고 내버려 두겠습니까? 길을 잘못 가는 사람이 있다면 그것을 알리고 바른 길로 돌이키게 해야 하지 않습니까?

제가 이처럼 수많은 예를 제시한 이유는 모든 것이 '어떻게' 행하는지에 달렸음을, 즉 그것을 행하는 방식에 달렸음을 여러분이 인정하고 관심을 가지도록 하기 위함입니다. 바로 이것이 근본적으로 관심을 두어야 하는 사안입니다. 성경은 우리가 주의하여 듣고 합당하게 말하고 행해야 한다고 말합니다. 영적인 문제들을 본성적으로 다루는 자연인들은 본성적이며 거듭나지 않은 채 육신으로 남아 있습니다. 그리고 이들이 가지는 본성의 빛은 이들을 기껏해야 도덕적인 정도에서만 변화시킬 따름입니다. 그러나 이러한 모습은 하나님을 기쁘시게 할 수 없습니다(롬 8:8 참고). 그들에게는 그리스도도, 구원에 이르게 하는 참된 믿음도 없으므로 신령한 생명도 없습니다. 이런 사람들이 하는 묵상이나 자기 부인, 하나님과 사람을 향한 사랑은 죽은 육신의 일에 불과합니다. 그러므로 아무리 많이 묵상하고 이른바 영성이라는 것과 무수한 망상들을 즐긴다 하더라도, 회개하지 않으면 결국 그것들과 더불어 망할 것입니다. 그러니 조심하십시오. 주님께서 그들로 하여금 죄를 깨닫고 바른 자리로 돌이키게 하시기를 바랍니다. 다음 말씀에 귀 기울이십시오.

"좁은 문으로 들어가기를 힘쓰라. 내가 너희에게 이르노니 들어가기를 구하여도 못하는 자가 많으리라"(눅 13:24).

왜 그렇습니까? 그들이 구원에 이르는 바른 길로 가지 않을뿐더러 하나님이 정하신 바른 방식을 따라 구원에 이르기를 힘쓰지 않기 때문입니다.

"어떤 길은 사람이 보기에 바르나 필경은 사망의 길이니라"(잠 16:25).

이런 자들은 자신들이 올바르다고 여기며, 천국에 이르는 감추인 신비로운 길이 자기들에게 열렸다고 확신하는 까닭에, 자신들이 잘못되었음을 깨닫지 못합니다.

"그 둘 중의 누가 아버지의 뜻대로 하였느냐? 이르되 둘째 아들이니이다. 예수께서 그들에게 이르시되 내가 진실로 너희에게 이르노니 세리들과 창녀들이 너희보다 먼저 하나님의 나라에 들어가리라……세리와 창녀는 믿었으며 너희는 이것을 보고도 끝내 뉘우쳐 믿지 아니하였도다"(마 21:31,32).

그러므로 여러분에게 사랑으로 경고합니다. 멸망에 이르고 싶지 않다면, 더는 잘못된 길을 고집하지 마십시오. 이제 처음 믿기 시작한 사람은 하나님을 본성적으로 보고, 그럴듯하게 자기를 부인하고 사랑하는 일에 쉽사리 현혹됩니다. 당신이 바로 그러하다면 이 말을 들으십시오.

"돌아오고 돌아오라, 술람미 여자야 돌아오고 돌아오라 우리가 너를 보게 하라"(아 6:13).

하나님께서 당신을 위한 제 기도를 들으시기를 바랍니다.

신자들을 위한 권면

어떤 신자는 저의 경고를 듣고 자신의 상태를 우려하면서 이렇게 생각할 것입니다. '회심하지 않은 자들도 하나님을 보고 자기를 부인하며 하나님과 이웃을 사랑하고 하나님을 자기 분깃으로 삼으며 하나님을 자기 하나님으로 알고 교제하기로 결심하며 사는데, 나는 이게 뭔가? 불신자들의 이런 행실은 물론 주 예수님과 영적인 일들에 관한 고상한 말들에도 전혀 미치지 못하게 살아가는 내가 어떻게 하나님의 은혜 안에 있다고 생각할 수 있단 말인가? 내가 은혜를 받은 사람이 맞는가?'

이런 의심에 대해 저는 이렇게 대답합니다. 회심하지 않은 자들이 자신의 본성대로 무엇을 하든지 상관하지 말고, 여러분은 자신 안에 있는 영적 지식과 원리에 따라 살아가십시오. 설령 회심하지 않은 자연인들이 여러분이 생각하는 것처럼 영적으로 살아간다 하더라도(실제로는 그렇지 않지만), 그것이 자신의 영적 상태를 의심할 이유가 되지는 못합니다. 아무리 어리고 연약한 아이라 할지라도, 이 아이는 건강한 성인과 마찬가지로 엄연한 인간입니다. 교회에는 그리스도 안에서 성숙하고 아비 된 자뿐만 아니라, 연약한 어린 자녀도 있습니다. 다른 사람들처럼 건강하지 않은 자녀라고 해서 은혜가 없다거나 은혜 아래 있지 않다고 할 수 없습니다. 오히려 마땅히 그가 가진 은혜와 더 자라고자 하는 열망을 인정해야 합니다.

게다가 하나님과 그리스도에 대한 여러분의 이해, 기도, 하나님을 향한 열망, 주 예수님을 추구하고 하나님께 집중하는 것, 행실과 활동들과 같이 당신이 가진 생명의 원리에서 나오는 모든 것들은 하나님을 보고 묵상하고 하나님 안에 가라앉고 자신을 잃어버리는 것과 같은 그들의 모든 말과 행실과는 완전히 차원이 다릅니다. 산 자와 죽은 자의 차이만큼이나 다릅니다. 정도의 차이가 아니라 본질의 차이입니다. 하나는 본성적인 것이고, 다른 하나는 영적인 것입니다. 하나는 자의적인 상상에 따른 망상이요 거짓일 뿐이지만, 다른 하나는 성령으로부터 비롯된 생명이요 진리요 마음입니다. 경건주의자들이 하나님을 보는 행위와 방식, 그들이 자기를 부인하고 사랑하고 말하는 방식이 어떤 것인지를 잘 안다면, 그런 영성을 부러워하고 추구하기는커녕 오히려 거부할 것입니다. 본성을 따라 하나님의 형상들을 만들어 내고 정신적으로 높은 수준에 이를 수는 있습니다. 그러나 그런 본성적인 상상을 따라가 보면 그것이 전혀 기쁨을 주지 못한다는 사실을 인정할 수밖에 없으며, 마침내 그것을 냉담하게 거부하게 될 것입니다. 반면 그리스도의 얼굴에 있는 하나님의 광채를 지극히 조금만 가져도, 예수님께로 피하고 그분을 의지하는 마음을 아주 조금만 가져도 그들이 행하는 바 모든 생명 없는 묵상과는 비교할 수 없을 만큼 달콤함을 맛볼 것입니다. 그러므로 그처럼 본성에 따라 고상한 생각을 일삼는 자들을 괘념치 말고, 지금 여러분이 가진 분깃(그것이 아무리 미미해 보이더라도)을 즐거워하십시오. 아무리 미미하더라도 그 분깃은 빛과 생명과 진리와 그리스도와의 연합과 사랑으로 이루어져 있기 때문입니다. 예수님과 교제하고 하나님의 자녀들을 사랑하며, 하나님의 말씀에 부합한 영적 원리를 계속 행하십시오. 그리고 아무리 미미하게 보일지라도 여러분이 지금 받아 누리는 분깃에 감사하십시오. 그 미미한 분깃이 본성을 따라 행하는 경건주의자들의 고상한 모든 것들보다 탁월하며 뛰어납니다. 여러분의 영적 원리는 결코 그들이 따르는 본성적 원리와 뒤섞일 수 없습니다. 이 둘은 완전히 상반되므로 서로 조화될 수 없기 때문입니다. 그들의 행위가 어떤 것인지를 아는 것만으로도 그들이 따르는 원리를 거부하고 피해야 하는 이유를 충분히 알 수 있습니다. 다만 이 한 가지를 기억하십시오. 여러분은 동료 신자들을 사랑합니다. 신자들이 주 예수님을 사랑하며, 그들 또한 예수님께 사랑받는 자들이기 때문입니다. 반면, 여러분은 하나님의 자녀들을 사랑하는 것과는 전혀 다른 방식으로 다른 사람들을 사랑합니다. 그러나 온갖 거짓 교리들에는 절대 동의하지 못합니다. 자연인들은 사람들이 무엇을 믿든 아랑곳하지 않고 무차별적으로 사랑합니다. 오직 참되게 믿는 신자들만이 믿음 안에서 든든히 서고, 진리 안에서 견고해지며, 성령 안에서 하나님과 친밀하게 교제하는 일들을 좋아합니다. 그러나 자연인들은 오히려 그것들을 미워하고 떠납니다. 자연적 본성에서 비롯된 자신들의 행실이 옳지 않다는 것이 상대적으로 분명히 드러나기 때문입니다. 이런 사실들을 보면 그들의 다른 행실들은 어떠할지가 분명해집니다. 경계를 늦추지 말고 하나님과 여러분의 영혼이 나누는 교제와 관계를 진리 안에서 단순하고도 분명하게 하십시오. 신령한 빛과 생명을 얻고 여러분의 삶을 윤택하게 하는 양분이자 규칙인 하나님의 말씀을 부지런히 읽고 그것을 따라 살아가십시오. 그리하면 안전하게 믿음의 여정을 계속할 수 있을 것입니다.

지금까지 우리는 경건주의자들에게 미혹되지 않기 위해 귀 기울여야 할 핵심적인 내용들을 살펴보았습니다. 이를 통해 경건주의자들의 특징이 무엇인지도 확인했습니다. 또한 본성적인 관점과 영적인 관점에서 각각 하나님과 사람을 향한 사랑, 자기 부인, 하나님께 속하고 하나님과 연합하는 것이 무엇인지도 살폈습니다. 하나님의 말씀에 비추어 볼 때, 경건주의자들의 특별한 행위들은 단지 멸망당할 수밖에 없는 회심하지 않은 자들이 본성적으로 하는 일에 불과하지만, 신자들의 행위는 하나님께 뿌리내리고 성령으로부터 비롯되어 하나님의 말씀에 부합하게 구원에 이르도록 한다는 점을 분명히 했습니다.

지금까지 우리가 살핀 내용들은 하나님께로 가까이 가고 구원에 참여하기를 열망하지만 경건주의자들에게 속아 넘어가 하나님에게서 멀어지고 멸망의 넓은 길로 가는 가련한 사람들을 확신시키기에 충분합니다. 부디 하나님께서 그들의 눈을 열고 마음을 새롭게 해 주셔서 각자 어리석은 길을 버리고 총명의 길로 나아오게 해 주시기를 바랍니다!

또한 그 내용들은 경건주의자들의 행실로 이끌리는 사람들을 향한 경고로도 충분합니다. 경건주의자들이 영적인 일이라고 말하면서 행하는 것들은 사람의 자연적인 본성에 지극히 부합하는 것입니다. 그러므로 사탄은 그들을 지옥으로 이끌기 위해 굳이 다른 무언가를 할 필요가 없이, 그냥 그들이 하고 싶은 대로 하도록 내버려 두면 됩니다. 그러나 경건한 신자들은 아직 남아 있는 자연적인 본성과 사탄에게 이중으로 공격을 받으므로 경건주의자들의 이런 행실과 올무를 멀리해야 합니다. 순전한 빛과 참된 경건을 바란다면, 교회를 떠나지 말고 하나님의 말씀을 따라 바른 길로 행하십시오.

지금까지 우리가 살펴본 내용들은 참된 신자들이 새로운 힘과 용기를 얻어 주님의 길로 행하고 빛을 발하게 하는 데 충분합니다. 즉, 진리가 무엇이며 어떻게 역사하는지를 나타내고, 의와 거룩한 길이 무엇인지를 보여 줌으로써 경건주의자들이 자신들의 망상을 부끄러워하게 합니다.

"오직 우리 주 곧 구주 예수 그리스도의 은혜와 그를 아는 지식에서 자라 가라. 영광이 이제와 영원한 날까지 그에게 있을지어다"(벧후 3:18).

여러분이 주님의 성산과 장막에 이르도록 주님께서 빛과 진리를 보내 주시기를 간구합니다(시 43:3 참고).

주제 및 인명 색인

ㄱ

감독 • 49, 170-175, 177, 184, 199, 200, 209, 212

거듭남 • 301, 302, 314, 316, 317, 319-334, 337-374, 377, 559, 609, 717, 743, 771, 793, 963, 966-970

_거듭나는 방식 • 344-354

_거듭나는 시기 • 354-360

_거듭남의 열매 • 360-365

_사망에서 생명으로 바뀜 • 341-343

_옛 본성과 새 본성이 공존 • 360, 361

_필요성 • 338-340

거룩함 • 447-487, 896-901, 941-947

겸손함 • 263, 468, 480, 876, 931, 966

경건주의 • 935, 939-993

공재설 consubstantiation • 807-810

교리문답 교육 • 204, 205

교제(사귐) • 131-136

_교제를 실천함 • 155-159

_그리스도와 신자 • 137-145

_성도 간의 교제 • 145-147

_성도와 천사의 교제 • 147, 148

_영화롭게 된 신자와의 교제 • 149

교황 • 161-170

교회 • 13-15

_가시적/비가시적 • 16-20

_개혁교회 • 61-67

_교회는 지속됨 • 41-44

_교회를 사랑하고 드높임 • 947-955

_교회에 참여해야 하는 이유 • 87-93

_교회와 적그리스도 • 71-85

_교회의 영광 • 91-94

_구약 교회 • 31, 35, 50

_그리스도와 그의 진리를 고백함 • 67, 68

_보편적 교회 • 34-36

_수위권 • 165-174, 255

_교회를 떠나서는 안 됨 • 94-106

_영적 전쟁을 수행 • 69, 70

_천국 열쇠 • 231-269

_하나님을 영화롭게 함 • 84, 85

그리스도의 영광을 바라봄 • 935, 936

그리스도인으로 행함 • 928-932

금욕주의자 Stoics • 936

ㄷ

데오도시우스 Theodosius • 255

두마누스 Thumanus • 63

둘레이아 δουλεία • 813

ㄹ

라모뜨 펜넬롱 Lamothe Fenelon, Francois de Salignac de • 938

라바디, 장 드 Labadie, Jean de • 95

라바디주의자 • 34, 94, 95, 109, 113, 124, 125, 155, 978

라트레이아 λατρεία • 813

레오 Leo • 64

라이덴, 얀 판 Leiden, Jan van • 155

로마 가톨릭 • 23, 34, 37, 38, 45, 47, 64, 79, 81, 125, 171

루스덴 Leusden, D. • 155

루터파 • 695, 703, 776, 777, 807, 808

ㅁ

마르쿠스 안토니쿠스 Marcus Antonius • 966

목회자(사역자) • 161

_권위 • 170-175

_내적 소명 • 181-183

_목사와 교사의 위임(임명) • 175-181

_사도는 서로 동등함 • 163

_목회자의 소명에 대한 교회 회원의 책임 • 189-191

_외적 소명 • 183-187

_자신의 소명에 대한 자기 점검 • 187-189

몰리노스, 미구엘 드 Molinos, Miguel de • 938

묵상 • 142, 467, 491, 557, 938, 962, 982, 986, 993-1000, 1003-1007, 1009, 1010, 1013, 1015

믿음 • 377-384

_거듭남과의 관계 • 352-354

_거짓 믿음과 자기 기만 • 451-459

_구원 얻는 믿음 • 416-419

_구원 얻는 믿음/일시적 믿음 • 425-428

_믿음과 그리스도 • 398, 399, 433-439

_믿음과 의롭다함 • 517-519

_믿음을 위해 약속을 사용 • 901-924

_믿음의 열매들 • 423-425

_사랑과 순종으로 이루어지지 않음 • 399-402

_성경의 표현 • 382-384

_역사적, 일시적, 이적적 믿음 • 380-382

_유아세례 • 386

_참된 믿음의 특징 • 459-487

ㅂ

바르도비츠 Bardowitz • 96

베드로 • 161-170

벨직 신앙고백서 • 21-24, 88, 102, 242, 258

복음 • 273-276, 279-299, 309-323

뵈메, 야콥 Boehme, Jacob • 937

부르심 • 273-335
브라켈, 테오도루스 아 Brakel, Theodorus à • 1010

ㅅ
성례 • 685-709
_성령과 성례 • 686-688
_은혜언약과 유익 • 697-703
_인침 • 686-697
성찬 • 771-833, 835-898
성찬떡 • 776, 782, 785-800, 807-812
성화 • 594-596
세례 • 711-768
세속 정부 civil authorities • 245-260
소시니안 • 37, 146, 176, 250, 281, 302, 303, 428, 520, 543, 632, 698, 714, 727, 730, 740, 744, 784, 946
신비주의 • 142, 936-940, 982
신자 believers • 615, 616, 863-868, 941-955
실베스터 교황 Sylvester, Pope • 64
실비우스 아에네아스 Sylvius Aeneas • 63
심방 • 189, 199, 200, 205, 206, 214, 216, 221

ㅇ
알미니안 • 37, 146, 208, 238, 246, 277, 306, 307, 309, 324, 331, 400, 428, 543, 570
양자 됨 • 603-636
에라스투스주의자 • 246
에픽투스 Epictus • 966
엑키우스 Eckius • 63
엘리자베스 여왕 Elizabeth, Queen • 255
열광주의 fanaticism • 331, 937, 940
영적 기쁨 • 663-682
영적 화평 • 639-659
왈도파 Waldenses • 63-65
위폰, 페터 Yvon, Peter • 95
인내 • 920-922
일시적인 신자 temporal belivers • 425-427, 448, 458, 459, 464-482

ㅈ
자기 부인 • 195, 353, 362, 591, 931, 940, 992, 1010, 1011, 1013, 1016
장로 • 171-176, 184-189, 208-217, 220, 229, 236-269
재세례파 • 37, 104, 106, 146, 155, 428, 698, 714, 744, 784, 946
전병 • 776-780, 785-787, 797, 813-818
죄에 대한 슬픔 • 459-466, 667, 668
죄 용서 • 207, 260, 560-569, 714
주교 • 64, 73, 79, 162, 164, 170-172, 208, 938

지복 • 687, 852, 853, 873, 885, 901, 936, 940, 960, 967, 979, 989

진리 • 941-947
_거듭남의 씨, 믿음에 이르는 방편, 거룩함의 근원 • 942, 943
_교회에 주어짐 • 942
_말씀을 통해 드러남 • 941
_진리에 반대하는 자들을 대함 • 944-947
_진리를 지킴 • 943, 944

ㅊ

출교 • 99, 108, 113, 116, 121, 147, 174, 233, 234, 239-243, 551, 740, 831

칭의 • 495
_공로적 원인: 그리스도의 희생 • 507-519
_날마다 일어나는 칭의 • 555-569
_칭의의 공로적 원인이 아닌 믿음 • 543-545
_야고보와 바울의 칭의 이해 • 527-531
_영원 전에 일어난 것이 아님 • 547-551
_의의 전가 • 508-517
_자기 점검을 위한 표지 • 592-601
_칭의의 결과인 확신 • 569-581
_칭의의 방편인 믿음 • 517-519, 543-547
_칭의의 시기 • 519, 551-554
_칭의의 열매 • 589-591
_칭의의 성질 • 505, 506

ㅋ

케르스텐 Kersten, G. H. • 353
켐피스, 토마스 아 Kempis, Thomas à • 937
콘스탄티누스 대제 Constantine, the Great • 62-64, 73, 255
쾌락주의자 Epicureans • 936
퀘이커교도 • 109, 479, 481, 937, 940
크니퍼돌링크 Knippeerdollink • 155
키케로 Cicero • 966

ㅌ

타울러, 요한네스 Tauler, Johannes • 937
토클레우스 Tochlaeus • 63
트롬미우스 Trommius, D. • 551

ㅍ

프레드릭 3세 Frederick III, Count • 255

ㅎ

하나님을 바라봄 • 935, 1014
_영적으로 경험함 • 999-1003
_올바르게 바라보지 않음 • 998, 999
_자연적 바라봄/영적 바라봄 • 970-979
하나님의 말씀 • 955-963
하나님의 약속 • 908-932
하나님의 자녀 • 603
_다양하게 사용됨 • 603, 604

_영적으로 자녀 됨 • 624-632

_자기 점검 • 629-632

_자녀로서 행해야 함 • 632-636

_탁월함 • 606-621

_특권 • 611-621

_표지 • 621-624

화체설 transubstantiation • 787-790, 795-800, 807, 810, 813, 817, 818

회심 • 309-319

_거부할 수 없음 • 331-335

_사람은 회심에서 전적으로 수동적 • 319-324

_회심의 일반적인 방식 • 345-347

_회심한 순간은 대부분 알지 못함 • 352-354

회심한 자 • 889-892

그리스도인의 합당한 예배

2 교회론 구원론

지은이 | 빌헬무스 아 브라켈
옮긴이 | 김효남, 서명수, 장호준
펴낸곳 | 지평서원
펴낸이 | 박명규
편 집 | 정 은, 김희정, 김일용
마케팅 | 송하일

펴낸날 | 2019년 12월 16일 초판
         2020년 7월 1일 초판2쇄

서울 강남구 선릉로107길 15 지평빌딩 101호 06144
☎ 538-9640,1 Fax. 538-9642
등 록 | 1978. 3. 22. 제 1-129

값 50,000원

ISBN 978-89-6497-076-8-94230
ISBN 978-89-6497-073-7(세트)

메일주소 jipyung@jpbook.kr
홈페이지 www.jpbook.kr
페이스북 www.facebook.com/jipyung
트 위 터 @_jipyung